刘小枫 主编

柏拉图全集
Platonis Opera

中短篇作品

上

［古希腊］柏拉图 著

刘小枫 刘振 等译

本成果获中国人民大学 2022 年度
"中央高校建设世界一流大学(学科)和特色发展引导专项资金"支持
Supported by fund for building world – class universities(disciplines) of Renmin University of China

"柏拉图全集"出版说明

语文学家、数术家、星相家忒拉绪洛斯(Thrasyllos Mendēsios)生逢罗马帝制初期,据说曾任提比略皇帝(公元前14年—公元37年)的政治顾问。① 作为亚历山大里亚语文学派的传人,忒拉绪洛斯按雅典戏剧演出方式,将柏拉图传世的35篇对话及书简一束编成九部四联剧出版,史称最早的柏拉图全集(莎草纸本)。

以四联剧形式著录柏拉图作品,始于托勒密王朝时期的古典语文学家卡利马科斯(Kallimachos,前310—前240)。但这种编排方式并非卡利马科斯的发明,而是一种可追溯到"柏拉图在世或者刚刚去世时"的传统,因为"在重要的节假日期间,柏拉图的对话会在舞台上演出,比如奥林匹亚盛会"。除第一出四联剧有明确的共同特征(涉及苏格拉底的受审)外,这种分类方式并没有固定规矩。②

1513年,威尼斯的古典学者、出版家阿尔都斯(Aldus Pius Manutius,1449—1515)的出版社(Aldine Press)按忒拉绪洛斯体例刊印柏拉图作品,史称现代印刷术出品柏拉图全集的开端。③ 法兰西宗教战争期间(1578年),古典学者、出版家亨利·斯特方(Henricus Stephanus,1528—1598)在日内瓦出版了由古典学家、史学家、法王亨利四世的政治顾问让·德瑟雷(Jean de Serres,1540—1598)执译的柏拉图全集拉丁语译本,亦依循忒拉绪洛斯体例,分三卷,拉丁文－希腊文对照(希腊文每10行为一节,依次用A、B、C、D、E标记)。④ 随着柏拉图作品研究逐渐增多,斯特方版的页码和分节成为通行的引用标

---

① Barbara Levick, *Tiberius*: *The Politician*, Routledge, 1999/2003; Frederick H. Cramer, *Astrology in Roman Law and Politics*, Philadelphia, 1954/2011.

② 康斯坦蒂诺斯·斯塔伊克斯,《柏拉图传统的证言》,刘伟译,北京:中国民主法制出版社,2018,页29。

③ Paul J. Angerhofer 等, *In Aedibus Aldi*: *The Legacy of Aldus Manutius and His Press*, Brigham Young University Library, 1995; John N. Grant, *Aldus Manutius*: *Humanism and the Latin Classics*, Harvard University Press, 2017.

④ *Platonis Opera Quae Extant Omnia edidit*, Henricus Stephanus, Genevae, 1578; See Olivier Reverdin, "Le *Platon* d'Henri Estienne", in *Museum Helveticum*, 1956, 13(4), pp. 239–250.

注——"斯特方页码"（Stephanus pagination）。

19世纪以降，欧洲文史学界兴起疑古风，古传柏拉图作品好些被判为伪作。随后，现代的柏拉图"全集"编本迭出，有31篇本、28篇本，甚至24篇本（删除多达12篇），作品顺序编排也见仁见智。20世纪初，西方古典学界开始认识到，怀疑古人得不偿失，不如依从古人受益良多，回到古传忒拉绪洛斯体例在古典学界渐成共识。

苏格兰的古典学家伯内特（1863—1928）遵循忒拉绪洛斯体例编辑校勘希腊文《柏拉图全集》，附托名作品6篇，并将"斯特方页码"细化（A、B、C、D、E每个标记下的内容，每5行做一标记，以5、10、15等标明），分五卷刊行，迄今仍具权威地位。①

这套汉译《柏拉图全集》依托伯内特的希腊文校勘本并参照西方古典语文学家的笺注本和权威英译本迻译，分三卷出品。第一卷为中短篇作品（包括对话、书简及托名作品，篇目顺序按伯内特本），后两卷分别为柏拉图的长制对话《理想国》和《法义》。充分吸纳西方学界柏拉图学者的笺注成果，是这套汉译《柏拉图全集》的基本特色。

参与翻译的二十六位译者，均有过古希腊语文学训练。《法义》以及中短篇作品的多数译者，还曾就所译篇目撰写过博士论文，是基于研究的翻译。

本《全集》面向普通文史爱好者，译文在尽可能贴近希腊语原文的同时，注重传达柏拉图作品的文学色彩和对话的口语特色，自然段落也尽可能按文意来划分。为了读者更好地理解原作，译者还对人名、地舆、诗文典故、语言游戏等做了简要注释。

本《全集》的编辑出版工作自2016年启动，历时七年有余，虽经反复校阅，种种失误仍然难免。柏拉图作品的汉译没有止境，欢迎读者不吝指正，以便来日臻进。

刘小枫

古典文明研究工作坊

2023年元月

---

① Ioannes Burnet, *Platonis Opera: Recognovit Brevique Adnotatione Critica Instruxit*, Oxford, 1900-1907.

柏拉图九卷集篇目

卷一
1 游叙弗伦（顾丽玲 译）
2 苏格拉底的申辩（吴飞 译）
3 克里同（程志敏 译）
4 斐多（刘小枫 译）

卷二
1 克拉提洛斯（刘振 译）
2 泰阿泰德（贾冬阳 译）
3 智术师（柯常咏 译）
4 治邦者（刘振 译）

卷三
1 帕默尼德（曹聪 译）
2 斐勒布（李致远 译）
3 会饮（刘小枫 译）
4 斐德若（刘小枫 译）

卷四
1 阿尔喀比亚德前篇（戴晓光 译）
2 阿尔喀比亚德后篇（戴晓光 译）
3 希帕库斯（胡镓 译）
4 情敌（吴明波 译）

卷五
1 忒阿格斯（刘振 译）
2 卡尔米德（彭磊 译）
3 拉克斯（罗峰 译）
4 吕西斯（贺方婴 译）

卷六
1 欧蒂德谟（万昊 译）
2 普罗塔戈拉（刘小枫 译）
3 高尔吉亚（李致远 译）
4 美诺（郭振华 译）

卷七
1 希琵阿斯前篇（王江涛 译）
2 希琵阿斯后篇（王江涛 译）
3 伊翁（王双洪 译）
4 默涅克塞诺斯（李向利 译）

卷八
1 克莱托丰（张缨 译）
2 理想国（王扬 译）
3 蒂迈欧（叶然 译）
4 克里提阿斯（叶然 译）

卷九
1 米诺斯（林志猛 译）
2 法义（林志猛 译）
3 法义附言（程志敏 崔嵬 译）
4 书简（彭磊 译）

释词（唐敏 译）

托名作品（唐敏 译）

目　录

"柏拉图中短篇作品"出版说明

— 上 —

卷一

游叙弗伦（顾丽玲 译） 2

苏格拉底的申辩（吴飞 译） 21

克里同（程志敏 译） 45

斐多（刘小枫 译） 59

卷二

克拉提洛斯（刘振 译） 136

泰阿泰德（贾冬阳 译） 200

智术师（柯常咏 译） 282

治邦者（刘振 译） 352

卷三

帕默尼德（曹聪 译) ... 412

斐勒布（李致远 译) ... 478

会饮（刘小枫 译) ... 554

斐德若（刘小枫 译) ... 613

卷四

阿尔喀比亚德前篇（戴晓光 译) ... 678

阿尔喀比亚德后篇（戴晓光 译) ... 731

希帕库斯（胡镓 译) ... 749

情敌（吴明波 译) ... 760

—— 下 ——

卷五

忒阿格斯（刘振 译) ... 772

卡尔米德（彭磊 译) ... 786

拉克斯（罗峰 译) ... 815

吕西斯（贺方婴 译) ... 841

卷六

欧蒂德谟(万昊 译) 872

普罗塔戈拉(刘小枫 译) 920

高尔吉亚(李致远 译) 981

美诺(郭振华 译) 1087

卷七

希琵阿斯前篇(王江涛 译) 1126

希琵阿斯后篇(王江涛 译) 1156

伊翁(王双洪 译) 1174

默涅克塞诺斯(李向利 译) 1189

卷八

克莱托丰(张缨 译) 1210

蒂迈欧(叶然 译) 1215

克里提阿斯(叶然 译) 1299

卷九

米诺斯(林志猛 译) 1316

法义附言(程志敏 崔嵬 译) 1329

书简(彭磊 译) 1347

释词(唐敏 译)	1400
托名作品(唐敏 译)	1409
论正义	1410
论德性	1417
德莫铎库斯	1423
西绪佛斯	1432
哈尔克雍	1439
厄吕克西阿斯	1442
阿克西俄科斯	1460
专名译名表	1469

"柏拉图中短篇作品"出版说明

本书收入除《理想国》和《法义》之外的所有柏拉图中短篇对话33篇、书简13封、释词1篇以及托名作品7篇。

译文以追求准确为要,为尽可能贴近希腊语原文,有时难免损及中译文的畅达乃至表达习惯。西文多用代词,中译为避免指代不明需译出具体指代对象则属翻译习规。凡为补足文意而添加的词句,一律施加[ ]括号,伯内特校勘本表示衍文时施加的[ ]括号改用( )括号。所涉人物、地舆、诗文典故、语言游戏等,均给出简明扼要的注释,减小阅读障碍。

即便对西方学者来说,"外国单词的音译永远是一个令人头疼的问题"。① 我们按《古希腊语汉语词典》拟定的音译原则编制了英语—汉语—古希腊语对照的"专名译名表",柏拉图笔下的一些常见术语用法特殊,各位译者有自己的理解,我们未予完全统一。

译稿编校历时多年,李致远、戴晓光据希腊文本统校全稿,叶然编制并统核"译名表",责任编辑马涛红认真负责,为编审工作付出了艰辛的劳作,谨致谢忱。

刘小枫
古典文明研究工作坊
2023年元月

---

① 贝利,《现代世界的诞生》,于展、何美兰译,北京:商务印书馆,2013,页xxiii。

THEAETETI
dialogi personæ,

**EVCLIDES, TERPSION,
SOCRATES, THEODO-
RVS, THEAETETVS.**

ΤΑ΄ ΤΟΥ ΘΕΑΙΤΗΤΟΥ
διαλόγου πρόσωπα,

**ΕΥ'ΚΛΕΙ'ΔΗΣ, ΤΕΡΨΙ'ΩΝ,
ΣΩΚΡΑ'ΤΗΣ, ΘΕΟ'ΔΩ-
ΡΟΣ, ΘΕΑΙ'ΤΗΤΟΣ.**

a Occasio dialogi. Euclides (singularem autem illum geometri) è cuius etiamnum scriptis Geometricæ petunt cognitio, huic fuisse minimè dubium esse potest,)narrat Terpsioni sermones quosdam à Socrate habitos cum Theæteto ingenioso adolescente. De scientia varia definitiones hic (vti diximus) explicantur. Inde autem na- tum sermonis illius occasio,quòd Theætetus Megaris transeuntem Euclidem tunc recens salutarat. Ita Euclidi & Terpsioni sermonibus de scripto disputatione illa recitatur. Morem autem suum notant Platonis sermones exigui quod, rouz commendandi scripta, qua ratione in suis scriptis concinnandis maximè ad eum fuisse, verum est, Vide Antenor.

MODÒ NE, Terpsiò, an dudum,rure? TER. Satis dudum.& te quidē ego per forum quærebā, & mirabar quid mini- mè te possem inuenire. EV. Nec enim eram in vrbe. TERP. Vbi ergo? EV. In portum descenderam, vbi mi hi fuit obuius Theætetus, qui Corintho ex exercitu Athenas ferebatur. TER. Viuúf- ne an mortuus? EV. Viuus, sed vix ac ne vix quidem. malè enim se habet ex vulne- ribus quidem nónullis, sed ipsum insuper corripuit popularis morbus qui in exerci- tu vagatur. TER. Num dysenteria? EV. Ita. TER. Qualem virum memoras in pe- riculo esse! EV. Bonum certè & honestū virum, Iam verò & nonnullos modò au- diebam qui illius in pugna virilem constā- tiam maximoperè prædicarent. TERP. Nec mirum id quidem est.magis profectò mirandum fuisset, nisi huiusmodi extitis- set.Verùm quomodo hic Megaris non di- uertit? EV. Domum festinabat. quanquā & ego rogaui & eram autor vt hic como- raretur,sed non potui id ab illo impetrare. & quidem postquam illum in nauem de- duxissem & redirem, recordatus sum So- cratis,illúmque sum admiratus:quòd cùm de aliis tum de hoc quid futurum esset,di- uina quadā ratione prædixisset. Ille enim (& paulò quidem ante mortē,vt mihi qui- dem videtur) in istum Theætetum incidit adhuc adolescentulum: & cum illo fami- liariter colloquutus, illius indolem valde est admiratus. Mihi verò Athenas profe- ctò eos sermones qui inter ipsos habiti fue rant, commemorauit, & auditu quidem bene dignos: vt quidem affirmaret omni- no necesse esse futurum vt ille in virum eximium celebrémque euaderet, si in cō- stantem iustámque ætatem peruenisset. & rectè quidem vaticinatus est. TERP. At quinam erant illi sermones? écúue tu posses commemorare? EV. Non illos qui- dem memoriter: at de illis quosdam com-

Α'ΡΤΙ, Ω῀ ΤΕΡ- ψίων, ἢ πάλαι, ἐξ ἀγροῦ; ΤΕΡ. Ἐπιεικῶς πάλαι. καὶ σέ γε ἐζήτουν κατ᾽ ἀ- γοράν, καὶ ἐθαύμαζον ὅτι οὐχ οἷός τ᾽ ἦν εὑρεῖν. ΕΥ'ΚΛ. Οὐ γὰρ ἦ κατὰ πόλιν. ΤΕΡ. Ποῦ μήν; ΕΥ'. Εἰς λι- μένα καταβαίνων, Θεαιτήτῳ ἐνέτυχον φε- ρομένῳ ἐκ Κορίνθου ἀπὸ τοῦ στρατοπέδου Ἀθήναζε. ΤΕΡ. Ζῶντι, ἢ τετελευτηκότι; ΕΥ'. Ζῶντι, καὶ μάλα μόλις. χαλεπῶς μὲν γὰρ ἔχει καὶ ὑπὸ τραυμάτων τινῶν μᾶλλον δὲ αὐτὸν αἱρεῖ τὸ γεγονὸς νόσημα ἐν τῷ στρατεύματι. ΤΕΡ. Μῶν ἡ δυσεντερία; ΕΥ'. Ναί. ΤΕΡ. Οἷον ἄνδρα λέγεις ἐν κινδύνῳ εἶ. ΕΥ'. Καλόν τε καὶ ἀγαθόν, ὦ Τερψίων. ἐπεὶ τοι καὶ νῦν ἤκουον τινῶν μά- λα ἐγκωμιαζόντων αὐτὸν περὶ τὴν μάχην. ΤΕΡ. Καὶ οὐδέν γε ἄτοπον.ἀλλὰ πολὺ θαυ- μαστότερον εἰ μὴ τοιοῦτος ἦν.ἀτάρ πῶς οὐκ αὐτοῦ Μεγαροῖ κατέλυεν; ΕΥ'. Ἠπείγετο οἴ- καδε. ἐπεὶ ἔγωγ᾽ ἐδεόμην καὶ συνεβούλευον, ἀλλ᾽ οὐκ ἤθελε. καὶ δῆτα προπέμψας αὐτὸν, ἀπιὼν πάλιν, ἀνεμνήσθην καὶ ἐθαύμασα Σω- κράτους, ὡς μαντικῶς ἄλλα τε δὴ εἶπε, καὶ περὶ τούτου. δοκεῖ γάρ μοι ὀλίγον πρὸ τοῦ θα- νάτου ἐντυχεῖν αὐτῷ μειρακίῳ ὄντι, καὶ συγ- γενόμενός τε καὶ διαλεχθεὶς, πάνυ ἀγασθῆναι αὐτοῦ τὴν φύσιν. καὶ μοι ἐλθόντι Ἀθήναζε τούς τε λόγους οὓς διελέχθη αὐτῷ διηγήσατο, καὶ μά- λα ἀξίους ἀκοῆς· εἶπέ τε ὅτι πᾶσα ἀνάγκη εἴη τοῦ- τον ἐλλόγιμον γενέσθαι, εἴπερ εἰς ἡλικίαν ἔλ- θοι,καὶ ἀληθῆ γε,ὡς ἔοικεν,εἶπε. ΤΕΡ. Ἀτάρ τίνες ἦσαν οἱ λόγοι, ἔχοις ἂν διηγήσασθαι; ΕΥ'. Οὐ μὰ Δία, οὔκουν οὕτω γε ἀπὸ στόματος· ἀλλ᾽ ἐγραψάμην μὲν τότε εὐθὺς

Magis tamen ipsum cogit vel premit, ut vrget,inor bus qui in e- xercitu est grassatus.

卷一

游叙弗伦

顾丽玲 译

游叙弗伦 [2a]发生了什么新鲜事儿,苏格拉底,这会儿你怎么离开吕喀昂①的老窝,上国王②门廊这儿来消磨时间?该不会跟我一样,上王者执政官这儿来跟什么人打官司?

苏格拉底 [a5]哎呀,游叙弗伦,实际上,雅典人把这叫公诉,不叫私诉。

游 [2b]你说什么?看来有人要告你,对你提出公诉。我想总不至于你要告什么人吧。

苏 当然不是。

游 真有人告你?

苏 [b5]没错。

游 这人是谁?

苏 其实我根本就不认识这人,游叙弗伦。据我所知,他好像是个年轻人,也没什么名气,我只知道他们叫他美勒托斯③,是庇透斯人。[b10]或许你认识庇透斯的美勒托斯这么个人吧,他长头发、小胡子、鹰钩鼻。

游 我不认识这家伙,苏格拉底。他到底[2c]告你什么?

苏 告我什么?至少对我来说,这可是件了不得的事。他年纪轻轻,

---

① 吕喀昂是雅典城郊三个最大的体育场之一,位于东郊。柏拉图将它看作苏格拉底最喜爱待的地方。后来亚里士多德在此建立学园。

② 这里的国王指的就是王者执政官,他与后来继续产生的军事执政官、名年执政官以及六位司法执政官,共同构成所谓的"九官制"。王者执政官继承了古代国王的祭礼职责。

③ 美勒托斯是苏格拉底的主要指控者,另外两位指控者分别是安虞托斯和吕孔。

就知道这么重要的事情,真是厉害呐。据说,他不单知道青年是怎么被败坏的,还知道是[c5]谁败坏的。他好像很有智慧的样子,看到我愚笨无知,败坏了他的同辈人,就像小孩跑去母亲那儿,跑到城邦那儿去告我。我看哪,在治邦者中,他是唯一一个[2d]正确开始[统治]的人,因为正确[开始统治]就在于首先关心青年,使他们尽可能变得最好,如同好的农夫首先关心那些幼苗,然后再去关心其他的庄稼。据美勒托斯自己说,他首先就要清除我们[3a]这些败坏幼苗的人,随后,显然他还会关心年长的人们,他要为城邦造最大最多的福呢。看来,他已经[a5]开始这么做了,想必也定有什么结果。

游 但愿如此,苏格拉底。就怕适得其反。依我看,他试图对你行不义,这完全是从家灶开始①来伤害城邦。你告诉我,他告你败坏青年,他到底怎么说的?

苏 [3b]令人钦佩的人啊,这事乍听起来确实叫人有些摸不着头脑。他说我是诸神的制造者,说我制造新的诸神,不信原先的神了。他正因为这个才对我提出公诉。

游 [b5]我明白了,苏格拉底。因为你每次都说有神灵昭示于你,所以,他提出了这个公诉,告你革新神道。他到法庭诬告你,以为用这类事情容易在民众那里得逞。真的,[3c]每次我在公民大会上讲诸神的事,向他们预言未来之事,他们就会嘲笑我,好像我疯了一样。事实上,我所预言的事情没有一件不是真的。然而,他们嫉妒所有我们这类人。不过,我们完全不必将此[c5]放在心上,一起肩并肩,跟他们对着干!

苏 亲爱的游叙弗伦,他们冷嘲热讽倒也没什么。确实,依我看,雅典人并不关心一个人机灵不机灵,只要他不传授自己的智慧。不过,一旦他们认为[3d]谁在这么做,让别人成为他那样,他们就会大为恼火,要么就像你说的出于嫉妒,要么出于别的什么原因。

游 在这些事上,无论他们怎样对我,我才不在乎呢。

---

① "从家灶(hestia)开始"意味着抓住城邦的要害,暗示美勒托斯控告苏格拉底从根本上危害城邦。[编按]本书注希腊语原文时,皆用拉丁转写形式,而不用希腊文字母,后文凡此种情况,必要时仅提示"原文为"并径出转写,不再说明。对于"译名表"中未录又不常见的专名等,则括注英文,方便读者查索。

苏 [d5]大概是因为你很少表现自己,也不想把自己的智慧传给别人。而我呢,我担心,由于我心存仁善,他们就以为我要将我所有的都向每个人倾囊传授,不但不收取半点报酬,而且,只要有人愿意听,我都乐意倒贴。要是[d10]他们存心嘲笑我——就像[3e]你说的,他们也这样嘲笑你——在法庭上使劲地戏弄嘲笑我,倒也没什么好难过的。只怕一旦他们认了真,这结果是祸是福,恐怕只有你们这些预言家才知道。

游 没什么大不了的,苏格拉底。[e5]只要你愿意,你就能打赢这场官司。我想我也会打赢我的。

苏 你的又是什么啊?游叙弗伦,你自己是要辩护,还是起诉?

游 我要起诉。

苏 [e10]告谁?

游 [4a]我告①这个人,别人都以为我疯了。

苏 什么?莫非这人能飞不成?

游 他已经老得不成,还飞个鬼?

苏 [a5]这人到底是谁?

游 我父亲。

苏 你父亲?好家伙!

游 没错。

苏 究竟什么官司?告什么?

游 [a10]杀人呐,苏格拉底。

苏 赫拉克勒斯!② 游叙弗伦,大多数人确实不知道这么做究竟正确在哪儿。我看并不是随便什么人都能[4b]正确地做这事,除了在智慧上已经行之久远的人。

游 老实说,苏格拉底,的确如此。

苏 你父亲杀死的肯定是你家里什么人吧?[b5]显然你不会为了一个外人追究你父亲杀人。

---

① 这里用的"告"一词,同时含有"追击"的意思,苏格拉底假装误听,用"飞"字来回应。

② 苏格拉底直呼赫拉克勒斯,而不是像通常发誓那样说"赫拉克勒斯啊"(即希腊文中在人名呼格前加小品词的形式),语带反讽意味。赫拉克勒斯是希腊神话中的大力英雄,完成了包括十二项任务在内的许多壮举,在古代希腊人心目中享有崇高声誉。

游 真可笑,苏格拉底,你竟然认为被害人是外人或家人有什么区别。相反,人们只需看看这个杀人者杀人到底合不合正义。要[b10]合乎正义,就随他去。要不合正义,就得告他,哪怕这个杀人者[4c]与你同用一个炉灶,同用一个餐桌。如果你明明知道这等事,还与这样的人在一起而不去告他,以便洁净你自己和他,那么,你和他都会同沾这种血污。被杀害的人是我的一个雇工。当时我们在纳克索斯①种地,[c5]我们雇了他在那儿干活。他喝醉了酒,跟我们家的一个奴隶闹意气,结果杀死了奴隶。我父亲便捆了他的手脚,把他扔在一条沟里,然后派人去解经师②那里,询问该如何[4d]处置。这期间父亲便没再理会那个捆着的人,心想一个杀人犯,死了也没什么大不了的。结果这杀人犯果真死了。他被捆着,又饿又冷,还没等派去解经师那边的人[d5]回来就死了。为了这个杀人犯,我告我父亲杀人,结果我父亲和其他家人大为恼火。他们说,我父亲并没有杀害这个杀人犯。即使父亲这么做了,那死掉的雇工也不足惜,因为那雇工自己就是杀人犯。而且,[4e]儿子告父亲也是不虔敬的。苏格拉底,他们根本不知道什么虔敬、什么不虔敬这类诸神事宜。

苏 不过,游叙弗伦,凭宙斯,难道你真的[e5]确信自己知道有关诸神的事宜,知道什么虔敬、什么不虔敬? 就像你自己说的,发生这类事情的时候,你把你父亲告上法庭,难道你真不担心自己落个不虔敬的下场?

游 唉,苏格拉底,如果我连这些道理都搞不清,岂不是太没出息,[5a]我游叙弗伦跟普通人还有什么差别?

苏 令人钦佩的游叙弗伦啊,最好让我当你的学生吧。这样一来,对于美勒托斯的控告,[a5]我就可以在这些事情上挑战他。我就说,以前我一向认为弄清诸神事宜相当重要,如今他既然说我行为鲁莽还革新神道,所以,我就当了你的学生。

"美勒托斯,"我就这样跟他说,"如果你承认游叙弗伦[5b]在这些事情上很有智慧,而且举止得当,那么对我也应如此啊,就别告我啦! 如果

---

① 纳克索斯是居克拉迪群岛(Cyclades)中最大的一个岛,群岛位于爱琴海中部偏西一带。

② 这里的解经师,指的是宗教法则的解释者、引领者,亦指解释神示或预兆的人,通常由城邦各个地区的人提名,最后根据德尔斐神谕选出。其解释范围涉及祭礼、杀人罪、成人礼等。

你不承认的话,那么你首先应该去告他,而不是告我,因为他才是我的老师,是他败坏了老年人——我和他的父亲,正是游叙弗伦,他教导我,[b5]指责并处罚他的父亲。"

如果他不肯照着我的意思办,不肯放弃对我的指控,或者转去告你以代替告我,我在法庭上就用这番话来对付他。

游　凭宙斯,苏格拉底,倘若他真想[5c]告我,我想我准能找出他的要害所在,那么,对我们而言,法庭上的矛头会更多地指向他,而不是我。

苏　我亲爱的朋友啊,既然如此,[c5]那我真得用心当你的学生了。我知道,其他什么人也好,美勒托斯这家伙也好,看来根本没在意你。对我呢,他倒是轻而易举一下看透了,要告我不敬神。所以,现在请你以宙斯的名义告诉我,你刚刚非常确信知道得一清二楚的东西:[5d]杀人也好,其他什么也好,你说说,怎样才算敬神,怎样算不敬神? 或者在所有的事情中,虔敬难道不是自身同一的吗? 而不虔敬的事情,虽与所有虔敬的事情相对,但亦是自身同一的。就不虔敬这一点而言,凡[d5]不虔敬,它都有一个什么型相吧?

游　那当然,苏格拉底!

苏　那么请你告诉我,到底什么是虔敬,什么是不虔敬?

游　要我说,虔敬就是我现在所做的。杀人也好,盗窃神物也好,或者[d10]做其他诸如此类的坏事,不管这做了不义之事的人[5e]碰巧是你父亲也罢,母亲也罢,还是其他什么人都好,都得告他,否则就不虔敬。苏格拉底,关于这一习惯看法,我要给你一个千真万确的证据——我也跟别人提过这个证据,如果真有人这么做的话,告他就对了——不管他碰巧是什么人,绝不能放过这个[e5]不敬神的家伙。那些人既相信宙斯是最好、最正义的神,[6a]宙斯的父亲不义地吞噬了自己的那些儿子,他们也赞成宙斯以其人之道还治其人之身,将自己的父亲捆绑起来阉割了。① 我

---

① 据《神谱》描绘,克罗诺斯是乌拉诺斯(天)和盖娅(地)的儿子。乌拉诺斯的子女一出生就全部被他藏到地下,盖娅怀恨在心,让克罗诺斯为其报仇。后来,克罗诺斯也吞噬了自己的子女,因为有个预言说,会有一个儿子来推翻他。克罗诺斯的妻子将刚刚生下的宙斯藏了起来,最后,宙斯带领奥林波斯诸神战胜了克罗诺斯和其他的提坦神,并将他们全部关进了监狱。

父亲做错了事,我要告他,他们却义愤填膺。看来,他们[a5]对神和对我的看法截然不同。

苏　游叙弗伦,难道这就是他们要我吃官司的原因?因为只要有人讲那些诸神的事情,我就觉得难以接受。所以,有人就说我犯了大错。既然你[6b]对这类事情了如指掌,如今也认为这些事情是真的,看来,我们不得不承认了。但是,关于诸神,我们又承认自己一无所知,那么,我们还有什么可说的吗?看在友爱之神的分上,你就告诉我吧,你真的认为这类事情像你说的那样发生过?

游　[b5]那当然,苏格拉底。还有更稀奇的事,一般人都不知道。

苏　难道你相信诸神之间真的彼此有战争,还有可怕的敌意和争斗以及其他许多诸如此类的事?就像那些诗人所说的,或者是那些[6c]画家朋友在庙宇中为我们所描绘的,尤其是在泛雅典娜大节①大家为雅典卫城准备的那件大袍,绣满了那些故事。游叙弗伦,我们能说那些故事是真的吗?

游　[c5]还不止这些呢,苏格拉底。我刚说过,你要愿意,我还能为你讲上一大堆这类故事。你听了准大吃一惊。

苏　我才不会呢。不过,等有空的时候,你再慢慢讲这些。现在你还是把我刚才的问题[6d]讲得更清楚些吧。朋友,刚才我问什么是虔敬,你还没有教会我呢。你只告诉我,你现在碰巧正在做的,告父亲谋杀,就是虔敬。

游　[d5]苏格拉底,我说得没错啊。

苏　或许吧。但事实上,游叙弗伦,你也说其他许多行为是虔敬的。

游　的确如此。

苏　你还记得吗?我想要问你的不是这个,[d10]让你教我一两件虔敬的事,而是所有虔敬的事之所以虔敬,它的形相是什么?因为你说过,正是按照一个型相,②[6e]凡不虔敬的事不虔敬,凡虔敬的事虔敬。难道

---

① 泛雅典娜节,每年举行一次,是雅典最重要、最隆重的节日之一,为期一个月(七月中至八月中),为了纪念忒修斯建立这个城邦,将庆典献给雅典的守护神雅典娜。每四年举行一次特别盛大隆重的仪式,称为泛雅典娜大节,最具特色的就是绣袍游行。

② "形相"与"型相"原文分别为 eidos 和 idea,这两个词同源,含义相近,但有细微差异,柏拉图有时区分二者,有时并不区分。

你不记得了?

游 我当然记得。

苏 那么就请你教教我,这个型相究竟是什么,好让我盯住它,把它[e5]当作一个标准。这样一来,你或其他人所做的事若跟它像,我就可以说它虔敬,若不像,我就说它不虔敬。

游 如果你想要如此,苏格拉底,那我就这样来说。

苏 没错,我就想如此。

游 [e10]那么,为神所喜就是虔敬,[7a]否则就不虔敬。

苏 简直太棒了,游叙弗伦!你回答了我想要你回答的东西。这个回答究竟对不对,我还不知道。不过,显然你会教会我,你所说的是对的。

游 [a5]那当然。

苏 那就快点,我们来检验一下刚刚说的。为神所喜的事,为神所喜的人,都虔敬。为神所恶的事,为神所恶的人,都不虔敬。虔敬与不虔敬不仅不相同,还彼此对立呢。难道不是这样?

游 [a10]的确如此。

苏 说得还在理吧?

游 [7b]我觉得在理,苏格拉底。

苏 那么,我们刚刚不是说诸神相互争吵吗,游叙弗伦,[说]他们彼此不和,还说在诸神中,有些神对另一些神充满敌意?

游 [b5]的确这么说过。

苏 究竟什么使他们意见不合,我的好人,引起他们的敌意和愤怒?我们来看一下,如果我跟你对两组东西哪组数量更大有分歧,这种分歧会让我们彼此充满敌意和愤怒呢,[b10]还是说,至少对诸如此类的问题,我们可以通过计算[7c]马上解决?

游 没错。

苏 假如我们对东西的大小有分歧,我们可以通过测量,很快停止[c5]分歧,是不是?

游 的确如此。

苏 假如我们要想确定哪个重、哪个轻,我想可以通过称重来解决,是吧?

游　当然。

苏　[c10]那么,究竟什么使我们意见不合,对什么样的决定我们无法达成一致,而只会彼此充满敌意、怒目相向？或许你一时想不出来。你看,我[7d]说的算不算这类东西:正义与不义、高贵与卑贱、好与坏。你我和所有其他人不正是因为对这类事情意见不合,无法得出一个满意的仲裁,[d5]才变得彼此敌对？

游　确实,苏格拉底,正是对这些事情意见不合。

苏　那诸神又怎样呢,游叙弗伦？他们要是意见不合的话,不也是因为这类事情而意见不合？

游　[d10]那肯定。

苏　[7e]那么,在诸神中间,高贵的游叙弗伦啊,按你的说法,有些神认为某些东西是正义的,有些神则不这么认为。对高贵与卑贱、好与坏也是如此。显然,要不是对这类事情意见不合,他们就不会彼此充满敌意,是不是？

游　[e5]你说得在理。

苏　那么,只要他们自己认为是高贵的、好的和正义的,他们必定就喜爱,而对那些相反的事情,他们就讨厌,是不是？

游　正是如此。

苏　但对同样的事情,就像你说的,有些神认为正义,[8a]有些则认为不义。他们就因为对这类事情意见不合而彼此争吵、彼此斗争。难道不是这样吗？

游　是这么回事。

苏　那么,同样的事情,看起来既被神所厌恶,又被神[a5]所喜爱,也就是说,同样的事情既为神所恶,又为神所喜。

游　看来是这样。

苏　照这样说来,游叙弗伦,同样的事物既虔敬,又不虔敬。

游　有这种可能。

苏　[a10]我刚才的提问,你还是没回答,令人钦佩的人啊。我并没有问,什么东西刚好既虔敬又不虔敬,就好像说,什么东西既为神所喜又为神所恶。[8b]这样的话,游叙弗伦,你现在做的这件事,指控你父亲,假如你做这事为宙斯所喜,而为克罗诺斯和乌拉诺斯所恶,为赫斐斯托斯所喜,而为赫拉所恶,就不足为怪了。对于另外一些[b5]神而言,如果他们对这件事彼此意见不合,同样不足为怪。

游 不过我认为,苏格拉底,在这一点上没有哪些神会跟别的神有不同意见,至少谁不义地杀了人都不得不受惩罚。

苏 [b10]那么人的情形又如何呢?游叙弗伦,你难道听过什么人[8c]争论说,一个人不义地杀了人或不义地做了其他任何事而不用受惩罚的吗?

游 他们当然没停止过这样的争论,尤其在法庭上。因为,哪怕他们做了很多不义的事,[c5]但为了逃避惩罚,没有什么他们不愿做、不愿说的。

苏 游叙弗伦,他们会不会承认自己做了不义之事,却仍然声称自己不必受惩罚?

游 那倒不会有人这么说。

苏 那么,他们就不会什么都做、什么都说了[来逃避惩罚]。[c10]我看,如果他们真做了不义之事,他们就不敢说他们不必受惩罚。但是,依我看,[8d]他们会说,自己没有做不义之事,是不是?

游 你说得对。

苏 那么,他们不会争论这个[d5]做了不义之事的人该不该受惩罚,他们会争论的只是这个做不义之事的人到底是谁,究竟是什么不义之事,什么时候做的?

游 你说得对。

苏 诸神的情况不也如此吗,既然按你的说法,他们真的会为正义和不义之事而发生争吵,[d10]有些神说他们相互做了不义之事,而有些神声称没做?老实说,令人钦佩的人啊,不管是神还是[8e]人,没有谁敢说,一个做了不义之事的人不该受惩罚。

游 确实,苏格拉底,你说的至少大体是对的。

苏 不过,我觉得,游叙弗伦,争论者无论是人[e5]还是神——如果神也争论的话——都是争论某件做过的事情。他们因某件事情而意见不合,有些认为这件事做得合乎正义,有些认为不合正义,是不是?

游 的确如此。

苏　[9a]来吧,亲爱的游叙弗伦,教教我吧,让我变得更聪明些。你有什么证据说所有的神都认为那位雇工死得冤枉？这位雇工杀死了家中的一位奴隶,就被死者的主人捆绑起来,那捆绑的人派人到解经师那里询问该如何处置,结果没等问回来,[a5]雇工就因捆绑而死了。于是,为了这个雇工,儿子要告他的父亲,说他杀了人,你怎么证明这么做是对的？快点,跟我[9b]讲清楚些,所有的神都确实认为你的这种做法是对的。如果你能给我讲清楚,那我会对你的智慧赞不绝口。

游　这可不是件容易办到的事啊,苏格拉底,[b5]不过我可以非常清楚地证明给你看。

苏　我明白了。你的意思是,我在学习方面要比那些法官愚钝得多,显然你可以向他们清楚地证明诸如此类的事情是不义的,而且所有的神都厌恶这类事情。

游　当然可以清楚地证明,苏格拉底,[b10]只要他们能听我的。

苏　[9c]如果你说得好,他们会听的。不过,刚才你这么说的时候,我有这样的想法,我对着自己思忖:"即使游叙弗伦能清楚地教会我,所有的神都认为那雇工的死不合正义,难道我就能[c5]从游叙弗伦那儿就什么是虔敬、什么是不虔敬学到更多一些？因为,虽然这一行为很可能为神所恶,但显然并不能以此来恰当地说明虔敬与不虔敬的定义。因为,为神所恶的东西显然同时也可以是为神所喜的东西。"

关于这一点,暂且放你一马,游叙弗伦。你要愿意,尽管这么说,所有的神都认为[9d]这是不义的,所有的神都厌恶这种行为。

不过,现在我们得修正一下说法:所有神都厌恶的东西就不虔敬,所有神都喜爱的东西就虔敬。但是,那些既为有些神所喜爱又为另一些神所厌恶的东西,要么两者都不是,要么两者都是？你是不是[d5]希望我们这样来定义虔敬与不虔敬？

游　有何不可呢,苏格拉底？

苏　对我而言,当然没问题,游叙弗伦。不过,考虑一下你自己,假如这样来定义,你是不是更容易教会我你答应教我的东西呢？

游　[9e]我可以肯定地说,所有神都喜爱的东西是虔敬的,与此相反,所有神都厌恶的东西是不虔敬的。

苏 我们是重新来考虑一下,这说得在不在理,游叙弗伦,[e5]还是就按我们自己说的或别人说的,我们毫无疑惑地接受,只要有人这样说,我们也就认了这一点?还是我们得自个儿考虑一下说话者的说法?

游 必须考虑。不过,我觉得我这会儿说得很在理。

苏 [10a]我的好人啊,我们很快就能搞明白。这样来想一下:虔敬[的东西]究竟是因虔敬而为神所喜呢,还是因为神喜爱才虔敬?

游 我不明白你说的什么意思,苏格拉底。

苏 [a5]看来我得尽量把话说得更清楚些。我们不是说被运载的与运载、被引领的与引领、被看见的与看见,你知道所有这类说法彼此不同,而且知道不同在哪里?

游 我想我明白了。

苏 [a10]那么,被喜爱的东西也不同于喜爱,是不是?

游 当然不同。

苏 [10b]那么请告诉我,被运载的东西是因为被运载而成为被运载的东西,还是因为别的什么原因?

游 不,就因为被运载。

苏 那么,被引领的东西就因为被引领,被看见的东西就[b5]因为被看见,是不是?

游 那当然。

苏 那么,一件东西被看见不是因为它是被看见的东西,而是因为被看见,它才成为被看见的东西。[一件东西]被引领不是因为它是被引领的东西,而是因为被引领,它才成为被引领的东西。[一件东西]被运载不是因为它是被运载的东西,而是因为被运载,它才成为被运载的东西。我的意思已经够清楚了吧,游叙弗伦?[10c]我的意思是,一件东西之所以变成这件东西,或者受到影响,并不是因为它是变成的东西而成为这样,而是因为它变成这样,它才成为变成的东西。它受到影响,也不是因为它是受到影响的东西,而是因为它受到影响,它才成为受到影响的东西。或者你并不同意这么说?

游 [c5]我同意。

苏 被喜爱的东西要么变成被喜爱的东西,要么被喜爱,难道不是吗?

游　当然。

苏　那么,跟前面的情况一样,一件东西被喜爱,[c10]不是因为它是被喜爱的东西,而是因为它被喜爱,它才成为被喜爱的东西。

游　肯定。

苏　[10d]那么,我们刚才说的虔敬者又如何呢,游叙弗伦? 按你的说法,它为所有的神喜爱?

游　是的。

苏　是因为它本身虔敬呢,还是因为别的什么?

游　[d5]不,就因为它虔敬。

苏　也就是说,因为虔敬而被喜爱,而不是因为被喜爱而虔敬?

游　看来是这样。

苏　但事实上,一件东西之所以是被喜爱的东西,为神所喜,仅仅是因为它[d10]被诸神所喜爱。

游　怎么不是这样呢?

苏　那么,为神所喜就不是虔敬,游叙弗伦,而虔敬也不是为神所喜,按你的说法,这两者彼此不同。

游　[10e]怎么会这样呢,苏格拉底?

苏　因为我们同意,虔敬的东西被喜爱是因为它虔敬,而非因为被喜爱它才虔敬,是不是?

游　是。

苏　[e5]而且,为神所喜的东西是因为被诸神所喜爱,因为被喜爱本身才为神所喜,而非因为为神所喜才被喜爱。

游　你说得对。

苏　但是,如果为神所喜与虔敬是同一回事,我亲爱的游叙弗伦,[e10]那么,一方面,如果虔敬因虔敬而被喜爱,[11a]那么,为神所喜也会因神所喜而被喜爱;另一方面,如果为神所喜的事物是因被诸神所喜爱而为神所喜,那么,虔敬也会因被喜爱而虔敬。不过,现在你来看,这两种情况刚好相反,因为它们彼此完全不同。[a5]一种因为被喜爱而成为能被喜爱的东西,另一种因为它是能被喜爱的东西而被喜爱。游叙弗伦,也许问你什么是虔敬时,你并不想告诉我它的本质,而只是说到它的某种属性:虔敬能被所有的神所喜爱。[11b]它究竟是什么,你还是没说。如果你乐意的话,不要对我有所隐瞒,还是从头开始说,什么是虔敬。不管它是否被诸神所喜爱,或者受到别的什么影响,在这一点上,我们没有分歧。好好说,究竟什么是虔敬,什么是[b5]不虔敬?

游　但是,苏格拉底,我不知如何向你说明我的意思。只要我们提出一个什么说法,它总是绕着我们转,不肯在我们确立它的地方待下来。

苏　你的说法呀,游叙弗伦,倒很像我的老祖宗[11c]代达罗斯①。要是那些说法是我提出的,并把它们确立下来,你准笑话我了,说我不愧是代达罗斯的后代啊,所以我的说话作品也老是打转,不肯在任何人确立它们的地方待下来。这回可好,[c5]这些说法可都是你的,看来得换个笑话才行。这些说法总不肯为你待下来,你自己也看到了这一点。

游　我倒认为,苏格拉底,刚好用得上这个笑话。其实,这些说法老是打转停不下来,并不是我让它们如此。[11d]相反,依我看啊,你才是代达罗斯。要是我的话,它们早就待下来了。

苏　这么看来,我的好人啊,在这门技艺上,我比老祖宗还厉害。他呢,只是让他自己的作品[d5]停不下来,而我呢,看来不仅让自己的作品停不下来,还让别人的作品也停不下来。而且,对我来说,最绝的就是,我没想如此,却偏偏这么厉害。我不要[11e]代达罗斯的智慧,也不要坦塔罗斯②的财富,而宁愿让我的话能待下来,别再打转。这些就不多说了。既然我觉得你有些娇气,我就使把劲儿,帮你一把,好让你教会我,到底什么是虔敬。你别泄气,你看,[e5]你是不是认为,所有虔敬的都是正义的?

游　我看就是如此。

苏　那么,是不是所有正义的事物都虔敬呢?抑或虔敬的事物[12a]都是正义的,而正义的事物并不都是虔敬的,只有一部分虔敬,一部分则不虔敬?

---

① 代达罗斯是所有雕刻师(包括石雕和木雕)的祖师爷。据记载,苏格拉底的父亲是一位石匠,作为石匠的儿子,苏格拉底可以将他的祖宗追溯到代达罗斯。

② 坦塔罗斯是传说中吕底亚的国王,以其巨大的财富而闻名。坦塔罗斯做了国王之后,诸神给予他特殊的荣誉,准允他参加诸神的宴饮,听闻诸神的言谈。结果,他得意忘形泄漏了诸神的秘密,因而受到永罚。

游 苏格拉底,我不太明白你说的意思。

苏 你不仅比我聪明得多,也比我年轻得多。[a5]不过,我想说,虽然你饱含智慧,但有些娇气。来吧,我亲爱的朋友,你自己努力一把,我的意思并不难懂。我说的与那位作了这首诗的诗人刚好相反,他说:"宙斯,这位造化万物之神,[12b]你不敢称说他,因为凡有恐惧,必有敬畏。"① 我与这位诗人所说不同。要告诉你怎么回事?

游 当然。

苏 要我看,"凡有恐惧,必有敬畏",并不是这么回事。[b5]我觉得,好多人感到恐惧,害怕疾病,害怕贫穷,或者其他许多诸如此类的东西,不过,他们虽然害怕,但对这些东西并无敬畏之意。难道你不这么认为?

游 那当然。

苏 应该是"凡有敬畏,必有恐惧"。[b10]那些做什么事都心怀敬畏和羞耻的人,[12c]不都害怕和恐惧得到坏名声?

游 他当然害怕。

苏 那么,就不能说"凡有恐惧,必有敬畏",而只能说"凡有敬畏,必有恐惧"。因为,并不是[c5]所有恐惧的地方,都有敬畏。我想恐惧的范围要比敬畏来得广。因为,敬畏只是恐惧的一部分,就像"奇数"只是"数"的一部分。因此,并不是凡"数"皆为"奇数",而只能是凡"奇数"皆为"数"。这下你该明白了吧?

游 完全明白了。

苏 [c10]这正是我前面要问的问题,[12d]究竟是"凡有正义的地方,必有虔敬",还是"凡有虔敬的地方,必有正义",而"凡有正义的地方并非都有虔敬"? 也就是说,虔敬是正义的一部分,我们能不能这样说? 或者你还有别的看法?

游 不,就这么回事。我觉得你说得很对。

苏 [d5]那好,我们接着看。如果虔敬是正义的一部分,那么,我们就得找出,正义中哪一部分是虔敬的。假如你问我刚才所提到的例子,比

---

① 诗句来自斯达西诺斯(Stasinus)所作的《居普里亚》(*Cypria*),讲述的是《伊利亚特》和《奥德赛》史诗中的故事。

如,数目的哪一部分是偶数,偶数刚好是什么样的数目,我就会说:"那些不是不等边的,而是二等边的数就是偶数。"①[d10]难道你不这么认为?

游　我也这么认为。

苏　[12e]那么,请你就这样子教教我,正义的哪一部分是虔敬的?这样一来,我们可以告诉美勒托斯别再冤枉我们,别再告我们不敬神。因为,我们已经从你这儿完全学会了,什么东西既敬神又虔敬,什么东西不是。

游　[e5]在我看来,苏格拉底,敬神且虔敬的那部分正义是照料神的,而剩下的那部分正义是照料人的。

苏　我觉得你说得太妙了,游叙弗伦!不过,[13a]我还有个小问题:我还是不明白你说的"照料"究竟是什么意思。显然,你不会说,照料其他事物与照料神是一样的——我们真的会这样说吗?比如,我们会说,并不是人人都知道怎么[a5]照料马,而只有养马的人才精于此道,是这样吗?

游　那是。

苏　显然,养马的技艺就是照料马。

游　对。

苏　而且,也不是所有的人都知道怎么照料狗,而只有那些[a10]猎人才知道。

游　确实如此。

苏　显然,猎人的技艺就是照料狗。

游　[13b]对。

苏　而牧牛人的技艺就是照料牛。

游　没错。

苏　那么,虔敬和敬神就是照料神,游叙弗伦,[b5]你是这么说的吗?

游　确实,我是这么说的。

苏　那么,是不是所有这些照料都带来相同的东西呢?比如说,是不是给被照料者带来某种好处和利益?就像你看到的,靠养马的技艺来照料马,[b10]这些马就得到益处,变得更好?或者你不这么认为?

---

① 希腊人对数的看法深受几何学的影响,所以这里说"不等边的"数即指奇数,"二等边的"数即指偶数。

游 不,我就是这么认为的。

苏 同样,狗靠着猎人的技艺,[13c]牛靠牧牛人的技艺,以及其他所有诸如此类的情况都是如此,对吗?或者你认为,照料一个对象会给它带来伤害?

游 凭宙斯,我当然不会这样想!

苏 相反,只会给它带来好处,是吗?

游 [c5]难道不是吗?

苏 那么,虔敬既然是照料神,就能给神带来好处,使神变得更好,是不是?你的意思是不是这样,只要你做了虔敬的事情,你就使某个神变得更好,是吗?

游 [c10]凭宙斯,我绝没这个意思!

苏 我想你也不是这个意思,游叙弗伦。你肯定不是这么想的。我之所以要问[13d]你说的照料神究竟是什么意思,就因为我不相信你说的是这种类型的照料。

游 你说得没错,苏格拉底。我说的确实不是这种类型。

苏 好。那么,虔敬究竟是对神的一种什么样的照料?

游 [d5]就像奴隶照料主人,苏格拉底。

苏 我明白了,看起来就像是对神的一种侍奉技艺。

游 对。

苏 那么你能告诉我,如果说就医生而言的[d10]侍奉技艺能恰好产生什么结果的话,你不认为就是健康吗?

游 没错。

苏 [13e]那么就造船者而言的侍奉技艺呢?这种侍奉会产生什么样的结果?

游 显然,苏格拉底,产生船呗。

苏 那么,就建房者而言的侍奉技艺就能产生房子,是不是?

游 [e5]对。

苏 那么,请你告诉我,我的好人啊,对神的侍奉技艺究竟能带来什么结果?显然你是知道的,你说过,你比其他任何人更懂得诸神的事呢。

游 我说得没错啊,苏格拉底。

苏　[e10]宙斯在上,请你告诉我,诸神把我们当仆人,他们能带来的极好结果究竟是什么呢?

游　会有很多好结果,苏格拉底。

苏　[14a]对将军来说也是如此,我亲爱的朋友,你轻而易举就能告诉我在这当中主要会有什么好结果,就是在战争中取得胜利,对不对?

游　没错。

苏　[a5]我想,农夫也一样,能产生许多好结果,但这当中主要的结果还是来自地里的食物。

游　当然。

苏　那么,诸神能带来的众多好结果有哪些?[a10]在这些事物中,主要的好结果又是什么?

游　我刚告诉过你,苏格拉底,要想搞明白所有这些事情,[14b]非得下一番苦功才行。因此,我只能简单跟你说,如果一个人懂得祈祷和献祭,说一些话,做一些事,让神欢心,那么,这些就虔敬。这能保佑[b5]每个家庭,也能保佑城邦的公共生活。与此相反,若不能取得诸神的欢心,那么这些事情就不敬神,它会颠倒一切、摧毁一切。

苏　你要愿意的话,游叙弗伦,你早可以对我提问的要点说得更简明些。显然你存心不[14c]想教我。本来你已经站在那个节骨眼上了,但又避开了,要是你刚才回答了我,我早就从你这儿学会了什么是虔敬。不过,因为爱欲者必然跟随被爱欲者引领的方向走,所以你能不能再说一下,你刚才[c5]说的虔敬与虔敬的事物是什么来着?是一门关于献祭和祈祷的知识?

游　对,我是这么说的。

苏　那么,献祭就是给诸神送礼物,而祈祷就是对神有所祈求,是不是?

游　[c10]太对了,苏格拉底!

苏　[14d]按照这个说法,虔敬就是一门关于对神如何祈求和如何给予的学问,是不是?

游　你完全抓住了我的意思,苏格拉底!

苏　是的,我亲爱的朋友。因为我渴望你的智慧,[d5]一直聚精会神地听,所以只要是你说的,我绝不让它落空。不过,你再跟我说说,这种对诸神的侍奉究竟是一种什么样的侍奉？你的意思是对诸神有所祈求、有所给予,是吗？

游　是这意思。

苏　合理的祈求就是祈求一些我们需要从诸神那里[d10]得到的东西,是不是?

游　难道还有别的?

苏　[14e]合理的给予就是再次回赠礼物,给予他们那些碰巧他们需要从我们这里得到的东西,对吗？因为,倘若将礼物送给一个根本不需要的人,那显然不明智。

游　[e5]你说得对,苏格拉底。

苏　那么,游叙弗伦,虔敬岂不成了诸神与人彼此之间的一种交易技艺?

游　对,就是交易,如果你愿意这么称呼它的话。

苏　除非这恰是事实,要不然我才不愿这么说呢。[e10]请你告诉我,诸神从我们这里得到那些礼物,[15a]对他们有什么好处呢？不过,他们给予我们的好处却人人皆知,因为,如果他们什么都不给的话,我们将毫无所获。然而,他们从我们这里得到的那些东西,对他们有什么好处呢？难道是我们在这个交易中占了大便宜,也就是说,我们从他们那里得到所有好处,而他们在我们这里却一无所获?

游　[a5]不过,你想,苏格拉底,诸神也会从我们给予的东西中得到好处啊。

苏　游叙弗伦,诸神从我们这里得到的礼物究竟是什么?

游　还能是什么,不就是[a10]感恩、敬重,还有我说过的崇敬?

苏　[15b]这么说来,游叙弗伦,虔敬就是讨诸神欢心,而并不会给他们带来什么好处或者为神所喜爱的东西。

游　我觉得,在所有东西中,虔敬是他们最喜爱的东西。

苏　这样一来,又重新回到：虔敬就是[b5]为神所喜的东西。

游　对,这是他们最喜爱的东西。

苏　你要这样说的话,你不觉得自己的话老是转来转去停不下来吗？你还指责我像代达罗斯的作品一样转来转去,现在你自己[b10]比代达罗斯还厉害得多，让这些话绕着圈子转。难道你没发现，我们的话绕了一大圈，又回到了原点？［15c］你肯定还记得我们之前说，虔敬与为神所喜不是一回事，而且彼此不同。你不记得了？

游　我记得。

苏　［c5］但是，你要知道，你刚刚不是说，虔敬就是为神所喜爱的东西？这也就是说，除了为神所喜，虔敬难道还能是别的什么？不是这样吗？

游　没错。

苏　这样的话，要么就是我们前面同意的错了，如果前面没错的话，要么就是现在说错了。

游　［c10］好像是这么回事。

苏　那我们还得回过头来重新开始，来思考什么是虔敬。除非我把它学到手，要不然我决不罢休。［15d］你可别小瞧我，还是集中全部精力，把真理告诉我吧。这世上倘若还有人知道真理的话，那肯定是你。就像对普罗透斯①一样，我也决不会放过你，除非你说出真理。因为，要是你对虔敬与不虔敬没了解那么清楚的话，［d5］你决不会为了一个雇工，要告你那年迈的父亲杀人。否则，你肯定害怕冒犯诸神，也害怕被民众耻笑，而不敢这么做。所以我敢肯定，你对［15e］虔敬与不虔敬必定知道得一清二楚。我的老朋友游叙弗伦啊，告诉我吧，别再隐瞒你的想法了。

游　［e5］改天再说吧，苏格拉底。这会儿我还急着赶路呢，得走了。

苏　老朋友，你怎么能这样？你这一走，岂不让我的巨大期望落空：我原以为可以从你这里学到什么是虔敬，什么是不虔敬，好摆脱美勒托斯的指控。我想向他表明，［16a］我已经从游叙弗伦那里学聪明了，知道了有关诸神的事情，我不会再因无知而鲁莽行事或革新神道了，而且，我要更好地度过我的余生。

---

①　在《奥德赛》卷四，墨涅拉奥斯讲述了普罗透斯的故事。当时墨涅拉奥斯和同伴们被困在孤岛上，他知道肯定是得罪了神灵，才陷入这样的处境。但他既不知道得罪了哪位神，也不知道如何去取悦他。只有普罗透斯知道所有的秘密，但是普罗透斯可以随意地变换形状，以回避别人的问题。幸亏有女神埃伊多特娅（Eidothea）的帮助，墨涅拉奥斯终于抓住了普罗透斯，直到他答应说话。这位海中老神向墨涅拉奥斯揭示，他"原本应该向宙斯和其他众神明奉献丰盛的祭品，求他们让你尽快渡过酒色的大海，返回自己的家园"。

苏格拉底的申辩

吴飞 译

　　[17a]雅典的人们,控告我的人是怎么影响你们的,我不知道。可我自己也有点茫然自失了,他们说的可真是充满说服力。而他们说的话里,简直没有真话。他们信口雌黄,有一句[a5]尤其让我惊讶,就是所谓的你们必须当心被我欺骗,[17b]因为我说话很聪明。他们真不害羞,不怕会被我用事实马上驳倒,即,我无论如何不像说话聪明的——这在我看来是他们做的最可耻的事——除非是,他们把说真话叫做[b5]说话很聪明。而如果他们这么说,我会承认我是个演说者,但不是他们那种。而这些人,如我所说,他们说的话里,很少或根本没有真的,但你们听我说的都是真的。宙斯在上,雅典的人们,你们听我说的并不像他们精心设计的词句那样,不是刻意修饰的[17c]辞令和名目,都是我临场口占的字句——我相信我说的是实事求是的——你们中谁也不要期待别的说话方式。

　　当然,诸位,在我这[c5]个年纪,是不该像孩子一样到你们这里来胡扯了。雅典的人们,我热切地求你们、恳请你们,如果你们听到我申辩的这些话,觉得和我在市场上的钱庄柜台边或别的地方常说的是一样的——你们中很多人在那里听到过——你们不要[17d]因此而惊讶或叫喊。因为是这样:现在我第一次到法庭上来,已届七旬,垂垂老矣。对于这里的言辞方式,我完全是个门外汉。比如,要是我在这儿真的是一个外邦人,你们一定[d5]同意我用从小习惯了的[18a]口音和方式说话,那么,同样,我现在向你们提出这个正当请求——至少在我看来,它是正当的——你们不要管我的说话方式,它也许更糟,也许更好,只是观察和思考这一点:我说得是[a5]否正当。这是法官们的德性,而演说者的德性就是说真话。

那么，雅典的人们，我要申辩，就应该先针对那些最初的虚假控告和那些最初的控告者，然后针对后面的控告和后面的[18b]控告者申辩。很多年前，你们面前就有了很多控告我的人，说的根本不是真话。比起安虞托斯这伙人，我更怕他们，虽然安虞托斯他们也可怕。诸位，那些人更可怕，你们中[b5]很多人从孩童时代就被他们说服了，被他们左右，听他们控告我，其中同样没有真话，他们说，有个苏格拉底，是个智慧的人，是关心天上的事的学究，还考察地下万物，把弱的说法变强。[18c]雅典的人们，他们散布这谣言，真是我可怕的控告者。而听到这些话的人认为，考察这些东西，就是不信神的。其次，这些控告者数量多，而且在很久以前[c5]就在告我了，他们在你们最轻信的年龄——你们儿童或少年时——对你们说的那些控告，都被想当然地接受了，根本无人申辩。这一切当中最没道理的是，我根本不[18d]知道，也说不出他们的名字，除了其中一个喜剧诗人。很多人出于嫉妒或诬蔑中伤我，说服了你们——或是先说服自己，再说服别人。所有这些人都是极难相处的。也不可能[d5]让他们中哪一个来此当面对质，那我就简直要像空拳练习①一般申辩，质疑他们，却无人回答。你们要把我所说的当真，有两拨[18e]控告我的人。其中一拨刚刚控告我，另外一拨就是我所说的很久以前控告我的那些。你们知道，我应该首先针对后者申辩，因为你们最先听到了后者的控告，听得比前者的多得多。

好了。雅典的人们，我是要申辩的，要试着[19a]在这么短时间里从你们中间打消那么长时间持有的恶意。如果能对你们和我都好，我能圆满完成申辩，我当然愿意。但我认为这[a5]很难，这根本不会逃过我的眼睛。一方面，神愿意怎样，就怎样发生吧；另一方面，我要遵守法律来作申辩。

那么，是什么引起了对我的诬蔑？还是让我们从头讲起。美勒托斯[19b]在写下现在这份诉状时，他信的就是这些诬蔑。好了。那些诬蔑者究竟讲了什么诬蔑？他们若来控告，那他们起誓后的状辞一定是："苏格拉底行了不义，忙忙碌碌，[b5]寻求地上和天上之事，把弱的说法变强，[19c]并把这些教给别人。"大体如此。你们自己在阿里斯托芬的喜剧里

---

① 即拳击手在没有对手时的练习。在现代拳击中，仍有"空拳练习"（shadow-boxing）。

看到了这些:有个苏格拉底被搬到那里,吹嘘说他在空气里走路,还胡说好些别的胡话,但对于这些,我闻所未闻,无论[c5]大小。但我不是说,如果谁是擅长这些的智者,我就看不起这些学问——但愿美勒托斯不会告我有这么重大的罪,让我争辩! 但是,雅典的人们,这些事情和我都没有关系。[19d]并且,我可以让你们中的很多人做证人,我觉得你们应该相互告知,相互展示,你们那些听到过我怎么说的人——你们中有很多听我说过的——相互展示,无论听多听少,[d5]你们中是否有谁听我对此说过什么,因此你们就知道,很多人给我编造的别的罪名,也是这样莫须有的。

但这些都不是真的;如果你们听说,我试图教育人,从中牟利,[19e]那也根本不是真的。而在我看来,谁要是能教育人们,这还是很高贵的,就像勒翁提诺伊人高尔吉亚、科俄斯人普罗狄科、厄利斯人希琵阿斯那样。诸位,他们当中的每一个,都走[e5]到各个城邦的年轻人中去——本来,这些年轻人只要愿意,就可以免费和城邦里的任何人交往——并且能说服他们,不和自己城邦中那些人在一起,[20a]而和他们在一起,得给他们财物,还要为此感激他们。

这里还有另外一个智慧的人,是帕罗斯人,听说他还在这里。我恰好遇到了这么一个人,他在智者们身上花的钱[a5]比所有别人都多,就是希珀尼科斯的儿子卡利阿斯①,他有两个儿子。

我问他:"卡利阿斯,如果你的两个儿子是马驹或牛犊,我们会给它们找个教练,雇用他,只要他愿意让它们按照自己[20b]的德性变得美且好,这个人就是一个马术师或者农夫;而今,你的儿子们是人,那么,你心里想给他们找什么人来做教练呢? 是一个精通这样的德性,即关于做人和做公民[b5]的德性的教练吗? 我想,你既然有两个儿子,应该已经考量过这一点了。是这样,"我说,"抑或不是?"

"当然。"他说。

"他是谁?"我说,"从哪里来,要多少学费?"

"是欧厄诺斯,苏格拉底,帕罗斯人,五个米纳。"

---

① 卡利阿斯是雅典的巨富。在《普罗塔戈拉》中,他同时款待普罗塔戈拉、希琵阿斯和普罗狄科。色诺芬的《会饮》就在卡利阿斯家中举行。此外,还有很多雅典作家提到过他。

如果欧厄诺斯真有这技艺,并且收费低廉,那我祝福他。[20c]如果我懂这些,我就会美滋滋的,自我膨胀。但我并不懂,雅典的人们。

那么,也许你们当中有人会插话说:"那么,苏格拉底,[c5]你到底是怎么回事呢?对你的诬蔑都从何而来呢?也许你没有做多少出格的事,但如果你所做的真的和大多数人没有不同,那就不会出现这些流言和说法。那么告诉我们你出了什么事吧,[20d]以免我们武断地对待你。"

我看说这话的人说得很对,我会试着向你们揭示出来,是什么给我带来了这名声和诬蔑。听清楚了。也许在你们中的一些人看来,[d5]我是在说笑话。但你们要明白,我要告诉你们的都是真的。

雅典的人们,我得到这个名声,不为别的,正是因为智慧。这种智慧到底是什么样的?也许就是一种凡人的智慧。也许我确实善于这种智慧。而我刚刚提到的人,[20e]要么确实有比凡人更高的智慧,因而是智慧的,要么我说不出那是什么。因为我不懂这些,而谁说我懂,都是在说谎,制造对我的诬蔑。雅典的人们,不要叫喊,哪怕我好像在对[e5]你们说大话。我说的这话并不是我自己说的,我是借用你们认为值得信赖的一个说的话。我的这些,究竟是否真是智慧,是什么样的智慧,我要向你们举出的证人,就是德尔斐的神。你们该知道凯瑞丰的。他和我从年轻时就是伙伴,[21a]他也是你们大家的伙伴,一起在新近的逃亡中出逃,又和你们一起回来。① 你们知道凯瑞丰是怎样一种人,②知道他无论做什么事时,都是多么莽撞。有一次他到了德尔斐,竟敢提出了这[a5]个问题——我说过了,诸位,你们不要叫喊——他问,是否有人比我更智慧。于是皮提亚③女祭司拿起签说,没有人更智慧。这个人已经死了,但他的

---

① 这次出逃发生在公元前404年,也就是苏格拉底的审判前五年,他们八个月后回到雅典。当时,雅典在伯罗奔半岛战争中打败了,斯巴达人为雅典建立了寡头制,而这些寡头为自己攫取了绝对权力,因此被称为"三十僭主"。于是,很多民主派逃离雅典。苏格拉底反对民主制,但也不支持寡头制,不过苏格拉底一直留在了雅典城。

② 苏格拉底的早年同伴凯瑞丰举止怪异,是雅典人所熟知的。他不仅出现在柏拉图的对话中,而且还出现在很多喜剧当中。阿里斯托芬的《云》《鸟》《蛙》等作品也讽刺了他。

③ 阿波罗杀死了德尔斐看守神殿的巨蟒皮同(python),于是,阿波罗得到了皮同的徽标。他的祭司都被称为皮提亚。

弟弟在你们中间,可以作证。

[21b]你们看我为什么说这些。我想要教给你们,对我的诬蔑是从何而起的。听到这话,我就自己寻思:"神说的究竟是什么,这到底是什么哑谜?我自己知道,我没有大智慧,也没有小[b5]智慧。那么他说我最智慧,到底说的是什么意思呢?神又不会说假话,因为这不是神的做法。"在好长时间里,我都不明白他说的到底是什么。随后,我很不情愿地转向下面这样的探讨。我去拜访一个据说很智慧的人,[21c]好像在那里就可以质疑那说法,回应神谕说:"这个人就比我智慧,你还说我最智慧。"

于是我仔细审视了这个人——他的名字我不必说,雅典的人们,但那是一个政治家[c5]——我观察了他并且和他对话之后,得到这么个印象:我看到,虽然别的很多人觉得他很智慧,特别是他自己,但其实不然。随后,我试着告诉他,虽然他认为自己智慧,其实他不智慧。[21d]结果,我遭到他和在场很多人的忌恨。我离开那里,寻思,我比这个人更智慧。也许我俩都不知道美和善,但是那个人[d5]认为自己知道他不知道的事,而我既然不知道,也就不认为我知道。我觉得好像在这件事上总比他智慧一点儿,即我不知道的事,我就不认为我知道。我离开那儿,到看起来更智慧的某人那里去,[21e]结果在我看来也是这样,于是我就遭到那人和别的很多人的忌恨。

在这之后,我拜访了一个又一个人,痛苦而恐惧地发现,我被人们忌恨,然而在我看来,[e5]完成神给的任务一定先于所有别的事——为了考察他说的神谕,就要去找所有[22a]好像有知识的人。天狗在上,①雅典的人们——我必须对你们说真话——我经历的就是这类事。我遵从神考察之后,发现那些声名显赫的人是最无能的,而[a5]另外那些看上去更一般的人却好像更明智些。我必须告诉你们,我的奔波真是干苦活,我这才觉得那个神谕变得不可置疑了。

在这些政治家之后,我去拜访一些诗人,包括悲剧诗人、[22b]酒神的赞美诗人,还有别的诗人,自以为我在那里就可以当场发现,我比他们无

---

① 苏格拉底多次以天狗发誓,比如在《高尔吉亚》482b5。他在那里还明确讲,这是埃及的一个神。早在希罗多德的时候,希腊人已经知道了埃及人对狗的崇拜。

知。我拿起在我看来他们最用心写的诗,细细询问他们说了什么,[b5]也看我能从他们那里学到什么。诸位,我简直羞于说出真相。可我必须讲出来。当时在场的人谈到诗人们花心血写的诗歌,没有几个人不比诗人自己说得好。于是,很快我就也明白诗人们是怎么回事了,作诗不是靠智慧[22c]作的,而是靠某种自然,被灵感激发,就像先知和灵媒一样:他们是说了很多很美的话,但是他们并不理解自己所说的。我明白了,诗人所感到的,也是他们的这种感觉。[c5]同时我也看到,他们因为诗歌,就认为自己在别的事情上也是最智慧的人,虽然其实不是。于是我离开了他们,结果认为自己更高明,就像我比政治家高明。

最后我走到匠人们当中。[22d]我知道,我是所谓的什么也不知道,而我也知道,我会发现他们知道很多美好的事情。这一点我没弄错,他们知道我所不知道的,在这一点上比我智慧。但是,雅典的人们,[d5]在我看来,这些能工巧匠们和诗人们有一样的毛病——因为能漂亮地完成自己的技艺,他们一个个就自以为在别的事情上,哪怕天下大事上,也是最智慧的——他们的这种自以为是遮蔽了自己的智慧。[22e]我从那个神谕的角度问我自己,我究竟是愿意这样是我所是,既不像他们的智慧那样智慧,也不像他们的愚蠢那样愚蠢,还是像他们那样,兼有二者。我回答我自己[e5]和神谕说:"是我所是"对我更好些。

由于这种省察,雅典的人们,[23a]我遭到了很多人的忌恨,是最苛刻和最沉重的忌恨,因而其中也就出现了很多诬蔑,于是人们用这么个名儿来说我——"智慧的"。每一次,在场的人都认为,我在什么问题上驳斥别人,我在那个问题上就[a5]智慧。其实,诸位,神才真是智慧的,他在那个神谕里表明的是这个,人的智慧价值很小,几乎什么也不是。他好像是在这样说这个苏格拉底,其实是假借[23b]我的名字,用我做个例子,如同在说:"你们中最智慧的,世人啊,就是像苏格拉底那样,知道就智慧而言,他真是毫无价值。"正是因此,我现在[b5]还在按照神的意愿,四处寻求和追问每一个我以为智慧的公民和异乡人。每当我发现他并不智慧,我就替神证明,指出此人不智慧。因为忙于这些,我没有空闲从事城邦里那些值得一提的事务,也无暇顾及家里的事,而是[23c]因为服务于神陷入赤贫。

此外,有些青年自愿追随我——他们最有闲工夫,出身豪富。他们乐于听我省察人们,自己[c5]经常模仿我,也试着省察别人。于是,我想他们发现了无数人自以为知道一些,其实知道得很少,甚至什么也不知道。于是,那些被他们省察的人对我生气了,却不对他们自己生气,[23d]说什么苏格拉底是最有害的人,把青年都败坏了。有人问他们我做了什么,教了什么,他们没什么可说的,根本不知道,但又不愿表现得毫无根据,于是就说出了所有那些为热爱智慧[d5]者预备的控诉,说什么"天上地下的事",什么"不信神",什么"把弱的说法变强"。我认为他们并不想说真相,非常明显,他们假装知道,其实不知道。同时,我认为他们是爱名者[23e],很带劲,人数也多,异口同声,充满说服力地说我的坏话,灌满你们的耳朵,长期以来,一直带劲地诬蔑我。靠了这些,美勒托斯伙同安虞托斯和吕孔攻击我。其中,美勒托斯[e5]为诗人们不平,安虞托斯为那些匠人和[24a]政治家不平,吕孔为演说家不平。就像我开头说的,我要是能在这么短的时间里消除在你们当中已根深蒂固的诬蔑,那就怪了。

雅[a5]典的人们,这就是你们要知道的真相,无论大事小事,我说出来,都不隐瞒你们,一点儿也不保留。而且我清楚地知道,我也会因为这些招致忌恨。这也证明我说的是真相,这就是对我的诬蔑,这就是对我的诬蔑的原因。[24b]无论你们现在还是以后考察这一点,你们都会发现是这样的。

那么,针对那些最先对我提出控告的控告者,向你们做这些申辩,就该够了。至于那所谓的好人和[b5]爱城者美勒托斯,以及后来的控告者,我说过,我随后就要来申辩。既然这些人看来是另外一群控告者,我们就再来看他们宣誓所写的诉状。① 上面是这样说的:苏格拉底行了不义,因为他败坏青年,不信城邦[24c]信的神,而是信新的精灵之事。那控告就是这样的。我们来一点一点地省察这份控告。

他说我因败坏青年行了不义。而我[c5],雅典的人们啊,说美勒托斯行了不义,因为他把正事当玩笑,轻易地陷人于官司,对他从未关心过的事情假装正经,无事生非。事情是不是这样的,我且来指给你们看。

---

① 第欧根尼·拉尔修在《名哲言行录》第二卷的"苏格拉底"部分提到,这份诉状在罗马皇帝哈德良时期还保存在雅典的档案里,其中写道:"庇透斯的美勒托斯的儿子美勒托斯盟誓,状告阿洛佩刻的索弗罗尼斯科斯的儿子苏格拉底,说:'苏格拉底行了不义,因为他不信城邦信的神,而是带进新的精灵之事。他还因为败坏青年而行了不义。判死刑。'"

来吧,美勒托斯,回答我。把[24d]青年们变得尽可能最好,不是顶重要的事吗?

我同意。

现在,告诉诸位,谁把他们变得更好了?显然你知道,因为你关心这事。像你说的,[d5]因为你发现了败坏青年的人,也就是我,所以把我带到诸位面前,提出控告。那么说说,是谁把他们变好的,披露给大家。你看,美勒托斯,你不说话,没什么可说的?这不可耻吗?这不是我所说的话的足够证据吗:你从未关心过此事?但是,[d10]说吧,来吧,谁把他们变得更好的?

法律。

[24e]但这不是我所问的,最好的人啊。我问的是,最先已知道这法律的人,是谁呢?

他们,苏格拉底,法官们。

你怎么讲,美勒托斯?他们能够教育[e5]年轻人成为更好的?

当然是。

他们都能,还是有些人能,别的人不能?

都能。

赫拉在上,你说得好,青年的帮助者真是[e10]人才济济了。那怎样呢?这些听众会把他们变得更好,[25a]还是不会?

他们会。

议员们又怎样呢?

议员们也会。

[a5]那么,美勒托斯,在公民大会上呢,参加大会的那些人们,是不会败坏青年的?或者他们也都会把青年变得更好?

他们也会。

看来,除我之外,雅典人都会把年轻人变得[a10]高贵和好,只有我败坏他们。你是这么说吧?

这完全是我说的意思。

你可让我倒大霉了。回答我。你是不是认为马也是这样的?所有[25b]人都可以把它们变得更好,只有一人是败坏者?或者是完全相反,只有特定的一人或很少的人精于驯马,能把马变得更好,大多数人如果和马在一起,使用它们,就会败坏它们?无论是马,还是别的动物,[b5]难道不都是这样吗,美勒托斯?一定是的,不论你和安虞托斯承认不承认。如果只有一人败坏,别人都帮助,那青年们可是太[25c]幸运了。但是,美勒托斯,你已足以表明,你从未挂念过青年,还清楚地表现出了你的这种漠不关心。虽然你因此把我带上了法庭,你自己却从未关心过此事。

[c5]当着宙斯的面,你对我们说,美勒托斯,是在善良的公民中过日子好,还是在邪恶的公民中过日子好?伙计,回答啊!我问的可不是个难题。难道不是恶人总是对身边的人做坏事,好人做好事吗?

[c10]当然是。

[25d]那么,是否有人更愿遭到身边的人的伤害,而不是得到帮助呢?回答呀,好人。因为法律命令你回答呢。有人愿意被伤害吗?

当然没有。

[d5]来吧,你带我到这儿来,是说我败坏青年,把他们变得更坏,我是有意的还是无意的?

我认为是有意的。

那怎样,美勒托斯?难道你小小年纪,比我这么大把年纪更有智慧,知道坏[d10]人总是对和自己最接近的人做坏事,好人做好事?[25e]难道我反而那么无知,根本不知道,如果我要给身边的人带来痛苦,我就会冒着被他伤害的危险,所以我还是像你所说的,有意做了这些坏事?[e5]我可不信你这一套,美勒托斯,我认为没有一个别人相信。而我要么没败坏他们,要么败坏了他们,[26a]但却是无意的;在两种情况下,你都在撒谎。但如果我无意败坏了他们,法律就不该因为这种[无意的]过错,让人带我来这里,而应该让人私下教育和警告我。显然,如果我得到了教诲,我就会停止我无意做的事。[a5]而你却回避,不愿意与我交往,不愿意教育我,反而把我带到这里来,而法律只要求把需要惩罚的人带到这里,不是需要教育的人。

然而,雅典的人们,我说得很清楚,[26b]美勒托斯从未或多或少地关心过这事。可你要告诉我们,美勒托斯,你说我怎么败坏青年?不过很明显,按照你写的这份诉状,我是通过教给他们不信[b5]城邦信的神,而是信新的精灵之事。你说的是不是这个:我用教育败坏他们?

我说的的确就是这个。

现在谈的这些神,当着他们的面,美勒托斯,你说得更清楚些,对我,[26c]也对这些人们。我还不能明白,你是不是说我教育人们信有神存在——我自己信有神存在,而并不完全是无神论,没有因为这行不义——但不是城邦信的神,而是别的神,这就是[c5]你状告我的原因,说我信别的神?还是你说我根本不信神,并把这教给别人?

我说的是后者,你根本不信神。

[26d]奇怪的美勒托斯呀,你为什么说这个?难道我竟不像别的人一样,信日月是神吗?

宙斯在上,法官们,他说太阳[d5]是石头,月亮是泥土。

你以为你在控告阿纳克萨戈拉吗,亲爱的美勒托斯?你还如此看不起在场的人们,认为他们不通文墨,以至于不知道,这是充斥在克拉左美奈的阿纳克萨戈拉的著作中的说法?哪怕价格很高的时候,青年们也可以花一个德拉克马,[d10]从乐队那里得到,难道竟然要从我这里学这些?如果苏格拉底自称这是他的说法,[26e]他们会笑话苏格拉底,特别是这么一个奇特的说法。你面对宙斯,我在你看来是这样的吗?我不信任何神存在吗?

[e5]不信,宙斯在上,从来都不信。

美勒托斯,你让人无法相信,在我看来,连你自己都无法相信自己。这个人,雅典的人们啊,看来是太自负、太放肆了,他就是因为如此自负和放肆,年轻气盛,才如此控告。[27a]他就像编造了谜语来审查我:"智慧的苏格拉底是否会知道,我在开玩笑,说得自相矛盾,还是我会欺骗他和别的听众?"因为在我看来,他[a5]在自己的诉状里就说得自相矛盾,他如同在说:"苏格拉底因为不信神而行了不义,而他信神。"这真是开玩笑。诸位,一起来看,为什么在我看来他是这么说的。你要回答我们,美勒托斯。而你们,就像我[27b]一开始就请求你们的,如果我按照我习惯的方式讲话,记住不要叫喊。

美勒托斯,是否会有一个人,相信有人事存在,但又不相信有人存在?让他回答,诸[b5]位,不要让他一次一次地叫喊。是否有人相信没有马,而有马之事？是否有人不相信有簧管手，却信有簧管之事？没有吧，最好的人？如果你不想回答，我替你和别的这些人说出来。但回答这个问题：[27c]是否有人信有精灵之事，而不信有精灵？

没有。

太好了，你终于回答了，虽然是吞吞吐吐的，在这些人的逼迫下[c5]回答的。那么，你说我信仰和教授精灵之事，且不论新旧，按照你的说法，我相信精灵之事，你在诉状中已经就此发誓。而如果我相信精灵之事，那么我一定信精灵，不是这样吗？是这样的。[c10]既然你不回答，我就认为你同意了。而我们认为，[27d]精灵当然就是神或神的孩子，不是吗？你说是还是不是？

当然是。

那么，倘若如你所说，我认为有精灵，而如果精灵们[d5]又是某种神，这就是我说的你出的谜和玩笑：说我不认为有神，又说我认为有神，因为我认为有精灵。如果精灵们是神的某种庶子，是仙女所生的，或是无论人们所说的别的什么所生，什么人[d10]会认为，有神的孩子存在，但没有神存在？这太奇怪了，[27e]就如同说认为马和驴的孩子，即骡子存在，而马不存在，驴也不存在。但是，美勒托斯，你做出这样的控告，难道不是要么为了用这个考我们，要么因为不知道[e5]该告我行了什么真的不义？哪怕那些心灵闭塞的人，你也没办法说服他们，一个信精灵之事又信神之事的人，却不信[28a]精灵、神、英雄。

但是，雅典的人们啊，我并不像美勒托斯的诉状上所说的那样行了不义，不必再为此作更多申辩，这些也就够了。我先前[a5]说的，即，很多人对我产生了很多忌恨，你们要清楚地知道，这是真的。就是这一点把我拿下的，如果有什么把我拿下了，那不是美勒托斯，也不是安虞托斯，而是众人的诬蔑与嫉妒，这曾经拿下了很多别的好[28b]人，我想还会拿下更多人。不必担心，这不会到我为止。

也许有人会说："你难道不羞愧吗，苏格拉底，为了忙于这些事情，现在招来了杀[b5]身之祸？"

我义正辞严地回应他："这位，如果你认为有点人格的人应该计较生死的危险，而不是在做事时仅仅关心这个，即做的究竟是正义还是不义，是好人做的还是坏人做的,那你说得真不美。依着[28c]你的说法,在特洛亚死去的半神们,包括忒提斯之子①,都是微不足道的了。忒提斯之子不愿在耻辱中苟活,而是藐视危险,所以,当他急切地要杀死赫克托尔的时候,他的女神[c5]母亲对他说了一番话,我记得是这样的:'孩子,如果你为你的朋友帕特罗克洛斯之死报仇,杀死赫克托尔,你的死期将至——因为,在赫克托尔死后,马上就是你了,轮到你了。'他听了这话,根本就蔑视死亡和危险。[28d]他更害怕过坏的生活,害怕朋友们得不到复仇。'那就马上死吧,'他说,'我让那行不义者得到惩罚后,不必留在这弓形船旁边让人嘲笑,成为大地上的负担。'你不认为他考虑死亡和[d5]危险了吧?"

这样就是依循了真理,雅典的人们。人无论是自己认为这样最好,从而让自己站在一个岗位上,还是被长官安排在岗位上,在我看来,都应该在危险中坚守,不把死亡或别的什么看得比[d10]耻辱还重。雅典的人们,当你们选举出来指挥我的长官[28e]安排我在某个岗位上时,无论是在波提岱亚、②安斐波利斯、③还是德利昂附近,④我就像别的任何人一样,冒着死的危险待在被安排的岗位上。而我在这里,我[e5]认为并意识到,是神安排我以热爱智慧为生,省察自己和别人,我如果反而怕死[29a]或因为别的什么原因,脱离岗位,从这里逃走,那我可真是做了可怕之事。如果我不服从神谕,怕死,以不智慧为智慧,那才是可怕之事,人们就可以正当地把我带上法庭,说我不信有神存在。所谓[a5]的怕死,诸位,不过

---

① 即阿喀琉斯,这里不说"阿喀琉斯",而说"忒提斯之子",是为了突出阿喀琉斯的半神身份。在希腊文的非韵文作品中,以某人的父母指代某人很常见,不过一般是用父名,而不是母名。

② 这一战役发生在公元前432年(修昔底德《伯罗奔半岛战争志》卷一),当时苏格拉底37岁。在《会饮》219e5以下,阿尔喀比亚德详细描述了苏格拉底在这次战役中的表现。在这一战里,苏格拉底连续站了二十四小时,救了阿尔喀比亚德的性命。

③ 这可能指的是公元前422年的一场著名战役,但并没有充足的证据(修昔底德《伯罗奔半岛战争志》卷二)。当时苏格拉底已经四十七岁,不太可能参加这样的远征。另外一种可能是,这指的是在公元前437至前436年之间建造斐波利斯时的战斗。那时候苏格拉底三十二岁。

④ 德利昂不是城镇名,而是阿波罗一个神殿的名字,那次战役发生在这"附近"(参见色诺芬《回忆苏格拉底》)。在德利昂之战中,雅典人被忒拜人打败(参见修昔底德《伯罗奔半岛战争志》卷四)。在《会饮》221a2,阿尔喀比亚德描述了,苏格拉底从战场上撤退时极为沉着和勇敢,超过了将军拉克斯,他的表现比在波提岱亚之战中更加突出。

就是不智慧而自以为智慧。因为这就是以为知道自己不知道的事。没人知道,死没准是人的所有好处中最大的一个,人们都害怕,好像明确知道[29b]它是坏事中最大的。认为知道自己不知道的事,这不是极为可耻的无知吗?诸位,我和多数人不同或许也是因为这个。如果我要说我是更智慧的,就是因为这一点:[b5]我既然不足以知道冥府里的事,我就认为我不知道。但我知道,行不义或不服从比自己好的神和人,是坏的和可耻的。这些我知道是坏的,相对于这些坏事情,我从来不会害怕,也不会逃避那些我不知道没准是好的事情。

而如果[29c]你们不听安虞托斯的话——他说,要么一开始就不该把我带到这里来,要么,既然我被带来了,就不能不处死我;他对你们说,我要是给放了,你们的孩子就都会[c5]实践苏格拉底所教的,就全都败坏了——放了我,对这件事,如果你们跟我说:"苏格拉底,现在我们不听安虞托斯的话,而是放了你,但有一个条件,即,你不要再花时间研究了,别再热爱智慧了。如果[29d]我们逮着你还在做这些,你就要死。"

如果你们就是在我说的这些条件下放我,我要告诉你们:"雅典的人们,我向你们致敬,爱你们,但是我更要听神的话,而不是你们的。只要我还有一口气,能够做,我就根本不能[d5]停止热爱智慧,要激励你们,告诉你们中每个我遇到的人,说我习惯说的话:'最好的人,你是雅典人,这个最伟大、最以智慧和力量著称的城邦的人,你只想着聚敛尽可能多的钱财,[29e]追求名声和荣誉,却不关心也不求知智慧和真理,以及怎样使灵魂变成最好的,你不为这些事而羞愧吗?'如果你们中有人反驳,说他关心,我不会很快放他走,自己也不走,而是询问他,省察他,诘问他,如果我发现他并没有德性,[e5]反而说自己有,就责备他[30a]把最大价值的当成最不重要的,把更微小的当成更大的。只要我遇上了,无论年轻人还是老人,无论异乡人还是本城的人,我都会为他这么做,尤其是本城的人,因为你们是离我最近的同胞。[a5]你们要清楚,是神命令如此。我认为,比起我对神的服务,你们在这城里还没有过什么更大的好处。我在城中转悠,所做的不过就是劝说你们当中的青年和老人,不要这么关心身体或金钱,[30b]赶上了让灵魂变得尽可能最好的劲头,对你们说:'德性不来自金钱,而是金钱和人类所有别的好处,无论个体的还是城邦的,之所以好,都是因为德性。'[b5]如果我就是通过说这些来败坏青年,那么这就是有害的。但是,如果谁说我说的不是这些,他就说得不对。对此,"我会说,"雅典的人们,不论你们是否被安虞托斯说服了,不论你们是否放我,我都不会[30c]不这么做,虽九死而不悔。"

不要叫喊,雅典的人们,请遵守我要你们做的,在我说话时不对我叫喊,而是听我说。因为,我认为,听我说话也对你们有益。我要对[c5]你们说一些话,也许这会让你们叫起来。但是永远不要这么做。要明白,如果你们杀了我,而我是我所说的这样的人,那么,你们对我的伤害,并不比对你们自己的伤害大。没人会伤害我,无论是美勒托斯还是安虞托斯——因为他们没有能力——因为我想,让[30d]更好的人被更不好的人伤害,是渎神违法的。也许他能杀死、放逐或剥夺公民权。此人和别人一定都认为,这是很大的坏事,我却不这么想,而是认为,现在做这事——即[d5]试图不义地杀人——的人对自己带来了大得多的伤害。

现在,雅典的人们,我远不是像常人想象的那样,在为自己申辩,而是为你们申辩,以免你们判了我罪,从而对神给你们的赐予犯了错误。[30e]而如果你们杀死我,你们将不容易找到别的这类赐予了,即——打个不恰当的比方——像我这样,受命于神,献身城邦的一个,这城邦就如同一匹高头大马,因为大,就很[e5]懒,需要一只牛虻来惊醒,在我看来,神就派我到城邦里来当这样一个牛虻,惊醒、[31a]劝说、责备你们每一个,我整天不停地在各处安顿你们。

诸位,另外一个这样的人不容易出现在你们中间了,而如果你们听了我的,你们就放了我。也许你们立即会遭到烦扰,就像打盹儿的人被惊醒;如果你们要打[a5]我,听信了安虞托斯的话,很容易就能杀我。如果神不再操心派另外一个来烦你们,随后你们就要在沉睡中度完余生。而我恰巧就是神派给城邦的这样一个,你们[31b]由这事就该明白:我不关心我自己的任何事,简直不像是人所能为,多年来,家里的事都得不到关心,而我总是为你们做事,私下走到你们每个人那里,像父亲或长兄一样,[b5]劝你们关心德性。如果我从中得到什么,或靠叫你们做这些挣报酬,那还有些道理。现在,你们自己看,他们,那些控告者,虽然如此无耻地在别的所有事情上控告我,却不能厚着脸皮[31c]提供证人,证明我拿过或乞求过报酬。而我认为，我可以提供足够的证据，证明我说的是真的，那就是我的贫穷。

这看起来也许有点不合常理：我私下为[c5]人们出主意，奔走忙碌，在公共场合，却不肯走到你们众人当中，为城邦出主意。此事的原因，就是你们多次听我在很多地方说的，会出现一个神性的[31d]精灵的声音，而美勒托斯在写诉状时，嘲讽的也许就是这一点。这从我小时候就开始了，就出现了某种声音，每当它出现时，它总是阻止我要做的事，却从不鼓励我做什么。[d5]就是它反对我参与政事，而且我认为反对得漂亮。你们要明白，雅典的人们，如果我很早以前就试图参与政事，我早就死了，那么我[31e]对你们和我自己都会毫无益处。不要因为我说出真话而对我动怒。凡是坦诚地反对你们或别的大众、阻止在城邦里发生不义或犯法的事的人，都活不了，事实[32a]上，谁若一定要为正义而战，并且想多活一段，他必须私下干，而不是参与政事。

对这些，我会给你们举出有力的证据，不用[a5]语言，而是用你们看重的事实。请你们听我的经历，你们就会知道，我不会因为怕死而违背正义地向人屈服，哪怕不屈服就会丧命。我要告诉你们的，是讼师的陈词滥调，不过是真的。而我，雅典的人们，从来没有在城邦里任过[32b]别的职位，只当过议员。① 那时正该我们安提俄喀斯部族当主席，②而你们通过决议，要集体审判十个将军，因为他们在从海战班师时，没有注意运回阵亡士兵的很多尸体③——后来，[b5]你们都认为这不合法。但在那时的

---

① 苏格拉底说自己只当过议员，并不意味着他只当过一次议员。我们会在32b6看到，这很可能是苏格拉底第二次当议员。另外，苏格拉底当议员，也并不违背他不从政的原则。当议员和当兵一样，是公民的义务，不算从政。

② 雅典的议会一般由十个部族组成，每个部族选出五十人。通过抽签，每个部族的五十个人作为议会为城邦工作三十五或三十六天。议会决定要把什么事情提交公民大会讨论。这五十个人被称为"主席"。

③ 在雅典与斯巴达的战争结束前两年，也就是公元前406年，雅典与斯巴达在埃吉纳岛(Aegina)附近有一场海战，即阿尔吉努塞(Arginusae)海战，雅典取得了胜利。战斗结束后，海上起了风暴，很多被打坏的战船和雅典将士(包括阵亡的和活着的)还在战场上，无法营救。公民大会举行了两次集会，要集体判处十个将军中的六人死刑，但苏格拉底认为这是不合法的，应该分别审判。他的反对没有起到作用。

主席当中,只有我反对你们做违法的事,投了反对票。虽然那些演说家准备弹劾我,要逮捕我,你们鼓动他们,大喊大叫,但我认为我立足于法[32c]律和正义,认为自己应该冒风险,而不是因为害怕被捕或死亡,就赞同你们提不义的建议。那是城邦还是民主制的时候。等到成了寡头制,三十僭主①[c5]召我们五个人到圆宫②,命我们把萨拉米斯的勒翁③从萨拉米斯带走处死,他们也给了别的很多人很多这类命令,希望让尽可能多的人承担责任。对此我[32d]又用行动而不是用言辞指出,我宁愿死——如果这不是一个很粗鲁的说法——也不愿意做这个,这不义或不虔诚的事。这是我的全部关心所在。因为那个政府虽然强硬,却不能逼我[d5]去行不义,于是,我们走出圆宫后,另外四个人到萨拉米斯去带勒翁,我却回家去了。也许,如果这个政府不很快被推翻,我就因此而死了。而[32e]关于这,很多人可以向你们做证。

那么,如果我以公事为业,做一个好人应该做的事,扶助正义,公事公办地把这当作最重要的事来做,你们认为我还能活这么大岁数吗?[e5]根本不能,雅典的人们。别的任何人也不能。[33a]在我的整个一生中,我若是从事公共事务,就都是这样的,在私下的活动中,也是如此。我从来没有屈服于任何违背正义的事,不论是对那些被诬蔑我的人称为我的学生的,[a5]还是别的人。我从来都不是老师。如果有谁想听我说话和听我完成我的任务,不论青年还是老年,我都从不拒绝。我不会只有收了钱[33b]才讲,不收钱就不讲,不论贫富,我都会向他们问问题。谁要想听我说什么,就要回答。不论这些人变好了,还是没有,让我负责是[b5]不

---

① 伯罗奔半岛战争结束后,斯巴达取胜,在雅典扶植了三十僭主。三十僭主起初只是处死一些人们不喜欢的煽动家和政治人物,后来就发展到诛杀很多民主制的支持者,以及富有的公民和异乡人。很多同情民主制的人逃亡了雅典。公元前403年,三十僭主的统治只有八个月,就被这些逃亡者推翻了。寡头党的余部从雅典退到附近的一个小镇,到公元前401年才彻底消灭。仅两年后,苏格拉底遭到审判。苏格拉底不是民主派,所以在三十僭主时期没有离开雅典。

② 圆宫,又称"伞宫",是一个圆形建筑,在民主制时期的雅典,当主席的五十个议员在那里集会、献祭、吃饭。三十僭主把这里当成他们主要的政府建筑之一。

③ 勒翁据说是一个很正直的人。处死他是三十僭主犯下的一大罪行。三十僭主处死的无辜的人很多,但勒翁之死尤其引起人们的愤恨。

对的，因为我对他们从未许诺什么，也没教给他们什么。如果有人说，曾经从我处私下学过或听到过什么，而别人都没有，你们要明白，他说的不是真的。

但为什么有人那么喜欢和我来往[33c]这么长时间？你们听到了，雅典的人们，我对你们说的是全部真相。这是因为，他们喜欢听我省察那些自以为智慧、其实不智慧的人。这不是不愉快的事。正如我说的，这是神[c5]派我干的，通过神谕，通过托梦，通过凡是神分派让人完成任务时所采用的别的各种方式。这些，雅典的人们，都是真的，很容易检验。如果我败坏[33d]青年，我就已经败坏了一些，他们中一些人应该已经长大了，就会认识到，他们在年轻的时候，曾经被我出过坏主意，现在就会走上来控告我、报复我。如果他们[d5]自己不愿意，他们的那些亲戚中也会有人来，父亲、兄弟和别的亲戚都会。如果这些人的一些亲戚曾经从我这里遭受了坏事，他们现在就会记起来，报复。我看到，这里有他们中的很多人，首先是这个克里同，[33e]和我是同龄人，出身也相同，是这个克力托布罗斯的父亲，然后是斯斐托斯人吕萨尼阿斯，这个埃斯基涅斯的父亲，还有这个刻斐西亚人安提丰，厄庇革涅斯的父亲，还有别的一些人，他们的兄弟都和我来往，还有忒俄佐提得斯的儿子[e5]尼科斯特拉托斯，忒俄多托斯的兄弟，现在忒俄多托斯死了，他不能阻止尼刻斯特拉托斯告我了。

还有德摩多科斯的儿子，那个帕拉利俄斯，忒阿格斯本是他的兄弟。还有[34a]阿里斯同的儿子，那个阿德曼托斯，柏拉图是他的兄弟。还有埃安托多罗斯，那个阿波罗多罗斯是他的兄弟。我还可以对你们说出好多别的人来，美勒托斯特别应该在他的演说中把其中一些当成证人。如果[a5]他忘了，现在让他举出来——我可以让给他发言——让他说，他是否有一个这种证人。但是你们会发现，事实完全相反，诸位，他们都会帮助我——这个美勒托斯和安虞托斯所谓的败坏了他们的亲戚、对他们[34b]作恶的人。那些被败坏的人自己帮助我还有道理。而那些未被败坏的亲戚，已在耄耋之年，都会来帮我，如果不是他们有正确和正义的原因，[b5]知道美勒托斯是在说谎，我说的是真的，那还有什么原因来帮我？

诸位，这些，也许还有别的更多这类的话，就是我所要申辩的。你们中也许有人[34c]想起自己的申辩来，会受刺激，如果他在为比这个官司还小的官司角逐时,泪流满面地向法官们恳求,还带孩子上来,以便能得到最大的同情,还带上来很多别的[c5]亲戚朋友。这些事我都不会做,宁愿冒着好像是最大的危险。那么,这样想的人也许会对我的态度更固执,就因为这事而生气,冲动地投[34d]我的反对票。

如果你们中有人是这样——我认为没有——但如果有,我这么对他说就很好:"最好的人,我也有家庭。因为就像荷马说的,我不是'[d5]出生于岩石或古老的橡树'。我是父母生的,也有家庭,还有儿子,雅典的人们,有三个呢,一个已经是小伙子,有两个还是小孩。我不需要带他们中的哪个上来求你们投票放过我。"

那么,我到底为什么不这样做?不是因为我太自负,雅典的[34e]人们,也不是我看不起你们;究竟我是否敢于面对死亡,是另外一个问题;但就声望而言,无论是我的、你们的,还是整个城邦的,我这样年纪和名声的人这么做,都不大[e5]高贵。不论真假,人们[35a]认为,苏格拉底与大多数人有些不同。那么,如果你们当中有什么人,无论因为智慧、勇敢,还是别的这类德性,看来和别人不同,要这样做就太可耻了。我经常看到,本来[a5]很体面的人,在受审时做出极为奇怪的事,以为死了就是遭受很可怕的事,好像你们如果不杀他们,他们就会不死。在我看来,他们真是给城邦带来耻辱,让一个异乡人[35b]认为,在雅典人中,那些本来靠德性与别人不同,从而让人们选出授予职位和别的荣誉的,和女人没什么不同。雅典的人们,你们中凡是体面的,[b5]不管在哪方面,都不该这么做;我们若是这么做了,你们也不该允许。你们要由此表明,谁要把这种可怜的表演带上台来,把城邦变得滑稽可笑,你们就尤其更应该投他的反对票,而不是给那保持安静的投反对票。

除去名声之外,诸位,我认为,哀求法官[35c]也不对,靠乞求逃脱更不该,而应该教育和说服。因为法官占据那席位,不是为了施舍正义,而是要裁判正义。他们发誓并不是要按照自己的喜好施舍,而是根据[c5]法律裁判。所以,我们不能让你们习惯于发假誓,你们也不该习惯于此。否则我们双方就都不虔敬了。所以,雅典的人们,你们不能认为我应该对你们做这些我觉得不高贵、不[35d]正义、不虔诚的事,特别是,宙斯在上,不虔敬又是美勒托斯给我加的罪名。显然,既然你们已经发了誓,如果我劝说和以乞求逼迫,我就是在教给你们,不要认为神存在,我这申辩简[d5]直就成了控告自己不信神。但是远不是这样。我信神,雅典的人们,我的控告者们无人比得上我,我请你们和神抉择,怎样会是对我和你们都最好的。

[35e]雅典的人们,你们投我的反对票,①我[36a]对这结果并不生气。这有很多原因,其中一个是,这样的结果并不出乎我的意料,但我反而更惊讶于双方所投石子的数目。因为我觉得反对票不会只[a5]多一点,而要多出更多。但现在看起来,只要有三十个石子不这么投,我就会给放了。要是只有美勒托斯,看来我现在就已经被放了;不仅放了,而且每个人都清楚,如果安虞托斯不和吕孔上来告我,那他就要付一千[36b]德拉克马,因为他得不到五分之一的石子。②

他对我提出死刑。好吧。雅典的人们,我应向你们提出什么替代的呢?③ 不显然是按[b5]照我的品行吗? 那么是什么呢? 我按这品行要遭受或付出什么呢? 要知道,我一生没有平庸地过,我不关心众人所关心的,金钱、家业、军阶,不做公众演说,也不做别的当权者,不想参加城里的朋党和帮派,我认为自己真是[36c]太忠厚了,要参与这些就难以保命。我没有去那儿做这些事,如果去了,我认为我对你们和我自己都没有什么助益。但正如我说的,我私下到你们每个人那里,做有最大益处的益事,我[c5]尝试着劝你们中的每一个人,不要先关心"自己的",而要先关心自己,让自己尽可能变得最好和最智慧,不要关心"城邦的",而要关心城邦自身,对其他事情也要按同样的方式关心——我既然是这样,[36d]那么按这品行应该得到什么呢? 好事!

雅典的人们,如果真的要按照我的品行提出我应得的,而且是我该得到的那种好事,我这样一个需要闲暇来劝勉你们的贫穷的恩人,[d5]应得

---

① 这是在陪审团投票之后的演说。雅典人用石子投票。这次一共有500人,投票结果应该是280∶220。

② 苏格拉底的算法是,三个人分别得了二百八十票中的三分之一,这个数字不到五百的五分之一。按照雅典的法律,如果原告得票不到总数的五分之一,那就会因为诬告的罪名而被判处一千德拉克马的罚金。

③ 按照雅典的法律,有些案件按照固有的规定处罚,有些则不必。苏格拉底的这个案子就是没有固定处罚的。在这样的案子中,法律要求法官从两者之中选择一个处罚方式,即原告在诉讼书最后提出的惩罚和被告在判罪之后提出的惩罚。而法官不准提出第三种处罚。

到什么样的好处呢？雅典的人们，给我这种人最合适不过的，就是在政府大厅里用膳。① 你们中谁在奥林匹亚运动会中用一匹马、两匹马或四匹马的马车赢了比赛，我比他都更适合在那里吃。因为，他好像在给你们造福，我就是在造福；而他[36e]不需要这供养，我需要。那么，如果按照正义，根据我的品行提出，我就要提出这个：[37a]在政府大厅用膳。

也许，就像我谈乞怜和妥协时一样，你们觉得我说这些是大放厥词。雅典的人们，不是那样的，而更应该是[a5]下面这样。我认为，我从不曾有意对任何人行不义，但是我不能在这一点上说服你们，因为我们相互交谈的时间太少。我认为，如果你们有别人那儿那样的法律，并不选定[37b]某一天来判死刑，而多等几天，②你们会被说服的。而今，在这么短的时间里，从这么大的诬蔑中解脱出来，是不容易了。我相信，我没有对任何人行不义，我也不会对自己行不义，不会说我自己的品行该得恶报，[b5]给自己提出这样一种惩罚方式。我怕什么？怕遭受美勒托斯给我提的惩罚吗？我说了，我不知道那是好还是坏。难道我不接受这惩罚，却要从我明知道是坏的事情中另找一种，提出来罚我？难道要监禁？我为什么[37c]要在监狱里生活，给每届选出来的当权者当奴隶，给十一人当奴隶？③ 难道罚款，在付清前先要收监吗？但对于我来说，罚款和我刚说的监禁是一样的。我哪儿来那么多钱来付清？但是我可以提出[c5]流放吗？也许，你们将会给我这个惩罚。我也太贪生怕死了，雅典的人们，才会这么不合逻辑，以至于不能明白，你们，我的同胞公民，都不能忍受我的行事[37d]和言辞，觉得这些是那么难以承受，惹人忌恨，以至于你们现在要寻求除掉这些，难道别人会容易忍受这类东西吗？雅典的人们，根本不可能。对于我这年纪的人，此时被流放，[d5]轮番跑到一个又一个别的城邦去，又被赶出来，这可真是高贵的生活！因为我清楚地知道，我到哪里去，青年人都会像在这里一样倾听我的话。如果我赶他们走，他们会说服自己的长辈，赶我

---

① 在古典时代，在政府大厅用膳的人是享有特权的极少数人，贵宾一般只包括奥林匹亚运动会的得胜者，以及雅典民主制的建立者（哈尔摩狄俄斯和阿里斯托吉通）的直系后裔中的长子。有时候，也会有大使、被选举获得此荣耀的官员、得胜的将军等被邀请去用膳。

② 斯巴达的法律就是这样规定的。

③ 雅典管理监狱和刑罚的官员共有十一人，是抽签选定的。

走;如果[37e]我不赶他们走,他们的父辈和家人会为了他们赶我走。

也许有人会说:"苏格拉底,你要是沉默不语,从我们中流放后,不就可以过日子了吗?"

要在这方面说服你们[e5]中那些人,是最难的。因为,如果我说那是不遵从神的,因此我不能[38a]保持沉默,那么你们不会被说服,好像我在出言讥讽。如果我又说,每天谈论德性,谈论别的你们听我说的事——听我对自己[a5]和别人的省察,听我说,未经省察的生活不值得过——这对人而言恰恰是最大的好,你们就更不可能被我说服了。事情就是我说的这样。但是,诸位,要说服你们可不容易。同时,我不习惯认为我的品行该遭什么恶罚。如果我有钱,我就会[38b]按我能够付的那么多提出罚我的钱,因为那不会伤害我。但现在不是这样,除非你们愿意我提出我付得起的钱数。也许,我能付[b5]一个米纳的银子。那我就提这么多。

雅典的人们,那个柏拉图、克里同、克力托布罗斯和阿波罗多罗斯叫我付三十个米纳的罚款,他们做担保。那么我就提出这些。他们有足够的银子,可做担保。

[38c]雅典的人们,不用多长时间,那些想毁掉城邦的人就可以加给你们杀害智慧者苏格拉底的罪名和责任①——虽然我不智慧,但那些想责怪你们的人会说我智慧——[c5]只要你们等一小段时间,这就自然会发生在你们身上。看我这把年纪,活了很久,离死近了。我不是对你们全体说这话的,而是对那些[38d]投票处死我的人说的。我对这些人还说下面的话:雅典的人们,你们也许认为,我缺少说服你们的语言,来赢得你们——好像我认为需要[d5]用一切言行来逃出这个案子。根本不是。我很难赢得,不是因为缺少语言,而是因为缺乏勇气和无耻,我不愿对你们说那些你们最喜欢听的话,我不哀悼,不悲恸,不做也不[38e]说别的很多我认为不合我的品行——如我所说的——而你们习惯从别人那里听到的那些。

我认为,我不该因为危险而做自由人不该做的事,而且我现在也不后悔做了这样的申辩,我宁愿[e5]选择这样申辩而死,也不选择那样活着。因为,不论是在案件中,还是在战斗中,无论我还是别人,都不该[39a]蓄

---

① 在苏格拉底正式提出了一种惩罚方式后,陪审团再次投票,结果是大多数人支持死刑。

意做什么事来逃脱死亡。因为在很多战争中都很明显,有人丢盔弃甲、对追击者摇尾乞怜,从而逃脱死亡;还有很多别的办法,[a5]如果有勇气做任何事、说任何话,在任何危险中都有办法逃脱死亡。但是各位,逃离死亡并不难,可逃离邪恶却难得多。因为邪恶比死亡跑得更快。而[39b]今我迟缓年迈,那慢一些的会赢我,而那些控诉我的又聪明又敏捷,却被快一些的赢了,那就是恶。而今我要走了,接受你们判的死刑;他们却要接受真理所判的罪恶[b5]和不义之罪。那就让我遵守这个惩罚,他们也要遵守他们的。也许就该是这样了,我认为他们也该得到所应得的。

然后,[39c]投票判我罪的人们,我愿对你们预言。因为我所在的处境,是人们大多要预言的处境:就是临死之前。而我说,杀我的人们,宙斯在上,[c5]我死之后,你们的报应也会很快来临,那可比你们杀我所给我的这惩罚残酷多了。现在你们这么做了,以为就可以摆脱对生活给出检验,但是,如我所说,结果会完全相反。会有更多的人检验你们,现在我一直阻拦他们,而你们[39d]看不到。他们会更严厉,因为更年轻,你们会更加恼怒。你们靠杀人来阻止人们责备你们活[d5]得不正确,这念头可不美。因为这种解脱既全不可能,也不美。而那最美和最容易的解脱,不是阻止别人,而是把自己培养成最好的。对你们那些投我反对票的人,我如此预言,[39e]然后我就走了。

至于那些为我投票的人,我们可以愉快地谈谈所发生的这事,趁着当官的还忙着,我还没有到就死之地去。诸位,和我待这一会儿吧。只要还能,我们不[e5]妨互相聊聊天。我认为你们是[40a]朋友,告诉你们,刚刚所发生的对我究竟意味着什么。各位法官们——我叫你们为法官,才叫得对了——我这里发生了奇妙的事。在以前的时候,那个和我相伴的[a5]精灵的声音,总会不断出来反对——只要我想做不对的事,哪怕是小事。而刚才,你们看到,我这儿发生的,人们总是以为,并且确实都相信,它是最大的坏事。但是,从早晨[40b]离家开始,就没有这个神的信号反对,即使到了法庭这里,也没有,在我说话的过程中,也没有反对我要说的话。而我在别的场合说话时,它却不断在讲话的中途阻拦。现在,针对我[b5]做的这件事,它从来没有反对我的言行。我认为这事的原因是什么呢?我要告诉你们:或许,我的这次遭遇变成了好事,我们要是认为死是坏的,[40c]都是不对的。在我看来,与此相关的一个巨大征兆发生了:如果我所要做的不是件好事,那么,我所熟悉的信号就不会不反对我。

让我们来这么想象,这为什么有很大的希望成为[c5]好的。因为死是下面的两者之一。要么死就是什么也不存在,死者没有任何感觉;要么,根据一些人的说法,死就是发生一种变化,就是灵魂从这里迁移到一个别的地方。如果就是没有感觉,那就[40d]如同睡觉,而且睡着的人还不做梦,那死可真是很奇妙的好事。我认为,如果让人选出一个他沉睡而没有梦境的夜晚,把他一生中别的夜晚和[d5]白天同这个夜晚相比,让他仔细想后说出,在他一生当中,有多少日夜比这个夜晚更好、更舒服,我想且不说一个老百姓,就是波斯大王①,[40e]也会发现,和别的日夜比起来,像这样好的屈指可数。如果死是这样的,我说它是好事。那时候,永恒好像也不比一夜更长。

另外,如果死就是从这里[e5]移到另外一个地方,而且人们所说的是真的,即所有的死人都在那里,法官们,还有什么比这更好的? 如果一个到了冥府的人,从这些[41a]所谓的法官中得到解脱,他会发现那些真正的法官,他们据说在那里审判,有米诺斯②、拉达曼图斯③、埃阿科斯④、特里普托勒摩斯⑤,还有别的很多活着[a5]时公正的半神。那这趟旅行岂可小看? 还有,要能和俄耳甫斯、缪塞俄斯、赫西俄德、荷马在一起,你们中谁不情愿付出高额代价? 如果这是真的,我愿意死很多次。当我[41b]

---

① 波斯国王拥有巨大的财富和庞大的帝国,希腊人一般认为他是最快乐的人。

② 米诺斯是古代克里特的国王,扫清了附近的海盗。据说他制定了克里特的法律,生时是一个正义的人。传说他让雅典每年送七对童男童女到克里特,给怪兽作牺牲。忒修斯杀死了怪兽,解救了童男童女。此后,雅典每年有纪念忒修斯的仪式。苏格拉底之所以没有很快被处死,就是因为这个仪式正在进行。在《奥德赛》11.568–571,奥德修斯曾游冥府,看到米诺斯在那里的各位法官之中。

③ 拉达曼图斯是米诺斯的兄弟,也有义人之名。品达曾说,他执掌幸福岛(好人死后去的地方)。

④ 据品达说,埃阿科斯是爱琴海的立法者,甚至还审理诸神之间的争执,但没有说他审判死人。在《高尔吉亚》523e–527a中,苏格拉底谈道,米诺斯、拉达曼图斯、埃阿科斯是冥府的法官。

⑤ 特里普托勒摩斯是传说中阿提卡地区厄琉西斯的国王克琉斯的儿子。他从女神德墨忒尔处学到了作物生长收获的秘密。

遇到帕拉墨德斯①、忒拉蒙的埃阿斯②,还有别的死于不义冤狱的古人时,我会把我自己的遭遇和他们的相比,对我而言,在那里这样过日子是尤其奇妙的——我认为,[b5]这没有什么不快乐的——最大的事是,在那里省察和询问他们,就像在这里做的那样,看他们当中谁有智慧,谁自以为有智慧,其实没有。法官们,人们愿付出多大代价,来省察带领大军攻打特洛亚的人、③[41c]奥德修斯、西绪佛斯④或人们能提到的其他无数男女?在那里和他们谈论、交往,省察他们,会是无比幸福的。当然,那里的人根本不会因此[c5]杀人。如果所说的是真的,那里的人不仅在别的方面比这里的人幸福,而且在余下的时间里都是不朽的。

法官们啊,你们也应该对死抱有良好的希望,把这当成真的:[41d]好人不会有恶报,无论生前还是死后,诸神不会不关心他的事。我现在出的这事不是偶然来的,而是明白给我显示,死亡和从杂事[d5]中解脱,从此对我更好。因此,那征兆不让我转向任何地方,我也并不抱怨那些投我反对票和控告我的人。但他们并不是因为想到了这,才投我反对票和控告我的;他们是要伤害我。为此[41e]他们该受谴责。

但我对他们提个请求。我的儿子们长大以后,诸位,如果他们在你们看来关心钱财或别的东西[e5]胜过了关心德性,你们要惩罚他们,像我烦扰你们一样烦扰他们;如果他们实际不是什么而以为自己是,你们就要谴责他们,就像我谴责你们一样,谴责他们没有关心应该关心的,还认为自己是他们的品行所不配的。如果你们这么做,我和[42a]我的儿子从你们得到的就是正义的。不过,是该走的时候了,我去死,你们去生。我们所去做的哪个事更好,谁也不知道——除了[a5]神。

---

① 帕拉墨德斯参加了希腊人对特洛亚的战争,据说,因为某种原因(对此有各种说法),帕拉墨德斯和奥德修斯陷入争执,于是奥德修斯以背叛希腊、里通特洛亚的名义逮捕了帕拉墨德斯。帕拉墨德斯被希腊军队用石头砸死。埃斯库罗斯、欧里庇得斯、索福克勒斯都曾写过题为"帕拉墨德斯"的悲剧,但都没有流传下来。

② 埃阿斯是特洛亚战争中著名的希腊勇士。在阿基琉斯死后,他和奥德修斯争夺阿喀琉斯的盔甲。奥德修斯作弊取胜。埃阿斯为了报复,想杀死奥德修斯和阿伽门农,但雅典娜把他变疯癫,疯了的埃阿斯杀死了一群羊。他清醒过来以后,羞愤自杀。

③ 指希腊军队的统帅阿伽门农。

④ 在《伊利亚特》5.153 中,西绪佛斯被称为"最巧的人"。

克里同

程志敏 译

苏格拉底 [43a]你怎么这个时候就来了,克里同？不是还早吗？

克里同 的确还早。

苏 大概什么时候了？

克 凌晨拂晓前。

苏 [a5]我很惊讶,那位监狱的守卫怎么愿意应你开门。

克 我现在跟他已经很熟,苏格拉底,进进出出那么多回,而且我还给了他一点点好处。

苏 你是刚到,还是来了一阵子？

克 [a10]好一阵子了。

苏 [43b]那你怎么不马上叫醒我,反倒静悄悄坐在一旁？

克 凭宙斯起誓,我才不会呢,苏格拉底,我自己都不愿陷在那样的失眠和痛苦之中。不过,看你睡得那么快乐,倒让我[b5]惊讶了好一阵子,所以我才故意没叫醒你,好让你尽情享受最快乐的时光。我过去多次为你平生的性情感到幸福无比,尤其你面对当前的遭遇,竟如此安之若素,平和泰然。

苏 [b10]是啊,克里同,像我这么大把年纪的人,还为必然的大限来临而恼羞成怒,岂不是乱弹琴！

克 [43c]其他这把年纪的人,苏格拉底,在这样的遭际中就会被击垮,与你相反,年龄丝毫没有让他们在厄运临头时从恼怒中解脱出来。

苏 是那么回事。你究竟为何那么早就到了？

克 [c5]我带来了,苏格拉底啊,难受的消息,不是对你,在我看来,而是对我以及你所有忠实的朋友来说，都太难受、太痛苦，尤其是我，我觉得，最难以忍受的痛苦。

苏　什么样的消息？船从德洛斯回来了吗，它一[43d]到我就得死？

克　还没到，但我想今天就会到，据有些从苏尼昂回来的人报信，他们是在那里离开那条船的。据那些报信人[d5]说，船显然今天就到，你明天就必然会，苏格拉底啊，终结你的生命。

苏　好啊，克里同，愿好运相随，如果神们喜欢的话，就让它来吧！不过，我相信船今天不会到。

克　[44a]你凭什么这样断定？

苏　我给你说吧。船如果一回来，第二天我就得死。

克　主管这件事的那些人就这么说。

苏　[a5]不会在即将到来的这一天回来，我相信，而是明天才会到。我是从昨夜，就是一小会儿前的一个梦里看到的推断出来的——你碰巧没有叫醒我，那真是恰到时机。

克　那究竟是一个什么样的梦？

苏　[a10]我仿佛看到有个美丽而端庄的女人朝我走来，[44b]她身着白衣，叫着我的名字，对我说："苏格拉底，你第三天就到富饶的弗提亚来吧。"

克　这个梦好奇怪，苏格拉底。

苏　清楚异常，在我看来，克里同。

克　[b5]太过清楚了，似乎。不过，鬼精灵的苏格拉底，现在也仍然听我一劝，救救你自己吧。对我来说，如果你死去，那就不止一重灾难了，而是除了失去这样一位我再也找不到的挚友以外，很多对你和我都了解得不够清楚的人还会认为，[44c]如果我愿意散财的话，本可以救你，但我居然甘愿撒手不管！还有什么比这种认为我把钱财放在比朋友更重要地位的名声更让我丢脸吗？大伙儿根本不会相信你自己不愿意离开这里——[c5]我们对此可是全力以赴啊。

苏　但是，多福多寿的克里同，我们为什么要如此在乎大众的意见？那些最贤能的人，他们的意见更值得考虑，因为他们会这样认可已然做出的事情，只要它一旦做出来了。

克　[44d]你看你看，苏格拉底，但也必须在乎大众的意见啊。如今你眼下这个样子本身就清楚地表明，大众能够造成的祸害绝不会最小，而几乎会最大，如果有人在他们面前诽[d5]谤的话。

苏　唯愿，克里同啊，大众是那种能够造成最大祸害的人，那么也就是那种能够做出最大好事的人——那才好呢。但现在看来，他们两样都不能：他们既没有能力把人变审慎，也没有能力把人变愚蠢，他们只是[d10]做偶然遇见的任何事。

克　[44e]他们也就那么回事。那么，苏格拉底，请告诉我这一点：你莫不是在为我和其他挚友们预先担心起来，假如你从这里逃跑，那些告密者会找我们的麻烦，因为我们一旦把你从这里偷偷弄走，我们要么就会被[e5]迫丧失全部财产，要么损失大半钱财，要么还会遭受其他某些刑罚？如果你竟有些[45a]害怕这一点，且请宽心好了。冒这个险，甚至如果有必要的话，冒更大的险去救你，我们才算正义。所以，就听我一句劝，不要拒绝。

苏　我担心这些东西，克里同，还担心其他[a5]很多东西。

克　那好说，你既不要害怕这些东西——事实上，用不了几两银子，某些人愿意拿来救你，把你从这里捞出去。再者说，你难道没有看出，那些个告密者多么烂贱，根本不需要花多少银子就可以摆平他们？[45b]我的钱财就是你的，我相信，足够了。再说，如果你有些关照我，认为不应该花我的，那么，这里的异乡人，他们早已准备破费：其中一人已为此带来足够的银子，这就是忒[b5]拜人西米阿斯，当然刻贝斯和其他很多人也都准备好了钱。所以，正如我说的，既不要害怕这些东西而不去救你自己，也不要让你曾在法庭上说过的话而让你觉得难办，那就是你一旦流亡，就不知道何以自处——因为很[45c]多地方，就正如以前一样，如果你去了的话，他们都会热情款待你：如果你愿意去帖撒利亚，那里有我一些异邦世交，他们会非常敬重你，他们会向你提供安稳保障，可以保证在帖撒利亚没有人惊扰你。

[c5]再说，苏格拉底，我认为你打算要做的事情不正义——在能够有救的情况下断送自己的性命，而且，你渴盼为自己达到的那些结果，正是你的敌人渴盼的，他们一直都渴盼着能够想方设法毁灭你。而且，我还认为，你也把你的儿子们一并断送到那些人手中，而你本来[45d]能够把他们抚养长大、教育成人，你却一走了之，把他们丢在身后，对你来说，他们

似乎只能如此听天由命——他们很可能会成为那种在孤苦无依之中习惯于孤儿生活的可怜虫。要么就不该生下[d5]这些孩子，要么就该与他们始终共患难，抚养和教育他们，但我认为，你却选择了最漫不经心的道路。相反，一个男人如果选择当善良而勇敢的人，就应该选择这些辛劳，尤其对于一个终生都在宣谕要关心德性的人来说，更应如此——所以，我[45e]对你以及对我们这些你的挚友感到羞耻，大家莫不以为，在你身上发生的这整件事情，都是由于我们某种程度的怯懦造成的，而且通向法庭的官司之门本来可以不进去的，官司本身[e5]又打成那个样子，还有最后这个似乎荒唐可笑的结局，人们会认为都是因我们的某种卑鄙和懦弱而从我们手上错[46a]失了，我们这些人既没有救你，你也没有救自己，即便可行也可能，假如我们还有那么一丁点用处的话。这些东西，苏格拉底，你看，不仅卑鄙，而且可耻，对你和对我们都是。

所以，你考虑吧——或毋宁说，现在不是考[a5]虑的时候，而应该是已经考虑好的时候——只能有一种考虑：今夜，所有这一切都应该已经付诸行动，如果我们还继续等下去，那就既不可能也不可行了。所以无论如何，苏格拉底，就听我一句劝吧，你可千万不要拒绝。

苏 [46b]亲爱的克里同，你的关心非常可贵，如果出于某种正道；而如果不是，那么，你的关心越大，就越让人为难。因而我们必须考察，这件事应该做，还是不应该做，因为我不是现在才第一次，而一直都是这样一种人——我绝不听从我的其他东西，而是听从那种经过我的[b5]推理似乎最好的道理。我现在不能因大限降到我头上，就抛弃我以前在这方面说过的道理，相反，那些道理对我来说，几乎还是相同的东西，[46c]我现在还像以往那样敬重和尊荣它们。如果我们不能就这种现状说出更好的[道理]来，你要知道，我绝不会向你让步，绝不，哪怕大众能够比现在更变本加厉地恫吓我们，就像用妖怪来[c5]吓唬我们这些"小孩"一样，说什么要处以囚禁甚至死刑，还要没收财产云云。

那么，究竟怎样最恰当地考察它？首先，我们重新讨论你就[大众]意见所说的那个道理。是否每次都可以正确地说，[46d]有些意见必须得注意，有些则不必？是不是我被判死刑以前说的就正确，而现在则似乎很清楚，徒劳地为说而说，真正说来不过是玩话和胡诌？然而我渴望，[d5]克里同，与你一起考察，处在目前的情形下，我的话究竟是变了样，还是仍是原来那样，我们究竟该放弃它还是听从它。我知道，那些认为自己讲得有道理的人每次都这样说，正如我刚才所讲，人们[46e]提出的意见，有的必须更加重视，有的则不必。看在诸神的分上，克里同，你难道不认为这话说得很好吗？——你呀，按人之常理来说，既然不存在明天注定要[47a]死的情况，那即将到来的灾难就不应该让你误入歧途。请你想一想——你难道不觉得我们可以很恰当地说，人们的意见并非所有的都必须尊重，而是说，有的必须，有的则不必；也并非所有人的意见都值得尊重，有的值得，有的不值得？你怎么看？[a5]这些话说得不好吗？

克　说得好。

苏　是不是应该尊重有益的意见，而不尊重那些糟糕的意见？

克　那当然。

苏　有益的意见不就是明智者的意见，糟糕的意见不就是愚蠢者[a10]的意见？

克　怎么会不是呢？

苏　那好，这类事情以前又是怎么说的？一个从事体育锻炼[47b]且打算以此为业的人，究竟该专注于每一个人的赞许、责备和意见，还是只留心这样一个人，他碰巧既是医生又是教练？

克　只听那一个人的。

苏　[b5]岂不是该畏惧那个人的责备，欣受那个人的赞许，而不理会众人的褒贬？

克　显然该当如此。

苏　那么，此人在做事、锻炼、[b10]饮食方面，都应遵从那一个人的意见，因为他既是主管又是内行，远胜于听从其他所有人的意见。

克　是这样。

苏　[47c]那好。如果不听从这个人，不尊重他的意见和赞许，反倒尊重那些根本不懂行的多数人的说法，岂不是要遭殃？

克　怎么不是？

苏　[c5]那是什么样的害处，针对哪里，祸害不听从者的哪个部分？

克　毁掉的显然是身体。

苏　说得好。难道说对于其他事情，克里同，岂不一样，我们不必全部详述。至于说正义与[c10]不义、丑与美、善与恶，也就是我们眼下正考虑的，我们究竟[47d]应该听从众人的意见，并畏惧它，还是应该听从那一个人的意见，既然他对这些东西很内行，我们是否应该在他面前感到羞耻并敬畏他，胜于其他所有人？如果我们不听从，就会败坏和损毁那个东西，它曾因正义而[d5]变得更好，因不义而彻底毁灭。难道不是这样？

克　我也这么认为，苏格拉底。

苏　那好。倘若我们由于不听从内行的意见，毁坏了这个靠健康而变得更好、因疾病而败坏的部分，那么，[47e]这个部分毁灭之后，我们的生命还值得一过吗？这个部分就是身体，不是吗？

克　当然是。

苏　难道随着身体的变糟糕甚至毁坏，我们的生活还值得一过？

克　[e5]绝对不值得。

苏　那么，随着那个部分的毁坏——不义可损毁之、正义则可帮助之——我们的生活还值得过吗？我们的那个部分，无论究竟叫做什么，[48a]既然关乎不义和正义，我们难道会认为那个东西比身体更低等？

克　绝非更低。

苏　而是更值得尊重？

克　远远更值得尊重。

苏　[a5]那么，我的好人，我们千万不能如此在意众人对我们说的什么，而要考虑那个精通正义和不义的人的说法，也就是听从那一个人和真理本身。所以，你在这方面的提议一开始就不正确，说什么我们必须考虑众人关于正义、高贵、[a10]善及其对立面的意见。

"不过，"有人会说，"大众的确有能力处死我们。"

克　[48b]这显而易见，有人会这样说，苏格拉底。你说得在理。

苏　但是，可敬的朋友，我倒认为我们已经详细讨论过的那个观点，仍然跟以前相同。你且来[b5]考察这一点，我们是不是仍然认为，[必须做的]最重要的事情不是生活，而是美好生活。

克　当然还这么认为。

苏　美好生活本身就是高贵和正义的生活，你是不是还这么认为？

克　[b10]还这么认为。

苏　从已经同意的道理,我们必须考察这一点,我试图从这里出去,而[48c]雅典人并没有无罪释放我,这究竟正义,还是不正义。如果看起来正义,我们不妨一试;而如果不正义,咱们就算了。

至于你所说的那些关于耗费钱财、意见名声和养育孩子等方面的考虑,真正说来,克里同,恐怕都是那些大众的想法,他们草菅[c5]人命,也起死回生,只要他们能够办到,毫无理智可言。而我们,既然道理已证明如此,除了我们刚才所说的那一点外,根本就不应该另作他想,如果在那些[48d]打算把我从这里捞出去的人身上花钱并且还对他们感恩戴德,那么,不管救人的还是被救的,我们这样做正义吗,抑或我们所做的这一切真正说来都是在行不义。如果我们劳神费力做的那些看起来不正义,恐怕就不应当计较若坚持不动[d5]静静等待是否必定送命,也不应当计较要遭受的其他任何苦难,而是要先考虑是否行了不义。

克　我觉得你说得好极了,苏格拉底,你看我们应该做什么?

苏　我的好人,我们就来共同考察,而且在我说话的时候,如果你有什么反对[48e]意见,就请反驳,我会听你的;但如果没有,好福气的人,那现在就请停止向我翻来覆去地说那句同样的话,居然应该在雅典人不情愿的情况下让我从这里离开云云——因为我很看重说服你做这些,而[e5]不是让你不情愿地[做这些]。你看看,这个考察的开头是否说得让你[49a]满意,请试着以可能最出色的方式来回答我问的话。

克　好吧,我试一试。

苏　我们应该说任何情况下都不能故意行不义,还是说[a5]有的情况下可以行不义,而有的则不能? 还是说行不义绝对既不好也不美,正如我们在过去的日子里多次同意过的? 难道[以前说的那些]我们以前都同意的,在这短短几天内全部都已抛弃掉了? 这么久以来,克里同,我们是不是未曾注意到,[a10]我们这种年纪的[老]人即便相互严肃对[49b]话时,我们自己竟然丝毫不比孩童高明? 或者毋宁说,我们仍然还坚持那时所说的话,不管大众承认不承认,也不管我们必须遭受比这些更严酷还是更温和的惩罚,行不义在任何情况下[b5]对于行不义的人来说,都同样既坏又丑? 我们可否这样说?

克　我们是这样说的。

苏　因而绝对不应当行不义。

克　当然不应该。

苏　[b10]因此，不要像大众所认为的那样，对行不义者反行不义，既然绝对不应当行不义。

克　[49c]显然不应当。

苏　这又如何呢？应该做坏事，克里同啊，还是不应该？

克　当然不应该，苏格拉底。

苏　怎么讲？像[c5]众人所说的，如果遭到了伤害，就要反过来报复，这正义，还是不正义？

克　绝对不正义。

苏　因此，无论在任何地方对人做坏事，都与行不义没有任何区别。

克　你说得在理。

苏　[c10]那么，既不应当反行不义，也不应该对任何人干坏事，不管受到他人怎样的伤害。你看，[49d]克里同，你在逐渐同意这些道理时，可不要违心地同意哟——我清楚得很，只有某些少数人这么认为以及会这么认为。有的人这样认为，而有的人不，他们之间没有共同的看法，反而必然在审视[d5]对方的定论时互相轻贱。

你好好考虑一下，你究竟是否跟我有共同的想法，并且一起认为，我们应该从这里决议的原则出发，任何时候都不要把行不义、反行不义以及遭受祸害者以怨报怨来保护自己视为正确的事。你难道会不在此列，不共同把它视为出发点？

[49e]至于我嘛，以前就这么认为，并且现在仍然这么想，但如果你有什么别的高见，请说出来指教指教。如果你还坚持以前那些原则，就请听由此而来的推论。

克　我当然还坚持，并且也同意。请讲吧。

苏　[e5]我要再次讲由此而来的推论，更多是要问：假使有人同意某种原则是正义的，究竟应该付诸行动还是拿来骗人？

克　应该付诸行动。

苏　那就请由此往下看。假如我们没有[50a]说服城邦同意就从这里离开,我们是不是就对那些最不应该伤害的人做了坏事?我们是不是还要坚持自己同意为正义的原则?

克　我没法回答你问的话,苏格拉底,[a5]因为我不明白[你的意思]。

苏　那你就这样考虑。如果我们从这里逃跑——无论应该把这种行为叫做什么,这时法律和城邦共同体走过来站在面前,问道:"告诉我,苏格拉底,你脑子里打算干什么?你做的这件[50b]事情,除了成心试图尽你所能彻底毁灭我们的法律以及整个城邦而外,又还能是别的什么?你是否认为那个城邦还能够继续存在而不是已被推翻,假如在这个城邦中,已生效的判决没有丝毫力量,反倒被私人弄得[b5]不再有效而遭毁灭?"

克里同,对于这个问题以及诸如此类的其他问题,我们该怎么说?有人对此还有很多要说的呢,尤其是法律辩护人,他会代表这条被彻底毁灭的法律说:"法律规定,已判定的判决必须生效。"

[50c]或者我们对它们说:"城邦对我们行了不义,因为它没有正确地判决?"

我们就这样说,还是怎么说?

克　宙斯在上,就要这样说,苏格拉底。

苏　如果法律这样说,又当如何:"苏格拉底,[c5]我们与你以前同意过[你]那个说法,是不是要遵守城邦判定的判决?"

假如我们对它们所说的话感到惊讶,它们也许还会说:"苏格拉底,你对所说的这些事情不要感到惊讶,而是要回答,既然你惯于使用问答的方法。说吧,你对[50d]我们和城邦有什么好控告的,竟至于试图彻底毁掉我们?首先,难道不是我们生了你,也就是你父亲通过我们才娶了你母亲并生下你?你倒说说,对于我们这些关于婚姻的法律,你指责什么,[d5]有哪点不好?"

"没有什么好指责的。"我会说。

"或者还要指责我们那些关于出生者的抚养和教育的法律,而你本人也是受那些法律教养出来的?还是说我们这些规定了这一条养育法律的不曾很好地预先规定,也就是规劝你父亲在[50e]文教和体育方面教育你吗?"

"很好地预先规定了。"我会说。

"那好。既然你生下来了,被养大成人,受到教育,你竟然能够首先说你本人以及你的祖先就不是我们的子孙和奴隶?如果果真[e5]那样,难道你会认为,你与我们在正义上就平等,因而无论我们试图对你做任何事情,你都可以反过来做同样的事情,并视之为正当之举?还是说你跟你的父亲和主人——如果你碰巧有主人的话——在正义上不平等,不能把你所遭受到的报复回去,既不能因为听[51a]到不受用的话就顶嘴反驳,更不能因为挨了打就还手反击,也不能做诸如此类其他很多忤逆之事。然而,对于祖国和法律,你难道就能够把你所遭受到的报复回去,以至于如果我们打算彻底毁掉你,而我们认为这是公正的,你竟然就会竭尽全力反过来试图彻底毁灭我们这些法律以及[a5]祖国,你还会说对我们这样做是行正义之举?你这位真正关心德性的人啊!

"难道说你那样聪明,竟然没有注意到,与你的母亲、父亲和其他所有祖先相比,祖国更受尊重、更庄严肃穆、更神圣纯洁,[51b]甚至在神明和有理智的凡人那里都受到了更大的尊敬,必须敬畏、顺从和抚慰盛怒之下的祖国远胜于你的父亲,要么说服、要么执行祖国之所命,必须[b5]安然承受祖国下令让你承受的东西,无论是鞭打还是监禁,哪怕率领你参加会让人受伤甚或送命的战斗,也必须去,因为这样做就是正义之举,绝不应退让,也不该撤退,更不能放弃阵地,相反,在战斗中、在法庭上以及在任何地方都应该做[51c]城邦和祖国所命令的事情,要么则应该以那自然就是正义的东西来劝说祖国——对母亲和父亲动粗使暴已不虔敬,对祖国动粗使暴岂不是远甚于此?"

克里同啊,我们对此该怎么说?法律说得在不在理?

克 [c5]我觉得在理。

苏 法律同样还会说:"苏格拉底,你再考虑,如果我们所说的这些都在理,那么,你现在打算对我们所做的,就不正义了。我们可是生下你,养大你,教育你,尽我们所能[51d]给予你以及其他所有邦民一切美好的东西。尽管如此,我们还公开宣布曾赋予雅典人中那种有此愿望的人以这样的权力:一旦通过成人审查,并且已熟悉城邦事务,也已了解我们法律,如果我们不能让他满意,他就可以拿上[d5]自己的东西离开,去往任何想去的地方。而且我们法律中没有哪一个会阻碍,也没有谁禁止,如果有人想离开我们去往殖民地——假使我们和城邦不能让他满意的话,如果有人想移民到他愿意去的其他任何地方,就拿上自己的东西,去他[51e]想去的那个地方好了。

"但那种看到我们司执正义和不同的治理城邦的方式,仍然留下来跟我们在一起的人,我们要说,此人已经以行动向我们同意了我们命令他去做的这一切。如果不服从,我们说,他就行了[e5]三重不义:不把我们当成生身父母来服从;不服从[我们这些]抚育者;虽然向我们同意了要服从我们,却既不服从我们,也不说服我们,如果我们有什么做得不好,[52a]尽管我们提供了选择,并没有野蛮地强制他去做我们所命令的事情,而是允许他二者选一,要么说服我们,要么[按我们说的]做,他却两样都不做。我们说,苏格拉底,你也要遭到这些罪名的指控,假如你真的实施了你打的鬼主意,[a5]那么,你丝毫不亚于其他雅典人,反倒最容易受这些指控。"

如果我问为什么,它们同样会公正地责备我,说在雅典人中,我恰巧已同他们签订了那样最易受指控的协议。

它们会说:[52b]"苏格拉底,我们有非常强有力的证据表明,我们让你满意,城邦也让你满意,否则你此前也不会与其他所有雅典人相比异乎寻常地待在城邦里的家中,如果城邦不曾异乎寻常地让你满意的话,而且你从来不走出[b5]城邦,哪怕是去看赛会,除了去过一次伊斯忒摩斯地峡之外,你也未曾因为别的事情去过任何地方,除了当兵打仗之地而外,你也从来没有像其他人那样曾背井离乡去异邦,你并不渴望去了解其他城邦,也不想精研其他法律,相反,我们[52c]以及我们的城邦对你来说,就已足矣——所以,你坚定选择并同意按照我们的要求当一个公民,尤有甚者,你在该城邦中还生了一大堆孩子,似乎城邦让你很满意嘛。

"再者,你在那场审判中,本来可以提出流放之刑,如果你愿[c5]意的话,而你现在打算做的违背城邦意愿的事情,那时本可得允而行。你却往自己脸上贴金,说什么即便必死无疑也不嗔不恼,而是——如你所说——宁愿选择去死,也不愿意流放。但如今呢,你既不在那些话面前感到羞耻,也不转而敬重我们法律,反倒试图毁灭我们,你现在[52d]做的可是最卑贱的奴隶才会做的事情,试图违背条约和协议而逃走,但你以前可是向我们订约同意按照那些条约和协议当公民的哦。那么,你首先回答我们这样一个问题:我们说,你是以行动而不是以言辞同意了按照我们的要求[d5]当一个公民,究竟说得在理,还是不在理?"

克里同,我们对此又该说什么? 我们除了同意还能有别的什么回答吗?

克　必须同意,苏格拉底。

苏　法律还会说:"你无非就是在违背你跟[52e]我们签订的条约和协议,你以前同意时可不是出于被强迫,也不是由于被欺骗,更不是被逼迫在很短时间内做出的决定,而是有七十年之久哇,在这七十年间,你完全可以离开,如果我们不能让你满意,或者你认为[e5]那些协议不公正的话。然而,你既不愿意去拉刻岱蒙,又不愿意去克里特,你可是每次都说它们治理得很好,你既不去其他任何[53a]一个希腊城邦,也不去野蛮人的城邦,你反而比瘸子、盲人和其他残疾人都更少外出离开过她——所以说,与其他雅典人相比,城邦让你异乎寻常地满意,我们这些法律也显然让你很满意,因为[a5]一个没有法律的城邦会让谁满意呢? 难道你现在竟然不信守那已同意了的协议吗? 是啊,苏格拉底,如果你服从我们,就不会因为离开这个城邦而变得荒唐可笑。

"你好好考虑,违反了那些协议和犯这样一些错误,将给你自己或[53b]你自己的挚友带来什么样的好处。你的那些挚友,他们自己将处于遭放逐、在城邦中失去公民权或者丧失财产的危险之中,几乎确然无疑。首先就你自己来说,如果你去了某些最近的城邦,要么去忒拜,要么去麦伽拉——[b5]两者都治理得很好,那么,苏格拉底,对于他们的政体来说,你是作为敌人而到来,那些心忧自己城邦的人,要对你侧目而视,把你视为法律的破坏者,而且你还会证实法官们的意见,他们认为自己以前正确地判了这个[53c]案子——任何人如果是法律的破坏者,都很可能被视为年轻人和没有理智的人的败坏者。那么,你要逃离治理得好的城邦和安分守序的人们? 这样做的话,难道[c5]你的生命还将值得过? 还是说,你要接近这些安分守序的人,恬不知耻地与他们谈话——苏格拉底啊,你好意思跟他们谈什么样的道理? 莫非谈你在我们这里说的那些,什么德性和正义,以及习俗和法律,乃是凡人最有价值的东西云云? 你难道不知道这会让苏格拉底这个老东西[53d]显得很可耻吗? 你当然应该知道。

"抑或你要离开那样一些地方,去帖撒利亚投奔克里同的异乡朋友?

那里当然最混乱无序和放纵不节，他们大概也乐于听到你当时如何裹上某种服装滑稽可笑地[d5]从监狱逃出来，你要么穿上兽皮外套，要么穿上逃亡者习惯穿上的其他那类东西，改变你自己的外貌。难道没有人会说，这样一个老头儿，生命中所剩时间[53e]很可能已经不多，你居然还有脸面如此贪婪地渴望活命，不惜违犯最重要的法律？也许没有人会这样说，假如你没有惹恼什么人的话；但如果不是这样，苏格拉底，你就会听到很多把你自己说得一无是处的话。因此，你将对所有人摇尾乞怜甚至屈尊为奴来度过余生。[e5]你在帖撒利亚除了饱食终日，就好像背井离乡来到帖撒利亚专为赴宴似的，还能做什么呢？你那些关于[54a]正义以及其他德性的大道理，对我们来说，又将何在？

"莫非你愿意苟且偷生正是为了孩子们，以便把他们抚养大并教育成人？这怎么可能？难道你把他们带到帖撒利亚去抚养和教育，就为了把他们变成异乡人，好让他们也享受这种异域飘零？[a5]还是说，如果你不那样做，他们便在雅典这里接受抚养，难道他们就会因为你还活着而被抚养和教育得更好，哪怕你并没有跟他们在一起？诚然，你的那些挚友会关照他们。是不是说，如果你离家到了帖撒利亚，他们会关照你的孩子们，而如果你离家去了冥府，他们就不关照了呢？如果那些自[54b]称是你挚友的人还有点用处的话，他们当然应该知道去关照。

"所以说，苏格拉底，听从我们这些抚育了你的人，不要把孩子、生命和其他东西看得比正义更为重要，以便你去了冥府之后，才有全部[b5]而充分的理由向那里的统治者申辩。如果你做了[克里同提议的]那些事，对你今生在这里显然没有任何好处，既不更正义也不更虔敬，对你的其他亲友也一样，而且你到了那里也不会有什么好处。不过，你如今遭受不义而去冥府，[54c]如果去了的话，也不是被我们这些法律而是被凡人行了不义——但如果你如此无耻地逃走，也就是反行了不义和反过来报复，违犯了你自己向我们签订的协议和条约，并且对最不[c5]应该伤害的，你自己、你的朋友、你的祖国以及我们法律，做了坏事，那么，你活着的时候，我们要对你大为光火，而你到了那里，我们那些在冥府的兄弟，也不会友善地接纳你，因为他们知道你试图尽你所能彻底毁灭我们。好啦，你不要[54d]听从克里同去做他说的那些事，不如听我们的。"

亲爱的友伴克里同,你要知道,我认为自己所听到的那一切,就好像参加科吕班忒斯祭仪的人认为自己听到了簧管声一样,而且这些言辞的回声本身还在我耳中隆隆作响,[d5]让我无法听到其他的。你要知道,这就是我眼下的想法,假如你要反驳那些话语,说了也枉然。不过,你如果真的认为自己还有什么更多的要反驳,就请讲吧。

克 既如此,苏格拉底,我没有要说的了。

苏 [54e]那就到此为止吧,克里同,咱们就这样办,既然这是神指引的。

斐 多

刘小枫 译

厄喀克拉忒斯　[57a]你本人,斐多①啊,在苏格拉底身边吗,当他在狱中饮药那天,抑或你从别人那儿听说?

斐多　亲自在啊,厄喀克拉忒斯②。

厄　[a5]那么,这人临死前说了些什么?他如何终了?要是我能听听[这些]该多快乐。因为,弗利乌斯③[城邦民]没谁去雅典,好长一段时间也没客人[57b]从那里来,没人清楚告诉我们,关于这事究竟是怎么回事,仅听说他饮药死了;除此而外,别的什么都不清楚。

斐　[58a]关于审判以及发生的方式你也不清楚?

厄　那倒不是,已经有人给我们说过这些,我们觉得奇怪的是,判决老早就下了,为什么他似乎拖了很久才[a5]死。④ 究竟怎么回事啊,斐多?

斐　他碰上某种偶然,厄喀克拉忒斯。碰巧在判决前一天,雅典派往德洛斯⑤的那艘船的船首挂了花环。

厄　这是怎么回事?

---

① 斐多是厄利斯(Elis)人,生于贵族家庭。厄利斯城沦陷(公元前402年)后,斐多遭掳,被带到雅典为奴。苏格拉底找自己的一个富人朋友将斐多买赎出来,从此,斐多跟随苏格拉底学习。但斐多跟随苏格拉底的时间并不长,因为公元前399年苏格拉底就被判了死刑。

② 厄喀克拉忒斯来自伯罗奔半岛东北部的弗利乌斯(Phlius)城,毕达哥拉斯教派最后的几位重要人物之一,曾在雅典与苏格拉底有过接触,但与柏拉图《书简九》里提到的同名者不是同一人。

③ 弗利乌斯是一个很小的城邦,地处雅典和厄利斯之间(伯罗奔东北部)。

④ 按色诺芬的记载,一共拖延了三十天(见《回忆苏格拉底》4.8.2)。

⑤ 德洛斯(Delos)是爱琴海西靠近小亚细亚的一座小岛,岛上有阿波罗的神庙。

斐 [a10]这艘船嘛,据雅典人说,忒修斯①曾用来载"双七[童]"去克里特,[58b]并救了他们,而他本人也得了救。据说,雅典人当时曾对阿波罗发过誓,要是他们得救,会每年派觐神团去德洛斯。打那以来直到如今,他们年年都派觐神团去这位[阿波罗]神那里。一旦觐神团[b5]出发,按他们[雅典人]的规矩,这段时间城邦得保持洁净,民事方面不得执行死刑,直到那艘船抵达德洛斯,然后返回。要是他们偶然遇到逆风,这事有时要花[58c]很长时间。觐神团出发时,阿波罗的祭司要为船首挂花环。如我刚说的,这事偶然就在判决前一天。由于这些,苏格拉底才在[c5]狱中从判决到死之间度过了大把时间。

厄 那么,死本身情形怎样呢,斐多?[他]说过、做过一些什么事情?当时哪些行内人在这人身边?抑或执事们不允许这些人在场,他终了时身边没朋友?

斐 [58d]才不是呐,有一些,而且还不少。

厄 那么,要是你碰巧没别的什么急事,就请你热心尽量清楚地给我们讲讲所有这些情况。

斐 哪里话,我有空闲,而且我会尽力给你们细[d5]说。回忆苏格拉底——无论是自己讲,还是听其他人讲,至少对我来说,总是所有事情中最快乐的事情。

厄 可不是嘛,斐多,你这会儿就有这样的其他听者。请尽你所能最为准确地说说一切吧。

斐 [58e]要说我嘛,我那天在旁边感受到奇特的东西。因为,我没有悲戚不已,即便面临的是我必需的人的死。毕竟,我感到这男子汉显得幸福,厄喀克拉忒斯,他终了时,他的举止和他的言辞多么无畏、多么高贵啊。我心中感到,他去往冥府不会没有[e5]神的担保,而且到了那边也会过得好,[59a]就像是世人从未有过的[好]。由于这些,我完全没感到就像人们认为一个人面临大难时那样的悲戚。不过,我们也不像通常在热爱智慧时那样快乐,尽管当时谈的就是诸如此类的东西。实在说吧,我当时感受[a5]到的某种情感简直出格得很——这是某种从未有过的混合

---

① 忒修斯是传说中的雅典国王。

[情感]，快乐和悲哀同时混在一起。毕竟，[我]心里难免想到，这个人马上就要终了啊。所有在场的人几乎都是这样的心情，哭一阵又笑一阵，尤其是我们中的一个人——阿波罗多罗斯，[59b]你知道这人和他那副样子。

厄　怎么会不知道！

斐　那好。这个人当时简直不能自已，我自己心里也乱得不行，还有其他人。

厄　[b5]那么，斐多，碰巧在场的有谁？

斐　当地人中嘛，这个阿波罗多罗斯在场，还有克力托布罗斯和他父亲克里同，然后还有赫耳墨葛涅斯、厄庇革涅斯、埃斯基涅斯、安提斯忒涅斯。派阿尼亚的克忒西珀斯也在，以及默涅克塞诺斯和其他几个[b10]当地人。柏拉图，我想他病了。

厄　也有异乡人在场？

斐　[59c]有哇。忒拜人西米阿斯、刻贝斯、①斐冬得斯，还有来自麦伽拉的欧几里得和忒尔普西翁。

厄　是吗？阿里斯提珀斯和克勒俄姆布罗托斯也在场？

斐　[c5]不在，听说去了埃吉纳②。

厄　别的还有谁在场？

斐　我想，差不多就这些在场。

厄　然后呢？你说说，当时有些什么说法？

斐　我会试着从头给你整个儿细[59d]讲。在先前的那些天里，我们——我以及其他人——都习惯了去看望苏格拉底，一大早就在那个法院聚齐，审判就是在那里进行的；监狱就在附近。每天我们就等在四周，直到[d5]监狱开门，[此前]相互闲聊，因为监狱开门不会早。一开门，我们就进去到苏格拉底那里，然后和他待上差不多一整天。

不过，那天我们集合得特别早，因为前一天，[59e]当我们傍晚离开监狱时，我们听说那艘船已经从德洛斯驶回。于是，我们相互约好，[第二

---

① 西米阿斯和刻贝斯都是毕达哥拉斯派信徒斐洛劳斯的学生，两人愿意出钱救苏格拉底（参见《克里同》45a—b）。

② 埃吉纳（Aegina）是个离雅典很近的岛屿，位于萨罗尼克（Saronic）湾，以声色场所著称。

天]尽可能早点儿到老地方。我们一到,那个通常应门的狱吏就来到我们这里,说要等[e5]等,先别进去,等他吩咐。"十一人官①正在给苏格拉底解缚,"狱吏说,"交代他在这天该怎样终了。"我们并没有等很久,狱吏就出来,吩咐我们进去。

一进去,[60a]我们就看到刚被解缚的苏格拉底,克桑提佩②——你认识她——抱着苏格拉底的小儿子坐在他身边。克桑提佩一看见我们就大声嚷嚷,像妇人们惯常说那类事情那样[a5]说:"苏格拉底啊,行内人与你说话,你与他们说话,现在可是最后一回啦。"苏格拉底看了克里同一眼,"克里同啊,"他说,"让谁带她回家去吧。"于是,与克里同一起的几个人把又哭又捶胸的克桑提佩[60b]带走了。

苏格拉底坐到床上,盘着腿,用手揉搓,一边揉搓一边说,"诸位,世人叫做快乐的这个东西看起来好出格!快乐神奇地生得[b5]似乎是那个相反的东西——痛苦,这个东西本来不愿意同时出现在同一个世人身上,可是,谁一旦要获取其中一个,并得到了,几乎也就被迫总是得到另一个,仿佛是拴在一个脑袋上的[60c]两个东西。我觉得,"他说,"要是伊索③意识到这些,他恐怕会编故事,[讲]这位神④愿意让它们的争战和解。当神不能做到时,就把它们的头捆到一起。所以,当这一个出现在身体上,[c5]另一个随之而来。就像我自己[现在觉得的]这样:腿上来自捆绑的痛感还在,快乐显得紧接着就来啦。"

这时,刻贝斯接过话头。"宙斯啊,苏格拉底,"他说,"幸亏你提醒我你作诗。关于那些[60d]诗作,也就是你采伊索的言辞和献给阿波罗的颂歌制作出来的诗,已经有别的一些人问起我,前天欧厄诺斯⑤还问起,为何你偏偏来到这儿就起心要制作这些诗,此前却从未制作过诗。[d5]所以,一

---

① 十一人官是专职看管刑犯和执行各种判决的司法职官,由雅典城邦的十个宗族各推选一位,加上一个记录执事官。
② 克桑提佩是苏格拉底的妻子。
③ 伊索是传说中的人物,虽然公元前5世纪的许多作品提到他,其生平却没有可靠材料。
④ "这位神"虽然用了冠词,仍然不清楚指哪个神。
⑤ 欧厄诺斯(生活于约公元前460年左右)是诉歌诗人、修辞家。苏格拉底受审期间,他专程来到雅典。

旦欧厄诺斯再问起我,——毕竟,我知道他肯定会问——要是你看重我能够回答他的话,告诉我,我该说什么。"

"那你就对他说实情吧,刻贝斯,"苏格拉底说,"我制作那些诗可不是想要与他[这人]或[60e]他的诗比技艺高低哦——我兴许还知道,这恐怕不容易。我制作那些诗不过想探探我的某些梦说的是什么[意思],并洁净我[自己]的罪。正因为如此,这些梦才会多次命我制作这种乐。

"事情是这样的:在我走过的一生中,同一个[e5]梦不断造访我,情境显得有时这样,有时那样,但说的是相同的事情——'苏格拉底啊,'梦说,'作乐①吧,劳作吧。'我呢,从前一直以为,这是梦在不断鼓励我做已经在做的那件事,[61a]鞭策我,就像人们激励在跑的人,这梦不断鞭策我做已经在做的事情,这就是作乐。因为,热爱智慧就是最了不起的乐,而我一直在做这个啊。可现在,判决[a5]下来时,这神的节庆却推迟我的死,难免让人觉得,倘若那梦一再吩咐我制作那种属民的乐,就不可不服从梦,必须制作[属民的乐]。毕竟,除非在离世前洁净自己,制作那些诗作,[61b]服从那个梦,[否则]我心里不会踏实。

"于是,我不仅首先制作诗献给眼下正在祭祀的这位[阿波罗]神,而且正是由于这位神,我才想到,一位诗人如果算得上诗人,就得制作故事而非制作论说。[b5]可是,我自己并不是说故事的,因此,我拿起手边的故事——我懂得伊索的故事,用我先前读过的故事制作出这些诗。所以,刻贝斯,把这些告诉欧厄诺斯吧,祝他活得好,告诉他,要是他够智慧,就尽快跟随我。[61c]我要去了,似乎就在今天,因为,雅典的人们已经吩咐。"

这时,那个西米阿斯说:"你怎么这样子告诫欧厄诺斯啊,苏格拉底?最近我常常碰到这人,按我的感觉,无论[你用]什么方式,他八成不会愿意听从你[c5]劝告。"

"怎么?"苏格拉底问,"欧厄诺斯不是个热爱智慧之人吗?"

"我觉得他是。"西米阿斯说。

"那么,欧厄诺斯会愿意的,每个认真置身于这种事业的人都会愿意。

---

① "作乐"指制作音乐,即"制礼作乐"的"作乐"。

当然，他也许不会强制自己①。[c10]毕竟，据他们说，这不符合神法。"说这些话的同时，苏格拉底让[61d]双脚踩在地上，谈接下来的东西时，他都这样子坐着。

于是，刻贝斯问他："你这样说是什么意思，苏格拉底？强制自己不合神法，这位热爱智慧之人却应该愿意[d5]追随正在死去的[你]？"

"怎么，刻贝斯，你们——你以及西米阿斯——难道没听说过这种事情？你们都曾是斐洛劳斯的门徒哦。"

"至少不清楚啊，苏格拉底。"②

"其实，关于这些事情，我能够说的也是听来的。不过，[d10]虽是我碰巧听来的，我也会毫无妒忌地讲述。毕竟，兴许[61e]最适合一个将要去那边的人的是，考察并用故事讲述这趟去那边的远行，以及我们以为的这趟远行本身究竟是怎么回事。毕竟，到太阳落山之前这段时间，③一个人还能做别的什么呢？"

[e5]"那么，依据什么他们说自杀不合神法呢，苏格拉底？其实我嘛，要说你刚才问的，我也曾听斐洛劳斯说过，当时他正待在我们这里，而且还听其他人说过，不可以做这种事情。不过，关于这些事情本身，我从未听任何人说清楚过。"④

[62a]"必须得有热望，"苏格拉底说，"兴许你才会听得清楚。当然，对你来说也许会显得奇怪，所有事情中单单这事简单明了，而且世人绝不会碰上，就像碰上别的事情那样——这就是，某些时候而且对某些人来说，[a5]死比生更美好。这些觉得死更美好的人兴许让你觉得奇怪，在他们看来，自己做这好事是不虔敬，必须等别的行善者。"

刻贝斯淡然一笑。"宙斯才知道吧！"他用自己的乡音说。

[62b]"毕竟，这说法恐怕看起来就是如此荒谬，"苏格拉底说，"当然咯，它兴许的确又有某种道理。不管怎么说，这就是秘密教理中就这些事情所说的那个说法：我们世人置身于某种囚室中，既不可自己从囚室[b5]

---

① "强制自己"在这里是"了断自己"的委婉说法。
② 这话不清楚是西米阿斯还是刻贝斯的回答。
③ 太阳落山之后才执行死刑，是雅典的宗法习俗规定，参见116e。
④ 这段话是西米阿斯说的还是刻贝斯说的，不清楚，可能是刻贝斯说的。

解脱,也不可出逃。在我看来,这个说法多少有些太大,不容易看透彻。当然咯,话说回来,我觉得,刻贝斯,兴许这样说为好:诸神守护着我们,我们世人是诸神的所有物之一。你不觉得如此吗?"

[b10]"我觉得[如此]。"刻贝斯说。

[62c]"那么,"苏格拉底说,"如果你的某个所有物想要自杀,而你并没有表示你愿意它死,你恐怕会对它生气吧?如果你有某种惩罚方式,你恐怕会惩罚它吧?"

[c5]"当然。"刻贝斯说。

"那么同样,这也许并非没有道理:人不应该自杀,直到神送来某种必然,就像我们眼下面临的这种必然。"

"这倒显得合情理,"刻贝斯说,"不[c10]过,你刚才说,热爱智慧的人们兴许容易愿意[62d]去死,这就显得荒谬啦,苏格拉底,如果我们这会儿说的有道理的话,即这位神看护着我们,我们是这位神的所有物。毕竟,最为明智的人们离开自己侍奉神的地方时不感到懊恼,[d5]就荒谬啦,在这里,诸神作为最优秀的万物主管照管着他们[这些最为明智的人们]。最明智者恐怕不至于会认为,自己一旦变得自由将会更好地受到看护罢。没脑筋的世人或许反倒会这样认为,即必须逃离[62e]主子,甚至兴许不会理性地思考一下,不应该逃离好人,而是应该尽量待在[好人]身边。因此,不理性思考,才会要逃离。有心智的人会渴望一直待在比自己更好的人身边。正因为如此,苏格拉底啊,[e5]看起来像是与刚才说的相反——也就是反过来[说]:明智的人死时会懊恼,不明智的人死时则高兴。"

苏格拉底听了这番话,我觉得,他对[63a]刻贝斯的投入感到欣喜,他扫了我们一眼说:"刻贝斯总是要细究某些说法,几乎不会即刻愿意被任谁的说法说服。"

于是,西米阿斯说:"可是,苏格拉底,我起码[a5]觉得,刻贝斯的话有那么点儿东西。毕竟,为何智慧的人们实际上愿意逃离比他们自己更好的主子,而且轻易地就摆脱他们?我甚至觉得,刻贝斯的说法就是针对你的,因为你正如此轻易地要离开[63b]我们,甚至如你自己同意的,要离开好的统治者,也就是诸神。"

"你们说得对,"苏格拉底说,"毕竟,我认为你们说的[意思]是,我应该就这些为自己辩护,就像在法庭。"

"完全没错。"西米阿斯说。

[b5]"那好,"苏格拉底说,"我会试试在你们面前辩护得比在法官们面前更具说服力。毕竟,我呢,西米阿斯和刻贝斯啊,假如我不认为,首先,我是去别的既智慧又好的诸神那里,第二,我是去那些已经终了的世人们那里——他们比这儿的这些个世人更好,那么我[63c]对死不懊恼就会是行不义。

"不过,眼下你们得清楚知道,即便我兴许并不完全坚持这一点,我[仍然]希望去到好人们中间——去到诸神那里,他们都是实实在在的好主子。你们得清楚知道,即便有死这样的事情,[c5]我仍然会坚持这一点。所以,由于这些,我不仅不会[像你们那样]懊恼,反倒会满怀期盼,会有某种东西给这些已经终了的人,而且,如老早就有的说法,给好人的东西会远比给坏人的要好得多。"

"怎么,"西米阿斯说,"苏格拉底,你自己怀有这样的[63d]思想,打算带着它离世,抑或让我们也分享?我觉得,这个好东西应该共同属于我们。再说,你将要为自己辩护,如果那样的话,你恐怕得用你的说法来说服我们。"

"那好吧,我会试试看,"苏格拉底说,"不过,克里同在这儿,我们首先得看看[d5][他]有什么事,我觉得,他想要说什么已经有些时候了。"

"没别的什么,苏格拉底,"克里同说,"不过就是,那个将要给你送药的早就对我说,必须告诫你尽量少交谈。毕竟,他说,交谈的人会非常发热,这样的话,药肯定会不起[63e]作用。要是不起作用,做这种事情的那些人有时就得被迫饮两次甚至三次[药]。"

苏格拉底说:"别管他。由他去操办他自个儿的事,给两道吧,如果必须的话,[e5]甚至三道。"

"我就知道你会说什么,"克里同说,"可他老找我麻烦。"

"别管他,"苏格拉底说,"你们是[我的]法官,现在我想要对你们解释这个道理,为什么我觉得一个[e10]真正在热爱智慧中度过一生的人有理由向往有信心[64a]去死,并且满怀期盼,一旦终了之后,在那边会获取最大的好东西。何以会如此,西米阿斯和刻贝斯,我会试着对你们说清楚的。

"别的人恐怕都没有注意到,那些碰巧正确地把握[a5]热爱智慧之人,他们所践行的不过就是去死和在死。如果这是真实的,我想,如果整个一生热望的不过就是这个[去死],而它一旦到来,又对自己早就热望和践行的感到懊恼,那兴许才荒谬呢。"

[64b]西米阿斯笑了,他说:"凭宙斯,苏格拉底啊,眼下我根本笑不起来,你却搞得我笑起来。因为,我认为,多数人要是听到这个说法本身,他们恐怕会觉得,关于这帮热爱着智慧的人,简直说得太好啦。恐怕[b5]我们这儿的世人们会完全同意,热爱智慧真的就是在去死,但是,世人们确实没清楚意识到,热爱智慧者承受这个[去死]值得。"

"世人说的恐怕是真实呃,西米阿斯,只不过他们没完全注意到[哲人认为求死值得]这一点。毕竟,他们没注意到这种人要怎样的死,值得[b10]怎样的死,以及这是什么样的死,亦即何以才是真正热爱智慧之人。[64c]因此,我们不妨对我们自己说说[这个死],"苏格拉底说,"不谈那些世人[的看法]。我们认为,有死这回事吧?"

"当然。"西米阿斯接过话头说。

"而且,[死]该不会不过就是灵魂从身体[c5]脱离吧? 在死就是这个[脱离],即身体与灵魂分开,变得自体自根,灵魂也与身体脱离而自体自根? 死不过就是这么回事吗?"

"不会不是啊,就是这么回事。"西米阿斯说。

[c10]"看清楚哦,好小子,你是否同意我的看法。[64d]毕竟,这样我们才会更好地获知我们要考察的东西。在你看来,一个热爱智慧之人会热衷诸如吃啊、喝啊之类的所谓快乐之事吗?"

[d5]"当然不会,苏格拉底。"西米阿斯说。

"那么,情欲之事呢?"

"绝不会。"

"其他沉迷于身体之类的事情呢? 你觉得,[热爱智慧之人]会看重这样的事情,比如说得到别致的衣裳、[d10]鞋以及其他身体饰品? 你认为,他会看重,还是会不看重,[64e]仅仅分有其中非常必需的东西?"

"不看重,"西米阿斯说,"我认为,那才是真的热爱智慧之人。"

"那么,你认为,这样一个人的投[e5]入不会涉及身体,而是尽其所能地远离身体,转向灵魂?"

"我认为如此。"

"那么,首先,在这样一些事情上,很清楚,[65a]热爱智慧之人会尽可能让灵魂脱离与身体的结合,从而与别的世人不同?"

"看起来是这样。"

"而且,西米阿斯啊,多数世人会认为,[a5]这[热爱智慧的]人在[涉及身体]这样的事情方面毫无快乐可言,对这人来说,活着不值得,反倒近乎死,因为这人绝不认为,来自身体的是快乐的。"

"你说的的确是实情。"

"那么,[热爱智慧之人的]这种明智本身是如何获得的呢?[a10]一旦在探究中伴随着这种[灵魂与身体的]结合,[65b]身体是障碍抑或不是呢?我要说的是这么一回事:视觉和听觉让世人获得某种真实,抑或不过是这样一类情形,就像诗人们一再对我们嚷嚷的那样,我们既没有准确地听见也没有准确地看见任何东西?何况,如果这些涉及[b5]身体的感觉都既不准确也不清楚,别的感觉恐怕就更如此了,毕竟,所有别的感觉都比这些听觉和视觉更差。你不认为是这样吗?"

"当然是这样。"他说。

"那么,"苏格拉底说,"灵魂何时触及真实呢?毕竟,[b10]一旦灵魂试图与身体一起搞清楚某种东西,明显就会受身体欺骗。"

[65c]"你说的是真实。"

"那么,灵魂岂不是在思考中[才触及真实],即便事物中的某物在某处对灵魂显得格外明显?"

"是的。"

"灵魂要最为完美地思考,就得[c5]不受任何感觉打搅,无论听还是看,无论痛感还是某种快感。毋宁说,灵魂应该尽可能变得自体自根,让自己告别身体,这样才能既不与身体结合,也不依靠身体去探求事物。"

"正是如此。"

[c10]"因此,在这些方面,热爱智慧之人的灵魂才极不看重[65d]身体,要逃离身体,致力于变得自体自根?"

"明显是这样。"

"那么,[下面]这类事情又怎样呢,西米阿斯？我们主张有正义[d5]本身,抑或根本没有？"

"我们当然主张有啊,凭宙斯！"

"而且也主张有美[本身]以及善[本身]？"

"怎么会没有呢？"

"那么,你已经亲眼看见过这样的东西？"

[d10]"从来没有。"西米阿斯说。

"可是,你凭靠身体的某些别的感觉看到过这些东西吗？我指的是所有这样的东西,比如高大、健康、强劲,以及总之所有其余的实质[所是],无论[65e]碰巧每个东西是什么。凭靠身体可以观看到这些东西的最真实之处吗？抑或得这样：我们中无论谁要让自己足以尽可能最为准确地思想他所探究的每个事物本身,他就得最切近地去认识每个事物？"

[e5]"当然得这样啊。"

"那么,谁想要最为洁净地做这件事情,就得尽可能凭靠思想本身去探究每一事物,既不让任何视觉窜入思想,也不把[某些]别的[66a]感觉拽入思考,而是自体自根,用纯粹的思想致力于纯粹地、自体自根地去猎捕事物,尽可能摆脱眼睛和耳朵,简而言之,摆脱[a5][自己的]整个身体,因为,如果灵魂[与身体]结合的话,身体会干扰灵魂,使得灵魂无法获得真实和见识？西米阿斯啊,无论谁,如果他想碰巧逮着事物的话,不就得这样吗？"

"你说得太真实不过啦,苏格拉底。"[a10]西米阿斯说。

[66b]"所以,必然的是,"苏格拉底说,"由于所有这些,在那些地道的热爱智慧之人中就出现了这样一种意见,而且他们还相互谈论下面这样一些说法：'瞧,(当我们在探究中带有理性时)恐怕好像有某种捷径在引导我们。[b5]因为,只要我们拥有身体,从而我们的灵魂与这样的恶搅和在一起,我们就绝对无法充分获得我们热望的东西。我们要说,这就是真实。毕竟,身体会给我们带来成千上万的忙碌,因为身体必需[66c]食物。而且,一旦患上某些个疾病,疾病就会妨碍我们去猎捕事物。身体让我们充满爱欲、欲望、畏惧,以及五花八门的幻想和大量闲扯,所以,那个说法说得实在真实：在[c5]身体的作用下,我们在任何时候都没可能开启明智之思。

"'毕竟,没有什么比身体及其欲望更引致战争、争纷和争斗。因为,所有战争无不出于为了获取财物，由于身体的缘故，我们被迫[66d]获取这些财物，做侍奉身体的奴隶。正是由于这个身体，我们因所有这些而忙碌得无暇去热爱智慧。最糟的是，即便我们稍有一点闲暇脱身出来，转而[d5]考察某种东西时，身体就在这些探究中到处乱串，制造滋扰和混乱，使得我们分心，以至于根本不能察看真实。

"'实际上，我们已经很清楚，如果我们想要洁净地认清无论什么[东西]，就必须摆脱身体，[66e]就必须用灵魂本身去观看事情本身。然而，看来啊，我们要得到所热望的明智之思，我们要说自己是[热爱智慧的]爱欲者，只有当我们终了之后才行——如刚才这番道理所表明的，而非我们活着的时候。毕竟，如果根本没可能[e5]带着身体去洁净地认识任何东西，那么，下面两种情形必居其一：要么绝不可能获得认知，要么终了。毕竟，终了之后[67a]灵魂才会自体自根，与身体脱离，在此之前不行。只要我们还活着，看来啊，我们要切近认知，我们就得既不与身体往来，也不与身体结合——除非绝对必需，[a5]更不应让身体的自然充满我们。毋宁说，我们必须让身体保持洁净，直到神亲自解脱我们。一旦我们以这种方式保持洁净，摆脱身体的不明智，我们恐怕才能与洁净的东西结合，并且通过我们自身去认识[67b]到所有纯粹的东西。这恐怕才是真实。毕竟，洁净的东西沾染上不洁净的东西，不符合神法。'

"我认为，西米阿斯啊，所有真正热爱学问的人相互之间谈论和相信的，必定是诸如此类的说法。你不[b5]认为是这样吗？"

"当然完全如此，苏格拉底。"

"因此，"苏格拉底说，"如果这些是真实的，友伴啊，我对我正在前往要抵达的那个地方就满怀期盼，在那里——如果确有那某个地方的话——我将会充分获得这个东西，正是为了它，充沛的[b10]投入[探究]就成了我们要走过的一生。所以，[67c]眼下盼吩我的这趟远行，就伴随着美好的期盼。任何别的男子汉也如此，只要这人相信，自己的思想已经准备好要如此得到洁净。"

"完全如此。"西米阿斯说。

[c5]"那么，洁净岂不恰恰就是：正如那个说法早就说过的，灵魂尽可能与身体分离，养成自体自根的习惯，从身体各处聚集起来、凝结起来，

尽其所能单独自体自根地既寓居于当下,也寓居于[67d]未来,有如从捆绑中解脱那样从身体中解脱?"

"完全如此。"西米阿斯说。

"这不就是所谓的死,即灵魂从身体[d5]解脱和分离?"

"总起来说就是如此。"西米阿斯说。

"解脱灵魂,如我们所说,恰恰是且仅仅是真的热爱着智慧的人最为一再热望的,热爱智慧者们的事业恰恰就是灵魂[d10]从身体解脱和分离,难道不是吗?"

"显然如此。"

"那么,正如起头时我说,倘若谁活着毕生[67e]都在致力于尽可能切近死,死一旦到来,他却懊恼起来,岂不可笑?"

"可笑啊,怎么不是呢。"

"其实啊,西米阿斯,"苏格拉底说,"真正热爱着智慧的人[e5]关切[练习]的就是去死,而别的世人至少畏惧去死。你不妨根据下面这一点来考察一下吧。也就是说,如果他们方方面面都与身体不和,渴望灵魂自体自根,而这[死]一旦出现,倘若他们既畏惧又懊恼,岂不太荒谬?[68a]既然他们毕生盼望的就是抵达那个[自己]一直爱欲着——而且是凭靠明智一直爱欲着——的地方,因此他们才与身体不和,要让自己摆脱与这个身体的共在,如果他们不高高兴兴去那边[岂不太荒谬]?

"再说,多数人在自己心疼的男孩①、妻子和儿子死了之后都自愿[a5]想要跟去冥府,受的是这样一种期盼引导:热望在那里看见他们,与他们在一起。凭靠明智实实在在地爱欲着的人牢牢持有的正是这同一种期盼,即唯有在冥府才会以一种值得一说的方式[68b]与明智相遇,这人难道会在死时懊恼,会不高高兴兴去那个地方?友伴啊,如果这人实实在在是热爱智慧之人,他就必须这样认为才行。毕竟,他会坚定地认为,唯有在那个地方才会洁净地遇到明智。[b5]如果情形就是如此,如我刚才所说,这样一个人会畏惧死,岂不太荒谬?"

"的确太荒谬,凭宙斯。"西米阿斯说。

---

① "心疼的男孩"指男同性恋中的被动方。

"这岂不足以向你证明，"苏格拉底说，"如果你看见一个男子汉面对死时会懊恼，那么这人就不［68c］曾是热爱智慧之人，而是热爱身体之人？就这人啊，没准还是个爱财之人和爱名望之人，要么是其一，要么是兼而有之。"

"的确是如你所说的这样。"西米阿斯说。

［c5］"那么，"苏格拉底说，"西米阿斯啊，所谓的勇敢不也尤其与具有如此品质的人相关？"

"当然啊，多半是这样。"

"然后，还有节制，甚至多数人所说的节制——对欲望之事不会感情用事，而是［c10］极少有之、合序有之——不也仅仅与这样一些人相关，他们尤其轻视身体，活在热爱智慧［68d］之中？"

"必然是这样。"西米阿斯说。

"毕竟，如果你愿意想想其他人的勇敢和节制的话，"苏格拉底说，"你会认为它们很荒谬。"

［d5］"怎么会呢，苏格拉底？"

"所有其他人都认为，"苏格拉底说，"死是种种大恶之一，你不知道吗？"

"的确如此。"西米阿斯说。

"他们中间的勇者不也怀着对种种大恶的畏惧［d10］忍受着死，一旦他们得忍受的话？"

"是这样。"

"所以啊，除了热爱智慧之人，所有人都是由于恐惧和出于恐惧才勇敢。可是，一个人因恐惧和怯懦而勇敢，实在荒谬。"

［68e］"确实。"

"他们中间的规矩人又怎样呢？有些人不也这样感情用事，出于放纵而节制？当然咯，我们说，［出于放纵而节制］不可能，可是，在这些人身上，同样以这种方式有着相同的这种情感——头脑简单的节制。由于他们畏惧某些快乐被剥夺，而且由于他们欲求这些快乐，他们才让自己摆脱受另一些快乐主宰。当然咯，他们把放［69a］纵叫做受这些快乐统治，可是，他们主宰这些快乐，恰恰是因为他们受另一些快乐主宰。这岂不与刚才说的一样嘛,也就是,以某种方式因放纵而变得节制自己。"

[a5]"看来是这样。"

"亲爱的西米阿斯呃,毕竟,这不是换取德性的正确方式,即用快乐换快乐,用痛苦换痛苦,用畏惧换畏惧,甚至用更大的换更小的,好像这些东西是钱币。毋宁说,唯有这个才是正确的[69b]钱币,必须用所有这些东西来换得它——那就是明智。明智值得用所有东西来买,凭靠它则可以买卖所有的东西。勇敢、节制、正义,总而言之,凡真正的德性,都得凭靠明智,[b5]不管快乐、畏惧以及其他所有诸如此类的[情感]是生还是灭。① 一旦这些德性与明智分离,仅仅一个与另一个交换,这样的德性兴许就不过只是某种虚影画②,[具有这种德性的人]实实在在就是奴仆,既不会有健康,也不会有真实。

"其实,真实实实在在地是[b10]一种对所有这些东西的洁净,节制、[69c]正义、勇敢以及明智本身不是别的,就是某种保持洁净。看来啊,那些为我们创设种种秘仪的人绝非等闲之辈啊,他们老早就实实在在用隐语说:谁未入教,谁未受秘仪,进入冥府[c5]后就将躺在烂泥中,而已洁净者和已受秘仪者一旦到达那里,就会与诸神住在一起。因此,实际上,如那些练习种种秘仪的人所说:'手持大茴香杆者[69d]多,酒神信徒少。'③ 这样一些人,按我的意见,才恰恰是已经正确地热爱过智慧的人。

"为了成为其中一员,我曾在一生中尽我所能不遗余力,以种种方式欲求。我是否曾正确地[d5]欲求,我们是否曾成就某种东西,当我们到了那边,我们将会清楚地知道——我觉得,如果神愿意的话,就快啦。

"以上这些,"苏格拉底说,"西米阿斯以及刻贝斯啊,就是我为此所做的辩护:离开你们和离开这儿的主子们时,我有理由不[69e]感到艰难,也不会懊恼,因为我相信,在那边并不比在这边更少遇到好的主子和好的友伴。(对多数人来说,这并不可信。)如果我的这番申辩对你们比对雅典

---

① 这一句的希腊语原文有残缺,断句见仁见智。

② "虚影画"又译"影子画"或"舞台画",用于戏剧舞台布景,具有鲜明的立体感,给人以看见实物的错觉。

③ 这是俄耳甫斯教的一句箴言,来源不详。"茴香杆"是一种伞状植物,酒神信徒们做崇拜时所用。

的法官们更具说服力,那就[e5]好了。"

苏格拉底说过这番后,刻贝斯接过话头说:"苏格拉底啊,别的我觉得你讲得美,[70a]但关于灵魂的那些道理,对世人们来说,就非常不可信。灵魂一旦离开身体,恐怕就哪儿都不在啦。这常人死去的那天,灵魂也就灭啦,消亡啦;灵魂直接脱离身体,就会像气息[a5]那样出走,或像青烟般消散,飞逝而去,绝不会在任何地方。

"当然,如果灵魂在某个地方自体自根地聚合起来,摆脱你刚刚说过的那些个恶,兴许就大有期盼,而且是美好的期盼,[70b]苏格拉底啊,[期盼]你所说的是真实。可是,这个[期盼]的确还需要不少勉励和信赖,即为何世人死后灵魂还在,而且具有某种能力和明智。"

[b5]"你说得真实,刻贝斯,"苏格拉底说,"可是,我们该做什么呢? 或者你愿意我们来讲讲故事,[说说]这些事情看似就是如此,抑或不是?"

"我正是此意,"刻贝斯说,"我很乐意听听你对这些事情到底持有怎样的意见。"

[b10]"我兴许不会认为,"苏格拉底说,"有哪个眼下[70c]正在听的人——哪怕他是个谐剧诗人,会说我在东拉西扯,①就不着边际的事情夸夸其谈。要是你觉得对,我们就应该彻底考察一下。

"我们不妨用下面这种方式来思考,那就是,[c5]世人们在终了之后,灵魂究竟在还是不在冥府。我们记得有某个古老的说法,[说的是]灵魂从这边到那边后会再回到这儿,从死者中再生。如果事情就是这样,亦即如果活着的是从已死的那里再生,那么,情形就不会是别样,只会是[70d]我们的灵魂曾经在那儿吧? 毕竟,如果灵魂不在某个地方,恐怕就不会再生。如果活着的只会生于已死的这一点实实在在会变得很清楚,兴许就足以证明,事情是这样。不过,如果不是这么回事,恐怕就需要[d5]另一种说法了。"

"确实如此。"刻贝斯说。

---

① 谐剧诗人欧珀利斯(Eupolis,残篇352)和阿里斯托芬(《云》1480)都讥讽过苏格拉底"夸夸其谈""东拉西扯"。在《理想国》(又译《王制》)卷一中,忒拉绪马科斯说苏格拉底"东拉西扯"。

"如果你想学习起来容易,"苏格拉底说,"你可别仅仅就世人来看这一点,也要就所有动物和植物来看。总之,我们不妨看看所有具有生成[性质]的东西吧,[70e]看看它们是否全都如此相反地不是生于别处,而是生于其反面,这些东西碰巧就有某种这样的反面。比如,美的东西与丑的东西相反,正义的东西与不正义的东西相反,别的如此这般的情形成千上万。我们不妨考察一下,是否[e5]凡这样有其反面的东西都必然不会产生于别处,只会产生于自己的反面。比如,无论什么生得更大的某种东西,是否必然是由以前曾更小的东西后来生成为更大的东西的呢?"

"没错。"

[e10]"也就是说,如果某种东西生得较小,岂不是由先前较大的某种东西[71a]而后生得较小?"

"是这样。"刻贝斯说。

"而且,较弱的生于较强的,较快的生于较慢的?"

[a5]"当然。"

"这样呢?如果某种东西生得差,不也是从更好的东西生来的,更正义的不也是从更不正义的生来的?"

"怎么会不是这样呢?"

"那么,"苏格拉底说,"所有事情都如此生成,即相反地从反面生成,[a10]我们对这一点有充分把握吗?"

"当然。"

"那么然后呢?在这些[相反的]东西中,岂不就有这样的东西,即所有成对地相反的东西之间的那种东西,它们成对地在,两两生成,[71b]从其中一个到其中另一个,然后再从其中[另]一个到其中[这]一个。在较大的东西与较小的东西之间,岂不就有增[生长/益]和减[消亡/损],于是我们把一个叫做增加[生长],把另一个叫做减少[消亡]?"

[b5]"没错。"刻贝斯说。

"不是还有分开与组合、变冷与变热?万物都如此,即使我们有时叫不上名称。就实际作用而言,无论哪儿都必然是这样:这个生于另一个,[b10]即每一个成为另一个?"

"当然啦。"刻贝斯说。

[71c]"然后呢？"苏格拉底说，"有某种与活着相反的吗，就像睡着与醒着？"

"当然有。"刻贝斯说。

"是什么呢？"

[c5]"已死的东西啊。"刻贝斯说。

"那么，这个不也是从另一个生成而来，如果它实际上[与另一个]相反的话？而且，在它们之间有两种生成，因为它们成对地在？"

"怎么会不是？"

"我这会儿说的是绑在一起的一对，"[c10]苏格拉底说，"我会对你说出成对中的一个，其本身以及其生成，你则要对我说出成对中的[另]一个。我说，这个是睡着，而这个是醒着，醒着生于睡着，而[71d]睡着生于醒着。它们的生成是既入睡，又醒来。"苏格拉底说，"你觉得[这样说]够充分还是不够充分？"

"够充分。"

[d5]"那么，你对我这样子说说活着与死吧，"苏格拉底说，"你不是说，活着与已死相反吗？"

"我的确说过。"

"它们互相生成吗？"

"是的。"

[d10]"那么，从活着的生成而来的东西是什么？"

"已死的东西。"刻贝斯说。

"那么，从已死的生成而来的东西又是什么？"

"必然得同意，"刻贝斯说，"是活着的东西。"

"那么，刻贝斯，恰恰从已死的东西中生成了活着的东西以及[d15]活着的人？"

[71e]"显然是。"刻贝斯说。

"于是，"苏格拉底说，"我们的灵魂就在冥府。"

"看来是这样。"

"那么，就这些事情方面成对的生成而言，成对中的一种[生成]岂非碰巧已经是[e5]清楚的东西吗，毕竟，死去很清楚，不是吗？"

"当然。"刻贝斯说。

"那么,"苏格拉底说,"我们该怎么办?我们难道不应该让相反的生成相对应吗,否则自然在这方面岂不将是跛脚的?抑或必然得[e10]把某种相反的生成还给死去?"

"的的确确啊,我想的话。"刻贝斯说。

"某种什么[相反的生成]呢?"

"回生。"

"这岂不就是,"苏格拉底说,"如果有回生[这回事],那么,这个回生岂不兴许就是[72a]从已死的人成为活着的人的生成本身?"

"当然咯。"

"由此,我们就得同意,活着的人从[a5]已死的人生成而来,一如已死的人从活着的人生成而来。如果这就是这么回事,我觉得,就足以证明,已死的人的灵魂必然在某个地方,并从那里再次生成。"

"我觉得,苏格拉底啊,"刻贝斯说,"从已经同意的来看,[a10]必然就是如此。"

"那么,这样来看,刻贝斯,"苏格拉底说,"我们所同意的就并非不对[不正义],如我所认为的那样。毕竟,如果那些[72b]成对中的一个的生成并不总是与成对中的[另]一个相对应,有如在绕圈子,而是某种直直的生成,成对中的一个仅仅到其最顶点,不再拐回到成对中的[另]一个,不转弯,①你知道,[那样的话]万物最终岂不就会保持同一种外形,[b5]经受同一种情感,停止生成?"

"你说的是什么意思呢?"刻贝斯说。

"要想通我说的[意思]不难啊,"苏格拉底说,"比如,倘若有人睡,却没有从睡着中生成出醒来与之相对应,你就会知道,万物最终会证明,恩底米翁[的传说]②[72c]是胡扯,他会化为虚无,因为,万物与他一样经受了这同样的东西——[全都]睡着啦。况且,倘若万物有合而无分,阿纳克

---

① 这个比喻取自体育场中的两种赛跑:折返跑和直线跑——折返跑要求到达折返线后再跑回到起点线。

② 恩底米翁是传说中的牧人,也是美少年,因诱惑赫拉而受宙斯惩罚,但他自己先许愿,在永恒的睡眠里长葆青春。恩底米翁的睡眠象征"无梦"的睡眠,最接近死亡。

萨戈拉①的'万物齐[c5]一'恐怕马上就成咯。

"同样如此的是,亲爱的刻贝斯啊,假如凡享有生命的东西都会死,而死了之后呢,这些死了的东西又保持其外形,不再回生,那么,非常必然的岂不就是,最终,万物[72d]会死,没有任何东西活着?毕竟,如果活的东西不会从别的东西中生成,而活的东西会死,那么,难道会有什么法子不让万物被死吞噬吗?"

"在我看来,一点儿法子都没,苏格拉底,"刻贝斯说,"我[d5]觉得你说得完完全全真实。"

"毕竟,刻贝斯,"苏格拉底说,"我认为,这的确如此。而且,我们在这样一些事情上达成一致,我们的确没受蒙骗:实实在在有回生[这回事],有活的东西从已死的东西生成,有终了者的灵魂[72e]存在[这回事]。(当然,好人有好报,坏人有恶报。)"

"的确,"刻贝斯接过话头说,"即便按那个说法也如此,苏格拉底,如果那个说法真实的话,也就是你惯[e5]常讲的那个说法,即对我们来说,知识不是别的什么,恰好就是回忆。按这个说法,我们必然是在某个先前的时间中学得了我们现在回忆起来的东西。可是,如果[73a]对我们来说灵魂在这样一个属人的形相中出生之前并不曾在某个地方的话,这恐怕没可能。所以,灵魂由此也显得是某种不死的东西。"

"且慢,刻贝斯,"西米阿斯接过话头说,"有些什么[a5]证据?你得提醒我一下!这会儿我怎么也回忆不起来了。"

"凭一个说法,而且是最美的说法来说吧,"刻贝斯说,"如果对世人提问,只要某人问得好,世人们自己就会说出所有东西的实情。可是,倘若他们身上不曾有知识和[a10]正确的理,恐怕就没能力做到这一点。进一步说,[73b]如果有人拿几何图形或诸如此类别的什么[来证明知识],那么就会最为清楚地表明,情形就是如此。"

"如果凭这你仍然不信服,西米阿斯,"苏格拉底说,"那你就看看吧,

---

① 阿纳克萨戈拉(前500—前428)是第一位长期寓居雅典并教学的非雅典人,做过伯里克勒斯的老师,后因被雅典人指控渎神,被迫离开雅典,其雅典门徒阿尔咯劳斯(Archelaus)据说是苏格拉底的"先生",但苏格拉底年轻时似乎从未见过阿纳克萨戈拉。

如果你以下面这种方式来考察，你是否会同意［我们］。你的确不相信［b5］所谓的知识是回忆吗？"

"我嘛，倒不是不相信你，"西米阿斯说，"毋宁说，"他说，"我［这会儿］需要的，恰恰是感受这个正谈到的东西本身，也就是回忆起来。从刻贝斯试图说的东西之中，我已经回想起来，而且信服了。我这会儿不外乎想听听你［b10］试图怎么说。"

［73c］"我嘛，就用这种方式来说，"苏格拉底说，"我们毕竟同意这样一点：如果某人要回忆起什么，必得先前曾经懂得它。"

"当然。"西米阿斯说。

"那么，我们也同意这一点吗，那就是：一旦知识以这样的一种方式出现在［c5］眼前，这就是回忆？我说的是什么方式呢？这种方式：如果某人要么看到要么听到或以某些别的感觉把握到某种东西时，他不仅会认出这一个，还会想到另外一个，关于这另外一个的知识不是同一个知识，而是别的知识，那么，我们岂不是可以公正地说，他回想起了他曾把握到的［73d］观念？"

"你说的是什么意思？"

"就像这样：对世人的认识与对里拉琴的认识是不同的认识吧？"

"当然不同。"

［d5］"你难道会不知道，爱欲者一旦看见一把里拉琴或一件外套或他们的男孩惯常用的别的什么东西时，他们就会经历这种情形：一旦他们认出那把里拉琴，他们就会在思想上把握住那个拥有这把里拉琴的男孩的形相？这就是回忆嘛。就好像，谁一看见西米阿斯，往往就会回忆起刻贝斯，［d10］而且，诸如此类的情形恐怕会成千上万吧。"

"当然成千上万，凭宙斯。"西米阿斯说。

［73e］"那么，"苏格拉底说，"这样一种情形也是某种回忆吗，尤其是当有人感到那个由于时过境迁和不再关注而已然遗忘的东西？"

"当然是。"西米阿斯说。

［e5］"这又如何？"苏格拉底说，"看到一匹画出来的马或一把画出来的里拉琴，就会想起某个世人，看到画出来的西米阿斯就会回想起刻贝斯？"

"当然。"

"而且,看到画出来的西米阿斯也会回想起[e10]西米阿斯本人?"

[74a]"当然是。"西米阿斯说。

"那么,按所有这些岂不就会得出结论,回忆既源于相同的东西,也源于不相同的东西?"

"结论就是如此。"

[a5]"那么,一旦谁由相同的东西回忆起什么,他岂不必然会经历这番情形:他会思忖一下,这个东西按[两者]相同来看,少了让他回忆起来的那个东西,抑或没有少?"

"必然会思忖。"西米阿斯说。

"那么来考察一下,"苏格拉底说,"这些事情是否如此。我们说有某种[a10]相等的东西,我说的不是木头与木头或者石头与石头或者别的诸如此类的东西相等,而是除开所有这些东西的相等的某个另一种相等,即相同本身。我们会说,有这某种东西抑或压根儿没有?"

[74b]"我们当然会说有,凭宙斯,"西米阿斯说,"神奇着呢!"

"我们也懂得它本身是什么吗?"

"肯定啊。"西米阿斯说。

"从何把握到这[相等]本身的知识呢? 岂不来自那些[b5]我们刚刚说的东西? 当我们看见木头或石头或别的这类相等的东西时,我们岂不曾思忖源于这些相等的东西的这个相等本身,尽管这个相等本身相比于这些相等的东西是另一个东西? 或者,这个相等本身对你并不显得是另一个东西? 不妨以这种方式来考察一下吧:相等的石头和木头即便相等,有时在这个看来显得相等,在另一个看来则不相等?"

[b10]"的确是这样。"

[74c]"是嘛? 相等的东西本身是这样吗,即对你显得不相等,或者相等的是不相等的?"

"绝不会的,苏格拉底。"

"于是,"苏格拉底说,"这些相等的东西与相等本身可就不是[c5]同一个东西咯。"

"在我看来绝对不是,苏格拉底。"

"毋宁说,"苏格拉底说,"从这些相同的东西中,虽然它们与那个相等本身不是同一个东西,你恰恰思忖并把握到了这个本身的知识?"

[c10]"你说得太真实不过啦。"西米阿斯说。

"那么,[这相等本身]岂不与这些个[相等的]东西要么相同,要么不相同?"

"当然呃。"

"这倒没任何差别,"苏格拉底说,"只要你看到某个东西,由[74d]这一瞥本身,你思忖到另外的某种东西,无论它们相同还是不相同,反正,"他说,"这个必然就已然成了回忆。"

"当然。"

"然后呢?"苏格拉底说,"我们不是已经感受到这样的某种东西,亦即那些[d5]木头上的相等以及我们刚刚谈到的那些相等? 那么,木头在我们看来显得相等,恰如相等本身亦即这相等的所是呢,抑或还欠缺相等这种东西所有的那样一种性质,或者一点儿不缺少?"

"欠缺很多哦。"西米阿斯说。

"我们岂不就得同意,一旦某人看到某种东西,他恐怕就会思忖:'我现在看到的这个[东西]想[d10]要是这些东西中的另一种性质的某种东西,[74e]但[自身]有所欠缺,不能够是那个[相等]性质那样的东西,而是更差。'思忖到这一点的人,必然就已经先看到过那个[相等本身],因为他说,这个东西虽与那个相等本身相同,仍然有所欠缺,是吧?"

[e5]"必然是这样。"

"是嘛? 我们不是已经感受到这样一种东西吗,亦即那些相等的东西以及这相等本身?"

"完全如此。"

"那么,我们必然早在这之前[75a]的时候就已经先看到过这相等本身,亦即早在我们最初看到那些相等的东西并这样思忖之前:所有这些相等的东西都力求有相等本身的性质,却有所欠缺?"

"就是这样。"

[a5]"不仅如此,我们也同意,我们并没有从任何别的地方思忖到这个相等本身,而且,也不能思忖它,除非通过看或者触摸或别的什么感觉? 所有这些感觉,要我说都是一回事。"

"的确是一回事,苏格拉底,至少就这个说法所想要[a10]表明的那个东西而言。"

"不仅如此,正是由于这些感觉才必须思忖,[75b]所有这些在感觉之中的东西都力求是那个相等本身之所是,却又欠缺那个相等本身——我们说的不就是这么回事?"

"是这样。"

"而且,在我们开始看或听或用其他[b5]感觉之前,如果我们曾经想要把那些源于感觉的相等的东西带到那边,而所有诸如此类的东西虽欲求那个[相等本身]性质的东西,却比这个[本身]更差,我们必定碰巧从某处已经把握到了相等本身之所是的知识。"

[b10]"从前面所说的来看,必然是这样,苏格拉底。"

"我们在出生时岂不马上就在看、在听,并有了别的种种感觉?"

"当然啦。"

[75c]"但是,我们说,我们必定在此之前就已经把握到相等的知识?"

"没错。"

"在我们出生之前,看来,我们必然已经把握到这种[c5]知识。"

"看来是这样。"

"既然我们在出生之前就把握到这种知识,而且带着这种知识出生,那么,在出生之前和在刚出生之时,我们[岂不]就不仅仅已经懂得相等、更大、更小,而且也已经懂得[c10]所有诸如此类的东西? 毕竟,眼下这说法对我们来说并非仅仅涉及相等,毋宁说更涉及美本身、善[75d]本身、正义本身、虔敬本身,要我说,涉及我们刚才在问问题和给出回答时盖上这个'本身所是'封印的所有东西。所以,我们已经把握到所有这些[本身]的知识必然是在[d5]出生之前。"

"就是这样。"

"而且,在把握这种[关于本身的]知识之后,如果我们没有一下子就已经忘掉的话,那么,我们出生时总是已有所知,而且终生总是已有所知。毕竟,这个'已有所知'其实不过就是,把握到对这种东西的知识的人持有这知识,并没有[d10]磨灭掉。我们不就说,西米阿斯啊,遗忘这个就是失掉知识吗?"

[75e]"完全清楚,苏格拉底。"西米阿斯说。

"而且我认为,如果我们在出生时磨灭掉出生前获得的这种知识,日后,凭使用种种感觉去感觉那些东西本身,我们再度把握到那些我们先前一度持有的[e5]知识,那么,我们所谓的'学习'岂不就该是再度把握到熟悉的知识?如果我们说,这就是'回忆起来',我们说得正确吧?"

"当然正确。"

[76a]"不过,这种情形也显得很有可能:感知某种东西,无论看还是听,或者把握别的什么感觉,从这种感知到的东西会思忖到另一个某种已经忘记的东西,这个感知到的东西会靠近这另一个某种已经忘记的东西,无论与之不相同还是相同。所以,我要说,两者必居其一,要么,[a5]我们出生时带着对这些东西的知识,而且我们在一生中都懂得所有这些,要么,后来才懂得这些,我们说'在学习'的人,不外乎就是这些在回忆的人,也就是说,学习兴许就是一种回忆。"

"情形完全就是如此,苏格拉底。"

"那么你拈选哪一种呢,西米阿斯?拈选我们带着已有的知识出[76b]生了,还是后来回忆起我们先前已经把握的知识?"

"我嘛,苏格拉底,眼下还无法拈选。"

"是吗?你肯定能拈选,关于[下面]这一点,你多少会有点儿看法吧:[b5]一个懂得某种东西的男子恐怕能够就他所懂得的东西给出个说法吧,抑或不能呢?"

"必然啊,当然能给出个说法,苏格拉底。"西米阿斯说。

"那么,在你看来,人人都能就我们现在说的那些东西给出个说法吗?"

[b10]"我倒是愿意都能啊,"西米阿斯说,"不过,我更为担心的是,到明天这个时候,恐怕世人中再没谁够得上做这种性质的事情了。"

[76c]"那么,"苏格拉底说,"对你来说,西米阿斯啊,所有人并不懂得这些东西?"

"根本不[懂得]。"

"他们不是也回忆他们曾学过的东西吗?"

[c5]"必然啊。"

"我们的灵魂是何时把握到这些东西的知识的呢?肯定不是自我们

已经生为世人以后吧?"

"明显不是。"

"那么,是在此之前了。"

[c10]"没错。"

"那么,西米阿斯,灵魂曾经存在,而且是先前就曾经存在,在灵魂具有世人的形相之前就存在,与身体分离,且具有明智。"

"除非我们出生的当儿,苏格拉底,就把握到[c15]这样的一些知识,毕竟,这时间啊,逝者如斯。"

[76d]"好吧,友伴,可是,我们是在别的什么时间中磨灭掉这些知识的呢?毕竟,正如我们刚刚已经同意的,我们出生时并不持有这些知识。难道我们是在把握到这些知识的当儿磨灭掉这些知识的?或者你还可提到别的什么时间?"

[d5]"没有、没有,苏格拉底,我也没留意到我自己会说胡话。"

"那么,"苏格拉底说,"情形对我们来说会是这样吗,西米阿斯?如果有那种我们总挂在嘴边的东西存在,有美的东西和善的东西以及每一个诸如此类的所是,如果我们把所有源于感觉的东西与这个所是联系[76e]起来,发现先前一开始就在的东西其实就是我们自己的所在[所是],如果我们用[所有源于感觉的]这些东西来临摹那个所是,那么必然,一如这些[所有源于感觉的]东西存在一样,我们的灵魂也如此存在,而且在我们出生之前就存在。如果这些[所有源于感觉的]东西不存在,我说的[e5]这样一番说法恐怕就离谱了吧?情形岂不就是这样吗,岂不是有这样一种相等的必然性吗,亦即,这些[所有源于感觉的]东西存在,我们的灵魂才存在,而且在我们出生之前就存在,这些[所有源于感觉的]东西不存在,灵魂也就不存在?"

"在我看来,这必然性本身太神奇啦,苏格拉底,"西米阿斯说,"这番说法竟然到美的东西中寻求庇护:[77a]我们的灵魂在我们出生之前就存在,一如你现在说的那个所是的存在。毕竟,对我来说,恐怕没有比这一点更为清楚的了:每一个这样的东西都存在,因为这样性质的东西的确存在——美的东西、善的东西以及其他所有[a5]你现在所说的东西。在我看来,这番证明够充分啦。"

"但刻贝斯呢?"苏格拉底说,"毕竟还得说服刻贝斯啊。"

"我相信,说服他也够充分啦,"西米阿斯说,"当然咯,他是世人中最固执的那种人,不信任种种说法。不过[77b]我相信,这个说法并非不足以说服他,亦即在我们出生之前,我们的灵魂就曾存在。不过,一旦我们死后,灵魂是不是仍将存在,"西米阿斯说,"苏格拉底啊,在我本人看来,还没有得到证明。相反,刻贝斯刚才说的仍然设下了障碍,他说[b5]多数人仍然担心,人一死,灵魂就消散,这就是灵魂本身存在的终点。毕竟,障碍在于,就算灵魂在别的某个什么地方出生并凝结起来,而且在进入世人身体之前就存在,可是,一旦灵魂进入身体然后又离开身体,灵魂[岂不]就[b10]终了并消散了吗?"

[77c]"你说得好,西米阿斯,"刻贝斯说,"毕竟,需要证明的东西显得才证明了一半,即在我们出生之前,我们的灵魂曾在,然而,还必须进一步证明,一旦我们死了,我们的灵魂将会一点儿不少地存在,一如我们出生之前——如果这证明[c5]要想圆满的话。"

"可是,这个已经证明了啊,西米阿斯还有刻贝斯,"苏格拉底说,"而且就在现在,如果你们愿意把这个说法与那样一个说法——也就是我们在这个说法之前同意的说法——并在一起的话,即每个活的东西都生[成]于已死的东西。毕竟,如果灵魂[77d]存在,而且先前就存在,如果对灵魂来说,灵魂进入生命,生出来,必然不可能从别处而只会从死亡、从已死中出生,那么,既然灵魂必须还得再生,灵魂怎么会不是必然地存在,而且死后还存在?

"所以,[d5]你们说的这个东西已经得到了证明,而且就在现在。不过,你们让我觉得,你和西米阿斯啊,兴许乐于彻底搞清这番说法,搞个水落石出,孩子般地惧怕灵魂一旦走出身体,当真就会被风吹[77e]走吹散,尤其是当某人临死时碰巧并非风平浪静,而是风势很大。"

刻贝斯笑起来,"就算我们惧怕,苏格拉底,"他说,"你也得试着说服我们。何况,惧怕的倒并非是我们,[e5]兴许我们当中的某人就是这样的一个孩子,他惧怕这样一些事情。你该试试,劝他改变心态,别惧怕死像惧怕妖怪。"

"那么,"苏格拉底说,"就得给他天天念唱经歌,直到你们兴许会哄住他。"

[78a]"可你就要离开我们,"刻贝斯说,"苏格拉底,"他说,"我们将到哪儿去逮念唱这样一些经歌的好念经师啊?"

"希腊大着呢,刻贝斯,"苏格拉底说,"在希腊有的是好男子,异乡部族中也多啊,[a5]你们得寻访所有人,找这样一个念经师,别惜钱,也别惜辛苦,况且,你们恐怕也不会有花钱的更好时机啦。不过,你们必须得自己相互寻找;毕竟,你们大概不容易找到比你们更有能力做这事的人。"

[a10]"这件事嘛,"刻贝斯说,"倒的确该着手。不过,我们还是[78b]回到我们刚才离开的地方吧,如果这会让你快乐的话。"

"当然让我快乐,怎么不会呢?"

"你说得美。"刻贝斯说。

"那么,"苏格拉底说,"我们不是得问[b5]自己某种这样的问题吗:什么样的东西才会逐渐经受消散这样一种情感,在经受这种情感时,我们究竟惧怕的是什么,不惧怕的又是什么? 然后再来看,灵魂属于这两种情形中的哪一种,由此,为了我们的灵魂,我们该勇敢还是该惧怕?"

[b10]"你说得真实。"刻贝斯说。

[78c]"难道不是聚合起来的东西,凭自然聚合而成的东西,才会逐渐经受消散,亦即怎样聚合也就怎样分解? 如果某种东西碰巧是非聚合的东西,仅仅只有这个东西——不管它是什么——才不会逐渐经受消散?"

[c5]"我觉得,"刻贝斯说,"情形是这样。"

"那么,情形岂不非常像是:那些总保持自己这个样子的东西是非聚合而成的东西,而那些一时这个样、一时又另一个样从而绝不会一个样的东西,才是聚合而成的东西?"

"我觉得就是如此。"

[c10]"我们不妨回到早先的说法[78d]所在,"苏格拉底说,"我们在[先前的]问和答中给出说法的所是本身,其'存在'总保持自己这个样子,抑或一时这个样、一时又另一个样? 相等本身、美本身,每个东西本身之存在,简言之,这个东西会有无论什么[d5]变化呢,抑或,既然每个东西本身之存在是形相单一的东西,自体自根,总保持自己这个样子,就绝不会有丝毫这样那样的变化?"

"必然啊,"刻贝斯说,"总保持自己这个样子,苏格拉底。"

[d10]"许多美的东西呢,比如世人啊,马啊,[78e]外套啊,或者任何别的什么诸如此类的东西,或者许多相等的东西,或者美的东西,或者所有与那些[总保持自己这个样子的]东西具有相同名称的东西呢?它们也保持自己这个样子,还是完全与那些[总保持自己这个样子的]东西相反,实际上一点儿都不保持自己这个样子,既非与自身保持一样,亦非彼此保持一样?"

[e5]"也是如此情形,"刻贝斯说,"从不保持自己这个样子。"

[79a]"你能够摸到、看到或用其他感觉感觉到这些东西,但对于总保持自己这个样子的东西,你却没可能用这种方式去把握,只能用思想的思考去把握,既然这样的东西都是些幽暗的,岂不就是看不见的?"

[a5]"你说得太真实啦。"刻贝斯说。

"那么,"苏格拉底说,"如果你愿意的话,我们就不妨设立两类形相的东西,看得见的和不可见的[幽暗的]。"

"我们应该设立这个。"刻贝斯说。

"不可见的总保持自己这个样子,看得见的[a10]从不保持自己这个样子吧?"

"这一条,"刻贝斯说,"我们也设立。"

[79b]"再进一步,"苏格拉底说,"我们自己不也既有身体,又有灵魂?"

"可不是嘛。"刻贝斯说。

"我们会说身体更像、[b5]更亲近哪类形相?"

"更像、更亲近每一个看得见的,"刻贝斯说,"这很明显呀。"

"灵魂呢?看得见还是不可见?"

"看不见,至少从世人来看,苏格拉底。"刻贝斯说。

"那么,我们说看得见的东西和看不见的东西是就世人的[b10]天性而言,或者你认为是就别的什么而言呢?"

"就世人的天性而言。"

"对于灵魂,我们怎么说?看得见还是看不见?"

"看不见。"

"那么就是不可见的?"

［b15］"没错。"

"那么,灵魂更像不可见的东西,身体更像看得见的东西。"

［79c］"肯定必然如此,苏格拉底。"

"我们不是先前就说过,一旦灵魂借助身体去考察某种东西,也就是通过或看或听或别的什么感觉去考察——毕竟,［c5］这个'借助身体'去考察恰恰就是凭靠感觉去考察,这时,灵魂就被身体拽向那些从不保持自己这个样子的东西。灵魂自身不知所措,迷惘张皇,茫然彷徨,像个醉汉,岂不就是因为被这样一些从不保持自己这个样子的东西拴住?"

"当然。"

［79d］"但是,灵魂自身一旦自体自根地考察,去到纯粹的东西那边,总是存在着的东西、不死的东西、保持［自己］这个样子的东西那边——既然灵魂是其亲戚,灵魂就总会是与其一起出生,只要灵魂变得自体自根,这对灵魂本身来说就有可能,那么,灵魂就会不再［d5］不知所措,驻足在总是保持自己这个样子的东西周围,因为灵魂被这样的东西拴住啦。灵魂的这种际遇就被叫做明智。难道不是这样?"

"你说得太美、太真实啦,苏格拉底。"刻贝斯说。

"那么再说,在你看来,按先前以及［79e］现在所说的,灵魂更像、更亲近哪种形相?"

"我觉得,苏格拉底,"刻贝斯说,"每个人——即便迟钝得不行,也得从这样一种探究路径中承认,灵魂完全且绝然地更像保持自己这个样子的东西,而［e5］非不像［这个东西］。"

"那么,身体是怎样的呢?"

"更像另一种形相。"

"再从这一方面来看一下:一旦灵魂与身体［80a］同处,自然命令身体做奴仆、被统治,灵魂统治、做主子。按照这个再看看,你觉得两者中哪个像神,哪个像必死的东西? 或者,难道你不认为,神样的东西天［a5］生就是要统治和领导,而必死的东西天生就是被统治和做奴仆的?"

"我也认为如此。"

"灵魂像哪一个呢?"

"很明显嘛,苏格拉底,灵魂像神样的东西,身体像必死的东西。"

[a10]"那么你看看,刻贝斯,"苏格拉底说,"对我们来说,是否可以从所有已经说[80b]过的东西得出结论:灵魂最像神,最像不死的东西,最像有智性的东西、形相单一的东西、不会分解的东西、总保持自己这个样子的东西;身体则最像世人,最像会死的东西,最像形相多样的东西、无智性的东西、会分解的东西、[b5]从不保持自己这个样子的东西。对于这些,亲爱的刻贝斯,我们还能说出点儿别的什么[来表明]情形不是如此吗?"

"我们不能。"

"是吗?那么,既然情形就是如此,身体岂不就逐渐很快分解,灵魂则是整个儿不分[b10]解的存在,或近乎于此的某种东西?"

[80c]"怎么会不是呢?"

"那么你想想,"苏格拉底说,"世人一死,他的看得见的[部分]即他的身体,停放在看得见的地方,我们把这叫尸体,它会逐渐分解、溃散、腐[c5]化。[尸体]并不马上就经受这些,而是会保持相当长的一段时间,尤其是,如果有人终了时身体还鲜活,处于同样[鲜活]的年龄,就更是如此。毕竟,这身体如果已经收缩,被涂上了香料,就像埃及人[给尸体]涂香料那样,几乎还会保持整整一段不可思议的时间。而且,身体即使腐烂,身体的[80d]某些部分,骨头啊、筋腱啊,以及所有诸如此类的东西,仍然保持,也就是说,是不死的。不是这样吗?"

"没错。"

[d5]"而灵魂呢,不可见的呢,则去到另一个与其自身一样的地方——高贵、纯洁、不可见的地方,去到真正意义上的冥府①,去到善且明智的神那里——按这神的意愿,我的灵魂也得马上去那里啦。我们的灵魂既然是这样一种东西,而且天生就如此,那么,一旦灵魂从身体解脱,难道会[d10]立即飘散、消亡,像多数[80e]世人说的那样?才不是那么回事呐,亲爱的刻贝斯,还有西米阿斯,毋宁说,情形恰恰相反:灵魂纯洁地得到解脱,不再被身体拽在一起。毕竟,灵魂在此生中老大不情愿与身体共同在一起,想逃离身体,[e5]聚精会神。毕竟,灵魂总是专注于这个——

---

① 苏格拉底在这里一语双关:希腊文中"看不见的、幽暗的"(aidēs)与"冥府"(haidēs)同字形,仅有发音送气与不送气的差别。

没别的叫法,只能叫做以正确的方式热爱着智慧,实实在在地[81a]专注于轻松地去死。这不就是一种对死的专注吗?"

"绝对如此。"

"在这种情形下,灵魂岂不就到了与自己相同的所在,[a5]到了不可见的东西——神样的东西、不死的东西、明智的东西之所在?一旦到了那里,灵魂岂不就开始幸福起来,摆脱了迷乱、没心智、种种畏惧、种种野性的爱欲,以及其他世人的恶,如已入秘仪者们所说,与诸神一起真实地度过余下的时光。[a10]我们应该这样说,刻贝斯,抑或另有说法?"

"凭宙斯,应该这样说。"刻贝斯说。

[81b]"可是,我认为,灵魂脱离身体时带有污秽,不洁,因为,灵魂曾一直与身体同在,侍奉着身体,爱欲着身体,受身体及其种种欲望和快乐蛊惑,以至于除了身体形相的东西[b5]没有什么显得是真实的,人们能用它摸、看、喝、吃,以及用于阿芙罗狄忒[性欲]。对眼睛来说幽暗的东西、不可见的东西、智性的东西、靠热爱智慧才能理解的东西,灵魂已经习惯于恨、哆嗦、逃避——[81c]这样一种情形下,依你看,灵魂在脱离身体时会自体自根,会纯粹吗?"

"无论如何都不会。"刻贝斯说。

"毋宁说,依我看,灵魂脱离身体时已经被身体渗透,[c5]因总是与身体在一起而与身体结交和同在,因[对身体的]诸多专注而使得自己与身体长在一起啦。"

"当然啊。"

"而且,亲爱的,还得设想,[身体形相]有重力,沉重,附着于大地,看得见。这样一种带着身体形相的[c10]灵魂被压得精疲力尽,重新被拽到可见的地方,[从而]畏惧不可见的东西,畏惧冥府。于是,据说,[这样一种]灵魂只好绕着[81d]墓碑和坟冢打滚——在墓碑坟冢之间肯定看得见这些灵魂的幽暗显影。由于这些灵魂并未洁净地解脱,仍然分有看得见的东西,于是产生出映像,所以看得见。"

[d5]"好像是这样,苏格拉底。"

"当然看起来是这样啊,刻贝斯,不仅如此,有好人的灵魂,但也有劣人的灵魂,这些灵魂被迫在这样的地方游荡,承受对其先前低劣的生活方式的惩罚。这些灵魂一直游荡到[81e]被对身体形相紧追不舍的欲望重新绑到身体上,看起来就像被绑到种种习性上——这些灵魂在生活中碰巧专注过的正是这样一些习性。"

"你说的这些是些什么样的灵魂啊,苏格拉底?"

[e5]"比如说吧,曾经专注于贪吃、肆心、好酒,而且毫无警觉,这些灵魂看起来会被绑到驴子一类[82a]和其他诸如此类的动物身上,你不这样认为?"

"你说得简直太像啦。"

"而那些不义的、僭主品性的、贪婪豪夺的灵魂,已经被处罚为狼啊、鹰啊、鹞子啊[a5]一类;不然,我们该说这些灵魂去别的哪儿了呢?"

"毫无疑问,"刻贝斯说,"已经被处罚为这样一类动物啦。"

"还不清楚吗,"苏格拉底说,"其他灵魂会去哪里呢?每个灵魂不就按自己的专注去到相同的类那里吗?"

"很清楚,"刻贝斯说,"怎么不是呢?"

[a10]"其中最幸福的人去了最好的地方,"苏格拉底说,"这些人曾致力于村社的和城邦的[82b]德性,也就是所谓的节制和正义,这些产生于习惯和训练[专注],并不带有热爱智慧和心智。"

"这些人何以最为幸福呢?"

[b5]"因为,看来啊,这样的人重新抵达了一种城邦的和驯良的族类,或许即蜜蜂或马蜂或蚂蚁的族类,甚或重新去到世人族,从这类人中会生出中庸之士。"

"好像是的。"

[b10]"那些不曾热爱过智慧,离开身体时并未完全[82c]洁净的灵魂,要去到诸神族那里就不合神法,除非是热爱学问的人。正是由于这些原因,友伴西米阿斯和刻贝斯啊,热爱智慧之人才正确地远离所有基于身体的欲望。他们坚韧不拔,不让自己屈服于这些欲望,[c5]不是因为畏惧倾家荡产、畏惧贫穷,像多数人和贪钱财的人那样;他们远离基于身体的欲望,也不是因为畏惧由于窘迫而名声不好、没有脸面,像那些恋权力和好名誉的人那样。"

"毕竟,这与他们不相配,苏格拉底。"刻贝斯说。

[82d]"当然不相配,凭宙斯,"苏格拉底说,"所以嘛,刻贝斯,具有这

种品质的这些人只专注自己的灵魂,不会为了形塑身体而生活。于是,他们[对那些人]说再见,因为他们走的旅程与那些并不知道自己的灵魂要去哪儿的人不同。[d5]他们自己深信,不可做任何与热爱智慧相反的事情,不可做与因热爱智慧而解脱和洁净自身相反的事情,于是,他们转向热爱智慧,跟随热爱智慧的引导。"

"如何做到的呢,苏格拉底?"

"我就来说说吧,"苏格拉底说,"热爱学问的人认识到,[82e]当对智慧的热爱获取自己的灵魂时,灵魂还完全被绑在身体中,与身体紧紧粘在一起,必然像通过牢房那样通过身体来考察存在的东西,而非自体自根,在种种无学识中打[e5]滚,而且看到,由于欲望才会有牢房,以至于囚徒自己往往是[83a]囚禁的帮手——这就是我现在所说的,热爱学问的人认识到,当热爱智慧获取灵魂时,灵魂的情形就是这样。于是,热爱智慧便温和地勉励灵魂,试图解脱灵魂,并向灵魂表明,凭眼睛所看到的都是十足的欺骗,[a5]凭耳朵听见的以及凭其他感觉来感觉到的都是十足的欺骗,劝说灵魂从这些感觉中退出来,除非万不得已才使用这些感觉。[热爱智慧]建议灵魂收拾起自己、聚集起自己,除了信任[83b]自身,信任灵魂自体自根地思想到的存在物的自体自根,[别的]什么都不要信任。对于靠其他方式考察到的东西,一会儿一个样的东西,统统不可信以为真实。这样一些东西不过是可感觉到的东西、看得见的东西,而灵魂本身看见的是靠心智才能把握的东西,是不可见的东西。

[b5]"从此,真正热爱智慧者的灵魂相信,自己绝不可抵触解脱身体。于是,灵魂便尽其所能远离快乐、欲望、痛苦和畏惧,并理性地思考到,一旦某人强烈地经受或快乐或畏惧或痛苦或欲望,他所经受的就不仅是这样一种性质的恶——[83c]他以为的要么因病倒、要么因耗费欲望而来的那种恶,而且是所有恶中最大、最极端的那种恶——他经受着这个恶,却无法理性地思考这个恶本身。"

"这是什么恶啊,苏格拉底?"刻贝斯说。

[c5]"每个世人的灵魂一旦在某种事情上强烈地经受或快乐或痛苦的情感,必然马上就会把经常经受的这个东西视为最明显不过、最真实不过的东西,尽管情形并非如此。其实,这些往往不过是看得见的东西而已,不是吗?"

"当然是。"

[83d]"在这种情况下,灵魂往往岂不就被身体绑住啦?"

"怎么会这样呢?"

"因为,每一种快乐和痛苦都有如用一根钉子把灵魂钉到[d5]身体上,而且钉牢,把灵魂搞成身体形相,无论身体说什么东西真实,灵魂就以为这些东西真实。毕竟,由于灵魂与身体有了相同的意见,为相同的东西欣喜,在我看来,灵魂必然变得与身体有相同的生活方式和相同的吃喝。这样一来,灵魂就不可能洁净地去到冥府,而总是[d10]沾满身体而去。所以,灵魂很快会再落入[83e]另一个身体,像一颗种子一样扎根。由于这些,灵魂就没份儿与神样的、洁净的、单一形相的东西一同生存。"

"苏格拉底啊,你说得再真实不过啦。"刻贝斯说。

[e5]"正是由于这些,正义地热爱学问的人守规矩、勇敢,但[他们这样]并非是由于多数人所说的那些理由——或者你会认为不是这样?"

[84a]"我当然不会[认为不是这样]。"

"肯定不会[是那些理由]!毋宁说,一个热爱智慧的男子的灵魂恐怕就会这样理性思考,并且恐怕不会认为,尽管热爱智慧应该让灵魂[从身体]解脱出来,但灵魂一旦解脱[身体]之后,应该再把自己交还给快乐和痛苦,[a5]把自己重新绑在上面,相反地做佩涅洛佩手中的那架织布机[所作的]无休无止的劳作。① 毋宁说,这些解脱为这个灵魂铺设出宁静,使之能够跟随理性思考,并总是在理性思考中生存,观看真实的东西、神样的东西、非意见性的东西,[84b]用这些东西来养育自己。[这个灵魂]会认为,自己只要活着就必须如此生活,终了之后,就去到[与自己]同族的东西——[与自己]性质相同的东西那里,脱离种种世人的恶。既然灵魂由这样的东西来养育,既然灵魂致力于这些东西,[b5]西米阿斯以及刻贝斯啊,就绝不会有让灵魂畏惧的可怕事情,即自己离开身体时会被撕碎,被风吹散,飘飞而去,化为乌有。"

---

① 佩涅洛佩是奥德修斯的妻子,在《奥德赛》中,对她的修饰语是"智慧"和"审慎"。奥德修斯离乡去攻打特洛亚城时,贵族子弟觊觎他的王位,都想娶他的妻子佩涅洛佩。为了拖延时间,摆脱那班贵族子弟的纠缠,佩涅洛佩伴称须为年老的公公织布做寿衣,待织成后再选其中一人做其丈夫。但佩涅洛佩白天织成的布,在夜间又拆散,三年都没有完成(24.126–141)。

[84c]苏格拉底说完这番话后,出现了一阵寂静,而且持续了好长时间,仿佛苏格拉底让人看到他本人沉浸到所说的这番说法中去了——我们中的大多数也如此。不过,刻贝斯和西米阿斯相互交谈了几句。[c5]苏格拉底看见他们这样便问:"怎么?你们是不是觉得[我]说的这些说得有[什么]不足啊?"他说,"毕竟,如果有人想要彻底地把这说的东西过一遍,难免会有许多疑惑和异议。如果你们想要探讨点儿别的什么,我没的说;但如果你们对这些有什么疑惑不解,如果你们觉得在某个方面[84d]还有更好的可说,就别犹豫吧,自己说出来并过一遍,而且,如果你们认为还是与我一起所获更丰,就得把我再一起带上。"

于是,西米阿斯就说:"我嘛,苏格拉底啊,我的确要对你说[d5]实话。其实,我们俩老早就各有困惑,一个推一个要对方去问[你],因为都有热望要听你回答,但又怕给你带来烦忧,让你不愉快,毕竟,你眼下正当不幸。"

听了这话,苏格拉底和蔼地笑了笑,并说道:"哎哟,[84e]西米阿斯哎!我一直在费力地劝说别的世人信服,我可没把自己眼下的偶然看作不幸,可我居然连你们俩都没能劝服,你们反倒畏惧我的心境现在会比在以前的生活中更烦躁不安。看来啊,[e5]我让你们觉得,我的先知术比那些天鹅还差。当天鹅感到自己必须死的时候,它们就歌唱,尽管在[85a]早前的时间也歌唱,但这时它们拼命地歌唱、最美地歌唱——[它们]欣喜啊,因为它们想要前往那位大神①那儿,它们是他的侍奉者啊。

"可世人呢,由于自己畏惧死,就编出关于天鹅的谎话,说它们哀哭[a5]死亡,出于痛苦而念唱挽歌。世人没有理性思考一下,鸟儿因饥饿或寒冷或其他什么苦痛而感到痛苦时从不歌唱,即便夜莺、燕子、戴胜也不,虽然据说它们因痛苦而歌唱哀婉的东西。② 在我看来,这些鸟儿不会

---

① "那位大神"指阿波罗,按古希腊传说,天鹅是阿波罗的圣鸟。

② 据阿提卡传说,雅典王潘狄翁(Pandion)有两个女儿,分别名叫斐罗墨拉(Philomela)和普罗克涅(Procne)。普罗克涅与忒腊克王忒瑞斯(Tereus)结婚,生有一子名为伊图斯(Itys)。忒瑞斯后来强暴了普罗克涅的姐姐斐罗墨拉,为了不让普罗克涅得知,还割下了斐罗墨拉的舌头。普罗克涅知道真相以后,与姐姐一起杀死伊图斯,把尸体摆到忒瑞斯的餐桌前,以示报复,然后逃走。忒瑞斯气极,疯狂地追两姐妹要报复她们。这时,宙斯出面把三人都变作鸟儿,以终止报复:斐罗墨拉被变作夜莺,普罗克涅被变作燕子,忒瑞斯被变作戴胜。这三种鸟的歌唱仿佛在哀叹自己可悲的命运以及被害的孩子。

[85b]歌唱痛苦的东西,天鹅也不会。毋宁说,我认为,天鹅既然属于阿波罗,它们就是先知;而且,由于预先看到冥府中的好东西,它们才歌唱,为那个与先前时间中的时日截然不同的时日喜悦不已。而我呢,我认为自己[b5]是与天鹅一样的仆人,献祭同一位神,我也从这位主子那里得到先知术,而且不比天鹅差,我解脱生命的时候,一点儿不比它们更感到哀伤。

"因此,要是你们愿意的话,你们尽管说、尽管问吧,只要雅典的十一人官允许就行。"

[b10]"你说得多美啊,"西米阿斯说,"那么,我就来对你说说[85c]我的困惑,然后再轮到这儿这位[刻贝斯]说,[他]在哪些方面不接受刚才所说的。毕竟,我觉得,苏格拉底啊,关于这样一些事情,对你恐怕同样如此,那就是:在有生之年要认识到真相,要么不可能,要么极为困难。

"再说,关于这些事情所说过的那些,必须[c5]得用种种方式去盘诘,谁若没有从方方面面去探究直到精疲力尽就先离开,就简直是没骨气的男子。毕竟,关于这些事情本身,至少必须做成其中一件:搞懂或找出事情的究竟,如果这个没有可能,就至少得[85d]采纳世人的说法中最好、最难以辩驳的那个说法,坐在上面犹如坐在一条舢板上去航行,冒险穿越生命,除非能够更稳当、更为保险地坐在一条更为牢靠的筏子——亦即某个神样的[d5]说法——上面去穿越生命航行。①

"所以,眼下就我来说,我只好厚着脸皮提出问题,既然你也说我应该问。若我现在不说我觉得要说的东西,只怕很久以后我会责备我自己。毕竟,我觉得,苏格拉底啊,当我考察[你]说过的这些时,无论对我自己还是对这儿的这位[刻贝斯],[你]所说的就显得远不[d10]够充分。"

[85e]于是苏格拉底说:"友伴啊,兴许你[对我的说法]的看法是真实的。那么你说说看,哪方面说得不够充分。"

"我觉得是在这方面,"西米阿斯说,"亦即兴许有人会用这同样的说法来说谐音、里拉琴和琴弦:[e5]在一张调好音的里拉琴上,谐音是某种看不见的东西——没有身体,整个儿很美,而且[86a]富有神样。但是,里拉琴自身以及琴弦却是身体,具有身体形相,聚在一起,系于大地,属于必

---

① 这段说法化用了《奥德赛》中奥德修斯的经历。

死的一族。那么，一旦有人打碎里拉琴或者割断和扯断琴弦，[a5]他还能坚持像你所说的这个同样的说法吗，即这个谐音必然仍然存在，不会消亡？毕竟，既然琴弦具有必死的形相，如果琴弦一旦被扯断，里拉琴恐怕不会有任何法子仍然存在吧。而且，[86b]即便谐音与神样的东西和不死的东西一同生长并同属一类，[也会随之]消亡，甚至比必死的东西更早消亡。

"当然，那人兴许会说，谐音必然还在某个地方继续存在，而那些个木材和琴弦将先行腐烂，甚至在谐音经受什么之前就先腐烂。[b5]可是，苏格拉底，我会认为，你自己恐怕也已经在心里想到：我们会把灵魂设想为就是这样的东西，那就是，当我们的身体绷紧起来，由热冷干湿以及某些这样的东西聚合起来，我们的灵魂仿佛就是[86c]这样一些东西本身的混合。而且，一旦这些东西美好地、合度地相互混合起来，就是一种谐音。换言之，如果灵魂恰巧是某种谐音，那么很清楚，一旦身体由于疾病和其他种种恶而不合度地要么松弛要么绷紧，[c5]灵魂必然马上随之消亡，即便灵魂富有神样也罢——就像即便谐音在音响中、在艺匠们的所有作品中富有神样也罢，而所有身体的遗骸则会留下很长一段时间，[86d]直到被火化或腐烂。

"看看吧，如果有人主张，既然灵魂是身体上的这些东西的融合，灵魂在所谓的死亡之中会首先消亡，针对这样一番说法，我们该说什么。"

[d5]苏格拉底像惯常那样扫视了一下，然后笑了笑，"西米阿斯啊，你当然说得对，"他说，"你们中不是有人比我更有办法吗，为什么不回答？他毕竟显得不赖啊，确实逮着个说法。不过，我认为，[86e]我们在答复他之前，必须先听听刻贝斯对我的这番说法会提出什么指控，以便我们能够在这段时间商量一下该说什么。听了之后，如果他们看起来唱得合调，我们就同意他们，如果唱得不合调，我们再来[e5]为这番说法辩护。"

"好吧，刻贝斯，"苏格拉底说，"说说看，让你感到不安的究竟是什么。"

"那我就来说说吧，"刻贝斯说，"毕竟，在我看来，说法仍然显得在同一点上，即我们在先前曾说过的东西中[87a]已经提出过的同一异议上。毕竟，我们的灵魂曾经存在，而且在进入这个身体形相之前就存在，我并没有悔棋，这番说法已经非常之漂亮——除非说它有些累赘——非常之充分地得到了证明。至于说我们死后灵魂仍然在某个地方存在，[a5]我就不觉得是这样。但要说灵魂不比身体更持久、更经久，我则不同意西米阿斯的反驳，毕竟，在我看来，灵魂和身体在所有这些方面都有太多差异。你的这个说法兴许会说，既然你已经看见，世人死后那个[87b]更为脆弱的东西仍然还在，为什么你还不信任呢？难道你不觉得，必然会有更经久的东西，即便在这样一段时间内也安然保持着存在？那好，你就来考虑一下这个说法吧，看看我是否会说点儿什么。

"看来，我像西米阿斯一样，也需要某种比喻。[b5]毕竟，我觉得，其实这与有人就人世中一个已死的年老织工所说的一番说法说的是相同的东西：这世人没死，仍安然地在某个地方，对此可以拿出那件外套作为证据——他本人织就而且亲自穿过的外套还安然地在，没有消灭。要是有谁[87c]不相信这人，他就会问：究竟哪类东西更经久，是一个世人这类，还是一件在使用和披着的外套这类？那人肯定会回答：世人这类[c5]经久得多呀。而且他会以为，这已经表明：既然更少经久性质的东西也不会消亡，世人当然更为安然地在。可是，我认为，西米阿斯，情形并不是这么回事呀。毕竟，你考虑一下我说的吧。①谁都会承认，这样说的人其实说的是蠢话。因为，这个织工织就过并且也穿破过许多这样的外套，尽管他比这许[87d]多的外套更晚消灭，但我认为，他毕竟比最后一件外套更早消灭。然而，这世人绝不比一件外套更差、更脆弱。我认为，灵魂与身体的关系用得上这同一个比喻。谁要就此说，[d5]灵魂更为经久，身体更脆弱、更少经长性质，在我看来，兴许才显得说得贴切。

"不过，他兴许会进一步说，每一个灵魂都穿破过许多身体，尤其是如果这个灵魂活的年岁够多的话。毕竟，倘若身体流逝和消灭，而世人还活着，[87e]灵魂又总是在重新织就穿破的东西，那么可以肯定，灵魂消灭之时，必然碰巧穿着最后织就的东西，且仅仅比这件东西更早消亡而已。灵魂消亡的那一刻，身体马上显露出其脆弱[e5]天性，迅速腐烂、消灭。所以，这样一种说法并不值得有信心去信赖，即[88a]我们死后，我们的灵魂仍在某个地方。毕竟，即便有人愿意同意这个人所说的远不止于你所说的那些，向他认可：我们的灵魂不仅在我们出生之前的时间就已经存在，而且没有什么会阻止我们[a5]的某些个灵魂在我们死后仍然存在和将会

---

① 刻贝斯针对西米阿斯的说法提出驳议。

存在，并还将多次出生和再死——因为灵魂本身在天性上如此持久，足以支撑这个灵魂的多次出生——即便有人会认可这一点，也绝不等于同意，灵魂在这许多次出生中不会耗尽自身，不会在这许多次死的［a10］某一次死时终了，完全彻底地消灭。

"何况，这人［88b］兴许还会说，这个死、这个给灵魂带来灭亡的与身体分离，谁都没看见过——因为我们中没谁有可能感知到这个死。倘若这个就是如此情形，任何一个有信心走向死亡的人都无非是没脑筋地有信心，［b5］除非他能够证明，灵魂完全彻底地不死和不灭。如果不能［证明这一点］，那么，任何一个想到自己将会死去的人必然总会畏惧，自己的灵魂在与身体离散的那一眼下时刻会完全彻底地消灭。"

［88c］我们当时听到他们说这些，所有人心里都乱糟糟的不好受，后来我们相互说到这事时仍然如此，因为，先前的说法已经有力地说服了我们，现在，他们又显得让我们不安起来——不仅是［他们］先前说过的那些话，［c5］甚至还有那些后来要说的话，把我们抛入没信靠［的怀疑境地］。没准我们谁都没能力做出判断，或者这些事情本身就不可信。

厄　诸神啊，斐多，我实在能体谅你们。毕竟，我本人现在听你说这些，也不禁［88d］对我自己［在心里］这样说："我们往后还能相信什么说法啊？苏格拉底说的说法非常有说服力，现在也陷入不可信了！"

我们的灵魂就是某种谐音，这个说法曾神奇地攫住我，［d5］就像你所说的东西提醒我，我自己直到现在都一直对这些［灵魂不死的］事情感到笃定。可是，我确实需要重新从头寻找另外某个说法来说服自己［相信］，人死时灵魂并不一起死。你说说，凭宙斯，苏格拉底当时是怎样寻求这个说法的？［88e］你说你们当时明显变得有点儿心烦意乱，苏格拉底也这样还是没有，而是平心静气地声援这个说法？他当时声援得充分还是不足？所有这些都尽可能清楚地对我们说说。

斐　其实啊，厄喀克拉忒斯，我过去常常对［e5］苏格拉底感到惊奇，可我再没有比这次在他身边时更叹服他。［89a］他定会有什么要说，这恐怕倒一点儿不稀罕。我实在对他感到惊奇，首先因为，他接纳年轻人的说法时，快乐、宽厚、带着赞赏；然后，他敏锐地感觉到这些话让我们感受到什么；［a5］然后，他很好地救治我们，重整和唤起已经溃逃和被打趴的我们,激励我们跟随,一同思考这番说法。

厄 怎样[一起思考的]呢?

斐 我会讲的。当时我碰巧就坐在他右边[89b]靠近卧榻的某个矮东西上,他比我高出许多。他抚摸着我的头,攥住我颈后的头发——他习惯这样,一有机会就玩我的头发——"明儿早上,"他说,[b5]"斐多啊,恐怕你就要剃掉这些美发咯。"①

"好像是这样,苏格拉底。"我说。

"不会的,如果你被我说服的话。"

"那又会是怎样呢?"我说。

"就今天,"苏格拉底说,"如果我们的说法完了,如果[b10]我们不能让这说法回生,我就剃掉我的头发,你也剃掉你的这些头发。[89c]如果我是你,如果这说法从我这里逃离,我恐怕就会像阿尔戈斯人那样发个誓,②我要回战西米阿斯和刻贝斯的说法,得胜之前绝不剃掉头发。"

[c5]"可是,"我说,"要对付两个,据说连赫拉克勒斯也不行啊!"

"哪里啊,叫上我做伊奥劳斯③呗,"苏格拉底说,"只要天还亮着。"④

"我这会儿就叫上你,"我说,"不过,我可不是赫拉克勒斯呀,而是伊奥劳斯。"

[c10]"这倒无所谓,"苏格拉底说,"不过,我们首先得提防我们遭受某种经历。"

"什么样的经历?"我说。

[89d]"我们别成了厌倦说法的人⑤,"苏格拉底说,"就像成了厌倦世人的人。"他说,"因为,一个人若厌倦说法,就没可能有比这算得上经历更

---

① 希腊人对死者表示哀悼时会剃光头。

② 阿尔戈斯人试图夺回一座被斯巴达人占领的城池,失败后发过这样的誓言,事见希罗多德,《原史》卷一,82.7。

③ 伊奥劳斯是赫拉克勒斯的同母异父兄弟(又说侄子),当赫拉克勒斯必须同时对付九头水蛇和巨兽(十二项使命的第二项)时,他叫上伊奥劳斯帮忙。九头水蛇的每一个头被斩下都立即重新生出,多亏伊奥劳斯帮忙用火把水蛇的头烧死,然后将其压在巨石之下,赫拉克勒斯才战胜九头水蛇。

④ 到太阳落山(天黑时),苏格拉底就得服刑,参见61e3–4。

⑤ "厌倦说法的人(misologos)"是柏拉图造的词,与"热爱言辞的人(philologos)"对应。

大的恶了。厌倦说法和厌倦世人如出一辙。毕竟,一个人的厌倦[d5]世人是这样给自己套上的:缺乏技艺地极为信赖某人,完完全全相信这人真实、健全、可信靠,但没过多久就发现,这人既拙劣又不可信靠,而且一次又一次这样。倘若有人常常经历这种情形,尤其是在那些他以为[89e]最亲密、最要好的人身上经历到这种情形,他就会最终因经常受打击而厌倦所有人,以为天底下没一个健全的人。你一点儿都没感觉到出现的这种情况?"

"当然感觉到。"我说。

[e5]"这难道不是出丑?"苏格拉底说,"而且,这样的一个人竟然试图不凭关于人世的技艺就与世人深交,不是很明显吗?毕竟,倘若他多少曾凭靠技艺与世人深交,他兴许就会[90a]认为,情形其实是这样:有益的人和拙劣的人各自都是极少数,居间的人则是大多数。"

"你说的是什么意思啊?"我说。

"是这样,"苏格拉底说,"就像关于极小和极大的东西。[a5]难道你不认为,没有比找到极大或极小的东西更为难得的吗,无论世人也好、狗也好或其他不管什么也好?或者找到极快或极慢、奇丑或奇美、特白或特黑的?难道你没感觉到,所有这些东西中的那些极端之极的东西都难得,是少数,而居间的东西则丰足,是多数?"

[a10]"当然感觉得到。"我说。

[90b]"难道你不认为,"苏格拉底说,"倘若让拙劣之人比赛,那么,在那里显出第一的也非常之少?"

"好像是。"我说。

"的确好像是,"苏格拉底说,"但在这个方面,种种说法[b5]因人而异——我不过在跟随你眼下的引导而已,可我指的是那个方面,即有人并没有关于这些说法的技艺,却相信某个说法是真实的,没过多久,这说法在他看来又是虚假的,仿佛一会儿真实,一会儿又不真实。如此情形一再出现在一个又一个说法上——那些[90c]把日子用来好辩的人尤其如此,①你知道,他们到头来都认为自己成了最智慧的人,唯有他们才透彻领

---

① "好辩者(antilogikos)"喜欢智术师派的争辩技艺:要么喜欢用一种说法来反驳另一种说法,要么喜欢找某一说法的逻辑漏洞。

悟到，无论实际的事情还是说法，都绝对既没有健全的东西也没有牢靠的东西，万事万物简直就像［c5］欧里珀斯①水流那样，一上一下翻转，无一刻不变动不居。"

"当然，"我说，"你说的是真实。"

"这种遭遇岂不会很悲惨吗，斐多，"苏格拉底说，"如果的确存在某个既真实又牢靠的说法，而且［人们］能够［90d］透彻领悟它，有人却由于接触过看起来一时真实、一时又不真实的这样一些个说法，既不归咎于自身，也不归咎于自己不学无术，最终因痛苦不堪而喜欢把原因从［d5］自己身上推给那些说法，从此厌倦说法，对说法骂骂咧咧地度过余生，被剥夺了关于事物的真实及其知识？"

"是啊，凭宙斯，"我说，"明显很悲惨。"

"因此，"苏格拉底说，"首先，我们得提防，不可［90e］让这种想法靠近灵魂，以为任何说法恐怕都不健全，而是宁肯认为我们自己还不够健全，必须得拿出勇气热衷于让自己健全起来——你以及其他人是为了整个以后的生活，我则是［91a］为了自己的死。因为我觉得，在涉及死这件事情上，我眼下恐怕不是在热爱智慧，而是在热爱胜利，就像那些完全没受过教育的人似的。这些人一旦就什么事情论争起来，他们关切的不是究竟怎样才论争出个说法来，［a5］而是热衷于如何让在场的人以为，他们自己树立起了什么。

"不过，在我看来，眼下我和这些人仅仅在这样一点上有所不同：我并不热衷于让在场的人以为我说的东西是真实——除非这是附带的结果，而是热衷于尤其让我自己以为情形如此。［91b］毕竟，亲爱的友伴，我在理性地计算——你看看我多贪心——如果我说的碰巧是真实，我自己就会美美地被它说服。即便对于一个终了的人来说什么都不会再有了，我也不会哭哭啼啼让在场的人在我死之前的整个［b5］这段时间心情不快。我的这种愚钝兴许不会持续到底，毕竟，它是一种坏东西［恶］，要不了多久它就会消灭啦。我已经准备好，"苏格拉底说，"西米阿斯还有刻贝斯，

---

① 欧里珀斯是希腊半岛与优卑亚（Euboea）岛之间的一条狭窄海峡，水流方向不定，传说白天七换，夜里七换。这一表达已成熟语，形容变换不定和无休止地起伏动荡。

我就这样走向这个[灵魂不死的]说法。

"当然,要是你们听我[91c]劝,你们就少考虑苏格拉底,更多考虑真实。如果我让你们觉得我说的是真实,你们就应该同意,如果觉得不是,你们就应该用种种说法扳回来。不过你们得提防,我可不会热衷于既欺骗自己又欺骗你们,[c5]像蜜蜂那样留下一根刺便一走了之。

"我们得上路了,"苏格拉底说,"首先,你们得提醒我一下你们所说的,以免我显得回忆不起来。按我的看法,西米阿斯不信任而且畏惧是由于,虽然灵魂比身体更神样、[91d]更美,仍然会先于身体消亡,因为灵魂具有谐音的形相。而刻贝斯呢,在我看来,虽然[你]同意我的这个说法,即灵魂比身体持久得多,但[你认为]对每个人来说,并不清楚的是,灵魂虽然往往穿[d5]破许多身体,但一旦离开最后一个身体,灵魂本身是否不会消灭;而且,这个本身才是死,即灵魂消灭,至于身体嘛,则从未停止一直在消灭。那么,除了这些之外,西米阿斯和刻贝斯,还有别的什么我们必须考虑吗?"

[91e]他们两人一致同意,就这些了。

"那么,"苏格拉底说,"你们不接受先前的所有说法,还是接受一些,不接受一些?"

"接受一些,"他们俩说,"不接受一些。"

[e5]"那么,"苏格拉底说,"关于我们说的那个说法,你们有什么要说的吗,即求知就是回忆,而且,既然情形如此,我们的灵魂必然已经在这或那的哪个地方存在,[92a]就在穿上身体之前?"

"我嘛,"刻贝斯说,"当时我就被这个说法本身说服啦,连自己也觉得惊奇,而且现在仍然坚持没的说。"

"当然,"西米阿斯说,"我本人也如此。[a5]关于这个说法,要是我觉得还会有别的什么说法的话,我才会奇怪呢。"

于是苏格拉底说:"那么,忒拜客人啊,①倘若[你的]这样一种意见仍然原封不动,即谐音是复合的事物,而灵魂是某种谐音,由绷紧在身体上

---

① 西米阿斯和刻贝斯都是忒拜人,在当时,忒拜也是毕达哥拉斯派信徒的庇护所,苏格拉底在这里一语双关。

的琴弦组合而成,你就必然得改变看法咯。毕竟,你恐怕不至于会接受[92b]你自己的这个说法吧,即在那些肯定由此才组合出谐音的东西存在之前,谐音就已经存在。你会接受吗?"

"的确不会接受,苏格拉底。"西米阿斯说。

"那么,当你说,"苏格拉底说,"灵魂在进入世人的形相和身体之前就已存在,[b5]而灵魂存在时却是由尚不存在的东西组合而成的,你注意到你所说的这些对你会得出什么吗? 毕竟,谐音在你那里并非你仿制的这样一种东西。毋宁说,一架里拉琴及其琴弦和[92c]音响在尚未是谐音时就出生了,在所有这些东西中,谐音最后配置而成,也最先消亡。因此,这样一个说法在你怎么会与你的那个[关于灵魂的]说法唱一个调呢?"

"的确没法唱一个调。"西米阿斯说。

[c5]"而且,"苏格拉底说,"如果有别的什么合调的说法,也会适合关于谐音的说法。"

"当然会适合。"西米阿斯说。

"因此你会发现,这一个说法并不合调。"苏格拉底说,"那么,这样两个说法你会拈选哪个:拈选求知即回忆,还是拈选灵魂即[c10]谐音?"

"当然拈选前面那个,苏格拉底,"西米阿斯说,"不管怎么说,这后一个说法[92d]在我看来生得缺乏证明,看起来是那么回事,表面好听,正因为如此,才会让多数世人觉得是那么回事。可我同样知道,那些把证明搞得看起来像那么回事的说法,都是些个骗子,倘若不谨防它们,八成[d5]会上当受骗,在几何学中和别的所有事情上都如此。

"当然,回忆和求知的说法,是由一个值得接受的假设确立起来的。也就是说,我们的灵魂已经在某个地方如此存在,而且在进入身体之前就存在,恰如所是本身存在,它有一个别名叫做'此在'。[92e]而我呢,对于这个所是,就像我说服我自己那样,已经充分而且正确地接受下来。由于这些,对我来说,看来必然既不能接受我自己也不能接受别人说灵魂即谐音。"

"不过,西米阿斯啊,从[下面]这一方面来看又会怎样呢?"苏格拉底说,"在你看来,谐音或别的[93a]某个组合物究竟属于组合物由此组合而成的那个情形,还是别的什么情形?"

"当然不会是别的情形。"

"而且,如我认为的那样,除了凭靠[由此组合而成的]那些东西兴许会做或会经受什么外,[a5]谐音不会做什么或者经受什么吧?"

西米阿斯同意。

"所以,谐音并不引领那些它由此兴许才组合而成的东西,而是跟随那些东西吧?"

西米阿斯也同意。

"所以,情形就必定远非谐音在相反地运动或者相反地发出音响,或者做任何别的与自己的各部分相反的事情。"

[a10]"当然远非如此。"西米阿斯说。

"然后是什么呢?每个谐音生来不就是如此被调成那样的谐音吗?"

"我没懂。"西米阿斯说。

"谐音难道不是调得越多、越满,"苏格拉底说,[93b]"只要允许出现这种情况,谐音就会越多、越满,如果被调得越少、越差,谐音就越少、越差?"

"当然是。"

"那么,灵魂是这种情形吗?一个灵魂也这样哪怕最小[b5]程度地比另一个灵魂更多、更满,或者更少、更差,灵魂这个东西本身会是这样吗?"

"无论如何不会。"西米阿斯说。

"可是,"苏格拉底说,"凭宙斯,据说这个灵魂既有心智、有德性,又好,而那个灵魂既愚钝、缺德、[93c]又坏,这些说得真实吗?"

"当然说得真实啊。"

"那么,那些假定灵魂即谐音的人中的某人会说,灵魂中存在的这些东西——德性和[c5]劣性——是什么呢?未必是别的某种谐音和不谐音?这一个灵魂已经被调音,是好的灵魂,在本身就是谐音的自身中有别的谐音,而另一个灵魂本身则是不谐音,自身中并没有别的谐音?"

"我嘛,我倒不会这么说,"西米阿斯说,"不过,显然[c10]那个假设灵魂即谐音的人恐怕会这么说。"

[93d]"可是,先前已经同意过,"苏格拉底说,"一个灵魂比另一个灵魂既不更多也不更少地是灵魂啊?这等于约定,一个谐音比另一个谐音既不更多更满也不更少更差地是谐音,难道不是吗?"

[d5]"当然咯。"

"一个谐音既不更多也不更少,就是已经被调得既不更多也不更少,是这样吗?"

"是这样。"

"被调得既不更多也不更少的谐音,就会更满[d10]或更差地分有谐音,抑或相等地分有谐音?"

"相等地。"

"那么,一个灵魂不也是这样?既然一个灵魂与另一个灵魂既不更多也不更少地[93e]就是这个[灵魂]本身,灵魂就既没有被调得更多,也没有被调得更少?"

"正是如此。"

"既然灵魂是这样经历过来的,灵魂恐怕就不会更多地分有不谐音,也不会[e5]更多地分有谐音?"

"当然不会。"

"再说,既然灵魂是这样经历过来的,一个灵魂恐怕就并不比另一个灵魂更多分有劣性或德性,如果劣性就是不谐音,德性就是谐音的话?"

[e10]"不会更多分有。"

[94a]"不仅如此,西米阿斯啊,按照正确的说法,如果灵魂是谐音,就没有一个灵魂会分有劣性。毕竟,如果一个谐音明显完满地是谐音这个东西本身,恐怕就绝不会分有不谐音。"

[a5]"当然不会。"

"而且,既然灵魂完满地是灵魂,也就不会分有劣性?"

"从前面已经说过的来看,怎么会呢?"

"所以,依这样一个说法,对我们来说,如果灵魂生来就一样地是灵魂这个东西本身,所有活的东西的[a10]灵魂都将会是一样地好。"

"至少我觉得如此,苏格拉底。"西米阿斯说。

"那么,"苏格拉底说,"要是这个说法会经历这番结论,[94b]如果灵魂即谐音这个假定正确,你觉得这样说美吗?"

"一点儿都不觉得[美]。"西米阿斯说。

"然后呢?"苏格拉底说,"除了灵魂——尤其明智的灵魂,你会说[b5]有别的什么会统领世人身上的所有东西吗?"

"我才不会呢。"

"灵魂服从还是抵制身体上的感受？我说的是这类事情，比如身体又热又渴时，灵魂会拽身体去相反的地方不让喝，[b10]身体饿时，灵魂会拽住不让吃吗？我们不是看到，[94c]在别的事情上，灵魂抵制身体感受的情形成千上万，不是吗？"

"当然啊。"

"我们先前不是同意过，如果存在谐音，谐音就绝不会唱与这些出自恰好是谐音的东西相反的音调——无论谐音绷紧、[c5]松开、弹拨，还是经历其他无论什么感受，而是跟随这些东西，从不领导？"

"我们同意过，"西米阿斯说，"怎么会没有呢？"

"然后呢？现在，灵魂对我们显得不就完全反其道而行之吗？[c10]灵魂领导所有那些某人会说灵魂的存在所出自的东西，[94d]而且几乎整个一生都在抵制那些东西，以种种方式主宰它们，对有些更严厉地施予惩罚——甚至带有痛苦，比如以健身术和医术来惩罚，对有些则较为平和地惩罚，与欲望、[d5]冲动、畏惧交谈有时用威胁有时用告诫，仿佛一个陌生人对待一件陌生的事情，不是吗？就像荷马在《奥德赛》中所做的那样——他在那里说奥德修斯'捶着胸口，用言辞斥责[自己的]心：[94e]你得顶住，心啊！狗娘养的东西，那次你也曾顶住过啊'。① 难道你会认为，荷马作这些诗句时所想的是，灵魂是谐音，是受身体的遭际引导的那类东西，而非[想的]是灵魂引导和主宰身体遭际的那类东西，因为[e5]灵魂是某种比谐音要神样得多的事情？"

"凭宙斯，苏格拉底，起码我觉得[荷马]不会[这样想]。"

"所以啊，最优秀的西米阿斯，对我们来说，要说灵魂是某种[95a]谐音，就绝对说得不对。毕竟，那样的话，看来我们就会既没有同意神样的诗人荷马，也没有同意我们自己。"

"的确如此。"西米阿斯说。

---

① 见荷马，《奥德赛》20.17 – 18：奥德修斯回到故乡，见那班贵族子弟正在挥霍他的家财，还妄图娶他妻子以霸占他的王位，而家中女奴们却与他们嬉笑鬼混，奥德修斯怒不可遏，但他必须暂时忍耐，不动声色，慢慢收拾这班贵族子弟。在《理想国》中，苏格拉底两次(3.390d 和441b)引用这个段落作为控制自我的范例。

"好吧,"苏格拉底说,"对我们来说,看来啊,忒拜的哈尔摩尼亚[女神]①的说法[a5]已经或多或少变得和善啦。可是,卡德摩斯的说法又怎样呢,刻贝斯,"苏格拉底说,"我们该如何让他变得和善起来,该用什么说法?"

"我觉得你会有办法的,"刻贝斯说,"不管怎么说,在我看来,你针对谐音的这样一番说法说得出人意料地神奇。毕竟,西米阿斯说出他的困惑时,我非常吃[95b]惊,[担心]是否有谁能够对付得了他的说法。因此,当哈尔摩尼亚一下子没顶住你的说法的第一轮攻击时,我觉得太稀罕啦。所以,如果这个卡德摩斯的说法也会有这番遭遇,我不会感到惊讶。"

[b5]"好小子,"苏格拉底说,"别说大话,免得有人用妒意的魔力搞垮我们将要想到的说法。不过,神会操心这些事情,至于我们嘛,不妨荷马式地逼近[卡德摩斯],让我们试试看,你是否的确说了点儿什么。你探究的首要之点是:你指望我们的灵魂被证明[95c]既不灭也不死——[这样的话]一个热爱智慧的男子如果考虑到死的时候,就会有信心,相信一旦死后在那边将会过得好,这截然不同于他以另一种生活方式来完成生命,[因为]他不会对没脑筋的、愚蠢的信心有信心。即便[我们已经]表[c5]明灵魂是某种持久的东西,有神样的形相,而且在我们成为世人以前就先已存在,你说,所有这些说法仍然无济于事,并未揭示灵魂不死,仅仅揭示了灵魂是经久得多的东西,在一个无法设想的很长时间之前就已经在某处存在,知道而且经历过许多事情。可是,灵魂毕竟[95d]压根儿就不是不死的,毋宁说,灵魂走进世人的身体,这本身就是灵魂毁灭的开始,灵魂在身体中就像在害病。灵魂经受着苦楚,度过这样的一生,最终在所谓的死中消亡。无论灵魂一次还是[d5]多次进入身体,你说,其实并

---

① "谐音(Hamonia)"在古希腊神话中被拟人化为战神阿瑞斯与阿芙罗狄忒所生的女儿:阿瑞斯象征不和,阿芙罗狄忒象征和谐,哈尔摩尼亚是争战与和谐的产儿。忒拜城邦的建立者卡德摩斯王侍奉阿瑞斯八年,建成忒拜城,并娶了哈尔摩尼亚——奥林波斯神们第一次接纳一个女神与一个凡人联姻,还参加了婚礼,忒拜人则奉哈尔摩尼亚为保护神。毕达哥拉斯派把卡德摩斯解释为 cosmos[秩序],但在与哈尔摩尼亚结合以前,卡德摩斯却是象征战争和无序的混乱(chaos)。苏格拉底在这里幽默地提到哈尔摩尼亚与卡德摩斯的夫妻关系,暗示刻贝斯的"外套"说与西米阿斯的"谐音"说也有如夫妻关系。

没有什么差别,反正我们对每一次都感到畏惧。毕竟,除非是没脑筋的,任何人都难免会感到畏惧,只要他对灵魂何以不死既不知道也不能[95e]给出一个说法。"

"我认为,刻贝斯,你所说的大概就是这样一些吧。我故意反复把握,免得有什么从我们这里溜走,要是你愿意的话,[这会儿]添加或者去掉点儿什么都行。"

于是刻贝斯说:"我嘛,眼下[95e]既没有我需要去掉的,也没有我需要添加的,我说的就这些。"

苏格拉底凝神良久,自个儿在思索着什么,然后才说道:"你探究的可不是低俗的事情啊,刻贝斯。毕竟,关于生存与消亡的原因,必须整个儿仔细[96a]讨论。要是你愿意听,我不妨对你说说我自己的经历。如果我所说的其中有什么显得对你有用,你就不妨用来说服你所说的那些说法。"

[a5]"那还用说,我当然愿意[听]。"刻贝斯说。

"那就听我道来。① 刻贝斯啊,我年轻的时候就好奇地欲求那种智慧——他们叫做'探究自然'。毕竟,当时在我看来,这种智慧牛得很:知道每一事物的原因,即每一事物[a10]何以产生,何以消亡,何以存在。我常常[96b]辗转反侧,首先思考的是这样一些事情:要是让热和冷发酵,会像有些人说的那样,活的东西就滋生出组织了吗? 我们明智地思考靠的是血液呢,还是靠空气或者火? 或者[b5]根本不是这些东西,而是脑子才产生出那些听啊、看啊、嗅啊的感觉,从这些感觉中则产生出记忆和意见,当记忆和意见平静下来,才由记忆和意见产生出知识?

[96c]"我转而思索这些东西的消亡,以及那些涉及天上和地上的东西的经历,最终我认为自己对这样一种考察并无天赋,简直就是一无是处。证据嘛,我会对你说,很充分。毕竟,我以前曾清清楚楚地[c5]懂得某些东西,至少在我自己和别人看来如此,可由于这样探究来探究去,我简直让自己成了瞎子,因为,我以前曾相信已经知道的东西——[比如]世人[从小]长大所凭靠的那些东西——也还给先生啦。我以前以为,每个人都清楚,靠吃和喝[人才长大]。[96d]毕竟,只有通过进食,躯体才会

---

① 这里开始了苏格拉底著名的哲学自传。

凭躯体生长起来,骨骼才会凭骨骼生长起来。按照这同一个说法,躯体和骨骼的每一其他所属部分才会凭靠每一部分生长起来。于是,少的东西后来堆得成了多的东西,[d5]矮的世人变成高的世人。我当时就这样认为,你不觉得这恰切吗?"

"起码我觉得恰切。"刻贝斯说。

"然后你再思考一下这个:我当时以为,这足以让我觉得,一个高的世人站在一个矮的世人旁边,他就显得高[96e]出恰恰一个头本身,而且马比马也如此。比这些更显而易见的是,在我看来,十比八多,是因为八加上了二,而二肘尺比一肘尺更长,是因为比它长[自身]一半。"

[e5]"那么现在呢,"刻贝斯说,"你觉得它们又是什么呢?"

"凭宙斯,"苏格拉底说,"远不是我以为的那样啦——我原来以为,我已经知道这些事情的原因,可我现在甚至不能让自己承认,谁要是把一加上一,那么这个一和那个被加的一就成了二,或者这个被加的一和那个被[97a]拿去加的一由于这一个与另一个的相加就成了二。毕竟,我惊讶的是,当它们两个中的其中每一个相互分开时,每个都是一,这一双并不就是二,但当它们相互结交,这被确立起来的相互靠近的两个一的[a5]相交本身,居然就成了二得以生成的原因。而且,要是有人反过来把一分开,我也不能说服自己,这个分开就成了二得以生成的原因。毕竟,[97b]这个原因会变得与当时那个二得以生成的原因相反。因为,当时是某人把相互靠近的领到一起,让其中一个加其中一个,现在呢,则是某人把相互靠近的领开,让[其中]一个从[其中另]一个分开。我甚至不再能试着说服我自己,我知道为何一个一会生成。[b5]一言以蔽之,我不再能说服自己,凭靠这样一种探究方法,我懂得了为何不管什么东西会生成或消灭或存在。于是,我干脆让自己与别的方法浑搅,绝不再容忍这种方法。

"可是,有一次我听某个人读一本书,①他说是阿纳克[97c]萨戈拉的书——书中说,其实,心智才是万物得以形成秩序的原因。这个原因让我感到高兴,而且我觉得,就某种方式来说,这样蛮好,心智应该对万物负责。我认为,如果情形就是如此,那么,这个心智[c5]肯定就会安排万物

---

① 在古代,人们"看书"的方式是听人"读书"。

形成秩序,其方式是兴许让每一事物安置得最好。因此,如果有谁愿意找出每一事物以何种方式产生、消亡和存在的原因,他就得找出这个事物以何种方式存在才会最好,或[97d]经历或做无论什么才会最好。依据这样一个道理,就会有益于世人在涉及他自身乃至所有其他事情时除了思考什么最优、什么最好,别的什么都不思考。当然,知道什么更坏,也必然是同一回事,[d5]毕竟,关于好和坏的知识是同一种知识。

"当我理性思考着这些时,我很欣喜,因为我当时认为,关于存在者的原因,我已经找到了合我自己心智的老师,即阿纳克萨戈拉。他首先向我指明,大地是平的还是[97e]圆的,然后呢,他指明,他将进一步说明其原因和必然性,即他为何说这是更好,尤其对大地这样性质的存在来说更好。比如,如果他说,大地居中,他将进一步说明,大地为何居中更好。假如他让我[e5]清楚了这些,我当时已经准备绝不再渴求知道任何其他形相的原因。

"然后呢,我已经准[98a]备就如此这般地去找出关于太阳的原因,以及关于月亮和其他星辰的原因,关于它们相互间的速度、旋转点,以及它们经历的其他事情,何以它们做这些、经历其所经历的对每一个星体[来说]更好。毕竟,我当时[a5]以为,当他指明这些星体由心智安排得有序时,他不会赋予这些星体别的什么原因,只会赋予这些星体如其自身[98b]所是的如此情形何以最好的原因。因此,当他给予每个星体一个原因,并给予所有星体一个共同的原因时,我以为他将进一步说明,对每一个星体来说什么是最好,对所有星体来说什么是共同的好。我可不会放弃这样一些期望,我非常热切地抓起他的书卷,[b5]迫不及待地读,以便尽快得知什么是最好和更坏。

"从这种充满好奇的期望中,友伴啊,我一下子就失落啦——当我一路读下去时,我看到,一个大男人根本就没应用心智,也没把让事情安排[98c]得有序归于某些原因,而是归于大气啊、清气啊、水啊,以及其他许多甚至稀奇的东西。我当时觉得,他的做法简直就跟这种情形一模一样,即好比有人会说,苏格拉底做所有事情都是用心智在做。当这人试图说明[c5]我做每一件事情的原因时,他首先会说,我现在坐在这儿是由于,我的身体由骨骼和筋腱组成,骨骼坚硬,由许多关节相互分开,而筋腱则能绷[98d]紧也能松弛,裹着骨骼,连同粘着的躯体和皮。骨骼在其连接处能抬起，筋腱一松一紧，就使我这会儿能够弯曲［d5］肢体——由于这个原因，我弯着腿坐在这儿。再说我与你们每一个交谈吧，他会说，其原因嘛，就得归于声音啊、空气啊和听以及别的上千种［98e］诸如此类的原因。他并不关切说到真实的原因，即由于在雅典人看来投票判我有罪更好，我才会觉得我坐在这儿更好，而且哪儿也不去，承受雅典人［e5］命令的判决才更正义。凭狗头神发誓，①我认为，若非我［99a］基于骨肉相连才最好的意见相信，出逃和摆脱承受城邦颁布的无论什么判决都不如承受判决更正义、更美，我的这把骨头和筋腱恐怕老早就在麦伽拉或者波伊俄提阿咯。②

"当然咯，要把［a5］这样一些事情叫做原因，也太出格。可是，如果有人要说，我没有诸如骨骼啊筋腱啊之类的东西以及别的这类性质的东西，我也就不能做在我看来最好的事情，他说的也许是真实。然而，要说正是由于这些骨骼和筋腱之类的东西，我才做我做的事情，而践行这些事情靠的是心智，而非［99b］靠选择什么是最好，这种说法兴许就太过漫不经心啦。这叫做没能力区分：一个东西的存在有某种原因是一回事，而没有那个东西则原因兴许就不会成其为原因，是另一回事。我觉得，多数人显得［b5］就像在黑蒙蒙中到处摸索，把不恰当的名称用于某种东西，称它为原因本身。③ 所以，有人用漩涡环绕大地，使大地得以待在苍穹下面，有人则用大气作底座托着大地，就像托着一个宽敞的盆子。［99c］可是，对于能够把这些东西最好地安置成现在如此这般的那种能力，这些人没有去探究，也不认为这靠的是某个强大的精灵，而是相信自己有朝一日会发现更强大、更神的④阿特拉斯⑤，他比精灵更能把万物［c5］聚在一起。因为他们并不认为，实际上，好与约束才把万物绑在一起、维系在一起。为了找出这样一种原因如何起作用，我啊，乐于成为任何人的学生。既然我被剥

---

① 这是苏格拉底自己常常用的发誓语，这个发誓语来自埃及的阿努比斯（Anubis）神，这个神有一个狗脑袋。这个神的作用是在阳界与阴界或生者与死者之间传递信息，相当于希腊诸神中的赫耳墨斯所起的作用。
② 麦伽拉是雅典西南的一个城邦，波伊俄提阿（Boeotia）是雅典以北的一个地区。
③ 这里的说法出自一种摸人游戏；蒙上眼睛的游戏者四处摸索，摸到一个人就猜他是谁。
④ "更神的"字面意思是"更为不死的"。
⑤ 阿特拉斯（Atlas）是提坦巨人的儿子，因参加巨人叛乱，宙斯罚他永远用头托举着大地。

夺了这种可能,既不能自己去发现,[99d]也不能从别人那儿学到,我只能第二次航行,去探寻这样一种原因。刻贝斯啊,"苏格拉底说,"你愿意我给你描绘一下我所从事过的探寻吗?"

"太喜出望外啦,"刻贝斯说,"我当然愿意。"

[d5]"于是我觉得,"苏格拉底说,"在经历过这些之后,既然我探究存在的东西已经失败,我就得小心,别再经历那些静观日食搞探究的人所经历的——毕竟,有些人毁了眼睛,因为他们不是探究水中或[99e]某个诸如此类的东西中的太阳映像。我意识到有什么不对劲儿,因为,如果我用眼睛去瞧这些事情,试图用每一种感觉去把握它们,我畏惧会整个儿搞瞎自己的灵魂。

"所以,我觉得,[e5]我应该逃入种种说法,在其中探究存在的东西的真实。当然,也许就某种方式而言,这[种方法]并不太像[100a]我要比喻的东西。毕竟,我根本不会同意,这个在种种说法中探究存在的东西的人,在比喻中探究存在的东西会比在行为中探究更有成效。毋宁说,我不过以这样一种方式起步而已。我每一次都会提出一个说法,并断定它最为有力,而[a5]在我看来与其相符的东西,我会设立为真实的东西——不管是涉及原因还是涉及所有别的东西,如果不相符,就不设立为真实的东西。不过,我愿意把我的意思给你讲得更清楚些,毕竟,我认为你这会儿还没懂。"

"凭宙斯,没懂,"刻贝斯说,"至少不是太懂。"

[100b]"好吧,"苏格拉底说,"我说的这个,其实一点儿都不新鲜,无非是我以往一直不停在说——尤其在刚刚经过的说法中不停在说的东西。毕竟,我试图要向你展示的不过是我已经做成的那种原因的形相,回到那些[b5]老生常谈,由这些说法起步,假设有某种自体自根的美、好和大以及别的所有东西。要是你给我这些东西,并同意存在这些东西,我希望依据这些向你展示那个原因,并发现何以灵魂不死。"

[100c]"还用说吗,"刻贝斯说,"给你就是,你一路走到底吧。"

"那么你看看,"苏格拉底说,"你是否会像我一样同意随那些[自体自根的东西]而来的。毕竟,在我看来,除了美本身之外,如果还存在着某个别的[c5]美的东西,那么,它之所以美,不外乎由于它分有那个美本身。

我要说,所有东西都如此。你同意这样一个原因吗?"

"我同意。"刻贝斯说。

"所以,"苏格拉底说,"我从此再也无法理解也没有能力[c10]去认识其他那些聪明的原因。如果有人对我说,[100d]任何别的美的东西是由于它有绚丽的颜色或形状或任何别的诸如此类的东西,我会让它们一边去,毕竟,所有别的这些只会让我脑子一片混乱。我简单地、没技艺地甚至兴许傻乎乎地坚持我自己[的假设]:唯有美本身[d5]才把某个东西造就为美[的东西]——美本身临在[于那个美的东西]也好,与之结合也好,或者以无论何种方式和方法被带给那个[美的]东西也好——毕竟,这个我还不确定①。但我确定,正是由于这美本身,所有美的东西才成为美的东西。因为,我觉得这个回答对我自己以及对别人都最稳靠。坚持这一点,[100e]我相信我绝不会失败,而且我相信,由于这美本身,所有美的东西才成为美的东西,这一回答无论对我还是对任何别人都稳靠。或者你并不这样认为?"

"会这样认为。"

[e5]"那么,由于大,大的东西才大,更大的东西才更大,由于小,更小的东西才更小?"

"是的。"

"所以,如果有人说,一个人比另一个人由于高一头而更高大,这更矮小是由于这个更小本身更矮小,你恐怕会不接受。[101a]毋宁说,你恐怕会郑重宣称,你要说的不外乎是,每个比另一个更大的东西之更大,不外乎是由于大,每一个比另一个更小的东西之更小不外乎是由于小,因为,这个[a5]更小是因为小。既然你说,由于这个头,某人更高大和更矮小,我想,你恐怕会畏惧遇到某个相反的说法:首先,由于这同一个东西②,更高大才更高大,更矮小才更矮小;第二,由于这个头亦即矮小,[101b]更高大才更高大——可这就怪啦,由于某种矮小,才有某个高大的人。或者你

---

① "不确定",即难以确定究竟是"临在"还是"共同在一起"。不管是"临在"还是"共同在一起"都取消了美的形相本身的超验特征。

② 指"头"。

不会畏惧这些说法？"

刻贝斯笑起来，他说："我当然畏惧。"

"那么，"苏格拉底说，"难道十由于二而比八更多，[b5]由于这个原因，十超过八，你会不畏惧有人说，这是由于多和因为多？二肘尺比一肘尺由于[长]一半而更长，不就是由于长？毕竟，这恐怕也是同一种畏惧吧。"

"肯定是。"刻贝斯说。

"然后呢？如果一被加上一或被分开，[101c]难道你不会担心有人说，产生出二的原因是增加或分开？你兴许会大声喊道，除了分有每个东西兴许会分有的属己的所是，你并不知道每个东西还会以别的什么方式产生。因此，二得以产生，[c5]除了分有二之相，你不会有别的原因。凡想要是二就肯定得分有这个二之相，凡想要是一，就肯定得分有一之相，而这些东西的分开或增加或诸如此类的别的精巧玩意儿，你会让它们一边去，留给那些比你自己更智慧的人去回答。而你呢，恐怕已经畏惧常言[101d]所谓你自己的影子①，畏惧自己对持有那个稳靠的假设没经验，于是兴许就只好如此去回答。

"可是，如果有谁自己持有假设本身，你兴许也会让它一边去，不予回答，直到你考察过从这个假设一跃而出的那些东西[d5]在你看来相互一致还是不一致。当你必须对这个假设本身给出一个说法时，你兴许会以同样的方式给出，即再假设另一个假设——从高处对你显得最好的假设，[101e]直到你抵达某种充分的东西。同时，如果你想要找到某种什么存在物的话，你兴许不会像那些好辩者们那样，在谈论开端和由此涌现出来的东西时把什么都搅成一团吧？毕竟，在那些人那里，关于这件事情大概既不会有一个说法，也不会有什么[e5]关怀。因为，他们有足够的能耐出于智慧把所有的东西搅浑，[102a]然后他们自己就对自己心满意足啦。但你呢，如果你属于热爱智慧之人，我认为，你兴许会如我说的那样去做。"

"你说得太真实啦。"西米阿斯和刻贝斯异口同声地说。

厄　凭宙斯，斐多啊，有道理！我惊奇地[a5]觉得，即便对于只有一丁点儿心智的人，他说的这些也够清楚啊。

---

①　"自己的影子"指灵魂的影子。

斐 肯定啊,厄喀克拉忒斯,所有在场的人都这样觉得。

厄 甚至就连我们这些不在场[而是]这会儿在听的人也觉得这样。不过,[a10]此后讲的是些什么呢?

斐 我是这样认为的。此后,他说的这些得到认同,即同意[102b]存在着各个形相那样的东西,其他所有东西一旦从这些形相分得一份,就从这些形相那里取得名称。然后,他接下来问:"如果你说这些就是如此,"他说,"那么,当你说西米阿斯比苏格拉底更高大,比斐多[b5]更矮小,岂不是说,在西米阿斯身上同时存在两者,即高大和矮小吗?"

"我嘛[,是这么说]。"

"可是,"苏格拉底说,"你毕竟同意过,西米阿斯超过苏格拉底,并非真的如这些语词所说有那么[102c]回事。毕竟,西米阿斯生得来超过谁,并非由于他是西米阿斯,而是由于他碰巧有高大;他超过苏格拉底,也并非由于苏格拉底是苏格拉底,而是由于苏格拉底有相对于西米阿斯的高大的矮小,是吧?"

[c5]"说得真实。"

"再说,西米阿斯被斐多超过,也不是由于斐多是斐多,而是由于斐多有相对于西米阿斯的矮小的高大。"

"是这样的。"

[c10]"这样的话,西米阿斯就有个别名:既矮小又高大,他在两者之间。一方面,某人凭高大[102d]超过他,他矮小一截。另一方面,凭他超过某人的矮小,他高大一截。"这时,他微微一笑说,"我让人觉得是在字斟句酌地说。不过,情形的确就是如我所说的那样。"

他同意。①

[d5]"我说这些,为的是我愿意让在我看来[如此]的事情在你看来也如此。毕竟,对我来说,这显得不仅仅是,高大本身绝不愿意同时既是大又是小,而且,我们身上的高大绝不愿意接受矮小,也绝不愿意被矮小超过。毋宁说,二者必居其一:要么,一旦相反的东西即矮小逼近,[102e]

---

① 这里的动词所包含的主词究竟是刻贝斯还是西米阿斯,并不清楚。从前面"当你说西米阿斯比苏格拉底更高大,比斐多更矮小"这句来看,这里的"他"应该是刻贝斯。

高大就逃走或退却,要么,矮小抵达时,高大已消灭,绝不会愿意忍受并接纳矮小,不再是曾经所是。所以,我啊,既然接纳并忍受了矮小,就始终是如我所是:[e5]这个矮小的人就是我本人。① 可是,那个高大呢,既然是高大,就不会胆敢是矮小。同样,我们身上的渺小也不会愿意成为和[103a]是高大,毋宁说,相反的东西中的任何一个都不会愿意既仍然是其曾是,同时又成为和是其相反的东西,毋宁说,在这样一种遭际中,只有要么离开,要么消灭。"

"在我看来完完全全如此。"刻贝斯说。

这时,在场的某个人——他是哪个,[a5]我记不清了——听到这话便说:"凭诸神,现在说的与我们在先前说的东西中已经同意的不正好相反吗?更大的东西产生于更小的东西,更小的东西产生于更大的东西,对相反的东西来说,这生成本身不就简直出自相反的东西吗?可我现在觉得,要说啊,这个只怕从来不[a10]会发生哦。"

苏格拉底转过头去听,[103b]然后说:"你真够男子汉,竟然记得起来。不过,你没留意到现在所说的与当时所说的之间的差异。因为,当时说的是,相反的事情产生于相反的事情,可现在说的是,相反的本身不会产生出[b5]与它自身相反的,无论是我们身上的东西,还是自然[天性]中的东西都不会。毕竟,朋友,我们当时说的是那些东西,即它们具有相反的东西,而且我们用这些相反的东西的名称来给它们命名——可我们现在说的却是那些相反本身,通过在其自身内具有名称的东西它们获得了[103c]名称。这些东西本身,我们说,恐怕不会愿意接纳相互产生。"同时,苏格拉底瞧了刻贝斯一眼说,"刻贝斯啊,"他说,"这位所说的该不会有什么让你感到混乱吧?"

[c5]"我这会儿倒没有,"刻贝斯说,"不过,我不会说,许多东西没让我感到混乱。"

"那么,我们就已经完全一致同意这一点,"苏格拉底说,"即相反的东西绝不会是与它自身相反的东西。"

"完全同意。"刻贝斯说。

---

① 苏格拉底个子矮小。

[c10]"不过,你看看吧,"苏格拉底说,"现在你是否也会同意我这个:你称某种东西为热,称某种东西为冷?"

"我会。"

"你也称这些为雪和火?"

[103d]"凭宙斯,我可不会。"

"毋宁说,热与火相比是另一个东西,冷与雪相比是另一个东西?"

"是的。"

[d5]"可是,我认为,这个在你看来就是:雪只要是雪就从未曾接纳过热,正如我们在先前已经说过的那样,因此它才会是如其曾是,即雪和热;但热一旦逼近,雪要么退却要么消灭。"

"肯定啊。"

[d10]"又说火吧,一旦冷逼近,火要么退却、要么消灭,但绝不曾胆敢接纳冷相而仍然是其曾是,即火和冷。"

[103e]"你说得真实。"刻贝斯说。

"那么,"苏格拉底说,"有些这类[相反的]东西的情形就是,不仅形相本身在所有时间被冠以自己的名称,而且还有别的什么,尽管它并非形相本身,[e5]却始终具有形相的形状,只要它存在。下面这个[例子]兴许会使得我要说的更清楚。比如,奇数总必须是叫这个我们现在说出来的名称吧,或者不是?"

"当然。"

"那么,在存在的东西中——这个就是我要问的——仅仅奇数叫奇数,抑或还有别的[104a]什么,它尽管不是奇数,也同样除了自己的名称之外总必须叫它奇数,因为它生来就从不离开奇数?我说的是这个本身,比如已经遇到过的三,以及别的许多东西。[a5]想想看这个三之相吧。①难道你不觉得总必须既叫它自己的名称又叫它奇数,而奇数[这个名称]并不就是三之相?毋宁说,三、五以及整个自然数的一半同样都天生如此,它们个个都总是奇数,[104b]却并非就是这个奇数。再说那些二啊、四啊,以及自然数的整个另一系列,它们个个都总是偶数,也并非就是这

---

① "三"是具体的"三","三之相"是"三"的性质。

个偶数。你同意还是不同意？"

[b5]"怎么会不[同意]呢。"刻贝斯说。

"那么，"苏格拉底说，"仔细看看我想要显明的吧。这就是：不仅相反的东西显得互不接纳，而且，所有并非彼此相反的东西也总是包含着相反的东西。看来啊，即便这些东西也并不接纳那个[b10]兴许与在其自身上的东西相反的型相①。毋宁说，这个型相一旦逼近，它们就[104c]要么消灭要么退却。或者，我们难道不会说，那些个三宁肯消灭或经受别的任何什么，也不肯屈从仍然是三而成为偶数？"

"肯定会。"刻贝斯说。

[c5]"因此，二就不会与三相反咯。"苏格拉底说。

"哪里会啊。"

"所以，不仅相反的东西的那些个形相在相互接近时不会坚持，有些其他相反的东西在相互接近时也不会坚持。"

[c10]"你说得太真实啦。"刻贝斯说。

"那么，"苏格拉底说，"倘若我们能够的话，你愿意我们来拈选一下这些都是些什么样的东西吗？"

"肯定愿意。"

[104d]"那么，刻贝斯，"苏格拉底说，"会不会就是这些呢，即它们所具备的东西不仅迫使自己持有自己的型相，而且迫使自己总是持有某个与自身相反的东西的型相？"

"你说的是什么意思？"

[d5]"就像我们刚刚说的嘛。毕竟，你清楚知道，具备三的型相的那个东西，必然不仅仅是三，而且也是奇数。"

"肯定。"

"所以，对这样一个东西，我们说，与其[d10]形状相反的那个型相，尽管兴许会作用于这个东西，却从不会靠近它。"

"毕竟不会。"

---

① 这里的"型相（idean）"与"形相（eidos）"不是一个词，也不同义，倒是与103e5出现过的"形状（morphē）"是同义词（亦见104d9－10）。

"可是,奇数之相曾作用于三?"

"是的。"

"与奇数之相相反的是偶数之相?"

[d15]"是的。"

[104e]"所以,偶数的型相就从不会接近那些个三。"

"明显不会。"

"那些个三在偶数中没份儿。"

"没份儿。"

[e5]"那么,三是非偶数。"

"是的。"

"这就是我曾说过我要拈选出来的东西,这样的东西虽然并不是对某个东西来说相反的东西,却仍然不会接纳这个东西即这个相反之物。比如眼下的这个三,虽然并不与偶数相反,也断乎不会接纳偶数,[e10]毕竟,这个三总会带来与偶数相反的东西,正如二之于奇数,[105a]火之于冷,以及其他太多太多的东西。不过,你看看吧,你是否会如此来拈选:不仅相反的东西不接纳相反的东西,而且这种东西[也不接纳相反的东西]——它会把某种相反之物带给它兴许会接近的某种东西,而这个带来某种相反之物的东西本身,绝不会接纳与被它带来的[相反的]东西的相反[a5]之相。现在你再回忆一下吧——多听几遍总归没坏处。那些个五不会接纳偶数的型相,那些个十即[五的]倍数也不会接纳奇数的型相。这个十本身尽管与五相反,同样[105b]不会接纳奇数的型相。一又二分之一以及其他诸如此类的半数,也不会接纳整数的型相,还有三分之一以及所有诸如此类的数也不会。如果你跟随我,你会同我一起觉得是这样吗?"

"我也的确同你一起觉得是这样,"刻贝斯说,"我跟随你。"

[b5]"那么,"苏格拉底说,"你再从头对我说起吧。你别像我问你那样回答我,要模仿我。我说这个,是因为除了我先头曾说过的那个回答即稳靠的回答之外,我要基于现在所说的来看看另一种稳靠。比如,你兴许会问我,身体上产生出什么,身体会发热,我不会[105c]给你那个稳靠但没学识的回答'那是热',而是基于现在所说的给你更为精巧的回答'那是火'。要是你问,身体上产生出什么[105c]身体会生病,我不会说这是

病——而是说这是发烧。数中[c5]出现什么数会是奇数,我不会说那是奇数之相,而是说那是一之相,其他同样如此。你看看,你是否已经充分知道我想要说的?"

"完全充分。"刻贝斯说。

"那么你回答,"苏格拉底说,"身体上出现什么身体会[c10]活啊?"

"灵魂。"刻贝斯说。

[105d]"难道情形总是如此?"

"怎么会不是呢?"刻贝斯说。

"那么,灵魂总是走向那个带来生命的东西,因为灵魂自身就具备那个东西?"

[d5]"当然走向那个东西。"刻贝斯说。

"可是,有什么与活相反吗,抑或根本没有?"

"有啊。"刻贝斯说。

"什么?"

"死啊。"

[d10]"那么,灵魂岂不就绝不会接纳与自身总是带来的东西相反的东西,如基于先前所说已经同意的那样?"

"当然绝不会啊。"刻贝斯说。

"是吗?那个不接纳偶数型相的东西,我们曾叫做什么来着?"

[d15]"非偶数。"刻贝斯说。

"不接纳正义的呢,不接纳乐艺①的呢?"

[105e]"非乐艺,非正义。"②刻贝斯说。

"那好,死不接纳的呢,我们叫什么?"

"不死。"刻贝斯说。

"灵魂岂不就不接纳死?"

[e5]"不接纳。"

---

① 乐艺(mousikos)指用伴有音乐的诗歌调教灵魂、施行教化。
② 在希腊文中,前缀 a-通常表达否定或剥夺("非"或"不")。但苏格拉底在此要表达的不是否定或剥夺,而是排斥对立的规定性:"非/不-"在这里指没有接纳的可能。

"所以,灵魂不死。"

"不死。"

"那好,"苏格拉底说,"我们会说这个已经得到证明?或者你会怎么看啊?"

"[不仅得到证明]而且证明得太充分啦,苏格拉底。"

[e10]"然后呢,刻贝斯?"苏格拉底说,"如果非偶数必然曾是[106a]不灭,那些个三难道不会曾是不灭的?"

"怎么不会呢?"

"那么,如果不热必然曾是不灭的,一旦有人把热带给雪,雪会不离开而仍旧[a5]完整地是雪,且不融化吗?毕竟,雪倘若不会消灭,也就不会忍受接纳热相。"

"你说的是真实。"刻贝斯说。

"同样,我认为,如果不冷的东西曾是不灭的,一旦把某个冷的东西带给火,火也不曾熄灭[a10]或者消亡,而会安然无恙地离之而去。"

"必然会。"刻贝斯说。

[106b]"那么,岂不必然也得这样来说不死?"苏格拉底说,"如果不死也是不灭的,那么,灵魂也就不可能一旦死亡走近自身就消灭。毕竟,基于先头所说,灵魂不接纳死,也不会死,[b5]正如那些个三——我们曾说过——不会是偶数,反之,偶数也不会是奇数;火不会是冷,火中的热也不会。'但是,'有人兴许会说,'奇数固然不会在偶数逼近时成为偶数,正如已经同意过的那样,可为什么就不会是:[106c]奇数消亡之时,偶数取代奇数?'对说这些话的那人,我们兴许不能把奇数不会消灭[的说法]贯彻到底。毕竟,非偶数并不是不灭的。但如果[下面]这一点对我们来说已经同意过,我们兴许就容易贯彻到底:[c5]当偶数逼近,奇数以及那些个三就离之而去。关于火啊、热啊以及别的东西,我们也能如此贯彻到底,抑或不能呢?"

"肯定能。"

"那么现在来说不死:如果我们同意不死[c10]也就是不灭,那么,灵魂除了是不死的之外,也会是[106d]不灭的。但如果并非如此,恐怕就得需要另一番说法。"

"可是，至少为此根本无需另一番说法啊，"刻贝斯说，"毕竟，如果甚至不死的、永在的东西也会接纳毁灭，恐怕几乎没有什么别的东西会不接纳毁灭。"

[d5]"就是嘛，"苏格拉底说，"我认为，至少这个神，以及这生命的形相本身，还有无论别的什么如果不死的东西，都肯定会不灭，这兴许会得到所有人同意。"

"当然会得到所有世人同意，凭宙斯，"刻贝斯说，"而且，我想的话，甚至也会得到诸神同意。"

[106e]"既然不死也是不灭，而如果灵魂恰恰就是不死的，岂不就会不灭？"

"必然非常如此。"

[e5]"所以，一旦死亡逼近世人，看来啊，会死的部分就会死，不死的部分则会安然无恙地、不灭地离之而去，回避死亡。"

"显然。"

"所以，完全可以肯定，刻贝斯，"苏格拉底说，"灵魂不死也[107a]不灭。我们的灵魂会实实在在地在冥府。"

"起码就我来说，苏格拉底，对这些我再没有任何别的要说了，"刻贝斯说，"也不会以任何方式不信赖这些说法。不过，要是这儿这位西米阿斯或别的谁还有什么要说就赶紧，别默不作[a5]声。如果谁想要就这些事情说点儿或者听点儿什么，除了现在这个场合，我不知道还能推延到哪个别的时机。"

"确实，"西米阿斯说，"我本人嘛，至少就所说过的这些，也不会在哪方面不信赖。当然咯，由于这些说法[107b]所涉重大，而且，我瞧不起人性的软弱，我被迫自个儿对所说的仍然保留一点不信赖。"

"你说的这些说得好，西米阿斯，不仅如此，"苏格拉底说，"[b5]而且，即便你们信赖那些第一假设，也同样必须探究得更清楚。一旦你们透彻地分析过这些假设，我想，你们自己就会跟从这番说法，而且是尽一个世人的最大所能去跟从。只有当你们清楚明白这个说法本身，你们才不会进一步去探究。"

[b10]"你说的是真实。"西米阿斯说。

[107c]"可是，"苏格拉底说，"诸位，铭记这一点才算得上正义，那就

是:既然灵魂不死,就需要不仅为了我们所谓的今生而且要为了万世而关心自己的灵魂。

[c5]"现在看来啊,如果谁不关心自己的灵魂,就会有可怕的危险。毕竟,倘若死就是一了百了,对坏人来说简直就是一笔意外之财:他们一死,在摆脱身体的同时,也连带让灵魂摆脱了他们的邪恶。可现在呢,既然看来灵魂是不死的,[107d]坏人的灵魂就绝逃脱不了邪恶,也绝不会有救,除非灵魂尽可能变得好和明智。毕竟,灵魂去往冥府时所携带的,除了教养和养育,没别的。而且,据说[d5]一个终了之人去往那边的旅程一旦开始,这些东西往往随即就会让他要么大受其益,要么大受其害。

"不过,还有这样的说法:每个人终了之后,各自在其活着的时候凭运气获得的[本命]精灵就会试着领他去某个地方,在那里被召集起来交付审判,[107e]然后就得渡去冥府,由那个向导陪着——这向导受指派把每个人从这边摆渡到那边。可是,当每个人遇上自己必得遇上的那边之后,就要待上所需要的时间,再由另一位向导在[经历]多次长长的时间循环之后带回这边。

"不过,[108a]这个旅程可不像埃斯库罗斯的忒勒佛斯所说,①因为他说的是一条直路[把每个人]带去冥府。在我看来,这路既不直,也非一条——否则,根本无需向导。毕竟,如果仅一条路,谁也不会走岔。[a5]其实,这路看来有许多分岔和三岔口——我说这,依据的是这儿所做的那些献祭和宗法规矩记号。② 凡守规矩且明智的灵魂会跟随标记,对眼下的处境不会缺乏认识。

"可是,那些曾欲求拥有身体的灵魂呢,如我在先头所说,由于曾围绕着身体和可见的地方太长[108b]时间地惊慌失措,反复挣扎,经受太多,才被指派的精灵强行生拉硬拽带走。到了那个地方以后,其他灵魂都躲着这个不洁净的、做过什么不洁净之事的灵魂——[b5]要么曾沾染不义行凶,要么曾干过别的什么类似行为,这些行为恰巧既与行为本身有亲缘

---

① 埃斯库罗斯的《忒勒佛斯》已佚,参见《埃斯库罗斯残篇》239。
② 既可以指民间习俗——在通往给死者献祭的岔路上摆放香火作为路标,也可以指秘教指示——俄耳甫斯教的墓中铭文中有这样的提示:信徒死者必须走右边的路才能通往记忆女神的湖泽。

关系，又与灵魂的作为有亲缘关系——所有别的灵魂既不愿与之为伍，也不愿成为其向导。这种灵魂[108c]会整个儿茫然失措地游荡一段时间，之后，时间一到就由必然带去与其相配的居所。那个曾洁净地、规规矩矩地度过一生的灵魂则会碰上诸神做伴，由诸神引导，[c5]住到适合每个这样的灵魂居住的地方。①

"当然咯，这大地上有许多奇妙的地方，无论其质地还是幅员都与那些经常谈论大地的人所以为的不同，就像有人让我信服的那样。"

[108d]这时，西米阿斯说："你怎么这样说啊，苏格拉底？关于大地[的说法]我本人可听过很多，这些说法竟然没让你信服，我倒乐意听听你说。"

"好吧，西米阿斯，要详细描述那是什么，我觉得[d5]无需格劳科斯的技艺②。当然咯，要展示大地的真实，在我看来，对格劳科斯的技艺来说也太难，我大概也未必能行——而且，即便我有知识，在我看来，西米阿斯啊，我的生命也够不着这个关于大地的说法的长度。不过，这不会阻止我说说[108e]我所信服的大地型相是什么样，以及所在的地方。"

"可这些就够啦。"西米阿斯说。

"我所信服的是，"苏格拉底说，"首先，如果大地是圆的而且居于[e5]天的中央，它本身就既无需[109a]空气也无需任何别的诸如此类的强制以免坠落，毋宁说，大地要保持自身，天本身与整个自身的相像以及大地本身的均衡已经足矣。毕竟，一个均衡地[a5]被置于某个与其相像的东西中央的东西，根本不会在任何方向或多或少倾斜，而是以一种自我相像的状态持衡不倾。③ 这个，"苏格拉底说，"就是我所信服的第一点。"

"至少说得正确嘛。"西米阿斯说。

"再说，"苏格拉底说，"大地是某种非常非常大的东西，我们居住[109b]在从斐西斯河④至赫拉克勒斯双柱的某个很小的部分，四周是大

---

① 整个这段说法用了不少诗化的语词，看起来就像是在模仿通俗的民间诗歌。
② 格劳科斯的技艺比喻某件事很难做成。
③ 苏格拉底指的是阿纳克萨戈拉的说法。
④ 斐西斯河(Phasis)是波伊俄提阿的科尔喀斯(Colchis)附近的一条河(如今叫里奥尼[Rion]河)，发源于高加索，注入黑海。所谓的赫拉克勒斯双柱即今天直布罗陀海峡南北两侧相对峙的两座陡山，古代舆地学认为这是大地最西端，过此地则为周流于大地周围的环河。

海,就像围着池塘居住的蚂蚁或青蛙——还有许多别的人居住在别的许多这种性质的地方。因为,[b5]大地遍布许多空洞,型相和体积各式各样,水啊、雾气啊、空气啊,汇流入洞。不过,洁净的大地本身置身于洁净的天之中,天中有星体——许多经常谈论[109c]诸如此类的东西的人则把天称为清气——这些水、雾气、空气其实是清气的沉积,总是汇流进大地的那些空洞。

"我们并没有意识到我们居住在大地的空洞里,还以为自己居住在大地的上方,就像有人住在[c5]沧海底部中央,却以为住在大海的上面,通过水看太阳和其他星体,以为大海就是天。由于[109d]迟钝甚至软弱,这人从未抵达过大海的最上面,也从未从海里跃出,把头伸向那儿的那个地方,看一看恰好比他们身边的东西更洁净且更美的东西,甚至从没[d5]听看过那儿的别人说起过更美的东西。

"这也就是我们所经历的情形,因为,我们虽然居住在大地的某个空洞里,却自以为住在大地的最上方,把空气称为天,由于星体在天中穿行就以为空气是天。其实,这与刚才说的是一回[109e]事,即出于软弱和迟钝,我们不能穿过最外面的空气。因为,如果有人走到空气的最上面,或者生出翅膀飞起来,探出头来朝下看——就像这儿的鱼儿从大海探出[e5]头来看这边是些什么——兴许他也会如此往下看那边是些什么。如果这人的天性足以伸展出来静观一番,他就会认识到那个真实的天、真切的光[110a]以及何其真实的大地。毕竟,这个大地和岩石以及这儿的每一处地方,都已经遭到破坏和侵蚀,就像海里的东西被海盐侵蚀——海里既生长不出任何值得一提的东西,也没有任何说得[a5]上完满的东西,只有洞穴啊、沙砾啊,以及大片淤泥和稀泥,①尽管那儿有大地②,却绝没有任何东西值得与我们身边美的东西相比。[110b]不过,海里的那些美的东西恐怕又显得远胜过我们身边的。如果我还有时间讲一个美故事,那么,西米阿斯啊,就值得听听这些在天之下和大地之上的东西实际的所是。"

"那当然好啊,苏格拉底,"西米阿斯说,"至少我们[b5]乐意听这样

---

① 叠用近义词是一种诗化的修辞。
② 指海里的大地。

一个故事。"

"好吧,据说啊,友伴,"苏格拉底说,"首先,如果有人从上面凝视的话,大地本身看上去的这个样子就像十二块皮子缝成的皮球,色彩斑斓,颜色各异,这边的那些个颜色,就像画师们所用[110c]的颜色样本。

"不过,在那边,整个大地都出自这样的颜色,出自比这些画师们的颜色要明亮和洁净得多的颜色。① 毕竟,这一片是紫色,美得神奇,那一片是金黄色,再一片又是白色,白得比白垩或白雪还白——[c5]其他颜色也如此这般调成,比我们在这儿所见过的颜色多得多,也美得多。因为,大地的这些个空洞本身也这样充满水和空气,[110d]所呈现的某种颜色形相,闪烁着其他颜色的斑斓,以至于大地显得是一个鳞次栉比、色彩斑斓的形相。在这样一个天造地设的大地上,同样天造地设般生长着植物:树木啊、花卉啊,还有那些个[d5]生果。连山峦和石头也同样天造地设般具有自洽的光滑和透明,色彩更为美丽。甚至这边的碎石子儿也珍贵得如同玉髓、碧玉、翡翠,[110e]以及所有诸如此类的宝石残片。不过,在那里没有任何东西不是这类珍贵之物,甚至比这些玉髓之类更美丽。其原因在于,那些岩石洁净,不像这边的岩石已[e5]腐烂和被盐渍——被岩石、大地以及各种动物和植物所具有的丑相和病相在这儿汇流而成的海水腐蚀和毁坏。当然,这大地本身仍然装饰着所有这些东西,甚至有金和银,还有[111a]其他诸如此类的东西。毕竟,这些东西本身天生就显得在大地上如此众多,如此巨大,如此无处不有,因此,大地对于幸福的静观者们的确是值得一看的景象。

"不过,在这大地上,有许多别的生物,还有世人,有些住在[a5]内陆,有些住在空气周边——就像我们住在大海周边,还有一些住在岛上,被流动的空气环绕,都离大陆不远。一句话,水和海这样的东西对我们来说是我们的所需,空气则是[111b]那边的所需——不过,对我们来说是空气的东西,对那些人来说则是清气。

"当然,季节在他们那里混杂交错,以至于那些人没疾病,活的时间比

---

① 这里多次用到的副词"这边"和"那边",与前面谈到阳界("这边")和冥府("那边")时用词相同。

这边的人长很多——在视、听、明智以及所有诸如此类的方面,就洁净之相而言,由于同样[b5]的差距,都与我们相去甚远,就像空气与水相去甚远,清气与空气相去甚远。尤其是,在他们那里有诸神的小丛林和庙宇,诸神实实在在就住在里面,诸神的言语和预言、诸神的可感以及诸如此类的共在[111c]使他们就在诸神面前。而且,由他们所看到的太阳、月亮、星星,恰恰就是其实际所是,他们的其他幸福与这些也相差无几。

"因此,整个大地天生如此,大地上面的[c5]那些也如此。不过,在大地里面,一些地方有下到大地下面的深洞,许多整个儿是圆的,一些比我们在其中居住的深洞更深且更开阔,另一些虽更深,开口却比我们所在的地方更小。[111d]当然,有些则在深度上比这边的要浅,因而也更宽。所有这些深洞在大地下面相互连通,靠各自有窄有宽的出口四通八达——通过这些出口,大量的水[d5]相互对流,就像流入些个兑酒缸。

"大地下面还有恒流不息的大河,大得不可思议,河水有热也有冷,还有大量的火甚至巨大的火河。许多大河是稀稀的泥流,有的较为洁净,有的较为[111e]污浊,就像西西里的那些在熔浆前头奔流的泥状河流,甚至就像熔浆流本身。这些河流布满每一处地方,有如成了恰巧川流不息的环流。所有这些河流一上一下运动,就像个跷跷板[e5]置身在大地之中。当然略,这跷跷板本身由于其天性而是这样的:大地的这些开口中的某一个开口碰巧在其他方面[112a]最大,而且直贯地洞穿整个大地。荷马就曾说到这个——他说:'地底下的那个极深的深坑何其远啊。'①荷马在别处管它叫冥界[a5]深渊,别的许多诗人也这样叫。毕竟,所有河水都汇流进这个开口,再从这开口流出来。每条河流由此就形成了它们在大地流淌的那种性质。

[112b]"不过,所有河流都在那里流出再流进的原因在于,这稀乎乎的东西既没底部也没基座。所以,它上下摆荡起伏,周边的空气和气息也做同样的摆荡起伏。毕竟,空气和气息跟随这稀乎乎的东西,[b5]一旦它涌向大地的那一边,空气和气息也涌向那一边。气息的流动就像人的呼

---

① 荷马,《伊利亚特》8.14。苏格拉底通过引荷马诗句开始引入描绘大地下的河流的道德含义。

吸,总是呼出吸进——于是,气息也在那里与这稀乎乎的东西一同摆荡,带起可怕而又不可思议的风[112c]一进一出。

"所以,一旦水退落到我们叫做'下面'的地方,就穿过大地流到那些涌流所在的地方,像灌溉者一样灌满它们;然后,一旦水离开那边流到这儿,[c5]又给这边灌满。被灌满的涌流经条条河道流经大地,各自到达为各自开辟出来的地方之后,就打造出大海、湖泊、河流和流泉。在那里,它们又沉入[112d]大地下面,一些环行更为广大和更多的地方,一些则环行较少和较狭小的地方,再注入冥界深渊,一些到比它灌溉的地方更靠下面得多,一些只稍靠下面一点儿,不过全都流到它们的出口处下方。[d5]有些正对着流经的地方流回,有些则按原路流回;有的要绕整整一大圈,像长蛇围绕大地缠上一圈或者甚至好几圈,然后才再直落注入尽可能低的地方。[112e]不过,只可能从两边直落到中央,不能越过中央,毕竟,两条涌流各自形成了两边都陡峭的部分。

"还有许多其他涌流,而且巨大,什么样的[e5]都有。不过,在这样众多的涌流中,有四条恰巧是这样的——其中最大、最靠外绕着圈儿流淌的那条被叫做环河,①正对着它向相反方向流淌的是哀伤河②,这条河流经别的荒漠地带,然后[113a]流入大地下面,抵达哀伤湖。多数终了后的灵魂会抵达这里,停留一段命定得停留的时间后——有的长些,有的短些——再被送去[a5]成为生者。

"第三条河在这两条大河中间向下流注,在紧靠出口处泻入一大片燃烧着熊熊大火的区域,造成一个沸腾着水和泥的湖,比我们这儿的大海还要大。从这里,[113b]河水带着污浊和泥泞绕着大地奔流形成一个圆圈,经过若干别的地方后抵达哀伤湖边缘,但并不与湖水混合。这样多次环绕奔流之后,它才注入冥界深渊更往下的地方。这条河[b5]他们名之为火焰河,熔岩流喷得大地上面随处都是熔岩碎片。

"再说与这条河正对着的第四条河,它首先泻入可怕且荒凉的区

---

① 参见荷马,《奥德赛》10.511 – 514,11.157;《伊利亚特》14.201、302,18.399;赫西俄德,《神谱》134。

② 传说中的冥界河流,亡灵渡过此河前往冥土。

域——据说,那里的颜色整个儿一片[113c]铁青色,所以人们称之为恨河,这条河流注入时形成的湖就是恨湖。河水泻入这里,在水中吸取可怕的能量,沉入大地下面后与火焰河反着方向环绕大地流淌前行,然后[c5]在哀伤湖对面与火焰河照面。这条河的河水也不与任何河流混合,而是绕着圈而行,在火焰河对面注入冥界深渊。因此,据诗人们说,这条河的名称是哀嚎河。①

[113d]"既然这些东西天生就是如此,那些终了者一旦抵达本命精灵把每一个人带到的地方时,首先被交付审判,他们有的曾美好而又虔敬地度过了一生,有的则没有。凡看起来平凡地度过一生的,会前往哀伤湖,登上为他们备好的筏子,乘着筏子[d5]抵达那个湖。他们在那边住下来洁净自己,如果谁行过什么不义,就靠所施予的惩罚来解脱不义之为,有的则因自己的所作所为[113e]获得荣誉,个个有其应得。凡被认为因罪大恶极而不可救药者——要么曾盗取过许多大圣物,要么曾行凶杀人和做过许多违背礼法的行为或碰巧做过别的此类性质的行为——[e5]恰如其分的命定会把他们扔进冥界深渊再也上不来。

"那些可救药的呢,虽被认为曾犯过重罪——比如出于一时冲动对父亲或母[114a]亲施暴,却带着悔恨度过余生,或以别的某种诸如此类的方式成了杀人犯——尽管必然会被扔进冥界深渊,但被扔进去之后,他们会在那边待上一年,[a5][之后]大浪会把杀人犯冲进哀嚎河,把弑父和弑母的冲进火焰河。一旦被带到哀伤湖,他们就在这里叫啊、喊啊——杀人犯喊他们所虐杀的人,弑父弑母者叫他们肆意对待的人——喊叫着哀恳[114b]和央求[那些人]允许他们爬进哀伤湖并接纳他们。一旦他们说服被害者,爬上哀伤湖,他们也就终止了自己的恶;如果没有说服,他们就会又被带进冥界深渊,从那里再进入这些河流。他们会不断遭受[b5]这些,直到说服他们曾伤害的人。毕竟,这个正是审判官们施予他们的惩罚。

"凡被认为在朝向虔敬生活方面表现突出者,才会是这样的人——他们从大地中的这些地方获得自由,得到释[114c]放,就像从捆绑中得到释放,上到洁净的居所,在大地的上面寓居。至于那些凭热爱智慧彻底洁净

---

① 参见埃斯库罗斯,《阿伽门农》1160;欧里庇得斯,《阿喀斯提斯》458。

自身的人,完完全全不曾依身体而生活,在未来就会抵达比这些[c5]还要美好的居所——要揭示这些居所并不容易,而且眼下没有足够的时间啦。不过,为了我们已经讲述过的这些,西米阿斯啊,我们就应该尽一切努力在生命中分有德性和明智。毕竟,这奖品多美,盼望多伟大。

[114d]"当然咯,完全信靠我所讲述的这种情形,未必适合一个有心智的男子。①可是,这种情形或某种类似性质的情形涉及我们的灵魂以及居所。既然灵魂明显是不死的,[d5]那么在我看来,这就既适合相信情形就是如此的人完全信靠,也值得[不相信的人]冒险去信靠——毕竟,这是美好的冒险!应该让这些像念唱经歌一样治疗自己,所以我在讲这个故事时才拖得老长。

"的确,为了这些,一个男子在涉及自己的灵魂时应该有信心——[114e]这种男人在活着的时候会告别种种涉及身体的快乐及其装饰,仿佛它们是些不相干的东西,因为他相信,这些造成的坏处会多于好处。这种男人会热切追求涉及学习的快乐,[e5]用灵魂自身的装饰而非用不相干的装饰来安顿灵魂,亦即用节制、[115a]正义、勇敢、自由和真实来安顿灵魂——就这样等待去往冥府的旅程:一旦自己的命份召唤就启程。因此,你们啊,"苏格拉底说,"西米阿斯和刻贝斯,还有其他人,个个都会在今后某个时刻启[a5]程。至于我嘛,肃剧中人会这样说:我的命份现在已经召唤我。② 轮到我去洗澡的时间差不多到啦。毕竟,看来啊,洗过澡喝药更好,免得给女人们带来洗尸体③的麻烦。"

[115b]他说完这番话后,克里同说:"行吧,苏格拉底。不过,你对这儿的其他人还有什么吩咐吗,关于你的孩子或其他什么,对我还有什么吩咐吗?有任何事情,我们都会尽最大心力替你去办。"

[b5]"克里同啊,我一再说,没新的吩咐啦,"苏格拉底说,"为了我、

---

① 指西米阿斯和刻贝斯这类相信纯粹理性的人未必会让自己的生命信靠苏格拉底刚才所讲的故事。

② 欧里庇得斯,《阿尔喀斯提斯》(252以下):"那死人们的渡工卡戎(charon),他手里撑着篙杆在呼唤我:'你在等什么?快来呀,你耽误了事情!'他说了这一番逼迫的话,催促我前行。"(罗念生译文)

③ 按习俗,城邦的女人们最后会清洗尸体。

为了我的家人、为了你们自己,你们要关心自己,为此你们要尽自己最大心力去做任何能做的事情,即便你们现在不同意我刚才说的。不过,要是你们不关心自己,不愿意踏踏实实按今天所说的那些[b10]以及此前所说的那些去生活,即便你们眼下非常同[115c]意甚至热切同意[我说的话],你们也不会[替自己]做更多的[好]事情。"

"这些嘛,我们会热忱按你说的去做的,"克里同说,"可是,我们该以什么方式安葬你?"

"你们意愿怎样就怎样吧,"苏格拉底说,"至少,要是你们逮着我,[c5]我就逃离不了你们啦。"他宁静地一笑,并朝我们扫了一眼,他说,"诸位啊,我没说服克里同[相信]我就是这个苏格拉底——他眼下正在谈话,而且安排了谈论的每一点。克里同以为我不过是那个[115d]他稍后就会看见的一具尸体,所以,他问该如何安葬我。我刚才费了很多口舌,说我一旦喝了药,我就不再和你们在一起——我将离开[这儿],去往属于有福之人的幸福之境。可我觉得,这些[d5]在他恐怕不过说说而已,以便宽慰你们,也宽慰我自己。你们替我向克里同担保吧,"苏格拉底说,"与克里同替我向法官们做的担保相反。可不是嘛,他当时担保我会留下来[不逃走],你们则[115e]担保我死后绝不会留下,而是离去,让克里同更容易承受,不至于因看见我的身体被火化或掩埋为我难过,仿佛我会经受可怕的事情——下葬时也不至于说,是他摆放的[e5]苏格拉底,或者是他抬的苏格拉底,或者是他给苏格拉底填土。毕竟,要知道,"苏格拉底说,"最好心的克里同啊,这类不美的说法不仅就这事本身来说离谱,还会给灵魂塞进某种坏东西。你得有信心,你应该说,你会安葬我的身体,而且,你会[116a]觉得怎样亲密和你认为怎样最合习俗,你就会怎样安葬。"

说着这些,他起身去那个像是洗澡的房间。克里同跟着他,吩咐我们等着。于是我们等着,自个儿相互交谈和[a5]掂量[他]说过的话,但又不禁谈论起我们身受的不幸何其巨大——我们简直相信,我们将作为被夺走了父亲的孤儿度过往后的人生。

[116b]苏格拉底洗过澡,他的孩子们被带到他身边——他有两个小儿子,一个大儿子,属于他家的妇女们也到了——他当着克里同的面和他们说话。吩咐过想要吩咐的之后,他催促妇女们和孩子们[b5]离开,自己

却来到我们身边。

这时已接近太阳西下，因为他在洗澡间里面耽搁了很长时间。他走出来时已经沐浴停当，他坐下后再没多说什么。

十一人官的一个手下进来，站到[116c]他旁边说："苏格拉底，我执行你的死刑至少不像执行其他人的死刑，明明是执政官们强制我传令他们喝药，他们却恼怒我，还诅咒我。可你却不同，[c5]这段时间里我渐渐认识到，凡曾到过这里的人中，你是最高尚、最温厚、最好的男人。而且，眼下我肯定知道，你不会恼怒我，而是恼怒那些人，毕竟，你知道原因在他们。所以现在，你知道我来[116d]传什么令了，再见，试着尽可能轻松地承受这些必然之物吧。"说罢，他落着泪转过身离开了。

苏格拉底望了一眼他说："你也走好啊，我们会按你说的做。"然后，他对我们说：[d5]"这人多文雅啊！整个这段时间他都来我这儿，有时跟我聊聊，上好的人一个，瞧，他多么高尚地为我落泪！好吧，行啦，克里同，我们听他劝。让人拿药来——如果已经调兑出来的话，如果还没，让那人调兑。"

[116e]"可是我，苏格拉底，"克里同说，"我相信太阳还在山岗上没落下呢。而且我知道，别人都喝得很晚，传令给他们之后，他们还好吃好喝一顿，有些人甚至还与正好热切想要的人在[e5]一起[同房]。① 别急匆匆嘛，毕竟还有时间。"

苏格拉底说："你说的那些人做这些合情合理，克里同。毕竟，他们认为做这些会赚到好处，而我呢，我不做这些才合情合理。毕竟，我相信，[117a]稍迟一些喝药什么也赚不到，只能给我自己招来可笑，吊着活命不放手，什么都不会再有还在吝惜。好啦，去吧，"苏格拉底说，"听劝，别磨蹭。"

克里同听了这话便向已经站在近处的那个小厮点头示意。[a5]小厮走了出去，消磨了一阵子才来，领着那个将要施药的人，他端着杯里已调兑好的东西。

苏格拉底看见这人就说："好啦，最好的人啊，你毕竟懂得这些事情，我该做什么？"

"没别的，"施药人说，"来回走动着喝，直到你[117b]两腿发沉，然后

---

① 这里提到自然人性最眷恋的三种基本行为：吃、喝和做爱。

就躺下,药会自行发作。"说着,他把杯子递给苏格拉底。

苏格拉底拿着杯子,非常爽快,厄喀克拉忒斯啊,没哆嗦,脸色和表情都没变得难看,[b5]而是像他习惯的那样,瞪大着眼,斜眼看了看施药人,然后说,"这一剂用点儿来作祭酒洒掉,你会说什么吗?允许还是不允许?"

"就这么多[剂量]呀,苏格拉底,"施药人说,"我们是按我们认为该喝多少量调制的。"

[117c]"懂啦,"苏格拉底说,"不过,至少允许而且应该向诸神祈求从这边迁居到那边一路顺风罢。我嘛,也要为此祈求:但愿此行成!"说着,他就把这些药送到嘴边,非常从容且津津有味地喝下去。

[c5]我们中的大多数本来一直还能自持,忍着眼泪,可当我们看见他喝而且喝完,就再也忍不住。我自己就禁不住泪水奔涌,捂着脸让自己恸哭——毕竟,我不是哭他,不是,我哭的是自己的不幸际遇:我怎么会被夺走这样一位作为友伴[117d]的男人啊!

克里同比我先站起来走开,因为他当即就不能忍住眼泪。可阿波罗多罗斯呢,在这段时间之前就不停在哭,这时嚎啕大哭起来,[d5]悲恸不已,使得在场的人没有哪个不哭出声来,只有苏格拉底自己除外。

这个人却说:"你们在干什么,真奇怪!我不就是起码为了这才把妇女们送走嘛,免得[117e]她们这样弹错音调。而且我还听说,人终了时应该肃静。所以,你们安静吧,要坚强!"

听到这话,我们才感到羞耻,于是忍住不哭。

苏格拉底来回走动,当他说两腿发沉时,[e5]他往后一仰躺下——那个施药人曾吩咐他这样——施药人一把接住他,过了一阵子便查看他的双脚和双腿,使劲按压他的脚,问有感觉没——[118a]苏格拉底说没有。此后,施药人又按压小腿。他这样子顺着往上[按压],向我们表明苏格拉底会变冷、变僵。

施药人亲自摸了摸,然后说,一旦[药]到他心脏,他就走了。

[a5]他的整个腹部已经渐渐变冷,这时,他揭开自己脸上的盖布,大着声说了最终必须的事情。"克里同,"他说,"我们欠阿斯克勒皮俄斯一只公鸡,你们可得还,别不放心上。"

"会还的,"克里同说,"你看看还有什么别的[a10]要说。"

克里同问他这个时，苏格拉底再没回答，但过了一小会儿，他抽动了一下——那个施药人揭开他脸上的盖布，他的视线已经定住。

克里同看见，就阖上他的嘴和双眼。

[a15]厄喀克拉忒斯，这就是我们亲临的这位友伴的终了——我们要说，在我们接触过的人当中，这个男人最好，尤其最明智、最正义。

卷二

克拉提洛斯

刘振 译

赫耳墨葛涅斯 ［383a］那么你愿意把这番话告诉这个苏格拉底？

克拉提洛斯 如果你这么看的话。

赫 苏格拉底，这个克拉提洛斯说，有名称［a5］的正确性，它由于自然而自然合乎每个事物，名称不是某些人在一致称呼、发出他们自己的一部分声音时称呼的这个东西，相反，名称的某种正确性［383b］对希腊人和外族人自然如此，对所有人都一样。于是我问他，克拉提洛斯是否真的是他的名字。他说是。

"那么苏格拉底的呢？"我说。

"苏格拉底。"他说。

"那么对于其他［b5］所有人，我们用来称呼每个人的名字就是每个人的名字吗？"

他却说："那么至少你的名字不是赫耳墨葛涅斯，"他说，"就算所有人［这么］称呼［你］"。

于是我接着问，急于知道他究竟什么［384a］意思，他根本不解释，还对我装傻，假装他自己想到了什么东西，好像知道这件事情一样，倘若他愿意说清楚，这个东西兴许会让我同意，从而说出他说的那些话。所以，倘若你有办法［a5］说清克拉提洛斯的神谕，我兴许乐意听。不过，你自己怎么看名称的正确性，我倒更乐意了解，如果你愿意的话。

苏格拉底 希珀尼科斯之子赫耳墨葛涅斯啊，古代箴言说，［384b］"美的东西难"探究竟。尤其关于名称的这件事情恰恰不是小学问。所以,如果我曾经在普罗狄科那里听过那次要价五十德拉克马的讲学,听过它的人就可以在这件事情上受教——据[b5]这个人说,那么,什么也挡不住你马上知道关于名称正确性的真相。结果我却没听,[384c]我只听过一德拉克马的。所以,我不知道关于这些事情的真相究竟如何,不过我打算跟你和克拉提洛斯一起探究。至于他说赫耳墨葛涅斯并非真的是你的名字,可以说我怀疑他在开玩笑,[c5]因为他可能认为你想要赚钱却总是弄不到钱。但是,我刚才说过,这些事情很难认识,必须一起动手,看看事情像克拉提洛斯还是你说的那样。

赫　可是,苏格拉底,我确实经常跟他讨论,还有其他很多人,我都不能被说服,[384d]除了约定和同意,还有别的什么名称的正确性。因为,在我看来,某个人给某个东西安上任何名称,它都是正确的;而且,如果他换上另一个[名称],不再称呼[原来]那个,后来的也绝不比更早的更不正确,[d5]就像我们给奴隶们换[名字]一样。因为,名称根本不是由于自然而自然合乎每个事物,而是由于那些确立习惯之人和称呼之人的礼法和习惯。不过,倘若事情并非[384e]如此,我当然打算学习打听一番,不仅从克拉提洛斯那里,也从其他任何人那里。

苏　[385a]或许你说得当然有点道理,赫耳墨葛涅斯。不过,让我们看看吧。你是说,不论某个人用什么称呼每个[东西],这就是每个[东西]的名称?

赫　我觉得是。

苏　不论个人还是城邦来称呼?

赫　[a5]我说是。

苏　那么这样呢?如果我来称呼任何东西,比如现在我们称之为人的东西,如果我把这个东西叫做马,而把现在[我们称之为]马的东西叫做人,对大家来说同一个东西的名称是人,对个人来说却是马?相反,对个人来说是[a10]人,对大家来说却是马?你是这么说吗?

赫　[385b]我觉得是。

苏　那好,你告诉我,你是否称某个东西为说真的和假的?

赫　我是。

苏　[b5]那么就有真的言辞与假的言辞?

赫　当然。

苏　那么,如其所是地言说事物的言辞是真的,如其所非的是假的?

赫　对。

苏　[b10]那么,有可能借助言辞言说所是与所非?

赫　当然。

苏　[385c]真的言辞是整体上真,而其各部分不真?

赫　不,而是各部分也真。

苏　是大的部分真,而[c5]小的部分不真,还是所有[部分都真]?

赫　我认为是所有。

苏　那么,有没有什么东西,你说它是比名称更小的言辞的部分?

赫　没有,这就是最小的。

苏　[c10]那么,这个名称,这个真言辞之中的东西被说?

赫　对。

苏　它就是真的,照你所说。

赫　对。

苏　假言辞的部分岂不是假的?

赫　[c15]我说是。

苏　那么,可以说出假的和真的名称,如果言辞也是如此?

赫　[385d]怎么不呢?

苏　所以,不论每个人说某个东西的名称是什么,对他来说这就是[它的]名称?

赫　对。

苏　[d5]而且,不论某个人说多少[名称]是每个东西的名称,在他这么说的任何时候,这么多就是[每个东西的名称]?

赫　苏格拉底,因为我没有别的名称正确性,除了这个:对我来说,可以用我安上的一个名称称呼每个东西,对你来说,却可以用你安上的另一个[名称]。所以[385e]我也看到,每个城邦各自给同样的东西设定名称,希腊人不同于其他希腊人,希腊人不同于外族人。

苏　那好,赫耳墨葛涅斯,我们看看是否存在者[e5]对你来说显得如此:它们的存在对于每个人而言都是个人化的,①正如普罗塔戈拉所说,他说"万物[386a]的尺度"是一人——那么也就是,不论万物对我显得如何,对我就是如此;对你如何,对你就如此——或者在你看来它们本身有自己的某个恒定的存在?

赫　[a5]苏格拉底,我曾经困惑不已,被带偏到了这地步,掉进了普罗塔戈拉说的话。但是,在我看来事情根本不是这样。

苏　那这事呢?你曾经被带偏到了这地步,以至于在你看来根本[386b]没有什么坏人?

赫　不,宙斯在上,相反,我经常遇到这种情况,所以在我看来当然有一些坏人,而且大有人在。

苏　[b5]那这事呢?在你看来难道没有特别正派的人?

赫　少得很。

苏　可是毕竟还有?

赫　有。

苏　[b10]那么你怎么看这个?是不是这样:那些特别正派的人特别明智,那些特别坏的人则特别不明智?

赫　[386c]在我看来是这样。

苏　倘若普罗塔戈拉说出了真相,而这个真相就是:不论在每个人看来如何,事物就是这样,那么,是否可能我们有些人明智,有些人不明智?

赫　[c5]肯定不[可能]。

苏　我想,你一定这么看:如果有明智和不明智,普罗塔戈拉就根本不可能说出了真相。因为,恐怕一个人根本不会真的比另一个人更明智,倘若每个人[386d]认为的东西对每个人就是真相。

赫　是这样。

苏　但是,我想,你也不像欧蒂德谟那样认为,对所有人一切同时永远相同,因为,这样一来恐怕既没有[d5]正派的人,也没有坏人,倘若德性与邪恶对所有人永远都相同。

---

①　"存在"一词的希腊语是 ousia,ousia 在柏拉图作品中亦指某个事物的"所是",事物的这个"所是"也是使某个事物成为这个事物的东西,通常可以理解为"形相(eidos)"。

赫　说得对。

苏　所以,倘若既非对所有人一切同时永远相同,也非每个东西对于每个人都是个人化的,那么,显然[386e]万物自身就有其自身的某种恒定存在,不相对于我们,也不由我们依我们的想象扯上扯下,而是依据自身,相对于其自身自然具有的存在。

赫　[e5]我看[就是]如此,苏格拉底。

苏　那么,它们自身自然是如此,它们的活动却不依同样的方式? 或者,难道这些东西——这些活动——不也是某一种东西?

赫　这些东西当然是。

苏　[387a]所以,这些活动也依据它们自身的自然做出,而非依据我们的意见。比如,如果我们着手切什么东西,我们必须像我们想要的那样并且借助我们想要的东西切每个东西,或者,[a5]如果我们想要依据切割和被切割的自然切割每个东西,并且借助自然的东西,我们就会切得有所成就,做对这件事,可是,如果违反自然,我们就会犯错,徒劳无功?

赫　[387b]我看[就是]如此。

苏　那么,如果我们着手烧什么东西,我们就不得依据所有意见烧,而得依据正确的[意见]? 每个东西自然地被烧和自然地烧每个东西,而且是借助自然的东西[进行],所依据的就是这个意见吧?

赫　[b5]就是这个。

苏　那么其他事情也如此?

赫　当然。

苏　所以,言说不也是某一种活动?

赫　[b10]对。

苏　那么,如果某个人认为应该如何说话,用这种方式[387c]说话,他会说得正确吗,还是说,如果他用自然地言说事物以及事物自然地被言说的方式,并且借助自然的东西[进行],如果他用这种方式并且借助这个东西,他就会做成和说出一点东西,如若不然,他就会犯错,徒劳无功?

赫　[c5]我看就像你说的这样。

苏　那么,命名是言说的部分吗? 因为人们大概靠名辨说话吧。

赫　当然。

苏　所以,命名也是[某种]活动吗,倘若[c10]言说也是某种关于事物的活动?

赫　对。

苏　[387d]这些活动在我们面前显得不是相对于我们而存在,而是有它们自己的某种专属的自然?

赫　是这样。

苏　那么,命名也应该依据自然地给事[d5]物命名和事物自然地被命名的方式,并且借助自然的东西,而非依据我们想要的方式,假如要与前面稍微一致点的话?这样一来我们兴许可以做成和命名一点东西,否则就不行?

赫　我看是。

苏　[d10]那好,我们说,人们必须切的东西,人们必须借助某物切吗?

赫　对。

苏　[387e]人们必须纺织的东西,人们必须借助某物纺织吗?人们必须钻的东西,人们必须借助某物钻吗?

赫　当然。

苏　而人们必须命名的东西,人们必须借助某物命名吗?

赫　[388a]是这样。

苏　必须借助它钻东西的那个东西是什么呢?

赫　钻子。

苏　必须借助它纺织东西的那个东西是什么呢?

赫　[a5]梭子。

苏　必须借助它命名东西的那个东西是什么呢?

苏　名称。

苏　说得好。所以名称也是某种工具。

赫　当然。

苏　[a10]那么,如果我问,"梭子是什么工具?",它不是用来纺织的吗?

赫　对。

苏　[388b]纺织的时候我们干什么呢？我们不是把绕在一起的纬线和经线分开吗？

赫　对。

苏　那么,关于钻子,以及关于其他东西,你也能[b5]这样说吗？

赫　当然。

苏　关于名称你也能这样说吗？用作为工具的名称命名的时候,我们在做什么呢？

赫　我说不上来。

苏　[b10]我们不是向别人教授某个东西,并且根据实情区分事物吗？

赫　当然。

苏　所以,名称是某种教授和[388c]区分存在者的工具,就像梭子是纺织物的[工具]？

赫　对。

苏　梭子是用来纺织的吗？

赫　怎么不是呢？

苏　[c5]所以,精通纺织的人很好地使用梭子,所谓"很好地",就是精通纺织；精通教授的人[很好地使用]名称,所谓"很好地",就是精通教授。

赫　对。

苏　纺织匠很好地使用谁的作品,当[c10]他使用梭子的时候？

赫　木匠的。

苏　木匠是所有人,还是拥有这门技艺的人？

赫　拥有这门技艺的人。

苏　[388d]钻孔匠很好地使用谁的作品,当他使用钻子的时候？

赫　铁匠的。

苏　铁匠是所有人还是拥有这门技艺的人？

赫　[d5]拥有这门技艺的人。

苏　好的。教授者很好地使用谁的作品,当他使用名称的时候？

赫　这我还不知道。

苏　你不是至少能够说出谁向我们传达[d10]我们使用的名称吗？

赫　确实不能。

苏　你不觉得传达它们的是礼法吗？

赫　好像是。

苏　[388e]所以，教授者使用立法者的作品，当他使用名称的时候？

赫　我看是。

苏　在你看来，立法者是所有人还是[e5]拥有这门技艺的人？

赫　拥有这门技艺的人。

苏　所以，赫耳墨葛涅斯啊，不是所有人都可以设立名称，[389a]而是制作名称的人。这个人好像就是立法者，他是世人之中最罕见的工匠。

赫　好像是。

苏　[a5]那么来吧，看看立法者看着哪里设立名称。根据前面的话想想。木匠看着哪里制作梭子？难道不是看着某个这样的东西，它自然用来纺织？

赫　当然。

苏　[389b]那这事呢？如果这个梭子制作时被他弄坏了，他是回头看着这个坏的再制作一个，还是看着那个形相——正是看着它，他制作了那个弄坏了的[梭子]？

赫　看着那个[形相]，至少在我看来。

苏　[b5]那么，我们或许称之为梭子所是的本身最恰当？

赫　至少我看[是这样]。

苏　那么，为了或薄或厚，或布质或毛质的衣服，或者不论什么衣服，只要他需要制作梭子，所有的都必须拥有梭子的形相，而这个自然对于每一个最好的自然，[389c]必须被赋予每个作品？

赫　对。

苏　关于其他工具也是同样的方式。必须找到依据自然符合每一个的自然的工具，[c5]将这个[工具]赋予用来制作[工具]的东西，不是他想要的那种[工具]，而是自然的那种。因为，看起来他必须懂得将那个依据自然符合每一个的自然的钻子放进铁中。

赫　当然。

苏 也将依据自然符合每一个的自然的梭子放进木头中。

赫 [c10]是这样。

苏 [389d]因为,看起来,每个梭子依据自然属于每一种网,其他的也是这样。

赫 对。

苏 那么好,最好的人啊,那个依据自然符合每一个的自然的[d5]名称,那个立法者是否应该懂得将它放进声音和音节中,并且通过看着那个是名称的东西本身,制作和设立所有名称,假如他要成为一个有权威的名称设立者?可是,如果每个设立名称的人没有[将它]放进同样的音节,[389e]一定没有人会搞错这一点。因为,在出于同样的原因制作同样的工具时,并不是所有铁匠都[将它]放进同样的铁中,情况反而是一样的,只要赋予相同的形相,就算[390a]在不同的铁中,这个工具一样做得正确,不管在这里还是在外族人那里制作。不是吗?

赫 当然。

苏 那么你会用同样的方式评价[a5]这里的立法者和外族人的立法者吗,只要他将适合每一个的名称的形相赋予任何音节,这里的立法者就绝不比任何其他地方的立法者差?

赫 当然。

苏 [390b]那么,谁是那个知道梭子的适当形相是否在任何一块木头中的人?是那个制作者,那个木匠,还是那个使用者,那个纺织者?

赫 苏格拉底,更像是那个使用者。

苏 [b5]那么,谁是使用琴匠作品的人?难道他不是那个最懂得掌管这件工作的人,他知道做出的东西做得好还是不好?

赫 当然。

苏 谁呢?

赫 [b10]琴手。

苏 那么,谁是使用造船匠作品的人?

赫 [390c]航海家。

苏 谁最好地掌管立法者的工作,既在这里也在外族人当中判断做出的东西?难道不是那个要使用它的人?

赫　［c5］对。

苏　那么，这个人岂不是懂得提问的人？

赫　当然。

苏　这个人也是懂得回答的人吗？

赫　对。

苏　［c10］你把懂得提问和回答的人称为其他什么，而非精通辩证术？

赫　不，就是这个。

苏　［390d］所以，木匠的工作是在航海家的掌管下制作船舵，倘若船舵要成为好的。

赫　好像是。

苏　而立法者的工作看起来是制作名称，由［d5］精通辩证术的人掌管，倘若名称要设立得好。

赫　是这样。

苏　所以，赫耳墨葛涅斯啊，恐怕名称的设立不像你想的那样是小事，也不是小人物或随便什么人的事。克拉提洛斯说出了真相，他说［390e］名称自然属于万物，而且并非所有人都是名称的工匠，相反，只有那个人才是，他盯住依据自然属于每一个的名称，并且能够将它的形相放进字母和音节中。

赫　苏格拉底，我不知道如何反对你说的话。［391a］可是，或许要如此突然地被说服并不容易，但是我认为或许这样我会更多地被你说服：倘若你向我讲明，你说依据自然什么是名称的正确性。

苏　亲爱的赫耳墨葛涅斯啊，我什么都没说，［a5］倒是你忘了我不多会儿之前说过的话：我不知道，而是要跟你一起探究。既然我们在看，我和你都是，至少这件事已经从前面显示出来：名称依据自然具有某种正确性，而且，不是［391b］所有人都懂得很好地为任何事物设立名称。不是吗？

赫　当然。

苏　那么，如果你想知道的话，在这之后就应该思考这件事：［b5］究竟什么才是它的正确性。

赫　我当然想知道。

苏　那就看看吧。

赫　应该怎么看呢？

苏　最正确的看，老兄啊，是跟着那些有知识的人，给他们付钱，并且拿出[b10]感激。他们就是智术师，你的兄弟[391c]卡利阿斯好像因为给他们付了很多钱而变得智慧了。可是，既然你没有得到那些遗产，你就应该缠住这个兄弟，请求他教给你他跟着普罗塔戈拉学到的关于这些东西的正确性。

赫　可是，苏格拉底，我这个请求恐怕不妥，倘若我既然根本不相信普罗塔戈拉的真理，却又赞同那些说法有这样的真理，俨然它有什么了不起一样。

苏　可是，倘若你对这些也不满意，就应该跟荷马[391d]和其他诗人学。

赫　关于名称，苏格拉底，荷马在哪里说过什么？

苏　在很多地方。不过，最伟大最漂亮的地方是，他在其中区分了[d5]世人与诸神称呼同样的东西所用的名称。你不认为，关于名称的正确性，他在这些地方说出了某件既伟大又惊人的事情吗？因为，显然，就正确性来说，诸神用那些自然是名称的东西称呼它们。[391e]你不[这么]认为吗？

赫　我很明白，倘若他们称呼的话，他们就称呼得正确。但你说的这些是什么呢？

苏　难道你不知道，关于在特洛亚的那条[e5]与赫斐斯托斯单挑的河，他说，"诸神称它克桑托斯，而世人称它斯卡曼德罗斯"？

赫　知道。

苏　[392a]那么这事呢？究竟为何正确的做法是将那条河称为克桑托斯而非斯卡曼德罗斯，你不认为搞明白这事是高贵的吗？或者，倘若你愿意的话，关于那只鸟，他这样说——[a5]"诸神称它卡耳基斯，而世人称它库米狄斯"，你相信这是小学问吗，同一只鸟被称为卡耳基斯比库米狄斯正确多少？或者巴提埃亚和缪里涅，[392b]以及这部和其他诗作中的许多其他东西？但是，这些或许超出了我和你的发现。在我看来，斯卡曼德里俄斯和阿斯图阿纳克斯更适合世人研究到底荷马说它们的正确性是什么,也更简单,他说这些名字属于[b5]赫克托尔的儿子。你大概知道我说的这些事所在的那些诗行。

赫　当然。

苏　那么,你认为荷马相信其中哪个[b10]名字对于这个孩子取得更正确,阿斯图阿纳克斯还是斯卡曼德里俄斯?

赫　[392c]我说不上来。

苏　这样来看。假设有人问你,你认为是更明智的人还是不那么明智的人称呼名称更正确?

赫　[c5]显然我会说是那些更明智的人。

苏　那么,你觉得在各城邦中是女人还是男人更明智,就整个类来说?

赫　男人。

苏　[c10]你不知道吗,荷马说赫克托尔的这个孩子[392d]被特洛亚[男]人称为阿斯图阿纳克斯,可他显然被女人们称为斯卡曼德里俄斯,虽然男人们称他阿斯图阿纳克斯?

赫　好像是。

苏　[d5]荷马也相信特洛亚[男]人比他们的女人更明智吗?

赫　我想是。

苏　所以,他认为阿斯图阿纳克斯比斯卡曼德里俄斯对于这孩子取得更正确?

赫　[d10]看来是。

苏　那么,我们看看究竟为什么。或者,他本人向我们把这个原因展示得最漂亮吗?因为,他说:[392e]"因为他独自保卫城邦和长垣"。由于这一点,似乎应该正确地把这个保卫者的儿子称为他父亲所挽救的东西的"阿斯图阿纳克塔",①如荷马所说。

赫　[e5]我看是。

苏　究竟为什么呢?至少我自己还搞不懂。赫耳墨葛涅斯,你搞得

---

① "阿斯图阿纳克塔(Astyanakta)"是"阿斯图阿纳克斯(Astyanax)"的变形。

懂吗?

赫 宙斯在上,我搞不懂。

苏 [393a]但是,好人啊,荷马自己不是也给赫克托尔取名字了吗?

赫 什么呢?

苏 在我看来,这个[名字]有点接近[a5]阿斯图阿纳克斯,而且这些名字好像是希腊文。因为"阿纳克斯"和"赫克托尔"差不多表示同一个东西,这两个名字有王者之风。因为,如果某个人是任何东西的"主人",他当然是这个东西的"拥有者",因为他显然既主宰[393b]这个东西,又持有和拥有它。或者,在你看来,我什么也没说,盲目认为自己俨然抓住了荷马关于名称正确性的意见的一点踪迹?①

赫 [b5]宙斯在上,你不是,照我看来,或许你抓住了一点。

苏 照我看来,这样才正确:把狮子的后代称为狮子,把马的后代称为马。我不是说马生下的某个怪物,某个不是马的东西,[393c]而是说这个,它自然是这个类的后代。假如马违反自然生下牛犊,牛犊依据自然是牛的后代,不应该被称为马驹,而应该被称为牛犊。假如人没有生下人的后代,我认为,这个后代也不[c5]应该被称为人。树和其他一切也是如此。你不也这么认为吗?

赫 我也这么认为。

苏 说得好。因为,你得小心我,免得我在哪儿欺骗你。因为,根据同样的道理,如果王者生下某个[393d]后代,他应该被称为王者。如果同一个东西在这些或那些音节中表示出来,那没关系。如果增加或减少某个字母,这也没关系,只要在这个名称中得到表达的这个事物的存在是主宰。

赫 [d5]这怎么讲?

苏 一点都不难。就像关于那些字母,你知道,我们说出的是名称而不是字母本身,除了 e、y、o、ō 这四个。对于[393e]其他元音和辅音,你知道,我们则在加上字母制成名称以后说出它们。但是,只要我们在这里加

---

① 赫克托尔(Hektōr) = 拥有者(hektōr)。阿斯图阿纳克斯(Astyanax) = 城(asty)的王者(anax)。

入这个得到表达的能力,正确的做法就是用这个向我们表达每一个的名称来称呼每一个。比如 bēta,你看到,[e5]加上 ē、t 和 a 根本不碍事,①不至于不能用这整个名称来表达名称的设立者想要表达的这个字母的自然。他真是太懂得给这些字母设定名称了。

赫 我看,你说得对。

苏 [394a]那么,关于王者也是同样的道理吗? 因为,王者总是生下王者,好人生下好人,漂亮的生下漂亮的,其他一切也是如此,每一个类生下另一个这样的后代,除非生下怪物。它们应该[a5]名称相同。不过,音节当中可能有变化,以至于在那些教养槽糕的人看来,同一个东西彼此不同,就像医者的药,如果在颜色和气味上有变化,对我们来说就显得不同,尽管它们是同样的东西,可是[394b]对于医者,由于他看的是这些药的能力,它们看起来就一样,所以他不会被这些外加的东西搞晕。懂得名称的人或许也这样看它们的能力,他也不会被搞晕,如果增加、[b5]调换或减少某个字母,或者即使这个名称的能力在完全不同的字母中。就像我们刚才说过的,除了这个 t,"阿斯图阿纳克斯"和"赫克托尔"没有任何[394c]相同的字母,但它们仍然表示同一个东西。再者,"阿尔喀波利斯"[与它们]共有哪些字母呢? 可它仍然表示同一个东西。还有许多其他[名称],它们所表示的无非就是王者。也有其他[名称]表示将领,比如"阿吉斯"[c5]"珀勒马科斯"和"欧珀勒摩斯"。其他的是医术方面的,"亚特罗克勒斯"和"阿喀西姆布罗托斯";我们也许还发现很多其他[名称],它们在音节和字母上不一致,可是就能力而言,指相同的东西。你看是不是这样呢?②

赫 [394d]当然

苏 所以,对于那些依据自然生成的东西,应该赋予同样的名称。

赫 当然。

苏 [d5]那么那些偏离自然的呢,它们也许生成了怪物的样子? 比

---

① 关于本篇单独出现的希腊字母名称,译者一般直接将该字母转写为对应的拉丁字母(例如,此处的 ē 为 ēta 的转写),只在必要时写出字母名称(例如此处的 bēta)。

② 阿尔喀波利斯(Archepolis)意指城邦的首领。阿吉斯(Agis)、珀勒马科斯(Polemarchos)和欧珀勒摩斯(Eupolemos)分别意指首领、战争首领和善战者。亚特罗克勒斯(Iatrokles)、阿喀西姆布罗托斯(Akesimbrotos)分别意指出名的治疗者、凡人的治疗者。

如,如果一个敬神的好人生下一个不虔敬的,这不就像之前[说的]那样,如果马生下牛的后代,这个后代恐怕不应该具有生它的东西的名称,而应该具有它所属的那个类的[名称]?

赫　[d10]当然。

苏　[394e]那么,对于这个由虔敬之人所生的不虔敬之人,也应该赋予这个类的名称。

赫　是这样。

苏　看起来,不是"忒俄斐洛斯",不是[e5]"墨涅西忒俄斯",也不是任何这样的,而是与这些意思相反的,假如名称具有正确性。①

赫　简直太对了,苏格拉底。

苏　所以,赫耳墨葛涅斯,这个"奥瑞斯忒斯"恐怕是正确的,要么是某种机运,要么是某个诗人[e10]给了他这个名字,用这个名字展示野蛮的天性和他的粗鲁强悍。

赫　[395a]好像是如此,苏格拉底。

苏　看起来,就他父亲来说,这个名字也符合自然。

赫　看来是这样。

苏　[a5]由于"阿伽门农"恐怕是某个这样的人——他凭借德性笃行自己认定的事情,坚持完成自己的想法,其标志就是他留在特洛亚,忍耐坚持,所以"阿伽门农"这个名字表示,[395b]这个男人由于坚韧而值得敬佩。这个"阿特柔斯"大概也是正确的。因为,他杀了克吕西珀斯,而且他对图厄斯忒斯的所作所为如此残忍——所有这些都丧失和败坏[b5]德性。这个名字的叫法有点走样和隐晦,以至于没向所有人表明这个人的天性。不过,对那些懂名称的人,它足够表达"阿特柔斯"的意思。因为,根据他的顽强、[395c]无畏和破坏力,这个名字在所有方面都符合他。② 还有,我看对于那个佩洛普斯,这个名字也取得合适,因为这个名字表示这个人只看眼前。

---

① 忒俄斐洛斯(Theophilos)意指神的友爱者。墨涅西忒俄斯(Mnēsitheos)意指记住神。

② 阿伽门农(Agamemnōn) = 由于坚韧(epimonē)而值得敬佩(Agastos)。阿忒柔斯(Atreus) = 顽强(ateires)、无畏(atrestos)和破坏力(atēros)。

赫　[c5]怎么呢？

苏　比如，关于这个男人，据有的地方说，在杀缪提洛斯的时候，他没能长远地预想和预见关乎整个族群的事情，它要承受多少[395d]厄运，他只看眼前和现在——也就是"近处"——因为他急于用一切手段把希珀达美亚娶到手。① 至于坦塔罗斯，所有人恐怕都会认为这个名字取得正确，合乎自然，[d5]如果关于他的说法是真的。

赫　什么样的说法？

苏　他还活着的时候，发生过很多可怕的不幸，最后的不幸就是他的整个父邦毁于一旦，[他]死后到了冥府，他头上的石头[395e]摇摇晃晃，这如此惊人地符合这个名字；看起来简直就像有个想称他"塔兰塔陀斯"的人隐晦地取名，叫他"坦塔罗斯"，而不是那个名字，好像是神奇的机运以某种这样的方式为他创造了这个名字。据说宙斯是他的父亲，至于宙斯，似乎[396a]这个名字也取得极好，但不容易理解。因为，宙斯的名字简直就像这样的语词，把它一分为二以后，有些人用这个部分，有些人则用那个部分——因为有些人呼称"宙那"，有些人则呼称"迪亚"——可是，它们合[a5]而为一才能表达这个神的自然，我们说过，正是这样名称才能够恰当地得以完成。因为，对于我们和其他一切，除了万物的君主和王者，没有谁更是生命的原因。所以，这意味着[396b]这个神的名字取得正确，生命通过他永远存在于一切生者之中。不过，正如我所说，这个被分为"宙那"与"迪亚"两个部分的名字是一个。他是克罗诺斯的儿子，突然听到[这话]的人或许觉得不敬，[b5]照理说，宙斯是某个伟大心智的后代。因为，"科洛斯"不表示孩童，而表示他的心智的纯粹和不混杂。据传说，他又是乌拉诺斯的儿子。用这个名字称呼向上观看很美妙：[396c]"乌拉尼亚"就是向上观看，赫耳墨葛涅斯，天学家们说纯粹的心智从那里产生，天的这个名称取得正确。倘若我还记得赫西俄德的世系，记得他讲过的一些更上古的先代，[c5]我或许不会停止探寻他们的名称取得有多正确，直到检查过这个智慧会产生什么，究竟会不会消失，[396d]它刚才

---

① 佩洛普斯（Pelops）= 近处（pelas）+ 眼睛（ōps）。

就这样突然不知从哪里降到我身上了。①

赫 确实,苏格拉底,在我看来,你简直就像那些突然被神附体讲神谕的人。

苏 赫耳墨葛涅斯,这个东西降到我身上,都怪普罗斯帕尔塔的[d5]游叙弗伦。因为,一大早我跟他在一起,竖起耳朵听了很多。他恐怕由于被神附体,不仅给我的耳朵装满了精灵的智慧,还抓住了我的灵魂。所以,我看[396e]我们应该这样做:今天应该用它探究关于名称的剩下的事情,可是明天,如果你们同意,我们就赶走它,并且净化我们自己,一旦我们找到一个搞这种净化的厉害之人,[397a]不论他是个祭司还是智术师。

赫 我赞成。我很乐意听听关于名称的剩下的事情。

苏 我们应该这样做。那么,你想要我们从哪里开始[a5]探究——既然我们已经开启了一个模式——以便我们将看到,这些名称到底会不会向我们证明,每个名称都不是完全这样随意设立的,而是具有[397b]某种正确性?用来谈论英雄和世人的那些名称也许会蒙蔽我们。因为,其中很多都是根据先代的名称设立的,有些根本不合适,就像我们一开始所说,很多就像为祈祷[b5]而立,比如"欧图喀得斯""索西阿斯""忒俄斐洛斯",还有其他很多。我看,应该撇开这一类。我们最有可能在那些永恒且自然而然的存在者中发现正确的取名。因为,在那里[397c]最应该严肃地对待名称的设立,也许其中有些[名称]由比世人的力量更具神性的力量所立。

赫 我看,你说得好,苏格拉底。

苏 那么,正义的做法难道不是从诸神开始,考[c5]察到底为什么用"诸神"这个名称称呼他们才正确?

赫 好像是。

苏 所以我怀疑是这样:在我看来,最初在希腊周围的人只[397d]信仰如今许多外族人信仰的那些神,太阳、月亮、大地、星辰和天。由于他们

---

① 坦塔罗斯(Tantalos) = 头上的石头摇摇晃晃(talanteia)。塔兰塔陀斯(Talantatos)意指最受重压、受苦最多。宙斯(Zeus) = Zēna + Dia = 生命(zēn) + 通过(dia)。克罗诺斯(Kronos) = 纯粹(koros) + 心智(nous),科洛斯(koros)亦有孩童之意。乌拉诺斯(Ouranos) = 乌拉尼亚(ourania) = 向上观看(horōsa ta anō)。

看到所有这些永远在快走或奔跑,根据这个奔跑的自然,它们被称为"诸神"。后[d5]来,他们认识了其他所有的神,这时他们就用这个名称来称呼。① 我说的话看起来是合乎真相,还是白费口舌?

赫　看起来很合乎真相。

苏　那么,接下来考察什么?

赫　当然是精灵。

苏　[397e]按真相来说,赫耳墨葛涅斯,"精灵"这个名称到底指什么呢?看看你觉得我是不是言之有物。

赫　尽管说吧。

苏　[e5]那么,你知道赫西俄德说精灵是什么吗?

赫　不知道。

苏　[你知道]他说黄金人族是最早产生的人吗?

赫　[e10]至少我知道这个。

苏　关于这些人,他这样说:"但是由于命运眷顾这个人族,[398a]他们被称为地下神圣的精灵,善良、远离邪恶,是有死之人的守护者。"

赫　然后呢?

苏　就是说,我认为他不是说黄金人族[a5]从黄金而生,而是[说它]既好又美。我的证据就是,他说我们是黑铁人族。

赫　你说得对。

苏　难道你不认为,如果今天有个好人,[398b]他也会说这个人属于那个黄金人族?

赫　很有可能。

苏　可是,好人不是明智之人吗?

赫　是明智之人。

苏　所以,照我看来,他说的精灵最主要就是这样,他们既明智又睿智,所以他称他们为"精灵";而且,在我们的古老语音中,同一个名称就出现了。所以,他这一点说得漂亮,还有许多别的诗人,他们都说,如果某个好人[b10]死了,他就有极好的命运和荣耀,并且依据明智之人的名称

---

① 诸神(theoi) = 奔跑(thein)。

[398c]成为精灵。因此,我认为所有好人在生前和死后都是精灵,可以被正确地称为"精灵"。①

赫　[c5]关于这一点,苏格拉底,我认为我完全赞同你。那么,"英雄"又是什么呢?

苏　这个不太难想到。因为,他们的名称有点小变动,以表明他们源于爱欲。

赫　[c10]怎么讲?

苏　你不知道英雄是半神吗?

赫　然后呢?

苏　[398d]显然,所有英雄的出生,要么是因为神爱上凡人,要么是因为凡人爱上神。如果你根据阿提卡的古老语音考察这一点,就会理解得更好,因为,它会向你表明,在英雄因之而生的爱欲这个名称上做点小[d5]变动,就得到了它。要么英雄就是这个意思,要么他们是智慧之人、高明的修辞家和精通辩证术之人、善于提问之人,因为,这个"言说"就是言说。所以,正如我们刚才所说,用阿提卡语音来说,[398e]英雄相当于某个修辞家和提问者,以至于英雄族成了修辞家和智者这一类。② 这倒不难想到,但是,更大的困难涉及人,他们究竟为什么被称为"人",[e5]你有话要说吗?

赫　好人啊,我哪有话?就算我能发现什么,我也不会费那个劲,因为我相信你会比我发现得更多。

苏　[399a]你好像相信游叙弗伦的灵性。

赫　当然。

苏　你相信得正确。因为,现在我看起来想得很妙,如若不[a5]小心,恐怕我今天要变得比本来更智慧。看看我说的吧。关于名称,首先应该想到这个:我们经常添加字母,也剔除字母,使命名偏离我们的意愿,我们也改变音调。比如,"为宙斯所爱"——为了使它[399b]对于我们成为一个名称,以代替短句,我们从原位上剔除一个 i,把中间这个

---

① 精灵(daimones) = 睿智(daēmones)。
② 英雄(hērōs) = 爱欲(erōs)、提问(erōtan)、言说(eirein)。

音节发成抑音,而不是昂音。其他时候则相反,我们增加字母,把抑音发成昂音。①

赫　[b5]说得对。

苏　所以,在我看来,人的名称就是这种情况之一。因为,这个名称源于一个短句,如果剔除一个字母 a,尾音节再变成抑音。

赫　[b10]怎么讲?

苏　[399c]是这样的:"人"这个名称表示,其他动物根本不观察、不计算,也不察看它们看见的东西,而人一看见——这个就是"[看]"——就察看、计算他看见的东西。[c5]所以,在动物当中只有人被正确地称为"人",察看所见之物者。②

赫　那么接下来呢? 我问你一些我乐意知道的吧?

苏　当然。

赫　[399d]我觉得好像接下来有件事情。因为,我们也许会呼称人的"灵魂"和"身体"。

苏　怎么不呢?

赫　[d5]那我们就试着像前面那样辨明它们吧。

苏　你是说看看灵魂为什么符合这个名称,然后再看身体?

赫　是。

苏　[d10]那我就即兴发言吧,我想,某个给灵魂命名的人是这样想的:这个东西只要在身体中,就使它活起来,赋予它[399e]呼吸和新生的能力,一旦这种新生消失,身体就死亡和终止,我看,他们由此称之为"灵魂"。——倘若你愿意,且莫开口,因为我好像瞥见有个东西比这个[400a]对游叙弗伦的圈子更可信。因为,我看他们恐怕瞧不上这个,觉得它粗陋。看看这一点合不合你的意。

赫　尽管说。

苏　[a5]在你看来,什么东西既持有又保有所有身体的自然,使其活命和运转,除了灵魂?

---

① 为宙斯所爱(Dii philos) = 狄斐罗斯(Diphilos)。
② 人(anthrōpos) = 察看所见之物者(anathrōn ha opōpe)。

赫　没有别的。

苏　那这事呢？你不相信阿纳克萨戈拉吗，[他说]对于其他所有东西的自然，心智和灵魂也是整顿者[a10]和持有者？

赫　我相信。

苏　[400b]那么，关于这种保有和持有自然的能力，"自然的持有者"这个名称就取得好。也可以稍作修饰，把它说成"灵魂"。①

赫　当然，至少我看这个[解释]比另一个[b5]更高明。

苏　正是。不过，如果它真的像[那样]被命名的那样被命名，看起来就好笑了。

赫　那么，我们应该怎么讲接下来那个？

苏　你是说身体吗？

赫　[b10]是。

苏　我看关于它有很多说法，如果有人稍作[400c]变动，甚至大作变动。因为，有些人说它是灵魂的坟墓，仿佛灵魂被埋葬在现世中，另一方面，由于灵魂借其表示灵魂要表示的任何东西，身体就因此而被正确地称为"标志"。不过，在我看来，这个名称最有可能是[c5]俄耳甫斯的那些门徒所取，他们认为灵魂因某些事情而受罚，灵魂要为它们做补偿，它就有了这个像牢房一样的外壳，从而被看守在里面。所以，正如这个名称所说，这就是灵魂的"身体"，直到它还清亏欠，根本不需要改动任何一个字母。②

赫　[400d]苏格拉底，我看这么说足够了。不过，关于诸神的名称，比如你刚才关于"宙斯"的那种说法，我们能不能按照同样的方式看看，他们的名称究竟依据什么正确性[d5]而立？

苏　确实，宙斯在上，赫耳墨葛涅斯，倘若我们有心，哪怕用最好的方式，关于诸神我们也一无所知，关于诸神，关于他们用来称呼自己的任何名称都是如此。因为，显然他们呼称真正的名称。[400e]可是，还有第二个正确性的方式，就像在祈祷时我们有祈祷的礼法：他们喜欢根据什么被

---

① 灵魂(psychē) = 新生(anapsychein)；自然的持有者(physechē)。
② 身体(sōma) = 坟墓(sōma)；标志(sēma)；看守(sōzein)。

命名为什么,我们就这样称呼他们,因为其他的我们根本不[401a]知道。因为,我看这礼法很好。所以,倘若你愿意,我们进行考察的时候得预先对诸神宣布,我们不会探究他们——因为我们认为自己没能力探究他们——而是要探究人,人依据什么意见[a5]给他们设立名称。因为,这就不渎神了。

赫 我看,苏格拉底,你说得恰到好处,我们就这样做。

苏 [401b]那么,按照礼法,除了赫斯蒂亚,我们还从什么别的开始吗?

赫 的确应该[是她]。

苏 那么,人们应该说那个给赫斯蒂亚命名的人在这样命名时想到了什么?

赫 [b5]宙斯在上,我想,这事不容易。

苏 好人赫耳墨葛涅斯啊,起初设立名称的那些人恐怕怎么说也不是泛泛之辈,而是某些天学家和讲微言者。

赫 什么呢?

苏 [b10]我看,名称的设立明显出自这样[401c]一些人,即使有人察看异乡的名称,也不会更少发现每个名称的意图。比如,就我们称为"欧希亚"的东西来说,有些人称之为"埃希亚",另一些则称"奥希亚"。所以,首先,根据[c5]其中一个名称,万物的存在照理应该被称为"赫斯蒂亚";再者,我们也说存在的分有者"存在",根据这个,称它"赫斯蒂亚"也正确。在古代我们好像也把存在称为"埃希亚"。而且,如果有人想到献祭,[401d]他也许就会认为设立它们的人是这样想的。因为,任何把万物的存在称为"埃希亚"的人好像都在诸神之前先向赫斯蒂亚献祭。不过,另一方面,那些说"奥希亚"的人,这些人差不多又完全依据赫拉克利特[d5]认识事物,认为万物皆流,无物定住,事物的原因和开端是推力,因此,称之为"奥希亚"很好。关于这个[401e]就说这些吧,因为我们差不多一无所知。① 在赫斯蒂亚之后,应

---

① 欧希亚(ousia) = 埃希亚(essia)、存在(estin) = 赫斯蒂亚(Hestia);或者,欧希亚(ousia) = 奥希亚(ōsia) = 推力(ōthoun)。

该察看"瑞娅"和克罗诺斯。虽然我们已经说过克罗诺斯的名称。也许我是言之无物吧。

赫　[e5]怎么呢,苏格拉底?

苏　好人啊,我脑子里有了一堆智慧。

赫　那是什么样的?

苏　[402a]说起来相当可笑,但我认为也有些道理。

赫　什么道理呢?

苏　我看赫拉克利特似乎说出了一些古代的[a5]智慧,简直是克罗诺斯和瑞娅时代的,荷马也说过这些。

赫　这个你怎么讲呢?

苏　大概赫拉克利特说,"万物皆流,无物定住",由于把事物比作河之流,他说,[a10]"你不能两次踏进同一条河"。

赫　是这样。

苏　[402b]所以呢?在你看来,那个把其他神的先代称为"瑞娅"和"克罗诺斯"的人想得跟赫拉克利特不同吗?或者,你认为他是随意用水流的名称称呼这两者吗?正如荷马也说,"海洋[b5]是诸神的起源,忒图斯是母亲"。我认为赫西俄德也说过。俄耳甫斯大概也说,"水流美丽的海洋起初最早成婚,[402c]他娶了同母的姐妹忒图斯"。所以你看看这些人,互相说得都一样,所有人都倒向赫拉克利特的说法。

赫　你说得有些道理,苏格拉底,但我想不到[c5]忒图斯的名称意指什么。

苏　它本身差不多是说,它是水流的隐晦名称。因为,渗过和[402d]透过是水流的形像,"忒图斯"这个名称由这两个名称合并而成。①

赫　苏格拉底,这个高明。

苏　可不是吗?但接下来呢?宙斯我们已经说过了。

赫　对。

苏　我们说说他的兄弟吧,波塞冬和普路托,还有他给普路托取的另一个名称。

---

①　忒图斯(Tēthys) = 渗过(diattōmenon)和透过(ēthoumenon)。

赫　当然。

苏　那么,在我看来,他给波塞冬取这个名称,[402e]是因为海的自然阻碍他行走,不让他前行,对他来说就像成了脚上的锁链。所以,他把始创这种能力的神称为"波塞冬",[e5]因为他是"脚镣",插入这个 e 或许是为了好听。可是,也许它不是这个意思,而是没这个 s,[403a]最初念两个 l,因为这个神所知甚多。或者,或许他由于撼动[大地]而得名"撼动者",这个 p 和 d 是加上去的。至于"普路托",这个名称依据财物的给与者而立,因为财物出自大地[a5]之下。① 至于"哈得斯",我看许多人都同意用这个名称说不可见者,他们由于恐惧而用"普路托"这个名字称呼他。

赫　[403b]可你怎么看呢,苏格拉底?

苏　在我看来,关于这个神的能力,人们错误频出,他并不值得恐惧。他们之所以恐惧,是因为一旦我们当中有谁死了,[b5]此人就永远在那个地方,也因为被剥去了身体的灵魂就到了他那里,这让他们恐惧。可在我看来,所有这些,以及这个神的统治和名称,都指向同一件事情。

赫　怎么呢?

苏　[403c]我会对你说出我的看法。告诉我,对于任何生命,要把他留在一个地方,哪种锁链更强大,是强制还是欲望?

赫　苏格拉底,欲望厉害得多。

苏　[c5]那么,难道你不认为,很多人会躲过哈得斯,倘若他不用最强大的锁链缚住那些到了那里的人?

赫　显然。

苏　所以,倘若要用最大的锁链缚住他们,好像他得用某种欲望,而不是强制。

赫　[c10]好像是。

苏　欲望岂不很多?

赫　对。

---

① 波塞冬(Poseidōn) = 脚镣(posidesmos);所知甚多(polla eidōn);撼动者(seiōn)。普路托(Ploutōn) = 财物(ploutos)。

苏　[403d]所以,他用各种欲望中最大的欲望缚住他们,倘若必须用最大的锁链绑住他们。

赫　对。

苏　那么,还有更大的欲望吗,除了当一个人[d5]相信跟他在一起自己会成为更好的人?

赫　宙斯在上,苏格拉底,绝对没有。

苏　所以,赫耳墨葛涅斯,让我们说,因为这个,那里的人没有一个愿意回到这里,就连那些塞壬也不愿意,[403e]她们和其他所有人反倒被迷住。看起来,哈得斯懂得说些如此美好的言辞,而且,至少根据这个说法,这个神既是个完美的智者,也对那些在他旁边的大有助益,[e5]他还给这里的那些人送来这么多好东西,他那里余财实在多,因此得到"普路托"这个名称。再者,当人们有身体的时候,他不愿意与人同处,而是只在这种时候:[404a]这时灵魂净化了身体所有的恶和欲望,难道你不认为这属于哲人和善于思考的人——他想到用对德性的欲望锁住他们,以此留住他们,可是,如果他们有身体的冲动和疯狂,即使克罗诺斯这个父亲恐怕也根本不能让他们与自己留在一起,用传说中属于他的[a5]锁链把他们锁在当中?

赫　恐怕有点道理,苏格拉底。

苏　[404b]赫耳墨葛涅斯,甚至"哈得斯"这个名称也远非取自不可见者,毋宁说更是因为他懂得一切美好的东西,由此他被那个立法者称为"哈得斯"。①

赫　[b5]好的。德墨忒尔和赫拉,还有阿波罗、雅典娜、赫斐斯托斯和阿瑞斯以及其他诸神如何,我们怎么讲呢?

苏　德墨忒尔似乎由于像母亲一样赠予食物而被称为"德墨忒尔"。赫拉是个被爱者,[404c]好像据说宙斯爱她。不过,也许那个搞天学的立法者隐晦地把气命名为"赫拉",他把开头放到了最后。倘若你反复念赫拉的名字,你大概也会想到。[c5]再说"斐瑞法塔",许多人恐惧这个名字和"阿波罗",由于他们似乎不懂名称的正确性。因为,他们将它变成了"斐尔塞佛涅"再看它,它就显得让他们害怕。可是,它表示[404d]这个

---

① 哈得斯(Haidēs) = 不可见者(aides);懂得(eidenai),又因财富多得名普路托。

神是智慧的。因为，既然据有万物，这种据有、触摸和能够跟随恐怕就是智慧。所以，由于智慧和对被拥有者的触摸，这个女神被正确地称为"斐莱帕法"［d5］或某个这类名称——也正是由于这件事，智慧的哈得斯与她结合——不过如今，由于更看重好听而不是真相，他们扭曲她的名字，结果把她称为"斐瑞法塔"。① 关于阿波罗也是一样，［404e］正如我所说。许多人恐惧这个神的名称，俨然它表示什么可怕的东西，你不觉得吗？

赫　那当然，你说得对。

苏　照我看来，这个名称最符合［e5］这个神的能力。

赫　怎么呢？

苏　我试着拿出我自己的看法吧：因为，没有［405a］一个名称更符合这个神的四个能力，以至于能全然把握它们，以某种方式表示音乐术和预言术、医术、射术。

赫　那说说吧。因为我看你说的名称有些［a5］奇怪。

苏　［这名称］和谐啊，毕竟这是音乐之神。首先，医术上和预言术上的净化和纯化，用医术［405b］和预言之药来消毒，以及这类事情中的沐浴、冲洗，所有这些大概都有同一个功能，在身体和灵魂上给人带来净化，不是吗？

赫　［b5］那当然。

苏　所以，这是个净化和清洗之神，并且从这类恶中进行解救？

赫　那当然。

苏　所以，根据这些解救和清洗，［405c］因为他医治这些恶，他恐怕应该正确地被称为"阿波罗欧"。不过，根据预言术和真实以及真诚——都是一回事——称呼他恐怕最正确，就像帖撒利人对他的称呼，因为，所有帖撒利人都用"阿普隆"叫［c5］这个神。又由于凭借射术永远精通弓矢，他是"阿埃巴隆"。关于音乐术，必须理解，就像在"跟从"和"妻子"中一样，这个 a 多半表示共同，在这里就表示绕着天的共同运动——人们称

---

① 德墨忒尔（Dēmētēr）=像母亲一样赠予（didousa hōs mētēr）。赫拉（Hēra）=被爱者（eratē）；气（aēr）。斐瑞法塔（Pherephatta）= 斐尔塞佛涅（Phersephone）；斐莱帕法（Pherepapha），触摸被拥有者（epaphē tou pheromenou）。

天为"极",以及绕着[405d]歌唱中的协同[的共同运动]——协同被称为和声,因为,正如那些音乐和天文方面的高人所说,所有这些以某种协同同时运动,这个神掌管协同,让这一切在诸神和世人之中共同运动。[d5]所以,正如我们用 a 代替这个 homo,从而把共同运动者和同床者称为"跟随者"和"配偶",所以我们就称他"阿波罗",[405e]他就是"共同运动",添加另一个 l,是因为怕他与那个骇人的名字同名。就算在如今,还有人怀疑这一点,由于没有正确地看到这个名称的功能,他们害怕它,俨然它表示某种毁灭。[406a]可就像刚才所说,它几乎为抓住这个神的所有能力而取,真诚、永远精通弓矢、清洗、共同运动。①

至于"缪斯"和整个音乐,看起来,这个名称取自[a5]对探究和哲学的追求。勒托嘛,则是因为这个女神的温顺,因为她顺从所有人的要求。不过,也许这是那些异乡人的呼称——因为许多人称她"勒忒奥",所以,看来那些呼称这个名称的人由于她性情既不坚强又温顺软弱[406b]而呼称"勒忒奥"。"阿尔忒弥斯"似乎是完整和秩序,这是由于她对纯净的欲望。不过,也许那个取名者称这个女神通晓德性,又或者讨厌[b5]男女之间的性交。要么由于其中某个原因,要么由于所有这些原因,那个立名者给这个女神安了这个名称。②

赫　那个"狄俄尼索斯"和"阿芙罗狄忒"又如何?

苏　希珀尼科斯之子啊,你在问大事。但是,既可以严肃地解释这样[406c]一些神的名称的情况,也可以开玩笑。所以,严肃的你得问别人,但看看这个玩笑倒也无妨。因为,甚至神也爱开玩笑。这个狄俄尼索斯是酒的赐予者,可以被戏称为"狄多伊尼索斯",[c5]至于酒嘛,由于它让许多没有心智的饮酒者认为自己有心智,叫做"奥伊奥努斯"最恰当。关于阿芙罗狄忒,无需反对赫西俄德,倒要[406d]同意她因为生于泡沫而得

---

① 阿波罗(Apollōn) = 清洗(apolouōn)、解救(apolyōn);真诚(haploun);永远精通弓矢(aeiballōn);共同运动(homopolōn);害怕阿波罗的人将之误作毁灭(apollyōn)。

② 勒托 = 顺从(ethelēmōn);软弱(leion)。阿尔忒弥斯(Artemis) = 完整(artemes);通晓德性(aretēs histēr);讨厌性交(aroton misēsasēs)。

名"阿芙罗狄忒"。①

赫　身为雅典人,你肯定不会忘掉雅典娜,还有赫斐斯托斯和阿瑞斯。

苏　[d5]不可能。

赫　确实不可能。

苏　那么,不难说她的另一个名字因为这个而立。

赫　什么呢?

苏　[d10]我们大概也称她"帕拉斯"。

赫　怎么不呢?

苏　好吧,如果认为她由于穿着盔甲起舞而[406e]得到这名字,照我看来,大概想得正确。因为,让自己起身或者把什么别的东西从地上或从手里提起来,[407a]大概我们称之为"挥动"和"被挥动"、起舞和舞动。②

赫　那当然。

苏　因此她就是"帕拉斯"。

赫　[a5]正确。但另一个[名称]怎么讲呢?

苏　雅典娜的另一个[名称]?

赫　对。

苏　这可更难了,朋友。似乎古人就像如今那些通晓荷马的人一样[407b]。因为,其中许多人在解释这个诗人时说,他把雅典娜看作心智和理智,关于她,那位名称的制作者似乎也差不多这样认为,但他说得更伟大,称之为神的智性,就像说[b5]她是"神智",他根据异乡话用 a 代替 ē,拿掉了 i 和 s。又或者不是这样,他称呼的是"忒奥诺埃",因为她对神事的思虑无与伦比。不过,想要根据她性情中的智性而宣称这位女神是"埃托诺埃"[407c],也不离谱,他本人或某些人后来把它改成了他们认为更漂亮的样子,称她"阿忒娜阿"。③

---

① 狄俄尼索斯(Dionysos) = 酒的赐予者(ho didous ton oinon)。阿芙罗狄忒(Aphroditē) = 泡沫(aphros)。

② 雅典娜又名帕拉斯(Pallas) = 挥动(pallein)和被挥动(pallesthai)。

③ 雅典娜(Athena) = 神的智性(theou noēsis),变形为神智(ha theonoa)。忒奥诺埃(Theonoē) = 对神事的思虑(ta theia noousa)。埃托诺埃(Ēthonoē) = 性情中的智性(hē en tō ēthei noēsis)。

赫　赫斐斯托斯又如何呢,你怎么讲?

苏　你问的是那个出生高贵的"精通光明者"?①

赫　[c5]差不多。

苏　对于所有人来说,加进这个ē,他岂不显然就是"斐斯托斯"?

赫　恐怕是,除非你还有别的意见,好像你有。

苏　但是,为了避免那个意见,问问阿瑞斯吧。

赫　[c10]我就这样问。

苏　[407d]好吧,如果你想问的话。"阿瑞斯"依据的是男子气和勇敢,又或者依据的是刚强和坚韧,这被称为"强悍",因此,无论如何这位好战的神恐怕适合被称为"阿瑞斯"。②

赫　[d5]那当然。

苏　看在诸神的分上,我们离开诸神吧,因为谈论他们我就提心吊胆。你还是对我抛出你想知道的其他任何事吧,"以便你看到"游叙弗伦有"何等神驹"。③

赫　[407e]我会这么做的,但至少还有一个我得问你,关于赫耳墨斯,因为克拉提洛斯说我不是赫耳墨葛涅斯。所以,我们试着考虑"赫耳墨斯"这个名字是什么意思,以便看看这家伙是不是言之有物。

苏　[e5]这个"赫耳墨斯"看起来是某个涉及言辞的东西,是解释者和传言者,也是[408a]偷盗者和言辞方面的欺骗者,还涉及交易——所有商事都与言辞能力有关嘛。这就是此前我们说过的,"言说"就是使用言辞,再者,比如荷马在许多地方说过,他说[a5]"打算",这就是谋划。所以根据这两点,言辞和谋划言辞——说话就是言说——就是这个神,那个立法者正是如此[408b]示谕我们:"人啊,那个谋划言说的,你们当正确地称他爱尔默思",只不过今天,如我所说,我们为了修饰这个名称而呼称

---

① 赫斐斯托斯(Hephaistos) = 通晓光明者(phaeos histōr)。

② 阿瑞斯(Arēs) = 男子气(arren)、勇敢(andreion);强悍(arraton)。

③ 见《伊利亚特》5.221, 8.105。荷马在《伊利亚特》中讲到宙斯将神驹赐予特洛亚的王者特罗斯,苏格拉底据此用典。

"赫耳墨斯"。那个伊里斯似乎也由言说得名,因为[b5]她是信使。①

赫　宙斯在上,克拉提洛斯说我不是赫耳墨葛涅斯,我看他终究说得好,我的确不善于谋划言辞。

苏　朋友啊,有可能潘才是赫耳墨斯的双性之子。

赫　[408c]怎么呢?

苏　你知道,言辞表达和转动一切,并且使之永远运动,而且它有两面,真的和假的。

赫　当然。

苏　[c5]所以,真的言辞光润而有神性,居住在上面,在诸神之中,假的[言辞]在下面,在众人之中,既粗鄙又淫邪。因为,绝大多数编造和虚假都在这里,在淫邪的生活中。

赫　当然。

苏　[c10]所以,那个揭示一切并使之永远运动的东西就应该[408d]是"牧神潘",赫耳墨斯的双性之子,上面光润,下面粗鄙淫邪。这个潘要么是言辞,要么是言辞的兄弟,只要他是赫耳墨斯的儿子。兄弟像兄弟一点也不奇怪。② 可[d5]我有言在先,有福的人啊,我们得离开诸神。

赫　苏格拉底,如果你想离开那种神的话[就离开吧]。可是,你何妨谈谈这种,比如太阳、月亮、星辰、大地、天空、气、火、[408e]水、季节、年岁?

苏　这对我可是大要求啊,也罢,只要这让你满意,我就愿意。

赫　确实满意。

苏　[e5]那你先要哪个? 或者,照着你所说,我们说说太阳?

赫　当然。

苏　好吧,倘若有人宁愿采用多里斯的名称,[409a]似乎就变得很清楚了——因为多里斯人呼称"哈里奥斯","哈里奥斯"的依据也许是它一

---

① 赫耳墨斯(Hermēs) = 解释者(hermēneus)。爱尔默思(eiremēs) = 谋划言说(eirein mēsasthai)。

② 潘就是牧神潘(Pan aipolos) = 一切(pan) + 永远运动(aei polōn)。

且升起就把人们聚到一起,也或许是它在绕着大地运动时永远在转动,又似乎是它在运动时给[a5]大地所生的东西增辉,增辉与增光是一回事。①

赫　"月亮"又如何?

苏　这个名称似乎让那个阿纳克萨戈拉难堪。

赫　为什么呢?

苏　好像那个人最近的说法显然是古说,[409b][就是说]月亮的光来自太阳。

赫　怎么呢?

苏　"亮光"与"光"是一回事。

赫　对。

苏　[b5]月亮周围的光大概永远既新又旧,倘若阿纳克萨戈拉说的那些是真的。因为,在绕着月亮转圈时,太阳永远发出新的[光],但前一个月的旧的还在。

赫　当然。

苏　许多人称她"塞拉娜亚"。

赫　当然。

苏　因为她总是有新的亮光和旧的亮光,"塞莱诺尼奥艾亚"[409c]恐怕是最当呼称的名称,它被压缩以后,则称"塞拉娜亚"。②

赫　这名字活像酒神颂歌,苏格拉底。但你怎么说月份和星辰呢?

苏　[c5]如果正确地称呼,由于亏缺,"月份"恐怕是"迈耶斯",而"星辰"似乎由于闪电而得名。"闪电"恐怕则是"阿纳斯特罗佩",因为它让眼睛上翻,不过如今经过修饰被称为"阿斯特拉佩"。③

赫　[c10]火和水又如何?

苏　[409d]"火"很难说。游叙弗伦的缪斯恐怕当真撇下我了,要么就是这大概太难。所以,你得留意我对于让我为难的所有这些东西弄来

---

① 太阳(hēlios) = 多里斯方言 halios,意为聚集(halizein);在运动时永远转动(aei heilein iōn);增光(aiolein)。

② 月亮(selēnē) = 塞莱诺尼奥艾亚(selaenoneoaeia),新的和旧的亮光(selas neon kai enon)。

③ 月份(meis) = 变小(meiousthai)。星辰(astra) = 闪电(astrapē)。

的办法。

赫　[d5]什么[办法]？

苏　我来告诉你。回答我：火根据什么方式得名，你有话说吗？

赫　宙斯在上，我没有。

苏　那你留意我关于它的怀疑。因为我想，[409e]许多希腊人，尤其那些在外族人治下生活的人，从外族人那里拿来名称。

赫　所以呢？

苏　倘若某个人根据希腊语音考察它们，以为[e5]取得合适，而不根据这个名称碰巧从中出来的语音，你知道他们恐怕有困难。

赫　有道理。

苏　[410a]那么，你来看"火"这个名称，看它是否不是外族人的某个名称。因为，要把它归进希腊语音，并不容易，显然也有弗里吉亚人那样称它，大概稍有改动。还有"水"和[a5]"狗"以及其他许多东西。

赫　是这样。

苏　那就没必要强为之说，尽管关于它们恐怕有人有话说。因此，火和水我就用这种方式[410b]撇开吧。至于气，赫耳墨葛涅斯啊，它被称为"气"，是由于它让东西从地上升起来，还是由于它永远流动，或者是由于风源于它的流动？因为，诗人们大概把风称为"气流"，也许他说的是"埃托洛斯"，好像有人[b5]说过流动的风。我这样处理以太：由于在流动时永远绕着气跑，它应当被称为"阿埃太尔"。至于大地，假如某个人称之为"盖娅"，[410c]意思就表达得更好，因为，把生育者称为盖娅恐怕才正确，正如荷马所说，因为他说被生就是这个"出生"。① 好吧，接下来我们说哪个？

赫　季节，苏格拉底，还有年和岁。

苏　[c5]季节得用阿提卡古语来说，倘若你想知道大概。因为，季节源于区分冬天和夏天，以及风和来自大地的果实，区分恐怕应当被称为"分界"。[410d]年和岁恐怕是同一个。因为，正如此前宙斯的名字被一

---

① 气(aēr) = 升(airein)；永远流动(aei rhein)；气流(aētas)。以太(aithēr) = 永远(aei)绕着气跑(thei)。大地(gē) = 盖娅(gaia)；生育者(gennēteira)。

分为二,有些人称宙那,有些人则称迪亚,在这里也如此,有个东西将生长和生成的东西各依其分带到光下,自己在自身中看管它们,这个东西有些人称"年",[d5]因为它在自身中,有些人则称"岁",因为它看管。整个说法就是这个被一分为二地表达的"在自身中看管",因此,这两个名称,"年"和[410e]"岁",出自同一个说法。①

赫　你走得可真远啊,苏格拉底。

苏　我看我似乎已经深入智慧之中。

赫　那当然。

苏　[e5]一会儿你更要这么说。

赫　[411a]不过,在这一类之后,兴许我乐意看看,那些美好的名称究竟依据什么正确性而立——那些关于美德的名称,比如"明智"以及"聪颖""正义"和其他所有这类东西。

苏　[a5]老兄啊,你挑起的这类名称可不一般,不过,既然我已经穿上狮皮,还是不可退缩,而是好像应该考察明智、聪颖、明断、知识和你所说的其他所有那些[411b]美好的名称。

赫　我们当然不可未战先却。

苏　确实,凭狗起誓,我的预言似乎不糟糕——它现在还在我脑子里,[就是说]那些设立名称的远古[b5]之人绝对就像如今的许多智慧之人,在探寻事物的方式时由于经常转向而晕了头,所以他们认为万物既转动又绝对[411c]运动。他们不抱怨他们身上的内在性情是这种意见的原因,反而抱怨万物本身自然如此,它们既不定住也不静止,而是流动和运动,永远充满各种变动和[c5]生成。我说这话,是因为考虑到刚才所有那些名称。

赫　怎么回事,苏格拉底?

苏　也许你没留意,刚才说的那些名称完全为那些俨然运动、流动和生成的[c5]事物而立。

赫　我几乎没想到。

---

① 季节(hōrai) = 分界(horai)。年(eniautos) = 在自身中(en heautō)。岁(etos) = 看管(etazein)。

苏　[411d]首先,我们所说的第一个名称完全就像这种。

赫　哪种呢?

苏　就是这个"明智",因为,它是关于变动和流动的智性。[d5]可它恐怕也是把握变动的好处,所以它无论如何与运动有关。如果你愿意,"明断"完全表示观看和观察生出,因为"观察"与"观看"是一回事。如果你愿意,这个"智性"就是趋向新东西,事物是新东西,就表示[411e]它们永远在生成,所以那个设立名称的人宣称,趋向于此的灵魂是"尼奥埃西斯"。因为,最初它不叫做"诺埃西斯",而叫做"诺埃埃西斯",必须念两个 e,以代替 ē。至于"节制",就是保存我们刚才看过的[412a]明智。知识则表示,配得上言辞的灵魂跟随那些运动的事物,既不落后也不超前。应该通过添加这个 e 将其命名为"埃佩斯泰迈"。[a5]"聪颖"也是如此,它看起来恐怕就像推理,如果有人说睿知,等于是说与认知完全相同的东西,因为,"同行"说的就是[412b]灵魂与万物"同运"。"智慧"则表示抓住变动,但它更含混,也更有异乡色彩。人们必须从诗人们那里回忆,他们在许多地方说到某个碰巧[b5]开始快速前进的东西,他们说它"飞奔"。有个有名望的拉刻岱蒙男人也叫做"索斯",因为拉刻岱蒙人以此称呼快速上进。所以,智慧表示抓住这种变动,因为事物是变动的。[412c]再说"善",这个名称意在表示在一切自然上都值得尊敬的东西。因为,事物虽然变动,毕竟有些快,有些则慢。所以,并非一切而是其中某个值得尊敬的才快。"善"这个名称属于快者中值得尊敬的。①

至于"正义",很容易想到这个名称属于关于正义的智性。"正义"本身可是个麻烦。似乎在一定范围内许多人之间[412d]说法相同,然后就有分歧了。因为,那些相信一切都处于运动之中的人认为其中很多东西是这样一类,它们无非是在提供空间,某个东西穿过所有这些,一切生成者由此生成。[d5]这东西最快最小。因为,否则它恐怕不能穿过一切事

---

① 明智(phronēsis) = 关于变动和流变的智性(phoras kai rou noēsis);运动的好处(onēsis phoras)。明断(gnōmē) = 观察生成(gonēs nōmēsis)。智性(noēsis) = 趋向新东西(tou neou esis)。节制(sōphrosynē) = 保存明智(sōtēria phronēseōs)。知识(epistēmē) = 跟随(hepesthai)。认识(synesis) = 共同运动(synienai)。智慧(sophia) = 抓住变动(sou epaphē)。善(agathon) = 快者之中值得尊敬的东西(to agaston tou thoou)。

物,倘若它不是最小,以至于任何东西都无法排斥它,[倘若它不是]最快,以至于表现得让其他东西如同静止。所以,由于凭借穿过统治[412e]其他一切,它正确地得到了"正义"这个名称,为了好听,人们增加了这个 k 的功能。所以,在此范围内,正如我们刚才所说,许多人彼此同意[413a]这是正义。可是,赫耳墨葛涅斯,由于我在这件事上很执拗,我就秘密地探问这一切,[知道了]这个正义也是原因——因为,事物由之而生的这个东西就是原因——有人说,据此将它称为"迪亚"[a5]也正确。可是,听到这些,当我反倒继续温和地追问这事,"好人啊,倘若事情如此,那它究竟是什么呢",似乎我的问题已经走得太远,跳过了[413b]界。他们说,我问得够多了,为了满足我,他们就开始各说各话,结果再也没法异口同声。有人说太阳这东西就是正义,因为只有它凭借穿过和[b5]燃烧统治万物。结果,当我把这事告诉某个人,俨然听到了美事,这人一听就笑我,问我是不是认为世人之中没了正义,一旦[413c]太阳落山。于是,我执意问他,他说的[正义]倒是什么,他就说是火。这可不容易明白。另一个人说,不是火本身,而是存在于火中的热本身。还有人说,这一切都可笑,正义是[c5]阿纳克萨戈拉所说的东西,它是心智,因为他说,由于心智自主,不与任何东西混合,心智凭借穿过一切整顿一切事物。到了这地步,朋友啊,我比从前尝试搞懂究竟什么是正义的时候[413d]困惑得多。不过,就我们所见的这些来看,至少这个名称看起来依据这些而立。①

赫　我看,苏格拉底啊,这些是你从别人那里听来的,不是即兴发言。

苏　[d5]可其他的呢?

赫　当然不是[听来的]。

苏　那就听听吧。因为,兴许关于剩下的[名称],我恐怕也会骗你以为我说的不是听来的。正义之后我们还剩什么? 我想,我们还没考察勇敢。说到不正义,[413e]显然它是穿过者的阻碍,而勇敢表示勇敢得名于战斗——如果事物流动,事物之中的战斗无非是反流动——所以,如果有人从勇敢这个名称中去掉这个 d,[e5]"昂赫亚"这个名称就代表这举动。显然,勇敢不是对于所有流动的反流动,而是对于那种违反[414a]正义的

---

① 正义(dikaiosynē) = 关于正义者的认识(tou dikaiou synesis)。

流动[的反流动],因为,否则就不该颂扬勇敢了。而且,"男性"和"男人"也是指某个与此类似的东西:向上的流动。而"女人"在我看来想说的是生育。"女性"则似乎因乳头而得[a5]名,赫耳墨葛涅斯,这个"乳头"岂不让被哺乳者繁盛,就像浇了水的植物?①

赫　好像是,苏格拉底。

苏　再者,我看这个"繁盛"本身刻画幼崽的成长,长得又快又猛。[414b]这个名称模仿这类事物,因为这个名称符合跑和跳。但是,你没发现我偏出了跑道,一旦踏到平地上。我们可还剩下很多看起来很严肃的呢。

赫　[b5]说得对。

苏　其中之一就是看看"技艺"到底是什么意思。

赫　那当然。

苏　它看起来岂不就是拥有心智,如果把 t[414c]去掉,再在 ch 与 n 之间以及 n 与 ē 之间加上 o?②

赫　这太拖泥带水,苏格拉底。

苏　有福的人啊,你不知道,最初设立的名称[c5]已经被那些想要修饰它们的人掩盖了,他们为了好听而添加和剔除字母,用各种办法变形,结果它们就[被]悦耳和时间[掩盖]了。比如,在这个"镜子"中添加这个 r 不显得离谱吗?我想,这样做的那些人[414d]根本不顾真相,只管嘴巴,结果给最初的名称添加了一大堆东西,最终弄得没有一个人知道这名称究竟什么意思。正如他们把斯芬克斯称为"斯芬克斯"而非[d5]"斐克斯",其他许多也是如此。

赫　有这样的情况,苏格拉底。

苏　可是,倘若允许某个人在名称中添加和剔除任何他想要的东西,那么任何人都可以轻而易举地把任何名称贴给任何事物。

赫　[414e]说得对。

---

① 勇敢(andreia) = 反流动(anreia)。男性(arren)和男人(anēr) = 向上的流动(anō rhoē)。女人(gynē) = 生育(gonē)。女性(thēly) = 乳头(thēlē)。

② 技艺(technē)变形为 echonoē = 拥有心智(hexis nou)。

苏 确实对。但我认为,你这个智慧的掌管者必须留心尺度和表相。

赫 我打算这么做。

苏 [e5]我也打算如此,赫耳墨葛涅斯。不过你可别[415a]太较真,灵人啊,"以免你削弱我的力量"。因为,当我们在技艺之后再考虑过设计,对于已经说过的那些,我要走向其顶点。在我看来,"设计"[a5]表示完成很多,因为,很多表示"尺寸","设计"这个名称由这两者构成:"尺寸"和"完成"。但是,正如刚才所说,对于已经说过的那些,必须向其顶点前进,因为,"德性"和"坏"这些名称的意思[415b]还须考察。其中一个我还没看出来,另一个我倒觉得很清楚,因为它跟之前所有的一样。因为,由于事物运动,运动得坏的一切恐怕都是"坏",不过,当它在灵魂中,这种相对于事物[b5]运动得坏最应该具有特定意义上的坏的一般名号。究竟什么是运动得坏,我看,在这个我们还没考察过的"胆怯"中就很清楚,可是[415c]我们绕过了它,虽然我们本该在勇敢之后察看它。我看,我们已经绕过了其他许多东西。胆怯表示灵魂的锁链强大,因为,这个"厉害"就是某种强大。所以,灵魂的厉害的、最大的锁链[c5]恐怕就是胆怯,正如困惑也是坏的,好像运动和前进的一切阻碍也是如此。所以这似乎表明,运动得坏就是前进受阻并且碰到障碍,一旦灵魂有了它,就变得充满恶。倘若这种东西的名称是"坏",它的反面恐怕就是"德性","德性"首先表示[415d]不受困,然后表示好灵魂的流动永远顺畅,所以,不受牵制和阻碍地永远流动似乎得到了这个被称呼的名称,应该正确地称它"阿埃瑞泰",不过,经过合并,它被称为"阿瑞泰"。兴许你要说我又在编造,可我得说,倘若我之前关于"坏"说得正确,关于"美德"这个名称也就说得正确。①

赫 [416a]可是,这个"坏",你之前借着它说了很多,这个名称指什么呢?

苏 它有点特别,宙斯在上,我看很难归结。所以,我得对它拿出那个办法。

---

① 设计(mēchanē)=完成很多(mēkos anein)。坏(kakia)=运动得坏(kakōs ienai)。胆怯(deilia)=强大的锁链(desmos lian)。德性(aretē)=永远流动(aei rheon)。

赫　[a5]那是什么样的[办法]？

苏　就是说它也是外族人的某个名称。

赫　你似乎说得对。不过,若是如此,我们且随它们,试着看看"美"和"可耻"有什么道理。

苏　[a5]那么,"可耻"的意思在我[416b]看来就清楚了,因为它也符合之前的。因为,在我看来,那个设立名称的人尽全力责骂阻碍和阻挡事物流动的东西,于是就给永远阻挡流动的东西立下"阿埃斯科若恩"这个名称,[b5]不过如今经过合并叫做"艾斯克容"。①

赫　"美"又如何呢？

苏　这个更难想到。不过它确有所指,只要在音调和长度上改变这个 o。

赫　怎么讲？

苏　这个名称似乎是某种理智的名称。

赫　怎么讲？

苏　[416c]这样,对于每个事物,你认为它被称呼的原因是什么？难道不是那设立名称的？

赫　绝对是。

苏　那岂不是理智,要么是神的,要么是人的,[c5]或者是这两者的[理智]？

赫　对。

苏　那个从前称呼万物的与正在称呼它们的难道不是同一个,都是理智？

赫　好像是。

苏　[c10]心智和理智制成的所有这些东西难道不该颂扬,如若不然,[难道不该]贬抑？

赫　当然。

苏　[416d]那么,医术制成药,木匠术制成木器？或者你怎么说？

赫　我会这么说。

---

① 可耻(aischron) = 永远阻挡流动(aei ischon ton rhoun)。

苏　所以称呼制成美的东西？①

赫　[d5]必然。

苏　照我们说,这就是理智？

赫　当然。

苏　所以,明智的这个名称就是"美",因为,它制成的那些东西,我们欣然[d10]同意是美的。

赫　好像是。

苏　[416e]那么,在这些当中,我们还剩下什么？

赫　善和美周围的那些东西,好处[417a]和有益、有利、益处,还有它们的反面。

苏　好吧,你恐怕已经从之前的探究当中发现这个"好处"了,因为,它看起来就是知识的[a5]某个兄弟。因为,它表示的无非是灵魂跟着事物共同运动,这种[运动]实现的东西似乎应该因为被一起带来带去而被称为"好处"和"聚合"。"益处"则源于[417b]获得,把n放回这个名称代替d,就会表明它的意思,因为它是为好东西命名的另一种方式。因为,由于它通过穿过万物混合进万物,他立下这个名称为它的这个能力命名,d[b5]被他放进来代替n,他念"凯尔多斯"。②

赫　"利处"又如何？

苏　赫耳墨葛涅斯,他看起来并没有像商贩们那样使用它,俨然它是免于花费,在我看来,[417c]"利处"说的不是这个,而是说,作为最快的东西它既不让万物停下,也不让运动走向被带动的终点,以至于停止和终止,相反,如果某个终点努力出现,它就释放运动,使[c5]之不休和不死,在我看来,好的东西由此被称为"利处",因为,解除运动的终点被称为"利处"。"有利"则是异乡名称,荷马在许多地方用过,也就是"增益",它是增加和制作的名称。③

赫　[417d]它们的反面,我们怎么讲？

---

①　美(kalon) = 称呼(kaloun)。

②　好处(sympheron) = 被一起带来带去(symperipheresthai)。益处(kerdaleon) = 混合(kerannytai)。

③　利处(lysiteloun) = 解除终点(lyon to telos)。有利(ōphelimon) = 增益(ophellein)。

苏　照我看来，没必要察看那些否定它们的。

赫　哪些？

苏　[d5]"不好""无利""不利"和"无益"。

赫　说得对。

苏　可是，还有"有害"和"危害"。

赫　对。

苏　[d10]"有害"是说它是[417e]破坏流动的东西。"破坏"则表示想要束缚。"束缚"与绑又是一回事，他到处责备这东西。所以，想要束缚流动恐怕绝对就是"波拉普特尔若恩"，经过修饰[e5]，我看它被称为"有害"。①

赫　苏格拉底，你弄来的这些名称真炫目。因为，在解释"波拉普特尔若恩"这个名称之时，我觉得你简直用嘴吹出了雅典娜颂诗的[418a]序曲。

苏　赫耳墨葛涅斯，原因不在于我，而在于那些设立名称的人。

赫　说得对。那么，"危害"又是什么呢？

苏　[a5]究竟什么是"危害"呢？赫耳墨葛涅斯，你看我说得多对，我说人们通过增加和减少字母极大地改变名称的意思，以至于有时通过相当小的改动[418b]使之表示相反的东西。比如在这个"应该"当中，因为我想到了它。我刚好想起它，是因为我打算对你说，这个漂亮的新发音使"应该"和"毁灭"转而表示相反的东西，掩盖了[b5]它们的意思，而两者的古音则揭示名称的意图。

赫　怎么讲？

苏　我来告诉你。你知道，我们的古人将 i 和 d 运用得极好，尤其[418c]是女人，她们最大限度地保存了最初的语音。可是，如今人们用 e 和 ē 替换 i，用 z 替换 d，以为更大气。

赫　怎么呢？

苏　[c5]比如，最初的人们称一天为"希迈拉"，有时称"赫迈拉"，如今则称"海迈拉"

---

① 有害（blaberon）= 想要束缚流动（boulomenon haptein rhoun）。

赫　是这样。

苏　只有最初的名称揭示设立者的智性,你懂了吧? 因为,[418d]光从黑暗中来到欢欣期盼的世人当中,因此他们称"希迈拉"。

赫　好像是。

苏　可是,如今它经过了装点,你恐怕根本想不到[d5]"一天"的意思。再者,有人还宣称,一天带来温顺,它由于这一点而如此被命名。①

赫　我看是。

苏　你至少也知道古人将"轭"称为"双辕"。

赫　[d10]当然。

苏　这个"轭"根本就不清楚,这个[418e]"双辕"则因为将两个并起来拉活而恰当地得名,"轭"不过是今名。② 其他许多也是如此。

赫　好像是。

苏　[e5]所以,照这么说,如果就这样念,"应该"乍看之下就与所有涉及好东西的名称表示相反的东西,因为,即使它是一种好东西,应该也显得是运动的锁链和阻碍,俨然是坏东西的兄弟。

赫　苏格拉底,多半显得如此。

苏　[e10]但是,如果你使用最初的名称则不然,它远[419a]比今天的更像正确的称呼,反而符合之前的那些好东西,如果你像古人那样加入一个 i 代替 e。因为,"迪恩"而非"德恩"才表示人们推崇的好东西。这样,那个设立名称之人也就不会[a5]自相矛盾,"应该""有利""利处""益处""善""好处"和"便利"才显得一样,在不同的名称中揭示那个处处受到颂扬的整顿者和运动者,[419b]而阻挡者和阻碍者则受贬抑。同样,关于这个"毁灭",如果你依据最初的语音恢复 d,代替 z,称之为"德米奥德斯",就会觉得这个名称为运动的阻碍者而立。③

赫　[b5]"快乐""痛苦""欲望"和这类东西又如何,苏格拉底?

苏　我看不太困难,赫耳墨葛涅斯。因为,似乎"快乐"具有这个名

---

① 一天(Hēmera) = 期盼(himeirein);温顺(hēmera)。
② 轭(zygon) = 双辕(dyogon) = 两个(dyoin) + 拉活(agōgēn)。
③ 应该(deon)变形为 dion,意为往来、穿过等等。毁灭(zēmiōdes)变形为德米奥德斯(dēmiōdes),阻碍运动者(doun to ion)。

称,是因为它是驱向享乐的行为——但插入了一个 d,所以叫做"赫多奈",[419c]而不是"赫奥奈"。"痛苦"之得名,似乎是因为在这种感觉中抓住身体的那种身体的分裂。"悲伤"则是运动的阻碍。"痛"在我看来是异乡话,因痛楚而被命名。[c5]"伤痛"好像因为痛苦的进入而被命名。所有人都清楚,"苦恼"这个名称近似于运动的重负。"欢乐"好像由于灵魂流动的延伸和顺利而被命名。[419d]"愉快"出自愉悦,"愉悦"之得名,则是因为像气息那样穿过灵魂的蜿蜒而过,恰当地说恐怕该称"赫尔普努恩",时间一久就变成了"特尔普农"。"欢快"的来由根本无须[d5]解释,因为所有人都清楚,它得到这个名称,是由于灵魂很好地与事物相合,"欧斐若苏奈"才是合适的,不过人们还是称之为"欧弗若苏奈"。"欲望"一点都不难,因为,依据向血气运动的[419e]能力,它显然被称为这个名称。"血气"恐怕由于灵魂的怒气和激动而得到这个名称。"渴求"由于最能拉动灵魂的流动而[420a]被命名。因为,它向着事物奔流,凭借流动的冲力猛拉灵魂,所以,由于所有这些能力,它被称为"渴求"。"期盼"被如此称呼,表示[a5]它不是针对在场的东西,而是针对某个别处的东西,亦即不在场的东西,因此,只要某个人追求的东西在场,被命名为"期盼"的东西就被称为"渴求",若不在场,这同一个东西就被称为"期盼"。至于"爱欲",它从外面流入,而且这个流动不是其拥有者的所有物,而是通过眼睛进来的,因此,古人根据这个流入而称"爱斯若斯"——我们用 o 代替 ō——如今则称"爱欲",因为 ō 替换了 o。① 你说,我们还[b5]考察别的什么吗?

赫 你怎么看"意见"和这类东西?

苏 "意见"要么根据追求而被命名——就是说,灵魂进入了对事物

---

① 快乐(hēdonē) = 享乐(onēsis)。痛苦(lypē) = 感觉(pathē) + 分裂(dialysis)。悲伤(ania) = 运动的阻碍(to empodizon tou ienai)。痛(algēdōn) = 痛楚(algeinon)。伤痛(odynē) = 痛苦的进入(endysis)。苦恼(achthēdōn) = 重负(achthos)。欢乐(chara) = 流动的延伸(diachysis rhoēs)。愉快(terpsis) = 愉悦(terpnon) = 蜿蜒而过(herpsis) + 气息(pnoē)。欢快(euphrosynē) = 很好地相合(eu sympheresthai)。欲望(epithymia) = 向血气运动(epi ton thymon ienai)。血气(thymos) = 怒气(thysis)。渴求(himeros) = 奔流(hiemenos rhein)。期盼(pothos) = 某个别处的东西(allothi pou ontos)。爱欲(erōs) = 流入(esrein)。

状况之认识的追求),要么根据拉弓射箭,但更像是后一个。[420c]至少"思想"跟它一致。因为,"思想"好像是灵魂向着所有事物的"运动",向着每个事物的存在,正如"计划"大约就是射箭,"想要"和"思虑"则表示谋[c5]求。所有这些[名称]看起来都与意见相随,用了射箭的形像,正如再反过来说,"失算"似乎就是差错,就像既没有射中也没有撞上或抓住想要、思虑或谋求的东西。①

赫　[420d]苏格拉底,我看,你已经加紧步子。

苏　那是因为我已经要跑到终点啦。不过,我还想考察排在它们之后的"必然",以及"自愿"。[d5]"自愿"这个名称恐怕表示服从,不是抵制而是——如我所说——服从运动的东西和依据意愿出现的东西。"必然"和"抵制"则与意愿相反,恐怕与错误和无学有关,近似于通过[420e]峡谷,草木丛生,[道路]崎岖难行,阻碍着前进。所以,兴许由此它被称为"阿纳凯恩",近似于通过峡谷。② 不过,只要那个声音还在这里,我们就别放走它,你也别放走它,问吧。

赫　[421a]那我就问最伟大最美好的东西,"真""假"和"存在",以及我们现在言说的这个东西本身——"名称",它为什么有这个名称。

苏　[a5]有没有某个东西,你称之为探寻?

赫　确实有,就是探究。

苏　"名称"像由言辞铸成的名称,言辞说的是:这就是一个恰好被探究的存在者。在我们关于"被命名者"的说法中,你恐怕更能认识这一点,[a10]因为,在这里它清楚地说:这就是一个被探求的存在者。[421b]至于"真",它就像其他的[名称],因为,存在的神圣运动好像在"真"这个语词中得到了言说,它是神圣的运动。"假"则是运动的反面。因为,还是一样,[b5]被阻和被迫静止受到谴责,这近似于睡眠,不过,加上 ps 遮盖了这个名称的意思。"存在"即"欧希亚",意思与真一样,只是 i 被拿掉了,因为,它表示[421c]运动,"不存在"则反之,表示"不运动",正如有些人

---

① 意见(doxa) = 追求(diōxis);弓(toxon)。思想(oiēsis) = 运动(oisis)。计划(boulē)、愿望(boulesthai)、思虑(boleuesthai) = 射箭(bolē)。失算(aboulia) = 错失(atychia)。

② 自愿(ekousion) = 服从(eikon)。必然(anagkē) = 峡谷(agkē)。

称呼的那样。①

赫 苏格拉底，在我看来，你铸造这些，做得相当有男子气。不过，倘若有人问你这个"运动"［c5］"流动"和"绑缚"，这些名称有什么正确性——

苏 你是说"我们如何回答他"，是吗？

赫 那当然。

苏 噢，刚才我们恐怕已经拿出了一个，所以看来我们有所分说。

赫 什么样的呢？

苏 把我们不认识的说成外族人的。［421d］其中有些或许真的如此，但由于年代久远，最初的名称也可能发现不了，因为，由于那些名称以各种方式被改变，倘若古代的语音与今天外族人的语音没有区别，［d5］一点也不奇怪。

赫 你说得完全有道理。

苏 因为我说得像回事。不过，我看找借口可不行，必须努力考察它们。可是，我们得想到，如果某个人一直追问某个名称由于哪些字眼［421e］而被说，接着又问这些字眼由于哪些而被说，如果他不停地这样做，这个提问者岂不必然最终会放弃？

赫 ［e5］我看是这样。

苏 ［422a］那么，这个放弃者在何时放弃才是恰当地结束？难道不是一旦达到那些似乎作为其他言辞和名称之元素的名称？因为，看起来，这些名称大概不应该再由其他名称［a5］铸成，如果实情如此的话。比如，我们刚才说过"善"由值得尊敬的和快的构成，兴许我们又说这个"快"由别的［构成］，别的又由其他的［构成］。［422b］但是，如果我们拿到那个不再由别的名称构成的［名称］，我们恐怕就应该说，我们已经达到元素，我们没有必要再将它回溯到其他名称。

赫 ［b5］我看你说得正确。

---

① 名称(onoma) = 被命名者(onomaston) = 被探求的存在(on hou masma estin)。真(alētheia) = 神圣的运动(alē theia)。假(pseudos) = 睡眠(katheudos)。存在(on) = 运动(ion)。不存在(ouk on) = 不运动(ouk ion)。

苏　所以,这里的情况也是,你问的名称恰好就是元素,这时我们岂不是必须依靠其他某种方式察看它们的正确性?

赫　好像是[这样]。

苏　[b10]确实像是,赫耳墨葛涅斯,至少此前所有的[名称]看起来[422c]都回溯到这些。倘若事实如此,如我认为的那样,那就再来跟我一起察看吧,以免我在说到最初的名称的正确性必定如何时胡说八道。

赫　[c5]尽管说吧,我会一起察看,尽我能力所及。

苏　所有最初和后来的名称都有同一个正确性,就作为名称而言,其中任何一个与任何一个都没有区别,我想你也这么看。

赫　[c10]当然。

苏　[422d]但是,我们眼下谈过的那些名称的正确性意在于此,以表示每个事物的情况。

赫　怎么不是呢?

苏　[d5]所以,最初的[名称]不比后来的[名称]更少具有这个东西,只要它们是名称。

赫　当然。

苏　但是,后者好像通过前者才能实现它。

赫　好像如此。

苏　[d10]好。可是,那些最初的[名称],没有别的东西支撑,凭借什么方式让事物尽最大可能向我们[422e]显现出来呢,如果它们是名称的话?回答我这个吧:倘若我们既没有声音,也没有舌头,却想互相表达事物,我们岂不恐怕得像如今那些哑巴一样,努力用手、头[e5]和身体其他部分示意?

赫　哪还有别的办法呢,苏格拉底?

苏　[423a]我想,倘若我们想要表示在上方和向上升的东西,我们大概就抬手指天,模仿事情的自然本身,倘若在下方和向下沉,就指地。倘若我们想要表示奔跑的马或者别的什么[a5]动物,你知道,我们恐怕得让我们自己的身体和形态尽量像它们。

赫　我看必然如你所说。

苏　因为,我认为[身体的]示意就是这样,[423b]如果身体看起来是在模仿那个它想要表达的东西。

赫　对。

苏　不过,既然我们想要借助声音、舌头和嘴[b5]表达,那么,由它们说出的东西对于我们岂不就是每个东西的标志,只要对于任何东西的模仿通过它们出现。

赫　我看必然如此。

苏　所以,看起来,名称借助声音成为每个[b10]被模仿者的模仿物,模仿者借助声音给被模仿者命名。

赫　我看是这样。

苏　[423c]但是,宙斯在上,我看眼下说得还不好,老兄啊。

赫　为什么?

苏　我们恐怕不得不承认,那些模仿羊、[c5]公鸡和其他动物的人是在给他们模仿的这些东西命名。

赫　说得对。

苏　那么,你看这是好事吗?

赫　至少我看那不好。可是,苏格拉底,哪种模仿[c10]是名称呢?

苏　依我看,首先,如果我们像凭借[423d]音乐术模仿事物那样模仿它们,就算这时我们也凭借声音模仿,再者,如果我们模仿音乐术模仿的那些东西,我看这都不是命名。我对你说的是这个:就每个东西来说,事物都有声音和形态,[d5]许多东西还有颜色?

赫　当然。

苏　所以看起来,如果某个人模仿这些,就不是[命名],关于这些模仿的技艺也不是命名术。因为,这些[技艺]要么是音乐术,要么是绘画术,不是吗?

赫　[d10]对。

苏　[423e]这个又如何?难道你不认为,每个东西都有存在,比如颜色和我们刚才说的那些?首先,颜色和声音本身,每一个难道没有某种存在,其他所有配得上[e5]存在这个说法的东西也是如此?

赫　我认为是。

苏　所以呢?倘若有人能够凭借字母和音节模仿每个东西的这个本

身，[也就是]这个存在，他岂不兴许可以表达每个东西是什么？不是吗？

赫　[424a]那当然。

苏　你会怎么称能这样做的人呢？此前的人，一者你称为音乐家，一者你称为绘画家。这个人是什么呢？

赫　[a5]我看，苏格拉底啊，这正是我们一直探究的，这个人大概就是命名家。

苏　那么，倘若真相如此，现在似乎应该察看你问的那些名称，关于"流动"以及"运动"和"阻碍"，它们是否借助字母和音节[424b]抓住了这些东西的存在，从而模仿其存在？

赫　那当然。

苏　来吧，我们看看最初的名称究竟是只有这些，还是也有其他许多。

赫　我想还有其他的。

苏　好像是。但是，那个模仿者依据什么区分方式开始模仿呢？既然模仿存在恰好凭借的是音节和字母，最正确的就是区分最初的元素，正如[424c]那些摆弄韵律的人首先区分字母的功能，然后是音节，从而到这时候再开始看韵律，而不是事先？

赫　对。

苏　[c5]那么，我们岂不同样必须首先区分元音，然后根据类区分别的，辅音和不发音的——那些聪明人大概就这样说自己——接着就是那些既非元音，又非不发音的？并且也在元音本身之中，[区分]所有彼此有所不同的类？[424d]一旦我们区分了这些，我们就必须很好地区分必须为之设立名称的一切存在者，如果有某些东西——正如元素一样，一切东西都回溯到它们，根据它们，人们有可能既看到存在本身，也看到在它们之中是否以同样的方式存在类，就像在字母中一样。[d5]我们必须通过很好地仔细考察所有这些，懂得如何根据相似者分配每一个，是必须将一个分配给一个，还是通过混合将多个[分配给一个]，正如那些想要摹仿的画家们，有时只分配紫色，有时[424e]则是别的任何颜色，但也有时候混合许多，比如在准备肉色或者别的某个这类东西时——因为，我觉得一种形像大约需要一种颜料——我们也正是这样将字母分配给事物，[e5]将一个［字母］给看起来需要它的一个，也用许多［字母］一起做成所谓的音节，再将音节放到一起，［425a］以此合成名词和动词；我们再用名词和动词合成某种伟大、美好和整全的东西，就像绘画术中的图画一样，在这里是命名术或修辞术或不论什么［a5］技艺中的言辞。更应该说，这不是我们［所为］，我说这话时出了神。因为，是那些古人按照铸造的方式这样合成的。倘若我们懂得巧妙地察看这一切，我们必须［425b］这样区分，并且这样观看最初的和后来的名称立得恰当与否。用其他方式拼凑恐怕都不值一提，不合正道，亲爱的赫耳墨葛涅斯。

赫　兴许如此，宙斯在上，苏格拉底。

苏　［b5］所以呢？你相信你自己能够这样区分它们吗？我可不行。

赫　那我就差得远啦。

苏　那么，我们要放弃吗，或者，你想让我们尽力而为，即使关于这些事我们只能看到一小点，也试着［425c］预言一番，就像不多会儿之前关于诸神所做的那样，虽然对于真相一无所知，我们也在猜测人们关于他们的意见，所以，我们现在是否同样要前进，对自己说，倘若它们必须得到区分，不论对于别的什么人［c5］还是对于我们来说，那就必须这样区分它们，不过，既然俗话说"尽其所能"，眼下我们必须为它们费心？你也这么看吧，或者你怎么说？

赫　我当然再赞同不过啦。

苏　［425d］赫耳墨葛涅斯，事物可以由于在字母和音节中被模仿而变得清楚，我认为这看起来荒唐。但这终究是必然。因为，关于最初的名称的真相，我们没有比这更好的可以归结，［d5］除非你想让我们——像那些悲剧诗人一样，一旦遇上什么困难就耍滑头，抬出诸神——也这样脱身，说最初的名称由诸神所立，因此立得正确。［425e］这对我们是最有力的说法吗？或者那个才是，说我们从某些外族人那里得到它们，而外族人比我们古老？还是说，由于其古老，不可能［426a］探究它们，就像外族人的［名称］一样？对于那些不愿意就最初的名称何以立得正确给个说法的人，所有这些恐怕都是非常聪明的逃避。不过，只要某个人不懂得最初的名称的正确性，［a5］他大概就不可能懂得后来的［名称］的［正确性］，它们必然根据前者得到说明，关于前者他一无所知。相反，显然，那些声称在这方面有技艺的人,关于最初的[426b]名称,必须能够最清楚地证明。或者,他必须知道,关于后来的[名称],他要胡扯。或者你有别的看法?

赫　苏格拉底,完全没有别的。

苏　[b5]所以,关于最初的名称,我看,我所认识的那些实在既放肆又荒唐。如果你愿意,这事我就对你说一说,不过,如果你能从哪儿弄到什么更好的,也试着对我说一说。

赫　就怎么办。那就放开胆子说吧。

苏　[426c]好吧,首先,在我看来 r 就像是一切运动的工具。我们没有说过运动因为什么而有这个名称,但是,它显然指的是趋向,因为我们在古代不用 ē,而用 e。开头[c5]出自"基埃因"——一个异乡名称——它就是运动。倘若有人寻找它在古代与如今的语音对应的名称,恐怕应该正确地称"赫希斯",可是今天,由于外邦的"基埃因",也由于换上 ē 和放进 n,它被称为"基奈希斯",尽管它应该被[426d]称为"基埃奈希斯"。静止指的则是运动的反面,经过修饰被称为"静止"。所以,如我所说,r 这个字母对于那个设立名称的人似乎是[d5]运动的美好工具,目的是摹仿运动,至少在很多地方他用它表达此事。

首先,在"流动"和"水流"本身当中,他通过这个字母模仿运动,然后在[426e]"颤"中,接着在"跑"中,而且在诸如"打""碎""劈""砸""切""转"这样的动词中,他都主要通过 r 刻画这一切。我认为他看到舌头在其中停得最少,动得最多,我看,他因此将它[e5]用于这些[名称]。

对于恐怕最能穿过一切的所有微粒,他则又用 i。因此,[427a]他通过 i 模仿"运动"和"走动",就像他借助 f、ps、s 和 z 这些吐气的字母,通过为所有这些东西命名模仿它们:比如"抖动""翻动"和[a5]"晃动",总之就是摇动。一旦他或许要模仿与风相似的东西,那个设立名称的人似乎尽量总是在其中放进这类字母。

再者,d 挤压舌头,t 阻压舌头,[427b]他似乎认为这些是用来模仿"锁链"和"静止"的功能。由于看到舌头在 l 中滑动最大,他通过摹仿立下"平滑""光滑"本身、"滑腻"[b5]"粘稠"和其他所有这类名称。可是,只要 g 的功能阻碍舌头的滑动,他就通过"粘""甜"和"黏"来模仿。[427c]再者,由于感觉到 n 的声音在里面,他立下"内"和"里",借助这些字母摹仿这些事情。他又将 a 赋予"大",将 ē 赋予"长",因为这些字母都扩张。他需要[c5]用 o 表示"圆",就尽量多地将它掺进这个名称。那个立名者似乎就这样拿来其他的,根据字母和根据音节为每个存在者制作标志和名称,借助它们合成其余的[名称],以模仿那些东西本身。这个,[427d]在我看来,赫耳墨葛涅斯啊,指的才是名称的正确性,除非这个克拉提洛斯有别的说法。

赫 实际上,苏格拉底啊,克拉提洛斯确实经常给我弄来很多麻烦,正如我一上来所说,[d5]他说存在名称的正确性,却根本不把它是什么讲个明白,结果,我都没法知道,关于这事他每次说得这么含混究竟是故意还是无意。所以现在,[427e]克拉提洛斯,当着苏格拉底的面,你说,苏格拉底关于名称的说法你到底满不满意,或者,你有什么更好的要说? 如果有的话,你就说,也好要么跟苏格拉底学点什么,要么教教我们俩。

克 [e5]什么,赫耳墨葛涅斯? 你觉得这么快地学习和教授一件事情容易吗,更不用说这种事看来是大事中的大事?

赫 [428a]宙斯在上,我可不觉得。但是,我觉得赫西俄德说得好,他说,"积土成山"是管用的。所以,倘若你能多来一点点,就别犹豫,给这个[a5]苏格拉底——如果你正义的话——也给我点好处。

苏 克拉提洛斯,至少我自己恐怕不会坚持我的说法,我只是跟赫耳墨葛涅斯察看我的感觉如何,所以,关于这件事你放开胆子说,倘若[428b]你有什么更好的,因为,我会接受的。倘若你真的有什么比这些更好的要说,也不奇怪。因为,我看,你既自己探究这类事情,也跟别人学习。所以,如果你要说什么更好的,在名称的正确性方面,[b5]就收我当个学徒吧。

克 是的,苏格拉底,如你所说,我确实为这事费过心,也许可以让你当[428c]学徒吧。可是,我怕情况完全相反,因为,无论如何我该对你说阿喀琉斯这个人在《祈求》中对埃阿斯说的话。他说:"埃阿斯,宙斯的后人,忒拉蒙之子,民人的君主,[c5]你看起来依着我的脾性说出了一切。"①对我来说,苏格拉底,你看起来颇为依着我的心智预言,要么你跟着游叙

---

① 见《伊利亚特》9.644-645。《祈求》是《伊利亚特》中的片段标题,如今通行的荷马史诗分卷在柏拉图时代尚未出现,所以柏拉图使用片段标题来指示文本位置。

弗伦变得有灵性,要么有位别的缪斯一直悄悄在你身上。

苏　[428d]好人克拉提洛斯啊,我自己一直对我的智慧感到惊奇,不相信它。所以,我看我们必须重新察看我说的话。因为,自己欺骗自己在所有事情中最糟糕。当欺骗者片刻不离,总是在身上,怎能不可怕?所以,似乎必须[d5]不断回到之前说过的话,并且试着——用那个诗人的话说——"同时向前向后"看看。所以,现在让我们看看我们说过什么。[428e]我们说,名称的正确性就是揭示事物是如何,我们会说这说得恰当吗?

克　在我看来绝对很恰当,苏格拉底。

苏　所以,说出名称是为了教授?

克　[e5]当然。

苏　那么,我们会说这是技艺,有它的匠人?

克　当然。

苏　谁呢?

克　[429a]你一开始就说过的那些人,立法者们。

苏　那么,我们会说这门技艺在人们之中与其他技艺来得像还是不像?我想说的是这个。有些画家大概更差,[a5]有些则更好?

克　当然。

苏　所以,更好的[画家]将他们的作品——也就是那些画——做得更好,更差的则[做得]更平庸?建房者同样如此,有些房子建得更好,有些则更糟?

克　[a10]对。

苏　[429b]所以,立法者岂不一样,有些将它们的作品做得更好,有些则更糟?

克　我不再认为是这样。

苏　难道你不认为有些礼法更好,有些则[b5]更平庸?

克　确实不。

苏　那么,你似乎也不认为,某个名称立得差,另一个则好?

克　确实不。

苏　[b10]所以,所有名称都立得正确?

克　只要它们是名称。

苏　那么刚才说过的事呢？对于这个赫耳墨葛涅斯，我们到底[429c]该说根本没取这个名字，除非他有赫耳墨斯族人的某些东西，还是该说的确取了，只是[取得]不正确？

克　至少在我看来，苏格拉底，看似取了，实则没取，这个名称是别人的，只要他有这个自然[c5]。

苏　如果有人说他是赫耳墨葛涅斯，此人也没说假话？因为，如果他不是[赫耳墨葛涅斯]，说这个人是赫耳墨葛涅斯，这恐怕也同样不可能？

克　怎么讲？

苏　[429d]说假话完全不可能，难道这不是你的说法的效果？因为，说这话的人有一长串，亲爱的克拉提洛斯，不论如今还是过去。

克　是的，苏格拉底，因为，如果有人说[d5]他说的这个，他怎么可能不说某个存在者？或者，说假话难道不是这样:不说存在者？

苏　对于我和我这把年纪，老兄啊，这说法太高明。不过，你还是对我说一下这些:[429e]在你看来说假话不可能，认定[假话]则可能？

克　在我看来认定也不可能。

苏　也不能言出和道出吗？比如，倘若有人在异乡遇到你，握住你的手说，"你好啊，雅典的异乡人，斯米克里翁之子，赫耳墨葛涅斯"，这个人这样说出这话，或者道出这话，或者言出这话，或者这样叫你，恐怕不是冲你，而是冲这个赫耳墨葛涅斯？或者谁也不冲？

克　在我看来，苏格拉底，这个人发出这些声音恐怕另当别论。

苏　[430a]这倒也中听。这个发声者喊得真还是假？或者，其中有些真，有些假？即使这个也够了。

克　我恐怕会说这种人在制造杂音，他[a5]自己在乱动，就像有人敲着铜盆走动。

苏　来吧，克拉提洛斯啊，如果我们有法子调和的话。难道你不会说，名称是一回事，名称所属的这个东西是另一回事？

克　至少我会。

苏　[a10]那么，你同意名称大概是事物的[430b]模仿物吗？

克　完全、绝对同意。

苏　那么,你会说画作也以另外一种方式是某些事物的模仿物吗?

克　[b5]对。

苏　那好——因为,兴许我不理解你说的究竟是什么,你也许恐怕说得正确——人们是可以将这两个模仿物,也就是画作和那些名称,分配并赋予那些它们[b10]模仿的事物,还是不可以?

克　[430c]可以。

苏　那么先看这个。恐怕某个人可以将男人的形像赋予这个男人,将女人的[形像]赋予这个女人,其他的也如此?

克　[c5]那当然。

苏　那么,也可以反过来将男人的[形像]赋予女人,女人的[形像]赋予男人?

克　这也可以。

苏　那么,是两种分配都正确,还是其中[c10]之一[正确]?

克　其中之一。

苏　我认为,它给每一个赋予符合的和相似的。

克　我也这么看。

苏　[430d]既然我和你是朋友,为了不至于在言辞中争斗,接受我的说法吧。老兄啊,就绘画和名称这两种模仿物来说,我把这样的分配称为正确的,但就[d5]名称来说,除了正确还有真。另一种不合礼法的给予和赋予,[我称它]不正确,一旦涉及名称,也[称它]假。

克　但是,苏格拉底啊,恐怕就画作来说[430e]存在这个情况,也就是不正确的分配,在名称中则不然,而是永远正确。

苏　怎么讲?这个与那个有什么不同?难道不可以走到一个男人跟前说,"这是你的[e5]画像",并且向他展示他本人的形像,如果碰巧有的话,或一个女人的[形像],如果碰巧有的话?我说的展示,就是放到视觉之前。

克　当然。

苏　那这事呢?难道不可以再走到同一个人跟前说,"这是你的名称"?名称差不多也是模仿物,就像画作一样。我说的是这个:难道不应该可以对他[431a]说,"这是你的名称",然后将这个人的模仿物——如果碰巧有的话——相应地放到听觉之前,称"男人",或者,如果碰巧有的话,将人类中的女性的模仿物[放到听觉之前],称"女人"?你不认为这[a5]是可能的,并且时有发生吗?

克　苏格拉底,我乐意跟你走,且让它这样吧。

苏　你做得好,朋友啊,倘若事情就是如此。因为,眼下完全没有必要为此争斗。所以,倘若[431b]在这里存在这样一种分配,我们要将其中一者称为说真相,将另一者[称为]说假相。倘若事实如此,可以不正确地分配名词,也可以不给每个东西赋予恰当的[名词],有时反而是不恰当的[名词],对于动词恐怕也可以做同样的事情。倘若可以这样设立动词和名词,言辞必然如此,[431c]因为,至少我认为,言辞是它们的结合。或者,你怎么说,克拉提洛斯?

克　是这样,我看你说得好。

苏　所以,倘若我们再把最初的名称比作[c5]画像,我们就可以——就像在画作中那样——赋予所有恰当的颜色和形态,但也可以不是所有[颜色和形态],而是漏掉一些,又加上另外一些,既太多又太大。不是吗?

克　是。

苏　[c10]所以,赋予所有[颜色和形态]的人很好地产生画像和形像,至于添加或减少的人,他也制成画像和形像,不过,是拙劣的[画像和形像]?

克　[431d]对。

苏　通过音节和字母模仿事物之存在的人又如何呢?根据同样的道理,如果他给予所有恰当的,岂不就有[d5]一个美的形像——不过这是名称——可是,如果他有时稍有遗漏或添加,也会产生一个形像,只是不好?所以,有些名称制得好,有些坏?

克　兴许吧。

苏　[431e]所以,兴许名称的工匠有的好,有的坏?

克　对。

苏　他的名称是"立法者"。

克　[e5]对。

苏　所以,宙斯在上,兴许就像其他技艺的情况,有的立法者好,有的坏,如果我们的确同意前面那些。

克　是这样。但是,你看啊,苏格拉底,当我们[e10]在书写技艺中将这些字母——a、b以及每个字母——给予这些名称,[432a]如果我们拿掉、加上或调换一些,不是我们写下了一个名称,尽管[写得]不正确,而是根本什么都没写,相反,如果发生其中一种情况,它马上就成为另一个[名称]。

苏　[a5]这样看恐怕看不好,克拉提洛斯。

克　为什么呢?

苏　也许,任何必然基于某些数存在或不存在的东西,恐怕是你所说的这情况,就像十[a10]本身或者任何你想要的其他数,如果拿掉或[432b]加上一些,马上就变成另一个。可是,恐怕这并不是有质性的东西和所有形像的正确性,恰恰相反,要让一个形像存在,完全没有必要给出所有属于其描述对象的东西。你看我是不是言之有理。[b5]难道没有这样两个事物,克拉提洛斯和克拉提洛斯的形像,倘若某个神不是仅仅像画家们那样刻画你的颜色和形态,而是也制作体内的所有那些东西,就跟你的一样,并且给予[432c]同样的软度和温度,又在其中放入运动、灵魂和明智,就像你身上的那些,总之就是你所具有的一切,把这相同的另一个摆到你旁边?这时候,到底是有克拉提洛斯和克拉提洛斯的形像呢,还是有两个克拉提洛斯?

克　苏格拉底,它们至少在我看来是两个克拉提洛斯。

苏　所以,朋友啊,你看到了吧,关于形像以及我们刚才说过的东西,必须寻找其他的正确性,也不要强说,如果哪里[432d]少了或者多了,它就不再是形像?或者,难道你没有感觉到,多少形像都不具有与原物同样的东西?

克　我感觉到了。

苏　[d5]不论如何,克拉提洛斯,那些名称作为其名称的东西恐怕会被这些名称弄得荒唐,倘若[这些名称]在所有地方都完全与它们相似。因为,[那样的话]一切恐怕差不多都成了一双,在这两个当中,没有谁能说,哪个是本身,哪个是名称。

克　[d10]说得对。

苏　所以，俊才啊，大胆地承认一个名称立得［432e］好，另一个则不然吧，不要强迫它具有所有字母，以使它绝对与原物一样，也让不恰当的字母出现吧。倘若字母如此，也让言辞中的名称如此吧，倘若名称如此，也承认言辞中的言辞会被不［e5］恰当地安到事物之上吧，同时，承认事物得到了命名和言说吧，只要在关于一个事物的言辞中，这个事物的模式在，就像在［433a］字母的名称中那样，倘若你记得我刚才对赫耳墨葛涅斯说过的话。

克　当然记得。

苏　那就好。因为，只要它在，就算并不具有所有［a5］恰当的，这个事物至少可以得到言说，［具有］所有的，就［说得］好，只［具有］一些个，则不好。所以，有福的人啊，我们就让它们得到言说吧，以免我们像那些深夜里在埃吉纳的街道上游走的人一样受罚，情况大为相似，［433b］真的比应该到达之时更晚地到达事物。否则，就寻找名称的某个别的正确性，不同意名称凭借音节和字母表达事物。因为，倘若你［同时］断言这两者，就不能自圆［b5］其说。

克　我看，苏格拉底啊，你至少说得有分寸，我就这么认为吧。

苏　那么，既然我们都认为是如此，接下来看看这个：倘若我们说名称立得好，那么，它必须有恰当的字母吗？

克　对。

苏　［433c］那些与事物相似的［字母］才恰当？

克　当然。

苏　所以，那些立得好的［名称］就是这样立的。可是，倘若某个［名称］设立得不好，兴许其中大部分恐怕都是恰当和［c5］相似的字母，只要它是形像，但它也会有些不恰当的［字母］，由此这个名称恐怕既不美好，也制作得不好。这样说对不对？

克　我看没必要再争斗了，苏格拉底，无论如何这不能让我满意：断言某个东西是个名称，哪怕它立得［c10］不好。

苏　［433d］名称是事物的标志，这个你也不满意吗？

克　我满意。

苏　可是，在名称当中，有些由更早的铸成，有些则是最初的［名称］，你不觉得这样说很好吗？

克　我[觉得]。

苏　可是,如果最初的[名称]要成为某些东西的标志,你有什么更好的方式使它们成为某个东西的标志吗,[433e]除了让它们尽量与它们必须表示的那些东西一个样？ 或者,赫耳墨葛涅斯和其他许多人说的这个方式更让你满意:名称出自约定,并且向那些定立约定之人和事先知道事物之人进行表示,这个东西——约定——就是名称的正确性,[e5]不论一个人按照眼下达成的那样达成约定,还是反过来,将眼下的小称为大,将眼下的大称为小,都没什么分别？ 这两种方式,哪个让你满意？

克　[434a]苏格拉底,借助相似物表示一个人表示的东西,而非借助随便某个东西,这完全、绝对更好。

苏　说得好。那么,如果名称与事物相似,字母是否必然自然与事物[a5]相似——人们用字母构成最初的名称？ 我说的是这个:一个人到底能不能合成我们刚才所说的与某个存在者相似的画作,倘若手头没有依据自然[434b]与绘画术模仿的那个东西相似的颜料,既然那些画作由它们构成。不可能吧？

克　不可能。

苏　所以,同样,名称恐怕也不会变得[b5]与任何东西相似,倘若没有那些用以构成名称的最初的东西——它们与名称模仿的那些东西具有某种相似性？ 不过,名称必须由字母构成吧？

克　对。

苏　那么,现在你也加入赫耳墨葛涅斯刚才参与的[434c]谈话吧。说说吧,在你看来,说 r 与走动、运动和坚硬相似,说得好还是不好？

克　在我看来,[说得]好。

苏　l 则与光滑、柔软和刚刚说的那些东西[相似]？

克　对。

苏　那么,你知道吗,对于同一个东西,我们称"坚硬",厄瑞特里亚人则称"斯克莱若泰尔"？

克　当然。

苏　[c10]那么,r 和 s 这两者都与同一个东西相似吗,结尾的 r 对于他们与 s 对于我们表示同一个东西吗,或者,这个名称对我们其中一个不表示[那个东西]?

克　[434d]对两个都表示[那个东西]。

苏　因为 r 和 g 恰好相似,还是因为不相似?

克　因为相似。

苏　[d5]那么,在所有方面都相似吗?

克　至少在都能表示运动方面。

苏　其中包含的 l 也是吗? 它岂不表示坚硬的反面?

克　兴许把它放在其中并不正确,苏格拉底。正如[d10]你刚才对赫耳墨葛涅斯所说,在必要的地方拿掉和放入字母,至少我看你说得正确。现在或许我们该说 r,而不是 l。

苏　[434e]说得好。所以呢? 按照眼下的说法,倘若某个人说"坚硬的",我们根本不理解彼此,你也不懂我说的话吗?

克　我懂,这是因为习惯,好朋友。

苏　你认为,说习惯跟说同意有什么分别吗? 或者,你说的习惯无非是,如果我说出这个,我想到某个东西,而你认出我想到了它? 你不是这个意思吗?

克　[435a]是。

苏　那么,倘若在我发声时,你认出了这个东西,你就从我这里得到了一个标志。

克　对。

苏　这是因为与我在发声时想到的东西不同的东西,倘若 l 与你所说的坚硬不相似的话。可是,倘若情况如此,无非是你自己与自己达成约定,名称的正确性对你来说就成了约定,因为相似和不相似的字母都进行表示,如果恰好符合习惯和约定? 即使习惯不是[435b]约定,也不好说相似者就是标志,习惯才是,因为,习惯凭借相似和不相似的东西进行表示。既然我们同意这些,克拉提洛斯——因为我把你的沉默当作同意——[b5]那么,约定和习惯必然促成我们表示我们在说话时心想的东西。因为,最好的人啊,倘若你乐意回到数,你认为该从哪里弄到相似的名称,以便赋予每一个数,如果你并不允许[435c]你的同意和约定在名称的正确性上有权威？所以，至少我自己满意的是，按照功能，名称与事物相似。但是，恐怕真正说来，用赫耳墨葛涅斯的话说，相似性的吸附作用本身[c5]可怜得很，对于名称的正确性，还必须使用这个笨拙的东西：约定。兴许，按照功能，如果要么全部要么尽量用相似的亦即恰当的东西说话，恐怕就说得最好，[435d]反之恐怕最糟糕。不过，接下来你对我说说这个：对于我们，名称有什么功能，它们制成的那些美好的东西，我们说是什么？

克　至少我看[这个功能]是教授，苏格拉底，这一点相当[d5]清楚：懂得名称的人，也懂得事物。

苏　兴许，克拉提洛斯，你说的是这样的东西：如果某个人懂得一个名称的情况——它与一个事物正相似——[435e]那么他也懂得这个事物，因为这个事物恰好与这个名称相似，所有彼此相似的都涉及同一门技艺。我看，依据这一点，你说懂得名称的人也懂得事物。

克　[e5]你说得完全正确。

苏　现在让我们看看，你说的这个教授存在的方式到底是什么，是不是还有其他的，尽管这个更好，或者除此之外没有其他的[方式]。你怎么认为？

克　[436a]至少我看是这样，根本没有其他[方式]，这就是唯一最好的。

苏　对存在者的发现，也是一回事吗，发现了名称的人也发现了名称所属的[a5]那个东西吗？或者，探寻和发现需要别的方式，了解则用这个[方式]？

克　绝对应该以这同样的方式照着这样探寻和发现。

苏　来吧，克拉提洛斯，让我们想想，倘若某个人跟着名称[436b]探寻事物，察看每一个[名称]的意思，难道你没想到，被骗的危险可不小？

克　为什么？

苏　[b5]显然，如我们所说，最初设立名称的人，不论他认为事物是什么，就这样设立名称。不是吗？

克　对。

苏　所以，倘若这个人想得不正确，却照他的想法设立[名称]，你认为我们这些跟随他的人会遭遇什么呢？除了受骗,还有什么？

克　但是,恐怕实情不是这样,苏格拉底。那个设立名称的人必然[436c]依据知识设立它们,否则,我老早就说过,它们恐怕根本不是名称。你得看到,最大的证据就是,那个设立者没有在真相上栽跟头,否则他的所有[名称]恐怕不会如此协调。或者,你说的时候难道没有想到,所有名称都依同一个方式向着同一处？

苏　但是,好人克拉提洛斯啊,这绝不是借口。因为,倘若那个设立者倒在最初的名称上,后来[436d]迫使其他人朝着同一条路,强制他们与自己步调一致,这事可不离谱。这事有时就像丈量,起初有个不起眼的小错误,随后剩下的一大堆步骤却彼此一致。所以,关于所有事情的[d5]开端,每个人都必须反复言说,反复察看它定得正确与否。充分考察过这个[开端],剩下的必然显得随之而来。可是,尽管如此,[436e]如果这些名称本身确实彼此一致,我恐怕会惊讶。因为,让我们回头看看之前谈过的那些。我们说,由于一切都在运动、走动和流动,名称向我们揭示存在。除此之外,在你看来名称还表示[e5]什么吗？

克　[437a]完全如此,它们正确地表示。

苏　那么,让我们先从其中拿出"知识"这个名称,看看它有多含混,它似乎表示,它使我们的灵魂[a5]停在事物面前,而非一起被带动,比起加上一个 e 念做"埃佩斯泰迈",更正确的做法是像如今那样念它的开头,应该添加的是一个 i,而不是一个 e。然后是"恒定",它模仿的是某种根基和站立,而不是走动。[437b]再者,"追究"本身大概表示,它让流动停止。"可靠"完全表示停止。接下来,"记忆"对于所有人大概都表明,它在灵魂中是稳固的东西,而非运动的东西。倘若你愿意,"失误"和"不幸"——[b5]倘若有人照着名称追索——看起来与这个"聪颖"和"知识"以及其他所有关于卓越事物的名称一个样。还有,"无学"和"放肆"看起来与这些接近,[437c]因为,"无学"看起来就是与神一同行走,"放肆"看起来则完全是跟随事物。这样一来,我们为那些最坏的东西所立的名称,恐怕与那些最好的极为相似。[c5]我想,要是有人费点事,恐怕还会另有许多发现,由此他恐怕又会回过头来认为,那个设立名称的人揭示的是,事物不是运动或走动的,而是恒久的。

克　[437d]但是,苏格拉底,你可以看到,许多[名称]都表示那些。

苏　这又如何呢,克拉提洛斯?我们像计算石头子一样计算名称吗,名称的正确性就在于此?不论更多的名称看起来表示什么,这就是真相?

克　好像不太行。

苏　绝然不行,朋友啊。让我们把这些[438a]放在一边,再回到我们开始走岔的地方。倘若你记得,刚才在前面,你说那个设立名称的人必然依据知识设立那些被设立的[名称]。你是否还这么看?

克　[a5]还是。

苏　你也说那个设立最初名称的人依据知识设立吗?

克　依据知识。

苏　那么,他根据什么样的名称要么了解要么发现[438b]事物,倘若最初的名称还没立下来,可是我们又说,除非要么了解要么自己发现这些名称是什么,否则不可能学到和发现这些事物?

克　我看你言之有理,苏格拉底。

苏　[b5]那么,我们以什么方式说,在任何名称为了他们的认识得以设立之前,他们依据知识设立[名称]或身为立法者,倘若除了根据名称就不可能了解事物?

克　[438c]苏格拉底,我想,关于这些事情,最真实的说法是,有某种比世人更伟大的力量为事物设立了最初的名称,因而它们必然来得正确。

苏　[c5]那么,你认为这个设立者——某个精灵或神——在设立它们时会自相矛盾吗?还是说,在你看来我们刚才在胡说?

克　但是,其中一堆恐怕不是名称。

苏　最好的人啊,哪一堆呢,指向静止的还是指向运动的?照我们刚才所说,这大概不靠多数[c10]判定。

克　[438d]苏格拉底,这当然不合适。

苏　那么,如果名称分派别,有一些声称自己是与真相相似的东西,另一些则声称自己是[真相],我们靠什么或者诉诸什么来判定?除了这些名称,[d5]我们大概不能诉诸别的名称,因为没有别的名称。相反,我们显然得找名称之外的什么东西,它会通过清楚地展示关于存在的真相,撇开名称向我们揭示其中哪个才是真的。

克　[438e]我看是这样。

苏　所以,克拉提洛斯啊,倘若事实如此,似乎可以撇开名称了解存在。

克　好像是。

苏　[e5]那么,你还期望凭借什么别的东西了解它们呢?难道是凭借某个别的,而不是凭借这个有理且最合适的[手段],也就是凭借相互关系,倘若它们以某种方式,也凭借它们本身相类?因为,与它们不同和相异的东西大概表示不同和相异的东西,而不是它们。

克　我看你说得对。

苏　[439a]宙斯在上,打住。我们不是多次同意吗,对于名称为之而设的东西,那些立得好的名称与它们相像,而且是这些事物的形像?

克　对。

苏　[a5]所以,即使可以凭借名称了解事物,也可以凭借它们本身,哪种了解更好,也更清楚?根据形像既了解[形像]本身,看它是不是一个做得好的形像,也了解有形像的真相,[439b]还是,根据真相了解[真相]本身及其形像,看它做得恰当与否?

克　我看必须根据真相。

苏　所以,必须凭借什么方式了解或发现[b5]存在,这兴许凭你我认识起来都太大。不过,在这件事上达成一致也可以满意,那就是,不要根据名称了解和探究它们,比起根据名称,更应该根据它们本身。

克　好像是这样,苏格拉底。

苏　[b10]那么,我们再看看这个,以免[439c]这许多伸向同一处的名称欺骗我们,倘若实际上那些设立它们的人在设立之时认为,一切都永远在运动和流动——因为,我看他们确实这么认为——不过,事实也许不是如此,倒是[c5]这些人自己在扑腾,就像掉进了一个漩涡,拽得我们也跌下水。因为,了不起的克拉提洛斯啊,你看看我时时梦想的事吧。我们会说,存在美和善本身,每一个[439d]存在者都是如此,不是吗?

克　我看是这样,苏格拉底。

苏　那么,我们看看这个本身,不是看表象或这类东西美不美,这一切看起来都在流变,而是看美本身:我们不是说,美本身是永远如其所是

[d5]的东西吗？

克 必然。

苏 那么，倘若它不断偏离[自身]，人们能够正确地指着它说，首先它是这东西，其次它是什么样的东西，[d10]或者，在我们说话的同时，它必然转眼就变成另一个东西，悄然逝去，不再如此？

克 必然。

苏 [439e]那么，这个从不始终如一的东西怎么可能是某物？因为，倘若它始终如一，至少在这一刻它显然不改变；倘若它永远始终如一，是它自己，它怎么可能改变或运动，[e5]既然它不与自己的形相分离？

克 绝不会。

苏 那么，恐怕甚至没有任何人认识它。因为，[440a]在认识者靠近的同时，它恐怕会变成另一个东西和另一个样子，所以，恐怕不再能够认识它是怎样的东西或处于什么状态。显然，没有任何认识可以认识它认识的东西，如果那东西不处于任何状态。

克 [a5]如你所说。

苏 但是，克拉提洛斯啊，倘若一切事物都在流逝，无物驻留，也就不能说有认识。因为，倘若这个东西本身——这个认识——作为认识并不流逝，认识就永远驻留，也永远是认识。可是，倘若认识的形相本身[440b]也在流逝，在认识的形相转变成另一个东西的同时，恐怕也就不存在认识了。倘若它永远在流逝，恐怕永远不存在认识，根据这个道理，恐怕既不存在认识者，也不存在被认识者。但是，倘若[b5]永远存在认识者，存在被认识者，也存在美，存在善，还存在每一个存在者，那么我看，我们现在说到的这些绝不与流动相似，[440c]也不与运动相似。所以，事实到底是这样，还是像赫拉克利特的那些门徒和其他许多人说的那样，恐怕不容易看清，有心智的人多半也不会依靠名称照看自己和自己的灵魂，相信它们和那些设立它们的人，以至于断言自己有某种知识，判定自己和万物绝无任何完整可言，一切都像漏水的陶罐，认为万物的状况就是如此，[440d]简直就像那些苦于泗症的人，一切事物都深陷流动和泗症之中。

克拉提洛斯啊，兴许事实确实如此，兴许亦非如此。所以，必须勇敢地好好察看，不要轻信别人——因为你还年轻，来日方长——你在察看的时候,[d5]一旦有所发现,也告诉我吧。

克　我会这么做的。不过你放心,苏格拉底,就算现在我也不是未经考虑,经过[440e]不辞劳苦的考虑,我看事情多半更像赫拉克利特所说的那样。

苏　好吧,小兄弟,回头你教教我,等你再来的时候。你现在照计划下乡去吧,[e5]这个赫耳墨葛涅斯会领着你。

克　就这样吧,苏格拉底,不过,你今后也努力再想想这事吧。

泰阿泰德

贾冬阳 译 黄薇薇 校

欧几里得① ［142a］刚刚从乡下上来,忒尔普西翁,还是已经到了一会儿?

忒尔普西翁 好一会儿了。我一直在市场找你,还纳闷儿怎么找不到你。

欧 那会儿我不在城里。

忒 ［a5］去哪儿了?

欧 下港口去了,碰巧遇见泰阿泰德②,正被人从科林多的军营抬往雅典。③

忒 活着还是死了?

欧 ［142b］还活着,[但已]奄奄一息:他身负重伤,更糟糕的是,还感染了在军中爆发的传染病。

忒 莫不是痢疾?

欧 ［b5］正是。

---

① 欧几里得是来自伊斯特摩斯地峡的麦伽拉人(不是后来写作《几何原本》的那位同名数学家),致力于研究帕默尼德的作品,后创建"麦伽拉学派",忒尔普西翁也是该学派成员。二人与苏格拉底关系匪浅。欧几里得曾多次去狱中探访苏格拉底(《泰阿泰德》142d–143a),苏格拉底饮鸩前,他俩都在场(《斐多》59c),但自始至终保持沉默,未发一言。

② 泰阿泰德(约前417—前369),以"无理数理论"和"正多面体理论"著称,被誉为公元前5世纪最伟大的几何学家之一。

③ 古希腊史上的科林多战役有两次,分别发生在公元前394年和公元前369年。据此推测,本篇对话的"写作时间"应该在公元前369年以后不久,为了纪念泰阿泰德之死。在对话结尾,柏拉图又挑明《泰阿泰德》的"戏剧时间"是公元前399年,即苏格拉底饮鸩前不久。

忒　你说这样的人竟遭此磨难！

欧　一个既美又好的人！忒尔普西翁，事实上就在刚才，我还听到不少人盛赞他在此战中的表现。

忒　毫不奇怪，若不如此，那才稀奇呢。不过，他为何不[142c]在麦伽拉就地停留？

欧　急于回家，我虽苦苦相劝，他仍不肯留下，我就护送了他一程。回来的路上，我想起了苏格拉底，他谈论某些事情尤其是谈及此君时预言般的[c5]说法，让我惊讶不已。我记得，他在去世前不久，曾偶遇此君，那会儿泰阿泰德还是个毛头小子。相见接谈之下，苏格拉底盛赞其天资。我到雅典时，他把与此君交谈的细节[142d]复述给我听——真值得一听！——他还说，倘若天假以年，此君必将出类拔萃。

忒　他显然说中了。那么他们[d5]都谈了些什么？能不能复述一遍？

欧　不行，宙斯在上，至少没法随口一说。[143a]当时我一回家，先做备忘，随后有闲暇时，回忆起什么，就记下来；另外，我总去雅典，三番五次向苏格拉底询问我遗忘的内容，回来再做修订。这样，就我来说，记下的东西极为接近[a5]完整的谈话。

忒　的确如此。我以前听你提过，其实我一直打算请你拿出来看看。现在我们何妨来仔细读一遍？反正我刚从乡下上来，总归要休息一下。

欧　[143b]我护送泰阿泰德直到厄里诺斯①，也乐意歇一会儿。走吧，我们休息时，这个童仆会读给我们听。

忒　太好了。

欧　[b5]本子在这儿，忒尔普西翁，我是这样记录那场谈话的：不用苏格拉底向我转述的语气，而用他与那些人直接交谈的语气。据他说，与他交谈的人是几何学家忒俄多罗斯和泰阿泰德。为了[143c]避免谈话中的旁白使记录变得啰唆——像苏格拉底提到自己时用的"我说""我回答"，提到回答者时用的"他同意"或"他不同意"——这些地方我都记录得像苏格拉底在直接与对方谈话一样，那些话[c5]我都删掉了。

---

① 厄里诺斯位于匹琉西斯港与雅典之间，毗邻克斐索斯河。据说，斐尔塞佛涅就是在此地被冥王哈得斯掠走的。柏拉图以此暗示泰阿泰德将赴冥府。

忒 这么处理,欧几里得,[我觉得]没啥不合适的。

欧 那好,小家伙,拿本子来读吧。

苏格拉底 [143d]要是我更关心居热涅①的事,忒俄多罗斯,我就会向你打听那儿的事情和那儿的人,那里的年轻人中有谁留心几何学或其他某种热爱智慧。可实际上,与那儿相比,我更爱这儿的人,所以我更急于知道,我们[雅典]的青年将来[d5]谁有望[与其天赋]相称。我现在尽力探究这些事,见到年轻人愿意追随的那些人,就向他们打听。年轻人中有不少来跟你交往,这很[143e]公道,不管因为其他方面还是几何学,你都值得他们如此。所以,假如你遇到过哪个人值得一提,我很乐意听听。

忒俄多罗斯 老实说,苏格拉底,我在你那些城邦民中[e5]碰到这样一个年轻人,相当值得我说,也值得你听。而且,要是他长得漂亮,我就不敢多谈,以免有人怀疑我迷上了他。可事实上——别见怪——他长得不好看,反而像你一样,塌鼻子、凸眼睛,只不过他的这些特征不及你显眼,[144a]所以我大胆地说说。因为你要知道,在那些我遇到过的年轻人中——来和我打交道的年轻人很多——我从没见过谁的天资好得如此惊人。他敏于学习——其他人都难以做到这一点,而又[a5]异常温良。此外,他比随便哪个人都更有男子气,我没想到[会有这种事情]发生,更没料到还能亲得见。相反,那些像他一样敏于学习、记性又好的人多数脾气暴躁,东摇西晃地,就像没有压舱石的[144b]大船,他们与生俱来的是更疯狂而非更勇敢。那些较为持重的人呢,一碰到学习就慢吞吞的,而且老是健忘。唯有他,极为温和地推进学习和探究[b5],如此平稳、毫不迟疑、卓有成效,如同一条油河无声流淌,让人惊诧他何以在这般年纪就有如此成就。

苏 你说了个好消息。他是城邦民中谁的儿子?

忒 我听过名字,但不记得了。[144c]不过,他就在朝我们走来的这群人里,居中的那位。刚才他和他的这些友伴在操场外涂油,现在像是涂完油往这儿来了。看看你能不能认出他。

---

① 又译"昔兰尼""居勒尼",公元前630年,锡拉岛的殖民者建立了居热涅城(希罗多德在《原史》卷四中详述了建城经过),位于今利比亚境内。

苏　[c5]我认得。他是苏尼昂的欧弗罗尼俄斯的儿子,朋友,那人就是你说的那种人,他在其他方面名声也好,而且实在留下了好大一笔"财产"①。可我不知道这个年轻人的名字。

忒　[144d]泰阿泰德,苏格拉底啊,这是他的名字。可那份儿"财产",我看似乎被[他的遗产]托管人中的哪一位给抛费完了。但就算如此,他在钱财上的慷慨还是相当惊人,苏格拉底。

苏　[d5]你说的是个高贵男子。请他过来,坐在我旁边。

忒　好的。泰阿泰德,过来挨着苏格拉底。

苏　千万坐过来,泰阿泰德,好让我也瞧瞧自己有哪一种面相,既然忒俄多罗斯说[144e]我的面相跟你相似。但是,假如我们俩各有一张里拉琴,他说这两张琴给调成相似的调儿了,我们是立马相信呢,还是该考察一下说这话的是不是一位乐师?

泰阿泰德　我们该考察一下。

苏　[e5]要是我们发现他是这类人,就相信他,但若是他不熟习音乐,就不信?

泰　对。

苏　可眼下,我以为,假如我们关心面相的[145a]相似,就该考察,指出这种相似的人是不是位画家。

泰　我正是这么想的。

苏　那么忒俄多罗斯是位画家吗?

泰　反正就我所知,肯定不是。

苏　[a5]也不是几何学家?

泰　绝对是,苏格拉底。

苏　而且还精通星象术、算术和音乐,凡是一个受过教育的人[应该]懂的事情,他都懂?

泰　对我来说,似乎如此。

苏　[a10]所以,如果他说我们俩在身体上的任何地方相似,不论称赞还是责难,都不值得对他太过在意。

---

① "财产"一词既指"遗产"意义上的"财物",同时暗示泰阿泰德的内在"天性"或"本质"。

泰　大概不值得。

苏　[145b]但他若称赞你我之中谁的灵魂的德性与智慧呢？难道不值得听到的那个人热切盼望对被称赞者考察一番，而被称赞的那个则渴望展示自身？

泰　非常值得，苏格拉底。

苏　[b5]所以，亲爱的泰阿泰德，此刻正是时候让你展示，让我考察。要知道，虽然忒俄多罗斯向我称赞过许多人，外邦人和本邦人都有，但他从没像刚才称赞你那样称赞过哪一个。

泰　[b10]但愿如此，苏格拉底，但得看他是不是在[145c]开玩笑。

苏　这不是忒俄多罗斯的做派；可别拿他开玩笑做托词，在我们已经取得一致的那些事儿上退缩，不然他就得被迫拿出证据——其实根本没人[c5]控告过他——壮起胆来，维持原议。

泰　我不得不照办，假如你这么看。

苏　那么告诉我，我想，你是跟忒俄多罗斯学过一点儿几何学吧？

泰　对。

苏　[145d]还学星象术、谐音以及算术？

泰　我当然巴不得[跟他学]。

苏　我也是，孩子，跟他和其他人——凡我以为在这些事情上懂点儿什么[d5]的人，我都学。但是，就这些科目，我虽然在别的方面有把握，却对一个小问题感到困惑，得跟你和在场诸位一起探讨。告诉我："学"是否能增益对所学之事的"智慧"？

泰　[d10]怎么不是？

苏　那么，聪明人所以为聪明人，我想，必是由于"智慧"。

泰　对。

苏　[145e]那么，这东西一定和"知识"根本没啥区别吧？

泰　什么东西？

苏　"智慧"。换句话说，人们"知道"哪些事情不正是[因为]对这些事情有智慧？

泰　[e5]没错儿。

苏　那么"知识"和"智慧"就是一回事喽？

泰　对。

苏　我感到困惑，又没能力靠自己充分把握的正是这个：知识究竟是什么。[146a]我们就来谈谈这个？各位觉得怎么样？我们谁先说？说错了的那个人——不管轮到哪个人时出错——就坐下，正像小孩儿玩球时说的当驴子：始终不出错的人就当我们的王，可以命令[a5]我们回答他想问的任何问题。你们怎么都不作声？我希望，忒俄多罗斯啊，我是不是因为爱说话而有些鲁莽了？我亟欲让我们交谈一番，好彼此倾怀相互结交。

忒　[146b]绝不会，苏格拉底，这种事情最不鲁莽，不过还是叫一个年轻人回答你吧。我跟不上这种讨论，而且也不是那种能跟得上这种讨论的年纪了，但它却适合[b5]这些年轻人，对他们的益处也会更大，因为年轻能让年轻人事事进步。来吧，既然你开了头；别让泰阿泰德走开，继续问他吧。

苏　泰阿泰德，听到忒俄多罗斯说的话了吧，[146c]我想你不会不服从他，而且在这些事情上，年轻人不听从这样一位聪明长者的吩咐，也不乖顺。那么，请你好好地且高贵地说：在你看来，知识是什么？

泰　我一定说，苏格拉底，既然你们吩咐。[c5]因为无论如何，要是我说错什么，你们都会纠正的。

苏　一定，只要我们能做到。

泰　那么我觉得，凡是一个人可能从忒俄多罗斯那里学到的东西都是"知识"——几何学以及你刚刚提到的那些，[146d]还有鞋匠和其他手艺人的技艺——这些无论单举其一还是统称所有都无非"知识"。

苏　高贵而又慷慨的朋友，人家问你"一"，你不回答唯一的一个，却给出许多各式各样的东西。

泰　[d5]你说的是什么意思，苏格拉底？

苏　或许无关紧要，不过我要把我所想的告诉你。你说"制鞋术"，无非指制作鞋子的知识吧？

泰　就是指这个。

苏　[146e]那么"木匠术"呢？无非指制作木器的知识吧？

泰　也无非指这个。

苏　在这两种情形中，你岂不是给每种知识的所属领域都划了[e5]

界限?

泰　对。

苏　但所问的,泰阿泰德啊,并不是这个,不是问知识属于某物,或知识有多少种:因为我们提出这个问题,不是为了历数知识的种类,而是想知道知识本身究竟[e10]是什么。或许我说的无关紧要?

泰　不,你说得完全正确。

苏　[147a]那么再考察这一点:假如有人向我们询问近处某个微不足道的东西,比如"泥",问泥究竟是什么。要是我们回答他,"泥"是陶匠用的泥、砌炉灶的人用的泥以及制砖匠用的泥,我们不会显得[a5]可笑吗?

泰　有可能。

苏　是的。首先,以为提问者能从我们的回答明白"泥"是什么:每次总要用到"泥"字,无论加上[147b]"造偶像的人用的"还是随便什么别的工匠用的。或者你以为有人不知道一个东西"是什么",就能理解这个东西的"名称"?

泰　绝不能。

苏　那么,一个人不知道"知识"是什么,也就不能理解[制作]鞋子的[b5]知识。

泰　不能。

苏　那么,任何一个对知识无知的人,就无法理解制鞋[术],[也不理解]其他任何技艺?

泰　是这样。

苏　[b10]那么,当有人问"知识"是什么,却举某种"技艺"来回答就可笑了。因为这是回答[147c]"知识是某物的知识",答非所问。

泰　似乎是这样。

苏　其次,一个人无疑可以用一种平易简短的方式回答,却沿着一条没头儿的路绕弯儿。比如有关"泥"的问题,[c5]无疑有个言简意赅的答案,就说是"土和上水",不管它是谁用的。

泰　像现在这么回答倒显得容易了,苏格拉底。而你说的问题很可能和[147d]我们最近讨论的类似,就是与这位和你同名的[小]苏格拉底,我俩讨论时发现的。

苏　哪种问题,泰阿泰德?

泰　在座的忒俄多罗斯给我们画图说明平方数的"根",表明三平方尺和五平方尺的方形,其"根"或"边"用整数尺量不尽,而且如此逐一[d5]举例说明,直到十七平方尺的方形,不知怎么,他到这里就停住了。于是我们有了这种想法:既然"根"的数目显得无穷多,我们应该想办法把所有"根"归入一个名字,[147e]用它来称呼所有的"根"。

苏　你们找到这种名称了吗?

泰　我觉得找到了。但你也给看看吧。

苏　说吧。

泰　[e5]我们把所有的"数"分成两类:由同数相乘得到的那一类用"正方形"来表示,我们呼其名曰"正方形数"或"等边形数"。

苏　做得真好啊。

泰　至于这些数之间的那类数,其中包括"三"[148a]和"五"以及一切不由同数相乘得到,而由一个较大数乘以一个较小数或较小数乘以较大数得来的数,其通常包括一个较长边和一个较短边,这类数就用"长方形"来表示,我们称之为"长方形数"。

苏　[a5]漂亮极了！那么接下来呢?

泰　所有组成平面等边形数之正方形的边,我们定义为长度,而那些面积等于长方形数的正方形的边,我们定义为"不尽根"①,因为它们与前者不能在长度上[148b]而只能在它们作为"根"所形成的面积上量尽。关于"立方体"也有这种问题。

苏　才智之顶峰啊！孩子们。我看忒俄多罗斯不至于被控作假证了。

泰　[b5]不过,苏格拉底,我没法儿像回答有关"长度"和"根"的问题那样回答你所提的知识问题,尽管我感到你寻求的就是那一类答案。所以忒俄多罗斯似乎还是言过其实。

苏　[148c]何以见得？假如他称赞你跑步,说在年轻人中还没见过

---

①　"不尽根"即数学上的"无理数"。关于无理数的发现者,数学史上有两种说法:一说是泰阿泰德,一说是毕达哥拉斯学派的希珀索斯,这一发现与该学派的"万物皆为数"(指"有理数")的宇宙论信仰直接相悖,迫使希珀索斯流亡他乡并最终被学派门徒投入大海溺毙。

谁的跑步术如此之好,后来你却在赛跑时被正处于体力巅峰的飞毛腿给超过了,你觉得在座这位对你的称赞会因此降低丝毫真实性吗?

泰　[c5]我觉得不会。

苏　然而"知识",如我方才所述,你觉得琐碎不值得探究,而且不属于那些在各方面都顶尖儿的人物吗?

泰　宙斯在上,我不这么看,这正属于那些顶尖儿之人。

苏　那么,鼓起信心,设想忒俄多罗斯[148d]说的并非无稽之谈,在各方面显出热情,无论对其他任何事还是对"知识",来跟上一场有关知识究竟是什么的谈话。

泰　要是凭热情,苏格拉底,这问题能搞清楚。

苏　那么来吧——你方才领路领得漂亮——试着模仿[d5]你对"根"的回答,就像你把那许多"根"全部囊括进一个"形相"[那样],再试着把这许多种知识命名为一个词。

泰　[148e]要知道,苏格拉底,我已多次试着探究这个——每当听说你提的问题——但我不自信能说出适当的答案,也不曾听其他人说过像你所要求的[e5]那种答案。然而另一方面,我又没法摆脱这种关切。

苏　你所经受的阵痛[表明],亲爱的泰阿泰德,你并非[腹中]空空,而正是因为你在"怀胎"。

泰　我不知道,苏格拉底。我只是向你说出我经历的事情。

苏　[149a]怎么,傻孩子,你没听说我是一位相当高贵而又无畏的助产士斐纳瑞忒的儿子吗?

泰　听说过。

苏　那你听过我践行此术吗?

泰　[a5]从没听过。

苏　要知道这是真的,但别向其他人揭发我,友伴啊,因为没人察觉我有此术。其他人,因为他们不知道这事儿,也就没此谈论我,但他们说我最不同寻常,且让人们茫然无措。你也[a10]听说过吧?

泰　[149b]听说过。

苏　要我把原因告诉你吗?

泰　当然要。

苏 仔细考虑助产士所做的整件事,你会很容易[b5]明白我的意思。你大概知道吧,自己尚能怀胎和生育的人没有给别人做助产士的,只有那些不再有能力生育的人才做这个。

泰 当然。

苏 据说原因在于阿尔忒弥斯①,因为尽管她没有[b10]伴侣或孩子,却抓阄得到管理生育的职分。然后,似乎她不允许[149c]不能生育者当助产士,因为人的天性实在绵软无力,若对什么事物缺乏经验,就无法掌握与之相关的技艺;她把这事分派给那些因过了年龄而不再生育的女人,赐予她们与自己相似的荣誉。

泰 似乎如此。

苏 [c5]那么,以下这一点不是"似乎"而是"必定"如此吧:对于哪些人有孕哪些人没有,助产士比其他人都更能辨识?

泰 绝对是。

苏 而且,助产士也能用"药物"[149d]和"符咒",引动或减轻分娩的阵痛,也能让难产者顺利分娩,让那些他们认为适宜流产的新近怀孕者流产。

泰 是这样。

苏 [d5]那么,你也觉察到她们这一点吧——她们是最能干的媒婆,对于分辨哪类女子须与哪类男人交合才能生出最好的孩子,她们最有智慧?

泰 我完全不知道这一点。

苏 [d10]可要知道,她们对[做媒]这一点更加自豪,胜过[149e]助产术。考虑一下:照料以及收获土地上的果实与分辨何种植物或种子应当撒播到何种土壤中,这二者属于同一种技艺还是不同的技艺?

泰 [e5]属于同一种技艺。

苏 但在女人的问题上,朋友,你觉得有一种关于这类[播种]的技术,而收获成果的技艺则属另外一种?

泰 无论如何不可能。

---

① 在古希腊神话中,阿尔忒弥斯是月亮女神与狩猎女神,与太阳神阿波罗是孪生兄妹或姐弟,职司保护处女贞洁和妇女生育。据说,她最重要的城邦职责之一是引领少男少女们跨过"成熟"的门槛,并为他们主持各种人生大事的庆祝仪式,包括结婚和分娩。柏拉图很可能寓指苏格拉底与阿尔忒弥斯相类似的"临界身姿"。

苏 ［150a］没错。但因为有一种既不正义也不专业的男女撮合叫做"拉皮条"，助产士们由于顾惜颜面，甚至避免［施行］"保媒术"，怕因此事而遭到控告，[a5]被指为前者。其实唯有真正的助产士才能正确地从事男女撮合。

泰 似乎如此。

苏 助产士的作用如此重大，但还比不上我。因为女人不会时而［150b］怀上个"影像"，时而又怀上"真胎"，令人难以甄别。假如她们如此，那么助产士最伟大和最高明的工作就在于分辨真与假。你想是不是？

泰 ［b5］我想是的。

苏 她们的助产术在其他方面都与我的相同，只是我作为助产士给男人而非女人接生，照料他们正在怀胎的灵魂而非身体。但［150c］我们的技术最伟大之处在于，它能从整体上考察年轻人的意见，［看他们］怀的是影像和虚假［的东西］，还是某种能结果的真实［的东西］。至少在这一点上我与那些助产士相似：我在智慧上不能生育，许多人［c5］就此责备过我——说我向别人发问，自己却什么也没拿出来过；因为我［本就］没有任何智慧啊——他们责备得对！但其原因在于：神硬让我做助产士，禁止我生育。

因此，我自身完全不是有智慧的人，［150d］也没有创生过源于我灵魂的发现。而那些与我交往的人，有些起初显得一无所知，与我交往日久，若是神所允许的，个个都有惊人的［d5］进步，他们自己和其他人都这么看。显然，尽管他们不曾从我这里学到什么，却自行从自身找到并生下了丰富而美好的东西。神与我呢，不过［150e］负责做助产士罢了。

同样显然的是，以往许多人不了解这一点，以为一切有赖于自身，轻视我，或出于自愿或受旁人怂恿，还没达到他们"应当的状态"就离我而去。离开以后，由于交友不良致使所孕流产，又因为［e5］有害的教养致使我所接生的都夭亡；他们把虚假［的东西］和诸"影像"看得比真实［的东西］更重，最终在他们自己和旁人看来，［151a］他们仍属无知。吕西马科斯之子阿里斯提德斯就是其中之一，还有其他许多人，当他们回过头来恳求我的陪伴——其中有些人，降临我身的"精灵"不许我同他们交往，有些［a5］则允许，［于是］后者又获得进步。那些和我交往的人与分娩的女人所经受的一样，他们也有阵痛，而且整日整夜地身处窘境，比后者更甚；而我的技艺能够引起或终止这种痛苦。这些人的情况就是这样。[151b]但有些人，泰阿泰德啊，因某种缘故我觉得他们没有"怀孕"，明白他们不需要我，完全出于好意为之做媒，凭所说那位神的帮助，把他们非常恰当地放置在与之结交有益的人[b5]身边。他们中的许多人我已经介绍给普罗狄科，还有许多介绍给了其他聪明而神奇的人。

我对你说了这许多，最好的人啊，是因为我怀疑，如你自己所料想的，正为内心所怀的东西而阵痛。那么，请来我这儿，我身为助产士之子[151c]且自己也有助产术，尽你所能，热情地回答我提出的问题。而假如经过仔细考虑，我认定你所说的东西中有的是"影像"而非真实["的胎儿"]，随后悄悄地将它引产并丢弃，可别像那些[c5]被拿掉头胎孩子的妇人一样发怒。以往许多人——不可思议的家伙！——如此对待我，简直恨不得咬我一口，当我剔除他们的庸辞，他们不相信我这样做是出于好意，因为他们[151d]更不晓得没有神对人怀有恶意，我亦并非出于恶意来做这种事，只不过对我来说，与假的东西同流而隐瞒真的，绝不合理。

所以从头来吧，泰阿泰德，尽力说说知识究竟是什么，绝[d5]不要说你不能，因为若是神愿意且令你有男子气，你就有能力。

泰　真的，苏格拉底，既然你如此热心劝说，任何人若不尽一切可能热情地[151e]一吐其所怀，都可耻。我想，知道一物的人觉察到自己知道，据我所知的这一点，"知识无非感觉"。

苏　说得既好又高贵，孩子，看来就该[e5]这么说。但是，我们一起来考察一下，它碰巧是"真胎"呢，抑或是个"无精卵"①。你说，知识即感觉？

泰　对。

苏　你正冒险提出一个非同小可的说法，[152a]事关"知识"，普罗塔戈拉也曾说过。但他用另一种方式讲这同一个道理。他在某书中宣称："人是万物的尺度，既是存在者存在的尺度，也是不存在者不存在的尺度。"——你多半读过吧？

---

① "无精卵"即未受精的卵，比如农夫在雏鸡中收集到的那种，柏拉图借以寓指无结果或无意义的"思想"。

泰　［a5］读过多次。

苏　他的意思不是这样吗：一个一个的事物对我显得如何，于我而言它们就是如何；对你显得如何，于你而言就是如何？既然你是人，我也是人。

泰　他说的就是这个意思。

苏　［152b］好，正如你所知，聪明人不至于说傻话，所以让我们来跟随他吧。有没有这样的时候，对吹来的同一阵风，一个人冷得发抖而另一人则不？或者一个人抖得轻，另一个抖得厉害？

泰　确实如此。

苏　［b5］那么这个时候，我们要说这阵风本身冷还是不冷？抑或要听信普罗塔戈拉的话，说它对发抖的人冷而对不抖的人则不冷？

泰　似乎要听他的。

苏　那么这阵风对他们各人也分别显得如此了？

泰　［b10］是。

苏　"显得"当然就是"感觉"喽？

泰　的确。

苏　［152c］那么，"显得"与"感觉"在热的东西上也一样，以及在所有这类东西上皆如此，因为各人感觉它们为哪类东西，它们对各人而言恐怕也就是那类东西。

泰　似乎如此。

苏　［c5］那么，感觉总是对存在的东西的感觉，而且作为"知识"，它就不会假。

泰　显然。

苏　那么，美惠三女神在上，难道最聪明的普罗塔戈拉在向我们这些乌合之众说谜语，而把真理秘传给他的门徒？

泰　［152d］此话怎讲，苏格拉底？

苏　我会告诉你，这的确并非无关紧要之辞，无物仅凭自身就可以成其为自身，你也无法确切称它为某物或某种物，要是你称之为大的［d5］，它又会显得小；称其重，又［显得］轻，一切莫不如此，因为无物为一物、某物或某种物；从流变、运动与相互混合中产生的一切——我们称它们"存在"，但这么说也不对，［152e］因为无物曾"在"，而是永远处于变化生成之中。这种看法令所有这些聪明人——除了帕默尼德——都联合在一起了：普罗塔戈拉、赫拉克利特、恩培多克勒以及每种诗歌中最优秀的诗人们，[e5]谐剧如厄庇卡尔摩斯、肃剧如荷马，后者有诗云，"俄刻阿诺斯乃众神之源头，忒图斯乃众神之母"，①意思是说，万物皆源出于流变与运动。你想其意不是如此吗？

泰　[e10]我想是这样。

苏　[153a]那么，谁有能力抗衡这支由荷马统领的大军而不沦为笑谈呢？

泰　这可不容易，苏格拉底。

苏　[a5]嗯，泰阿泰德，确非易事，尤其有这些东西作为此说——由"动"而起所谓"存在"或"生成"，由"静"而致"不存在"与"毁灭"——的充分证据：引发并维系万物的热或火，其本身就肇生自"冲击"与"摩擦"这一对运动。[a10]难道它们不是火的来源？

泰　[153b]的确是。

苏　再者，动物种族无疑也发端于此。

泰　可不？

苏　[b5]这个呢？身体所秉持的习惯不也毁于停滞与怠惰，而通常经由锻炼和运动得以保持？

泰　对。

苏　那灵魂的习惯呢？岂非通过"学"与"习"[b10]这两种"动"，灵魂才习得、记牢并推进所学；因为静止，即"不学"、[153c]"不习"而要么无所领会，要么忘其所学？

泰　的确如此。

苏　所以，"动"有益于身体和灵魂，"静"则适得其反？

泰　[c5]看起来是这样。

苏　还用再举凝滞的空气、无波的海洋以及诸如此类的事例来说明

---

①　见荷马，《伊利亚特》14. 201、302。在古希腊的神族谱系中，大洋神俄刻阿诺斯和他的妻子忒图斯都是大地女神盖娅与天神乌拉诺斯的孩子，属于"提坦神族"。忒图斯为俄刻阿诺斯生下骚动的诸河之神、三千个细踝的大洋女儿以及三千个水波喧哗的河神，合称"大洋家族"。

静止使之腐坏和毁灭,反之则得以保存? 为了强化论点达至不可辩驳的顶峰,是否还需引证[153d]荷马所说的"金锁链"?① 它指的无非就是太阳,其意在表明:只要苍穹与太阳运行不息,世间万物包括神族与人族,都将存在并得以保全;一旦运行休止,犹若被锁链捆缚,万物便将毁灭,正如俗语所云,[d5]天翻地覆。

泰 照我看,苏格拉底,正像你说的那样。

苏 那么,最优秀的人啊,你该这样思考:首先,就眼睛而言,不要把所谓的白色当作像别的东西那样在你眼外[d10]或眼内自成一体的存在,也不必指定其在何处,[153e]否则,它将即刻滞留在那确定之所,而不再处于生成变化之中。

泰 该如何理解?

苏 让我们依循刚才提到的说法,假定无物仅凭自身就可成为其自身。[e5]那么,"黑"或"白"以及其他任何颜色,显得就是眼睛与适当的"动"相接触而产生的结果,因此,凡我们称为颜色者,[154a]既非接触者,亦非被接触者,而是处于二者之间,对每个人而言都是特殊的;抑或你打算极力坚持,每种颜色,对你显得如何,对一只狗或其他任何动物也显得如何?

泰 [a5]宙斯在上,我不这么看。

苏 这种情形呢——无论何物,对你和对其他人都显得一样? 对此你有十足的把握,还是更愿意相信,[无论何物]甚至对你自己也不会显得同一,因为你本身就无法保持同一。

泰 我更倾向于后一种说法。

苏 [154b]那么,只要事物本身不变,我们用以衡量自身或我们实际所接触到的东西——无论它是大、是白、是热——当与其他人相遇时,就绝不会不同;还有,如果[上述我们]用来衡量[自身]或所接触之物中的任何一个,无论被他物所触动或他物受其影响,只要它自身未受影响,就[b5]不至于变得不同。事实上,朋友,通常我们难免随意说些离奇可笑的事情,正如普罗塔戈拉以及声称与他同声相应者会指摘的那样。

---

① 见荷马,《伊利亚特》8.18–27。

泰　怎么会？你指什么事情？

苏　[154c]举个简单的例子,你就会明白我的意思。比如六个骰子,拿四个与之相比,六比四多,多出[四的]一半;要是拿十二个相比,[六]则少,[比十二]少一半,对此别无异议。或许你认为有？

泰　[c5]没有。

苏　那么,要是普罗塔戈拉或其他哪一位问你:"泰阿泰德啊,除非通过'增长',事物能变得更大或更多吗？"你将如何回答？

泰　[c10]呃,苏格拉底,要是就眼下问题的情形而言,[154d]我会说"不能";但若考虑到先前的说法,为了避免自相矛盾,我则应该说"能"。

苏　哎呀,赫拉在上,说得好啊,朋友,[简直]如有神助。但显然,要是你说"能",结果就将像欧里庇得斯说的那样,[d5]"舌头虽发誓,心却未立誓"。①

泰　确实。

苏　那么,要是你我无比聪敏、精明,能严格检审心中的所有想法,今后我们就可以测探彼此的卓异才智[154e],像智术师斗智那样,以正反言辞相互攻伐。但事实上,既然我们是常人,首先希望搞清楚我们所思之物到底是什么——如其本然那样——以及它们是协调一致,抑或[e5]完全不统一。

泰　我非常愿意这么做。

苏　我也是。既然如此,又有大把闲暇,我们何不[155a]平心静气,回头重新检审——不是为了吹毛求疵,而是为了真正地考察我们自己——我们心中显现的这些幻象究竟是什么。对于所考察的第一个幻象,我想我们要说,绝无一物,在体积或数量上变大变小[a5],而其本身依然如故。是否如此？

泰　是的。

苏　第二个,一物无所增减,就不会有所消长,而是始终保持同一。

泰　[a10]的确如此。

苏　[155b]接下来,这是不是第三个:若没有"生成"和"变化",一物

---

① 欧里庇得斯,《希珀吕托斯》612。

便不能先"不存在"而后"存在"?

泰　无论怎样,看起来确实如此。

苏　但我猜,这三个达成一致的东西会在我们的灵魂中彼此冲突[b5],只要我们谈及诸如骰子之类的事情,或是说到我这把年纪的样子时——我既不会长高也不会变矮,但若与你这样的年轻人相比,一年内,就会先比你高,之后又比你矮;我的身形丝毫未变,[155c]而是你长高了。那么,没有生成变化的过程,后来的我就不会异于先前的我,因为不通过变化就不会有变化,所以,既然我的身形未变,我也就没有变矮。倘若确实接受这些[说法],那便有成千上万类似的例子。[c5]我想你跟得上我的话,泰阿泰德,不管怎样,在我看来,这些事儿对你来说并不生疏。

泰　不,诸神在上,苏格拉底,这些事儿确实超常,它们究竟何意,我很惊异,有时候一想起来,[c10]我就头晕目眩。

苏　[155d]朋友啊,这显然表明忒俄多罗斯对你的"天性"猜得不错,因为"惊异"之感特属热爱智慧者;除此,热爱智慧别无开端;因此,看起来,要是有人说"伊里斯"乃"陶马斯"之女,①并不算[d5]误溯其谱牒。根据我们所称述的普罗塔戈拉的学说,情形就是如此,现在你理解了,还是没有?

泰　还没有,我觉得。

苏　要是我和你[d10]一道盘查出隐藏在[155e]某位名流——或者更确切地说是多位名流——思想中的真理,你会感谢我吧?

泰　当然会,而且相当感谢。

苏　留神周围,谨防被门外汉听去。他们是这样一类人,认为凡双手不能牢牢[e5]抓住的东西概不存在,而且不承认运动、变化以及所有不可见者也属于"存在"的一部分。

泰　确实,苏格拉底,你说的[这些人]是非常固执[156a]且又令人憎恶的家伙。

---

① 见赫西俄德,《神谱》265 – 266、780 – 784。彩虹女神伊里斯是神族的信使,她的父亲陶马斯乃深海神蓬托斯与大地女神盖娅之子。柏拉图将"陶马斯(thaumas)"之名化用为"惊异(thauma)",借以寓指"惊异"乃哲学之开端。

苏 那是因为,我的孩子,他们太缺乏教养;而另一些人则聪明得多,我这就告诉你他们的秘密学说。他们的第一要义是——我们刚才所谈种种皆建基于此——"一切皆动,[a5]无物例外";且"动"有两种样式——每种都为数无穷——一种能够"施动",一种则为"受动",从两种"动"彼此的相交相摩中,产生[156b]无数总是成对[出现]的结果,比如"被感觉者"与"感觉","感觉"总是与"被感觉者"相伴而生。我们知道,"感觉"有如下这些名称:"视""听""嗅",感觉寒与热,当然还有快乐[b5]与痛苦、欲望与恐惧,诸如此类。虽然名目如此众多,但仍有无数事物尚未被命名。并且,各种被感觉者总是与相应的感觉[156c]同时发生,如各种颜色与各种视觉;同理,各种声音与各种听觉,以及其他各种被感觉者及与之相应的各种感觉之间亦复如此。那么,这个"神话"到底意味着什么,与前面的说法又有何关联,泰阿泰德,你想得出来吗?

泰 [c5]不大想得出来,苏格拉底。

苏 那么,看看换个方式能否把此神话讲完整。这个观点的意思是说,一切事物,如我们刚才所述,都处于变动之中,而且它们的"动"有快有慢。所有动得慢的事物,其"动"并不发生位移,而只与靠近它的事物相触并产生[相应的]结果。[156d]但通过这种方式所产生的"结果"的"动"却快多了,因为它们迁移不拘,它们的"动"本质上就是由这种迁移构成的。

所以,每当眼睛与其他什么适于看见的事物相触时,就会产生"白"和与白同源的[白的]感觉;[d5]倘若[眼睛以及适于看见的事物]二者中的一个接触其他事物,则不会产生"白"和[白的]感觉。[156e]正是在二者之间——来自眼睛的视力和来自与之协同作用的事物的"白"相触时,颜色产生了,眼睛去看并且看见,在看的同时变得充满视力,不是生成视力,而是生成一只正在观看的眼睛。而协同产生颜色的事物被"白"[e5]充满,不是生成"白",而是生成"白色的",木头、石头或随便什么东西,都可能由这一种颜色生成有颜色的东西。对同类的其他,硬、[157a]热等,都该如此考虑,无物仅凭自身而成其为自身——如前所述——而是在与他物的相关性中;一切事物从变动中生成且变化万端,因为据说绝无可能各自独立、僵化地设想"施者"与"受者"。未遇[a5]"受者"前无物施动,未遇"施者"前也无物受动,况且,遇到某物而施动,要是它碰巧遇到其他东西，又成了受动的。

由此种种，正如我们开头所述，无物仅凭自身成其为自身，[157b]而总在生成的过程中，如此必须把"存在"彻底铲除——不消说，直到眼下，我们受习惯和知识匮乏的驱迫，还在用[存在]这个词。但是，用聪明人的话说，我们不能使用什么"某物""某物的""我的""这个"[b5]"那个"，以及任何导致静止的名称，而应当使言辞与自然相称——说"正变化""正造出""正毁灭"和"正更新"——因为若在言辞中使事物静止，说话的人就容易被驳倒。[无论]逐个儿地说还是把许多东西集合起来说，都得如此，这些集合的名称有"人""石头"、每种动物以及形相。[157c]你同意这种观点吗，泰阿泰德，这些话你听得高兴，像吃了美味佳肴一样满意吧？

泰　我不知道，苏格拉底，因为我还不明白你对这个[c5]怎么看，你是在陈说自己的观点呢，还是在试探我。

苏　你忘啦，朋友，我对这类事情一无所知，也不会硬当自己有知。但是我帮你接生，为此对你念咒，给你端上各种聪明的东西让你逐一[157d]品尝，直到我帮你弄明白你自己的观点。然后，等它被生出来，我会进一步检验它是一颗"无精卵"还是"真胎"。请你勇敢、耐心、像个好样的男子汉似的，以你[d5]所见回答我之所问。

泰　请问吧。

苏　那么，再问一次，你对这个是否满意：无物存在，"好""美"以及我们刚才说到的一切，永在变化中。

泰　当我听你这么解释这种观点，我觉得特别有道理，[d10]必须按照你讲的这个样子予以接受。

苏　[157e]那么，我们别把其中遗漏的东西给丢了。漏下的东西是有关"梦"和"疾病"的那些——"疯狂"以及其他一切——一切被称为误听、误看或其他错误的感觉。你肯定晓得，在所有这些情况下，我们刚刚通过的这个[e5]说法似乎都会被多数人反对，因为[158a]在这些情况下，我们在座的都觉得那些感觉是错误的。绝非对某人显得如何就是如何，全然相反，没有一个感觉是真实的。

泰　你说得太对了，苏格拉底。

苏　[a5]那么，我的孩子，那些人主张"知识即感觉"，以及事物对某人显现的样子就是显现在某人面前的事物本身,他们还有什么可说的吗?

泰　苏格拉底,我不敢说我答不出,因为你刚刚批评了我这个说法,[158b]但是我实在没法否认:疯子或做梦者认定的是虚假的东西,他们中总有些以为自己是神,有些在梦中相信自己有翅膀能飞翔。

苏　[b5]你难道没注意到对这类现象的下述争议,尤其是对"梦"和"醒"?

泰　哪一种?

苏　我猜你从辩论的人那儿经常听说一个人能拿出什么[b10]证据来,要是有人此刻就这个问题发问,我们是睡着的、[158c]我们想的都是做梦,还是醒着的、正在和另一个醒着的人交谈?

泰　苏格拉底,真不知道一个人能拿出什么证据来证明,因为两种状态下的情形都一样。没法证明我们正在进行的谈话不是[c5]梦中的谈话,我们在梦中以为我们在讲述梦境,这些[梦]和那些[真实的讨论]特别相像。

苏　你瞧,这事儿还真[158d]容易引发争端,甚至我们是"醒"是"梦"都难说,况且我们花在睡觉上的时间和清醒时一样多。在这两个时间段里,我们的灵魂都坚持彼时它的观念再真实不过,所以我们说,在这个等份儿时间里发生的事情和在那个等份儿[时间里发生的事情][d5]一样真实,我们对二者[的真实性]一样地坚决拥护。

泰　确实如此。

苏　那么,这同一番说辞难道不能用来说明"疾病"与"疯狂",除了[它们]在时间上[与清醒]并不相等?

泰　[d10]正确。

苏　那么,真实与否是由时间的长短判定的?

泰　[158e]这么说可就要处处闹笑话了。

苏　好,那你有没有其他清楚的证据能证明这些看法中哪一类真实?

泰　我没有。

苏　[e5]那么,听我告诉你,他们就这些事儿会有些什么说法,就是那些主张无论何时显现于某人的东西对某人都真实的人。我想他们会这么说,用提问[的方式]:"泰阿泰德啊,假如一物和其他事物完全不同,它能否和他物一样发挥作用？注意，不要把我们的问题误解成是这东西在一些方面相同而［e10］另一些方面不同，而是全然相异。"

泰　［159a］要是全然相异，那它无论在能力还是在其他方面都不会［和他物］有任何相同之处。

苏　是否也必须承认这种事物［和他物］不相似？

泰　［a5］也得承认。

苏　那么，假如某物变得相似或不相似，无论相对它自身还是其他东西，我们是不是该这样，当它正变得相似时，说它正变得相同；而当它正变得不相似时，说它正变得相异？

泰　必然如此。

苏　［a10］我们以前是不是说过，"施者"在数量上无限多，而"受者"也如此？

泰　说过。

苏　也说过，假如某物遇上他物，复又遇上另一物，所产生的不会是同一些东西，而是相异的东西？

泰　［159b］没错儿。

苏　现在我们来把这种说法用于我和你，以及其他一切适用这种说法的东西上——健康的苏格拉底，以及患病的苏格拉底——我们会说这一个和那一个相似还是［b5］不相似？

泰　你的意思是说，患病的苏格拉底作为一个整体，与［同样］作为整体的健康的苏格拉底相似还是不相似吗？

苏　你理解得非常漂亮。我正是这个意思。

泰　那当然是不相似。

苏　［b10］那么，由于不相似，也就相异喽？

泰　必然如此。

苏　［159c］对睡眠中和我们刚才说到那些状态中的苏格拉底，你也同持此论？

泰　对。

苏　那么，任何一个本性上能施动于某物的东西，当它［c5］遇着健康的苏格拉底，它将把我当作相异的；遇着患病的，又当作另一个相异的。

泰　怎会不是这样呢？

苏　所以我,受动的一方,和那个,施动的一方,在这两种状态中都将产生相异的东西？

泰　[c10]当然。

苏　我健康时饮酒,觉得可口又甘甜？

泰　对。

苏　理由在于,据我们先前所同意的意见,[159d]"施者"与"受者"产生甘甜和[甘甜的]感觉,二者共同生育。"感觉"起于施动的一方,让舌头能感觉;"甘甜"来自酒那一方,使酒不但显得甘甜,而且对健康的[d5]舌头来说确实甘甜。

泰　当然。这的确是我们先前同意的。

苏　可当它遇上患病的我,实际上它遇上的不是同一个我。因为它遇到一个不相似的人。

泰　对。

苏　[159e]当这种状况下的苏格拉底与饮酒配对儿,产生其他东西:于舌头是苦的感觉,于酒是正在生成和正要生出的苦,"酒"不是"苦",而是苦的[酒];"我"不是[e5]"感觉",而是"感觉者"。

泰　对啊,当然了。

苏　正如我绝不会在感觉他物时成为如此感觉者——因为他物的感觉是另一种感觉,[160a]使感觉者成为另一个感觉者——这样,施动于我的东西若遇到他物,绝不会产生相同的结果,也绝不会变得性质相同。因为它若与他物产生他果,它就会生成性质不同的另一物。

泰　是这样。

苏　[a5]同样,我不会生成和自己性质相同的一个,物也不能变得与它自身同质。

泰　确实不能。

苏　对,就好像,当我变成正在感觉的人时,我必须是在感觉某物——因为不对某物进行感觉就不可能是感觉者——同样,变得甜、苦或其他任何感觉,都必须对某人而言,[160b]因为不对什么人而言就不可能变甜[或苦或其他任何感觉]。

泰　全对。

苏　[b5]那么我想只有一个结论:物与我,无论"存在"还是"生成",必须对彼此而言,既然"必然性"将我们的存在捆绑在一起——不单绑住所有其他物,也不单绑住我们自身,那么只可能是彼此绑在一起。由此,无论说到事物"存在"还是"生成",必须把它当作"对于某人"或[b10]"属于某物"或"与某物相关"。一个人自己不当说[160c]物自在自变,也不应该同意别人这样说,我们刚才谈论的说法结论如此。

泰　太对了,苏格拉底。

苏　那么是否这样,因为施动于我的东西只施动于我而不[c5]涉他人,所以我才感觉到它而其他任何人则否?

泰　当然。

苏　那么我的感觉对我是真实的——因为它在每一情景中都属于我的存在——而我是判定者,按照普罗塔戈拉的说法,判定对我而言存在的东西就存在,对我而言不存在的东西就不存在。

泰　[c10]似乎如此。

苏　[160d]那么,假如我没犯错误也没头脑混乱,那么对那些存在或者说生成的事物,我既感觉到它们,又怎么会不知道它们呢?

泰　你绝不可能不知道。

苏　[d5]所以你说得非常漂亮,知识无非是感觉,在这一点上,荷马、赫拉克利特以及持相同论调的人观点一致,万物永动如流水;按照最聪明的普罗塔戈拉的说法,人是万物的尺度;泰阿泰德[160e]由上述这些得出"知识生成感觉"的说法。千真万确吧,泰阿泰德? 我们是不是可以说这就是你的"新生儿",由我接生? 或者你还有话要说?

泰　我必须同意,苏格拉底。

苏　[e5]那么看起来,我们总算费力生下了孩子,甭管是什么胎。出生以后,在他的命名日,先用言辞为他举行绕火仪式,①多方检验,看他别

---

① 古希腊人的住宅内都有一个祭坛,坛内之火被称为"家火"。家火乃神圣之物,它将神灵、英雄与祖先的灵魂结合在一起。因此,古希腊人有一种独特风俗,新生儿出生数日后,就由乳母抱着绕"家火"数周,义取谒见祖先、英雄与神灵。

是个不值得抚养的无精卵和假东西。[161a]或者你认为不管怎样，只要是你自己的就必须抚养、不能抛弃？或者要是有人把它抱走，你不会痛苦万分，尽管这是你头一回生子？

忒　[a5]泰阿泰德经受得住，苏格拉底，他绝不暴躁。可是诸神在上，你说说那个说法错在哪儿啦？

苏　忒俄多罗斯啊，你简直就是爱论辩的人，而且还好心，因为你猜想我是一种[装满][161b]论辩的口袋，我能轻易掏出一个[说法]，说："可是呢，这些说法都不对。"你不了解经过情形，这些说法无一出于我，而总出自跟我交谈的人。而我呢，我没有任何出众的见识，只有一点，不过是从别个聪明人那里领教的说法并[b5]谨慎地接受罢了。现在我就要努力从泰阿泰德那儿领教，可不是自己说啊。

忒　你说得更漂亮，苏格拉底。就这么办吧。

苏　忒俄多罗斯，你知道吗，我对你的同道普罗塔戈拉最感惊异的是什么？

忒　[161c]什么？

苏　他所说的我全都喜欢，就是那个：对每个人显得如此即真实如此。可我对他这说法的开头感到惊讶，在他的《真理》一书的开场白里，他竟没有说"猪是[c5]万物的尺度"，或者"狗面狒狒"又或其他奇奇怪怪的有感觉的动物[是万物的尺度]，以便可以用一种庄严睨视的姿态晓谕我们，反倒让我们看到，尽管我们崇拜他智慧如神明，可他在智识上根本不比一只[161d]蝌蚪或随便其他什么人更高。此外我们还能说什么呢，忒俄多罗斯？因为假若每个人的感觉都是真知，无人能对别人的感觉加以更好的辨别，也无人[d5]有资格检验别人的观点，甭管它是对是错，恰如刚才反复说的，人人各自形成己见，且个个[161e]既正确又真实，那么，友伴啊，普罗塔戈拉又怎能算聪明，且自称他配给所有其他人当教师，还收费忒高，而我们则比较蠢，且必须得常去他的学校，既然我们每一个对他的智慧[而言]也是尺度？我们焉能不说普罗塔戈拉这套说法是在哗众取宠？——至于我和我的助产术[e5]所招致的嘲讽，我保持沉默，我认为交谈辩难亦绝非诙谐之事——因为假如普罗塔戈拉的《真理》是"真理"，从其内部密室传出的也并非戏言，在其全部正确的情况下，去检查和试图辩驳他人的表现和观点,岂非又长[162a]又没边儿的废话?

忒　苏格拉底啊,像你刚才说的,这人是我的同道。[a5]我不愿意因为同意你而反驳普罗塔戈拉,也不愿违心地反对你。所以还是让泰阿泰德来吧。他刚才回应你回应得蛮合拍。

苏　[162b]忒俄多罗斯,你要是到了斯巴达,来到角力场上,是不是看着别人裸裎,有人还在献丑,仍不肯脱衣入场展现自己的形体?

忒　有何不可呢,要是我能说服他们[b5]准我如此? 就像眼下我能说服你们,让我旁观,别拉我这僵老之躯入场脱衣,还是和年轻柔韧的角力吧。

苏　好吧,忒俄多罗斯,只要你高兴,我也不讨厌,[162c]正如老话所说。现在我得重新转向聪明的泰阿泰德了。泰阿泰德,先考虑我们刚才说过的,你会不会特别惊讶,假如突然发现自己的智慧不弱于任何人,[c5]甚至诸神? 或者你认为普罗塔戈拉的"尺度说"只适用于人而不适用于神?

泰　不,宙斯在上,我不这么看。而且对你所问,我很惊讶。因为,当我们讨论[162d]他们说的那些,即对每个人看似如此即真实如此,这种说法我[先前]听起来很对。可现在忽然变得相反了。

苏　那是因为你太年轻,我亲爱的孩子,所以你容易受蛊惑被说服。对这个问题,普罗塔戈拉或其他[d5]代言人会这么说:"高明的老少诸君,你们济济一堂对众演讲,你们引进诸神,纵然我在我的演说和著述中皆未引进他们,没说过他们存在[162e]或不存在,你们谈论诸神不过因为许多人乐意听——说一个人在智慧上完全无异于任何一种牲畜,这多么耸人听闻。可你们没说出任何论证[e5]以及任何一种必然性,只用或然的论调,假如忒俄多罗斯或任何一位几何学家在几何学中这么做,他恐怕就[163a]一文不值。你和忒俄多罗斯考虑考虑,你们是否要接受'或然'和'疑似'的说法,在如此重大的问题上。"

泰　苏格拉底,这不对,无论你还是我们,都不会这么说。

苏　那么,似乎必须得换种不同的方式去考察了,照你和[a5]忒俄多罗斯的意思吗?

泰　当然,换种不同的方式。

苏　那么用下述方式来考察,"知识"和"感觉"究竟相同还是相异,因为我们整个谈话都朝向这一点,是因为这个问题而引述这许多[a10]怪论的。对吧？

泰　都是为此。

苏　[163b]我们是否同意,每当我们通过"看"或"听"感觉某物,我们也同时"认识"了它？譬如我们不懂异乡话之前,我们应当说没听到他们说话,还是说听到并且"知道"[b5]他们在说什么？又如,我们不识字但看到了字,我们该说没看见呢,还是说我们见到字,就等于"认识"它们了？

泰　苏格拉底,我们应当说,对它们,我们只知道我们所见所听的部分。由于我们见到,我们会说知道字[b10]的形状和颜色;又由于听到,则同时知道声音的[163c]高低。但那些教师所传授、译者所传译的,我们通过看或听则既不能感觉,也不能知晓。

苏　好极了,泰阿泰德,这些观点暂且存而不论,以免妨碍你[c5]进步。可是看啊！另一个问题又来了,想想我们如何应对吧。

泰　哪种问题？

苏　[163d]这种:假如有人问,"一个知道某物并且仍然记得此物的人,有可能在他仍记得此物的时候不认识该物吗？"说得似乎有些啰唆,我只是想问:一个人[d5]谙习某物并且记得该物,会不会不知道此物？

泰　怎么可能呢,苏格拉底？你说的可真是个古怪问题。

苏　你的意思是我在胡言乱语？但是你想想,你不是说,"看见"即"感知","视觉"即"感觉"？

泰　我是这么说。

苏　[163e]那么,照刚才的说法,任何人只要看到某物即认识了该物？

泰　对。

苏　还有这个你怎么看？记忆,你不是说"记忆"也是一物？

泰　[e5]对。

苏　关于"无物"还是关于"某物"[的记忆]？

泰　当然是关于"某物"。

苏　岂不是关于一个人获悉并感觉到的事物的记忆？

泰　当然,还会是别的？

苏　[e10]一个人对见到的东西有时会记得？

泰　记得。

苏　甚至当他闭上眼睛时也记得？还是一这样做就忘了？

泰　一闭眼就忘,真够可怕的,苏格拉底。

苏　[164a]是啊,可我们必须这样说呀,假如我们要保留前面的说法,否则,就得放弃[前面的说法]。

泰　我也有些怀疑,宙斯在上,可我不是很能理解。请你讲讲为何如此。

苏　[a5]是这个缘故:我们说,任何人[只要]"看",就变得"认识"他所看之物,因为我们已同意:视觉、感觉和知识乃同一个东西。

泰　当然。

苏　对啊,但[那个]"看着"并因此成为认识所看之物的人,当他闭上[a10]眼睛,他虽记得却看不见该物,对不对？

泰　对。

苏　[164b]可是,"他没看见"等于"他不认识",倘若"他看见"就意味着"他认识"。

泰　的确。

苏　那么结果[就是],认识某物的人,尽管仍"记得"[b5]该物,却不"认识"它,因为他没"看见"该物。我们说过这是个荒谬的结论。

泰　说得太对了。

苏　那么看起来,假如说"知识"就是"感觉",就会引出不可能的结论。

泰　[b10]似乎如此。

苏　所以必须说二者相异。

泰　好像是这样。

苏　[164c]那么"知识"会是什么呢？我们似乎不得不从头说起。可是,泰阿泰德啊,我们这是在做什么？

泰　做什么？

苏　我觉得我们好像跳离了辩题,像只不咋地的斗鸡似的,还没[c5]得胜就喔喔叫上了。

泰　怎么会这样呢？

苏　我们好像诡辩家那样,为求字面一致而达成一致,而且[164d]还满足于以这种方式获胜。虽然我们说自己是爱智者而非辩论手,可无意中却跟这些高妙的人做法相同。

泰　我还不太明白你的意思。

苏　好,我尽力来解释。我们问过,一个人若曾获悉[d5]某物并且铭记在心,会不会不认识它;我们也证明了,任何人见过某物,当他闭上眼睛不看该物时仍记得它;我们接着又证明,当某人记得某物时却不认识它,这种事情不可能。这样一来,普罗塔戈拉的神话就被否弃并破灭了,同时,你的[d10]"知识即感觉"亦复如是。

泰　[164e]似乎如此。

苏　亲爱的朋友,我想事情不至于此,假如另一个神话之父仍在世,现在他会用各种办法捍卫它。可如今,我们对一个"遗孤"大加指摘,甚至连[e5]普罗塔戈拉留下来的托孤人——在座的忒俄多罗斯就是其中一位——也不愿挺身救它。但重要的是,出于公道,我们或许必须尽力帮它。

忒　可不是我,苏格拉底啊,希珀尼科斯的[165a]儿子卡利阿斯①才是普罗塔戈拉托付的人呐;而我本人,因为这样那样的原因,早就从玄谈转向几何学了。不过,要是你帮助他,我们还是感谢你。

苏　说得漂亮,忒俄多罗斯。那么请看[a5]我的援助。假如有人说话不留心语词,就像我们习常作肯定或否定那样,他会得出比刚才这些更离奇的结论。这道理,我要向你还是向泰阿泰德说明?

忒　[165b]别,还是公开说吧,但得让年轻的回答,因为年轻人犯错的话丢丑更小些。

苏　那么,我说说最大的难题,我想大致如此:同一个人是否可能认识一物同时又不认识他所认识的该物?

忒　[b5]我们该怎么答呢,泰阿泰德?

泰　不可能,千真万确,我想。

苏　并非不可能,假如你说"看见"就是"认识"。你如何对付这个不可逃避的问题?比如,就像俗话说的,你落入一个陷阱,有个无畏的人问你,当他用手遮住你一只眼睛,问你能否用被遮住的这只眼睛看见[165c]他的外衣。

泰　我想我会说,用这一只当然看不见,但我认为,用另一只能。

---

①　卡利阿斯是雅典富人,热切追慕智术师。

苏　那么你不就同时既看见又没看见同一个东西了吗？

泰　[c5]是，仅在某种条件下。

苏　他会说，我问的根本不是这个，我并不问在何种条件下，只问你是否认识你所不认识的，现在显然你正在看你看不见的。你又曾承认看见即认识、不见即不认识。那么[c10]基于以上，推测你的结论吧。

泰　[165d]好吧，我想，结论和前提相矛盾。

苏　对，而且或许——妙人！——你还会有几次更甚于此的经验呢，要是有人继续问你：认识同一物，有没有可能既敏锐又迟钝、近知而远不知、既深知又浅尝？一旦你主张"知识即感觉"，就会有那论辩雇佣兵携着[d5]成千上万这类问题埋伏在那儿等着攻击你，另外还带着诸如听、嗅之类的感觉问题——他会用辩驳猛力[165e]进攻，不让你惊叹于他那昂贵的智慧誓不罢休，一旦把你逼到绝境、绑住了你的手和脚，他就会要你付大笔赎金，数额由他来定。此刻你可能会说，普罗塔戈拉会用什么样的言辞[e5]再接再厉？我们是否要替他来？

泰　一定要。

苏　不仅所有我们为他辩护的话他都会说，我想，他还会跑来[与这雇佣兵]近身肉搏，[166a]带着对我们的蔑视这样说："这就是你们的好苏格拉底！他把一个孩子吓住了，问这孩子，同一个人能不能同时记得但又不认识同一物，这孩子惊慌否认，[a5]没能力预知后果，结果他在谈话中就把可怜的本人当成笑柄。可是苏格拉底呀，太草率了！事情是这样的：你通过提问考察我的学说，要是被问者回答时，用的是我会给出的回答，他被驳倒就算[166b]我被驳倒，可要是他的回答[和我]不同，那么被驳倒的就只是他自己。比如，你觉得会有人对你承认，在目前的记忆中，一个人过去的感觉和他当时经历的感觉完全相同？远非如此！或者你觉得，他会不情愿同意，同一个人可能既[b5]认识又不认识同一物？又或，他被这个问题吓住了，那么他会不会赞成，发生变化了的某人和他变化之前是同一个人？

"而且，假如为避免挑剔彼此的字眼儿，那他会否乐意承认，一人总是一人，而非几个人，更不会持续变化以至无穷，即使这个人已发生变化[166c]并且还要持续变化下去？可是，他会说：有福的人啊！请用光明正大的态度回应我所说的话，有本事，请证明我们每个人并没有个人的感觉,或者证明感觉虽然是个人的,却并非只对他一个人显得那种样子[c5]——或者,要是能用'存在'这个词——并非只对他才'是'那个样子。在讲到这些问题时讲什么猪和狗头狒狒,不光你自己像猪,你还诱导你的听众也这样来反对我的著作。[166d]这么干可不漂亮。我坚持认为,'真理'正如拙著所写:我们每个人是事物存在与不存在的尺度,而且,这个人与那个人所以千差万别,正由于'存在'并对某人显现的东西与对另一个人的[显现]不同。

[d5]"我根本不否认存在智慧与智慧之人,我只是说聪明人是这个样子的:他能促动变化,使那些对我们任何人'显得'和'是'坏的东西[转而]'显得'和'是'好[的东西]。所以,别再揪住措辞指控我的话,而要[166e]更明确了解我说的意思。

"回想一下我前面讲的:病人吃了觉得苦,[并因此认定]是苦的东西,对健康人所显现的及其[因此而认定]'样子'则都相反。现在无须判断二者哪个聪明——因为也不可能判断得出——[167a]既不能因为病人有那种看法就说他傻,也不能因为健康人与病人看法不同就说健康人聪明,而要改变病人的状态,因为健康比病态好。在教育上也如此,一个人必须从一种状态变得更好。

[a5]"然而,医师以药物致变,智术师则凭靠言辞。这并不是说,有人能让判断错误的人变得判断正确,因为不可能去判断不存在的事物或超出人经验之外的事物,而人所感觉的[167b]都是真实的。但是我想,一个灵魂状态卑劣的人思考那些与其灵魂相近的东西,而好的[灵魂]状态则使他思考好的东西。有些没经验的人把后一种[现象]称为'真实',可我说,后一种比前一种更好些,但绝非更真实。[b5]我也绝不会说,亲爱的苏格拉底呀,聪明人是青蛙。我说,他们的智慧用于身体,就是医生;用于庄稼,就是农夫。因为我肯定,他们会用又好又健康的感觉和真实的[167c]东西替代坏的,一旦庄稼发生病害。而那些既聪明又好的公共演说家使城邦树立这样的意见:以好东西替代那些坏东西是正确的。不论何种东西,只要在城邦的观念中[c5]是正确和美好的,城邦就以之为然;而聪明人使好东西在城邦的观念中不止看上去好,而且真的好,以替代城邦原有的一些坏东西。

"同理,假如他有能力用这种方法教导那些受教育[167d]的人,智术师也堪称聪明人,在那些受教育者看来,他值一大笔钱。这样,一些人比另一些人更聪明,没有人判断错误,你必须得承认这是个尺度,不论你情愿与否,因为凭着这些论述,我的理论得救了。假如你能从头反驳[d5],那么请列举反面论证进行驳斥;或者要是你想通过提问法,就请提问,无论如何不能拒绝此法,而有头脑的人一定力求此法。然而,这种方法要这么用:提问不要违背正义。口头上关心美德[167e]而实际尽作不义之论,这极不合理。在这种情形下违背正义是由于没能区分'诡辩'与'讨论';在前一种情境中,可以尽可能地戏谑和攻击对手[e5],而在讨论中则须非常认真,为使对方得以纠正,要向他指出由于他自入歧途以及[168a]被前任交往者引入迷途而导致的疏忽。假如你这样做,那些花时间和你在一起的人就会为他们自己的混乱和困惑而自责,他们不会责备你,还会追求和爱恋你[a5];他们会自惭形秽,并从他们自己那里逃出来投身热爱智慧,目的是有朝一日能变得不同,摆脱以往的自己。可是,假如你像多数人那样,反其道而行之,那么你将得到相反的结果:你会发现,与你交往的人没有成为爱智者,[168b]当他们年龄渐长,反而成了厌恶这一事业的人。

"要是你听我劝告——如前所述——不带敌意、不好争辩,而是带着善意和宽容去思考,你就会真正去检审我们说的话,发现一切事物都在变动[b5]中,对每个人看似如此即真实如此,个人、城邦莫不如此。在此基础上,你可继续检审,知识和感觉是相同还是不同,而非像你现在这样依据习常的词[168c]句用法,多数人就是这样,生拉硬扯地曲解语义,结果使彼此都陷入困惑。"

我就拿这个,忒俄多罗斯啊,来帮助你的同道,已经尽了我的绵薄之力。要是他自己还在世,他一定会滔滔雄辩[c5]捍卫自己的理论。

忒　[你在]开玩笑,苏格拉底。你[对普罗塔戈拉]的这番援助可真劲头十足。

苏　你真好心啊,友伴。告诉我,你确实注意到刚才普罗塔戈拉的话及其对我们的责备吗,说我们对一个孩子大逞言辞之能,[168d]趁其胆怯批驳他的学说,借助的乃是他不屑一顾并且喝令停止的花言巧语,与此形成反衬的是他"万物皆为尺度"学说的巍巍庄严,他敦促我们对这一学说认真研究？

忒　[d5]我当然注意到了，苏格拉底。

苏　那么接下来呢？你想听从他的建议吗？

忒　要啊，一定要。

苏　你没瞧见，除了你，在座诸位都是孩子？要是我们服从此公，那就得你和我[168e]对问对答，才显得是认真对待他的学说，让他至少不能提出这项指控，说我们对着孩子拿考察他的学说当儿戏。

忒　何必如此呢？泰阿泰德不是比许多胡子[e5]长长的人更能跟得上言辞的考察？

苏　至少不比你强，忒俄多罗斯。别指望我一定会方方面面捍卫[169a]你的亡友而你却袖手旁观。来吧，好人！随我走几步，直达到这一点：让我们知道是唯有你必然成为几何定理的尺度，还是人人都有资格像你一样，在星象术和其他任何你所擅长的事情上[a5]成为尺度。

忒　苏格拉底啊，坐在你身边又想不发言可真不容易，我刚才白白费神费口舌，求你别让我解衣，别像斯巴达人那样强迫我。可在我看来，你的架势比斯喀戎更甚，因为斯巴达人还允许一人[169b]或离场或解衣，可我看你的作风却像安泰俄斯，①你不放过任何一个接近你的人，直到迫使他解衣入场，与你来一场论辩赛。

苏　[b5]对啊，忒俄多罗斯，我的毛病正如你说的比喻；然而我比他们还顽固。我曾与成千上万个言辞强大的赫拉克勒斯和忒修斯相遇，还受到严厉打击，但我从未袖手退缩——对践习这种事务的酷爱[169c]已悄悄溜进我心。所以别吝惜与我较量一番，此事于你我都有益。

忒　再说不出反抗的话了，随你领到哪儿吧，我无论如何[c5]得受驳诘，承受你[像命运女神一样]用这些事情为我铺设的命运。可是，要是超出你说的这些，我可不会服从。

苏　好，走这么远足够了。与我一起多加小心吧，免得我们在哪一点上[169d]无意中又犯了儿戏样式的论辩的错误，使某人又为此责备我们。

---

① "安泰俄斯"和"斯喀戎"都是传说中住在野蛮之地的凶徒，一旦落入其手便无处可逃。据说，前者被赫拉克勒斯举在空中扼死，后者则死于英雄忒修斯之手。

忒　好吧，我当然会尽力，尽我所能。

苏　那么，让我们重新理解前面说过的那一点，当我们指摘那种观点，说它使每个人[d5]在智识上都自我满足，我们的不满对还是不对？普罗塔戈拉曾承认，当涉及较好和较坏之事时，有些人的见解更优越，而且他认定这些人就是聪明人，是这样吗？

忒　是的。

苏　[d10]假如他现在在座，亲自表示同意，[169e]而不是我们代替他承认，此刻就无须旧话重提而且着重强调；可事实上，有人可能会认为我们无权替他表示同意。为此，更好的做法是就这个问题取得更为清晰的共识，他的本意[e5]是否如此，干系匪浅。

忒　你说得对。

苏　那我们就不要通过别的[言辞]，而要基于[170a]他自己的说法，尽可能简洁地取得共识。

忒　如何做呢？

苏　这么做：他不是说过，对每个人看似如此即真实如此？

忒　[a5]对，他确实这么说过。

苏　那么，普罗塔戈拉啊，我们何不也来说说个人的意见，或者不如说所有人的意见；我们主张，没有人会不相信，他在某些事情上比其他所有人聪明，在有些事情上，其他人又比他聪明。而在最危急的时刻，无论[a10]参战、患病或航海，他们在这些情况下对统治者都奉若神明，指望统治者成为他们的救星，[170b]而前者与其他人的差异就在于他们的智慧。一切人类事务确乎不外两类：一些人寻求教师和统治者，为他们自己，也为其他动物；另一些人则相信他们自己就有资格去教育和统治。[b5]鉴于上述事例，我们怎能不说，人类自信他们之中有智慧和愚蠢的差别？

忒　确实得这么说。

苏　他们确信智慧就是真实的思想，而愚蠢就是虚假的意见？

忒　[170c]正是。

苏　那么我们该如何对待你的学说呢，普罗塔戈拉？我们是该说，人的意见总是真实的，还是说有时真、有时假？无论如何，"意见"确乎不会总是[c5]真实，而是有真有假。请考虑一下，忒俄多罗斯，无论哪个普罗塔戈拉的门徒还是你本人,是否愿意坚持:没人相信他人愚蠢且意见虚假。

忒　这可难以置信,苏格拉底。

苏　[170d]然而,宣称"人是万物的尺度"的学说不可避免地导致这个必然结果。

忒　何以见得?

苏　你自己做了某个判断,并且当我的面说出[d5]对某物的意见,按他的学说,这意见对你而言是真实的。可我们其他人不就没可能去判定你的判断[是真是假],或者总得断定你的意见是真实的? 难道没有成千上万的人在各种场合反对你,认为你的判断和意见是假的?

忒　[170e]有啊,宙斯在上,苏格拉底,如荷马所说,真是成千上万呢,①我在这世上的麻烦都从他们而来呢。

苏　怎么? 你是否想让我们说,你的意见对你而言真实,[e5]对那成千上万人而言[却]虚假?

忒　根据这个学说,似乎必然如此。

苏　那么普罗塔戈拉自己呢? 若是连他也不相信[每个]人[都]是尺度,更甭说其他人——他们根本也不信——那他写的《真理》[171a]岂不必然对任何人都不是真理? 假如他相信这一学说,而多数人并不赞同他,你可知道,首先,就像认为这个意见虚假的人超过认为其真实的人,它的虚假也就超过它的真实。

忒　这是必然结果,假如是非[a5]由各人的意见而定。

苏　对,再则,还有个最妙的结果呢。他不得不承认那些与他观点相反的人的意见也是真理——而他们则认为他的说法是虚假的——既然他认为每个人的意见都真实。

忒　[a10]当然。

苏　[171b]那么他不就得承认他自己的意见虚假,假如他承认那些认为他所言虚假的人意见真实?

忒　必然如此。

苏　可是其他众人不承认他们本身所言虚假吧?

---

① 见荷马,《奥德赛》16. 121,17. 432,19. 78。

忒　[b5]不承认。

苏　然而,基于他的写作,他承认这种意见也真实?

忒　显然如此。

苏　这样,最终,包括普罗塔戈拉在内的所有人都反驳[b10]他的意见,或者不如说,众人意见如此,[普罗塔戈拉]至少得赞成;一旦他承认反对他的人的意见真实,那时,普罗塔戈拉自己[171c]也得承认,一条狗或者随便一个人并非是他们所不熟悉之物的尺度,不是这样吗?

忒　正是这样。

苏　[c5]既然已经被所有人驳斥,普罗塔戈拉的《真理》是否对任何人都不真实,无论其他人还是他自己?

忒　我们对我这同道贬斥得太厉害啦,苏格拉底。

苏　你瞧,朋友,我们不见得越过了[c10]合理的范围,既然他[171d]比我们更年长、更聪明。要是他此刻从地下露出头来,他很可能要指控我说了许多废话,说你随声附和,然后缩回地下溜之大吉。可我以为,我们必须像我们刚才那样尽力,[d5]畅所欲言。这样,眼前这个问题,我们是不是坚持无论哪个人起码都会同意这一点:有人比其他人更聪明,或者有人比其他人更愚蠢?

忒　我的意见肯定如此。

苏　我们还能说下述观点格外[171e]站得住脚吗,即我们在为普罗塔戈拉辩护时涉及的,在许多事物上,对每个人看似如此即真实如此——热的、干的、甜的,诸如此类? 但是,假如他在不论何处承认,在某些事情上,有人比其他人优越,他可能会愿意就健康和[e5]疾病之事谈论,说并非任何妇女、儿童,更甭提每个动物都晓得什么对自己来说是健康的,从而有能力照料自己,相反,在这个例子中或任何其他地方,都有人优于其他人。

忒　起码我这么看,确实如此。

苏　[172a]在涉及政治事务时是否也如此呢,对于各类事情属于美好还是丑恶、正义还是不义、虔敬还是亵慢;各个城邦以为如何并且立为法律,对此城就是真实的,在这些事务上,没有哪个立法者比哪个立法者更聪明,[a5]也没有哪个城邦比哪个城邦更聪明?

然而,凡是关乎有利于一邦还是不利于一邦的事情,在上述例子或其他地方,他都会同意,顾问与顾问之间、一个城邦的意见[172b]与另一城邦[的意见]之间在真实性上有差别。他不敢武断地说,无论一个城邦相信什么对城邦有利,什么就确实对城邦有利。可是,在前一个例子中,我是说,在正义和不义、虔敬和亵慢的事情上,人们倾向于认定,这些事情没有一个是原本就自然存在的,[b5]众人在一个意见上达成公议,这个意见就变为真实,从公议达成那一刻开始,只要此公议成立就一直真实。每一个并非完全同意普罗塔戈拉学说的人,或多或少都认同这一点。忒俄多罗斯啊,一个比一个更厉害的学说就要抓住[172c]我们啦。

忒　可我们不正在闲暇中吗,苏格拉底?

苏　显然如此。以往我确实常常注意到这一点——好人哟!——而现在我亲眼看见,那些在[c5]热爱智慧上消磨大把时间的人怎么会一上法庭发言就明显可笑。

忒　何出此言啊?

苏　那些自幼在法庭等地闲荡的人——相比那些受热爱智慧及类似[172d]事情教养的人——有被教成与自由人相对的奴仆的可能。

忒　怎会如此呢?

苏　这么回事:正如你所说,闲暇[d5]总属于后者,他们在平静的闲暇中交谈。正像我们眼下这样,从一轮谈话到另一轮,[现在]已经进行到第三轮;他们也是如此,只要即将开始的交谈比摆在他们面前的学说更让人愉快,恰如我们的经历。他们不考虑谈得长还是短,只要能发现"真理"。而[在法庭上闲荡的]那些人则[172e]总是在仓促中发言——"滴漏"之水滴滴答答催逼着他们——他们在谈话中没有考虑自己意愿的余地,原告站在旁边手持诉状,并且还在一旁宣读答辩大纲,超出此范围的话都不许说——此即所谓"誓书"。① [e5]他们作演说,总像面对端坐着的主人的奴隶——主人掌握着一些案件或其他控告——这种论辩从来不会无关紧要,而总关乎他的切身利益,论辩过程关系他的身家性命;[173a]由此种种原因,他们变得既尖刻又狡猾,知道怎么在论辩中迎合他们的主子

---

① 雅典的法律诉讼程序是,预审时诉讼双方各提交一份书面陈述——控告与答辩——然后对神发誓,以确保其真实性。

以博其欢心,他们的灵魂变得卑小且不义,因为他们从小就[a5]受这种奴役,已经被剥夺了成长、正直和自由的可能性。这种奴役驱迫他们行邪作恶,使他们尚且稚弱的灵魂经受极大的威胁和恐惧,他们没有能力用正义和真实去应对,于是立刻就转向谎言,相互之间常常以不义交相往来,[173b]因此自幼及长,从来没有健康和健全的念头。终于,他们变得如他们自以为的那样相当神奇、相当聪明。说到这儿,你已经知道他们是哪种人了,忒俄多罗斯。现在我们来说说属于我们这个歌队的人吧?你希望我们[继续][b5]谈这个还是言归正传,转回刚才的讨论,以免滥用了交谈的自由和变换?

忒　绝不,苏格拉底,还是说这个吧。[173c]你说得很好,我们这个歌队的人所做的事情不是被交谈牵着鼻子走,"交谈"才是我们的仆人呢,每一番交谈都在旁边等着我们愿意的时候去完成。没有法官,也没有训斥和支配诗人们的[c5]那种观众来监督我们。

苏　那就说说吧,既然你想让我们说,我们就说那些最顶尖儿的——为什么要谈论那些在热爱智慧上没花多少时间的人呢?——首先,这些人的的确确从幼年起就不晓得前往[173d]市场的路,不知道法庭、议事厅在哪儿,也不知道城邦中其他公共会场之所在。法律和政令,无论宣读还是文告,他们既不看也不听,派别争夺权位的重大事务、集会、宴饮[d5]乃至和吹笛女寻欢作乐,他们甚至做梦也没梦见过这些。城邦中某个人出身高贵还是低贱,某人的劣性是否从父系或母系遗传,他对这事儿的关注[173e]就像谚语所说,不比对海水有多少知道得更多。他甚至不知道自己不知道这些事儿,因为他避开这些事儿不是为了获得好名声,而因为实际上,只有他的身体被放置在城邦中,在那里居住,可他的思想则将所有这些事情看得琐屑且没意义,完全拒斥这些,[e5]飞升而起,就像品达所说,"深抵大地之下",用几何学俯察地理;"上穷广天之上",[用星象术]仰观天文,[174a]遍究一切物性、求真求全,[却]从不屈尊俯就旁琐事。

忒　你这样说是什么意思呢,苏格拉底?

苏　就像泰勒斯①,忒俄多罗斯,他在观星和仰望[天空]时[a5]掉进

---

① 泰勒斯,约公元前624年生于米利都的名门望族,兼有欧亚血统。据说,他是古希腊历史上第一位数学家、科学家、自然哲人,古希腊"七贤"之一。

了一口井里,有个风趣机灵的忒腊克①女仆嘲笑他的失足——说他渴望知道天上的事情,却不知道正在他面前和脚下的事情。这个嘲笑适用于所有热爱智慧的人。这种人确实[174b]不关心他的邻居,不止不关心邻居在做什么,甚至连邻居是人与否都不知道。但是,人是什么、与人性相配的施动或受动在什么方面[b5]有别于其他生物——他探求这个;他全部的困惑都在于对这种问题的探究。你能明白吧,忒俄多罗斯,或者你不能?

忒　我明白,你说得对。

苏　正因为这样,友伴,这种人不论在私下里还是公开场合,正如我先前所说,[174c]一当他被迫在法庭上或其他地方谈论他脚下或他眼前的东西,他不仅会被忒腊克女仆还会被其他所有众人笑话呢,笑话他掉进井里[c5]以及种种出于缺乏经验的手忙脚乱,他是如此笨拙,直似愚蠢。在彼此辱骂的场合,他不会反唇相讥,因为他从未研究过也就不知晓任何人的恶事,[174d]他茫然无措的样子显得很可笑。更不用说在其他人吹捧和自夸的场合,他一点儿不加掩饰,而是率真地公然大笑,显得很荒谬。当一个僭主或王者得到颂扬,在他听来就像是祝贺一个牧人——比如一个猪倌,[d5]或羊倌、牛倌——祝贺他们挤了很多奶水。只有他意识到,他们放牧和挤奶的对象比牧人们[所牧养]的要暴躁和刁钻得多,这一族类的统治者由于缺乏闲暇,不用说,必然变得和牧人一样粗野和缺乏教养,因为城墙就像深山里的羊栅一样围住他们。[174e]当他听说有人拥有上万亩甚或更多的土地——"哦,他的财富数量令人惊讶"——他的感觉是听到的这数目微不足道,因为他惯于放眼[e5]整个大地。当人们叨念出身——"多么煊赫多么高贵啊,他能数出七代富有的祖先"——他认为这种夸赞是出于那些眼界昏聩和短视之人,他们由于[175a]缺乏教养而无能见识整全,不晓得人人都有无数辈的祖先,其中有无数富翁与乞丐、国王与天生的奴隶、野蛮人与希腊人。对[a5]那些自夸他们二十五代的世系,说自己是安斐特吕翁之子赫拉克勒斯的后代,他们见地之鄙陋令他惊讶,因为安斐特吕翁之前二十五代是何许人完全出于命数,他之前五十代是何许人亦如是,他笑这些人想不明白,而且由于[175b]灵魂愚钝,摆脱不

---

① 旧译"色雷斯",位于希腊东北部,西邻马其顿,东滨黑海,是连接欧亚大陆的关津。

了这种虚荣。在所有这些场合，这类人中的任何一个都被多数人嘲笑，一则由于他看起来有些自负，一则[b5]因为他不知晓他脚下的事情，茫然无措。

忒　你说的全是事实，苏格拉底。

苏　然而，要是他把某个人向上拉，朋友，[175c]并且负责让这个人情愿停止考虑"我怎么冤枉你或你怎么冤枉我"的问题，转向考察正义和非正义本身，二者各是什么，彼此之间及与他物之间有何区别，或者从"拥有无数黄金[c5]的国王是否幸福"，转向探究普遍意义上的王权和人类的幸与不幸，考察二者的性质以及就人性来说如何才能获得幸福和[175d]避免不幸——当那个灵魂卑小的狡猾讼棍被迫回答所有这些问题时，情势就完全逆转过来。由于不熟悉，"登高"使他目眩，"向上看"让他心慌，他茫然无措、结结巴巴，他不会招致忒腊克女仆[d5]或其他缺乏教养者的笑话——因为他们看不出——而是被所有那些与奴隶所受教育相反的人笑话。这就是两种人各自的特性，忒俄多罗斯啊，一种人[175e]在自由和闲暇中受养育——就是你称为的热爱智慧者——要是他落得去干奴隶[才干的那种]伺候人的事，别怪他显得幼稚和没用，比如不会铺床、不会烘焙、[e5]不会阿谀奉承；而另一种人，能把所有这些事情做得又精细又利落，但就是不晓得如何像个自由人那样披斗篷，也不会用一种和谐的言谈方式[176a]来颂扬诸神与人类真正的幸福生活。

忒　要是你能说服每个人，苏格拉底啊，用你说服我的这番话，那么人世就会和平多而罪恶少了。

苏　[a5]可是，没可能彻底根除"恶"，忒俄多罗斯，因为"善"永远有其对立面——它们在诸神那里没有位置，却必然游荡在有死的本性和此地。为此，我们必须努力尽可能快地从这儿飞升到那儿去。"飞升"是[为了][176b]尽可能"像神"，像神即凭借"明智"变得正义与虔敬。可说实话，根本不容易——最好的人啊！——让人们相信，多数人所说的人应当避恶[b5]求善，以及为此须得行善而不能作恶，所有这些不过是为了让一个人像个好人而非坏人。因为这些在我看来，就像俗话说的，是老生常谈。[176c]且听我说真正的原因。神在任何方面都绝不会不正义，而是尽其可能地最正义，所以最像神的事[莫过于]我们当中的谁变得尽可能地正义。人是真正了不起，还是无用又懦弱，尽在此事上展现，因为认识到这一点[就是]智慧,[c5]即真正的德性,不知这一点则是愚蠢和清清楚楚的邪恶,其余所有貌似的了不起和智慧,表现在执掌政权上是庸俗,表现在技艺上则是粗鄙。[176d]至于行为不正义以及言语、行为不虔敬之人,显然最好不要因为他肆行无忌就以为他了不起,因为他们以挨骂为荣,并且认为,[挨骂]意味着他们并非浪荡子,亦非"大地的负担",①而是应当变成[d5]那种在城邦里保全自己就必须如此的男人。所以必须挑明真相,他们恰恰更是他们相信自己所不是的那种人,他们不晓得对不义的惩罚,这一点他们最不该不知道。因为这种惩罚并非他们所想的鞭笞和死刑——未行不义的人偶尔也会遭受——[176e]而是那种不可能逃避的[惩罚]。

忒　是什么惩罚呢?

苏　在现实中有两种类型,朋友,一种属神,极为幸福;一种悖神,最为不幸。他们[e5]看不到事情是这样,由于他们的愚蠢和极端的愚昧,他们没有察觉自己因为不义的行为而与后者接近,[177a]与前者迥异。他们所受的惩罚恰恰是要过那种和他们自己相似的生活。可要是我们说,除非他们能放弃那种机巧,否则即便死后也不会[a5]被那洁净无恶的地界所接纳;就是在此世间,也永远只能过和自己相似的生活,"恶人"与"恶人"扎堆;在他们这种心灵刚愎自用、无所顾忌的人听来,这些话完全像是蠢人的胡言乱语。

忒　他们的确如此,苏格拉底。

苏　[177b]我深知这一点,友伴。可是,他们还有个特点。在私下里,一旦他们必须就上述责难提出论点并听取讨论,而且像个男子汉一样经受漫长讨论,而非像女人似的[b5]逃开,那么很奇怪——神佑的人啊——他们最终都会以不满于自己对这问题的回答而告终,他们的修辞不知怎么也畏缩起来,显得他们像小孩子一样。现在,让我们远离[177c]这些事情吧——这些其实都是题外话——要是我们继续,更多的东西就要涌进来把我们起初的论题淹没啦,让我们回到先前的话题,要是你也同意。

---

① 见荷马,《伊利亚特》18.104;《奥德赛》20.379。

忒　就我来说，苏格拉底啊，更乐意听这类事情，因为这些对我这个年纪的人来说更容易跟得上。不过，要是你决意不再[c5]说了，就让我们言归正传吧。

苏　我们的讨论是不是处在这么个位置——我们说过，有些人主张事物恒动，并且在任何情况下，对每个人看似如此即真实如此，他们在各方面都愿意坚持这一点，尤其有关正义之事，他们也坚持，[177d]不论一个城邦为本邦立什么法，只要这个城邦就此达成[一致]意见，这些法令在其存续期间对订立它们的城邦就是正义的。然而事关好的东西，没有谁仍然会充满男子气，敢于坚持这个主张：无论一个城邦相信什么东西有利并将之定为法律，这些东西在其立为法律期间都会有利——除非[d5]某人是说"有利"这一名称。可是，考虑到我们正在讨论的问题，这样做真是个笑话。对不对？

忒　当然。

苏　[177e]原因在于，他并非在说这个"名称"，而是在观察这个名称之下的"实事"。

忒　不能让他那么做。

苏　然而，无论一个城邦把"利益"叫做什么，它的确是城邦立法的[e5]目标，而一切法律，在城邦的信仰和权能范围内，总尽可能为其利益而制定。或者城邦立法还有别的目标？

忒　[178a]绝对没有。

苏　那么城邦真的总能达到目标，还是每个城邦也常常失策？

忒　我想也常有失策。

苏　[a5]那么，要是从有关利益的那一样式的事情来看的话，人人更会同意这一点。利益之类的事情其实与将来相关。因为当我们为自己立法[a10]时，想的是这些法律以后会有益，这就可以称为"将来"。

忒　[178b]当然。

苏　那么，我们用这种方式问问普罗塔戈拉或任何赞同其观点之人。"人是万物的尺度"，据你们说，普罗塔戈拉啊——白的、重的、轻的，[b5]这一类中的每一事物都不例外——人自身拥有判决这些事物的标准，相信它们就是他感觉到的那个样子，他相信它们对他[显得]真实，这些事物就真实。是否如此?

忒　是这样。

苏　那么,我们是否确实主张,[178c]普罗塔戈拉啊,个人自身也拥有判断将要发生之事的标准,他相信事物将来会如何,事物对这个怀着信心的人就将会如何? 比如发烧发热。当某个门外汉相信自己将要发烧,这个热就会来;而另一个人,是位医生,持[c5]相反的看法,我们应当主张未来发生的事与其中哪位一致? 或者与两位的意见都一致,医生认为此人不会热不会发烧,但他却认为自己会热会发烧?

忒　那可成了笑话。

苏　然而我想,关于酿的酒将会甜还是[178d]不甜,酿酒的人是意见权威,而非琴师。

忒　当然。

苏　还有,关于乐曲将会走调还是和谐[d5]悦耳,体育教练的意见不会比乐师的意见更好,即使过一会儿,体育教练自己也会觉得乐曲和谐。

忒　一定的。

苏　将要举行宴会这个例子是否也如此,不精通烹饪的人,当宴会即将开始时,他对即将体验的酒食[d10]之乐的判断不如厨师权威。[178e]我们并非争论事物现在和已经给人的乐趣,而是讨论事物对人将会[显得]如何就必将真实如何——而他自己就是最好的法官? 而你,普罗塔戈拉,至少关于在法庭[e5]辩论中什么话能说服我们每个人,你的预见更好,还是随便哪个门外汉的更好?

忒　真的,苏格拉底,在这方面他自认比任何人都强。

苏　"是啊,宙斯在上,我的乖乖",①否则就没有人想跟他交谈且[还要]付他一大笔[179a]金钱了,要是他不能让谈伴们相信,在事物将如何真实[存在]以及将显得如何方面,无论预言家还是任何其他人都不会是比他更好的法官。

忒　对极了。

苏　[a5]那么,立法和有关利益的事务不也关乎将来吗? 并且,人人

---

① 这是阿里斯托芬谐剧中多次出现的台词,但在柏拉图笔下仅此一见。

会赞同，城邦为自身立法时必然常常不能实现最大利益？

忒　的确。

苏　[a10]所以，我们可以慎重地向[179b]尊师说明，他有必要赞同有人比其他人更聪明，且这种人才堪为尺度；[像]我这样一无所知的人则完全没可能成为尺度，就像赞成其论点之人刚刚强迫我承担的那种[b5]角色，也不管我愿意与否。

忒　我的看法是，苏格拉底，这一学说尤其在前一方面有问题——尽管在眼下也有问题——它使其他人的意见有权威，但那些[人的意见]却显然认为，他的学说绝不真实。

苏　[179c]有许多不同的方法，忒俄多罗斯，可以用来反驳这种学说，并非人人的意见都真实。但若事关个人当前的经验、感觉以及与由此感觉而生的意见，很难说它们不真实。可能我说的[c5]不对，它们应是无懈可击，那些坚称这种经验清晰可见而且就是"知识"的人或许是对的，泰阿泰德说"感觉"与"知识"同一，说得不差。[179d]那么，我们必须进一步讨论这个问题，像为普罗塔戈拉辩护时他所吩咐的那样，猛敲一下这个"变动着的存在"，听听它的响声是可靠呢还是空洞。现在，不管怎样，战斗已经打响，战斗还不[d5]小，牵涉的人也不少。

忒　可真不小，已经非常猛烈地在伊奥尼亚蔓延了，赫拉克利特的门徒大力倡导这种学说。

苏　正由于这个原因，亲爱的忒俄多罗斯，我们更应该从头考察这个问题，就依着他们[179e]原有的样子。

忒　一定要这么做。关于这些赫拉克利特的学说，苏格拉底呦，或如你所言，荷马的以及更古老的说法，想要和那些自命熟悉这些意见的人进行讨论——那些以弗所人圈子的成员——并不比[e5]想和那些被牛蝇追逼得发狂了的人讨论更容易。与他们自己书中所说一致，他们一直处于变动中。至于说为一场讨论和一个问题而停留下来，安安静静地[180a]依次回答与发问，对他们来讲这种可能性为零，甚至用负数都不足以计算他们缺乏安静的程度。可是，假如你向他们提出任何问题，他们就像从箭筒里[a5]射箭一样射出晦涩的小句子，要是你请求他对所说的进行"解释"，就会遭到另一套新造词句的攻击。与他们中任何一位讨论都不会得到任何结果,他们彼此之间的讨论也如此,他们非常留心,不许任何东西[180b]在讨论或在他们的灵魂中留驻下来,我想,他们是把"留驻"看作"静止"了。他们全力与之作战,尽他们所能把它从各处驱逐出去。

苏 或许,忒俄多罗斯,你看到这些人作战,却没有在他们[b5]和好时跟他们待在一起,因为他们并非你的同道。而我猜,闲暇时,他们把这类东西传授给自己的弟子,就是想使弟子们变得跟他们一样。

忒 你说什么,弟子?怪异啊!这类人中没有[180c]一个变成另一个的弟子,他们自然地冒出来,随便从哪个来源,他们个个灵感附体,个个以为他人一无所知。所以我刚才正要说,不管他们愿意与否,[c5]你永远得不到[他们对自己的说法做出的任何]一个"解释"。我们得从他们手里把[解释]拿过来,凭我们自己检审它,如对待一个[几何]难题那样。

苏 你说得很合情理。至于这个难题,我们不是还听过些别的"解释"——从那些利用诗歌对多数人隐瞒[180d]这一点的古人那里,据说,万物源于河流——俄刻阿诺斯与忒图斯——且无物静止。而那些新派[智识]人,因为他们更聪明,所以公开地讲出这一点,使得连鞋匠们也能一听就明白他们的[d5]智慧,并放弃自己的愚昧信仰:有的东西静止而有的东西变动。一旦鞋匠们懂得了"万物皆动"就会崇拜他们吧?

可是,我差点忘了,忒俄多罗斯,另一方面,有不同的人持相反论调[180e]——"万物皆不动,存在为之名"——美利索斯①和帕默尼德之流反对所有人的主张,认为万有归一、静止不动,其内部也无变动之余地。友伴啊,我们该拿所有这些[学说]怎么办呢?[e5]我们一点儿一点儿地推进,无意中已经落到两派之间了,[181a]除非我们有什么办法保护自己逃脱,不然就得付罚金了,就像那些在角力场上玩"过线游戏"的孩子们一样,一旦被对方抓住,两方就各朝自己的方向拉。② 我想我们该先检查另一个,就是我们率先接触的"流变派"。要是[a5]他们显得合理,我们就

---

① 美利索斯是帕默尼德的学生,他在哲学上的贡献虽然不及芝诺,但依然是爱利亚学派代表人物之一。美利索斯不只研究高深的哲学,同时还积极参与政治,甚至被选为舰队司令,带领萨摩斯人打败伯里克勒斯的舰队,粉碎了雅典人对萨摩斯的封锁。

② 这种角力游戏,先在地上画一条线,线两边各有一组男孩,双方竭力把对方拉到自己这边来。

让他们把我们拉过去,还要躲开另一派;可要是主张"万有归一"的那一派看起来说得更真实,我们就要从那些以静为动的人身边逃开,逃到他们那里去。[181b]然而,要是我们发现两派之说都不合理,在断然拒绝了古代那些智慧卓绝之人的说法之后,还相信我们这些常人能有合理见解,那就贻笑大方了。怎么样,忒俄多罗斯,[b5]你看我们值得冒险更近一步吗?

忒 按捺不住啊,苏格拉底,若不对两派所说做个通盘考察。

苏 要是你这么迫切,我们一定得考察一番。我想,关于"变动",我们的考察应该从这个问题开始:[181c]那些人坚持一切事物都在变动中——他们所说的究竟是什么意思呢?我要问的是,他们主张"动"只一种样式,还是如我所想,有两种?可是,不能仅我一人如此想,[c5]你也得参与,以便必要的时候我们共同承担后果。请说,当某物从一处移到另一处或它在原地旋转,你称之为"动"吗?

忒 是的。

苏 好,那么,这是一种样式。可是当它[181d]在原地变老、从白变黑、从软变硬或发生其他变化,是否可以说这是"动"的另一种样式?

忒 当然可以。

苏 [d5]那么我说,"动"有两种样式:"变化"和"位移"。

忒 说得对。

苏 那好,现在我们已经做了这种区分,我们来和那些主张"万物皆动"的人讨论一下,问问他们:你们主张一切事物都以"位移"和"变化"两种方式"动"呢,[181e]还是有些用两种方式,而有些只用其中一种?

忒 宙斯在上,我真答不出。可我猜他们会说用两种方式。

苏 [e5]对,要是不这么答,友伴啊,他们就会发现事物既在"动"中也在"静"中,这样一来,说"万物皆动"就不比说"万物皆静"更正确了。

忒 你说得太对了。

苏 既然事物必然处于"动"中,任何事物必定[182a]不会不动,一切事物没有例外,总是处于各种变动之中。

忒 必然如此。

苏 让我们来考察他们的这个观点。在热、白或任何事物的来源这一点上,我们是否[a5]说过,他们这样主张,这些事物中每一个都伴随着

"施者"与"受者"之间的感觉而生,"受者"变为能感觉的,但并不变成感觉本身;"施者"变得具有某种性质,而非性质本身?"性质"这个词你可能觉得古怪,[182b]这么泛泛一说,你不理解它的含义。请听具体例子:"施者"既不会变成"热"也不会变成"白",而是变成"热的"和"白的"——依此类推。你肯定记得我们原先这么讲过,无物仅凭自身[b5]成其为自身,"施者"或"受者"都不能如此,而从它们双方的交互偶合中,产生了感觉与被感觉之物,于是"施者"变得具有某种性质,"受者"变为感觉者。

忒　我当然记得。

苏　[182c]现在姑且不管其他部分他们如何主张。仅限于我们说的这点,只就这一点提问:依你们说,一切事物都在变动之流中,对不对?

忒　[c5]对。

苏　那么,就涉及我们所区分的两种"动"——"位移"和"变化"?

忒　对,当然,假如在他们完全变动的意义上来说。

苏　要是仅有"位移"而无"变化",我们还能确定地说那些在其流动中发生[c10]位移的事物具有何种性质,或者我们[该]怎么说?

忒　就这么说。

苏　[182d]可就连这个也不停留,流动中的事物也无法保持白色,而是发生变化,因此白色本身也流变,变成其他的颜色,以免因为"滞留"而被判有罪,那么,我们还有可能真实准确地说[d5]这个事物是某种颜色的吗?

忒　哪有可能呢,苏格拉底?对这类事物中的任何一个该如何准确地称呼,假如它总是在人一说到它时便滑脱并跑远了?

苏　还有,关于任何种类的感觉——比如"看"或"听"——我们怎么称呼呢?[182e][它们]能始终保持为"看"或"听"吗?

忒　无论如何不能,假如一切事物都在变动中。

苏　所以,说它是"看"无异于说它是"非看",其他任何"感觉"也无异于"非感觉",既然一切事物都在以各种方式[e5]处于变动中。

忒　无异于。

苏　然而,泰阿泰德和我曾断言,"感觉即知识"。

忒　是这样。

苏　[e10]这样在被问到"知识"是什么的时候,我们有关"知识"的答案无异于有关"非知识"的答案。

忒　[183a]似乎如此。

苏　为了证明我们的答案对一切事物来说都正确,我们积极地去证明一切事物都处于变动之中,而这会儿我们对答案的修正将带来美妙结果。这一点似乎被弄明白了,假如[a5]一切事物都处于变动中,那么任何答案,某人对于任何事物的回答,都是同等正确——或者假如你愿意,为免我们把它们弄得静止了——任何答案都"变得"正确,既可以说"某物如此",也可以说"某物并非如此"。

忒　你说得很对。

苏　可是,忒俄多罗斯啊,我还说了"如此"和"并非如此"。其实连[a10]"如此"也不应该说,因为"如此"就[意味着]不在[183b]变动中了;也不该说"并非如此",因为它也不是变动着的。那些持这种学说的人得另行创造一种语言,因为至少目前他们没有合适的词来表述他们的"前提",说到底,只有[b5]"尚未如此"格外合他们用,因为这个表述内没有限制。

忒　这个表述的确是他们最熟悉的。

苏　那我们是否得离开你的同道了,忒俄多罗斯,我们是不是不能承认他的"[每个]人[都]是万物之尺度"的学说,[183c]除非是某个智慧超绝之人? 我们也不能承认"知识即感觉",至少用讨论"万物皆动"的方法,不能承认,除非泰阿泰德有不同意见?

忒　[c5]好极了,苏格拉底。这个问题已经解决,我就不再回答你的问题了,照我们刚才的约定,以讨论完普罗塔戈拉的学说为止。

泰　不行,忒俄多罗斯,在这之前,你和苏格拉底还得考察[183d]那些主张"万物皆静"的人,照你刚才的建议。

忒　你这年轻人! 泰阿泰德,你在教你的长辈行事不义、违背约定吗? 你还是准备[d5]自己和苏格拉底讨论余下的问题吧。

泰　好,要是他愿意的话。尽管我更乐意听人谈论这个问题。

忒　请苏格拉底讨论问题,就像让"骑兵在原野上驰骋"。尽管问,你会有东西可听。

苏 [d10]可是,忒俄多罗斯啊,我不想依从[183e]泰阿泰德,至少不答应他的要求。

忒 为什么不答应他呢?

苏 在美利索斯和其他所有主张"万有归一"且静止不动的人面前,我不敢放肆,恐怕我们的探查流于庸俗和浮泛,尤其对帕默尼德,我对他的敬畏[e5]超过对其他所有人。帕默尼德一出现在我面前,就像荷马所说,"令我既敬且畏"。① 实际上,我曾见过这位人物,那时我尚年轻,而他年事已高,我觉得他具有某种伟大且高贵的深沉。[184a]所以我担心我们听不懂他的话,更理解不了他这些话所表达的意思;而我最担心的是,这些讨论就像突然涌进来的纵酒狂欢者一样,一旦服从它们,我们最开始[a5]讨论的"知识究竟是什么"的问题,就要无疾而终了。

目前的情况尤其如此,我们提出的这个问题牵涉太广,不可能得到充分讨论。假如只想顺带考察一下这个问题,它所受的待遇就不公正,可要想充分讨论,所需要的时间又很长,势必得搁置知识问题。这两种做法都不可取,我们应该运用[184b]助产术,试着接生出泰阿泰德所怀的知识之胎。

忒 好吧,如果你觉得该做,我们就这样做。

苏 那好,泰阿泰德,关于刚才谈论的问题,请继续进一步[b5]考察下述方面。你回答说"知识即感觉",对吗?

泰 对。

苏 要是有人问你:"人用什么来看白色和黑色的东西,又用什么来听高的与低的乐音呢?"我猜[b10]你会说:"用眼睛和耳朵。"

泰 没错,我会这样回答。

苏 [184c]随意用词用句而不严加考察,在很多情况下,这并非一种低劣的品质,甚至,与此相反的做法才是气量狭窄呢。可有时候则必须推敲词句,就像眼下,必须对你给的答案进行推敲,看看这个答案[c5]怎么会不正确。请考虑一下,下述哪个答案更正确:我们"用"眼睛看,还是"通过"眼睛看;"用"耳朵听,还是"通过"耳朵听?

---

① 见荷马,《伊利亚特》3.172;《奥德赛》8.22,14.234。

泰　这是我的观点,苏格拉底,我们"通过"它们来感觉每个事物要比说"用"它们感觉更正确。

苏　[184d]孩子,要是许多种感官藏在我们身上,如同藏在[特洛亚]木马中一样,而它们又不聚合为某种单一的"型相",无论人们把这种"型相"叫做灵魂还是其他什么,我们却通过这些工具似的感官,而不是通过这一"型相"去感觉一切被感觉和能感觉[d5]到的事物,这就太奇怪了。

泰　对,我认为后一种说法比前一种好。

苏　你看,我对此问题仔细推敲是为这个原因:我们自身是否有同一个东西,我们用它并通过眼睛感觉白和黑的事物,用它通过其他感官感觉其他事物?[184e]当被人问到这个问题时,你是否能把所有这类感觉归于身体?你最好自己说出答案来回答这个问题,而不是让我饶舌替代。告诉我,热的、硬的、[e5]轻的和甜的事物——你感觉这些事物所通过的那些感官,你是将它们归属于身体?还是归属于别的东西?

泰　不归于别的东西。

苏　你是否愿意同意,通过一种官能来感觉的东西,不可能通过另一种官能来感觉? 比如说,通过[185a]"听"来感觉的事物不能通过"看"来感觉,通过"看"的事物也不能通过"听"来感觉?

泰　我当然愿意。

苏　如果你想到某种东西,它与两种感觉有关,那么用两种官能中的任何一个[a5]都不能完全感觉它。

泰　确实不能。

苏　那么,有关声音和颜色,首先,你是否认为有这么回事儿:两种感觉都存在?

泰　[a10]对,我这么想。

苏　其次,认为二者其中之一与另一个相异,而与自身相同?

泰　[185b]当然啦。

苏　再次,认为二者合而为"二",各自为"一"?

泰　也对。

苏　你也能进一步考察二者相似还是不相似?

泰　[b5]大概能。

苏　那么,你通过什么思考有关二者的这些事情呢? 因为可能通过"听"或"看"都无法把握它们的共同之处。还有一点可以证实我们所言。假如有可能[b10]考察二者的滋味儿咸还是不咸,无疑你能说出,你会用什么来考察这一点? 显然[185c]既不会用"看"也不会用"听",而是用别的什么东西。

泰　当然,要用通过舌头发挥作用的官能。

苏　说得漂亮。可是,这个官能通过什么感官起作用,能够让你知晓方才二者的共同之处乃至[c5]一切事物的共同之处,即你所说的"存在"和"非存在",以及我们刚才所说有关声音和颜色的种种? 你能指出什么官能来统管所有这些共同之处,我们的感觉器官通过这一个官能分别感觉每一事物?

泰　你的意思是"存在"与"非存在"、[c10]"相似"与"不相似""同一"与"差异",还有表示事物的"一"[185d]及其他数目,显然,你问的也包括"偶数"和"奇数"以及与之相关的其他一切。我们通过身体上的什么器官感觉它们? [我们]以"灵魂"感觉到了它们。

苏　[d5]你跟随得好极啦,泰阿泰德,这正是我要问的。

泰　可是,宙斯在上,苏格拉底啊,我指不出[什么官能来统管上述这些共同之处],我想并没有一个特别的"器官"来掌管一切,就像那些各司其职的器官一样,[185e]我觉得"灵魂"是通过自身来检审一切事物的共同之处。

苏　真美啊,泰阿泰德,你并不像忒俄多罗斯说的那样是丑的。任何言辞美的人都既美又[e5]好。除了[说得]美,你还帮了我的忙,让我免了一大番口舌——要是你已经明白,灵魂通过自身来考察某些事物,而通过身体的器官来考察另一些事物——因为这也是我的看法,我希望你也这么看。

泰　[186a]我的确这么看。

苏　那么,你把"存在"归为哪一类? 它附着在一切事物上,是最为显著的共性。

泰　我把它归为灵魂通过自身想要抓住的那一类事物。

苏　[a5]"相似"与"不相似""同一"与"差异"也是吧?

泰　对。

苏　"美"与"丑""好"与"坏"呢？

泰　我想,它们在相互关联中存在,灵魂尤其[a10]考察它们之间的相关性;在过去、现在和[186b]将来的交相参证中,灵魂在自身中衡量它们。

苏　等一下。然而人是否通过触觉来感觉硬东西的硬、软东西的软？

泰　[b5]对。

苏　还有,它们的存在及其存在性,它们彼此的对立以及这种对立性——灵魂是否自己对它们进行考察、比较,并尽力为我们做出判断？

泰　[b10]对,当然了。

苏　是否有某种东西,[186c]人和动物一生下来就天然地感觉得到,即所有通过身体抵达灵魂的经验[都能被感觉]？而对这些经验的存在与作用的反思,对任何经验它们的人而言,都需要经过困难且漫长的麻烦与[c5]教育？

泰　肯定是这样。

苏　那么,假如一个人尚未触及"存在",他可能获得[对]"真理"[的反思]吗？

泰　不可能。

苏　假如一个人没能达到某事物的"真理",他能认识[c10]这个事物吗？

泰　[186d]怎么可能呢,苏格拉底？

苏　那么说到底,在经验中没有知识,知识在对于经验的思考中。似乎,"思考"才有可能触及存在和真理,而"经验"则[d5]不可能。

泰　显然如此。

苏　你还会用同一个名字称呼这个和那个,尽管二者有如此众多的不同？

泰　当然不会了,无论如何不会。

苏　[d10]那么你把那一类叫做什么,看、听、嗅、感到冷、感到热？

泰　[186e]我称它为"感觉"。还能叫别的吗？

苏　你把它们统称为"感觉"吗？

泰　当然。

苏　我们说,这一类不可能触及"真理",因为其不能触及[e5]"存在"。

泰　确实不能。

苏　那它也不能触及"知识"了?

泰　不能。

苏　那么"感觉"和"知识",泰阿泰德,就不会是[e10]同一的了?

泰　显然不是,苏格拉底。而且现在变得清楚了,知识不同于感觉。

苏　[187a]好,但这绝不是我们开始谈话的目的,我们不是为了寻找"知识不是什么",而是为了"知识是什么"。但是总之,我们已经前进到这一步,知道不能在"感觉"中寻求"知识",而要在灵魂独自应接事物的时候,随便那时它叫什么名字,[a5]要在它当中寻求。

泰　苏格拉底,我想那时它被叫做下判断。

苏　对,你这么想是对的。不过,把之前的一切都抹掉,现在再从头开始吧,[187b]观察一下,看你能否探查到什么更好的,既然你已经走了这么远。请再次说出,知识究竟是什么。

泰　现在,苏格拉底啊,不可能说[b5]所有的"意见"都是"知识",因为还有"虚假的意见"。但"真实的意见"或许是"知识",就把这个作为我的答案吧,要是在我们讨论过程中发现事情并非如此,我们就努力提出别的答案,像此刻做的这样。

苏　对,你正该这样说话,泰阿泰德,满怀热情,而不是像[187c]开始时那么犹豫迟疑。要是我们如此行事,结果必然是二者之一:要么找到我们要寻求的东西,要么不以我们自己的无知为有知。这样的收获已经非同小可了。现在你的主张是什么?有两种型相的意见,一种是真实的,一种是虚假的,[c5]你是否把"真实的意见"定义为"知识"?

泰　对,我现在的看法是这样。

苏　是否还值得重提有关"意见"的问题?

泰　你指什么问题?

苏　[187d]这个问题现在和过去都常常使我不安,当我独处或在别人跟前时,它都令我极为困惑,我说不出我们所有的这个经验究竟是什么,也说不出它是如何在我们当中产生的。

泰　[d5]究竟是什么问题?

苏　人有"虚假的意见"这件事情。我一直考虑,现在仍在犹豫,我们对这个问题是存而不论呢,还是用某种跟刚才不同的方法继续考察它。

泰　为什么不讨论呢,苏格拉底,如果似乎有某种原因[d10]促使我们应当如此？刚刚你和忒俄多罗斯关于"闲暇"说得很好——在这类事情上没必要急匆匆的。

苏　[187e]你提醒得好,或许并未丧失时机,若重新追溯这个问题的话,小有成胜过大不就。

泰　当然了。

苏　[e5]那么怎么开始？我们的意思究竟是什么？我们几次断言,有"虚假的意见",我们中有人思考虚假的东西,而有的人则思考真实的东西,一如其性质原本如此。

泰　对,我们确实这么主张。

苏　[188a]在整体以及个别情况下,我们对事物是否只能或者知道或者不知道？我暂时不讨论"学习"与"遗忘"这些中间阶段,因为它们与眼下的讨论无关。

泰　[a5]好吧,苏格拉底,任何情况下除了知道和不知道再没有其他可能。

苏　这样的话,任何进行思考的人,是否必然思考着他知道的某些事物或他不知道的某些事物？

泰　必然。

苏　[a10]那么,一个人不可能不知道他所知道的事物,也不可能知道他[188b]所不知道的事物。

泰　当然。

苏　思考虚假事物的人,是否不把这些事物认作他所知道的那些事物,而认作他所知道的另一些事物,尽管他知道两者,[b5]却不认识两者？

泰　这不可能,苏格拉底。

苏　那么,他会把他所不知道的某些事物认作他所不知的另一些事物吗,有没有可能,他既不认识泰阿泰德,也不认识苏格拉底,心目中却以苏格拉底为[b10]泰阿泰德,或以泰阿泰德为苏格拉底？

泰　[188c]怎么可能？

苏　任何人确实不会把知道的事物当作不知道的,也不会把不知道的当作知道的。

泰　那样可太离奇了。

苏　[c5]那么,人还怎么会思考虚假的东西呢？因为一切事物要么是我们所知,要么是我们所不知,要思考除此之外的东西则没有可能,这个范围之内也没有给思考虚假的东西留下余地。

泰　对极了。

苏　那么,我们是不是别再循着这些路线来考察我们寻求的东西,不循"知与不知",而循着"存在[188d]与非存在"这条路？

泰　你这是什么意思？

苏　或许这一点很简单,无论是关于什么的思考,任何思考"非存在之物"的人都不能不判断错误,不管他的[d5]思想处于何种不同的境况中。

泰　似乎如此,苏格拉底。

苏　我们接下来怎么说呢,泰阿泰德,要是有人质问我们："你们说的这种情形是否对任何人都有可能？任何人都会思考非存在的东西吗,这个'非存在'是关于任何存在的事物,还是绝对的[d10]不存在？"似乎,我们会这么回答这个问题："是的,若他[188e]相信的是不真实的东西。"或者,我们该怎么说？

泰　要这么回答。

苏　这类事情在其他地方是否可能？

泰　哪一类事情？

苏　[e5]有人能看见某物但所见是"无"吗？

泰　怎么可能？

苏　要是他看见一物,他所见是存在的某物。或者你认为"一"也可以归为不存在的事物？

泰　不,我不这么认为。

苏　[e10]所以,任何人看到某一物,就是看到了某个存在的事物。

泰　显然如此。

苏　[189a]任何人听到某物,那么他至少听到了某一物,并且听到了一个存在的事物。

泰　对。

苏　除此,任何人触到某物,他至少触到了某一物,并且既然[是]一物,也就是存在的。

泰　[a5]也对。

苏　那么,任何人思考,他是否至少思考着某一事物?

泰　必然如此。

苏　而任何人思考某一事物,他不是在思考某个存在的事物吗?

泰　我同意。

苏　[a10]所以,任何人思考不存在的事物,就是思考"无"。

泰　显然是在思考"无"。

苏　思考"无"根本上就是不思考。

泰　这似乎很明白。

苏　[189b]所以,根本不可能去思考不存在的事物,不管它与存在的事物有关,还是绝对的不存在。

泰　显然不可能。

苏　所以思考虚假的事物是思考其他的某种东西,而不是思考不存在的[b5]东西。

泰　似乎是其他的某种东西。

苏　所以,无论从这条路径还是我们方才考察的路径,"虚假的意见"都没有在我们心中产生。

泰　是的,确实没有。

苏　[b10]被我们称作"虚假意见"的东西是以下面这种方式产生的吗?

泰　如何产生?

苏　我们承认"虚假意见"乃是一种"误解",[189c]就是当某人在心目中将两个存在的事物搞颠倒了,并且以此为彼。以这种方式,他总是思考着存在着的某物,但把此物当作另一物,由于弄错了他的目标所在,可以公正地讲,他在思考虚假的事情。

泰　[c5]我认为你现在说得非常正确。当一个人把丑的当作美的或把美的当作丑的来思考,那么他就真的在思考虚假的东西。

苏　很清楚,泰阿泰德哦,你不敬畏我,反而轻视我了。

泰　[c10]为什么这么说?

苏　我猜,你想我不会攻击你所说的"真实的虚假",[189d]问你"慢的快"或"重的轻"有没有可能,而任何事物是否可能背离其自身,不依着它自身的性质起作用,却按照它对立面的性质起作用。现在我暂且不管这一点,以免你不自信。你说,你满意于[d5]把"虚假的意见"当作"误解"。

泰　至少我对此满意。

苏　那么,按照你的看法,灵魂可能把某物当作另一物,而不是当作其本身?

泰　当然有可能。

苏　[189e]当某人的灵魂这样做时,它岂不是必然同时思考着两者或单思考其一?

泰　必然的,思考着两者或先后单思考其一。

苏　美极了! 你也像我那样称呼"思考"吗?

泰　[e5]你称它为什么?

苏　灵魂自己与自己就它所考察的事物所进行的一场对话。当然,我是作为一个一无所知者来向你说这番话的。在我看来,灵魂的思考无非是一场"对话",自己提问并回答自己,[190a]自己证实和否定。当它做出了决断,无论是徐徐得之还是豁然而出,它就得出了一致的主张,并且不再为怀疑所分裂,我们就称这个为它的意见。因此,我把"思考"叫做[a5]"说话"——而"意见"则是"说过的话"——但并非在其他人面前大声地说,而是对自己默默无声地说。你怎么看?

泰　我也这么认为。

苏　所以,当某人把某物当作他物来思考,那么他似乎就对自己肯定,某物就是他物。

泰　[190b]当然。

苏　那么回想一下,你是否曾对自己说过"没错,美就是丑",或者"不义就是正义"。甚至,这一点很重要,考虑你曾否试过[b5]劝服自己说,"没错,某物就是他物"。还是完全相反,连在睡梦中都不曾有勇气对自己说,"必然如此,奇数就是偶数",或其他类似的话。

泰　你说得对，我不曾这样。

苏　[190c]你是否相信，任何一个人，无论健康还是疯狂，都有勇气认真地劝他自己说，"牛"一定是"马"，或"二"一定是"一"？

泰　不，宙斯在上，我不相信。

苏　[c5]如果对自己说话就是思考，那么，没有人在说和想两个事物，并且他的灵魂同时触及两个事物的时候，会说和想："某物是他物。"现在你一定得忽略我用的字眼儿，我的用意是：没有人会认为丑就是美，或[190d]其他类似的念头。

泰　好，苏格拉底，我不抠字眼儿，我的看法和你说的一样。

苏　因此，思考两个事物的人不会把"某物"当作[d5]"他物"来思考。

泰　似乎是这样。

苏　此外，只思考某物而绝不涉及他物的人，[也]绝不会把某物当作他物来思考。

泰　你说得对，否则他[的灵魂]就得触及他[d10]没有思考的东西了。

苏　所以说到底，无论思考两个事物还是单思考某物，都不会发生[190e]"误解"。因此，假如有人把"误解"定义为"虚假的意见"，他这么做毫无意义，因为显然，无论在这条路径还是前述路径上，虚假的意见都没有在我们心中产生。

泰　似乎没有产生。

苏　[e5]可是，泰阿泰德啊，要是它——"虚假的意见"——不存在，显然我们得被迫承认许多奇奇怪怪的事情。

泰　哪些类事情呢？

苏　在我用各种方法努力考察过之前，我不想告诉你，当我们还处在困惑中时，我会为我们感到羞耻，要是我们被迫承认我说的这些事情。[191a]可要是我们找到了一条出路，有幸逃出迷网，我们就会以局外人的身份谈论其他人所受的困惑之苦，免得被嘲笑。但若是我们最终在各条路径上都困惑不解，那么我想，我们就得低声下气地把自己交给这个论证来处置，像个晕船的人一样任其[a5]践踏。所以，且听我给我们的探究找到的另一条出路。

泰　请说吧。

苏　我得说,我们曾达成的一个共识是错误的,我们同意过,人不可能把不知道的当作知道的来思考,[191b]不会受这种骗,可是在某种情况下这是可能的。

泰　你指我当时曾经怀疑的吗?我们说这件事不可能时,我怀疑过:我熟悉苏格拉底,但若某个时候看见远处我不熟悉的某个人,不会以为他是[b5]我认识的苏格拉底吗?在那种情况下,就会发生你说的那种事。

苏　我们不是已经放弃这种说法并走开了吗,因为这样一来,对我们知道的事物,我们就既知道又不知道了?

泰　绝对是这样。

苏　[b10]那我们不用这种方式,而用下述方式考虑它。或许[191c]某处会容我们通过,但可能还是行不通,但是在我们所处的这种境遇中,必须把每一种说法翻过来转过去地拷问。现在请考虑我说的有无道理。有没有可能先前不知道某物,而后学而知之?

泰　[c5]当然。

苏　此后能一个接着一个[学会]吗?

泰　当然能。

苏　为了论证,请在我们的灵魂中放置一块"蜡板",在各人心中,[它]或较大或较小,或[c10]更纯或更脏,或较硬或较软,[191d]抑或软硬合宜。

泰　我放好了。

苏　好,那么,让我们说这是[记忆女神]墨涅摩绪涅——诸缪斯之母的礼物,不论我们想[d5]记住我们所看、所听或自己想到的什么东西,就把它呈递给我们的感觉和思想,在它上面铭刻印记,就像我们用图章、戒指盖封印那样。被铭刻的任何东西,只要形象还在蜡板上面,我们就记住和知道,但任何被抹掉[191e]或无法留下印记的东西,我们就遗忘并不知道。

泰　假设是这样。

苏　现在看一下,某人以下述这种方式知道并且考察他所看或所听的事物之一,他究竟是否会判断错误呢?

泰 [e5]以哪种方式？

苏 这种方式：他认为他所知道的事物有时是他知道的,有时又是他不知道的。我们先前的共议认为这种情况不可能,可做得不漂亮。

泰 现在呢,你对这种情况怎么说？

苏 [192a]我们必须按照一些原则来判断,给它们划界：(一)①某人所知道的任何事物,假如他心中记得它,虽然目前并未感觉到它,也不可能认为该物是他所知的其他某物,假如他对后者同样有印象但并未感觉到它的话；然后,(二)某人不可能认为[a5]他所知的某物是他所不知并且没有印象的任何物；(三)也不可能把他所不知的任何物认作他所不知的另一物；(四)或把他所不知的任何物认作他所知的某物；接下来,(五)某人不可能把感觉到的某物认作他感觉到的另一物；(六)也不可能把感觉到的[192b]某物认作没有感觉到的某物；(七)或把没有感觉到的某物认作没有感觉到的另一物；(八)或把没有感觉到的任何物认作感觉到的某物；另外,(九)某人知道、感觉到并且留下与感觉一致印象的某物,被认为是某人知道、感觉到[b5]和同样留下与感觉一致之印象的另一物,这种情况更加不可能,若是这种情况可能,比前述情况更令人费解；而且,(十)某人知道、感觉到并且具有符合感觉之记忆的某物,不可能被认为是他所知道的另一物；(十一)某人知道某物并且与他对该物的感觉一致,他不会把该物认作他感觉到的另一物；还有,(十二)某人不可能把他不知道且没有感觉到的事物当作[192c]他不知道且没有感觉到的另一物；(十三)或把他不知道且没有感觉到的某物当作他不知道的另一物；(十四)或把他不知道且没有感觉到的某物当作他没有感觉到的另一物。以上所有情况中全无产生虚假[c5]判断的可能。假如什么地方还存在可能的话,必定在下述情况中产生。

泰 什么情况？可能这些情况更容易让我理解,现在我有些跟不上你了。

苏 这些情况：某人知道的事物,[他]可能把它们当作他知道[c10]

---

① 柏拉图著作通行古希腊文本(如伯内特校勘的牛津本、坎贝尔笺注本等)皆无此编号。译者参考伯纳德特(Benardete)英译本分为十四条。

并感觉到的其他事物,或当作他不知道但感觉到的事物,或者把某人知道并感觉到[192d]的事物当作他知道和感觉到的其他事物。

泰　现在我比刚才落下得更远了。

苏　那么再从头听一遍,换个方式说。假如我认识忒俄多罗斯,在心中记得他是何种人,对你泰阿泰德也同样如此,[d5]在某个时刻当我看到、触到、听到或以其他方式感觉到他们,而在某个时刻我又没有看到、触到、听到或以其他方式感觉到他们,但我是否心中仍然记得并知道你们俩呢?

泰　[192e]是,当然。

苏　那么好,要知道,这是我想首先弄清的问题,一个人可能感觉到也可能感觉不到他认识的事物。

泰　对。

苏　[e5]对于某人不知道的某物,常有可能完全感觉不到它,也常有可能感觉到它?

泰　也可能。

苏　看起来你现在跟得比较好了。如果苏格拉底[193a]熟悉忒俄多罗斯和泰阿泰德,但既没看见他们,眼下也没有以其他方式感觉到他们,那么他绝不会在心中认为"忒俄多罗斯是泰阿泰德"。我这么说有意义吗?

泰　[a5]这样说是对的。

苏　好的,这就是我说的第一种情况。

泰　是的。

苏　第二种情况是:如果我只熟悉他而不熟悉你,或者我只熟悉你而不熟悉他,也没有感觉到你们,那么我绝不会[a10]认为我认识的那位是我不认识的另一位。

泰　对。

苏　[193b]第三种情况:如果我不熟悉也没有感觉到你们两位,我不会认为我不认识的那位是我不认识的另一位。你且当作把前述其他情况逐一重听了一遍,在这些情况中,我绝不会对你和忒俄多罗斯做[b5]虚假判断,不论我认识还是不认识你们两个,或是熟悉你们中的一个,有关感觉的情况同样如此,假如你跟得上的话。

泰　我跟得上。

苏　那么,只有在这种情况下还会[做出]虚假判断:当我[b10]认识你和忒俄多罗斯,而且在我的"蜡板"上[193c]留有你们二人像戒指图章那样的印记,我从远处、不大能看得清的地方看到你们,当要把各人专门的印记分配给专门的视觉形象时,我急于将之配合,让它合于自己的印痕,以便认出二位来。结果,我把它们[c5]搞错了,就像那些把鞋穿反了的人一样,我把它们弄颠倒了,把一个人的视觉形象用到了另一个人的印记上。或者,还像视觉在镜子中的经验一样,视觉把它的视线左右颠倒,[193d]这样就产生了误解和虚假判断。

泰　是,似乎如此,苏格拉底。[关于]意见的体验,你描述得真令人惊叹。

苏　[d5]还有一种情况,当我认识两者而只感觉到[其中]一位,但我对这位的认识却与对他的感觉不相符——我以前是这样说到这种情况的,那会儿你不理解。

泰　的确,我不理解。

苏　[d10]好,我的意思是,假如有谁既熟悉[193e]又感觉到这一位,还有与对其感觉相一致的认识,那么绝不会认为他是某人熟悉且感觉到的另一位,对这后一位,某人对他的认识和感觉同样相一致。这一点能同意吗?

泰　[e5]能。

苏　可是,此刻说的这种情况是前面遗留下来的。我们说,在这种情况下产生虚假的意见,某人熟悉并且看见或以其他方式感觉到[194a]两者,但是对二者的印记却和对他们各自的感觉不相符,就像个不咋地的弓箭手射箭,射得脱了靶、弄错了——这种说法还真是我们用来喻指谁犯错误的。

泰　[a5]对,有道理。

苏　还有,两个印记,当其中一个的感觉呈现了,而另一个的感觉没有呈现,但某人改变了那个感觉没有呈现的印记,让它去适应已经呈现的感觉,思想就这样完全受到蒙骗。总之,某人在不[194b]知道和未曾感觉到事物的情况下,似乎既不可能受蒙骗,也不可能产生虚假的意见,假如我们此刻所言合理的话。可是,我们知道而且感觉到某物,恰恰在这些情形中意见翻转、扭曲,变成真实的和虚假的两种——要是它被带去和它自己的[b5]印象在一块儿,并且沿直线直接刻下印记,它就"真实";但要是它被斜着、歪着带去,它就"虚假"。

泰　这说得岂不漂亮,苏格拉底?

苏　[194c]一旦你听了这个,更会这么说了。做真实的判断是美的,而出言虚假则丑。

泰　当然。

苏　他们说,这两种情形是这样产生的。当某人[c5]心中的蜡板宽厚平坦、被塑造得软硬适度,通过感官而来的事物把它们的印记印在[具有]这种特征的灵魂上——荷马为了暗示它与"蜡板"的相似性,说它是"心版"——这些印记因而清晰地印在蜡板上,并且足够深刻,[194d]能保存很长时间。这种人首先学东西快,而且记性好,所以不会是他们把感觉的印记弄混,他们思考真实的东西。因为他们心中的印记清楚[d5]宽展,他们就能快速地把这些印记分别铭印下来,这样得来的就是存在的事物,这些人则被称为聪明人。你也是这个意见吗?

泰　对,我非常赞成。

苏　[194e]而有时某人的心粗糙——像大智的诗人所吟唱的那样——或者蜡板塑得肮脏不纯,或者过软过硬;要是过软,他们学得快而容易忘,过硬则相反。[e5]任何人心中[蜡板]粗糙不平、颇多顽石又充塞粪土,他们就得不到清晰的印记。而那些蜡板太硬的人也得不出清晰的印记,因为他们的印记刻得不深。[195a]蜡板太软的人也一样,因为蜡板融化,印记很快模糊不清。此外,假如某人的"小灵魂"很偏狭,这些印记落到这个层层摞摞的狭窄空间中,蜡印比前述还要不清楚。所有这些类型的人都会做[a5]虚假的判断,因为当他们看、听或思考什么的时候,他们没有能力快速地把事物和蜡印相合;他们过于迟钝,把事物分配给不属于它的蜡印,于是经常看错、听错、想错。这些人于是被称为傻瓜,我们说他们被存在的事物所蒙骗。

泰　[195b]苏格拉底,你说得再正确没有了。

苏　那么我们是否能说,"虚假的意见"在我们心中是存在的?

泰　当然能。

苏 "真实的意见"呢?

泰 [b5]也存在。

苏 那么我们是否相信了,我们目前已经达成一致:这两种意见都确实存在?

泰 绝对是。

苏 很可能,泰阿泰德啊,一个喋喋不休的人真既可怕又[b10]讨厌。

泰 什么?你这么说是什么意思?

苏 [195c]因为我很苦恼,自己没能力轻易领会,在这里饶舌不休。要是某人翻过来倒过去地倒腾他的大量论证,由于迟钝而没能力决定哪个可信,对每个论证又都难以割舍,不说他饶舌又能说什么呢?

泰 [c5]可为什么是你为此苦恼呢?

苏 不止苦恼,我还担心自己如何答复,若是有人问我:"苏格拉底呀,你已经发现,'虚假的意见'既不在一者对另一者的感觉中,也不在人的思想中,[195d]而在感觉与思想的关联中,对吧?"我想我要承认这一点,并且还要为我们发现了点儿什么而自觉漂亮呢。

泰 在我看来,苏格拉底,这一点,眼下[d5]确实不丑。

苏 "那么你是否还说,"他问,"一方面,我们只想到而没有看到一个人,我们绝不会认为他是一匹马;而对这匹马呢,我们既没看到也没触及,也没通过其他方式感觉到,仅仅想到它而已?"[d10]我想我会回答:我是这么说。

泰 是,而且这么说也正确。

苏 [195e]"那么,"他问,"按照这个说法,一个人仅仅想到'十一'而未及其他[感官],他是否绝不会认为它是——他也仅仅想到的——'十二'?"来吧,你来回答。

泰 [e5]好吧,我会回答:尽管在看或听的时候,有人或许会把"十一"认作"十二",可是若仅仅在他的思想中,他绝不会对它这样想。

苏 那么,你是否认为,会有人在他自己心中想检查"五"和"七"——我不是指[196a]七个和五个人或任何这类东西,而是"五"和"七"本身,我们说它们如同刻在"心板"上的记忆,在它们当中不可能发生判断错误这种事——是否会有人[a5]想在自己心中对它们[五和七]

自身进行检查,看它们相加得多少,其中是否有人说得"十一",有人说得"十二",还是每个人都认为得"十二"?

泰　[196b]不是,宙斯在上。当然会有许多人说得"十一"。要是有人检查更大的数目,他就更容易犯错了,我想你谈的是一般意义上的数。

苏　你想得对。请考虑一下,发生了什么事呢,心板上的"十一"[b5]是不是被当作"十二"本身了?

泰　似乎是这样。

苏　那么,这岂不是回到了最初的论点?哪个人身上发生这种事,那么他就是相信,他知道的一物是他所知道的[b10]另一物。我们说过这不可能,[196c]根据这一点,我们确认"虚假的意见"必然不可能存在,以便不必说同一个人既知道又不知道同一物。

泰　很对。

苏　那么必须指出,思考虚假的[c5]意见这件事并非思想与感觉的错置,而是别的什么。因为假如是前者,我们绝不会在思维本身上受蒙骗。可事实上,你瞧,要么虚假的意见不存在,要么一个人不知道他所知道的东西。这两种你选哪个?

泰　你说的这个没法选,苏格拉底。

苏　[196d]可是,这两种说法不可能并存。不管怎么说,且让我们鼓起全副勇气觍颜去做吧?

泰　怎么做?

苏　[d5]我们决心说明"知道"是何种东西。

泰　这怎么谈得上觍颜呢?

苏　你似乎没意识到,我们整个谈话从探究"知识"开始,可我们根本还不知道它究竟是什么。

泰　不,我意识到了。

苏　[d10]假如我们不知道"知识"是什么,却要说明"知道"是何种东西,岂不是不知羞耻?事实上,[196e]泰阿泰德,我们久已被不纯粹的对话所侵染了,我们已经无数次说"我们认识""我们不认识""我们知道"和"我们不知道",仿佛我们在不知道[e5]"知识"的情况下就能明白彼此[使用这些字眼]是什么意思。要是你愿意,就是此刻我们仍然使用

"不知道"和"明白",仿佛我们就算缺乏知识也适合使用它们。

泰　可是,苏格拉底啊,要是你避免使用它们,我们用什么方式进行对话呢?

苏　[197a]我是做不到。可假如我是一位雄辩家呢? 假设这类人在座,他就会避免使用这些字眼儿,而且会因为我刚才说的那些而严厉指责我们。那么,既然我们只是常人,你还想让我大胆地说明"知道"[a5]是何种东西吗? 我想这样做或许有些帮助。

泰　好,既然那样,宙斯在上,尽管放大胆吧。要是你不能避免使用那些字眼儿,也足可谅解。

苏　你听过时下他们说"知道"是什么吗?

泰　可能听过。但眼下我不记得了。

苏　[197b]他们说,"知道"就是"持有知识"。

泰　对。

苏　让我们改动一点儿,说它是"拥有知识"。

泰　[b5]你这样说究竟有什么差别呢?

苏　或许没有差别。但且听我说说可能有什么差别,然后和我共同来确证。

泰　要是我做得到的话。

苏　好,在我看来,"持有"不同于"拥有"。比如说,假如某人买了一件斗篷,成为它的拥有者,但却并不穿着它,[b10]我们会说他不"持有"但"拥有"它。

泰　对。

苏　[197c]那么请看看,是否也可以这样"拥有"但不"持有"知识。就像某人捕到一些野鸟、鸽子或其他什么鸟,把它们养在家里的鸟笼里——我们确实可以说,在某种意义上,他一直"持有"[c5]它们,正因为他"拥有"它们——可以这样说吗?

泰　可以。

苏　可是,在另一个意义上,他不"持有"任何一只鸟。但既然他已经把它们置于他的房子围墙内、他的股掌之中,他就有能力[197d]处置它们,任何情形下,一旦他想捉住任何一只,随时可以把它抓住、拿在手里、再把它放开,他想这样做几次就可以做几次。

泰　是这样。

苏　就像先前我们在灵魂中设置了某种蜡板的模型,现在[d5]再次设想,在每个人的灵魂中有一种"鸟笼",里面装着各种鸟。这些鸟有的分别成群,有的三五结伴,有的独栖一处而随意在众鸟中间飞跃。

泰　[197e]就算如此吧。接下来呢?

苏　我们必得说,在我们还是孩童时,这个鸟笼是空的。而那些鸟呢,我们必得设想为"知识"。某人获取任何知识并将之关进笼中,[e5]必得说,他学到或发现了与这项知识相关的实事,这就是"知道"。

泰　假设如此。

苏　[198a]那么,随意地再一次捕捉任一"知识",再次捉住、拿在手里、再次放开,考虑一下,该怎么给这一实事命名,和某人初次获得它们——知识——的所有权叫法一样?还是其他?从这个角度你会更清楚地理解我的意思:你说"算术"[a5]是门技艺吧?

泰　是。

苏　那么将其设想为对所有偶数和奇数知识的猎捕。

泰　我这么设想。

苏　[a10]正是凭借这门技艺,我想,一个人既自身掌控关于"数"的[198b]各种知识,还把它们传递给其他人。

泰　对。

苏　传递即是我们称为"教"的事情;接受[b5]就是"学";持有即拥有并装入鸟笼,就是"知道"。

泰　对啊,当然。

苏　现在注意下面的话。假如一个人是非常出色的算术家,他是否知道一切数?[b10]在他心中有关于一切数的知识?

泰　当然。

苏　[198c]他是否有时在自己心中计算数本身,有时计算那些有数可计的外在事物?

泰　可不就是。

苏　我们计算不是为了[c5]考察数目有多大吗?

泰　正是。

苏　所以显然,我们一致认为知道一切数的这个人也在考察,仿佛他不知道那些他所知道的东西。你肯定听说过这类辩驳。

泰　[c10]是,我听过。

苏　[198d]我们还是以"拥有"和"捕捉"鸽子为喻,我们说,"捕捉"有两重含义:其一发生在拥有之前,是为了能够拥有;其二则是拥有者的行为,是为了把他已经拥有一段时间的东西抓住、持有在手。同样,曾经学到[d5]关于一些事物的知识、久已知道这些知识的人,可能再一次去学习和知晓这些相同的东西,以便着手研究其中一个事物的知识并掌握它,而这个知识他已拥有一段时间了,只是在思想中并非随手可得。

泰　的确。

苏　[198e]这一点正是我刚才问的,该用什么名称来描述进行计算的算术家或进行阅读的文法家,是否说:在这种情况下,他知道,但仍然向他自己再次学习他知道的[e5]东西?

泰　这很奇怪啊,苏格拉底。

苏　那么,我们能说他不知道他要读和要计算的东西吗,尽管我们已经肯定他知道一切字母[199a]和一切数?

泰　这么说也不合理。

苏　那你希望我们这么说吗,说我们不在乎[a5]"名称",随便任何人拿"知道"和"学习"这些词儿来取乐?——既然我们已经认定,拥有知识是一回事,而持有它是另一回事。我们说,不拥有某人[已然]拥有的东西是不可能的;同样,一个人也不能不知道[199b]他[已然]知道的事情,但却有可能抓住关于此事的虚假意见。某人所持有的可能并非有关此事的知识,而是关于其他事的知识,因为当他偶然在某处想捕捉某个知识时,它们——众多知识——都在振翅飞舞,他弄错了,抓住的不是他要抓的,而是另一个。正是在这个时候,一个人就认为"十一"是[d5]"十二",因为他抓住的是他心中有关"十一"的知识,而不是关于"十二"的知识,就好像一个人要抓鸽子,却抓住了斑鸠。

泰　很有道理。

苏　对,当一个人抓住了他想抓的东西,他就不会犯错误,他所想的就是[199c]真实的意见。这样一来,真实的和虚假的意见都存在,以前困惑我们的东西就不存在了。你可能会同意我的说法。或者,你不同意?

泰　我同意。

苏　[c5]因为我们已经消除了"不知道自己知道的东西"这个矛盾。结果是,无论我们关于某物有无误解,都不会发生我们不拥有我们所拥有之物这种事情。然而,我看,另一个更可怕的难题又来了。

泰　什么难题?

苏　[c10]各种知识相互交换位置有时能导致虚假的意见。

泰　怎么会?

苏　[199d]首先,一个人持有对某物的知识,却会不认识此物,这并非出于无知,而是出于他自己的知识。第二,他把他物认作这一物,又把这一物认作他物,知识呈现出来,灵魂[d5]却一无所知、什么也不认识,这岂不荒谬绝伦?据此,假如知识其实会使人无知,那么无知的出现就会让人知道某物,眼盲就会让人看见。

泰　[199e]原因或许在于,苏格拉底,我们放鸟放得不合适,我们只放进了"知识",而应该把"无知"也放进去,让它们和"知识"一起在灵魂中到处飞。捉鸟的人有时捉住"知识",有时捉住[e5]"无知","无知"让他做虚假的判断,而"知识"则让他对同一个事物做出真实的判断。

苏　想不赞成你的意见可不容易啊,泰阿泰德。然而,请再检查一下你所说的。假定按你说的,任何人抓住了[200a]"无知",就会做虚假判断,是这样吗?

泰　对。

苏　他肯定无论如何不会认为自己在做虚假判断。

泰　怎么会呢?

苏　[a5]他还会认为[自己的判断]是真实的,他的状态会像是他知道那些他误解的东西。

泰　当然。

苏　所以他会以为自己已经捕捉到并且持有的是"知识",而非"无知"。

泰　[a10]很显然。

苏　我们绕了个大圈,又回到最初的困惑之处了。那位灵巧的反驳者会笑话我们说:[200b]"你们这些妙人啊,是否是这样,某个人既知道'知识'也知道'无知',相信他知道的某物是他知道的另一物?或者他对两者——知识与无知——都不知道,而判定他不知道的某物是他不知道的另一物?或者他知道一物而不知另一物,又判定[b5]他知道的一物是他不知道的另一物?或者他不知道一物,而确信这就是他知道的一物?或者,你们是不是要重新告诉我,还有关于知识和无知的一些'知识',被它们的所有者放在另一个可笑的[200c]笼子里或蜡板上,他只要拥有它们就知道它们,尽管它们并非在他的灵魂中随手可得?假如是这样的话,你们怎能不是绕着同一处转无数个圈而寸步不进呢?"我们怎么回答这番话,[c5]泰阿泰德?

泰　宙斯在上,苏格拉底,我可不知道该怎么回答。

苏　孩子,这番话驳我们不是驳得非常漂亮吗?他指出,我们错误地先去探究"虚假意见"而舍[200d]"知识"于不顾。事实上,除非一个人充分把握了"知识"究竟是什么,否则他不可能知道"虚假的意见"。

泰　这是必然的,苏格拉底,在目前情况下必须相信事情就是你说的那样。

苏　[d5]那么,我们从头说起,知识是什么?我们肯定还没有疲倦得放弃[这个问题]吧?

泰　绝不至于,除非你放弃。

苏　那么来说吧。我们最好说它是什么,才最不自相矛盾?

泰　[200e]就是我们之前试着说过的那个,苏格拉底,至少我没有别的答案。

苏　哪个?

泰　"知识"就是"真实的意见"。真实的[e5]判断总不会有错,随之而来的结果也既美又好。

苏　渡河的引路者,泰阿泰德啊,这样说:"一试知深浅。"因此,假如我们出发去探寻,或许也会在我们脚下发现,我们探寻的东西显露了出来。[201a]可要是我们停在此处,什么也不会明白。

泰　你说得对。让我们出发去仔细思考这个问题吧。

苏　其实只需要探寻一小段路。有一整套技艺向[a5]你指明,它——真实的意见——不是知识。

泰　怎么能呢？是什么技艺？

苏　就是在智慧方面最伟大之人所操之术。他们被称为公共演说家和讼师。他们用自己拥有的技艺去"说服"而非"教育"人，使人按其意愿[a10]形成意见。你认为有如此神奇的教师吗——对[201b]有人被抢劫钱财或者遭受其他暴行的事情，他们能在"滴漏"限定的时间内充分地讲授，让任何一个没在现场的人都知道发生的真相？

泰　不能，我认为无论如何也没有，除非运用"说服"。

苏　[b5]你说"说服"，是否指让人形成意见？

泰　可不是。

苏　那么，当陪审团被正当地说服，相信了唯有目击者才可能知道的事实——并非通过其他方式，而是通过"耳闻"判定当时发生的事情——因此，他们接受了[201c]一个"真实的意见"；那么他们的判决就不是凭"知识"——假如他们[断案]断得好——而是因为他们被正确地说服了吗？

泰　完全是这样。

苏　朋友，假如在法庭上"真实的[c5]意见"和"知识"是一回事，那么一个顶尖的陪审员就绝不会在缺乏知识的情况下判断正确。而事实上，二者似乎是不同的东西。

泰　没错，苏格拉底，我听某人说过这点又忘记了，但现在记起来了。他说，带"道理"的[201d]"真实意见"就是"知识"，不带"道理"的"真实意见"则在知识范畴之外，任何无理可讲的东西，都是不可知的——这是他用的词儿——任何有理可说的东西都是可知的。

苏　说得真美啊。可是请告诉我，他从哪一点来区分[d5]这些可知和不可知的东西。或许你我所闻相同。

泰　好，我不知道自己能不能回忆起来，可要是有其他人说，我想我能补充。

苏　那么请听听我的梦，来交换你的梦。我[201e]梦见我听到某些人说，起初的东西正像一些"元素"，我们和其他一切事物都是由它们组成的，它们无理可讲。每一个元素只可能用它自身来命名，而对它不可能再说其他,甚至不可说它是存在还是非存在。[202a]因为这样说就会把存在和非存在附加给它;而假如想对它单独谈论,就什么也不可附加,那些词儿哪一个也不行——"它""那个""每个""独个"——还有"这个"和许多其他[a5]这类词。因为,这些词可以随处用于任何东西,但又有别于使用它们的东西。假如元素可说、有它自己特定的道理,也不会用所有这些附加的东西来说;而事实上,这些起初的东西中任何一个都无理可讲;[202b]因为对它,除了"命名"不能做其他事——它仅有"名字"——然而,正如由这些元素组成的事物是这些元素的织体,它们的名字也如此;一旦它们编织在一起,就有理可说了。因为"名字"[b5]的织体就是"道理"之所在,所以实际上用这种方式,"元素"还是可以被察觉,尽管它们无理可讲又不可知,而"音节"——元素的织体——则是可知、可说、可被真实意见所判断的。简言之,当任何人获得有关任何事物的"真实意见"[202c]而无理可讲——他的灵魂说出此物的真相,但并不"知道"该物,因为任何人不能给出和接受"道理"——即为缺乏对此物的知识。但若他也得到了"道理",那么他在所有方面都有了能力,能有最完备的[c5]知识。你听到的梦也是如此,还是另有其他?

泰 完全和这个一样。

苏 那么你是否感到满意,并把这个作为你自己的[意见]:有"道理"的"真实意见"就是"知识"?

泰 完全满意。

苏 [202d]这是真的吗,泰阿泰德,今日今时用这种方法,我们已经抓住了许多聪明人苦寻很久,到老都找不到的东西了?

泰 无论如何,苏格拉底,我总觉得目前的陈述[d5]说得美极了。

苏 对,这个陈述就其本身来说确实[挺美],因为除了道理和"正确的意见","知识"到底还能是什么呢? 不过,所说的有一点令我不满意。

泰 哪一点?

苏 [d10]看起来最妙的那一点:元素不可知,而音节[202e]则可知。

泰 这不对吗?

苏 我们必须揭露问题。这个理论的持有者一直使用的例子可以作为我们的把柄。

泰　［e5］什么例子？

苏　所说的元素和音节即指字母和字母的织体。或者你认为持此说者心目中别有所指？

泰　没有，指的就是这些。

苏　［203a］那么来检审和拷问它们，或者不如说，问我们自己：我们是否用这种方式学会识字？来吧。首先，"音节"有理可说，而"字母"无理可讲？

泰　［a5］或许是。

苏　是的。我以为这甚至可说是当然的。假如有人这样拿"苏格拉底"（SOKRATES）这个词的第一个音节问你："泰阿泰德啊，请说说什么是'苏（SO）'？"你会怎么回答？

泰　是"S"和"O"。

苏　［a10］你就把这个作为此音节的道理吗？

泰　是的。

苏　［203b］那来吧，也这样说说对"S"的解释。

泰　怎么解释元素的元素呢？当然，苏格拉底啊，"S"属于辅音，仅仅是个响声，就像舌头发出的嘶嘶声。而 B 和［b5］大多数辅音字母不是［清晰的］响声，甚至连［模糊的］声音也不是。前面的说法说得好，它们无理可说，因为它们——字母——中发音最清晰的七个［元音字母］也只有声音而没有任何解说。

苏　那么至此，友伴啊，我们已经获得关于知识的正确结论。

泰　［b10］很显然是的。

苏　［203c］那这个呢——字母不可知而音节可知，我们接受此论接受得正确吗？

泰　似乎正确。

苏　那么来看看。我们说音节，指的是这两个［c5］字母吗？还是假如［音节］超过两个字母，指所有这些字母？还是指当它们——字母——聚在一起那一刻已经形成的单独的型相？

泰　我想我们指的是全部字母。

苏　那么来看这一对字母，"S"和"O"。我名字的第一个音节由二者组成。任何知道[c10]这个音节的人，是不是也知道这两个字母？

泰　[203d]当然。

苏　所以他知道"S"和"O"这两个[字母]。

泰　对。

苏　接下来呢？他会不知道二者中的任一个，又知道[d5]此二者？

泰　这可太古怪了，苏格拉底，也不合理。

苏　然而，假如一个人想要知道二者，就必须知道二者中的每一个；他想知道音节，就必须先知道音节的字母。[d10]这样一来，我们这个漂亮的理论就落空了。

泰　[203e]对，而且很突然。

苏　这是因为我们对它守护得不够美。或许应当认为，音节并非字母，而是源出于字母的某个形相，有其自身单独的型相，与字母[e5]不同。

泰　是的，当然。或许这样更好。

苏　我们必须仔细检审，不能那么没有男子气概地拒绝一种流行的、伟大又庄严的理论。

泰　[e10]对，一定不能。

苏　[204a]那么正如我们此刻所宣布，音节乃单独的型相，源出于各个字母的搭配组合，字母与其他一切事物的情况都是如此。

泰　极对。

苏　[a5]那么它必定不分份儿。

泰　怎么呢？

苏　因为分份儿的东西，其整体必须等于其一切部分。还是你说，由部分得来的整体也是某个形相，异于所有部分？

泰　[a10]是的，我要这样说。

苏　那么你说说，"总和"和"整体"相同[204b]还是相异？

泰　我完全不清楚，但因为你催着我大胆回答，我就冒险说，相异。

苏　好，泰阿泰德，你的大胆是对的，我们得检查一下，看你的回答是不是[b5]也对。

泰　是，我们当然必须检查。

苏　那么，按目前的说法，整体与总和不同？

泰　是。

苏　[b10]那么这个问题呢？总体与它包括的所有事物是否不同？举例来说，当我们说"一、二、三、[204c]四、五、六"，说"三的二倍"或"二的三倍"，或"四加二"或"三加二加一"，所有这些说的是相同的事物还是不同的事物？

泰　相同的事物。

苏　说的无非都是"六"？

泰　[c5]无非是"六"。

苏　我们用各种方式说的都是"六"？

泰　对。

苏　当我们用所有这些方式说的时候，它们没有一个总和吗？

泰　肯定有。

苏　[c10][总和]无非是"六"？

泰　无非是。

苏　[204d]因此凡由数构成的事物，"总和"与"所有事物"相同？

泰　似乎如此。

苏　我们再从另一方面来说明。一"普勒忒戎"①的[d5]尺数与一"普勒忒戎"[本身]是一回事，对吗？

泰　对。

苏　一"斯塔迪昂"的尺数和一"斯塔迪昂"[本身]也是一回事？

泰　对。

苏　还有，一支军营的人数和军[d10]营[本身]，乃至所有这类事物都如此喽？凡这类事物，总数等于其中各个的数目总和？

泰　对。

苏　[204e][事物所含]各个的数目不是别的，就是[事物的]部分吧？

泰　是的。

苏　所以它有许多部分，也就由这些部分组成？

---

① 与下文"斯塔迪昂"同为古希腊长度单位，1普勒忒戎合100希腊尺，约30.8米，1斯塔迪昂合6普勒忒戎，约185米。

泰　显然如此。

苏　[e5]对,那么我们已经同意,如果"总数"与"总和"是一回事,那么所有的部分就等于总和。

泰　正是如此。

苏　因此整体就不是由众多部分组成的,它不能等于所有的部分,否则整体就等于总和了。

泰　[e10]它——整体——似乎不能是[所有的部分]。

苏　可是,一个部分正是整体的部分,它还能是别的什么的部分吗?

泰　能,是总和的[部分]。

苏　[205a]至少你像个男子汉那样战斗了,泰阿泰德。可是,"总和"不是在没有一个遗漏的情况下才叫总和吗?

泰　必然是。

苏　可整体不也是这样,无论如何哪个也没有[a5]遗漏吗? 若是有任何一个遗漏了,它是不是既非整体也非总和,立刻得到同一个结果,与它们——整体与总和——都不同了?

泰　我现在的意见认为总和与整体不相异了。

苏　我们不是说过,任何有部分的事物,其整体和总和即等于所有部分?

泰　[a10]当然。

苏　那么回到方才我想要说明的问题:假如音节与[构成音节的]字母不同,它岂不必然[205b]不能以字母作为自己的部分;或者,假如音节与字母相同,它岂不必然和它们一样是可知的?

泰　正是如此。

苏　[b5]是否为了避免这个结果,我们才假设它与它们不相同?

泰　对。

苏　然而,假如字母不是音节的部分,你能说出什么其他的东西,既是音节的组成部分,而又[b10]不是字母?

泰　绝无可能,苏格拉底,我要是承认音节有某些特有的部分,而又撇开字母去找其他的东西,那真是个笑话了。

苏　[205c]那么按照目前的讨论,泰阿泰德,音节必定是某种单独的型相,不可划分为众多部分。

泰　似乎是这样。

苏　你还记得吗?朋友,不久前我们[c5]接受了一个主张,坚信它很有道理,这个主张说,构成其他所有事物的那些起初的东西无理可说,因为它们每一个都是其自身,而非混合体。谈论它们时用上"存在"或"这个"都是不对的,这些词儿本质上与"元素"不同,所表达的事物并非它们本身,而是与它们异质的东西,这就是我们说"元素"无理可讲也[c10]不可知的理由。

泰　我记得。

苏　[205d]那么,说它是个单一的事物,不可分成部分,理由不也是这个,还有任何其他理由吗?我可没看到任何其他理由。

泰　显然的确没有其他理由。

苏　那么音节不也成为跟那个[元素]同样形相的[d5]事物吗,假如它没有组成部分,是个单独的型相?

泰　毫无疑问。

苏　因此,假如音节等于众多字母,是以这些字母为组成部分的某种整体,那么音节就和这些字母一样可知可解,既然我们发现所有部分和[d10]整体是一回事。

泰　[205e]的确。

苏　可是,假如它是一个没有部分的单一事物,一个音节就和一个字母没两样,也无理可讲和不可知,同样的原因使它们同为此类。

泰　[e5]我说不出什么别的来。

苏　所以我们一定不要接受任何人的这种说法,说音节可知可解,而元素则相反。

泰　一定不要接受,假如我们服从[上述]论证的话。

苏　[206a]那么,接下来这种[情形]呢?据你自己学习字母的经验,你会不会宁愿接受相反的说法?

泰　什么说法?

苏　[a5]说在学习中,你持续不断所做的无非是努力通过看和听来认出、区分字母,使之各自分别,以便在读和写的时候不至于位置颠倒错乱、令你烦恼。

泰 你说得对极了。

苏 [a10]在演奏基塔拉琴的人那里,最高的造诣是否[206b]莫过于能辨别每一个音符,知道它出于哪根弦?而每个人是否都会说,这些[音符]就是音乐的元素?

泰 完全正确。

苏 [b5]因此,假如把我们自己对元素和音节的经验推及其他一切事物,我们可以说,想要完全掌握各门学问,元素比音节提供更清晰更可信的知识。要是有人说音节本质上可知而元素[b10]不可知,我们要确信,他是在有意无意地开玩笑。

泰 绝对是。

苏 [206c]好吧,我想我们还能发现别的证据。但是,别让它们分我们的心,忘记目前的问题:"真实的意见"加上"道理"即能提供最完善的知识,这么说究竟是[c5]什么意思。

泰 我们一定得留意这个问题。

苏 那么来吧。"道理"这个词究竟要向我们表示什么意思?我想它要说的是三者之一。

泰 哪三者?

苏 [206d]第一,"道理"就是使某人自己的思想通过带词和句子的声音显示出来,经由某人唇齿而出的语流描述出某人的意见,就像事物映在镜子或水中。你觉得[d5]道理就是这种东西吗?

泰 是的。我们确实说这样做的人就是在讲道理。

苏 那么,任何天生不聋哑的人都能做这件事,无论是迟是早,都能指出他对每一件事的[206e]意见。据此,任何人是否只要正确判断某事,显然就有了道理,而正确的意见绝不能离开知识而存在?

泰 确实。

苏 然而第二,任何人宣称[e5]知识为何,而经我们考察发现此说无意义,对此我们一定不能过于轻易地指责。因为发言者的本意并非如此,其本意在于:当被问到一物是什么时,[207a]通过列举[其组成]"元素"将答案告知提问者。

泰　你指什么,苏格拉底?请举一例。

苏　正如赫西俄德说的有关马车的句子:"造一辆车要收集上百根木料。"①我不能叫出[a5]它们——上百根木料——的名字,我猜你也不能;但是当我们被问到"车是什么",我们能回答"车轮、车轴、车身、车厢、轭"就满足了。

泰　对,当然了。

苏　好,可是他或许会认为我们的回答可笑呢,就像假如有人问我们你的名字,[a10]而我们用[构成你名字的]一个个"音节"来回答。[207b]因为我们所想所答都正确,我们就以为自己在文法上很熟练,能像文法学家那样知道并说出"泰阿泰德"这个名字的道理。而实际上,他认为,如果一个人对某物的"真实意见"未就某物的组成[b5]元素加以从头至尾的讨论,那么这人不可能说出任何知识性的理解,这一点在前面已经提到过。

泰　是,提过。

苏　他还会认为,我们会以同样的方式持有关于车的"正确意见"。任何人若有能力[207c]通过解释那上百根木料来解释车的本质,就给他的"正确意见"加上了道理,这样他就不再仅有意见,而是获得了关于车的本质的知识,因为他通过元素说出了整体的道理。

泰　[c5]你是否赞成这种说法,苏格拉底?

苏　友伴啊,你是否接受这种说法:通过"元素"能得到关于一物的道理,而通过"音节"或某种更大的东西则没能说出该物的道理,告诉我你是否赞成,[207d]以便我们可以对它进行考察。

泰　好,我接受。

苏　那么,当某人认为同一个元素有时是一事物的组成部分,有时是另一事物的组成部分,或者他有时相信一个元素是一事物的组成部分,有时又[d5]相信另一元素是同一事物的组成部分,你承认这样的人对该事物拥有知识吗?

泰　不,宙斯在上,我不承认。

---

①　见赫西俄德,《劳作与时日》456。

苏　你不记得了吗,当开始学习读和写的时候,你和其他所有人都如此?

泰　[d10]你的意思是说,对同一个音节,我们有时认为一个字母、[207e]有时又认为另一个字母是它的组成部分,我们把一个字母有时放进合适的音节、有时放进其他音节?

苏　我就是指这个。

泰　[e5]宙斯在上,我没忘记,但我认为处在这种状态的人还没有获得知识。

苏　什么?处于这种状态的时候,某人正写"泰阿泰德(THEAITETOS)"这个名字,他认为必须写"TH"和"E",而且确实写了,正试着[208a]写"忒俄多罗斯(THEODOROS)",认为必须写T和E,也确实写了,我们要不要说他知道你名字的第一个音节?

泰　我们刚才同意,任何人处于这种情况下都还[a5]没有获得知识。

苏　对[名字的]第二、第三和第四个音节,处于这种情况下的同样一个人不会也如此吗?

泰　难说不会如此。

苏　那么,当他按照字母顺序连续地[a10]写出"泰阿泰德",那时候他是否对名字及其字母有"正确的意见"?

泰　显然有。

苏　[208b]尽管意见正确,但仍然没有"知识",就像我们说的那样?

泰　对。

苏　尽管他在"正确的意见"之外还附加了"道理"——因为他是遵循[b5]字母顺序[之道]来拼写,我们就同意这是"道理"。

泰　确实。

苏　所以说到底,友伴啊,"有道理的正确意见",这个还不能称为"知识"。

泰　[b10]似乎是。

苏　我们就像是在梦中暴富,以为已经得到有关知识的最真实的道理。或者我们还不忙做指控?或许不能给它——道理——下这个定义,[208c]而是三个说法中剩余的那个样式,把知识定义为"有道理的真实意见"的人会赞同这个说法的。

泰　你提醒得对,还剩下一个呢。一个是语音中的[c5]思想的影像;一个是刚才说的,通过列举元素来达到整体。你说的第三个说法指什么?

苏　这是多数人会采取的说法,即能够指出一事物所以能区别于其他事物的标识。

泰　你能举个例子跟我讲讲道理吗?

苏　[208d]假如你想的话,比如说太阳,我猜你会对这个说法感到满意:"它是天际中围绕地球最明亮的天体。"

泰　对,当然。

苏　[d5]那么注意这种说法讲了什么。这正是我们刚刚说过的:"假如你获得了一物所以异于其他所有物的区别,你就获得了[对此物的]理解。但若你只浅涉共同点,那么你所获得的理解就是对那些分有此共同点的事物的道理。"

泰　[208e]我明白。我想,有这样的理解,自当称为"道理"。

苏　无论谁,对一物既有"正确的意见",又[知道]此物异于其他一切物的区别,他就从仅对此物拥有意见而[e5]变成拥有知识。

泰　确实,我们这样说。

苏　泰阿泰德啊,这个说法就像一幅[带阴影的]素描画一样,我离这个说法太近,反而全然不懂啦。我站得远远地看,倒似乎明白点儿[e10]什么。

泰　怎么能这样?为什么会这样?

苏　[209a]我尽量讲给你听吧。假如我对你有个"正确的意见"并对你加以说理,我就确实知道你,否则只是对你有个印象而已。

泰　对。

苏　[a5]说理就是解释你的不同之处。

泰　正是。

苏　那么,当我仅仅有想法时,我心中对你所以异于其他所有人的那些区别毫无所觉。

泰　似乎无所觉。

苏　[a10]所以我心中想着某种共同点,那些你和他人别无二致的地方。

泰　[209b]必然是。

苏　然后呢,宙斯在上,在这种情况下,我怎么能[保证]想着的是你而不是其他任何人呢? 比如我这样想:"这就是泰阿泰德,他是个男人、[b5]有鼻子、有眼睛、有嘴巴等身体各个部分。"这样想,有可能让我想的[只]是"泰阿泰德"而非"忒俄多罗斯"或常言说的最粗鄙的"密细亚人"吗?

泰　怎能如此呢?

苏　[b10]假若我不止想到一个有鼻子和眼睛的人,[209c]还想到塌鼻子和凸眼睛,我是不是能只想到你而不想到我自己或所有这类人?

泰　不能。

苏　我猜,我心里不会有对泰阿泰德的[c5]印象,除非你的塌鼻子在我心里留下一个有别于其他所有我见过的塌鼻子的记忆,你身体的其他所有部分同样如此,这样,要是我明天遇见你,这些[记忆]就会提醒我,唤起我对你的正确的意见。

泰　[c10]非常正确。

苏　[209d]如此,对每个事物的正确意见必须包括它的不同之处。

泰　显然如此。

苏　那么,给"正确的意见"加上"道理"这件事还会是什么[d5]意思呢? 一方面,假如这就是告诉人要对某物异于其他物的差别加以思考,这个命令可谓荒谬可笑。

泰　怎么呢?

苏　对一物异于他物的区别我们已经有了"正确的意见",而[这个命令]又敦促我们掌握一物异于他物的[d10]区别。这么一来,这个命令[209e]堪比常言说的旋转的指挥棒、杵子或随便叫什么名字的这么来回转的东西,都不过是在说废话。这条命令最该叫做盲人指路。为了让我们认识我们正在思考的事物,它要求我们去持有我们已经持有的东西,这正像一个完全处于黑暗中的人所为。

泰　[e5]请说说你刚才提问时指的另一方面。

苏　另一方面,孩子,假如添加一个道理就是让我们去认识而非仅仅去思考差异之处,那么这个所有知识的道理中最美的一个该是多么幽默啊! 因为,去认识就是去获取[210a]"知识",对吧?

泰　对。

苏　那么,当问"知识是什么",这个解说似乎要回答:"正确的意见加上对差异的知识",[a5]因为按照这个理解,必然可以如此补充。

泰　似乎是这样。

苏　如此真是幼稚之极,当我们探寻"知识"的时候,说知识是"正确的意见加上知识",无论是关于"差异"或其他什么东西。所以"知识",泰阿泰德啊,根本不会是"感觉""真实的意见"或者[210b]"真实的意见加上道理"。

泰　似乎都不是。

苏　我们还要继续怀胎并忍受分娩的阵痛吗,朋友,或者关于[b5]"知识",我们已经把能生育的都生育了?

泰　是啊,宙斯在上,至少我已经借你之力说出比我以往所说都多的东西了。

苏　我们的助产术是否宣布这些东西结果都是"无精卵",不值得抚养?

泰　[b10]无疑。

苏　假如此后你试图变得怀有其他东西,泰阿泰德,[210c]假如侥幸怀上了,由于今日的考察,你所怀的将都是更好的东西;假使你怀不上,你对你周围的人也会少些跋扈,更为温和,有所节制,而不会以为自己知道那些你不知道的东西。我的助产术所能做的一类事情,[c5]仅止于此,凡现在和过去伟大而令人惊奇的人物,他们知道我一无所知。但我和我母亲是从神那里分得作为我们命数的"助产术",她施之于女人,我则施之于年轻而天性高贵的男子,[210d]他们多么美!可是现在,我必须到国王门廊去,美勒托斯控告我。明天一早,忒俄多罗斯,此地再会。

智术师

柯常咏 译

忒俄多罗斯 [216a]按昨天的约定,苏格拉底,我们按时来了,还带来这个异乡人。他来自爱利亚①一族,帕默尼德和芝诺圈内的同伴,一个非常热爱智慧的男人。

苏格拉底 [a5]难道你真没看出来,忒俄多罗斯,按荷马的说法,你带来的怕不是个异乡人,而是个神呢?② 荷马说过,[216b]那些神们往往陪着那些分有正义之耻的人们,尤其是异乡人的神[宙斯],他不仅是人们的同伴,还视察着人们狂肆还是守法。没准儿陪你来的异乡人就是这强者中的一个,[b5]来察看与反驳在言辞上贫乏的我们,所以说他是个反驳神。

忒 异乡人不是这样的,苏格拉底。他比那些热衷争辩的人有分寸得多。依我看,这个男人绝不是神,不过倒是具有神性。[216c]因为我这么称呼所有这样的热爱智慧者。

苏 [说得]真美啊,朋友。不过这类人恐怕不见得比神们一类容易认出来。他们周游列城,高高地从上往下瞧着在低处的人们的生活。由于[c5]别人的无知,这些男人——作为真正的而非冒充的热爱智慧者——显现出各种各样的形象。有的人以为他们一文不值,有的人以为他们顶得上一切;有时他们[216d]显现为治邦者,有时[显现为]智术师,有时他们还给人这样的印象——他们完全疯了。如不冒昧,我倒乐意问问咱们的异乡人,他们那个地方的人[217a]对这些怎么看,怎么称呼他们。

---

① 爱利亚是意大利的一座城,帕默尼德和芝诺的出生地。
② 苏格拉底这里暗指荷马《奥德赛》里面的两处内容(9.269 – 271, 17.485 – 487)。

忒　到底哪些？

苏　智术师、治邦者、热爱智慧者。

忒　关于他们，你最想问什么，[a5]有什么疑问呢？

苏　[我的问题]就是：他们习惯于把所有这些人看成一回事或两回事呢，还是如同他们的三个名称那般把他们分成三种，每种各有一个名称？

忒　哦，我想，对此他没有什么不乐意说说。[a10]我们要怎么说，异乡人？

爱利亚异乡人　[217b]正是如此，忒俄多罗斯。我没有什么不愿意说的，而且这事也不难说——他们大体认为他们是三种。不过，要清楚地区分他们各自究竟是什么，却不是一件轻而易举的事情。

忒　这么巧，苏格拉底，你提到的话题[b5]跟我们来这里之前碰巧提出来问他的问题几乎一样。虽然他承认这些事他听得够多，也不曾忘记，可他刚才推辞了我们，理由就跟现在推辞你一样。

苏　[217c]好，那么异乡人，你可别拒绝我们向你请求的第一个恩惠啊，而要多给我们讲讲这事。当你讲到你想向别人说明的任何内容时，你通常更喜欢长篇大论地自己来讲，还是更喜欢通过问答的方式来讲呢？像[c5]帕默尼德就曾用[问答法]讲过非常精彩的话，当日我在场，那时我还年轻，他已经很老了。

异　[217d]苏格拉底，如果对话者不烦人、好驾驭，跟他用问答法讲就更容易，不然就自己讲。

苏　你可以从在座的人中任挑一位你中意的，[d5]他们无论哪个都会温和地遵从你。但是，如果你接受我的建议，那就挑一位年轻的，即这位泰阿泰德，或余下的人中你中意的任何一位。

异　苏格拉底啊，我会感到某种羞耻，现在初次与你们相识，不以简短的逐句[问答]进行[217e]交流，却自己——即便对着另一个人——展开长篇大论，好像进行炫示一样。实在是现在要谈的问题并不像人们以为的那样简短，碰巧倒需要很长的对话[才说得清]。[e5]但另一方面，如果不惠及①你与这里的诸位——尤其是你已说过这话——在我看来就

---

①　此处回应217c1-2处苏格拉底请求异乡人给予的首次恩惠。

显得不像异乡人的样子,还[218a]很粗野。所以我完全接受泰阿泰德做我的对话者,因为之前我跟他谈过话,而现在你又向我推荐。

泰阿泰德 那就这么做吧,异乡人,正如[a5]苏格拉底所言,你会惠及所有人。

异 对此怕是再没什么可说了,泰阿泰德。此刻往后,谈话似乎要对你发出了。不过,你若为其长度所累而不耐烦,那你不要怪我,要怪就怪你的这些友伴们。

泰 [218b]可我想,就我现在这样而言还不至于劳累。但如果真发生这样的事,我们可以请这儿的小苏格拉底参加。他与苏格拉底同名,却是我的同龄人与运动伙伴。对他而言,跟我一起做很多事并非不常见。

异 [b5]说得好,对此你可以在谈话进行时自己私下斟酌。但现在你要跟我一起首先进行第一项研究,依我看,就从智术师着手,用谈话来探寻[218c]并澄清智术师究竟是什么。因为,你我现在对他只有一个共同的称呼,但是至于我们各自为了什么事而这样称呼他,我们或许各有自己的想法。人们无论谈论什么,总得先通过谈话就事情本身达成共识,[c5]而非离开谈话仅仅就名称达成共识。我们现在想要探寻的这类人——智术师——究竟是什么,完全不是顶容易把握的;不过,在所有要阐述得美的重大事情上——老早以前人人都认为——在这类事情上,[218d]人应该先在小而容易的事情上练习怎么阐述,然后再去应付那些极大的事。现在,泰阿泰德,这就是我个人对咱俩的建议,既然我们认为智术师这一族类追捕起来很难、很棘手,那就在其他容易一些的事上先行[d5]练习对他的追究。当然,除非你能从哪里提出不同的、更简易的方法。

泰 我可提不出。

异 那么,你愿意我们在追究时先在小事上尝试,再把它立为更大事情的范例吗?

泰 [218e]是的。

异 那么,我们可提出什么事情来,它不仅小而易于认识,并且拥有的说法不逊于任何更大的事情?比如钓鱼者,他不是众所周知的,而且也不会受到[值得][e5]特别重视,对吧?

泰 正是这样。

异　[219a]可是,我希望他能提供一个符合我们愿望的、并非不适合我们的追究[范例]与说法。

泰　那可就美了。

异　来吧,我们就从这儿着手。告诉我,[a5]我们认为他是个有技艺的人,还是某种无技艺但有别的能力的人?

泰　绝不是无技艺的。

异　而所有技艺大约只有两类形相。

泰　怎样?

异　[a10]耕种、对整个有死之身的诸种照料、对合成与制造之物——我们称之为器具——[的管理],[219b]以及模仿术,所有这些都可以非常恰当地以一个名称来称呼。

泰　怎样?以什么名称?

异　凡是从前不在、后来由人引入在的事,[b5]我们肯定说,引导者制作,被引导者被制作。

泰　对。

异　但是,我们刚刚谈到的所有[技艺]本身都有这样的能力。

泰　[b10]确实有。

异　那么,让我们把它们统一称为制作的技艺。

泰　[219c]行。

异　其次,还有全部学习、认识、赚钱、争取、猎取等形相,由于它们不事制作,而是一面通过言辞和行动获得已在[c5]与现成的东西,一面不容别人获得。正是因为这个原因,所有这些门类可以恰当地统称为某种获取的技艺吧?

泰　是的,很恰当。

异　[219d]那么,泰阿泰德啊,既然所有技艺不是获取术就是制作术,我们该把钓鱼术归入二者中的哪一个呢?

泰　显然归于获取术。

异　而获取不是有两类形相吗?其一是基于[d5]自愿以礼物、报酬或买卖进行自愿交换,其二即余下的形相,无论它以行动还是以言辞来强取任何东西,都是强取术,对吧?

泰　按你所言,确实显得是这样。

异　那这个呢？强取术不是也可以分成两种吗？

泰　[d10]怎么分？

异　[219e]把全部公开的强取术定为争取术,而把所有隐蔽的获取术定为猎取术。

泰　是的。

异　可是,猎取术如果不分成[e5]两种又说不通。

泰　那你说说怎么分？

异　分成猎取无灵魂之物一类和猎取有灵魂之物一类。

泰　倘若这两类确实存在,可不就这样？

异　[220a]可不就是？不过,猎取无灵魂之物[的技艺]没有名称——除了一些潜水[捞草]术和其他少数类似者——我们必须略过；至于猎取有灵魂的动物,我们得把它称为[a5]狩猎术。

泰　行。

异　狩猎术不也可以恰当地说成有两类形相吗？一是[猎取]陆行动物一类——此类可以分成许多形相和名称——叫做陆猎术；二是[猎取]游水动物一类,总称为[a10]水猎术？

泰　确实。

异　[220b]在游水动物中,我们看到一类是有翼能飞的,另一类是生活在水中的？

泰　可不就是？

异　依我看,整个猎取有翼能飞的水居动物一类肯定[b5]可以说成是一种猎禽术？

泰　确实有这么说的。

异　至于[猎取]生活在水下的动物[一类],几乎整个[可称为]捕鱼术。

泰　是的。

异　那这个[捕鱼术]呢？这种猎取我们不也可以继续分成[b10]两个极大的类吗？

泰　分成哪两类呢？

异　如此这般：一类通过包围来猎取，另一类通过扑打[来猎取]。

泰　怎么说？你怎么区分这两者呢？

异　[220c]一方面，凡是为了防止[鱼逃走]而通过包围把它关起来，或许可以称之为围鱼术。

泰　确实可以。

异　那么，鱼筐、鱼网、鱼栅、鱼笼以及[c5]之类的东西，我们必须称之为围具，而不能称作别的什么吧？

泰　不能。

异　那么，我们可以把这种猎取叫做围鱼术或某个这样的名称。

泰　可以。

异　[c10]另一方面，通过鱼钩和鱼叉的钩叉进行的猎取[220d]则与此不同，我们此刻应该用一个说法——一种打鱼术——来称呼它；或者谁能说出更美的名称，泰阿泰德？

泰　别在意名称，这个就行。

异　[d5]接下来，在打鱼术一类中，夜间在火光之下进行的，我想渔夫们碰巧把它称为火鱼术。

泰　确实如此。

异　另一类是白天进行的，因为鱼叉顶端也带有[d10]鱼钩，所以便统称为钩鱼术。

泰　[220e]是这么说的。

异　接下来，打鱼术中的钩鱼术一类是从上往下进行的，我猜准是由于特别使用鱼叉，所以被称之为叉鱼术。

泰　[e5]至少有人是这么称呼的。

异　还剩下的就只有一类形相要说了。

泰　哪一类？

异　这类打鱼术与前者相反，它用一个鱼钩进行，不像用鱼叉那样[叉住]鱼身上的任何部位，[221a]而是每次都[钩住]猎物的头与嘴附近，用木杆和芦杆从[与叉鱼]相反的方向由下往上钓起来。泰阿泰德啊，我们说，这种打鱼术须叫什么名字呢？

泰　[a5]依我看，我们刚刚提出必须去探寻的事情，此刻已经完成了。

异　[221b]现在,就钓鱼术而言,你我终于不但在名称上达成了一致,而且牢牢抓住了关于这件事本身的言辞。一切技艺中,其中一半是获取术;获取术中,一半是强取术;强取术中,一半是猎取术;猎取术中,一半是狩猎术;[b5]狩猎术中,一半是水猎术;水猎术中,猎取水下动物的总称为捕鱼术;捕鱼术中,一半是打鱼术;打鱼术中,一半是钩鱼术;钩鱼术中,一半是从下[221c]往上钓起来的钩鱼,既然其名称跟行为本身相似,就成为我们现在探究的钓鱼术。

泰　确确实实,这一点无论如何是完全弄清楚了。

异　[c5]来吧,按照这个范例,我们也来设法搞清楚智术师,他究竟是什么人。

泰　好的,当然。

异　无论如何,这就是我们有关钓鱼者的第一个疑问:他要被当作一个没有技艺的人,还是一个有某种技艺的人。

泰　[c10]是的。

异　[221d]那么,现在这一位,泰阿泰德啊,我们是把他当作一个没有技艺的人,还是完完全全真的当他是一个智术师呢?

泰　绝非没有技艺的人,我明白你说的意思:他至少拥有这个名称,却完全缺少这类人所是的东西。

异　[d5]看来我们必须把他当作拥有某种技艺的人。

泰　那么,这种技艺到底是什么呢?

异　诸神啊!难道咱们没注意到这个男人跟那个男人是同类吗?

泰　[d10]谁跟谁啊?

异　钓鱼者跟智术师。

泰　在哪个意义上?

异　我看这两人就是一对猎人。

泰　[221e]后者猎取什么呢?前者我们已经谈过了。

异　就在刚才,我们把全部猎取分成了两半,分为游水的部分与陆行的部分。

泰　对。

异　[e5]我们讨论过了前面一类,即[猎取]所有生活在水中能游的动物,但对后者即[猎取]陆行动物我们未予划分,只提到多式多样。

泰　[222a]确实如此。

异　那么现在,到此为止,智术师和钓鱼者是结对同行的——从获取术开始。

泰　至少看似如此。

异　[a5]但他俩在狩猎术后就分道扬镳了,一个无疑转向大海、江河与湖泊,去猎取其中的动物。

泰　可不是?

异　另一个则转向陆地,另一种江河,[a10]就像[遍布]财富与少年的无边无际的青草地,在那里捕获生灵。

泰　[222b]怎么说呢?

异　陆猎在某种意义上有两个最大的部分。

泰　两部分各是什么?

异　[b5]一种是[猎取]驯养动物,一种是[猎取]野生动物。

泰　那么就有一种对驯养动物的猎取啦?

异　有啊,如果人是驯养动物的话。不过怎么定随你喜欢罢:你要么说,没有驯养动物,抑或其他什么东西是驯养的,而人是野生的;要么,你反过来说,人是驯养的,[b10]但你并不认为存在猎取人这种事。无论你认为这些说法中的哪一种合你的意,就把这种说法为我们标出来。

泰　[222c]可是,异乡人,我既认为咱们是驯养动物,我还得说存在猎取人这种事。

异　那么我们说驯猎也有两种。

泰　我们根据什么说?

异　[c5]通过把抢劫术、掳奴术、僭政术以及整个战争术划定为强猎术,全部归为一类。

泰　说得真美啊。

异　而通过把辩论术、演说术、人际[c10]交往术命名为某一种[222d]说服术,也全都归为一类。

泰　对。

异　我们接着来谈谈说服术的两个种类。

泰　哪两种？

异　[d5]一种发生在私人场合，一种发生在公开场合。

泰　的确这两类都发生过。

异　在[说服术的]私猎一类中，不是既有赚钱的，也有送礼的吗？

泰　我不懂了。

异　[d10]你似乎从来没有留心过爱欲者的猎取。

泰　关于什么？

异　[222e]他们给追求的对象馈送礼物。

泰　你这话千真万确。

异　那么这一样式就叫爱欲术吧。

泰　确实可以。

异　[e5]而在[私猎的]牟利术一类中，一种是通过讨好人进行交往，完全以取悦人作诱饵，并且只以谋求生计作为自己的报酬，我[223a]想，我们大家都可断定，它作为一种奉承，是某种取悦术。

泰　可不？

异　另一种则声称为了德性与人交往，并收取钱财作为报酬，[a5]这种不是值得以另一个名字来称呼吗？

泰　可不？

异　那这个名字是什么呢？你试着说说。

泰　明显得很。因为我看我们已经找到智术师了。要我说的话，我相信我会用这个恰当的名字[a10]来称呼他。

异　[223b]那么，泰阿泰德啊，根据现在的谈话，似乎这门技艺是[获取术中的]强取术，[强取术中的]猎取术，[猎取术中的]动物猎术，[动物猎术中的]陆猎术，[陆猎术中的]驯猎术，[驯猎术中的]人猎术，[人猎术中的]说服术，[说服术中的]私猎术，[私猎术中的]牟[b5]利术，[牟利术中的]意见教导术，即发生在富有和显贵的青年身上的猎取，作为我们刚才谈话的总结，必须称之为智术。

泰　完全正确。

异　[223c]我们再来看看这里，因为我们现在所探寻的对象分有的可不是什么普通的技艺，而是一门非常复杂的技艺。其实在我们之前的谈话里就出现过一种幻像,它不是我们现在所说的这门[技艺],而是另外的某种。

泰　[c5]怎么[说]呢?

异　获取术无疑有两类形相,一类是猎取①的部分,一类是交换的部分。

泰　确实。

异　那么,我们可以说交换术也有两样:一样是[c10]送礼,另一样是买卖。

泰　就这么说吧。

异　接着,我们可以说买卖术也分两种。

泰　[223d]怎么分?

异　分成自产自销术一类与倒卖他人产品即贩卖术一类。

泰　确实。

异　[d5]这个呢?贩卖术中只在城邦之内进行买卖的——大概占[贩卖术的]一半分量——不是被称作坐商术吗?

泰　是的。

异　而从此城到彼城[d10]以买卖进行交易的[不是被称作]行商术吗?

泰　可不是?

异　[223e]在行商术中,难道我们没有注意到,虽然都通过财币从事买卖,但一种是交易身体上的营养品和需用品,一种则是交易灵魂上的[营养品和需用品]吗?

泰　此话怎讲?

异　[e5]灵魂方面的我们或许没有意识到,可另一方面[身体]的我们肯定了解。

泰　是的。

异　[224a]我们说,整个音乐术、绘画术、变魔术,以及其他许多关涉灵魂的技艺,从此城的某处收买,运往彼城的某处出卖——其转运、出卖

---

①　这里的"猎取"与219e2的"猎取"用了同一个希腊文语词thēreutikon,但从内容上看似应作"强取",即219d9的"强取(cheirōtikēn)"。

有的是为消遣,有的则[a5]出于严肃的目的——那么,把这些转运、出售者称为商人,不比称那些贩卖吃喝之物的人有欠正确吧。

泰　你说得对极了。

异　[224b]那么,这种出入城邦、收买学问拿来换钱的人,你难道不用同样的名字来称呼吗?

泰　毫无疑问。

异　那么,这种灵魂上的行商术,其中一部分不是可以极为恰当地称作表[b5]演术吗?而另一部分——其可笑程度不亚于前一种——既然是贩卖学问的,不也必须给它起一个与其行为相称的名称吗?

泰　确实必须。

异　那么,关于这种学问贩卖术,其中关涉[224c]其他技艺的学问的部分该起个名字,而关涉德性学问的部分该起另一个名字。

泰　那可不?

异　技艺贩卖术[这个名字]挺适合关涉其他技艺的部分,[c5]至于这一[关涉德性的]部分,你来设法取个名字吧。

泰　除了取我们现在正在探寻的东西即智术一类之名之外,取别的名字会不离谱吗?

异　没有别的名字了。来,现在我们把它总结一下——我们可以[c10]说:获取术中的交换术,交换术中的买卖术,[买卖术中的贩卖术,][224d]贩卖术中的行商术,行商术中的灵魂贩卖术——以言辞和德性学问做买卖的部分——第二次显现为智术。

泰　对极了。

异　还有第三次——如果有人在城邦内把自己安顿下来,[d5]边购买边自创有关这同一方面的学问予以出售,并以此谋生——我想你会用跟刚才这个[智术]别无二致的名字来称呼它。

泰　无疑我会。

异　[224e]那么,获取术的交换术,交换术中的买卖术,买卖术中无论是坐商术还是自产自销术这两种方式,凡是有关这一类的学问贩卖术,你显然总会称之为智术师的技艺。

泰　[e5]这是必然的,因为必须顺着谈话往下走。

异　我们接下来思考——我们此刻追踪的这一类是否与此类事情相似。

泰　[225a]究竟与哪类事情[相似]？

异　在我们看来，争取术是获取术的一部分。

泰　的确是。

异　那么，把它分成两部分不算离经叛道吧。

泰　[a5]你且说说，据何而分？

异　其中一部分定为竞争术，另一部分定为斗争术。

泰　是。

异　那么，在斗争术中，对于发生在身体对身体之间的部分，我们定下来称之为诸如搏斗术这样的名字，[a10]庶几近理与得当吧。

泰　是的。

异　那对于言语对言语之间的那部分[斗争术]，泰阿泰德啊，[225b]除了论争术还有别的名可称吗？

泰　没有了。

异　而涉及论争术的部分也必须定为两类。

泰　怎么定？

异　[b5]那种发生在公开场合，以长篇大论应对对方的长篇大论，并且涉及正义、不正义之事的[论争术]，这是辩论术。

泰　是的。

异　而那种发生在私下场合，以一问一答的方式分成只言片语的[论争术]，除了习惯所称的[b10]争论术，难道还有别的名称吗？

泰　没有了。

异　争论术中，任何涉及契约的[225c]论争，并且围绕它随随便便、没有技艺地争来争去的，必须定为一类，因为[我们的]谈话已经明确认定它别为一类；不过它没有从前人那里获得称呼，现在也不值得从我们这里得到。

泰　[c5]不假，因为它被分得太琐碎、太多样了。

异　而那种运用技艺的，且把正义之事本身、不正义之事以及其他事情一股脑儿拿来论争的，我们不是习惯称作诡辩吗？

泰　［c10］那可不？

异　［225d］诡辩术中,事实上有一类赔钱,有一类赚钱。

泰　确实如此。

异　那我们试着说说它们的名称,［d5］我们要靠它来称呼这二者。

泰　不错,必须说。

异　依我看,由于在［诡辩］这种消遣中取乐,忽略了自己的正事,并且说话时许多听众又听得索然无味的,［d10］这类诡辩,据我所知,除了饶舌术没有别的名字可称了。

泰　诚然,是这么说的。

异　［225e］至于与此相反的一类,就是从私人争辩中捞钱的,现在轮到你试着说说了。

泰　除了我们正在追踪的此刻这里第四次再现的那个奇人,即智术师之外,［e5］我们还能说出别的什么名称而不犯错呢？

异　［226a］那么,按照谈话到目前所揭示的,获取术中的争取术,争取术中的斗争术,斗争术中的论争术,论争术中的争论术,争论术中的诡辩术,诡辩术中的赚钱术一类,似乎不外就是智术师了。

泰　［a5］确实如此。

异　你瞧,说此兽变化多端何其真实,正如俗话说的只手难抓。

泰　那么就得用双手了。

异　［226b］确实得用［双手］,而且要尽力这样做——追踪他下一步足迹。告诉我,有哪些事情我们用家政中的名称来称呼？

泰　多得很啊,但在这么多事情中,你究竟问的是哪几种呢？

异　［b5］就像下面这些:我们称作滤、筛、簸、分等等。

泰　可不是？

异　此外还有刷、纺、梳,而且我们知道,在技艺中还有无数其他这样的事情,［b10］是吧？

泰　［226c］关于它们你想说明什么,提出这些作为所有事物的范例,你想问什么呢？

异　刚才提到的所有事情都可以说是划分。

泰　是的。

异　[c5]那么根据我所讲的,既然所有跟这些有关的事情都属一种技艺,我们就该称之以一个名称。

泰　称作什么呢?

异　划分术。

泰　可以。

异　[c10]接下来看看我们能否在其中看出它的两类形相。

泰　你要求我具有敏锐的眼力。

异　[226d]前面我们提及的那些划分,一方面是把坏的东西从好的东西分出来,另一方面是把相似的东西从相似的东西中分出来。

泰　现在这么说近乎明显了。

异　[d5]后者无名可称,前面留好去坏的那类划分我却有名称可说。

泰　请说说是什么。

异　所有这一类的划分,据我的理解,人人都说[d10]它是一种净化。

泰　的确是这么说的。

异　[226e]净化的形相也有两类,不是人人皆可看出吗?

泰　是的,他们不定几时闲着就看出来了,但我此刻还看不出。

异　[e5]身体上的多种净化可以恰当地用一个名称来概括。

泰　哪些种类的净化? 用什么名称概括?

异　有动物身体内部的净化,这些是通过健身[227a]术和医术正确地予以分别而获得净化;关于动物身体外部的净化——说来粗俗——这些全都是沐浴术所处理的事情;至于无灵魂的身体的净化,这些则是漂洗术和一切装饰术予以关注的事,按着它们细分,这些技艺拥有许多[a5]似乎很可笑的名称。

泰　的确有。

异　当然有了,泰阿泰德。但其实呢,在探究关于它们的言辞时,对捞海绵术的关注并不比对药饮术少些或多些,不管它们所做的净化对我们的帮助是小还[a10]是大。因为这样的追踪,[227b]为了获取理智起见,只是试图了解一切技艺的同类与非同类关系;因此对所有这些技艺都同等看重。在[双方]相似的条件下,[这种言辞上的追踪]不会觉得一些[技艺]比另一些[技艺]更可笑,不认为一个人通过统兵术表现出来的猎取术就比通过捉虱术[b5]表现出来的猎取术更庄严,前者多数时候不过更虚张声势罢了。现在,就你的问题而言,即应为使身体——无论是有灵魂的身体还是无灵魂的身体[227c]——得到净化的所有能力起个什么名称的问题,怎样的名称最为得体——对我们的追踪而言——其实无关紧要,只要它能概括所有其他东西的净化,并把它与灵魂上的净化分开。因为它现在正在设[c5]法区分有关思想的净化和其他净化——如果我们明白它的意图的话。

泰　我明白啦,我承认有两类净化,一类是跟灵魂打交道的,它不同于跟身体打交道的。

异　[c10]说得再漂亮不过了。注意听我接下来的话,[227d]然后再设法把我所说的分作两类。

泰　随你给出什么样的指引,我都会设法跟你一起来划分。

异　我们是不是把灵魂上的恶说成有别于德性的东西?

泰　[d5]可不?

异　我们也同意,去除所有无论何处的坏的部分,保留其他部分,这就是净化。

泰　确是如此。

异　就灵魂而言,当我们发现某种除恶去坏,[d10]如果我们说那是净化,还算说得着调吧。

泰　非常着调。

异　必须承认灵魂里有两种坏的东西。

泰　哪两种?

异　[228a]一种好比身体上生出的疾病,另一种好比身体上生出的丑陋。

泰　我不明白。

异　也许你并不认为疾病和紊乱是一回事?

泰　[a5]对此我也不知道该怎么回答。

异　你认为紊乱是别的什么东西呢,还是本性同类的东西因某种败坏引起的作对?

泰　并非别的东西。

异　[a10]可是丑陋呢,除了比例失当、处处畸形那种,还会是别的什么吗?

泰　[228b]绝非别的。

异　这个呢？难道我们不觉得,当人处在恶劣处境时,灵魂中的意见跟欲望作对,血气跟快乐作对,道理跟痛苦作对,所有这些都彼此作对？

泰　[b5]正是如此。

异　这一切也就必然成了同类。

泰　可不？

异　那么,我们说邪恶就是灵魂上的紊乱与疾病就说对了。

泰　[b10]对极啦。

异　[228c]这又怎样呢？凡分有了运动,并且一旦为自己设定了某个目标就试图击中那目标,然而每次发出又都偏离目标而未能命中的——我们该说,这是因为彼此合乎比例呢,还是相反,[c5]因为比例失当？

泰　显然是因为比例失当。

异　我们还知道,灵魂对任何事情的一切无知都并非出于自愿。

泰　正是如此。

异　[c10]当灵魂瞄准真理,而理解发生偏离时,[228d]无知不过就是一种迷妄状态。

泰　的确如此。

异　因此,一个缺乏理智的灵魂必须被看作是丑陋和比例失当的。

泰　[d5]似乎如此。

异　看起来,灵魂中存在两种恶,一种许多人称之为邪恶,再清楚不过就是灵魂的疾病。

泰　是的。

异　[d10]另一种叫做无知,由于它只在灵魂中产生,人们不愿承认它是一种恶。

泰　[228e]现在我必须完全承认——你刚才提到时我还在犹豫——灵魂中存在两种恶。怯懦、放肆、不义全都应看作我们里面的疾病,而我们经历到的多种多样的无知[e5]则应被定为丑陋。

异　关于身体上的这对经验不是产生过一对技艺吗？

泰　哪对技艺?

异　[229a]一是对付丑陋的健身术,一是对付疾病的医术。

泰　很明显。

异　对付肆心、不义、怯懦的惩戒术在所有的技艺中天然最接近[a5]正义。①

泰　至少按人的意见来说可能是这样。

异　这个呢?对付一切无知,除了教导术再没有别的吧,谁还能说出比这更正确的话吗?

泰　[a10]没有。

异　[229b]那么来吧,我们该断定教导术只有一种还是有多种——其中最重要的有两种?想一想。

泰　我想着呢。

异　[b5]依我看,我们在这里的某处可最快地得到结果。

泰　何处?

异　看看无知能否沿其中间的某处进行某种划分。因为如果无知产生了两种,那么显然教导术必然有两个部分,各自对付[b10]自己的那一种[无知]。

泰　什么?我们此刻探寻的东西在哪里向你显明了?

异　[229c]至少,我觉得我看到了某个巨大而费解的无知形相,它有别于无知的所有其他部分,却抵得上后者的总和。

泰　到底哪种?

异　[c5]不知道什么却以为已经知道什么。恐怕正是因为这个,所有思想上的失误才发生在我们每个人当中。

泰　不假。

异　我认为,这种无知其实可以单独命名为愚蠢。

泰　[c10]确实可以。

异　那么,教导术中去除这个[愚蠢]的部分要称作什么呢?

泰　[229d]我认为,异乡人啊,其他部分都是手艺上的教导,而这部

---

① 或译:天生最接近正义女神。

分在此处借着我们被称为教育。

异　泰阿泰德啊,几乎在所有希腊人当中[它都被称为教育]。[d5]但我们还得想想这个[教育]:到底它整个已经是不可分的呢,还是有得一分,分下来也值得命名?

泰　是得想想。

异　依我看,这东西还可以在哪里分开。

泰　沿着什么[分]呢?

异　[229e]在用言辞的教导术中,一种[走的]似乎是崎岖的道路,另一种即它的另一部分则较为平坦。①

泰　我们该把这两部分各称为什么呢?

异　一种是老派的、父式的,[e5]父亲过去特别用在儿子身上的,如今仍有许多人用。任何时候[230a]就他们犯了某种过错,父亲或是严厉以对,或是温和地规劝——[尽管有这种分别,]不过有人再正确不过地把它整个称为劝诫术。

泰　是这样的。

异　[a5]而另一方面,有些人一意孤行,以至于似乎相信一切愚蠢都不是自愿,并相信凡是自以为智慧的人绝不愿去学习任何他自认精通的事,教育中的劝诫术一类在此虽付出大量劳作却收效微乎其微。

泰　[a10]他们的想法很对。

异　[230b]因此,你看,他们就开始以别的方法来去除这种意见。

泰　到底以什么方法呢?

异　[用盘诘的方法,]他们追问有人自以为说及什么其实什么也没[b5]说的任何事情。接着,由于[被追问的人]彷徨无着,[问的人]就得以轻易地检验他们的意见;他们用言辞把这些意见集中在同一个地方,挨个摆开;通过这样的摆开,他们表明,这些意见关于相同的事情在相同的方面针对相同的东西同时自相矛盾。那些经受检验的人见此情形,对他

---

①　此处暗指赫西俄德《劳作与时日》287-292:"邪恶很容易为人类所沾染,并且是大量地沾染,通向它的道路既平坦又不远。然而,永生神灵在德性和我们之间放置了汗水,通向它的道路既遥远又陡峭,且出发处路面崎岖不平。可是一旦到达其最高处,那以后的路就容易走过,尽管还会遇到困难。"

们自己就严厉起来,对别人则温顺以待。[230c]正是通过这种方式,他们从禁锢他们的巨大而顽固的意见中解脱出来。在所有的解脱当中这是听来最令人喜悦的一种,经受解脱者也变得无比坚定。因为,我亲爱的孩子,净[c5]化它们[意见]的人持有的观点,恰如治疗身体的医生持有的观点,即身体若不先清除内在于它的障碍,就不能从提供的食物中获益,同样,关于灵魂,他们也认为,灵魂不会从提供的学问中[230d]获益,除非先以盘诘把被检验的人置于羞惭之地,涤除阻碍学问的成见,显出他的纯净,并且使他相信他只是知他所知,此外再无所知。①

泰　[d5]这至少是最好、最节制的情况了。②

异　正是因为上述这一切,泰阿泰德啊,我们得说,盘诘乃是净化中最大、最权威的一种。我们还得认为,任何未经盘诘的人,即便他碰巧[230e]是伟大的君王,如果在极大的事上未经净化,在那些事上他就会显得没有教养并丢人现眼;凡是真正享福之人在这些事上显得最纯净、最美才合宜。

泰　完全同意。

异　[e5]然后呢?我们该说运用这种技艺的人是谁?[231a]我实在不敢说他们就是智术师。

泰　为何?

异　免得把过高的荣誉加给他们。

泰　可是方才[a5]所讲的确实很像某个这样的人。

异　狼还跟狗像呢,③最凶残的像那最顺服的。凡不想跌倒的人必须始终警惕相似的东西甚于其他任何事物,因为这类东西最滑溜。尽管如此,就算是[智术师]罢。因为我想,任何时候只要他们[净化者]保持充分的警惕,就不会[231b]产生关于不明显的界限的论争。

泰　确实好像不会。

异　那么,净化术是划分术的一部分;净化术中有区分出来的关于灵魂的部分;灵魂的净化术中有教导术;[b5]教导术中有教育术;教育术中,

---

① 这一论述可对勘苏格拉底自己对助产术的论述,见《泰阿泰德》149a–151d。
② 参《泰阿泰德》210c。
③ 参《理想国》416a。

那对付空虚、似是而非的智慧而产生的盘诘术——用刚刚出现的那个词语来说——在我们看来除了那种出身高贵的智术师的技艺没别的了。

泰　就这么说吧。可是由于他已经现身多次,我现在感到很困惑。[231c]我们究竟该说——要说得既真实又确定——就其在而言,智术师是什么呢?

异　你感到困惑也情有可原。但是,我们必须相信,那人现在也已经深感困惑——他接下来借着[c5]言辞能溜到哪里。俗话说得对,躲开所有[目光]可不容易。所以我们现在必须对他尤其上心。

泰　说得太美了。

异　不过先让我们歇歇,好喘口气;[231d]休息的时候我们可以自己算算,这位智术师到底向我们显现多少次了。在我印象中,他首先被揭露为赚钱的猎人,专门猎取富家子弟。

泰　对。

异　[d5]第二次,[他被揭露为]某种贩卖灵魂学问的行商。

泰　的确。

异　第三次,他不是又作为这类东西的坐商露面了吗?

泰　对。还有第四次——他[d10]对我们[显现为]学问上的自产自销者。

异　你记得很对。我来试着[231e]回忆第五次:作为某种言辞上的运动员他属于争取术一类,并且明确分在诡辩术一边。

泰　确是如此。

异　第六次当然有论争的余地,但[e5]我们还是迁就了他一下,同样把他确定为灵魂的净化者——清除有碍学问的成见。

泰　完全如此。

异　[232a]那么,你有没有考虑到,有人显得知道很多事情却被称以一种技艺之名,这种现象很不正常?而凡是对某种技艺有此感觉的人,都不能看到所有[a5]这些学问指向的那种技艺的指归——因此他就用许多名称而不是用一个名称去称呼他[拥有这些学问的人],这不是很清楚吗?

泰　如此,这怕是再自然不过了。

异　[232b]因此,我们可别在探寻中因为懒散遭遇这种情形。让我们回顾一下前面关于智术师的那些说法。依我看,显然有一样最能揭示他。

泰　[b5]哪一样?

异　我们肯定说过他是一位争论家。

泰　对。

异　这个呢,我们不是[还说过]他成了其他人在这件事上的教师?

泰　[b10]可不是吗?

异　我们考虑一下:关于什么东西,这些人声称要把其他人造就成争论家?让我们的思考就这样从头开始。[232c]来吧,是不是在神性事物上,也就是对许多人而言不可见的事物上,他们使人足以做成这事?

泰　至少,关于他们的确是这么说的。

异　那么,关于地、天以及诸如[c5]此类的可见之物呢?

泰　当然。

异　再有,在他们的私下交往中,每逢说到一切事物的某个方面,说到生成与在——我们知道——他们不但自己精于争论,还能使其他人[c10]跟他们一样能耐?

泰　完全如此。

异　[232d]还有,关于礼法和一切政治事务呢,他们不是也许诺造就能言善辩吗?

泰　要是他们不许诺这个,可以说,那就没人会跟他们交谈啦。

异　[d5]此外,还有关于所有技艺和每一技艺的东西,即面对每个艺匠进行争论所必需的东西,无疑也已经[被他们]向有志学习的人公开了,并且付诸文字了。

泰　你让我觉得,你指的是普罗塔戈拉关于角斗和[232e]其他技艺的书吧。

异　还有许多其他人的,你这有福的人。不过,争论术这门技艺的[特质],扼要地说,不就在于它似乎有充分的能力应付关于一切事物的论争吗?

泰　[e5]至少它显得接近无所遗漏了。

异　诸神在上,孩子啊,你认为这可能吗?也许你们年轻人对此看得敏锐,而我们则已经昏聩了?

泰　[233a]什么意思,你特别指什么?因为我弄不懂你此刻的问题了。

异　一个人是否可能知道一切。

泰　要是这样,异乡人啊,那我们人类可就有福啰。

异　[a5]那么,本身没知识的人跟有知识的人当面争论,怎么可能说出什么得体的话来呢?

泰　绝无可能。

异　那么,智术师的能力的神奇之处到底是什么呢?

泰　[a10]关于哪方面的?

异　[233b]他们总能以某种方式使年轻人认为,他们在一切事上都是所有人当中最智慧的。因为很明显,假如他们争论得不对,对年轻人显出不对,露了马脚,他们就不再由于[b5]论争而看似明智了,这就应了你的话:没有什么人会在这些事上愿意成为他们的学生并付钱给他们。

泰　没什么人会愿意,要那样的话。

异　可是现在呢,人们却愿意,是吧?

泰　[b10]而且非常愿意。

异　[233c]那是因为,我认为,在跟人争论的那些事情上,他们本身看似有知识。

泰　怎么不是呢?

异　而我们说,在一切事物上他们都做到这一点了吧?

泰　[c5]对。

异　还有,在一切事物上他们对学生们都显得有智慧。

泰　可不是吗?

异　但他们并非如此,因为这已经显明是不可能的。

泰　可不就是不可能?

异　[c10]那么,智术师向我们呈现的只有关于一切事物的某种意见式的知识,却没有真理。

泰　[233d]完全如此。关于他们刚刚所说的这些,你说得怕是再对不过了。

异　接下来,咱们来抓一个关于这些的更清楚的范例。

泰　[d5]什么样的?

异　就是这个。试着发动理智好好地回答我。

泰　哪个？

异　假如有人说,他知道的不是如何言说或争论,而是[d10]如何凭借一门技艺制作和做出一切事情。

泰　[233e]你说的一切是什么意思？

异　我们谈话的出发点你没有及时跟上啊,因为你连"所有一切"好像都不理解。

泰　确实不理解。

异　[e5]好吧,我的意思是,你、我都在一切之内,还有我们之外的其他动物与树木[也在内]。

泰　怎么说呢？

异　假如有人说,他要制作我、你以及其他一切草木。

泰　[234a]那么你说的是何种制作呢？你不会是说[他是]某种农夫吧,因为你曾说过他是动物的制作者。

异　我是说过；此外,[他还制作]海、地、天、诸神和其他所有一切,而且,在很快制[a5]成它们每个以后,他还以极低的价钱卖掉它们。

泰　你说的是某种儿戏吧！

异　什么？你的意思是说,若有人说他知道一切,还可以把这[知识]传授他人,既不用花多少钱,也不用花多少时间,那我们只好把他的技艺看作儿戏,是吗？

泰　[a10]毫无疑问。

异　[234b]比起模仿术,你知道还有哪类更有技巧、更迷人的儿戏吗？

泰　没了。你已经说到——通过集一切事物而为一——一类范围极广、复杂无比的[儿戏]。

异　[b5]我们肯定知道这一点：若有人许诺能以一种技艺制作一切东西,那他必是能用绘画术作成"存在之物"的同名摹本,并把这画作远远地示之以人,让少年中那些没思想的误以为这个人有莫大的本领——他能以行动[作品]做成任何想[b10]做的事情。

泰　[234c]可不是吗？

异　那这个呢？我们不也料到有另一门有关言辞的技艺吗？借助这门技艺,碰巧就可能——[c5]利用言辞并通过人耳——对离事物真相更远的青年施加魔法，把一切事物的言辞之像展示出来，以至于使事物好像已被真实地道出，而且［以为］说话人在一切事物上是所有人当中最智慧的。

泰　［234d］怎么会没有另一门这样的技艺呢？

异　经过充分的时间，泰阿泰德啊，许多听众年岁渐长，不得不切近地面对存在的事物，并［d5］因遭遇所迫清清楚楚地经手存在的事物，他们改变了过去形成的意见，以至于大事显小，易事显难了，所有［234e］言辞中的幻像也被呈现在实践中的行动完全推翻了——这不是免不了的情形吗？

泰　是的，如果以我这年龄来判断的话。不过我想自己还是那些远离［事物真相］的人中的一个。

异　［e5］正因为这样，我们这里的所有人都要努力——此刻也正在努力——把你引领到最接近［真相］之处，免于那些遭遇。不过，关于智术师，你告诉我这个：到目前为止这一点是否清楚，［235a］作为存在之物的模仿者，他是幻术师中的一员呢，或者我们还在怀疑，他似乎能够针对一切进行争辩，在所有这些事上他碰巧真的拥有知识呢？

泰　［a5］异乡人啊，怎么可能呢？根据我们刚才所讲，到目前为止几乎很清楚了，他不过就是那些玩儿戏的人中的一个。

异　那么，我们就得断定他是某种幻术师和模仿者。

泰　怎么可能不呢？

异　［a10］那么来吧，现在，从此刻起，我们的任务是不让这野兽逃走。［235b］因为我们几乎已经把他套住了，套在一种对付这类东西的言辞之网中。所以，至少他将逃不出这个了。

泰　哪个？

异　［b5］实际上他是造奇异景象族类中的一员。

泰　这也正是我关于他的印象。

异　我们已经决定，要尽快分析造像术，在我们追击智术师时，如果［b10］他直接面对我们，［235c］我们就遵君王般的命令抓住他，献俘告捷。不过，如果他潜入模仿术诸部分中的某处，我们也要紧跟着他，坚持分析窝藏他的部分，直到抓住他为止。无论如何，这种人与他［c5］种人永远都别想夸口说，他逃得出这种既能以个别也能以全体去追究的方法的追踪。①

泰　说得好,我们必须这样做这件事。

异　根据之前用过的分析办法,[235d]我发现,我自己现在看见了两样模仿术。可是,我们所探究的型相碰巧是二者中的哪一类,我觉得我现在还不能好好领会。

泰　那你先说说——给我们分一分你讲的是哪[d5]两类。

异　我看肖像术就是其中一类。若有人仿照范型长、宽、深的比例——而且[235e]还原各个部分特有的颜色——完成模仿品的生成,它就尤其属于这一类。

泰　什么?难道不是所有模仿者都努力这样做吗?

异　[e5]不,至少那些在某处塑造或绘制大型作品的模仿者不是这样做的。因为,如果他们还原美的事物的真实比例,你知道,上部就会显得比应有的小,[236a]而下部则会显得比应有的大,因为我们看上面时离得远,看下面时离得近。

泰　的确如此。

异　所以,如今的工匠不都经历过罔顾真实的情形么——[a5]他们在物像中造出的不是在的比例,而是看似美的[比例]?

泰　完全正确。

异　那么把这另一个[像]——作为肖似之像——称为肖像可恰当?

泰　[a10]恰当。

异　[236b]而模仿术中涉及这个[肖像]的部分,也就是我们之前说到的部分,就得被称为肖像术了。

泰　是得这样称呼。

---

① 此处可能典出索福克勒斯的《俄狄浦斯在科罗诺斯》1022-1024。忒修斯谈到克瑞翁的众心腹:"如果他们得逞逃跑,我们也无需费力,因为还有其他追赶他们的,他们绝不能向诸神夸口说逃过了他们的追赶或逃离了这岛。"《默涅克塞诺斯》240a-c 和《法义》698c-d 都讲到萨拉米斯战役爆发前十年,一位波斯将军达提斯(Datis)横扫厄瑞特里亚(Eretria)人的故事。"到达厄瑞特里亚的边境后,士兵们在那里,从大海[的一边]散开到大海[的另一边],挽起手穿越了这整个地方,以便他们可以向[他们的]王报告,他[要]的人没有一个逃脱。"(《默涅克塞诺斯》240b5-c2)

异　那么这个呢？那显出之像与美的东西肖似，因为不是[b5]从美的位置去看，但是，如果有人获得能力把这般大小的东西充分纳入眼底，它就不再肖似它宣称肖似的东西了，我们该称作什么呢？既然它只幻现而不肖似，不就[可称为]幻像吗？

泰　可不？

异　在绘画术和一切模仿术上，[236c]这个部分不是屡见不鲜？

泰　怎么不是呢？

异　那么把造就幻像而非肖像的技艺叫做幻像术，不是再正确不过了吗？

泰　[c5]非常正确。

异　这就是我所说的两类造像术了，即肖像术和幻像术。

泰　对。

异　不过，我一直拿不准应把智术师算作这两[类技艺]中的哪一类，[c10]到现在我还是不能看个明白。[236d]此人的存在令人惊奇而且极难洞察，此刻他又极其巧妙、狡猾地逃到无迹可寻的某一形相里去了。

泰　似乎是这样。

异　[d5]你是因为真的认识到这一点才同意的呢，还是因为被谈话的惯性[带来]的某种冲力拉着你，使你一下就同意了呢？

泰　怎么说，你为什么要说这个？

异　就其在而言，有福的人啊，我们进入了极其困难的[236e]思考。因为，这种幻现与肖似的东西却不存在，以及说了些什么却不真实——这一切无论在往昔还是现在一直[让人]充满了困惑。说话时必须怎样去说或者去想"虚假的东西实际存在"，而且[e5]说这个的时候还不陷入矛盾——[237a]泰阿泰德，难乎其难哪！

泰　到底为什么呢？

异　这句话敢于提出，非在在着，因为虚假以别的方式不会生成为存在之物。[a5]但是，我的孩子啊，伟大的帕默尼德从我们还是少年时开始直到[他的]生命之终都反对这一点。他在各种场合——无论在散文还是在韵文中——都这样说：

　　他说，切勿屈从于这个——非在在着；

在探索时,你可要让思想远离这条路。①

[237b]此乃出自他的证言,倘若适度推敲一番,这句话就会完全显明自身。所以,如果你没什么异议,我们就先来看看这句话本身。

泰 我随你的意,听凭你吩咐。[b5]谈话怎样进行最好,你自己思考,然后把我也带上这条路。

异 我必须这么做。你告诉我,我们敢宣称"绝对不在之物"吗?

泰 可不?

异 [b10]我们既不是为了争执也不是为了儿戏,假如[237c]听众中的一位经过思考想要严肃地回答这个问题:他须把"不在"这个词用到哪里——我们怎么认为? 面对询问者,他可以把这个词使用与显明在什么上、为了何种东西?

泰 [c5]你问的太难了,至少像我这样的人几乎完全说不上话。

异 至少这些很明显:"不在"必不可用于任何"存在之物"上。

泰 怎么不是呢?

异 [c10]那么岂不[是说],既然它不用于"存在之物",那么把它用在"某某"上时,就用得不对了?

泰 怎么不是呢?

异 [237d]在我们看来,这一点很明显:我们每次都是针对"存在之物"而说到这个"某某"的,因为单说"某某"——仿佛[它]赤条条地脱离了一切存在——是不可能的,是吧?

泰 [d5]的确不可能。

异 那么,你同意了这一点,并且认为,人们正说某某时至少要说到某个东西,这是必然的吧?

泰 是这样。

异 你会认为,至少"某某"是指一个,[d10]"一对某某"是指两个,"诸某某"是指多个吧。②

---

① 帕默尼德残篇7.1–2。
② 这里的"一对某某"对译希腊文中的双数代词;"诸某某"对译一个阳性或阴性复数代词。

泰　可不？

异　[237e]那么，似乎必然无疑的是，没在说"某某"的人就完全什么都没说。

泰　必然无疑。

异　那么，我们是不是就不可承认这一点：这个[e5]人虽然说了话，却什么也没说，而我们就必须说他什么也没说，因为他试图表达"不在"？

泰　无论如何，谈话抵达最终的困惑了吧。

异　[238a]还没到说大话的时候。① 有福的人啊，还有一个困惑，而且是最大、最先的困惑。因为它触及困惑的始源本身。

泰　怎么讲？说吧，别踌躇。

异　[a5]在"存在之物"上面肯定可以加上另一个"存在之物"吧？

泰　可不？

异　但我们是否能说，某个"存在之物"被加上"不在"？

泰　那怎么可能？

异　[a10]那么，我们把一切数都看作"存在之物"。

泰　[238b]是的，假如要把别的东西也看作"存在之物"的话。

异　那么，我们甚至别想试着把数上的一或多用在"不在"上。

泰　无论如何，我们试图[这么干]似乎不妥，就像[b5]谈话所说的。

异　那么，离开了数，一个人怎么可以用口说出甚至用思想一把抓住"诸不在"或"不在"呢？

泰　请说说怎么不可以。

异　[b10]每当我们说那些不在的东西时，不都是[238c]试图把数上的多加给它们吗？

泰　可不是吗？

异　而[每当我们说]"不在"时，不都是试图把数上的一加给它吗？

泰　再清楚不过了。

异　[c5]而我们又说，试图把"在"安到"不在"上面去，是不当而且不对的。

---

① 可能典出索福克勒斯残篇662P："看到结局前，先别说大话。"

泰　你说得再真实不过了。

异　那么你明白了吗？对于"不在本身"，妥当地说它、讲它、想它都是不可能的；[c10]它不可想、不可说、不可讲，也不可谈。

泰　一点不差。

异　[238d]那么，难道我刚才在说谎吗？我说我要谈到关于它的最大困惑，而事实上我们可能谈的是某个不同的、较大的困惑而已。

泰　到底是什么呢？

异　神奇的人啊，你怎么还不明白呢？——就在我们所说的那些话本身当中，[d5]"不在"就那样把它的盘诘者置于困惑之中，只要某人试图诘问它，他自己关于它就不得不自相矛盾。

泰　怎么说呢？请你说得更显白些。

异　就我而言，已经不必去考虑更显白的[说法]啦。因为我[238e]曾确定"不在"不可以分有一或多，可无论那时还是现在，我恰恰以这种方式把它说为一。因为我说"不在"。你明白吗？

泰　明白。

异　[e5]此外，片刻以前，我曾说它"是"不可讲、不可说、不可谈的。① 你跟得上吗？

泰　当然，怎么跟不上呢？

异　我试着加上了"在"，岂不就[239a]跟之前的话相矛盾了吗？

泰　显然。

异　何如？加上了这个，我不就把它作为"一"来交谈吗？

泰　是啊。

异　[a5]此外，说它不可谈、不可说、不可讲，我说这个话就好像针对"一"[个在]似的。

泰　怎么不是呢？

异　但我们说，若有人要说得对，就既不该把它划为一，也不该划为多，甚至根本就不该称"它"，[a10]因为哪怕用这样的称呼，也把它归入

---

① 见238c。这里的"是"动词为不定式，故异乡人又赋予了它"在"的含义，参异乡人的下一句话。

了"一"的形相里。

泰　一点不差。

异　[239b] 那么，人家会怎么说我呢？他会发现，在盘诘"不在"的问题上，我不只是现在，而是早就落败了。所以，照我说啊，咱别考虑我说的关于"不在"的言辞的正确性问题了。而是转过来，现在[b5]让我们看看你[有什么说法]。

泰　你怎么这么说呢？

异　来吧，又好又高贵地为我们[说说]，你正当年轻之时，试着使出你的浑身解数，既不要把"在"也不要把数上的"一"或"多"用在"不在"上面，而是遵循正确的[方式][b10]对它说些什么吧。

泰　[239c]如果看到你的这等遭遇，我还要亲自去尝试，那我也热心得过于稀奇了吧。

异　好吧，既然你这么看，那咱就放下你我。[c5]在遇到某个能做这事的人之前，我们得承认，智术师已经极尽狡猾地溜进了一个无踪无迹的地方。

泰　显然正是如此。

异　正是因为这个原因，我们若说他拥有某种制作幻像[239d]的技艺，他就会轻易从这种言辞运用中抓住我们的把柄并扭转我们的言辞反对我们；一旦我们称他为造像师，他就会质疑我们所说的像究竟指什么。泰阿泰德啊，你必须考虑用什么话来回答这个[d5]年轻人提出的问题。

泰　很清楚啊，我们会说水中和镜子中的倒影[像]，还有画像或雕像，以及余下诸如此类的别的东西。

异　[239e] 泰阿泰德啊，显然你还不曾见过智术师。

泰　为什么呢？

异　你觉得他闭着眼睛或者根本就没有眼睛。

泰　怎么会呢？

异　[e5]每当你这样给他答案——如果你说到镜中的什么东西或任何雕塑物，他就会嘲笑你的话。每当你跟他说好像他能见一样，他会假装不知道什么是镜子、[240a]水乃至整个视觉，而是仅仅就言辞来问你[说的]那个东西。

泰　哪种东西？

异　就是贯穿在你说过的那许多东西之中的东西，它作为一在着，在所有情况下都应当用一个[a5]名称即所谓的"像"来称呼。你就此说说吧，要为自己辩护，对那人要寸步不让。

泰　那么，异乡人啊，我们能说"像"是什么呢，除了说它是按真的东西摹下的另一个这种东西？

异　你说"另一个这种东西"是"真的东西"吗？或者[240b]你说"这种东西"指什么？

泰　当然，绝不是真的，只是肖似而已。

异　你说的"真的东西"是就其在而言"在的东西"吗？

泰　是这样。

异　[b5]那这个呢？凡不真的都是真的反面吧？

泰　可不是？

异　那么，你说肖似的东西是就其在而言不在的东西，如果你说它不是真的话。

泰　不过，在某种意义上它"在"。

异　[b10]至少不是真地[在]——你断定。

泰　当然不[是真地在]。但就其在而言，它是一个肖像。

异　那么，就其在而言不在的东西，就是我们所说的就其在而言的肖像啰。

泰　[240c]"不在"跟"在"恐怕就交织成某种像这织物一样的东西啦，这也太稀奇了。

异　怎么不稀奇呢？无论如何你看到了，通过这番交织，那多头的智术师现在逼得我们承认[c5]——尽管并不情愿——"不在"在某种意义上在着。

泰　我的确看到了。

异　这又怎么办呢？对这门技艺本身的任何界定能使我们自己保持一致吗？

泰　怎么这样说，你怕哪一点？

异　[240d]每当我们说他的行骗关乎幻像、他的技艺有某种欺骗之能时,我们就会断言我们的灵魂那时因着他的技艺而持有假的意见吧?否则我们还能说什么?

泰　[d5][我们说的就是]这个。还能说什么别的呢?

异　而假意见意想的东西跟在的东西将是相反的,不然还能怎样呢?

泰　就是这样,[跟在的东西]相反。

异　那么,你说,假意见所意想的是不在的东西吧?

泰　[d10]必然的。

异　[240e]它[假意见]意想"那些不在的东西"不在呢,还是"那绝不在的东西"在某种意义上也在?

泰　"那些不在的东西"必定在某种意义上在着,假如有人稍微说点什么谎的话。

异　[e5]那这个呢?它难道不会把"那些全然在的东西"意想为绝不在的东西吗?

泰　会的。

异　那么,这也是假吧?

泰　这也是。

异　[e10]既然这样,那么我想,如果有话说"那些在的东西"不在、"那些不在的东西"在,[241a]那么基于同样的理由,这话就会被认为是假的。

泰　它还能再怎么造假呢?

异　几乎绝无可能。然而智术师将不会承认这一点。或者,一个完全明智的人怎么可能同意这一点呢——[a5]如果之前的共识能得到进一步确证的话?泰阿泰德啊,我们明白他在说什么吗?

泰　怎么会不明白?他将会说,我们此刻所说的跟以前相反——我们此刻竟敢说假的东西[241b]在意见中以及就言辞而言在着;他将会说,我们常常被迫把"在的东西"加在"不在的东西"上面,虽然我们刚刚一致同意这是一切事中最不可能的事。

异　你提醒得对。不过,现在是时候考虑[b5]必须怎样对付这位智术师了。你瞧,我们若追踪到底,把他置入造假者和幻术师的技艺里去,他的反击是如此便捷,我们的困惑又是如此之多。

泰　的确如此。

异　我们只领教过这些困惑的一小部分，[241c]尽管可以说它们几乎无穷无尽。

泰　果真如此的话，似乎就不可能捉住智术师了。

异　什么？咱们现在就这样手软而放弃了吗？

泰　[c5]依我说，不该，只要我们能在任何一点上抓住那人丝毫。

异　那你可得原谅我，正如你方才说的，在这样激烈的对话中我们如果在任何一点上自己拉回一点点，你就当知足了。

泰　[c10]怎会不原谅呢？

异　[241d]我对你还有一个要求。

泰　哪一种？

异　你可不要把我当成什么弑父的东西啊。

泰　什么？

异　[d5]为了替我们自己辩护，有必要把我的父辈帕默尼德的话拿来拷问一番，要迫使它说，"不在"在某个方面在，反过来"在"在某一点上也不在。

泰　很明显，在这场对话中必须来这一手。

异　怎么不显得这样呢？就像俗话讲的，连瞎[241e]子[都觉得明显]。因为若这些事既未经盘诘也未经达成共识，那么，无论是谈论假话还是假意见，无论[谈论]像、肖像、仿像还是幻像，无论[谈论]这些本身还是关于这些的一切技艺，[e5]在谈论时都必定自相矛盾，从而不免弄出笑话来。

泰　再真实不过了。

异　[242a]因为这个原因，我们现在必须斗胆攻击父辈的话；或者，若有某种顾虑阻止我们这么做，那就必须整个放弃了。

泰　别让任何东西阻止我们这样做。

异　[a5]那么，我还要请你帮第三个忙，一个小忙。

泰　你只管说。

异　刚才在谈话中我曾在哪里说过，我总是碰巧从对这些事情的盘诘中退缩，现在也如此。

泰　你是说过。

异　[a10]我怕说了这些话,你会因此以为我发疯了,因为我每转一步都颠来倒[242b]去的。我们是为了让你满意,才挺身盘诘他的话的——如果我们盘诘的话。

泰　你若去作这种盘诘和证明,我绝不会认为你做得离谱。[b5]为此你大胆向前罢。

异　那就来罢。就一场危险重重的谈话而言,我们该用什么开端来开始呢?我的孩子啊,我想,我们要转向下面这条最不可避免的路了。

泰　哪一条?

异　[b10]首先,要把现在以为清楚的东西考察一番,[242c]免得我们虽然在哪里对它们有疑惑,却轻易地彼此同意,就好像我们辨别清楚了似的。

泰　请把你的话说得更显白些。

异　我觉得,帕默尼德以及[c5]所有曾经对界定诸在的数量与种类作过分析的人对我们讲话时都过于好脾气啦。

泰　怎么呢?

异　我觉得他们每一位似乎都在对我们讲某个故事,就像我们是小孩子。[242d]一位说,诸在[是]三,有时其中一个与另一个在某种意义上彼此交战,有时又变得相爱,从而导致结婚、生子与养育后代。另一位说,[诸在是]二——湿与燥或热与冷——他还让它们结合、婚配。而我们爱利亚一族——[d5]它始于克塞诺芬尼,甚至还更早——在他们的故事中继续他们说过的一切是一的看法。再后来,一些伊奥尼亚和西西里的缪斯们心想,[242e]把二者编织在一起最稳妥,于是就说:诸在既是多又是一,通过恨与爱维系在一起。"它在与自身的分离中永恒地结合在一起"——那些较激进的缪斯如是说;而那些较温和的则不认为这是其常态,[e5]他们说,有时在[243a]阿芙罗狄忒的影响下,一切是一,彼此相爱,有时又因某种冲突而成为多,与自身交战。① 所有这些[说法],很难说其中哪个说得真或不真,而且,对古时的名人提出这么严重的批评未免

---

① 极端派的缪斯当指赫拉克利特,温和派的缪斯当指恩培多克勒。

无礼。不过,有一点可以说明,当不致冒犯。

泰 [a5]哪一点呢?

异 那就是,他们都看不起我们多数人,太藐视我们,因为他们也不管我们到底是跟得上他们的谈话呢,[243b]还是落在了后面,各自都往下说自己的。

泰 你说这话什么意思?

异 每逢他们中间一个人开口讲,说它是或它已变成或它正在变成多、一或二,说热正与冷[b5]混合,又在别的地方举出分与合之事——泰阿泰德啊,以诸神的名义,你每次都能听懂他们在讲什么吗?我年轻的时候,每逢有人谈到现在这个让人困惑不解的"非在"问题,我都以为自己全懂了——可是,现在你看,关于它我们是何其[b10]困惑啊。

泰 [243c]我看到了。

异 而关于"在",或许我们在我们的灵魂中同样遭逢过这样的经历,一点不亚于[不在];每当有人说起它,我们都说自己对此完全领会了、理解了,而关于另一个①却不然。[c5]虽然对于这两者,我们的情况都是一样。

泰 或许吧。

异 而且,关于我们之前谈到的其他问题,一样都可以这么说。

泰 确实。

异 [c10]关于其中的多数问题,我们以后再考察,如果你同意的话,[243d]现在必须先考察这个最大、最基本的。

泰 你指什么?还是你显然是说,我们必须先探究"在",探究那些谈论它的人[d5]自以为弄明白的东西究竟是什么?

异 泰阿泰德,你动脚就跟上我了。我说,我们必须以此方式继续我们的追踪——好像他们本人就在我们面前,以此问他们:"来吧,[243e]所有主张一切是热和冷或任何两个类似东西的人,你们说这两者既一起在也各自在,关于这两者你们究竟在说什么?关于你们的这个'在',我们应当作何理解?它是那两个之外的某个第三者吗?按你们的意思,我们是否该认定一切是三,而不再是二?你们肯定不是把二者之一称为[e5]'在'却又说二者

---

① 即"不在"。

同样在吧,因为在这两种情况下它们几乎都是一,而不是二。"

泰　你说得真实。

异　[于是我们接着问:]"那么,你们是想要把二者作为一对统称为'在'吗?"

泰　或许吧。

异　[244a]"可是,朋友们,"我们就要说,"这样的话,那二者就被说成一了,这一点再明显不过了。"

泰　你说得极为正确。

异　[于是我们就跟他们说:]"既然我们大惑不解,[a5]那就请你们充分向我们说明,你们每次说'在'时候,到底想要指什么?显然你们早已认识这些事情,我们以前也自以为[认识],现在却困惑了。所以请诸位先指教我们这一点,免得我们以为理解你们说的话,情况却[244b]变得与此完全相反。"如果我们说这些,并以此要求他们以及其他主张一切不只是一的人,不会显得不着调吧,我的孩子?

泰　[b5]绝对不会。

异　那这个呢?对那些主张一切是一的人,我们也必须尽其所能地追问,他们所说的"在"究竟指什么,不是吗?

泰　怎么不是呢?

异　那么请他们回答这个问题:"你们肯定说只有'一'在,对吧?"[b10]他们会说:"我们是这么说的。"不是吗?

泰　是的。

异　[我们再问:]"那这个呢?你们把'在'称为某东西吗?"

泰　是的。

异　[244c][我们再问:]"该东西就是你们所称的'一'——你们用两个名称称呼同一个东西?还是怎样?"

泰　异乡人,此后他们回答了什么?

异　显然,泰阿泰德啊,凡作这样假定的人[c5]要回答我们此刻问的问题以及其他[相关]问题,都不会太容易啊。

泰　怎么会这样呢?

异　他自己设定了一外皆无,却又同意两个名称在着,这肯定可笑啦。

泰　[c10]怎么不是呢？

异　还有，完全接受任何人说[244d]某个名称在着，这也没有道理。

泰　为什么呢？

异　如果他把名称设为不同于物的东西，那他说的肯定是两个东西。

泰　[d5]对。

异　然而，如果他把名称设为与该物同一的东西，那他要么被迫说名称不是什么的名称；要么，他如果断言名称是什么的名称，那么该名称就只是名称的名称，而不是任何别物的名称。

泰　[d10]是这样。

异　还有一呢，一之名在着，名之一也在着。

泰　必然。

异　那这个呢？他们会说，整全异于"在着的一"呢，还是跟[d15]这个[一]相同？

泰　[244e]当然他们将会说——而且正在说——[整全跟一相同]。

异　那么，如果整全在着，就像帕默尼德说：

> 从所有角度都像浑圆的球体，从中心到所有[方向]都相等，因为它不存在哪里大些、[e5]哪里小些，无论在这个或那个[方向]都是必然的。[1]

那么，如此这般在着的"在"就有了中心和诸边际，有了这些就完全必然会有诸部分了。或者怎样呢？

泰　就是这样。

异　[245a]没有什么可以妨碍被分成部分的东西拥有对一切部分的一的经历，这样一来，在就既是一切，又是整全的一。

泰　可不是？

异　[a5]而那个经历到这些的无论如何本身都不可能是"一"本身吧？

泰　怎么[不可能]？

---

[1]　参见帕默尼德残篇 8.43–45。

异　显然,根据正确的说法,必然有人说过,真"一"完全没有部分。

泰　[a10]必然如此。

异　[245b]但诸如此类由众多部分构成的存在就会跟这个说法不相容。

泰　我懂啦。

异　我们该说,这样有了对"一"的经历的"在"将会是一[b5]与整全呢,抑或"在"根本就不是整全?

泰　你提出了一个让人为难的选择。

异　当然,你说得极真。因为在某种意义上经历过一的"在"会显得与"一"不同,而且一切东西显然也多于"一"。

泰　[b10]对。

异　[245c]基于已经经受了出自那个[一]的经历,"在"就不是整全,而整全自己才是,结果是"在"自己缺失了。

泰　的确。

异　[c5]那么,根据这个说法,自己被剥夺了的"在"就不是"在"了。

泰　是这样的。

异　一切东西再次成了多于一,"在"与整全也分别获得了各自的自然。

泰　[c10]对。

异　但是,如果整全完全不在,同样的[245d]这些事情也会开始在"在"上面[出现];并且除了整全不在之外,"在"也绝不会生成。

泰　何以这样?

异　生成的东西总是生成为一个整全,所以,[d5]如果不在存在之物中设定整全,那般在着的东西就既不可以称作存在,也不可以称作生成。

泰　似乎完全是这样。

异　而且,不完整的东西[非整全]必定没有什么多少可言;因为如果什么东西多少在着的话,无论多少在着,那么多的东西必定[d10]本身就是一个整全。

泰　确实如此。

异　因此,成千上万其他问题——每个都带来无限困惑——[245e]向着说"在"是某对二或单个一的人显现出来。

泰　刚才凸显的内容多多少少表明了这一点。因为这一句跟着那一句彼此牵连，[e5]关于以前曾说过的话就招致了更大、更棘手的迷惘。

异　关于"在"与"非在"有明确说法的人，虽然我们没有全部讨论，但这样也够了。不过，我们还得看看其他人的说法，从而从全局看到，[246a]谈论到底什么是"在"丝毫不比谈论什么是"非在"更容易。

泰　那么，我们也必须向这些人进发喽。

异　还有，由于对存在问题的相互论争，[a5]在他们之间就像有一场诸神与巨人之间的战争。

泰　怎么回事？

异　有些人把一切从天上和不可见的世界拽到地上，简单地①用双手抓住石头和橡树。由于只抓着这一类的东西，所以他们坚信[a10]只有可用、可触的东西才存在，并把形体和存在界定为相同的东西。[246b]若有人说别的东西在着却没有形体，他们便全然蔑视他，不愿听任何别的话。

泰　你说的人物确实可怕，因为以前我也[b5]遇见过很多这样的。

异　正是因为这个原因，他们的论争对手便小心翼翼地从高处、从某个不可见的地方来保卫自己，主张真"在"是某些理智的、无形无体的形相，[246c]至于它们的形体以及他们[对手]所说的真实，他们则在言辞中将其打成碎片，不称为存在，而称为某种变动不居的生成。泰阿泰德啊，在他们两派之间关于这些问题的战争一直打得不可开交。

泰　真是这样。

异　[c5]那么，让我们挨个把握这两派[族类]各自设定的关于"在"的言辞吧。

泰　我们该怎么把握呢？

异　把"在"设定到诸形相当中的那些人较容易[把握]，因为他们比较温顺；而把一切强拽到形体上的那些人[246d]则较难，也许几乎就不可能。不过，我觉得，关于他们我们必须这样做。

泰　怎样做？

---

①　即无技艺地。

异　倘若有任何可能,最好使他们在行为上变得更好。[d5]若办不到这一点,我们就使他们在言辞上变得更好,通过假定他们愿意用比现在更合法的方式回答问题。好人达成的一致肯定比坏人达成的一致有分量。不过我们不去在意这些人,我们在探究真实。

泰　[246e]对极了。

异　那就敦促这些变好了的人回答你,你就来传达他们的话吧。

泰　就这么办。

异　[e5]让他们说,他们承不承认有死的动物是某个东西。

泰　怎会不承认呢?

异　他们不也同意那是有灵魂的形体吗?

泰　肯定承认的。

异　那么,他们把灵魂设为存在之物中的一个?

泰　[247a]对。

异　那这个呢?他们不也说,这个灵魂正义、那个不义,这个明智、那个不明智吗?

泰　可不是?

异　[a5]他们不是说,通过拥有并呈显正义,它们各自就成为正义的灵魂,反之亦相反吗?

泰　对,他们也赞同这一点。

异　他们还会说,能在某物中出现或消失的无论如何都是某个东西。

泰　[a10]他们确实这么说。

异　[247b]如果正义、明智、其他美德,乃至它们的反面都在着,尤其是,如果这些东西生成于其中的灵魂也在,那么,他们会说它们中哪个是可见、可触的呢,还是说他们全不可见?

泰　[b5]这些中几乎没有一样是可见的。

异　那这方面呢?他们会说它们有某种形体吗?

泰　在这一点上,他们不再完全照样回答了,而是认为灵魂本身有一种形体,至于明智和你问的其他每样东西,[247c]他们倒耻于大胆地承认它们是不在的东西,或耻于坚信它们全都有形体。

异　那是因为,泰阿泰德啊,我们的这批人显然已变好了一些,因为,至少他们中间那些[c5]龙齿插在地里自长的苗裔甚至曾经不会在一句这样的话面前感到羞耻，而是会坚持认为，凡是他们不能用手攥紧的这一切全都不在。

泰　你说的几乎就是他们心里想的。

异　那我们就再问他们一次，只要他们愿意承认，诸在中有任何一个——[247d]无论多小——是无形体的，那就够了。他们必须说明这一点：那自然生成的与这些[无形体的东西]和所有那些有形体的东西共同的东西——通过察看他们所说的两者的所是——是什么？当然，他们也许会困惑不解；假如他们真[d5]经历这种情形，想一想，如果我们提出一个说明，他们愿不愿意接受，并同意"在"是这样的东西呢？

泰　哪样的东西？说吧，让我们快点看到。

异　我说，就是拥有某种能力的东西——[247e]不管[该能力是]自然倾向于在任何方面影响别的东西，还是自然倾向于受到影响，哪怕受到极微末东西的极细微的影响，哪怕[该影响]只发生一次——这一切就其在而言都是在的。我来下一个定义："在"除了能力之外，别的什么都不是。

泰　[e5]鉴于当前他们自己没有比这个更好的说法，所以他们接受这一点。

异　太美啦。也许到后面，别的[定义]会对我们和他们[248a]显出来，现在让我们与这些人达成一致的这个[定义]立在这儿吧。

泰　立在这儿。

异　然后我们转向另一些人，即形相的朋友们。[a5]还是你来为我们传达他们那边的话吧。

泰　就这么办。

异　你们一方面把生成、另一方面把在加以区分，分别讨论，是不是？

泰　是的。

异　[a10]你们还说，我们以身体、通过感觉共有生成，以灵魂、通过思考共有就其在而言的在，你们认为，"在"在同样的方面永远具有同样的状态，生成则在不同的时间具有不同的状态。

泰　[248b]我们确实这么说。

异　那么,最优秀的诸位啊,对于你们在两种情况下所说的那个"共有",我们该说它是什么呢?它难道不就是我们刚刚讲过的东西吗?

泰　哪个?

异　[b5]出自某种能力彼此结合而生成的影响或受影响啊。不过,泰阿泰德啊,你或许没有听到他们关于这一点的回答,但我也许[听到了],因为我熟悉他们。

泰　那他们说了什么话呢?

异　[248c]他们不赞成我们刚才对地里生出的人所讲的关于"在"的话。

泰　什么样的话?

异　就是我们对诸在所下的那个充分定义,即凡是拥有受影响[c5]或施予[影响]的能力的东西——哪怕影响极其微弱,[记得]吧?

泰　嗯[,记得]。

异　对于这一点,他们说生成分有受影响与施影响的能力,但他们否认这两种能力中的任何一种与在有什么干系。

泰　[c10]这话不是说到点子上了吗?

异　对此,我们必须说,我们还需要向他们[248d]请教[学习]得更清楚些——他们是否承认灵魂认识,存在则被认识。

泰　他们确实这么说。

异　那这个呢?认识或被认识一事,你们说[d5]它是影响、被影响,还是兼有两者?或者一个是被影响,一个是另一个①?又或者,没有一个完全分有这两者中的任何一个?

泰　显然[他们要说],没有一个[分有]任何一个,因为不然的话,他们就跟前面说的话相矛盾了。

异　[d10]我懂了。是这么回事:如果认识是[248e]一种影响,那么被认识就是被影响也必然成立。但是,根据这句话,正在被认识所认识的在,就其是被认识而言,且恰恰就此而言,由于受影响的缘故就是运动的;而我们说,静止的东西是不会发生这事的。

泰　[e5]对呀。

---

① 即影响。

异　凭宙斯,那这个呢？我们会轻易被说服,运动、生命、灵魂、明智对于那完美在着的东西实实在在是不在场的吗？那完美地在着的东西甚至既没有活着也没有思想,[249a]而只是庄严、神圣、没有理智、屹立不动的吗？

泰　若是这样,异乡人啊,我们就是在赞同一个可怕的说法。

异　那么,我们可以说它有理智但无生命吗？

泰　[a5]怎么可能？

异　但是,我们若说这二者都在它里面,难道不承认它是在灵魂里有它们吗？

泰　[不在灵魂里有,]还能以别的什么方式有吗？

异　那么,它不就是有理智、有生命、有灵魂——[a10]虽是有灵魂的东西,却又是——完全屹立不动的东西吗？

泰　[249b]这一切依我看都显得没道理啊。

异　[那是因为,]我们还必须承认,运动与运动的东西都是在。

泰　怎么不承认呢？

异　[b5]那么,泰阿泰德啊,结果就会是,假如在是不动的,理智就绝不会在任何地方在任何东西里面在着。

泰　确实如此。

异　还有,如果我们同意一切都在带动与运动之中,那么,根据这样的说法,我们也把相同的东西[理智]从诸在中[b10]排除掉。

泰　怎么会呢？

异　你认为,[249c]离开了静止,在还会在相同的方面、以相同的方式、关于相同的事物生成吗？

泰　绝不会。

异　那这个呢？除了这些之外,你还看见理智在任何地方在或生成吗？

泰　[c5]绝对没有。

异　所以,凡遮蔽知识、明智或理智,对任何事物以任何方式坚持己见的人,我们必须用一切言辞与之作战。

泰　极是。

异　[c10]因此,对于热爱智慧并尤其重视这些东西的人而言,他们因为这些似乎就有必要拒绝接受那些主张一切是一个或一切是多个[249d]形相的人们所说的一切皆静止的说法;同样也全然不可听信那些以各种方式把"在"设定为处在运动之中的人的说法。相反,他当效法孩子的祈求,说所有不动的和运动的东西合起来[才是]"在"和一切。

泰　[d5]再真不过了。

异　怎样?我们是不是显得已经在言辞中妥当地把握了"在"?

泰　确实如此。

异　哎呀,泰阿泰德啊,我觉得[d10]我们现在就要认识到探究它[在]的困惑啦!

泰　[249e]此话怎讲?你指什么?

异　你这有福的人啊!难道你没留心到,关于它我们现在正处于莫大的蒙昧之中,我们却显得自己说了什么似的?

泰　[e5]我的确[没留心]。可是,我们是在哪一点上不知不觉地落到这一步的呢?我确实没注意到。

异　更清楚地想想:如果现在同意这些,[250a]那么假定有人把我们自己曾经向那些主张一切就是热和冷的人所问的话拿来反问我们,是不是也正当呢?

泰　哪些?提醒提醒我。

异　当然,而且我还要试着这么做,[a5]即像之前问他们那样问你,好让我们皆有进步。

泰　对。

异　那好。动与静彼此最相反,你说过吧?

泰　[a10]怎么没说过呢?

异　你还说,它俩和它们每一个无论如何都一模一样地在吧?

泰　[250b]我确实这么说。

异　你是说,每每你承认它们在,它俩和它们每个都在动?

泰　绝非如此。

异　[b5]那么,说它俩在,你指它们在静中?

泰　怎么会呢?

异　那么,你终究把"在"设为灵魂中除这些①之外的第三个东西,如此静和动都被它包含着？而且,你把它们合在一起,看到它们都分有在,[b10]这样你就说它俩都在吗？

泰　[250c]每当我们说动和静在着时,我们怕是真把"在"预言为第三个什么东西了。

异　那么,"在"并不是动和静两个合起来,而是这些以外的某个东西。

泰　[c5]似乎如此。

异　那么,就其自然来说,"在"既不静也不动。

泰　几乎如此。

异　那么,关于在,想要[c10]为自己确立某个清晰[说法]的人还须把思想转向哪里呢？

泰　转向何方呢？

异　我想没有哪里还会轻松。因为,某个东西既然不[250d]动,怎么又不静呢？或者,反过来,绝非静的,怎么又不动呢？对我们而言,此刻"在"显得是这两者之外的东西,这可能吗？

泰　这是一切事中最不可能的了。

异　[d5]在这些事情上记得下面这一点是正当的。

泰　哪一点？

异　当我们被问到应把"非在"之名用在什么上时,我们曾一筹莫展。你记得吗？

泰　怎么不记得呢？

异　[250e]那么,关于"在",我们现在所存的困惑是否有所减轻呢？

泰　依我看,异乡人啊,如果能说的话,我们似乎处于更深的困惑中了。

异　[e5]那就把这个已被探究的难题放在这儿吧。不过,鉴于"在"和"非在"同样让人感到困惑,现在的希望就是,从此刻起,其中一个如何显露出来——无论模糊些还是清晰些——另一个也以这种方式[251a]显露出来。而假如我们不能看到它俩中的任何一个,那我们至少也要这样以我们能用的最好看的方式同时推动这两者的谈话。

---

①　指动和静。

泰　你说得太美了。

异　[a5]我们且说说,我们根据什么每次用多个名称称呼同一个东西?

泰　比如什么?你举个例子。

异　比如说到人,我们肯定会运用许多东西来称呼他,把颜色、外形、尺寸、[a10]恶行、美德用在他身上;使用所有这些以及无数别的名称,[251b]我们不只说他是一个人,还说他是好人以及其他无穷的说法。根据相同的说法,在其他东西上也以这种方式,我们既认定每个为一,继而又把它说成多,用许多名称来称呼它。

泰　你说得很真实。

异　[b5]我想,正因为这一点,我们为那些年轻和年长但晚学的人预备了一桌宴席,因为人人伸手就可以直接把握到,多不可能是一,正如一不可能是多。毫无疑问,他们不喜欢让任何人说[251c]人是好的,而[只许说]好[是]好、人[是]人。我猜啊,泰阿泰德,你们经常会遇到热衷于此的人,有时还是一些老人,由于在获取明智方面的无能,[c5]他们觉得这些事很神奇,并且还以为他们发现的这个说法本身十足聪明。

泰　的确如此。

异　那么,为了让我们的话指向所有那些[251d]曾经谈及存在的人,既指向这些人,也指向其他所有之前与我们谈过话的人,我们现在要以提问的方式谈论它。

泰　哪些个事情?

异　[d5]我们是不是既不应把存在加于动和静之上,也不应把任何其他东西加于任何其他东西之上,而是应该就这样在我们的谈话中把它们设定为不可混合、不能彼此分有的东西?或者,我们应把一切结合成同一个东西,因为它们能够彼此共有?又或者,有些可以,有些不可以?[251e]泰阿泰德啊,我们说,他们会采取这些说法中的哪一种呢?

泰　关于这些问题,我没法替他们[回答了]。

异　那你何不逐一回答这些问题,看看每一种情况下[e5]结果如何?

泰　你说得太美了。

异　如果你愿意的话,让我们假定,他们首先说,没有任何东西有任何能力跟任何东西共有任何东西。这样一来,动与静不就没法分有存在了吗?

泰　[252a]的确没法。

异　那这个呢?它们中的任何一个都不共有存在,那它还会在吗?

泰　它不会在了。

异　[a5]一旦承认这一点,似乎一切[说法]马上变得无根无据起来,无论是主张一切皆动的,还是根据一切皆一而静的,又或像有些人那样说存在就形相而言在同一方面始终处于同一状态。因为这些[说法]至少都把存在加在了一切之上,有的说它们实际是动,有的[a10]实际是静。

泰　正是如此。

异　[252b]再者,所有那些人时而把一切合起来,时而把一切分开,不论他们把无穷的元素合于一,或从一中分出无穷的元素,还是从[一]中分出有限的元素或把它们合成[一],也不论他们把这设为逐步生成还是设为总在[生成]——[b5]在所有这些情况下,如果不存在结合的话,那么他们就什么也没说。

泰　对啊。

异　还有,有些人不许把任何东西因为受到[共有]另一个东西的影响[b10]而称为另一个东西,他们自己正在以所有方式中最荒谬的方式追究言辞。

泰　[252c]怎么讲?

异　他们不得不把"是[在]""除外""别的""本身"以及无数其他[字眼]用于一切东西之上。他们无力[c5]避开[这些字眼]而不在言辞中带上它们,他们不需要别人来反驳他们,但正如俗话说的,家中有敌,随时造反,他们行走四方时,里面总带着一个像稀奇古怪的欧吕克勒斯①那样的腹语者。

泰　[252d]你说得实在是既恰切又真实。

异　那么,假如我们许可万物有彼此结合的能力,又会怎样呢?

泰　诸如此类[的假设]就连我也能解决。

---

①　欧吕克勒斯(Eurycles)是阿里斯托芬在《马蜂》一剧中提到的人物,见《马蜂》1016–1022。

异　[d5]怎么[解决]？

泰　因为这样一来,动本身完全就是静的,反过来,静本身又成了动的——如果它们彼此相生的话。

异　但这无疑是[d10]最不可能的事情了——动哪能静,静哪能动呢？

泰　可不？

异　那么,只剩下第三条路了。

泰　是的。

异　[252e]它必定是这些当中的某一种:要么万物全都相合,要么无物相合,要么有的肯相合、有的不肯相合。

泰　可不？

异　其中两个我们已经发现不可能了。

泰　[e5]是的。

异　那么,所有想要回答正确的人都得主张三者中余下的那个。

泰　的确如此。

异　既然有的东西肯这样做[相合]、有的不肯,[253a]那么它们受影响的方式差不多就跟字母一样,字母有的不能彼此相拼,有的可以合拼在一起。

泰　可不是吗？

异　但元音字母不同于别的字母,它们恰如[a5]纽带贯穿所有[字母];若没有某个元音字母,别的字母就不能彼此相拼。

泰　的确。

异　是不是人人都知道什么样的字母能和什么样的字母拼合呢,还是那些想把这做得圆满的人需要一门技艺？

泰　[a10][需要]一门技艺。

异　哪门[技艺]呢？

泰　语法术。

异　[253b]那这个呢？关于声音的高和低不也这样吗？那种有技艺辨识[声音]的谐和与不谐和的人不就是乐师吗？不懂的人不就是不懂乐吗？

泰　是这样的。

异　[b5]在别的技艺和非技艺上我们会发现其他诸如此类的事情。

泰　怎么不是呢？

异　那这个呢？既然我们同意诸类型在相互结合上处于相同的状态，[b10]有人若想正确指出哪类与哪类相投、哪类彼此相斥，不也需要以某种知识来贯穿诸言辞吗？[253c]尤其是就结合而言，是否有什么类型贯穿一切，从而使它们能够结合起来；反过来，就分离而言，是否有其他类型贯穿诸整全，且是分离的原因？

泰　怎么不需要知识，可能近乎[要][c5]最重要的知识吧？

异　我们该把这种知识称为什么呢，泰阿泰德？宙斯在上！我们没有注意到我们碰上了自由人的知识，怕是我们本要寻找智术师，倒先发现了爱智之人？

泰　[c10]此话怎讲？

异　[253d]按类型来划分，不以相同的形相为异，也不以相异的形相为同，我们岂不会认为它是辩证知识吗？

泰　对，我们会这么认为。

异　[d5]有能力做到这一点的人足以感觉到，有完全贯穿于各自分立的众相中的一个型相，有彼此互异而被外部的一相所包含的众相；也有由多个整体联合为一的一个型相，以及划分为完全分立的众相——这就[253e]是知道按类型划分，[知道]各类怎样能共有，又怎样不能共有。

泰　完全如此。

异　但辩证术，[e5]我估计除了纯粹而正义地热爱智慧的人之外，你不会把它给别人。

泰　怎么可能给别的什么人呢？

异　那么，我们将会在某个这样的地方发现——若我们寻找的话——爱智之人，无论现在或往后。虽然我们很难看[254a]明白这等人，但这等人的难见方式不同于智术师的难见方式。

泰　怎么不同？

异　一个呢，他逃进非存在的幽[a5]暗之地，用狡计盘踞于此，因那地方的黑暗而很难被看见。是吧？

泰　似乎是这样。

异　而爱智之人呢,他始终通过思考投身于存在的型相,由于那个地方光明灿烂,所以他也绝不[a10]容易被人见到,因为众人的灵魂之眼[254b]不能承受对神性之物的注视。

泰　这个很可能属实,一点不亚于前面那类人。

异　关于这类人,我们很快就会更明确地予以考察,如果我们愿意的话;不过关于智术师,[b5]很显然,在我们彻底看透他以前,我们切不可懈怠。

泰　你说得太美了。

异　既然我们已经同意,有些类型肯彼此共有,有些却不肯,有些[共有得]少,有些[共有得]多,还有一些则什么也不能阻止它们通过一切[254c]而共有一切,那我们就把谈话集中到这一点且以如下方式思考:不是[思考]所有的形相,以免迷失在众多的形相中,而是选一些谈到过的最大的[形相]——先看其中的每一个是什么样的,再看[c5]它们彼此共有的能力如何。这样,关于在和非在,我们即便不能完全清楚地把握,至少在当前思考方式允许的范围内,不至于造成关于它们的言辞上的欠缺。[我们来看看]是否有某种方式[254d]允许我们在说"非在"就其在而言是"非在"时可以说得无可挑剔。

泰　必须如此。

异　在我们刚才讲过的那些类型当中,最大的就是"在"[d5]本身以及"静"和"动"。

泰　的确。

异　此外我们还说,[后面]那成对的两个彼此不可结合。

泰　确实。

异　[d10]但"在"跟那两个都能结合,因为那两个肯定都存在。

泰　怎么不是呢?

异　那么这些就生成了三。

泰　可不?

异　其中每一个都异于另外两个,[d15]而与它自己相同。

泰　[254e]正是如此。

异　那么,我们现在这样说到的"同"和"异"又是什么呢?是否两者本身是某一对类型,异于前三个,但又必须总与那三个结合在一起,因此我们必须要考察的就关乎它们是五个［e5］而不是三个本身存在着的类型了？或者,我们只是无意识地把这个"同"［255a］和"异"①称作它们②里面的某一个？

泰　也许吧。

异　然而动和静无论如何既不是异［a5］也不是同。

泰　怎么说？

异　无论我们把动和静共同称作什么,它都不可能是这两者中的任何一个。

泰　为什么呢？

异　［a10］［这样的话,］"动"就会静下来,"静"也会动了。因为关于它们俩,无论其中哪一个成为另一个,都会迫使另一个变成自己［255b］本性［自然］的反面,因为它分有了反面。

泰　正是如此。

异　然而它们俩都分有了"同"与"异"。

泰　是的。

异　［b5］那么,我们就既不可说"动"是"同"或"异",也不能说"静"［是"同"或"异"了］。

泰　不可。

异　那么,我们是否得把"在"和"同"思考成一回事呢？

泰　［b10］也许吧。

异　可是,如果"在"和"同"所指没有分别,那么,再回过来,当我们说动和静两者都存在的时候,［255c］就会这样把两者本身说成是同了。

泰　然而这不可能。

异　"同"和"在"不可能是一。

泰　近乎如此。

异　［c5］那我们就该把"同"确定为那三个形相之外的第四个形

---

① "同"和"异"字加了引号,以体现两个希腊文名词化形容词（to tauton 和 to thateron）。这两个名词化形容词意味着"同"和"异",在此是作为普遍概念使用。同样的用法也见于《泰阿泰德》185d。

② 指三个类型。

相了。

泰　那当然。

异　那这个呢？我们是否得说"异"是第五个[形相]？还是说，我们必须把这个与"在"思[c10]考为一个类型的两个名称？

泰　也许吧。

异　可是，我猜你会同意，"存在之物"中有一些总是就其自身而言的，有一些则总是相关于别的东西被说到。

泰　可不是吗？

异　[255d]而异总是相关于另一个东西，不是吗？

泰　是这样。

异　如果"在"与"异"不是截然有别的话，就不是这样了。假如"异"[d5]像"在"一样分有那两种形相，有时候相异的东西中总有某个相异的东西并非相关于别的东西；然而事实却已直接向我们表明，无论异是什么，它都必定是作为别的东西而存在的异。

泰　正像你说的那样。

异　那么，异的本性必须被算作[255e]是我们选定的诸形相中的第五个。

泰　是的。

异　我们还应该断定，它贯穿了它们一切，因为每一个异于其他，并不是[e5]由于自己的本性，而是由于它分有了异的型相。

泰　正是如此。

异　那我们就把握一下这五个[形相]并逐一谈谈吧。

泰　[e10]怎么谈呢？

异　先说动。动是完全异于静的吧，抑或我们怎么说呢？

泰　是这样。

异　所以它不是"静"。

泰　[e15]绝对不是。

异　[256a]但动在，因为它分有"在"。

泰　它在。

异　还有，动也异于"同"。

泰　几近。

异　[a5]所以它也不是"同"。

泰　不是。

异　然而它又是"同",因为一切都分有同。

泰　的确。

异　[a10]那我们就必须承认动既是"同",又不是"同",不必犹疑。因为每当我们说它是"同"又不是"同"的时候,并不是从同一个角度说的。每当[256b]我们说它是"同"的时候,那是由于就其本身而言它分有了"同";而每当我们说它不是"同"的时候,则是由于反过来它共有了"异",由于它与"同"分开,它就不成为此而成为"异"了,因此说它不是"同"又是正确的。

泰　[b5]确实如此。

异　那么,如果"动"本身在某一点上分有了"静",把它称为"静止"没什么稀奇吧?

泰　对极了,因为我们承认"类型"当中有些肯彼此结合,有些则不肯。

异　[256c]但是,在此刻证明这一点之前,我们已经到达了对这一点的[证明]——我们证实了,对这一点而言自然而然就是如此。

泰　怎么不是呢?

异　[c5]我们要再说一次:动是异于"异"的,正如它异于"同"、异于"静"一样。

泰　必然如此。

异　于是根据此刻的说法,"动"在某种意义上不是"异",但又在某种意义上是"异"。

泰　[c10]真的。

异　接下来[讨论]什么呢?我们是否要说"动"异于其他三个,而否定它异于第四个呢——[256d]尽管我们曾同意它们一共是五,并提出要围绕它们并在它们的范围内作探究?

泰　怎么会呢?我们可不能同意数目比刚才显出来的少。

异　[d5]那我们是否要无畏地说,我们主张"动"也异于"存在"呢?

泰　当无所畏惧。

异　那么，不是很明显吗？"动"就其在而言既是"非在"，又是"在"，因其分有"在"。

泰　[d10]再明显不过了。

异　那么，最终必然是，就"动"和一切类型而言，"非在"都在着，因为就所有类型而言，"异"的[256e]本性[自然]都使各个类异于"在"，而成了"非在"；根据同样的说法，我们这样把一切事物说成"非在"都正确。还有，因为它们都分有"在"，我们说它们在并在着。

泰　恐怕是这样。

异　[e5]那么，就每个形相而言，"在"固然众多，"非在"也是无数。

泰　似乎是这样。

异　[257a]关于"在"本身，必须说它是异于别的[形相]的。

泰　必须这么说。

异　所以，对我们来说，就别的[形相]在着而言，[a5]"在"不在，因为，它不是它们，它本身是一，而别的东西数目无穷，却不在。

泰　差不多是这样。

异　不必为此犹疑不定，因为那些类型的本性有可能相互共有。如果有人[a10]不同意这一点，那就请他先反驳我们以前的说法，再来反驳我们后面的说法。

泰　你说得再公正不过了。

异　[257b]我们再看看这个。

泰　哪个？

异　每当我们谈到"非在"时，似乎说的不是"在"的反面，而只是异于["在"]的东西。

泰　[b5]怎么？

异　比如我们说某物不大，依你看，我们是用这话指"小"多过说它不大不小吗？

泰　怎么会呢？

异　所以，我们不承认每次说否定词的时候指的都是反面的东西，[b10]我们只承认，[257c]前置的"非""不"揭示的是异于其后所跟名称的别的东西，或者是，异于其后所说的名称所对应的事物的另一事物。

泰　完全是这样的。

异　[c5]然后,我们再来思考这一点,如果你跟我一样觉得[有必要的话]。

泰　哪一点?

异　"异"的本性我看也跟知识一样都被切成了小块。

泰　怎么呢?

异　[c10][知识]无疑是一,可是涉及知识中某块的部分一旦划分开,就有了各自[257d]专属自己的名称。因此,技艺、知识被说得五花八门。

泰　的确如此。

异　"异"的本性不也是这样吗?虽然它是一,[d5]却有与此同样的遭遇?

泰　也许吧。但我们该说它是怎么分的呢?

异　"异"是否有一个部分被立为与"美"相反?

泰　是的。

异　我们该说这个部分没有名称呢,还是有名称?

泰　[d10]有名称,因为我们每次说"不美"的时候,指的正是异于美之本性的别的某个东西。

异　来,再给我讲讲这一点。

泰　[257e]哪一点?

异　那么,结果不就是,不美既是从诸在中的某个类型中划分出来的某个别的东西,又被立为与诸在中的某个东西相反?

泰　[e5]是这样。

异　那么结果似乎就是,"不美"是某种与存在相关的存在的反面。

泰　对极了。

异　那这个呢?照这么说,[e10]在我们看来,"美"在诸在中在得更多,"不美"则在得更少?

泰　一点儿也不。

异　[258a]那么,是否该说"不大"跟"大"本身一样在着呢?

泰　一样。

异　"不义"与正义不也要等同视之,[a5]一个并不比另一个在得更多?

泰　可不是吗？

异　对别的东西我们也要这样说，因为"异"的本性被显示为已经在着的诸在，既然它在着，那么它的诸部分也必须设为不比任何东西更少存在。

泰　[a10]怎么不是呢？

异　那么，似乎"异"本性的一部分若被设为与"在"的本性的一部分[258b]彼此对立，这对立的并不——如果允许这么说的话——比已经在着的"在本身"在得更少；它并不是指其反面，而只是如此与之相异。

泰　再明显不过了。

异　[b5]那么，我们该称它为什么呢？

泰　很清楚，这正是那个"非在"本身——我们因着智术师而寻找的东西。

异　那么，情况岂不正如你所说那样，它在着，不比任何别的东西缺少存在？所以从现在起我们要大胆地说，[b10]"非在"是确实拥有自身本性的东西，正如"大"[258c]是大、"美"是美、"不大"是不大、"不美"是不美，同样，"非在"过去是、现在还是"非在"，当被算作众多存在物中的一个形相。或者，泰阿泰德，我们对它还有什么不信的呢？

泰　[c5]一点没有了。

异　你看，我们没有相信帕默尼德，远离了他的禁令？

泰　怎么？

异　我们非但思考了他禁止我们思考的东西，[c10]还进一步向前探究，并证明给他看。

泰　怎样？

异　[258d]因为他在某处说：

　　切勿屈从于这个——非在在着；
　　在探索时，你可要让思想远离这条路。①

泰　他是这样说的。

异　[d5]而我们不但证明了"非在"在着，还阐明了"非在"的形相。

---

①　参见237a。

我们一经证明"异"的本性不单存在，[258e]而且被分成小块遍布于一切存在的相互关系之间，我们就敢说，这按其存在而言就是"非在"，即"异"的本性中被设为与"在"对立的部分。

泰　我觉得，异乡人啊，咱们[e5]说得再真实不过。

异　那么，可别让任何人说我们借着阐明"非在"在着，就敢说"非在"是"在"的反面。我早已摒弃任何关于"存在"的反面的说法，[259a]无论它在还是不在、有道理还是完全没有道理。至于我们刚才说的"非在"在着，尽管让人反驳好了，让他说服我们相信自己说得不美。只要他不能说服我们，那就得跟我们一样说，"类型"是彼此[a5]结合的，"在"和"异"贯穿一切并彼此贯穿："异"因分有"在"，并因着这个分有而在着，然而它又不是它所分有其中的"在"，而是另一个东西；又由于它是异于"在"而在着的[东西]，所以它再显明不过，[259b]且必然是"非在"。反过来，"在"因分沾了"异"，便异于别的类型；既然是异于所有别的类型，便不是它们中的一个，也不是它们的总和，而只是它自己。因此，毫无争议，在无穷无尽的场合"在"都不在。[b5]其他一切也像这样，或个别或全部，都以许多方式在，也以许多方式不在。

泰　确实。

异　还有，对于这些相反的情形，如果有人不信，那他必须亲自考察一番，并提出比现在更好的说法。[259c]或者，如果他好像想通了某个难题，就热衷于一会儿扯这些、一会儿扯那些，那么按现在所讲的这些道理，他就是把大量的注意力倾注在毫无价值的事情上。因为这一点既不聪明也不难发现，倒是另一点既难[c5]且美。

泰　哪一点？

异　就是前面所说的：放弃前者，无论何时都能跟上人家说的话，不管人家是说"同"在某种意义上也是"异"，[259d]还是说"异"也是"同"；还能逐一盘诘各种情况，表明这两者之一是在哪种意义上、根据哪一点受到了说话者所说的那种影响。反之，如果只是表明"同"从某个角度看也是"异"，"异"也是"同"，"大"也是"小"，"小"也是"大"，"像"也是"不像"，"不像"也是"像"，[d5]就这样总热衷于在谈话中举出对立面，则并不是真正的盘诘——显然，刚刚接触"诸存在"的新手是这样的。

泰 确实如此。

异 好小子,其原因就在于,试图从一切事物中分出一切事物[259e]不仅不着调,而且意味着此人不谙音乐、不爱智慧。

泰 为什么呢?

异 把每件事物跟一切解[e5]除联系是让一切言辞消失的最彻底的方式,因为正是由于形相之间的彼此交织,言辞才会对我们生成。

泰 确实。

异 [260a]想想,我们刚才跟这些事较劲,迫使它们可以彼此结合,是多么及时。

泰 为了什么呢?

异 [a5]为了使言辞对我们而言是诸在的类型之一。因为如果被剥夺了这个,最大的[后果就是],我们也被剥夺了热爱智慧这件事。不过,究竟何为言辞,当前我们必须达成一致意见,因为如果有人对我们完全否定了它的存在,那我们现在肯定就没有可说的了;[260b]假如我们承认任何东西不能与任何东西相结合,那么此人就向我们否定了[言辞的存在]。

泰 这话当然对,不过我没弄懂为什么我们现在对言辞必须达成一致意见。

异 [b5]你跟随这个也许最容易弄懂。

泰 哪个?

异 "非在"对我们呈现为存在着的别的类型之一,散布于所有"存在"之间。

泰 是这样。

异 [b10]那接下来,我们不是得思考它[非在]是否跟意见及言辞结合了?

泰 为什么呢?

异 [260c]如果不与它们结合,那么一切必然都是真的;如果结合,那么就会产生虚假的意见和言辞。因为意想或言说"非在",这无疑就是思想和言辞中产生的虚假。

泰 [c5]是这样。

异 既然存在虚假,欺骗也就存在。

泰　是的。

异　看啊,既然存在欺骗,那么万物必然就充斥着像、肖像和表象。

泰　[c10]怎么不是呢?

异　而我们说过,智术师就躲在这里的某处,[260d]而且他完全否定虚假存在,因为他说,谁也不能思想或言说"非在",因为"非在"无论如何都没有分有"存在"。

泰　是这样。

异　[d5]但现在这个["非在"]已经显明分有了"诸在",所以他也许不会再在这些战线上作战;然而他也许会声称,虽然某些形相分有"非在",但有些则没有,而言辞和意见恰恰是没有分有"非在"的东西。既然意见和言辞并不共有"非在",他会再次强词夺理一口咬定说,造像术和幻像术——就是我们说他忙乎的事情[260e]——就完全不存在,因为这种共有若没有产生,那么虚假也就根本不存在了。为此我们必须首先考察[e5]什么是言辞、意见和表象,以便它们出现时,我们可以看见它们也共有[261a]"非在";一旦看见这个,就可以证明虚假存在着;而一旦证明了虚假存在,便可以把智术师绑到上面去了——如果他该当如此,不然就放过他,到别的类型里去寻找他。

泰　异乡人啊,我们开头说的关于这位智术师的话似乎一点不假:[a5]他果然是难捉的一类。他那里的确显得布满了防卫,只要他抛出其中一样,我们就必须首先攻破它,才能抵近他本人。现在我们好不容易攻破了他抛出的"非在不在"这层防卫,所以[261b]他不得不抛出另外一层,现在我们必须证明:言辞和意见上的虚假都存在。在这之后也许还有另一层,然后还有别的,永远现不出个边界似的。

异　[b5]泰阿泰德啊,能够不断向前推进——哪怕推进一点点——的人必须勇敢,因为如果一个人在这种情况下尚且灰心,那么在别的情况下又会怎么办呢,是毫无进展,还是不进反退?[261c]正像俗话所说,这样的人恐怕永远也无法拿下城池。可是,我的好伙伴啊,用你的话来说,既然这一层已被攻破,那么最高大的城墙就被我们拿下了,余下的从现在起就更容易、更微不足道了。

泰　[c5]你说得太美了。

异　像我刚才所说的,我们首先拿出言辞和意见,以便更清楚地说明"非在"是不是粘着它们,或者它们两个完全是真的,绝无一个是假的。

泰　[c10]对。

异　[261d]来吧,就像之前谈论形相和字母一样,我们同样再来考察一下词语,因为我们现在探寻的东西在这里的某处显出来。

泰　那么,关于字词我要回答哪类问题呢?

异　[d5]它们是全都愿意彼此结合,还是全都不愿意,还是说,有些愿意结合,有些不愿意结合?

泰　这倒是很明显:有些愿意结合,有些不愿意。

异　你说的意思也许是这样:一些被连续说出且能表明某种意思的词语,[261e]就是愿意结合的,而那些连起来后不表示某种意思的词语,就是不愿意结合的。

泰　怎么说,你这话什么意思?

异　就是我以为的当你同意我的时候所理解的意思。[e5]对我们来说,在声音上关于"存在"的指示肯定存在两类。

泰　怎样?

异　[262a]一类被称为名词,一类被称为动词。

泰　说说两者各是什么。

异　指示动作的,我们肯定说它是动词。

泰　[a5]对。

异　被指定为那些动作施动者的声音记号[是]名词。

泰　确实如此。

异　难道不是这样吗——光说一连串的名词[a10]绝不是言辞,反过来,离开名词单说动词也不[是言辞]?

泰　我不懂你这话。

异　[262b]那显然是因为,你刚才表示同意时注视的是其他什么东西,因为我想说的是这个:这些词语若是像下面这样连续说出来,就不是言辞。

泰　怎样?

异　[b5]比如"走""跑""睡"及所有其他表示动作的动词,就算把它们全部连起来说，也不会更成一句话些。

泰　怎么不是呢？

异　再者，无论何时把"狮子""鹿"、[b10]"马"以及所有称呼各样动作施动者[262c]的词语按照这样的顺序连起来说，都不构成一句话，因为所发的声音并不能表明——以这种或那种方式——任何动作或非动作，也不能表明"在"或"非在"之存在，直到把动词与名词结合起来。[c5]那时它们才配搭起来，首次交织马上形成一句话——近乎最初级、最简短的言辞。

泰　你这话怎么[理解]呢？

异　每当有人说"人学习"，[c10]你认为这是最简短、最初级的言辞吗？

泰　[262d]我认为是。

异　显然那是因为到现在为止，它关于在着的或正在生成的或已经生成的或将要生成的事物表明了些什么；它不只是说出词语，而是把名词与动词编织起来界定某事。因此，我们说过，[d5]它是说话，而不只是说出词语；还有，对于这种编织，我们称呼的名称是言辞。

泰　正是。

异　正如有些事物相互配合，有些则不然，语音记号也是如此，有些[262e]不可配合，它们中有些配合起来就形成了言辞。

泰　完全如此。

异　不过这里还有一小点。

泰　哪一点？

异　[e5]就是无论何时，言辞必然是关于某事物的言辞，不可能不关于某事物。

泰　是这样。

异　而且，它不也必定是某种性质的吗？

泰　怎么不是呢？

异　[e10]那么，我们把心智转向我们自己吧。

泰　无论如何都要这样。

异　我将对你说一句话，通过名词和动词把一个事物跟一个动作放到一起,你来告诉我这句话[说的]是什么。

泰　[263a]我会尽我所能这样做。

异　"泰阿泰德坐着。"这句话不长吧?

泰　不长,很合适。

异　那么你的任务就是说说这话是关于什么的、说什么的。

泰　[a5]显然是关于我的、说我的。

异　那么这一句呢?

泰　哪一句?

异　"我现在与之交谈的泰阿泰德在飞。"

泰　这话也是啊,没人会说别的,除了说它是说我的、[a10]是关于我的。

异　而我们说过,每句话都必定是某种性质的。

泰　[263b]是的。

异　那你得说这两句话各是什么性质的呢?

泰　显然一句是假的,一句是真的。

异　其中真的那一句说到了在,是[b5]关于你的。

泰　可不是?

异　假的那句说了异于在的事情。

泰　是的。

异　所以它把不在当作在来说。

泰　[b10]差不多。

异　[它说]这些在异于关乎你的在。因为我们肯定说过,关于每个东西许多在在着,许多非在也[在着]。

泰　确实如此。

异　[263c]首先,我说的关于你的后一句话——基于关于言辞是什么的界定——无疑必定是最短的一句。

泰　无论如何,我们刚刚对此达成了一致。

异　[c5]其次,[它必定是说]某物的。

泰　是这样。

异　如果不是[说]你的,那无论如何也不是[说]任何别的什么的。

泰　怎么不是呢？

异　假如一句话什么都没有[说]，那么它就根本不是一句话。[c10]因为我们已经表明：存在一句话，而这句话什么都没说，这是一件不可能的事情。

泰　对极了。

异　[263d]虽然说的是关于你的事情，但是把相异的说成相同的，把不在的说成在的，情形似乎完全是，由动词和名词生成的这样一种结合，就其在而言真实地生成了假话。

泰　[d5]再真实不过了。

异　那这个呢？思想、意见、表象，到现在为止，这一切至少在我们的灵魂中生成时有真有假，难道不是很明显吗？

泰　何以见得？

异　[d10]这样你会更容易明白——你先抓住它们究竟是什么，[263e]以及在什么方面它们彼此各不相同。

泰　你只管明示。

异　难道思想和言辞不是一样的吗？只不过，在灵魂里面发生的面对自己的无声交谈，[e5]被我们称之以这个名字，即思想。

泰　的确如此。

异　而发自灵魂、经口而出的带声音的流被称为言辞？

泰　真实不虚。

异　[e10]我们还知道，在言辞中含有——

泰　什么？

异　肯定和否定。

泰　我们知道。

异　[264a]每当这种东西根据思想在灵魂里无声无息地产生时，除了意见，你还有什么可以用来称呼它的吗？

泰　怎么会有呢？

异　如果它并非出于自己，而是通过感觉呈现于某人，[a5]那么，除了表象，我们还能用别的什么来正确地称呼这种经验呢？

泰　没有了。

异　那么情况岂不就是这样吗：既然言辞有真有假，其中思想显现为灵魂自己与自己的交谈，[264b]而意见呈现为思想的完成，而我们所说的"表象"则是感觉和意见的混合——既然这些与言辞是同源的，那么其中有一些有时候是假的就是必然的事情了？

泰　怎么不是呢？

异　[b5]你注意到没有？虚假的意见和言辞倒比我们所预料的早发现了，我们刚才还担心，寻找它是[给我们]加上了一件完全没完没了的任务。

泰　我注意到了。

异　那么对剩下的事，我们也不要灰心。[264c]既然这些已经显明，我们来回忆一下之前根据形相所作的划分吧。

泰　哪些？

异　我们曾经把造像术分为两类形相，一类是[c5]肖像术，一类是幻像术。

泰　对。

异　我们还说过，我们为该把智术师置于两类中的哪一类而困惑不解。

泰　是这样的。

异　[c10]正当我们因这个困惑时，又有一个更大的晕眩兜头袭来：言辞显得在跟所有东西吵架，说是无论肖像、像、还是幻像根本就不在，[264d]因为虚假从来不在，无论在什么地方、以何种方式。

泰　你说得很真实。

异　那么现在，既然显明了假话的存在，也显明了假意见存在，那就使模仿诸在的存在得以可能，[d5]也使从这种状态①中产生的欺骗术得以可能。

泰　确实使它们得以可能。

异　在之前的谈话里，我们曾一致同意，智术师是那两类[造像术]当中的一类。

泰　对。

异　[d10]那么，我们再来试试二分之前设定的类型，[264e]并且总

---

① "这种状态"指存在假意见。

是朝所分的右手部分前进,抓住智术师共有的东西,直到剥离他身上一切共同的东西,留下[265a]他自己的本性。我们就可以展示这一本性,首先展现给我们自己,然后展现给那类生来与这种探究最有缘的人看。

泰　正当如此。

异　我们当时不是从划分制作术与获取术[a5]开始的吗?

泰　是的。

异　在获取术中,他不是给我们显现出在猎取术、争取术、行商术以及诸如此类的形相中的一系列幻像吗?

泰　确实如此。

异　[a10]而现在既然模仿术也包含了他,那么很显然,首先必须把制作术本身对半分开。[265b]因为模仿当然是一种制作,不过我们说,它制作的是像,而不是每个[事物]本身。难道不是吗?

泰　完全是这样。

异　首先,制作术存在两个部分。

泰　[b5]哪两个部分?

异　一部分属神,一部分属人。

泰　还是不懂。

异　如果我们回忆一下开头说的话,[就会想起]我们说过:所有能力,只要成为先前不[b10]存在的事物之后得以生成的原因,就是制作。

泰　想起来了。

异　[265c]所有有死的动物和大地之上从种子与根蒂里生长出来的植物,以及在大地之中聚结的可熔不可熔的无灵魂形体——我们究竟该说,这些先前不存在、后来生成的东西是神之外的什么人创造了它们呢,[c5]还是说,我们应该采纳众人的意见和说法?

泰　怎样的说法?

异　大自然出于某种自发的原因——并非出自思想的生产——产生了它们呢,抑或由神用理性和神性的知识造就了它们?

泰　[265d]我呢,也许由于年轻的缘故,常常摇摆于这两种意见之间。但现在看着你,我猜想你会认为它们至少是依据神生成的,于是我自己也这么认为了。

异　[d5]说得漂亮啊，泰阿泰德。如果我们确信你是那种在往后的时间里会以某种别的方法意想的人，那么，现在我们就该通过话语借着必要的说服来使你同意。不过我既然了解你的天性，[265e]知道即便没有我们这些话，你的天性自己也会前行到你说的现在你要被拖到的位置，我就不说了，不然时间就变得太长。我会认定，被说成自然的东西是由神的技艺制作出来的，而人用这些东西合成的东西则是由人的技艺制作出来的；[e5]按照这种说法，制作术存在两个类型，一类属人，一类属神。

泰　正是。

异　那么，你再把这两类各自切分成两半。

泰　怎么切分？

异　[266a]正如你刚才把整个制作术横向切分那样，现在你再把它纵向切分。

泰　好，就这么切分。

异　这样它就一共分出四个部分，[a5]两个在我们这边，属人，两个在神那边，属神。

泰　对。

异　当它们按另一个方向划分之后，[横向]两部分中各有一部分是制作事物本身[的技艺]，而剩下的一对[a10]差不多就是造像的技艺。如此一来，制作术又被划分为两个部分。

泰　[266b]你再说说这两部分各是怎么分的。

异　我们自己和所有其他动物，以及那些出自自然存在的东西，如火、水以及诸如此类的东西，我们知道，所有被造成的这些各自都是神的造物。抑或怎样呢？

泰　[b5]是这样。

异　不仅如此，这些事物各自的像——但并非事物本身——[与事物]相随，这些的产生也是出自神灵的造作。

泰　哪些东西？

异　所有睡梦中与白天[b10]据说是自动产生的幻像，[266c]在火光下产生的黑暗阴影，以及目光与别的光这两重光在明亮、光滑之处汇合在一起，带给人一种跟平常面对面看东西时相反的感觉，从而产生的一种形相。

泰　[c5]这两种作品确实是神的制作:事物本身和伴随着各事物的像。

异　我们[人]的技艺又如何? 我们不是会说,我们用建筑术建造房子本身,又用绘画术[造出]另一栋房子,仿佛是为清醒的人构造的属人之梦吗?

泰　[266d]的确如此。

异　那么,其他一切东西也都是这样两两成对的作品,出自我们自己的制作术的实践:我们说,一个是由实物制作术制作的事物本身,另一个则是造像术制作的物像。

泰　[d5]现在我更懂一些了,我用两种分法设定制作术的两种类型,按一种分法,一部分属神,另一部分属人;按另一种分法,一部分的产物是事物本身,另一部分的产物是某些像。

异　那么,让我们回忆一下,造像术中一类是肖像术、一类是幻像术,如果[266e]"假"显现为实际存在的"假",并显现为天生的某个存在的话。

泰　是这样。

异　它不是显现过吗? 为此,我们现在岂不可以毫无争议地把[造像术]本身算作两类形相了吗?

泰　[e5]对。

异　[267a]相应地我们再把幻像术对半分开。

泰　怎么分?

异　一种借助工具形成,另一种则是幻像制造者把自己用作工具。

泰　[a5]此话怎讲?

异　我认为,若有人使用他自己的身体让你的姿态以相似的形态显现,或者用他的声音来让你的声音[以相似的形态显现],这部分幻像术特别被称为模仿术。

泰　对。

异　[a10]我们就把这部分技艺[的命名]划给自己,称之为模仿术;至于所有别的[幻像术],我们就放一放、不管了,[267b]留给其他人去综合为一,并给它取个合适的名称吧。

泰　那就一个定下名称,一个放下不管吧。

异　泰阿泰德啊,这个[模仿术]还值得我们考虑一分为二。[b5]至于出于什么原因,你想想。

泰　你说吧。

异　在那些模仿者当中,有些人知道他所模仿的东西并进行这种[模仿],有些人则并不知道。我们还能设定什么比无知与有知之间的区分更大的区分吗?

泰　[b10]绝对没有。

异　刚才提到的难道不是有知者的模仿吗?因为知道你和你的姿态,所以才会那样模仿。

泰　[267c]怎么不是呢?

异　但正义和一般的德性有怎样的姿态呢?不是有很多人,尽管并不认识它,却以某种方式意想它,并通过行为与话语极力进行模仿,[c5]热情无比地想方设法使他们所臆度的那个东西①显现在自己身上吗?

泰　的确很多人如此。

异　那么,是不是他们所有人——毫无正义地存在着——都没法显得他们是正义的,或者说,情况完全相反?

泰　[c10]完全相反。

异　[267d]所以我想,这类模仿者要说得有别于那一类,[即]无知的[有别于]有知的[模仿者]。

泰　对。

异　那么,人要从哪里把握到他们各自的恰当名称呢?[d5]这不是明显很困难吗?因为关于按形相来划分类型,在我们的前人中,似乎有一种古老的、心思涣散的慵懒,以至于没有人尝试去划分,因此,就必然没有太多的名称可以提供。同样,尽管这么说有些大胆,为了区分起见,[267e]我们还是把靠意见模仿的称为意见模仿术,而把靠知识模仿的称为一种探究[模仿]术。

泰　就这样叫吧。

---

① 即美德。

异　因此,我们必须用另一类①,因为智术师不在[e5]有知者当中,而是在模仿者当中。

泰　的确如此。

异　那么,我们把意见模仿者就像一块铁一样检验一番,看看他是健全的呢,还是在他里面还有某种裂缝。

泰　我们来检验吧。

异　[e10]的确有裂缝,而且裂缝还很长。他们中一类是天真的,[268a]自以为知道那些他所意想的东西;另一类的形象则是,由于在言辞中打转,他深怀疑虑与恐惧——那些在别人面前装得好像知道的东西其实不知道。

泰　[a5]的确,你说的两类人每类都存在。

异　那我们是不是应把一种定为单纯的模仿者,而把另一种定为装样子的模仿者?

泰　好像是这么回事。

异　那我们说这一种[后者]是一类还是两类呢?

泰　[a10]你自己看吧。

异　[268b]我正在想,我觉得这里有两类。我观察到,其中一类能于公开场合在大众面前用长篇大论装样子;另一类则在私底下用简短的话语迫使对话者陷入自[b5]相矛盾。

泰　你说得对极了。

异　我们该宣布这位长篇大论者是什么人——是治邦者,还是演说家?

泰　是演说家。

异　[b10]那么另外那位我们要怎样说呢?说他是有智慧的,还是说他是有智术的?

泰　他肯定不可能是智者,因为我们已经确定他[268c]是无知的。但是如果他是智者的模仿者,显然他会得到智者的某个衍生之名。现在我差不多明白了:这就是我们必须真正地称之为完全实在的智术师的那个人。

---

① 即意见模仿术。

异 ［c5］那么我们是否像前面那样，把他的名称连起来，从尾到头地编织在一起呢？

泰 当然。

异 ［智术是］模仿术中制造自相矛盾的一类，是意见模仿术中装样子的部分，是幻像术一类——出自［268d］造像术——在言辞中装神弄鬼的部分，它被划入并非属神而是属人的制作术部分——凡说智术师实际"属于这一族类和血脉"①的，似乎说得再真实不过了。

泰 ［d5］完全如此。

---

① 参见荷马，《伊利亚特》6.211。

治邦者

刘振 译

苏格拉底 [257a]忒俄多罗斯啊,认识了这个泰阿泰德,还有这个异乡人,我欠你一堆感谢呢。

忒俄多罗斯 苏格拉底啊,你马上可就欠三倍啦,一旦他们给你完成了治邦者[a5]和热爱智慧者。

苏格拉底 好吧。亲爱的忒俄多罗斯,我们会说我们听到的这样的话出自算数和几何最强的人吗?

忒 [257b]怎么呢,苏格拉底?

苏格拉底 你给每个人定下同样的价值,可他们彼此在声誉上的差别,比依据你的技艺的比例来看还大。

忒 [b5]好,凭我们的神阿蒙,苏格拉底啊,这话公道,你靠记性对我指责计算方面的错误。这事我回头再找你。异乡人,你可别嫌烦,得让我们满意,接着来吧,你先选治邦者[257c]还是热爱智慧者,考虑选择吧。

异乡人 忒俄多罗斯啊,这必须做,因为我们既然已经开始,就不能停,直到我们达成目的。但是,对这个泰阿泰德,[c5]我该怎么办呢?

忒 关于什么呢?

异 我们让他休息,换上与他一起锻炼的这个苏格拉底?或者,你怎么想?

忒 照你说的,换吧。休息一下,所有辛劳[c10]对两个年轻人都会来得更容易。

苏格拉底 [257d]还有,异乡人,他们俩在某个方面跟我有些相类。你们都说,一个从面相上看像我,另一个嘛,我们[258a]的名字和称呼相同,这就造成了某种家族亲缘。我们必然总是渴望通过言辞认识同类。我自己昨天通过言辞跟泰阿泰德打了交道,而今又听了他的回答,苏格拉底[a5]则不然,可得考察一下他。不过,我等会儿再说,现在先回答你吧。

异 是这样。苏格拉底,你听到苏格拉底的话了吧?

小苏格拉底 是。

异 那么,你同意他说的吗?

苏 ①[a10]那当然。

异 [258b]看来这对你没妨碍,当然兴许对我妨碍更少。那么,在智术师之后,依我看,我们俩应该探寻治邦者。告诉我,我们应该把他看作某个有知识的人,还是怎么样?

苏 [b5]就这样。

异 我们应该对这门知识作区分吗,像我们考察此前那个一样?

苏 或许吧。

异 不过,苏格拉底,在我看来,不依据同样的[b10]分法。

苏 可不?

异 [258c]依据别的方式。

苏 看起来是。

异 人们如何找到通向治邦者的路呢?我们得找到它,通过把它从[c5]其他东西当中拿出来,给它印上一个型相,并且通过给其他岔路标上一个不同的形相,使我们的灵魂明白所有知识是分为两类的。

苏 我想,异乡人啊,这现在是你的活儿,不是我的。

异 [258d]苏格拉底啊,这也应该是你的,既然对我们来说很明显。

苏 说得漂亮。

异 那么,算术和别的某些与之[d5]同类的技艺,难道不是不涉及行动,仅仅提供认知?

苏 是这样。

异 可是,关于木工和所有手工活儿,也有似乎天然内在于行动之中的[258e]知识,它们与行动共同完成那些通过它们产生、之前并不存在的物体。

---

① 自此以下,"苏"一律指小苏格拉底。

苏　可不?

异　所以,这样划分所有知识,一者[e5]称行动的,一者则称纯粹认知的。

苏　对你来说,这些就是一个知识整体的两个类。

异　那么,在称呼治邦者、王者、主人以及家长的时候,我们是把所有这些人都看作一个,或者,我们会说这些[人的]技艺就像我们所称的名称一样多? 你可得在这儿跟着我。

苏　在哪?

异　[259a]在这里。如果某个人,作为个人,能够指导一个公共医生,难道不是必须用同一个技艺名称去称呼他,就像他指导的那个人一样?

苏　是。

异　[a5]这个呢? 任何有本事指导某地王者的人,虽然本身是平民,我们难道不应该说,他拥有统治者本身必须具有的知识?

苏　应该说。

异　[259b]但真正王者的[知识]是王政术?

苏　是。

异　那个具有它的人,不管他凑巧是统治者还是平民,不是应该完全依这个本身属于王者的[b5]技艺被正确地称呼?

苏　恰当。

异　那么,家长和主人也一样。

苏　可不?

异　这个呢? 一个大家庭的规模,和一个小城邦的范围,就统治来说[它们]显然没什么区别?

苏　根本没有。

异　[259c]所以,根据我们刚才的考虑,看来关于所有这些的知识是同一个。不管人们称之为王政、邦政还是家政的技艺,我们对于它没分歧。

苏　可不?

异　而且这也很明显,比起灵魂的智性和力量,每个王者能够用手和整个身体为保持统治所做的很少。

苏　显然。

异　那么,你打算让我们说,认知的而非手工的和[259d]整个行动的

[技艺]更符合王者吗？

苏　可不？

异　那么，邦政的[技艺]和治邦者，以及王政的[技艺]和王者，我们会把所有这些作为同一个放到一起吗？

苏　显然。

异　那么，如果我们接下来区分认知的[技艺]，合乎次序吧？

苏　当然。

异　你要留意我们恐怕会在其中看到的差别。

苏　哪个，你指出来。

异　[259e]这个。对我们来说，有算数的技艺。

苏　是。

异　我想，它完全属于认知的技艺。

苏　怎么不呢？

异　[e5]那么，我们同意，算数的工作无外乎通过认知数之间的区别，分辨那些被认知的东西？

苏　可不？

异　因为，每个建筑师本身并不做工，而是统治做工的人。

苏　[e10]是。

异　他恐怕提供认知，而非手工。

苏　是这样。

异　[260a]那么，可以恰当地说他分得了认知的知识。

苏　当然。

异　不过，我想，作出分辨之后，他还不适合[a5]就此了事或收手不管，像算数家那样收手不管，他得给每个做工的人规定合适的事，直到他们完成了规定的东西。

苏　对。

异　所以，尽管所有像这样的以及所有与算数相伴的[a10]都是认知的[知识]，就分辨与命令来说，[260b]这两类却彼此有别。

苏　看来是。

异　那么，就所有的认知的来说，如果我们称一部分为命令的，称另一部分为辨别的,[b5]我们会说这分得恰当吗?

苏　至少我这么认为。

异　一起做事的人,最好往一处想吧。

苏　怎么不呢?

异　[b10]所以,要是我们都同意这一点,就抛开其他人的意见吧。

苏　可不?

异　[260c]来吧,就这两个技艺来说,我们得把王者放进哪一个? 我们会把他放进分辨的[技艺],好像他是个观看者,还是认为他属于命令的技艺,因为他是主人?

苏　[c5]难道不是后者?

异　那么,必须再看命令的技艺是不是在什么地方有差别。我看在于这个,正如零售商的技艺不同于自销的技艺,[260d]王者一类看起来有别于传令者一类。

苏　怎么呢?

异　零售商们接收别人先卖过的物品,[d5]再卖第二次。

苏　那当然。

异　那么,传令者一族也接收别人定下的想法,再用它本身第二次命令其他人。

苏　[d10]太正确了。

异　所以呢? 我们会把王政与解释、[260e]掌舵、预言和传令以及许多与此同类的其他技艺混到一起吗——这些全都包括下命令? 或者,正如我们刚才打了个比方,你想让我们仿制一个名称,既然这个自己下命令的类差不多正好没名称,同时,你想让我们以这个方式划分它们吗,把王者的类放进自己下命令的[类],忽略其余所有的,让一条路给别人去给它们确立名称? 因为,我们的探索为的是统治者,[261a]而不是相反的东西。

苏　那当然。

异　那么,既然它与那些不同,差别在于出自别人还是自己,是不是必须对它本身再[a5]作划分呢,如果我们可以找到合适的切口?

苏　当然。

异　看起来我们确实有。跟着我一起切分吧。

苏　[a10]在哪儿呢？

异　难道我们不会发现，所有那些我们认为使用命令[261b]的统治者都为了某种生成而命令？

苏　怎么不呢？

异　而且，将所有生成物一分为二，[b5]完全不难。

苏　在哪儿分呢？

异　在它们全体中，有些没灵魂，有些则有灵魂。

苏　是。

异　[b10]那么，倘若我们想要切分，我们就借这些东西本身切分这个进行命令的认知的部分。

苏　依据什么呢？

异　指派一者针对没灵魂的东西的生成，[261c]另一者针对有灵魂的，那么眼下整个的就会被这样一分为二。

苏　完全如此。

异　所以，让我们把其中一个放到一边，拿起另一个，[c5]拿起来之后，我们将它整个一分为二。

苏　你说应该拿起其中哪一个？

异　当然是关于动物的管理。因为，王政知识可不是管理没灵魂的东西，像建筑师那样，而是[管理]高贵之物，就这些[261d]动物来说，关于它们本身，它总是拥有权威。

苏　对。

异　就动物的生成和养育来说，谁都能看到，有的是单独养育，有的则是在兽群中对幼崽的共同照料。

苏　对。

异　但是，我们至少不会发现治邦者是独自养育者，就像牛倌或者放马人那样，相反，他更像养马人和养牛人。

苏　现在看来是这么说。

异　[261e]那么，在动物养育中对一大群的共同养育，我们称之为群体养育还是共同养育？

苏　这里说的哪个都行吧。

异　[e5]漂亮啊,苏格拉底。如果你保持警惕,不对名称太认真,你就会在步入老年时更富于明智。不过现在我们得按你的主张做。那么,你有没有想到,就群体养育来说,人们会在哪一点上,[262a]通过表明它是一对,使目前在这一对中被探寻的东西接下来在一半中被发现呢?

苏　我性子急。在我看来,人的养育是不同的,野兽的养育则是另一类。

异　[a5]你分得可真是又急切又勇敢。不过,我们还是尽可能不要再碰上这事。

苏　什么事?

异　我们不要把一个小的部分与许多大的部分[分开],[262b]也不要脱离形相,而是要让这个部分有一个形相。因为,虽然最漂亮的是直接把要找的东西与别的东西分开,如果它来得正确,就像一会儿之前,看到谈话朝着[b5]人类去,你认为你有了这个划分,就催促这个谈话。但是,朋友啊,切小块不稳妥,更稳妥的是从中间切分,这更会碰到型相。这是我们的探究与所有探究的区别。

苏　异乡人,这怎么讲?

异　凭着我对你的天性的好意,我得努力更清楚地指出来,苏格拉底。虽然在目前这个情况下,不可能毫无缺陷地展示它,不过,为了搞清楚,我必须努力将它再向前推进一点。

苏　你究竟要指出我们刚才在划分时哪里做得不对?

异　这里:比如,某个人努力把人这个类[262d]一分为二,他像这里许多人那样分,他们把希腊人从全体中分离出来作为一个类,对于其余所有人,那些不可计数、互不相干、彼此不和的人,他们则赋予野蛮人这个唯一的[d5]称谓,指望他们通过这个唯一的称谓成为一个类;或者,如果某个人相信,通过把一万从全体中切分出来,[262e]俨然分出一个形相,他就把数分成了两类,再给剩下的所有[数]设立一个名称,这个类就由于这个称呼而成了与之分离的另一个类。可是,如果谁凭偶数和奇数切分数,凭男人和女人切分人类,[e5]他肯定能更漂亮地依据相作出二分,只有对发现既作为类又作为部分的每个分块感到困惑时,他才会把吕底亚人或弗里吉亚人或者别的某些人分列出来,令其与所有人[263a]对立。

苏 太对了。但是这件事本身,异乡人啊,人们怎么更清楚地认识类和部分呢,就是说,它们不是一回事,而是彼此不同?

异 [a5]苏格拉底,最好的人啊,你提出来的不是小事。我们眼下已经比原来更远地偏离了既定的谈话,你却催促我们偏得更多。所以,现在看来我们得[263b]回过头来,这些事情今后我们有闲暇的时候再像猎人一样去追捕吧。但是,你千万得防备这一点,不要觉得你听到我已经分清了这件事。

苏 哪件?

异 [b5]形相和部分彼此不同。

苏 怎么呢?

异 只要有某个东西的形相,这个形相被说成属于某个事物,它必然也是这个事物的一个部分。部分则不必然是形相。你要始终说,苏格拉底,相对于别的说法,[b10]我可是这样说的。

苏 就是这样。

异 [263c]那么对我指出接下来的事吧。

苏 哪个?

异 那个把我们带到这儿的偏离之处。我想,正是在这地方,你问群体养育[c5]在何处划分,并且很急切地说有两类动物,一类是人,余下所有的野兽则是另一类。

苏 正确。

异 对我来说,你看起来相信,拿掉一个部分之后,你留下所有剩下的作为一个类,因为你可以[263d]把同一个名称赋予它们全体,称之为野兽。

苏 是这样的。

异 可是,最勇敢的人啊,情况或许是,如果在某个地方有另一种理智动物,比如像鹤那样的,或者别的什么类似的东西,依据如你所说的同样的方式不同名,它会把鹤当作有别于其余动物的一类,高看它自己,把其他动物和人统统归入同一类,称它们大概无非是野兽。[263e]所以,让我们努力防止所有这种情况。

苏 怎么防止?

异 不要划分整个动物的类,以便更少出现这种情况。

苏 [e5]不应该分。

异 当时我们在那一点上还有个错误。

苏 什么呢?

异 所有认知的命令部分对于我们肯定都是动物养育这一类,虽然是群体动物的。是吗?

苏 [e10]嗯。

异 [264a]所以,当时全体动物依据家养和野生分开,那些具有家养天性的称为驯化的,那些不愿意[被家养]的则称为野生的。

苏 漂亮。

异 [a5]不过,我们要猎取的知识过去和现在都在驯化的动物中,而且必须在群体的照料中找。

苏 嗯。

异 所以,我们不要像当时盯住所有动物那样划分,也不要急于马上遇[264b]到邦政术。因为,这已经让我们遭遇到那句谚语说的事。

苏 什么事?

异 没有沉住气好好划分,完成得更慢。

苏 [b5]这至少也做得漂亮吧,异乡人。

异 就让它这样吧。不过,让我们再从头努力划分共同养育吧,因为,也许随着谈话本身走向结束,它会更好地向你展示你追求的东西。那么,告诉我——

苏 [b10]什么呢?

异 这个:你到底有没有从什么人那儿听过[这事]。因为,我知道[264c]你本人没有碰到过在尼罗河和那些王者的湖泊中驯养的鱼。不过,你也许在池塘里见过。

苏 当然,我见过这个,也从许多人那儿[c5]听过那些。

异 还有养鹅和养鹤,就算你没在帖撒利亚的平原上逛过,你至少也知道并且相信吧。

苏 可不?

异 [264d]你看,因为这个我才问所有这些,因为,在群体的养育中,有些是水生的,有些则是陆生的。

苏　确实是。

异　[d5]那么,你也同意必须这样将共同养育的知识一分为二,将它的每个部分分配给其中每一个,将一者称为水中养育,另一种称为陆地养育吧?

苏　同意。

异　[d10]这样一来,我们就不用再探究王者的[技艺][264e]属于其中哪种技艺了,因为对所有人都很明显。

苏　怎么不呢?

异　所有人当然都会划分群体养育的陆地养育一族。

苏　[e5]怎么划分?

异　通过飞行和足行划分。

苏　太正确了。

异　这个呢?邦政的[技艺]必须在足行的当中找吗?或者,你不相信即使最不明智的人差不多也[e10]这样想吗?

苏　我相信。

异　必须展示足行牧养像偶数一样被切分为二。

苏　显然。

异　[265a]朝向我们的谈话寻求的那个部分,[我们]似乎看到两条向其延伸的道路,一条更快,对着一个大部分划分出一个小部分,另一条则更符合我们此前所说,必须尽量[a5]从中间切,可它更长。我们想要哪条路,就可以走这条路。

苏　为什么呢?不能两条都走吗?

异　都走,出人意料的家伙啊。显然可以,不过得挨个儿来。

苏　[265b]那么,我选择两条挨个儿。

异　容易,因为剩下的很短了;如果在这次旅途的开头和半道,这要求对我们来说就难了。不过现在,既然看来如此,我们先走更长的那条吧,[b5]因为,精力好的时候走起来容易。看看这个划分。

苏　你说。

异　我们驯化的足行动物,所有成群的,都可以自然一分为二。

苏　[b10]怎么分?

异　有些生来无角,有些生来长角。

苏　[265c]看起来是。

异　那么,用言辞划分足行牧养,并且将它赋予其中每个部分。如果你想要给它们命名,就会弄得比应该的更复杂。

苏　[c5]那我该怎么说?

异　这样:足行牧养的知识一分为二,其中一个部分被规定针对这群中有角的,另一个针对这群中无角的。

苏　[265d]就这样说它们,因为这无论如何已经够清楚了。

异　而且,我们至少也清楚王者牧养的是不长角的某一群。

苏　[d5]怎么不清楚?

异　那么,让我们把它分块,努力赋予他属于他的东西。

苏　当然。

异　那么,你想要依偶蹄与所谓单蹄划分它,[d10]还是依混种与纯种?因为,你肯定知道。

苏　什么?

异　[265e]虽然马和驴自然能从对方生出来。

苏　嗯。

异　可是剩下的驯化的无角群体在类上互相不混合。

苏　[e5]那可不?

异　那么这个呢?治邦者看起来照料的是混种的自然还是某个纯种的?

苏　显然是不混合的。

异　[e10]那么,看起来,我们必须像之前那样将它一分为二。

苏　当然必须。

异　[266a]那么,所有驯化和成群的动物,现在都已经被分成了块,除了两类。因为犬类不值得被算作群居生物。

苏　[a5]确实不是。但我们依什么划分这两者呢?

异　依泰阿泰德和你都适合用来划分的,既然你们都研究几何。

苏　用什么呢?

异　当然是用对角线,再用对角线的[a10]对角线。

苏　怎么讲?

异　[266b]我们人的类拥有的自然，就行走来说，岂不无非自然就像对角线是两步之平方根那样？

苏　无非就是。

异　[b5]剩下的类，也用平方来说，它的自然则以我们的平方为对角线，如果它自然是两步的两倍。

苏　怎么不是？我差不多知道你想表明的了。

异　[b10]除此之外，苏格拉底，我们有没有在已经划分的东西中看到别的什么东西出现，[266c]有个让人发笑的名声？

苏　什么呢？

异　我们人类与最高贵又最随便的类[c5]运气相投，跑到了一起。

苏　看到了，弄得真离谱。

异　这个呢？难道不是好像最慢的最后到？

苏　嗯，是这样。

异　[c10]我们有没有想到这个，王者看起来更可笑，跟在他的牧群后面，[266d]与那个为了舒适的生活操练得最好的人一道走。

苏　完全如此。

异　现在，苏格拉底，这比在关于智术师的探究中[d5]说得更清楚了。

苏　什么呢？

异　与不尊贵的相比，这种言辞追求的不是更关心更尊贵的，为了更大的瞧不起更小的，它就其本身永远达到最真的。

苏　好像是。

异　那么，接下来，为免你先来问[266e]任何一条通向王者的标志的更短的路，我自己得为了你先行一步？

苏　当然。

异　那么，我会说，应该直接依两足与[e5]四足的类划分，看到人还只是与飞行的混在一起，就将两足的群再依无翼和长翼的切分，一旦切分，那时牧养人类的技艺就清楚了，再拿出治邦者和王者，将他们像驭手一样放到其中，将城邦的驾驭交给他，因为这是属于他的，这是他的知识。

苏　[267a]漂亮，你就像给我还了言辞的债，加上这条岔路，像是利息，全还清了。

异　那来吧，让我们回到开头，[a5]将关于邦政技艺名称的谈话完整地联结起来。

苏　那当然。

异　所以，首先是认知知识的命令部分，其中有个类似的部分可以称为[267b]自我命令的。然后动物养育又从自我命令中分出来，它不是这类中最小的；在动物养育的形相中有群体养育，群体养育中又有足行牧养；从足行牧养中又特别分出照料天生无角[动物]的[b5]技艺。如果想要归结成某一个名称，必须再用不少于三条线编织这个部分，称之为非混生的牧养知识。[267c]在这一块之后，唯一剩下的就是针对两足牧群的牧养人类的部分，这是到目前要探寻的，它同时被称为王者的或邦政的。

苏　完全如此。

异　[c5]那么，苏格拉底，对于我们，它是否真正像你现在所说的那样以这种方式完成了？

苏　什么意思？

异　这个话题已经完全说清楚了吗？还是说，这次探寻正是在这里有缺漏，话[267d]倒是说了，并没有全部说完？

苏　怎么讲？

异　我会努力让我们更清楚我现在想到的这一点。

苏　[d5]你说吧。

异　那么，在我们刚才看到的许多牧养技艺中，邦政术是不是某一个，并且针对某一个群体的照料？

苏　是。

异　[d10]我们的谈话认为它不是对马或其他动物的养育，而是关于人的共同养育的知识。

苏　是这样。

异　[267e]那么，让我们看看所有牧养者与王者的区别。

苏　什么区别？

异　是否另外某个人——他的技艺有另一个名称，[e5]声称并且假装自己像其他人一样，都是这个群体的共同养育者。

苏　怎么讲？

异　比如商人、农民和所有磨坊主,除了他们,还有医生一类,你知道吗,所有这些人恐怕会一起在言语上攻击[268a]那些我们称之为治邦者的人类牧养者,说他们自己照管人类的养育,不仅包括人类群体,还有统治者的养育?

苏　他们说得不对吧?

异　[a5]也许吧。这要再看,不过我们知道这一点,没有任何人会跟一个牧牛人争执这事:这个牧牛人本人是牛群的养育者,他自己就是医生,他自己就好比是媒人,在出现产崽[268b]和下崽的时候,他自己是唯一有助产知识的。再者,他的照料自然分有游戏和音乐,没有其他人比他更能安抚和通过魔法抚慰,不论用乐器还是光用嘴最好地处理[b5]他自己的牧群的音乐。同样,关于其他牧养者,也是如此。不是吗?

苏　太对了。

异　那么,当我们把王者当作唯一的牧人和人类群体的养育者,[268c]将他从无数其他竞争者中分出来,我们关于王者的说法如何看起来正确而无可挑剔呢?

苏　绝不可能。

异　[c5]我们刚才担心得难道不对吗,我们怀疑我们实际上在谈论王者的某个形象,却还没有准确地讲完治邦者,除非我们赶走那些围着他声称与他共同牧养的人,通过将他与那些人分开,[c10]仅仅纯粹展示他自身?

苏　[268d]当然对。

异　所以,苏格拉底啊,我们得这么做,要是我们不打算到最后让这次谈话蒙羞的话。

苏　可绝不能弄成这样。

异　[d5]所以,我们必须再重新开头,沿着另一条路走。

苏　哪条呢?

异　近似于游戏的混合。因为,我们必须利用一个大神话的很多部分,接下来,就像[268e]前面一样,通过一个部分接一个部分不断剥除,到达我们探寻的顶点。难道不是必须如此?

苏　那当然。

异　那好,你千万留心这个神话,[e5]像孩子们那样。毕竟,你离开游戏还不久。

苏　你说吧。

异　那好,古代传说中许多不同的事,过去存在,将来还会存在,包括关于传说中阿特柔斯与[e10]图厄斯忒斯之争的凶兆。你肯定听过,也记得据说当时发生的事。

苏　你也许指关于金羊毛的征兆吧。

异　[269a]完全不是,而是关于太阳升落的变化,也包括其他星体,就是说,它现在升起的地方正是它那时候落下去的地方,它过去从反面升起,不过就在那时候,为了给阿特柔斯作证,那位神[a5]把它变成了现在的样子。

苏　这事也确实说过。

异　我们也从许多人那儿听过克罗诺斯统治的王国。

苏　[269b]这可太多了。

异　这个[传说]呢——说从前那些人是地生而非别人所生?

苏　这也是古代的传说之一。

异　[b5]这些全都源于同一个事件,除了这些,还有太多比它们更令人惊奇的,不过,由于时间久远,其中有些消失了,有些则分散开来,人们讲得支离破碎。可是,没人讲过这个事件,[269c]它是这一切的原因,现在我们得讲,因为,把它讲出来,适合对王者的展示。

苏　你说得太漂亮了,你讲吧,什么也别遗漏。

异　听好。这位神自己有时引导大全,[c5]在它运动时帮它运转,有时则放开手,只要这些转动已经获得了适合它的时间尺度,然后它就自动反过来旋转,[269d]因为它是个活物,并且从最初将它结合起来的那位那里得到了理智。这个回转对它来说必然是天生的,就因为这个原因。

苏　因为哪个原因?

异　[d5]只有万物中最神圣的,才能永远依据自身,处于同样的状态并且保持同一,身体的自然则没有这种安排。至于我们所称的天和宇宙,虽然从那位创生者那儿分有了许多福分,仍然还是具有[269e]身体。由此它就不能完全脱离变化,不管它如何能尽其所能在同样的地方,以唯一同样的方式运动;它由此获得了这种反转,亦即最少改变它的运动。[e5]

可是,除了所有运动者的领导者,任何东西都几乎不可能永远转动自身;它不可以一时这样运动,一时又反过来。由于所有这些,必须说,宇宙不是永远自身转动自身,因而也不是整个由于神而永远以一对相反的旋转被转动,[270a]也不是某一对彼此思想相反的神在转动它,而是像刚才所说,只剩一个[可能],它有时候受另一个神圣的原因引导,重获生命,从这个神匠那儿获得[a5]被造的不朽,有时候呢,一旦神放开手,它自己就自行运动,由于在这样的时候被放开,结果它就反向运行无数圈,因为,虽然它是最大的,但它也是最平衡的,在最小的立足点上运行。

苏　[270b]你说的这一切,看起来确实说得很像回事。

异　根据现在的说法,让我们推想那个事件,我们说它是所有令人惊奇的事情的原因。它实际上正是这件事。

苏　[b5]哪件?

异　大全的运动,有时以现在运转的方向运动,有时又反过来。

苏　怎么呢?

异　[b10]必须相信,所有发生在天上的转变,这个改变是最大、最根本的转变。

苏　好像是。

异　所以,应该认为对于我们当中那些当时居住在其中的,[c5]最大的改变发生了。

苏　好像是这样。

异　我们难道不知道,动物的自然很难承受所有这许多一起出现的大改变?

苏　[c10]怎么不[知道]呢?

异　所以,结果必然不仅是其他动物的最大毁灭,人[270d]类也所剩无几。对于他们,许多令人惊奇的新奇事件都发生了,不过最大的是这件,它是大全当时被放开的结果,那时大全的运转与现在确立的相反。

苏　[d5]哪件呢?

异　首先,每个动物都有的、属于所有动物的年龄停住了,所有有死的也停止发展出更老的外观,变成又反[270e]过来长得更年轻、更稚嫩。老者的白头发变黑了,长胡子的脸颊又光滑了,使每个人重返青春,年轻人的［e5］身体则变得光滑，一天一天越来越小，回到新生孩童的自然，无论从灵魂上还是身体上都像他们。他们从这时候开始彻底消亡，直到完全消失。相应地，那些在这个时候暴死的人，他们的尸体也会遭遇同样的事件，［271a］很快在几天里消逝于无形。

苏　异乡人，那时候动物的出生是怎样的？以什么方式由彼此生出呢？

异　苏格拉底啊，显然那时候它们［a5］在自然上不是生于彼此，这个据说曾经是地生的类在那个时候一再从地里返回来，我们最初的那些祖先记得这事，他们在时间序列上紧挨着前一次翻转的结尾，生于这一次［翻转］的开头。对于我们，他们是这些说法的传言者，如今很多人错误地不相信他们。我想，接下来的事应该考虑一下。老者回到了孩童的自然，［b5］于是可以得出，他们出自那些躺在大地之中的死者，他们在那儿再次被合在一起，活了过来，由于这个运转，出生转向了反面，根据这个说法，［271c］他们的出生必然是地生，神没有为其安排其他命运的所有人，就这样有了这个名称和说法。

苏　至少根据前面所说的当然是这样。但是，你所说的在克罗诺斯权力之下的［c5］生活，是在那样运转之时还是在这样［运转之时］？因为，星体和太阳的改变显然伴随着每一次运转的发生。

异　你这话接得漂亮。至于你问［271d］到所有东西自动为人出现，这最少属于如今确立的运转，相反，这也属于此前的。那时候，这位照管之神首先统治整个旋转本身，同样，对于各处也是如此，［d5］宇宙的所有经过划分的部分都归诸神统治；同时，神灵像神圣的牧者一样根据类和群划分动物，对于他自己牧养的每一个，［271e］每个神灵都完全足以应付，以至于既没有野蛮，也没有相互为食，战争和内乱也完全不存在。但是，这种安排的所有结果，恐怕说来话长。不过，关于传说中人类的［e5］自动生活，我们已经说过是由于这个原因。神自己牧养和掌管他们，就像如今的人，作为另一种更神圣的动物，牧养各个比他们更低的类。不过，这牧养不需要政制，也没有［272a］对女人和儿童的占有，因为所有人都从地里重生，不记得过去的事。相反，这一切都不存在，不过，他们从树上和许多别的林木上得到取不尽的果子，这些果子不是生于种植，而是［a5］出自大地的自动赠予。他们大部分时候被牧养在野外，不穿衣服，没有床铺。因为季节经过调和，使他们不痛苦，无数青草从地里长出来，[272b]他们有了软床。苏格拉底，你已经听到克罗诺斯时代的生活；至于现在的这个，所谓宙斯时代的生活，你自己有亲身体会，你能够并且愿意分辨哪个更幸福吗？

苏　[b5]绝不。

异　那么，你愿意让我给你分辨一下吗？

苏　那当然。

异　克罗诺斯养育的人，有许多闲暇和能力，通过语言能力不仅与[b10]人也与野兽交往，[272c]如果他们将这一切用于热爱智慧，通过与野兽和别人相处，通过研究每一个自然是否由于具有某种特殊能力而在积累理智方面以不同的方式感知事物，那么，显而易见，当时的人就幸福而言胜过如今的人太多。可是，如果[c5]任他们把自己填成酒囊饭袋，用那种如今还在谈论他们的故事与彼此和野兽交谈，[272d]那么，至少根据我的意见来看，这事也很容易判断。

不过，我们还是先不管这事吧，除非某个通晓情况的人来到我们面前，说明当时那些人以哪种方式对知识和使用言辞抱有欲望。[d5]不过，我们为什么提起这个故事，这个得说，以便我们接下来完成前头的事。当这一切的时代结束之时，必然发生改变，[272e]尤其是当所有地生的类已经耗尽，每一个灵魂交出了所有的出生，使所有命定的种子都落入大地，这时候，大全的舵手，就像放开舵柄一样，[e5]到他自己的瞭望处，命定和天生的欲望就再次颠倒了宇宙。

于是，所有在各处与最大的神灵共同统治的神，由于知道已经发生的事，就放开[273a]他们自己照管的宇宙部分。在逆转和震荡之中，宇宙发出一股使之头尾逆转的动力，它在自身之中造成许多震动，再一次使各类动物又毁灭殆尽。此后，经过足够的[a5]时间，扰动和无序停止了，震动也平静下来，它进入了惯常的自我整顿轨道，照管它自己和其中的事物，[273b]对它们具有威力，并且尽力回忆那位神匠和父亲的教导。起初它做得很精确，最终却比较模糊。这是因为它的混合的身体，[b5]它的自然很久之前造成的习性，因为，在达到如今的秩序之前，它分有了许多无序。因为，虽然它从那位组合者得到了所有美的东西。可是，从它从前的状态中，[273c]它从那儿有了这些东西，亦即天上发生的所有困难和不义，并且在动物之中制造了它们。

所以,当它与那位舵手一起在自身之中养育动物时,它孕育的卑微事物少,好的事物多。一旦离开他,[c5]在最接近他放手的时候,它倒总是最好地安排一切,可是,随着时间推移,在它之中更多地产生了遗忘,古老的不和谐事件支配了它,[273d]并且在最后时刻爆发,好事少了,由于对立物的混合越来越多,它到了恐怕要毁掉自己和其中事物的地步。就在这时候,那位整顿它的神,[d5]向下看到它处于混乱之中,担心它由于无序而剧烈震荡,解体沉入无边的[273e]差异之海,就再次回到舵手的位置上,通过扭转在它的自行运转中产生的病患和松弛而整顿它,并且通过修理它将它制成不朽不老之物。

这是我们所说的一切的完成,[e5]不过,将这个说法与前面的联系起来,对于展示王者就足够了。当宇宙又被转向这条道路,朝向如今的生成,年龄就再次停止,并且产生了与当时那些东西相反的新生事物。那些由于微小差不多要消失的动物长大了,那些从大地中新生的身体则在变老,死后再次来到地下。剩下的一切也在改变,[274a]模仿并且跟随大全的这个遭遇,尤其是对怀孕、生产和养育的模仿必然伴随所有事物。因为动物不再可能在大地中通过其他合成者生长出来,相反,就像宇宙[a5]被命令为自身运转的自治者,各个部分本身也随之以同样的方式被命令尽可能以类似的行为方式依靠自身生长、产生和[274b]养育。

现在,我们终于来到这里,我们发起整个谈话,都是为此。因为,关于剩下的野兽,兴许要一番长篇大论,考虑它们每一个因为什么、由于什么原因而改变。至于人,谈得更短则更[b5]恰当。由于失去了拥有并牧养我们的神灵的照管,结果许多野兽,只要天性凶猛,就变得野蛮,由于人本身变得虚弱,又失去保护,就被它们[274c]扑杀,而且,在最初的时候他们还没有工具,也没有技艺,因为自动的养育已经用尽,他们不知道如何供养自己,因为此前没有任何必要迫使他们。

由于这一切,人处于巨大的困难之中。正是因为这个,古老传说中的礼物才被诸神赋予我们,连同必要的指导和教育,火来自普罗米修斯,技艺来自[274d]赫斐斯托斯和他的工友,种子和植物则来自其他神。辅助安排人类生活的一切都来自他们。在诸神对人的照管像前面说的那样用尽之后，人必须凭靠自身[d5]掌握自己的生活方式和对自身的照管。像整个宇宙那样，我们现在总是时而这样、时而那样通过共同模仿并跟随它而生活[274e]和成长。就让这个故事到此为止吧，不过，利用这个故事我们会看到，当我们在前面的谈话中展示王者和治邦者之时，我们犯了怎样的错误。

苏　你怎么讲，我们犯的是什么样的错误？

异　某种意义上不大，某种意义上又很大，比当时说的更大、更广。

苏　怎么呢？

异　一方面，当我们被问及出自当前这次翻转和生成的王者和治邦者，我们所讲的却是出自相反旋转的[275a]从前的人类群体的牧者，是神而非有死者，在这一点上我们偏得很多；另一方面，我们将他展示为整个城邦的统治者，可是，没有讲清以什么方式[统治]，在这一点上，这话虽然正确，[a5]却并未说得完整、清楚，因此我们犯了一个比前面那个轻些的错误。

苏　正确。

异　所以，看起来，必须通过辨别他统治城邦的方式，我们才能指望完全将治邦者[a10]说清楚。

苏　漂亮。

异　[275b]也正是因为这个，我们才援引这个故事，以便表明，就群体牧养来说，不仅所有人如今都与我们探寻的人竞争，而且我们可以更清楚地看到那个人，根据牧人和牧牛人的范例，[b5]只有他适合拥有对人类养育的照料，只有他配得上这个称号。

苏　对。

异　不过我想，苏格拉底，这个神圣牧养者的形象[275c]对于王者来说还是太大，这些此时此地的治邦者在自然上与被统治者像得多，分有更相似的教育和养育。

苏　[c5]完全如此。

异　不管他们自然是这样还是那样，恐怕还得找到他们，不多也不少。

苏　怎么不是呢？

异　那么，让我们再回到这一点。我们说过[c10]它是对于动物的自我命令的技艺，不过，不是就个体而是[275d]就共同体进行照管，而且，我们当时直接称之为群体养育——你记得吗？

苏　是。

异　那么，我们大概在这儿犯了错。我们[d5]既没有抓住治邦者，也没有给他命名，相反，按照那种命名，他在我们眼前溜走了。

苏　怎么呢？

异　其他所有牧养者无疑参与各自群体的养育，虽然治邦者不是，我们给了他[275e]这个名称，我们应该给他们全体赋予某个共同的名称。

苏　你说得正确，要是凑巧有的话。

异　照料怎么会不是至少对于他们全体是共同的呢，如果不划分养育或者其他事情的话？相反，通过将它命名为某种群体畜牧或照料术甚或某种照管术，因为符合全体，可以同时包含治邦者和其他人，既然谈话表明应该这样做。

苏　[276a]对。但在这之后的划分又以什么方式来呢？

异　依据我们此前据以划分群体养育的同样的方式，依足行与无翼、非杂交与[a5]无角，依同样这些划分群体畜牧，我们大概可以在谈话中同样把握如今和克罗诺斯时代的王权。

苏　看来是。不过，我在考虑接下来的事。

异　显然，一旦这样说出群体畜牧的这个[276b]名称，就不会有人来跟我们争辩，说它根本不是照管，就像当时可以正当地争辩说，在我们之中没有任何技艺配得上这种照料的称号，不过，如果确实有的话，比起某个王者，[b5]它首先更符合许多人。

苏　对。

异　可是，没有任何其他技艺愿意宣称自己更是对整个人类共同体的照管，比王政术，[276c]是对所有人的统治技艺。

苏　说得对。

异　那么接下来，苏格拉底，我们会想到正是在这最后一点上我们又犯了个大错吗？

苏　[c5]哪个？

异　这个：即使我们已经尽可能想到有某种照料两足群体的技艺，我们也不应该直接称之为王政术和邦政术，好像已经完工一样。

苏　[c10]为什么呢？

异　首先,正如我们所说,理清这个名称,[276d]将它用于照管而非养育,然后切分它,因为它还包含一些不小的切块。

苏　哪些？

异　[d5]我们可以分离神圣的牧养者与属人的照管者。

苏　对。

异　还必须将分好的照管术切成两块。

苏　[d10]依什么切？

异　看它凭借强迫还是自愿。

苏　为什么呢？

异　[276e]在这一点上,我们此前犯了不应有的幼稚错误,当时我们把王者与僭主放到了一起,他们本身及其各自的统治方式都大不相同。

苏　[e5]正确。

异　不过,现在我们再作改正,像我说的那样,以强迫与自愿将属人的照管术一分为二。

苏　那当然。

异　[e10]那么,如果将对被迫者的[照管]称为僭政术,将对自愿的两足动物的自愿群体畜牧称为邦政术,我们会宣称具有这种技艺和照管的人真正是王者和治邦者吗？

苏　[277a]异乡人啊,恐怕这样一来,关于治邦者的展示对我们来说就完成了。

异　苏格拉底,那对于我们可就是美事啦。不过,这不应该仅仅对你是如此,相反,我得跟你意见一致。可是现在,[a5]至少依我看来,对于我们,王者看起来还没有一个完全的形象,相反,正像雕塑家有时操之过急,堆砌超出必要的更多、更大的东西,延缓了[277b]每件作品[的制作],现在我们也是,为了以伟大的方式迅速表明此前描述中的错误,由于相信为王者制作伟大的范例是恰当的,我们抬出的故事[b5]长得出奇,被迫利用其中超出必要的更大的部分。因此,我们把这次展示弄得太长了,终究没给这个故事设置一个了结,相反,这次谈话[277c]完全还没有获得具有颜色和色彩搭配的那种清晰性,就像[画]动物一样,虽然看起来有个完整的外部轮廓。更合适的是,用言谈和言辞而非绘画和任何手工[c5]对那些能跟上的人说明所有动物,对其他人则通过手工。

苏　这当然对。不过,你说明一下,你说我们在哪儿讲得还不充分。

异　[277d]了不起的人啊,不用范例,很难充分说明某个更大的东西。因为,恐怕我们每个人好像在梦中知道了一切,醒来又一无所知。

苏　[d5]怎么讲?

异　这很奇怪,不过,看起来这会儿我已经激起了在我们身上的关于知识的感受。

苏　为什么呢?

异　有福的人啊,我看这个范例本身又需要[d10]一个范例。

苏　[277e]是什么呢? 说吧,为了我,别退缩。

异　我得说,既然你准备好跟随。那么,我们肯定知道,在刚对字母有所了解的时候,小孩子——

苏　[e5]怎么样呢?

异　充分感觉到最短最简单音节的每个音素,并且实际上能够正确地指出它们。

苏　[278a]怎么不是呢?

异　可是,由于在别的音节中拿不准同样这些[音素],他们会在意见和言语方面受骗。

苏　那当然。

异　[a5]那么,要把他们引向那些他们还不认识的[音素],这不是一条最简单、最好的道路吗?

苏　是什么呢?

异　首先,带他们回到那些他们对同样这些[音素]有正确意见的情况,带回去之后,再把它们放到那些还不认识的[音素][278b]旁边,通过并置,指出在这些编织中存在同样的相似性和自然,直到那些他们对其有正确意见的[音素]被放到所有不认识的旁边显示出来,并且通过这种显示、以这种方式成为范例,[b5]从而使每一个音素在所有音节中总是以与自身同样的方式得到称呼,[278c]与其他的不同时就称不同,相同就称相同。

苏　完全如此。

异　那么,你有没有充分理解,一个范例是在这个时候产生的,即同一个东西在另一个与之分离的东西中被正确地认识到,并且经过比较形成[c5]关于每一个以及这两者的唯一正确意见的时候。

苏　看来是。

异　那么,我们会惊奇吗,假如我们的灵魂以同样的方式[278d]自然地感觉所有事物的元素,有时正确地始终认识某些事物中的每个元素,有时则搞不清其他事物中的一切,关于它们的有些混合,它无论如何有正确的意见,可是,如果把它们重新安排到[d5]事物的长的、不容易的音节中,它又不认识同样这些元素了?

苏　一点也不惊奇。

异　因为,朋友啊,[否则]一个从[278e]错误意见开始的人还怎么能达到哪怕一小部分真相并且获得明智呢?

苏　几乎根本不能。

异　所以,如果这些事物自然是这样,[e5]那么我和你恐怕都不会奏错音吧,我们首先努力在另一个小的、作为部分的范例中观察整个范例的自然,在这之后,通过从某处将出自较小事物的这同一个相用于王者的最大的形相,谋求借助范例努力通过技艺认识对整个城邦的照料,[e10]以便使我们处在清醒而非睡梦之中?

苏　当然对。

异　[279a]那么,前面的谈话得重提,既然太多的人与王者的类竞争对城邦的照管,人们必须清理所有这些人,只留下那一个,为此我们说[a5]我们需要某个范例。

苏　当然。

异　那么,什么最小的范例与邦政包含同样的事情,人们可以通过与之对比充分发现[279b]我们在探寻的东西?宙斯在上,苏格拉底啊,要是我们手头没别的,你愿意我们选编织吗?而且,如果你同意,我们不要全都选吧?因为,关于羊毛织物的也许就够了,因为即使是这个部分,如果选出来,[b5]兴许也可以证明我们想要的。

苏　为什么不呢?

异　那么,就像此前我们将部分与部分切开,从而划分每一个,我们现在何不对编织[279c]做同样的事,尽最大可能简洁、快速地全部过一遍,然后回到眼下有用的?

苏　怎么讲?

异　[c5]我用这个描述本身回答你吧。

苏　说得太漂亮了。

异　好,我们拥有的所有制作和获取的东西,有些是为了做成某个东西,有些则是针对某种遭遇的防御物。在防御物中,有些是神和人的[279d]保护药剂,有些则是阻挡物。在阻挡物中,有些是作战盔甲,有些则是障碍物。在障碍物中,有些是幕帐,有些则是对抗寒暑的保护物。在保护物中,有些是遮挡物,有些则是遮盖物。在遮盖物中,毯子是一回事,衣服是另一回事。在衣服中,有些是整块的,另一些则是拼合的。在拼合的中,[279e]有些是缝的,有些则不是缝合的。在不缝的中,有些用从地里长出来的纤维,有些则用毛发。在毛发中,有些是水土黏合物,有些则靠自身结合。对于那种由凭借自身的结合制成的防御物和遮盖物,我们都用袍子这个名称称呼。至于专门照管袍子的[280a]技艺,就像当时我们说照管城邦的技艺是邦政术,现在我们要就事情本身称之为制袍术吗?再者,我们是否要说,由于最大的部分涉及袍子的制作,编织术与这种制袍术[a5]没有区别,除了名称,正如那会儿我们说王政术与邦政术没分别?

苏　太对了。

异　所以,让我们考虑下面这一点,有人兴许认为,袍子的[280b]编织经过这样一讲,已经讲得很充分,他没能理解,它还没有与类似的工作区分开来,尽管它已经与许多别的同类相区别。

苏　你说,哪些同类?

异　[b5]看来,你没跟上我的话,所以,看起来得再回过头去,从最后开始。因为,如果你理解那个同族,通过区分铺盖物的合成,看它借助包裹还是铺垫,我们刚才已经将这个同族与它切分开来。

苏　[b10]明白。

异　[280c]而且,麻、草以及我们刚才借类比说成植物纤维的一切,我们已经去掉所有使用这些东西的工艺。我们又分出制毡术和利用缝纫合成,后者主要是[c5]做鞋。

苏 那当然。

异 对整块遮盖物制皮的照料,所有能够在整个盖房、木工和其他技艺中[280d]防水的遮挡术,我们全部去掉,还有所有就小偷和暴力行为提供防护工作的障碍技艺,它们涉及盖子制作和门铰链的产生,这些被看作固定[d5]技艺的部分。我们还去掉了制甲术,它是大的各种护具制作技能的一小块。[280e]同时,我们一开始就直接划掉了整个关于保护药剂的魔术,我们会认为,我们留下了要找的那门技艺,抵御寒冬,制作羊毛阻挡物,它被命名为编织。

苏 [e5]好像的确如此。

异 但是,孩子,这还没讲完。因为,刚开始着手制作袍子的人,看起来在做[281a]与编织相反的事。

苏 怎么呢?

异 虽然编织的事当然就是某种织合。

苏 是。

异 [a5]这事却是将结合并缠绕在一起的东西解开。

苏 哪件事呢?

异 这活是梳毛工的技艺。或者,我们敢称梳毛为编织,称梳毛工是编织者吗?

苏 绝不。

异 而且,如果有人再将经线和纬线的制作命名为编织,他就在说不可信的[281b]错误名称。

苏 怎么不呢?

异 这个呢?我们会认为整个漂洗和修补根本不是对衣物的某种照管和[b5]照料吗,或者,我们会说所有这些都是编织吗?

苏 绝不。

异 相反,所有这些都会与编织的技能竞争对袍子的照料和生产,虽然把最大的部分给它,[b10]却也给自己分配很大的部分。

苏 [281c]当然。

异 除此之外,还有诸多制作工具的技艺,通过它们才能完成编织工作,似乎它们必然宣称至少是所有织物的[c5]共因。

苏　太对了。

异　那么,我们关于编织的说法,关于我们所选的部分,是否已经界定充分,如果我们认定,在所有关于毛织衣物的照管中,[281d]它是最美、最大的?或者,除非我们把所有这些从其中去掉,我们虽然说了某些正确的话,却并不清楚完善。

苏　对。

异　[d5]所以接下来我们必须做我们所说的,稳步推进我们的谈话?

苏　怎么不呢?

异　好,让我们先看到,有两种技艺涉及所有做成之物。

苏　[d10]哪两种?

异　一是生成的共因,一是原因本身。

苏　怎么呢?

异　[281e]所有本身不制作事物,而是为制作工作做准备的东西,离开它们,每门技艺根本做不成规定的东西,这些是共因,那些本身产生事物的东西[e5]则是原因。

苏　的确有道理。

异　那么,接下来,我们会说关于纺锤、梳子和所有其他参与生产衣服的[技艺]全部是共因,而照料[e10]并制作它们的是原因。

苏　太对了。

异　[282a]那么,洗涤、修补和所有关于这些事的照料属于原因,尽管整理术很多,在这里,用漂洗技艺这个名称包含它的整个部分似乎非常合适。

苏　[a5]漂亮。

异　梳毛和纺线以及关于我们所说的制作衣物的所有部分,是同一门技艺,属于所有人所说的毛纺。

苏　[a10]怎么不是呢?

异　[282b]毛纺有两个部分,其中每一个同时自然是一对技艺的部分。

苏　怎么呢?

异　梳毛、一半的梳理[技艺]以及[b5]所有将结合物彼此分开的东西,如果看作一个,所有这些都无疑属于毛纺本身。对于我们,在任何情况下都存在一对伟大的技艺:结合术与分离术。

苏　嗯。

异　那么,梳毛和刚才说到的[282c]一切属于分离术。因为,涉及羊毛和经线的分离术,一种方式是用梳子,另一种是用手,它拥有刚才说到的所有名称。

苏　那当然。

异　[c5]那么,我们再抓住结合术的一个部分,它同时也是毛纺的一个部分并参与其中。让我们将毛纺切成两块,一块是分离术,一块是结合术,撇开所有在这里属于分离术的东西。

苏　就这么分。

异　那么,你还必须划分这个同时属于结合术与毛纺术的[282d]部分,苏格拉底,要是我们想牢牢抓住前面所说的编织术。

苏　当然必须。

异　确实必须。我们说其中一是[d5]编,一是织。

苏　我懂了吗？我看,你把涉及经线制作的称为编。

异　不仅仅是[经线],也包括纬线。我们会发现制作纬线不用编吗？

苏　[d10]绝不会。

异　[282e]那么,再将其中每一个分开,因为,这个区分或许对你正合适。

苏　在哪里分？

异　在这里,关于梳毛的活儿,如果某个东西被拉长并且[e5]有宽度,我们会说它是线吗？

苏　嗯。

异　那么,其中用纺锤编成的坚韧的线,你得说它是经线,将它拉直的技艺则是经线制作。

苏　[e10]对。

异　另一方面,取编成的松线,从进行梳理来看,具有适合织入经线的一定程度的柔韧,所有这些纺成的线,让我们称之为纬线,将掌管它们的技艺[283a]称为纬线制作。

苏　太对了。

异　我们提出的编织术的部分已经对所有人都很清楚了。因为,关于涉及毛纺的[a5]结合术的部分,只要它通过纬线和经线的直织法制成织品,我们就将整个织品称为毛织衣物,将产生它的技艺称为编织术。

苏　太对了。

异　[283b]好的。我们到底为什么不直接回答,编织术是把纬线和经线织起来,而是绕个圈子,徒然区分很多?

苏　对我来说不是,异乡人,我们说过的[b5]没有白说的。

异　一点不奇怪,但是,有福的人啊,兴许有人这么看。所以,由于这种毛病,这事兴许终究会发生——一点都不奇怪——听听关于这一切说得恰当的谈话吧。

苏　只管说吧。

异　那么,我们先整个地看看过与不及,以便依据比例在每种情况下赞颂或批评就这种事说出的比应该的[c5]更长或更短的话。

苏　当然必须。

异　所以,我想,如果我们的谈话涉及这些事情,它就是正确的。

苏　[c10]什么事情?

异　关于长与短以及所有过[283d]与不及。因为,度量术涉及这一切。

苏　对。

异　让我们将它分为两个部分,因为它们对于[d5]我们眼下的东西是必要的。

苏　你说说在何处分。

异　在这儿:一者就彼此相对来看均有大和小而言,另一者就生成的必然存在而言。

苏　[d10]怎么讲?

异　你难道不认为,就自然而言,人们必须说较大的无非是比较小的更大,较小的[283e]无非是比较大的更小?

苏　是的。

异　这个呢?对于超过中道之自然和被它超过的东西,无论在言辞还是在行动中,我们岂[e5]不说这个东西就其存在而言会出现,而我们之中坏人和好人的分别尤其在于此?

苏　看起来是。

异　所以，必须将大和小的尺度定为两重存在，正如我们刚才所说，[e10]大和小不仅相对于彼此而言，相反，正如现在所说，必须既谈相对于彼此的尺度，也谈相对于中道的。我们想要知道为什么吗？

苏　可不？

异　[284a]如果允许较大的自然无非相对于较小的而言，它就不会相对于中道而言。是吗？

苏　是这样。

异　[a5]那么，根据这个说法，我们难道不会毁掉这些技艺本身和它们的所有作品吗，尤其是摧毁我们正在探寻的邦政术和已经讲过的编织？因为，所有这样的技艺无疑都在行动方面盯住[相对于]中道的过与不及，不是因为中道不存在，而是因为它[284b]难，它们正是以这种方式，通过保持中道，产生所有美好的东西。

苏　可不？

异　那么，假如我们摧毁了邦政术，我们[b5]接下来对王政知识的探寻岂不是无路可走？

苏　当然。

异　那么，正如在讨论智术师时我们迫使非存在存在，当时那次谈话沿着这个路子逃离了我们，所以，现在我们难道不是必须迫使过与不及[b10]变得可度量吗，不仅相对于彼此，[284c]也要相对于中道的生成？因为，如果不认同这一点，任何治邦者或其他人都确实不可能毫无争议地成为懂得实践事务的人。

苏　所以我们现在也得尽可能这么[c5]做。

异　苏格拉底啊，这工作比那个更多——我们现在可都还记得那个有多费事呢——但是，关于它们，实际上假定这样的事很恰当。

苏　什么样的事？

异　[284d]有时候，为了展示精确本身，人们需要我们现在所说的话。不过，它现在已经很好、很充分了，我认为我们这次谈话支持了这一点，我们同样必须相信所有技艺都存在，同时，不要仅仅相对于彼此度量过与不及，也要相对于中道的生成。因为，如果中道存在，它们就存在，如果它们存在，中道也就存在，如果两者中的任何一者不存在，它们就都不会存在。

苏 [284e]这是对的。可是接下来如何呢？

异 显然，我们应该根据所说的划分度量术，以这种方式一切为二，将所有相对于对立面度量数量、长度、深度、宽度和速度的技艺作为它的一个部分，将所有相对于中道、恰当、时机、需要以及一切朝向中间远离极端的事物的技艺作为另一部分。

苏 你说的每一个部分都是一大块，而且彼此差别很大。

异 苏格拉底啊，许多聪明人相信[285a]他们指出了某些智慧的事，他们有时候说，度量术说到底涉及所有生成物，这正是我们眼下所说的。因为，所有技艺方面的事都以某种方式分有度量术。可是，由于他们不习惯[a5]在观察时根据形相所划分，他们直接将这些差别如此之大的东西一起放在同一处，认为它们都相似，然后，他们又做与此相反的事，不根据部分划分其他事物，当人们起初感受许多事物的共同体时，尽管在他在其中看到所有存在于形相之中的差别之前，他不应该退到一边。可是，[285b]当他在众多事物中看到各种差别，在他将[b5]所有具有家族亲缘的事物归入同一种相似性并借助某种类的存在归纳它们之前，他不能气馁、放弃。关于这些，关于不及和超过，说这些已经足够了。不过，我们只需记住，[285c]我们发现了关于它们的两类度量术，让我们记住我们关于其存在所说的话。

苏 会记住的。

异 那么，让我们在这个讨论之后迎来另一个[讨论]，[c5]它既涉及我们探寻的事情，也涉及这类谈话中的所有探讨。

苏 什么样的[讨论]？

异 关于一群学习字母的人，如果有人问我们，如果其中一个人被问到，任何一个字母的名称[c10]是什么，我们会说，这时候进行这种[285d]探究，是为了摆在他面前的这一个，还是说倒是为了让他在字母方面更擅长摆到他面前的所有[字母]？

苏 显然更是关于所有的。

异 那么，我们现在关于治邦者的探究又如何呢？[d5]将它摆出来是为了它本身，还是说更是为了在辩证术方面擅长所有事情？

苏　显然更是为了所有事情。

异　所以，任何有心智的人都不会愿意为编织本身追逐关于编织的言辞。但是，我想，大多数人都没有意识到，就某些存在者来说，[285e]它们的某些可感的相似性天然容易理解，也不难澄清，只要人们愿意对任何要求关于它的言辞的人容易地指出它，既不费事，也不用言辞。可是，另一方面，对于最伟大、最重要的存在者[286a]，人类就没有一个已经清楚地制成的形象，通过展示这个形象，任何想要充实学习者灵魂的人都将通过使之应和某个感觉完全装满它。因此，人们必须训练，使自己能够[a5]给出和接收关于每个事物的言辞，因为，那些没有形体的最美、最伟大的东西，只有在言辞中才能清楚地得到展示，别无他法，我们现在所说的一切都是为了它们。不过，[286b]在任何情况下，关于较小事物的训练都比关于较大事物的容易。

苏　说得漂亮。

异　那么，让我们回忆一下我们为了什么就这些事[b5]说了这一切。

苏　什么呢？

异　正是由于那种厌恶，我们怀着厌恶接受了长篇大论，它涉及编织，涉及对万物的撒手不管，[b10]以及在讨论智术师时涉及非存在的存在，想到它们过于冗长，我们就由于所有这些[286c]而责备自己，担心我们说话既肤浅又冗长。所以，为了今后不再经受这事，我们得说，我们俩此前所说的话都是因为这一切。

苏　是这样。你只管往下说。

异　[c5]所以，我说，我和你得记住现在的说法，并且对我们正在说的任何话在任何情况下就长短作出批评或赞扬，不要相对于彼此判断长度，而要根据[286d]当时我们说必须记住的度量术的部分，相对于恰当。

苏　对。

异　可也不是所有事都得相对于它。因为，[d5]就快乐来说，我们不需要任何相应的长度，除非作为副产品。再者，就探究摆在我们面前的事情来说，不论我们发现这探究多么简单便捷，这次谈话都要求我们将[这探究的]长度视为次要而非首要之事，我们尽量首先看重能够依据形相划分的探究本身，[286e]尤其要严肃对待谈话，即使说得老长，只要它让听者更能有所发现，不要因为长度而不耐烦，反过来，短的也是一样。而且，除此之外，如果任何人指责与这类讨论相关联的谈话［e5］长度，并且不接受绕圈子，我们不要这么快直接放他走，只是由于他指责［287a］谈话说得太长。相反，我们必须相信，他必须还要证明，如果谈话更短，就会使参与者更擅长辩证术，更能发现借助言辞揭示存在者的方式。至于针对其余一切的［a5］指责和赞扬，我们不要考虑，我们要显得对这种言辞充耳不闻。如果你也这么看的话，这就够了。那么，让我们再［287b］回到治邦者，将此前说过的编织范例用于他。

苏　说得漂亮，我们照你说的做。

异　那么，王者已经与相同领域的许多［b5］技艺，或者毋宁说与所有关于群体的技艺相分离。可是，我们说，剩下的那些贯穿整个城邦本身的共因和原因方面的技艺，是首先必须彼此相区分的东西。

苏　对。

异　［b10］你知道很难将它们一切为二吗？不过，［287c］我想，随着谈话推进，原因不会更少显现出来。

苏　所以，我们必须这么做。

异　那么，让我们把它当作牺牲，按照四肢划分它们，因为我们不能够将其一分为二。因为，人们在划分时必须［c5］尽可能总是接近数字二。

苏　那我们现在怎么做呢？

异　就像之前那样，当时我们将所有为编织提供工具的技艺作为共因。

苏　是。

异　［c10］所以，我们现在必须做同样的事，而且要［287d］比当时更多。因为，所有在整个城邦中制作工具的技艺，或小或大，全都必须被当作共因。因为，离开它们，城邦和邦政术都不会出现，尽管我们当然不会把它们当作王政术。

苏　［d5］不会。

异　不过，如果要将这个类与其他的分开，我们就是尝试做一件难事，因为，如果某个人说，任何存在者可以说都是某个东西的工具，他似乎说得［287e］有些道理。不过，我们还是得说这是城邦之中的另一个所有物。

苏　哪一个？

异　就是说，它不具有那种能力。因为，它的合成[e5]不像工具那样是为了生成的原因，而是为了制成品的保管。

苏　是什么呢？

异　是这个：各类为了固体和液体、着火和不着火的东西制成的东西，我们用容器这一个名称[e10]称呼它，这是个很大的类，我想，[288a]它实际上与我们正在探寻的知识完全无关。

苏　那可不？

异　第三种必须看到的所有物与此不同，是个很大的类，足行和水生的、好动和好静的、[a5]有价值和没价值的，拥有同一个名称，因为，它全部都是为了某种支撑，总是成为某个人的座椅。

苏　是什么呢？

异　我们无疑称之为支撑物，它几乎不是邦政术的作品，相反，倒是木工、制陶和制铜的[a10]作品。

苏　明白了。

异　[288b]第四类呢？我们是不是得说，它与这些不同，我们刚才提到的大部分东西都属于它，所有衣物、大部分盔甲和所有土石建成的包围墙，以及太多其他东西？不过，既然[b5]所有这些都是为了防卫而制成的，将它们整个地称为防卫物就最合适，认为它主要是盖房技艺和编织而非邦政术的作品，也正确得多。

苏　那当然。

异　[288c]关于装饰、绘画以及利用绘画和音乐完成仅为了快乐而做出来的模仿物的一切，我们愿意将此看作第五种吗，用一个名称概括它合适吗？

苏　[c5]哪个？

异　有些东西被称为玩物吧。

苏　可不？

异　那么，对于它们，这明显是一个恰当的名称，因为，其中任何一个都没有严肃的目的，反倒[c10]全是做来玩的。

苏　[288d]这事我差不多懂了。

异　我们现在提到的所有技艺通过某些形体并在其中进行制作，为这一切提供形体的是一个包罗万象的类，它是许多其他技艺的产品，我们[d5]不把它看作第六种吗？

苏　你说哪个类？

异　金银、所有矿藏以及伐木和所有修剪通过切割为木工和织艺提供的一切，还有给植物去皮、[288e]给有灵魂的形体去掉外皮的皮匠活，以及所有关于这类东西的技艺，再者，软木塞、纸草和绳索的制作术，它们使人们能够通过非合成的类制作合成的形相。我们将其整个称为同一个东西，人类原始的非合成的所有物，它绝不是[e5]王政知识的作品。

苏　漂亮。

异　那么，营养的获取，以及所有涉及身体并与其各部分相结合的身体部分，[289a]都赢得了某种照料的能力，我们得说这是第七种，整个地将它命名为我们的养育，除非我们能确定其他更好的名称。我们的命名会更正确地将它整个地赋予农事、狩猎、体育、医术和厨艺，[a5]而非邦政术。

苏　怎么不是呢？

异　那么，我想，几乎所有涉及获取的东西都在这七种当中讲到了，除了驯化的动物。不过，你考虑一下，将原始的形相放在开头[289b]恐怕最恰当，接下来是工具、容器、支撑物、防卫物、玩物、营养。至于剩下的，除非我们漏掉了什么大的，都能符合其中某一种，比如钱币、印章和所有[b5]票据的型相。因为，它们在自身之中并没有一个共同的大类，但是，虽然有些被强行拉进装饰，有些则是工具，它们仍然全部合拍。可是，那些涉及获取驯化动物的，奴隶除外，[289c]看来全部包含在此前经过划分的群体养育之中。

苏　那当然。

异　至于剩下的奴隶和所有仆役，在[c5]他们当中，我预言，那些与王者竞争织品本身的人也会显现出来，就像我们当时所说的那些纺纱、梳毛的人和所有其他人。而所有那些被看作共因的其他人，连同刚才提到的那些作品，都已经被去掉并且[289d]与王者和邦政行动分开了。

苏　好像确实是。

异　那么，来吧，让我们继续向前，看看手头剩下的，以便更清楚地认识它们。

苏　[d5]必须。

异　那么,关于最大的仆役,如果从这里看,我们发现他们的习气和性情与我们设想的相反。

苏　哪些呢?

异　[d10]那些买来的并且以这种方式被占有的。这些人,[289e]我们可以说他们毫无疑问是奴隶,最不可自命有王政技艺。

苏　可不?

异　这个呢?所有自愿安排自己服务于[e5]刚才我们所说的那些事的自由人,他们彼此之间平等地运送农产品和其他技艺的产品,有些在市场上交易,有些则经过海路或陆路在城邦之间交易,用钱币换取别的东西或钱币本身,我们称他们为钱商、商人、船主和商贩,他们不会竞争邦政术吧?

苏　他们或许竞争的是关于商业事务的[技艺]。

异　但是,那些至少在我们看来受人雇佣并且[a5]最乐意为所有人服务的劳工,我们绝不会发现他们自命有王政术。

苏　可不?

异　那些任何时候在这些事上服务于我们的人呢?

苏　你说哪些事?

异　[290b]其中包括传令者,以及所有由于经常服务而变得精通文字的人,还有另一些人,他们非常擅长完成许多其他统治事务,这些人我们怎么讲?

苏　[b5]像你刚才说的,仆役,他们本身可不是城邦的统治者。

异　但是,我想,当我说那些专门竞争邦政术的人会在这里某个地方显现出来,我不是在做梦。不过,在某个属于仆役的部分当中寻找他们,[290c]看来恐怕很离谱。

苏　正是。

异　那么,让我们向那些还没有经过考察的人靠得再近些。就是那些搞预言并且具有[c5]某一部分神职知识的人,他们当然是解释者,从神那里向人类解释。

苏　是。

异　所以,相应地,祭司这一类懂得——照法律所说——依诸神的心思通过祭仪从我们这里[290d]向他们提供礼物,也懂得通过祈祷要求他们让我们得到好东西。这两者无疑是神职技艺的部分。

苏　至少看起来是。

异　[d5]所以,在我看来,对于我们要去的地方,我们现在已经抓住了某条踪迹。因为,由于司职重大,祭祀和预言者的形象极其受人尊敬,拥有崇高的名望,以至于在埃及王者的统治甚至不可能离开[290e]祭司,如果他起初凑巧从另一个类当中强行成为王者,那么他必须马上加入这个类。而且,在希腊许多地方,人们都会发现,关于这些事情的最重大的祭仪被分配给[e5]最重要的统治者执行。特别是在你们这里,我的意思再明白不过了,因为,他们说在这里任何通过抽签成为王者的人,都被指派了最崇高、最传统的古老祭仪。

苏　那当然。

异　[291a]那么,必须观察这些抽出的王者,连同这些祭司及其仆从,以及另外一大群人,这群人刚才由于与此前的区分开来而对我们显现出来。

苏　[a5]你说的这群是哪些?

异　很奇怪的某一群人。

苏　为什么呢?

异　他们的类是混杂的,像我们刚才的观察显示的那样。许多人像狮子和马人[291b]以及其他这类东西,许多则像萨图尔和体弱而狡猾的野兽,他们快速地在彼此之间变换外形和能力。不过,苏格拉底,我看我刚才已经把握到这些人了。

苏　[b5]你得说说,因为你好像看到了什么奇怪的东西。

异　对,因为奇怪的东西由于无知而撞上每个人。在这件事上我自己也是如此,看到这个关于城邦事务的歌队时,[291c]我马上搞混了。

苏　哪个?

异　所有智术师中最伟大的巫术师,最精通这门技艺的人。尽管很难把他与真正是[c5]治邦者和王者的人分开,但必须分开,如果我们要清楚地看到我们寻找的东西。

苏　当然不该放弃这个。

异　至少我看不该。那么,对我说明一下这一点。

苏 哪一点？

异 [291d]君主制对于我们难道不是一种邦政统治？

苏 它是。

异 接着君主制，我想，人们会提到少数人的权力。

苏 [d5]怎么不呢？

异 第三种政制形态不是多数人统治吗，人们称之为民主制？

苏 当然。

异 尽管是三个，它们不会以某种方式成为五个吗，[d10]如果有两个从自身中产生与自己不同的名称？

苏 哪些呢？

异 [291e]现在照着在其中产生的强制和自愿、穷和富、法律和无法，将两者中的每一个分成两个，他们用两个名称称呼君主制，因为它有两类，[e5]僭主制和王制。

苏 可不？

异 而任何由少数人统治的城邦，则用贵族制和寡头制[称呼]。

苏 当然。

异 可是，对于民主制，不论多数人借助强迫还是自愿[292a]统治那些拥有财产的人，也不论他们是否准确地依循法律，无论如何没人习惯改变它的名称。

苏 正确。

异 [a5]所以呢？我们相信其中某个政制是正确的吗，如果它由这些标志界定：一个人、少数人和多数人、富和穷、强迫和自愿、有成文的东西或者缺少法律？

苏 困难在哪儿呢？

异 [292b]你这样来更清楚地看。

苏 怎么看？

异 我们是依据开头说的，还是换个说法？

苏 [b5]你想说什么？

异 我想，我们说过王政统治是某种知识。

苏 是。

异　我们当然不是从所有这些,而是[b10]从其他的当中选出某种评判和管理的[知识]。

苏　是。

异　在管理的[知识]中,一者针对无生命的作品,[292c]一者针对有生命的。依据这种方式进行划分,我们一直推进到这里,虽然没有忘记知识,却也没能完全搞清它是什么。

苏　说得对。

异　[c5]那么,我们认识到这个了吗,这个关于它们的标志,不应该是少数或多数、自愿或不自愿、穷或富,而是某种知识,如果我们根据前面所说的?

苏　[292d]我们可不能不这么做。

异　那么,现在必然必须这样来看这个,在其中哪一个之中会产生关于人类统治的知识——人们要获得的近乎最难最重大的知识。[d5]我们必须看到它,以便看到必须把谁从明智的王者中分出去,他们假装是治邦者并且劝导许多人,实则不是如此。

苏　确实必须这么做,像这个谈话对我们表明的那样。

异　[292e]我看,至少城邦中多数人不能获得这个知识吧?

苏　怎么能?

异　那么,在一个一千人的城邦中,某一百人[e5]或者五十人能完全获得这个吗?

苏　要是那样,它就是所有技艺中最容易的了,因为我们知道,与其余的希腊人相比,在一千个人中不会出现同样多顶尖的跳棋手,更不用说王者。因为,有王政知识的人,不管他统治与否,根据前面的道理,[293a]必须同样被称为王者。

异　记得真好。根据这个,我想,必须就某一个、两个或全部少数人寻找正确的统治,只要它是正确的。

苏　[a5]可不?

异　那么,必须认为这些人,不论他们统治自愿的还是不自愿的,不论依据文字还是没有文字,不论富还是穷,像那些如今我们相信依据技艺进行任何统治的人。[293b]我们尤其称那些医生[为医生],不论我们自愿还是不自愿,他们通过切割、火烧或者使用某种别的疼痛治疗我们,不管依据文字还是脱离文字,也不管是穷是富,总之我们不会更少[b5]称他们医生,只要他们凭借技艺,通过净化或者用别的法子让我们变瘦或变胖,只要每个治疗者,为了身体的好,通过使其由较坏变得较好[293c]而救治那些被治疗者。我想,我们以这种方式,而不是别的,把这一点看作医药和其他所有统治的唯一正确的标志。

苏　那当然。

异　[c5]那么,看起来,这个政制必然是尤其正确的、唯一的政制,在它之中,人们会发现统治者们真正有知识,而非仅仅看似如此,不管他们依据法律还是脱离法律统治,不管[他们统治]自愿者还是[293d]不自愿者,也不管他们是穷是富,就正确而言,人们绝不应该考虑任何这些东西。

苏　漂亮。

异　那么,不管他们通过杀死某些人还是流放,[d5]从而为了善而净化城邦,或者,通过把移民像蜂群一样送到某处而使城邦变小,又或者,通过从外部某处引进另外一些人并使之成为公民而扩大城邦,只要他们运用知识和正义,安全地尽可能使城邦由较坏变得较好,[293e]我们就必须说,依据这样的标志,这是唯一正确的政制。至于我们谈到的所有其他政制,我们必须说它们不真正是正宗的政制,而是对它的模仿,有些我们认为法度优良,模仿得较美,其余的则模仿得[e5]较丑。

苏　异乡人,所有事看起来都说得合适。可是,必须脱离法律统治,这事说来比较难听。

异　你问得比我超前一点,苏格拉底。因为[294a]我正要问你,你是全部接受这些,还是对有些话不满意。不过,现在我们显然都想弄清这一点,关于脱离法律统治的正确性。

苏　[a5]怎么不是呢?

异　显然,立法术以某种方式属于王政术,可是,最好不是法而是人掌权——那个明智的王者掌权。知道为什么吗?

苏　怎么讲呢?

异　[a10]因为,法不能精确地使所有人同时获得最好、[294b]最正义的东西并为其规定最好的东西。因为,人类及其行为的那些差异,以及人事几乎从不静止,不允许在任何情况下任何技艺就[b5]全体、针对全部宣称单一的东西。我们同意这一点吗?

苏　可不?

异　可是,我们看到,法律却使劲靠近[294c]这个,就像某个顽固愚蠢的人,不许任何人违反他本人的安排做事,也不许任何人提问,就算有些新东西终究对他事实上更好,他也不许违反他自己定下的道理。

苏　[c5]正确。法律现在完全照你说的那样对待我们每个人。

异　那么,相对于绝不单一的东西,那个在所有时候都单一的东西岂不是不可能弄得好?

苏　恐怕是。

异　[10]那么,究竟因为什么必须立法呢,既然[294d]法律不是最正确的?得找到它的原因。

苏　可不?

异　在你们这里和其他城邦里不是有某种人的分组训练吗,不管针对赛跑还是针对别的什么,为了胜出?

苏　[d5]相当多。

异　好吧,我们凭回忆再回想那些在这类统治中凭借技艺锻炼之人的规矩。

苏　哪些呢?

异　[d10]他们不相信,通过规定适合每个身体的东西,可以挨个管好每个人,[294e]相反,他们相信必须更粗略地为身体的改善做安排,像对于大部分情况和多数人那样。

苏　漂亮。

异　正是因此,他们现在给予各组同样的练习,[e5]在赛跑、角力以及所有身体练习中,让他们同时开始,同时结束。

苏　是这样。

异　那么,我们得相信立法者——那个要在正义和彼此的契约方面管理牧群的人——[295a]永远不会变得足以按分组规定所有人,精确地分配适合每个人的东西。

苏　好像确实是。

异　相反,我想,他大概会这样就许多人[a5]和大部分情况来更粗略地为每个人立法,通过文字或不通过文字分配,靠祖先的习俗立法。

苏　对。

异　确实对。因为,苏格拉底啊,一个人怎么会有这样的[295b]能力,以至于整个一生永远坐在每个人旁边,精确地规定合适的东西?我想,任何真正掌握了王政知识的人,一旦能做到这一点,就几乎不会通过写下[b5]这些所谓的法律给自己设下障碍。

苏　根据我们目前说的,的确如此,异乡人。

异　最好的人啊,根据我们要说的,更是如此。

苏　说什么呢?

异　[b10]是这样的。就说在我们自己当中,[295c]一个医生或者某个教练要外出,要长时间离开他的病人,他相信锻炼者或者病人不会记得他的规定,他愿意给他们写下提示吗,[c5]或者怎么办?

苏　是这样。

异　可是,如果跟他想的相反,他外出较短时间就回来了,又如何呢?那么他会不敢提出与那些写下的东西相悖的东西吗,假如对于病人来说出现了不同的、更好的情况,[295d]又因为风或者别的什么出乎意料来自宙斯的有点反常的事情,他会坚定地认为,他不应该通过规定不同的东西侵犯起初设立的法律,那个病人也[d5]不该冒险做违背文字的其他事,因为它们是符合医术和健康的,而别的事情则是有害而不专业的?还是说,如果任何这样的事发生在知识和[295e]真正的技艺中,它恐怕无论如何完全会成为这种立法中最大的笑话?

苏　完全如此。

异　可是,对于那个就正义和不正义、美和丑、[e5]好和坏通过书写或不通过文字给人群——各个城邦依据这些书写者的法律被牧养的所有人——立法的人,如果那个依据技艺书写的人或者另外某个与之相似的人回来了,他确实不得规定[296a]与此相悖的其他东西吗?还是说,这个禁令并不比前面的真正更少显得可笑?

苏　可不?

异　那么,你知道在这种情况下众人会说[a5]什么话吗?

苏　眼下还想不到。

异　似乎在理。他们说,如果有人熟悉与从前相反的更好的法律,每个人都必须通过说服他自己的城邦立法,别无他法。

苏　[a10]所以呢?这不对吗?

异　[296b]也许吧。可是,要是有人不通过说服,而是强制更好的东西,你回答一下,这个强制的名称是什么?不过别回答,还是先说之前的事吧。

苏　说哪个呢?

异　[b5]如果某个人不是说服需要医治的人,而是正确地拥有这项技艺,强制一个孩子或者某个男人或女人违背文字做更好的事,这个强迫的名称是什么呢?它无论如何不是所谓违背这项技艺的有害的错误吧?对于这个被强制的人,关于这件事,[296c]除了说他由于这个医生的强制而遭受伤害和不专业,说什么话都正确吧?

苏　你说得太正确了。

异　那么对于我们,那个被说成违反邦政技艺的错误[c5]又是什么呢?它难道不是丑的、坏的和不正义的?

苏　完全如此。

异　而那些被强制违反文字和传统做比此前的事更正义、更好和更美的其他事的人,[296d]来吧,关于这种事的这种强制,就对它的指责来说,如果他不要成为最可笑的人,他在任何情况下都必须说,那些受到强制者强制的人无论如何没有遭受丑的、不正义的和坏的?

苏　[d5]你说得太正确了。

异　不过,如果强制者是富人,就正义,如果是穷人,这种强制就不正义吗?还是说,不管某个人说服或不说服,富或穷,依据文字[296e]或违反文字,如果他做得有益,关于这些,这必然是正确的城邦安排的最真实的标志,也就是智慧的好人安排被统治者的事?就像船长[297a]总是监管船只和水手的利益,不是通过设立文字而是通过使技艺成为法律,保护跟随他的人,那么这样一来,依据同样的方式,从那些能够这样统治的人当中或许会产生正确的政制,[a5]如果他们使用比法律更强大的技艺的力量?聪明的统治者所做的一切都不可能是错的,只要[297b]他盯紧一件大事,总是给城邦里的人分配依照理智和技艺最正义的东西,并且能保护他们,能使他们尽可能由较坏变得较好?

苏　不可能反对你现在说的。

异　[b5]也不该反对那些?

苏　你说哪些?

异　不管哪类多数人都不能获得这种知识并依照理智安排[297c]城邦,相反,必须在某一小群少数人和一个人那里寻找那个唯一正确的政制,必须把别的政制看作模仿物,就像一会儿之前说的,有些将它模仿得比较漂亮,有些则模仿得较丑。

苏　[c5]什么,这个怎么讲?关于模仿的事,我刚才实在没搞懂。

异　这确实不是小事,假如有人提出这个道理,把它一扔,不通过细究指出关于它目前[297d]会产生的错误。

苏　哪种呢?

异　这种事必须探寻,很不寻常,不容易看到。不过,还是让我们尝试把握它吧。来吧,如果我们所说的这个政制[d5]对于我们是唯一正确的,你知道吗,其他政制必须通过诉诸文字,这样保护自己,做那件目前受到赞颂却并非最正确的事?

苏　哪件事?

异　[297e]让城邦里的任何人都不敢做违反法律的任何事,用死亡和一切极刑惩罚那些敢做的人。这是第二最正确、最漂亮的事,只要把目前认为第一的放在一边。[e5]可是,我们说的这个第二以什么方式发生,我们得仔细看。是吗?

苏　当然。

异　那么,让我们回到类似的事,人们必须总是借助它们描绘王者的统治。

苏　[e10]哪些事?

异　真正的船长和医生抵得上其他许多人。让我们用他们为我们塑造一个形象,然后观察它。

苏　什么形象?

异　[298a]是这样的:假使关于他们我们全都认为我们由于他们而遭受最可怕的事。医生乐意救我们哪个,就一样地救,乐意伤害谁,就伤害谁、切割、灼烧,[a5]命令我们给他们送去资费,像进贡一样,对病人,他们花掉其中一小部分,甚至根本不花,他们自己和家人则用掉剩下的;[298b]最后,从病人的亲属或者他的某些敌人那里,他们收取钱财作为报酬,再杀死他们。船长们也干很多别的这种事,在航行中出于某个阴谋将人丢弃,[b5]通过在远海制造事故把人扔进大海,还有别的恶行。所以,假如我们这样认为,并且针对他们想到某个主意,不再允许某项技艺自主地统治奴隶或自由人,而是召集一个我们自己的会议,要么包括全体民众,要么只包括富人,允许门外汉和其他匠人关于[c5]航海和疾病凑主意,涉及我们必须依据什么对病人使用药物和医治工具,[依据什么]自己使用船只和[298d]用于船只的航海工具,涉及风和大海带来的航海本身的危险和遭遇海盗的危险,以及是否必须用长形战舰与其他同类船只进行海战。[d5]不过,多数人关于这些事的意见,某些医生、船长或者别的门外汉的想法,我们写上[298e]在某个三角碑或石柱上,同时设立不成文的祖传习俗,从这个时候以后,要依据所有这些进行航海和医治病人。

苏　[e5]你说得真离谱。

异　可是,每年我们确定多数人的统治者,要么来自富人,要么来自全体民众,只要这人得到投票。这些统治者一旦确定,他们就依据这些文字作为船只的船长和病人的医生统治。

苏　[e10]这更难[理解]。

异　接下来再看这个。对于每个统治者,每年一结束,我们就必须设立人们的法庭,或者从富人当中先选,或者[299a]从全体民众当中票选,并且将统治者带到他们面前质询,只要愿意,他们可以指控统治者在这一年里不依据文字驾驭船只,也不依据祖宗的古老习俗;关于医生,[a5]也同样如此,一旦判处,他们就裁定其中某些人应该怎样受罚或交罚金。

苏　那么,对于那个愿意并且自愿在这种情况下[299b]统治的人,恐怕任何惩罚和罚金都是最正义的了。

异　此外,还必须对所有这些定下法律:假如谁看起来在违反文字探寻船长的技艺和航海术,或者健康术和药理,以及风向和冷热,[b5]并且研究任何这类事情,首先既不能称他医家,也不能称他船长,而称他谈天的人,某个闲谈的智术师;其次,因为他败坏别的年轻人,劝[299c]说他们不依据法律从事驾船术和医术，而是自主地驾驭船只和病人，所以任何愿意的人都可以指控他们，并且把他们带上某个法庭；如果认为他劝说年轻人或老年人[c5]违反法律或成文的东西，就用极端手段惩罚他。因为他绝不应该比法律更智慧；因为没有人对医术、健康术以及驾船和航海一无所知；因为，只要愿意，任何人都可以学习[299d]成文的东西和既定的祖宗习俗。所以，苏格拉底啊，如果事情像我们说的这样，关于这些知识，以及将兵术和所有的猎取术、绘画，或者模仿技艺的所有部分、木匠的技艺[d5]和全部制作工具的技艺，或者农业术和关于植物的全部技艺，或者，如果我们观察依据文字进行的马匹饲养或所有群体畜牧，或者预言术和一切涉及服务的[299e]部分，或者跳棋和全部算术，不管它是简单的、平面的还是涉及立体和速度的——如果所有这些都这样做，依据文字而非依据技艺，会出现什么情况？

苏　[e5]显然，所有这些技艺对于我们会全部被毁掉，由于这个禁止探寻的法律，它们也不再会产生；如今艰难的生活，那时候恐怕将变得完全没法过。

异　[300a]那么，这个呢？如果我们强制我们所说的每一个匠人遵守文字，又强制通过举手或抽签碰运气选出的人掌管我们的文字，可这些人根本不关心文字，要么因为[a5]某种利益，要么因为私人的喜好，他们试图做出违反文字的相反的事情，对此毫无知识，这难道不是比前面的坏事更大的坏事？

苏　太正确了。

异　因为，我想，那个胆敢违反文字做事的人，违反的是源于许多试验立下的法律，是某些建议者就各种情况巧妙地提出建议并且说服大众设立的法律，他会多次造成最严重的错误，[b5]恐怕会比文字更大地破坏所有行为。

苏　当然，怎么不呢？

异　[300c]因此，对于那些就任何事情设立法律和文字的人，第二次航行①就是不允许任何一个人或多数人做任何违反它们的事。

---

① "第二次航行"指在无风的情况下靠桨行船，比喻"次好的办法"；对比《斐多》99d、《斐勒布》19c。

苏　对。

异　[c5]那么，这些尽可能从有知识的人那里写下来的东西，无论如何都是真相的模仿物？

苏　可不？

异　而且，我们说过，如果我们记得的话，有知识的人，真正的[c10]治邦者，会尽量用自己的行动凭借技艺做许多事，他不关心文字，只要他[300d]认为与文字——由他所写并传给那些不与他在一起的人——不同的事更好。

苏　说过。

异　那么，任何一个人或者任何一大群人——[d5]法律恰好为其所立，不管他们因为别的事更好而试图做什么违反法律的事，都在尽其所能像那个正确的人一样做事？

苏　那当然。

异　那么，如果他们没知识，又这样[d10]做事，尽管他们试图模仿真相，恐怕模仿得仍然[300e]很坏。不过，如果有技艺，这就不是模仿，而是那个最真的本身？

苏　当然。

异　我们此前定过一个共识，[e5]多数人没能力获得任何技艺。

苏　确实定过。

异　那么，如果有某种王政技艺，富裕的多数人和所有民众都不会获得这种邦政知识。

苏　[e10]怎么会呢？

异　看来，这种政制，如果要[301a]尽可能很好地模仿那个由一个人凭借技艺统治的真正的政制，就绝不应该做任何违背为其设立的法律的文字和祖传习俗的事。

苏　[a5]说得太漂亮了。

异　所以，如果富人模仿它，我们就称这种政制为贵族政制。不过，一旦他们不理会法律，就称寡头政制。

苏　恐怕是。

异　[a10]再者，如果一个人依据法律，模仿[301b]有知识的人，我们就称他王者,不用名称区分知识的统治与依据法律意见的统治。

苏　恐怕是。

异　[b5]那么,如果某一个真正有知识的人统治,在这种情况下他无论如何会被赋予王者这个名称,而不是别的。由于这一点,我们现在所说的这些政制的五个名称,就成了仅仅一个。

苏　好像的确如此。

异　[b10]那么这个呢,如果某一个统治者既不依据法律也不依据习惯[301c]做事,装作像是有知识的人,说毕竟应该违背成文的东西做最好的事,可是主宰这种模仿的是某种欲望和无知,那么每一个这样的人不是应该被称为僭主吗?

苏　[c5]可不?

异　那么,我们说,僭主以及王者、寡头制、贵族制和民主制就这样出现了。如果那个唯一的统治者惹怒了人们,而他们又相信没人配得上那种统治——[301d]愿意而且能够靠德性和知识正确地把正义和神圣的东西分配给所有人——[他们相信]他总是虐待、杀戮、伤害我们,只要他愿意。因为,如果能出现我们说的那种人,他会受到拥戴,[d5]并且掌管唯一绝对正确的政制,使之驶向幸福。

苏　怎么不是呢?

异　可是,就像我们说的,当城邦中没有出现[301e]在蜂群中自然产生的那种王者,一个在身体和灵魂上完全特殊的人,那么,看来他们必须聚到一起写下文字,遵循最正确的政制的轨迹。

苏　恐怕是。

异　苏格拉底啊,在这样的政制中发生的以及所有将会发生的所有坏事,由于这些事建立在这样的基础上,亦即不是根据知识而是依据文字和习惯做出[302a]行为——如果另一种[知识]采用这种方式,在所有人看来显然会毁掉由此产生的东西——你会惊讶吗?还是说,更应该让我们惊讶的是,一个城邦如何依据自然是某个强大的东西?因为,一些城邦如今无休止地经历这些,有些城邦仍然[a5]稳定,没有倾覆,虽然许多城邦有时像船一样在沉没中消亡、已经消亡和将要消亡,由于船长和船员的糟糕状况,他们对于最大的事情得到了最大的[302b]无知,虽然关于邦政之事他们一无所知,他们却相信自己在所有方面最清楚地得到了所有这种知识。

苏　太正确了。

异　[b5]那么,这些不正确的政制,人们在哪一个之中生活最不困难,虽然全都困难,哪一个又最艰难? 我们应该考虑它吗,即使就目前摆在我们面前的[论题]而言,它可以说是个副题? 但是,整体上说,或许我们所有人做的每一件事都是因为这类事情。

苏　[b10]应该。怎么不呢?

异　[302c]那么,你得说,虽然有三个,同一个是极难又极易的。

苏　怎么讲?

异　没别的,而是说:君主制、少数人统治[c5]和多数人统治,是我们在这个现在已经淹没我们的谈话的开头所说的那三个。

苏　确实是。

异　那么,让我们把它们每一个切成两个,做成六个,把那个正确的分离出来成为[c5]第七个。

苏　怎么做?

异　[302d]我们说君主制分成王制和僭主制,非多数人的再分成人们推崇的贵族制和寡头制;至于多数人的,当时我们把它看作单一的,称为民主制,现在我们则[d5]必须也把它看作两个。

苏　怎么呢? 依据什么划分它?

异　跟其他的没什么不同,即使它的名称现在[302e]是两个,也没不同。相反,对于它和其他的[政制],都有依法和非法的统治。

苏　的确是。

异　那么,在我们寻找那个正确的[政制]之时,这个切分[e5]没用,正如我们之前指出的那样。不过,一旦我们撇开那一个,把其余的看作必然的,在它们之中非法和守法就会把其中每一个一分为二。

苏　这么说来,好像是。

异　[e10]那么,君主制如果受到我们所说的法律约束,就是所有六种政制中最好的,没有法,在其中生活就是困难和最艰难的。

苏　[303a]恐怕是。

异　对于非多数人的[政制],由于少数人是一个人和多数人的中间,这样一来我们相信它是两者的中道;与其他的相比,多数人的[政制]则在所有方面都弱,在大善大恶方面都无能为力,因为其中的统治已经按照小块被分配给许多人。所以,在所有守法的政制中它成为最坏的,在所有非法的中它最好。[303b]虽然在民主制中生活胜过所有没有规矩的[政制],但如果有秩序,最不应该在民主制中生活。目前看来首先最好在第一个中[生活],除了第七个,因为,人们必须把它从所有其他政制中分出来,[b5]就像把神从人中分出来。

苏　看起来结果会是这样,我们得按你说的做。

异　那么,除了那个有知识的政制,[303c]我们必须赶走所有这些政制的参与者,因为他们不是治邦者,而是煽动者,作为最大的影像的支持者,他们自己就是这类事物,作为最大的模仿者和巫师,他们成了智术师中的[c5]智术师。

苏　恐怕这个说法已经最正确地指向那些所谓的治邦者。

异　很好。这对我们来说完全就像戏剧,正如刚才所说,看到一群马人和萨图尔,[303d]必须把它与邦政技艺分开,现在我们确实这样费劲把它分开了。

苏　好像是。

异　不过,还有另一个剩下的,比这个更难,[d5]它与王者一类更接近、更相似,也更难认识。我看,我们与那些淬金的人有相似的经历。

苏　怎么呢?

异　那些匠人当然先把土和石头以及许多其他东西[d10]分出去;在这之后,[303e]剩下与金子类似的贵重的东西与它混在一起,只有用火才能去除,铜和银,有时也有坚硬的东西,在借助试金石通过冶炼去除这些东西之后,我们就可以看到所谓的纯金本身,[e5]完全是其本身。

苏　这事说来确实是这样。

异　那么,看起来我们也根据同样的道理把邦政知识之外的东西分出去了——所有与它不同和对立的东西,剩下高贵的同[e10]类。其中当然有将兵术和司法技艺,以及那些[304a]分有王政术并且通过正义的说服驾驭邦民行为的修辞。那么,人们用什么方式最容易把它们分出去,从而赤裸裸地、仅仅就其本身展示那个我们寻找的人?

苏　[a5]显然必须以某种方式尝试做到这一点。

异　由于这个尝试,他会出现的。不过,我们得通过音乐让他现身。告诉我——

苏　什么?

异　[304b]对于我们,当然有音乐的学问以及一般说来关于手工技艺的知识吧?

苏　有。

异　这个呢? 关于我们应不应该学习其中任何一门,[b5]我们是不是会说也有某种关于这事本身的那个知识,或者怎么样?

苏　是这样,我们会说有。

异　那么,我们会同意它与那些不同吗?

苏　同意。

异　[b10]不过,是其中没有任何一个应该统治其他的,[304c]还是说那些应该统治这个,或者,这个应该管理和统治所有其他[那些]?

苏　这个统治那些。

异　你是说,对于我们,这个关于是否应该学习的[知识],必须[c5]统治那个被学和在教的[知识]?

苏　当然。

异　关于是否应该说服的[知识]统治能够说服的[知识]?

苏　怎么不是?

异　[c10]好的。我们会把通过讲故事而非通过教导[304d]说服多数人和大众的能力归入哪种知识?

苏　我想,这个很明显,应该归入修辞术。

异　关于应该通过说服还是通过某种强力[d5]针对某些人采取不管什么行动,还是完全无所作为,我们又会把这个放进哪种知识?

苏　放进那个统治说服术和言说术的[知识]。

异　不会是别的什么,我想,除了治邦者的能力。

苏　[d10]说得漂亮。

异　那么,看起来修辞已经很快从邦政术中分出去了,[304e]因为它是另一类,从属于这一个。

苏　是。

异　关于接下来的这个能力,我们应该怎么看?

苏　哪个?

异　[e5]关于我们必须如何与任何我们选择与其战争的人战争的[能力],我们会说它不含技艺还是属于技艺?

苏　这正是将兵术和所有战争行动所做的事,我们怎么会认为它不含技艺呢?

异　不过,那个能够懂得应该战争还是[e10]应该凭借友谊妥协的[知识],我们该认为它与此不同,还是与此相同?

苏　根据前面说的,必然不同。

异　[305a]那么,我们会宣称它是其统治者吗,如果我们认为这与前面的情况相似?

苏　会。

异　那么,对于如此可怕而重大的全部战争技艺,[a5]我们究竟努力表明什么是它的主人呢,除了真正的王政术?

苏　绝没有其他的。

异　所以,我们不会把作为从属事物的将兵知识看作邦政知识。

苏　[a10]看来不会。

异　[305b]那么,来吧,我们看看那些正确进行裁决的裁决者的能力吧。

苏　很好。

异　那么,这个能力是否超乎这般:在契约方面,[b5]从立法的王者那里得到所有被确立为合法的东西,根据这些来判断那些被规定为正义和不正义的东西,拿出它自己既不被某些财物也不被恐惧、同情以及[305c]某种别的仇恨和友爱破坏的德性,拒绝在相互诉讼时违背立法者的规定作出裁决?

苏　不,相反,你所说的很接近[c5]这种能力的作为。

异　所以,我们发现裁决者的力量不是王政术,而是法的守卫者和王政术的仆人。

苏　好像是。

异　看一下我们所说的所有知识，[c10]我们必然会发现，其中没有任何一个被表明是邦政的[知识]。[305d]因为，真正的王政术必然本身不行动，而是统治[其他]那些有能力行动的——通过在时机和不合时机方面认识城邦中最重大事情的开端和动力——而其他的必须做规定的事。

苏　[d5]对。

异　因此，我们刚才说过的这些，既不互相统治也不统治它们自己，而是每一个就它自己个别的行为、依据其行为的特性，恰当地得到了自己的名称。

苏　[305e]确实像是如此。

异　不过，那个统治所有这些和法律、照管城邦中的一切并且最正确地把所有东西编织到一起的，如果我们用一个共同的名称[e5]概括它的能力，看来我们应该恰当地称之为邦政术。

苏　完全如此。

异　那么，我们现在不想根据编织的范例也考察一下它吗，既然城邦中的所有类别[e10]我们都已经清楚了？

苏　当然。

异　[306a]那么，看来得说说王者的编织，它是哪一种，以什么方式编织，带给我们哪种织物。

苏　当然。

异　[a5]所以，看起来必须指出一件难事。

苏　无论如何必须提。

异　因为，德性的部分以某种方式有别于德性的形相，而且，按照众人的意见，[a10]它很容易受那些能言善辩者攻击。

苏　我不明白。

异　我再这么说吧。我认为，你相信勇敢[306b]对我们来说是德性的一个部分。

苏　当然。

异　节制与勇敢不同，不过，它也是勇敢所属的德性的一个部分。

苏　是。

异　那么,关于这两个部分,我们得大胆说出有点儿让人吃惊的话。

苏　什么话?

异　就是说,两者极有可能以某种方式彼此[b10]敌对,在许多事物中维持对立状态。

苏　怎么讲?

异　这绝不是寻常话,所有[306c]德性的部分至少都被说成彼此友好的。

苏　是这样。

异　那么,让我们好好用心,看看就是这么简单,还是其中有些肯定[c5]与其同类在某些方面有差别?

苏　好,你说说我们得往哪儿看?

异　在所有事物中,我们必须寻找那些我们认为美却又将其放进两个彼此对立的类的事物。

苏　你得说得更清楚些。

异　[c10]迅捷与快速,不论就身体来说,还是在[306d]灵魂中,不论就声音的运动,还是就其自身或者就其存在于影像——所有音乐以及绘画的模仿产生的模仿物——中来说,你自己曾经是其中某一个的赞美者吗,或者,你当面听过别人赞美它们吗?

苏　[d5]可不?

异　你还记得他们每次都怎么做吗?

苏　不记得了。

异　那么,我能不能像我[d10]所想的那样,通过言辞对你指出这一点呢?

苏　[306e]为什么不呢?

异　你似乎认为这种事很容易,那么,让我们在对立的类中看看吧。经常对于很多行为,每当我们赞颂思想和身体以及声音的快速、[e5]猛烈和迅捷之时,我们都用勇敢这一个说法表达对它的赞美。

苏　怎么呢?

异　首先我们一定会说"迅捷而勇敢","快速而[e10]有男子气",我们同样也说"猛烈"。在所有时候,我们赞美所有这些自然[特性],都通过对它们共同使用我说的这个名称。

苏　对。

异　[307a]那么这个呢？在许多行动中,我们不也经常赞美那类平静地发生的事吗？

苏　当然。

异　那么,我们不是通过说出与关于那一类[的话]相反的话[a5]表达赞美吗？

苏　怎么呢？

异　因为,当我们赞颂缓慢和温和之时,既关于理智活动,也就实践活动而言,还有存在于声音之中的[a10]轻和重,所有的节律运动,以及全部[307b]舒缓得当的音乐,我们总是说平和、克制,我们不是用勇敢而是用秩序的名称称呼这一切。

苏　太正确了。

异　[b5]可是,一旦这两者对于我们变得不恰当,我们就把其中每一个倒过来,通过重新用名称区分它们来批评相反的东西。

苏　怎么呢？

异　如果它们变得比恰当的更迅捷、更快,[b10]并且显得更强硬,我们就说它们傲慢和狂躁,[307c]如果更重、更慢、更柔软,我们就说懦弱和迟钝。这些东西,以及节制的天性和与之相反的那些人的男子气——这些型相彼此分裂,处于战争般的内讧——我们发现它们[c5]不在涉及这些东西的活动中相互混合,而且,如果深究下去,我们就会看到那些在灵魂中拥有它们的人是彼此不同的。

苏　你说的是哪里？

异　在我们现在说到的所有事情中,而且看来[307d]也在许多别的事情中。我想,根据他们与其中任何一者的相似性,他们赞颂有些人是自己的家人,指责与此不同的另一些是外人,从而在许多事情上形成彼此之间的极大敌对。

苏　[d5]很有可能。

异　这些形相的这种不同是儿戏。可关于最大的事情,它就导致各个城邦最憎恶的疾病。

苏　你指关于什么事情？

异 [307e]看来是关于整个对生命的安排。那些特别有秩序的人乐意过平和的生活,自己独自处理自己的事情,既这样在本邦与所有人相处,[e5]对于外邦,他们同样乐意在所有事情上以某种方式保持平和;而且,由于这个过分的、更不恰当的爱欲,一旦他们做了想做的事情,他们就在不经意间变得不好战,并且以同样的方式安排他们的孩子,而且总是任人攻击,因此,[e10]用不了很多年,他们自己和这些孩子以及整个[308a]城邦,不是变得自由,而是常常在不经意间成为奴隶。

苏 你说的遭遇真是痛苦可怕。

异 可是,那些更倾向于勇敢的人又如何呢?他们[a5]难道不总是使自己的城邦陷入战争吗,由于这个过度的、更猛烈的对这种生活的欲望,他们就与许多强者处于敌对状态,要么完全消灭这些人,要么反而使自己的父邦沦为那些敌人的奴隶和臣民。

苏 [308b]是这样。

异 那么,我们怎么否认,在这些事情上这两个类彼此之间总是有许多最大的敌对和内讧?

苏 [b5]根本不能否认。

异 所以,我们不是发现我们起先察看的东西了吗:德性的部分,不小的部分,依据自然彼此不同,并且也以同样的方式驱使那些拥有它们的人?

苏 恐怕是。

异 [b10]我们再看下一个。

苏 哪个?

异 [308c]一种结合的知识对于它加工的任何事物——即使是最小的事物——是愿意用某些糟糕和优质的东西进行结合,还是,所有知识在任何地方都尽可能扔掉糟糕的,采用[5]合适的和优质的,用既相似又不相似的东西使所有东西合为一体,制作某一种能力和型相?

苏 可不?

异 [308d]所以,对我们来说真正依据自然的邦政术绝不会愿意用糟糕和优质的人合成某个城邦,相反,显然它会先用游戏考察他们,考察之后再把他们交给那些能够教育他们[d5]并且为此奉献的人,它自己则进行命令和管理,就像编织术通过跟进梳毛工和其他为编织事先准备一切的人进行命令和管理,通过[308e]向这些人指出这类事情来完成所有它认为适合其编织的工作。

苏　那当然。

异　在我看来,以这同样的方式,王政术[e5]由于本身具有这种管理能力,不会允许所有依据法律的教育者和保育员做任何事,除非这事通过完成其自身的混合造就某种恰当的性情,王政术只鼓励他们教这些。如果哪些人不能分享勇敢和节制的性情[e10]以及所有与德性相关的东西,而是[309a]被坏天性强行推入渎神、傲慢和不正义之中,王政术就用死刑、放逐和最大的耻辱惩罚他们,从而剔除他们。

苏　确实像是这么说。

异　[a5]而那些沉溺于无知和鄙俗的人,王政术就把他们打入奴隶之类。

苏　太对了。

异　那么,那些剩下的,所有那些恰好经过教育[309b]而能够保持高贵并且通过技艺接受彼此混合的天性,其中有些更倾向于勇敢,以至于其刚强的性情被认为像经线,有些则更倾向于秩序,[b5]提供又厚又软、看样子像纬线的线,彼此倾向相反,王政术就这样以某种方式把他们结合编织起来。

苏　哪种方式?

异　[309c]首先,依据这种同类关系,把作为其灵魂部分的永恒的类用神圣的绳索结合起来,在神圣的[绳索]之后,再用人的绳索结合动物的类。

苏　这怎么讲,你再说一说?

异　关于美、正义和善及其反面的真正正确稳固的意见,一旦在灵魂中生成,我就说神圣的意见在神灵的类中生成了。

苏　当然应该是这样。

异　[309d]所以,只有治邦者和好的立法者能凭借王政术的缪斯,将这东西放进那些我们刚才说过的正确地获得了教育的人之中。

苏　[d5]当然,好像是。

异　不过,苏格拉底啊,任何不能做到这些的人,让我们绝不要用正在寻找的名称称呼他。

苏　太对了。

异　[d10]所以呢?如果有勇敢的灵魂抓住了这种[309e]真相,那么,它难道不会变得温顺,而且最愿意这样分有正义,如果没抓住,它岂不更要滑向某种野兽的天性?

苏　怎么不呢?

异　[e5]有秩序的天性又如何呢?如果分有了这些意见,它难道不会真的变得节制和明智,就在政制之中而言,如果没有分有我们所说的,它难道不会因为头脑简单而最恰当地得到可耻的名声?

苏　那当然。

异　[e10]那么,我们要说,对于坏的与其自身,以及好的与坏的,编织和绳索绝不会持久,任何一门知识都不会严肃地对这种人使用它?

苏　怎么会呢?

异　[310a]而那些从开始就生得高贵,并且仅仅依据自然通过礼法养育的性情,对于它们,我们会说这是凭借技艺的药,而且,正如我们所说,对于德性之[a5]自然的彼此不同、相互对立的部分,这是更神圣的绳索。

苏　太正确了。

异　至于那些剩下的,作为人的绳索,如果有了这个神圣的绳索,大概就既不难理解,也不难根据理解造就它们。

苏　[310b]怎么呢,是哪些?

异　联姻和共有孩子,私人方面的婚约和婚姻。许多人在这些事上没有正确地为了生育孩子[b5]而结合。

苏　什么呢?

异　人们为什么要严肃批评在这些个事情上对财富和权力的追求,俨然这值得谈论一样?

苏　用不着。

异　[b10]谈论那些关心家族的人[310c]倒更恰当,如果他们以某种方式做错了事的话。

苏　好像确实是。

异　他们不按任何一条正确的道理做事,[c5]因为他们追求眼前的便利,欢迎那些与自己相似的人,不喜欢不相似的人,最在乎厌恶情绪。

苏　怎么呢?

异　那些有秩序的人肯定想要他们自己的性情,[c10]尽可能从这些人当中娶亲,[310d]又把女儿嫁给这样的人;勇敢的那类人也这样做,紧追自己的天性,尽管这两类都完全应该做相反的事。

苏　[d5]怎么呢,为什么?

异　因为,经过许多代不与节制的天性混合生出,勇敢自然在起先力量极大,而最终完全陷于疯狂。

苏　好像是。

异　[d10]而过度充满羞怯又不与勇敢的[310e]大胆混合的灵魂,如果这样生许多代,则会生长得比应有的迟缓,最终完全废掉。

苏　这事好像会弄成这样。

异　[e5]所以我说把这些绳索结合起来根本不难,如果这两类关于美好具有同一个意见。因为,这就是唯一也是全部的王者的编织工作,绝不让节制的性情与勇敢的[性情]分开,而是凭借[e10]共同意见、荣誉、耻辱、声誉和相互为质进行编织,用它们合成平整、[311a]优质的网,像人们说的那样,从而总是将各个城邦的统治共同交给这些人。

苏　怎么呢?

异　一旦需要一个统治者,[a5]就选择具有这两者的人治理;一旦需要很多个,就将两者的每一个混合起来。因为,节制的统治者的性情过于谨慎、正义和保守,缺乏激情和某种热切主动的活力。

苏　[a10]好像确实如此。

异　[311b]而男子气则比前者更缺少正义和谨慎,不过,它在行动中相当有活力。如果这两者不存在,那么关于城邦的一切都不可能在私人和公共方面[b5]变好。

苏　怎么不[是这样]呢?

异　那么,让我们说,这就是邦政行为之网的完成,[也就是]勇敢和节制的人的性情通过平整的织法被编织起来,一旦王者技艺通过一致和友爱[311c]将他们的生活合成共同的,并且完成最好最伟大的网,将城邦中其他人包裹起来,无论奴隶还是自由人,用这个编织物加以结合,[c5]并且为了使一个城邦尽可能变得幸福——通过绝不忽略任何这方面的事情——而进行统治和治理。

苏　异乡人啊,你再次最好地为我们完成了王者和治邦者。

卷三

帕默尼德

曹聪　译

克法洛斯[①]　［126a］就在我们从家、从克拉左美奈[②]抵达雅典时,一下到市场,就把阿德曼托斯和格劳孔都遇上了。阿德曼托斯还握住我的一只手,"欢迎,"他说,"克法洛斯啊,要是你们在这儿所需的任何东西是我们给得了的,就只管说吧。"

［a5］"可不是吗,"我说,"眼下就为着一件事儿,我正准备去请求你。"

"那就说说这个请求吧。"他说。

［126b］于是我说:"你那同母异父的兄弟叫什么名字？我实在记不得了。我上次从克拉左美奈来到这里逗留时,他还是个孩子;自打那时起,已经过了好久。不过我想,他父亲名叫毕里兰佩斯[③]。"

［b5］"不错。"他说。

"那他自己呢？"

"安提丰。你到底最想打听什么呢？"

"这些人,"我说,"是我的同乡,热切的爱智者,他们听说这安提丰与

[①] 无从考证此处的克法洛斯是否确有其人,他与《理想国》中的克法洛斯同名,一般认为不是同一个人,但许多研究者认为这个名字暗示了《帕默尼德》与《理想国》的关联。

[②] 克拉左美奈坐落在小亚细亚西岸,是古代希腊人在雅典人的领导下建立的伊奥尼亚十二城邦之一。哲人阿纳克萨戈拉是著名的克拉左美奈之子,他在苏格拉底少年时移居雅典,并且教导说"努斯"(nous)是万物的原因。

[③] 毕里兰佩斯是柏拉图的继父,是贵族家庭继承人,也是伯里克勒斯的朋友。他于公元前5世纪晚期积极参与雅典政治。安提丰是柏拉图的母亲与继父所生,因此是柏拉图、格劳孔和阿德曼托斯的弟弟。

那毕托多罗斯①——就是芝诺的[126c]那个友伴——交往甚密,他可以凭记忆复述苏格拉底、芝诺和帕默尼德有一次聚会谈到的那些话,他曾多次从毕托多罗斯那儿听说过。"

他说:"你说得没错。"

[c5]"那么这些话,"我说,"我们现在必须听上一遍。"

"这倒也不难,"他说,"他少年时曾很好地精心练习过它们,只不过如今和他的同名祖父一样,把大把时间都花费在了马术上。不过,如有必要,就去他那儿吧,他不久前刚从这儿回去,他住得近,[c10]就在梅里特②。"

[127a]说完,我们就出发了,到府上把安提丰逮了个正着,他当时正在把一个马辔头之类的东西交付给铜匠去装配。他一打发走那人,兄弟二人就向他表明我们的来意,他凭着上次的[a5]停留认出了我,还热情地欢迎我。于是,我们就请求他细细讲一遍那些话,他先是推脱了一下——说这项劳作实在是太繁重了——可是他随后又原原本本地讲了起来。

于是,安提丰说,毕托多罗斯曾经说过,[127b]芝诺和帕默尼德结伴是为了泛雅典娜大节③而来。帕默尼德已经是位长者了,苍苍银发,洵美且仁,至多不超过六十五岁。芝诺那时候年近四十,[b5]看起来身量颇长,傥傥自得,据说已经成了帕默尼德的宠儿④。

他说,他们落脚在[127c]毕托多罗斯那儿,就在城墙外面的克拉枚寇⑤。于是,苏格拉底和其他几个⑥一道的人相伴而往,想去听听芝诺的

---

① 毕托多罗斯是伊索罗科斯之子,是雅典在公元前427年派到西西里的一个将领,后来在公元前425年至前424年雅典与西西里和解后,被雅典人放逐。公元前421年"尼西阿斯和约"的签订者之一名叫毕托多罗斯,此时也可能驱逐令已作废。柏拉图在《阿尔喀比亚德》119a提到毕托多罗斯给芝诺付钱求教。

② 梅里特是雅典的一个特殊的"区",坐落着雅典城的很多著名建筑,也包括雅典卫城。

③ 泛雅典娜节每年仲夏举办,用来纪念雅典娜女神,是增强雅典人凝聚力的公共活动。每四年一度的大型庆典活动叫"泛雅典娜大节",庆典包括游行与竞技。

④ 这个词表示芝诺不仅是帕默尼德的弟子,也是他的情伴。

⑤ 克拉枚寇位于城邦的西北角,是雅典人认为的最佳安葬地,也是雅典娜大节游行的起点。

⑥ 明确提到名字的对话参与者有五人:帕默尼德、芝诺、苏格拉底、毕托多罗斯、亚里士多德。苏格拉底在129d说"我们是七个",所以这里所说的其他几人是两个无名同伴。

文章——毕竟那个时候他们首次带过来——苏格拉底那个时候还[c5]特别年轻。于是,芝诺本人诵读起来,当时帕默尼德恰好在外面。[127d]毕托多罗斯说,他进来的时候,只余下很短的一段话还没有读完,他和帕默尼德本人,还有后来成为三十僭主之一的那个亚里士多德从外面进来,只听到文章的一小段。① 不过,他自己先前已经在[d5]芝诺那儿听过了。

苏格拉底听罢,催芝诺重新读第一段的第一假设,读完之后,[127e]他就说:"芝诺啊,你说这些东西想干什么? 如果诸存在者是多,那么它们就必须得既相似又不相似,这却根本不可能。因为,不相似的诸物不可能相似,相似的诸物也不可能不相似。你不就是这样说的吗?"

[e5]"正是这样。"芝诺说。

"相应地,若是不相似的诸物相似以及相似的诸物不相似均不可能,那么,它们也就不可能是多? 如果它们是多,它们必定遭遇这些不可能。那么,你的那些论证想谋求的,不正是抛弃所有[e10]旧说,去主张'不是多'吗? 可你不认为你的每句话都是这一点的明证吗? 你想想看,你写下了多少个论证作为证明[128a]'不是多'的证据? 你是这样说吗? 或者我没很好地探明?"

"不,相反,"芝诺说,"你美妙地把握了我通篇论著的意图。"

"我明白了,"苏格拉底说,"帕默尼德啊,这位芝诺[a5]可不止想让自己在别的情事上与你和鸣,还想在写作上呢。他的笔法奇诡,这一点与你一模一样,他试着稍作变换就彻底蒙过了我们,以为他说的是另一回事。你在诗里说,'整全是一',[128b]你对这一点还做过瑰伟的论证,这个人就从另一面表明'不是多',他也给出了诡谲的证明。而今,一人论'是一',一人辩'不是多',二人说的似乎不是一回事,[b5]实际上说的几乎是同一回事。你们的话似乎都说得来超越了我们其他人。"

"对,苏格拉底啊。"芝诺说,"不过,你尚未探明这篇文章的全部真相。但[128c]你就像一只斯巴达猎犬,善于追踪与捕获说出的话。可是,

---

① 公元前404年,雅典在伯罗奔半岛战争中败给斯巴达后,由柏拉图的叔父克里提阿斯领导的"三十人"接管雅典。三十人短暂而血腥的恐怖政制终结于公元前403年初,这些人陆续全部被处决。对话中的亚里士多德不是柏拉图的学生亚里士多德,而是"三十人"中较为极端的一个。

你一开始就忽略了这一点:这篇文章根本没有装腔作势,像你说你对我所写的东西理解的那样,要去蒙蔽众人,[c5]好像这是件多么了不起的成就。不过,你说中了结果,它们是真正的辅助,对于帕默尼德的逻各斯来讲,它们迎战了那些试图[128d]嘲讽它的人:如果'是一',①论证可以推导出许多荒诞厄言与自相矛盾。所以,这篇文章冲着那些多的鼓吹者去辩驳,并双倍奉还。它意欲彰显,[d5]他们的假设'如果是多'相较于'是一'这个,会遭受更多的荒诞结论,倘若对它也加以充分考察的话。年轻时的我出于争强好辩写下了它,写成之后就被人盗取了。所以容不得我自己决定是否[128e]让它见光。正是这一点逃脱了你的注意,苏格拉底啊:你揣测我写它不是出于年轻人好争辩,而是出于成年人好荣誉。尽管如我所说,你说得很不错。"

[e5]"我接受,"苏格拉底说,"我也相信你说的话。不过,你跟我说说:你难道不相信存在着[129a]某个相似之形相,其自身所是,②以及与之相对的另一个,即不相似者:我和你,以及我们说是多的其他东西参有此二者?而且有了相似就变得相似,[a5]程度有拥有它的那么大,[有了]不相似则不相似,[有了]兼具则就兼具。可若这些东西全都参有了对立存在的此二者,还因为参有③了此二者就既像又不像它们[129b]自己,有什么可惊异?倘若有谁宣称,诸相似者自身变得不相似④、或不相似者[变得]相似,我会认为这是奇事。可是,如果他宣称,分有此两者之物同时经历两种情况,那么,芝诺,在我看来,[b5]这显得毫不离奇。这样也不离奇,倘若他宣称,所有东西因分有了一是一,同样的东西也分有了多就是多。不过,若是有人证明,那一之所是自身是多,而这多其实是[129c]一——我当然会惊异于此。所以关于其他所有的情况也一样:假

---

① 原文为 ei hen esti,有两种译法,第一种是"如果[它]是一"(即整全是一),即把"一"作为谓词,"是"作为系词;第二种是"如果一存在",即"一"作为主语,句子为存在句。

② 原文为 auto kath' auto,是柏拉图对形相的限定。对参《斐多》75d 提及形相的地方,苏格拉底的措辞是:"盖上这个'本身所是(auto ho esti)'封印的所有东西。"

③ 参有(metalambanō)和分有(metechō)相区别,前者对应生成,后者对应存在。

④ 希腊文此处是复数,直译为"诸相似者自身"。洛布版意译为单数形式的"绝对的相似者",英译本一般都保留复数形式。这里柏拉图用复数来指称"绝对的相似者"自身有些奇怪,但还有译本指出《斐多》74c1 也有类似用法,并不影响其意指。

如有人宣称诸类和诸形相在其自身经历相反的这些情况,就值得惊异。可倘若有谁证明,我既是一、又是多,又有什么可惊异的呢? 当他想要证明多时,[c5]说的是,我的右边是一个,左边是另一个,前面一个,后面另一个,上面下面也是如此——我就认为我分有了多——但是当他想证明我是一时,他会说[129d]我们是七个,我是一个且分有了一。他说明的两种情况皆属实情。[d5]那么,若有谁开始说明,一些石块、木头以及诸如此类之物自身既是一又是多,我们就说他在说某个东西既是一又是多,而一不是多,多也不是一,他说的那些并不值得大惊小怪,反倒只不过是我们其实都那样说的。但是,有谁像我说过的那样,先单独①分出诸形相自身,诸如相似与不相似,多[129e]与一,静止与运动,以及所有此类东西,接着又宣称这些东西在它们自己之间能够结合与分离,那么我,至于我,也惊异地佩服他。"他说,"芝诺啊,我确信你相当勇敢地完成了这些,如我所说,[e5]我会更加感佩,若谁论证在诸形相自身中也有同一个错综复杂的困境②,[130a]正如同你俩所展示的,在可见物之中,也在那些靠推理把握的东西之中。"

毕托多罗斯说,当苏格拉底这么说着时,他自己揣摩着帕[a5]默尼德和芝诺随处都可能大为光火;但他们二人都对苏格拉底很重视,还时不时地相视而笑,仿佛赞赏苏格拉底似的。苏格拉底停下来时,帕默尼德其实说了这番话。

"苏格拉底啊,"他说,"你值得[130b]赞赏,因为你对论证的这股热情。且说给我听,你自己也如你所说的那样做区分吗? 一边分离出形相自身,另一边分离出它们的分有者? 在你看来,相似自身与我们有的那种相似也要分离开吗? 还有,[b5]一与多,以及你已经从芝诺那儿听到的所有东西?"

---

① 原文为 chōris,表示分离与独立。还出现在 130b2、3、4,这个词是爱利亚哲人帕默尼德本人在残篇 8 中提到多时用到的术语。

② 原文为 aporia,即困惑的、疑惑的处境,即一种"若有所失"无处可逃的状态,年长的苏格拉底经常声称自己处于这种状态,也经常将其他人引入这种状态(如《美诺》80a - d)。这个词是《帕默尼德》(共六次用到其名词或动词形式),乃至许多其他柏拉图作品中的关键词。

"我是这么看的。"苏格拉底称。

"还有这些东西，"帕默尼德说，"好比正义之形相自身，还有美之形相与好之形相，以及所有这类？"

[b10]"是的。"他表示。

[130c]"这类又如何呢，人之形相分离于我们、以及和我们类似的所有东西吗？人、火、水也有个形相吗？"

他说："帕默尼德啊，关于它们，我其实屡屡陷于困境——得说它们和那些一样呢，还是不一样呢？"

[c5]"苏格拉底啊，还有这些荒诞无用之物呢，诸如毫末、尘垢、恶浊，或至轻至贱者，你是否在困惑于必须或不必称这其中每个都有独立的形相、[130d]那些异于我们可触及的东西呢？"

"绝不会，"苏格拉底说，"恰恰相反，那些东西只是我们所见之物；要相信存在着它们的某个形相恐怕太过离奇。搞不好所有这些也都一样，这倒是令我时常忧心忡忡。所以，每当我陷于此境，就仓皇逃走，唯恐堕于无稽之谈而自毁。[d5]于是，我跑到这儿来，跑到我们刚才说的一定有形相的那些东西，在这些东西上花费时间。"

[130e]"因为你还太过年轻，"帕默尼德说，"苏格拉底啊，热爱智慧尚未如我所料，如它必将吸引你的那般吸引你，待到那时，你就不会看轻它们中的任何一个了；可现在，你由于年纪的缘故，还是注重众人的意见。[e5]你可会认为，如你所说，存在诸形相，其他那些东西因参有了它们而获得各自之名称，[131a]比如，由于参有了相似就变得相似，参有了大就大了，参有了美和正义就正义了、美了？"

"当然。"苏格拉底说。

[a5]"每个参有者不是要么参有形相之整体，要么参有[形相之]部分吗？还是说，会出现其他某种这之外的参有？"

"怎么会呢？"他说。

"那么，照你看，究竟是形相是个整一，寓于多之中的每一个呢，还是别的什么情况呢？"

[a10]苏格拉底说："帕默尼德啊，有什么妨碍它是一呢？"

[131b]"因为，既然是一且同一，形相整体将会同时存在于许多个独

立之物中,那么它就会自我分裂。"

"不会,"他说,"至少,就好比说,它就像是时日①,是一且同一,既能同时存在于各处,又绝不会[b5]自我分裂,若是这样,每个形相就能既是一,寓于一切之中,还都同一。"

"干得漂亮,"他说,"苏格拉底,你把是一且同一的东西同时置于许多地方,就好似你用一张帆布覆盖住许多个人,你会说多上之一是完整的。还是,你不打算这么说吗?"

[131c]"也许吧。"他说。

"那么,在每一个[人]之上的是帆布的整体,还是它的个别部分呢?"

"部分。"

[c5]"那么,"他说,"苏格拉底,诸形相自身就是可分的,而且这些分有者们分有了它们的某个部分,不是形相整体,是每个形相的个别部分,存在于每个[分有者]之中。"

"看起来是这样。"

"那么,苏格拉底啊,你愿意说,一个形相对我们来说[c10]确实可分割,它却还仍然是一吗?"

"绝不会。"他说。

"因为,你看,"他说,"倘若你分割了'大自身',[131d]许多大的东西当中的每一个,就都是凭着小于'大自身'的一个部分而是大的,这看上去不就不合理了吗?"

"当然。"他说。

"这又怎么说? 每个东西若取得'相等'的一小部分,[d5]是否就凭这小于'相等自身'的部分能与任何事物相等?"

"不可能。"

"还有,倘若我们中谁有了'小'的一个部分,由于这东西是它自己的一个部分,'小'就大于它的这个[部分],这样一来,'小自身'就会比较大;无论这个被取走的[部分]被加诸什么东西[131e],这个东西都会比

---

① 时日(hēmera),也有"日光"之意。苏格拉底此处举这个例子是为了借助一个非质料性的东西说明形相既可以保持整一性,又可以分殊于各事物。

原先更小,而不是更大。"

他说:"肯定不能发生这种事。"

"那么,"他说,"苏格拉底啊,其他东西还会怎么参有你的那些形相呢,既然它们既不能部分地、也不能整体地[e5]参有?"

"凭宙斯之名,"他说,"照我看,要明辨这些绝非易事。"

"那么,这个呢?你怎么看这个?"

"哪个?"

[132a]"我想,你相信每个形相是一,乃是由于这么一回事:当你认为很多东西大的时候,观看全体时,兴许你觉得有一个共同的理念①,所以你揣测大是一。"

[a5]"说得对。"他说。

"但'大自身'和其他大的东西呢,倘若你再这样凭灵魂观看这全体,岂不又该显现出某个'大'吗,这全体因它才显得大?"

"似乎是。"

[a10]"于是,另一个'大之形相'就出现了,产生于'大自身'及其分有者旁;在这全体外再次[132b]出现另一个,这些全体再次因它而大;这些形相的每一个,于你而言,就不再是一,而是无限多。"

"可是,"苏格拉底说,"帕默尼德啊,每个形相恐怕都是一种思想,除灵魂中,无处适宜它[b5]产生;如此一来,每个形相就是一,还不会遭受你方才所言。"

"是吗?"他说,"每种思想都是一,却无所思?"

[b10]"这不可能。"他说。

"那就是有所思吗?"

"对。"

[132c]"[思考]存在的东西?还是不存在的东西?"

"存在的东西。"

"是不是那一个东西,思想把它思考为全体之上,为某一个理念?"

---

① "理念"的原文为 idea,在本篇中出现在 132a2、133c8、134c1,替代 eidos 和 genos,一般学者认为这个词与后者有别,更侧重于本质、特征,而非"类"。又见于《理想国》507c、596b。

［c5］"对。"

"那么，这个被思考为一的东西，不就是一个形相吗，它永远寓于全体之中，又是它自身？"

"看来必然如此。"

"但是，"帕默尼德说，"你说过，其他东西必然分有形相，那么，你岂不就是认为，每个东西都由思想构成，万物都在思考？还是说，尽管它们是思，却不思？"

"可这讲不通，"他说，"相反，帕默尼德啊，［132d］照我看，这样才最能讲得通：这些理念像模型般立于自然之中，其他东西则作为相似者与之相似，在其他东西那儿出现的对形相的这种分有，无非就是作为它们的相似者而已。"

［d5］他说："那么，假如某个东西与一个形相相似，既然它是参照着形相模仿出来的，这个形相能不与这个相似者相似吗？还是说，另有什么手段，相似者倒不必与它所似之物相似？"

"没有。"

"那么，相似者不就极为必然地与它所似之物［132e］分有同一形相吗？"

"必然。"

"可是，相似者因分有了某个东西才会相似，这东西不就是形相自己吗？"

［e5］"完全正确。"

"那么，某个东西就不能与形相相似，形相也不能与其他东西相似，如若不然，在这形相旁总是会出现另一形相，［133a］而且，若这形相与某物相似，复又会出现另一形相，新形相之产生将永无止尽——倘若形相变得与分有它的东西相似的话。"

"说得对极了。"

［a5］"那么，其他东西就不是通过相似而参有诸形相，我们倒是应该找出它们通过别的什么来参有。"

"似乎是。"

"那么，"他说，"苏格拉底啊，如果有谁要区分诸形相，其自身之所是，你看到有多么困难了吧？"

[a10]"很难。"

"好好认识这一点，"他说，"这么说吧，你还是没有把握到[133b]这个困难有多么大，倘若你总是试着通过某种分离让每个形相为一，与诸存在者分开。"

"怎讲？"他说。

"虽说还有许多其他困难，"他说，"最大的是这个：[b5]假如有人说，诸形相如果必定像我们所说的那样，它们就根本不适宜被认识。谁都无法对说这话的人挑出他的错处，除非这位反驳者碰巧既经验丰富，又不愚蠢，还得很喜欢不厌其烦地搞论证，[133c]否则这个硬要说它们不可认识的人不会信服。"

"怎么讲，帕默尼德？"苏格拉底说。

"因为，苏格拉底啊，我相信你和其他那些认为每个东西之'存在'① 是自在的人，首先都会同意，[c5]它们没有一个在我们之中。"

"不然它还怎么是自在的呢？"苏格拉底说。

"说得好，"他说，"那么，一切诸理念自身彼此相关，其'存在'只关乎自身，不关乎我们身边的事物，[133d]人们要么把这些东西设定为相似者，要么采用别的方式。我们分有它们，获得各种名称，我们的东西与它们同名。同样地，我们的东西与自己相关，而不是与诸形相相关，以这种方式获得名称的所有东西都是与它们自己在一边儿，[d5]而不是与诸形相在一边儿。"

"怎么讲？"苏格拉底说。

"比方说，"帕默尼德说，"假如我们当中有人是某个人的主人或奴隶，他显然不是主人自身、主人之所是的[133e]奴隶，也不是这种主人——奴隶自身、奴隶之所是的主人；相反，作为一个人，他是一个人的主人或奴隶。统治自身其所是，是相对于服从自身的，服从[自身]也同样是对统治自身的服从。[e5]我们这边的东西对于那些东西无能为力，那些

---

① "存在"的原文为 ousia，这个词在这里首次出现在本篇对话，这里引入"存在"来限定每个东西的绝对性。这个词后来成为专指"存在"的哲学术语。

东西对我们同样如此,毋宁说,我这样说,那些东西在它们自己那边,与自身相关,而[134a]我们身边的东西也是与自身相关。或者,你没听懂我说的吗?"

"很懂。"苏格拉底说。

"那么,再来说说知识自身,"他说,"知识自身之所是是关于真理自身的知识,即关于真理之所是[的知识]吧?"

[a5]"当然。"

"再者,每门知识之所是是关于每样东西之所是的知识吧。或者不是吗?"

"是。"

"可是,属于我们的知识不就是关于属于我们的那些真理的知识吗?[a10]还有,继而每门属于我们的知识不就是关于[134b]属于我们的每样东西的知识吗?"

"必然。"

"不仅如此,正如你也同意,我们既不拥有诸形相自身,它们也不属于我们。"

[b5]"确实不。"

"无论如何,诸类自身,每个之所是,都得凭知识自身的形相去认识吧?"

"是的。"

"我们肯定没有那个东西。"

"对。"

"那么,无任一个形相可被我们认识,既然我们不分有知识自身。"

[b10]"似乎如此。"

"那么,美自身其所是,还有[134c]善,还有所有我们假设为诸理念自身的东西,我们都不能在下面取得。"

"恐怕是这样。"

"再看比这更令人震惊的吧。"

[c5]"怎样的呢?"

"你大概会说,倘若确实存在知识自身的某个类,它就比属于我们的知识精确得多。美和其他所有东西也是这样。"

"对。"

[c10]"那么,倘若有哪种存在者确实分有知识自身的话,你难道不会说,比起任何人,神[最有资格]有最精确的知识吗?"

"必然会。"

[134d]"那么,还有,拥有知识自身的神能认识属于我们的东西吗?"

"怎么不能呢?"

"因为,"帕默尼德说,"我们都已经同意,苏格拉底啊,[d5]诸形相对属于我们的东西无能为力,属于我们的东西对诸形相也一样,双方中任何一方都是自己与自己相关。"

"确实同意过。"

"那么,倘若这最精确的[d10]统治和这最精确的知识在神那儿,不但他们的统治不会统治我们,[他们的]知识也不会[134e]认识我们或其他属于我们的东西,但是,正如我们不凭借我们的统治来统治他们,凭借我们的知识我们也无法认识任何属神的东西,因而,还是依照同样的道理,他们作为神,既[e5]不是我们的主人,也不认识属人事物。"

"但是,"他说,"这套论证太惊人了,倘若有人要剥夺神的知识的话。"

"可是,苏格拉底啊,"帕默尼德说,"形相必会有这些麻烦,[135a]此外还会有许多其他的,倘若存在事物的诸理念,且人们将每个形相划分为'某自身'的话;最终听了这话的人会殆于困境,还得争论这些东西是否存在,而且就算假设它们存在,人之自然也很显然无法认识它们。说这话的人显得言之凿凿,况且,正如我们所说,要去说服他呀,困难得惊人。[a5]天性极其卓越的人才能理解每个事物都有某个类和'存在'自身;[135b]卓越之士才能发现,且有能力教给他人,并充分地详查这全部。"

"我同意你的话,帕默尼德,"苏格拉底说,"你说得正合我意。"

[b5]"当然,"帕默尼德说,"可是另一方面,苏格拉底啊,倘若有人思考过我们刚才说的所有这些,以及其他的,他就会不承认事物的形相存在。但不为每样东西划分出形相,也就不能把思想转向任何地方,因为他不承认[135c]每种存在者永远有同一个理念。这样一来,他将会彻底毁

掉思辨①能力。不过我觉得,你对这种事看得很清楚。"

"说得对。"他说。

[c5]"那么,关于热爱智慧你会做些什么?倘若这些东西不可认识,你将转向何处呢?"

"我觉得我压根儿看不出来,至少在眼下。"

"因为,"他说,"在接受训练以前,苏格拉底啊,你就过早地着手划分出某个美、正义、好,以及[135d]诸形相的每一个。因为,当我此前听到你在这里与这位亚里士多德交谈②时,我早就留意到了。你得知道,那个你使之朝向论证的冲动[d5]既美又神圣。③ 可是,在你还年轻的时候,你得锻炼自己,多加训练,参与那种看起来没用、许多人口中所谓的闲谈,否则,真理就会躲着你。"

他说:"帕默尼德啊,哪种训练方法呢?"

他说:"就是你在芝诺那儿听到的这种。除此而外,[135e]我也佩服你对他说的,那就是,你不允许停留在可见物中,或针对它们进行观察,而是针对一个人尤其得凭推理把握,且相信它们是诸形相的那些。"

[e5]"照我看,"他说,"至少这样,在可见物当中,要表明事物既相似又不相似,以及它们遇到其他什么情况丝毫不难。"

"很好,"他说,"不过除此而外,你还得做这件事,不仅要去假设,假如每个东西存在,探究[136a]这个假设的结论,相反,还要去假设,假如这同一个东西不存在——如果你愿意更多地训练自己的话。"

"怎么讲?"他说。

"比如,"他说,"倘若你愿意,拿[a5]芝诺假设的这个假设来说:'若是多,④相对于自身、相对于一,关于多自身必会是何种结果?以及,对于一来说,相对于自身和相对于多[又如何]?'

---

① "思辨"的原文为 dialegō,既是一般日常性的交谈、谈话,也是更有哲学意味的使用辩证法。

② 此处的"交谈"用的是 dialegō 的分词形式。

③ 参《斐德若》279a,对修辞家提出的最高要求。

④ "若是多"的原文为 ei polla esti,兼有"若多存在"和"若是多"的意思。参本篇 128d 注释。

"那么反过来,若不是多,也要探究相对于自身、[136b]相对于他者,一与多又将会有何结果。再者,倘若你又假设说,'若是相似'又或不是,在每个假设之下,被假设的东西自身与他者会产生什么,即相对自身与他者?

"关于不相似,[b5]关于运动、静止,关于生成与消逝,以及关于存在自身与非存在,也是同样道理。一言以蔽之,关于任何东西,无论你假设了是或非,无论它还经受什么其他的,你都必须在它与自身和它与所有他者的关系中[136c]探究其结果,无论你如何选择,都要相对于一些和相对于全体,全都一样。再到他者,相对于自身、相对于任何其他你选择了的东西,无论你要假设这被假设的东西存在或不存在——[c5]假如你想彻底训练自己并可靠地洞见真理的话。"

"你说得太玄了,"他说,"帕默尼德啊,我不太明白。但是,你何不作个假设向我讲清楚这一点呢,以便我更好地领会?"

[136d]他说:"苏格拉底啊,你给我这把年纪的人派了个艰巨的任务啊。"

"那么,你,"苏格拉底说,"芝诺,何不来向我们讲讲清楚呢?"

毕托多罗斯说,芝诺笑着说:[d5]"苏格拉底啊,我们得请求帕默尼德本人,因为他讲的不是件小事。或者,你没看出来你派下来一件什么任务?倘若我们人再多些,就不应该这样请求了。因为,尤其对他这个岁数的人来说,不再适合对着一大群人讲这些东西。[136e]因为,大多数人不懂,不详尽地对待和探究这全部,就不可能收获遇见真理的心智。那么,我嘛,帕默尼德哦,跟苏格拉底一起请求,以便我一会儿也听一听。"

[e5]安提丰说,毕托多罗斯说,芝诺一说完这些,就和亚里士多德及其他人一起请求帕默尼德解释他说的话,别再做其他事情了。

帕默尼德就说:"那么,就服从你们的要求吧。可是,我看到,我似乎遇到了伊比科斯①那匹马儿的境况。[137a]这匹马作为老迈的赛马,即将投入竞赛,凭经验对这事儿感到瑟瑟发抖。他就把自己也比喻成这匹马,说自己年事已高,情非得已,却被迫投身爱欲。而我看自己仿佛也怕得很,[a5]想来我这个岁数的人了,必得怎么游过论证的苍茫溟海啊!纵

---

① 伊比科斯(Ibycus)身世不详,约生活于公元前6世纪,居住在萨摩斯岛,写过许多诗歌,尤以情诗著称于世。西塞罗曾说他"比其他诗人更洋溢着爱的激情"。

然如此,我仍要答应下来,既然芝诺说,我们都是自己人。那么,从哪儿[137b]开始呢?首先来假设什么呢?或者,既然这看起来是在玩费力的游戏,你们是否愿意,我不妨从自己和自己的假设开始,拿"一自身"当假设,若"一"存在或不存在,必定会生出什么来?"

[b5]"当然。"芝诺说。

"那么,"他说,"谁来与我问答呢?要不然就是那位最年轻的吧?因为他麻烦最少,最能直抒己见;同时,对我来说,他的回答兴许是个休息。"

[137c]"我等着你呢,帕默尼德啊,"亚里士多德说,"因为,最年轻的就是指我。你问吧,我来回答。"

"好吧,"他说,"假如是一,'一'就不是多,不是吗?"

[c5]"不是,怎么会是呢?"

"那么,它必定没有部分,自身也不是个整体。"

"为什么呢?"

"部分在某种程度上是整体之部分。"

"是啊。"

"一个整体又如何呢?整体不就是那不缺少部分的东西吗?"

"当然啦。"

"在此两种情况下,'一'必由部分组成——即它是一个整体、它有许多个部分。"

"必然。"

[137d]"那么,在这两种情况下,'一'都会是多,不是一。"

"确实。"

"但是,它当然必须是一,不是多。"

"必须[是这样]。"

"那么,它不是一个整体,也没有诸部分——如果一是一的话。"

"当然不。"

"那么,如果它没有部分,也就没有起点、终点、[d5]中心,因为,这些都会是它的部分。"

"对。"

"何况,对于每个东西而言,起点与终点都是界限。"

"怎么不是？"

"那么,'一'就是无限,如果它无始无终。"

"无限。"

"它也就没有形状,因为,[137e]它既不分有圆也不分有直。"

"怎么说？"

"圆呢,当然是每个方向的终点都与中心距离相等的东西。"

"是啊。"

"直线则是[e5]其中心在两端前方的东西。"

"是这样。"

"于是,'一'就会有诸部分,且会是多,假如它分有了或直或圆的形状。"

"完全如此。"

"因此,它非直非圆,[138a]因为,事实上,它没有部分。"

"对。"

"而且,既是如此,它也不能在任何地方。因为,它既不能在他者内,也不能在自身内。"

"怎么回事？"

"假如它寓于他者内,当然会被它所处其中的那东西包围一圈,[a5]还会在多处、以自身的多个部分与之接触；但是,由于它是一,且无部分,也不分有圆圈,它就不能在多处被接触一圈。"

"不能。"

"另一方面,假如它寓于自身内,它而非他者就会包围它自身,倘若它确实能[138b]在自身内。因为,一个东西不能存在于一个不包围它的东西内。"

"确实不能。"

"因为,包围者是一个,被包围者是另一个,而同一个东西不能在整体上同时施与受。否则,'一'就不再是一个,[b5]而是两个。"

"当然不是。"

"因此,'一'不存在于任何地方,既不在其自身内,也不在他者内。"

"不存在。"

"那么,照你看,如果这样,它能静止或运动吗?"

"为什么不能?"

"因为,假如要运动,要么移动,[138c]要么变动。因为,只有这些运动。"

"对。"

"可是,如果'一'改变自身,它当然不可能仍是一。"

"不能。"

"所以,它绝不能因改变而运动。"

"它显得不能。"

[c5]"难道却因移动吗?"

"也许吧。"

"然而,假如'一'要移动,它要么在原地旋转,要么从一处位移至另一处。"

"必定。"

"那么,若它要旋转,它必然得倚靠一个中心点,还要有多个部分,围绕自己的中心部分。[138d]可是,它既无中心,也无部分,还有什么办法能让它围绕中心运动吗?"

"根本没有。"

"那么,它是否发生位移,在不同时间变化到不同地方,从而动起来?"

"如果确实要运动的话。"

"可是,如果这样,它总应该得在某个东西内——这不已[d5]被表明不可能了吗?"

"对。"

"那么,它要生成也就更不可能了?"

"我不懂为何。"

"假如某个东西产生于某个东西中,由于它在生成,它不就必定尚未在其内吗?但是,由于它已于其内在生成,也就不完全在其外?"

"必然。"

[138e]"所以,若有任何东西要经历这种状况,它就只能是某个有部分的东西。因为,它的一些部分已在这东西内,但同时有些部分仍在外。

可是，一个没有部分的东西，当然无论如何都不可能整体上同时在某个东西的内外。"

"确实。"

"没有［e5］部分，也不是整体的那个东西，不就更加不可能生成于某个东西的某个地方之内吗，倘若它既无法部分地又无法整体地生成于其内？"

"显得如此。"

［139a］"那么，它就不能凭去到某地或生成于某物来位移，也不能原地旋转，也不能改变。"

"它显得不。"

"那么，就所有运动来说，'一'都不运动。"

"不动。"

"不过，更进一步，我们说过，它不可能存在于任何东西内。"

"我们确实说过。"

［a5］"那么，它也就不存在于同一个［东西］内。"

"为什么？"

"因为，它就会存在于那个是同一个的东西内。"

"完全如此。"

"可是，它既不能存在于自身内，也不能存在于他者内。"

"当然不能。"

"那么，'一'从不在同一个［东西］内。"

［139b］"似乎不。"

"可是，永远不待在同一个地方的东西即不休不止。"

"是的，它不。"

"于是，'一'就显得既不静止，也不运动。"

"是的，它当然显得绝不。"

"它不与异者相同，也不与自己相同，［b5］反之，它不能与异者相异，也不能与自己相异。"

"怎么会呢？"

"假如它异于自身，就是异于'一'，那么，也就不再是一。"

"确实。"

"而假如它与异者相同,它就是那个东西,[139c]而不是它自己。所以,倘若如此,它就不会是它所是的那个一,而是异于一。"

"当然不是。"

"所以,它既不同于异者,也不异于自己。"

"确实不。"

"但也不异于异者,只要它[c5]是一。因为,'一'不适宜异于任何东西,唯独异者,别无他者,才彼此相异。"

"所以,由于它是'一',就不会是'异'。你觉得它会吗?"

"不会。"

"但是,假如不因这个,不因自身[而异];而若不因自身[而异],就不是自身[异];而它若作为自身,就绝非异的,就将异于无哪个。"

"对啊。"

[139d]"它也不会同于自己。"

"为什么不?"

"'一'之特定自然与'同'[之自然]不同。"

"为什么呢?"

"因为,当一个东西[d5]变得与什么东西相同时,就不能成为一。"

"那是什么呢?"

"当它变得与'多'相同时,它必定成为多,而非一。"

"确实。"

"假如'一'与'同'毫无区分,当某东西变成'同'的时候,它就总变成一,当'一'时,则同。"

"当然。"

"那么,若[139e]'一'与自己相同,它和自己不是一个。而尽管作为'一',却不是一。但这当然不可能。所以,'一'也就不可能异于异者,或同于自身。"

"不可能。"

[e5]"'一'显然不会与自身或与异者相异或相同。"

"当然不会。"

"它也不会与什么东西相似或不相似,无论它自身还是异者。"

"怎么讲?"

"因为,相似就是以某种方式有着'同'。"

"对。"

"但是,'同'之自然与'一'[之自然]显得截然分离。"

[140a]"显得确实如此。"

"可是,假如'一'有除了是一之外的任何东西,它就有了多于一,但这不可能。"

"对啊。"

"那么,绝不可能让'一'与他者或与自身相同。"

"显得不可能。"

"也就[a5]不可能与他者或与自身相似了。"

"看来不可能。"

"'一'也不能有'异';因为,这样一来,它也要有多于一。"

"确实多于。"

"有着'异于自身'或'异于他者'的东西将会与自身或与[140b]他者不相似,正如有着'同'就会相似。"

"准确无误。"

"可是'一',正如其所显现的那样,绝不能有'异',也就无论如何不与自身或不与异者不相似。"

"确实不。"

"因此,'一'就既不与异者也不与自身相似或不相似。"

[b5]"显得不。"

"再来,倘若如此,它就既非等于也非不等于自身或他者。"

"怎么讲?"

"假如相等,它将和它等于的那个东西在量上相同。"

"对呀。"

"而假如大于、或[140c]小于与它同量的那些东西,它就要有多于较小者、少于较大者的量。"

"对呀。"

"但是,相较于与它不同量的那些东西,在一些情况下,它的[单位]量较小,在另一些情况下,较大。"

"怎么不是?"

"这也不可能,[c5]若一物未分有同,就不能有同量或其他哪种同?"

"不可能。"

"由于它没有同量,就不会等于自身,或等于他者。"

"它当然显得不。"

"可是,假如它有或多或少的量组成,它有多少量,就要有多少部分。[140d]这样一来,它就不再是一,而是和它的量一样多。"

"正确。"

"但假如它确实也可以是一个量,就可以等于这个量了。可是,这显得不可能:即,让它等于任何东西。"

"确实显得如此。"

"所以,由于它[d5]既不分有一个量,或多个或少个量,又由于它也绝不分有同,所以,它就显得绝不等同于自身或他者。那么,它也不会比自身或异者更大或更小。"

"完全如此!"

[140e]"可是,这样又如何呢?'一'有可能看似较年老、较年轻或年龄相同吗?"

"为什么不能?"

"因为,当然地,要和自身或他者是相同的年龄,它就会分有时间上的相等和相似,我们说过,'一'[e5]不分有那些东西,无论是'相似',还是'相等'。"

"我们确实说过。"

"我们还说过,它不分有'不相似'或'不相等'。"

"当然了。"

[141a]"既然如此,作为这样的东西,能否是比什么更年老、或更年轻,或和什么年龄相同?"

"根本不可能。"

"那么,'一'就不会是更年轻、或更年老、或同年龄,相较于自身或他者而言。"

"显得不是。"

[a5]"那么,实际上,如果是这个样子,'一'就根本不能存在于时间中？倘若某物在时间中,难道不必然将变得比自己老吗？"

"必然咯。"

"那么,年老的难道不是总比年轻的更老吗？"

"怎么不？"

[141b]"那么,变得比自己更年老的东西同时也在变得比自己更年轻,如果它有着它与其相比变得更老的某个东西。"

"怎么论证？"

"这样:那异于异者的不必再变得有别于已经有区别的东西。相反,它必是有别于那已经有区别的东西,必已变得有别于已变得如此的东西,[b5]必将要是有别于将要是如此的东西;正在变得的东西尚未是,也不将是,也不是与某物有别的,相反,它必须变得①而非是任何其他什么。"

[141c]"确实必然如此。"

"可是,较年老者有别于较年轻者,而无任何他者。"

"确实是这样。"

"于是,变得比自己老的东西必同时变得比自己年轻。"

"似乎。"

"可是,当然,[c5]它不变成比自身时间更长或更短。相反,它必变成、是且已变成、将要是与它自身时间相等。"

"这也是必然的。"

"那么,这也是必然的,如其所显现,因为,一切在时间之中,且[141d]分有这类事物的东西,都和自己是同龄的,在相同时间变得比自身更年老和更年轻。"

"恐怕是这样。"

"但是,'一'当然不会参与任一[d5]情况。"

"它不参与。"

---

① 生成、成为、变成、变得。表示流变,与"是/存在"相对。

"那么,它就不分属时间,也不存在于哪个时间中。"

"那就不是吧,至少按照这套论证所证。"

"这又如何?'已是'与'已变成'与'已正变成'不是显得表示分有已生成的时间吗?"

"当然了。"

[141e]"这又如何?'将是'及'将变成'及'将被变成'就表示分有一个以后将要到来的时间?"

"对。"

"'是'与'正变成'不是表示[分有]一个现在时间吗?"

"完全正确啊。"

"那么,假如'一'在任何情况下绝不分有任何时间,[e5]那么,它就绝不会曾经已变成、已正变成或已是;它也不会现在已变成、正变成或是;它也不会以后将变成、将被变成,也不将是。"

"对极了。"

"那么,是否还存在某种分有'存在'的方式,除了这些之中的任一个?"

"不存在。"

"那么,'一'就[e10]绝不分有'存在'。"

"似乎不。"

"因此,'一'就绝不存在。"

"似乎不。"

"因此,甚至也不是像这样是一,否则,它就会是某种存在的东西,分有了'存在'。但是,看起来,'一'既不是一,也不存在——如果我们应该[142a]相信这套论证的话。"

"恐怕是这样。"

"那么,若某个东西不存在,还有什么能属于或关于这个不存在者吗?"

"怎么能呢?"

"那么,既没有关于它的名称、言说,也没有关于它的知识、感觉、意见。"

"显得没有。"

"因此,它既不被[a5]命名或言说,也不被臆测、或认识,也没有哪个存在者感觉得到它。"

"似乎不。"

"是否有可能,这些以这种方式就是关于'一'的事情了?"

"至少在我看来不是。"

[142b]"那么,你是否愿意我们从头回到这假设,兴许别的什么东西会在我们回头的时候显现出来?"

"非常愿意。"

"那么,'一'若存在,不论它碰巧出现何种结果,我们都得承认[b5]那结果。不是这样吗?"

"对。"

"那么,你从头看:'一'如若存在,它能够既存在,却不分有'存在'吗?"

"不能。"

"那么,'一'之'存在'兴许存在,它与一不是同一个,因为,否则它就不是那个一的'存在',[142c]那个'一'也不会分有它。相反,说'若一存在'和说'若一[是]一'就是相似的了。可是,现在不是这个假设——如若'一[是]一',一定有什么结果,而是,如若'一存在'。不是这样吗?"

"那是当然。"

"那么,这'存在'表示某个与[c5]'一'不同的东西吗?"

"必然。"

"那么,不论何时,有人笼统地说'一存在',这除了是在说一分有'存在',还会是别的吗?"

"当然[不会]。"

"那就让我们再说一次,若一存在,有什么结果。那么,你想,这个假设不必然表示一是这样的,诸如[142d]有部分的东西?"

"为何?"

"是这样的:倘若论证存在属于'一之存在',一属于'存在之一',而'存在'与'一'不同,可是,都属于我们假设的那个东西,即'存在的一',

那么,'存在的一'自身岂不必是一个整体,[d5]'一'与'存在'变成它的部分?"

"必然。"

"那么,我们是把这些部分中的每一个仅仅称作部分,还是把这个部分称作整体的部分?"

"整体的。"

"那么,无论'一'是什么东西,它是整体,也有部分。"

"当然。"

"那么,这样呢?'存在的一'的每一个部分[142e],即'一'与'存在','一'缺少'存在'这部分,或'存在'缺少'一'这部分吗?"

"不会。"

"那么,每个部分都有'一'和'存在',[e5]最小部分就变得包括两部分,同样的道理,总是如此,只要出现部分,它总有这两个部分,因为,'一'与'存在'都永远有'存在'与'一'。因此,它必然[143a]总是成为二,绝不是一。"

"完全如此。"

"那么,如此一来,'存在的一'会在数量上无限吗?"

"似乎是。"

"你再这样做。"

"怎样做?"

"我们说'一'分有'存在',[a5]所以它才存在?"

"对。"

"可是,由此'存在的一'就显现为许多。"

"是这样。"

"这样呢?'一'自身,我们说它分有'存在',倘若我们仅仅靠思、凭它自身把握它,撇开我们说它分有的东西,那么,它自身将会仅仅显现为一还是多?"

"一,我想。"

[143b]"那么,我们看到,其自身是一回事,其'存在'却必是另一回事,倘若'一'确实不是'存在',而是分有'存在'。"

"必然。"

"那么,倘若'存在'是一回事,而'一'是另一回事,那么,'一'不是因为是一才异于'存在',[b5]'存在'也不是因为是'存在'才别于'一',而是由于'异'和'别'才相异。"

"那当然。"

"所以,'异'既不会与'一'、也与不会与'存在'相同。"

"怎么会呢?"

[143c]"这样呢? 倘若我们从它们当中,随你愿意,要么选出'存在'与'异',要么'存在'与'一',要么'一'与'异',那么,在每次选择中,我们不是选出了一对可被正确地称为'两者皆'的东西?"

"怎么讲?"

"是这样,[c5]人们可以说'存在'吗?"

"可以。"

"也说'一'吗?"

"也说它。"

"那么,岂不是说了这两者中的每一个。"

"对。"

"可是,只要我说某个东西是'存在'和'一',那么不是说了两者吗?"

"当然。"

"那么,倘若我说'存在'和异,或异和一,这样,在每种情况下,我岂不总是说到两者?"

"对。"

[143d]"可是,那些正确地被称为两者的东西,它们能够是两者,而不是二吗?"

"不能。"

"那些是二的东西,有什么手法让其中每个不是'一'吗?"

"没有。"

"那么,既然在这些之中它们恰好[d5]成双,那么每一个就是'一'。"

"看起来是。"

"可是,倘若其中每一个是'一',[如果]有个'一'被加到任一双上面,这整体的不就变成三了吗?"

"对。"

"三岂非奇数,二岂非偶数?"

"怎么不是呢?"

"这又如何?二存在,岂不就[143e]必然存在二倍,三存在,[就存在]三倍,倘若一的二倍可以是二,一的三倍就是三?"

"必然。"

"二和二倍存在,岂不就必然存在二的二倍;三和三倍[存在],岂不又必然存在三的三倍?"

"怎么[e5]不呢?"

"这又如何?三存在,二倍也存在,二存在,三倍也存在,岂不必然存在三的二倍和二的三倍?"

"十分必然。"

"那么,就存在偶数的偶数倍、[144a]奇数的奇数倍,以及偶数的奇数倍、奇数的偶数倍。"

"是这样。"

"那么,倘若是这样,你认为还剩余什么并不必然存在的数吗?"

"绝没有。"

"那么,若'一'存在,数必存在。"

[a5]"必然。"

"但是,若数确实存在,多就存在,还有无限多的存在者;或者,数岂不变得数量无限,还分有'存在'吗?"

"当然。"

"那么,倘若所有数都分有'存在',数的每个部分兴许也分有它吧?"

"对。"

[144b]"那么,'存在'将被分配到全体诸多存在者,不会从任何一个缺席,既不从最小的,也不从最大的?还是说,这样问不合理?因为,'存在'怎么会从诸存在者中的任何一个缺席呢?"

"绝不会。"

"那么,[b5]它就被切分为至大、至小、各色存在者,在全体之中是被切分得最多的,而且,[144c]'存在'的部分是无限的。"

"是这样。"

"那么,它的部分最多。"

"确实最多。"

"这又如何？它们中的某一个,亦即'存在'的一个部分,难道不就是部分吗？"

"怎么会成了这个样子呢？"

"但是,倘若我认为它确实存在,[c5]只要它存在了,它必然是这样的:永远是某个东西,不可能什么都不是。"

"必然。"

"于是,'一'就出现在'存在'所有各个部分上,既不离开较小的,也不离开较大的或其他任何部分。"

"是这样。"

"既然是'一',这个整体同时在许多个地方吗？[144d]想想这一点。"

"我想,我看这不可能。"

"那么,倘若不是整体,就是被分开,因为,否则它肯定不会同时在'存在'的所有部分,除非被分开。"

"对。"

"被分开的[d5]必然像这些部分一样多。"

"必然。"

"那么,我们刚才说的就不对了:我们说'存在'被分成最多的部分。因为,它不会被分得比'一'多,相反,[144e]它似乎与'一'相等;因为,'存在'不离开'一','一'也不离开'存在',二者永远全部都相等。"

"看起来完全如此。"

"那么,'一'自身就因'存在'而被切分,就是多,[e5]且数量无限。"

"看来如此。"

"那么,不仅'存在之一'是多,'一'自身也因'存在'的切分必然是多。"

"完全如此。"

"而且,既然部分确实是整体的部分,'一'恐怕就整体而言会有止尽;或者,部分[145a]岂不被整体包围?"

"必然。"

"那个包围着的东西恐怕就是界限。"

"怎么不是呢?"

"那么,'存在着的一'某种意义上既是一,也是多,既是整体,也是部分,既有限,也在数量上无限。"

"看来如此。"

"既然被限定,不就[a5]有端点了吗?"

"必然。"

"这样呢?倘若是整体,岂不有起点、中心和终点?或者,哪个整体可以脱离此三者而存在?如果其中任何一个脱离整体,整体还能存在吗?"

"不能。"

[145b]"看起来,'一'或许也有起点、终点和中心。"

"有。"

"而中心与每个端点距离都相等,因为,若非如此,它就不是中心。"

"若非如此,就不是。"

"看起来,这样,'存在着的一'或许分有某形状,肯定是直的或圆的,或者两者混合。"

[b5]"分有。"

"那么,这样一来,它岂不既在自己当中,又在他者中?"

"怎么呢?"

"每个部分肯定都在整体之中,绝不在整体之外。"

"是这样。"

"所有部分都被[145c]整体包围吗?"

"对。"

"而且,'一'肯定是它自己的所有部分,绝不比所有[部分]多或少。"

"绝不。"

"于是,'一'就是整体?"

"怎么不呢?"

"那么,倘若所有部分正好存在于整体中,且'一'就既是[c5]所有部分,又是整体自身,而所有部分又被整体包围,'一'恐怕就被'一'包围,这样一来,'一'自身恐怕已经在自身之中了。"

"看来如此。"

"但是,整体却反而不在诸部分中,既不在所有[145d]也不在某个[部分]中。因为,倘若在所有之中,必然在'一'之中;因为,若不在某个中,恐怕也就一定无法在所有之中。倘若'一'是所有这些之一,而整体不在'一'之中,整体又如何在所有之中呢?"

"绝不在。"

[d5]"它也肯定不在某个部分中。因为,倘若整体在某个之中,较大的可就在较小的之中了,这不可能。"

"不可能。"

"可是,整体不在'一'或'多于一'或所有部分之中,岂不必然在异者之中,或者不再在任何地方?"

[145e]"必然。"

"那么,它无处所在,恐怕就是无。但它是个整体,由于它不在自身之中,它不就必在他者之中吗?"

"当然。"

"那么,就'一'是整体而言,它在他者之中;可是,就它是所有部分而言,它在自身之中。这样一来,[e5]'一'必然既存在于自身之中,又存在于异者之中。"

"必然。"

"可是,'一'之自然是这样,它岂不必然既运动又静止?"

"怎么会呢?"

"倘若它在自身之中,它一定静止[146a]。因为,在'一'之中,又不越出自身,它恐怕就在同一个东西中,在自身之中。"

"是。"

"而那永远存在于同一个东西中的,无疑肯定是静止的。"

"当然。"

"这样呢?反之,那永远存在于异者之中的,岂不必然从来不[a5]存在于同一个东西之中,从来不在同一个东西中,也就从来都不静止,不静止就应该运动?"

"是这样。"

"那么,它随时既在自身又在异者中,'一'随时都既运动又静止。"

"看来如此。"

"而且,它必定既同于自身又异于[146b]自身,同样,既同于又异于他者,倘若它确实具有前面这些。"

"怎样呢?"

"所有东西与所有东西都是这样相关:要么相同,要么相异;或者,若是既不相同,也不相异,它可以是与它相关的那个东西的一个部分,也可以是关于部分的整体。

[b5]"显得如此。"

"那么,'一'是它自身的部分吗?"

"绝不是。"

"那么,它与自身的关系就不是整体之于部分,进而在与自己的关系中作为一个部分。"

"不可[146c]能。"

"但是,'一'就异于'一'吗?"

"肯定不。"

"那么,它恐怕并不异于自身?"

"肯定不。"

"那么,倘若之于自身,它既非相异,又既非整体,也非部分,它岂不必已同于自身?"

"必然。"

"这样呢?[c5]在某异于自身者中的,而自身同于自身,岂不必然如此,它应异于自身,若它确实也应在异者中?"

"我看如此。"

"而'一'已经显得是如此,既在自身之中,同时也在异者之中。"

"确实显得如此。"

"那么,看起来[d],'一'由此恐怕就异于自身。"

"看起来是。"

"这样呢？若某物要异于某物，它岂不就是要异于他物吗？"

"必然。"

"那么，所有非一者都异于'一'，'一'异于诸非一者？"

"怎么不呢？"

"那么，'一'异于[d5]他者？"

"异于。"

"你看：'同'自身与'异'不是互相对立的吗？"

"怎么不呢？"

"那么，'同'能在'异'之中，或'异'能在'同'之中吗？"

"不能。"

"那么，倘若'异'永远不在'同'之中，就没有任何东西可让'异'存在于其内一段时间；[146e]因为，倘若它在某个东西之中存在了无论多少时间，看起来恐怕在这段时间里，'异'就在'同'之中了。不是这样吗？"

"是这样。"

"可是，既然它永远不在'同'之中，'异'恐怕就永远不在任何一个东西之中。"

"正确。"

"于是，'异'既不[e5]在诸非一者之中，也不在'一'之中。"

"不在。"

"那么，'一'并非因'异'而异于诸非一者，诸非一者也并非因'异'而异于'一'。"

"不是。"

"它们肯定不会因自身而相异，既然它们未分有[147a]'异'。"

"怎么会呢？"

"可是，倘若既非因自身，又非因'异'而相异，它们岂不完全已经避免了相异？"

"避免了。"

"但是，诸非一者肯定未分有'一'；因为那样一来，它们就不是'非一'，在某种意义上而是'一'了。"

"正确。"

[a5]"那么,诸非一者绝不是可数的,因为否则它们就不是绝对'非一',因为有了数目。"

"确实不是。"

"这样呢?那么,诸非一者是'一'的部分吗?或者说,这样一来,诸非一者分有'一'吗?"

"分有。"

"那么,如若'一'总存在,[147b]而诸非一者也存在,'一'既不是诸非一者的部分,也不是以它们为部分的整体;同样,诸非一者既不是'一'的部分,也不是以'一'为其部分的整体。"

"确实不是。"

"但是,我们确实说过,那既不是部分、又不是整体、也不相异的东西将会相同。"

[b5]"确实说过。"

"那么,'一'对于诸非一者正是如此,我们是要说,它与它们相同吗?"

"是要这样说。"

"那么,看起来,'一'既异于他者及自身,又同于他者及自身?"

"恐怕至少从这套论证看起来是这样。"

[147c]"那么,与它自身和他者既相似又不相似吗?"

"差不多。"

"无论如何,既然它看起来异于他者,他者肯定异于它。"

"怎么不呢?"

"所以,这样它就异于他者,正如他者异于它那般,既[c5]不更多,也不更少?"

"怎么不呢?"

"那么,倘若不多不少,那就是相似地咯。"

"对。"

"所以,它与他者有多大差异,类似地,他者就与它有多大差异,故而,'一'与他者、他者与'一'也就有多么相同。"

[147d]"怎么讲?"

"是这样,你不是用名称指称东西吗?"

"是。"

"这样呢? 你能够多次或一次说出同一个名称吗?"

"能。"

"那么,假如你说一次时是指具有这个名称的任何东西,假如多次的话[d5]难道就不是指那个东西了吗? 还是说,不论你一次还是多次说同一个名称,毫无疑问,你总是在说同一个东西?"

"怎么会不是呢?"

"那么,'异'这个名称也是关于某个东西的吗?"

[147e]"当然。"

"那么,当你说出它时,一次也好,多次也罢,你并没有把一个名称用在别的东西上,也没有命名不是这个名称的东西。"

"必然。"

"可是,当我们说'他者'是异于'一'的东西,'一'是一个异于'他者'的东西时,我们两次说到'异',我们绝不是说了别的自然,[e5]而总是指那个具有这名称的自然。"

"那当然。"

"那么,'一'是异于他者[148a]的东西,他者也是异于'一'的东西,于是因为有了'差异','一'就与他者有了共同点,而不是区别点。可是,有共同点的东西不就相似了吗?"

"对。"

"可是,就'一'有着异于他者而言,根据这一点,它完全与它们全体相似。因为,它完全异于它们全体。"

[a5]"看起来是这样。"

"然而,相似一定与不相似相反。"

"对。"

"那么,异与同也是。"

"也是如此。"

"但是,这样看起来一定又是'一'与他者[148b]相同。"

"看起来确实如此。"

"然而,同于他者和异于他者是相反情况。"

"当然。"

"就'异'而言,它看上去相似。"

"对。"

"那么,就'同'而言,它不相似,从那与造成相似的情况相反的情况来看。[b5]'异'一定就造成了相似?"

"对。"

"那么,'同'造成不相似,否则它就不能与'异'相反了。"

[148c]"看起来是[这样]。"

"那么,'一'与他者既相似,又不相似,因'异'而相似,因'同'而不相似。"

"看起来,确实有这种道理。"

"还有这一点。"

"什么?"

"由于它经受了同,就不经受异。不经受异,也就不是不相似。不是[c5]不相似,也就是相似。可是就它经受异而言,它就有了异,有了异就是不相似。"

"说得对。"

"那么,'一'——就两者和分别就每个来说——同于他者,且又异于[他者],[148d]与他者就既相似又不相似。"

"当然。"

"那么,若它确实显得既异于自身,又同于自身,就两者和分别就每个来说,它岂以不相同方式显得与自身既相似又不相似?"

"必然。"

[d5]"这样呢?关于'一'接触与不接触自身和他者,情况又如何,你来想想吧。"

"我想想。"

"'一'自身已被表明必作为整体在自身中。"

"正确。"

"同样,'一'也在他者之中?"

"对。"

"那么,就在他者之中而言,[148e]它会接触诸他者;就它在自身之中而言,它无法接触他者,在自身之中时,它接触自身。"

"看来如此。"

"这样,'一'就会接触自身和他者。"

"接触。"

"这样又如何呢?任何东西[e5]要接触某个东西,岂不必须靠近它要接触者,占据那个位置,这个位置位于被接触物所处位置之后。"

"必然。"

"那么,若'一'接触它自身,它就必须紧随自身之后,占据它所处其中的那个位置之后的地方。"

"必须。"

"那么,'一'就是两个,要做到[149a]这一点,它得同时在两个地方;可是,只要是'一',就不能这样?"

"不能。"

"那么,'一'不是二,也不接触它自身,这是同样必然的。"

"同样。"

"可它也不会接触他者。"

"为什么?"

"因为,我们说,[a5]一个独立的东西若要去接触,必须紧贴它要接触的那个东西,它们之间不应存在第三者。"

"正确。"

"那么,倘若要接触,必须至少存在两个东西。"

"必须。"

"可是,倘若第三者被紧贴这两个之上,它们就是[149b]三个,接触点是两个。"

"对。"

"而且这样,每增加一个[东西],总是会增加一个接触点,结果就是接触点比总数少一个。因为,最初的两个东西比接触点多几,[b5]总数就比接触点多几个。当[149c]后来的一个一被增加到总数上,就给这些接触点又增添一个接触点。"

"对。"

"无论数目有多少,接触点总比它们少一个。"

"确实。"

"那么,若只是一不是二,也就[c5]没有接触点了。"

"那又为什么?"

"这样,我们说'一'之外的他者,既不是'一',也不分有'一',如若它们确实是他者的话。"

"确实不。"

"那么,在诸他者中不存在数,因为在它们之中不存在'一'。"

"当然。"

"那么,他者就既不是'一',也不是'二',也不是[149d]有着另外名称的某个数。"

"不是。"

"'一'就仅仅是一,而且不会是二。"

"显得不。"

"接触点也就不存在,由于二不存在。"

"不存在。"

"那么,'一'也就不接触他者,他者也不接触'一',因为不存在接触点。"

[d5]"的确不。"

"因此,根据这一切,'一'既接触又不接触他者与其自身。"

"似乎是。"

"那么,它是否既等于又不等于它自身以及他者呢?"

"怎么讲?"

"若'一'比他者更大或更小,[149e]或者反过来,他者比'一'更大或更小,并不是由'一'作为'一'、他者作为'一'之外的其他东西,即不是由这些,由它们的'存在',而是由比较才更大或更小,不是吗? 那么,在其所是之外,若二者的每一个都[e5]有了'相等',它们就会相等。若他者有了'大'、'一'[有了]'小',或'一'[有了]'大'而其他[有了]'小'。那么,难道不是形相'大'附着的那个就大些,'小'附着的那个小些?"

"的确。"

"那么两个形相'大'与'小'不就存在了吗?否则,[e10]若在某种情况下不存在,它们就不能彼此对立,也不能生成于[150a]诸存在者中。"

"怎么能呢?"

"倘若'小'生于'一',就要么于其整体,要么于其部分。"

"必然。"

"若生于整体会如何?它难道不是要么相等地遍布'一'之整体,要么包围它[a5]吗?"

"显然。"

"那么,若是相等地,实际上'小'就等于'一'自身,若是包围,就大于?"

"怎么不呢?"

"'小'是否可能等于或大于某物,实现大与相等,却[150b]不[实现]它自身呢?"

"不可能。"

"'小'就不能在'一'之整体中,可是,的确在部分中。"

"对。"

"也不会在这个完整的部分中,否则,与整体相同的情况又会出现:它将等于或大于那个它所在其中的部分。"

"必然地。"

"'小'也就不会处于这些存在者中的任一个里,它既不会部分地也不会整体地生成于其中。"

"似乎不。"

"'大'也将不在其中,某个其他的且[150c]异于它的东西将会更大——若'大'自身出现在这个东西之中的话;而且,它也不存在'小',若它确实为'大','大'必然会超过'小'。这却不可能,因为'小'不在任何地方。"

"确实。"

"于是,'大自身'除了'小自身'之外,不大于他者;'小'也不小于他者,除了'大自身'之外。"

"确实不。"

"他者也就既不比'一'更大,也不更小,既不具有'大',也不具有'小'。[150d]此两者对于'一'来说,也没有这种超过或被超过,但却在彼此之间有;'一'不会较这两者也不会较他者更大或更小,它不具有'大',也不具有'小'。"

"显得不。"

"那么,[d5]当然,若'一'较他者而言,既不更大也不更小,它不就必然既不超过也不被超过吗?"

"必然地。"

"现在,这种既不超过也不被超过的情况必然就是达到相等,达到相等就是作为相等存在。"

"怎么[150e]不呢?"

"再来,'一'之于其自身也是如此:由于它在自身中既不具有'大'也不具有'小',它既不能被[自身]超过,也不能超过自身,可是,达到相等的话,它就会等于自身。"

"当然了。"

"'一'也就会等于自身与那些[e5]他者了。"

"显得是这样。"

"而且,由于它确实存在于自身之中,且还会从外面围着它,且若包围它[151a]就会比它自身较大,被包围则较小,于是,'一'将会比自身既大又小。"

"就是会这样。"

"那么现在,是否必然如此,没有任何东西外在于'一'与他者?"

"怎么不呢?"

[a5]"可是,存在者总得在某个地方吧。"

"对。"

"现在,那个在某物中的东西将会作为较小的在较大的之中? 否则一个就不能在另一个之中。"

"可不是嘛。"

"可是,由于除了他者与'一',别无他物,而它们又必须存在于某个东西中,那么不就必须得在彼此之中了吗,他者在'一'之中,'一'也在他者之中,[151b]又或者不在任何地方?"

"显得是这样。"

"由于'一'在他者之中,他者就会比'一'大、包围着它,'一'就比他者小、被包围;由于他者在'一'之中,按照同样的道理,'一'就会比他者[b5]大,他者比'一'小。"

"正是如此。"

"那么,'一'相较于自身及他者,既相等,又更大,又更小。"

"显得是这样。"

"此外,若相较于自身及他者,确实更大和更小和相等,[151c]就会有相等和更大和更小的量,由于这个量,随即就有了部分。"

"怎么不呢?"

"那么,由于相等和更大和更小的量,于是,在数上就会比自身及他者更少或更多,也会与自身及他者相等,在[c5]这个方面。"

"如何?"

"比哪个更大,它就会在量上更多,这些量有多少,就有多少部分;比哪个更少也是如此;与哪个相等也是如此。"

"是这样。"

"于是,由于它相较于自身更大、更小与相等,它不就会有等于、[151d]多于、少于自身的量吗?且由于这些量,也就有了部分?"

"怎么不呢?"

"那么,由于它与自身有相等的部分,就会与自己一样多,由于[有]更多的部分,则比自己更多,由于[有]更少的部分,就在数上比自己更少。"

"显得是这样。"

"对'一'而言,[d5]相对他者不也如此吗?由于显得比它们更大,必定在数上比它们更多。由于更小,则更少;由于同等大小,与他者相比就同样多。"

"必然地。"

"如此反过来看,则是这样[151e],'一'自身将会在数上相比自身及诸他者相等、更多与更少。"

"它是这样。"

"那么,当然,'一'也分有时间,它是否就是且变得比自身及他者更年轻且又更老,[e5]且又既不比自身、也不比他者更年轻又更老——由于分有时间?"

"为何?"

"在某种程度上,'存在'属于它——如果'一'存在。"

"对。"

"'正在存在'不就是伴随现在时间分有'存在',同样地[152a]'曾经存在'是伴随过去时间,而'将要存在'是伴随将来时间与'存在'的连接?"

"正是。"

"那么,若确实分有'存在',它就分有时间。"

"当然了。"

"那么,它随时间流逝。"

"对。"

"它就变得比自身老,[a5]倘若它确实与时俱进。"

"必然地。"

"我们还记得这个吗——年老的在更新的同时,变得更老了?"

"记得。"

"现在,由于'一'变得比自己更老,它不就会因变得比自己更新,而[152b]变得更老吗?"

"必然地。"

"那么,就变得比它自身既更新又更老。"

"对。"

"它就更老了,不是吗,当它在现在时间——即,'过去存在'与'将来存在'之间的时间——中生成时?因为,当它从过去发展至未来时,不会跳过现在。"

"当然不。"

"它在那个时候难道不就不再变老了吗？一旦到达[152c]'现在'这个点上,就不再变得,而是在那个时候已经是老的了？当前进时,它从不会受制于现在。因为,前进的那个东西总是像这样能够触及'现在'与'此后'这两者:边放开'现在',边[c5]抓住'此后',当它于此二者之间变动时,即'此后'与'现在'。"

"确实。"

"如果确实必然地,所有'生成者'都躲不开这个'现在',无论它何时在其中,[152d]它都将一直远离'变成'、并且'是'那个它碰巧将会变成的东西。"

"显得是这样。"

"而且'一',无论何时通过变老而遭遇'现在',那个时刻它都会远离'变成'与'是'更老的。"

"完全如此。"

"因此,无论它变得比哪个东西[d5]更老,它都老于这个东西——是否也就变得比自己老？"

"对。"

"是否较老的东西比较年轻的要老一些？"

"是。"

"那么,'一'在变得更老的过程中,遇到这个'现在'时,比它自身更年轻。"

"必然。"

"'现在'[152e]却必然伴随着'一',贯穿于整个'存在'。无论它在何时,都将是现在。"

"怎么不呢？"

"'一'也就往往既'是'又'变得'比自己更老又更年轻。"

"它就是这样。"

"它'是'又'变成'比起自己更多的时间,抑或相等的？"

"相等的。"

[e5]"可是'变成'或'是'相等时间的东西具有相同年龄。"

"怎么不呢?"

"具有相同年龄的东西,就既不是更老,也不是更年轻。"

"确实不。"

"那么,'一',由于它既'变得'又'是'与自身时间相等,也就既'是'又'变得'比自身既不更年轻也不更年老。"

[e10]"我觉得不。"

"这又如何呢?相对他者而言?"

"我说不上来。"

[153a]"你当然至少可以这么讲,即'一'之外的他者,其实是一些相异者,而不是一个相异者,就是多于'一'。是一个相异者的就会是'一'了,可由于它们是一些异者,它们就比'一'多,也就有了'多'"。

"确实会有。"

"是'多'的东西就会分有比'一'多的数。"

"怎么不呢?"

"这样呢?我们将会说,关于数,是较多的先生成且已生成,还是较少的呢?"

"较少的。"

"最少的就最先,这[153b]就是'一'。不是吗?"

"对。"

"在所有具有数的东西里面,'一'是最先生成的。他者也具有数,若它们是一些他者,而不是一个他者。"

"它们也有。"

"但是,我认为,先生成的就占先,其他则[b5]居后,可是,后生成的东西就比先生成的年轻,于是,他者就比'一'年轻,但'一'得比他者老。"

"它会是这样。"

"这一点又如何?'一'能违逆自身之自然而生成吗,或是不能?"

[153c]"不能。"

"可是,当然已经证明,'一'有着许多部分,若有了部分,也就有起点、终点、中心。"

"对。"

"全体——包括'一'自身和每个他者——都是最先生成一个起点,继而[c5]所有其他东西,直到终点?"

"怎么不是?"

"此外,我们会说所有这些他者,其实都是这整一的碎片,而其自身,这整一,则在终点时刻生成为'一'和整全①。"

"我们确实会这么说。"

"无论如何,我认为,终点最后生成,[153d]'一'则同时随之自然地生长。于是,若'一'必须不违背自然生成,那么,由于它与终点同时生成,它就会在他者之后自然地生长。"

"显得是这样。"

"那么,'一'就比他者更年轻,他者则比'一'更老。"

[d5]"确实这样向我显现。"

"这样呢?'一'或他者的起点,或任何其他部分,若它确实是一个部分,而不是许多个部分,难道不就必须是'一'了吗——由于是一个部分?"

"必须。"

"于是,'一'就会与第一个的生成同时生成,[153e]也与第二个同时,没有哪个生成的他者会错过,它会将自身缚于它们之上,直至终点,一个整一生成,在其生成中,不会错失中心、原初者、终末者与他者。"

[e5]"确实。"

"那么,'一'就与全体他者有着同样的年岁。若'一'不违背自然生成,它将会既不在他者之前,也不在其之后生成,而是同时。[154a]而且,依据这同一套论证,'一'比起他者而言,将会既不更老,也不更年轻,他者相较于'一'也不会。"

"当然。"

"它就'是'这样,且[a5]'成为'这样。可是,反过来这又如何呢——它变得比其他那些'一'之外的东西更老且更年轻,它们变得既不更年轻,也不更老?正如关于'存在',关于'生成'是否也是这样,还是另外的呢?"

---

① '一'和整全,原文为 hen te kai holon。还出现在下文 157e。

[154b]"我说不出。"

"可是,至少我可以这么说:即便一个年老的东西确实比他者老,它不能变老得多于它最初生成时[与他者]既有的那个年龄差;反之,那个是年轻的东西也不变得更年轻。[b5]因为,当相等的被加到不相等的时候,时间或其他东西,总是让差等于最初那么多的差。"

"怎么不呢?"

"那么,因为年岁的差异是相等,'存在'则绝不会变得比'存在之一'[154c]再老些或再年轻些:它是且变得更老,另一个较年轻,但不是变成这样。"

"确实。"

"而且,'存在之一'也不会比'存在之他者'变得再老些或再年轻些。"

[c5]"绝不会。"

"你看它们是否以这种方式变得更老或更年轻。"

"以什么方式?"

"就此而言,'一'被展现得比他者老,它们也比它老。"

"什么意思?"

"当'一'比他者老时,它当然也就在某种程度上比[154d]他者生成了更多的时间。"

"对。"

"再考虑一下这个:若我们能给多的时间与少的时间增加一个等量时间,多的那个与少的那个差是因为一个相等的部分呢,还是因为一个更小的呢?"

"因为一个更小的。"

"那么,'一'最初与他者的年龄[d5]差是多少,到后来也就是这么多;但是,由于它与他者获得等量时间,比起以前,它将在年龄上与它们的差距更小。不是吗?"

"对。"

"现在,一个东西与某个东西年龄差距[154e]较过去更小,相对于它较之更老的东西来说,比起过去,它将会变得更年轻?"

"更年轻。"

"那么,若这一个更年轻了,相对于'一',比起过去,那些他者难道不也更老了?"

"当然。"

[e5]"相对于生成得较早、是较年老的那个东西,较年轻的东西在变得更老;然而,它绝不是较老的,相反,它是比起那个东西,正在变得更老些的。因为,那一个在朝着更年轻前进,年轻的那个则朝着更老。[155a]同样地,比起较年轻的那个,较老的东西,就变得更年轻些了。因为,当它们两者朝对立的方向去时,它们变成彼此的对立者,比起较老的那个,较年轻的那个变得更年老些了,比起较年轻的那个,较老的那个更年轻些了。[a5]但是,它们不能够生成为这样。因为,若它们过去生成为这样,它们就不再会生成了,而会就是这样。但现在的状况是,它们正变得比彼此更老且更年轻。'一'变得比他者更年轻些,因为显然它是更老的那个,且[155b]生成在先;而比起'一',他者变得更老,因为它们生成在后。但是,依据这同一套论证,他者之于'一'也是这样,因为,它们已经被展现为比它较老且生成得更早。"

"确实显得是这样。"

"这样一来,[b5]没有任何东西变得比起另一东西更老或更年轻,因为,彼此相差总是相同数目,比起他者,'一'既不会变得再老些,也不会再年轻些,比起'一',他者也不会。较早生成的东西则必定应该与较晚生成的东西有差异,因一个永远有差异的部分,反之亦然,[155c]由于这一点,它们就必然变得比彼此更老又更年轻——他者比起'一'、'一'比起他者都是这样?"

"当然。"

"按照所有这些,'一'自身比起[c5]自身与他者,既'是'又'变得'更老与更年轻,比起自身与他者,既不'是'又不'变得'更老与更年轻。"

"完全如此。"

"但是,由于'一'分有时间,并且[155d]变得更老与更年轻,若确实分有时间的话,它难道不就必然地分有'过去'、'将来'与'现在'吗?"

"必然地。"

"'一'也就过去存在、现在存在、将来存在,且过去生成、现在生成、将来生成。"

"怎么不?"

"那么,会有[d5]某个东西属于它,且关于它,当它过去是、现在是、将来是。"

"当然。"

"也就会存在关于它的知识、意见与感觉,若我们现在确实研习了所有这些关于它的东西。"

"你说得对。"

"也就存在关于它的名称与言论,[155e]它也可被命名与言说,他者适用的这些,也都适用于'一'。"

"完全是这样!"

"那么,我们来第三轮讨论吧。若'一'就如同[e5]我们已经描述的那样①存在,难道它不必然如此:既是一,又是多,既非一,亦非多,还分有时间,就'一'存在而言,有时它分有'存在',但就其不存在而言,有时它不分有'存在'。"

"必然。"

"是否可能在它分有时不分有,或者,在它不分有时分有?"

[e10]"这不可能。"

"因此,有时分有时间,有时不分有时间;只有这样,它才会既分有又不分有同一个东西。"

[156a]"很准确。"

"是否存在这一刻,它变得参有'存在',以及放掉它? 或者说,除了在同一时刻既捕捉到又放掉它,怎么可能在同一个时间既有又无同一个东西呢?"

"绝无可能。"

"参有'存在',[a5]你难道不称这为生吗?"

"我[称]。"

"放掉'存在'不就称为灭吗?"

---

① "我们已经描述的那样"指151e7 – 155d6。

"完全如此。"

"那么,'一'便如此,因捕捉与放掉'存在',就既生又灭。"

[156b]"必然。"

"但由于它既一又多、既生又灭,难道不是这样:生成为一时,'为多'即灭,生成为多时,'为一'即灭?"

"完全正确。"

"那么,在变得一与多时[b5],它不就必定要被分与合吗?"

"极为必然。"

"此外,它变得不相似与相似时,它是否也被相似化与不相似化?"

"对。"

"而且当更大、更小和相等时,它是否增加、缩减和等同呢?"

"是这样。"

[156c]"但是,它由运动趋向静止之时,由静止变为运动之时,当然,它自身必须不是在任一时间里。"

"如何?"

"先静止后运动,或先运动后静止,它不会不转变就经受这些。"

[c5]"怎么会?"

"可是,不存在这样的时间——某物在其中可以同时既不运动又不静止。"

"确实不。"

"可是,不经历转变就不会有变化。"

"很可能不。"

"那么,什么时候转变呢?它的转变既不在静止中,也不在运动中,也不在[156d]时间中。"

"确实不。"

"那么,是否存在这样一个'无何有乡',当它变化时也存在于其中?"

"这是什么?"

"'刹那'①。因为,刹那似乎表示这种东西,由它可以发生向二者中任意一方的改变。静止不动时,[d5]某物不能从静止状态中改变,运动时,也不能从运动状态改变。可是,刹那无何有之自然隐于动静之间,[156e]不寓于任何时间中,出乎其外而入乎其内,运动者变为静止,静止者变为运动。"

"这很有可能。"

"那么,'一'若确实既静止又运动,也就在二者间转变——惟其如此,才会兼及二者——[e5]但是,改变在刹那间改变,它改变时,不在任何时间中,不动亦不静。"

"确实不。"

"那么,关于其他的改变是否也是这样呢?当其从'存在'变为'灭',[157a]或从'不存在'到'生',它是否就变得在某些运动与静止之间,是否非存在亦非不存在,是否非生亦非灭?"

"似乎是这样。"

"那么,依据同样的道理,由一[a5]至多与由多至一,它非一亦非多,不分亦不合。又及,由相似至不相似,由不相似至相似,非相似亦非不相似,非同化亦非异化;又及,[157b]由小、大、相等到其对立者,它非小非大亦非相等,不增不减亦不等。"

"似乎不。"

"若存在,'一'就会历经所有这些情况。"

"怎么[b5]不呢?"

"我们不该思考,'一'若存在,究竟他者具有什么吗?"

"我们应该思考。"

"那么,我们就讨论一下,'一'若存在,别于'一'的东西必须经受什么?"

"让我们谈论。"

"于是,既然是别于'一',他者就不是'一',否则[157c]就不会有别于'一'。"

---

① 刹那(to exaiphnēs),指运动和静止之间的特殊一刻。

"对。"

"这些他者也并不是被彻底夺去'一',而是以某种方式分有着。"

"以什么方式呢?"

"鉴于在某种程度上,正由于有着部分,他者才有别于'一';若它们无部分,就浑然为一了。"

"对。"

"我们说,[c5]可是,部分属于那个是整体的东西。"

"我们确实这么说。"

"可是,整体必定是由多组成的一,部分是它的部分。因为,某个部分不是多的部分,而是整体的[部分]。"

"这是怎么说?"

"如若某个东西是多的一个部分,[157d]它就是它们当中之一,它当然也就是自身的一个部分,但这不可能。若不能作为每个的一部分,就不能属于全部的一部分,它还要是每个他者的一个部分。由于它不是一的部分,它就是除去一的他者的一部分,这样它就不是每一个的一部分。若不是每一个的一部分,它就[d5]不是多中的任一个的一部分。但若它不属于任一个,它就不能是它们的一部分或类似东西。"①

"确实显得如此。"

"那么,这个部分也就既不是多,也不是全体的部分,[157e]而是某个单独理念的、一个我们称之为'整体'的一的部分:一个由所有[部分]造就的整全之物。正是如此,部分才成为一个部分。"

"完全如此。"

"那么,若他者有部分,它们必然分有整体和一。"

"确实。"

"那么,别于'一'的就必然是一个拥有部分的完满[e5]整体。"

"必然。"

---

① 按照通常理解,一个东西是许多东西的一部分,意味着它是其中一员,这意味着把许多东西视为一个集合体。但此处的前提是,多不是整一,不能视为集合体,必须视为许多个体。那么,一个东西要成为这许多东西的一部分,意味着它是每个个体(也包括它自身)的一部分。

"而且,关于每个部分,也是同样的道理:部分必然分有[158a]'一'。若它们每一个都是一个部分,'每一个'就当然表示是一,与他者划分开,是其自身,倘若它确实是每一个的话。"

"对。"

"可是,很显然,它会分有'一',是不同于一的东西。否则,它不会分有,而是本身就会是一。但是,如其所是,除非'一'自身,不可能有任何东西是一。"

"不可能。"

"但是,整体与部分都必定要分有'一'。因为,整体就是部分因之而是部分的一个东西。每个是一个整体之部分的东西都会是这个整体的一个部分。作为整体之部分的每个部分则为这个整体的一个部分。"

"是这样。"

[158b]"那么,分有'一'的那些东西,岂不作为异于它的东西而分有它?"

"怎么不呢?"

"可是,异于'一'的东西必为多。因为,若'一'之外的东西非'一'亦非'多于一',它们就会是无。"

"确实是无。"

[b5]"但是,分有一个部分之'一'的东西和分有一个整体之'一'的东西都是多于一,岂不必然如此:那些要去参有'一'的东西会在数量上无限?"

"为何?"

"让我们来这样看:要去参有是否不是指别的,而是指它们不是一,也不分有'一',在它们要去分有的时候?"

"肯定是这样。"

[158c]"所以,它们是多,'一'不存在于它们之中。"

"当然是多。"

"这样呢? 若我们愿意尽我们所能,凭思想($τῆ διανοία$)从这些东西中提取极细微者,取出的那个东西若不分有'一',岂不必然是多不是一?"

[c5]"必然。"

"当我们沉思那别于形相的自然,①仅凭其自身,就此而论,不论我们看到多少,总是无定之多?"

"当然。"

[158d]"此外,由于每一个部分都会成为一个部分,它们相对于彼此、相对于整体同时都有个限度,整体之于诸部分也是如此。"

"确实如此。"

"对于异于'一'的他者而言,结果就是,从'一'的和从它们自身的集合中,[d5]某些异者生成于其中,如其所显现,这些东西为它们彼此带来一个限度;而它们自身之自然,其自身,赋予无限。"

"显得是这样。"

"这样一来,异于'一'的他者,作为一些整体与一个个部分,既是无限的又分有限度。"

"确实。"

[158e]"它们难道不是与彼此、与自身相似亦不相似吗?"

"怎样呢?"

"它们全体都因自身之自然,在某种程度上无限,就此而论,它们会以相同方式经受这相同的状况。"

"确实。"

"它们全体都分有了一个限度,就此而论,它们同样[e5]经受这相同的状况。"

"怎么不呢?"

"但是,它们应该既有限又经受无限,就此而论,它们将会有这些状况,它们就会彼此对立。"

[159a]"对。"

"可是,对立者绝不可能相似。"

"怎么不?"

"在任一单独的状况中,它们会与自身和他者相似,但是,当此两种状

---

① 就多的自然来考察多,而非就多的形相,因为形相强调共性,在某种意义上这些多就具有了同一性,而此处强调自然,维持多的无限性。

况叠加时,它们就会尤其对立且不相似。"

"恐怕是这样。"

[a5]"如此一来,他者将会与彼此和与自身,既相似又不相似。"

"是这样。"

"'一'之外的他者还彼此间既同又异,既运动又静止,我们可以毫不困难地指出,经受所有这些相反的状况,因为,事实上[159b]它们显然经受了这些。"

"说得不错。"

"那么,若我们把这些已经证明过的东西搁置起来,让我们再次考察,一若存在,'一'之外的他者是不是仅仅会这样?"

"当然可以。"

"就让我们从头说起吧,[b5]一若存在,'一'之外的他者必定经受些什么呢?"

"我们就说说吧。"

"难道不是'一'与他者分离,他者也与'一'分离吗?"

"为何?"

"因为,除此之外,别无其他情况,某个东西既异于'一',又异于他者。[159c]当有人说'一'与他者时就穷尽了所有。"

"确实是所有。"

"除这些之外,不另有'一'与他者都在其中的同一个东西。"

"没别的了。"

"那么,'一'与他者就不存在于同一个东西里。"

"看起来不。"

"那不就是分离的吗?"

"对。"

[c5]"我们说,真正的'一'没有部分。"

"怎么能呢?"

"'一'不会在作为一个整体的他者中,也不会是其部分,若它既与他者分离,又没有部分。"

[159d]"怎么能呢?"

"他者就不会分有'一',不会在某个部分分有它,也不会整体上分有。"

"似乎不。"

"因此,他者绝不会是'一',自身之中也没有'一'。"

"确实不。"

"他者也不是多;[d5]倘若它们是多,每个都会是整体之部分。但是,现在,'一'外的他者非一亦非多,非整体亦非部分,因为,它们不会以任何方式分有它。"

"是啊。"

"于是,他者自身亦非二或三,那些东西也不在它们之中,[159e]若它们确实完全被剥离了'一'。"

"就是这样。"

"他者与'一'也就非相似非不相似,相似与不相似也不会出现在它们之中;若它们相似和不相似了,或者相似与[e5]不相似在它们自身之中了,'一'之外的他者自身之中就会有着两种彼此对立的形相。"

"显得是这样。"

"但是,要让没有'一'的东西有二,这无论如何却是不可能的。"

"不可能。"

"他者非相似,非不相似,亦非兼具。[160a]因为,若他者与'一'相似或不相似,他者就会分有'一',或者别的这些形相;若是兼具就分有对立者,但是,这显得不可能。"

"确实。"

"因此,他者不同不异,不动不静,[a5]不生不灭,无更大、更小、相等。因为,若他者服从于经受这些东西,它们将会分有一二三,以及偶奇数——这些是它们[160b]显然不可能分有的东西,因为,它们完全被剥离了'一'。"

"再正确不过了。"

"这样一来,若一存在,相对于自身和他者,'一'是所有又甚至不是一。"

"完全正确。"

[b5]"很好,若'一'不存在,我们随后不该考虑一下会发生什么吗?"

"应该考虑。"

"那么,这个假设会是若一不存在吗?它是否与这个若非一不存在有所区别呢?①"

"它当然有区别了。"

"仅仅是有区别呢,还是说,[160c]若非一不存在与若一不存在是完全对立的呢?"

"完全对立的。"

"但是,若有人说如果非大或非小或任何此类的东西如此,在每种情况下,他说的'那个非什么'就是指别的什么,这恐怕很清楚吧?"

[c5]"确实。"

"那么,现在,这不也就很清楚了吗?当有人说'一若不存在',他所谓的不存在的那个就是异于诸他者的,我们不理解他所说的吗?"

"我们理解。"

"那么,当有人谈论'一'时,他首先在谈论可知者,其次在谈论他者之外的东西,无论将'存在'还是[160d]'不存在'附加其上。被说成不存在的就依然可以被认识,它异于他者。抑或并非如此?"②

"必然如此。"

"这样一来,我们就可以从头说起,'一'若不存在是什么情况。首先,这必须属于它,看起来是这样,存在[d5]关于它的知识,否则不可能去认识有人说到'一若不存在'时在说什么。"

"的确。"

"所以,他者必定异于它,否则恐怕不能说它异于他者?"

"确实。"

"因此,除知识之外,异也属于它,[160e]当有人说'一'异于他者时,他不是说他者之异,而是说'一'之异。"

"显得如此。"

---

① "若一不存在"原文为 ei hen mē esti,"若非一不存在"原文为 ei mē hen mē estin。
② 在这组假设中,"不存在"等于"不是",而不是"无"。

"此外,'不存在之一'分有'那个''某个''关于这个''属于这个''关于这些'等等这些,[e5]因为,假如'一'不分有'某个'或其他这些,就无法谈论它,也无法谈论'一'之外的他者,以及任何关于它或属于它的东西。"

"是啊。"

"所以如果'一'确实不存在,它不可能存在,但没什么能[161a]阻止它分有很多东西。事实上,它必须得这样,若确实不存在的是那个'一'而非其他。然而,不存在的若不是'一'或'那个',那么论述就是关于别的什么东西,那么我们说的就根本不是它。但是,若假设不存在的别无他者而就是那个'一',那么必然是这样,[a5]它分有了'那个'和许多别的东西。"

"确实。"

"相对于他者,它就有了不相似。因为,若'一'对于他者,作为相异者,也就是异类。"

"对。"

"异类不就是其他种类?"

"怎么不呢?"

"其他种类的东西不就[161b]不相似吗?"

"不相似。"

"好吧,那么,若它们确实与'一'不相似,这一点不清楚吗,不相似者就会与一个不相似者不相似。"

"很明显。"

"因此,'一'将会有'不相似',就他者与它不相似而言。"

"似乎是。"

"但是,若是[b5]它相对于他者有了不相似,不必然是相对于它自身相似吗?"

"如何呢?"

"若'一'对'一'有了不相似,当然这论证也就不会是关于某类与'一'相似的东西,这假设也就不会是关于'一'的了,而是关于'一'之外的他者。"

[161c]"当然。"

"但是,当然不能如此。"

"当然不。"

"那么,'一'相对于自身,必须有自身的相似。"

"必须。"

"再者,它也不等于他者。因为,若它要等于[他者],它就会既是他者又与他者相似,由于这种[c5]相等。这两种情况都不可能,若确实不存在'一'。"

"都不可能。"

"由于它不等于他者,他者不也就必然不等于它吗?"

"必然。"

"不相等的东西岂不就是不相等的?"

"对。"

"不相等的东西不就指不等于某个不相等的东西吗?"

"怎么不呢?"

"因此,'一'就分有了'不相等',[161d]就此而论,他者不等于它。"

"它分有了"。

"但是,'大'与'小'也都属于不相等。"

"是这样。"

"那么,在这个'一'里总是存在'大'与'小'?"

"恐怕是。"

"'大'与'小'总是[d5]彼此远离?"

"当然。"

"那么,在它们之间总是有某个东西。"

"有。"

"那么,除相等之外,你是否会说它们之间还有某个东西?"

"不,只有这个。"

"那么,有'大'与'小'的东西,也同样有'相等',因为,它在它们之间。"

[161e]"显得是这样。"

"'不存在之一'似乎是这样,会分有'相等''大'与'小'。"

"似乎是。"

"那么,它必然也以某种方式分有'存在'。"

"怎样呢?"

"它必如我们先前说过的那样:若它不是那样,[e5]当我们说到'不存在之一'时,我们就没有言说关于它的真实;若要言说真实,很明显我们在说存在着的东西。或者,并不是这样?"

"正是这样。"

"但是,由于我们宣称在言说真实,我们必须[162a]要宣称在言说存在者。"

"必须。"

"因此,'不存在之一'似乎存在。若它不是什么不存在者,反而就将会以某种方式由'存在'直抵'非存在','一'直接就是存在者。"

"完全如此。"

"若它不存在,它就必具有'不是的东西是不存在者'[a5]这样的联系,类似地,正如存在者必须具有'不是不存在者',这样一来,它将彻头彻尾地存在。那么这样一来,当然存在者才会存在,不存在者才会不存在:先看存在者,若存在者要完整地存在,就'是存在者'而言,它分有'存在',就'不是不存在者'而言,它分有'非存在'①;再看不存在者,若不存在者要完整地不存在,就'不是不存在者'而言,[162b]它分有'非存在',就'是不存在者'而言,它分有'存在'。"

"再准确不过了。"

"由于存在者事实上出现了不存在,不存在者则出现了存在,那么,由于'一'不存在,[b5]也就必然地因不存在出现存在。"

"必然。"

"那么,一若是不存在,也会显得有'存在'。"

"显得是这样。"

"当然也有'非存在',若它其实不存在。"

---

① 肖里(Shorey,1891)提出此处应补一个否定词 mē,伯内特本增补了这个否定词,作'它分有非存在'。

"怎么不呢?"

"处于某种状态的东西,能否不再是那样子,而又不[b10]从它所处状态改变?"

"不能。"

"那么,任何这类情况[162c]就表示改变,即它既是这样又不是这样。"

"怎么不呢?"

"改变就是运动,或者,我们还会怎么说?"

"运动。"

"那么,'一'显得既存在又不存在。"

"对。"

"那么,也就显得既是这样又不是这样。"

"显得是。"

"[c5]'不存在之一'显得也运动,若它确实从'在'变为'不在'。"

"恐怕是这样。"

"可是,若它于诸存在者间无地可处,因为,事实上,它不存在,由于不存在,它就不能由此地转移彼地。"

"怎么能呢?"

"那么,它也就会不可借[162d]位移而运动。"

"确实不。"

"它也不可在同一物内旋转,因它无处可以接触同一物。因为,'同一物'是某个存在者,'不存在之一'不可能存在于某些存在者中。"

"不可能。"

"那么,'不存在之一'就不能[d5]在它不在其内的东西内旋转。"

"不能。"

"'一'无论存在还是不存在,也无法由自身改变。因为,这样一来,若它由自身改变了,论证就不再是关于'一'的了,而是关于别的什么东西的了。"

"对啊。"

"若既非改变,也非于同一处旋转,也非位移,那么,[162e]它还会以什么方式运动呢?"

"怎么会呢?"

"不运动的东西必定息止,息止的东西必是静止的,"

"必定。"

"'不存在之一'看上去既静止又运动。"

"看上去是这样。"

"此外,若实际上运动了,它无疑必定发生了改变。[163a]因为,无论它怎么运动,就此而言,它都不再是过去所是,而是异者了。"

"是这样。"

"因此,'一'由运动改变。"

"对。"

"于是,不以任何方式运动,也就不会改变。"

"不会。"

"那么,当'不存在之一'运动时,它就改变;它不运动时,也就不改变。"

"不会。"

"'不存在之一'就既改变又不改变。"

"显得是这样。"

"任何变得与过去所是相异的东西,岂不必然[163b]湮灭先前状态吗?"

"必然。"

"'不存在之一'若改变,则亦生[b5]亦灭;若不改变,则不生不灭。这样一来,'不存在之一'就亦生亦灭,复不生不灭。"

"当然。"

"我们再次回到起点,看看它将呈现给我们与现在相同的东西,还是不同的。"

"我们必须。"

"那么,我们是不是要说,[163c]'一'若不存在,由此必须得出什么呢?"

"对啊。"

"但是，当我们说'不存在'的时候，是否指的不是别的，而是'存在'之缺席于我们所说的不存在者吗？"

"不是别的。"

"当我们说到某种不存在的东西，我们是在说，[c5]以这种方式它不存在，以另一种方式却存在吗？还是说，当说到这种'不存在'时，仅表示不存在者不以任何方式、不以任何形式、无论如何都不分有'存在'？"

"仅仅如此。"

"那么，不存在者将既不能存在，也不能[163d]以任何方式分有'存在'。"

"它不能。"

"生与灭不是别的，而是变得一个拥有'存在'，一个失掉'存在'吗？"

"不是别的。"

"但是，不在某物之中的东西，既不捕捉，也不放开它。"

[d5]"如何呢？"

"因为，'一'无论何时绝不存在，既不具有，也不放开，也不以任何方式变得分有'存在'。"

"有可能。"

"那么，'不存在之一'不灭不生，若它绝不分有'存在'。"

"显得不。"

[163e]"那么，也就绝无改变，若经受这个，就会有生有灭。"

"确实。"

"可是，若它不改变，岂不必然不运动了吗？"

"必然。"

"但我们也不应说绝对不存在者是静止的，因为，静止的东西必须总在同一个里。"

[e5]"在同一个里，怎么不？"

"因此，反过来，我们说，不存在者不动不静。"

"确实不。"

"此外，也没有任何一些存在者属于它，因为，在[164a]分有存在者时，它也就同时分有了'存在'。"

"很明显。"

"它也就无大、无小、无相等。"

"确实。"

"无论相对自身或相对他者,也不会有同与异之类。"

"显得不会。"

"这样呢?若无物属于它,他者[a5]能与它相关吗?"

"它们不能。"

"那么,他者则既非与之相似,也非不相似,既不与之相同,也不与之相异。"

"确实不。"

"这样呢?是否存在'属于它的''关于它的',或'某个''这个',或'属于他者的''关于他者的',或'曾经'[164b]'此后''现在',或'知识''意见''感知''言说''名称',或别的关于不存在者的东西?"

"不存在。"

"那么,'一'由于不存在,也就不经受任何状态。"

"似乎确实根本不经受任何状态。"

[b5]"我们就再说说,'一'若不存在,其他的必经受什么?"

"我们就说说吧。"

"在某种程度上,它们必须是他者;若根本不是他者,我们就不能论及诸他者。"

"是这样。"

"但是,若这论说关乎诸他者,诸他者也就是异者。你不正是用他与异指称这同一个东西吗?"

[164c]"我正是这样做的。"

"我们称,在某种程度上,异即异于异者,他即别于他者。"

"对。"

"那么,诸他者若是他者,它们就有某些与其有所区别之物。"

"必然。"

"可是,将会如何呢?它们不会异于[c5]'一',因为'一'不存在。"

"可不是吗。"

"那就是彼此相异。还有这种情况留给它们,或者,它们别于'没哪个'。"

"是啊。"

"作为多,它们必须彼此有别。它们不会作为一如此,因为,'一'不存在。但是,如其显现那般,[164d]它们每一堆是无定之多,若有人把握到某个被看作至小的[部分],瞬息间,恍如一梦,不看似为一,反又显现为多;那不是微小的东西,相反,相对于那些由它而来的碎片来说,是极大的东西。"

[d5]"非常正确。"

"那么,作为这样一堆堆的东西,这些他者会彼此相异,若'一'不存在,他者存在。"

"正是如此。"

"那么,将会存在着许许多多堆儿,每堆显现为一,却并不是这样,因为,'一'实则不存在。"

"是这样。"

"看起来,也将会这样:它们有数量,若每个确实显现为一,尽管作为多。"

[164e]"完全如此。"

"而且,它们之中一些显现为而非真正是奇数,一些是偶数,而实际上'一'不存在。"

"确实不。"

"此外,我们说,至小者显得出现在它们中。[e5]但是,这个东西显得既多又大,相对[165a]这许多中的每一个而言,因为它们小。"

"怎么不呢?"

"此外,每一堆都被认为等于这许许多多的小东西。因为,直到它看起来达到居间状态前,它都将不会显现得从大些的转变为小些的,这会是一种[a5]相等现象。"

"看上去如此。"

"现在,相对其他团块来说,它有界限;相对自身来说,它无起点、无界限、无中心?"

"为什么呢?"

"因为,当有人凭自己的思考把它们中任何一个作为起点、中心或终点,往往在起点前[165b]会显现出另一个起点,在终点后会留下另一个终点,在中心会有另外的更中心的中心——但更小一些,因为我们无法把其中任一个作为一把握,由于一不存在。"

"千真万确。"

[b5]"人们凭思想把握的所有存在者,必定支离破碎。因为,没有一,在某种程度上,它就只能被当作一堆来把握。"

"完全不错。"

[165c]"那么,对于由远处模糊地打量这东西的任何人来说,它不就必然显现为一了吗?但是,对于从近处敏锐地思索的任何人来说,每一个都会显现为无定之多,若它们确实缺少'不存在之一'。"

"当然必是如此。"

"如此一来,诸他者的每一个也必然就显得既无限又有限度,[c5]一旦多,若一不存在,而一之外的他者却存在的话。"

"必然。"

"那么,它们是否也被看作既相似又不相似?"

"为什么?"

"对远处的人来说,阴影画中的一切都显现为一,显现得经受相同且相似的状况。"

[165d]"当然。"

"但是,当他走到近前,它们显现得千差万别,由于这种差异的显现,它们会显现为与自己相异的类,与自己不相似。"

"正是这样。"

"那么,那一堆堆必应显现得相对于它们自身、相对于彼此,既相似又不相似。"

"当然。"

[d5]"那么,它们应该显现得既彼此相同又相异,既与其自身相交又分离,既处于各种运动中,又寂然不动,亦生亦灭,又不生不灭,以及所有这类事情,这都是我们能够一下子轻松地详细讨论的,若'一'[165e]不

存在、多存在的话。"

"千真万确!"

"再一次,让我们回到起点,说说若'一'不在,但是'一'之外的他者存在,必然存在什么。"

"我们就说说吧。"

"那么,他者不会是'一'。"

"它们怎么会是呢?"

[e5]"那么,它们也不是多。因为,若是这样,'一'必然也寓于多者之中。但是,若它们无一个是'一',它们就全体什么都不是,因此,也就不会有多了。"

"确实"。

"若'一'不能出现在他者之中,则他者非多非一。"

"肯定不是。"

[166a]"它们也不显现为一或多。"

"为什么呢?"

"因为,他者与不存在者无论如何都不可能共存,不存在者无任何东西会出现于他者的任何[东西]之中。因为,不存在者无部分。"

"确实。"

"于是,没有关于不存在者的意见或任何现象[a5]属于他者,不存在者也不以任何方式或形式被他者臆测。"

"着实不。"

"那么,若'一'不存在,就没有他者[166b]被臆断为一或多。因为,没有'一'就无法臆断多。"

"无法。"

"若'一'确实不存在,他者既不是也不被臆断为一或多。"

"似乎不"。

"那么,也就无相似无不相似。"

"没有。"

"当然,也就无同无[b5]异,无合无分,无我们刚才描述成显得存在的任何东西。他者既不是也不显现为这些东西,若'一'不存在。"

"确实。"

[166c]"我们是否可以简而言之,若'一'不存在,无物存在,我们说得对吗?"

"完全正确。"

"因此,这样说。也那样说:如其所显,无论'一'存在或不存在,它与他者,对于自身和对于彼此,[c5]所有,以所有方式,存在亦不存在,显得存在亦不显得存在。"

"千真万确。"

斐勒布

李致远　译

苏格拉底　[11a]那么,就请你看看,普罗塔尔科斯,你现在打算接受斐勒布那方的什么论点,①并反对我们这方的什么[论点]——[11b]只要讲得不令你称心。你愿意让我们分别重述这两个[论点]吗?

普罗塔尔科斯　完全[愿意]。

苏　那么,尽管斐勒布断言,[一种]善在所有动物们那里就是[b5]欢喜、快乐和高兴,以及所有符合这个种类的东西,但我们这方有异议,[认为]不是这些东西;相反,思想、明心[明理]和记忆,以及那些跟它们同类的东西,即正确的意见和真实的运算,变得比快乐更好且更合意,至少在所有[11c]能够分享它们的东西那里,而在所有现在和将在的东西那里,一切最有益者莫过于能够分享[它们]。我们各自,斐勒布啊,不就是这样讲的吗?

斐勒布　极是极是,苏格拉底。

苏　[c5]那么,这个现在被交给[你]的论点,普罗塔尔科斯,你接受吗?

普　必然得接受啊,因为斐勒布这个美人儿已经放弃我们了。

苏　那么,就必须尽一切办法在某个地方抵达关于它们的[c10]真相喽?

普　[11d]的确必须。

苏　那就来吧,除了这些,让我们也同意这个。

---

① 关于普罗塔尔科斯和斐勒布,皆史无记载。据本文,普罗塔尔科斯是卡利阿斯之子,修辞家高尔吉亚的学生。"斐勒布"这个名字极罕见,字面义"爱男孩"。

普　哪个？

苏　即我们的这两个[论点]现在各自都会试图揭示[d5]某种能够为所有常人提供幸福生活的灵魂状态和倾向。不是这样吗？

普　确是这样。

苏　而你们不是[都说是]欢喜的[状态和倾向]，而我们却[说是]思想的[状态和倾向]？

普　[d10]确实是这样。

苏　但如果某个其他[状态和倾向]显得比它们更强呢？不就[11e]会这样吗：如果它显得更多地类似于快乐，我们两个各自就都会被那稳固地具有这些东西的生活打败，而快乐的[生活][12a]就会强过思想的[生活]——？

普　是。

苏　但如果[它显得更多地类似于]思想，思想就会战胜快乐，而她[快乐]就会被打败。请你们肯定，这些就这样得到同意了，抑或怎样？

普　[a5]至少依我看[是这样]。

苏　但斐勒布呢？怎么说？

斐　至于我嘛，依我看，快乐胜过所有东西，而且我始终会持这个意见；但你呢，普罗塔尔科斯，你自己决定[认识]吧。

普　既然你，斐勒布啊，将这个论点移交给我们了，[a10]你就不再有权控制[我]同意苏格拉底或相反[不同意]了。

斐　[12b]你讲得真实。得了，因为我"金盆洗手"，并且现在呼唤那个女神本身作证。

普　我们也会，至少在这个[事情]上，我们会为你作证，即你讲过你所讲的这些。但至于接着这些之后的，[b5]苏格拉底啊，就让我们——也带着斐勒布，不管他非自愿地或乐意——前进走到终点[界限]吧。

苏　[我们]必须尝试，那么，就从女神本身出发——但他[斐勒布]断言，她尽管被称为"阿芙罗狄忒"，但她最真实的名字是快乐。

普　[b10]正确极了。

苏　[12c]但面对神们的名字，普罗塔尔科斯啊，我自己的恐惧永远不是属人的，而是超出最大恐怖[的恐惧]。而现在，至于阿芙罗狄忒，我用令她喜爱的[名字]称呼她;但至于快乐嘛,我知道,它就像是个混合体,[c5]而且如我所说,我们必须从这个[快乐]开始思索,并观察它具有什么本性。因为它[快乐]单单这样[从名字上]听起来是个单一体,但它其实已经采取了所有在某种程度上互不相同的外形。请你看:我们说,放纵的常人[12d]追求快乐,而节制者通过节制本身也追求快乐;再者,[我们说,]愚昧者尽管充满愚昧的意见和希望,也追求快乐,而明智者通过明智本身也追求快乐。而任何人说[d5]这些快乐都彼此相同,怎么不恰恰显得愚昧呢?

普　嗯,因为这些[快乐],苏格拉底啊,都源于那些相反的行为;但它们本身并不相反呀,因为快乐[12e]与快乐怎么会不最相同呢,就所有必要的东西而言,它自身与它自身[怎么最不相同]呢?

苏　因为颜色与颜色,机灵鬼呃,也[最相同嘛]!至少根据这一点,颜色作为整体根本没有不同;但我们都知道,[e5]黑色不仅不同于白色,而且最相反。同样,图形与图形也最相同;因为作为种类,它是一个,[13a]但至于它[图形]的部分,有些部分彼此最相反,有些[部分]则有万般不同。而且我们会发现,许多其他东西都这样。因此,请你不要相信这个说法,因为它使所有最相反的东西成为一个。我恐怕我们将会发现,[a5]某些快乐与某些快乐相反。

普　也许吧;不过,这为什么会损害我们的论证?

苏　因为我们会说,你用一个不同的名字称呼这些不相同的东西。因为你讲,所有快乐的东西都是"好的"。现在,任何论证都没有争辩说,那些快乐的东西不是快乐的;但是,尽管它们[13b]大多都是坏的,有些是好的,如我们所说,你仍然称它们全都是好的,尽管要是有人强迫你进入论证,你会同意它们与它们自己最不相同。那么,在那些坏的与好的快乐中,到底有什么相同的东西,使你说出[b5]所有快乐都是好的?

普　你此话怎讲,苏格拉底啊?你竟然相信,任何人只要确定"快乐是本善",就都会承认这个吗,[13c]就会容许你说"一些快乐是好的,而其他[快乐是]坏的"?

苏　但你会承认,它们彼此并不相同,而且有些相反吗?

普　[c5]绝不,因为它们都是快乐。

苏　我们又被带回到相同的论点,普罗塔尔科斯啊。那么,我们会说,快乐并非不同于快乐,相反,所有[快乐]都相同,而且刚刚提到的例子一点都没妨碍我们,但我们仍然会遭受并说出[13d]那些最卑微者[所说]的东西,同时像年轻人论证的时候一样。

普 你到底在讲些什么?

苏 就这个:假设我模仿你并保护自己,有胆量讲出"在所有东西中最不相同者与最不相同者最相同",[d5]那么,我就会说你所讲的东西。但这会使我们显得比必要的[程度]更年轻,而且我们的论证就会被扔到船外并搁浅。所以,就让我们把它重新推回船尾,而且兴许我们走进相同的东西里,也许就可以达成某种相互的让步。

普 [13e]请你说,怎样[达成]吧。

苏 就让我重新被你提问吧,普罗塔尔科斯啊。

普 关于哪类[问题]?

苏 关于思想和知识、本心[理性]以及我从开始[e5]就确定为善的所有东西——在我被追问"到底什么是善"的时候——不就遭到你的论点[遭到的]情况吗?

普 怎么会?

苏 全部知识统统都会被认为是多,[e10]且有些[知识]彼此不相同。但如果它们有些[知识]甚至[14a]变得相反,那么,我就值得现在交谈;如果害怕这个[相反],我就会断定没有任何一门知识会变得与[另一门]知识相同,我们的论证就会像个神话一样走向终点[毁灭],但我们自己会通过某种非理性的东西[a5]被拯救吗?

普 不过,这断不应该发生,除了"被拯救"。不过,我的与你的论点平等,这倒令我欣慰:既让许多快乐变得不相同,又让许多知识[变得]有差别。

苏 [14b]那么,普罗塔尔科斯啊,就让我们不要掩盖我的[论点/善]与你的[论点/善]①之间的区别,而是放在中间,让我们大胆[讨论],一旦得到仔细检测,就应该说,"本善"是快乐呢,是思想呢,还是其他某个第三者。[b5]因为现在,我们两个一定不要出于爱胜利[而争辩]我确定的东西或你[确定]的东西是胜利者,而要为了最真实者而共同战斗。

---

① 据异文,应作"我的善与你的善之间";据文脉,应作"我的论点与你的论点"。

普　确实要。

苏　[14c]那么,就让我们通过一项同意,更多地确认这个说法。

普　究竟什么[说法]?

苏　那个给所有常人造成麻烦的[说法],不管他们自愿,[c5]或有些人有时候非自愿。

普　请你讲得更清楚点儿。

苏　我讲的是刚才顺带冒出的那个具有某种神奇本性的[说法]。因为"多就是一和一就是多"是个神奇的说法,也容易遭到争论,无论[c10]坚持这两者中的哪一个。

普　那么,你是讲:不论什么时候,某人说,我普罗塔尔科斯[14d]依照自然变成了"一",而"我的[东西]"又是"多",乃至彼此相反——只要这个[我]既大又小,既重又轻,以及其他万类东西?

苏　你嘛,普罗塔尔科斯噢,关于"一和多",你讲了那个[d5]已经成了老生常谈的怪论,但可以说,几乎所有人现在都已经同意,不应该碰触这类东西,并假定它们变得幼稚、轻松且强烈地妨碍论证,更不[应该碰触]随后这类东西:[14e]无论什么时候,只要某人凭借言辞划分每个东西的分支和不同部分的时候,又已经从某人那里得到同意,即所有那些东西就是"那个一",那么,就嘲笑地反驳他吧,因为他已经被迫承认这些怪异的东西,即"一是多和无限",而"多却是一"。

普　[e5]但你呢,苏格拉底啊,关于这套同样的说法,你讲讲,有什么其他种类的东西,尚未成为老生常谈并得到同意?

苏　[15a]无论什么时候,男孩儿啊,只要"一"不是从那些变化和毁灭的东西方面得到假定,如我们刚刚所说[,就尚未成为老生常谈并得到同意];因为在那样的情况下,这类"一",如我们刚才所说,已经得到一致承认,即不值得反驳;但无论什么时候,只要某人试图假定,[a5]人即一,牛即一,美的[东西]即一,好的[东西]即一,关于这些"一"和这类东西[造成]的许多较真[严肃],伴随着划分,就变成了一个争议。

普　怎么[划分]?

苏　[15b]首先必须假定,这些"单子"是否真实存在;其次,这些[单子]又如何[存在];尽管每一个[单子]都永远相同且不允许生成和腐坏,而[每一个]仍然极其确定地是这一个[单子];但在这之后,[b5]又必须假定,在那些变化和无限的东西中,[每一个单子]是被分散并变成多呢,还是作为整体在它自身之外——这显然是所有东西中最不可能的——在一和多中同时变成它自身和"一"。这些才是[15c]关于"一与多"的[要点],而非[你说的]那些,普罗塔尔科斯啊,若没有很美地得到同意,它们就是所有行不通[困惑]的原因,反之,若很美地[得到同意],它们又是行得通的[原因]。

普 那么,我们现在不就必须,苏格拉底啊,首先[c5]尽力穿越它?

苏 至少我会这样说。

普 那么,请你假定我们这儿所有人在这一点上也都同意你;但至于斐勒布嘛,兴许最好不要在这个时候提问他,"不要推动好生躺着的他"。①

苏 [15d]是这样。那么,关于这些有争议的东西,从哪里开始这场广泛而全面的战斗呢？从这里吗？

普 从哪里？

苏 我们说,这个通过言辞变成"一和多"的东西本身,[d5]任何时候都四面缠绕着永远被讲的东西的所有方面,无论过去或现在[被讲的东西]。并且这个东西任何时候都不会停止,亦非现在刚开始,相反在我看来,这个东西似乎就是我们内部关于言辞本身的某个"不死的和不朽的"②经验;但在任何时候,[15e]一个年轻人首次尝到它,就感到快乐,好像已经发现一座智慧的宝库,不仅如此,他就在快乐之下而神迷③,并陶醉于推动所有论证[言辞],有时候使它滚到一边并揉成一个[整体],但有时候重新展开并划分,首先且尤其使自己陷入困惑,[e5]其次[使]任何时候碰到的人[陷入困惑],无论更年轻的、更年老的,还是同龄人,[16a]既不放过自己的父亲或母亲,也[不放过]其他任何一个聆听者,乃至几乎[不放过]其他动物,不仅[不放过]常人,因为他至少不会放过任何一个

---

① 化用谚语,可以有两面理解:不要唤醒邪恶的东西,或不要惊动神圣的东西。
② "不死的和不朽的"是荷马套话(参《伊利亚特》8.539,《奥德赛》5.136)。
③ "神迷"字面义为"里面有个神"。

野蛮人,只要他能从哪儿找到一个翻译。

普 咳,苏格拉底啊,你没瞧见我们人数杂多吗,[a5]我们全部都是年轻人?你就不害怕,我们会联合斐勒布围攻你吗,如果你侮辱我们?但尽管这样——因为我们都明白你所讲的东西——要是有什么办法和装备,既使这种困扰得体地离开[我们的]讨论,[16b]又给讨论找到某种比这个更美的法门,那么,请你拿出激情[指出]这个[法门],而我们会竭尽所能紧密跟随,因为目前的论证不小,苏格拉底啊。

苏 确实不[小],孩子们啊——如斐勒布经常称呼[b5]你们的。确实没有,也不会有变得比我永远热爱的这个更美的法门,尽管它经常逃避我,并置我于孤独和困惑之境。

普 它是什么?只管讲给我吧。

苏 [16c]要说明它,并不十分困难,但要使用呢,却十分困难。因为所有源于技术的东西,任何时候都是通过这个[法门]而被发现并已然变得明显。请你观察我讲的这个[法门]。

普 你只管讲吧。

苏 [c5][这个法门就是]神们赐给人们的礼物,至少在我看来,就像从神们所在的某个地方扔下来的,通过某个普罗米修斯,同时带着某种最明亮的火;而那些古人,比我们更强且住得更靠近神们的[古人],又已经传给[我们]这个传说,即"任何永远据说存在的东西都既出自一和多,[c10]又在它们自身内部具有自然的界限和无限"。

那么,[16d]既然这些东西都永远这样被组织,我们就必须在每个时候设定关于所有东西的单一"型相"①,并寻找它——因为[我们]定会发现它就在里面——然后,如果我们已经抓住[它],[我们就必须]在单一[型相]之后,观察两个[型相],只要有这样的[型相];但要没有,就[观察]三个或某个其他数目;再者,以同样的方式[d5][观察]那些"一"的每个,直到某人不仅看出原初的"一"是一、多和无限,而且[看出]它有多少;但[我们必须]不要将"无限"的"型相"用到"杂多"上,直到某人已经彻底看出[16e]它[杂多]在"无限"与"一"之间的整个数目,直到这个时

---

① "型相"的原文为 idea,后文 eidos 则译为"样式"。

候,才告别它们所有,使它们的每个"一"走向"无限"。

那么,神们已经传给我们,如我所说,这样观察、学习并相互教导[的法门]。但在现今的常人们中,[17a]那些智者随随便便地制造"一"和"多",比必要的[程度]更快且更短①;而在"一"之后,他们就直接[制造]无限的东西,但中间的东西躲开了他们——恰恰通过这些[中间的东西],我们彼此的谈话就在辩证术的方式与诡辩术的方式[a5]之间被区分开了。

普　[你说的]有些东西,苏格拉底啊,我认为[我]从你那儿在某种程度上明白了,但有些东西,我仍然需要更清楚地听听你在讲什么。

苏　我讲的,普罗塔尔科斯啊,就字母而言其实很清楚,就像你在这些[字母]方面受教育一样[17b]领会它吧。

普　怎样?

苏　声音嘛,在我们这里,[我们]所有人和每个人的、从嘴巴里发出的[语音],肯定既是"一",又因杂多而是无限——

普　[b5]为什么不呢。

苏　尽管如此,通过这两者的任何一个,我们都不能在某种程度上变得智慧,无论因为我们知道它的"无限",或因为[知道它的]"一";相反,因为[我们知道]它们[声音]有多少[数目]、是怎样的[属性],是这个[知识]使我们每个人成了文法家。

普　[b10]真实极了。

苏　不仅如此,也是这个[知识]使[我们每个人]成为音乐家。

普　怎么会?

苏　[17c]依照那种技术,声音在这个[乐音技术]中也是"一"——

普　怎么不呢。

苏　罢了,我们要确定两个东西,低[音]与高[音],以及第三个,即同[音]?[c5]或怎么样?

普　就这样。

苏　不过,要是仅仅知道这些,你在音乐方面仍然不算智慧,但要是不知道,你在这些方面可以说就毫无价值。

---

① "更短",抄件原作"更慢"。

普　［c10］确实没有［价值］。

苏　不过,朋友啊,一旦你已经掌握在声音的高度与低度方面有多少有数的间隔［音程］,［17d］它们有哪些种类,各个间隔的时限,从它们生成多少组合［音阶］——前人们已经发现了它们并传给我们这些追随者,连同它们的传统名称"谐音";再者,身体的运动产生了相应种类的［d5］其他感受,这些［感受］通过"数目"得到度量,他们又说,就必须称之为"韵律"和"节拍［尺度］";同时［他们］也使我们心里想到,必须像这样来观察所有"一和多"——其实,一旦［17e］你这样掌握了它们［音程和音阶］,你这个时候就变得智慧了;一旦你以这种方式观察并抓住任何东西的其他"一",这样,你就在这个东西方面变得会思想;但任何东西任何时候在任何情况下杂多到了无限,都会使你不会思想［愚蠢到无限/思想到无限］,并［使你］不会运算且［e5］不会计数［不会讲话且毫不重要］,因为你从未在任何地方看出任何东西内部的"数目"。

普　美极了,斐勒布啊,在我看来,苏格拉底已经［最美地］说了现在所讲的东西。

斐　［18a］在我［看来］亦然,至少就它们本身而言;不过,这番言辞到底为什么说给我们,且它到底想要做什么?

苏　很正确,普罗塔尔科斯啊,斐勒布［正确地］问了我们这个［问题］。

普　［a5］那当然,就请你回答他吧。

苏　我会这样做的,只要我已经走过关于这些东西的一个小［问题］。就像这样:要是某人曾经想要抓住随便某个"一",如我们所说,他就必须不直接盯着"无限"的本性,而是朝向某个"数目";相反的情况同样如此,一旦某人被迫首先掌握"无限",他就必须［18b］不直接朝向"一",而是用某个"数目"用心想通每个"杂多",最终从"所有"进入"一"。让我们再次使用字母去掌握现在所讲的东西吧。

普　［b5］怎样?

苏　既然某个神或神-人——据说在埃及被说成某个忒乌特①——

---

① 参《斐德若》274c－275b。

用心想通声音[是]无限的,他第一个用心想通,在无限[的声音]中,元音不是一个而是多个,再者,[18c]其他[字母]尽管没有[分享]元音,但仍然分享某种响声,但这些[字母]也有某个"数目",至于他划分的字母的第三个样式,我们现在称之为"哑音";在这之后,他继续划分闭音和辅音,直到每个"一";而且按照[c5]同样的方式[划分]元音和半元音,直到掌握它们每个"一"的"数目",并给它们全体取个名字,即"音素[字母]";但他察觉,我们没有任何人仅仅通过它[一]本身没[学会]它们全体而学会"一",于是他又考虑[18d]这个本身作为"一"并在某种程度上使它们全体合为"一"的纽带,他就响亮地宣布它是文法技术,称之为超出它们之上的"一"。

斐　较之那个[说法],普罗塔尔科斯啊,我更清楚地学会了这个,只要它们[两个]相互比较;但我仍然觉得,现在这个说法和[d5]不久以前[那个]一样有缺陷。

苏　莫非又是,斐勒布啊,"所有这个与那个有什么关系"吗?

斐　是的,这就是我和普罗塔尔科斯已经寻找多时的东西。

苏　那么,你寻找多时的东西,如你所说,迄今不就已经在你自己那儿[18e]产生了吗?

斐　怎么会?

苏　不就是我们从开始就[从事]的这个论证吗,即关于思想与快乐两者应该选择哪个?

斐　[e5]怎么不呢。

苏　而且我们肯定,它们每个都是"一"?

斐　那当然。

苏　那么,这就是前面的论证要求我们[回答]的要点:它们每个怎么既是"一"又是"多",且它们每个到底怎么不直接[变成]无限,而是[19a]在已经变成无限之前获得某个"数目"。

普　苏格拉底在某种程度上已经绕着圈子,斐勒布呀,我不知道[他]用什么办法,带我们绕进了一个卑微的[a5]问题。但请你观察,我们哪个会回答现在的问题。这大概很可笑,即我本人已经完全代替[你],作为论证的继承人,却因为没有能力回答现在的问题,[19b]就再次[将它]交还给你。但我相信，要是我们两个谁都没有能力[回答]，就更可笑得多了。请你观察，我们在做什么。依我看，苏格拉底现在问我们：快乐的样式是不是存在，而且它们有多少，且有什么属性。关于思想，也同样有这些[问题]。

苏 [b5]你讲得真实极了，卡利阿斯①的孩子啊。要是我们没有能力在所有"一""相似"和"相同"以及[它们的]反面做这个，如前面讨论所揭示的，我们任何人就都会变得在任何东西上没有任何价值。

普 [19c]看起来，苏格拉底啊，情况就是这样。不过，在慎思者[节制者]那里，尽管美就在于认识所有东西，但第二次航行②看起来就是不遗忘[疏忽]自己本身。什么东西使我说现在这些呢？我将会向你指明。你啊，苏格拉底，你给我们[c5]所有人提供这次聚会和你自己，为的是查明什么属人的拥有物最好。因为斐勒布说，是快乐、高兴和喜悦以及所有诸如此类的东西。而你反对它们，仿佛不是这些东西，[19d]而是那些我们经常自愿提醒自己记起的东西——这样做正确——为的是使那些放在记忆里的东西可以得到检验。但看起来，你似乎说，那个被正确地确定为比快乐更好的善，至少是本心、知识、[d5]会心[理解]、技术以及所有跟它们同类的东西，[你说]应该获得它们而非[斐勒布所说的]那些东西。它们每个都以有争议的方式被讲了出来之后，我们就以玩笑的方式威胁你[说]，[19e]"我们不会放你回家，直到关于这些论证的判定已经变得有某个充分的界限为止"。但既然你自己同意并向我们答应这些，那么，我们就像孩子们一样讲，"已经正确地给出的东西，就不能收回"。因此，[e5]鉴于现在所讲的东西，请你停止[使用]这套反对我们的办法吧。

苏 你是讲什么[办法]？

普 [20a]即[将我们]投入困惑并追问那些我们目前没有能力立刻给你充分答案的[问题]。但你不要相信，我们的目的就是现在我们所有人的困惑，③相反，即便我们没有能力做这个，你也必须做这个，[a5]因为你答应了。鉴于这些，请你自己继续审议，[我们]是必须划分快乐与知识

---

① "卡利阿斯"，不能确定是不是《普罗塔戈拉》里提到的那个卡利阿斯。
② "第二次航行"，即次级选择或权宜之计，是依靠自己划桨而不依靠风，参《斐多》99d，《治邦者》300c。
③ 另一个译法"对我们来说，我们所有人的困惑是目前问题的终结"。

的样式,还是应该随它去,只要你能够在某种程度上依照某种其他办法且愿意以其他方式说明我们现在争论的东西。

苏　[20b]那么,既然你都这样说了,我这个[胆小鬼]就不必再预期任何可怕的东西了,因为"只要你愿意"一说出来,就消除了关于每个东西的所有恐惧。除了这些,依我看,某个神又已经赐给我们某种记忆。

普　[b5]怎么会,且关于什么[的记忆]?

苏　[关于]我很久之前某个时候在梦里——也可能醒着——听到的某些关于快乐与思想的说法;我现在心里想到,好像这两者[快乐与思想]都不是"本善",而是某个其他东西,一个第三者,不同于它们,但比它们两者都更好。但如果这个[第三者]现在[20c]明显地向我们显现,那么,快乐就已经被排除在胜利之外了,因为"善"就变得不再等同于快乐了。或者怎样?

普　就这样。

苏　但是照我的意见,我们不再需要划分[c5]快乐的样式;但随着[论证]前进,它会显得更清楚。

普　说得美极了,就这样继续走到底[界限]吧。

苏　那么,让我们预先在一些小[问题]上取得同意吧。

普　哪些[问题]?

苏　[20d]"本善"的部分必然是圆满呢,还是不圆满?

普　在所有东西中,[它]肯定最圆满,苏格拉底。

苏　这个呢:"本善"[必然是]具足吗?

普　[d5]怎么不呢?而且就在这方面,[本善]与所有存在者都有差别。

苏　但恰恰是关于这一点,我相信,最有必要讲讲:所有认识它的东西都追求且渴望抓住它,且为了自身保持它而毫不思想[d10]其他任何东西,除了那些随着诸善一起完成的东西。

普　这些都没法反驳。

苏　[20e]那就让我们分别看看它们,从而观察并判断快乐的[生活]与思想的生活。

普　你怎么说?

苏　但愿在快乐的[生活]中没有思想,而在[e5]思想的[生活]中没有快乐,因为如果它们随便哪个是本善,①都必定丝毫不额外需要任何东西;但如果[它们]随便哪个[21a]显得需要,它在我们这里就肯定不再是实存的善了。

普　怎么会[是]呢?

苏　那么,我们不就可以尝试在你身上检验它们吗?

普　[a5]完全可以。

苏　那你就回答吧。

普　你讲吧。

苏　你会接受吗,普罗塔尔科斯啊,自己过着为那些最大的快乐而快乐的生活?

普　[a10]为什么不呢?

苏　那么你以为,要是你完全拥有这些,你就不再额外需要某种东西了?

普　一点儿不[需要]。

苏　那就看看,思想、明心[明理]、运算[21b]所需要的东西以及所有跟它们相关的东西,你就不需要它们了吗?

普　我为什么[需要]?只要我拥有了欢喜,我就肯定拥有了所有[这些]。

苏　那么,这样生活,你就会终生永远为那些最大的快乐而欢喜喽?——

普　[b5]为什么不呢?

苏　但你不会获得本心、记忆、知识和真实的意见;首先,假如你缺乏所有思想,你必然不认识这个[问题],即你欢喜或不欢喜。

普　[b10]必然。

苏　[21c]再者,同样的,假如你不拥有记忆,你大概就必然不记得你在任何时候曾经感到欢喜,而在瞬间的快乐偶然出现的时候,不会留下任何相关的记忆;再者,假如你不拥有真实的意见,你就不会认为你感到欢喜[就你欢喜的东西发表意见],[c5]即便你正感到欢喜。而假如你被剥夺了推测[运算能力],你就没有能力推测你在未来的时间里会感到欢喜,

---

①　另一识读"如果它们随便哪个是好的"。

那么你就不会过着属人的生活,而是[过着]某种牡蛎或任何灵魂被关入贝壳身体里的海洋生物的[生活]。是这样呢,还是除了[21d]这些之外,我们可以用心设想其他情况?

普　又怎么[可以]呢?

苏　难道这种生活值得我们选择?

普　这个论证[言辞],苏格拉底啊,现在已经使我[d5]完全陷入无言。

苏　即便如此,我们仍然不要变得软弱,而是接着拿起并观看属心[理性]的生活。

普　你到底是讲哪种生活?

苏　我们某个人会不会选择过着拥有思想、[d10]本心、知识和关于整全的整全记忆[的生活],[21e]但既不分享任何快乐,无论大或小,又不[分享]任何痛苦,而是对所有这些东西完全无感受。

普　这两种生活,苏格拉底啊,至少在我这里都不值得选择,但在其他任何人那里,如我相信的,也不会显得[值得选择]。

苏　[22a]但两者结合[的生活]呢,普罗塔尔科斯?从两者的混合变成的共同[生活]?

普　你是讲快乐与本心和思想的[混合]?

苏　是这样,我就是讲这些。

普　[a5]所有人都肯定宁愿选择这种[混合生活]而非这两者的随便哪个,而且不是这个人会而那个人不会这样[选择]。

苏　那么,我们就明白,我们目前这些论证的结论现在是什么了?

普　那当然,就是:至少三种生活得到提议,[22b]但有两个既不具足,又不值得选择,无论在任何常人或任何动物那里。

苏　那么,至少关于这两者,迄今不是很明显了吗:它们哪个都不拥有"本善",因为要不然,在所有能够终生[b5]永远这样生活的植物和动物那里,它都是具足的、圆满的和值得选择的;但要是我们有人选择其他[生活],他就会是非自愿的,出于无知或某种不幸的必然,违反真正值得选择的东西的本性。

普　至少看起来,情况就是这样。

苏　[22c]那么,就不应该继续用心设想斐勒布的女神等同于"本善自身",依我看,这已经说得充分了——

斐　但至少你自己的"本心",苏格拉底啊,也不是"本善",相反,它肯定面临同样的指控。

苏　[c5]大概吧,斐勒布,我自己的[本心]也[面临同样的指控]。然而我相信,至少那个真实且神圣的本心不[承认这项指控],而是有其他情况。迄今为止,我没有争论说,"本心"应该获得第一名并胜过共同的生活①,但我们必须看看并想想,为了第二名我们会做什么。[22d]因为,我们两个大概都会说,造成这种共同生活的原因,一个[说]是本心,一个却[说是]快乐。于是就这样,它们两者都不会是善,但某人大概可以假定,它们总有一个是原因。

现在,在这一点上,[d5]我会更加反对斐勒布,并坚持,在这种混合的生活中,不管使这种生活变得既值得选择又美的东西是什么,更接近且更类似这个东西的,都不是快乐,[22e]而是本心。而且,根据这个论点,要讲快乐分享第一名或第二名,在任何时候都不真实。要是我们现在必须在某种程度上相信我自己的本心,[快乐]连第三名都够不上。

普　得了,苏格拉底啊,至少依我看,快乐[e5]现在已经被你击败,好像被[你]现在的论证给打倒了,因为它在争取胜利的战斗中已经躺下;但[23a]至于本心,看起来应该说,它明智地不准备争取胜利,因为它会遭受同样的[命运]。但快乐呢,若连第二名都被剥夺,她就完完全全会从她自己的爱者们那里招致某种耻辱,因为她甚至在那些人面前都不再显得[a5]同样美了。

苏　那又怎样? 从此放了她,而不给她施加最精确的拷问,驳斥并使她痛苦,不是更好吗?

普　你什么都没讲啊,苏格拉底?

苏　[23b]莫非因为我说了不可能的东西,即"使快乐感到痛苦"?

普　不仅[因为这个],而且因为你不知道,我们没人会放你走,直到你已经带着这些论证走到终点。

---

①　"共同的生活"通常指"快乐与思想混合的生活"。

苏 [b5]哎哟嗨！普罗塔尔科斯，剩余的论证多长啊，现在几乎完全不容易[完成]。看起来需要其他装备，为了使"本心"获得第二名，需要拥有不同于前面的论证武器——但兴许仍是一个且相同。应该这样吗？

普 [b10]怎么不呢。

苏 [23c]那就让我们尝试好生确定它的这个开端吧。

普 你是讲哪个[开端]？

苏 让我们把所有现在存在于整全之内的东西分为两份儿吧，[c5]但要是你愿意，不如分成三份儿。

普 你能指明，按照什么[原则]吗？

苏 让我们拾起刚才讨论的某些[说法]。

普 哪些？

苏 神已经揭示了——我们肯定说过——存在者的[c10]"无限"与"界限"？

普 那当然。

苏 就让我们确定这两个样式，但至于第三个[样式]，[23d]就是从这两者混合为一的某个东西。但我嘛，看起来就是某个可笑的常人，竟然[这样]划分样式并合计数目。

普 你在说什么，好人啊？

苏 [d5]在我看来，又需要第四个种类①。

普 你讲，什么[种类]。

苏 请看这两者彼此混合的"原因"，并为我确定它[是]这三者之外的第四个。

普 那么，你不就也需要某个能够[d10]分离的第五个吗？

苏 大概要吧，但我相信，至少现在不[需要]。但一旦[23e]需要，你肯定会原谅我追求某个第五个[种类]？

普 那当然。

苏 那么，就让我们首先从四个[种类]分出三个，然后试着观察它们

---

① "种类"（genos）与上文"样式"（eidos）不同：前者是"生成、起源、变化"的同源词，后者是"观看、形式"的同源词。

[三个]的两个,一旦看出它们两个各自已经分离并[e5]分散为"多",就让我们使它们各自重新聚合为"一",从而用心想它们各自到底怎么既是"一"又是"多"。

普 关于它们,要是你给我说得更清楚,我大概就能追随上了。

苏 [24a]罢了,我是讲,我提出的这两者就是刚才[所说的]东西,"无限者"与"拥有界限者"。但我会试着指出,在某种意义上"无限者"就是"多"。但"拥有界限者"呢,就让它等等我们吧。

普 [a5]等等吧。

苏 那就想想看。尽管我敦促你观察的东西既有困难又有争议,但仍然请你观察。首先,关于"更热与更冷",请看看你到底能不能用心想到某个界限,或者,住在它们内部的"更多与更少"[24b]只要住在它们内部,就不允许变得有个终点,因为一旦变得有个终点,它们两个就已经终结了。

普 你讲得真实极了。

苏 但在"更热与更冷"内部,我们说,永远[b5]有"更多与更少"。

普 非常确实。

苏 那么,论证就向我们表明,这两个[更多与更少]永远没有终点;但既然这两个[更多与更少]没有终点,它们肯定完完全全变得无限。

普 [我]也强烈地[感到确实],苏格拉底啊。

苏 [b10]好啊,亲爱的普罗塔尔科斯,你已经很好地领会[24c]并提醒[我]:你现在响亮说出的这个"强烈地与微弱地"与"更多与更少"具有相同的力量,因为哪里有这两个[强烈与微弱],哪里就不允许它们两个各自成为一个"定量",而是永远给每个行为植入"更强烈与更微弱"[c5]及其反面,从而产生"更多与更少",并使这个"定量"消失。因为我们刚才讲了,如果这两个[强烈与微弱]不使这个"定量"消失,而是允许"它[定量]"和"适度"渐渐进入"更多与更少"和[24d]"强烈与微弱"的场合,这些东西"更多与更少"和"强烈与微弱"就会独自撤离它们自己的地方,即这两个所在的地方。因为一旦这两个[更热与更冷]取得"定量",它们就不再"更热"或"更冷"了,因为"更热"永远前进而不等待,[d5]"更冷"亦然,但"定量"则停止且不再继续。因此,根据这个论证,

"更热"及其反面都会变得无限。

普　至少看起来[是这样],苏格拉底啊,但如你所说,这些[论证]不容易跟上啊,但只要一次又一次地讲,[24e]兴许就会明显地使提问者与回答者达成充分的共鸣。

苏　你讲得好啊,确实,我们应该尝试这样做。不过现在呢,请你看看我们是否应该接受[我说的]这个东西作为"无限"之本性的[e5]标志,免得我们详细解说所有东西,就会走得太远。

普　你到底是讲哪个东西?

苏　任何东西嘛,只要在我们看来能变得"更多与更少"并能接受"强烈与微弱""过量"[25a]以及所有这类东西,所有这些东西就都必须归入"无限"的种类,就像归入"一"。根据前面的论证,我们说过,任何被分散和被分开的东西,我们必须竭尽所能予以聚合并标注某个"单一"本性,要是你仍然记得。

普　[a5]我仍然记得。

苏　那么,[请看看]那些不接受这些东西却接受它们的所有反面的东西,首先[是]"相等和等式",而在"相等"之后,[其次就是]"两倍"和所有[25b]"数目"之于"数目"或"尺度"之于"尺度"[的比例],若将所有这些东西全都算入"界限",我们就会被认为做得美。或者你怎么说?

普　确实美极了,苏格拉底。

苏　[b5]就这样吧。但至于第三个,即从这两者[无限和界限]混合的[种类],我们会说它拥有什么型相?

普　你也向我指明,如我所相信的。

苏　[不是我]而是神,如果某个神变得会聆听我的祈祷。

普　[b10]那你就祈祷吧,并观察[神会不会来]。

苏　我在观察。而且依我看,普罗塔尔科斯啊,他们有某个[神]刚刚变成我们的朋友。

普　[25c]你怎么讲这个呢,且你用了什么证据?

苏　我显然会指明的,但你得紧密跟随我这个论证。

普　你只管讲吧。

苏　[c5]我们刚才大概响亮说出"更热与更冷",不是吗?

普　是的。

苏　除了它们[更热和更冷],请你再加上"更干与更湿""[数量的]更大与更小""更快与更慢""[体积的]更大[c10]与更小",以及任何具有那个接受"更多与更少"而被我们确定为"一"的本性的东西。

普　[25d]你是讲"无限"的[本性]?

苏　是的。但反过来,在这些东西之后,请你再将它[无限]混合到"界限"的种族[后代]自身里面。

普　哪个[种族]?

苏　[d5]即那个直到现在我们仍然没有聚合[为"一"]的[种族],尽管我们应该像聚合无限的[种族]为"一"一样,也这样聚合"有界限者"的[种族为一]。不过,同样的事儿到现在兴许仍然能做,如果它们两个[无限与有限]得到聚合,那个[种族]就会变得非常清晰。

普　[d10]你是讲哪类且怎样[做]?

苏　即"相等和两倍"的[种族],以及任何停止[25e]彼此对立的[种族]——它有差别并通过被引入"数目"而被得到有公度①和共鸣。

普　我明白了:在我看来,你显然是讲,你混合这些[界限的种族],结果就从它们每个自身产生某些生成物。

苏　[e5]我显然很正确嘛。

普　那你就继续讲吧。

苏　那么,在疾病中,这些[界限的种族]正确的共同结合不就生出健康的本性吗?

普　[26a]完完全全是这样。

苏　但"高与低"和"快与慢"亦然,它们虽是无限的,这些[界限的种族]同时在它们里面产生,不就造成一个界限并最圆满地合成所有音乐了吗?

普　[a5]确实美极了。

苏　而[这些界限]在寒冷与炎热里面产生,也就消除了太多的过量和无限,且同时造成"合度"和"公度"。

---

① 毕达哥拉斯派术语,表示可以用同一标准衡量。

普　为什么不呢。

苏　[26b]那么，季节和所有美的东西不就从它们中为我们而产生吗，一旦无限的东西与具有界限的东西混合了？

普　怎么不呢。

苏　[b5]其实，我在讲的时候，遗漏了其他万般东西，例如，伴随健康的美与力，以及灵魂里极多的其他极美的东西。其实，恰恰这位女神①自己，美人斐勒布啊，肯定看出狂妄和所有东西的整个堕落都出于快乐和满足而变得毫无界限，就在它们[快乐和满足]里面确立了[b10]拥有界限的"法律和秩序"。尽管你说她毁掉了[26c]她自己[快乐]，但我说恰恰相反，她拯救了[她自己]。但你呢，普罗塔尔科斯啊，在你看来怎样？

普　也非常令我称心，苏格拉底啊。

苏　那么，这些就是我所讲的三个[类别]，要是你能一起用心想——

普　[c5]得了，我相信自己已用心想通了。因为依我看，你是讲，一个[类别]即"无限"，而另一个和第二个即存在者内部的"界限"；但至于第三个，我没有强烈地领会你想要指什么。

苏　因为，神奇的人啊，第三个生成物的杂多使你糊涂了。然而，尽管"无限者"也提供许多[26d]种类，但它们若被"更多及其反面"的种类贴上标签，它们就显现为"一"。

普　[你讲得]真实。

苏　至于界限嘛，它其实既没有[许多种类]，又非我们所忧虑的——[d5]好像它在本性上不是"一"。

普　怎么会呢？

苏　绝不会。不过，请你看看我所讲的第三个：我确定，它们[前两者]的整个生成物[是]"一"，它[就是]通过界限所要求的"尺度"从它们[前两者]进入存在的种类。

普　[d10]我明白了。

苏　[26e]得了，除了我们那时说过的这三个[种类]，我们必须考察

---

① "这位女神"或指阿芙罗狄忒，或指阿芙罗狄忒的女儿和谐女神和季节女神（赫西俄德，《神谱》937、975）。

第四个种类。这次让[我们]共同考察吧。请看看,你是否认为,所有生成的东西必然是通过某个原因而生成的。

普 [e5]至少依我看确实,因为没有这个[原因],它们怎么会生成呢?

苏 那么,制造者的本性[自然]与原因不就毫无差别吗,除了在名称上?制造者与原因被说成是一个,不就正确吗?

普 正确。

苏 [27a]而且像刚才一样,我们会发现,至少被造者与生成者同样毫无差别,除了在名称上。或者怎样?

普 是这样。

苏 [a5]那么,制造者依据自然不就永远领导着,而被造者在生成的时候跟随其后?

普 确实。

苏 因此,"原因"与那个为了"生成"而从属于原因的东西之间就不同,且不是相同的东西。

普 [a10]那当然啦。

苏 然而,生成者与所有从它生成的东西不就给我们提供了三个种类吗——

普 是的,确实。

苏 [27b]因此,我们讲,所有这些东西的工匠是第四个[种类],即"原因",因为已经充分说明它不同于它们[前三个]。

普 确实不同。

苏 现在,既然这四个[种类]已经得到区分,为了记住每个,[b5]正确的做法就是按照顺序列举它们。

普 那当然。

苏 那么,我讲,第一个即"无限",而第二个即"界限",然后即得从它们两者混合而生成的存在者。但要是我讲,这种混合和生成[27c]的"原因"即第四个,我会弹错音符吗?

普 怎么会?

苏 那就来吧,让我们看看,接着这个论证之后会有什么,而且我们到底为什么抵达这些[论证]。我们想要什么?不就是这个吗:[c5]我们要寻找,第二名变成了快乐还是思想。不是这样吗?

普　就是这样。

苏　现在兴许就这样,这样区分这些之后,我们不就会更美地最终判断第一名和[c10]第二名,即我们第一次争论的那个[问题]?

普　也许吧。

苏　[27d]那就来吧。我们确定,快乐与思想混合的生活胜利了。是这样吗?

普　是的。

苏　那么我们不就看到,这种生活是什么[d5]且属于哪个种类——

普　怎么不呢。

苏　而且我相信,我们会肯定,它[这种生活]属于第三个种类,因为它不是随便两个什么东西混合成的,而是所有已经被界限约束的无限者组成的;因此,[d10]这种得胜的生活就正确地变成了它[第三个种类]的一部分。

普　正确极了。

苏　[27e]就这样吧。但你呢,斐勒布啊,你那快乐且非混合的[生活]是什么?到底讲它属于前面提到的哪个种类,才算讲得正确?但在宣布之前,请你回答我这个问题。

斐　你就只管讲吧。

苏　[e5]快乐与痛苦是有个界限呢,还是它们两者都属于那些接受"更多与更少"的东西?

斐　当然属于那些[接受]"更多"的东西,苏格拉底啊,因为快乐若非在杂多和更多方面依自然碰巧是无限的,它就不是完全的善。

苏　[28a]同样,斐勒布啊,痛苦[若非在杂多和更多方面依自然是无限的,就]也不[是]完全的恶。因此,我们两个必须在无限的本性之外探查某个其他东西,以便它给那些快乐提供善的某个部分。罢了,就让你使这个东西[快乐]从属于"无限者"的种类吧;但至于思想、知识和本心,[a5]普罗塔尔科斯和斐勒布啊,如果我们现在将它们放入前面提到的东西里,不就犯了某种不敬吗?我们是否正确处理目前的问题,依我看,实在是个不小的危险。

斐　[28b]那是因为,苏格拉底啊,你在抬高你自己的神。

苏　因为你也在[抬高],同伴啊,你自己的[女神]呀。但我们仍然应该回答这个问题。

普　得了,苏格拉底讲得正确,斐勒布,而且我们应该服从[b5]他。

斐　你不是优先选择,普罗塔尔科斯,替我讲话吗?

普　确实。然而,我现在几乎迷路[困惑]了,而且我需要请你本人,苏格拉底啊,变成我们的代言人①,免得我们搞错你的竞争者并[b10]发出走调的响声。

苏　[28c][我]应该服从,普罗塔尔科斯。因为你命令的[事情]毫不困难。不过,我真正像斐勒布说的,用玩笑来抬高[自己的神]的时候扰乱你了吗,我问到本心与知识是属于什么种类的时候?

普　[c5]完完全全[扰乱了我],苏格拉底啊。

苏　不过,很容易呀。因为所有智者——在真正抬高他们自己的时候——都一致同声说:在我们这里,本心乃天地之王。② 而且兴许他们讲得好。但要是你愿意,让我们在种类自身方面做个更长的探究。

普　[28d]你愿意怎么[讲]就怎么讲吧,不要算上长度和我们,苏格拉底。你不会招致敌意。

苏　你说得美呀。就让我们以这样的提问开始吧。

普　怎样?

苏　[d5]我们要说,普罗塔尔科斯啊,是非理性和偶然的力量以及全然的机运主宰所有东西和这个所谓的整全,还是相反,据我们的前辈们所说,本心和某种神奇的思想始终安排并引领着[它]?

普　[28e]两者根本不同,神奇的苏格拉底啊。因为你现在所讲的那个[选择],在我看来,根本不虔敬;但要说本心给它们所有东西安排秩序,这个[说法]就配得上宇宙、太阳、月亮、众星和整个[天空][e5]运转的景象,而且关于它们,我自己既不会说出其他东西,也不会持有其他意见。

---

① "代言人"本义即预言家。

② 或以为这个观点属于阿纳克萨戈拉,或以为包括克塞诺芬尼、赫拉克利特、毕达哥拉斯或毕达哥拉斯学派等。

苏　那么,你愿意让我们同意那些前辈们,[29a]一起说情况就这样,并且[让我们]相信,不仅必须在毫无危险的情况下讲出其他人的[观点],而且[必须]加入危险并分担指责——一旦有个厉害的男人①说,情况不是这样,而是没有秩序?

普　[a5]我怎么会不愿意呢?

苏　那就来吧,关于这些,请你看看这个现在朝我们而来的说法。

普　你就只管讲吧。

苏　那些构成所有动物身体本性的[a10]东西,火、水、气,以及"土啊"②——如那些遭遇风暴者所说,我们大概看到,都存在于那个构成物[身体/宇宙]内部。

普　[29b]确实如此。因为我们真正在这些说法里遭遇了困惑的风暴。

苏　尽管来吧。关于我们内部这些[元素]的每个,请你接受这个[说法]。

普　[b5]哪个[说法]?

苏　即我们内部的这些[元素]每个都是渺小的、卑微的,丝毫没有任何无杂质的东西,且不具有配得上其本性的力量。罢了,就给你举一个例子,从而用心设想所有东西吧。例如:火,肯定既在我们内部,[b10]又在整全内部。

普　毫无疑问。

苏　[29c]那么,我们内部的火是某种渺小的、虚弱的和卑微的东西,而整全内部的[火]则在大量[众多]、美和所有属火的力量方面都是令人惊讶的。

普　你讲的这个非常真实。

苏　[c5]但这个呢:是整全之火通过我们内部的火得到喂养并从它生成并增大,还是相反,我的、你的和其他动物的[火]都通过那个[整全

---

① 或以为是高尔吉亚和克里提阿斯之类的智术师,或以为指无神论者狄亚戈拉斯和伊壁鸠鲁。

② 带有玩笑意味,大概是用典,参埃斯库罗斯《阿伽门农》899。

之火]而拥有所有这些东西?

普　你问的这个嘛,根本不值得回答。

苏　[29d]正确。因为关于这里的"土",既在动物内部又在整全内部的[土],我相信,你会说出相同的东西;至于我不久前问到的所有其他[元素],亦然。你会这样回答吗?

普　谁能别样回答而仍显得[d5]健康呢?

苏　几乎没有人,无论谁。得了,请你循序追随在这之后的东西吧。其实,看见所有我们刚才讲到的这些[元素]结合为"一"的时候,我们不就命名为"身体"吗?

普　毫无疑问。

苏　[29e]那么,关于这个我们所谓的"宇宙",请你接受同样的东西吧:其实在同样的意义上,它定然是个身体,既然它是从同样的东西化合而成的。

普　你讲得正确极了。

苏　[e5]那么,是我们内部的身体在整体上从这个[宇宙]的身体得到喂养,还是这个[宇宙的身体]及其已经获得并拥有的东西——我们刚才说到的那些东西——从我们内部的[身体得到喂养]?

普　这个嘛,苏格拉底啊,又是个不值得[问]的问题。

苏　[30a]但这个呢,这个值得[问]吗?或者你会怎么说?

普　你就讲吧,哪个[问题]。

苏　我们不会说,我们内部的身体拥有灵魂吗?

普　显然,我们会说。

苏　[a5]它从哪儿得到[灵魂]呢,亲爱的普罗塔尔科斯啊,要不是那个整体[宇宙]的身体,那个拥有跟它[我们的身体]相同的东西且在所有方面都更美的[宇宙身体],碰巧拥有灵魂?

普　显然不会从其他任何地方[得到灵魂],苏格拉底啊。

苏　因为我们肯定不会认为,普罗塔尔科斯啊,这四个东西,[a10]即"界限""无限""共同"①和"原因的种类"[30b]——所有东西内部的第四

---

① 即混合的种类,参本篇22c。

个存在者——它[原因]给我们内部的那些东西[四元素]放进灵魂并植入身体运动，并在身体绊倒时[提供]医术，并在其他方面化合并治疗其他东西，因而被称为无所不包的全面智慧，尽管这些同样的东西[四元素][b5]存在于整个天空内部并遍及[天空的]各大部分，且此外既美又无杂质，但却没有在它们[身体的四元素]内部设计那些最美和最尊贵者的本性。

普 [30c]得了，无论如何，这个[说法]没有道理。

苏 若非这个，我们就最好追随[前面]那个说法，像我们多次说过一样讲：在整全内部，有很多的无限和充分的界限，而且除了这些，[c5]还有某个并不卑微的、秩理并组合年岁、季节和月令的原因，它被称为"智慧和本心"，大概就极正义。

普 确实极正义。

苏 而"智慧和本心"若无灵魂，任何时候都不会[c10]生成。

普 确实不会。

苏 [30d]那么，你不就会说：在宙斯的本性内部，既有王者般的"灵魂"又有王者般的"本心"凭借原因的力量生成，而在其他[神们]内部，则有其他美的东西[凭借原因的力量生成]——随便他们各自喜爱被称为什么。

普 [d5]非常确实。

苏 那就请你不要认为，普罗塔尔科斯啊，我们说过的这番论证毫无意义，几乎虚妄；相反，它其实既支持那些很久以前就宣称"本心永远统治整全"的人——

普 确实是[支持]。

苏 [d10]又已经给我自己的寻找提供了回答，即本心[30e]确实是属于那个被说成整全之原因的种类；而在我们这里，这个[种类]就是四个[种类]之一。到现在，你大概已经有了我们的答案。

普 我有了，而且非常充分，尽管你让我疏忽[遗忘]了你在[e5]回答。

苏 因为有时候，普罗塔尔科斯啊，玩笑变成了摆脱较真[严肃]的休息。

普 你说得美。

苏 [31a]到现在，同伴啊，它[本心]属于什么种类且具有什么力量,我们现在大概已经几乎清楚地说明了——

普　那当然。

苏　[a5]而至于快乐的种类,同样在很久之前就显示清楚了。

普　非常确实。

苏　那就让我们也记住关于它们两者[本心和快乐]的这些[要点]:"本心"是原因的同类且几乎就属于[原因]这个种类,但快乐本身是无限的,且属于那个在本身内部,且作为自身任何时候都不[a10]具有且从来不会具有开端、中间和终点的种类。

普　[31b]我们会记住的。怎么会不呢?

苏　那么,在这之后,我们就必须看:它们两者各自在什么东西内部且通过什么经历而生成,无论何时生成。首先[看]快乐:就像我们首先检验它[快乐]所属的[b5]种类一样,也首先这样[检验]这些[问题];但反过来,若离开痛苦,我们任何时候都没有能力充分检验快乐。

普　得了,要是必须这样前进,就让我们这样前进吧。

苏　关于它们的起源[生成],在你看来是否像在我看来一样?

普　[31c]像怎样?

苏　在我看来,痛苦与快乐同时显现于共同的种类之内,依照自然生成。

普　但至于"共同",亲爱的苏格拉底啊,请你提醒[c5]我们记起,你愿意说明[它是]前面提到的什么[种类]吗?

苏　[我们]会尽自己的能力,神奇的人啊。

普　说得美。

苏　[所谓]"共同",那么,让我们理解为我们讲过的四个[种类]的第三个。

普　[c10]即你在"无限"与"界限"之后讲到的那个[种类]——但我相信,在它里面,你放进了"健康"与"和谐"?

苏　[31d]你说得美极了。但现在请你尽量注意用心。

普　你就只管讲吧。

苏　那么,我就讲,一旦我们这些动物内部的和谐[d5]分解了,那个时候,本性的分解与疼痛的起源[生成]就同时生成了。

普　你讲得完全逼真。

苏　但反过来,一旦重新恢复和谐并回到自身的本性,就应该讲,快乐生成了——要是必须简短地[d10]尽快谈论极为重大的东西。

普　[31e]我相信你讲得正确,苏格拉底啊,但同样这些东西,仍然让我们尝试讲得更清楚点儿吧。

苏　那么,不就最容易一起用心想到这些普通且明显的东西吗?

普　[e5]哪些?

苏　饿,大概[是]一种分解和痛苦。

普　是的。

苏　而吃,一旦重新变得满足,就[是]一种快乐。

普　是的。

苏　[e10]再者,渴[是]一种败坏和痛苦,但[32a]用液体重新满足已经干燥的东西的力量则[是]一种快乐;再者,违背自然的分离和分解,[比如]闷热的感受,则[是]一种痛苦,但符合自然的重新复原和冷却则[是]一种快乐。

普　[a5]那当然。

苏　而寒冷,即动物液体的违背自然的凝冻,[是]一种痛苦的寒冷,但符合自然的分离并重新回到相同的状态,这个[符合自然的]道路则[是]一种快乐。总之一句话,请你观察,这个说法对你来说是否适度,无论谁说的:那个依照自然[32b]从无限与界限生成的赋有灵魂的样式,如我在前面所讲,一旦这个[样式]败坏了,这败坏就是一种痛苦;但通向它们自身存在的道路,即重新返回本身,则[是]所有东西的快乐。

普　[b5]就这样吧。因为依我看,似乎有了某个轮廓。

苏　那么,我们可以确定,这就[是]快乐与痛苦的一个样式,在它们两者各自的这些感受里?

普　就这样定了吧。

苏　那么,就请你确定,灵魂自身对这些[32c]感受的预期:对那些快乐的希望令人快乐且令人鼓舞,而对那些痛苦的[预期]则令人恐惧且令人疼痛。

普　其实,这种离开身体且属于灵魂本身、通过预期而生成的,是快乐与痛苦的另一个[c5]样式。

　　苏　你假定得正确。在这两种情况中,我相信,至少依照我自己的意见,痛苦与快乐各自都会变得无杂质且看起来没有混合,那么,快乐的特性[32d]就会变得明显:是这个种类作为整体受到欢迎,还是这个[欢迎]应该被我们给予前面提到的某个其他种类。但快乐与痛苦,就像炎热与寒冷和所有这类东西一样,它们有时候值得欢迎,但有时候不值得欢迎,[d5]因为它们本身不是好东西,尽管有时候它们某些接受了诸善的本性。

　　普　你讲得正确极了,现在追踪的东西必须沿着这条线索。

　　苏　那么,首先让我们一起看这个:如果[32e]这个讲法真正属实,即[动物们]被彻底败坏就疼痛,而被重新救活就快乐,那么,就让我们在心里想,一旦既不被彻底败坏又不被重新救活,那个时候,每个动物到底必须处于什么状态,只要它处于这个境况。但请你强烈地[e5]注意用心,说出来吧:所有动物在那个时候都既不感到痛苦又不感到快乐,无论大或小,这不是个完全的必然吗?

　　普　确实是个必然。

　　苏　那么,这种倾向就是我们的第三个[倾向],[33a]既在感到欢喜者的[状态]之外,又在感到痛苦者的[状态]之外?

　　普　怎么不呢。

　　苏　那就来吧,请你拿出激情记住这个[第三个倾向],因为为了判断快乐,我们是否记住这个[倾向],[a5]不是一件小[事儿]。但要是你愿意,就让我们深入讨论关于它的某个简短的[要点],直到终点。

　　普　请你讲吧,哪个[要点]。

　　苏　你知道,没有任何东西阻碍选择思想生活的人按照这种方式生活。

　　普　[33b]你是讲,既不感到欢喜又不感到痛苦的[方式]?

　　苏　因为那时候,在比较各种生活的时候,[我们]大概说过,在选择明心和思想生活的人那里必定没有任何欢喜,无论大或小。

　　普　[b5]是的,确实这样说过。

　　苏　那么,这样一来,它[这种生活]从开始就属于那种人;而且要是它[被证明]是在所有生活中最像神的,兴许毫不离谱。

普　无论如何,神们看起来既不感到欢喜又不相反。

苏　[b10]那当然,看起来不。无论如何,两者哪个出现都不得体。不过,除了这一点——尽管我们仍然会在其他时间[33c]重新检察这一点,只要它关乎论证,而且我们会使它支持"本心"得第二名,即便我们没有能力使它支持[本心]得第一名——

普　你讲得正确极了。

苏　[c5]至于快乐的其他样式,即我们说过的属于灵魂本身的[快乐],则完全通过记忆而生成。

普　怎样[生成]?

苏　记忆到底是什么,看起来首先应该得到处理,而且很有可能,在记忆之前首先应该重新[处理]感觉,[c10]要是我们想要使关于它们的东西按照[正确的]方式变得明显。

普　[33d]你怎么说?

苏　请你确定,在那些我们每个时候具有的身体感受中,有些[感受]在抵达灵魂之前就在身体内部熄灭了,任随那个[灵魂]无感受,但有些[感受]则穿透它们两者[d5]并往里面引入某种仿佛它们两者[身体与灵魂]各自既特有又共有的震荡。

普　就这样定吧。

苏　那么,如果我们宣称,我们的灵魂疏忽[遗忘]那些没有穿透它们两者的[感受],但没有疏忽那些[穿透]它们两者的[感受],那么,[d10]我们说得极为正确吗?

普　[33e]怎么不呢。

苏　那么,你千万不要假定我是讲,进入这种疏忽[遗忘]状态就是遗忘的产生,因为遗忘是记忆的出离,[1]但在我们现在所讲的东西中,它[记忆]尚未生成。宣称某种丧失[e5][是]那种既不存在又尚未生成的东西的产生,就离谱了,不是吗?

普　为什么不呢?

苏　那么,你只管换个名称。

---

[1] 希腊文"遗忘"有双重含义:"疏忽"与"遮蔽/逃离"。其反义词为"真实/真理"。

普　怎么[换]？

苏　[e10]换掉"灵魂疏忽了"，一旦它本身[灵魂]变得对身体震荡无感受的时候，请你命名你现在所谓的[34a]"遗忘"为"无感觉"。

普　我明白了。

苏　但灵魂与身体在某个单独遭遇里共同生成和共同运动的时候呢，你又命名[a5]这种运动为"感觉"，那么，你说得就不算离谱。

普　你讲得真实极了。

苏　那么，我们已经明白我们愿意称"感觉"为什么喽？

普　为什么不呢。

苏　[a10]不过，如果某人要讲"记忆"是感觉的保存，至少依照我自己的意见，他[讲得]正确。

普　[34b]是的，正确。

苏　但我们不是讲过吗，记忆与回忆有差别？

普　也许吧。

苏　[差别]不就在于这个吗？

普　[b5]哪个？

苏　我们大概讲到，只要灵魂本身在它自身内最大限度地重新恢复，却没有属于身体的东西，[没有]它曾经跟身体一起遭受的任何东西，这时候，它就在回忆。不是吗？

普　那当然。

苏　[b10]另外，只要它失去一个记忆，无论关于某个感觉或关于学问，然后它本身又在它自身内重新[34c]恢复并重现这个[记忆]，我们就讲，所有这些东西也都是回忆。

普　你讲得正确。

苏　说了所有这些，又是为了什么呢？就是[为了]这个。

普　[c5]哪个？

苏　为了我们在某种意义上可以尽量全面而清晰地抓住离开身体的灵魂的快乐，同时还有欲望。不管怎样，通过这些[说法]，这两者[快乐和欲望]看起来都被说明了。

普　得了，现在就让我们，苏格拉底啊，讲讲在这些之后的东西吧。

苏　[c10]观察快乐的起源及其所有外形的时候,[34d]看起来必然要讲得很多。因为现在很明显,[我们]首先应该抓住欲望:它究竟是什么？又从哪里生成？

普　得了,那就让我们观察吧,我们不会失去任何东西。

苏　[d5]不,普罗塔尔科斯啊,我们至少会失去这个:一旦发现了我们现在寻找的东西,我们就会失去关于这些东西的困惑。

普　你防守得正确。但现在让我们尝试依次讲讲接着这些的东西。

苏　[d10]我们刚才不是说过吗,饿、渴和许多其他[34e]这类东西都是某些欲望？

普　至少强烈地[说过]。

苏　我们用一个名字指称这些非常不同的东西的时候,我们究竟盯着什么相同的东西？

普　[e5]凭宙斯起誓,也许不容易说出,苏格拉底啊,不过,仍然应该说啊。

苏　那就从那里重来,再次从相同的东西继续。

普　从哪里？

苏　我们在某些时候大概会说"他渴了"？

普　怎么不呢。

苏　[e10]但这就是[说],"他被排空了"？

普　为什么不呢。

苏　那么,这个渴就是一种欲望喽？

普　是的,喝的[欲望]。

苏　[35a]是"喝"的[欲望]呢,还是用喝来"满足"的[欲望]？

普　我相信,嗯……是满足的[欲望]。

苏　那么,我们任何被排空的人,看起来就欲求那些跟他遭受的东西相反的东西,因为在被排空的时候,他热爱被满足。

普　[a5]明显极了。

苏　那这个呢？首次被排空的人,能从哪儿得到满足吗——无论通过感觉或通过记忆,既然这是他既在现在的时间里没有遭受、又在先前的[时间]里从未遭受的东西？

普 [a10]怎么会呢?

苏 [35b]不过,我们肯定,有欲望的人确实欲求某种东西。

普 怎么不呢。

苏 因此,他欲求的恰恰就是他没有遭受的东西。因为他渴了,而这就是排空,但他欲求满足。

普 [b5]是的。

苏 因此,那些渴者必定有某个东西在某种意义上达到满足。

普 必然。

苏 既然它不可能是身体,因为它大概被排空了。

普 [b10]是的。

苏 那么,就只剩灵魂达到满足了,[35c]显然通过记忆[达到满足]。因为它还能通过其他东西达到[满足]吗?

普 几乎不能通过其他任何东西。

苏 那么,我们就明白我们已经从这些论证得出的那个结论了?

普 [c5]哪个[结论]?

苏 这个论证已经变得使我们否认,欲望属于身体。

普 怎么会?

苏 因为它揭示,所有动物的企图都永远[c10]跟那个[动物]的感受相反。

普 确确实实。

苏 而这个导向跟那些感受相反的冲动大概表明,确有一种跟感受相反的东西的记忆。

普 [c15]那当然。

苏 [35d]因此,既然已经证明,记忆引导[人们]朝向那些被欲求的东西,那么,这个论证就显明,所有冲动、欲望和统治整个动物的开端都属于灵魂。

普 正确极了。

苏 [d5]因此,这个论证丝毫不承认,我们的身体感到渴、饿或某个这类感受。

普 真实极了。

苏 那就继续,让我们用心想通关于这些相同东西的这个[要点]。因为在我看来,这个论证想要向我们说明,某种生活的样式[d10]就在于这些东西——

普 [35e]在于什么东西?你指的又是哪类生活?

苏 在于被填满与被排空,以及所有这类关于动物之保存和毁灭的东西,而且只要我们某人处于两者的任何一个,就感到疼痛,但有时候又感到欢喜,[e5]这取决于那些变化。

普 就是这样。

苏 但这个呢,如果处于它们中间呢?

普 怎么"处于中间"?

苏 尽管他因为感受而痛苦,仍然记得那些快乐的东西——[e10]只要它们出现,他就可以停止痛苦——但他仍然没有被满足。[36a]这时候又怎样?我们承认不承认,他处于[这两个]感受的中间?

普 就让我们承认吧,当然。

苏 他总体上是感到痛苦,还是感到欢喜?

普 凭宙斯起誓,[不是欢喜,]相反,他感到某种双重的痛苦:[a5]在身体方面,因遭受而[感到痛苦];但在灵魂方面,通过某种出自预期的渴望[感到痛苦]。

苏 你怎么说,普罗塔尔科斯啊,双重的痛苦?不是这样吗,有时候,我们某人被排空了,就处在将被满足的[36b]明显希望之中,但有时候恰恰相反,没有希望?

普 是的,确确实实。

苏 那么,依你看不就是这样吗:希望被满足的时候,[b5]他通过记忆而感到欢喜,但同时呢,他在这些[时间]里被排空了,又感到痛苦?

普 必然。

苏 因此,这时候,常人们和其他动物同时既感到痛苦又感到欢喜。

普 [b10]这有可能。

苏 但这个呢:一旦他被排空了,却没有将被满足的希望?这时候不就会出现双重的痛苦感受吗,即你刚才碰巧看出并相信[它]整个是[36c]双重的东西?

普　真实极了,苏格拉底啊。

苏　那么,就让我们这样使用关于这些感受的这个观察。

普　[c5]怎样?

苏　我们是要讲这些痛苦与快乐都真实或虚假呢,还是[要讲]有些真实,有些则不?

普　[c10]但怎么,苏格拉底啊,会有虚假的快乐或痛苦呢?

苏　但怎么,普罗塔尔科斯啊,会有真实或虚假的恐惧,或真实或不[真实]的预期,或真实或虚假的意见呢?

普　[36d]至于意见嘛,我承认确实有,但至于其他东西,[我]不[承认]。

苏　你怎么说呢?不管怎样,我们很有可能唤醒某个完全不小的论证。

普　[d5]你讲得真实。

苏　不过,要是关乎前面已经[说过]的东西,那个男人①的儿子啊,这个[论证]就应该检察。

普　也许吧,这个确实[应该]。

苏　那么,[我们]就必须告别其他长度或[d10]任何讲起来不合适的东西的[长度]。

普　正确。

苏　[36e]那就请你给我讲讲。因为关于我们刚才确定的这个疑惑,惊讶已经永远抓住我了,直到终点。你怎么说?快乐不是虚假的吗,但有些[快乐]是真实的?

普　怎么会呢?

苏　[e5]那么,无论梦里或醒着,如你所说,无论疯狂时或精神涣散时,不是任何时候都没有任何人在自己其实没有感到欢喜的时候认为自己感到欢喜,又在自己其实没有感到痛苦的时候认为自己感到痛苦吗?

普　所有人都已经接受,苏格拉底啊,情况完全[e10]是这样。

苏　那么,这究竟正确吗?或者应该检察,这样讲是不是正确?

普　应该检察,至少我会这样说。

---

① "那个男人"可指卡利阿斯,可指斐勒布,可指高尔吉亚。

苏　[37a]那么,就让我们更清楚地辨别刚才关于快乐与意见的说法。大概确实有某个"持有意见"吧,对我们来说?

普　是的。

苏　[a5]也有"持有快乐"吧?

普　是的。

苏　另外,也有某个"被持意见[意见对象]"吧?

普　怎么不呢。

苏　同样,也有[人们]借以持有快乐的"被持快乐[快乐对象]"?

普　[a10]那当然。

苏　那么,"持有意见"无论正确地或不正确地持有意见,至少从来没有丧失"真正地持有意见"这个事实吧?

普　[37b]怎么会[丧失]呢?

苏　同样不是很显然吗:"持有快乐"无论正确地或不正确地持有快乐,至少从来不会丧失"真正地持有快乐"这个事实?

普　是的,也是这样。

苏　[b5]那么,究竟怎么会这样呢:虚假与真实的意见已经变成我们的朋友①,但快乐的[属性]只有真实,尽管"真正地"已经被同样地分配给"持有意见"与"持有欢喜"两者?应该检察吗?

普　应该检察。

苏　即虚假与真实都伴随"意见"生成,[37c]不仅一个意见因为这些而生成,而且每个[意见都变成]某个属性——你是说应该检察这一点?

普　是的。

苏　但除了这些,是否还有某些东西,[c5]在我们这儿总体上是某个属性,但快乐与痛苦仅仅是它们之所是,却没有变成某个属性?关于这一点,我们也应该取得同意?

普　显然。

苏　得了,根本不难看出这个,即[快乐与痛苦]也有某个属性——因为很久以前我们说过,即痛苦与快乐[c10]各自都能变得大与小,以及[变

---

①　意译为"已经为我们所熟悉"。

得]强烈。

普　[37d]完全如此。

苏　但如果"堕落",普罗塔尔科斯啊,被添加给它们某个,这样我们就会说,意见变得堕落,而快乐也变得堕落。

普　[d5]得了,为什么不呢,苏格拉底啊?

苏　但这个呢:如果给它们某个添加"正确"或正确的反面?我们不就会说"正确的意见"——如果它获得正确——并同样[说正确的]快乐吗?

普　必然。

苏　[37e]但如果"被持意见"被搞错了,这时候不就应该同意,这个出错的意见至少不正确,且没有正确地持有意见?

普　怎么会[不]呢?

苏　[e5]但这个呢:如果我们察觉某种痛苦或快乐搞错了它为之痛苦或相反的东西,我们能给它添加"正确的"或"有用的"或其他某个美的名字吗?

普　不能这样,至少快乐不会犯错。

苏　[e10]然而,看起来,快乐至少在很多时候不是带着正确的意见,而是带着虚假的[意见]出现在我们面前。

普　怎么不呢?但在这种情况下,苏格拉底啊,[38a]在这个时候我们讲意见[是]虚假的,但在这个时候没有人会称快乐本身[是]虚假的。

苏　得了,你现在是拿激情,普罗塔尔科斯啊,保卫这个关于快乐的说法呀。

普　[a5]根本不,相反,我只是讲我听来的东西。

苏　对我们来说,同伴啊,带着正确意见与带着知识的快乐,与很多时候在我们每个人内部带着虚假和无心[无知]①出现的[快乐]之间根本没有差别?

---

① "无心",原文为 anoia,即丧失本心或没有理性,疯狂或愚蠢,通常被校订为"无知"(agnoia),伯内特本即如此,48c2、49c2、d9 和 e6 四处同例。对话中大量出现以 nous 为词干的词汇。

普 [38b]看起来,无论如何,差别不小。

苏 那就让我们来吧,看看它们两者的差别。

普 请你带领[我们]到它向你显现的地方。

苏 那我就带领[你们]到这里。

普 [b5]哪里?

苏 我们肯定,对我们来说,意见既有虚假的,又有真实的?

普 有。

苏 快乐和痛苦,如我们刚才所讲,很多时候[b10]都追随它们——我是讲真实和虚假的意见。

普 确确实实。

苏 在任何时候,对我们来说,意见和判别各种意见的企图,不都是出自记忆与感觉吗?

普 [38c]确确实实。

苏 那么,关于它们,我们不就猜想,我们必然处于这样的境地?

普 怎样的?

苏 [c5]某个从远处观看的人,无法完全清楚地接近那些被观察者,你会说,他很多时候都想要判断他看到的那些东西吗?

普 我会说。

苏 在这之后,他不就会自己向他自己提出这个[问题],[c10]就像这样?

普 怎样?

苏 "那么,那个显得站在某棵树下石头旁边的[38d]影子到底是什么?"如果某人任何时候看见某些这样的影子,依你看,他会向自己这样说吗?

普 为什么不呢?

苏 [d5]那么,在这之后,那个人不就会向自己——好像回答似的——说这个,"那好像是个常人",而且碰巧说中了?

普 那当然。

苏 而反过来,若弄错了,大概以为那个被观察者是某些[d10]牧人的作品,他就会宣布,"一尊雕像"?

普 很有可能。

苏　[38e]而如果他旁边有某个人,他就会使那些被说给他自己的东西进入声音,再次向那个旁边的人响亮发出这些东西,而我们那个时候所谓的"意见"就这样变成了一个论断?

普　[e5]为什么不呢。

苏　因此,如果只有他一个人打算自己用心设想这个[想法],有时候,他就花费更长的时间在自己内部带着[这个想法]前进。

普　完全如此。

苏　那这个呢:关于它们,在你看来像[e10]在我[看来]一样吗?

普　怎样?

苏　依我看,在那个时候,我们的灵魂就像某个书本。

普　怎么会?

苏　[39a]记忆与各种感觉重合在一起的时候,关于这个[重合]的经历,在我看来,那个时候几乎就像在我们的灵魂里书写言辞;而只要[这种经历]书写真实的东西,从这里面给我们[a5]造成的结果就是出现真实的意见和真实的论证;但只要我们内部的这类"作家"书写虚假的东西,结果就跟真实恰恰相反。

普　[39b]那当然,依我看完全如此,而且我接受这样的说法。

苏　那就请你也接受那个时候在我们灵魂里出现的另一个工匠。

普　[b5]哪个?

苏　一个画家,继言辞的作家之后在灵魂里描绘它们[言辞]的形象。

普　我们怎样讲他,又在什么时候?

苏　只要某个人从视觉或某个其他感觉那里带回那个时候[b10]被持意见且被讲的东西,就以某种方式在他自己内部看到[39c]曾被持意见且曾被讲出的东西的形象。这不就是在我们内部发生的事情吗?

普　确实这样强烈地[看到]。

苏　那么,真实意见和言辞的形象不就[c5]真实,而虚假[意见和言辞]的[形象]不就虚假吗?

普　完全如此。

苏　得了,即便我们迄今说得正确,除了这些,仍然让我们检察这个[问题]吧。

普　哪个？

苏　[c10]我们是否必然经历像这样的东西,关于那些现在和过去之物的东西,而非关于那些将来之物的东西？

普　不,在所有时候都这样。

苏　[39d]那些穿过灵魂本身的快乐和痛苦,前面不是说过吗,会在那些穿过身体的快乐和痛苦之前先出现？这样给我们造成的结果就是,确实有关于未来时间的预期快乐与预期痛苦[d5]出现。

普　真实极了。

苏　那么,那些文字与图画,我们不久前假定在我们内部出现的[文字与图画],关涉[39e]过去和现在的时间,但不关涉将来的[时间]？

普　强烈地[关涉将来]。

苏　你讲"强烈地",莫非是因为所有这些[关涉未来的东西]其实都是[e5]朝向未来时间的希望,而我们贯穿整个生活又都永远充满希望？

普　是的,完全如此。

苏　那就来吧,除了现在已经说过的,请你也回答这个[问题]。

普　哪个？

苏　[e10]一个正义且虔敬且所有方面都好的男人,不就是诸神所爱的吗？

普　为什么不呢？

苏　但这个呢:一个不义且在所有方面都坏的人,不就[40a]跟那个[男人]恰恰相反吗？

普　怎么不呢？

苏　而所有常人,如我们刚刚所讲,都充满许多希望。

普　[a5]为什么不呢？

苏　而我们每个人内部的那些言辞,我们就命名为"希望"？

普　是的。

苏　另外,画出的影子亦然？[a10]而某个人经常看到大量黄金出现在自己面前,从而[看到]许多快乐？另外,他尤其看到自己进入图画,从而强烈地感到欢喜？

普　[40b]为什么不呢？

苏　那么,我们就会说,这些图画放在好人们面前,大部分时候都真实,因为他们是诸神所爱的,但[放在]坏人们面前则经常恰恰相反?或者我们会说不[是这样]?

普　[b5]确实应该[这样]说。

苏　那么,坏人们从图画里得到的快乐不是也不少于[好人们]吗,尽管它们大概[是]虚假的。

普　为什么不呢?

苏　[40c]所以,堕落者们经常为虚假的快乐而感到欢喜,但在常人们中,好人们则为真实的[快乐而感到欢喜]。

普　你讲得必然极了。

苏　那么,根据现在的论证,常人们的灵魂里确有[c5]各种虚假的快乐,但它们模仿了各种真实的[快乐],朝向更可笑的东西;而各种痛苦同样如此。

普　确实有。

苏　那么,[我们]不就[应该同意],尽管在任何方面持有意见者都永远是真正地持有意见,但有时候,既不在现在存在的东西方面,又不在已经生成的东西方面,也不在[c10]将来存在的东西方面。

普　完全如此。

苏　[40d]同样[应该同意]这些,我相信,那时候造成虚假意见的东西,也[造成]"虚假地持有意见"[这个事实]。不是这样吗?

普　是的。

苏　然后呢,不就应该给各种痛苦与快乐[d5]恢复它们在这些[情况]下的相应状态吗?

普　怎么[恢复]?

苏　就像[这样]:尽管在所有方面以任何方式乃至偶然感到欢喜的人,都会永远真正地感到欢喜,然而有时候,既不是为了那些现在存在的东西,又不是为了那些已经生成的东西,而多数时候,也许大多数时候,是为了[d10]那些任何时候都从来不会生成的东西。

普　[40e]这些必然也是这样的情况,苏格拉底啊。

苏　那么,关于恐惧、狂怒和所有这类东西,不就有同样的说法吗,即所有这类东西,有时候也是虚假的?

普　[e5]完全如此。

苏　但这个呢:我们可以说,堕落的意见除了[通过变得]虚假而变得[堕落],有其他方式吗?

普　没有其他方式。

苏　嗯,至于快乐,至少我相信,它们除了变得虚假而变得堕落,[e10]我们没有其他任何办法用心想通。

普　[41a]完全不,苏格拉底啊,你说得恰恰相反。因为一个人确定痛苦与快乐为虚假的,完全不是因为[痛苦与快乐]接近虚假,而是因为结合其他某个重大且多样的堕落。

苏　[a5]得了,那么,我们不久之后将会说到那些堕落的快乐和通过堕落而成为这样[堕落的快乐],如果我们两个仍然觉得[必要];但[我们现在]应该讲讲许多经常按照其他方式在我们内部存在[41b]与生成的虚假[快乐],因为我们也许会将这个[论证]用于一系列判断。

普　怎么不呢,如果存在[虚假的快乐]?

苏　不过,普罗塔尔科斯啊,至少按照我的[意见],它们确实存在。[b5]但只要这个信念[没有虚假快乐]在我们这里定了,它大概就变得不可能不受审问。

普　[讲得]美。

苏　那就让我们准备像竞赛者一样,再次直面这个论证。

普　[b10]让我们来吧。

苏　不过,要是我们记得,我们在那些不久[41c]以前的[论证]里说过,一旦我们内部存在所谓的"欲望",那时,身体就被分开并离开灵魂,带着[各自的]感受。

普　我们记得,以前这样说过。

苏　[c5]那么,欲求跟身体相反状态的不就是灵魂吗,而通过感受提供疼痛或某种快乐的不就是身体吗?

普　就是这样。

苏　那就请你合算在这些[感受]里发生的东西。

普　[c10]请你讲吧。

苏 [41d]于是,就出现[这种情况]:一旦有了这些[情况],各种痛苦与快乐就同时相伴出现,而且如刚才所说,出自这些相反的东西[快乐与痛苦]的感觉就同时彼此相伴出现。

普 这看起来很显然。

苏 [d5]这个不是也说过并在前面得到我们同意,不是定了吗?

普 哪个?

苏 即痛苦与快乐这两者都接受"更多与更少",且都属于"无限"的东西?

普 [d10]这是说过。为什么?

苏 那么,有什么装备使这些东西得到正确判断?

普 [41e]在哪儿,又怎样?

苏 只要我们愿意在[人们]愿意这样辨识[它们]的时候判断它们:它们相比起来,痛苦较之快乐,痛苦较之痛苦,快乐较之快乐,哪个更大且哪个更小,[e5]更多或更强烈。

普 得了,确有这类[情况],也确有这种判断的愿望本身。

苏 [42a]那便怎样?就"视力"而言,从远处和从近处观看体积[大小],就使真相消失并使人持有虚假意见,但就各种痛苦和快乐而言,不就出现同样的事情吗?

普 经常更多地[出现],苏格拉底啊。

苏 [a5]那么,这就[是]不久以前出现的那个东西的反面。

普 你是讲哪个?

苏 那时候,这些虚假与真实的意见本身出现的时候,就使各种痛苦与快乐同时感染了它们带有的经验。

普 [42b]真实极了。

苏 但现在,只要它们[痛苦与快乐]本身在任何时候改变了,从远处与从近处被观察且同时被彼此并置,那么,较之痛苦的东西,那些快乐就显得[b5]更大且更强烈,但反过来,较之快乐,那些痛苦则经历跟那些[快乐]相反的东西而[显得相反]。

普 出现这类情况,必然因为这个[缘故]。

苏 那么,就它们[痛苦与快乐]显得比它们各自真实[体积]更大和更小的程度而言，[42c]如果我们砍掉它们各自的这个表面的东西而非真实的东西，那么，你既不会说它[这个表面]显现得正确，也不会在任何时候又敢讲，快乐和痛苦的朝向这个[表面]的部分变得正确与真实。

普　确实不会。

苏　[c5]接着这些，我们将会看到，如果照这个方式，我们是否会遇到那些甚至比这些更加虚假的、在动物们内部显现与存在的快乐和痛苦。

普　你到底是讲哪些，且怎样[更虚假]？

苏　[人们]大概多次说过，如果它们每个[动物]的本性[c10]被败坏——通过组合与分离、填满[42d]与排空，以及某些增益与减损——各种痛苦和疼痛、悲痛以及所有具有这类名字的东西就随之出现……

普　是的，多次这样说过。

苏　[d5]但反过来，一旦它们的本性被恢复，这个恢复本身又被我们自己接受，视为快乐。

普　正确。

苏　但这个呢：如果丝毫没有这些东西发生在我们的[d10]身体方面？

普　但这什么时候会发生呢，苏格拉底？

苏　[42e]你现在问的这个问题，普罗塔尔科斯啊，丝毫没有道理呀。

普　但为什么？

苏　因为你没有阻止我再次向你追问我自己的[e5]这个问题。

普　哪个？

苏　即便这类东西不会发生，普罗塔尔科斯啊，我都将会说，[如果发生]从这个[假设]到底必然给我们带出什么结论？

普　你是说，如果身体没有被两者的任何一个推动？

苏　[e10][就是]这样。

普　那么，这就很明显嘛，苏格拉底啊，在这类情况下，无论快乐或任何痛苦，任何时候都不会出现。

苏　[43a]你说得美极了。不过，我相信你是讲这个，即这类东西总是必然给我们带来这样的结论，如智者们所说，因为所有东西都永远在向上与向下[颠倒]流动。

普　他们确实[这样]讲，并认为[这样]讲[a5]毫不卑微。

苏 那会怎样呢,既然他们实在毫不卑微?不过,我愿意悄悄躲开这个逼近[我们]的论证。所以,我用心设想从这个方向逃走,而你呢,就跟我一起逃走吧。

普 请你讲吧,从哪个方向?

苏 [a10]"得了,就让它们是这样吧,"那么,我们会向他们[这样]说。[43b]但你呢,请你回答:任何赋有灵魂的东西遭受任何东西,所有这些[遭受]都总是被这个遭受者感觉到,而且我们在增长或遭受的时候都没有疏忽遭受任何这类东西的我们自身,还是完全相反。

普 [b5]大概完全相反,因为[我们]疏忽了我们的几乎所有这些东西。

苏 所以,刚刚所说的这个——"出现向下与向上的改变则造成各种痛苦与快乐"——就被我们说得不美喽。

普 [b10]确实,为什么[不]呢?

苏 [43c]但这样讲,将会更美且更不受攻击。

普 怎样?

苏 即"那些重大改变给我们造成各种痛苦[c5]与快乐,但那些适度与微小的[改变]又完全不会[给我们造成]这两者任何一个"。

普 这样就比[前面]那样更正确了,苏格拉底啊。

苏 那么,要是就这样,[我们]就会再次达到刚刚所说的那种生活。

普 [c10]哪种?

苏 我们说过的,既无痛苦又没有喜悦的生活。

普 你讲得真实极了。

苏 那就让我们从这些[论证]为我们确定三种生活:一种[43d]快乐的、又[一种]痛苦的、一种两者皆无的。或者关于这些,你自己会怎么说?

普 至少我不会[说]不同于这个:生活确有三种。

苏 那么,"不感到痛苦"不是任何时候都不等于[d5]"感到欢喜"吗?

普 怎么会呢?

苏 那么,一旦你听到"在所有东西中最快乐的是终生没有痛苦地过完整个生活",你假定,像这类人这个时候在讲什么?

普 [d10]至少在我看来,这个人似乎在讲,快乐即"不感到痛苦"。

苏　[43e]那么,从你愿意[确定]的任何三个东西中,为了我们可以使用更美的名字,请你为我们[三个人]确定一个为金子、一个为银子、第三个为两者皆非的东西。

普　这就定了。

苏　[e5]那么,这个两者皆非的东西怎么会——这对我们来说可能吗——变成其他两个的任何一个,金子或银子呢?

普　当然,怎么会呢?

苏　因此,"中间的生活令人快乐或令人痛苦"[这个说法]任何时候都讲得不正确,某人要是[这样]想,就想得[不正确],要是[这样]讲,[e10]就讲得[不正确]——至少按照正确的言辞。

普　怎么会呢?

苏　[44a]不过,同伴噢,我们感觉[人们]确实这样讲并这样想。

普　非常确实。

苏　那么,他们相信,他们任何时候只要不感到痛苦,[a5]就也感到欢喜?

普　无论如何,他们确实[这样]说。

苏　那么,他们不就相信他们在那个时候感到欢喜吗,因为要不然,他们大概就不会[这样]讲了。

普　大有可能。

苏　其实,关于"感到欢喜",他们就持有虚假的意见,如果[a10]这两者——"不感到痛苦"和"感到欢喜"——各自的本性分离。

普　确实是这样,分离了。

苏　那么,我们该[怎样]选择:我们这里的这些东西,按照[44b]刚才[所说的],是三个呢,还是只有两个——痛苦对常人们来说是坏的,但摆脱痛苦,这个东西本身是好的,就被称为快乐?

普　我们自己,苏格拉底啊,究竟怎么[b5]会问这个? 因为我不明白。

苏　因为你不明白这位斐勒布的真正敌人啊,普罗塔尔科斯。

普　但你讲,他们是什么人?

苏　[是]那些在关于自然的东西方面据说非常厉害的人,[b10]他们也说,完全不存在快乐。

普　那为什么？

苏　[44c][他们说]斐勒布圈子里现在美其名曰"快乐"的所有东西都是"避免痛苦"。

普　那么,你是建议我们信服这些人呢,还是怎样,苏格拉底？

苏　[c5]不,相反,[我建议你们]利用这些人作为预言家,那些不是凭技术而是凭某种出于天性——并非不高贵的[天性]——的厌恶而发布预言的人:他们过量地憎恨快乐的力量,并认定[快乐]没有任何健康的东西,以至于[认定]它的这种吸引力本身是魔力[44d]而非快乐。那么,只要你也观察了他们的其他厌恶,你就可以在这些方面利用他们。但在这些之后,你将会明白至少依我看真实的快乐是什么,以便我们基于这两个论证观察它[快乐]的力量之后,就可以[将这两个论证][d5]并置起来,作出判断。

普　你讲得正确。

苏　那就让我们追随这些人,就像[追随]同盟者们,按照他们这种厌恶的足迹。因为我相信,他们从上面某个地方开始讲了某个这类东西:"如果我们想要看见[44e]任何样式的本性,例如坚硬之物的[本性],我们是转而注视那些最坚硬的东西才会更好地一起用心想通它,还是朝向那些在坚硬方面微小的东西[才会更好地想通它]？"那么,普罗塔尔科斯啊,你必须像[回答]我一样,也回答这些厌恶者。

普　[e5]完全如此,至少我会给他们讲,朝向那些在重大[体积]方面处于首位的东西。

苏　那么,如果我们愿意看到快乐的种类及其具有什么本性,在这个时候,就不应该注视那些微小的[45a]快乐,而是转向那些据说最极端且最强烈的[快乐]吗？

普　所有人现在都会在这个[问题]上承认你。

苏　那么,那些直接的亦即最大的[a5]快乐,就像我们多次讲的,不就是那些关于身体的[快乐]吗？

普　怎么不呢？

苏　那么,是在那些受疾病折磨者那里,还是在那些健康者那里,它们实际是且变得更大？但我们得好生[回答],免得我们匆促回答,会在某个地方跌跤。也许我们[45b]会说,在健康者们那里[更大]。

普　看起来会。

苏　但这个呢?那些前面出现的最大欲望的快乐,不就是超过[所有其他快乐]的快乐吗?

普　[b5]这很真实。

苏　得了,那些发烧者和得了这类疾病的人,他们不是更多地感到渴和冷以及[更多地遭受]他们通过身体经常遭受的所有东西吗?他们不是更多地伴随着需要,而重新得到满足的时候就获得更大的快乐吗?或者我们会[b10]否定这是真实的?

普　显然就是现在所说的。

苏　[45c]那这个呢?如果某个人想要看到那些最大的快乐,就必须检察疾病而非健康——我们这样讲的时候,显得正确吗?但请注意,你不要以为我用心设想的时候是在问你,严重[强烈]患病的人是否比健康者们更多地[c5]感到欢喜,而要相信我在寻找快乐的大小[程度],并且关于这类东西的强烈[程度]每个时候到底在哪里出现。必须用心想,我们说,它[快乐]具有什么本性和那些宣称它完全不存在的人讲了什么。

普　[45d]得了,我几乎能追随你的论证。

苏　很快,普罗塔尔科斯噢,你不会指示得更差。请你回答:你是在"狂妄"里看到更大的快乐——我讲的不是更多的[快乐],而是在强烈[程度]和大小[程度]上拥有过分的[快乐]——还是在节制的生活里[看到更大的快乐]?[d5]但请你用心想了之后再讲。

普　得了,我明白你讲的东西,而且我看到很多差别。因为那条众所周知的格言大概在每个时候[45e]都制约着节制者们,诫曰"勿太过",他们都服从它;但属于愚蠢者与狂妄者们的东西[则是],那种强烈的快乐攫住[他们][使他们]直到疯狂,最终使[他们]臭名昭著[四处乱叫]。

苏　[e5][讲得]美呀。而且如果情况是这样,那就很显然,那些最大的快乐和那些最大的痛苦就在灵魂和身体的某种堕落而非美德里出现。

普　完全如此。

苏　那么,就必须首先选择它们中的某些[快乐],[e10]以它们所拥有的某种方式检察,既然我们讲了它们是最大的。

普　[46a]必然。

苏　那就请你检察出自那些疾病的快乐,以它们拥有的某种方式。

普　哪些[疾病]？

苏　[a5]那些不体面的疾病的[快乐],即我们所说的厌恶者们憎恨的[快乐]。

普　哪些？

苏　例如,通过抓挠治疗瘙痒,以及这类不需要其他药物的[治疗]。那么,这种[a10]感受——噢,凭诸神起誓！——出现在我们内部的时候,我们到底称之为什么？是快乐呢,还是痛苦？

普　这个[感受]看起来变成了,苏格拉底啊,混合某种恶的东西。

苏　[46b]我摆出这个论证不是为了斐勒布;相反,没有这些快乐和那些追随它们的东西,普罗塔尔科斯啊,它们若没被观察,我们任何时候几乎都没有能力判别我们现在寻找的东西。

普　[b5]那么,不就应该走向它们的同类[快乐]吗？

苏　你是说,那些在混合里共同存在的[快乐]？

普　完全如此。

苏　于是,有些混合依据身体处在那些身体[46c]自身内部,而有些[混合]属于灵魂自身处在灵魂内部;但我们又会发现,灵魂和身体的那些痛苦与那些快乐混合的时候,两者的结合体有时候被统称为快乐,有时候[被统称为]痛苦。

普　[c5]怎么会？

苏　一旦某个人在恢复或败坏的时候都同时遭受两个相反的感受:变得寒冷的时候感到炽热,而变得炽热的时候感到寒冷,我相信,他都试图拥有这个而摆脱那个[感受]——这种所谓"亦苦亦甜"的混合出现[46d]之后就难以摆脱,接着就引起野蛮的恼怒和紧张。

普　是的,现在所讲的都非常真实。

苏　那么,像这些混合,不是有些具有同等[份额]的[d5]痛苦与快乐,而有些则具有比[痛苦]更多的[快乐或比快乐更多的痛苦]吗？

普　怎么不呢？

苏　那就请你讲讲这些[混合],一旦痛苦变得比快乐更多——它们就是刚才所讲的瘙痒的［痛苦］，以及抓挠的［痛苦］：一旦在那些东西内部有了激动［d10］和肿胀，但某个人通过摩擦和抓挠都无法触及，［46e］而只能从表面分散［它们］，有时候他们把这些［部分］放进火里和相反的东西里，他们就带着困惑不断改变，尽管有时候获得无法形容的快乐，但有时候里面的东西与外面的东西相反，痛苦与快乐就被搀合在一起，他们无论倾向这两者的哪个，通过［e5］使聚合之物暴力地分散或使分解之物混淆，［47a］他们都可以使痛苦与快乐合在一起。

普　真实极了。

苏　那么，反过来，一旦更多的快乐被混合，按照所有这些东西，不就这样吗：尽管痛苦的偷偷混入［a5］使人发痒并使人稍微感到恼怒，但快乐的非常过量地涌入则使人紧张且有时候使人跳跃，这个［涌入］甚至造成所有种类的颜色、所有种类的图形、所有种类的呼吸，最终在里面造成完全的惊恐和愚蠢的乱叫？

普　［47b］非常确实。

苏　而且，同伴啊，这使他自己和其他人这样讲到他自己，即他为这些快乐感到高兴的时候好像就要死了。而且只要像他这样的人，碰巧更放纵与更愚蠢，［b5］就恰恰完完全全总是追逐这些［快乐］，并称之为最大的［快乐］，并把最深地永远生活在这些［快乐］里的人算作最幸福的人。

普　你把所有结论，苏格拉底啊，带入多数常人们的意见，并带到了终点［界限］。

苏　［47c］至少关于这些快乐，普罗塔尔科斯啊，这些在身体自身的共同感受里的［快乐］，在［身体的］表面与内部融合的时候［确实如此］；但关于灵魂提供的跟身体［c5］相反的东西，既有反［身体］快乐的痛苦又有反［身体］痛苦的快乐，以使这两者［快乐与痛苦］成为单一体的融合；尽管我们前面细说了这些——即一旦他被排空，他就欲求满足，而他尽管在希望［满足］的时候感到欢喜，但在被排空的时候感到痛苦——但那时候我们［47d］没有见证这些，而现在我们讲到［它们］，即灵魂与身体在所有这些无法形容的杂多场合相互争执的时候，各种痛苦与快乐的单一混合就碰巧出现了。

普　你很可能讲得正确极了。

苏　[d5]得了,现在仍然剩余给我们一个痛苦与快乐的混合。

普　你说哪个?

苏　灵魂本身通过自身经常带有的混合,我们说过。

普　[c10]那这个,我们又怎么讲呢?

苏　[47e]愤怒、恐惧、思念、哀悼、爱欲、争强、嫉妒和所有这类东西,你不是把它们确定为灵魂本身的某些痛苦吗?

普　我确实。

苏　[e5]我们不是会发现,它们[这些痛苦]充满无法形容的快乐?或者我们必须记起这个——"它使非常睿智者陷入暴戾/它比滴下的蜂蜜甜蜜得多"①——[48a]和那些在哀悼和思念里掺混到痛苦里的快乐?

普　不[需要],相反,这些东西出现的时候就会这样而非以其他方式发生。

苏　[a5]而且[你会发现]还有那些肃剧场景,一旦人们感到欢喜就同时痛哭流涕,你记得吗?

普　为什么不[记得]呢?

苏　那么,在那些谐剧里,你知道我们灵魂的倾向吗,即那些[灵魂]里也有痛苦与快乐的混合?

普　[a10]不,我完全没有用心想通。

苏　[48b]因为完完全全不容易一起用心想通,普罗塔尔科斯啊,在那个[灵魂]里每个场合都有这类经历。

普　依我看确实不[容易]。

苏　既然像这样的[问题]更隐晦,我们就更应该[b5]抓住它,也为了使某人更容易彻底明白在其他情况下痛苦与快乐的这类混合。

普　但愿你讲吧。

苏　刚才说到的"嫉妒"这个名字,你将会确定为灵魂的某种痛苦,还是怎样?

普　[b10]就这样[确定为痛苦]。

苏　不过,嫉妒者至少将会因为邻人们的恶[缺陷]而明显感到快乐。

---

① 见《伊利亚特》18.108–109。

普　[48c]至少强烈地[感到快乐]。

苏　那么,无知就是恶,我们又称之为愚昧状态。

普　为什么不呢?

苏　那么,就请你从这个[观点]出发看看这个可笑的东西,它具有什么本性。

普　[c5]请你只管讲吧。

苏　那么,尽管有某种状态通常被称为"堕落",但在整个堕落中又有一个跟德尔斐铭文所讲的东西恰恰相反的经验。

普　[c10]你是讲那个"认识你自己"吗,苏格拉底?

苏　[48d]我确实[是讲这个]。那么,跟那个铭文所讲的东西相反的,显然就会是"从不认识自己"。

普　为什么不呢?

苏　普罗塔尔科斯啊,但请你试着把这个[经验]切分为三个。

普　[d5]你说怎样?因为我恐怕没有能力[划分]。

苏　你是讲,我本人现在必须划分它喽?

普　我是讲[这个],而且我恳求[你]讲吧。

苏　那么,那些不认识他们自己的人,不是必然各自按照三种方式之一遭受这个经验吗?

普　[d10]怎样?

苏　[48e]首先在钱财方面,[他们必然]认为自己比他们实际的财产更富裕。

普　无论如何,许多人都有这种经验。

苏　但更多人认为他们[比他们实际]更高大且更美,[e5]乃至在身体的所有方面都超出他们真实的存在。

普　完全如此。

苏　但最多的人,至少我相信,搞错了第三个样式[的经验],即在灵魂里的东西的[经验]:他们认为他们自己[e10]在美德上更好,尽管它们其实不[更好]。

普　就这样强烈地[认为]。

苏　[49a]那么,就各种美德而言,杂众不是完全坚持自己拥有智慧吗,尽管他们充满争吵和虚假的自诩智慧?

普　怎么不呢?

苏　所以,某个人可以正确地说,所有[a5]这类经验都是恶——

普　至少强烈地[说]。

苏　尽管如此,这[类经验]仍然必须继续,普罗塔尔科斯啊,划分分为两个,如果我们打算——看见这种幼稚的嫉妒的时候——继续看到快乐与痛苦的奇怪混合。

普　你怎么讲,我们切分为两个?

苏　[49b]所有像这样愚昧地持有关于自己的这种虚假意见的人,不是必然像所有常人们一样吗:他们有些人追随强力和权力,而有些人,我相信,恰恰相反?

普　[b5]必然。

苏　那么,就请你这样划分吧:至于他们那些仅有虚弱且遭到嘲笑的时候却没有能力报复的人,如果你宣称他们值得嘲笑,你将会说出真相;但至于那些有能力报复且强大的人,如果你称呼他们令人恐惧且令人仇恨,[49c]你将会使你自己最正确地讲述他们。因为那些强大者的无知令人仇恨且丑陋——因为它甚至伤害邻人们,无论它本身还是它的所有影像——但虚弱的[无知],对我们来说,已经注定得到可笑的[c5]秩序和本性。

普　你讲得正确极了。不过,在这些东西里,这种快乐与痛苦的混合仍然没有向我显现得非常清楚。

苏　那么,就请你首先了解"嫉妒"的含义[力量]。

普　请你只管讲吧。

苏　[49d]它大概是某种不义的痛苦和快乐。

普　这是必然。

苏　那么,为仇人们的恶而感到欢喜,不是既非不义,又非出于嫉妒吗?

普　[d5]为什么会[是]呢?

苏　但看到朋友们的恶却不感到痛苦,反而感到欢喜,这不就是不义吗?

普　怎么不呢?

苏　我们不是说过吗，对所有人来说，无知都是恶？

普　[d10]正确。

苏　那么，朋友们的看似智慧、看似美和[49e]我们刚刚提到的所有东西，我们讲，出现了三个样式，所有这些[样式]有多虚弱，就有多可笑，有多强大，就有多可恨。我们要不要肯定，如我刚才所说，这个状态——一旦某个朋友拥有这种不伤害其他人的[状态]，就是可笑的？

普　[e5]完全如此。

苏　但我们不是同意，只要是无知，本身就是恶？

普　至少强烈地[同意]。

苏　但一旦我们嘲笑它[无知]，我们是感到欢喜呢，还是感到痛苦？

普　[50a]显然，我们感到欢喜。

苏　但造成这个[效果]的嫉妒，我们不是说过，就是为朋友们的恶而快乐？

普　必然。

苏　[a5]因此，这个论证告诉我们，我们嘲笑朋友们的可笑之处的时候，再用嫉妒掺混快乐的时候，我们就用痛苦掺混了快乐，因为我们很久以前已经同意，嫉妒是一种灵魂的痛苦，而嘲笑是一种[灵魂的]快乐，但它们两个在这些时候同时出现。

普　[a10]真实。

苏　[50b]那么，这个论证现在向我们揭示，在哀悼与肃剧里，不仅在戏剧里，而且在生活的整个肃剧和谐剧里，痛苦都同时混杂着快乐，以及在其他万般[场合]。

普　[b5]不能不同意这些[说法]，苏格拉底啊，即便某人为了相反的[说法]而完全热爱胜利。

苏　此外，我们已经提出愤怒、思念、哀悼、恐惧、[50c]爱欲、争强、嫉妒以及所有这类东西，在这些[例子]里，我们说过，我们将会发现现在讲过多次的混合之物。是吗？

普　是的。

苏　[c5]那么，我们就明白了，关于哀悼、嫉妒和愤怒，所有东西刚才都已经得到详细讨论直到终点？

普　我们怎么不明白呢？

苏　剩余的东西不是仍然很多吗？

普　完全如此。

苏　[c10]究竟为什么，你猜想，我特别向你指出在谐剧里的混合？不就是为了[令你]信服，即至少在[50d]恐惧和爱欲以及其他东西里，很容易呈现混合？但你自己接受了这个，你就会让我们离开，[使我]不必在那些东西上拉长论证，相反，你简单地[d5]把握了这个，即无论没有灵魂的身体，或没有身体的灵魂，或两者共同伴随彼此，都在这些经验里充满融合了痛苦的快乐？那么，现在请你讲吧，你是[现在]放我走呢，还是将会使[我]待到半夜？但我只要稍微说明，我相信，就会使你放我走，因为关于所有这些东西，明天吧，[50e]我会乐意给你提供一个论证，但现在呢，我愿意准备[讨论]剩余的东西，为了斐勒布命令的那个判断。

普　你说得美，苏格拉底啊。得了，就请你给我们详细讨论剩余的任何东西，按照你自己喜爱的任何方式。

苏　[e5]依据自然，那么，在混合的快乐之后，我们现在就必须——为某种必然所迫——在这个部分转向非混合的[快乐]。

普　[51a]你讲得美极了。

苏　那么，我将会改变做法，试着向我们指出它们[这些快乐]，因为我没有完全被那些宣称痛苦就是所有快乐之终止的人所说服。不过，如我所说，我利用[a5]他们作为见证人，[证明]某些快乐被认为存在，但其实绝不存在，而其他某些[快乐]显得大同时又多，但它们其实已经糅合了痛苦与困扰身体和灵魂的最大痛楚的中止。

普　[51b]但又有哪些[快乐]，苏格拉底，一个人假定它们真实，就算用心设想得正确？

苏　那些关于据说美的颜色、关于图形、大多数气味和[b5]声音的[快乐]，以及任何具有无法觉察且没有痛苦的需要却传达可以察觉且令人快乐的满足的东西。

普　那么，我们究竟又怎样讲述它们，苏格拉底？

苏　得了，既然我讲的东西不是立刻完全明了，就应该试着[51c]使[它]变得明了。因为我现在试着所讲的图形之美，不像多数人猜想的，不属于动物们或某些动物图画的[美]，相反，我是讲某种——论证表明——直的和圆的东西，以及通过直尺、圆规和角尺[c5]从这些东西生成的平面和立体——要是你明白我。因为我是讲,这些东西不像其他东西,不是通过跟某个东西相关而美,而是永远凭靠自身而天生美,并拥有[51d]某些自家特有的快乐,[这些快乐]毫不接近搔痒的[快乐]。而颜色呢,也以这种轮廓[而美并拥有快乐]。得了,那么,我们就明白了,或怎样？

普　我在尝试[理解],苏格拉底啊,你也尝试再讲得[d5]更清楚点儿。

苏　得了,我是讲,柔滑而明亮的声音,它们发出某种纯净的曲调,不是通过跟其他东西相关而美,而是自身凭靠自身而[美],且天然的快乐追随着它们。

普　[d10]也确实是这样。

苏　[51e]但至于气味,这个快乐的种类尽管更少属神,但它们里面没有混合必然的痛苦,无论这个[情况]以什么方式且在什么东西里碰巧向我们出现,我都把所有这些[快乐]确定为那些[快乐]的相对物。得了,要是你能用心想通,[e5]这些就是我们所讲的快乐的两个样式。

普　我用心想通了。

苏　得了,现在就让我们再给它们加上关于学问[52a]的快乐,既然依我们看,它们[这些快乐]既没有学习的饥饿,也没有因为学问的饥饿而从开始就出现的疼痛。

普　得了,我同样这样认为。

苏　[a5]但这个呢:如果那些装满学问的人后来因为遗忘而变得丧失[学问],你会在它们[那些丧失]那里看出某种疼痛吗？

普　至少凭自然一点儿都没有。不过,在某些关于这个[丧失]经验的[52b]运算中,一旦某个人被剥夺,都会因为需要而感到痛苦。

苏　然而,幸运儿哟,至少现在,我们仅仅详细讨论了远离运算的自然经验本身。

普　那么,你说得真实,即在学问里任何时候出现的遗忘[b5]都使我们远离痛苦。

苏　那么,就应该说,这些学问的快乐毫不混杂痛苦,并且绝不属于多数常人，而是属于极少数人。

普　怎么不应该[这样]说呢？

苏　[52c]既然我们已经适度地辨别并分开了那些纯净的快乐与那些可以正确地被称为几乎不纯净的[快乐]，我们不就可以凭借言辞给那些强烈的快乐加上"不适度"，但相反，给那些不[强烈的快乐加上]"合度"？依此，[c5]我们就可以确定，那些接受巨大和强烈的[快乐]，无论这类[快乐]是多次或很少出现，本身都属于那个无限的和贯穿身体与灵魂的"更少与更多"[52d]的种类，而那些不[接受巨大和强烈的快乐]则属于"合度"的[种类]。

普　你说得正确极了，苏格拉底啊。

苏　那么，除了这些方面，在这些之后，仍然应该仔细观察它们的这个[方面]。

普　[d5]哪个？

苏　在真实方面，究竟必须说什么？是纯净与无杂质，还是强烈、多、大和充足？

普　那么，你问[这个]，到底想要什么？

苏　[d10]普罗塔尔科斯啊，我想要在审查快乐与知识[52e]的时候不遗漏任何东西，那么，它们两者是否一方是纯净的，另一方不纯净，以便它们在各自的纯净方面进入审判，并使我、你和所有这些人都可以容易地做出判断。

普　[e5]正确极了。

苏　那就来吧，关于我们讲到的所有纯净的种类，就让我们以这种方式用心设想：首先，让我们选择它们的某个予以检察。

普　[53a]那么，让我们首先选择什么呢？

苏　只要你愿意，就让我们首先观察，"白色"这个种类。

普　完全可以。

苏　[a5]那么，"纯净"怎样属于白色且对我们而言是什么？是最大和最多的，还是最不混杂的，在它里面没有任何颜色的任何其他成分？

普　显然尽量最无杂质。

苏　正确。那么，这不就是最真实的[白色]吗，普罗塔尔科斯？

[53b]同时我们又将会确定,在所有白色里最美的,既非最多的亦非最大的,而是这个[最纯粹的]?

普　正确极了。

苏　那么,如果我们说,微小的纯净的白色变得比大量混合[b5]的白色更白,同时又更美且更真实,我们就说得完全正确。

普　确实,正确极了。

苏　那又怎样?关于快乐的论证,我们大概不会需要许多这样的例子,相反,[b10]这个[例子]就足以使我们在这儿用心想到,所有微小和少量的[53c]、没有痛苦的纯净的快乐都会变得比巨大和大量的[混合的快乐]更甜蜜、更真实且更美。

普　确实这样,而且至少这个例子充分了。

苏　但这个呢?关于快乐,我们不是已经听过这个[说法],[c5]即"它[快乐]永远是生成,而完全没有快乐的实存"?因为确有某些精明人企图给我们解释这个论证,而[我们]又必须感激他们。

普　究竟为什么?

苏　我将会向你详细阐述我重新问的这个[问题],[53d]亲爱的普罗塔尔科斯啊。

普　请你只管讲,并问吧。

苏　那么,就存在两个东西:一个自身通过自身[而存在],另一个则永远朝向某个其他东西[而存在]。

普　[d5]怎么这样?你是讲什么?

苏　一个凭自然永远最崇高,另一个则不及那个东西。

普　请你讲得更清楚点儿。

苏　我们大概已经看到,一个既美且好的男孩儿[d10]及其男子气的爱者们?

普　至少强烈地[看到]。

苏　那么,请你找出其他两个东西,跟这两个存在者[53e]在我们讲到的所有方面看起来相似。

普　我可以再问第三次吗?请你把你讲的东西讲得更清楚,苏格拉底。

苏　一点儿都不复杂,普罗塔尔科斯,相反,是论证[e5]在取笑我们两个,它是讲"一个是永远为了某个其他存在者而存在,另一个则是某个东西之所以生成都永远因为它而生成的东西"。

普　我勉强明白了,因为已经讲了多次。

苏　但不久,孩子啊,我们兴许会更好地明白,随着论证的[54a]前进。

普　为什么不呢?

苏　那就让我们接受这两个其他东西吧。

普　哪两个?

苏　[a5]一个是所有东西的生成,另一个则是[所有东西的]存在。

普　我从你那儿接受了这两个东西:存在和生成。

苏　正确极了。那么,它们哪个是为了哪个?我们会说,是生成为了存在,还是存在为了生成?

普　[a10]被称为存在的东西是不是为了生成而存在的东西,[这就是]你现在打听的?

苏　我显然[是打听这个]。

普　[54b]凭诸神起誓!你其实在问我某个像这样的[问题]吧:"请你给我讲吧,普罗塔尔科斯啊,你说,是造船更多地为了船而生成,还是船为了造船,以及所有这类东西?"

苏　[b5]我讲的就是这个,普罗塔尔科斯。

普　那么,你自己为什么不回答,苏格拉底?

苏　没有任何原因。不过,请你一起分享论证。

普　完全可以。

苏　[54c]那我就说,尽管药物[配料]、所有工具和所有材料都是为了生成而被提供给所有东西,但每个不同的生成都是为了某个不同的独特存在而生成,而整个生成都是为了整个存在而生成。

普　[c5]这就清楚极了。

苏　那么,快乐既然是生成,不就必然为了某个存在而生成吗?

普　为什么不呢?

苏　再者,那个任何生成都永远是为了它而生成的东西,[c10]这个东西就是位于善的部分;但为了某个东西而生成的东西,大好人噢,应该放入其他部分。

普　必然极了。

苏　[54d]那么，既然快乐是生成，如果我们把它放入其他[部分]而非善的部分，我们将会放得正确吗？

普　这就正确极了。

苏　那么，如我在这个论证开始时所说，[d5][我们]必须感激揭示快乐的人，即"它[快乐]只是生成，而丝毫没有任何实存"，因为很明显，这个人在讥笑那些宣称"快乐是善"的人。

普　至少强烈地[讥笑]。

苏　[54e]而且就这个人，他在任何时候也将会讥笑那些在各种生成里得到实现的人。

普　你在讲怎样和哪些人？

苏　就这些人：他们治愈饥或渴或某个这类东西[e5]——生成治愈的任何东西——的时候，都因为生成而感到欢喜，好像它[生成]本身就是快乐，并说，如果他们不渴又不饿，且没有遭受其他所有追随这类经验的[经验]，他们自己就不会迎接生活。

普　[55a]他们看起来，无论如何，很像[这样]。

苏　我们所有人不都会说，败坏与生成恰恰相反吗？

普　必然。

苏　[a5]那么，某个人选择了这个，就选择了败坏和生成，而非第三种生活，那个在它里面既不感到欢喜又不感到痛苦而只有尽量最纯净的思想[的生活]。

普　如果某个人把快乐确定为我们的善，苏格拉底啊，[a10]看起来就出现了某个非常不合理的结论。

苏　非常[不合理]，尤其是我们继续以这种方式讲了之后。

普　以什么方式？

苏　[55b]这怎么不是不合理呢：无论在身体里或在其他许多东西里，除了在灵魂里，既没有善又没有美，且在那里只有快乐，而勇敢、节制、本心或灵魂已经规定为善的其他任何东西都不是[b5]这类[既善且美的]东西？但除了这些，[这怎么不是不合理呢]：任何不感到欢喜而感到痛苦的人，一旦感到痛苦，就被迫显得是坏人，即便他在所有人里是最好的；反过来，任何感到欢喜的人，多大程度地感到欢喜，[55c]那么，任何时候他只要感到欢喜，他在美德方面就多大程度地做到了优越？

普　所有这些，苏格拉底啊，很可能都极不合理。

苏　得了，那就让我们不要试图完全[c5]审查快乐，却又明显强烈地缺乏像本心和知识之类的东西；相反，让我们高贵地四面敲击，[检测它们]是否有所朽坏，这样，只要看出它们中的最纯净者是什么，我们就可以用它们的和快乐的最真实部分做出共同的判断。

普　[c10]正确。

苏　[55d]那么，对我们而言，我相信，关于学问的知识，一个[部分]是制作的，另一个[部分]关注教育和驯养。抑或怎样？

普　就这样。

苏　[d5]那么，让我们首先用心设想，在各种手工技术里，是不是它们的一个[部分]更多地依赖知识，另一个[部分]则更少地[依赖知识]，而且必须坚持，一个[部分]最纯净，而另一个[部分]更不纯净。

普　确实应该。

苏　[d10]于是，就应该分开它们各自的主导[技术]？

普　哪些[主导技术]且怎样[区分]？

苏　[55e]例如，某个人若从所有技术中分离出计数术、度量术和权衡术，可以说，每门[技术]的剩余物大概就变得卑微了。

普　确实卑微。

苏　[e5]在这之后，无论如何，剩余的大概就是推测和运用经验与某种常规的感觉，使用擅长猜测的能力——许多人命名为[56a]技术，但它们通过操心和艰辛实现能力。

普　你讲得必然极了。

苏　那么，充满[这个东西]的大概首先是吹笛术，因为它适应和谐，不是通过"尺度"而是操心的猜测，[a5]且所有音乐术都[充满]这个，通过猜测追捕每条震动的琴弦的"尺度"，以至于许多不清楚的东西混合进去了，而稳固的东西变得渺小。

普　真实极了。

苏　[56b]而且我们将会发现，医术、农艺、掌舵术和将兵术都有这样的情况。

普 完全如此。

苏 但至于木工术,至少我相信,它使用最多的［b5］尺度和工具,［这些尺度和工具］提供许多精确的尺度和工具,使它比许多知识更有技术。

普 在什么方面?

苏 贯穿造船和建房,以及木工行业的许多其他［部分］,因为我相信,［它们］都使用［56c］直尺、圆规、双脚圆规、红线和某种设计巧妙的角尺。

普 完全如此,苏格拉底啊,你讲得正确。

苏 得了,那就让我们确定各种所谓的技术为两个［部分］:一些［技术］［c5］随同音乐术,在工作中分有更少精确,而另一些［技术随同］木工术,［在工作中分有］更多［精确］。

普 就这样定了吧。

苏 但［让我们确定］这些技术——我们刚才说成首要的——都是最精确的［技术］。

普 ［c10］在我看来,你显然是讲计数术和你刚才跟它一起谈到的所有技术。

苏 ［56d］完全如此。不过,普罗塔尔科斯啊,这些［技术］不是同样应该说成两个［部分］吗?抑或怎样?

普 你究竟是讲哪些［技术］?

苏 不是首先应该肯定,多数人的［d5］计数术是一回事儿,而哲人们的［计数术］又是另一回事儿?

普 那么,任何时候通过什么分出界限,某个人可以确定计数术［分为］这种和那种?

苏 分界不小,普罗塔尔科斯啊。因为有些人,［d10］关于"数目",大概计数不等的单子,例如,两个军队和两头牛,以及所有东西里两个最小的［56e］或最大的东西;但有些人呢,任何时候都不会紧密跟随这些人,除非某个人确定,在万般单子里,每个单子都并非不同于其他［单子］。

普 你讲得非常好,对处理数目的人来说,［e5］差别不小,所以,它们

[计数术]分为两个[部分]似有道理。

苏 但这个呢:运算术与度量术——按照木工术和按照商贸术[方式操持的这些技术],[不同于]按照热爱智慧[方式操持的]几何术与[57a]运算术——这两者各自都应该被讲成一个呢,还是我们应该确定为两个?

普 至少我会追随根据前面的[差别],投票确定,它们各自都是两个。

苏 [a5]正确。但我们究竟为什么在中间提出这些东西,你心里没想到吗?

普 兴许[想到],不过,我会更愿意你自己显明现在这个问题。

苏 得了,至少依我看,这个论证已经——不晚于[a10]我们开始讲到它的时候,就在为各种快乐寻找[知识]对应物的时候——提出了这里检察的[问题]:"是否真有某种不同的[57b]知识比另一种知识更纯净,就像快乐之于快乐一样?"

普 这个至少非常清楚,即[论证]已经着手这个[问题]就是为了那个[原因]。

苏 [b5]那这个呢:在前面的[论证]中,不是已经发现,不同的技术指向不同的东西,且在更清楚与更不清楚方面彼此不同?

普 完全如此。

苏 尽管在这些[前面的论证]中已经宣称某门技术为[b10]同名者,把[它]置入这样的意见,即[它是]一个,但[现在的论证]不是反过来又[57c][认定它是]两个,继续追问它们两个的清楚和纯净[程度],是哲人的还是非哲人的[技术]在这些方面具有更大的准确度?

普 依我看,这非常彻底地点到了问题。

苏 [c5]那么,普罗塔尔科斯啊,我们给它什么答案呢?

普 苏格拉底噢,在知识的清楚方面,我们已经向前走到一个令人惊讶的重大差别。

苏 那么,我们将会更容易回答喽?

普 为什么不呢? 至少就这样说吧:"尽管这些[技术]与[c10]其他技术之间差别很多,但在这些[技术]中,那些带有[57d]真正爱智冲动的

[技术与其他技术之间],在关于'尺度'与'数目'的准确和真实方面,差别则无法形容。"

苏　就让它们照你[说的]这样吧,我们既然信服你,就有胆量回答那些在撕碎论证方面很厉害的人——

普　[d5]怎样[回答]?

苏　这样:有两种计数术和两种度量术,且有很多其他这类[技术]紧紧伴随这些[技术],它们都具有这种双重性,却共享一个名字。

普　[57e]就让我们祝他们——你说他们很厉害——好运,苏格拉底啊,给予这个答案吧。

苏　那么,我们就说,这些是特别准确的知识吗?

普　[e5]完全如此。

苏　不过,普罗塔尔科斯啊,交谈[辩证]的力量会反驳我们,要是我们判定任何其他[力量/知识]在它[交谈]之前。

普　但又必须讲它是什么?

苏　[58a]显然,所有人都会知道至少现在所讲的东西。因为关于存在的东西和真正地且凭自然永远跟自身保持完全相同之物的[认识],至少我相信,所有只要稍微有点本心[理性]的人,都会猜想[这种认识]是最真实的[a5]认识。但你呢,普罗塔尔科斯? 你会怎样判别这个[问题]?

普　得了,至少我自己,苏格拉底啊,很多时候从高尔吉亚那儿多次听到,说服的[技术]与所有技术都会差别很大[58b],因为它会使所有东西自愿地而非凭借暴力成为自己的奴隶,而且是所有技术里最好的[技术],但现在,我不愿意确定跟你或那个人[高尔吉亚]相反的东西。

苏　依我看,你愿意说出"拿起武器",但感到羞耻,[b5]就放弃了。

普　现在就让它按照依你看[令人满意]的方式吧。

苏　你没有很美地理解,难道怪我吗?

普　[没有理解]哪个?

苏　至少我本人,亲爱的普罗塔尔科斯啊,毕竟不是寻找这个,[58c]即什么技术或什么知识因为最大且最好且最有益于我们而优于所有东西,而是[寻找]到底什么[技术或知识]着眼于清楚的、精确的和最真实的东西,即便它很小且益处很小——这就是我们现在寻找的东西。[c5]

不过,请你看看——你不会引起高尔吉亚的敌意,只要你准许他的技术在给常人们带来的益处方面更优越,但[请你准许]我现在提到的职业[在给常人们带来的益处方面更优越]吧,如我那个时候所讲的白色:即便很小,但很纯净,因为最真实,[58d][超过]许多不属此类的东西。所以,现在我们已经强烈地用心设想并充分地推算了,既不盯着知识的某种益处,也不[盯着知识的]某种名誉,而[只盯着]我们的灵魂是否凭自然具有某种[d5]热爱真实并为了这个[真实]而实践所有东西的能力,彻底调查这个[技术]之后,我们是会说,我们是肯定本心和思想的纯净部分在最大程度上可能获得这个[技术]呢,还是我们应该寻找某个比这个[技术]更权威的其他[技术]。

普　[58e]得了,我会考察,而且我相信,很难容许某种其他知识或技术比这个[技术]更多地坚持真实。

苏　那么,你说出你现在所讲的东西的时候,你心里想到这个了吗:[e5]许多技术和辛苦从事这些[技术]的人们[59a]首先使用各种意见并努力地探究涉及意见的东西?即便某人相信自己在探究自然,但你知道,他终生都在探究围绕这个宇宙的东西,它怎样诞生,又怎样受动,又怎样施动。我们是会[a5]这样说呢,还是怎样?

普　就这样。

苏　那么,我们任何像这样的人不就承担了这个辛劳,即不涉及那些永远存在的东西,而涉及那些现在生成、将会生成和已经生成的东西?

普　[a10]真实极了。

苏　那么,我们就可以肯定,关于这些东西,若没有任何东西[59b]曾经拥有、将会拥有或目前拥有相同的东西,最精确的真相会变得清晰吗?

普　怎么会呢?

苏　那么,那些任何时候都没获得稳固[性质]的东西,[b5]怎么会向我们变出任何稳固的东西呢?

普　我相信,根本不会。

苏　所以,关于这些东西,没有任何本心或知识拥有最真实的东西。

普　至少看起来确实没有。

苏　[b10]那么,就必须完全告别你本人和我本人、高尔吉亚和斐勒布,并凭借论证见证这个[说法]——

普 [59c]哪个[说法]?

苏 稳固而纯净的东西、真实和我们所谓无杂质的东西,对我们来说,要么涉及那些东西,那些永远保持自身的、最不混杂的东西,要么[其次][c5]在最大程度上类似那些东西;但至于所有其他东西,应该说,都是次要和随后的东西。

普 你讲得真实极了。

苏 那么,把那些最美的名字分给那些最美的东西,在这些情况下,不就最正义吗?

普 [c10]至少看起来[是]。

苏 [59d]那么,本心和思想不就是一个人可以最大程度尊崇的名字吗?

普 是的。

苏 所以,这些[名字]在关于实际存在者的思想中得到精确应用,[d5]就称之为得到正确定位?

普 完全如此。

苏 我本人那个时候提供[我们做出]判断的,仅仅只是这些名字?

普 为什么不呢,苏格拉底?

苏 [d10]就算是吧。那么,至于思想与快乐的[混合],[59e]为了它们彼此的混合,要是一个人可以说,它们被放置在我们面前,就像[被放置]在工匠们面前,作为[我们]必须从里面或在里面打造某个东西的东西,那么,他就用这个说法打了个很美的比喻。

普 非常[美]。

苏 [e5]那么,在这些之后,不就应该试着掺混[它们]吗?

普 为什么不呢?

苏 但预先说出这些并提醒我们回忆它们,不是更正确吗?

普 哪些?

苏 [e10]那些我们早先就记得的。但那句俗话看起来[60a]似乎说得好:至少在美的东西上,必须用言辞翻来覆去地重复"两次三番"。

普 为什么不呢?

苏　那就来吧,凭宙斯起誓! 我相信,那个时候所讲的东西[a5]其实是这样说的。

普　怎样?

苏　斐勒布断言,快乐已经变成所有动物的正确目标,且所有[动物]都必须瞄准这个[目标],总之,对所有东西来说,这东西本身就是善,而"善"与"快乐"[a10]尽管是两个名字,仅仅表示一个东西和[60b]一个本性;但苏格拉底呢,他断言,它们不是一个而是两个东西,就像[它们有两个]名字一样,并且善与快乐各自都有彼此不同的本性,而思想比快乐在更大程度上分有善的部分。这不曾经就是[b5]且现在仍是那个时候所讲的吗,普罗塔尔科斯啊?

普　就这样强调了。

苏　并且我们那时和现在不都会同意这个吗?

普　哪个?

苏　[b10]即善的本性在这个方面不同于其他东西。

普　[60c]什么方面?

苏　这个方面:一个动物只要完完全全且所有方面都永远完满地抵达它[善],它那个时候就不再额外需要其他任何东西,而是最圆满地拥有了具足的[状态]。不是这样吗?

普　[c5]确实是这样。

苏　我们不就用言辞测试它们了吗,把它们各自分离地放进各自的生活,快乐没有混合思想,而思想同样不具有最小的快乐?

普　[c10]确是这些。

苏　那么,依我们看,它们[两个]各自在那个时候都是具足的,[60d]对存在者来说?

普　怎么会呢?

苏　但要是我们那个时候有所偏离,现在就请任何人重新开始,更正确地说说吧:就请他确定记忆、[d5]思想、知识和真实的意见属于相同的型相,并请他想想看,是否有人宁愿使他自己选择拥有或获得任何不带这些[记忆和思想等]的东西,尤其是快乐,无论最多量的或最强烈的[快乐],他既不能真实地判断自己喜欢[快乐],又不能完全认识自己那个时候已经遭受了什么经验,也不能[60e]拥有关于这个经验的记忆,哪怕持续片刻[的记忆]。但就请他也这样讲讲"思想",是否有人宁愿选择拥有不带任何快乐——哪怕最短暂的[快乐]——的思想而甚于[选择拥有]带有某些快乐的[思想],或[宁愿选择]所有脱离思想的快乐而甚于[选择拥有][e5]带有某种思想的[快乐]。

普　没有,苏格拉底。得了,至少丝毫没有必要多次追问这些[问题]。

苏　[61a]那么,这两者各自至少都不会是圆满且值得所有人选择的东西和完完全全的善?

普　怎么会是呢?

苏　所以,现在就必须抓住善,要么确实清晰地[抓住它],要么[抓住]它的某个[a5]轮廓,为的是我们可以搞懂,如我们所讲,我们应该把第二名颁给哪个。

普　你讲得正确极了。

苏　那么,我们不是已经找到某个向善的道路了吗?

普　哪个[道路]?

苏　这就好像,某人在寻找某个常人的时候,[61b]首先会正确地探知他的家,他住哪里;他就会坚持,为了发现[他]所寻找的东西,这兴许是个大事。

普　怎么不呢?

苏　同样,现在某个论证就像开始的时候,[b5]向我们揭示,不要在非混合的生活里而要在混合的[生活]里寻找善。

普　完全如此。

苏　不就有了更多希望吗,[我们]寻找的东西在很美地混杂的东西里会比在不[很美地混杂的东西]里更明显?

普　[b10]确实[明显]得多。

苏　那么,就让我们向诸神祈祷,普罗塔尔科斯啊,我们进行混杂的时候,[61c]无论是向狄俄尼索斯或赫斐斯托斯,还是向任何注定具有这种混合职权的神。

普　完全如此。

苏　就好像某些泉水在我们面前,而我们就像斟酒人[c5]——一个人可以把快乐的[泉水]比喻为蜂蜜,而把清醒而无酒的思想[泉水]比喻为某种干燥而健康的水——应该渴望尽量最美地混合它们。

普　怎么不呢?

苏　[61d]那就继续往前:因此,我们把所有快乐与所有思想混合起来,我们就可以在最大程度上接近很美地[混合的东西]了?

普　也许吧。

苏　不过,这不安全。但我们怎样混合可以[d5]更少危险呢,依我看应该指明某种意见。

普　请你讲吧,什么[意见]。

苏　我们说了,一种快乐,如我们所相信,比其他[快乐]在真实方面程度更高,同样,一种技术比其他技术更精确。

普　怎么不呢?

苏　[d10]而且知识不同于知识:一种[知识][61e]抛开其他而专注于生成和毁灭的东西,而一种[知识]则朝向既不生成又不毁灭却永远保持自身方式和自身状态的东西。根据真实的东西观察,我们推测,这些[后者]比那些[前者]更真实。

普　[e5]完全如此,正确。

苏　那么,如果我们首先把它们各自最真实的切片混合起来看看,这些混合起来的东西不就充分富有成效地给我们提供了最值得珍爱的生活吗,抑或我们仍然额外需要某种不属此类的东西[不够真实的东西]?

普　[62a]依我看,无论如何应该这样做。

苏　那就让[我们假定]我们有某个常人,他思考正义本身是什么,并追随这种沉思的时候拥有一套论证,总之,他就这样用心设想其他所有实际[a5]存在的东西。

普　就让[我们假定]有吧。

苏　那么,他会充分地拥有知识吗,如果他拥有关于圆形和属神的圆球本身的论证,却不知属人的圆球和这些圆形,[62b]乃至在建房的时候像[使用属神的]圆形一样使用其他工具作为直尺?

普　我们是讲,苏格拉底啊,我们仅仅进入那些属神的知识,就有可笑的倾向。

苏　[b5]此话怎样？莫非[我们]应该共同包含并混合关于虚假直尺和圆形的既不稳固又不纯净的技术？

普　嗯，必然应该，如果我们任何人任何时候打算找到回家的道路。

苏　[62c]莫非也[应该包含]音乐，我们不久之前说过，她[音乐]充满猜测和模仿而缺乏纯净性？

普　似乎必然应该，至少在我看来，只要我们的生活无论何时仍然会是无论怎样的生活。

苏　[c5]那么，你愿意我像某个被群众推搡并强迫的看门人一样被打败，打开大门，让所有知识涌入，使更贫乏的[知识]与纯净的[知识]混合在一起？

普　[62d]至少我本人不知道，苏格拉底啊，一个人会受什么伤害，既然他拥有那些首要[知识]的时候获得所有其他知识。

苏　那么，我可以允许所有这些[知识]流进荷马[d5]那个非常诗化的"万川交汇"的容器里吗？①

普　完全如此。

苏　让它们进入吧。但应该重新回到快乐的泉水。因为如我们起初用心设想的，不容许我们首先混合[快乐与思想的]真实部分，相反，既然挚爱[d10]所有知识，我们就可以容许它们合为一体，且在[62e]快乐之前。

普　你讲的真实极了。

苏　那么，我们两个审议各种快乐的季节了：是应该承认它们全部合为一体呢，还是我们应该[e5]首先允许它们全都真实？

普　首先放真实的[快乐]进来，至少从安全角度看，非常重要。

苏　那就放它们进来吧。但这些之后呢？要是确有某些必要的[快乐]，不就应该像在[知识]那里一样，也混合这些[必要的快乐]吗？

普　[e10]为什么不呢？至少必要的快乐肯定[应该混合]。

苏　[63a]但要是，就好像终生认识所有技术不仅无害而且有益一样，我们现在就快乐讲出相同的东西呢？如果终生从所有快乐里获得快乐，给我们所有人带来益处且无害，那么，就应该混合[a5]所有[快乐]。

---

① 参《伊利亚特》4.453。

普　那么，关于这些[快乐]，我们可以怎么说？又可以怎么做？

苏　必须不要质问我们自己，普罗塔尔科斯啊，而[要质问]各种快乐和思想本身，使它们这样[a10]相互盘问。

普　[63b]怎样？

苏　"朋友们啊——无论必须称呼你们为快乐，或凭借其他任何名称——你们是宁愿选择跟所有思想住在一起呢，还是[宁愿选择]离开思想者？"我相信，对此，[b5]她们[快乐]极其必然会这样讲。

普　怎样[讲]？

苏　即如前面所说："任何种类保持孤单和独立的无杂质，几乎既没能力又没[63c]益处。至少我们猜想，作为所有种类里最好的[种类]是，[知识]跟我们一个挨着一个地同住，不仅认识所有其他东西，而且尽量圆满地[认识]我们每个人自身。"

普　"你们现在至少已经说得很美了，"我们将会说。

苏　[c5]正确。那么，在这之后，应该重新追问思想和本心。"那么，你们额外需要任何快乐放进这种混合吗？"追问本心和思想的时候，我们又会说。"怎样的快乐？"他们兴许会说。

普　看起来是。

苏　[63d]而在这之后，我们的讨论就是这个："除了那些真实的快乐，"我们将会说，"那么，你们仍然额外需要最大和最强烈的快乐作为同住者吗？""又怎么会[需要]呢，苏格拉底？"他们兴许就会说，[d5]"它们[最大和最极端的快乐]不仅给我们设了万般路障，因为它们通过疯狂扰乱住在我们里面的灵魂，而且从开始就[63e]根本不准许我们生成，乃至因为忽视而放进'遗忘'，从而完完全全地败坏我们所生的大多数孩子们？不过，至于那些你所谓真实且纯净的快乐，请你承认[它们]几乎接近我们自家的[快乐]，而且除了它们，请你混入那些追随健康[e5]和节制的[快乐]，以及所有那些像神一样、变成整个美德的侍从而在所有地方都紧密跟随她[美德]的[快乐]；但至于那些永远伴随愚蠢和其他恶的[快乐]呢，把它们与本心混合起来大概非常没道理，只要在这种[混合]里，在看出某个最美且最少内乱的混合物[64a]和融合体的地方，任何人想尝试搞明白，在常人与整全那里，到底什么凭自然是善的且到底应该预言[善]有什么型相。"我们不就会说，通过现在所说的东西，本心为它自身、记忆和正确意见[a5]作了入情入理且自相洽合的回答？

普 完完全全如此。

苏 不过，至少必然也要有这个[东西]，要不然，单独一个东西在任何时候都不能生成。

普 [64b]哪个？

苏 任何东西，我们不给它混入真实，它任何时候都不能真实地生成，即便生成也不能存在。

普 怎么会呢？

苏 [b5]绝不会。不过，要是这种融合仍然额外需要什么东西，就请你本人和斐勒布讲出来吧。至于我本人呢，在我看来，现在的论证似乎已经完成了，就像某个没有身体的秩序很美地统治着赋有灵魂的身体。

普 而且我本人嘛，苏格拉底，请你讲，我同样持有这样的意见。

苏 [64c]那么，我们若讲我们现在已经站到了善之家的门前，兴许在某种意义上，我们就说得正确？

普 依我看，确是这样。

苏 [c5]那么，在这种混合里，依我们看，到底什么东西最有价值，同时又是那种已经变得令所有人喜欢的倾向的最大原因？因为只要我们看到这个东西，在这之后，我们就会继续观察，在它已经结成的整全里，它天生更接近且[住得]更亲近快乐呢，还是[更亲近]本心。

普 [64d]正确，因为这确实最有助于我们做出判断。

苏 其实，至少不难看到每个混合物的原因——无论哪个[混合物]都通过它[原因]而变得完全具有价值或[d5]完全毫无[价值]。

普 此话怎讲？

苏 大概没有哪个常人不知这个。

普 哪个？

苏 即所有融合，无论什么[融合]和怎么[融合]，[d10]若不碰巧获得"尺度"和"公度"的本性，就必然破坏已被掺杂起来的东西且首先[破坏]它自己，因为[64e]任何这样的东西都不是混合，而真正是某种纯粹的大杂烩，这类东西对获得者们来说在任何时候都实际变成了灾难。

普　真实极了。

苏　[e5]现在,"善"的力量,对我们来说,已经躲进"美"的本性里,因为"有度"和"公度"大概在所有地方最终都变成了"美"和"美德"。

普　完全如此。

苏　而我们又说过,真实与它们[有度和合度]已经在融合体内[e10]掺混起来了。

普　完全如此。

苏　[65a]那么,即便我们没有能力用一个型相捕获"善",但只要我们用"美""公度"和"真实"这三个去抓住[善]——我们可以讲,这些东西就是一个——我们就可以最正确地将这个混合体内部的那些东西归因于[它],并通过这个作为善的东西,这个[混合体]本身已经变成[a5]同样[善]的东西。

普　确实正确极了。

苏　到现在,那么,普罗塔尔科斯啊,无论哪个人在我们面前都可以成为关于快乐与思想的充分称职的判断者:这两者[65b]哪个更类似于"至善"且在人们和神们那里更有价值。

普　尽管很显然,但仍然最好带着这个论证走完。

苏　[b5]那么,就让我们一个个地判断这三者各自与快乐和本心的关系,因为必须看出,我们将会把它们各自作为更类似者分配给这两者的哪个。

普　你是讲"美""真实"和"有度"吗?

苏　[b10]是的,但请你首先抓住"真实",普罗塔尔科斯啊,[65c]而抓住之后就盯着"本心""真实"和"快乐"这三者,花费很长时间检查之后回答你自己,是"快乐"还是"本心"更类似于"真实"。

普　但需要什么时间嘛！因为我相信,这两者差别很大。[c5]因为"快乐"在所有东西里最自夸,但据说呢,乃至在有关阿芙罗狄忒的快乐——它们似乎被看成最大的[快乐]——里,就连发假誓都已经从神们那儿得到原谅啦,仿佛[65d]这些快乐就像孩子们一样,不具备哪怕最少量的"本心";但"本心"呢,它要么就等同于真实,要么在所有东西里最相似于[真实]且最真实。

苏　那么,在这之后,请你以同样的方式考察[d5]"有度",是快乐比思想拥有更多[度]呢,还是思想比快乐[拥有更多度]?

普　你建议的这番考察至少也很好考察,因为我相信,任何人不仅不易找到任何比快乐和狂喜"更无度"的实际存在者,而且任何时候都不易[找到]哪怕一个比本心和[d10]知识"更合度"的[实际存在者]。

苏　[65e]你已经说得很美啦。但尽管如此,仍然请你[说]第三次。对我们来说,是"本心"比"快乐"的种类占有更多的美,以至"本心"比"快乐"更美呢,还是恰恰相反?

普　不过,至于"思想"和"本心",苏格拉底啊,[e5]从来没有哪个人,无论现实或梦里,看见过或想到过[它们]在任何方面、在任何意义上变得、或就是、或将是丑陋的。

苏　正确。

普　但至于"快乐",尤其那些近乎最大[快乐]的东西,[e10]一旦我们看见无论任何人[从这些东西里]感到快乐,看到可笑的或[66a]所有东西里最丑陋的东西追随着它们,我们自己就感到羞耻并予以遮蔽,在最大程度上掩藏起来,把所有这些东西都给予黑夜,仿佛光明没有必要看到它们。

苏　那么,你在所有方面都会说,普罗塔尔科斯啊,通过信使们[a5]发出并向在场者们指出:快乐既不是第一等收获又不是第二等[收获],相反,至于第一等[收获],在某种意义上必须坚持,任何人都宁愿更快乐地选择有关"尺度""适度""适时"和所有这类东西?

普　从现在所讲的东西看,显然确实如此。

苏　[66b]至于第二等[收获],则涉及"公度""美""圆满""具足"和所有属于这个种类的其他任何东西。

普　至少看似如此。

苏　[b5]那么,至于第三等[收获],仿佛我自己预言,你若确定为"本心"和"思想",就不会偏离真实太远。

普　也许吧。

苏　那么,至于第四项东西,我们确定它们属于灵魂本身,"知识""技术"和所谓的"正确意见",这些东西不就[66c]是除了那三项之外的第四项东西吗,如果它们比快乐更类似于善?

普　很有可能。

苏　那么,第五项东西,我们确定它们[就是]那些我们界定为"没有痛苦"的快乐,[c5]我们命名为属于灵魂本身的"纯净的"[快乐],它们追随知识,但有些[追随]感觉。

普　也许吧。

苏　"但在第六个世代上,"俄耳甫斯说,"就请歌曲的秩序停止吧。"然而也有可能,我们的[c10]说法已经停止在第六个判断上。那么,在这[66d]之后,对我们来说,就没有任何剩余的东西了,除了给已经说过的东西好像安个头儿。

普　那么,必须这样。

苏　那就来吧,第三次,①让我们请那个拯救者[宙斯][d5]作见证,走完这个说法。

普　那么,哪个?

苏　斐勒布向我们断定,"本善"就是整个且圆满的快乐。

普　你刚刚所讲的"第三次",苏格拉底,看起来就是[说],[d10]必须重拾那个从起初开始的论证。

苏　[66e]是的。但让我们聆听在这之后的东西吧。因为我看到我们刚才已经穿越的东西,且难以忍受不仅斐勒布而且其他千万人多次[说过]的说法,我就说过:本心至少远远比快乐更优且对属人的[e5]生活更好。

普　确实这样。

苏　但因为怀疑至少尚有其他许多[善],我就说过:只要任何东西会显得比它们两者更好,我就会同本心一起,为了第二名,跟快乐共同战斗到底,而快乐也就会被剥夺[e10]第二名。

普　[67a]你确实这样说过。

苏　而在这之后,至少在所有方面都最充分地表明,这两者哪个都不

---

①　依宴饮礼,先喝三杯酒,第三杯献给宙斯。后来,第三次即被视为幸运之数,表示事情完成。

具足。

普 真实极了。

苏 [a5]那么,在这个论证里,"本心"和"快乐"不就已经完完全全被排除了吗,而"本善"本身至少不是这两者的任何一个,因为它们两个都被剥夺了自主、具足且圆满的能力。

普 正确极了。

苏 [a10]但即便出现其他[某个]第三者比这两者的任何一个都更强,而"本心"现在仍然显得比"快乐"在万般方面[住得]更亲近且天生更接近那个胜利者的型相。

普 怎么不呢?

苏 那么,依照现在论证显示的判断,[a15]第五等不就变成快乐的力量了吗?

普 看起来是。

苏 [67b]而不是第一等,即便所有牛儿、马儿和其他所有野兽都通过追求欢喜而肯定[快乐是第一等]:许多人信服它们,就像预言家们[信服]鸟儿们,就判定,那些快乐是使我们生活得好的最强[力量],并[b5]相信权威的证据是野兽们的爱欲,远甚于[相信权威的证据是]言辞的[爱欲]——那些在热爱智慧的缪斯里已经在任何时候发布了预言的[言辞]。

普 我们所有人现在都肯定,苏格拉底啊,你已经说得真实极了。

苏 [b10]那么,你们不就也会放我走了吗?

普 仍然有个剩余的小[问题],苏格拉底啊,因为至少你本人肯定不会在我们[放弃]之前放弃[而不走向界限],但[只要你不放弃,]我会提醒你记得剩余的东西。

会　饮

刘小枫　译

阿波罗多罗斯　　[172a]我觉得，你们打听的[事情]，我并非没琢磨过。碰巧就在那天，我从我家所在的法勒雍①进城去，[路上]有个熟人从后面老远看到我就喊，而且边喊边打趣，"嘿，法勒雍仔，"他说，[a5]"就你啊，阿波罗多罗斯②，你不等等！"于是，我停下来等。

"阿波罗多罗斯呀，"他说，"正找你呐，我想彻底打听那次阿伽通③的聚会，[172b]就是苏格拉底、阿尔喀比亚德④以及其他人一起吃晚饭的那次，他们关于爱欲的说法究竟是些什么。有人已经对我说了说，他是从斐利珀斯的儿子佛伊尼克斯那里听来的，还说你也知道。可是，他讲得一点儿都[b5]不清楚。还是你给我说说。毕竟，由你来传达你的友伴的话才最正义。不过，先告诉我，"他说，"那次聚会你本人在场，还是不在啊？"

我于是说："看来，讲的那人给你讲得完完全全一点儿[172c]都不清楚，如果你以为你问的那次聚会是前不久的事情，甚至以为我也在场。"

"我本来就这样想嘛。"他说。

"怎么会呢，格劳孔⑤？"我说，"阿伽通没待在家乡这里已经多年啦，而且，我与苏格拉底[c5]一起消磨时光，每天忙乎专注于认识他的言或行

---

①　法勒雍是雅典的港口，步行去雅典大约一小时。
②　阿波罗多罗斯是苏格拉底的弟子，心地质朴、诚挚，性格柔弱，易动感情。
③　阿伽通是公元前5世纪晚期著名肃剧诗人（约前445—前400），公元前416年，他的第一部肃剧得奖。
④　阿尔喀比亚德是雅典著名政治人物，当时大概三十多岁。
⑤　格劳孔可能是柏拉图的长兄，当时柏拉图才十二岁，格劳孔的年纪不会差柏拉图太远。

还不到三年,难道你不知道?[173a]在这之前,我就这样瞎打盲撞、东游西荡,还以为在做点儿什么,其实比谁都更悲惨,[悲惨得]并不比眼下的你更少,以为做什么都肯定强过热爱智慧!"

于是他说:"别挖苦我啦,告诉我,那次聚会本身是啥时候的[a5]事啊?"

我说:"那时我们都还是小孩子呢,当时,阿伽通的第一部肃剧赢了,第二天,他自己以及歌舞队员们酬神庆贺得奖。"

"这么说,"他说,"看来的确很早。但谁对你讲的?难道苏格拉底本人?"

[173b]"当然不是,凭宙斯,"我说,"是那个[告诉]佛伊尼克斯的人。有个叫阿里斯托德摩斯的,他是居达忒奈昂①人,小矮个儿,总光着脚丫。那次聚会他在场,他是苏格拉底的爱欲者,②我觉得,在当时爱欲苏格拉底的那些人中他算得上之最。当然咯,我后来也并非没[b5]就从阿里斯托德摩斯听来的一些问过苏格拉底,不过,他仅仅同意阿里斯托德摩斯所讲的。"

"是嘛,"格劳孔说,"何不给我讲讲?进城还有好一段路,正好边走边说,我边听。"

于是,我们一边走一边谈论这些事情。[173c]所以,我先头说,我并非没琢磨过[这事]。如果必须也得讲给你们听,就应该是我来做这些事情。何况,只要是谈论热爱智慧——无论我自己谈还是我听别人谈,且不说我认为自己会受益,[c5]我都会喜出望外。要是别的什么事情,尤其你们这班富人和赚钱人的事情,我自己就会觉得沉闷,而且替你们这些友伴感到惋惜,你们自以为在做点儿什么,其实[173d]无所事事。同样,你们兴许会反过来以为我才是可怜虫;我相信,你们真的以为我是可怜虫。我可不是[这样]以为你们,而是确实知道你们[是可怜虫]。

友伴 你总是一个样,阿波罗多罗斯,总是责骂你自己,[d5]责骂别

---

① 居达忒奈昂在雅典南区,阿里斯托德摩斯是苏格拉底的崇敬者。
② 古希腊的同性恋关系并非是两个年龄相若的成熟男人之间的恋情,而是成年男子与少年之间的恋情。主动一方的成年男子被称为"爱欲者",被动一方的少男被称作"被爱欲者"。

人。我看哪,你显得简直就认为所有人都悲惨——从你自己开始,只有苏格拉底除外。我还真不知道,你从哪儿得了个绰号叫"疯癫的家伙"①。你啊,总这样说话,恼怒你自己,恼怒别人,[d10]除了苏格拉底。

阿　[173e]亲爱的,既然我对自己、对你们有如此看法,不明摆着我疯癫、我神经质吗?

友　阿波罗多罗斯,这会儿为这些争吵不值得啊;[e5]你还是按我们请求你的做吧,讲讲当时说的是些什么。

阿　好吧,当时说的那些话是这样的……得啦,不如[174a]试着给你们按他所讲的从头讲吧。

阿里斯托德摩斯说,苏格拉底碰上他时刚洗过澡,穿了双别致的便鞋,苏格拉底很少做这些。阿里斯托德摩斯问[a5]苏格拉底去哪儿,把自己变得这么美。

苏格拉底说:"去阿伽通那儿吃晚饭。昨天,我躲掉了他的获奖庆典,因为我惧怕人群,但答应今天会参加。所以,我这样打扮了一番,以便我可以美美地去一个美人那里。呃,对了,"苏格拉底又说,[174b]"愿意当不速之客去吃晚饭吗,你觉得怎样啊?"

"我嘛,"阿里斯托德摩斯说,"我说,你怎样吩咐就怎样。"

"那好,你跟着,"苏格拉底说,"这样我们就可以通过置换来毁掉那句谚语啦:'阿伽通[好人]的宴,[b5]好人会不请自来。'②毕竟,荷马恐怕不仅毁了这谚语,甚至还给这谚语本身添加了肆心③。毕竟,他虽然把阿伽门农写成打仗特别突出的[174c]好男儿,却把墨涅拉奥斯写成'软绵绵的武士'。④ 有一次,阿伽门农搞献祭摆宴,荷马把墨涅拉奥斯写成不速之客赴宴,让一个更差的人赴一个[c5]更好的人的宴。"⑤

---

① 伯内特本的原文是 to malakos[软蛋]。另有抄本作 manikos[疯癫的人],与下文的说法吻合。
② 谚语原文为"好人办宴好人不请自来"。阿伽通的名字与"好人"(第二格)同音。
③ "肆心"(hubris)这个词通常指轻漫、挖苦甚至欺负的行为,用法较宽泛,从傲慢、放肆(尤其性骚扰)到渎神。
④ 语出荷马,《伊利亚特》17.586–588。
⑤ 荷马,《伊利亚特》2.408–409,亦参 3.179。

阿里斯托德摩斯说，他听到这些就说："恐怕我也同样是在冒险哦，我并不像你说的那样罢，苏格拉底，倒像荷马说的，一个微不足道的人当不速之客去赴一个智慧男子摆的宴。你想想看吧，带我去的话你会怎样辩护。要我去做不速之客，我可不同意，[174d]我会说是你把我叫上的。"

"'我俩结伴一块儿上路'①，"苏格拉底说，"我们总会想出该说什么。我们走吧。"

就这样，阿里斯托德摩斯说，他们交谈着这些上了路。可是，[d5]走到半路，苏格拉底自个儿想什么想得入神，落在后面。阿里斯托德摩斯等他，他吩咐阿里斯托德摩斯先走。阿里斯托德摩斯走到[174e]阿伽通家，看见大门已经开着。阿里斯托德摩斯说，当时他感到自己在那里有点儿可笑。有个男童马上从里面出来迎他，领他到其他人躺卧的地方，他见到他们正要吃晚饭。当然咯，阿伽通立马就[e5]看见他，于是说："哟，阿里斯托德摩斯，来得正好，一起吃晚饭！要是你为别的什么事儿来，事情也下次再说。昨天我还找你呐，想叫上你，就是没见到你……呃，你怎么没把苏格拉底给我们带来啊？"

阿里斯托德摩斯说："我回头一看，果然不见苏格拉底[e10]跟着。于是我就说：'我亲自和苏格拉底一道来的，而且还是被他叫来这儿吃饭的。'"

"你做得好！"阿伽通说，"可他在哪儿呐？"

[175a]"刚刚还走在我后面嘛，会在哪儿呢，我自己也觉得奇怪。"

阿里斯托德摩斯说，阿伽通说："小家伙，还不去看看，把苏格拉底领进来！阿里斯托德摩斯，你呢，"他说，"就挨厄吕克西马科斯②[a5]躺罢。"

阿里斯托德摩斯说，于是，男童给他洗脚，好让他躺下；③另有一个男童来传报："那个苏格拉底退回到邻居的前门站着，我喊他，他却不肯进来。"

---

① 《伊利亚特》10.221–225。
② 厄吕克西马科斯是个医生，雅典人。
③ 希腊人会饮时躺在床上，上半身朝左，左肘靠在左边的垫子上，用右手从床的左边桌子上拿东西吃喝。

[a10]"真出格呃,"阿伽通说,"再去喊,你别让他走掉!"

[175b]阿里斯托德摩斯说,于是他说:"别去[喊],让他去吧。他习惯这样,有时跑开一会,直呆呆地站在碰巧哪个地方。我想,过会儿他会来的。所以,别打搅他,还是由他吧。"

"如果你这样认为,那我们就必须得这样做啦。"阿里斯托德摩斯说,[b5]阿伽通这样说。"嘿,小家伙们,给我们其余的人上吃的!把你们愿意摆的都摆上来,我们中没人会使唤你们!我从来不使唤你们,现在也不使唤;你们就只当我和其余这些人都是你们请来的,[175c]好好招呼哟,我们会夸奖你们!"

随后,阿里斯托德摩斯说,他们吃晚饭,但苏格拉底还没进来。阿伽通好几次要吩咐人去接苏格拉底,阿里斯托德摩斯没让去。苏格拉底来了,[c5]比起往常,他[这回]消磨时间不算太久,当时他们晚饭刚吃到一半。阿里斯托德摩斯说,阿伽通碰巧单独躺在最末一张榻上,于是就说:"来这儿,苏格拉底,挨我躺,好让我[175d]享受你在邻居门前那会儿碰触到的智慧。显然,你已经发现智慧,而且有了智慧。不然,你只怕还会在那儿呆站。"

苏格拉底坐下来,然后说:"阿伽通啊,如果智慧是这样一种东西,那兴许就好咯,可以从我们中盈[d5]满的人身上流入空虚的人身上,只要我们相互挨着,就像酒杯里的水通过一根羊毛从满杯流入空杯。毕竟,要是智慧也会这样,[175e]我挨你坐就太值啦。我相信,那样的话,你的美不胜收的智慧就会灌满我。毕竟,我自己的智慧实在浅陋,或者跟梦一般靠不住。你的智慧呢,既耀眼又前景无量。而且啊,[e5]你年纪轻轻,智慧就如此光彩夺目。前天,你的智慧已经在三万多希腊人的见证下展露出来。"

"你这肆心的家伙,苏格拉底,"阿伽通说,"过一会儿我和你再就智慧打官司,[e10]由狄俄尼索斯当判官做裁决,现在先用饭。"

[176a]接下来,阿里斯托德摩斯说,苏格拉底躺下来,与其他人一起吃饭。他们献上祭酒,唱赞神歌,履行所有例行仪式,然后开始喝酒。阿里斯托德摩斯说,泡萨尼阿斯①带头开口说了[a5]下面一番话。

---

① 泡萨尼阿斯是雅典人,与阿伽通关系暧昧。

"好吧,诸位,"他说,"我们怎样个喝法才最轻松啊?我呢,不妨对你们说,我还没从昨天的酒里全醒过来,需要歇歇气。我想,你们大多也都这样,因为你们昨天都在。诸位想想看,[176b]我们怎样个喝法才最轻松。"

阿里斯托芬①接过话头说:"你这话倒是说得对,泡萨尼阿斯,这喝法[b5]的确该安排得轻松点儿。毕竟,昨天我自己也醉得不行。"

阿里斯托德摩斯说,阿库美诺斯的儿子厄吕克西马科斯听到这些后说:"你们说得好。不过,我还得听听诸位中有一个人怎么说,看他酒量如何——阿伽通。"

"不行不行,"阿伽通说,"我自己本来就不胜酒力。"

[176c]"这样看来,如果你们②喝酒能力最强的今天都放弃,"厄吕克西马科斯说,"那我们——我、阿里斯托德摩斯、斐德若和其他几位,可就神赐良机啦,因为我们从来就没能力嘛。我没把苏格拉底算在内,他两样都行,所以,[c5]我们怎么做他都会满意。在我看来啊,既然在座各位没谁贪多喝酒,我说说醉酒的真实不会有人烦我罢。毕竟,我认为,对我来说,这一点[176d]从医术来看已经变得十分清楚,即醉酒对世人来说是件难事。就我的意愿来说,我自己既不会愿意喝,也不会劝别人喝,尤其是有人昨天已经喝得晕晕乎乎。"

[d5]"可不是嘛,"阿里斯托德摩斯说缪里努西俄斯人斐德若③插进来说,"我向来听你劝,尤其在你说到医术的事情时;不过啊,今天其余各位也会听劝,如果他们会采纳好建议的话。"[176e]听到这些,大家同意,眼下这次聚会不搞醉,喝多少随意。

"既然这一点得到了同[e5]意,"厄吕克西马科斯说,"喝多少随各人的意愿,不得强制,那么,我进一步建议,让刚才进来的那个簧管女走人吧;让她吹给自己听,或者如果她乐意的话,吹给这院里的女人们听。这样,今天我们就可以通过言辞相互聚在一起。至于什么样的言辞,如果你

---

① 阿里斯托芬是著名谐剧诗人(约前445—前388),曾写作谐剧《云》(公元前423年)讽刺苏格拉底,写作《地母节妇女》(公元前411年)讽刺阿伽通。

② "你们"指阿伽通和阿里斯托芬。

③ 斐德若是智术师希琵阿斯的崇拜者。在柏拉图作品之外,有关斐德若的材料极少。

们愿意的话,我倒愿意给你们[e10]建议。"

[177a]大家都说愿意,要他提出建议。于是,厄吕克西马科斯说:"我的话按欧里庇得斯《墨兰尼普》①里的一句来起头:我要说的'这故事不是我的',而是这位斐德若的。[a5]斐德若每次都忿忿不平地对我讲:'厄吕克西马科斯啊,'他说,'诗人们对别的神们既作祷歌又作颂诗,诗人虽如此之多,可爱若斯②这老迈而又了不起的神呢,竟然从来[177b]没有一位了不起的诗人作过一篇颂辞,难道不让人生气吗?要是你愿意的话,不妨瞧瞧那些能干的智术师们,他们为赫拉克勒斯以及别的谁编写过记叙体辞赋,比如那个优秀的普罗狄科③。这倒无需惊讶,因为,我啊,[b5]就在前不久还读到过一个智慧男人的一卷[辞赋],其中大肆赞颂盐的益处——你还可以看到许多[177c]别的诸如此类得到赞颂的东西。他们会为许多诸如此类的东西耗费热忱,可直到眼下的今天,也没有哪个世人胆敢以配得上的方式歌颂爱若斯。一个如此了不起的神被忽略到这等地步!'

我觉得啊,斐德若[c5]说得真好。所以啊,我不仅渴望献上一份歌颂,以讨斐德若欢心,而且,我觉得,眼下这个场合适合我们在座各位礼赞这位神。要是[177d]你们一致同意,我们就足以在言辞中消磨时间。所以,我提议,我们每个人应该从左到右为爱若斯说上一篇赞颂的讲辞,要尽其所能讲得最美。斐德若该第一个开头,因为他躺在起首,而且是[d5]这个[赞颂爱若斯的]道理之父。"

"没谁会投票反对你的,厄吕克西马科斯,"苏格拉底说,"起码我不会否定,我要说,除了爱欲的事情,别的我都不懂。阿伽通和[177e]泡萨尼阿斯也不会反对,阿里斯托芬更不会,他整个儿都在狄俄尼索斯和阿芙罗狄忒那里消磨时间。④ 其余在座各位,我看没谁会反对。只是,这

---

① 《欧里庇得斯辑语》488:"这故事不是我的,而是我母亲的。"
② "爱若斯"(erōs)原义指任何强烈的欲望,尤其指向性爱对象,也被拟神化为神——所谓的"爱神"。但本篇对话的基本主题之一是:爱若斯是否为神。所以,erōs 这个关键词将根据文脉分别译为"爱欲"或"爱若斯"以及"爱若斯神"。
③ 普罗狄科是著名智术师。
④ 狄俄尼索斯隐喻酒,阿芙罗狄忒隐喻性。

样的话,对我们这些躺在后面的不大公平。不过,那些躺在前面的要是讲得透、讲得美,[e5]我们也值。让斐德若开始赞颂爱若斯吧,祝好运!"

所有其他人都赞成这番话,而且[178a]跟着苏格拉底怂恿。每个人当时讲的,阿里斯托德摩斯已经记得不全,他对我讲的,我也记得不全。不过,在我看来,值得记住的都记住了,我会给你们说说每个人所讲的值得记住的东西。

[a5]于是,如我所说,阿里斯托德摩斯说,斐德若头一个讲,并这样开头:爱若斯在世人和诸神中都是个伟大而又神奇的神,在许多方面都如此,至少从其诞生来看如此。"毕竟,这位神起码年纪[178b]最大,"斐德若说,"这是一种尊荣。凭据就是,爱若斯没有父母,从来没有哪个常人或诗人说起过爱若斯有父母。倒是赫西俄德说过:最初生成的是浑沌,[b5]'在那以后,是胸脯宽阔的大地[盖娅],万物永久的稳靠宅基,然后是爱若斯'。① 阿库西劳斯②也同意赫西俄德,继浑沌之后生成的是这两个,即大地和爱若斯。帕默尼德③则说,[b10]起源'在设想所有诸神时最先设想爱若斯'。[178c]所以啊,从许多方面来看,人们都同意,爱若斯起码年纪最大。既然年纪最大,爱若斯对于我们来说就是最大的好东西的起因。我呢,不妨肯定地说,没有比一个人在年轻时就得到心仪的爱欲者或得到心仪的被爱欲的[c5]男孩更好的事情。毕竟,对世人来说,想要过上美满日子,应该不是靠什么家世啊、名望啊、财富啊之类来打造,而是应该让爱欲来美满地引导[178d]整个一生。

我这样说指的是什么呢? 指的是面对可耻的事情要羞耻,面对美好的事情要爱荣誉。毕竟,没有这些,无论城邦还是常人,都做不出什么伟大、美好的成就。所以,我要说,一个正在爱欲的男子[d5]要是做了什么丢人事,或受人欺辱连声也不敢吭,那么,这一点会变得十分明显:让他痛苦不堪的并非是被父亲瞧见,也不是被友伴或其他什么人瞧见,[178e]而是被自己的男孩瞧见。

---

① 见赫西俄德《神谱》116–120,斐德若的引用掐头去尾。
② 阿库西劳斯是公元前5至前4世纪的纪事家,将赫西俄德的《神谱》改写成散文。
③ 帕默尼德是著名自然哲人(约前515—前445)。

我们看到,对被爱欲者来说,情形同样如此,要是他被看见做了什么丢人事,在爱欲者面前就会无地自容得很。所以,要是能想出什么法子,一个城邦或一支军队全由爱欲者和男[e5]孩来组建,他们就会把自己[的城邦]治理得再好不过。因为,他们会远离所有让人羞耻的事情,在别人面前表现得热爱荣誉。[179a]要是这样的人与别的人一起打仗,那么,这种人即便是极少数,要说啊也能战胜所有世人。毕竟,一个正在爱欲着的男人要是临阵逃脱或丢盔弃甲,宁肯被所有别的人看见也不肯被[自己的]男孩看见。[a5]在临阵逃脱或丢盔弃甲之前,他多半会选择战死。不用说,男孩置身险境时,爱欲者不会丢下不管,不会不去援救。任谁都不至于坏成这样,连这位爱若斯神亲自激励也不朝向德性——其实,受这神激励,才像个最佳天性的人。[179b]简单来讲,正如荷马所说,这个神给一些个英雄们'鼓起斗志',爱若斯凭靠自己就足以让爱欲着的人们获得斗志。

"再说,唯有正在爱欲着的人才会愿意替别人去死,[b5]不仅男人这样,女人也如此。珀利阿斯的女儿阿尔喀斯提斯向希腊人充分证明了这种说法:只有阿尔喀斯提斯愿意为自己的丈夫去死,①虽然她丈夫有父[179c]有母,她对丈夫的爱欲却超过了父母对儿子的疼爱,以至于她向父母证明,他们与自己的儿子是陌人,仅仅名字相属而已。阿尔喀斯提斯所成就的行为,不仅在世人看来成就得如此之美,[c5]连诸神看来也如此。成就过许多美的行为的人何其多,但诸神给予屈指可数的人这样一种奖赏:灵魂从冥府再返回。神们让阿尔喀斯提斯死后还魂,表明他们赞[179d]叹阿尔喀斯提斯之举。

神们就是如此特别敬重涉及这种爱欲的热忱和德性。神们从冥府遣回俄伊阿格若斯的儿子俄耳甫斯②时就没让他如愿以偿,他为妻子而来到

---

① 阿尔喀斯提斯的丈夫阿德墨托斯命定早早病死,阿波罗将命定神灌醉,然后说服命定神让阿德墨托斯摆脱早死之命。命定神们答应了,但条件是得有一人替死。其父母虽然年老,也不肯替死,唯有妻子阿尔喀斯提斯愿意。神们后来嘉奖她,让她死后回生。参见欧里庇得斯的《阿尔喀斯提斯》。

② 俄耳甫斯是希腊神话传说中著名的弦琴诗人,其歌声能令铁树发芽,兽石感动。其妻欧律狄刻(Eurydice)被蛇咬死,俄耳甫斯虽然怀念甚切,仍然活足天年才到阴间,求冥王准他带妻子回人世。

冥府，神们让他瞧了一眼妻子的虚影，却没还给妻子本身。因为，神们觉[d5]得他软绵绵的，基塔拉琴师就这样，不像阿尔喀斯提斯那样敢为爱欲而死，一心只想活够岁数去到冥府。所以啊，正是由于这些，神们让俄耳甫斯遭受惩罚，要他死在女人们手里。

[179e]神们对忒提斯的儿子阿喀琉斯就不像这样，而是敬重他，[他死后]送他去了幸福岛。① 因为，阿喀琉斯从母亲那里得知，如果他杀了赫克托尔，②自己也得死，如果不杀，就会平安回家，享足天年，[e5]他却敢于去救爱欲者帕特罗克洛斯，③[180a]替他复仇，不仅敢为爱欲者死，而且敢于紧随已经断气的爱欲者去死。④所以说，神们极为夸赞阿喀琉斯，特别敬重他，就因为他为自己的爱欲者付出过如此之多。埃斯库罗斯简直是在瞎说，竟然说阿喀琉斯爱欲帕[a5]特罗克洛斯。阿喀琉斯不仅比帕特罗克洛斯俊美，甚至比所有英雄都俊美。何况，他胡子还没长出来，肯定比帕特罗克洛斯年少得多，荷马就是这么说的。⑤

不管怎么说，虽然神们的确非常敬重涉及[180b]这种爱欲的德性，但神们更惊叹、夸赞和犒赏的是被爱欲者爱上爱欲者，而非爱欲者爱上男孩。毕竟，一个爱欲者比被爱欲者更富于神样，因为他身上有这位神。由于这些，神们更敬重阿喀琉斯而非阿尔刻[b5]斯提，要送他去幸福岛。

"所以啊，我要说，爱若斯在神们中间年纪最大、最受敬重，而且最有权主导世人在活着的时候和终了之后求取德性和幸福。"

[180c]阿里斯托德摩斯说，斐德若说的大致就是这样一篇讲辞。紧接斐德若之后，其他人讲了些什么，阿里斯托德摩斯记不大起了，他略过那些，讲泡萨尼阿斯的说法。

[阿里斯托德摩斯说]泡萨尼阿斯说："在我看来，斐德若，你抛给我

---

① 按《奥德赛》11.467以下的说法，阿喀琉斯同其他死者一起去了冥府，而非幸福岛。
② 参见《伊利亚特》9.410–416，亦参18.95以下。
③ 参见《伊利亚特》2.673，尤其11.786以下。阿喀琉斯与帕特罗克洛斯有爱欲关系是后来的说法，在荷马笔下两者仅有英雄间的友谊。
④ 柏拉图玩了一个隐晦的谐音游戏，阿喀琉斯死在帕特罗克洛斯之后，而非死在他的尸身之上。
⑤ 参见《伊利亚特》2.673，11.786。荷马的确说帕特罗克洛斯年长于阿喀琉斯，但没说年长很多，更没说两人有同性恋关系。

们的这个说法抛得不美哦，[c5]竟然命令我们如此粗陋地赞颂爱若斯。倘若爱若斯是一个，你的说法倒还算美，可实际上爱若斯不是一个啊。既然爱若斯不是一个，更为正确的方式是，起头就得先[180d]讲清楚，要赞颂的是哪个爱若斯。所以，我呢，尝试来纠正这一点，首先指明应该赞颂的是哪个爱若斯，再以配得上这位神的方式来赞颂。

"我们都知道，没有爱若斯，就没有阿芙罗狄忒。若阿芙罗狄忒[d5]是一个，爱若斯也会是一个；既然有两个阿芙罗狄忒①，爱若斯必然也有两个。阿芙罗狄忒怎么会不是两个性感神呢？一个肯定年长些，她没有母亲，是天的女儿，所以我们称她为'属天的[性感神]'。较年轻的一个是宙斯和狄俄涅的女儿，[180e]所以，我们把她叫做'属民的[性感神]'。②因此，必然的是，作为其中一个阿芙罗狄忒的帮手的爱若斯该正确地叫做'属民的[爱若斯]'，另一个叫做'属天的[爱若斯]'。每个神当然都应该得到赞颂，但必须得说每个神各自被分派到的东西。毕竟，任何行为都这样：[e5]当做[事情]时，这做本身就其自身而言既谈不上美[高贵]也谈不上丑[低贱]。[181a]比如，我们现在所做的，喝酒啊、唱歌啊、交谈啊，这些事情本身都无关乎美；毋宁说，在做这些事时，怎样做才会见出[美丑]这样一类性质。做得美、正确，[所做的事情]就会成为美；做得不正确，[所做的事情]就会成为丑。[a5]爱欲以及这个爱若斯神也如此，并非所有的都美，都值得赞颂；只有那位激发人美美地爱欲的爱若斯神[才美、才值得赞颂]。

"那位属民的阿芙罗狄忒的爱若斯神真的属于[181b]普泛众生，他们的作为不过是随机缘而为，世人中那些不咋地的人爱欲起来时拥有的就是这样一位爱若斯神。首先，这样一类人爱欲起来时不是爱欲女人就是爱欲男孩，其次，他们爱欲起来时更多爱欲的是身体而非灵魂。再说，他们爱欲的[b5]都是些没智性的，因为他们盯住的仅仅是这种做过一回，并不关心爱欲得美还是不美。所以，他们才会随机运而做这种事情，不管

---

① 阿芙罗狄忒是宙斯和狄俄涅所生，被许配给火神赫斐斯托斯，后与战神阿瑞斯私通，私生子就是爱若斯（参见《奥德赛》5.266以下）。

② 在雅典有两座阿芙罗狄忒庙，一座在城中小丘上，是属天的阿芙罗狄忒庙，属民的阿芙罗狄忒庙在雅典卫城西南山坡上的功业庙下面。

这爱欲是好事还是相反[的坏事]，都一个样。毕竟，这位爱若斯神出自那位比[181c]另一位性感神要年轻许多的性感神，她出生时既分有女性也分有男性。

"属于属天的性感神的爱若斯呢，首先，这位神不分有女性，①单单分有男性（所以，这是对男孩的爱若斯）；再说，这位神年纪更大，[天性的]命份没那么肆心。所以，[c5]那些受这种爱若斯感发的人会转向男性，爱欲天生更有劲儿、有更多智性的男性。兴许谁都能从这男童恋本身认识到，这样一些人纯粹[181d]由这种[男童恋的]爱若斯驱使。毕竟，他们爱欲的与其说是男孩，不如说是爱欲当时刚开始萌发智性的而已，只不过他们的胡子刚发芽儿。这些有所准备的人之所以要等到这时候才开始爱欲[一个男孩]，我认为啊，是因为要和他相濡以沫、[d5]白头偕老，而不是骗他，欺负他年少无知，把他讥笑个够后去追另一个。

"因而，应该有禁止爱欲[小]男孩的法律，[181e]免得在未知的事情上浪费太多热情。毕竟，就灵魂和身体的劣性和德性方面而言，男孩的完善在何处算达到目的还是未知数。好人都自愿地自己给自己订立这条法律，至于那些属民的爱欲者们，[e5]就应该强制他们这样做，正如我们要尽我们所能[用法律]强制他们[182a]不可爱欲民女。毕竟，正是这些人[把爱欲男孩]搞成了挨骂的事情，有些人甚至于敢说，对爱欲者献殷勤是可耻的事。其实，他们说的[意思]是，他们看到这些[属民的爱欲者]可耻，看到他们不得体和不正派。显然，[a5]无论什么事情，只要做得遵礼守法，就正派，不会招来非议。

"进一步说，在别的城邦，关于爱欲的法律一般都容易明白，毕竟，这些法律订得简陋；但在[雅典]这里[182b]和在斯巴达，[这类法律]就错综复杂。在厄利斯和在波伊俄提阿②人中间——那里的人都不是说话智慧的人，对爱欲者献殷勤被法律简陋地规定为美[高贵]的事情，无论年轻人还是老人，没谁说这可耻，我认为，这为的是省去[b5]用言辞费力劝导年轻人的麻烦，因为那里的人没有言说能力。而在别的好些地方，比如伊

---

① 指没有母亲。
② 厄利斯和波伊俄提阿都是希腊南部的城邦。

奥尼亚[1]以及凡居住在野蛮人治下的人们那里,礼俗都认为[这种献殷勤]可耻。毕竟,由于这些僭主统治,对外国人来说,[对爱欲者献殷勤]这种事情以及[182c]热爱智慧和热爱体育都可耻。依我看,[这是由于]被统治者中间一旦产生出伟大的见识,甚至产生出强烈的友爱乃至团体,毕竟对统治者们不利,而这种[男童恋]爱若斯恰恰尤其热衷于培植伟大的见识以及所有其他那些[友爱和团体]。正是由于这种作为,[c5][我们雅典]这儿的僭主们曾经得到过教训,那就是,阿里斯托吉通的爱欲和哈尔摩狄俄斯的友爱一旦变得牢不可破,[2]僭主们的统治就瓦解了。

"所以,对爱欲者献殷勤凡是被规定[182d]为可耻的地方,都是基于立法的这些人[自身品质]低劣,即统治者贪婪,被统治者则缺乏男子气。凡法律简陋地把[献殷勤]规定为美[高贵]的地方,则是由于立法的人灵魂懒惰。在[雅典]这里,订立的规矩就要美很多,当然,[d5]像我说过的,也不易明白。不妨思考思考,据说公开地爱欲比秘密地爱欲更美[高贵],尤其是爱欲那些最高贵者、最优秀者,哪怕他们比别人丑;而且,爱欲者会受到所有人热情喝彩,压根儿不是在做什么可耻的事情;夺得[被爱欲者]被视为干得漂亮[美],[182e][被爱欲者]被抢走才丑死了。对于非[把被爱欲者]抢到手不可的企图,法律给予爱欲者这样的许可:一旦做成出彩的成就就会受到表彰。但谁要是敢于为了追求别的什么而这样做,[183a]想要践行除此之外的任何事情,就会受到(针对热爱智慧的)[3]极度责骂。毕竟,要是为了想从某人那里搞钱或获得官职或别的什么权势,一个人就愿意做像爱欲者追男孩那样的事情,百般殷勤、[a5]苦苦央求、发各种誓、睡门坎,甚至愿意做些连奴仆都做不出来的奴相,那么,他的朋友甚至敌人都会阻止他做出这样的事情,[183b]敌人会骂他谄媚、下贱,朋友则会告诫他,并为他的行为感到羞耻。可是,所有这些要换了是

---

[1] 伊奥尼亚指小亚细亚沿岸的中部地区及其周边岛屿,柏拉图写《会饮》时仍在波斯人治下。

[2] 阿里斯托吉通爱上美少年哈尔摩狄俄斯,僭主希琵阿斯(Hippias)的兄弟希帕库斯(Hipparchus)夺宠不成,凌辱这两位爱友。两位少年谋划刺杀希琵阿斯和希帕库斯,但仅成功杀掉希帕库斯。

[3] 圆括号表示古版中注释家的文字。

这位爱欲着的人来做，就会满有光彩，而且法律允许这样做，不会责备他的行为，仿佛他在做的是某种美得很［b5］的事。

"最厉害的是，像多数人说的那样，唯有爱欲着的人发誓不算数才会得到神们原谅，因为神们说，发性爱方面的誓不算发誓。可见，［183c］无论神们还是世人，已经为爱欲着的人打造了种种许可，就像［我们］这里的法律所说的那样。由此来看，可以认为，在［我们］这个城邦，无论爱欲还是成为爱欲者的朋友，都会被法律认定为美［高贵］得很的事情。当然，父亲们会让带孩子的家［c5］奴们看住［自己的］被爱欲激发的儿子［被爱欲者］，禁止他们同爱欲者交谈，这些是指派给家奴们的职责，而那些［与家奴看管的孩子］年龄相若的伙伴甚至友伴一旦看到发生［家奴禁止他们交谈］这样的事情，就会责骂［家奴］。再说，［183d］长辈们既不会阻拦这些责骂［家奴］的人，也不会因为他们说得不正确而非难他们。谁要是看到这些，他兴许又会以为，这样一种事情在［我们］这里会被法律认定为可耻。

"可是，我认为，实情其实是这样：事情并不那么简单，像我开头说过的那样，［d5］单就事情本身来看，既没有美［高贵］也没有丑［可耻］，毋宁说，做得美就美，做得丑就丑。丑［可耻］就是向无益的人无益地献殷勤，美［高贵］就是向有益的人以美的方式献殷勤。所谓无益的人，就是前面说的属［183e］民的爱欲者，即更爱欲身体而非灵魂的那种人；他不是恒定不变［专一］的人，因为他所爱欲的并非是恒定不变［专一］的事情。一旦身体——而他所爱欲的恰恰是身体——如花凋谢，他就'远走高飞',①许多说过的话、许过的诺统统［e5］不算数。具有有益性情的爱欲者则终生不移，与恒定不变的东西消融在一起。

"所以啊，我们的法律［184a］想要以良好而又美好的方式审察这些［爱欲者］，要［被爱欲者］只对这些［有益的爱欲者］献殷勤，躲开那些［无益的爱欲者］。由于这些，我们的法律既鼓励［爱欲者］追逐，又鼓励［被爱欲者］逃避，既组织［爱欲者］竞争，又安排［对爱欲者进行］审察：这个爱欲着的人属于哪类，［a5］这被爱欲者又属于哪类。正因为这样的原因，

---

① 参见《伊利亚特》2.71。

首先,太快委身通常被视为可耻,以便经历一段时间,对许多事情来说,经历[一段]时间被看作是很好的审察;第二,由于金钱或城邦权力而委身可耻,[184b]不管是如果遇到伤害而软弱和承受不了,还是面对献上的钱财或城邦[政治]势利抵挡不了诱惑。毕竟,这些被看作要么是靠不住的东西要么并非是恒定不变的东西,何况,高[b5]贵的友爱从来不是由这些东西滋养出来的。所以,如果男孩们想要以美[高贵]的方式对爱欲者献殷勤的话,我们的法律只留下了一条路。

"我们的法律其实是这样的:从爱欲者方面说,对男孩无论怎样甘愿[184c]当牛做马受奴役,不算谄媚,也无可指责。所以,也有一种且仅有一种甘愿受奴役无可非议。毕竟,这种受奴役本身涉及德性。在我们这里,按照习俗看法,如果有人愿意侍奉谁,[c5]是因为他相信,通过这人,他自己要么在某种智慧方面要么在任何其他德性部分方面将会成为更好的人,那么,这种甘愿受奴役本身就并不可耻,也不能算谄媚。

"所以,如果有人想要得出男孩向爱欲者献殷勤是美事这样的结论,[184d]这样两条法律必须合为同一个东西,一条涉及男童恋,一条涉及热爱智慧和其他德性。毕竟,一旦爱欲者和男孩走到这同一点,就会各依其法:对献殷勤的男孩,[爱欲者][d5]在侍候他们时无论什么事情都要正义地侍候,反之,对在智慧和好[品德]方面打造自己的爱欲者,男孩也应该正义地无论什么事情都服侍;爱欲者在实践智慧和[184e]其他德性方面有能力扶助男孩,男孩则需要在这方面受教育和获得其他智慧。当且仅当这些单个的法律在此聚合为同一个东西,才会得出[这样的结论]:男孩对爱欲者献殷勤是美事,否则在任何情况下都绝不能[说是美事]。就[e5]此而言,即便受蒙骗也不可耻,但在所有其他情况下,一个人无论是否受蒙骗都可耻。要是谁[185a]为了财富向一个他以为是富人的爱欲者献殷勤,没有得到钱财才一下子明白过来,这爱欲者其实是个穷光蛋,那就是不折不扣的可耻。毕竟,这样一类被爱欲者让人看到,他表明自己为了钱财会在任何事情上侍候任何人,[a5]这当然不美[高贵]。所以,按照同样的道理,谁要是对自己的爱欲者献殷勤是因为他人好,[以为]通过与这位爱欲者的友爱自己将会变得更好,即便后来一下子才明白过来是受骗,这人其实是坏人,[185b]自己并没有[从他身上]获得德性,这种受骗仍然美。毕竟，在人们看来，这男孩已经清楚表明，为了德性和为了成为更好的人，他自己会随时热衷于一切事情，没有什么事情比这更美的了。

"因此，为了德性献殷勤，[b5]再怎么都美[高贵]。这是属天的性感神的爱若斯[神]，而且[自己]就是属天的，无论对城邦还是常人都非常值得。毕竟，这位爱若斯[神]逼着爱欲者自己和被爱欲者各自[185c]多多关切[践行]德性。至于所有其他的爱欲，都属于另一个[性感神]，即那个属民的[性感神]。以上这些，"泡萨尼阿斯说，"斐德若啊，就是当下我为你奉献给爱若斯的啦。"

泡萨尼阿斯泡到这里①——不妨用那些智慧人教我的[c5]同音谐韵②这样子讲，阿里斯托德摩斯说，该轮到阿里斯托芬讲了。可是，阿里斯托芬因吃得太饱或别的什么事情碰巧正在打嗝，一时不能说话，[185d]于是，他对躺在旁边榻上的医生厄吕克西马科斯说："厄吕克西马科斯啊，要么你止住我的嗝，要么替我讲，等我止住嗝再讲，才正义哦。"

厄吕克西马科斯说："不如两件事都给你包办。我呢，[d5]在你的位置上讲，你呢，一旦止住嗝就在我的位置上讲。我讲的时候，你且长长憋口气，打嗝兴许就止了；如果没止住，就吞一[185e]口水。要是这嗝顽强得很，就得拿个什么搔搔鼻孔，打个喷嚏。这样来回一两下，即便再顽强的嗝也会止住。"

"别啰唆，"阿里斯托芬说，"讲吧，我[e5]照做就是。"

于是，厄吕克西马科斯说："我以为，既然泡萨尼阿斯对这番道理很美地开了个头却[186a]草草收尾，我啊，就必然得来尝试给这番道理作结。鉴于爱若斯是双的，我看啊，作出区分就美。不过，爱若斯并非仅仅在世人的灵魂中朝向别的美人，[a5]也在其他事物中朝向别的许多事物——在所有动物的身体中、在所有大地上的生长物中，总之，在万事万物中[朝向别的许多事物]。从我们的这门技艺也就是医[186b]术来看，我觉得

---

① "泡到这里"的原文是"暂停、停下来"，发音与泡萨尼阿斯的名字相近。为体现这一谐音，故译作"泡到这里"。

② "同音谐韵"意为利用两个语词的同音异义玩语言游戏，这种言辞技巧据说是高尔吉亚的发明。

这位神实在伟大、神奇,把属人的和属神的事务全包啦。

"为了对这门技艺表示崇敬,我就从医术谈起。身体的自然就有这个二分的爱若斯;[b5]毕竟,谁都同意,身体的健康和疾病各是各的,并不一样,不一样的东西欲求和爱欲不一样的东西。① 所以,基于健康的爱欲是一码事儿,基于疾病的爱欲又是一码事儿。正如泡萨尼阿斯刚才所说,给世人中的好人献殷勤是好事儿,[186c]给放纵之人献殷勤就是可耻的事了。就身体本身来说,同样如此。给每一个身体中好的、健康的东西献殷勤是好事,而且应该如此,这就是名为医疗的事儿;给身体中坏的、有病的东西献殷勤就是可耻的事情,而且谁如果要想[c5]身怀技艺,就必须祛除[身体中有病的东西]。

"简言之,医术可以说就是懂身体上的爱欲的胀和泄;谁如果会给身体上[186d]美的以及可耻的爱欲把脉,谁就算超级医术高手;谁若能施转变,用一种爱欲取代另一种爱欲,让身体获得本来没有但应该勃发的爱欲,就算懂培育;要是还会摘除身体中有的[不应有的]爱欲,那他就是妙手回春的[d5]艺匠。毕竟,必须让身体中最交恶的东西成为朋友,使它们相互爱欲。最为交恶的东西莫过于最为对立之物:冷与热、苦与甜、燥与湿以及[186e]所有诸如此类的东西。我们的祖先阿斯克勒皮俄斯②就懂给这些交恶的东西培植爱欲和相同——如这里在座的诗人所说,而我也信服这一点——并[因此而]建立起我们的这门技艺。

"不仅医术——像我刚才说的——完全由这位神[187a]来掌舵,健身术和农事也如此。这一点对每个人来说都再明显不过,只要他稍微动脑筋想想,乐术的情形同样如此,就像赫拉克利特③兴许也想要说的那样,尽管实际上他说得并不美。[a5]因为他说,这个一'自身分立却与自己并立','有如琴弓与里拉琴的谐音'。④ 不过,说谐音自身分立或出自仍然分立的东西,那就太荒谬啦。当然,赫拉克利特兴许想要说的是,原先[187b]高音和低音分立,后来,凭靠乐术的技艺,[高音和低音达成]一致

---

① 通常的说法是"相同者欲求、爱欲相同者",即所谓物以类聚。
② 阿斯克勒皮俄斯是传说中的神医。
③ 赫拉克利特(前550—前480)是有名的"晦涩"思想家。
④ 参见赫拉克利特《辑语》B51。

才产生出[谐音]。毕竟,要是高音和低音仍然分立,哪里会有谐音呢。毕竟,谐音是并立,而并立是一种一致。[b5]可是,只要分立的东西仍然分立,就不可能由此产生出一致;进一步说,凡分立的东西或没达成一致的东西也不可能发出谐音。正如出自快和[187c]慢的节律,产生于先前分立的[快和慢]后来达成一致。正如那医术,这乐术的技艺将一致植入所有这些东西,培植它们相互的爱欲和同声同气。所以,乐术也是关于[c5]爱欲的谐音和节律的专门知识。不过,要从谐音和节律的构成本身中看出爱欲的作用,并不太难,这里还没有出现这个二分的爱欲。一旦必须把节奏和谐音[187d]应用于世人,那么,无论制作节奏和谐音,也就是人们说的抒情诗,还是正确地运用于已经制作成的歌曲和格律[音步],也就是人们所说的教化,那就难了,于是得需要好艺匠。

"再回到那个道理本身,亦即必须对[d5]世人中那些端正的人献殷勤,甚至必须对那些虽还不怎么端正但兴许会由此变得更端正的人献殷勤,必须看护这些端正的人的爱欲。这种[爱欲]才是美的、属天的,是属天[187e]缪斯的爱若斯[神]。属众缪斯的爱若斯[神]则是属民的[爱欲],无论何时用到这种爱欲,都得小心去用,让它既收获自己的快乐又绝不会培植放纵。

"正如在我们的技艺中,一大功夫就是围绕烹饪术[e5]来美美地使用欲望,以便获得快乐而又不致害病。一般来讲,在乐术、医术以及世人和神们的所有其他事情中,都必须留神两种爱欲每一种各自的可行性,毕竟,在这些事情中两种爱欲都有。[188a]比如说一年四季的构成,也充满这两种爱欲,我刚才说到的热和冷、燥和湿要是恰好遇上适合各自的端正爱欲,就会获得谐音般清爽的气候,[a5]它们带着好季节而来,也给世人以及其他动物和植物带来健康,不会造成不义。可是,一旦怀有肆心的爱若斯[神]过强地支配一年四季,就会摧残许多事物,对许多事物行不义。[188b]毕竟,瘟疫以及野兽和草木身上的许多别的奇奇怪怪的疾病,就喜欢从诸如此类的东西中滋生出来。霜啊、雹啊、霉啊之类,都滋生于诸如此类的爱欲相互的贪婪和紊乱;[b5]涉及星换斗移、四时交替方面的这些爱欲的知识,被称为星象术。

"再进一步说,所有祭祀和占卜术管辖的事情——这些涉及神们

[188c]与人们的互相交通,不外乎牵涉到爱若斯[神]的防护和治疗。毕竟,一旦有谁不依从、不敬重端正的爱若斯[神],对待无论在世还是已过世的父母以及神们时,任何作为都不遵从这位爱若斯,而是依从、敬重另一位爱若斯,[c5]种种不虔敬就喜欢滋生出来。所以,占卜术专责看管这些爱欲着的人并医治他们,反过来说,[188d]占卜术也是神们与世人之间友爱的艺匠,毕竟,它深通属人的爱欲,懂得爱欲必须延及神法和幸福虔敬。

"所以,整个来说,这位爱若斯具有多样而且伟大的能力,[d5]甚至具有普泛的能力。一旦这位关涉种种善的爱若斯借助节制和正义在我们[世人]和神们中间实现自己的目的,就会具有这种最伟大的能力,为我们带来种种幸福,让我们能够彼此在一起生活、做朋友,甚至让我们能与比我们更强大的神们彼此在一起生活、做朋友。恐怕[188e]我对爱若斯的赞颂有不少遗漏,尽管我并不愿意如此。要是我忽略了什么,阿里斯托芬,补充就是你的活儿啦。要是你想以别的什么方式来赞颂这位神,就请赞颂吧,你的嗝已经止住了。"

[189a]阿里斯托德摩斯说,阿里斯托芬接过话头说:"嗝倒止了,不过,此前对它用上了喷嚏。所以啊,真让我奇怪,身体的秩序也欲求像喷嚏之类的一些声响和搔痒。[a5]毕竟,对嗝用上喷嚏,果然马上就止!"

厄吕克西马科斯说:"好家伙,阿里斯托芬,瞧你在干什么!开口就搞笑;你这是在逼我[189b]做卫士看住属于你自己的言辞,看住你讲的时候别搞笑,尽管其实你有机会在安宁[和平]中讲。"

阿里斯托芬朗笑着说:"你说得好嘛,厄吕克西马科斯,就当我说的不算数。不过,别看[b5]住我,因为就要说的东西而言,我畏惧的倒不是我会讲笑——毕竟,讲笑兴许也是有益的东西,何况本属我们的缪斯,我畏惧的是落下笑柄。"

"你以为你会得逞,阿里斯托芬啊,"厄吕克西马科斯说,"然后溜之大吉。[189c]不过还是用心点儿,必须讲得条理清楚。当然咯,要是依我之见,我兴许会干脆免掉你[讲]。"

"那倒是的,厄吕克西马科斯,"阿里斯托芬说,"我的确想要讲得跟你和泡萨尼阿斯有些不同。毕竟,依我看,世人迄今还没有完全[c5]感受到爱若斯的大能,要不然,他们就会替爱若斯筑起最雄伟的庙宇和祭坛,搞最盛大的献祭，哪会像现在这样，这些围绕爱若斯的事情从未发生，尽管所有这些事情太应该发生。毕竟，爱若斯在神们中最怜爱［189d］世人，是世人的扶持者，是治疗世人的医生，世人这个族类［靠爱若斯］会得到最美满的福气。所以，我要试试指教你们［何谓］爱若斯的大能，使得你们会成为其他人的老师。［d5］不过，你们必须首先懂得世人的自然［天性］及其遭际。毕竟，我们的自然从前与现在并非是同一个［自然］，而是完全不同。

"首先，世人的性从前是三性，不像现在是两性，即男性和女性，［189e］而是还有第三性，也就是接近男女两性的合体，如今，这类人仅保留下来名称，本身则已绝迹。在当时，这种人是阴阳人，形相和名称都出自男性和女性两者的结合，可如今，［这类人］已不复存在，仅［e5］留下个骂名。其次，每个世人的样子从前都整个儿是圆的，背和两肋圆成圈，有四只手臂，腿［的数目］与手臂相等，［190a］在圆成圈的颈子上有一模一样的两张脸，在这两张摆得相反的脸上是一个脑袋。耳朵四个，生殖器则是一对，其余所有的由此也可以推测出来。走路像如今一样直着身子，［a5］想要［朝向］任何方向［都无需转身］，想要跑快就把腿卷成圆圈，像翻筋斗一样直直地翻滚，这时，八只手脚一起来，飞快地成圈移动。从前［世人］之所以有三［190b］性而且是这个样子，乃因为男人原本是太阳的后裔，女人原本是大地［盖娅］的后裔，分有［男女］两性的则是月亮的后裔，因为月亮也分有两者①。不过，这分有两性的人自身就是圆的，行走也是圆的，因为与父母［b5］一样。

"他们的力量和体力都非常可怕，而且有种种伟大的见识，竟然打神们的主意。荷马所讲的厄斐阿尔忒斯和奥托斯的事情不妨用来说他们②——他们打主意登上天［190c］去攻击诸神。于是，宙斯和其他神们会商应该做些什么［来应付］，却束手无策。毕竟，总不能干脆杀掉，像从前用雷电劈巨人，③抹掉这一族类；那样的话，［c5］他们得自世人的敬重

---

① "两者"既可能指大地和太阳，也可能指男女两性。
② 参见《奥德赛》11.305－320，《伊利亚特》5.385－391。厄斐阿尔忒斯是巨人之一，本来是个鬼，夜里潜入人的胸膛，使得人呼吸困难。
③ 参见《奥德赛》11.307－320；巨人们谋划推翻诸神，爬到天上，宙斯和他们打了十年，才用雷电灭了他们。

和献祭也随之被抹去。可是，神们又不能允许这样子无法无天。经过一番绞尽脑汁，宙斯说：'依我看，有个法子既让世人活着又不再放纵，这就是让他们变得[190d]更弱。现在我就把他们个个切成两半，'宙斯说，'这样他们就会更弱，又对我们更有利，因为，世人的数目会倍增；而且，他们[以后只能]凭两条腿直着走路。要是他们显得仍然无法无天，[d5]不愿意带来安宁'，宙斯说，'那么，我就[把世人]再切成两半，让他们用一只脚蹦跳着走路。'宙斯说到做到，把世人切成两半，像人们切青果[190e]打算腌起来那样，或者用头发丝分鸡蛋。每切一个，他就吩咐阿波罗①把脸和半边颈子扭到切面，这世人看到自己的切痕[e5]就会更规矩。宙斯还吩咐阿波罗治好其他[伤口]。阿波罗把脸扭过来，把皮从四周拉到现在叫做肚皮的地方，像拽紧布袋那样，朝肚皮中央系起来做一个口子，就是现在说的肚脐眼。阿波罗把其余的[191a]许多皱纹搞平整，把胸部塑成型，用的家什就是鞋匠用来在鞋楦上打平皮革皱纹一类的东西。不过，阿波罗在肚皮本身和肚脐眼周围留了少许皱纹，让世人记住[a5]这些古老的遭遇。

"世人的自然[天性]被切成两半后，每一半都渴望与自己的[另]一半走到一起，双臂搂住相互交缠，恨不得[欲求]生长到一起。由于不吃饭，[191b]其余的事情也不做——因为他们不愿相互分离，世人就死掉了。一旦两半中的某一半死了，[另]一半留了下来，这留下来的一半就寻求另一半，然后拥缠在一起，管它遇到的是一个完整女人的一半——我们现在叫做一个女人——还是[b5]一个男人。世人就这样渐渐灭了。

"宙斯起了怜悯，搞到另一个法子，把世人的生殖器挪到前面——在此之前，世人的这些都在外侧，生产[191c]和生育不是进入另一个，而是进入地里，像蝉一样。②宙斯把世人的[生殖器]挪到前面，由此使[世人]在另一个中繁衍后代，亦即通过男性在女性中[繁衍后代]，宙斯这样做的目的是，[c5]如果男人与女人相遇后交缠在一起，他们就会生产，然后产生后代。同时，如果男人与男人相遇后交缠在一起，至少可以靠这种在一

---

① 阿波罗代表了与医术相关的神，他是医神阿斯克勒皮俄斯的父亲。
② 蝉的生殖方式并非如此，柏拉图可能把蝉与蚱蜢搞混了。

起满足一下,然后他们会停下来转向劳作,关切生命的其他方面。所以,很久很久以前,[191d]对另一个的爱欲就在世人身上植下了根,这种爱欲要修复[世人的]原初自然,企图从两半中打造出一个[人],从而治疗世人的自然。

"于是,我们个个都是世人符片,像比目鱼[d5]从一个被切成了两片。所以,每一符片总在寻求自己的[另一半]符片。凡由[两性]合体——过去叫阴阳人——切成的男人就爱欲女人,多数有外遇的男人就出自这样一类;[191e]反之,凡由[两性]合体切成的女人就爱欲男人,有外遇的女人就出自这样一类。凡由女性切成的女人几乎不会对男人起心思,而是更多转向女人,[e5]女友伴们就出自这类女人。凡由男性切成的男人则追猎男性;还是男孩的时候,由于是出自男性的切片,他们爱欲[成年]男人,喜欢和他们一起睡,搂[192a]抱他们。在男孩和小伙子当中,这些人最优秀,因为他们的天性最具男人气。肯定有人说,这些男孩无耻——他们说谎啊。毕竟,这种行为并非出于无耻,而是出于勇敢、男子气概[a5]和男人性,拥抱与自己相同的东西。这不乏伟大的证明;毕竟,到了成熟年龄时,只有这样一些男人才会迈入城邦事务。① 一旦成了成年男人,[192b]他们就是男童恋者,自然不会对结婚和生养子女动心思——当然,迫于礼法[又不得不结婚生子];毋宁说,他们会满足于不结婚,与另一个男人一起度过终生。整个来讲,凡是成了男童恋者和象姑②的,肯定都是这样一类男人,[b5]他们总是拥抱同性。

"因此,男童恋者或所有别的人一旦遇到那位自己的另一半本身,马上惊讶得不行,友爱得一塌糊涂,[192c]粘在一起,爱欲勃发,哪怕很短的时间也绝不愿意相互分离。这就是那些相互终生厮守的人,虽然他们兴许说不出自己究竟想要从对方得到什么。毕竟,没有谁[c5]会认为,[他们想要的]仅仅是阿芙罗狄忒式的云雨之欢,尽管每一个与另一个凭着最大的炽情如此享受在一起的确也为的是这个;毋宁说,每一个人的灵魂明

---

① 阿里斯托芬在谐剧中说治邦者年轻的时候都热衷搞同性恋,是嘲笑的说法(参见《骑士》875–880)。

② "象姑"即男同性恋中的被动一方。

显都还想要［192d］别的什么，却没法说出来，只得发神谕［似的］说想要的东西，费人猜解地表白。

"当他们正躺在一起，如果赫斐斯托斯①拿着铁匠家什站在旁边，他就会问：'世人哦，你们想要从对方为自己得到的究竟是什么啊？'［d5］如果他们茫然不知，赫斐斯托斯再问：'你们欲求的是不是这个呀：尽可能地相互在一起，日日夜夜互不分离？倘若你们欲求的就是这，我倒愿意把你们熔在一起，［192e］让你们一起生长成同一个东西。这样，你们虽然是两个，却已然成了一个，只要你们活着，双双共同生活就像一个人似的。要是你们死，甚至在冥府那儿，也会作为一个而非两个共同终了。看看吧，你们是不是爱欲这样，［e5］是不是恰好这样，你们就会心满意足。'我们知道，恐怕不会有哪怕一个人在听到这番话后拒绝，这兴许表明，他想要的不外乎就是这。毋宁说，他兴许会干脆认为，他听说的恰恰是他一直欲求与被爱欲的人结合在一起，熔化在一起，从两个变成一个。个中原因在于，我们的原初自然［e10］从前就是这样，我们本来是完整的。所以，爱欲有了欲求［193a］和追求完整这个名称。

"从前，如我所说，我们曾是一个；可现在呢，由于我们的不义，我们被这神分开了，就像阿尔卡狄亚人被拉刻岱蒙人分开。② 于是我们有了畏惧：要是我们对神们不规矩，我们恐怕会被再［a5］劈一次，像刻在墓石上的浮雕人似的四处走，鼻梁从中间被劈开，成了半截符片。由于这些，每个男人都必须凡事竭诚敬拜［193b］神们，以便我们既逃掉这些，又幸得那些［我们想要的］，以爱若斯为我们的引领和统帅。谁都不可冒犯这位神——冒犯了就会得罪诸神；毕竟，只要我们成为这位神的朋友，与这位神和解，我们就会找到甚至［b5］遇上我们自己的男孩，如今仅少数人做到这一点。别让厄吕克西马科斯插嘴，搞笑［我的］这番说法，［说］我是在说泡萨尼阿斯和阿伽通。

"当然咯，兴许他们［193c］正是这种遇上了自己的男孩的人，而且两

---

① 赫斐斯托斯是火神，掌管锻艺和手工艺。
② 公元前385年，拉刻岱蒙人入侵伯罗奔半岛北部名城曼提尼亚（Mantineia），强行把当地人分成四个村庄（色诺芬，《希腊志》5.2.5–7）。

人在天性上就是男性。我讲的实际上针对的是每个男男女女：我们这一类会变得如此幸福，如果我们让这爱欲达至圆满，个个[c5]遇到自己的男孩，从而回归原初的自然。倘若这就是最好，那么最接近这最好的，必然就是现在当下中的这种最好，即遇到天生合自己心意的男孩。因此，如果我们要赞颂爱欲[神]的话，[193d]这才是我们正义地赞颂这位神的原因。毕竟，正是这位神当下带给我们最多的心满意足，把我们领向[与自己]亲熟的东西，还给我们的未来提供了最大的希望：只要我们提供对诸神的虔敬，爱欲[神]就会把我们带往原初的自然，[d5]通过治疗给我们造就福乐和幸福。

"这个，厄吕克西马科斯啊，"阿里斯托芬说，"就是我关于爱若斯的讲辞，与你的不同。如我已经请求过你的，别对它搞笑，以便我们可以听听剩下各位[193e]——呃，这两位中的每一位——会讲什么；毕竟，只剩下阿伽通和苏格拉底了。"

"那好，我会依你的，"阿里斯托德摩斯说厄吕克西马科斯说，"毕竟，这番说法讲得让我觉得舒服。若不是我同样清楚，苏[e5]格拉底和阿伽通在爱欲的事情方面都厉害的话，我还真畏惧他们会没词儿，因为，[爱若斯]方方面面都已经被讲过了啊。所以，我这会儿仍然有信心。"

[194a]"你自己倒美美地赛过了，厄吕克西马科斯。"苏格拉底说，"要是你变成现在的我，或者甚至是阿伽通漂亮地说过之后才将是[轮到]的我，你恐怕也会非常畏惧，像我现在一样，整个儿不知所措。"

[a5]"你想要灌我迷魂汤啊，苏格拉底，"阿伽通说，"让我因为以为观众满怀期待我会说得漂亮，于是心里发慌。"

"那我就未免健忘喽，阿伽通，"苏[194b]格拉底说，"既然我见过你带着演员登上剧台时你的那份男子气和超迈心志，目睹过你面对那么多的观众急于展示自己的言辞，而且你一点儿都没惊慌失措，现在[b5]我怎么会以为，你会由于我们这些少数世人而心里发慌。"

"什么意思，苏格拉底？"阿伽通说，"你不至于会以为，我被观众围住，以至于竟然不知道，对于有脑筋的人来说，有头脑的少数人比没头脑的多数人更让人畏惧吧？"

[194c]"阿伽通啊，"苏格拉底说，"要是我竟然会以为你是个乡巴

佬，那我岂不丢人现眼。我可清楚得很，要是你遇见你以为智慧的人，你当然会看重他们，而非多数人。不过，只怕我们[在座的]并非这种智慧人哦。毕竟，[你演出]那天我们[c5]也在场，我们属于多数人。你要是碰巧遇到别的智慧人，如果你兴许认为自己做了什么可耻的事，你会在他们面前感到羞耻，你说的是这个意思吗？"

"你说得真实。"阿伽通说。

"但要是你在多数人面前做了什么可耻的事，兴许你就不会感到[c10]羞耻？"

[194d]阿里斯托德摩斯说，斐德若这时插进来说："亲爱的阿伽通，一旦你回答苏格拉底，他就会只与那个人对谈，根本不管在这儿还会发生任何什么事情，更别说那人还是个美男。我倒是喜欢听[d5]苏格拉底[与人]对谈，可我现在被迫得关注赞颂爱若斯[神]，从你们每一位那里收取言辞。所以，请你们俩各自先还清欠这位神的，然后随你们怎样对谈。"

[194e]"你说得美哦，斐德若，"阿伽通说，"没有什么会阻止我讲；毕竟，同苏格拉底对谈，以后有的是机会。"

"我嘛，想要首先说，我必须如何说，[e5]然后再来说。① 毕竟，据我看，迄今已经说过的每一位其实都不算在颂扬这位神，而是在庆幸世人得到种种好东西，而这位神恰是这些好东西的原因。可是，赠予[世人]好东西的[195a]这某位本身究竟是怎样的，没谁说到过。任何人颂扬任何谁，其实只有一种正确的方式：②[那就是]无论讲辞涉及的是什么，讲辞都得详细描述其性质以及这任何谁恰是其原因的那些事情的性质。我们颂扬爱若斯的正义方式同样[应该]如此：首先，他是什么性质，然后才是[a5]他赠予的东西。

"因此，我说啊，虽然所有神都幸福，爱若斯则是——如果这样子说神法[允许]而且不算冒犯诸神的话—— 神们中最幸福的，因为，爱若斯最美，而且最好。就爱若斯最美而言，其性质是这样的。首先，爱若斯在神

---

① 一句话中重复三次用同一个动词，是高尔吉亚的修辞风格。
② "任何人"与"只有一种"在修辞上形成对比，这是高尔吉亚式的修辞风格。

们中最年轻,斐德若噢。[195b]他亲自为[我的]这种说法提供了一大证明:他躲避老年唯恐避之不及。显然,老年[来得]飞快;至少,老年来到我们身上时比应该[来到]更快。因此,爱若斯[神]天生憎恨老年,绝不靠近它哪怕一点儿。爱若斯总与年轻在一起,而且他[自身]就是年轻。[b5]毕竟,古人说得好,'物以类聚'。①我同意斐德若所讲的许多其他方面,但我不同意这一点,即爱若斯比克罗诺斯和伊阿佩托斯更为古老。②可[195c]要我说啊,爱若斯在神们中最年轻,而且永远年轻。至于赫西俄德和帕默尼德讲的关于神们的旧事,倘若他们说的是真的,也肯定发生在阿娜昂克[必然女神]身上,而非发生在爱若斯身上。毕竟,要是当时爱若斯已经在神们中间,就不会有神们的互相阉割、囚禁以及其他[c5]许多暴力行为,而是会有友爱和安宁,就像如今,自从爱若斯当了神们的王那样。

"爱若斯岂止年轻噢,除了年轻,他还轻柔。不过,这就[195d]需要一个有如荷马那样的诗人来揭示这位神的轻柔。毕竟,荷马说过,阿忒是位女神,而且轻柔,至少那双脚轻柔——荷马说:'当然,她双脚轻柔,毕竟,她从不[d5]沾地,而是噢,在男儿们的头上走。'③在我看来,用这个美的证明,荷马揭示了阿忒的柔软,因为阿忒不在坚硬的东西上面走,而是在柔软的东西上面走。同样的[195e]证明我们也可以用来证明爱若斯[神]轻柔:他既不在大地上行走,也不在脑壳上行走——脑壳并不是什么柔软的东西,而是在事物最软绵绵的东西上走,还寓居其中。毕竟,爱若斯在神们和世人的性情和灵魂里[e5]筑起[自己的]居所,并且也不是住在所有灵魂里,毋宁说,凡遇到性情坚硬的[灵魂]他就离去,遇到性情柔软的灵魂他才住下来。既然爱若斯总是用脚和[浑身]每一处去碰触柔软得不能再柔软的东西,他必然最为轻柔。

[196a]"爱若斯岂止最年轻、最轻柔,除了这些,他的样子也水一般柔。毕竟,不是这样的话,如果他坚硬,爱若斯就不能随处卷曲起来,也不能先悄悄溜进然后再溜出每个灵魂。爱若斯的[a5]形体匀称和水一般柔

---

① 语出《奥德赛》17.218;因为神明总是让同类与同类相聚。
② 克罗诺斯是天和地的儿子,宙斯的父亲——伊阿佩托斯是宙斯的兄弟(参见赫西俄德《神谱》134 以下、507 以下)。
③ 见《伊利亚特》19.92-93。

的一大证明是,他优雅得体,这在方方面面与爱若斯都特别地相一致,毕竟,不优雅与爱若斯总在相互争战。这位神活在鲜花之中标志着他肤色鲜美;毕竟,只要花色退了[196b]和已经凋谢,身体也好灵魂也罢,或是其他什么也好,爱若斯就不肯落脚;凡花色鲜艳且芳香馥郁之处,他就会落脚并待下来。

"岂止关于这位神的种种美,说这些已经足够,虽然还[b5]遗留不少没说,但接下来必须说说爱若斯的德性。最重要的是,爱若斯既不会行不义,也不会遭受不义:既不会遭受来自神的不义,也不会对神不义,既不会遭受来自世人的不义,也不会对世人不义。① 毕竟,如果经受什么的话,爱若斯自身不会凭强力经受什么,强力毕竟不会[196c]碰触爱若斯;他无论做什么也不用强力——毕竟,每个人侍奉爱若斯时做任何事情都是心甘情愿。凡[双方]心甘情愿自愿同意的事情,'礼法即这城邦的诸王'才宣布是正义的事情。② 除了分有正义,爱若斯还分有充分的节制。毕竟,人们同意,节制[c5]就是统治快乐和欲望,而没有比爱若斯更强的快乐。如果[其他快乐比爱若斯]更弱,当然就得受治于爱若斯;既然爱若斯在统治,即统治着快乐和欲望,他肯定特别地有节制。此外,就勇敢而言,甚至连[196d]'阿瑞斯也无力抵挡'爱若斯。③ 毕竟,并非阿瑞斯拿住爱若斯,而是爱若斯拿住阿瑞斯——如故事所讲的,是阿瑞斯爱欲阿芙罗狄忒。拿住的比被拿住的更强。既然爱若斯治住了所有其余的最勇者,他当然就最勇敢。

"岂止这位神的正义、节[d5]制和勇敢都已经说过了,还剩下智慧要说。就能力而言,我必须尝试不要有所遗漏。首先,我也要对我们的技艺表示崇敬,就像厄里克西[196e]马科斯崇敬他的技艺:这位神是如此智慧的诗人,以至于他能制作出别的诗人。至少,每个人一经爱若斯碰触都会

---

① 这段言辞显得繁复,因为阿伽通采用了所谓交错配置的修辞手法:神与人、行不义与遭受不义交错。
② 语出品达的名句,但智术师们特别喜欢这句,把它当作高尔吉亚的话来引用。
③ 阿瑞斯是战神,语出索福克勒斯《提厄斯特斯》,但原文说的是"敌不过"阿娜昂克(必然女神),而非爱若斯。

成为诗人,'即便以前不谙缪斯技艺'也罢。①对我们来说,这可以恰切地用来证明:总起来讲,在乐术方面,爱若斯[e5]在样样制作上都是好制作者[诗人]。毕竟,一个人没有的或者不知道的东西,他就既不能拿给别人也不能教给别人。[197a]何况,谁会反对,所有生物的制作都不过是爱若斯的智慧,凡生物哪有不靠爱若斯产生和生长?再说种种技艺,我们不是都知道,只要这位神成了谁的老师,谁就会在手艺方面[a5]名声远扬,凡未经爱若斯碰触过的就都两眼一抹黑?起码,阿波罗发明箭术、医术和占卜术是受欲望和爱欲引导,[197b]所以啊,阿波罗得算爱若斯的学生,还有通乐术的众缪斯、通锻工术的赫斐斯托斯、通纺织术的雅典娜,乃至'给神们和世人掌舵的宙斯'[都是爱欲的学生]。② 所以啊,神们的事务得到美的安排,显然是因为这位美的爱若斯在神们中间诞[b5]生——毕竟,爱若斯不与丑厮混。在此之前,如我开头所说,神们中间发生过许多可怕的事情。如已经说过的那样,这是由于那时必然女神[阿娜昂克]在当王;而一旦这位神生长出来,对美的东西的爱欲便给神们和世人带来种种好东西。

[197c]"因此,依我看,斐德若,爱若斯才居首,因为他自身最美且最好,此外,对于其他[所有]人来说,他是其他诸如此类[最美和最好]的东西的原因。我突然想到不妨用韵文来说,正是这位爱若斯在制作:

[c5]人间的安宁,大海的浪静
风平,让风安歇、让烦恼入睡。③

[197d]"彼除吾等轩轾兮,滋养休戚;相聚始运于爱神兮,宛若今宵;节庆、歌舞、献祭之既布兮,④正导夫爱神;托彼惠兮,赋畀温厚袚暴戾,仰爱意兮,[d5]馈贻淑气祛歹意;鸿慈为怀,渥泽随敷;智士瞻依,众神交赞;兴乏爱者之艳羡,增稟爱者之所获;富贵乎、荣华乎、丰赡乎、妩媚乎、思念乎、渴慕乎,皆以爱神为父;⑤扬善且夫隐恶;吾等趑趄彼把舵,[197e]吾

---

① 语出《欧里庇得斯辑语》663。
② 这句引语出自哪位诗人不详。
③ 这诗句可理解成阿伽通自己的,也可能是他引用的,出处不详。
④ 节庆和歌舞指常见的祭献狄俄尼索斯的庆典。
⑤ 这里采用的是铺排成对同义词或近义词的修辞手法。

等惊恐彼援手①,吾等欲求彼护卫,吾等言说彼救助;②神人悶怿,仰其美妙高贵之引领,吾等须眉,赖其龟忭颂声以跟从;男儿之咏,沾濡爱神婉音,皇爱之歌,魔化神[e5]人明智。③

"这就是出自我的说法,斐德若,"阿伽通说,"就把它呈献给这位神吧。按我所能,它既带有一份玩笑,又带有一份严肃。"

[198a]阿里斯托德摩斯说,阿伽通话音刚落,在座的个个鼓掌喝彩,[夸赞]这年轻人讲得既切合自己也切合这位神。苏格拉底瞟了厄吕克西马科斯一眼说:"瞧罢,阿库美诺斯的儿子,"[a5]他说,"你还会认为我一直在畏惧无需畏惧的畏惧吗?④ 我岂不有言在先预言得准,阿伽通会讲得神奇无比,我会不知所措?"

"其中的一点嘛,"厄吕克西马科斯说,"依我看,你倒预言得挺准,即阿伽通将会讲得漂亮;但要说连你也会不知所措,[a10]我可不信。"

[198b]"怎么不会? 你这幸运的家伙,"苏格拉底说,"不仅我会不知所措,无论哪个要在这样一篇被讲得如此优美而又如此面面俱到的讲辞之后才讲,不也会不知所措? 当然咯,其他地方不是一样地神奇无比,但收尾处的[b5]辞藻和遣句之美,谁听了会不呆若木鸡? 就我来说,一想到自己再怎么也说不到那么美,就几乎不好意思得[198c]想溜,一走了之,如果我有什么地方可溜的话。毕竟,这讲辞让我想起高尔吉亚⑤,觉得自己简直就像遇上了荷马描写的情形。我生怕阿伽通会在讲辞收尾时派遣谈吐厉害的高尔吉亚的脑袋来对付我的讲辞,让它[c5]把我搞成哑默的石头。⑥

"我算明白过来啦,我实在可笑,起先居然同意你们,与你们轮着来[198d]颂扬爱若斯,还声称自己在爱欲的事情方面厉害。其实,我对这事

---

① "援手"指水手,与上句的"舵手"都用的是海战比喻。
② "护卫""救助"用了陆战的比喻,与前面比喻海战的"舵手"和"援手"对衬。
③ 这段结尾颂辞(197d1 – e5),总体风格十分接近高尔吉亚的一段葬礼演说。由成对颂句和铺陈的颂词构成,讲究对称、节奏和音韵。
④ 苏格拉底戏仿阿伽通的修辞,一个词在一个句子里重复三次。
⑤ 高尔吉亚是著名智术师(约前485 – 前380)。
⑥ 蛇发女妖戈尔戈(Gorgon)能使目光所及的一切变成石头(《奥德赛》11.632 – 634),苏格拉底利用高尔吉亚与戈尔戈在发音上的谐音,比喻高尔吉亚的言辞有如蛇发女妖般厉害。

一窍不通,也不懂必须如何赞颂无论任何什么东西。毕竟,我真傻,本来以为赞颂任何东西都必须讲真实,这是[d5]起码的要求,即从真实中挑出那些最美的[来讲],组织得天衣无缝。我怀着一番大见识[以为自己]会漂漂亮亮讲一番,因为我知道赞颂任何东西的真实是怎么回事。

现在看来啊,赞颂无论什么东西要赞颂得美,根本就不是我以为的那样,而是尽可能[198e]把最伟大和美得不行的东西堆砌到事情上面,管他是那么回事抑或不是,即便是假话,也若无其事。毕竟,倒像先前规定的那样,看来啊,我们个个应该显得是在赞颂爱若斯,而非应该如实地赞颂爱若斯。由于这些,[e5]我认为,你们不过搬来所有言辞,然后堆砌到爱若斯身上,大谈他本身如何,是何等之多的东西的原因,似乎[199a]他看起来如何美得不行、好得不得了,显然,对不认识[他]的人[才如此],对知道[他]的人来说当然并非如此——于是,颂辞就成了这副美而且让人敬畏[的模样]。

"可是,我当时并不知道是这种赞颂方式啊,也不知道我当时同意自己跟你们[a5]一起轮着来颂扬。'嘴上虽答应,心却没有';①让我免了罢!毕竟,我没法以这种方式赞颂,我毕竟没能力[这样赞颂]。不过,至于[爱若斯的]真实嘛,[199b]要是你们想要的话,我倒愿意按我自己的方式来说一说,不是针对你们的讲辞,免得我丢人现眼。看看吧,斐德若,你看是否还需要这样的一篇讲辞,听我说说关于爱若斯的真实,遣词和造句也如此这般地[b5]随机运而来。"

阿里斯托德摩斯说,斐德若和其他人都要苏格拉底讲,而且让他自己认为应该怎么讲就怎么讲。

"那么,斐德若,"苏格拉底说,"请允许我问阿伽通几个小小的地方,以便我和他取得一致看法,我才可以[b10]讲。"

[199c]"当然,我允许,"斐德若说,"问吧。"阿里斯托德摩斯说,讲过这番话后,苏格拉底从下面这个地方开始。

"好罢,亲爱的阿伽通,我觉得你的讲辞起头起得美。你说,首先必须揭示[c5]爱若斯自身是什么性质,再说他的作为。这样的开头我十分欣

---

① 语出欧里庇得斯,《希珀吕托斯》612。

赏。既然你美妙而又宏大地描绘了爱若斯究竟是什么性质的其他方面，那好，请对我说说关于爱若斯的这个：[199d]这爱若斯就性质而言是[对]某种东西[某人]的爱欲抑或不是[对]某种东西的爱欲？我并非要问，是否是对某个母亲或者父亲的爱欲，毕竟，爱若斯是否是对一个母亲或父亲的爱欲，这个问题也许可笑。毋宁说，我问的仿佛是这个父亲本身，[d5]即[凡]父亲[都]是某人的父亲抑或不是？如果你愿意给出美的回答的话，你肯定会对我说，这个父亲当然是一个儿子或一个女儿的父亲，是吗？"

"那当然。"阿伽通说。

"这个母亲岂不同样如此？"这一点也得到同意。

[199e]"那么，"苏格拉底说，"我就再问多一点点儿，以便你可以更明白我想要说的意思。假如我问：'这个又是什么呢？一个兄弟就其是兄弟本身而言也是某人的兄弟，抑或不是？'"阿伽通说，他是。

[e5]"[他]岂不是某个兄弟或者姐妹的兄弟？"阿伽通表示同意。

"那么，试试来说爱欲，"苏格拉底说，"爱若斯是不对任何东西的爱欲抑或是对某种东西的爱欲？"

"当然是对某种东西的爱欲。"

[200a]"你说的这一点你自己记牢哦，得看护好，"苏格拉底说，"不过，再这样说说：爱若斯是对那个东西的爱欲，即欲求那个东西本身，抑或不是？"

"当然是啊。"阿伽通说。

[a5]"那么，在欲求和爱欲的时候，爱若斯已经拥有了那个[被]欲求和爱欲的东西本身，抑或还没有呢？"

"至少看起来还没有。"阿伽通说。

"可是，想想看，"苏格拉底说，"是否与其说看起来[还没有]，还不如说必然如此呢？即正在欲求着的东西所欲求的是其所需要的东西，或者说一旦不[200b]需要就不会欲求？毕竟，依我看，阿伽通，这一点令人惊异地必然如此。你觉得怎样呢？"

"我也觉得是这样。"阿伽通说。

"这话说得美。有哪个高个子还想要高个儿[b5]或者哪个强壮的人还想要强壮吗？"

"就我们已经同意的来说，这不可能。"

"毕竟，他肯定不会需要自己已经所是的那些东西。"

"你说的是真实。"

"毕竟，如果强壮的人想要强壮，"苏格拉底[b10]说，"如果快捷的人想要快捷，健康的人想要健康——毕竟，兴许有人会设想这些以及种种诸如此类的情形，即他们已经是[200c]这样的人、有这些东西，却还要欲求有的这些东西，为了我们不至于受蒙骗，所以我这样说——毕竟，阿伽通啊，如果你考虑到这些情形，即如果谁眼下已经有了必然得有的每一样东西——无论他愿意还是[c5]不愿意有这些东西，①那么，他还会去欲求明显已有的这个东西吗？其实，倘若谁要是说'我健康又想要健康，我富裕又想要富裕，我欲求我有的那些东西本身'，那么，我们会对他说：'你这世人啊，[200d]你已经拥有富裕、健康、强壮，不过是还要为以后的日子拥有这些，毕竟这些东西至少你眼下已经有了，不管你想要还是不想要有这些东西。'想想看吧，一旦你说'我欲求[d5]我眼下有的这些东西'，你说的意思是不是不过是[c5]这个：'我想要眼下已有的东西为的是以后的日子里也有。'他会只得同意这一点吗？"阿里斯托德摩斯说，阿伽通承认这一点。

于是，苏格拉底说："这个岂不就是爱欲所爱欲的那个东西吗，不就是爱欲手上还没有的东西，[d10]爱欲自身想要在以后的日子里保有眼下有的东西？"

[200e] "那当然咯。"阿伽通说。

"那么，这人以及所有其他正在欲求手上没有的东西的人欲求的是眼下还没有的东西？这人还没有、他自己还不是和他所需要的东西，诸如此类的这些，才是欲求[e5]以及爱欲所欲求的？"

"当然啊。"阿伽通说。

"那好，"苏格拉底说，"让我们归拢一下所同意的已经说过的东西。首先，这爱若斯不过就是对某些东西的爱若斯吗？第二，这些东西不就是眼下爱若斯自身所需要的吗？"

---

① 苏格拉底用了一个很长的假设从句。

[201a]"是的。"阿伽通说。

"那么,回想一下你在讲辞中就爱若斯是什么所说的那些话吧。如果你愿意的话,我提醒你。我相信你大致是这样说的:神们安排[a5]事儿靠的是爱欲美的东西,毕竟,并没有对丑的东西的爱欲。你不是这样说的吗?"

"我的确是这样说的。"阿伽通说。

"说得在理呀,友伴,"苏格拉底说,"而且,如果情形就是如此的话,这爱若斯就会不过是对美的[a10]爱欲,而非对丑的爱欲?"

阿伽通同意。

[201b]"[你]不是也同意,一个人需要的、还没有的,他才爱欲这个东西?"

"是的。"阿伽通说。

"那么,这爱若斯就需要美,还没有美。"

[b5]"必然如此。"阿伽通说。

"是吗? 那么,这个需要美、尚未拥有美的东西,你会说它美?"

"肯定不会。"

"那么,如果情形如此的话,你还会同意人们相信爱若斯[b10]美吗?"

于是阿伽通说:"恐怕,苏格拉底,我也不知道我当时在说些什么。"

[201c]"可是你当时说得还是挺美的,阿伽通,"苏格拉底说,"不过,再对我说一点点儿:好东西在你看来也是美的东西吗?"

"在我看来是。"

"那么,如果爱若斯需要美,而好东西就是[c5]美的东西,爱若斯不就也需要好东西?"

"我啊,苏格拉底,没法反驳你,"阿伽通说;"就算是你说的那样罢。"

"才不是呐,被喜爱的阿伽通,"苏格拉底说,"你不能反驳的是这个真实,而反驳苏格拉底其实倒一点儿都不难。

[201d]"那我就不再缠你啦。从前,我听过一位曼提尼亚女人第俄提玛①的一篇关于爱若斯的讲辞,她在这些事情和许多其他事情上是个智

---

① 第俄提玛极有可能是虚构出来的人物,这个名字的意思是"受宙斯敬重的"或者"敬重宙斯的","曼提尼亚(mantineia)"这个地名与"预言者(mantis)"同源且发音相近。

慧女人——有一次,雅典人在瘟疫[到来]之前搞献祭,第俄提玛使得灾难延迟了十年,①[d5]正是她教我这些爱欲的事情。她讲的那篇[关于爱若斯的]讲辞,我现在就试着来对你们详细讲述,从刚才阿伽通和我取得一致的那些东西开始,我会按我自己的所能尽力去讲。

"的确,阿伽通啊,正如你说明过的,得说清楚的[201e]首先是,爱若斯是谁、是什么性质,然后才是他的所作所为。在我看来,最容易做的是,按这异乡女人当时盘诘我的相同方式来讲述。毕竟,当时我对她说的,差不多就是阿伽通今天对我说的那样一些性质的东西:[e5]什么爱若斯是伟大的神,是美的东西的神云云。第俄提玛反驳我时用的那些道理,同我用来反驳阿伽通的在性质上相同,即爱若斯既不美,按我的说法,也不好。"

于是我就说:"你说的是什么意思啊,第俄提玛,难道爱若斯是丑的、坏的?"

[e10]第俄提玛说:"你还不住嘴?难道你以为,凡不美的就必然是丑的?"

[202a]"八成是这样呃。"

"那么,凡不智慧的就是没学识的吗?难道你没意识到,在智慧与没学识之间还有某种什么居间的东西?"

"这会是什么啊?"

[a5]"有正确的意见,却不能给出一个道理,难道你不知道,"她说,"就是既非深知其然——毕竟,没道理的事情何以算是知识?——也非没学识,既然毕竟触到点子上,何以算是没学识?所以,正确的意见就是这样的一个东西,即介乎明智与没学识之间。"

[a10]"你说的是真实。"我当时说。

[202b]"因此,并非必然的是:不美的就丑,不好的就坏。爱若斯同样如此,既然你自己同意他既不好也不美,就别以为他必须既丑又坏,"第俄提玛说,"而是某种[b5]介乎这二者之间的东西。"

"可是,"我说,"所有人都同意爱若斯是个伟大的神啊。"

---

① 这场瘟疫发生在公元前430年。

"你说的是所有不知道的人,"第俄提玛说,"还是所有知道的人?"

"他们全部。"

[b10]第俄提玛笑了。"苏格拉底啊,"她说,[202c]"这些人连爱若斯是个神都不承认,怎么会同意他是伟大的神?"

"这些人是谁?"我问。

"你就是一个,"第俄提玛说,"我也是一个。"

[c5]于是我说:"你这说的,"我说,"是什么意思啊?"

"这很容易嘛,"她说,"你对我说说看,你不是认为,所有的神都是幸福的、美的? 或者你胆敢说,有哪个神不美、不幸福?"

"向宙斯发誓,我可不敢,"我说。

[c10]"可是,你所说的幸福者,指的不就是拥有好东西和美的东西的那些人?"

"那当然。"

[202d]"你不也同意,由于需要好东西和美的东西,爱若斯才欲求他所需要的这样一些东西?"

"我的确同意过。"

[d5]"那么,没份儿分享这些美的东西和好东西,怎么能算是个神?"

"[这样]看来的确不能[算是神]哦。"

"你看看,"第俄提玛说,"你不就认为爱若斯不是神?"

"那么爱若斯会是个什么呢?"我说,"是个有死的[凡人]?"

"很难这么说。"

[d10]"究竟是个什么?"

"就像先头说的,"她说,"介乎有死的和不死的之间。"

"哎呀,第俄提玛,是个什么嘛?"

"大精灵①,苏格拉底,所有精灵[202e]都居于神和有死的[凡人]之间。"

"精灵具有什么能力呢?"我说。

---

① "精灵"(daimōn)在荷马笔下属于诸神之一,基本含义与命数相关,主管神赐给某个人的幸福或不幸福的命。

"把来自世人的祈求和献祭传述和转达给神们,把来自神们的[e5]旨令和对献祭的酬赏传述和转达给世人。居于两者之间,正好两者都够得着,于是,整体自身就自己连成一气了。这样一来,就有了所有的占卜术和涉及献祭、祭仪和[203a]谶语的祭司术,以及种种算命和巫术。本来,神不和世人相交,由于有了精灵,神就与醒着和熟睡的世人来往和交谈。那个在这类事情方面有智慧的人,[a5]就是精灵似的男人,而在涉及技艺或手工活方面有什么智慧的人,不过是某种低的匠人而已。这样的精灵不少,而且多种多样,爱若斯不过是其中之一。"

"可是,[爱若斯的]父亲是谁,"我问,"母亲又是谁?"

[203b]"这就说来话长咯,"第俄提玛说,"不过,不妨给你讲讲吧。从前,阿芙罗狄忒生下来的时候,其他的神们以及墨提斯[机灵]的儿子珀罗斯[丰盈]摆宴。① 他们正在吃饭的时候,佩尼亚[贫乏]②前来行乞——凡有欢宴她总来,[b5]在大门口不走。珀罗斯[丰盈]被琼浆搞醉——当时还没有酒,昏昏沉沉步到宙斯的园子倒头就睡。由于自己无路可走,佩尼亚[贫乏]突生一计——从珀罗斯[丰盈]中搞出个孩子,于是睡[203c]到他身边便怀上了爱若斯。因此,爱若斯成了阿芙罗狄忒的帮手和侍从,他是阿芙罗狄忒出生那天投的胎。而且,他在涉及美的东西方面生性是个爱欲者,因为阿芙罗狄忒长得美。

[c5]"所以啊,爱若斯作为珀罗斯[丰盈]和佩尼亚[贫乏]之子,才落得了这样一般境地。首先,爱若斯总是贫兮兮的,远不是众人以为的那样既温文尔雅又美,而是坚硬,[203d]干涩,③打赤脚,无家可归,总是躺地上,也没被子[盖]——睡门廊甚至露天睡路边。因有他母亲的天性,爱若斯总与需要同居。不过,按照他的父亲,他对美的和[d5]好的东西有图谋;勇敢、顽强、热切,是个厉害的猎手,总会编出些什么法子,欲求实践智慧和解决办法,终生热爱智慧,是个厉害的巫师、药师、智术师。他[203e]天生既非不死的,也不是有死的;但是,同一天里,他有时朝气蓬勃、充满

---

① 墨提斯(Mētis)原意为"发明""想法""一闪念""办法",珀罗斯(Poros)的词源与动词"突然看到、听到、感觉到"(peirein)相关,其对应的词是"困境""困惑"。

② 佩尼亚(Penia)和珀罗斯(Poros)在希腊文中是一对反义词。

③ 针对阿伽通所谓的"水一般柔[湿润]"。

活力——如果他有办法的话,有时又死气沉沉,不过又由于父亲的天性活转回来。可是,[由于]搞来的东西总是流失,所以,爱若斯既不会陷入困境,又[e5]不会富裕,而是在智慧与没学识之间。[204a]毕竟,事情就是这么回事:没有哪个神热爱智慧和欲求成为有智慧的,毕竟,神就是有智慧的;如果有谁是智慧人,他也不会热爱智慧。反过来说,没学识的人也不热爱智慧和欲求成为有智慧的;毕竟,正是这个本身使得没学识的很难如此,即自己既不[a5]美又不好还不明智,却觉得自己足够了。一个人不觉得自己有所需要,就不会欲求自己不觉得需要的东西。"

"那么,第俄提玛,"我说,"既然有智慧的和没学识的都不爱智慧,哪些人才在热爱智慧呢?"

[204b]"这已经连小孩子都明白啊,'她说,'那些居于这两者之间的嘛,爱若斯也属其一。智慧是最美的东西之一,爱若斯是涉及美的爱欲,所以,必然的嘛,爱若斯是热爱智慧者,而且作为热爱智慧者[b5]居于有智慧的和没学识的之间。这种[居于两者之间的]原因就是其出身,毕竟,因为他有一个有智慧、有办法的父亲,有一个没学识、没办法的母亲。亲爱的苏格拉底,这就是这精灵的天性本身。由于你原来以为爱若斯是那个样,你有这番[搞不懂的]经历[204c]不足为奇啊。我觉得,正如我从你说的话所推断的那样,你以为,爱若斯是被爱欲着的东西,而非在爱欲着的东西。由于这些,我认为,爱若斯对你来说才美得不行。毕竟,爱欲才实实在在美、[c5]优雅、完满、有福。可是,爱欲却有另一个型相①,即我刚才说明过的那样一种。"

于是我说:"好吧,异乡女友,你说得美。既然爱若斯是这种性质,他对世人有什么益处?"

[204d]"这一点嘛,苏格拉底,"她说,"正是接下来我试着要教你的。爱若斯的性质就是这样的,他就是如此出生的;如你所说,爱若斯涉及美的东西。但要是有谁问我们:喂,苏格拉底[d5]和第俄提玛,爱若斯涉及这些美的东西究竟是为了什么呢?不妨表达得更清楚些:对美的东西的爱欲究竟为何爱欲呢?"

---

① "型相"的原文为 idea,与"形相"(eidos)不是同一个语词,即便有时语义相同。

我于是说:"为了成为自身。"

"可是,"她说,"你的回答还渴求下面这样的提问:美的东西成为那个人的又会是为了什么呢?"

[d10]我说:"对这样的问题我几乎还一时答不上来。"

[204e]"那么,"她说,"要是有谁这样换一下,不是用美而是用好来询问呢?来吧,苏格拉底,说说看,爱欲好东西究竟为了什么而爱欲?"

"为了成为自身。"我说。

[e5]"好东西成为那个人又会是为了什么呢?"

"这个嘛,我倒更容易回答,"我说,"他将会幸福。"

[205a]"毕竟,"她说,"由于获得好东西,幸福的人才幸福,从而也就不需要进一步问:意愿幸福的人究竟为了什么而意愿。毋宁说,这个回答被看作是一个完满的回答。"

"你说得真实。"我说。

[a5]"这样一种意愿和这样一种爱欲你认为对每个世人是否是共同的呢?每个世人都意愿总拥有好东西吗?或者你会怎样说呢?"

"是这样,"我说,"对每个世人都是共同的。"

"可是,苏格拉底,"她说,"如果每个世人都爱欲[205b]而且总在爱欲同样的东西,为什么我们不说每个世人在爱欲,而是说有些人在爱欲,有些人不在爱欲呢?"

"我自己也觉得奇怪啊。"我说。

"你可别奇怪,"她说,"毕竟,我们从爱欲中拈出[b5]某种形相[的爱欲],称它为爱欲,然后用作整个[爱欲]的名称,但在其他事情方面,我们却用许多别的名称。"

"比如说?"我问。

"比如说下面一个例子。你知道,制作其实五花八门;毕竟,无论什么东西从没有到有,其原因就是由于种种[205c]制作。所以,凡依赖技艺制作出的成品都是制作品,所有这方面的高超艺匠都是制作家。"

"你说的是真实。"

"可是,同样,"她说,"你知道,并非所有的高超艺匠都被叫做制作者,[c5]而是有别的名称。从所有的制作中,我们仅仅拈出涉及乐术和节律的那一部分,①然后用这名称来表达整个制作。毕竟,只是这一部分才被叫做诗,那些具有这一部分制作[能力]的人才被称为诗人。"

[c10]"你说得真实。"我说。

[205d]"爱欲的情形也如此。总起来讲,所有对好东西和幸福的欲求统统都是爱欲,'最伟大且诡计多端的爱欲'。但是,那些以种种其他方式投身于此的人——赚钱也好、[d5]爱好体育或热爱智慧也好,都不叫在爱欲,不被称为爱欲者。那些径直去热情从事这一个某种形相[的爱欲]的人,才有整个爱欲这个名称,才被叫做在爱欲和爱欲者。"

"你恐怕讲得真实。"我说。

[d10]"当然咯,有某个说法说,"她说,"那些寻求[205e]自己另一半的人才算是在爱欲。不过,我的说法是说,爱欲既非寻求一半,也非寻求整体,友伴啊,除非这一半或整体确确实实是好东西。毕竟,世人甚至愿意切掉自己的脚和手,如果他们认为[e5]自己的这些无益处的话。毕竟,我认为,每个人都不会紧紧抱住自身的东西不放,除非有谁把好东西叫做自身的东西和自家的东西,把坏东西叫做不属于自己的东西,因为,除了好东西,[206a]世人什么都不爱欲。你觉得他们会紧紧抱住不放吗?"

"向宙斯发誓,我也觉得不会。"我说。

"那么,"她说,"是否得干脆这样说,世人爱欲好东西?"

[a5]"是的。"我说。

"是吗?"她说,"是不是得补充一句:世人爱欲的好东西是他们自己的东西?"

"必须补充。"

"还有,"她说,"不仅是自己的,而且总是自己的?"

[a10]"这也得加上。"

"那么,总起来讲,"她说,"爱若斯是对总是自己的好东西的爱欲。"

"你说得再真实不过啦。"我说。

[206b]"既然爱若斯总是对这个[好东西]的爱欲,"她说,"那么,被

---

① "制作"与"诗"是同一个语词,"制作者"与"诗人"是同一个语词——第俄提玛巧妙地利用了这个语词的两个词义项。

称之为爱若斯的这种热情和投入是以怎样的方式在追猎好东西,以什么行为在践行[爱欲]呢?这样做时的作为究竟是什么?你能说说吗?"

[b5]"我要是能说,第俄提玛,"我说,"我就不会惊叹你的智慧,按时到你身边学习这些事情本身啦。"

"我就不妨对你说说,"她说,"其实,这种作为就是在美中孕生,凭身体,也凭灵魂。"

"你有时说的事情,"我说,"得需要占卜哦,我不[b10]懂。"

[206c]"那么,我就给你说得再清楚些,"她说,"毕竟,苏格拉底,所有世人都既凭身体也凭灵魂孕育,"她说,"一旦到了某种年龄,我们的自然就欲求生育。不过,不会在丑中[c5]生育,只会在美中生育。毕竟,男人和女人的交合就是孕生。受孕和生产——这可是神样的事情啊,而且,这就是有死的生命中不死的[一面]。可是,没有合适的,这些就不可能发[206d]生;丑就是在所有事情上对这位神来说不合适,而美就是合适。所以,对于生产来说,卡洛娜[美]就是命运女神和助产女神。① 由于这些,一旦要孕育就会倾近美,变得慈怀起来,喜乐得酥软,[d5]然后孕育,然后生产;可一旦遇到丑,就会郁郁寡欢,黯然疚怀,蜷缩不怡,然后转身离去,不肯生育,使得孕育难耐。这就是为什么,那个正在孕育的人②乳房已经胀满,会缠着美[206e]激动不已,因为,那个拥有美的才会解除巨大的分娩阵痛。毕竟,苏格拉底啊,"她说,"爱欲并非像你以为的那样爱欲美。"

"那爱欲什么?"

[e5]"[爱欲]在美中孕育和生产。"

"好吧。"我说。

"岂止如此啊,"她说,"为什么爱欲生育?因为,生育是永生,是会死者身上不死的东西。可是,[207a]从已经同意的来看,③欲求不死必然与

---

① 引领命运的女神共三位,第一位注定命运,第二位搓命线,第三位在人将死时剪断命线(参见《伊利亚特》24.209 - 210;赫西俄德,《神谱》904 - 906)。助产女神是掌管生产(顺产或难产)的女神;卡洛娜(Kallonē 字面含义是"美")是掌管分娩的"阿尔忒弥斯—赫卡忒"(Artemis - Hecatē)的崇拜之名"。

② "正在孕育的人"是阳性分词作名词,并非指女人,而是泛指世人。

③ 参见206a。

好东西分不开,既然爱若斯[所爱欲]的好东西总是一个人自己的。所以,出于这样一个道理,爱若斯必然就是爱欲不死。"

[a5]所有这些,就是第俄提玛在制作关于爱欲的事情的讲辞时教给我的。有一次她还问我:"依你看,苏格拉底,这个爱若斯和这个欲求的原因是什么呢?或者你是否注意到,一旦欲求[207b]生育的时候,所有动物——无论四脚爬行的还是用翅膀飞的——都凶悍起来,个个[207b]害病,爱欲兮兮地辗转反侧,先是急切地与另一个交媾,然后是哺养生下的[仔];为了这些生下来的,最弱的动物都准备好跟最强的斗,甚至不惜为他们去死;宁愿自己[b5]挨饿,千方百计也要哺育生下来的。"她说,"有人兴许会设想,世人做这些也许是出于计算,可动物呢,它们如此爱欲[207c]兮兮地辗转反侧是什么原因?你能说说吗?"

我再一次说我不知道;于是,第俄提玛就说:"你当真心想,即便没想透这些事情你也会在爱若斯的事情方面变得厉害?"

[c5]"可是,你瞧,第俄提玛,如我刚才所说,正是由于这,我才到你身边来啊:我认识到我需要老师。告诉我这些事情以及涉及爱若斯的其他事情的原因吧。"

"如果你信服我们就爱欲在自然上的所是已经多次同意的那个说法,"她说,"你就别感到奇怪啦。毕竟,这里[207d]说到的动物的爱欲与[先前]那个关于世人的爱欲是同一个道理,即会死的自然尽其所能地寻求永活和不死。可是,会死的自然要能不死,唯有靠生育[后代]这种方式,靠总是留下另一个,即年轻的取代年老的,因为,每一个个体的生命在其一生中被叫做活着,甚至被叫做同一个[生命][d5]本身——比如,一个人从小孩直到成为老人都被说成同一个人,其实,这人在自身中绝不会是拥有同一个自己,虽然他被叫做同一个人。毋宁说,他在某些方面不断生得年轻时,某些方面也在死灭:头发啊、躯体啊、骨骼啊、[207e]血脉啊,乃至整个身体。不仅身体方面如此,灵魂方面也如此:种种方式啊、性情啊、意见啊、欲望啊、快乐啊、苦痛啊、畏惧啊,以及那些每一个绝不会在当下一成不变的东西,毋宁说,这些东西既在生,也在[e5]灭。"

"更出奇的还在于,知识[208a]难道不能说在我们身上也有的在生、有的在灭——在知识方面,不仅我们从来不是同一个自己,而且每一单个的知识也在经历同一情形？毕竟，所谓的温习知识，就是因为知识离开了[我们]；毕竟，所谓遗忘[a5]就是知识出离，而温习就是用新鲜的记忆取代已经离去的记忆，由此葆有知识，以便它可以被认为还是同一个东西。毕竟，凡会死的东西，都靠这种方式来保存自己，即不是靠绝然总是同一个自己——如[208b]神性的东西那样，而是靠离去的、老朽的东西让位给另一个年轻的但又是其自身那样的东西。靠这个法子，苏格拉底啊，"她说，"会死的东西才在身体以及所有其他方面分有不死，不死的东西则靠别的法子。所以，如果所有东西在天性上都以自己的[b5]后代为荣，你别奇怪。毕竟，在每一个[会死的东西]身上，这种热情本身亦即爱欲都是为了不死而追求。"

听了这个道理我当时感到惊讶，于是就说："是吗，"我说，"最智慧的第俄提玛，真的会像[你说的]这样吗？"

[208c]而她呢，就像那些圆满的智术师一样，她说："好好认识这一点吧，苏格拉底！如果你愿意的话，不妨瞧瞧世人对荣誉的热爱，你恐怕就会对[世人的]这种缺乏理性感到奇怪，除非你想明白我[刚才]说过的，思考思考[世人]何其厉害地置身于[c5]成名的爱欲，[欲求]不死地流芳百世①。为此，他们不惜历尽艰险远甚于为了[自己的][208d]孩子，他们耗尽钱财，无论什么辛劳也在所不辞，乃至为之而死。难道你会以为，"她说，"阿尔喀斯提斯会替阿德墨托斯去死，或者阿喀琉斯会跟着帕特罗克洛斯去死，或者你们自己的科德罗斯会为了[d5][自己]孩子们的王国先于孩子们去[送]死，②即便他们并不认为自己的德性——我们现在不就还记得——将会被不死地铭记？远不是那么回事啊，"她说，"毋宁说，我相信，为了不死的德性和诸如此类的卓著声誉，每个人才做这一切；他们越是如此[为了声誉而做一切]，兴许[208e]就会越是好人，毕竟，他们爱欲不死。至于凭身体生育的人，"她说，"他们更喜欢近女人，以这样的方式爱欲，通过生育子女，他们以为会为自己[e5]获得直抵整个未来的不

---

① "要流芳百世"出自哪位诗人不详，也可能是第俄提玛自己编的诗句。
② 科德罗斯是传说中的雅典国王墨兰托斯（Melanthus）的儿子，斯巴达人入侵雅典时身为雅典国王。德尔斐神谕说，要是雅典国王战死，雅典就会得胜。于是，斯巴达人入侵雅典时小心避免不要伤及科德罗斯，他却脱下王袍，扮成匹夫进入敌阵故意送死。

死、[被]铭记和幸福。①

"不过,还有凭[209a]灵魂生育的人,这些人啊,"她说,"更多是在灵魂中而非身体中受孕,以贴近灵魂的东西来妊娠和生育。什么是贴近灵魂的东西呢?就是实践智慧以及这个德性的其余[部分],而这些东西属于所有诗人以及[a5]所谓搞发明的艺匠一类的生育者。当然咯,最大、最美的实践智慧,"她说,"则涉及治邦和治家的[制度]安排,其名称是节制和正义。所以啊,一旦有人从[209b]年轻时起——如果他是神样的话——就凭灵魂孕育这些德性,到了年龄,他就已经有欲望要孕育和生产。于是,依我看,这个人就会到处寻找美,想要在美中生产,毕竟,他绝不会在丑中生产。

"所以,正在孕育的人当然[b5]要拥抱美的身体而非丑的身体。要是遇到一个美好、高贵、天资优异的灵魂,他就会整个儿拥抱这个[身体和灵魂]两者合一者。对这样一个人儿,他会马上滔滔不绝大谈德性,即大谈[209c]这个好男儿必须具备和必须践行的德性,试图教育他。毕竟,碰触这个美人,依我看,与这美人亲密相交,就是在生育和生产自己此前孕育的东西,无论在[美人]身边,还是不在[美人]身边时回忆起[美人],一起哺育与这个美人共同生产的东西。

[c5]"所以啊,这样的一些人与另一个人拥有的结合比共同有孩子的人要紧密得多,友爱也更为牢固,因为,他们共同拥有的孩子更美、更具不死性质。每个人兴许都宁愿自己已经有这样[属灵魂]的孩子而非[209d]属世人的孩子。只要看看荷马、赫西俄德以及其他好诗人,就会艳羡他们为自己留下的是怎样的子女啊!这些子女自己就是不死的,还给这些诗人们带来不死的美名和记忆。要是你愿意的话,"她说,"想想吕库尔戈斯②[d5]在拉刻岱蒙留下的孩子吧,他们是拉刻岱蒙的救星,甚至像有人会说的那样,是希腊的救星。③ 在你们[雅典人]中间,梭伦④受到敬重,就是由于他生育了诸法。在别的[209e]许多地方,无论在希腊人中间

---

① 此系重言,出自哪位诗人不详,也可能是第俄提玛自己编的诗句。
② 吕库尔戈斯是斯巴达典章制度的奠立者,其子女指的就是其奠立的典章制度。
③ 挽救斯巴达指吕库尔戈斯使得斯巴达拥有了强大的军事力量。
④ 著名的雅典治邦者(约前640—前560),王族出身,据传是雅典政制的创立者。

还是在外国人中间，其他男儿也展示出许许多多美好的作为，孕生出种种德性。由于这样的孩子，已经有那么多的庙宇属于他们，而那些拥有属世人的孩子的人们呢，没谁有庙宇哦。

[e5]"当然咯，苏格拉底，以上说的这些爱欲的事情兴许还可以向你[210a]授秘；不过，[对于]那些圆满的开悟，我就不知道你是否是那类有能力[领悟]的人啦——正是为了[抵达圆满的开悟]才有[以上说的]这些，如果有谁正确地一路走来的话。当然，我会说的，"她说，"不会热衷于有所保留；如果你有能力的话，你试试跟上吧。毕竟，"她说，"要正确地[a5]走向这种事情，必须从年轻时就开始走向诸美的身体。

"要是引领者引导得正确的话，首先，他得爱欲一个[美的]身体，在这里生育美好的言辞；然后，他得意识到，无论哪个[210b]身体上的美，其实与另一个身体上的美都是兄弟，也就是说，如果他必须追猎形相上的美，若还不相信所有身体上的美其实都是一个和同一个[美]，就太傻了。一旦心里明白这一点，他就必须成为所有美的身体的[b5]爱欲者，必须轻蔑地释解这种对一个[美的]身体的强烈[爱欲]，并相信这[个身体的美]微不足道。

"此后，[这个爱欲者]应该相信，灵魂中的美比身体中的美更弥足珍贵。于是，一旦遇到一个灵魂端正的人，即便兴许他不那么青春得如花似玉，[210c][这个爱欲者]也应该对他心满意足，爱欲他，为他忧心，孕育和寻求诸如此类的言辞，以便会把青年们造就得更美好。这样一来，[这个爱欲者]就应该被迫去看生活方式的追求和礼法中的美，并看到这美本身整个儿与自身[c5]同宗同族。从而，[这个爱欲者]就会逐渐相信，围绕着身体的美实在微不足道。经过这些生活方式的追求之后，[这个爱欲者]必须引领[被爱欲者走向]诸知识，以便爱欲者自己可以看到种种知识的美。

"一旦瞥向[210d]这美——这种美才丰盈得很，[这个爱欲者]就不会再像个奴仆似的，爱上一个东西的美——无论是一个男孩的美，还是某个世人的美，或者某一种生活方式的追求之美——不会再蝇营狗苟，斤斤计较，而是已然[永不回头地]转向这美的浩然沧海，观照它，[d5]在无怨无悔的热爱智慧中孕育许多美好甚至伟大崇高的言辞和思想。到了这一步，随着自身不断坚实、充盈，[这个爱欲者]就会向下看到某种单一的热爱智慧本身的知识，这种知识关涉的是下面[要说到的][210e]这种美。

"你试试跟上我吧，"她说，"必须尽你所能用心智哦。无论谁，只要在朝向爱欲的事情方面被培育引领到这里的境地，渐进而且正确地观照诸美的事物，在爱欲的路途上已然抵达终点，他就会突然一下子向下瞥见某种神[e5]奇之美及其自然。这种美噢，苏格拉底，先前的所有艰辛都是为此而付出的啊，首先，这美是[211a]永在的东西，既不生也不灭、既不增也不减；第二，[这美]既非一方面美，另一方面却丑，也非这一时美，那一时又不美，既非既与美的东西相关，又与丑的东西相关，也非在这里美，在那里却丑，[a5](仿佛对某些人是美的，对另一些人又是丑的)。而且，这美既不会被[这个爱欲者]自己想象成比如一张脸、一双手或身体分有的任何某个别的地方，也不会被想象成任何一个说辞或者任何一种知识，或者被想象成任何在某处的某个东西——比如在某个生物身上、在地上、在天上[211b]或在别的任何东西上[的某个东西]；毋宁说，[这美]自体自根，永是单一形相。所有别的美的东西都以这样一种方式分有这个[自体自根的]美，即当别的美生生灭灭，[自体自根的]美却丝毫既不变得增多，也不[b5]经受减少。

"所以啊，一旦有谁通过正确的男童恋行为从这儿这些[生生灭灭的]东西上升，开始去看那个[自体自根的]美，他兴许几乎就会碰触到完美的终点。毕竟，正确地走向[211c]或由他人引向爱欲的事情乃是：从这儿这些[生生灭灭的]美开始，为了那个[自体自根的]美总是不断上升，有如把这儿这些[生生灭灭的]美用作阶梯，从一个[身体]上到两个[身体]，从两个[身体]上到所有美的身体；从美的[c5]身体上到美的生活方式的追求，从美的生活方式的追求上到美的诸学问，从诸学问最终圆满上到那个学问——不外乎就是那个美本身的学问，而且，最终圆满就在于认识何谓[211d]美本身。

"在生命的这儿，噢，亲爱的苏格拉底，"这位曼提尼亚异乡女人说，"才是一个世人值得过的生活，如果哪儿有[值得过的生活]的话。毕竟，这世人[在这儿]是在观看这美本身啊。一旦你要是看见这美本身，你就会觉得，那些个金器和丽裳、那些个美的男孩和年轻人，都比不上啊。

[d5]可你如今还迷醉于看这些——你和其他许多人准备要看的是那些男孩们,准备要与他们永远在一起,不吃也不喝,只要有可能,就仅仅观看他,同他在一起。可我们不是相信,"她说,"其实这是发生在这个[爱欲者]身上的吗,[211e]如果他看见美本身,看见纯粹、洁净、精致的美本身——丝毫不沾染世人的血肉、色泽或其他许许多多会死的蠢东西的美本身,甚至有能力向下看到那神样的单一形相的美本身的话?难道你不认为,"她说,"如果某个世人[212a]对[美本身]那儿瞧上一眼[之后],用自己必需的[灵魂能力]去观看那个[美本身],并与它在一起,[他过去的]生命会变得低劣吗?难道你没意识到,"她说,"唯有在这儿对他[爱欲者]才将会发生这种事情,即由于这美的东西对用此[灵魂能力]去看它的人是可见的,他[爱欲者]才不会孕生德性的虚像——因为他没有被某个虚像缠住,而是孕生[a5]真实的德性——因为他被真实缠住。于是,基于他孕生和哺育的是真实的德性,他[爱欲者]才成为受神宠爱的人,而且,如果不死对任何世人都可能的话,他就会成为不死的?"

[212b]"以上这些,斐德若,以及其他各位,就是第俄提玛对我说过的东西,我心悦诚服。由于我自己心悦诚服,也就试图说服别人信服[这样的道理]:为了拥有这些,对于世人的天性来说,恐怕不会容易逮住比爱若斯更好的帮手了。所以,[b5]我要说,每一个有益的男子汉都必须敬重这位爱若斯;我自己就敬重爱欲的事情,格外地修炼[自己的爱欲],还勉励别人。不仅现在,我总是尽我自己所能赞颂这位爱若斯的能力和勇敢。所以,这[212c]样的讲辞,斐德若啊,要是你愿意的话,你就算作是我说给爱若斯的颂辞吧,不然的话,你喜欢以什么方式称呼这讲辞,你就怎么称呼吧。"

苏格拉底说过这些后,一些人称赞他,[c5]而阿里斯托芬则试图说什么,因为,苏格拉底讲的东西让人想起他的讲辞。突然,有人拍打前院大门,带着一片嘈杂,好像是些纵酒狂欢者,还能听见簧管女的[吹簧管]声音。于是阿伽通说:"小家伙们,[212d]还不去查看?倘若是某个圈内人,你们就请进来吧;但如果不是,你们就说我们没在喝,已经停杯。"

不一会儿,就听见阿尔喀比亚德在前院的声音,他已经烂醉,大声嚷嚷,问[d5]阿伽通在哪里,要人带领他去阿伽通那儿。于是,那个簧管女还有其他几个跟着来的人扶着他,把他领到他们这儿。他在门口站下来,[212e]头上缠着用常春藤和紫罗兰密密缠成几圈的花冠,还戴着好多飘带。①他说:"诸位,你们好啊!你们是接纳一个已经喝得烂醉的男子汉一起喝呢,还是我们仅仅给阿伽通系上[花冠]然后就离开啊,[e5]我们不就为这事儿来的么?我啊,哎呀,"他说,"昨儿没能够来成,可现在我戴着头上的飘带来啦,以便我可以从我头上[拿下来直接]系到那个最智慧、最美的头上——(如果我这么说又怎样)。怎么,你们笑我醉啦?随你们[213a]去笑罢,可我呢,照样很知道我说的是真实。不过,你们赶紧对我说,按刚才讲定的,我进来还是不进来?你们要[和我]一起喝还是不喝?"

所有人都大声喝彩,要他进来躺下;阿伽通也唤他。于是,阿尔喀比亚德[a5]被世人们带领进来,他取下飘带要[给阿伽通]系上,[手上]拿着的东西挡住了视线,没看见[跟前的]苏格拉底,一下子就坐到阿伽[213b]通边上,也就是阿伽通和苏格拉底中间,因为,苏格拉底看到他就挪出了位子。阿尔喀比亚德一坐到阿伽通边上就拥抱他,给他系上[花冠]。

阿伽通于是吩咐道:"小家伙们,给阿尔喀比亚德脱鞋,[b5]好让他躺在这第三位的地方。"

"那当然咯,"阿尔喀比亚德说,"不过,我们这儿的那个第三位同饮的是哪个啊?"他一转身就看到苏格拉底,可是,一看到苏格拉底,他就跳起来说:"[他妈的]赫拉克勒斯哟,②怎么回事?苏格拉底在这儿?你躺在这儿又打我埋伏啊,[213c]像你习惯的那样,突然现身在我相信你起码会在的任何地方!今天你为什么会来啊?为什么又偏偏躺这儿?为什么没挨着阿里斯托芬躺,或者挨着别的哪个可笑的甚至愿意成为可笑的人躺啊?你算得太精,居然挨着[c5]这里面[的人中]最美的躺!"

于是苏格拉底说:"阿伽通啊,看看吧,你不来护我?我对这样一个世人的爱欲并没变成低劣的事情啊。毕竟,自从那个时候我爱欲上了他,[213d]我就再没可能看哪个美人一眼或者扯上几句,否则,他就对我醋劲

---

① 缠飘带在头上,在雅典是比赛得胜的标志或者祭神的表征。
② 这种粗话表达的是恼怒。

冲天,妒火中烧,做种种出奇的行为,骂我,就差动手。你看看吧,他这会儿别又做出些什么;你给我们[俩][d5]调解调解吧,或者,一旦他想要动手动脚,你得护着我啊,因为,他的这种疯狂和对爱欲者的热爱让我怕得不行。"

"我和你哪可能有什么调解,"阿尔喀比亚德说,"不过,对[你刚才说的]这些,我等下次再找你算账。现在嘛,[213e]阿伽通,"他说,"分给我些飘带,我要系到他的这个神奇透顶的脑袋上,免得他怪我给你系飘带,而他的言辞赢了所有世人——不像你仅仅在前天赢了,而是永远赢了——[e5]却没给他系。"阿尔喀比亚德说着就取了几条飘带系到苏格拉底头上,然后才躺下。

躺下后,阿尔喀比亚德说:"好吧,诸位! 我觉得你们还清醒着呢,这可不允许,你们还得喝,毕竟,我们都已经同意。现在我选我自己当酒[e10]司令,直到你们喝够。阿伽通啊,叫人拿大酒杯,如果有的话。算啦,用不着,小家伙,"他说,"拿那凉碗①来。"阿尔喀比亚德看到凉碗[214a]盛不止八克度②。当酒斟满,他首先一口喝干,然后叫给苏格拉底斟满,并说:"对苏格拉底啊,诸位,我这招智术算白搭,毕竟,谁要他无论喝多少,他都会[a5]喝干,从来不会醉过去。"

男童斟满酒,苏格拉底一口喝干。于是厄吕克西马科斯说:"我们怎么着啊,阿尔喀比亚德? [214b]我们就这样子凑着酒杯,既不谈点儿什么,也不唱点儿什么,只管喝,好像我们简直渴得要命?"

于是,阿尔喀比亚德说:"厄吕克西马科斯啊,那个最优秀、最节制的父亲的最优秀的儿子,你好啊!"

[b5]"你也好,"厄吕克西马科斯说,"可我们怎么着啊?"

"你吩咐就是。毕竟,我们都得服从你,'一医抵得上众多其他人'嘛。③ 你就随意开方子吧!"

"那你就听着,"厄吕克西马科斯说,"你进来之前,[b10]我们已经认

---

① "凉碗"(把酒镇凉的器皿)用于盛纯酒,实际喝的酒要兑水,兑水前,酒就盛在凉碗里。

② 八克度大约两升多。

③ 出自《伊利亚特》11.514–515。

为我们应该从左到右轮着来,每人说一篇[214c]关于爱若斯的讲辞,要尽其所能讲得美,而且要赞颂。现在,我们所有其他人都讲过了,你还没讲,酒却已经喝够啦,[现在]该你[讲]才正义。讲过之后,你就按你所愿给苏格拉底开个什么方子,然后他再给靠右边的[开个方子],就这么[轮]到[c5]其他人。"

"倒是哦,厄吕克西马科斯,"阿尔喀比亚德说,"你说得好。不过,要一个醉汉与一帮清醒人比赛言辞,只怕不大公平罢。再说,幸运哥儿,苏格拉底[214d]刚刚说的什么就让你信服啦?难道你不知道,事情与他说的完全恰恰相反?毕竟,这个人啊,当他的面要是我不是赞美他,而是赞美某个神或者别的某个世人,他恐怕会对我动手哦。"

[d5]"你还不住嘴?"苏格拉底说。

"向波塞冬发誓,"①阿尔喀比亚德说,"你别拦,既然你在场,我绝不会颂扬另外一个人。"

"如果你愿意的话,"厄吕克西马科斯说,"你就这么着吧。[d10]你赞美苏格拉底吧。"

[214e]"你说什么?"阿尔喀比亚德说,"你当真觉得我该……厄吕克西马科斯?我该当你们的面冲着这男子汉算账?"

"你这个人啊,"苏格拉底说,"打什么主意?为了[e5]搞笑而赞美我?不然你想要干什么?"

"我会讲真实,你看看吧,这你是否会允许。"

"那么当然,"苏格拉底说,"岂止允许你讲真实,我甚至命令你讲真实。"

"那我就巴不得赶紧,"阿尔喀比亚德说,"不过,[e10]你可得这样做:一旦我讲了什么不真实的东西,其间你随时打断——如果你愿意的话,并说我这是在讲假话。毕竟,就意愿而言,我绝不会[215a]讲假话。不过,要是我在说的时候一会儿回忆起这,一会儿回忆起那,你可别奇怪。毕竟,以我眼下的情形,要既流畅又连贯地缕述出格的你,不大容易呃。"

"可是,要赞美苏格拉底,诸位,我啊,打算这样子,[a5]即通过些比喻

---

① 这发誓语式在谐剧中常见,带有流氓腔。

[来赞]。当然啦,这个人大概会认为这是为了搞笑。其实,比喻是为了真实,而非为了可笑的东西。因此,我要说,他太像那些西勒诺斯啦——那些[215b]坐在雕像铺子里的西勒诺斯①,也就是艺匠们做成的手持牧管或簧管的某种[模样]。如果把他们[的身子]向两边打开,里面有的神像就显露出来啦。我还要说,他像那个萨图尔马尔苏亚②。起码,你的这[b5]形相与他们一样,苏格拉底呵,即便你自己恐怕也不会明显持异议罢。

"至于你像[他们]的其他方面,且听我接下来的。你肆心③,不是吗?如果你不同意,我就拿出证据。难道你不是个簧管手?肯定啊,你甚至比马尔苏亚更神奇呢。[215c]马尔苏亚凭靠出自嘴上的能力通过乐器让世人着迷,如今不就还有人在吹他的那些调调。毕竟,奥林波斯吹的那些调调,我都要说是马尔苏亚的,因为马尔苏亚教过他嘛。④ 所以,无论好簧管师还是低劣的簧管女,只要吹奥林波斯的调调,[c5]干的就仅仅是掌握[世人],并透露那些求诸神和求秘仪的人,因为,这些调调是神样的。可你呢,同马尔苏亚仅有一点不一样,你不消用乐器,只凭单纯的言辞就[215d]做这同样的事情。起码,我们听别人说的言辞,即便是个极好的演说家的言辞,可以说没谁会引起[我们]关注。但我们谁要是听你的言辞,或是听别人讲你的言辞,即便这讲的人极为低劣,[d5]无论女人、男人还是青年人在听,我们都会被镇住和被掌握。起码我啊,诸位,如果我还没到被以为醉得不行的地步,我愿对你们发誓说,我直到今天都还经受着这人的言辞。[215e]毕竟,每逢我听[他说话],心脏就跳得比科吕班忒斯人⑤还厉害得多,眼泪就由于这人的言辞涌了出来;而且啊,我还看见许许

---

① "西勒诺斯"经常与贪图感官享乐的萨图尔(Satyr)混用,有说是萨图尔们的父亲——萨图尔通常比较年轻。"西勒诺斯塑像"是四角石像,脸上长胡子,通常摆放在圣殿或住宅前,也常常作为工艺品摆在店铺门前,因为他肚子里藏着各种神像。
② 马尔苏亚是传说中的乐师,曾参加音乐比赛挑战潘笛之神阿波罗的智慧,结果失败。
③ 萨图尔的"肆心"通常指性行为。
④ 传说奥林波斯是马尔苏亚的学生(学唱歌)和爱欲者,后成为著名乐师。
⑤ 科吕班忒斯人是崇拜小亚细亚女神居柏勒(Cybele)的一个神秘群体,祭拜时在手鼓和排箫伴奏下狂跳据说有治疗作用的舞蹈。这种仪式能使得祭拜者解除心中焦虑,回归宁静平和。

多多其他人也经历过同样的情形。我听过伯里克勒斯和其他好的[e5]演说家[的言辞],固然我认为他们讲得不错,但我从来没经历过这样的情形:要么灵魂被搅成一团乱麻,要么恼怒自己简直像置身奴仆境地。可由于这样的一位马尔苏亚呢,我就常常[216a]被置于这般境地,以至于我认为,我过的生活根本就不值得。苏格拉底啊,你不会说[我说的]这些不是真实吧。

"即便就在现在,我自己心里同样知道,要是我肯把耳朵递过去,我就会坚持不住,且会经历同样的情形。毕竟,他迫使[a5]我同意,虽然我自己需要颇多,我却没有关切我自己,而是让我自己忙活雅典人的事情。所以啊,我用力捂住耳朵避之而去,就像离开塞壬①们,以免自己坐在这样一个人身边[无所事事]一直到老。仅仅面对[216b]这个世人,我才感受过因某人而羞耻——兴许没谁认为我内心会生发这种羞耻。可是,我仅仅因这个人感到羞耻。毕竟,我自己心里同样知道,我没有能力反驳[这个人],说他命令的事情不是必须要做的。可是,一旦离开他,[b5]我就败给了众人的追捧。所以,我要逃离他,躲避他;一旦看见他,我就会为同意过的事情感到羞耻。[216c]好多次我都想要快乐地看到他不在人世;可话说回来,如果这事发生的话,我知道得很,我会更加难以承受。所以,我实在不知道拿这个世人怎么办才好。

"我和其他许多人都[c5]这样子经历过我们面前这位萨图尔的那些簧管乐。不过,你们且听我[接下来说]他何以像我拿来比喻他的那些[萨图尔们],以及他具有怎样神奇的能力。毕竟,你们知道得很,你们中间没有谁[216d][真的]认识这个人;不过,既然我已经开了头,我就要揭露他。毕竟,你们都看见,苏格拉底爱欲兮兮地贴近美男们,总围着他们,被[美男们]镇住;可转过来,他又所有事情都不明白,什么都不知道。这副外观不就是他的西勒诺斯相吗?[d5]肯定是啊。毕竟,这个人用这个外观把自己从外面包裹起来,就像一尊雕刻出来的西勒诺斯,可一旦打开里面,你们这些诸位酒友们,你们想想看吧,里面装满了多少节制?[实

---

① 塞壬是荷马笔下住在海岛上的半神女妖——女人头的灵魂鸟,歌声神奇迷人,谁听见她们的美妙歌声就会不肯离去,然后慢慢死掉。

话]告诉你们罢,他压根儿不关注谁美还是不美,而是蔑视——其蔑视程度[216e]一个人兴许无法想象。无论谁是否富裕,还是谁是否拥有别的什么荣誉——在杂众眼里这是有福哦,所有这些都被认为是一文不值的所有物。甚至我们[这帮人]也什么都不是,告诉你们罢,他整个一生都是在世人面前[e5]假装无知和打趣中度过的。

"不过,他严肃起来把自己打开的时候,我就不知道是否有谁曾看到过他身子里面的神像啦;反正我已经看见过,而且在我看来,这些神像如此神样、[217a]金烁,美得不行,神奇透顶,以至于凡苏格拉底命令的,[我们]就应该没二话去做。可是,我本来相信,他对我的神赐青春充满热情,而且我还相信,这青春是我的幸运物和神奇之物。所以,凭着这[青春],我若向苏格拉底献殷勤,[a5]这个人就会把他已经知道的所有如此神奇的东西说给我听。毕竟,凭着[自己的]青春,我心高气傲地想,这神奇之物①就是如此神奇。

"有了这些想法之后,虽然从前我不习惯不带随从单独同他在一起,也把随从[217b]打发走,单单和他在一起——毕竟,我必须对你们说全部真实,不过,你们得集中注意[听]哦,要是我说假话,苏格拉底,你尽管揭发!毕竟,诸位,当时的确就单单我和他单独在一起;我当时以为,他会趁机与我交谈,就像[b5]爱欲者与男孩独处时交谈那样,而且我享受啊。可是,压根儿就没发生这些事儿,他像往常一样同我交谈,一起度过一整天,然后抬脚离去。打那以后,我[217c]邀他一起练身,而且我[单独和他]一起练身,[以为]在这儿会达到点儿目的。于是,他和我一起练身,而且常常在没有人时摔跤。② 得说什么呢?毕竟,我仍然没有一点儿进展。既然这样子根本不成,我就觉得,[c5]必须对这男子汉追加点儿硬的;既然已经上手,就必须不放手,而是必须看看这事情到底怎么样。于是,我邀请他一起吃晚饭,简直就像爱欲者勾引男孩。这次他没很快[217d]答应我,不过,一段时间后他总算被说服。第一次他来了,可一吃完饭他就要离开。当时,我出于害羞就让他走了。不过,我再次勾引,等我们吃过饭

---

① 这里的"神奇之物"指阿尔喀比亚德自己的身体。
② 希腊人健身时是裸体,尤其摔跤得抱在一起。

后,我就和他不停交谈,一直到深更半夜;当[d5]他要离开时,我就借口太晚,迫使他留下。于是,他就在他先前吃饭的卧榻上挨着我睡下。睡在这间房里的没别人,就[217e]我们[俩]……

"到这儿为止,[这事]无论对谁讲兴许都说得出口。可是,接下来的事情呢,我本来绝不会讲给你们听,要不是因为,第一,俗话说,酒后吐真言——[这句俗话]有没有男孩都一样;①第二,既然来赞美苏[e5]格拉底,隐去他的高傲作为,对我来说显得不正义。何况,这经历就跟遭蛇咬过差不多。毕竟,据说任何一个人若有过这番[遭蛇咬的]经历,都不会愿意讲这类事情,除非对那些自己也遭蛇咬过的人讲,因为,只有他们才会是知爱欲者,[218a]而且,如果谁由于忍受着疼痛而做和说了任何事情的话,他们才会原谅。可我呢,比遭过蛇咬更痛,而且[遭咬的]是一个人会被咬得最疼的地方——是心,或者灵魂,或者必须叫它什么名称才行,我是遭热爱智慧[a5]的言辞打击和咬伤的啊。这些言辞咬起来比蛇更凶猛,一旦逮着一个年轻且并非没有自然禀赋的灵魂,就会使得这灵魂做什么和说什么都行——我看着[这儿的]斐德若、阿伽通、[218b]厄吕克西马科斯、泡萨尼阿斯、阿里斯托德摩斯以及阿里斯托芬……当然,苏格拉底本人,以及其他在这儿的人,还有什么可说的呢?② 你们所有人共同分享着热爱智慧的疯狂及其酒神信徒式的沉醉,所以啊,你们将会听到[我接下来要说的]。毕竟,你们会原谅[b5]当时我所做的和我今天所讲的事情。不过,这家的仆人们,以及如果有谁是未入秘教的人和乡下人,就得用大门把耳朵整个儿闩上。

"当时啊,诸位,灯熄了,[218c]小厮们也出去了,我觉得用不着再对他转弯抹角,而是自由地说出我所想的。我碰了他一下说:'苏格拉底,你睡啦?'

"'还没呐。'他说。

[c5]"'你知道我心里想过什么吗?'

---

① 谚语"酒后吐真言"直译为"酒即真实",后扩展成"酒和孩子即真实"。阿尔喀比亚德的意思是,这句谚语是"酒即真实"抑或"酒和孩子即真实",都没所谓。

② "我看着……"以下,阿尔喀比亚德心绪激动,句子说得不完整。

"'[想得]最那个的是什么呢?'他说。

"'你啊,我觉得,'我说,'成了我唯一看重的爱欲者。可你让我觉得你似乎不好意思对我提起。可我呢,情况是这样的:我相信,若是我不把这个或别的[c10]我的什么财物拿来向你献殷勤的话,我会太傻啦——不管是我自己的[218d]还是我朋友们的财物,只要你需要。毕竟,对我来说,没有什么比让自己尽可能变得优秀更重要的东西啦,可我认为,除了你,在这方面没谁更有权能做我的帮手。所以啊,我如果对[你]这样一个男人不献殷勤,我会在有见识的人面前[d5]感到羞耻,这远甚于我因对你献殷勤在众人和愚蠢的人面前感到羞耻。'

"这个人听了这番话后,非常装傻地、用绝对是他自己才有的那副惯有的口气说:'亲爱的阿尔喀比亚德,你恐怕实实在在不赖呢,要是你说的关于我的这番话[218e]是真实的,要是我身上确有某种能力,凭靠它你会变得更好。你瞧,恐怕你看到了我身上的那种不可思议的美,看到与你身上的那个标致的美截然不同。所以啊,若是你观察到我身上的美就起心要与我共享,要以美[e5]换美,那么,你动的心思就没少占我的便宜:你起心用被[人们]以为美的东西来获取美的东西的真实,你打的主意实实[219a]在在是以铜换金①。不过,幸运哥儿,再好好考虑考虑罢,没准你没留意到我什么都不是呢。你瞧,只有让肉眼不再眼尖,思想的视见才开始看得锐利;你离这些还远着呐。'

"[a5]"我呢,听了这话就说:'当然,在我这边事情就是这些,我所说的与我心里想的绝无二致,而你自己呢,考虑考虑吧,你兴许会认为这样对你和对我都会最好。'

"'那倒是,'他说,'你说的这个很好。毕竟,在往后的日子里,[219b]经过考虑,我们才会在这些事情和其他事情方面做在我俩看来最好的事情。'

"我啊,在听了和说了这些之后,就像射出了我的箭,以为他已经受伤啦。我干脆爬起身,不让[b5]这个人再说什么,把我的外套盖在他身上——毕竟当时是冬天,然后躺到他磨破的外套下面,双臂抱住这个

---

① "以铜换金"系用典(《伊利亚特》6.232–236)。

[219c]真正精灵在身而且神奇的人,[就这样]躺了整整一宵。[我说的]这些事情,苏格拉底,你不会说我在说假话吧。可是,我做了这些,这个人却对我如此高傲,蔑视而且取笑我的青春,甚至[c5]肆心——关于这青春嘛,我相信我还是有几分的,诸位法官——毕竟,你们是[审判]苏格拉底的高傲的法官……毕竟,你们知道得很,我向神们发誓、向女神们发誓,虽然与苏格拉底睡了[一整夜],[219d]直到起身,我没做别的任何事,仿佛是跟父亲或哥哥睡过[一夜]。①

"这次以后,你们想象一下,我有了什么样的想法?我认为自己受到了鄙薄,可我仍然爱慕这个人的天性以及[d5]节制和勇敢。我本以为[此生]不会遇见这样一个如此明智、如此坚韧②的世人,却遇见了。所以,我既不知道该如何生这个人气,从与这个人的交往抽身出来,也不知道靠什么好法子来[219e]赢得他。毕竟,我知道得很,钱财对于他在方方面面都刀枪不入,比埃阿斯对铁矛还厉害③——甚至在唯一我以为他会被猎获的那一点上,④他照样从我这里溜掉。所以我没辙啦,只得转来转去由这世人使唤,只怕任谁都没由[e5]别人这么使唤过。

"所有这些在我都是老早以前发生的事情啦,这些事情之后,我们一起出征波提岱亚,在那里我们同桌吃饭。⑤ 首先,他面临的艰辛不仅我比不上,其他所有人都比不上。有一次,我们在某个地方被切断——出征常有这样的事儿,被迫[220a]断粮,别的人在[忍饥挨饿的]坚韧方面一点儿都比不上他。反过来,在大吃大喝的时候也仅仅他有能力享受[佳肴],尤其是喝酒,尽管他不愿意喝,一旦逼他[喝],他就能摆平所有人。所有事情中最神奇的是,世人中从来没谁见过[a5]苏格拉底醉倒。这方面嘛,在我看来,待会儿就会有考验。

"又说在忍耐严寒方面——当地的冬天毕竟很可怕,他还做出过一些

---

① 这里所描写的事情发生时,阿尔喀比亚德大约十九岁。
② "坚韧"是节制、勇敢乃至明智的基础,从而是这里的核心德性。
③ 按《伊利亚特》中的描述,埃阿斯是特洛亚战争中的英雄,在他出生的时候,赫拉克勒斯用墨涅亚狮子的皮裹住他,使他除胳肢窝以外浑身不怕刀矛。
④ 阿尔喀比亚德指靠自己的青春引诱苏格拉底。
⑤ 同桌吃饭暗示两人当时关系异常密切。

别的神奇事儿。[220b]有一次,霜冻得厉害之极,没谁出门——或者谁要出门,就得穿上多得出奇的衣物,套上鞋还得用羊毛毡和羊皮把脚给裹起来,可这个人呢,和这些人[一起]外出,[b5]穿着他往常穿的那样一类外套,打赤脚在冰上走,比别的穿鞋的人还轻松。兵士们都斜眼看[220c]他,以为他看不起他们。这些事情的的确确有过,不过还有这些——'这位坚韧的男人所历经和承受过的还有这样一件事情',①也是在那次出征的那个地方,值得听听。一次,他一下子意识到什么,大清早就站在那个地方思考,当他没有进展时,[c5]他就不放松,仍然站着探究。已经到了下午,世人们才意识到[他还站在那儿],于是惊奇得一个传一个说:苏格拉底从一大早就站那儿思索着什么。最终,到了傍晚,人们吃过晚饭后,有几个伊奥尼亚人[220d]干脆搬出来打地铺——毕竟,当时是夏天,既睡在凉爽中,又守望着他,[看他]是否会站一整夜。他一直站到晨曦发微,太阳升起;然后,他向太阳做了祷告才走开。

[d5]"在战场上——如果你们想要[听的话],毕竟,这荣誉该算给他才正义。有一次战斗,将官们给我记了战功,而当时[的情形是]没任何别人来救我,[220e]除了这人,他不肯丢下受伤的我,把我连同武器一起救出险境。苏格拉底啊,我甚至当时就要求将官们给你记战功,这事你不至于责备我会说我在讲假话吧。[e5]可是,将官们瞧了瞧我的等级,[还是]要给我记战功,你自己比将官们更热切地要我领而非你自己领[战功]。

"再说,诸位,苏格拉底还有值得观看的事儿呢——[221a]比如部队从德利昂溃退下来的时候。② 毕竟,当时我正巧有马骑,而这人却是个重甲步兵。世人们已经四处溃散,这人和拉克斯③一起[后撤],我意外撞上。一看见他们,我马上给他们鼓勇气,[a5]我还说我不会把他俩丢下[不管]。在那里与在波提岱亚时不同,我能很美地观看苏格拉底。毕竟,

---

① 引文出自《奥德赛》4.240-243。柏拉图改变了原诗的开头部分,用"坚韧"来概括一切品德。

② 德利昂位于波伊俄提阿北岸,公元前424年秋天,雅典军队与伯罗奔半岛联盟军队在德利昂发生遭遇战,惨遭溃败,近千名雅典士兵战死(这在当时是一个非常大的数目)。

③ 拉克斯曾任将官(前427—前425),在公元前418年的曼提尼亚(Mantineia)战役中阵亡。

由于骑着马,我自己不是那么畏惧。首先,他走得来[行色]比[221b]拉克斯镇定得多。第二,在我看来——不过,阿里斯托芬啊,这个[说法]算你的——他在[德利昂]那儿经过就像是在[雅典]这儿,'大模大样,两眼瞟着[左右]两边',①不动声色地扫视朋友和敌人,[b5]让人个个老远就明白,谁要是碰一下这男人,他会极为坚定地捍卫自己。所以,这人以及他的友伴都安然撤离。毕竟,在战争中要是多少摆出这副架势,谁也不会碰一下,抱头[221c]鼠窜的人才会遭追猎。

"谁要赞美苏格拉底的话,还有许多别的神奇事儿[值得赞美]。不过,在生活方式的追求的其他方面,有人兴许会说,其他人也是这般。可是,世人中没谁[c5]和他[在神奇这一点上]一样——无论在古人还是如今的那些人中间,整个人值得称神奇。比如阿喀琉斯成为这样的人,有人会拿布拉西达斯②或别的什么人作比,又比如伯里克勒斯成为这样的人,有人会拿涅斯托尔和安忒诺尔③以及别的谁和谁作比——[221d]对其他人,有人也会按同样的方式来作比。可是,就这样一个世人的这种出格来说,无论他本身还是他的言辞,恐怕再怎么寻找——无论在今人还是古人中间找——也找不出[与他]相近的,除非像我说的,根本不拿[d5]世人同他作比,而是把他本人以及他的言辞与西勒诺斯们和萨图尔们相比。

"对啦,还有这个呢——我在开头的时候忽略了:他的言辞与打开身子的西勒诺斯像极啦。[221e]毕竟,如果谁愿意听苏格拉底谈论,[他的话]首先会显得很好笑;这些话外面披着的语词和表达简直就是某个肆心的萨图尔的皮。毕竟,他谈什么驴子、驮驴啊,某些个铁匠、[e5]鞋匠、鞣皮匠啊,而且显得总是通过同样的东西说同样的东西,就连任何一个没经历和没脑筋的世人[222a]都会对这些话发笑。可是,谁要是看见打开的东西,亲自获得里面的东西,谁就会发现,首先,这些话唯有骨子里才有理智,第二,这些话极为神样,里面有极为丰富的德性神像,而且伸展[a5]到极大的领域,毋宁说甚至抵达整个德性范围,凡想要做美好高贵的人,就

---

① 参见阿里斯托芬,《云》362。
② 布拉西达斯是公元前5世纪的斯巴达战将,以英勇果敢著称。
③ 特洛亚战争中有两个著名的谋臣,希腊方面是涅斯托尔,特洛亚方面是安忒诺尔。

得思考[这些话]。

"以上这些,诸位,就是我对苏格拉底的赞美。话说回来,我也掺和了些责备,我对你们说过,他对我肆心啊。当[222b]然啦,他并非单单对我做过这些,格劳孔的儿子卡尔米德①、第俄克利斯的儿子欧蒂德谟②,以及别的好多好多人,他们都受这个人蒙骗,[让他们以为]仿佛他是爱欲者,其实他自己置身被爱欲者而非爱欲者的位置。这就是我要对你讲的,[b5]阿伽通啊,可别受这个人蒙骗哦。我们吃一堑,你得长一智嘛,别像谚语说的,像个傻瓜,吃了亏才明白过来。"

[222c]阿尔喀比亚德说到这些,[在场的人]对他的坦诚发出笑声,因为[这些话]让人觉得他仍然对苏格拉底爱欲兮兮。苏格拉底则说:"我看你清醒着呢,阿尔喀比亚德,不然你就不会如此精巧地把自己从头到脚包[c5]裹起来,竭力掩藏你为什么要说这一切,只是到结尾时才插入这个[说法],不经意地说到,仿佛你说这一切并不是为了这个目的,即离间我和[222d]阿伽通。你认为,我必须爱欲你,爱欲别人哪个都不行;阿伽通也只能被你爱欲,被别的哪一个爱欲都不行。可是,你并没有不被发觉啊,你的这出萨图尔戏和西勒诺斯戏[让人]一眼就看得明白。[d5]亲爱的阿伽通哟,他一点儿没得逞,你得提防任何人离间我和你哦。"

阿伽通说:"是哦,苏格拉底,只[222e]怕你说的是真实。我推断啊,他躺到我和你中间,为的就是离间我们俩。他不会得逞,我马上过来躺你边上。"

"就是嘛,"苏格拉底说,"到我下方这儿[e5]来躺。"

"哎哟,宙斯啊!"阿尔喀比亚德说,"我又遭这家伙整!他倒想得好啊,在哪儿都得占我先手。要是非这样不可,你这神奇的东西,得让阿伽通躺我们俩中间!"

[e10]"不行,这不可能,"苏格拉底说,"毕竟,你刚赞美过我,必须又轮到我赞美右边那位。要是阿伽通挨你躺,在他被我赞美之前,他岂不明显又将赞美我啊?就让他[躺过来]罢,[223a]你这精灵鬼,别妒忌我赞

---

① 卡尔米德是柏拉图的舅舅,柏拉图有一篇对话以他命名,其中说到他是个迷人的少男。
② 欧蒂德谟是一位著名智术师,柏拉图以他命名写过对话。

美这小伙儿,毕竟,我太想要歌颂他啦。"

"哟……哟……,阿尔喀比亚德,"阿伽通说,"我再怎么也不可能待这儿咯,无论如何得换位子,[a5]好让我被苏格拉底赞美!"

"这些是老一套嘛,"阿尔喀比亚德说,"只要苏格拉底在,别人就没可能分得美的东西。你们瞧,这会儿他多么顺畅地就找到有说服力的言辞,要这儿这位[美男]躺他身边。"

[223b]于是,阿伽通起身躺到苏格拉底旁边,可突然间,一大群纵酒狂欢者来到大门前。因有人刚出去,他们碰上门都开着,便一拥而进,在屋里的人旁边躺[b5]下。整个儿闹哄哄的,毫无秩序地谁都被迫大肆喝酒。阿里斯托德摩斯说,厄吕克西马科斯、斐德若和其他几个人离去了,他则困得不行,[223c]便倒头[一阵]好睡——当时夜长。①

天快亮时阿里斯托德摩斯醒来,公鸡已经在唱歌。醒来时他看见,剩下的人要么还在睡,要么已经走了,唯有阿伽通、阿里斯托芬、苏格拉底[c5]醒着,用大碗从左到右[轮着]在喝。苏格拉底在与他们交谈。他们谈的其他事情,[223d]阿里斯托德摩斯说他记不得了。毕竟,他不是从[他们谈话]起头就在旁边,而且还迷迷糊糊[没睡醒]。不过,他说,要点是苏格拉底在迫使他们同意,同一个男人应该懂制作谐剧和肃剧;[d5]凭靠技艺,他既是肃剧诗人,也是谐剧诗人。他们被迫同意[这些],其实简直跟不上,困得不行。阿里斯托芬先睡着,天已经亮了时,阿伽通也睡着了。苏格拉底[谈得来]让这两个人睡后就起身离开了,[d10]阿里斯托德摩斯像惯常一样跟着。苏格拉底去到吕喀昂②,洗了个澡,像在别的日子里那样消磨了一整天。就这样一直消磨到傍晚,他才回家歇着。

---

① 正是二月初,故有夜长之说。
② 位于雅典城东门外伊利索斯河边的竞技训练场,后来亚里士多德在此授课。

斐德若

刘小枫　译

苏格拉底　[227a]亲爱的斐德若，打哪儿来啊，去哪儿？

斐德若　从克法洛斯的公子吕西阿斯①那儿来，苏格拉底，我正要出城墙外溜达呢。毕竟，从一大早我就一直坐在他那儿消闲。经你和[a5]我的友伴阿库美诺斯②劝说，我正要沿这大道去溜达溜达，他说，这比在城里林荫道③溜达[227b]更提神。

苏　说得美哦，友伴。那么，看来吕西阿斯在城里？

斐　没错，在厄庇克拉底④处，离[b5]奥林匹亚神庙不远，摩吕喀俄斯在那儿住过。

苏　那么，怎么消磨时间的啊？很明显，吕西阿斯又拿他的言辞让你们饱餐吧？

斐　要是你有空闲，[随我]走走听听，你会有所得的。

苏　怎么？难道你不相信，按品达的说法，我会把[b10]做这事——也就是听听你和吕西阿斯怎么消磨时间——当作"远胜于忙碌"？⑤

斐　[227c]那么你带路吧。

----

①　吕西阿斯（约前450—前380）在雅典号称十大修辞家之一，他留下的演说辞是雅典民主政制时期的重要历史文献。当时吕西阿斯约三十岁，斐德若与吕西阿斯年龄相仿，苏格拉底则五十多岁。

②　阿库美诺斯是雅典名医厄吕克西马科斯的父亲。

③　"城里林荫道"这里指体育场里的跑道（非露天）。

④　厄庇克拉底是雅典城邦的民主政治家，以蛊惑人心的骗子著称，公元前391年因斯巴达使团事件下台。

⑤　此句出自品达，《伊斯忒摩凯歌》1.2。

苏　你会讲就行。

斐　当真,苏格拉底,听听嘛,至少适合你听一听。毕竟,我们围绕着它消磨时间的这篇讲辞啊,的确以我还不知道的某种[c5]方式充满爱欲呃。因为,吕西阿斯写的是引诱某个美人儿,但又不是被有爱欲的人引诱,这一点本身就是构思的妙处所在。吕西阿斯说,必须对没爱欲的人而非对有爱欲的人献殷勤。

苏　[天性]高贵的人哦! 但愿他会写必须对穷人而[c10]非富人献殷勤,必须对上了年纪的人而非年轻人献殷勤,以及其他诸如此类[227d]切合我和我们多数人的事情。毕竟,那些言辞有城市文雅味儿,民众喜闻乐见。所以,我啊,的确已经有了热望要听听,即便你会径直溜达到麦伽拉,按赫罗狄科斯①的吩咐走到那儿的城墙再返回,[d5]我都决不离开你。

斐　再好不过的人儿啊,苏格拉底,你这话什么意思? [228a]吕阿西斯在当今文人中算最厉害的啦,他编织那篇东西也花了不少闲暇时间,难道你以为,像我这样一个常人②竟配得上背下来? 差远啰。我倒愿意背下来,这胜过一堆金子归我。

苏　[a5]斐德若呃,要是我连斐德若都不认识,恐怕我连我自己是谁都已经忘啰。哪儿会呢,我既不会不认识你,也没忘记我是谁。我当然知道,那个听吕西阿斯的讲辞的人不会只听一遍,而是常常吩咐不断再念,吕西阿斯则热心[228b]服从。可那个听的人觉得,这还是不够,到头来他干脆把稿子拿过来,对他尤其渴望的地方看了又看。这就耗上了,从一大早坐到这会儿,于是撑不住要去溜达。凭狗头神③发誓,我啊,相信他对那篇讲辞已烂熟于心,[b5]除非它实在有点儿太长。他正要去城墙外练练那篇讲辞呢。可他遇见这个有毛病[热爱]听言辞的人,一瞧见这人,没错,一瞧见,他就欣喜起来,因为他有了分享沉醉的伴儿嘛,[228c]于是吩咐这人领路。可这位对言辞有爱欲的人要求他讲的时候,他又卖起关子来,装作没欲望要讲。可他终归要讲的,如果没谁愿听,他甚至会强迫

---

① 赫罗狄科斯是原籍麦伽拉的著名智术师。
② "常人"这里指没有任何手艺(铁匠手艺、鞋匠手艺、写文章或言说技艺)的普通人。
③ "狗头神"是埃及的民间神,这是苏格拉底爱用的发誓语。

[人]听。得了吧,斐德若,你还是要求他这会儿赶紧做他现在就想[c5]做的吧。

斐　真是呃,顶好我还是尽我所能讲吧;我觉得啊,若我不讲点儿这啊那啊的,你绝不肯放我走。

苏　我觉得这样真的对你顶好。

斐　[228d]就这么着吧。不过,实实在在说,苏格拉底,我哪能个个字都背得啊。不过嘛,那要旨,以及吕西阿斯说如何区分有爱欲的与没爱欲的,我会按顺序说说各个要点,[d5]就从第一点开始吧。

苏　别忙,亲爱的伴儿,第一点是展示褂子下你左手拿着的是什么。我猜你拿着的就是那篇讲辞本身;如果是它的话,你就得想想我,[228e]我多么爱你啊。吕西阿斯就在这儿嘛,再怎么也用不着你来对我练啊。过来,拿出来!

斐　别抢别抢!你破碎了我的希望,苏格拉底,本来指望在你身上练一把。算啦,你愿意我们在哪儿坐下来读?

苏　[229a]我们从这儿拐出去,沿伊利索斯①走,然后,在随便哪个你觉得安静的地儿坐下来。

斐　看来啊,真巧,我恰好没穿鞋;你嘛,当然总是打赤脚。这样,我们很容易用脚蹚[a5]着水走,而且不会不舒服,尤其是一年的这个时节,又是一天的这个时辰。②

苏　你领路吧,顺便瞧瞧哪儿我们可以坐下来。

斐　这不,你瞧见那株好高的梧桐没?

苏　怎么会没?

斐　[229b]那儿有树荫,风色合度,有草地坐,或者如果我们愿意的话,还可躺着。

苏　你领路吧。

斐　给我说说看,苏格拉底,传说波瑞阿斯[b5]抢走奥瑞图亚③不就

---

① 这是一条小溪,流入刻斐索斯(Cephissus)河。
② 此为盛夏,接近午时。
③ 奥瑞图亚是雅典最早的国王埃瑞克特乌斯的女儿。据传说,她在伊利索斯(llissus)溪畔玩耍时被北风神波瑞阿斯劫走,生下两男两女。

在伊利索斯这哪儿一带?

苏 传说是[这样]。

斐 是这哪儿吗?瞧这溪水显得好妩媚、纯净、清澈,适合那妞在这边上玩儿。

苏 [229c]才不是呢,还在这下面两三里远,我们[雅典人平时]从那里跨过这溪去阿格拉斯的那座圣祠,在那里的某个地儿还有座波瑞阿斯祭坛。

斐 我真还没注意过。不过,说说看,向宙斯发誓,苏[c5]格拉底,连你也信服这神话传说是真的?

苏 我要是像有智慧的人那样不相信神话传说,恐怕也算不上出格嘛。如果耍智慧的话,我会说,奥瑞图亚正同法尔马喀亚①玩儿,波瑞阿斯的一阵风把她从山崖附近吹下去啦。所以,传说最终就成了她被波瑞阿斯[229d]抢走——又有说是从阿瑞斯山丘吹下去的。反正啊,她是在那儿而非这儿被抢走的,那说法就是这么说的。不过,斐德若,我啊倒是认为,这样一类说法固然在某些方面漂亮,其实,这种[说法的]男人虽然非常厉害,非常勤奋,却未必十分幸运。原因[d5]没别的,就因为在此之后,他必然会去纠正人面马形相,接下来又纠正吐火女妖②形相。于是,一群蛇发女妖、双翼飞马③以及[229e]其他什么生物——遑论别的大量不可思议的生物,关于它们的八卦说法稀奇古怪——就会淹没他。如果谁不信这些,[非要]用上某些个粗糙的智慧把这个[生物]比附成看似如此[的东西],就会搭上自己大把闲暇。我可没一点儿闲暇去搞这些名堂。至于[e5]原因嘛,亲爱的,就是这个:我还不能按德尔斐铭文做到认识我自己。连自己都还不认识就去[230a]探究[与自己]不相干的东西,对我

---

① 这个人名的前两个音节与希腊词 pharmakon[药、神奇物、毒药、解药]的前两个音节相同。

② 吐火女妖,一译"基迈拉",出身神族,为厄喀德娜(Echidna)和百头怪所生,具有三种兽性力量:"头部是狮,尾巴是蛇,腰身是羊,嘴里可畏地喷出燃烧的火焰的威力。"(荷马,《伊利亚特》6.179–184)

③ 蛇发女妖共有三位,她们的目光让所见者变成石头——墨杜萨(Medusa)的头就是这样被化为石头的,珀尔修斯(Perseus)砍下这化为石头的头后,这头竟然生出双翼飞马。

来说显得可笑。所以,我让所有这些做法一边儿去,人们今儿习惯上怎么说这些生物,我就信之若素,我才不去探究这些,而是探究我自己,看看自己是否碰巧是个什么怪兽,比百头怪①还要曲里拐弯、欲火[a5]中烧,抑或是个更为温顺而且单纯的动物,天性的份儿带几分神性,并非百头怪的命分。啊呀,友伴,说着说着,这不就是你要引我们来的那棵树嘛?

斐　[230b]当真,就这棵。

苏　凭赫拉,这落脚的地儿真美!这棵梧桐尤其茂盛、挺拔,那贞椒②既高挑又荫浓,多美啊,花瓣俏[b5]枝头,芬芳铺满地……③再有,这梧桐下的涌泉多诱人,流淌着的泉水多清凉,不妨用脚来证明一下。从这些少女塑像和这些画像看来,是水泽女仙和阿喀罗俄斯[河神]出没的地儿!④[230c]要是你愿意的话,[我想]进一步说,这地儿的徐风多可爱,舒服极啦;夏日的声音多清脆,应和着蝉的歌队。最精妙不过的是这地儿的草地,顺着斜坡自然然躺在柔和之中,头正好舒舒坦坦枕着。[c5]亲爱的斐德若,你给异乡人做向导做得太棒啦。

斐　你这人哪,哎哟,真奇怪,显得有些个出格之极。简直就像你所说,你的确像个由人领路的异乡人,哪儿像本地人。[230d]你就没离开过家,既没出过城,也没跨出过这地界,我看啊,你就没走出过四周的城墙。

苏　你得顾着我啊,我的好人儿。毕竟,我热爱学习。田园和树木不愿意教我任何东西,[d5]倒是城里的世人愿意教。你让我觉得啊,你找到了这疗药把我引出[城]来。就像有人拿点儿什么绿叶或果实对饥饿的动物晃啊晃地引诱,在我看来,你也这样子拿稿子中的言辞伸到我跟前,引我兜着[230e]阿提卡到处转,愿意引我到哪儿就到哪儿。不过,反正我们已经到这儿了,我觉得我要躺下啦,你呢,认为什么姿势念起来最轻松,你就取那姿势念罢。

---

①　"百头怪"(Typhon)是盖娅(大地神)所生的最后一位孩子,有一百个蛇头,能同时发出不同的声音。

②　"贞椒"又称牡荆(vitex agnus castus),属马鞭草科,开白色或紫色花,带香气。

③　苏格拉底化用了一行萨福诗句,比较《萨福残篇》2。

④　按赫西俄德,水泽女仙由天神乌拉诺斯与盖娅所生(《神谱》130),或由天神的血而生(《神谱》187)。阿喀罗俄斯是希腊最长的河流,为三千位河神中最年长者。

斐 ［e5］那就听好噢。

关于我的事情嘛，你已经知道得很清楚，而且，这事的发展嘛，我认为对我们［俩］都有好处，这你也听过了。可我指望的是，我所需要的不至于因为［231a］这一点而落空，即我碰巧并非对你有爱欲。

那些［有爱欲的］人欲望一旦停歇下来，莫不追悔自己所献的殷勤；而这些［没爱欲的］人呢，就没功夫来改变主意。毕竟，他们并非出于必然①而是出于［a5］心愿，就像为自家的事想尽办法那样，按自己的能力献殷勤。

何况，那些有爱欲的人总在考虑，由于这份爱欲，他们献过的殷勤会让自己蒙受什么损失，为了补偿付出的辛苦，［231b］他们满以为给被爱欲者的好处早该得到回报了。没爱欲的人却不然，既不会假装为了爱欲而不顾及自家，也不会计算过去所付出的辛劳，更不会［因此］埋怨［b5］与亲属们的不和。所以啊，由于排除了诸如此类的坏处，他们无牵无挂，热忱地做自己认为会让被爱欲者高兴的事情。

何况，如果有爱欲的人值得［231c］看重是由于这一点，即他们声称他们对自己所爱欲的人儿爱得不行，为了讨被爱欲者欢心，说什么做什么都行，不惜得罪别人，那么，其实很容易认识到，如果他们说的是真实，［c5］那是因为他们爱欲新欢远甚于旧爱——很清楚嘛，只要新欢们觉得行，他们就会对旧爱使坏。老实说，把如此［珍贵的］东西抛付给［231d］一个有这般际遇的人，不就看似如此嘛——即便没经验的人不也会竭力躲着这种际遇吗？毕竟，有爱欲的人自己都承认，他们有病，而非神志清醒；他们甚至知道自己心思低劣，但就是没能力控制自己。所以啊，一旦脑子回过神来［不再爱得要死要活］时，［d5］他们怎么会不认为，自己在如此［爱得不行的］状态下的考虑低劣得很呢？

再说吧，如果要从有爱欲的人中挑个最好的，可供你挑的兴许只有极少数人，倘若你要从没爱欲的人中挑个最适合你的，可挑的就是多数人。所以，［231e］在多数人中幸遇一个值得你这份友爱的人，希望会大得多。

---

① 所谓"必然"指受爱欲的本能驱使。

如果你畏惧那个法律亦即那个习规①，畏惧世人一旦得知你会遭受闲言碎语，那么，看似如此的是，[232a]有爱欲的人会以为别人羡慕他们，就像他们自己羡慕自己，于是大肆吹嘘，自鸣得意地向所有人显示，自己所费的辛劳没白忙乎。那些没爱欲的人却把握得住[a5]自己，会挑最好的，而非世人所看上的。何况，多数人必然会听到和看到有爱欲的人[整天]跟着那些被爱欲者，只干这一件活儿。所以，多数人只要一瞥见他们在相[232b]互交谈，就会以为他们要么刚欲火中烧地在一起过，要么就要欲火中烧地在一起。对没爱欲的人呢，多数人却不会因为这种在一起就起心去说这说那[指责]，他们知道，与人交谈是必然的嘛——不是由于友爱，就是由于别的[b5]什么乐趣。

再说吧，你难免会有畏惧，认为友爱难以天长地久，时过境迁，发生口角，就会给双方共同带来[232c]不幸。然而，要是你抛付了你最值的东西，受到最大伤害的当然就是你咯。看似如此的是，你兴许更应该畏惧有爱欲的人。毕竟，惹有爱欲的人不高兴的事情实在太多，他们会把发生的任何事儿都看作是对自己的伤害。所以，[c5]他们总是阻止[自己的]被爱欲者与别人在一起，既畏惧拥有财富的人靠财富把自己比下去，又畏惧受过教育的人与自己在一起时比自己更强。那些因获得这样或那样的[232d]好东西而有能力的人，个个被他们盯得紧。因此，他们劝你同那些人闹翻，把你搞得一个朋友没有。但是，一旦你顾及自己的利益，比他们更有头脑，你就会与他们闹掰。可没爱欲的人呢，靠[d5]德性去求得自己所需要的，岂会妒忌你与那些人交往啊，他们倒是会憎恨对你没愿望的人，因为没爱欲的人认为[自己]会得益于与你的交往，而对你没愿望的这些人却瞧不起你。所以啊，[232e]对没爱欲的人来说，从这种事情中产生出友爱而非敌怨的希望要多得多。

再说吧，大多有爱欲的人欲求的是[你的]身体，并不了解[你的]个性，[e5]也不熟悉属于[你的]个性的其他方面。所以，他们自己并不清楚，一旦欲望停歇下来，他们是否还愿意友爱继续下去。[233a]那些没爱

---

① "那个习规"指当时人们对同性恋的负面看法。

欲的人呢,在做这些事情之前就已经相互友爱。① 因此,从这些事情得到的享受兴许看似不会消磨他们的友爱,毋宁说,对这些事情的回忆会留至将要到来的这些事情。

何况,适合你的是,[a5]听从我而非听从一个有爱欲的人,才会成为最好的人。毕竟,即便违背最好的东西,有爱欲的人也一味赞扬你说的和做的,这一半是因为他们怕招恨,一半是因为[233b]欲望使得他们的认知变得很糟。说实话,爱欲所展示的不过就是诸如此类的情形:若事不凑巧没办成,换别人不会觉得痛苦,爱欲却让[有爱欲的人]认为沮丧得不行;若事碰巧成了,换别人没什么值得乐的,爱欲却迫使有爱欲的人赶紧大肆赞美。[b5]所以,有爱欲的人更适合被爱欲者可怜而非追慕。

不过,要是你听从我,那么,首先,我与你交往,不会[只]盯住眼前的快乐,而是也会[233c]顾及未来的益处。我不会屈服于爱欲,而是支配爱欲;我不会为一丁点儿小事大发脾气,遇到大事,火气也会一点点慢慢儿来;无心之失,不会在意,存心之过,则[c5]防之于未然。凡此都会证明,友爱会天长地久。当然咯,如果你这会儿心想,除非爱欲起来,否则不会产生强烈的友爱,[233d]那么就应该用心考虑考虑,[若是那样]我们就既不会为我们的儿子们也不会为我们的父亲和母亲付出很多,我们也不会获得可信靠的朋友——他们可不会产生于那样一种欲望,只会产生于另一种追求。

[d5]何况,若是应该给那些最有需要的人献殷勤,那么,在别的情况下也[应该]不是对最优秀的人好,而是对最无助的人好才恰当。毕竟,一旦最无助的人从种种最大的困境中解脱出来,就会对救助者感恩不尽。

再说吧,设私[233e]宴时,值得邀请的不是朋友,而是乞丐和需要填饱肚皮的人。毕竟,这些人会爱戴你,跟从你,来到你门前,乐得不行,感激不尽,[e5]肯付出许多好东西。同样,[应该]不是对最有需要的人好,而是对尤其有能力报恩的人好才恰当;[应该]不是对仅仅恳求的人好,[234a]而是对就事情而言值得的人好才恰当;[应该]不是善待贪图你的青春的人,而是善待即便你老了也能让你分享他们的好东西的人才恰当;

---

① "做这些事情"指云雨之事。

[应该]不是对有点儿成就便向别人炫耀的人好,而是对因害[a5]羞而在所有人面前都闭口不提[自己的成就]的人好才恰当;[应该]不是对一时对你热乎的人好,而是对终生与你保持不渝友爱的人好才恰当;[应该]不是对欲望一旦停歇便为敌怨找借口的人好,而是对当你年老色衰仍会[234b]展现自己的德性的人好才恰当。

因此,你呀,得记住我刚才说的,并把这一点放在心上:朋友们难免会因有爱欲的人一门心思干坏事而指责他们,亲戚们从来不会因没爱欲的人在涉及自己的利益时[b5]打了坏主意而责备他们。

也许你会问我,我是否建议你对所有没爱欲的人都献殷勤。我嘛,是这样认为的:即便有爱欲的人也不会要求你对所有有爱欲的人有这样一种[234c]想法。毕竟,即便有爱欲的人要[从你这儿]得到好处,也与这好处不相称;而你即便想要摆脱别人的注意,也同样没可能。从[爱欲]这种事情中不应该生出一点儿害处,倒是应该给双方带来益处。

我嘛,我认为我说的这些已经够了。[c5]不过,如果你还有什么渴求,认为[我]遗漏了什么,你尽管问吧。

斐　你觉得这篇讲辞怎么样啊,苏格拉底?在辞藻和其他方面说得都挺神乎吧,不是吗?

苏　[234d]当然啦,精灵透啰,友伴,我都惊呆啦。不过,由于你,斐德若,我才感受到这一点,我瞧你啊,在念这篇讲辞的过程中,我觉得,你神采飞扬①呃。我认为,在这些事情方面,[d5]你比我在行,我跟随着你,而且在跟随时与你这个神样的脑袋一起酒神信徒般地沉醉。

斐　就是嘛。可你觉得这样是在好玩而已?

苏　我让你觉得我是在好玩,不严肃?

斐　[234e]哪里哪里,苏格拉底;凭友爱之神宙斯发誓,对我说真的,你认为,在希腊人中还有别的谁能就这同一件事情说得更有分量、更宏富的吗?

苏　[e5]怎么?我和你还必须得在这方面夸这篇讲辞?也就是还得夸这位作讲辞的说了必须说的东西,而非仅仅夸个个语词被精确地雕琢

---

① 斐德若的名字(Phaidros)就暗含"神采飞扬"之意。

得既清晰又婉转？如果必须夸的话，我就必须让着你咯，因为那会儿我失去了知觉，我不是我［235a］自己啦。毕竟，我集中注意力的仅仅是这讲辞的修辞方面，而且我想，在这一点上，吕西阿斯自己恐怕也未必会以为这讲辞称心如意。

其实啊，斐德若，除非你有别的什么说法，我倒觉得，吕西阿斯翻来覆去说的是同样的事情——尽管他在同一件事情上说了［a5］很多，似乎他说得并不那么得心应手；要不然，他也许并不关切这样的事情。我觉得啊，他显得青春劲儿十足，要展示自己有能力对同一件事情既这样说也那样说都说得极好。

斐　［235b］全是废话，苏格拉底！毕竟，这一点本身恰恰是这篇讲辞尤其突出的地方；毕竟，在这事情上凡能够值得说的，一点儿没遗漏啊。所以，就谈论这些事情而言，恐怕没人有能力说更多别的和［b5］更多值得说的啦。

苏　这一点我确实不能被你说服。毕竟，要是我为了讨乖依着你，那些说过或写过同样事情的有智慧的古代男人和女人就会反驳我。

斐　［235c］这些人是谁呀？你在哪儿听到过比这些［说法］更好的？

苏　这会儿我一时说不上来——不过，明显的是，我的确曾经从一些人那里听到过，兴许从美人萨福那里，或者从智慧的阿纳克瑞翁那里，[①]再不然就是从某些文人[②]那里［听到过］吧。可是，我这样说，凭据从何而来呢？［c5］怎么我［这会儿］感觉胸口堵得慌啊，你这精灵鬼呃，怕是我也能就这些事情另说一套吧，而且不会差。当然，我心里明白，这些东西绝非出自我自己，我知道得很，自己知道自己没学识。因此我认为，剩下的［可能性］是，通过倾听，从某处来的陌生［235d］流泉像灌容器一样把我给灌满啦。可是，由于迟钝，我又忘记了这些个事情是怎样听到和从谁那儿听来的。

斐　最高贵的人儿，你说得太美啦！你啊就［d5］别告诉我从谁那儿

[①] 萨福是著名女诗人，生活在大约公元前7世纪末、前6世纪初。阿纳克瑞翁是公元前6世纪的抒情诗人，比萨福晚生大约四十年。

[②] "文人"与"诗人"相对，指不用格律写作。

听到和怎么听到的,即便我求你说——但你说的这事可得做啊。你已经答应,脱开稿子上的这些另说一套,而且说得更好,篇幅也不会更少。我呢,许诺像九位执政官那样给德尔斐立一尊个头一样大小的金雕像,不[235e]仅我自己一尊,你也一尊。①

苏　你太够朋友咯,斐德若,如果你认为我说[得没错],吕西阿斯完全搞错了,而我确实能够就同样的事情说得来处处不同,真的[给我]立尊金的喔。老实说,出这种错[e5]连再蹩脚的文人也不至于啊。就拿这讲辞的题旨来说吧,既然说的是应该对没爱欲的而非对有爱欲的献殷勤,你难道会不以为,接下来就得既赞颂[没爱欲的]有头脑,[236a]又责骂[有爱欲的]没头脑?这些无论如何都是必不可少的嘛,否则还有别的什么可说?算啦,我认为啊,得允许这样的说法,甚至得原谅这样说的人。就这类话题而言,必须称赞的其实不是立意而是谋篇。若涉及的不是必不[a5]可少的,而立意却煞费心思,必须称赞的才除了谋篇是立意。

斐　你说的我同意,毕竟,我觉得你说得合度。这样吧,我也来个如法炮制。我给你立个题:[236b]有爱欲的比没爱欲的人更病态,你呢,就说接下来的,若说出比吕西阿斯所说的更多别的和[b5]更多值得说的,你就作为一尊用锤子打造出来的[金]祭像立到奥林匹亚[神庙]中居普塞洛斯②的祭像旁边吧。

苏　我不过逮着你的乖乖逗你玩,斐德若,你就对我动真格?你以为我真的打算另说一套,说得更为五颜六色,把那人的智慧比下去?

斐　一点儿没错,我亲爱的,你同样被[236c]拿住咯。你绝对得说,怎么说都行,把劲儿都使出来。不过,留神点哟,咱俩别被逼得像谐剧搞的下作事儿那样相互讽来讽去,可别逼我对那个人说:"呃,[c5]苏格拉底,要是我连苏格拉底都不认识,恐怕我连自己是谁都已经忘咯。"或者:"他本来欲求要讲,却又卖起关子。"你想清楚了,你若不把你说堵在心里的说出来,我们就待这儿不走啦。在这荒凉之地单单就我们[俩],

---

① 雅典的九位执政官曾立下誓言,一旦违反法律,他们就向德尔斐进贡一尊金像。
② 居普塞洛斯是公元前6世纪末的科林多僭主——他的儿子佩里安德罗斯(Periander,约前657—前587)也是著名僭主。

[236d] 我更壮，也更年轻，从所有这些来看，"你懂我说的是什么意思"——别敬酒不吃吃罚酒，自愿说才好。

苏　哎呀，有福的斐德若呃，要我这外行一个［d5］就同样的事情即时口占，与一个好诗人比［高下］，岂不成笑料。

斐　你也知道有这回事？别再对我装得来不好意思啦！不然的话，我会有话头来强迫你非说不可。

苏　你可千万别说。

斐　别说？可我就要说！君子一言驷马难追。①［d10］我向你发誓——可凭谁发誓呢，凭诸神中的谁呢？要不你愿[236e]意［我］凭这儿这棵梧桐［发誓］？就凭这吧——要是你不当着这梧桐的面口占一讲辞，我［发誓］绝不会再给你展示或传达任何人的任何讲辞了。

苏　哎呦，好狠心！竟然想出这招强迫一个热爱言辞［e5］的男人做你要他做的事情。

斐　既然如此，干吗还不转变［态度］？

苏　没得说咯，既然你发了这誓。我怎么能够脱离这样一种盛宴啊？

斐　[237a]那就讲吧！

苏　你知道我会怎样作［讲辞］吗？

斐　怎样［作］啊？

苏　我会［用裓子］把头蒙起来讲，以便这讲辞飞快[a5]从我经过，免得一瞧见你，我会因羞耻而不知所措。

斐　快讲！其他嘛，你想要怎么做都行。

苏　引领我吧，缪斯们，无论你们是因歌咏的形相还是因你们出自善乐的利古斯人而有清妙嗓音这个别名，②"祈求你们与我一起歌唱"这故事吧，这儿这个真绝了［a10］的家伙逼我讲，好让他的友伴——先前他就[237b]觉得这友伴有智慧——现在更显得有智慧！

从前啊，有这样一个男孩，其实更可以说是少男，他长得忒漂亮，有好

---

①　仿《伊利亚特》1.239 阿喀琉斯对阿伽门农的愤怒之言。
②　居住在希腊北部格努阿(Genoa)地区的利古斯人以爱唱歌闻名，据说打仗时其军队有一半唱歌陪战。

一大把爱欲者。不过,他们中有一个挺狡猾,虽然他并不[比别的爱欲者]更少爱欲着这男孩,却想要说服这男孩[相信]自己[b5]并不爱欲他。迫于这种情形,有一次他要说服这男孩[相信]这一点本身,即这男孩应该对没爱欲的而非有爱欲的献殷勤。他是这么说的:

关于所有这些事情啊,我的乖,凡想要考虑得好,[237c]就得有一个原则,即必须看到究竟要考虑什么,不然的话,必然会整个儿搞错。许多人都没注意到,他们其实并不知道每件事情的实际所是。所以啊,由于他们[以为]知道[事情的实际所是],在一开始考察时并未求得一致,在考察下去时,他们得到的回报难免是看似如此[的东西]。[c5]毕竟,他们既没有与自己求得一致,也没有相互求得一致。因此,我呢,还有你,我们可别再犯我们指责别人所犯的这种过错。不过,既然你和我面临的说法是,一个人应该喜欢上有爱欲的还是喜欢上没爱欲的,就得对爱欲究竟是什么以及有何种大能[237d]求得一致的界定。通过回顾和应用这个界定,我们才能切实考察爱欲究竟带来的是益处还是害处。

其实啊,每个人都清楚,爱欲不过是某种欲望。而且,即便没爱欲着的人也欲望[d5]美的东西,这一点我们也知道。那么,我们又该怎样区分有爱欲和没爱欲的呢?必须注意到,我们每个人身上都有两种型相在起统治和引导作用,它们引领到哪儿我们就跟到哪儿。一个是天生的对诸快乐的欲望,另一个是习得的、趋向最好的东西的意见。这两种型相在我们身上有时一心[237e]一意,有时又反目内讧;有时这个掌权,有时那个掌权。当趋向最好的东西的意见凭靠理性引领和掌权时,这种权力的名称就叫节制。[238a]可是,若欲望毫无理性地拖拽我们追求种种快乐,并在我们身上施行统治,这种统治就被叫做肆心。肆心有多种名称,因为它多手多脚、形相多样。

这些[欲望]型相中的一种会因偶然变得特别突显,它逮着谁,谁就会[a5]得到它所叫的那个名称——这名称既不美,也不值得去获得。毕竟,当涉及吃的欲望掌管了关于最好的东西以及其他东西的欲望的说法,就叫做[238b]贪吃狂,①被这种欲望逮着的人就会得个贪吃的名。若在醉

---

① 贪吃狂等名称暗示缺乏节制德性。

饮方面有僭越的欲望,就会以同样方式把一个人引向所得到的东西——明摆着他会遇到被叫个什么名。

其余相属的欲望也会得到相属的名称,[b5]很清楚,拥有权力的欲望总适合其所叫的名。为什么要说所有刚才[说的]这些,已经差不多清楚啦。不过,说出来的总比没说出来的更清楚。毕竟,一旦没理性的欲望掌管了冲向正确的意见,[238c][使得这欲望]被引向了美的快乐,而且,这欲望又受到与自身同类的求身体之美的欲望的强劲驱使,并凭靠[这种欲望]引导获得胜利,从这种劲儿本身取得的名称,就被叫做爱欲。

[c5]等等,亲爱的斐德若,我觉得自己仿佛已经被某种神样的感受攫住,我让你也觉得这样吗?

斐　当然,苏格拉底,与惯常不同,某种行云流水逮着你咯。

苏　别做声,听我说。这地儿好像的确[238d]有神,所以,在讲下去时,一旦水泽女仙兴许附体在我身上,①你可别惊讶。毕竟,眼下我发出的声音差不多就是酒神吟曲啦。

斐　你说得千真万确。

苏　[d5]都怪你!算啦,听下去罢,也许,这罩在我头上的东西会离开的。反正这些事儿取决于神,我们得回头说那男孩。

那好,勇敢的孩子,在这个节骨眼上,必须得考虑的东西已经说过和区分过了,接下来要考察的是[238e]我们要说的余下的事情,即对于献殷勤的被爱欲者来讲,从有爱欲的或没爱欲的人那里产生出来的看起来究竟是益处还是害处。受欲望统治的人给快乐当奴仆,必然会让自己想尽办法使这个被爱欲者快乐。可是,对这个正在害病的人来说,[e5]凡不与他抵牾的东西就是快乐,凡比他更强和与他一样的都遭恨。[239a]因此,有爱欲的不愿意承受男孩比自己更强或与自己一样,总是做得让[被爱欲者]更弱、更有欠缺。没学识比有智慧更弱,怯懦比勇敢更弱,木讷比善于言辞更弱,思想迟钝比思想敏捷更弱。

如果被爱欲者身上有许许多多这样的毛病,[a5]甚至在思想上有更多的毛病——无论这些毛病是被爱欲者养成的还是天生就有的,爱欲者

---

① "水泽女仙附体"指疯癫地欲求或产生欲求的狂热精神状态。

必然就会在被爱欲者身上找到快乐，否则就得准备失掉即刻的快乐。因此，他必然好妒忌，[239b]阻止被爱欲者与许多别人交往，尤其阻止被爱欲者与那些有益于他成为男子汉的人交往，从而必然是[被爱欲者的]大害处的原因，最大的害处莫过于阻止被爱欲者与那种会使得自己成为极有头脑的人交往。恰恰是神样的热爱智慧这种东西，爱欲者必然[b5]要让男孩离得远远儿的，生怕自己会[因此]被瞧不起。总之，他想出法子让被爱欲者对所有事情完全无知，什么事情都得瞧他这个有爱欲的[脸色]，这样，被爱欲者就会让他快乐得不行，自己却会被害得极惨。反正啊，就[239c]思想方面而言，有爱欲的男人绝不宜做监护者和同伴。

爱欲者兴许会成为这个身体的主人，由于这个主人被迫追求的是快乐而非追求好，接下来我们必须看看[被爱欲者的]身体状况和培育，[c5]以及[爱欲者]会怎样培育[被爱欲者的]身体。人们会看到，爱欲者追求的身体宁可是软绵绵的而非硬朗的，宁可不是在大太阳下而是在大阴天中养育起来的，宁可它从未经历过男人的艰辛和流干汗①，却习惯于娇嫩的、没男子[239d]气的生活方式，因缺乏本有的肤色而[在身上]缀以奇异颜色和饰品。随这些而来的所有其他诸如此类的做派很清楚，不值得进一步再往下说，②不妨划分出一个要点，然后往下说别的。毕竟，一个如此这般的[d5]身体，在打仗和别的紧要关头倒是会给敌人壮胆，朋友们甚至爱欲者自己却会提心吊胆。

这一点既然如此清楚，就得让它过去，得说的是接下来的：[239e]对我们来说，就所拥有的来看，结交有爱欲的和由爱欲者来监护的话会带来什么益处和害处。至少，这一点每个人都很清楚——爱欲者[自己]尤其清楚，即他会祈求所爱的人拥有的最亲爱、最中意[e5]甚至最神样的东西统统丧失。毕竟，爱欲者会接受被爱欲者被剥夺父亲、母亲、亲戚和朋友，[240a]认为这些人会阻止和监管他与被爱欲者的快乐交往。不仅如此，爱欲者还会认为，拥有钱财或其他财物的被爱欲者同样不容易搞到手，即便到手也不容易掌控。出于这些，完全必然的是，爱欲者会[a5]妒忌拥有

---

① 古希腊人说的"干汗"指体育锻炼时或打仗时流的汗，与病人的汗不同。
② 非常审慎地暗示性方面的谴责：有爱欲的人想让被爱欲者在身体方面特别娇嫩。

钱财的男孩,男孩的钱财散了他就高兴。爱欲者甚至会祈求男孩尽可能长久地没老婆、没子女、没有家庭,欲求尽可能长久地享用[与]被爱欲者的甜蜜。

当然,还有一些别的坏处,可是,某些精灵在大多数[240b]这些坏处中掺和了即刻的快乐。比方说,谄媚者这种可怕的野兽是一大祸害,自然却掺入了某种并非没有诗艺的快乐。有人兴许会谴责妓女是害虫,以及许多别的诸如此类的尤物和做派,[b5]这些至少时不时有可能是快乐。但对于男孩来说,爱欲者除了是害虫,还是整天在一起过日子的所有东西中[240c]最让人不快乐的东西。毕竟,正如老话所说,"同龄人喜欢同龄人"。因为我认为啊,时光的相等会引导出一样的快乐,通过这种[年龄]相同会带来友爱——当然咯,这种在一起同样难免餍足的时候。

再说,任何事情只要有强迫的成分,[c5]任何人都会感到沉重,而爱欲者与男孩的关系,除了[年龄]不相同,强迫的情形尤甚。毕竟,年老的与年轻的在一起,年老的才不愿与年轻的日夜分离呐——他受[240d]必然驱使,芒刺般心如火燎,而这心如火燎总是给他快乐,驱使他非要眼睛看到、耳朵听到、手摸到甚至所有感觉触及被爱欲者,以至于紧紧粘住被爱欲者才算快乐。

可是,爱欲者的这种心如火燎会给被爱欲者什么样的激励[d5]或何种快乐呢?被爱欲者与爱欲的[老年]人在一起的整个时光走到头,难道不会是不快乐?被爱欲者看到的是老态龙钟,年老色衰,其他随之而来的也如此。这些即便说起来[240e]也让人听着不爽,更不用说行为上总是在强迫的逼迫下去应对[这些事情]:[被爱欲者]无时无刻不被看守满怀狐疑地盯得死死的,既得听种种夸张的不合时宜的赞美,又得听同样的指责——[e5][爱欲者]清醒之时[说的]已经不可忍受,再要酩酊大醉,放纵毫无约束且漫无边际的肆言辞,[被爱欲者]除了不可承受,还得加上感到羞耻。

[爱欲者]爱欲着的时候既有害又让人不快乐,一旦不再爱欲,往后的日子他也靠不住。对于往后的日子,爱欲者曾百般[e10]发誓万般恳求地承诺,死死[241a]拽住眼下[与被爱欲者]一时在一起[的时光]——[被爱欲者]很难指望[这些承诺往后]会带来好处。到了必须得兑现承诺的

时候,[爱欲者]却变换了自己身上的统治者和领导人,理智和节制取代了爱欲和疯癫。爱欲者成了另一个人,男孩却没觉察。[a5]被爱欲者为过去的付出向他索取回报,要他回想过去做过和说过的,仿佛还是在与同一个人交谈。出于羞耻,爱欲者既不敢说自己已经变了个人,也不知道该如何信守先前受没理智统治时发过的誓[241b]和许下的诺——现在他有了理智,有了节制,没法再做以前的那个他所做的同样的事情,没法再变成那个他。他成了那些事情的叛逃者,这个从前的爱欲之人被迫欺骗[男孩]——陶片一旦[b5]翻面,①他转变角色拔腿飞逃。被爱欲者被迫追逐,既愤怒又抓狂。被爱欲者从一开始压根儿就没认识到,绝不该喜欢一个因一时的爱欲而被迫没理智的人,[241c]而是应该宁可喜欢一个没爱欲但有理智的人。否则,他必然会落入一个靠不住、难缠、好妒忌又让人不快乐的人之手,既损了钱财又折了身体。损害最大者,莫过于[c5]灵魂的教化——说真的,无论对世人还是神们来说,无论现在还是将来,珍贵者莫过于灵魂。

因此,我的乖,这些你得铭记在心。要认识到,有爱欲之人的友爱绝非发自善意,而是出自一种饥饿,求的是填饱——[241d]就像狼爱上绵羊,②爱欲者喜爱男孩,不过如此。

这[诗句]不就是那个嘛,③斐德若。你绝不会听到我往下说啦,你就让这讲辞在这里到头吧。

斐 哇,我以为讲辞才到一半,[接下来]该说对等的[d5]关于没爱欲的人的事情啊,何以应该更喜欢他,说说他有什么样的好处。这会儿怎么啦,苏格拉底,干吗停下来?

苏 [241e]幸运儿哦,我发出的声音已经是叙事歌体啦,不再是酒神歌体,④而且[刚才说的]这些是在谴责,你没发觉吗?倘若我该开始赞扬

---

① "陶片翻了面"源于孩子们玩官兵捉强盗的游戏:把一个黑白两面的小陶片抛起,看落下后哪一面朝上,由此决定哪些扮官兵、哪些当强盗。
② "狼爱上羊"可能化用的是《伊利亚特》22.262–263:"狼和绵羊永远不可能协和一致。"
③ 苏格拉底早先担心自己会脱口而出诗句,现在果然如此。
④ 酒神歌体是抒情诗,由歌舞队伴唱。

没爱欲的,你认为我该作何种[诗体的]歌呢?你难道不知道,是你蓄意把我抛到水泽女仙面前的,我明摆着将会被水泽女仙[e5]神灵附体啊?因此,我只说一句:我们指责的这个[有爱欲的]人[身上]的东西,反过来就是那个[没爱欲的]人身上所有的好东西。干吗必须说得老长啊,关于[正反]两个方面说得都够啦。就这样吧,故事都得经受自己该有的命,[我的]这个故事也会[242a]经受的。我啊,要跨过这条水溪,在你逼我犯更大的错之前离开。

斐　别走,苏格拉底,至少等这火头过去。你没瞧见吗,差不多已经到正午,所谓太阳[a5]当顶啊?我们待一会儿罢,同时交谈一下刚才说的话头,天色一转凉,我们马上走。

苏　一涉及言辞,你就神样儿啦,斐德若,简直让人惊奇。毕竟,我认为,在你生活的时代所产生出来[242b]的文章中,没人比你作得更多,无论是你自己口占产生的,还是你以某一种方式逼别人口占产生的。忒拜人西米阿斯我会不算在内;你比其他人强太多啦。这会儿你好像已经又在怂恿我诵篇什么[b5]讲辞。

斐　真是好消息!不过,如何讲呢?讲什么?

苏　我正想要跨过这水溪时,我的好人儿,那个精灵般的东西和它那惯有的迹象就到我身上啦。[242c]它总是阻止我做我正要做的事——我觉得这一刻听见某个声音不让我在涤罪之前就离开[这儿],因为我犯了什么冒犯神灵的罪过。当然咯,我的确是个预言家,但还没到样样灵通的地步,倒是像[c5]不大会读写的人那样,仅仅够自己用。所以啊,这会儿已经清楚,我正在明白这罪过。如你所知,友伴,至少灵魂是某种会通天的东西。其实,在我刚才讲那篇讲辞之前,灵魂就搅得我隐隐约约不安,我感到羞愧难当,用伊比科斯①的语句来说,生怕[自己]"靠伤害诸神[242d]换取来自世人的名声"。这会儿我已经明白罪过啦。

斐　你说的究竟是什么意思啊?

苏　可怕呵,斐德若,你款待我的那篇讲辞和你[d5]强迫我讲的讲辞,可怕呵!

---

① 伊比科斯生活于公元前6世纪的今意大利南部,以写情诗闻名。

斐　怎么啦？

苏　[这讲辞]头脑简单,还有点儿渎神,会有什么比这更可怕呢?

斐　当然没有啊,如果你说得真实的话。

苏　什么？难道你不相信爱若斯出自阿芙罗狄忒,而且是个神?

斐　[d10]起码据说是的呀。

苏　可从吕西阿斯的讲辞,还有你的那篇讲辞——也就是[242e]你凭我那张被你下了药的嘴说出来的讲辞——来看却不是！要是爱若斯存在——而他的确存在,无论作为神还是至少作为某种神样的东西存在,他就绝不会是坏东西。可是,两篇讲辞刚才在说到他时,好像他就是这样一个[坏]东西。正因为如此,它们都在爱若斯方面犯了罪。[e5]何况,两篇讲辞头脑简单,虽然非常文雅,既没说出一点儿健康的东西,[243a]也没说出任何真实的东西,却煞有介事,好像是那么回事儿;要是这些讲辞蒙骗那些生性可怜的人,就会在他们中间博得名声。所以,亲爱的,我必须洁净自己。对于讲故事犯罪过的人,古来就有一种涤罪法子,荷马没感觉到过,[a5]斯忒西科罗斯①却感觉到过。由于污蔑那位海伦,他被夺去双眼,不像荷马,没明白[自己为何眼瞎]。既然斯忒西科罗斯受缪斯激发,他当然明白这[眼瞎的]原因,于是急忙作诗：

不,这个说法并不真实,

不,你不曾乘长甲板船航行,

[243b]不,你没去特洛亚的城堡！

他一作成这整首所谓的悔罪诗,他立马就看得见啦。② 我呢,会在这一关键点上比他们更有智慧一点点儿,在我因诬蔑爱若斯[b5]而遭受什么之前,我就试着[先]给他返还悔罪诗,而且光着头,不像前次那样含耻

---

① 斯忒西科罗斯是大约生活在公元前7世纪末至前6世纪初的抒情诗人,在古代就声望很高,但流传下来的诗作极少。

② 斯忒西科罗斯曾与荷马一样作诗贬斥海伦,说她私奔特洛亚,引发了特洛亚战争。但民众相信美丽的海伦不可能导致战争,斯忒西科罗斯与荷马一样因此双目失明。斯忒西科罗斯写了一首"悔罪诗"还海伦清白,说她并没上帕里斯的船——没有私奔特洛亚,上船的仅是她的魂影。

蒙面。

斐　苏格拉底呃,没有什么比听到你说这些更让我快活啦。

苏　[243c]毕竟,好友伴斐德若,你也觉察出那些讲辞——刚刚那篇和[先前]按稿子念的那篇——说得无耻吧。要是有个出身高贵、品性温厚的人,他正爱着另一个这样的人,或先前曾被这样一个人爱过,当他碰巧听见我们说,[c5]有爱欲的人如何为小事情大动肝火,对男孩既妒忌又使坏,难道你不认为,他会觉得听见的八成是些在水手①中长大的人[在说话],[这些人]从没见过自由②的爱欲,他多半不会[243d]认同我们对爱若斯的那番指责吧?

斐　凭宙斯,很可能如此,苏格拉底。

苏　所以,我呢,出于没脸面对这样一个人,也由于畏惧爱若斯本身,我急欲要用一篇新鲜的讲辞来[d5]洗掉[从先前那篇讲辞]听来的苦咸味。我也劝吕西阿斯赶紧对等地写[一篇]:一个人应该喜欢上有爱欲的,而非没爱欲的。

斐　哎呀,你知道嘛,会这样的——要是你诵一篇赞颂爱欲者的颂辞,我必然也会[243e]逼吕西阿斯就同样的说法写一篇。

苏　这我倒相信,只要你还是这你。

斐　那你就大起胆子讲呗。

苏　可我刚才还对他说话来着的那个男孩哪儿去啦?他也该[e5]听听这个,免得他没听到,会去喜欢上没爱欲的人。

斐　那男孩就在旁边紧挨着你呢,只要你愿意,他就总在你身边。

苏　那么,漂亮的孩子啊,你可得这样子想,[244a]先前的说法是斐德若的,他是皮托克勒斯的儿子,[阿提卡]缪里努西俄斯村人,而我将要说的是斯忒西科罗斯的,他是欧斐摩斯的儿子,[西西里]希美拉城人。话得这样子来讲:[先前]那个说法并不真实。因为它声称,即便有爱欲的在跟前,一个人也必须喜欢没爱欲的,[a5]理由是,有爱欲的疯癫,没爱欲的

---

① "水手"指粗俗之人,只知道满足性欲需要——说某人是"水手"无异于骂人,算一种侮辱。

② 这里的"自由"指不受生理需要约束,与"水手"的爱欲相对,与如今所谓的"自由恋爱"不相干。

神志清醒。倘若疯癫简直就是坏东西,这还算说得好。可是,最重要的好东西恰恰是通过疯癫来到我们身上的,因此,疯癫是神给予的馈赠。

其实,德尔斐的女先知和[244b]多多纳的女祭司就是在疯癫时替希腊在个人[事务]和民事方面成就了许多美事,要是节制的话,她们就会成就甚少或者一事无成。如果我们还应该说到西比尔①以及运用神灵附体的预言术的其他人——他们预先告诉众人好多事情,[b5]指出未来的正途——那么,我们就会扯个没完,而且说的是谁都晓得的事情。不过,这一点还是值得唤来作证:古人中那些取名称的人并不认为疯癫可耻,也不认为是骂人话——[244c]不然的话,他们不会把"疯"这个名称与最为美好的技艺亦即预断未来的技艺编织在一起,称之为"疯癫术"。一旦疯癫出于神的命定,该是多美的事儿啊——认识到这一点,古人才这样命名。可是,今人并不知情,添加了字母t,[c5]称之为预言术。②而且,对于脑筋好使的人们凭鸟儿和其他征兆占卜探知未来的那门技艺,古人取名为"哦呓哦-喏-呓斯术"。③ 因为[古人认为],这其实是[那些人]出于自己的思想凭属人的心意把[那些征兆]用于心智和探究,[244d]如今的年轻人煞有介事地[把o]念成[长音]ō,叫做鸟占术。④ 其实,预言术要比鸟占术更完满、更受敬重,其名称和作为也比别的名称和作为更完满、更受敬重。所以,古人已经作过见证,疯癫出自神,比出自[d5]人的节制更美。

再有,疯癫会出现在某些因祖传下来的罪孽而染上极重的沉疴和折磨的家族,为这些有需要的人们解释神意,[替他们][244e]找到解脱[办法]。通过求助于祈求和祀奉诸神,在种种洁净和秘仪中出现的疯癫使得疯癫者自身摆脱眼前和随后一段时间中的灾祸,让那些正确地疯癫和着魔之人[245a]从眼前的祸患中寻得解脱。

---

① 西比尔(Sibyl)是传说中的著名女先知,相传由缪斯在圣山赫利孔抚养大,然后来到德尔斐。
② manikēn[疯癫术]与mantikēn[预言术]仅一个字母之差。
③ oionoistikēs 这个语词是苏格拉底自己组合 oiēsis[心意]、nous[心智]和 historia[探究]三个语词的词干生造的(oio = oiēsis[心意],no = noun[心智],is = historia[探寻])。
④ oiōnistikē[鸟占术]由 oiōn[鸟]和 oio(源自 oiēsis[心意、意见、看法])合拼之后加上 tikē[技艺]而来,是玩文字游戏。

第三是来自缪斯们的着魔和疯癫,它一旦逮着一个清嫩的、未经人迹的灵魂,这颗灵魂就会摇荡起来,酒神信徒般地迷狂于抒情诗和其他诗作,[这种疯癫]装饰了古人们的无数功业,[a5]从而教化后代。若没有这种缪斯们的疯癫,无论谁去敲诗的大门,听信仅凭技艺就足以成为有能耐的诗人[的说法],那么,他不会达到目的——疯癫之人的诗作会使节制之人的诗作黯然失色。

[245b]我还可以对你说更多诸如此类的美好成就,它们都是由神们激发的疯癫产生出来的。所以,我们不应该畏惧这个东西,我们也别听某个说法瞎嚷嚷,它恐吓说,必须选取节制之人而非[灵魂]已经摇荡之人做朋友——[b5]等这种说法能指出神们遣来爱欲并非是为了让有爱欲的和被爱欲的得益处,再让它摘取胜利桂冠吧。而我们呢,必须指出的东西恰恰相反:神们赐予的如此疯癫[245c]恰恰是我们最大的幸运。当然,这一证明不会让那些厉害的人信服,但有智慧的人会信服。所以,首先,必须通过观察灵魂的经历和作为,思考灵魂的自然[天性]的真实——无论神的还是人的灵魂。[c5]这一证明就从下面的[说法]开始。

所有灵魂都是不死的。毕竟,永在运动的东西是不死的——使某物动起来又被某物动起来的东西停止运动,也就停止了生命。唯有那自己在运动的东西,由于它不会舍弃自身,才绝不会终止运动。毋宁说,这才是其他所有如此运动的东西运动[起来]的本源和开端。[245d]开端是非生成而来的东西。因为,所有生成而来的东西必然由开端生成而来,而开端本身却不会来自生成的东西——倘若开端从某个东西生成而来,它就不再成为开端。既然开端是非生成而来的东西,它自身必然不腐坏。因为,既然万物[d5]必然由开端生成而来,倘若开端会消灭,它就既不会从某种东西生成而来,也不会让任何东西由它生成而来。

所以,自己让自己动起来的东西就是运动的开端。这东西既不能被消灭,也不能生成,不然的话,所有天上的东西[245e]和[地上的]所有生成者就会一同瓦解,静止不动,再也不会出现有能力让某物由此运动起来的东西。既然这个靠自身运动起来的东西的不死已经得到揭示,人们就可毫不羞愧地说,这就是灵魂的性质和说法。毕竟,所有[e5]靠自身之外的东西运动起来的物体是无灵魂的。所有在自身内部由自身运动起来的物体内才有灵魂,所以,这就是灵魂的自然。如果那个自己让自身运动起来的东西不是[246a]别的而就是灵魂,结论必然是,灵魂既是非生成而来的,也是不死的。

关于灵魂的不死[说这些]足矣,下面得说说灵魂的型相。不过,要详述灵魂的型相在方方面面是什么样的性质,恐怕得有一个神才行,[a5]而且得花很长时间——不过,[详述灵魂的型相]看似像什么[样],人也能行,[花的时间]也会更短——我们就以这种方式来说吧。不妨让灵魂看起来就像与一对带翅羽的马拉的马车及其御马者生长在一起的能力。①不过,神们的马儿和御马者个个自身优良,出身也优良——[246b]至于其他马儿和御马者就混杂不纯了。在我们[世人]这里,首先,统领者要驾驭一对马;其次,这对马中的一匹自身俊美而且优良,出身也如此这般,另一匹则相反,出身也相反。这样一来,对我们来说,驾驭必然是件困难且麻烦的事儿。

[b5]接下来得试着说说,动物何以既被叫做会死的,又被叫做不死的。每个灵魂各自都关切无灵魂的东西,而且游历诸天,变换着一个又一个形相。如果[246c][灵魂]完善,长出了翅羽,就游上天宇,主理整个宇宙[秩序]。如果灵魂失去翅羽,灵魂就[从天上]掉下来,直到自己被某个坚实的东西撑住——在那里,这灵魂住下来,取一个尘世的身体,而这身体看上去靠灵魂的能力才让自己运动起来。[c5]这整个东西即灵魂和身体捆在一起,就被叫做动物——而且还有一个别名叫"会死的"。可是,[我们]没法用一个说法来说清楚"不死的东西"的道理[何在],毋宁说,既然我们既不能看见又不能充分地构想出[246d]一个神,我们就只能杜撰神是某种不死的动物,它既有灵魂又有身体,但两者永远生长在一起。

不过,这些事情就让它们这样吧——就让人们按神所喜爱的那样去说吧。我们应该把握的是,翅羽脱落的原因——由于这个原因,灵魂脱离了翅羽。

[d5]有某个说法是这样的。翅羽的天生能力是把沉重的东西带到高

---

① 带翅羽的马拉的战车见于荷马笔下,这种马车往往载着胜利之神(参见《伊利亚特》5.837、8.41、13.23)或英雄(16.148)。

处,上升到天宇,那儿居住着诸神家族。作为身体的一部分,翅羽以某种方式与神性的东西(灵魂)有最多的共同之处——而神性的东西[246e]就是美、智慧、善,以及所有诸如此类的东西。灵魂的翅羽尤其要靠这些东西来养育和生长;丑陋、坏等等相反的东西则会使灵魂的翅羽萎缩、毁掉。

所以,天体中的伟大领袖宙斯驾着[e5]带翅羽的马车行在首位,规整并照料着万事万物。跟随其后的是神们和精灵们的军队,[247a]排成十一列。赫斯蒂亚①单独留守诸神之家,其他位列十二尊神的诸神,作为统领率领着各自所位列的序列。而且,在天界里,有许多福乐的景致和路径,[a5]幸福的诸神族就在这儿转来转去,[十二尊神]各尽属于自己的职守。无论哪个[神],只要愿意且有能力,就跟随他们——毕竟,神们的歌队中没有妒忌立足。每逢要享用祭品和赴筵席,神们就沿陡峭之路上到[247b]天的穹隆,直到绝顶处。因马儿驯服于[御车者的]缰绳,神们的马车行走得既平稳又轻松,而别的[马车要如此上升]就吃力啦。由于[这些马车的]御马们没好好养育马儿,这马因[步履]沉重跌倒在地,疲惫不堪——毕竟,这马儿[b5]分有劣性嘛。在这里,摆在灵魂面前的是辛苦和最后的竞赛。那些被称为不死者的灵魂们呢,一旦到达绝顶,这些灵魂还要出到天外,在天宇外表停留——[247c]一旦站稳,天体的周行便带领这些灵魂绕行,观看天外之物。

不过,还没有哪位[地上]这儿的诗人歌颂过天宇那个地方——即便要歌颂也不会配得上。[那地方]其实是这样的——[c5]毕竟,的确必须敢于说出真实,尤其当说的是真实的性质——那儿存在着实实在在的东西,无色、无形,也摸不着,唯有灵魂的舵手即心智才看得见,唯有它才属于拥有关于真实的知识那一族——那地方有的[247d]就是这种东西。正如神的思想要靠心智和纯净不杂的知识来养育,每个灵魂的[思想]同样如此,要靠适合自己接纳的东西[来养育]。随着时间推移,灵魂见到那实在的东西就会感受到爱慕,观看那真实就会得到滋养,享受逍遥,直到天

---

① 赫斯蒂亚是宙斯的姐妹,永远纯洁,始终是处女(《伊利亚特》1.423 - 424 以及 494)。

体的周行[d5]满了一圈,把灵魂带回原点。在周行期间,灵魂向下看到正义本身,向下看到节制,向下看到知识——不是生成[之物]所属的那种知识,也非随境[247e]而迁的事物——我们如今叫做存在物——的那种知识,而是实实在在地在着的事物的知识。一旦灵魂以自身的方式观看到和饱餐别的实实在在的存在物,它会再次进入天宇里面,回家去。到家后,[e5]御马者让马儿立在秣槽前,喂它们仙食,给它们饮琼浆玉液。①

[248a]这就是诸神的生活——不过,别的灵魂呢,优秀的会跟随神,摹写神,让自己的御马者抬头进到那[天宇的]地方里去,随天体的周行一同环行,[但]由于马儿滋扰,这灵魂得费劲才向下看到[a5]那些东西。另一灵魂则一会儿跃起,一会儿扑下,由于受马儿强制,[这灵魂]看见这些,却看不见那些。至于其余[剩下]的灵魂,尽管竭尽全力要跟随上升,却没能力[跟随],在地上一同打转,相互踩踏和冲撞,个个[248b]争先恐后。于是,就出现了喧嚷、对抗和拼死拼活——由于御马者的劣性,许多灵魂被搞残了,许多灵魂折了翅羽。尽管付出许多艰辛,所有这些灵魂在离开时都没到得见那个东西的段数——[b5]离开之后,这些灵魂只好用臆想来养育自己。

见到真实性质的原野要费这么多的热忱,缘由在于,适合养育灵魂的优秀部分的牧场,恰恰出自[248c]在那里的青草地。而且,灵魂得以升起所凭靠的翅羽,其天性也靠这青草地养育。那条阿德拉斯忒娅法规②是这样的:凡与神同路往下看到某个真实的东西的灵魂,直到再一次周行都会不受伤害——而且,如果它总是[c5]能做到这一点,它就总会不受伤害。但是,如果灵魂由于没能力跟随[神]而看不到[真实],由于经受某种不幸以至于被遗忘和劣性填满而沉重起来,翅羽飞得沉重,坠落在地,那么,法规就会是[下面]这条:[248d]这灵魂在第一次出生时不会转生成任何野兽天性,毋宁说,这个[在天宇中]看见过大量东西的灵魂会转生为这类男人胚子——要么成为热爱智慧之人,要么成为热爱美好之人,再不然就成为某个缪斯之徒和爱欲之徒。第二品则转生为这类男人胚子——要么

---

① 戏仿荷马《伊利亚特》5.368,亦见赫西俄德,《神谱》640。
② "阿德拉斯忒娅法规"即不可避免的强制性法规或命运给予的法规。

成为守法的君王，要么成为武士[d5]和适合当统帅之人。第三品会转生为这类男人胚子——要么成为治邦者，要么成为治家者，再不然就成为生意人。第四品会转生为这类男人胚子——要么会是热爱辛苦之人或喜欢体育锻炼之人，要么会是治疗身体[疾病]之人。第五品将会有预言家的一生，[248e]或有秘仪祭司的一生。第六品则适合过诗人或其他搞摹仿制作的一生。第七品适合过工匠或农人的一生；第八品适合过智术师或民众蛊惑家的一生。第九品则会有僭主的一生。

在所有这些[转生的]灵魂中，依正义度日的命会更好，[e5]生活过得不义的则命会更坏。因为，每个灵魂在万年之后还要来到它出发的同一地点，[249a]在如此长久的时间之前，灵魂不会生出翅羽——除了这样的灵魂：要么它诚实无欺地过热爱智慧的生活，要么凭热爱智慧来爱恋男孩。

在第三个千年周行期时，只要这些灵魂连续三次选择这种生活，就会在第三千年时生出翅羽，并离[a5]去。至于其他灵魂，过完第一生就遇上审判；一些灵魂会被判去地上的劳改场偿付惩罚，一些则被正义举到天上的某个地儿，他们在那里过上的日子足以报偿自己曾以[249b]世人形相所过的一生。

不过，在一千年时，这两类灵魂要去摇签选择第二次生活，即选择每个灵魂自己意愿的生活。这一回，既会有世人的灵魂进入野兽的生活，也会有从前是世人但现在是野兽的灵魂[b5]重新进入世人的生活。不过，从没看见过真正的真实的灵魂就不会进入这种形态。毕竟，一个世人必须理解按形相说出来的东西，也就是凭理性思考把来自杂多感[249c]觉的东西把握为一个东西。其实，这就是对我们的灵魂从前曾看见的那些东西的回忆，当时，灵魂跟随神游历，从上面[往下]看到我们现在断言存在的东西，探头[看]那实实在在地在着的东西。所以，正当的是，唯有热爱智慧者的思想才会[c5]长出翅羽。毕竟，热爱智慧者总是竭尽所能地凭靠回忆让自己接近那些使神因之具有神性的东西。因此，一个男人唯有正确地运用这样一些回忆，不断圆成完满的开悟，才会成为实实在在的开悟者。不过，由于他摆脱了[249d]属人的繁忙事务，倾近于这种神性，众人会埋怨他心不在焉，其实，众人没留意到他已经神灵附体。

所以啊,迄今为止所有关于第四种疯癫所说的其实就是:[d5]一旦谁见到[地上]这儿的美回忆起那真实性质的美,就会生出羽翅。不过,当他满怀热忱要展翅高飞时,却没能力像只鸟儿那样飞起来往下瞧,可他对低的东西又没兴致,于是因处于疯癫状而招致谴责。[249e]其实,[招致谴责]是因为,在所有的神灵附体者中,有这种疯癫的人和共同分享这种疯癫的人才会成为优秀之人,而且[才会]出自优秀[家族]。因为,分有这种疯癫的爱欲者才被叫做对美好的东西有爱欲之人。毕竟,如已经说过的那样,每个[e5]世人的灵魂在天性上已经观看过那些[美好的]东西,不然的话,这灵魂也不会[250a]进到这种生命。

可是,对每个灵魂来说,要由[地上的]这儿的东西回忆起那些[天上美好的]东西,并非易事。当初仅匆匆看看那边的灵魂做不到,[翅羽折了]跌落在这边的不幸灵魂也做不到——结果呢,由于受某些同伙影响,他们转而行不义,忘了当初曾看见过的神圣之物。[a5]所以,仅剩下极少数[灵魂]还葆有足够的回忆。这些灵魂一旦见到那边的东西的某些个相似物,就惊愕得不能自已,由于不能足够清楚地感知,[250b]他们又懂不了自己有的这种感受。这样一来,正义、节制以及灵魂所珍视的所有这类东西,在此世的相似物中无不黯然无光。不过,凭借自己模糊的[感觉]器官,极少数人吃力地走向这些[神圣之物的]摹像,[b5]透过摹写的一类东西观看原本。可是,在那个时候,美[本身]明亮得焯焯可见啊。当时,福乐的视见和观看由幸福的歌队相伴——我们[的灵魂]跟随着宙斯,其他人[的灵魂]则跟随别的诸神——,按神的法规来讲,我们所圆成的是开悟中[250c]最为福乐的开悟。我们为这种开悟举行秘密仪式时,我们自身是整全的,①尚未沾染[世间的]种种恶——[尽管]这些恶正在随后的时间里等候着我们。我们口占着秘诀,在洁净的光明中敬视彰显出来的那些整全、单纯、沉静和幸福。当时我们自己也洁净,[c5]尚未带有那种东西的记号——如今我们披着那东西,并名之为身体,像牡蛎那样被[甲壳]囚禁着。

还是让这些事情去给回忆带来喜乐吧,由于想念对这些当时的事情

---

① 这些语词化用厄琉西斯(Eleusis)秘教的秘仪语式来描述智慧的开悟。

的回忆,这会儿说得长了些。我们还是来说那些美吧——[250d]在那些东西中,美的东西焯焯放光。我们来到(世间)这儿之后,通过我们的那些最明澈的感官,我们仍然能觉察到美最为明澈的光耀本身。毕竟,对于我们来说,在通过身体起作用的感官中,视觉最敏锐。不过,明智却不是靠视觉来看见的。如果明智[像美那样][d5]给自身提供这样一种明澈摹像使之走进[人的]视觉,它会促发何等厉害的爱欲啊——其他[让人]有爱欲的东西同样如此。可是,唯有美才有这种命[分]:它最为显眼,[250e]最让人爱欲。

因此,一个人倘若不是刚刚才开悟①或已经腐败,就不会敏感地从这边转向那边,朝向那美本身。当他看到[世间]这儿与美本身同名的东西时,他不会心怀敬拜去看,而是按四脚兽的规矩[把自己]交付给快乐,迫不及待地[e5]趴上去要下崽,肆心交媾,无[251a]忌惮,也无羞耻,违背自然地②追猎快感。而那位新近开悟者呢,由于他[在开悟]当时所见多多,一旦见到一张神样的面相或者某个把美摹写得惟妙惟肖的身体型相,他首先是一阵战栗,[开悟]那时[看见过]的某种骇人的东西来到他身上。然后,[a5]他望着[这张面相或身体]简直有如在敬拜一个神,如果不是畏惧[自己]显得疯癫到极点,他会有如祭拜神像和神那样祭拜这些心爱的少年。当他看着[心爱的少年]时,一种随战栗而来的转变攫住他,以至于[251b]不同寻常地燥热得[浑身]冒汗——因为,他通过眼睛接受到那些美的泌液,浑身燥热起来,而翅羽的天性正是靠这泌液得以滋润。随着这阵子燥热,[翅羽]根茎四周融活起来——很久以来,这些地方已经因顽梗而凝固,[翅羽]根茎闭合,[b5]不再发芽儿。可[这时]滋养涓涓流入,羽管③[开始]发胀、涌动,从根处长出来,长满灵魂的形相——毕竟,每个灵魂从前满是翅羽。[251c]这个时候,灵魂整个儿在沸腾、在充血,就像长牙时的感受——牙刚生长出来时,由于牙在生,牙龈又痒又刺激,一个刚开始生出翅羽的灵魂感受到的是同一种情形:灵魂在沸腾、

---

① "不是刚刚才开悟"意思是"开悟已经过去好久"。
② "违背自然"亦用于指同性恋。
③ "羽管"在古希腊俚语中也广泛用于男性生殖器。

[c5]在充血,生长着的翅羽在发痒。所以,一旦瞧见那少年的美,灵魂就会接收到从那里渗出、流溢出的一些微粒——因此被称之为"情液"①。一旦接收到情液,灵魂就受到滋润,燥热起来,从苦楚中舒缓,[251d]欢喜起来。

可是,一旦[与这美]分离,灵魂就会干涩,那些[流出情液的]通道的小孔——翅羽凭此而涌生——就会干涸、闭塞,窒息翅羽的胚芽。可是,胚芽虽被窒息在内却粘着情液,像血脉搏动一样仍在搏跳,刺戳[d5]着每个胚芽自身的通道,以至于灵魂感到周身处处被刺痛得抓狂难耐——不过,一旦忆起那美,灵魂又喜乐起来。

由于这两者交合在一起,灵魂因这种怪异莫名的感受苦恼不已,走投无路得发疯。在疯癫[251e]状态下,灵魂夜不能眠,日不能安,焦渴地奔向以为能见到那个拥有美的人儿的地方。一看到[那拥有美的人儿],情液就灌溉,浇灌先前已经干涸的地方——灵魂重新呼吸,从被揪住的刺痛[e5]和产痛中舒缓过来,转而享受眼下[252a]甜蜜无比的快乐。从此,灵魂绝不情愿[与这美人儿]分离,因为任谁都不如这美人儿更值——甚至母亲、兄弟和所有友伴也全忘掉。财富因疏忽而流失,他会满不在乎;他[迄今为止]为之而美化自己的那些习惯做法[a5]和虚有其表,统统被一脚踢开——[如今]灵魂打算做奴仆,只要允许,就尽可能挨近自己渴慕的人儿睡。毕竟,灵魂敬拜这拥有美的人儿,[252b]已经把他视为唯一救治自己的种种最大疾苦的医生。

这番经历啊——美少年哟,我这番话正是为了你——世人叫做爱欲,至于神们如何称呼,要是你听到兴许会发笑,因为你还年少。某些荷马信徒曾凭据[b5]秘而不宣的诗句说过两句爱欲,我觉得啊,其中第二句太过肆心,而且很不合韵律——他们这样唱道:

  实际上,凡人[把他]叫做飞翔的爱神,不死的[神们]则叫[他]飞翔欲,因为[他]强制长出翅羽。

[252c]这些诗句既可信,也不可信——但爱欲者[之所以爱欲]的原

---

① "情液"(Himeros)这个语词的原义是"渴望、欲念",柏拉图的用法是玩文字游戏。

因以及[爱欲的]经历,恰恰就是[我描绘的]这个。

再说吧,被[爱欲]逮着的人若从前曾跟随过宙斯,他就能够负起沉重得多的翅羽的重负。那些[c5]祀奉阿瑞斯并曾跟随他[在天上]周行的呢,一旦被爱若斯神俘获,而且[自己]以为被有爱欲的错待,便起杀念,不惜既献祭自己也献祭男孩。[252d]由于每个人都曾是[神的]歌队中的一员,每个人都这样按各自的神来生活,敬拜[自己]那个神,尽其所能摹仿这神——只要每个人还没腐败,而且过完[自己]在地上这儿的第一轮生世,并以这种方式结交和对待[d5]他所爱欲的人以及其他所有人。所以,每个人都按自己的方式从种种美当中选择爱欲。在[每个人]自己眼里,[所爱欲的]那个他仿佛就是神,会把他形塑、安置成神像,以备[252e]崇拜他,对他搞秘密祭礼。

正因为如此,那些[曾]跟随宙斯的人,会寻求灵魂像宙斯一样崇高的人作为自己要爱欲的人。他们会看清楚,[自己要爱欲的]这人在天性上是否是个热爱智慧之人,是否是个领袖人物。一旦找到这个他,就爱恋他,倾尽全力让他成为这样的人。[e5]要是他们此前在践行这一生活方式方面未曾涉足,他们会马上着手,尽自己所能四处讨教,亲自求索。按自己的方式追猎并找到[253a]属于自己的神的天性后,他们才走上坦途,因为,他们[这时]已经身不由己直勾勾地凝视自己的神。凭靠回忆拽住这神并被这神附体之后,他们得以把握[神的]习性和生活方式,以至于作为世人也能分享一个神。[a5]由于把这些事情归因于自己所爱欲的那个人,他们更加爱慕他。一旦他们从宙斯那里取水一瓢——有如那些酒神信徒,然后浇灌到所爱欲的人的灵魂中去,他们就是在打造他尽可能[253b]与他们自己的神一模一样。再说那些跟随赫拉的[灵魂],他们寻的是属王者类的[灵魂天性],找到之后,就会千方百计替这类[天性]做同样的事情。

那些跟随阿波罗的[灵魂],以及跟随其他每一个诸神的[灵魂],也如此按这个神[的天性]去追寻天性生来就属于他们自己的[神的]少年。[b5]一旦得到这少年,他们就自己让自己模仿[自己的神],说服、规训[各自所爱的]男孩,按其各自的能力[所及],把他引向那个神的生活方式和型相。他们对自己的男孩既没妒忌,也没小家子气的敌意。毋宁说,由于他们极力[253c]企图引导男孩在方方面面都完全既像他们自己又像他们所敬拜的那个神，他们才这样做。因此，一旦真正地爱欲着的人凭我所说的方式实现了热切欲求的东西，他们的热切欲求及其[欲求的]开悟才会成为既美又幸福的东西；如此幸福[虽然]基于这个[c5]因爱欲而疯癫的朋友，一旦他[把那男孩]拈到手，[如此幸福也是为了这个被友爱的[男孩]。不过，被拈选到的那个[男孩]被征服，还得靠下面这种方式。

正如在这个故事开始时，我们把每个灵魂划分为三部分，其中两个是马形的某种形相，第三种是御马者[253d]形相——我们现在仍然让这些划分保留下来吧。那么，关于这些马呢，我们说过，一匹好，一匹则不好。不过，好马的德性或劣马的劣性究竟是什么，我们并没细说，现在必须得说说。

可不是嘛，就这两匹马本身来说，一匹站在更美的位置，形相端直，而且[d5][肢体]舒展；高脖子，鼻子略钩，看上去洁白，黑眼睛；对荣誉有爱欲，但带有节制和羞耻，与真实名声为伴，无需鞭策，仅仅凭言辞[发出的][253e]命令就能驾驭。另一匹呢，则歪歪扭扭，[肢体]臃肿得像是胡乱凑在一起的；脖子又粗又短，扁平鼻，黑皮肤，灰眼睛，呈血红色；与肆心和吹嘘为伴，耳朵四周有浓密的毛，又聋，只屈从于鞭子加马[e5]刺。

当御马者一看到那双激发爱欲的目光，整个灵魂就会因这感觉而发热，渐渐爬满渴求[254a]的痒痒和刺戳。两匹马中顺从御马者的那匹这时像往常一样受羞耻强制，克制自己不扑向所爱欲的。另外那匹却不顾御马者的马刺和鞭子，又蹦又跳强力往前拽——[a5]这就给同轭的伴儿和御马者带来种种麻烦，强迫他们靠近那些男孩，还提醒他们[男孩身上的]那些性爱的魅力。同轭的伴儿和御马者起初还气恼地[254b]挣脱，因为，这是在被强迫去做可怕的和有违礼法的事。可是，如果这种劣性不止，他们就会作出让步，最终被[劣马]引领前往，同意去做被命令去做的事情。

他们一来到这男孩跟前，便看见他[b5]闪烁的目光。御马者看到[这目光]时，便回忆起那些美的自然[天性]，随之就看到这自然[天性]已经与节制一起踏上神像基座。一看到[美和节制]，御马者就感到畏惧——敬畏令他退后仰翻，同时被迫[254c]从后面往回猛拽缰绳，以至于两匹马双双屁蹾坐地。那匹[好马]心甘情愿,因为他本来就不[愿]挣脱[御马者],那匹[劣马]却肆心地老大不情愿。[御马者]驱赶[马儿]离开时,那匹[好马]由于羞耻和震惊,整个[c5]灵魂大汗淋漓,那匹[劣马]则不顾辔头和跌倒引起的疼痛,不等喘过气来就怒气冲冲破口大骂,喋喋不休地责骂御马者和轭伴,[说]他们由于怯懦和缺乏男子气而乱了套,[254d]同意后又不算数。他再次强迫御马者和轭伴往前冲,由于他们不愿意,他勉强同意他们的请求,下次再说。

约好的下次到了,御马者和轭伴装着回忆不起来,那匹[劣]马儿就提醒他们——强逼啊、嘶鸣啊、拽啊,[d5]用同样的言辞强迫他们再次冲向那些[心爱的]男孩们。当他们靠近[男孩]时,那[劣]马俯下身子,翘起尾巴①,咬紧辔头,厚颜无耻地往前拽。[254e]御马者更强烈地经受到[与上次]相同的感受,仿佛从跑道拐点后退似地更用力往后紧拉那匹肆心的马咬住的辔头,搞得他那恶言恶语的舌头和下颚鲜血淋漓,而且把他的大腿和[e5]屁股往地上摁,让他疼得不行。多次遭受同样的[对待]之后,[劣马]肆心的顽劣才止住,他终于俯首贴耳跟从御马者的先见之明——当看到那美人时,他也畏惧得一塌糊涂。所以,最后的结果是,这个爱欲者的灵魂怀着羞耻和敬畏跟从那些男孩。

[255a]由于被服侍的[男孩]被当作神受到百般服侍,这有爱欲的并非做做姿态,而是真的动了爱欲,被爱欲者自己自然会对一个如此服侍自己的人友爱,即便从前他受到同学或[a5]其他人误导——说什么接近有爱欲的人可耻。由于这个原因,他曾经拒绝过有爱欲的人,但随着时间的推移,青春期和命定的东西引导[255b]他答应与有爱欲的人交往。毕竟,坏人不会对坏人友爱,好人不会对好人不友爱,难道不是命中已经注定吗?当被爱欲的答应有爱欲的,接受[他的]言辞和[与他]交往②,有爱欲者款款而来的蜜意令被爱欲者惊诧莫名。[b5]因为,他清楚地感受到,他的其他朋友和亲戚加在一起所带来的命分中的友爱,也丝毫比不上这位神灵附体的朋友。当爱欲者继续坚持[展示蜜意],通过在体育场和其他

---

① "尾巴"在古希腊俚语中也暗喻"男性生殖器"。
② "交往"这个语词一般而言指生活上的交往,也可以指"性交"。

交往场合的身体接触[相互]亲近,[255c]最终,那股涌流之泉——宙斯爱欲伽努墨德斯①时叫它"情液"——澎湃地涌向爱欲者,一些沉入他自身,一些[在他身上]满溢后流出来。就像一阵风或某个回音从一些平滑而[c5]坚硬的东西那里又蹦到原来促发的地方,美的涌流通过[有爱欲者]眼睛再次走向美人,并自然而然走进他的灵魂,抵达[灵魂]时便振起[255d][灵魂的]翅羽。[美的涌流]浇灌翅羽的通道,促发生出翅羽,被爱欲者的灵魂转过来也充满了爱欲。

因此,被爱欲的也爱欲起来,但又对此不知所措。他不知道自己已经经历到的是什么,也没法说清这经历,倒像从别人那里[d5]染上眼炎自己却没法说出原因。② 所以,被爱欲者没有觉察到,他从有爱欲的人这面镜子里看到的是他自己。如果那[有爱欲的]人在[他]身旁,被爱欲者就像那[有爱欲的]人[曾经历过的]那样不再苦恼;如果那人不在身边,被爱欲者转过来也像那[有爱欲的]人那样渴慕,[255e]以应答的爱欲去追慕那爱欲的摹像。当然,被爱欲者把这[应答的爱欲]叫做友爱,而且认为就是友爱,而非爱欲。但是,与那[有爱欲的]人非常相像——尽管不如那人强烈,被爱欲者欲望见到、摸到、亲吻、躺在一起——然后呢,就像看起来的那样,迫不及待地做接下来的那些事情。

当他们俩[e5]睡在一起时,爱欲者[身上]的那匹无节制的马还知道[自己]要对御马者说,这一丁点儿享受不足以[256a]补偿太多的辛苦。男孩[身上的那匹无节制]的马呢,却不知道要说什么,只感到已经胀满,六神无主,搂着爱欲者一个劲儿亲吻,尽情接纳[爱欲者的]蜜意。他们躺在一起时,如果爱欲者恰好想要得很,[a5]这匹[无节制]马不会拒绝自己让爱欲者享有的那一份儿。那匹同轭的马呢,却与御马者一起,凭羞耻和理性抵制。因此,如果思想中优秀的东西获胜,引导[爱欲者和被爱欲者]走向合序的生活方式和热爱智慧,那么,他们在这世上就会过上幸福[256b]而又和谐的生活:把握自己,有规有矩,让灵魂中滋生劣性的那

---

① 按《伊利亚特》20.232-235 中的说法,伽努墨德斯是特洛亚王的儿子,凡人中最美的男子,被诸神掠走带给宙斯到奥林波斯当斟酒司。

② 古人相信,眼病因视觉接触而传染。

部分为奴,给灵魂中滋生德性的那部分以自由。这样的话,当生命终了时,由于爱欲者和被爱欲者[的灵魂]已经长出翅羽,变得一身轻盈,他们已然赢得真正的[b5]奥林匹亚竞赛中三场摔跤的一场。①属人的节制也好,神的疯癫也罢,能带给人的都比不上这善更大。

可是,如果爱欲者和被爱欲者采取的是俗不可耐的生活方式,[256c]并不热爱智慧,而是爱名声,那么,在[灵魂]醉晕晕或其他漫不经心的时候,这对无节制的轭下之马就会逮着爱欲者和被爱欲者没有防备的灵魂,引领去一起拈选多数人以为幸福的选择,②并过完[c5]一生。过完这生后,对余下的生世他们还会采取同样的生活方式,极少[有人]会认为,[灵魂]并非是在以整副心思过日子。因此,这对[爱欲者和被爱欲者]虽然不如那对,也还算过得相[256d]互友爱——无论在爱欲劲头上还是过后,相信彼此已经给出和接受最重大的誓约,[而且相信]解除誓约甚至有一天反目为仇,就不合法规。到了生命尽头时,虽然没翅羽,[这两个灵魂]毕竟还有长出翅羽的冲动走[d5]出自己的身体,所以,他们还是给爱欲的疯癫带来不小的报偿。毕竟,对于那些已经开始天宇下的旅程的人,有这样一条法规:他们不会再步入冥暗,踏上地下的旅程,而是会幸福地度过光明的一生,[256e]相扶相携前行——在这期间,托爱欲的恩惠,他们会生长出共同的翅羽。

孩子啊,这些如此丰赡和神圣的东西,就是出自一个爱欲者的友爱将会给予你的。出自没爱欲的人的亲密关系则[e5]掺和着属于人世的节制,对属于人世之物和吝惜得来的东西精打细算,[如此亲密关系]在其朋友的灵魂中只会孕生出[257a]被杂众吹捧为美德的小气,使得灵魂毫无心智地在地上和地下打滚九千年。

亲爱的爱若斯神,这就是按我们能力所及进呈给您的最美、最好的悔罪诗——姑且作为偿还吧。[a5]由于斐德若,在辞藻和其他方面被迫说得有些诗意兮兮。原谅[我]先前[说的]那些,让这些来讨[您]喜欢吧,[愿您]行行好,慈悲为怀,别一怒之下收回或废掉您已经赐予我的爱欲

---

① 摔跤手要在奥林匹亚竞赛中当冠军,得把对手摔倒三次。
② "多数人以为幸福的选择"指沉溺肉欲的生活。

术,愿您赐予我的爱欲术让我在美人们面前比现在更值。[257b]要是斐德若和我在早前的讲辞中对您说了什么粗鲁无礼的话,就责备吕西阿斯吧——他才是那篇讲辞之父。[求您]让他再别玩这样一类言辞,让他转向热爱智慧吧——像他哥哥珀勒马科斯①已经转向那样。那样的话,他这儿的这位[b5]爱欲者就不会再像现在这样脚踏两只船,而是为了爱欲一心一意用热爱智慧的言辞打造生活。

斐　要是这样对咱俩更好,苏格拉底,我与你一起[257c]祷告,让这些事情成。对你完成的这篇讲辞,我早就惊叹不已,比起前一篇的确美多啦。所以,我犹豫不决,如果吕西阿斯愿意针对[你的]这篇铺陈出另一篇来,他对我是否就显得矮一截。其实,你这神奇的家伙呃,[c5]前不久,治邦的人中有个谁还责骂他来着,指责他搞这种[写讲辞]事情,整个责骂都称他讲辞写手。所以,出于爱名声,他兴许会赶紧收手不为我们写咯。

苏　年轻人,你说的这意见可笑,[257d]要是你以为他如此容易被一点儿小小动静吓住,你就大大搞错这位友伴啦。不过,兴许你认为那个责骂他的人所说的话的确是在指责。

斐　他显得如此,苏格拉底。你自己其实也[和我]一同[d5]知道,诸城邦中最有权力、最有威严的人物都耻于写讲辞,耻于留下自己的文字,畏惧[自己]在将来会被叫做智术师。

苏　斐德若呃,你忘了甜蜜的拐弯啦——(这叫法出自[257e]"尼罗河的大弯"②)且不谈这拐弯吧,你也忘了,那些自视伟大的治邦者们忒爱欲写讲辞,留下文字。而且,每逢他们写讲辞时,[e5]都会讨好夸赞[他们]的人,所以首先会附带提到在各个场合夸赞他们的人。

斐　你这话什么意思?我没懂。

苏　[258a]你不懂一个治邦的男人(在文字)开头首先提到的是那些夸赞者。

斐　怎么[个写法]?

---

① 珀勒马科斯是吕西阿斯之兄,对哲学感兴趣。
② "尼罗河的大弯"是挖苦说话拐弯的成语。

苏　他会宣称,"承蒙议事会"或者"承蒙乡亲"——[a5]或者两者都提到,然后才是"某某说",写[讲辞]的人当然会以极其威严和赞颂的口吻提到他自己。在此之后,他才[开始]说,向那些夸赞他的人们展示他自己的智慧——有时会把文字搞得老长。或者,在你看来,这样一种东西与一篇成文讲辞完全不同?

斐　[258b]我倒没觉得[不同]。

苏　那么,要是这讲辞站得住脚,这位诗人就会高高兴兴离开舞台。①但要是[讲辞]被从木板上擦掉,他就不再有写讲辞和配舞文弄墨的份儿,[b5]他自己和友伴们都会悲伤得很。

斐　[悲伤]之极。

苏　显然,他们并非看不起这份事业,毋宁说,他们为之而感到惊奇不已。

斐　一点没错!

苏　[b10]是嘛?倘若他足以成为修辞家或国王,以至于[258c]得到像吕库尔戈斯或梭伦或大流士那样的权力,在城邦成为不朽的讲辞写手,那么,他自己——如果他还健在的话——不认为自己就像个神才怪呢。后来的人们要是观看到他的文迹,对于他不也会同样这么[c5]认为?

斐　非常会[这么认为]。

苏　那么,你认为,任何这样的一个人——不管是谁,也不论对吕西阿斯怀有怎样的敌意,会因他为文这种事情指责他吗?

斐　从你所说的来看,好像不会。毕竟,这看起来[c10]是在指责他自己的欲求。

苏　[258d]其实,每个人都清楚这个,即写讲辞这事本身并不可耻。

斐　怎么会呢?

苏　我认为,要说可耻,那个才可耻,即说得、[d5]写得不美,而是可耻和低劣地说和写。

斐　明摆着的嘛。

---

① 苏格拉底暗示,在民主政制中,治邦者提出立法议案有如戏剧诗人写出作品登台表演,让民众围观——其写作目的是围着民众转。

苏　那么,什么是美抑或不美地写的方式呢？斐德若,我们不是必须在这些方面检查一下吕西阿斯吗？无论谁,只要写过或想要写什么,无论是就城邦事务[d10]还是就个人事务撰文,也无论是像诗人那样用韵律,还是像常人那样不用韵律,不都必须检查一下？

斐　[258e]你问我们是否必须？一个人活着为了啥啊？要我说,不就是为了这类乐事嘛？当然,我想,对于那样一种人来说就并非如此——对他们来说,想有快乐必须先吃苦头,几乎所有涉及身体的快乐都如此。所以啊,[e5]他们才被正义地叫做奴隶。

苏　看来,我们还有空闲[做这事]。何况,在这闷热天,那些蝉在我们头上歌唱,相互[259a]交谈——我觉得,这是在往下看我们。要是蝉们看见我们俩像多数人那样,在这正午时分不去讨论而是打瞌睡,由于思想懒惰让它们来催眠,蝉们就会正义地讥笑我们,认为我们不过是[a5]奴隶般的家伙,跑来这小小歇脚地儿,像小羊儿一样在泉边睡午觉。但要是蝉们看到我们在讨论,从它们旁边航行而过就像经过塞壬那样[259b]却未被催眠,①那么,蝉们兴许会叹服,马上把它们从神们那里得来的给世人的奖品给我们。

斐　它们有的这奖品是什么东西？我碰巧好像从没听说过。

苏　[b5]一个热爱缪斯的男人竟然没听说过这样的事情,实在有点不相称。据说啊,从前,这些[蝉]本来都是世人,属于缪斯们[出生]之前的一代。缪斯们生出来时,歌唱显露出来,当时的一些世人快乐得惊诧莫名,[259c]以至于只是歌唱,不顾吃喝,不知不觉就让自己终了啦。打那以后,从这批世人中就生长出蝉类,他们持有从缪斯们那里得来的这个奖品②,生下来就不需食物,不吃也不喝,只一个劲儿歌唱,[c5]一直到[生命]终了。然后,他们去到缪斯们跟前,向她们报告,[地上]这儿的[世人]中谁谁谁崇敬她们中的谁谁谁。通过向忒尔普西科瑞③报告,谁谁谁在合唱歌舞中崇敬她,[259d]蝉们使得自己与她的关系更为亲密友爱。

---

① 蝉以及塞壬,参《奥德赛》12.39、158 – 200。
② "奖品"指歌唱。
③ 忒尔普西科瑞是掌管歌舞的缪斯。

蝉们还向厄拉托①报告在爱欲之事方面崇敬她的人们,也向其他[缪斯]如此报告她们按各自的形相所受到的崇敬。不过,对最年长的卡利俄佩和[年纪]仅次于她的乌拉尼亚,②蝉们报告的却是终身热爱智慧的人们,他们崇敬[d5]这两位[缪斯]的乐术。因为,在所有的缪斯们当中,她们尤其掌管着天以及诸神和世人的言说,发出的声音最美。由于这众多的缘故,我们必须谈点儿什么,在这个正午不可睡觉。

斐　当然,必须谈。

苏　[259e]可不是嘛,我们必须检查我们这会儿对自己提出来要检查的东西:凭何种方式才能美好地言说和书写,凭何种方式则不能。

斐　明摆着的嘛。

苏　对于那些想要说话既妥帖又美好的人来说,[e5]讲者的思想难道不是必须在一开始就知道他想要说的东西的真实?

斐　关于这一点啊,亲爱的苏格拉底,我倒听过[这样的说法]:[260a]对于将来想当修辞家的人来说,其实并非必然得去学习实实在在的正义的东西,倒是必然得学习那些看起来杂众会判为正义的东西;也不是必然得去学习实实在在的好和美,倒是必然得学习看起来如此的东西。毕竟,说服靠的就是这些,而非靠的是真实之相。

苏　[a5]斐德若啊,智慧人说的是我们必须"不可抛弃这些话"。③我们必须检审他们是否说出了点儿什么,尤其刚才说的这番话不可听之任之。

斐　你说得正确。

苏　我们且这样来审视刚才这番话吧。

斐　[a10]怎样[审视]?

苏　[260b]假如我要说服你去搞匹马来退敌,可我们俩都不识马,但我恰巧知道你有这样一个[看法]:斐德若以为,马是耳朵最长的温顺动物之一……

---

① 厄拉托(Erato)在缪斯中掌管抒情诗歌。
② 卡利俄佩主管修辞和史诗,乌拉尼亚主管天象。
③ 在《伊利亚特》2.361,涅斯托尔对阿伽门农说:"我说的话你不要抛弃,视为无价值。"

斐　[b5]这兴许可笑罢,苏格拉底。

苏　还没完呢。假如我要竭力说服你编织一篇夸赞驴子的讲辞,要把它叫做马,还说搞到这家伙后,无论家用还是用于军务样样都值,用于骑着打仗,也能驮运装备[260c]以及许多其他有用的东西。

斐　这兴许就太可笑咯。

苏　可笑但友好不是强过厉害却带敌意吗?

斐　[c5]显得是这样。

苏　那么,要是有个修辞术师对好和坏没认识,他逮着一个与他自己一样[不识好坏]的城邦要劝说,但他不是做篇颂文把一头驴子的影子夸赞得像马,①而是通过关注杂众的意见把坏东西夸赞得像好东西,他说服了这城邦把坏事[c10]当好事来做,那么,你认为,这种修辞术会在播下种子之后[260d]收取什么样的收获呢?

斐　当然不会是合适的东西。

苏　哎,好人儿哦,我们对这门说话技艺的指责是不是比所需要的过于土里土气啦?这位技艺兴许会说:"什么[d5]呀,少见多怪的家伙,你们胡说些什么?我可从没强迫过谁还没认识真实就去学说话;相反,如果我对任何事情有什么建议的话,那就是[先]获得真实,这样才来逮着我。无论如何,恕我说话口气大:即便有谁知道了实实在在的东西,没我的话,他也绝不能凭技艺说服[任何人]。"

斐　[260e]她说的这些难道说得不对?

苏　我会说[不对]——如果来到她身上的这些说法证明她是门技艺的话。毕竟,我觉得,我好像听到一些攻击性说法,严正指证她在说谎,她不是一门技艺,[e5]而是没技艺的操作而已。拉刻岱蒙人说过,没把握着真实,真正的说话技艺现在不会有,往后也不会产生出来。

斐　[261a]我们需要[听听拉刻岱蒙人的]这些说法,苏格拉底。不

---

①　"驴子的影子"系成语,意思指无谓的行为。传说有个雅典人租了头驴子运货到麦伽拉,赶路时正逢七月天,一到中午炎热难忍。那雅典人停下来,从驴背上卸下货物,蹲在驴子的身影下乘凉。驴的主人得知后却有意见了,他对雅典人说,他的驴子只用来运货,不用来乘凉。两个人为驴子的影子争执不休,最终对簿公堂。戏剧诗人阿尔喀珀斯(Archippus)以此为题材写过一部题为《驴子的影子》的戏,大致于公元前415年至前412年间得奖。

妨把这些说法摆出来,审查一下他们说的什么以及如何说。

苏 高贵的生灵们哟,来吧,请说服斐德若这位美孩子[相信],除非他足够热爱智慧,否则他绝不会足以[a5]有能力言说任何事情。就让这斐德若来回答[你们]罢。

斐 你们尽管问吧。

苏 那么,整体而言,修辞术应该是某种凭言说引导灵魂的技艺,不仅在法庭和其他民众集会上如此,在个人事务方面也如此。这门技艺同样涉及大事[261b]和小事,没有比这门技艺正确地得到应用更应该受到重视的了,无论涉及严肃的事情还是琐屑的事情,不是吗?或者你听说过的这些事情是怎样的呢?

斐 不,向宙斯发誓,完完全全不是这样。本来,口说和书写的技艺大多用于司法判决,[b5]而口说也用于民众演说——用于其他方面,我没听说过呃。

苏 怎么,你仅听说过涅斯托尔和奥德修斯的关于言说的技艺——这是他俩在特洛亚有闲暇时写下的,却没听说过帕拉墨德斯①的[关于言说的技艺]?

斐 [261c]没呃,向宙斯发誓,我甚至连涅斯托尔的[言说技艺]也没听说过,莫非你把高尔吉亚当成了哪个涅斯托尔,或者把奥德修斯当成了哪个忒拉绪马科斯和忒俄多罗斯。

苏 也许罢。我们且不管他们吧——你说说看,[c5]在法庭上,[原告和被告]对抗双方干的是什么呢?不就是争辩么?或者我们该说是什么呢?

斐 正是这个。

苏 那涉及正义和不义吧?

斐 是啊。

苏 [c10]那么,凭靠技艺做这件事情的人如果愿意的话,他可以做到[261d]让相同的事情对相同的人显得一会儿正义,一会儿不正义吗?

斐 那还用说?

---

① 帕拉墨德斯是荷马笔下的英雄,以虔诚、善良但也狡猾著称,精通修辞技艺。

苏　在民众演说中,他可以做到让相同的事情对这城邦显得一会儿是好事,一会儿是相反的[坏事]?

斐　[d5]正是如此。

苏　可是,我们不是也知道,爱利亚人帕拉墨德斯①说话有技巧,以至于让相同的事情对听者显得既一样又不一样,是一又是多,还有,既处于静止又在挪动。

斐　太是这样啦。

苏　[d10]所以,争辩术不仅关乎法庭[261e]和民众演说,毋宁说,看来啊,在所有言说的事情方面,都会有一门某种技艺——如果有这门技艺的话,兴许它就是这门子技艺:凭靠它,一个人就得以把每个能够显得相同的东西搞得与每个能够与之相同的东西相同——而且,当别人搞这种相同并隐藏[其所为]时,[一个人凭靠技艺也能够]让它暴露在光天化日之下。

斐　[e5]你说的这一点是什么意思?

苏　我觉得,用下面这种方式来探问,就会清楚起来:蒙骗会出现在事物差异更大还是更小的时候呢?

斐　[262a]差异更小的时候。

苏　可是,你走到对立的观点时,你不会觉察到,自己迈出的一小步其实更是一大步。

斐　怎么会不是这样呢?

苏　[a5]所以,想要蒙骗别人的那个人不想自己也被蒙骗,就必须精确区分事物的相同和不相同。

斐　的确必然得[区分]。

苏　那么,不知道每个事物的真实,他能够[a10]认出他不认识的东西与别的东西的相同是大还是小吗?

斐　[262b]没可能。

苏　所以,持有与实际事物相违的意见的那些人受了蒙骗——很清

---

①　"爱利亚人帕拉墨德斯"指同样是爱利亚城人的芝诺(Zeno),他从同乡帕默尼德的思想中发展出一种悖论观(对立的两个观点都成立),因此闻名。

楚,由于某种相同,他们才会在这种情况下滑倒。

斐　是哦,[受蒙骗]正是这样出现的。

苏　[b5]那么,通过种种相同,一个身怀技艺之人迈着小步把别人从每个实际的东西引领到对立的东西——而且自己得避免受蒙骗,如果他没认识到那些实际的东西个个是什么的话,这可能吗？

斐　不可能,绝对不可能。

苏　[262c]所以,友伴啊,那个并不知道真实而是[仅仅]追猎意见的人将会表明,他的言谈技艺是某种可笑的技艺,而且看起来啊,其实就是没技艺。

斐　也许是吧。

苏　[c5]那么,你愿意看看,在你带着的吕西阿斯的讲辞中,以及在我们说的两篇讲辞中,有没有我们所说的没技艺和有技艺的东西？

斐　太愿意不过啦,因为,我们眼下谈得有些个干巴巴的,没有足够的范例。

苏　[c10]其实,看来啊,多亏某个机遇,那两篇说过的[262d]讲辞就是某种范例,[足以表明]有人尽管知道真实,却玩弄言辞诱导听者。不过我嘛,斐德若,要归咎于这地方的诸神——也许还有那些缪斯们的代言者,他们在我们头上歌唱,把这个奖品[d5]吹拂给了我们。毕竟,我可从未与什么说话的技艺沾边。

斐　就算是你说的那样罢。你尽管把你说的意思搞清楚！

苏　行啊,给我念念吕西阿斯的讲辞的开头吧。

斐　[262e]"关于我的事情嘛,你已经知道得很清楚,而且,这事的发展嘛,我认为对我们[俩]有好处,这你也听过了。可我指望的是,我所需要的不至于因为这一点而落空,即我恰巧并非对你有爱欲。那些[有爱欲的]人啊,莫不追悔……"

苏　[e5]停。我们必须说说,这人犯了什么错,他做什么[做得]没技艺,是吧？

斐　[263a]没错。

苏　那么,难道不是每个人都非常清楚下面这样一点,即我们对一些语词持相同看法,对一些语词则起纷争？

斐　[a5]我觉得我懂你说的意思,不过你还是说得更清楚些吧。

苏　当有人说到语词"铁"或"银"时,我们所有人心里想到的不都是同一样东西吗?

斐　当然。

苏　但当说到语词"正义"或"好"时呢,不就各奔[a10]东西了吗——我们不是互相争辩甚至与我们自己争辩吗?

斐　一点儿没错。

苏　[263b]所以,我们在一些事情上同声同气,在一些事情上却不[这样]。

斐　的确如此。

苏　那么,我们在哪方面更容易被蒙骗?修辞术在哪方面更有权力呢?

斐　[b5]明摆着是在我们莫衷一是的那些方面。

苏　所以,谁想要探求修辞术,必须首先从路数上区分这些语词,逮着两类[语词]形相各自的某些特征,对于其中一类,杂众必然会莫衷一是,对于另一类则不会。

斐　[263c]谁要是逮着这,苏格拉底,他兴许也就对美的形相了然于心咯。

苏　其次呢,我认为,当他接近每一语词时都不可以不留意,倒是必须敏锐觉察他要说的东西[c5]恰巧涉及这两类[语词]中的哪一类。

斐　怎么会不是呢?

苏　是什么呢?我们该说爱欲属于有争议的[语词]还是没争议的[语词]?

斐　明显属于有争议的嘛。要不然,你认为你还可能让[c10]自己像你刚才说的那样谈论爱欲——说什么爱欲对被爱欲者和有爱欲者都有害,转过来又说爱欲恰巧是最了不起的东西?

苏　[263d]你说得好极啦!不过,说说这吧:我在那讲辞开头是否替爱欲下过定义——由于当时有神灵在身,我完全不记得啦。

斐　向宙斯发誓[下过定义],而且极为明确。

苏　[d5]哎哟,你是说,阿喀罗俄斯的水泽女仙们,还有赫耳墨斯的儿子潘,他们在言说方面比克法洛斯的儿子吕西阿斯有技艺多啦——或者我搞错了,其实,吕西阿斯也在开始说爱欲时强制我们把爱欲当作某种实际的东西,[263e]亦即他自己意愿的东西,然后,按这个东西来安排全文,让它贯穿后来的讲辞?你愿意我们再来念一遍那讲辞的开头吗?

斐 如果你觉得[需要]的话——不过,你[自己]去查看吧,它不就在这儿嘛。

苏 [e5]还是你念吧,以便我听听那个人自己[怎么说]。

斐 "关于我的事情嘛,你已经知道得很清楚,而且,这事的发展嘛,我认为对我们[俩]有好处,这你也听过了。可[264a]我指望的是,我所需要的不至于因为这一点而落空,即我恰巧并非对你有爱欲。那些[有爱欲的]人啊,欲望一旦停歇下来,莫不追悔自己所献的殷勤。"

苏 看来啊,那人确实离我们寻求要做的事情太远。他[a5]不是从开头处而是从收尾处仰躺着往回游①——他从有爱欲的人会对男孩说的那些话开始,而这时他[的爱欲]已经停歇下来。或者我说错啦,斐德若,亲爱的脑袋瓜子?

斐 [264b]他制作的这番话果真是收尾[的话]哦,苏格拉底。

苏 其余的说法是些什么呢?这讲辞的各部分难道不是显得杂乱无章地堆在一起的?第二段所说的东西难道出于某种必然显得[b5]非摆在第二段不可?其他所说的东西也[出于某种必然非摆在那儿不可]?毕竟,由于[我自己对他所说的]一无所知,在我看来啊,这位写手并非低劣地想到什么就说什么。不过,你恐怕拥有某种书写讲辞的必然[规则],这人正是按此来依次摆放所说的那些吧?

斐 你认为我足以如此准确地看穿[264c]这人[写下]的这些东西,你真是有益的人呃。

苏 至少我认为你会说,每篇讲辞都必须组织得有如一个生物,它有自己的身体——既不会没脑袋,也不会没脚,既有主干也有[c5]细节,写得[各部分]相互贴合又浑然成整体。

斐 怎么会不是呢?

---

① 雅典人有一句成语,用不懂游泳比喻不懂读写。

苏　那么,仔细瞧瞧你这位友伴的这篇讲辞吧,它是这样呢,抑或压根儿就不是这样。你将会发现,其实它与那个铭文没差别——据有些人说,那铭文是为弗里吉亚王米达斯[的坟墓]刻写的。

斐　[264d]什么样的[铭文],关它什么事儿?

苏　那铭文是这样的:

我乃铜铸的少女,卧守米达斯坟茔侧畔。
只要水在流,大树在开花,
[d5]我就会留在这冢旁恸哭,
向路人传报,米达斯王①在此安息。

[264e]它的第一行和最后一行说的东西没差别嘛,我啊在想,你大概留意到了罢。

斐　你在讥笑我们的那篇讲辞,苏格拉底。

苏　算啦,我们不谈这个为好,免得你不快——[e5]其实,我倒觉得,它提供了许多范例,谁要是瞧瞧兴许会获益,只是千万别试着模仿它们——我们还是去[看]另外两篇讲辞吧,据我看,其中有某种东西确实适合有意愿探究言辞的人看看。

斐　[265a]你说的是何种东西?

苏　[这两篇讲辞]处于某种对立之中:一篇说必须喜欢有爱欲的,另一篇说必须喜欢没爱欲的。

斐　而且忒有男人劲头呢。

苏　[a5]我想,你要说到真实[处]的话,就[得说]是"忒疯癫"——其实,我本来探究的就是这个[疯癫]本身。我们曾说过,爱欲是一种疯癫。不是吗?

斐　是[说过]。

苏　但疯癫有两种形相:一种源于属人的[a10]疾病,另一种源于由神引起的对习传规矩的彻底更改。

斐　[265b]完全没错。

---

① 米达斯(Midas)是弗里吉亚(Phrygia)的王,许多古代英雄传说里的主人公。

苏　我们将这种神性的[疯癫]划分成四份,归属于四位神:把预言术的[疯癫]设定为属于阿波罗的疯癫,把秘仪术的[疯癫]设定为属于狄俄尼索斯的疯癫,又把诗术的疯癫设定为属于缪斯们的疯癫,把第四种灵启设定为属于阿芙罗狄忒[b5]和爱若斯的疯癫。我们还说过,爱欲术的疯癫最好。然后,以某种我还不知道的方式,我们仿制了爱欲术的经历,兴许还把握到某种真实,但很可能也一时被引错了道。我们调制出一篇并非完全没有说服力的讲辞,[265c][最后]演颂了一段秘仪颂歌——既有韵律体也有祭拜体,向我和你的主人爱欲祈求,斐德若哟,他是美少年的监护者啊。

斐　至少,我听起来并非不顺耳啊。

苏　[c5]那么,我们就由此抓住下面这一点吧:这讲辞如何从指责跨越到颂扬。

斐　你说的这一点是什么意思?

苏　在我看来啊,其余的都简直是在用实实在在的玩笑搞笑——不过,出于机遇而说到的那些东西中仍然见出两种形相,[265d]如果谁有能力凭技艺把握其力量,恐怕不会不美妙吧。

斐　哪两种[形相]?

苏　[一种形相是]统观分散在各处的东西,然后把它们领进一个型相,以便通过界定每一具体的东西搞清楚自己[d5]想要教诲的无论什么[内容]。比如眼下说到关于爱欲的那些事情,当爱欲得到界定,才会有说得得体还是说得低劣[之分]。[我们的]这篇讲辞才能够通过说这些[关于爱欲的]事情获得明晰的东西以及与自身融贯一致的东西。

斐　那么,你说的另一种形相又是什么呢,苏格拉底?

苏　[265e]反过来,有能力按其自然生长的关节处依据形相切开这个[与自身融贯一致的东西]——但别试着用蹩脚的屠夫所用的方式把每部分搞得支离破碎。毋宁说,就像[我]刚才的那两篇讲辞那样,把思想上的神志不清把握为一个共同的形相,就像[266a]一个身体会天生长出成对的肢体,而且有相同的名称:一个叫左,一个叫右。同样,在两篇讲辞中,思想上的神志不清被看作一种在我们身上自然地生发出来的形相,一篇切开左边部分,切到不能再切,直到在[a5]其中发现某种所谓左的爱欲,并依据正义狠狠谴责一番——另一篇则把我们引向右边的那部分疯癫,发现它虽然与左边部分同名,却是某种神样的爱欲,[266b]于是把它提取出来,称颂它对我们来说是最好的东西的原因。

斐 你说得极为真实。

苏 我自己嘛,斐德若,当然对这些有爱欲,即对区分和结合有爱欲,由此我才会有能力说话和[b5]思考。而且,一旦我认定某个人有能力看到一和[从一]生长为多的[东西],我就要追随"他的足迹,仿佛他是个神"。当然咯,对有能力看到这个的那些人,直到这会儿我都叫[他们]辩证术家——[266c]至于称呼得正确与否,神才知道。不过,你说说看,我们这会儿从你和吕西阿斯学到的东西,我们应该怎么称呼呢?或者言说的技艺就是那个东西,正是凭靠应用这门技艺,忒拉绪马科斯和别的谁使自己成为在说话方面有智慧的人,而且把别人造就成这种人,只要[c5]这些人愿意像给国王们进贡那样给他们呈上贡品。

斐 这些男人倒是有王者气象,但他们确实不精通你追问的这些。当然,你把这种形相称为辩证术的[形相],我觉得你称呼得正确——不过,我觉得,修辞术的[形相]还是从我们这儿溜走啦。

苏 [266d]你怎么[这样]说?会有某种即便抛开这些[辩证术]靠[修辞术]这门技艺仍然把握得到的美玩意儿?千万别小看它啦,你我都别——必须得来说说,修辞术给漏掉的东西究竟是什么。

斐 [d5]苏格拉底呃,在那些成文的关于言说技艺的书卷中,这样的东西太多啦。

苏 你提醒得好。我想,[漏掉的]首先是前言,因为讲辞开头必须得说[这个]。你说的就是这些东西,难道不是吗?它们是这门技艺的精妙所在?

斐 [266e]没错。

苏 其次[漏掉的]是陈述或诸如此类的[说法],以及为此提供的证明;第三是证据;第四是看似如此的[说法]。我想,[漏掉的]还有那个拜占庭男人说的确证和进一步确证,他可是[e5]最棒的言辞制造巧匠呀——

斐 你说的是那位有益的忒俄多罗斯?

苏　[267a]还会是谁啊？而且[我想]，在控告和申辩时，还必须用上辩驳和反复辩驳。我们不是也得把那位极其漂亮的帕罗斯人欧厄诺斯领进[这类人]中间来？他第一个发明含沙射影和曲意奉承。据说，他为了便于记忆还把腹诽心[a5]谤[编成]顺口溜——毕竟，这男人有智慧嘛！难道我们应该让提西阿斯①和高尔吉亚[在一边]歇着？他们看到，看似如此的东西比真实的东西更值得看重。凭靠语词的力量，他们[能]搞得让渺小的东西显得伟大，让伟大的东西显得渺小，[267b]把新东西搞得陈旧，把陈旧的东西搞得很新——他们还发明了就任何话题都既能说得极短又能拖得老长[的能力]。不过，有次普罗狄科听我说起这些时，他笑了笑说，唯有他才发现了言说的技艺所必需的东西——因为，[这门技艺]需要的既非长亦非短，[b5]而是适度。

斐　普罗狄科太有智慧啦。

苏　我们不是还该提到希琵阿斯？毕竟，我认为啊，这位厄利斯的异乡人会与普罗狄科同一鼻孔出气。

斐　怎么会不是呢？

苏　[b10]我们多少还该考虑到珀洛斯②的缪斯式言辞吧，诸如[267c]重叠说法啦，格言说法啦，比喻说法啦[等等]，还有利居姆尼俄斯③送给珀洛斯作礼物的那些语词，以便他制作雅言。

斐　在普罗塔戈拉那儿，苏格拉底啊，不是已经有[c5]这样一些东西吗？

苏　没错，孩子，某种雅言措辞法，以及别的许多美玩意儿。不过，在我看来，谈论老年和贫穷扯起来催人泪下，那位卡尔克冬人[忒拉绪马科斯]的力量凭技艺威力才大着呢。这男人厉害得能让多数人激愤起来，[267d][然后]靠歌唱般的言说再哄激愤的人们[昏昏欲睡]——这是他自己说的哟。而且，无论是诽谤[他人]还是摆脱随便哪里来的诽谤，他都极为得心应手。至于讲辞的收尾嘛，看来，所有[这些]人共同认为得有个

---

① 提西阿斯是叙拉古人，相传他是高尔吉亚和吕西阿斯的老师，约于公元前5世纪末创建了西西里的修辞学校。
② 珀洛斯是高尔吉亚的学生。
③ 利居姆尼俄斯是高尔吉亚的学生，也是珀洛斯的老师之一。

[收尾]为好,虽然有些人将其确定为扼要重述,其他人则用别的名称。

斐　　[d5][关于扼要重述]每一要点,你说的是收尾时让听者回想[前面]说过的东西?

苏　　我说的正是这回事,关于言说的技艺你是否还有别的什么要说……

斐　　一些细小之处而已,不值一提。

苏　　[268a]那我们就别管这些细小之处吧。我们还是来凑着阳光更多地看看这些东西——看看他们拥有的这种技艺的能量其实是一种什么样的能量吧。

斐　　太强有力啦,苏格拉底,尤其是在杂众聚集场合。

苏　　[a5]那倒是。不过,精灵鬼,你还是看看吧,他们[精心编成]的这织体是否让你觉得有破绽,就像我[觉得的]这样。

斐　　你尽管指出[给我看]吧。

苏　　那么你给我说吧,要是有个人去你的友伴厄吕克西马科斯或他老爸阿库美诺斯那儿说:"我[a10]精通[一门技艺]:只要对身体用上某些东西,我想要它发热[268b]它就发热,我觉得[它该]发冷它就发冷;反之,我要觉得好,让它呕吐就呕吐,让它下泻就下泻,以及其他许多诸如此类的事情。由于我精通这些[技艺],我敢说自己是个值得称道的医生,而且能把别人造就成[这样的医生],只要我把这些[技艺]的知识传给他就行。"——你认为,[b5]他们听了这番话会说什么?

斐　　问他除了精通此道外是否还精通谁需要他去做这些,何时需要以及做到什么程度,还会说什么呢?

苏　　如果他说:"这些[我]倒一点儿不晓得。不过啊,我敢肯定,跟我学[268c]这些[技艺]的那人自会有能力去做你问的这些。"

斐　　我想他们兴许会说:"这人疯了吧,从哪本书上听到点儿什么或偶然捡到些药方,就以为[自己]会成为医生,其实对这门技艺一窍不通。"

苏　　[c5]再假如有个人去索福克勒斯和欧里庇得斯那儿,说自己精通如何就小事一桩搞出很长的说法,就大事情搞出极短的说法——而且,只要他愿意的话,还可搞出悲惨的说法,或者反过来,搞出让人畏惧和令人恐怖以及[268d]其他诸如此类的说法;他以为,他教这些[技艺]等于在传授[如何]制作肃剧。

斐 苏格拉底，我认为，如果有人以为，肃剧不过就是编排这些[肃剧]要素，编得既相互切合[d5]又浑然一体，这些[诗人听了]会发笑的。

苏 不过，我认为他们恐怕不会土里土气地责骂他，倒会像乐艺师那样，碰见一个男人自以为通谐音——因为他碰巧精通在琴弦上搞出最高[268e]和最低的音，乐艺师不会粗鲁地说："倒霉玩意儿，你脑子有毛病啊。"由于是乐艺师，他会和蔼得多地说："你真优秀呃，要想精通谐音，精通这些是必然的啊。不过，人到了你这份儿上啊，只怕[e5]连谐音的皮毛都还不通呢。毕竟，你精通的不过是通向谐音时必须学习的东西，而非谐音要素本身。"

斐 太正确不过啦。

苏 [269a]可不嘛，索福克勒斯也会说，卖弄那些的人精通的不过是通向肃剧时必须学习的东西，而非肃剧要素本身——阿库美诺斯则会说，那些不过是通向医术时必须学习的东西，而非医术要素本身。

斐 完完全全如此。

苏 [a5]那么，甜言蜜语的阿德拉斯托斯①或者甚至伯里克勒斯如果听到我们刚才举到的那些妙极了的技艺方子——什么简洁说法啦、形象说法啦，以及所有其他我们正在穿行的种种说法，我们说过，对这些必须在阳光下看个究竟——我们认为，他们会说什么呢？[269b]对把这些[说法]作为修辞技艺来写和教的那些人，他们会像我和你那样，出于乡土气说些难听的缺乏教养的话呢，抑或由于他们比我们更有智慧，他们反倒会责骂我们俩说："斐德若呵，还有[b5]苏格拉底，没必要发脾气嘛，如果有些人还不精通辩证，要体谅，他们还没能力[靠辩证来]界定什么是修辞术。他们拥有的是通向这门技艺必须学习的东西而已，由于这样的经历，他们却以为自己发明了[269c]修辞术，甚至还教别人这些东西，以为自己能完满地教修辞术，以为有说服力地讲这各样[技法]并让这些[技法]自成一个整体，根本就不费什么事儿，他们的学生必须靠自己从他们的说法

---

① 阿德拉斯托斯指谁不详。在忒拜传说中，阿德拉斯托斯似乎是阿尔戈斯（Argos）的国王，被称为"善辩者"。

中[c5]有所得。"

斐 当然咯,苏格拉底,这些男人将其作为修辞术来教和写的这门技艺,恐怕的确就是这样的东西,我倒觉得你说的是真实。不过嘛,一个人究竟怎样以及从何处才能够获得[269d]实实在在的修辞和说服的技艺呢?

苏 这种能够嘛,斐德若,就像[能够]成为完善的竞技手,看似——大概甚至于必然——与其他情形一样。如果你天生就有修辞术方面的才能,你就将会是著名演说家[d5]——只要你接受知识和训练,这些缺了任何一个,你在这方面就不会完善。至于说到[成为完善的演说家]这方面的技艺嘛,我认为,看来不会是吕西阿斯以及忒拉绪马科斯所走过的那条进路。

斐 可进路在哪儿啊?

苏 [269e]优秀的[友伴],恐怕啊,就成为修辞家来讲,看似伯里克勒斯是所有人中最完善的啦。

斐 什么意思?

苏 所有这类大技艺都必须得[270a]闲谈和[海阔天空地]高谈自然。毕竟,高远的心智及其弥远弗届的效力似乎就是从那个地方那儿出来的。除了好天赋,伯里克勒斯获得的就是这东西。毕竟,我觉得啊,由于当时他撞上了与阿纳克萨戈拉这样的人在一起,饱[a5]餐过高谈[自然],曾经走向[探知]心智和思想的自然——阿纳克萨戈拉就这些作过很长的论述。伯里克勒斯在他那儿吸取,为他的言辞技艺派用场。

斐 你说的这个是什么意思?

苏 [270b]医术的方法与修辞术的方法是同一种方法。

斐 怎讲?

苏 在两者那里都得划分自然,医术[b5]划分身体的自然,修辞术则划分灵魂的自然,如果你想要凭技艺——而非仅仅凭成规和经验——应用药物和食物[给身体]带来健康和强健,应用言辞和符合礼法的生活习惯[给灵魂]传递你兴许希望的那种说服和德性。

斐 [b10]如此便是看似如此呃,苏格拉底。

苏 [270c]没有透彻理解自然的整全,要想以配得上理性的方式透彻理解灵魂的天性，你认为可能吗？

斐　是哦，所以在这些方面必须得信服阿斯克勒皮俄斯的希珀克拉底所说的，没经这进路就不可能透彻理解[c5]身体。

苏　他说得的确美，友伴——不过，即便希珀克拉底就在旁边，也必须检审一下这个说法，看看这说法是否同意希珀克拉底。

斐　我赞同。

苏　那么，你看看吧，就这个关于自然[天性]的事情，希珀克拉底和[c10]真实的说法都说了些什么。关于无论什么东西的自然[天性]，[270d]不是都必须以下面这种方式用思想思考一番吗？首先，[必须看看]那[自然天性]——我们[不仅]希望自己对它身怀技艺，也希望能够把别人造就得对它身怀技艺——是单一的还是形相杂多的。其次，倘若[那自然天性]是单一的，就必须看看它的作用力——[看]它天生对其要有所作为的什么东西具有什么样的作用力，或者，[d5][这天生具有的]作用力受到什么东西的何种作用。倘若[那自然天性]具有杂多形相，就必须数一数它们，然后逐一看每一个[形相]——[看]它天生凭靠什么对什么起作用，或者天生因什么而受到什么作用。

斐　很可能吧，苏格拉底。

苏　至少，不经这些[审视]，进路就像是[270e]瞎子摸路。可是，谁要是想凭技艺做任何事情，就绝不可让自己像瞎子或聋子。毋宁说，很清楚的是，无论谁要教谁凭技艺说话，他就要清楚地揭示那个东西的自然[天性]——毕竟，他要用[这技艺]来对那个东西说话嘛。显然，那个东西[e5]就是灵魂。

斐　是吗？

苏　[271a]所以啊，这人拼尽全力为的就是灵魂，毕竟，他力图做的就是说服灵魂，不是吗？

斐　是的。

苏　那么很清楚，忒拉绪马科斯和其他哪个[a5]热心传授修辞术的人首先应该尽可能准确地勾画灵魂，让我们看到，灵魂天生就是一个而且一模一样，抑或像身体形态那样形相杂多。毕竟，我们说揭示一个东西的自然[天性]，就是这个意思。

斐　完完全全如此。

苏　[a10]第二,[得勾画]它天生凭靠什么对什么起作用,或者天生因什么而受到什么作用。

斐　是嘛?

苏　[271b]然后第三,对言辞的种类和灵魂的种类分门别类,搞清楚每类灵魂受[每类言辞]影响的原因,让各类言辞切合各类灵魂,讲解何种灵魂必然会被何种言辞说服、何种灵魂却不会被说服[b5]的原因。

斐　他要是到了如此份儿上,看来啊,简直美妙极啦。

苏　就是嘛,亲爱的,[对于言说技艺]再没别的凭技艺要说或要写的啦——无论是必须演示的还是必须得说的,除了[刚才]这个说法,[271c]也不会有别的说法啦。可是,你听到过的那些如今写言说技艺[手册]的人都是些无赖,他们简直太知道灵魂[的天性]啦,却隐瞒起来。①所以啊,我们可别听信他们凭技艺写的[关于言说技艺的书],直到他们以这样一种方式来说或写。

斐　[c5]以怎样的一种方式?

苏　要用语词本身[把关于言说的技艺]说出来可不容易哦。不过,我倒愿意说说,如果一个人想要让自己尽可能[在这方面]身怀技艺,他必须如何写[关于言说的技艺]。

斐　那么你说吧。

苏　[c10]既然言辞的作用力恰恰在于引导灵魂,[271d]想要做修辞家必然就得知道灵魂有多少形相。灵魂的形相林林总总,有这样的和那样的品质——所以,一些人有这样和那样品质的灵魂,另一些人有这样和那样品质的灵魂。灵魂的形相如此划分开来后,转过来,言辞的形相也林林总总,各有各的[d5]品质。所以,这样和那样品质的人们容易被这样和那样品质的说法说服,[然后]出于这样和那样的原因去做这样和那样品质的事情——另一些这样和那样品质的人就很难被这样和那样品质的理由说服。[想要做修辞家]必须把这些东西充分想透,然后,去观察这些事情的实际作为和具体表现,[271e]必须能够凭感觉敏锐地追踪这些事

---

①　这是反讽说法。

情。否则,即便他从学时曾听到过[关于言说技艺的]种种说法,也绝不会有长进。当他有足够的能力说[清楚],什么样的人会被什么样的言辞说服,而且在遇到[那种人]时有能力辨别,并暗自演示:[272a]哦,他就是这种人,他的天性正是当初[学习时]说到过的这种天性,今儿居然就在跟前——[然后懂得]必须以这样一种方式用这些言辞说服这人朝向这样一些事情。如果[想做修辞家的人]已经掌握了所有这些,[他就必须]把握住时机何时该说,何时该缄口不言,[a5]何时该说得简扼,何时该说得动情甚至于夸张——以及他原先学过的诸如此类的每一种言说形相。一旦透彻认识到[应用]这些[言说形相]的好时机和不是时机,[学习]这门技艺[对他来说]才算既美又完善地完成,而非是在此之前[就已经完成]。

其实,那些[272b]在言说、在教或在写[言说技艺]的人,无论他们中的哪个,只要还缺乏[这些技艺],即便他[自己]说他会凭技艺言说,那个并不听信他的人就[比他]更强。当然,那个书写[修辞术教科书]的人也许会说:"什么? 斐德若,——还有苏格拉底——难道你觉得必须接受如此这般来说言说的技艺,别的都不行?"

斐　[b5]不可能再有别的啦,苏格拉底——当然,这活儿显得可不是小事一桩。

苏　你说的是真实。正因为如此,我们必须上上下下地翻[阅]所有[关于言说技艺的]说法,尖起眼睛看是否在哪儿有一条[272c]更容易、更便捷的路显得通向这门技艺,免得走又长又崎岖的冤枉路,而其实本来就有一条更短、更平坦的路。①要是你已经有从吕西阿斯或别的谁那儿听来的什么高招儿,就试着回想一下,说说吧。

斐　[c5]我要是能试着[回想得起]就好咯,可我这会儿偏偏[回想]不起来。

苏　那么,我说说我从某些关注这些事的人那里听到的某种说法,你愿意吗?

斐　那还用说?

---

① 仿赫西俄德《劳作与时日》288-292,"有一条更短、更平坦的路"是反讽。

苏　[c10]毕竟，据说啊，斐德若，说说站在狼一边的故事也算正义。①

斐　[272d]那你就这样做吧。

苏　那好，他们说，根本无需把这些事情搞得如此庄严伟大，也无需领人去绕着圈子[攀爬]上行的长路。毕竟，说来说去，就像我们在[说]这番说法的开头时已经说过的那样，想要够份儿[d5]做修辞家的人，根本无需与正义的或好的事情的真实沾边，也无需与那些或因天性或因养育而是正义的人或好人沾边。毕竟，总而言之，在法庭上根本就没谁关心这类事情的真实，而是关心[听起来觉得]可[272e]信。这叫做看似如此，想要凭技艺说话的人必须专注于这个。甚至于有的时候啊，如果事情发生得并非看似如此，也必须别说事情的发生本身，而是说看似如此的东西——指控和辩护都如此。在任何情况下说话，都必须求取这个看似如此，[e5]然后对真实多多道几声：再见吧。因为，这个看似如此通过[273a]通篇讲辞已经达成，这门[言说的]技艺整个儿也就到手啦。

斐　正是这些，苏格拉底，那些谎称自己掌握言辞技艺的人所说的，你缕述得一字不差。因为，我记起来啦，我们先头曾简短触及过这样的说法。[a5]那些谎称自己掌握言辞技艺的人觉得，这个[看似如此]才头等重要。

苏　而且，你至少细致涉足过那个提西阿斯本人，因此，让这提西阿斯也来对我们说说吧——他会说，[273b]看似如此不过就是杂众所以为的东西。

斐　可不就是吗？

苏　看来啊，由于他发明了这个既聪明又富有技艺的东西，他才写道：假若某个体弱但勇敢的人将一个强壮但[b5]胆小的人打翻，抢去他的外套或别的什么东西，[两人]被带到法庭后，双方都必须不说真实。胆儿小的那个当说，他不是单单被这勇汉打翻，那个[勇敢的]则反驳这个[说法]，[说]当时就他俩，而且得充分用上那个[273c]众所周知的[说法]：

---

①　这故事源出《伊索寓言》："一只狼看到一群牧羊犬在羊圈里吃羊。狼走近说：'如果是我在做这事儿，你们的尖叫该会多么伟大啊。'"意思是"就算是狼，也有权得到辩护"。"替狼辩护"的另一说法是"替魔鬼辩护"。

"像我这样[体弱]的人怎能对这样[强壮]的人动手啊?"强壮的那个当然不会提到自己的怯懦,而是试着扯个什么谎,尽快递给对手某种反驳[机会]。关于其他事情,有技艺地言说的东西也就是[c5]诸如此类而已。难道不是这样吗,斐德若?

斐 怎么会不是呢?

苏 哇哦,看来,提西阿斯或者无论别的碰巧谁——无论人们管他叫做什么名——发明了一种多么厉害地隐藏起来的技艺啊。可是,友伴,对这种人我们[273d]究竟该说还是不该说……

斐 说什么样的事情?

苏 说:"提西阿斯哟,在你路过[这儿]以前,我们碰巧老早就在说,这个看似如此其实恰巧在多数人那里才出现,因为它与真实相同。不过,[d5]我们刚刚才详细阐述过,无论在哪儿,唯有已经知道[什么是]真实的人才最美地精通如何发现种种相同的东西。所以啊,如果关于言说技艺你还有别的什么东西要说,我们会听,如果没有,我们就会信服我们这会儿详细阐述过的东西,亦即:除非把听[自己说话]的人的[273e]天性数清楚,并能够按[其]形相来划分实际存在的[天性],凭靠一个型相去把握每个单一个别[天性],一个人绝不会有技艺地言说[这些东西]到世人所能达到的地步。而且,没有经过大量勤奋[学习],一个人也绝不会[e5]掌握这些东西。明智之人刻苦磨练自己,必须不是为了对世人能说会道和呼风唤雨,①而是为了有能力言说讨诸神喜欢的东西,尽自己所能做让神们高兴的任何事情。可以肯定,提西阿斯啊,比我们更智慧的人说过,有脑筋的人才不会一门心思[274a]对奴仆般的人献殷勤呢——除非有别的次要考虑,而是对好主人和出身好的主人献殷勤。所以啊,如果这条循环之路漫长的话,你别吃惊。毕竟,为了这些[讨神们喜欢的]伟大事情,[获得修辞技艺]必须循环而行,而非你以为的那样[有捷径可走]。何况,如[我们的]这番说法所说,只要一个人有意愿[循环而行],[讨世人喜欢]这样的事情也会[a5]因那些[讨神们喜欢的]事情产生出最美好的东西。

---

① 指民主政治家的所作所为。

斐　倘若的确有谁能够[做到]，苏格拉底，我觉得你说得太美啦。

苏　可是，对企望得到美好东西的那些人来说，无论经受[274b]什么落到自己头上的遭际，都是美好的事情。

斐　那倒是。

苏　那么，关于说话有技艺还是没技艺的事情，[说这些]该足够了罢。

斐　[b5]岂不就是么？

苏　那么，还余下书写得体与不得体的事情，亦即如何写才会美，如何写则会不得体，不是吗？

斐　没错。

苏　那么，你知道在言辞方面如何才会非常讨神喜欢吗——[b10]无论是在行为还是言说方面？

斐　一点儿不知道，你呢？

苏　[274c]我倒可以讲讲我从前人那儿听来的事情，他们自己就知道[关于书写如何才得体]真实。如果我们自己会发现这真实，属人的歧见纷扰还会让我们操心吗？

斐　你提了一个可笑的问题——不过，说说那个你说你听来的事情吧。

苏　[c5]好吧。我听说，在埃及的瑙克拉提斯①一带，曾有某个古老的神，属他的那只圣鸟叫做白鹭，这精灵本身名叫忒乌特②。正是他第一个发明了数目、计算、[274d]几何和天文，还发明了跳棋和掷骰子，尤其还有文字。再说，当时整个埃及的王是塔缪斯，他住在这个上[埃及]地的一座大城——希腊人管它叫埃及忒拜的，把塔缪斯叫阿蒙③。[d5]忒乌特去见塔缪斯，展示他[发明]的诸般技艺，说得让这些东西传给其他埃及人。于是塔缪斯便问，每项发明会带来何种益处。可是，忒乌特一一列举时，塔缪斯觉得说得美就夸，觉得说得[274e]不美就贬。

---

① 瑙克拉提斯是希腊殖民城市，位于尼罗河三角洲地区。
② "忒乌特"是埃及赫耳墨城（Hermopolis）的神，掌管书写、数字和几何。忒乌特是埃及的叫法，希腊的叫法是托特（Thoth）。
③ 阿蒙是太阳王和众神之父，抄件均作"神"，校勘家们大都改作"阿蒙"[神]。

塔缪斯就忒乌特的每项发明说了许多,有褒有贬,细说恐怕就会话太长。且说当说到文字时,忒伍特说:"大王,这个是[e5]学识,会促使埃及人更智慧,回忆力更好。因此,这项发明是[增强]回忆和智慧的药。"塔缪斯则说:"极有技艺的忒乌特啊,有能力孕生种种技艺是一回事,有能力判定给将要利用技艺的人带来害处和益处的命分,是另一回事。眼下啊,[275a]你作为文字之父出于好意把文字能够[做]的事情说反啦。毕竟,由于忽略了回忆,文字会给学过文字的人的灵魂带来遗忘。何况,由于信赖书写,他们从外仿制不属己的东西,而非自己从内回[a5]忆属于自己的东西。所以,你发明这药不是为了回忆,而是为了记忆。你让学习者得到的是关于智慧的意见,而非智慧的真实。毕竟,由于你[发明文字],学习的人脱离教诲,听了许多东西,以为自己认识[275b]许多东西,其实对许多东西毫无认识,结果很难相处,因为他们成了显得有智慧的人,而非[真的是]智慧的人。"

斐　你制作言辞真轻松呃,苏格拉底,什么埃及的或者随便哪个地方的——只要你愿意[制作]。

苏　[b5]哎哟,亲爱的,多多纳的宙斯庙中人讲过,最初的预言出自橡树的话。毕竟,当时的人啊,不像你们这些如今的年轻人那样聪明,他们单纯得听棵橡树或岩石[说话]就满足了——只要[275c]它们说的是真实。① 在你呢,大概就要分辨说的人是谁啊,来自何处啊。毕竟,为什么你不仅仅只看这件事情即[他说的]是那么回事抑或不是那么回事呢?

斐　你责骂得正确,而且我觉得,关于文字的事情,确实是像那位忒拜人所说的情形。

苏　[c5]所以,那个以为自己会在书写中留下技艺的人,以及反过来,那个接受[书写]的人[以为]在写下的文字中会有什么清楚牢靠的东西,恐怕都太过于[头脑]简单啦——成文的东西涉及的不过就是已经知道的东西,如果他以为,成文的言辞会让人[275d]更多地记住这些东西,他就实在没有明白阿蒙的预言。

---

① 荷马笔下的佩涅洛佩逼奥德修斯说出身世时说:"你定然不会出生于橡树或石头,就像古老故事里的人那样。"(《奥德赛》19.163)

斐　［说得］太正确啦。

苏　毕竟，斐德若，书写的这副模样有点儿可怕，[d5]真的与绘画相同。绘画的子女们立在那里仿佛活人儿，但倘若你问什么，他们却威严地缄口不言。[书写的]言辞做的是同样的事情。你兴许会以为，他们会言说他们思考所得的什么东西，可如果你想要学习时问他们说的某种东西，他们仅仅[只能]指示[这]一个某种东西，而且始终是[这]同一个东西。再说，[某种东西]一旦写[275e]下来，整个[这写下的]言辞就以相同方式到处传播，传到已经懂[那个东西]的人那里，也传到根本不适合以这样的方式懂[那个东西]的人那里——[写下的言辞]并不懂得该对哪些人说、不该对哪些人说。要是遭到莫须有的责难或不义的辱骂，[写下的言辞]总得需要[自己的]父亲来救助。[e5]毕竟，[写下的言辞]自己既保护不了自己，也救助不了自己。

斐　你说的这些太正确啦。

苏　[276a]是吗？那么我们不妨来看看另一种言辞，它是这种言辞的胞兄——既看看它是以何种方式产生出来的，也看看它天生比这种[言辞]好多少、能力强多少，好吗？

斐　你说的是哪种言辞？它是怎样产生出来的？

苏　[a5]用知识写在学习者灵魂中的那种[言辞]，它有能力保护自己，而且懂得对哪些人该说、对哪些人该缄口不言。

斐　你说的是那种明白人的言辞，这种言辞是活生生的，富有灵魂气息，由此成文的东西兴许应该正确地说成是一种映像。

苏　[276b]完完全全如此。你对我说说看：那个有心智的农人——他珍惜自己的种子，希望它结出果实——会趁夏日严肃地在阿多尼斯园子下种，①[然后]怀着喜悦的心情看着园子在八天里美美地生长呢，[b5]抑或甚至当他播种时，他做这些不过是好玩和为了过阿多尼斯节欣喜？若是严肃地播种，他是不是会运用农作术把种子播在合宜的土壤里，满怀热爱等待播下的种子八个月后成熟？

斐　[276c]肯定会这样啊，苏格拉底，他会严肃地做这些事情，如你

---

① 用于阿多尼斯节的花，在小匣子和罐子里培植，需要特别护理。

所说,换一个人则会换一种方式去做。

苏 我们会说,拥有关于正义、美和善的知识的人对待自己的种子反倒不如那农人[c5]有心智?

斐 起码[我们]不会[这么说]。

苏 那么他就不会怀着严肃的目的把这些[知识]写在墨色的水里,靠苇竿笔用[写下的]言辞播种,因为,[写下的]言辞既没能力在论说中救助自己,又没能力充分传授真实。

斐 [c10]不会,看似如此[不会]呃。

苏 [276d]肯定不会。毋宁说,在文字园子里,看来啊,他为了好玩才播种和书写——如果要写的话,不过为了自己储存记忆,以备走向忘性大的老年,也为每个人能跟踪同样的足迹。[d5]看着自己的[文字园子]抽芽,他会感到快乐。别的人需要别的好玩,[比如]让自己泡在会饮中以及别的与这类是兄弟的事情中——而这个人呢,看来啊,他不会玩儿这些事情,而是靠玩儿我说的那些事情度过生命。

斐 [276e]与平常的好玩儿相比,苏格拉底,你说的好玩儿太美啦——这是有能力在言辞中玩儿,讲述编出来的关于正义以及你说的其他东西的故事。

苏 的确如此,亲爱的斐德若。不过我以为,[e5]就这些严肃的事情而言,还会有比这更美好得多的:有人凭靠应用辩证术的技艺拽住一颗合宜的灵魂来种植,用知识播种言辞——这些言辞足以救助自己和[277a]种植它的人,而且不会不结果实。换言之,由于[这种播种]会在别的性情中生长出别的言辞,这些言辞足以给[自己]拥有的种子带来永远不死,给拥有[这种子]的人造就幸福,这[种播种]是世人可能享有的极大幸福。

斐 [a5]你这会儿说的这个的确更美好得多。

苏 那么,既然我们就这些已经取得一致,斐德若,我们现在有能力来判定那些事情了。

斐 哪些事情?

苏 正是为了看清楚那些事情,我们才走到这样一点这儿,[a10]即我们应该如何检查针对吕西阿斯的涉及书写[277b]言辞的指责,以及检查这些既可以写得有技艺也可以写得没技艺的言辞本身。在我看来,究竟有技艺还是没技艺,已经恰切地搞清楚了。

斐　显得是这样呃——不过,你还是再提醒我一下[搞清楚的]是怎样的吧。

苏　[b5][在说和写]之前,一个人应该知道说或写所涉及的各个事物的真实,逐渐有能力按其本身来界定每个事物;应该通过界定进一步懂得[如何]按形相来切分[每样事物],直到不可再切分;应该按相同的方式透视灵魂的天性,[277c]找出切合每种天性的[言辞]形相;应该这样来立言和遣词:给五颜六色的灵魂提供五颜六色、谐音齐全的言辞,给单纯的灵魂提供单纯的言辞——在这之前,一个人没可能有技艺地掌控言辞这个族类,以符合[c5][言辞]已然长成的如此天性,要么为了教诲某种东西,要么为了劝说某种东西——先前的整个说法就是如此给我们揭示的。

斐　这一点显得是怎样的,完完全全正是如此。

苏　[277d]关于言说以及书写言辞究竟是美好的事情抑或是可耻的事情,以及何以会成为理应受到谴责的事情,何以才不会,刚刚前不久说过的东西不是已经搞清楚了吗?

斐　[d5][搞清楚的是]哪类事情啊?

苏　吕西阿斯也好,别的谁也罢,已经写过也好,将要写也罢,替常人写也好,替民事写也罢,立法也好,写治邦文书也罢,如果这个写手以为[自己]文字中有什么极为牢靠、明晰的东西,那么,他就当受到如此谴责——无论是否有谁[d10]说出谴责。毕竟,无论醒着还是在睡梦中,只要对正确[277e]与不正确、坏与好稀里糊涂,就绝对逃脱不了[有谁]凭靠真实提出的谴责,哪怕乌合之众全在捧他。

斐　当然逃脱不了。

苏　[e5]其实啊,有人会认为,在写下的言辞中——无论写的是任何什么题目,必然得有许多好玩儿的东西。一篇写下的言辞——押韵也好不押韵也罢,要是像行吟诗人表演那样言说的东西,既无探究也无教喻,只图个说服,就根本算不上很严肃的言辞。毋宁说,[278a]这类写下的言辞最好的实实在在也不过是让人记得已经知道的东西而已。[他认为]唯有为了让人学而时习之而教诲和讲解正确、美、善的东西,并把这些实实在在写入灵魂,[写下的言辞]才算得上是清晰、[a5]完善的严肃东西。[这人还认为]这样的言辞应该被说成是[作者]自己的亲生儿子,因为,第一,一旦言辞出自他内心并被[自己]发现,言辞就是他自身[灵魂]中的东西;第二,这言辞的某些子女[278b]及其兄弟会在其他人的别样灵魂中按其所能地植根生长。所以,这人会让自己告别所有别的言辞。这样一个男人呵,斐德若,恐怕正是我和你会祈求的吧——祈求你和我应该成为这种品质的人。

斐　[b5]当然啊,我会千方百计希望和祈求你所说的[这件事]。

苏　关于言辞的事情已经让我们玩儿出分寸啦。① 你呢,去指教吕西阿斯吧,[说]我们俩下到女仙们的涌泉和缪斯祭坛,听了这番言辞,我们高兴得[278c]要对吕西阿斯和无论别的哪个编织言辞的人说——甚至对荷马以及无论别的哪个编织念诵的诗或歌咏的诗的人说,第三还要对梭伦以及凡用治邦言辞撰写文书——他们叫做法律——的人说:如果一个人在编织[c5]这些言辞时自己知道真实的东西何在,如果所写的东西被交付辩驳时能够救助自己,如果自己能够通过言说来显示[自己]所写的东西其实微不足道,那么,这样[言说和书写]的一个人就实不该被说成靠这种[写下的]东西[278d]得到[自己的]称呼,毋宁说,[他得到称呼]靠的是他严肃对待的那些[口说的]言辞。

斐　那你派给他什么样的称呼?

苏　叫做有智慧的吧,斐德若,我觉得太大啦,只有神当得起——要不称为热爱智慧的或[d5]诸如此类的什么,兴许更切合他自身,[与其天性]更合拍。

斐　这才绝不会不符合[他的]天性。

苏　反过来,要是一个人除了自己编织或写的再没有任何更值得看重的东西,[对自己的言辞]没完没了地颠来倒去,凑在[278e]一起,然后又取走,[对这种人]你会公正地把他叫做诗人或写文章的文人或法律文书吧?

斐　怎么不会?

---

① 仿阿里斯托芬《地母节妇女》的结尾句:"我们玩儿这个玩儿出了分寸。"

苏　那么你就去指教你那位友伴吧。

斐　[e5]可你呢？你会怎么做？毕竟，我们不应该忽略你那位友伴哦。

苏　哪个[友伴]？

斐　漂亮的伊索克拉底①啊！你会对他传达什么，苏格拉底？我们该说他是个什么样的人？

苏　[e10]伊索克拉底还年轻，斐德若。不过，对[279a]他嘛，我倒有预言，愿意说说。

斐　[预言]什么样的事情？

苏　我觉得，就天赋方面而言，他的言辞水平比吕西阿斯更高，而且秉有更为高贵的品格。[a5]所以，就他如今尝试的那些言辞来看，待他年齿渐长，如果他会超过那些接触言辞已多有时日的人有如成人超过小孩，不会有什么好奇怪的。不过，如果他不以这些为满足，某种更为神样的冲动会把他引向更伟大的事情。毕竟，凭靠天性，亲爱的[斐德若]，某种热爱智慧的东西已经内在于[279b]这个男人的思想之中。因此，这些就是我要从这儿的神们传递给我的乖乖伊索克拉底的[话]，而你呢，就把那些话传递给你的吕西阿斯吧。

斐　就这么着。不过，我们走吧，这会热劲儿[b5]已经变得较温和啦。

苏　我们走时向这儿的[神们]做个祷告才恰当吧？

斐　那还用说？

苏　敬爱的潘神，以及其他[寓居]这儿的神们，祈请赐予我从内心里面变得美好——无论我有何身外之物，[祈请]让它们与我的内在之物[279c]结友。但愿我把智慧之人视为富人，但愿我拥有的金子不多不少是一个明智之人能够携带和带走的那么多。

我们还需要别的什么吗，斐德若？对我来说，毕竟，祈求[c5]得顶有分寸。

斐　替我也祈求这些吧——朋友的东西是共通的。②

苏　我们走吧。

---

① 伊索克拉底是著名修辞家，于公元前388年在雅典开了一所修辞学校。
② "朋友的东西是共通的"系成语。

卷四

阿尔喀比亚德前篇

戴晓光　译

苏格拉底　[103a]克莱尼阿斯的孩子啊,我想,你一定觉得惊奇,我第一个成了你的爱欲者,而当其他人都停止[爱欲]你时,唯有我不放弃。你肯定也惊奇,别人都吵嚷着跟你交谈,我却多年以来从没来跟你讲过话。这不是由于某个属人的[a5]原因,相反,有个精灵阻止了我。关于这个神灵的能力,你将来也会明白的。现在,[103b]既然它不再阻止我,我便用这样的方式来接近你。我很希望,这个[神灵]以后也别再来阻拦。

那段时间,经过观察,我大体已经完全明白,你是怎样对待那些爱欲者的。尽管他们人数很多,个个心志远大,[b5]但无不在心志的傲气上被你盖过而逃走了。[104a]至于你为何如此心志高傲,我倒愿意解释其中的原因。你说过,在世人中,你不会为了什么东西而需要谁。因为,你所拥有的东西——从身体算起,再到灵魂——甚是丰厚,以至你一无所求。[a5]首先,你认为自己极为英俊高大——至于这一点,所有人都能清楚看到,你说得不假。其次,在本邦,你的家族门第最为兴盛,①本邦又是全希腊最大的城邦。[104b]而且,因为你父亲的原因,你有极多又极好的朋友亲眷,你一有所求,他们就会相助。跟他们相比,你母亲一边的亲友同样不差,也不少。不过,你认为,比我说的这一切更大的,是你在[b5]克桑提

---

①　阿尔喀比亚德的母亲狄诺马刻和监护人伯里克勒斯都来自显赫的阿尔克迈翁家族(Alcmaeonid)。

珀斯之子伯里克勒斯①那儿拥有的权力——你父亲身故后,留他做你和你兄弟的监护人。伯里克勒斯不仅有能力在本邦依愿行事,在全希腊甚至在很多外方大族中都能如此。要补充的是,你还属于最[104c]富有者之列,尽管,依我看,你最没有因此才心高志大。正是由于在所有这些方面大为自负,你胜过了那些爱欲者,而他们则因为比你匮乏才被你胜过。关于这点,你也不是不明白。所以我很清楚,你在惊奇,我到底是因为在考[c5]虑什么,才不放弃自己的爱欲,另外,在别人都逃走时,我又是因为怀着什么希望才留下来。

阿尔喀比亚德 大概,苏格拉底啊,你也还不知,你不过稍微[104d]比我占先了一点儿。因为,我走近你时,本来心里想着先问同样的问题,你究竟有何意愿?究竟盯着什么希望而来纠缠我?还如此费心,总是我到哪儿,你就出现在哪儿。我的确感到惊奇,你自己到底[在做]什么事?我也极其乐于[d5]讨教。

苏 看来,你肯定会迫切地听我讲啦,如果真像你说的,你很想知道我在考虑什么的话。那么,我就权当你会聆听并留在这儿一样,[给你]讲。

阿 [d10]当然了,讲吧!

苏 [104e]你要看好啊,因为,既然我慢慢地开始,那么我若也慢慢地结束,也不会有什么奇怪。

阿 我的好人啊,快说吧!我听就是了。

苏 那就得说了。要走向一个向来不[e5]屈从于爱欲者的人,这对一个爱欲者很难,不过,我还是必须大胆讲出我的想法。因为,阿尔喀比亚德啊,要是看到你喜爱我现在说的这些事情,还认为应该在其中度过一生,我早就放弃自己的爱欲了——[105a]至少我这么劝自己。不过,现在,我将当面控诉你的另一些想法,由此你也将明白,我一直都把心思专注在你身上。因为,依我看,假如有某个神对你说:"阿尔喀比亚德啊,你

---

① 伯里克勒斯,雅典政治家,约于公元前460年至前429年担任雅典民主制领袖。阿尔喀比亚德的父亲克莱尼阿斯于公元前447年的克罗涅亚(Coroneia)战役阵亡后,伯里克勒斯成为阿尔喀比亚德的监护人。

是愿意保持现在已有的东西而活,还是[a5]立刻就死,如果你不可能再获得更大的东西?"我看,你会选择死。不过,至于你现在正靠什么希望活着,我将要说说。你相信,一旦你快速走向雅典[105b]民众[发言]——你也相信,此事不日就要实现①——那么,走到他们面前之后,你就将向雅典人证明,你值得被他们赞誉,无论是伯里克勒斯,还是别的哪个曾经降生的人都不如你。而证明过这一点之后,你就将在城邦中获得最大的权力。而且,要是[b5]你在此地最伟大,那么,你在其他希腊人那里也一样,不止在希腊人那里,在其他野蛮人那里也是如此——只要他们和我们生活在这同一片大陆。而且,假如这同一个神又对你说,你应该在欧罗巴当地行使权力,[105c]但你却不可能跨往亚细亚,也不能干涉那里的事务,那么依我看,你还是不愿意只靠这些活着,除非你能——简言之——让一切世人充满你的名字和你的权力。而且,[c5]我想,你相信,除了居鲁士和薛西斯之外,②无人值得一提。你所抱的乃是这个希望,对此我很清楚,并非猜测。既然你知道我说的是真实,那么,你大概会说,"苏格拉底,在你看来,这跟[105d]你的说法有什么关系?(也就是你曾说过你要讲的东西——为什么你没有放弃我。)"③我这就要跟你讲,亲爱的克莱尼阿斯与狄诺马刻之子哦!因为,你所有这些想法,若没有我,都不可能完成。我想,在关于你的[d5]事情和你本人方面,我有这么大的力量,所以,我想,这就是神很久都不许我跟你交谈的原因,我一直等待着他什么时候允许我。因为,就跟你一样,你希望在城邦中证明,[105e]你对于城邦来说值得一切,证明之后,就没什么是你没有能力立即去做的;同样,我也希望在你那里有最大的权力——只要我证明我对你来说值得一切,而无论你的监护人、亲属,或是任何别的什么人,都不足以给予[e5]你所渴望的力

---

① 由于已开始步入第二十岁(参123d),阿尔喀比亚德已获得在雅典公民大会发言的权利,但雅典人更倾向于听年长者发言。

② 居鲁士,波斯帝国的创立者,于公元前557年至前530年统治波斯。薛西斯,公元前486年至前465年在位的波斯大王,曾率波斯军队入侵希腊,公元前480年至前479年,波斯军队在萨拉米斯海战和普拉泰亚战役中被彻底击败。

③ 据伯内特校勘本,括号中为衍文。据德尼尔(Nicholas Denyer)笺注本,这句衍文为后世某位学者对正文中前一句话的注解,此后在流传过程中被移入正文。

量，唯有我除外——当然，还要凭神帮助。当你还更年轻时，这样的希望树立之前，在我看来，那位神不允许我跟你交谈，免得我白费［106a］言辞。如今，这神已答应，因为现在你会听我说了。

阿　苏格拉底啊，我看，现在你一开始讲话，反倒比默默跟着我时更显得出格许多。不过，就算那时，你看起来也出格得很。看来，不管我是否在［a5］想这些，你都已经认定了，那么，即便我不承认，我也没法儿进一步说服你。也罢，就算我真在这么想吧！那么，为什么通过你，我就能获得这些东西，没有你，就成不了？你能讲讲吗？

苏　［106b］你是不是在问我，能否讲你已经习惯听的那种长篇发言？但这种言辞不是我的［讲话方式］。不过，我认为，我能向你表明，事情就是如此，要是你愿意劳驾为我做件简短的小事。

阿　［b5］你所说的效劳如果不难，我愿意。

苏　回答些问题，你认为难吗？

阿　不难。

苏　那就回答吧！

阿　［b10］问吧。

苏　我问时，就假定你在思想我断言你思想［106c］的那些东西，不是吗？

阿　姑且算是吧，如果你愿意的话。这样我才能知道你要说些什么。

苏　那么来吧，既然你在考虑，就像我说的，不用多长时间，你就要当着雅典众人的面提建议。那么，如果当［c5］你即将登台时，我拦住你问："阿尔喀比亚德啊，当雅典众人想要审议些什么时，你要起身提建议？是不是关于那些你比这些人知道得更好的东西？"你要怎么回答？

阿　［106d］显然，我要说，"正是关于那些我比这些人知道得更好的东西。"

苏　那么，关于你碰巧知道的东西，你是个好的建议者。

阿　怎会不是呢？

苏　你所知道的只有这些东西吧——也就是你向别人学来，或者［d5］你亲自发现的东西？

阿　岂会有别的呢？

苏　那么,你怎么可能学到或发现某种东西,要是你既不想学习,也不想亲自寻求的话?

阿　没可能。

苏　[d10]然后呢,你愿意寻求或学习自认为已经知道的东西吗?

阿　显然不。

苏　[106e]那么,对于你现在碰巧知道的东西,难道不是有那么一段时间,你不相信自己已经懂得?

阿　必然如此。

苏　不过,至于你已学过些什么,我大致也已知道。[e5]如果我忽略了什么,请讲出来。据我的记忆,你学过书写、弹基塔拉和摔跤,不过不愿意学吹簧管。①这些就是你所知道的东西,如果你没背着我到哪儿又学了些什么的话——我认为没有,因为无论晚上还是白天,我都没见你又出门。

阿　[e10]的确,我没到别人那儿上过学,除了这些人以外。

苏　[107a]那么,是不是说,当雅典人就书写做审议,讨论如何写得正确时,你就会起身向他们提建议?

阿　凭宙斯!我可不会。

苏　那么,是关于弹里拉琴[做审议]时?

阿　[a5]绝不是。

苏　那么,同样,他们也不习惯在公民大会上审议关于摔跤招式的事情。

阿　的确不[习惯]。

苏　[a10]那么,是在他们审议什么的时候呢?肯定不是涉及房屋建造时。

阿　显然不是。

苏　因为,对这些事情,建筑师比你建议得更好。

阿　[107b]是的。

---

① 阿尔喀比亚德接受了传统的雅典教育,学习过书写、诗歌、音乐及体育。根据普鲁塔克所述(《阿尔喀比亚德传》2.5),阿尔喀比亚德拒绝学吹簧管,因为吹簧管使人面相扭曲难看,且吹簧管时无法讲话。

苏　那么,也不是在他们就预言做审议时?

阿　不是。

苏　因为,就这些事[提建议],预言者还是比你更好。

阿　[b5]是。

苏　无论他矮或高,美或丑,甚至无论出身尊贵还是卑微?

阿　怎么不是呢?

苏　所以,我想,对每件事的建议,应该出于知道的人,而不是[b10]富有的人。

阿　怎么不是呢?

苏　那么,无论建议者贫穷或富有,对雅典人来说都没有区别——在城邦中审[107c]议如何才会健康时,他们就想让医生做建议者。

阿　当然。

苏　那么,在他们考虑些什么事情时,那时你会起身[c5]提建议,而且起立得正确?

阿　在涉及他们自己的事情时,苏格拉底。

苏　你说的是关于造舰船的事情吗?关于他们该造什么类型的舰船?

阿　不,苏格拉底,我[说的]不是[这个]。

苏　[c10]因为,我想你并不知道[如何]造舰船。这就是原因吧,还是有别的什么[原因]?

阿　没有了,就是这个。

苏　[107d]那么,你所说的,是他们要在涉及哪种属于自身的事情时做审议?

阿　当涉及战争时,苏格拉底,或者涉及和平,要不[涉及的]就是别的属于城邦之事。

苏　[d5]你说的是不是,当他们审议该与谁媾和、与谁交战,以及要采用什么方式时?

阿　是。

苏　[他们]岂不该跟那些人交战——倘若与之[交战]更好?

阿　是的。

苏　[107e]还要在更好的时机?

阿　当然。

苏　而且,时间多久要依更好的量?

阿　是。

苏　[e5]要是雅典人审议应该跟谁近身摔跤,跟谁执臂相斗,以及该用什么方式,那么,是你能提出更好的建议,还是体育教练?

阿　体育教练,很明显。

苏　你能否说说,当体育教练[e10]建议[人们]应该跟谁摔跤,不该跟谁摔跤,以及在什么时候、以何种方式[摔跤]时,他盯着看的会是什么?我说的是这类事情:应该与那些与之摔跤才更好的人摔跤,还是并非[如此]?

阿　是,应该如此。

苏　[108a]而且,多久也要依更好的量?

阿　就按那么多。

苏　也要在更好的时机?

阿　完全如此。

苏　[a5]那么,一个唱歌的人,是否有时应该弹基塔拉为歌曲伴奏,再[伴上]舞步?

阿　应该。

苏　也要在更好的时候?

阿　是。

苏　[a10]而且,多久也要依更好的量?

阿　我会这么说。

苏　那么,然后呢?既然你在两[108b]种情形——弹基塔拉为歌曲伴奏,以及摔跤——中,都称之为"更好",那么,在弹基塔拉方面的更好,你要称之为什么呢?——就像我会把摔跤中的[更好]称为"擅长体育术"一样。那么,你会以什么来称呼那种东西?

阿　我不知道。

苏　[b5]那么,试着模仿我吧。因为,我所答出的,大概是所有情形下都正确的东西,那么,很明显,根据技艺产生的东西,乃是正确的。不是吗？

阿　是的。

苏　这技艺岂不就是体育术吗？

阿　[b10]当然,怎会不是呢。

苏　[108c]那么,我说过,摔跤时的更好,就是擅长体育术。

阿　你是这么说的。

苏　说得不漂亮吗？

阿　[c5]在我看来,的确[漂亮]。

苏　来吧！你也说说。因为,大体上,你也适宜讲话讲得漂亮。首先说说,那种凭它而正确地弹基塔拉、唱歌和跳舞的技艺是什么？它整体上叫什么？你仍讲不出吗？

阿　[c10]显然,我不能。

苏　那么,这样来试试。这个技艺属于哪些神？

阿　苏格拉底啊,你是说各位缪斯吗？

苏　[108d]我说的正是。那么,来看看,这项技艺由她们得了什么名称？

阿　依我看,你说的是音乐术。

苏　我说的正是[这个]。那么,根据这[技艺]正确地产生的东西,[d5]是什么？比如,在刚才那个例子中,我对你讲了根据那种技艺——体育术——而[做得]正确的事。那么,当前,用这种方式,你会说什么？会怎样产生？

阿　依我看,会合乎音乐术地[产生]。

苏　你说得好。那么,再来,关于那种通过它而在战争及和平时做得更[d10]好的东西,对于这个"更好",你叫它什么[108e]名称？就像在此前,你就每种情形都说出了那个"更好"——前者更合乎音乐,而在另一个例子中,更合乎体育术。那么,试着说说,这里的"更好"[是什么]。

阿　可是,我完全讲不出。

苏　[e5]可是,这一定很可耻啊！因为,如果你关于食物向某个人提建议,跟他说,在目前,吃多少数量的这种[食物]要比另外那种更好,而他若要问你,阿尔喀比亚德啊,你说的这个"更好"是什么？关于这个东西,你就能回答他,是"更健康"——即便你不必号称自己是位医生。但是,至于[109a]你自称有知识,还要起身提建议、仿佛自己很懂的那种东西,关于它,要是你被问起,看来你又说不出,这难道不可耻吗?还是不显得可耻?

阿　完全[可耻]。

苏　[a5]再考虑一下,尽力讲讲,在和平时,以及在战争时,针对应该的对象做得更好,这指的是什么?

阿　我在考虑,但的确不能想明白。

苏　你难道不知道吗,当我们要开战时,在进入战斗前,我们会彼此指[a10]责对方[造成]的折磨? 这么做时,我们怎么称呼它?

阿　[109b]我知道。我们会说,我们受了欺骗、遭到暴行,或者受了劫掠。

苏　等等,我们怎样遭受了其中的每一个? 试着说说,是什么把一种[方式]与另一种分开。

阿　[b5]你说的是这个吗,苏格拉底? 以正义的方式或是不义的方式?

苏　正是这个。

阿　的确,这产生的乃是整体、全部的差别。

苏　接下来如何? 你要建[b10]议雅典人对哪些人作战呢? 是那些行不义者,还是行正义之事的人们?

阿　[109c]你问的这个[问题]很刁钻哦。因为,即便有谁在考虑,[认为]该向做正义之事的人开战,他也不会承认的。

苏　因为,看起来,这不合礼法。

阿　[c5]显然不。而且显得不高贵。①

苏　那么,你在发言时,也会诉诸这些?②

阿　必定会。

---

① 包括伯内特本在内的多个校勘本均将"而且显得不高贵"这句话归为阿尔喀比亚德的发言。但是,古代注释家普罗克洛斯和奥林匹奥多洛斯则认为,该句属于苏格拉底的一句新的发言。由此,有后世评注者认为,阿尔喀比亚德的相应回应已佚失,而卡利尼(Antonio Carlini)则在其意大利语校译本中猜测,阿尔喀比亚德可能简短地作了否定回应"不",约翰逊(David M. Johnson)在其英译本中亦采纳了这种推测意见。

② 据伯内特本,在某些抄本中,"这些"后衍入"正义之事"一语。

苏　那么接下来呢,在关于[c10]是否要发起战争,对谁应该、对谁不该[宣战],以及何时应该、何时不该这些问题上,我现在所问的这个"更好",不正是"更正义"吗？或者不是？

阿　看起来是。

苏　[109d]那么,其实是怎样,亲爱的阿尔喀比亚德？是你自己并未发现,你并不知道此事,还是说,你背着我学过,曾到某位老师那儿学习,而他教过你辨别更正义和更不义的事？那么,他是谁？[d5]也[把他]指给我吧！这样,你便可以把我介绍给他当学生。

阿　苏格拉底啊,你在打趣[我]。

苏　不、不,凭我和你的友爱之神！对他,我可最不会起假誓了。不过,如果可以,讲讲他是谁吧！

阿　[109e]要是我讲不出来呢,又怎样？难道你不认为,我可能已经会以别的方式懂得了关于正义和不义的事吗？

苏　是,我会[这么]认为,如果你已发现了的话。

阿　不过,你不相信我可能已经发现了吗？

苏　[e5]很相信,如果你曾探寻过。

阿　那么,你不认为我可能已经探寻过了吗？

苏　我会[这么认为]。如果你曾认为,你那时不懂得的话。

阿　那么,难道我[过去]不会有那么一个时候正是这样吗？

苏　你说得漂亮。那么,你能否说说,在哪段时间,[110a]你当时并不认为自己懂得正义之事和不义之事？来吧！说说看,是否在去年,你曾探寻过,且不认为自己已懂得？还是说,你那时就自认为[已知]？你要答实话,这样[我们]才不会最终发现这些对话是徒劳一场。

阿　好,那时我便认为自己懂得。

苏　[a5]那么,在三年、四年和五年之前,你不这么认为吗？

阿　我也这么认为。

苏　但是,在那之前,你还是个孩子,不是吗？

阿　是。

苏　[a10]不过,我很清楚,那时你的确认为自己已经懂得。

阿　你怎么会很清楚？

苏　[110b]有很多次,我在你的老师们家、还有别的地方听到你[讲话],那时你还是孩子。每当你掷骰子,或玩别的什么孩童的游戏时,若事关正义和不义,你不像是茫然无措,相反,无论碰巧[b5]涉及哪个孩子,你都会很大声、大胆地说,他既卑劣又不义,而且做了不义的事。或者,我说得不真实?

阿　可是,我又要怎么做呢,苏格拉底啊,当有人对我行了不义时?

苏　你[的意思]是[b10]说,如果你当时碰巧不知道是否遭受了不义,那么你该怎么做?

阿　[110c]凭宙斯!我当时并非不知。相反,我知道得很清楚,我的确遭受了不义。

苏　那么,看起来,甚至当你还是孩童时,你便已经自认为知道正义之事和不义之事了。

阿　[c5]的确,我那时就已知道。

苏　你是什么时候发觉的?因为,很明显,不是在你认为自己知道的那个时候。

阿　显然不是。

苏　那么,你是在何时认为自己不知?考虑一下吧,不过,你发现不了[c10]那段时间。

阿　凭宙斯!苏格拉底啊,我的确讲不出。

苏　[110d]那么,你就不是通过[亲自]发现而知道了这些东西。

阿　看来我的确不是。

苏　不过,你刚刚才说过,你也不是因为此前学过而懂得的。那么,如果你既不曾[亲自]发现,也不曾学习过,那么,你是怎样知道它们的呢,在哪儿?

阿　[d5]或许,我没有正确地对你回答此事——当我说自己通过亲自发现而懂得了这些东西时。

苏　怎么回事?

阿　我想,我已学习过,就跟其他人一样。

苏　我们又返回同一个论证了。你跟谁学习过?[d10]也告诉我。

阿　[110e]跟众人。

苏　你遵从众人,可不是向庄重的教师们寻求庇护。

阿　怎么? 这些人不足以教导人吗?

苏　[e5][他们]甚至不[足以]教导合乎跳棋术①与不合乎[跳棋术]的事。我相信,这些比正义之事更琐细。怎么,你不这么认为吗?

阿　是[我认为如此]。

苏　那么,他们尽管不能教导更琐细的事情,却能[教导][e10]更庄重的事?

阿　我认为能。无论如何,他们能教导很多比下跳棋更庄重的事情。

苏　这些是哪些类型的事?

阿　[111a]例如,我跟这些人学会了讲希腊语。我没法说出我的老师是谁,不过,我要归功于同样这群人——关于这些人,你说他们并非庄重的教师。

苏　[a5]但是,出身尊贵的人哦,关于此事,众人正是好教师。那么,你称赞他们教导有方,就称赞得公正。

阿　为什么?

苏　因为,关于此事,他们拥有好教师们应该有的东西。

阿　[a10]你这话是什么意思?

苏　你难道不知道吗,凡是那些要教[别人]的人,不管要教些什么,[111b]自己首先都该懂得? 不是吗?

阿　当然,岂能不是?

苏　而且,那些懂得的人,岂不是彼此同意、并无分歧?

阿　[b5]是。

苏　要是他们在有些事情上有分歧,你会说他们懂得这些事情吗?

阿　显然不会。

苏　那么,他们又怎能是这些东西的教师呢?

阿　[b10]绝不会。

苏　接下来如何? 依你看,在关于什么是石头或木头方面,众人会显得意见有别吗? 再说,要是你问起谁的话,难道他们不会就同样的东西

---

① 跳棋(Petteia),希腊人玩的一种掷骰子决定跳几格的棋盘游戏。

[111c]达成同意？而且，每当他们想拿起一块石头或木头，他们岂不会赶往同一件东西？同样，所有这类东西也都是如此。因为，我大体已领会到，你所说的"知道如何讲希腊语"正是这个意思。或者不是？

阿 [c5]正是。

苏 那么，当涉及这些东西时，就像我们说过的，人们彼此赞同，在私下，每个人也都与自己意见一致。而且，就公共方面来说，各个城邦彼此也并无争论，以至一些［城邦］说它是这个，另一些［城邦］又说它是别的东西。

阿 [c10]不，不会［争论］。

苏 那么，当然，在这些事情上，他们就会是好教师。

阿 [111d]是。

苏 所以，如果我们想让某个人懂得这些事情，那么，要是我们把他送到这些众人那里去求教，便［做得］正确？

阿 [d5]当然。

苏 然后呢？要是我们还想不仅懂得人是什么，或者马是什么，还要懂得其中哪些［人和马］更善奔跑、哪些不善于，那么应该如何？众人还足以教导这些吗？

阿 [d10]显然不是。

苏 那么，对你来说，若要认为他们既不知晓这些、也并非[111e]这些事情真正有用的教师，一个充分的迹象便是，关于这些东西，即便他们自己都彼此不同意？

阿 对我来说，是这样。

苏 如果我们不仅想弄懂[e5]人是什么，还想明白什么人健康、什么人多病，那么应该怎样？对我们来说，众人会是足以胜任的教师吗？

阿 显然不是。

苏 那么，对你来说，这也会是一个迹象，表明他们在这些事情上是糟糕的教师，如果你看到他们彼此分歧的话？

阿 [e10]对我来说，是这样。

苏 那么，接下来呢？现在，关于正义和不义的人[112a]和事，在你看来，众人是否赞同他们自己，或者彼此赞同？

阿　凭宙斯！他们最不会[如此]了，苏格拉底啊。

苏　怎么？关于这些，他们是否分歧最大？

阿　[a5]全然如此。

苏　我想，你从来不曾看到过、也未曾听说，在事关健康与否的事情上，人们会有那么严重的分歧，乃至会为此战斗，甚至杀死彼此。

阿　显然不曾。

苏　[a10]不过，若涉及正义和不义之事，我知道，[112b]即便你未曾见过，也肯定从荷马和其他很多人那儿听说过——因为你听过《奥德赛》和《伊利亚特》。

阿　显然，苏格拉底啊，正是。

苏　这些诗涉及正义[b5]和不义之事的区别吧？

阿　是。

苏　而且，正由于这种区别，阿开奥斯人与特洛亚人之间才发生了战争和死亡。同样，佩涅洛佩的求婚者们与奥德修斯之间，也是如此。

阿　[112c]你讲得真实。

苏　我想，对于战死在塔纳格拉的雅典人、拉刻岱蒙人和波伊俄提阿人，还有后来在克罗涅亚阵亡的人①——你的父亲克莱尼阿斯便在此地身故——来说，[c5]导致这些死亡和战争的，全是有关正义与不义的争执，别无其他。不是吗？

阿　你讲得真实。

苏　那么，我们是否要说，他们知晓自己为之争执得如此[112d]激烈的东西？——最后，在互相的争论中，他们彼此诉诸最后的手段。

阿　看起来，他们并不[知道]。

苏　那么，你所遵从的岂不是这样的教师吗——[d5]你自己也同意，他们其实并没弄懂？

阿　看来是这样。

---

① 公元前457年，雅典人在塔纳格拉(Tanagra)为斯巴达人及波伊俄提阿人所败。公元前447年，雅典人于克罗涅亚再次败给波伊俄提阿人，阿尔喀比亚德的父亲克莱尼阿斯亦于此役阵亡。

苏　那么,你怎么可能懂得正义和不义之事呢,如果你对它们如此困惑?而且,很明显,你既不曾跟谁学习过,也不曾[d10]亲自发现它们?

阿　[d10]从你所讲的来看,是不太可能。

苏　[112e]阿尔喀比亚德啊,你是否又一次看到,你讲得不漂亮?

阿　为何?

苏　因为,你声称,是我说了这些东西。

阿　怎么?难道不是你说,我并不知道[e5]正义和不义之事吗?

苏　不,不是。

阿　那么,倒是我了?

苏　正是。

阿　怎么讲?

苏　[e10]这么说,你就会明白:如果我问你,一和二哪个更多,你会说,是二?

阿　我会。

苏　多多少?

阿　一。

苏　[e15]那么,在我们中间是谁在说,二比一多一?

阿　我。

苏　刚才是我在问,你在答?

阿　是。

苏　[113a]那么,关于这些东西,很显然,究竟是我这个提问者在说,还是你这个回答者?

阿　是我。

苏　接着,如果我问"苏格拉底"怎么拼写,[a5]而你告诉我,那么,谁会是说话者?

阿　我。

苏　来吧,用一句话来说:每当有问和答时,谁是说话的人?是提问者还是回答者?

阿　[a10]苏格拉底啊,依我看,是回答者。

苏　[113b]在刚才整个过程中,难道不是我在做提问者吗?

阿　是。

苏　而你是回答者？

阿　当然。

苏　[b5]然后呢？我们当中，是谁说了刚才所说的话？

阿　苏格拉底啊，根据我们所同意的，看起来是我。

苏　所以，刚才不是这么说的吗？——俊美的阿尔喀比亚德，克莱尼阿斯之子，对正义和不义之事并不知晓，但是却认为[自己知道]。不仅如此，[b10]他还要走向公民大会，就自己一无所知的事情向雅典人提建议？不是这样吗？

阿　[113c]看起来是[这样]。

苏　所以，阿尔喀比亚德啊，欧里庇得斯的话正好适用：你恐怕是"从你那儿听到了这些，而不是从我这里"。①同样，并非我说了这些，反倒是你。你若要归咎于我，也是枉然。不过，[c5]你讲得倒是很好。因为，最好的人啊，你有意着手的乃是一桩疯狂的企图——教导你所不懂的东西，此前你又不曾留心学习过。

阿　[113d]苏格拉底啊，我想，雅典人，还有其他希腊人都很少思考过，某件事情是更正义还是更不义。因为他们相信，这类事情很清楚明白，于是便把它们放在一边，转而考虑，其中哪一个会[d5]对行动者有利。因为，我认为，正义之事与有利之事并不相同，相反，很多人都犯下了极大的不义，却获了利。而另一些人，我想，虽然行事正义，却没得到什么利益。

苏　然后呢？如果[113e]碰巧，正义之事果真是一码事，有利之事又是另一码事，那么，你当然没法又认为自己懂得这个吧，亦即对人们有利的东西，以及[它们]为何有利？

阿　又有什么能阻拦我[这么认为]呢，苏格拉底？除非你又要问我，跟谁学过，或者我自己是怎么发现的。

苏　[e5]亏得你竟能这么做！如果你有什么说得不正确，碰巧又有可能用此前那样的论证来证明这一点，那么，你就认为应该听听新的东西，听些不同的证明。仿佛前面那些论证就像破旧的衣服一样，你再

---

① 欧里庇得斯，《希珀吕托斯》350–352。

[e10]也不肯穿它们了,除非有谁再带给你一番纯净、[114a]无瑕的证明。我呢,且放过你对论证的这番突袭,却还是要问,你从哪里学习过,才知晓了有利的事物,老师又是谁?关于此前所有那些东西,我只问一个问题。不过,[a5]显然你还会抵达同一个地方,也没法儿证明,自己是怎样或通过发现、或通过学习而知道了有利的东西。既然你已奢侈惯了,不会再乐于品尝同一个论证,那么,我便也放过这个问题——你究竟是否知道对雅典人有利的东西。[114b]不过,正义之事与有利之事是相同,还是不同?对这个问题,你何不证明一番?如果你愿意,就由你来问我吧!就像我问你那样。或者你自己可以亲自讲述这个论证。

阿　不过,苏格拉底哦,我不知道自己是否有能力讲述给[b5]你。

苏　那么,好人呐,就把我当作公民大会和民众吧!你在那儿也必须说服每一个人。不是吗?

阿　是。

苏　那么,同一个人,在他所懂得的事情上,既能逐一[114c]说服每个人,也能一起说服多人吧?就像一位语法教师,在字母方面既能说服一人,也能说服多人?

阿　是。

苏　那么,在数字方面,同一个人岂不也既能说服一人,也能[c5]说服多人?

阿　是。

苏　此人就会是个知晓者,一个算术家?

阿　当然。

苏　那么,你[c10]若能就某事说服多人,便也能在此事上说服一人?

阿　很可能。

苏　很显然,存在着你所知道的东西。

阿　是。

苏　那么,跟[114d]民众中的演说家比起来,我们当前这种交往场合下的演说家,除了唯独这种差别——一位是就同一件事说服一群人,另一位则是逐一说服——还有别的不同吗?

阿　恐怕没有了。

苏　现在,来吧！既然看起来同一个人既能说服多人,也能说服[d5]一人,那就拿我练习吧,试着展示一番,正义的东西有时并非有利。

阿　你真是肆心啊,苏格拉底！

苏　现在,不管怎样,我打算凭着肆心,说服你相信那与你不愿说服我的事情相反的结论。

阿　[d10]那就说吧！

苏　你只回答问题即可。

阿　[114e]不,你自己说吧。

苏　怎么？对这个[结论],你难道不是极其愿意被说服吗？

阿　显然,完全愿意。

苏　如果你说"此事正是如此",就是彻底[e5]被说服了？

阿　依我看,是这样。

苏　那就回答吧。而且,倘若你没有亲自听自己说正义的东西也有利,那么,你就不会相信别人[这么]说。

阿　[e10]不,我不会的。不过,我还是回答吧！因为,我看,这也不会有什么害处。

苏　[115a]你很会说预言哦！跟我说说:你是不是说,有些正义的东西有利,有些不然？

阿　是。

苏　接下来呢？其中,有些高贵,有些不然？

阿　[a5]你怎么要问这个？

苏　要是你曾认为,有人做过虽然可耻却正义的事情的话。

阿　我倒不曾[这么认为]。

苏　那么,所有正义的东西都高贵？

阿　[a10]是。

苏　那么,接下来,高贵的东西呢？所有的高贵之物都好吗？还是有些好,有些不然？

阿　苏格拉底啊,我认为,有些高贵的东西是坏的。

苏　[a15]而有些可耻的东西却好？

阿　是。

苏　[115b]你说的是这样的事吗？很多人在战争中帮助了友伴或亲属，结果受了伤，甚至死去了。而另一些人没去帮忙——虽然该这么做——却全身而退？

阿　正是。

苏　[b5]那么，你会说这种帮助很高贵吧？因为人们尝试帮助该帮助的人，这正是勇敢，不是吗？

阿　是。

苏　称之为坏，则是考虑到伤亡，不是吗？

阿　[b10]是。

苏　[115c]那么，难道不是说，勇敢是一回事，死亡则是另一回事？

阿　当然。

苏　那么，并非由同一个理由得出，帮助朋友高贵而坏？

阿　[c5]看起来不是。

苏　那么，再看看，就像在当前的例子中一样，某件事是否就其之为高贵而言，也会是好的。因为，你也同意，由其勇敢来看，助人是高贵的。那么，考虑一下这件事本身：勇敢是好还是坏？这么来考虑吧——你会为自己选哪个，[c10]好事还是坏事？

阿　好事。

苏　[115d]要选最大的？

阿　尤其。①

苏　而且，你也尤其不会选择被剥夺这些东西？

阿　当然，怎会不是呢？

苏　[d5]那么，关于勇敢，你会怎么说？用多大的代价，你才会选择让自己失去[勇敢]？

阿　我甚至不愿活，若我成了个懦夫的话。

苏　那么，在你看来，在各种坏事中，怯懦坏到了极点。

---

①　据伯内特本和抄本传统，"尤其"一词被划入苏格拉底上一个问句的末尾，连接苏格拉底的下一问句，共同构成苏格拉底的一个整体问句，但语义突兀（"岂不尤其要选最大的，而且，你也最不会选择被剥夺这些东西？"）。今据德尼尔笺注本及约翰逊等的译本断句。

阿　我的确这么认为。

苏　[d10]看起来,简直就跟死掉一般。

阿　我会这么说。

苏　死亡和怯懦,岂不与活着和勇敢截然相反吗?

阿　是。

苏　[115e]对于后者,你最希望为你所拥有,至于前者,你则最不希望?

阿　是。

苏　是否因为你相信后者最好,而前者则最坏?

(阿　[e5]当然。

苏　那么,你是否相信,勇敢属于最好的事物,而死亡则属于最坏的东西之列?)①

阿　我相信。

苏　那么,在战争中帮助朋友,就其[e10]高贵而言——因为这是一件与"好"相符的,也就是说,勇敢的行动——你会称之为高贵的?

阿　我看来会。

苏　那么,就它是合乎"坏"的行动——它引起死亡——来说,[你会称之为]坏的?

阿　是。

苏　[e15]用这样的方式来称呼每一种行动便公正吧?就像你称所以导致坏的东西坏一样,对导致[116a]好的东西,也应称之为好。

阿　依我看,是这样。

苏　那么,同样,[某事]就其为"好"来说,便是高贵的,就其为"坏"来说,则可耻?

阿　[a5]是。

苏　所以,若说在战争中帮助朋友们虽然高贵,却坏,那么,你这么说就无异于宣称,这件事既好,又坏?

阿　在我看来,苏格拉底,你说得真实。

---

① 括号内的内容未见于诸抄本,但见于后世作者对《阿尔喀比亚德前篇》的摘引。

苏　[a10]那么,没有哪种高贵之事,就其之为高贵来说,会是坏的,也没有[a10]哪种可耻的事,就其可耻而言,会是好的。

阿　[116b]看起来不会。

苏　现在,再这样来考虑一番。任何人,只要他做事高贵,岂不也做得好?

阿　是。

苏　[b5]做事做得好的人们,岂不也幸福?

阿　怎能不是呢。

苏　他们幸福,是因为拥有好的东西?

阿　非常对。

苏　他们能拥有这些,是因为做得好且高贵?

阿　[b10]是。

苏　那么,做得好是好事?

阿　岂会不是呢。

苏　做得好便也高贵?

阿　是。

苏　[116c]那么,这件同样的事儿,岂不重新又对我们显得既高贵又好了?

阿　看起来是这样。

苏　那么,[c5]从这个论证可以得出,每当我们发现某件事高贵,我们就会发现,此事也是好的?

阿　必然。

苏　接下来呢?好的东西有利吗?还是不利?

阿　有利。

苏　那么,你是否记得,关于正义之事,我们达成了怎样的一致[c10]看法?

阿　我想,[我们同意,]做正义之事者也必定做了高贵的事。

苏　做了高贵之事者也做了好的事情?

阿　是。

苏　[116d]而且,好的事情也有利?

阿　是。

苏　那么,阿尔喀比亚德啊,正义的事就是有利的?

阿　好像是。

苏　[d5]接下来呢?难道不是你说了这些,而我则是提问者?

阿　在我看来,好像是这样。

苏　如果有人站起身来,或向雅典人、或向佩帕瑞托斯①人提建议,认为自己知道正义和[d10]不义之事,并说正义之事有时是坏的,那么,你又怎么可能不嘲笑他呢?既然你恰好说过,[116e]正义之事和有利之事是同样一回事?

阿　凭诸神!苏格拉底啊,我也不知道自己在说什么,全然像个荒诞的人。因为,当你问我时,对我来说,事情一会儿这样,一会儿又是另一个样子。

苏　[e5]那么,我的朋友,你并不知道你的这种遭遇是怎么回事?

阿　完全不知。

苏　要是有人问你,"你有两只眼睛,还是三只","有两只手,还是四只",或其他这类的什么问题,那么,你是否认为,你要一会儿回答这个,一会儿又答另一个?或者[e10]总是[回答]同样的东西?

阿　[117a]现在,我虽然已经担心起自己了,不过,我还是认为,[要回答]同样的东西。

苏　是因为你知道?这便是原因吧?

阿　至少我认为[如此]。

苏　[a5]关于某些东西,如果你得不情愿地答出彼此矛盾的答案,那么很明显,你并不知道这些东西?

阿　很可能是这样。

苏　接下来,关于正义、不义之事,高贵、可耻之事,乃至坏事、好事,以及有利、[a10]不利之事,你作答时,你不是会说自己陷入了困惑吗?那么,岂不很明显,正由于不懂得这些,你才困惑?

阿　[117b]对我来说,是的。

---

① 佩帕瑞托斯为爱琴海北部一个不出名的小岛。

苏　那么,事情是否便是这样? 每当有谁不懂得某事时,关于此事,他的灵魂必定困惑?

阿　岂会不然?

苏　[b5]接下来如何? 你是否知道,以什么方式能上到天上?

阿　凭宙斯,我可不知道。

苏　在对这个问题的看法上,你是否也陷入困惑?

阿　明显没有。

苏　你知道原因吧? 还是要我来说?

阿　[b10]你说吧。

苏　因为,我的朋友,当你不知道时,你并不认为自己知道。

阿　[117c]你为何这么说?

苏　你也一同来看看[这个问题]。对于你所不知的东西,你如果也知道自己不知,那么,关于这样的东西,你会困惑吗? 例如,关于如何预备一份佳肴,你明显知道自己不知?

阿　[c5]当然。

苏　那么,你是会亲自猜想这些事情,考虑该怎么预备,并陷入困惑,还是会转交给知道怎么办的人?

阿　像[后面]这样。

苏　如果你在一条舰船上航行,又会如何? 你是否会猜想[117d]该向内还是向外掌舵,而且,在不懂的时候,你会陷入困惑? 还是说,你会将此事转交给舵手,自己保持安静?

阿　[转交给]舵手。

苏　所以,关于你不懂得的东西,你并不会困惑,既然你知道[d5]自己不知?

阿　看来不会。

苏　那么,你是否能理解,行动中的各种错误都是因为这种无知,也就是说,不懂的人认为自己懂得?

阿　[d10]又要请问,你为何这么说?

苏　当我们自认为懂得我们所做的事,那时我们才会着手去做?

阿　是。

苏　[117e]不过,当有些人认为自己不懂时,他们会交给别人?

阿　怎会不是呢。

苏　所以,在不懂得的人们当中,这样的人[e5]在生活中并不犯错误,因为他们会把这些事情转交给别人?

阿　是。

苏　那么,哪种人会犯错呢?不会是那些懂得的人吧?

阿　很明显,不是。

苏　既然[犯错的]既不是懂得的人们,也不是那些虽然不懂[118a]却懂得自己不知的人,那么,除了那些不懂却认为自己懂得的人之外,还余下了其他人吗?

阿　没有了,就是这些人。

苏　所以,这种无知就是败坏之事的原因,也是最受[a5]谴责的错误?

阿　是。

苏　而且,一旦涉及最大的事情之时,它为害最大,也最可耻?

阿　完全是这样。

苏　[a10]接下来呢?你能否说出比正义、高贵、好、有利的事更大的事情?

阿　我明显不能。

苏　恰恰在关于这些事情方面,你说自己陷入了困惑?

阿　是。

苏　[a15]但是,如果你陷入了困惑,那么,从此前的话来看,岂不很明显,你[118b]不仅不知道最大的事,而且,你还在不懂时,就认为自己懂得这些东西?

阿　恐怕是。

苏　哎呀!阿尔喀比亚德,你遭受的是怎样的一种际遇哦![b5]我犹豫要不要说出其名称,不过,既然只有咱们两个,我还是该说出来。因为,最好的人啊,与你一同起居的,乃是至极的愚蠢——你的论证正是这么指责你的,而且,你也如此指责自己。所以,你才会在受了教育之前,就一头冲到城邦事务中去。遭受这般境况的不只[b10]你一个,很多从事[118c]本邦事务的人也都是如此,只有少数人除外——其中大概就有你的监护人伯里克勒斯。

阿　据说,苏格拉底哦,其实他并不是自发地变得智慧,而是通过与很多智慧者结交——[c5]例如皮托克利德斯和阿纳克萨戈拉。直到现在,在他这把年纪,他还为了这个缘故而与达蒙交往。①

苏　那么,接下来呢?你是否见过,有哪个智慧的人竟没有能力让另一个人变得像他一样智慧?例如,那位曾教你书写的人,岂不本人既智慧,也能让你,乃至其他[c10]任何他所希望的人们变得[智慧]?不是吗?

阿　是。

苏　[118d]那么,就算你——既然你跟他学习过——也能让别人[变智慧]?

阿　是。

苏　同样,基塔拉琴师和体育教练也是如此?

阿　[d5]当然。

苏　所以,很明显,这是一个漂亮的证明,证明那些知道某种事物的人的确知道此事——既然他们能让其他人[变得]明确地知道它。

阿　在我看来,是这样。

苏　[d10]接下来呢?你能否说说,伯里克勒斯把谁变智慧了?从他的儿子们算起?

阿　[118e]苏格拉底啊,可是,伯里克勒斯的两个儿子都天生蠢笨,该怎么说呢?

苏　不过,你的兄弟克莱尼阿斯呢?

阿　你为何又说起克莱尼阿斯?这人是个疯子。

苏　[e5]既然克莱尼阿斯是疯子,伯里克勒斯的儿子又双双天生愚笨,可是,我们又该把什么原因归给你呢,以至伯里克勒斯因此也忽略了你的这般状况?

---

①　在柏拉图《斐德若》270a,苏格拉底提到,哲学家阿纳克萨戈拉曾帮助伯里克勒斯提升修辞技艺。据说,伯里克勒斯的政敌指控阿纳克萨戈拉通过不虔敬的言行寻求接近伯里克勒斯。在年轻时,苏格拉底曾学习阿纳克萨戈拉的心智学说,但最终对其失望(《斐多》97c-99d)。达蒙和皮托克利德斯都是擅长音乐技艺的智术师,在《拉克斯》180c-d,苏格拉底称达蒙为自己的老师。

阿　我想，责任在我自己——是我自己并没留意。

苏　[119a]不过，告诉我，在其他雅典人或外邦人当中，是否有哪个人——奴隶也好，自由人也罢——他变得更智慧，要归因于与伯里克勒斯的交往？例如，我就能告诉你，通过与芝诺交往，伊索罗科斯的儿子毕托多罗斯，还有[a5]卡利阿德斯的儿子卡利阿斯，每人给了芝诺一百米纳，最终就都变得既智慧，又有名。①

阿　凭宙斯，我说不出来。

苏　罢了。你对自己有何想法？是任由你现在的样子，还是做些打算？

阿　[119b]苏格拉底啊，咱们一同想想吧！的确，我理解你说的话，也赞成。因为，在我看来，那些从事城邦事务的人，除了少数人以外，都没受过教育。

苏　接下来呢，你这么说是何意？

阿　[b5]如果他们都受过了教育，那么，兴许想要着手跟他们竞争的人就得学习和练习了，如同要去挑战运动员们一样。但现在呢，既然这些人都是作为外行涉足城邦的事情，那么，为何还得练习和费事地学习呢？因为我知道得很清楚，我[119c]在天性上超出这些人太多了。

苏　哎呀，最好的人，你说的这都是怎样的话啊，多么配不上你的相貌和其他资质！

阿　这究竟是什么意思，苏格拉底！你为什么这么说？

苏　[c5]我既为你，也为我对你的爱欲难过。

阿　这是为什么？

苏　如果你认为，你的竞赛值得针对这里的世人的话。

阿　那该针对谁呢？

苏　[119d]这倒是值得一个自许心志远大的男子汉来问的问题。

阿　你为什么这么说？我的竞赛岂不正是针对这些人吗？

---

①　爱利亚哲人芝诺是哲人帕默尼德的学生。在柏拉图《帕默尼德》中，帕默尼德和芝诺便住在毕托多罗斯家中，主要的对话也发生在此。此处提到的卡利阿斯此后担任雅典将军，于公元前432战死于波提岱亚（Potidaea）。读者可能会联想到与之同名的希珀尼科斯的儿子、阿尔喀比亚德的表兄卡利阿斯，后者与当时访问雅典的著名智术师均过从甚密。

苏　如果你设想自己掌舵一艘三列桨舰船,即将发动[d5]海战,那么,对你来说,能在同船伙伴当中最善于掌舵,是否就已满足?还是说,你会认为此事本该如此,于是转而专注于那些真正的对手,而非像现在这样,关注你的战友们?很显然,你应该相当多地超过他们,[119e]以至于他们自知不该与你竞争,自认弗如,从而辅助你一同跟敌人作战——如果你的确打算展示某些既配得上你自己也配得上城邦的高贵行动的话。

阿　不过,我正是这么打算的。

苏　[e5]那么,这难道真的值得你满意吗?如果你能比士兵们更优秀,却不转而关注敌方的领导人,考虑如何才会变得比他们更优秀,[因而]观察他们,以之为对象去练习?①

阿　[120a]苏格拉底啊,你说的这些人是谁?

苏　你不知道吗?我们的城邦总在跟拉刻岱蒙人和那位大王②作战?

阿　你说得真实。

苏　[a5]所以,你若有意做我们这个城邦的领导人,那么,你如果相信,你竞赛的对手乃是拉刻岱蒙人的各国王以及波斯诸王,便相信得正确吧?

阿　恐怕你说得真实。

苏　不,好人啊,你应该去关注爱[120b]打鹌鹑的米狄阿斯,③以及其他这样的人——这些人试图着手打理城邦的事情,不过,就像妇人们说的,他们灵魂中还长着奴隶的头发,由于缺乏文雅,[这头发]也还没去掉。④他们说着外方蛮人的话,[b5]前来谄媚城邦,而不是领导城邦。正是这些人——我所说的这些人——才是你应该关注的,同时可以忽略你自己。而且,你既不必学习你能学的东西,以便去那么大的竞赛中参赛,

---

① 伯内特校勘本将此句标点为陈述句,德尼尔笺注本则标点为疑问句。
② 即波斯大王。
③ 米狄阿斯,雅典政客,雅典谐剧诗人经常嘲讽的对象(参阿里斯托芬,《鸟》1297 – 1299)。据说,米狄阿斯既养鹌鹑,也爱玩打鹌鹑的游戏。在游戏中,参加者以手指弹击对手的鹌鹑,努力将其击出圈外,以求获胜。阿尔喀比亚德可能也常玩这种游戏,据普鲁塔克《阿尔喀比亚德传》(段10)记载,在首次面对雅典公民大会发言时,由于不小心,阿尔喀比亚德的长袍中飞出了一只鹌鹑。
④ 根据古希腊的制度,奴隶必须将头发剪短,以便于劳动,也为了在前额露出表示奴隶身份的纹身。因此,"去掉奴隶的头发"意味着将头发留长。

也不必操练你应该做的练习——[120c]以这样的方式,你便已经准备好了一切应该准备的事,可以步入城邦事务了。

阿 可是,苏格拉底啊,依我看,你说得真实。的确,无论拉刻岱蒙人的那些将军,还是[c5]波斯大王,跟其他人都没什么区别。

苏 不过,最好的人啊,考虑一下,你这种想法究竟有怎样的含义。

阿 关于什么?

苏 首先,你认为,在哪种情况下,你会更留意自己?[120d]是当你畏惧他们、认为他们可怕时,还是不这样认为时?

阿 很明显,当我认为他们可怕时。

苏 那么,难道你会认为,你若留意自己,倒会受伤害吗?

阿 [d5]当然不会,相反,我会受到很大帮助。

苏 那么,就这一点来看,你的这种想法本身,就带着很大的坏处?

阿 你说得真实。

苏 那么,请再考虑第二点,从可[d10]能之事来看,[你这种想法]也是虚假的。

阿 为什么?

苏 更好的天性,更有可能生于尊[120e]贵的世系,还是[生于]并不[尊贵的世系]?

阿 很明显,生于尊贵的。

苏 那么,那些生得好的人,如果养育得也好,便也会以这样的方式,在德性方面变得完整?

阿 [e5]必然。

苏 让我们来考虑,如果将他们的情形与我们比较,那么,首先,拉刻岱蒙人和波斯人的王看起来是否属于更低微的世系。或者,难道我们不知道吗——前者是赫拉克勒斯的子孙,而后者则是阿凯美涅斯的后裔,而无论赫拉克勒斯的[e10]还是阿凯美涅斯的世系,都要上溯到宙斯之子珀尔修斯?

阿 [121a]不过,我的世系,苏格拉底啊,要上溯到欧吕萨刻斯,而欧吕萨刻斯的世系则上溯到了宙斯。

苏 不过,我的世系,出身尊贵的阿尔喀比亚德啊,则要上溯到代达罗斯,而代达罗斯的世系又源于宙斯的儿子赫斐斯托斯。不过,[a5]从他们本人开始,他们都出于王者[所生],而这些王也是王者之子——直[回溯]到宙斯。其中,一支是阿尔戈斯和拉刻岱蒙的诸王,另一支则一直是波斯诸王,他们也多次成为亚细亚的君王——就像现今这样。但是,我们自己则是平民,我们的父辈也是。[121b]而且,要是你必须要把你的祖先以及欧吕萨刻斯的祖国萨拉米斯——或者还更早的埃阿科斯的祖国埃吉那——展示给薛西斯的儿子阿尔塔薛西斯的话,①那么,来想想,你会招来他多少嘲笑啊?不过,我们要留神,可别既在家世的显耀方面又在其他的养育方面全都比不上这[b5]些人。

不过,难道你未曾发觉吗?拉刻岱蒙国王拥有的东西何其丰厚!他们的妻子受到督察官的公共保护,因此,这些人会尽全力确保,没有哪个生于[121c]赫拉克勒斯子孙世系之外的人能不被他们察觉而成为国王。至于波斯大王呢,他是如此高居人上,所以没有谁会怀疑,下一位国王竟会是除他之外的别人所生。所以,除了恐惧之外,[波斯]王的妻子并未受其他保护。当长子——[c5]王权将会归于他——出生时,②首先,王国疆域内的所有人都要举办庆宴,而且,从此开始,在此后所余的岁月,每逢[波斯]大王寿辰这天,整个亚细亚都要举行献祭和庆宴。相反,在我们[121d]出生时呢,则如谐剧诗人③所说——"连邻居都毫无察觉",阿尔喀比亚德啊!

此后,这个男孩不会交给某个无足轻重的妇人乳母来养育,而是交给大王身边那些公认最好的太监。[d5]他们除了承担照料新生儿的其他任务之外,还尤其设法让孩子长得最俊美,因此,他们会形塑、摆正孩子的四肢。因为能做这些事,[121e]他们享有极大的荣誉。

此后,当孩子们长到七岁时,就去骑马,在这方面接受教育,并开始去打猎。到十四岁时,称为[e5]王族保傅的那些人便把孩子接管过去。这是从波斯人中挑选出来,被视为最好、正当盛年的四个人——分别是最智

---

① 萨拉米斯和埃吉纳均为距离雅典很近的小岛。公元前480年,希腊海军曾在萨拉米斯海战中击溃薛西斯所率领的波斯海军,从而结束了希波战争。阿尔塔薛西斯为波斯大王,薛西斯之子,公元前465年至前424年在位。
② 从当时王位继承的实情来看,波斯王位往往难以由长子和平、顺利地继任。
③ 该谐剧诗人亦名为柏拉图,是阿尔喀比亚德同时代的谐剧作家,但与哲人柏拉图无关。

慧、最正义、最节制,以及[122a]最勇敢的人。其中,第一位既教他波斯巫术,也即荷罗马策斯的儿子琐罗亚斯德的技艺①——这项技艺关乎敬奉诸神,也教导王者技艺。最正义的人教导他终生讲真话。而最节制的人所教的则是不要被任何一种快乐[a5]统治,如此方能习惯于保持自由,并真正具有王者品格,因为,首先要统治自身之内的东西,而不是受其奴役。至于最勇敢的人则让他做好准备,无所畏惧,也不害怕,因为,[人]在害怕之时,就已是个奴隶。

可是,至于你呢,阿尔喀比亚德啊,[122b]伯里克勒斯从其家奴中指派给你的保傅,乃是因为年迈而最不中用的忒腊克人佐皮罗斯。关于你的竞争者们的养育和教育的其他方面,我本也可以为你详说,如果这些东西不是太费功夫的话。同时,以上这些也足以说明[b5]可以随之得出的其他方面了。那么,关于你的出生,阿尔喀比亚德啊,以及你的养育和教育,乃至其他任何雅典人的这些事情,可以说,其实都没人关心——除非有谁碰巧是你的爱欲者。

如果你还想再[122c]关注波斯人的财富、奢侈、衣饰,乃至长裾华服、芳香油膏,还有众多的随行仆从,以及波斯人的其他种种繁华,你就会为自己感到羞辱,因为你会觉察到,自己是多么不如他们。或者,如果你又想关注一番拉刻岱蒙人的[c5]节制、有序,以及他们的刚毅、知足、高尚的心志、严整的纪律、勇敢、坚忍、爱辛劳、爱胜利、爱荣誉,那么你就会认为,自己在所有这些[122d]方面都只是个孩童而已。

再者,如果你还关注财富,认为自己在这方面有些分量,那么,我们也不要留下这点不说,这样,你才能看到[自己位于]何处。如果你愿意看看拉刻岱蒙人的财富,你就会知道,[我们]这儿的财富远远不及[他们][d5]那里。因为,一方面,从他们在其本邦和美塞尼拥有的土地来说,②

---

① 琐罗亚斯德(约前1400—前1200)创建了以他的名字命名的宗教——琐罗亚斯德教。其主神是阿胡拉马兹达(Ahuramazda),希腊语名称为荷罗马策斯(Hōromazēs)。与该主神相敌对的神,其名称含义为"谎言",因而波斯传统中极强调讲真话。苏格拉底在此处将荷罗马策斯说成琐罗亚斯德的父亲,可能追随的是希腊传统说法。

② 斯巴达人已实际掌握了相邻的美塞尼(位于伯罗奔半岛西南部),使之陷于附庸和受奴役的地位。

无论在数量还是土质的优良方面，我们这边没有谁的土地能与之匹敌；另外，在他们所拥有的奴隶方面，也是一样——无论是希洛奴隶还是其他奴隶。同样，在马匹和其他牧养在美塞尼的[122e]牲畜方面，我们也无法[与之相比]。不过，所有这些我且放过不提，但就算是金银，其他所有希腊人拥有的，也不及拉刻岱蒙人私人所有的那么多。因为，在很多代人的时间里，金银一直从所有希腊人那儿流向他们，而且也经[e5]常从野蛮人那里流入，却从未从他们那里流出。[123a]这完全就像那则伊索寓言——狐狸对狮子说，钱币走进那儿去的脚印很清晰，但没有谁见过走出来的脚印。所以，我们必定能清楚地知道，那儿的人在金[a5]银方面比全希腊人都更富有，而国王又是那些人当中最富有的。因为，在这些金银中，国王所得最多，也最频繁。此外，拉刻[123b]岱蒙人向国王缴付的贡金也不在少数。

与希腊人相比，拉刻岱蒙人的财富虽然巨大，但与波斯人及其大王的财富相比，他们的财富就微不足道了。有一次，我曾听一个值得信赖的人说过——此人曾属于那些上行去见[b5]波斯大王的人们的行列，他说，他曾穿过一片极其广袤又肥沃的土地，为此几乎花了一天的行程——当地人把这片土地称为"王后的腰带"。①还有一片土地被称为[123c]"王后的面纱"。此外，还有其他很多优美、肥沃的土地也被挑选出来，用于[奉给]王后的服饰，其中，每片土地都以王后服饰的一个部分命名。

所以，我想，如果有人对波斯大王的母亲，也就是薛西斯的[c5]王后阿墨斯特里斯说，"狄诺马刻的儿子有意挑战你的儿子。她的服饰大概最多值五十个米纳，她的儿子呢，在厄尔喀亚只有不超过三百普勒忒戎②的土地"，那么，王后便会惊奇，这个阿尔喀比亚德究竟在哪儿生了信心，[123d]竟打定主意要跟阿尔塔薛西斯竞争？不过，我想，她兴许会说，这个男子若要着手尝试，那么，除了经心照料和智慧之外，他并无别的什么东西可以信赖了。因为，对希腊人来说，唯有这些东西才值得一提。此

---

① 根据色诺芬记载，色诺芬在随小居鲁士的军队远征波斯时，军队曾驻扎在卡卢斯河附近的某个村庄，此地的赋税用于为波斯王后帕莉萨蒂斯供奉腰带的花费。参色诺芬《上行记》卷一，第4章。

② 三百普勒忒戎(plethron)，相当于二十八公顷(七十英亩)的土地面积。

外，如果她又[d5]得知，首先，这个如今正着手尝试的阿尔喀比亚德还差一点儿才年满二十，其次，他又完全没受过教育，此外，[若她得知，]他的爱欲者对此人说，他必须先学习、照料自己，[123e]并多加练习，唯有如此才能与波斯大王较量，可他却不愿意，反倒说自己已经满足现在的样子，那么，我想，她便会感到惊奇，并问，"究竟是什么让这个小伙子有了信心？"如果我们说，是[他的]美貌、身材、[e5]家世、财富，还有他灵魂的天性，那么，阿尔喀比亚德啊，她会认为我们一定是疯了，如果她看到他们在所有这些事情上的优势的话。

此外，我还想，兴许兰庇多，也就是[124a]勒俄图喀达斯的女儿、阿尔喀达摩斯的王后、阿吉斯的母亲①——这些人都是国王——也会惊奇，如果她看到了他们的这些优势，而你本身虽然养育得如此败坏，却打算要与她的儿子较量的话。

[a5]所以，你不认为此事很可耻吗，如果关于我们连敌方的妇人都考虑得更好——她们比我们对自己还更清楚地知道，我们要成为怎样的人，才能着手针对他们？毋宁说，幸福的人啊，听从我吧！也要听从德尔斐的铭文——认识[124b]你自己。要知道，这些人才是我们的对手，而不是你认为的那些人。如果不经心留意，并诉诸技艺的话，我们不会胜过其中的任何一位。如果你落在了他们后面，你的名字也会在希腊人[b5]和野蛮人当中落选——在我看来，你对这件事情的爱欲，没有别的哪个人对其他什么东西的爱欲能比得上。

阿　那么，苏格拉底啊，我应该怎样做，才能照料自己？你能解释吗？因为，你看起来真的像是个讲出了真实的人。

苏　[b10]可以。或者，咱们来一起想想，我们以什么方式才能[124c]成为尽可能最好的人。因为，其实，我并不是说你必须受教育，而我自己则不需要。因为，我跟你没有什么不同，唯有一点除外。

阿　哪一点？

---

① 勒俄图喀达斯（Leotychides），公元前491年至前469年为斯巴达国王。阿尔喀达摩斯（Archidamus），公元前469年至前427年任斯巴达国王。阿吉斯（Agis）于公元前427年至前399年任斯巴达国王。

苏　[c5]我的监护人,比伯里克勒斯——你的监护人——更好,也更智慧。

阿　他是谁,苏格拉底?

苏　是神,阿尔喀比亚德啊,今天之前,正是他不允许我跟你交谈。也是由于相信他,我才说,除我之外,你不会经由任何别人而获得[c10]荣耀。

阿　[124d]你在开玩笑哦,苏格拉底。

苏　也许吧。不过,我这些话说得真实——我们需要照料自己。或者不如说,所有人都要照料自己,但我们俩却尤其需要。

阿　关于我这方面,你所说的不假。

苏　[d5]在我这方面,同样不[假]。

阿　那我们要做些什么?

苏　我的友伴啊,我们既不可畏缩,也不可软弱。

阿　这样肯定不合适,苏格拉底。

苏　是不合适,所以我们必须来一起考虑。那么,告诉我,[124e]我们的确说,我们想成为最好的人,不是吗?

阿　是。

苏　在哪种德性方面[成为最好的人]?

阿　很明显,是使男儿成为好人的那种德性。

苏　[e5]在哪方面变好?

阿　很明显,让他们在擅长做事方面[变好]。

苏　[做]哪种事?是关于马的事情吗?

阿　显然不是。

苏　因为,[倘若如此,]我们便会去找在马的事情上有技艺的人?

阿　[e10]是。

苏　那么,你说的是驾船技艺吗?

阿　不是。

苏　因为,我们[因此]会去找精通驾船技艺的人?

阿　是。

苏　[e15]那么,你说的是哪种事情?是由怎样的人所操持的?

阿　由高贵优秀的雅典[贤]人。
苏　[125a]你所说的高贵优秀者，是明智的还是蠢笨的人？
阿　明智的人。
苏　每个人在他明智[应对]的事情上，也都应对得好？
阿　[a5]是。
苏　在他[做起来]蠢笨的事情上，则是低劣的？
阿　怎会不是呢？
苏　那么，在做鞋子方面，鞋匠是明智的？
阿　[a10]当然。
苏　那么，他在这件事上便做得好？
阿　[做得]好。
苏　然后呢？在缝制衣服方面，鞋匠则是蠢笨的？
阿　[a15]是。
苏　[125b]那么，在这件事上，他便做得坏？
阿　是。
苏　那么，根据这段论证，同一个人既坏，又好。
阿　[b5]看起来是这样。
苏　那么，你是否会说，那些好人也坏？
阿　显然不会。
苏　那么，你到底会说谁是好人？
阿　我会说，那些能在城邦中统治的人。
苏　[b10]很明显，不是统治马的人吧？
阿　显然不是。
苏　而是[统治]人？
阿　是。
苏　[他们统治的]是病人吗？
阿　[b15]不是。
苏　而是[统治]航海者？
阿　我说的不是[他们]。
苏　那么，[他们统治的]是收割庄稼的人吗？

阿　不是。

苏　[125c]那么,[他们统治的]是什么都不做的人,还是做些什么的人?

阿　我说的是做某些事情的人。

苏　[他们]做的是什么?试着为我解释明白吧。

阿　他们聚在一起彼此打交道,并且互相使[c5]役,就像我们在众城邦中活着[所做的]那样。

苏　所以,你说的是统治那些使役其他人的人?

阿　是。

苏　那么,是[统治]使役桨手的那些桨手领班吗?

阿　[c10]明显不是。

苏　因为这种德性其实属于掌舵术?

阿　是。

苏　那么,你所说的,是统治那些吹簧管的人吗?——[125d]他们领导合唱的人们,并使役跳舞者?

阿　显然不是。

苏　因为,这个又是属于歌队教练的技艺?

阿　当然。

苏　[d5]那么,你所说的"有能力统治那些使役他人的人",到底是什么?

阿　我所说的至少是那些分得了城邦民身份,并彼此打交道的人们——也就是说,[有能力]统治城邦中的这些人。

苏　[d10]那么,这种技艺是什么?比如,若我再用刚刚问过的问题问你,什么技艺能使人明白如何统治那些参加航行的人?

阿　掌舵术。

苏　[125e]至于那些参加歌唱的人——就像刚才所说的——什么知识能让人统治他们?

阿　正是你刚说过的,歌队教练的技艺。

苏　然后呢?关于[统治]分得城邦民身份者的那种知[e5]识,你称之为什么?

阿　至少,在我看,苏格拉底啊,我会称之为善谋。

苏　然后呢?掌舵者们[的知识]看起来是否缺乏谋虑?

阿　显然不是。

苏　而是善谋?

阿　[126a]在我看来是这样,至少在保全桨手们方面[善谋]。

苏　你说得漂亮。接下来呢?你所说的善谋,是在哪方面?

阿　在于把城邦治理、保全得更好。

苏　[a5][城邦]被治理、保全得更好,是因为什么东西在场或者缺席?比如,如果你问我,"身体被治理、保全得更好,是因为什么东西在场或者缺席",我就会回答说,是因为健康在场,疾病缺席。你不认为是[a10]这样吗?

阿　[126b]是这样。

苏　接着,如果你又问我,"当什么东西在场时,眼睛会更好",类似地,我就会回答说,当视觉在场、目盲缺席时。至于耳朵,[b5]当耳聋缺席、听觉产生时,它们就变得更好,也被照料得更好。

阿　对。

苏　接着,对城邦来说如何?当什么东西在场、什么东西缺席时,它会变得更好,并且被照料、[b10]治理得更好?

阿　[126c]在我看来,苏格拉底啊,当人们中间彼此产生友爱,并且当仇恨和分裂缺席之时。

苏　你所说的友爱,是同意还是分歧?

阿　[c5]同意。

苏　通过什么技艺,各城邦会在数字方面彼此同意?

阿　通过算术。

苏　对普通人来说呢?他们岂不也要通过同一种技艺[达成同意]?

阿　[c10]是。

苏　每个人对自己也一样?

阿　是。

苏　那么,通过什么技艺,每个人都能与自己[126d]在"一拃和一肘尺哪个更长"的问题上达成同意?岂不是通过测量术?

阿　当然。

苏　对此,普通人之间也彼此同意?城邦也是一样?

阿　[d5]是。

苏　接下来呢?关于重量,也是同样?

阿　我会这么说。

苏　那么,至于你所说的同意,它是什么,关于什么?什么技艺能为其提供准备,使之产生?它对一个城邦[d10]和一位普通人来说,是否都一样?无论对某人自己还是对其他人来说,是否都是如此?

阿　很可能是这样。

苏　那么,它是什么?不要没精打采地作答,要[126e]用心说。

阿　我想,我所说的友爱和同意,就像一位爱儿子的父亲与儿子心意一致那样。对母亲来说也是如此,此外,兄弟对兄弟,妻子对丈夫,也都同样。

苏　[e5]阿尔喀比亚德啊,你认为,在关于纺羊毛的事情上,一位丈夫有能力同意妻子吗?也就是说,没知识的[丈夫]同意有知识的[妻子]?

阿　显然不能。

苏　也不应该有。因为,至少这件事是属于女人的学问。

阿　[e10]是。

苏　[127a]接下来呢?关于步兵战术,妻子有能力同意丈夫吗?若她未曾学习过?

阿　显然不能。

苏　因为,你也会说,至少这件事同样专属于男人。

阿　[a5]我会[这么说]。

苏　那么,根据你的论证,有些学问是属于女人的,有些学问属于男人。

阿　岂能不是?

苏　那么,在这些事情上,并没有妻子与[a10]丈夫之间的同意。

阿　没有。

苏　也并无友爱,既然友爱就是同意。

阿　看起来没有。

苏　那么,当妻子们做她们自己的事情时,便并未被丈夫[a15]友爱。

阿　[127b]好像没有。

苏　当丈夫做属于自己的事情时,他们也没受到妻子的友爱。

阿　没有。

苏　[b5]所以,这么一来,各城邦便没有治理好——当每个人都做属于自己的事情时?

阿　我却认为[是治理得好],苏格拉底啊。

苏　你为何这么说?此时友爱并不在场——我们说过,每当产生友爱时,各城邦才治理得好,否则,便治理得不好?

阿　[b10]但是,在我看来,他们恰恰因此产生了友爱,因为每个人都做他们自己的事情。

苏　[127c]刚才还不是这样,那么,你现在为何这么说?在同意没产生时,能产生友爱吗?或者说,关于某些东西,如果有些人知晓,另一些人不知,那么,同意有可能产生吗?

阿　不可能。

苏　[c5]当每个人都在做属于自己的事情时,他们是在做正义的事,还是不义的事?

阿　正义的事。岂会不是呢?

苏　如果他们在城邦中做正义的事,那么,邦民彼此之间不会产生友爱吗?

阿　[c10]苏格拉底啊,依我看,必定会产生。

苏　[127d]那么,你所说的友爱或同意到底是什么?——在涉及它们时,我们必须既智慧又善谋,才能成为好的男子汉?因为,我没法明白它们究竟是什么,或者体现在谁的身上。它们有时出现在同样一些人身上,有时[d5]却又不见了——从你的论证来看,就是如此。

阿　可是,凭诸神!苏格拉底啊,我自己也不知我说了什么。我恐怕很久都没发觉,自己处在可耻的境地。

苏　不过,你要勇敢些。因为,如果你[127e]五十岁时才觉察自己的这般际遇,那么你就会很难照料自己了。但是,在你现在的年龄,正是你该觉察这件事的时候。

阿 苏格拉底啊,察觉之后,应该做什么?

苏 [e5][应该]回答问题,阿尔喀比亚德。如果你这么做,若神明也愿意——要是我们能相信我的预言的话——你和我的境况就都会更好。

阿 会这样的——至少,我会为此尽力回答问题。

苏 那么,来吧。[我们来问:]什么是"照料自己"?——以免我们或许经常[128a]不觉中忽略了照料自己,却自认为已经在这么做了——而且,人们什么时候会这么做? 当人们照料属于自己的事物时,也在照料自己吗?

阿 至少在我看来,是这样。

苏 [a5]接下来呢? 人们什么时候照料自己的双脚? 是当人们照料那些属于脚的事物时吗?

阿 我不明白。

苏 你是否会说,某些东西属于手? 例如,你会说,戒指会属于人身上除手指之外的其他部分吗?

阿 [a10]显然不会。

苏 那么,鞋子也以同样的方式属于脚?

阿 是。

(苏 那么,衣服和毯子同样也属于身体的其他部分?

阿 [128b]是。)①

苏 所以,当我们照料鞋子的时候,我们就在照料双脚?

阿 苏格拉底啊,我不是完全明白。

苏 [b5]那么,这个呢,阿尔喀比亚德? 你是否会说起,"正确地照料"任何某件事物?

阿 我会[这么说]。

苏 所以,每当有谁把某件事做得更好,那时你是否会说,这是一种正确的照料?

阿 [b10]是。

苏 那么,什么技艺能把鞋做得更好?

---

① 括号内的两行内容并未见于《阿尔喀比亚德前篇》各抄本,辑自后世作品。

阿　制鞋术。

苏　我们用制鞋术照料鞋子?

阿　[128c]是。

苏　那么,我们是否用制鞋术照料脚?还是说,我们是用那种使脚变得更好的[技艺]?

阿　是后者。

苏　[c5][我们]使脚变得更好,所用的岂不是也使身体其他部位[变得更好]的那种[技艺]?

阿　至少我看是这样。

苏　这[技艺]岂不是体操术?

阿　肯定是。

苏　那么,我们用体操术照料脚,又用制鞋术照料[c10]属于脚的事物?

阿　当然。

苏　而且,我们用体操术照料手,又用戒指刻制术照料属于手的事物?

阿　是。

苏　[c15]进一步说,我们用体操术照料身体,用纺织术和其[128d]他技艺照料属于身体的事物?

阿　全然如此。

苏　那么,对每件东西本身,我们用一种技艺照料它,又用另一种技艺照料属于它的事物?

阿　[d5]看起来是这样。

苏　所以,每当你照料属于你的事物时,你并没有照料你自己。

阿　一点儿也没有。

苏　所以,看起来,某人用来照料自己的[技艺],与用来照料属于他的事物的[技艺],并非同一种技艺?

阿　[d10]看起来不是。

苏　那么,来说说,我们究竟用什么照料我们自己?

阿　我说不出。

苏 [128e]不过,我们至少已经同意这些——它并不是我们用来使属于我们之物变得更好的[技艺],而是使我们自己变得更好的技艺?

阿 你说得真实。

苏 那么,我们能否知道,到底什么技艺能让鞋子[e5]变得更好,如果我们还不懂得什么是鞋子的话?

阿 不能。

苏 同样,[我们也不会知道,]什么技艺能让戒指变得更好,如果不知道什么是戒指。

阿 [你说得]真实。

苏 [e10]接下来呢?至于什么技艺能让自己变得更好,如果我们还不知道自己到底是什么,我们能得知吗?

阿 [129a]不可能。

苏 那么,"认识自己"是否碰巧很容易?而且,是某个愚昧的人在皮托神庙刻下了这句话吗?还是说,这是件很困难的事,而且并非属于所有人?

阿 [a5]苏格拉底啊,我经常认为,[此事]属于所有人,不过,我又经常[认为],这全然是极困难的事。

苏 但是,阿尔喀比亚德啊,不管此事容易与否,我们的境地都是同样的——只有知道这个,我们才能快速地知道如何照料我们自己。如果不知道这个呢,也就永远不知[如何照料自己]了。

阿 [a10]是这样。

苏 [129b]那么,来吧!以什么方式,自己本身能被发现?因为,用这种方式,我们兴许就能快速地发现我们自己究竟是什么。但是,如果对这个仍然无知,我们也许就没法做到。

阿 你讲得正确。

苏 [b5]凭宙斯,且停下:你现在正跟谁谈话?无非只有我?

阿 是。

苏 我呢,是在与你谈话?

阿 是。

苏 [b10]所以,苏格拉底就是在谈话的人?

阿　当然。

苏　阿尔喀比亚德则是听者？

阿　是。

苏　苏格拉底在用言辞谈话？

阿　[129c]当然,怎会不是呢？

苏　谈话和使用言辞,估计你会称它们为同一回事吧？

阿　当然。

苏　[c5]使用的人与所使用的东西,岂不是不同的？

阿　你为何这么说？

苏　就像鞋匠估计会用刀子、凿子,以及其他的工具来切割？

阿　是。

苏　[c10]难道不是说,那个切割、使用的人是一回事,他所用来切割的东西则是另一回事？

阿　怎会不是呢。

苏　那么,同样,基塔拉琴师所弹奏的东西,也与基塔拉琴师本人不同？

阿　[c15]是。

苏　[129d]这正是我刚才问的——看起来,使用者与他所使用的东西是否永远不同。

阿　看起来是这样。

苏　那么,关于那位鞋匠,我们要怎么说？他是[d5]只用工具来切割,还是也用手？

阿　也用手。

苏　所以,他也使用它们？

阿　是。

苏　而且,当他切皮革做鞋子时,也使用双眼？

阿　[d10]是。

苏　而我们同意,使用者与他所使用的东西,是不同的？

阿　是。

苏　那么,鞋匠和基塔拉琴师,就与他们干活时所用的双手、[129e]

双眼不同?

阿　看来是。

苏　人们使用整个身体吧?

阿　当然。

苏　[e5]而使用者与他所使用的东西不同?

阿　是。

苏　所以,人就与他自己的身体不同?

阿　好像是。

苏　那么,人究竟是什么?

阿　[e10]我说不出来。

苏　不过,你至少可以说,人是身体的使用者。

阿　是。

苏　[130a]那么,除了灵魂外,还有别的什么东西使用它吗?

阿　没有其他东西。

苏　[灵魂]同时在统治[它]?

阿　是。

苏　[a5]关于如下这点,我想,肯定没有谁会有不同的看法。

阿　是什么?

苏　人不会不是三者之一。

阿　哪三者?

苏　灵魂、身体或者二者的结合体。

阿　[a10]当然,怎会不是呢?

苏　而我们曾同意,人正是那统治身体者?

阿　[130b]我们同意过。

苏　那么,身体本身会统治自己吗?

阿　不可能。

苏　因为,我们说,它被统治。

阿　[b5]是。

苏　所以,这个不会是我们所寻找的东西。

阿　好像不是。

苏 那么,是否二者的结合体共同统治身体,而这便是人?

阿 [b10]很有可能。

苏 其实这最不可能。因为,如果其中的一个并不统治,那么,二者的结合体也绝无办法统治。

阿 正确。

苏 [130c]既然人既不是身体,也不是二者的结合体,那么,剩下的,我想,或者人什么也不是,或者,如果人是某种东西,结果便是,人无非就是灵魂。

阿 正是如此。

苏 [c5]那么,是否还需要更清楚地向你表明,灵魂就是人?

阿 凭宙斯,我认为这已足够了。

苏 即使算不上精确,只是适度,对我们来说也已足够了。因为,等我们[随后]发现了现在所[130d]放过的东西,就还会精确地知道它,因为那需要很多思考。

阿 这个东西是什么?

苏 正是我们刚刚以这种方式说过的东西——也就是说,首先应该考虑"自己"本身是什么。而现在呢,我们没有考虑"自己"本身,而是考虑了每件东西各自[d5]是什么。也许这也已足够了。因为,毕竟,我们会说,除了灵魂外,没有什么东西对我们更有权威了。

阿 显然没有。

苏 那么,如果这样来认为,便是件高贵的事吧:我和你在使用言辞与彼此交谈,一个灵魂面对另一个[d10]灵魂?

阿 [130e]当然是这样。

苏 那么,这就是我们片刻之前所说的东西:苏格拉底在使用言辞与阿尔喀比亚德交谈,而且,并不像看起来那样,是苏格拉底对着你的面孔交谈。相反,他是在对[e5]阿尔喀比亚德讲话——这也就是说,对着[他的]灵魂。

阿 我认为是这样。

苏 所以,那位命令我们认识自己的人,是在要求我们认识我们的灵魂。

阿 [131a]好像是这样。

苏 所以,如果有谁认识了某种属于身体之物,其实便只是认识了属于他的事物,却没有认识他自己。

阿　是这样。

苏　[a5]所以,没有哪位医生认识自己,就他是位医生来说;同样,也没有哪位体育教练认识自己,就他是体育教练而言。

阿　看来没有。

苏　那么,农夫和工[a10]匠们就远达不到认识他们自己。因为,看起来,他们甚至还不认识属己之物,而只认识比属己之物还要更疏远的东西——通过他们所掌握的各种[131b]技艺。因为,他们认识的是那些属于身体的事物——通过这些事物,身体得到照顾。

阿　你说得真实。

苏　所以,如果节制就是"认识自己",那么,在这些人当中,[b5]没有谁会因为他的技艺而变得节制。

阿　我认为没有。

苏　出于这些原因,这些技艺看起来便都是卑俗的,也并不属于好人[所需]的学问。

阿　肯定是这样。

苏　[b10]那么,反过来说,如果有谁照顾自己的身体,他只是在照顾属己之物,而不是在照顾自己?

阿　恐怕是。

苏　如果有谁[照顾]钱财,所照顾的就既不是自己,也不是[131c]属己之物,而是比属己之物更疏远的东西?

阿　在我看来,是这样。

苏　那么,挣钱者终究并非在做属于自己的事?

阿　对。

苏　[c5]那么,如果有谁曾成为阿尔喀比亚德身体的爱欲者,那么,他所爱的并非阿尔喀比亚德,而是属于阿尔喀比亚德的某些事物?

阿　你说得真实。

苏　爱你的灵魂的人,才算爱欲你?

阿　[c10]从你的论证看来,必然是。

苏　那么,爱欲你身体的人,当花朵凋谢时,就会离去?

阿　看起来是。

苏　[131d]但是，灵魂的爱欲者就不会离去，只要灵魂朝着更好前去。

阿　很有可能。

苏　那么，[d5]当你的身体凋谢时，唯有我没有离去，反而留了下来。但其他人却都离开了。

阿　苏格拉底，你做得好！而且请你不要离开。

苏　那么，你要用心，尽可能变得最美吧！

阿　我会用心的。

苏　[131e]所以，其实这就是你的境况：看起来，克莱尼阿斯之子阿尔喀比亚德既不曾有过爱欲者，现在也没有，唯独一人除外，这人也令人心爱①——便是苏格拉底，索弗罗尼斯科斯和斐纳瑞忒的儿子。

阿　[e5]真实如此。

苏　你先前不是说过吗？——我来找你，不过才稍微比你占先了一点儿，因为你本会先来找我，想弄明白，为什么唯有我没有离开？

阿　是这么回事。

苏　[e10]那么，这便是原因——唯有我是你的爱欲者，而其他人都只是爱欲属于你的事物。当属于你的事物青春消褪之时，你却开始绽放了。[132a]而现在，只要你不被雅典民众败坏，变得更可耻，我便不会离开你。因为，这正是我最畏惧的事——你会变成爱欲民众者，从而被败坏掉。因为，很多好雅典人都经历了此事。[a5]因为，"心高志大的厄瑞克透斯的子民"②面容美好，但是，我们必须剥去[美貌]来看他们。所以，在我说应该当心之处，你便要当心。

阿　当心什么？

苏　[132b]幸福的人啊，你要先操练，并且要学习必须学习的东西，才能步入城邦事务。在此之前便不要涉足，这样，你才能拿着解毒药走进城邦，不会遭受可怕的事。

---

①　此句暗中引用了荷马《奥德赛》2.364-365，诗中，乳母欧律克勒娅尝试劝阻忒勒马科斯，不要前往查找失踪的父亲奥德修斯的踪迹，说道："你是心爱的独生儿子，大地广袤，你要去何方？"（王焕生译文）

②　诗句引自荷马《伊利亚特》2.547。厄瑞克透斯是传说中的早期雅典国王。

阿　在我看来,苏格拉底啊,你说得很好。不过,请你试作[b5]解释,以何种方式,我们才能照料自己?

苏　至于这些,我们此前不是已经完成了吗?因为,关于我们是什么,我们已经达成了允当的共同意见。我们曾担心,若在这方面失败,我们最终便会觉察不到,我们照料的乃是些别的东西,而不是我们自己。

阿　[b10]是这样。

苏　[132c]而且,此后我们还同意,必须照料灵魂,并且专注于此。

阿　显然。

苏　而且,我们必须把属于身体、钱财的事情[c5]交给别人照料。

阿　当然,肯定如此。

苏　以什么方式,我们才能最清楚地认识它?看起来,若我们认识到了这个,我们便能认识我们自己。可是,凭诸神!我们刚刚才说起的那句言辞文雅的[c10]德尔斐铭文,我们难道真的不明白吗?

阿　苏格拉底啊,你这么说,是考虑到了什么?

苏　[132d]关于我猜想这段铭文所说的东西,以及对我们[提出]的建议,我这就告诉你。关于它,恐怕并非很多地方都有例证,唯独与眼睛的例子类似。

阿　你为何这么说?

苏　[d5]你来考虑,如果它像建议人一样,对我们的眼睛说,"观看你自己",那么,我们该认为,它在建议什么?难道不是[建议眼睛]去看这样的东西吗——通过看这种东西,眼睛就将看见自己?

阿　显然。

苏　[d10]那么,我们是否能知道,在向什么存在物观看时,[132e]我们既能看到它,也能同时看到我们自己?

阿　很明显,苏格拉底啊,是镜子和这类的东西。

苏　你说得正确。那么,在眼睛中,[e5]是否也有某种这类的东西,我们凭它来观看?

阿　当然。

苏　那么,你是否设想过,当一个人朝[133a]眼睛里看时,他的脸会出现在对面的人的瞳孔中,就像在镜中一样——我们把它称为"瞳仁"——其中照出了那个观看者的影子。

阿　你说得真实。

苏　[a5]所以,一只眼睛如果观看眼睛,并且看其中最好的部分,也就是那个人们用来观看的部分,那么,它就会看到自己。

阿　看起来是。

苏　但是,如果它看人身上的其他部分,或者看其他什么[a10]存在物,而不是看那种碰巧与它相似的东西,那么,它就不会看到自己。

阿　[133b]你说得真实。

苏　所以,一只眼睛若想看见自己,就必须去看一只眼睛,而且,在眼睛当中,它必须去看那个其中碰巧有眼睛之德性的地方,而[b5]这大概就是视觉。①

阿　是这样。

苏　所以,亲爱的阿尔喀比亚德啊,如果灵魂想要认识自己,它就应该观看灵魂,而且尤其要观看其中灵魂的德性——[b10]智慧——所在的那个地方,以及[观看]其他碰巧与它相似的东西?

阿　苏格拉底啊,在我看来,是这样。

苏　[133c]那么,我们能否说出,在灵魂中有什么会比这个——也就是认识和明智所系的东西——更有神性?

阿　我们说不出了。

苏　所以,灵魂的这个部分所类似的乃是神,而且,如果有谁[c5]观看它,并且去认识一切有神性的东西——神和明智,那么,通过这种方式,他就会在最大程度上认识自己。

阿　[c7]看起来是。

(苏　[c8]所以,正如镜子要比眼睛中的反映更清楚,也更纯净、光明,[c10]同样,神岂不恰好也比我们灵魂中最好的东西更纯净、光明?

阿　苏格拉底啊,好像是这样。

---

① "视觉"的原文为 opsis,这个词有"视觉"及"瞳孔"双重含义,原文可能故意保持了句义的含混性。若将"而这大概就是"一句中的"这"理解为"其中有眼睛之德性的地方",则 opsis 可译为"瞳孔"(同133a2);如将"这"理解为"眼睛之德性",则 opsis 可译为"视觉"(同126b3),同时,这种译法亦与下文(133b9 – 10)"灵魂的德性——智慧"相照应。

苏 那么,如果观看神,我们就在运用最美的镜子。而在人当中,则要观看灵魂的[c15]德性,以这种方式,我们就能最好地观看和认识我们自己。

阿 是。)①

苏 [c18]而我们也同意,认识自己是节制?

阿 [c20]当然。

苏 所以,如果既不认识自己,也不节制,那么,我们能知晓那些属于我们自己的东西吗?无论是坏的还是好的?

阿 可是,苏格拉底啊,这怎么可能发生呢?

苏 [133d]因为,大概这对你来说也显得不可能吧——某位不认识阿尔喀比亚德的人,却能认识到,那些阿尔喀比亚德的东西的确属于阿尔喀比亚德。

阿 凭宙斯!这的确不可能。

苏 [d5]所以,如果我们还不认识自己的话,便也不可能认识到,我们的那些属己之物的确属于我们?

阿 怎么可能呢?

苏 那么,如果不认识我们的属己之物,我们便也不认识那些属于我们的属己之物的东西。

阿 看起来不能。

苏 [d10]所以,我们刚才虽然同意,有些人并不认识自己,有些人不认识他们的属己之物,而另一些人则不认识从属于他们的属己之物的事物,但是,我们并没有同意得完全正确。因为,看起来,[133e]查看所有这些东西——自己、属己之物,以及从属于属己之物的事物——其实都归于一个人、一种技艺。

阿 恐怕是。

苏 那么,如果谁不认识属于自己的事物,同样地,他估计也就[e5]不认识属于其他人的事物。

阿 当然,怎么不呢。

---

① 括号的内容未见于各抄本,辑自优西比乌(Eusebius)及斯多拜俄斯(Stobaeus)的作品中引用的《阿尔喀比亚德前篇》佚文。

苏　那么,如果[不认识]属于他人的事物,那么,他岂不也不认识属于各城邦的事物?

阿　必然。

苏　所以,这种类型的人也就不会成为一名治邦者?

阿　[e10]显然不会。

苏　同样,他岂不也无法成为治家者?

阿　[134a]显然不会。

苏　同样,他也不会知晓他所做的事?

阿　不会。

苏　他如果不知晓,岂不就会犯错?

阿　[a5]必定会。

苏　他如果犯了错误,岂不就会做得坏?无论在私下,还是在公共生活中?

阿　岂会不是呢。

苏　如果做得坏,他岂不很可怜?

阿　[a10]非常[可怜]。

苏　那些他为之而行动的人呢?

阿　也一样。

苏　所以,除非某个人既节制又好,否则,他不可能幸福。

阿　[134b]不可能。

苏　所以,坏人很可怜。

阿　非常可怜。

苏　所以,并不是一位富有的人能够免于变得可怜,[b5]而是一个已变得节制的人才能。

阿　看起来是。

苏　那么,各个城邦所需要的,并不是城墙和三列桨战船,也不是[造船的]船坞,阿尔喀比亚德啊,如果它们要变得幸福的话。同样,[它们所需要的]也不是缺乏了德性的数量,或者体量。

阿　[b10]的确不是。

苏　那么,如果你想正确、[134c]高贵地去做属于城邦的事,就必须把德性给予城邦民们。

阿　当然，怎会不是呢。

苏　某个人能给予他所没有的东西吗？

阿　怎么可能呢？

苏　[c5]所以，你必须首先自己获得德性，而且，其他这样的人——他们不仅想要在私人生活中统治和照料自己及其属己之物，也要统治、照料城邦，以及属于城邦之物——也是如此。

阿　你说得真实。

苏　所以，你应该[c10]为自己或者城邦备办的，并不是任凭意愿去做的权力或统治权，而应该是正义和节制。

阿　看起来是。

苏　[134d]因为，如果做得正义和节制，你和城邦就都会以蒙神喜爱的方式做事。

阿　很可能。

苏　而且，正像我们此前所说的，你和城邦在做事时，都在观看[d5]有神性、光明的事物。

阿　看起来是。

苏　那么，在朝这些东西观看时，你们就会既查看到、也认识到你们自己，以及属于你们的好东西。

阿　是。

苏　[d10]所以，你们做起事来，便既正确，又好？

阿　是。

苏　[134e]那么，如果你们都能以这种方式做事，我愿意担保，你们肯定都会幸福。

阿　而你是个可靠的担保人。

苏　但是，如果你们做事不正义，并且[e5]观看的是渎神、昏暗的东西，那么，很可能的是，你们所做的事也是渎神、昏暗的，因为你们并不认识自己。

阿　可能会这样。

苏　那么，我亲爱的阿尔喀比亚德啊，无论[e10]对普通个人还是城邦来说,如果有权力做自己愿意的事,却没有理智,那么,很可能会发生什么?这就好像一个病人有权力做他[135a]愿意做的事,却没有医生的理智,而且又以僭政行事,以致没有谁能够克制他,那么,[在他身上]会发生什么事?看起来,他的身体岂不会败坏吗?

阿　你说得真实。

苏　[a5]但是,若在一条舰船上呢,如果有人可以做任何想做的事,却缺乏舵手的理智和德性,那么,你能看到,对于他和同船之人来说,会发生什么吗?

阿　我能[看到]——所有人都会覆没。

苏　[a10]那么,以同样的方式,每当一个城邦,或者所有的统治及[135b]权力缺乏德性时,随之而来的便是,他们做事会做得坏?

阿　必然。

苏　所以,既不应把僭政——最好的阿尔喀比亚德啊!——提供给自己,也不应提供给城邦,如果你们想要幸福的话,[b5]相反,要提供的乃是德性。

阿　你说得真实。

苏　那么,在获得德性之前,被更好的人统治就比统治更好——不仅对孩子来说如此,对大人也一样。

阿　[b10]看起来是。

苏　那么,更好的东西也更高贵?

阿　是。

苏　更高贵的东西也更适宜?

阿　[135c]怎会不是呢。

苏　那么,败坏的人做奴隶就更适宜——既然这更好?

阿　是。

苏　那么,败坏与奴隶身份相适宜?

阿　[c5]看起来是。

苏　但德性则与自由人的身份相适宜?

阿　是。

苏　我的友伴啊,难道不应该逃离合乎奴隶身份的东西吗?

阿　苏格拉底啊,尤其要[逃离]。

苏　[c10]你能觉察到你现在的境况吗?是合乎自由人的境地吗,或者不是?

阿　我认为,我已觉察得非常深切。

苏　那么,你是否已经知道,怎样才能逃离你现在的这种境地?以免我们给一个高贵的男子汉赋予[奴隶]这个名称。

阿　[135d]我已经知道了。

苏　怎么办?

阿　如果你愿意的话,苏格拉底。

苏　你说得不高贵,阿尔喀比亚德啊!

阿　[d5]可是,那我该怎么说?

苏　如果神愿意的话。

阿　那我便这么说。此外,我还要说,苏格拉底啊,也许我们将要变换角色,我换为你的角色,你则换为我的。因为,从今天开始,绝无可能让我不来侍奉[d10]你,而你则将要受到我的侍奉。

苏　[135e]出身尊贵的人啊,那么,我的爱欲就与鹳的[爱欲]①并无不同了——当我在你身上孵化出长翅羽的爱欲后,回头就将受到它的服侍。

阿　那么,事情就会如此——从此时开始,我就将照料[e5]正义。

苏　我愿你也坚持到底。不过,我还是惧怕——不是因为我不相信你的天性,而是因为我看到了城邦的势力——我怕它会胜过我和你。

---

①　古希腊人认为,鹳衰老后会得到幼鹳的反哺(亦参阿里斯托芬,《鸟》1353-1357)。

阿尔喀比亚德后篇

戴晓光 译

苏格拉底 [138a]阿尔喀比亚德啊,你正前去向神祈祷吗?

阿尔喀比亚德 当然啊,苏格拉底。

苏 可是,你显得面带愠色,[a5]盯着地面,仿佛在思虑什么。

阿 那么,某人会思虑些什么呢,苏格拉底?

苏 在我[138b]看来,是最重大的思虑,阿尔喀比亚德啊!因为,告诉我,凭宙斯,难道你不认为,每当我们碰巧私下或公开祈祷时,诸神有时给予我们某些东西,至于另一些东西,却不[给予]。而且,诸神会让我们中的一些人满足,对另一些人则不?

阿 [b5]完全是这样。

苏 那么,难道你不认为要多预先考虑吗?以免自己不觉祈求了很大的坏事,又认为是好事,而诸神恰恰又处在这样的状态——他们会赐给人们所祈祷的任何东西。例如,据说,[138c]俄狄浦斯就曾突然祈祷,愿他的儿子们拔铜剑分割祖产。当他本可以祈祷祛除当前的不幸时,却又下了诅咒,让其他[坏事]加于他已在承受的[坏事]之上。因此,真的,不仅这些坏事实现了,而且,从中又发生了其他很多[c5]可怕的事——关于这些事,我需要逐一讲述吗?

阿 但是,苏格拉底哦,你所说的是个疯人。不过,在你看来,有哪个头脑健全的人也能下决心祈祷这样的事吗?

苏 在你看来,疯狂与[c10]明智相反吧?

阿 当然,肯定相反。

苏 [138d]在你看来,是否有些人愚蠢,也有些人明智?

阿　的确。

苏　那么,来吧,我们考虑一下,这些都是什么人。[d5]因为,我们同意,有些人愚蠢,有些人明智,还有一些人疯狂。

阿　同意。

苏　是否有些人头脑健全?

阿　有。

苏　[d10]那么,其他人则不健全?

阿　[139a]完全如此。

苏　这些人并不一样?

阿　不一样。

苏　那么,是否还有其他人不属于所有这些[a5]情况?

阿　显然,没有了。

苏　所以,只要是人,就必然或者生病、或者没有。

阿　在我看来,是这样。

苏　[a10]接下来呢?关于明智和愚蠢,你持同样的看法吗?

阿　你说的是什么意思?

苏　是否,在你看来,仅有可能或者明智、或者愚蠢,还是说,在二者之间,有第三种境况,导致人既不[139b]明智,也不愚蠢?

阿　显然没有。

苏　所以,人们必然处于二者之中的一种境况。

阿　在我看来,是这样。

苏　[b5]那么,你是否记得,你曾同意,疯狂与明智相反?

阿　我记得。

苏　而且,也没有居间的第三种境况,使人既不明智,也不愚蠢?

阿　[b10]我曾同意。

苏　可是,同一件东西怎么会有两件相反之物呢?

阿　肯定不能。

苏　[139c]那么,愚蠢和疯狂恐怕就是同一件东西。

阿　看起来是。

苏　所以,阿尔喀比亚德啊,若我们说,所有愚蠢的人都疯狂,我们便说得正确。例如,在你的同龄人中,就有一些人碰巧很愚蠢——也的确如此,此外,在[c5]比你更年长的人当中,也有。那么,来吧,凭宙斯,难道你不认为,在城邦中仅有少数人明智,多数人则愚蠢吗?对于这些人,你会说,他们疯了?

阿　我会这么说。

苏　[c10]那么,你会认为,我们能愉快地跟这么多[139d]疯狂的人成为同胞邦民吗?而且,在历经了撞击、抛掷,以及那些疯人们惯做的种种[事情]之后,我们岂不早已经把惩罚偿清了吗?不过,幸福的人啊,也要来看看,此事是否并非如此?

阿　[d5]可是,苏格拉底,何以会是这样呢?因为,这恐怕跟我所认为的不同。

苏　跟我认为的也不同。那么,我们应该这么来观察一番。

阿　你说的是怎样[观察]?

苏　我会告诉你的。我们的确认为,有些人[d10]生病了,不是吗?

阿　肯定是。

苏　[139e]那么,你是否认为,人患的病必然是足痛风、发烧,或者眼睛发炎?或者,你难道不认为,就算人所患的不是这些,也可能染上别的病?因为,显然有很多种疾病,不只这些。

阿　[e5]我认为是。

苏　那么,你认为,每种眼炎都是疾病吗?

阿　是。

苏　那么,所有疾病都是眼炎吗?

阿　我认为显然不是。不过,我还是困惑,不知该说些什么。

苏　[140a]不过,如果你也和我一起来留意,那么,两个人一起考虑,①我们兴许就能发现。

---

① 苏格拉底此处借用了《伊利亚特》10.224–226 的诗句。"两个人一起行走,就会有人先发现/何者对事情更有利。如果只是一个人拿主意,智慧显然会/简单肤浅,作决定也会犹豫迟疑。"(罗念生、王焕生译文,有改动)诗中,狄俄墨德斯自愿前往特洛亚军营探查,但希望有个同伴一同前往,最终随他同去的是奥德修斯。《会饮》174d 和《普罗塔戈拉》348d 也引用了这句诗。

阿　那么，苏格拉底，我也会留意的，尽自己所能。

苏　我们已同意，虽然所有的眼炎都[a5]是疾病，但并非所有疾病都是眼炎？

阿　[我们已]同意。

苏　我也认为，我们同意得正确。因为，所有发烧的人都病了，但并非所有病人都发了烧，或者都患了足痛风或眼炎，[140b]我想。所有这类事情都是疾病，但是，我们称为医生的人们则说，它们的症状不同。因为，所有这些疾病既不相似，效果也不同，而是每种病都有各自的效力。然而它们却都是疾病。[b5]正如我们也会认为，有一群人都是工匠，不是吗？

阿　当然。

苏　也就是鞋匠、木匠、雕刻家，以及其他一大群人，不过，我们有何必要说出其中的每一个呢？他们都分头据有工匠行业的一个部分，而[140c]所有这些人也都是工匠，当然，并非所有已是工匠的人都是木匠，或者都是鞋匠，或雕刻家。

阿　显然不是。

苏　[c5]那么，以这种方式，人们也分头据有了愚蠢——对握有其中最大部分的那些人，我们说他们"疯了"，对数量稍少一点儿的那些人，则称为"傻子"和"呆子"——那些愿意使用委婉名号的人，有的称他们为"心宽"①，有的则称其"纯良"，至于其他人，则称之为[140d]"无邪""不经世事"，或者"呆笨"。你若是另外再去找，还会发现更多的名号。所有这些都是愚蠢，但却有所不同——就好像对我们来说，技艺显得跟其他技艺不同，疾病也与疾病不同一样。或者，你认为是怎样的？

阿　[d5]在我看来，也是这样。

苏　那我们就从这里折返回去吧！因为很显然，在谈话之初，我们就应该考虑愚蠢的人和明智的人各自都是什么人。因为，我们已经同意，有这两种人，不是吗？

阿　[d10]是，我们曾同意。

---

① 原文为megalopsychos，字面含义为"灵魂宏大"或"心志远大"，通常指人的高贵、慷慨品质，有时指人的傲慢，在下文150c，苏格拉底再次用这个语词形容阿尔喀比亚德。

苏 [140e]那么，关于那些明智的人，你是否理解为，他们就是那些知道该做什么和该说什么的人？

阿 我这么理解。

苏 愚蠢的人是哪一种？是否就是[e5]对这些都一无所知的人？

阿 是这些人。

苏 那么，对这些都一无所知的人，是否会不觉中说出、做出不应该的事？

阿 看来是这样。

苏 [e10]那么，阿尔喀比亚德啊，我曾说过，[141a]俄狄浦斯就属于这样的人。而且，就算在当今，你也会找到很多人，他们不像俄狄浦斯一样处在愤怒当中，并不认为在为自己祈求坏事，而是[认为在祈求]好事。他并没有这样祈祷，也未曾这么想。但是，还有另外一些人则处于[a5]相反的境况。首先，我认为你便会[这么做]——如果，那位你正前往祈求的神向你显现，而且，在你祈祷任何东西之前，[这神]便问，你若成为雅典城邦的僭主，是否会满意；如果你认为这微不足道，远不够大，他又补充说，[141b]"[成为]全希腊的僭主"；如果他见你还认为不足，除非再许给你整个欧罗巴，于是，神便将这个也许诺给你，不仅如此，他还许诺说，如果你愿意，在同一天，所有人都能觉察到，克莱尼阿斯的儿子阿尔喀比亚德[b5]是他们的僭主。我想，你自己会极为喜悦地离去，因为你获得了最大的好处。

阿 我认为，苏格拉底啊，其他任何人也都会的，如果这样的事发生在他身上的话。

苏 [141c]可是，你肯定不愿用灵魂来换吧，哪怕给你整个希腊加上外夷的土地和僭主统治权？

阿 我想我不会。因为，若我不能[c5]使用它们，我又怎么会这么做呢。

苏 若你会以败坏、有害的方式使用它们呢，会怎样？你也不愿得到这些吧？

阿 显然不。

苏 所以，你能看到，无论随意[c10]接受被给予的东西，还是自己祈祷得来,如果某人[141d]因此会受到伤害,甚至整个丢掉性命的话,那么,这便并不安全。我们能说出很多人,他们曾经渴望僭主权力,并热切地争取获得它,认为这是在做一件好事。但是,他们因为遭受针对僭主权力的[d5]阴谋而丢了性命。我认为,你不会没听过某些"就像是昨天或前天"①发生的事,当时,马其顿的僭主阿尔喀劳斯被他心爱的少年杀死——这少年对僭主权力的爱欲不亚于阿尔喀劳斯对他的爱欲,他杀死自己的爱欲者,以图既成为僭主,也成为一个幸福的[141e]人。可是,[这少年]在掌握僭主权力三四天之后,自己反过来又被别的某些人阴谋害死了。

你也看到,在我们的同胞邦民中——此事我们并非从别人那里听来,而是亲身当场得知——[142a]有些人曾渴望成为将军,也遂了意,可是,他们有人至今还流亡在城邦外,另一些人则已了结了性命。那些被认为做得最好的人也经历了很多危险和恐惧——不仅[a5]在将军任上如此,而且,返回自家后,他们也被告密者包围,这包围不亚于他们经受过的来自敌人的包围。结果,他们中的有些人会祈祷,愿自己从未做过将军,而不是成了将军。[142b]何况,如果这些危险和困苦能带来些好处,倒也有些道理,可是,情形其实完全相反。

你会发现,在孩子方面,也是一样——有人曾祈祷生出孩子,可是,他们有了孩子后,却落入最大的厄运[b5]和痛苦当中。有些人的孩子极其恶劣,因而痛苦地度过了整个一生。还有一些人,虽然生了优良的孩子,[142c]孩子却遭受了灾难,最终被[从他们那里]夺走,因此,他们落入了不亚于其他那些人的不幸。与其让孩子出世,他们倒宁愿孩子未曾降生。

可是,尽管这些以及其他很多与[c5]此类似的事情对人们来说是如此明显,但还是很少发现,有谁会拒绝那些给予他们的东西,也很少发现,有谁如果通过祈祷能实现什么的话,会停止祈祷。多数人既不会拒绝僭主权力——如果给了他们的话,也不会拒绝将军职位,乃至其他[142d]很

---

① 这句诗引自荷马《伊利亚特》2.303。奥德修斯回忆起九年前阿开奥斯人刚刚出征讨伐特洛亚的场景,并说这番场景"就像在昨天或前天"。奥德修斯还忆起,当时卡尔卡斯预言了希腊人将经历九年的征战,于第十年战胜特洛亚。阿尔喀劳斯于公元前413年谋杀了马其顿王,取得其王位,并于公元前399年被杀。

多东西,虽然有了这些东西只会有害,而非有益。可是,如果还没拥有,人们就还是祈祷获得这些东西。但是,过了不多久,他们就会唱起"翻悔诗",反过来祈祷着撤销起初祈祷的东西。所以,我怀疑,人们若归咎于诸神岂不真是[d5]徒劳——他们声称,坏事乃是诸神加在他们身上的。其实,或是"他们因自己鲁莽轻率",或者应该说,因为愚蠢,他们才"超越命限,[142e]遭到不幸"。①

恐怕那位诗人是明智的,阿尔喀比亚德啊,因为,依我看,他是在应对一些没头脑的朋友们——他看到,他们在做着、祈祷着并无好处的事,却又认为有好处,于是,诗人便替[e5]他们所有人共同作了一段祷辞。他说的[祷辞]差不多是这样的:

[143a]君王宙斯哦,对那好的东西,无论我们祈祷与否,都请赐给我们;

至于恶劣之事,纵然我们祈求,也请为我们避开。②

他便是这么要求的。依我看,这[a5]诗人讲得高贵,也安稳。你呢,如果对此有何想法,不要默不作声。

阿　苏格拉底啊,要反驳说得高贵的话,很难。不过,有一件事我的确明白了:对世人来说,无知确实是很多坏事的原因——每当我们[143b]看起来出于无知而不觉做下最坏的事情时,而且,更有甚者,我们还会为自己祈祷最坏的事。可是,没有人会认为自己正是这样,相反,所有人都会认为自己足以胜任此事——为自己祈祷最好的而不是最坏的东西。因为,真的,[b5]这简直更像是某种诅咒,而不是祈祷。

苏　可是,也许,最好的人啊,某个碰巧比你我都更智慧的人兴许会说,我们[143c]说得不正确,如果只是这般随意地谴责无知的话——至少除非我们补充说,就某些东西、某些人,或人的某种状况来说,无知是件好事,正

---

① 苏格拉底改编了荷马《奥德赛》中宙斯的话:"可悲啊,凡人总是归咎于我们天神/说什么灾祸由我们遣送,其实是他们,/因自己丧失理智,超越命限遭不幸。"(《奥德赛》1.32-34,王焕生译文)

② 原诗人未详,本诗的一个版本可见于《帕拉丁诗藏》(*Palatine Anthology*)10.108。

如对其他[情形]来说,无知是件坏事一样。

阿　你所说的是什么意思?难道,关于某件事情,[c5]对某种状况下的某个人来说,无知倒会比知道更好吗?

苏　我认为是这样,你不认为吗?

阿　凭宙斯,肯定不。

苏　不过,我当然不会指责你想要对自己的母亲做下奥瑞斯忒斯[c10]据说做过的那种事——以及像阿尔克迈翁那样,①乃至其他任何像他们一样[143d]做了这种事的人。

阿　凭宙斯!别说不吉利的话,苏格拉底。

苏　阿尔喀比亚德啊,你禁止说不吉之言的命令,要针对的不应该是那个说你不想做这件事的人,反倒[d5]肯定应该是某个持相反说法的人,既然你认为这件事如此骇人,乃至都不该这般随意地提到它。你认为,奥瑞斯忒斯如果明智,并知道自己最好该做什么的话,他还会下决心做出任何这样的事吗?

阿　[d10]显然不会。

苏　[143e]我想,也没有任何其他人会。

阿　肯定没有。

苏　所以,看起来,关于最好的东西的无知乃是坏事,同样,不去认识最好的东西[,也是坏事]。

阿　[e5]在我看来,是这样。

苏　不仅对他来说如此,对其他所有人也都是这样?

阿　我会这么说。

苏　那么,我们再来考虑如下问题。如果你很突然地生出一个想法,认为最好应该拿一把匕首,走到[e10]你的监护人和朋友伯里克勒斯[144a]门前,问他是否在家,并想杀死他本人,此外不针对任何别人,而他们则回答说,他在家——我并没说你想做一件这样的事,我只是在想,如果你有这种看法的话,会怎么样。毕竟,没有什么能阻止一个对最好的东西[a5]无知的人,在某个时候,会产生这样的看法,认为最坏的东西竟会

---

① 在希腊传说中,奥瑞斯忒斯和阿尔克迈翁都因为替父亲报仇而弑母。

是最好的。或者,在你看来,不会这样吗?

阿　当然会。

苏　所以,如果你走进门去,看到他本人,[144b]却不认识他,认为他是别的某个人,那么,你还会下决心杀掉他吗?

阿　不,凭宙斯起誓!我认为不会。

苏　因为,显然,[你针对的]不是碰巧遇到的哪个人,而是你想要杀掉的[b5]那个人本人,对吧?

阿　是。

苏　那么,如果你尝试了很多次,但是每当你要这么做时,却总是认不出伯里克勒斯,你就永远不会攻击他。

阿　[b10]显然不会。

苏　接下来呢?依你看,奥瑞斯忒斯还会攻击他的母亲吗,如果他也像这样,没认出她的话?

阿　[144c]我认为,他不会。

苏　因为,岂不很显然,他企图杀死的既不是碰巧遇到的某个妇人,也不是别的什么人的母亲,而是亲自[杀死]他自己的母亲?

阿　[c5]是这样。

苏　那么,对于处在这种境况的人,以及持有这种看法的人来说,对这类事情无知就更好。

阿　看起来是这样。

苏　所以,你看,就某些东西、某些人,以及[c10]人的某种状况来说,无知是一种好事,而不是坏事,正如你刚刚认为的那样。

阿　好像是。

苏　[144d]不过,接下来,如果你想要考虑下一件事,你大概会认为此事很出格。

阿　苏格拉底啊,究竟是什么事?

苏　其实可以说,如果没有掌握关于最好的东西的知识,某个人就算获得了其他种类的[d5]知识,恐怕也很少会得益,相反,这多数都会让持有这些知识的人受害。来这么考虑吧:在你看来,岂不必然得如此才行——每当我们想做或说些什么时,首先就该或者相信自己懂得或者确懂得,[144e]我们即将说或做的事情究竟是什么吧?

阿　在我看来,是这样。

苏　所以,例如演说家们就要或者懂得或者相信自己懂得,如何就每件事向我们提建议——有人的建议[e5]涉及战争跟和平,有的涉及修建城墙或维护港口。简而言之,无论[145a]城邦对其他城邦所做的,还是城邦对自身所做的任何事,都由演说家们的建议而产生。

阿　你说得真实。

苏　那么,来看看由此得出了什么。

阿　[a5]如果我能看到的话。

苏　显然,你会称有些人明智,有些人愚蠢?

阿　我会。

苏　那么,你会称多数人愚蠢,少数人明智?

阿　[a10]正是这样。

苏　在两种情况下,你都在看向什么东西吧?

阿　是。

苏　[145b]若某个人懂得如何提建议,却不知道提出建议是否更好,也不知何时提建议更好,那么,你是否会称此人明智?

阿　显然不会。

苏　那么,我想,如果有个人知道如何作战这件事本身,却不知[b5]何时开战更好,也不知战争持续多久更好,你也不会称此人明智,不是吗?

阿　是。

苏　同样,如果有人知道如何杀人、如何夺走钱财,以及如何将人放逐出祖国,却不知[b10]何时做更好、对谁做更好,你也不会[称他明智]吧?

阿　当然不会。

苏　[145c]所以,不管任何人知道某件属于此类的事情,如果有关于最好的事物的知识伴随着他,那么,显然,这种知识就与关于有利之事的知识相同,不是吗?

阿　是。

苏　[c5]我们要说,这个人是明智的,而且是位胜任的建议者,无论对城邦还是对他自己来说,都是如此。至于并非这种类型的人,便也跟

[所说的]这些相反。或者你怎么认为?

阿 我认为就是这样。

苏 接下来呢,如果某个人知道如何骑马或射箭,或者如何拳[c10]击、摔跤,乃至如何参加其他竞赛,又或者其他任何[145d]这类事情——也就是我们通过技艺而知道的事,那么,对于那个知道根据这种技艺所得出的"更好之事"是什么的人,你怎么称呼他?对于根据骑术[而知道何者更好]的人,你岂不会称之为擅长骑术的人?

阿 我会。

苏 [d5]我想,对根据拳击术[而知道何者更好]的人,[我们则应]称之为擅长拳击术的人,至于簧管术,则称为擅长簧管术的人——显然,对于其他人,也是同理。或者,不是这样吗?

阿 不,就是如此。

苏 那么,在你看来,是否必然得出,一个对这些东西当中的某件事有[d10]知识的人,就会是位明智的人?或者,[145e]我们要说,他还相差甚远?

阿 凭宙斯!肯定还相差甚远。

苏 所以,你认为这会是一种怎样的政体?——其中包括了好的弓箭手和簧管术,好的竞赛选手和其他技艺[e5]人,此外还混合了我们刚刚说过的懂得如何作战、如何杀人的人,再加上满口吹出政治热气的演说家,可是,所有这些人都缺乏关于最好的事物的知识,也不懂得在何时、针对谁,才能更好地[146a]使用其中的每一种技艺?

阿 我会说这是个低劣的城邦,苏格拉底。

苏 我认为你会这么说的,如果,你看到他们当中的每一个人都在争夺名声,又要把政体中的最大的份额分配到——

[a5]此处,
在此,他自己最为卓越。①

---

① 在柏拉图《高尔吉亚》484e,对话者卡利克勒斯也引用了欧里庇得斯《安提俄珀》(Antiope)(残篇)中的这个相同段落,但所引篇幅更长。

我所说的乃是[某个人]根据[他的]那种技艺得出的最好的东西。但是,当涉及对城邦和对他自己来说最好的事物之时,他就会连连犯错。因为,我认为,他所信任的乃是缺乏理智的意见。[146b]在这样的状况下,我们若说,这种类型的政体充满了骚乱和非法之事,岂不就说得正确?

阿　凭宙斯,[说得]肯定正确。

苏　[b5]那么,我们是否曾认为,无论我们准备要做或说什么事情,都必须如此:我们首先应该认为自己已懂得此事,或者的确懂得?

阿　我们曾这么认为。

苏　如果某个人做了他所知道或者认为自己知道的事,[b10]再加上"[做得]有益处",我们就该认为,[146c]他对城邦和他自己都有利吧?

阿　怎会不是呢?

苏　但是,我想,如果情形与此相反,那么,他无论对城邦还是他本人便都没有[利处]?

阿　[c5]显然没有。

苏　接下来呢?现在,你的看法仍然一样吗?还是变得不同了?

阿　不,我仍然这么认为。

苏　那么,你是否曾经称多数人愚蠢,只有少数人明智?

阿　[c10]我曾这么说。

苏　我们是否要再次说,多数人关于最好的事物犯了错,因为,我认为,他们所信任的乃是缺乏理智的意见。

阿　[146d]我们要这么说。

苏　所以,对于多数人来说,既不懂得也不认为自己懂得,才有利——如果他们尽管非常热切地要做那些他们懂得或者认为自己懂得的事情,但做了之后,多数情况下[d5]会受到损害而非获益。

阿　你说得再真实不过了。

苏　那么,你是否看到,我曾说过,要是没有掌握关于最好的东西的知识,某个人就算获得了其他种类的[146e]知识,恐怕也很少会得益,相反,这多数都会让持有这些知识的人受害。那么,显然,我所说的,岂不确实正确?

阿　即便那时我并没这么认为,但现在,在我看来正是如此,苏格拉底。

苏 所以,如果一个城邦或者灵魂要[e5]生活得正确,就必须抓住这种知识,简直就像生病的人必须抓住一位医生,或者想要安全航行的人必须抓住一位舵手那样。[147a]因为,如果没有这种知识,那么,在获取钱财、身体的力量或者其他这类东西方面,若命运的顺风吹得越强劲,看起来,从这些东西当中也就必然会产生越多的错误。[a5]一个人若获得了所谓的"博学多艺"的称号,却丧失了这种[关于最好事物的]知识,又被其他各种知识中的每一种牵着走,那么,难道他不会——此事确实也公正——遭到很多严峻的风暴吗?因为,我想,他在海上[147b]一直航行,却没有掌舵人,便活不了多长时间。在我看来,结果就与那位诗人说的一样——他在指责某个人时说,"很多事他都已知道,但全都得知得太坏"。①

阿 [b5]苏格拉底,这诗人的说法究竟贴切在哪儿呢?因为,在我看来,这说法与我们的话题完全不相应。

苏 其实倒与我们的话题非常相应。不过,最好的人啊,这位以及其他几乎所有诗人都讲谜语。因为,所有的诗依其本性都像谜语一般,也[147c]并非任何什么人都能了解。此外,不仅由于其本性,而且,每当它攫住一位嫉妒的人,这人又不想揭示自己的智慧,而是想极大地掩盖其智慧时,那么,如下这件事就会显得出奇地[c5]难以理解——每一位诗人究竟都有何意。因为,你显然不会认为,荷马,这位最有神性、最智慧的诗人,竟会不知,人不可能"坏地"知道。因为,正是他说,马尔吉忒斯[147d]虽然知道很多,可全都是"很坏地"得知。但是,我想,荷马是在说谜语,用"坏地"替换了"坏的",用"[曾]得知"替换了"知道"。所以,合在一起——虽然超出了原来的韵步,但这正是荷马想说的——得出的就是:"他[d5]已知道很多事,但是对他来说,知道所有这些却是坏的。"那么很显然,如果对他来说,知道很多事情是件坏事,那么,他就会是个低劣的人,如果我们必须信任此前的言辞的话。

----

① 诗句引自《马尔吉忒斯》,一部戏拟史诗风格的滑稽诗,被归于荷马名下,但并非荷马所作。诗中所载多为主人公马尔吉忒斯(Margites,这个名字源于同源词 margos,意为疯狂的、狂怒的)的种种疯癫故事。

阿　[147e]不过,苏格拉底啊,我认为正是如此。确实,若不信任这些言辞,我至少就会很难信任其他任何言辞了。

苏　你认为得正确。

阿　不过,我的看法又反过来了。

苏　[e5]那么,来吧,凭宙斯!因为你显然已看到,这是多大、类型多奇怪的一种困惑。而且,依我看,关于这番困惑,你自己也参与在其中。你一直来回改变,从不在任何地方停下,但是,不管牢固确信了哪种看法,你都会再次脱离,[148a]不再那样认为。所以,哪怕现在,你碰巧前往祈祷的那位神若又向你显现,他在你祈求任何东西之前便问你,如果让你拥有起初提到的那些东西,你是否会满意,或者他[a5]要交由你自己去祈祷,那么,你认为,究竟如何才能命中从机运中得出的东西?是从这位神那里接受他所给予的东西,还是自己去祈祷?

阿　可是,凭诸神起誓,我没法当即就这样回答你,苏格拉底。不过,在我看来,如果立即回答,就会[像马尔吉忒斯一样]很荒唐,[148b]相反,真的需要很当心才是,以免不觉中祈求了坏事,却认为是好事——此后过不了多久,又会像你说的那样,唱起"翻悔诗",祈祷着取消起初曾经祈祷的东西。

苏　[b5]在我们谈话之初,我曾说起那位诗人,他要求[神]为我们避开那些恶劣之事——即便我们祈求这些东西。那么,这位诗人岂不比我们知道得更多吗?

阿　在我看来,是这样。

苏　所以,阿尔喀比亚德啊,拉刻岱蒙人[148c]也仰慕这位诗人,或者是他们自己观察到了这点。因此,无论在私下还是公共场合,他们每次都只做一段与这差不多的祈祷,要求诸神除了给他们自己好东西之外,再加上高贵的事物,此外,没人能听到他们[c5]祈求过更多的东西。正是因此,他们直到现在,他们的好运一直不比任何人少。如果终究还是有些事情降临在他们身上,导致他们因而并非在一切事情上都有好运的话,那也并非[148d]这段祷辞所致。我想,究竟赐给人们恰好祈求的东西,还是赐人相反的东西,这取决于众神。

不过,我想对你讲述的是另一件事,这是我有一次曾听一些老人说起的。雅典人和拉刻岱蒙人[d5]曾经起过一次纷争，但是，每当打起仗来，无论在陆地还是海上，我们的城邦总是遭遇厄运，从未取胜过。雅典人为了这件事很气恼，也很困惑，没法儿发现，[148e]该用什么办法来阻止当前正承受的坏事。他们便商议认为，最好该派人去阿蒙①那里，向他求问。除了问这些问题外，他们还问起，为什么诸神会将胜利赐给拉刻岱蒙人，[e5]而不是给他们。他们说："相比其他希腊人，我们向众神呈献了最多、最精美的牺牲，没人能像我们那般陈列供品、装饰诸神的神庙；此外，我们还年年都向众神献上最奢华、最庄严的游行，而且，[149a]我们花费的钱财，其他希腊人加在一起也比不上。可拉刻岱蒙人呢，"他们继续说，"他们从来不曾经心过任何这类事情，而是这般轻视诸神，因此，他们总是献祭有缺陷的牺牲。无论如何，在所有方面，比起我们来，他们的敬拜都有着绝对不小的[a5]欠缺，尽管他们所获得的钱财绝不少于我们的城邦。"说完这些，他们又问，他们该做些什么，才能找到从当前承受的坏事中解脱的办法。[149b]解神谕者没有作其他回答——因为神显然不允许——而只是把他们唤来，说："阿蒙对雅典人说了这些——他说，比起希腊人的全部献祭，他更愿得到拉刻岱蒙人的敬颂之辞。"[阿蒙]就说了这些，再无[b5]更多。

我认为，神所说的"敬颂之辞"所指无他，正是他们的祷辞。因为，的确，这祷辞比其他的祷辞要[149c]超出许多。因为，至于其他希腊人，有的献上犄角包金的牛，其他人则向众神呈上供品，可他们所祈求的却是碰巧想到的东西，不管好还是坏。听到这些渎神的话，[c5]众神便拒绝了他们这些奢侈的游行和献祭。然而，我认为，关于该说什么、不该说什么，需要多加谨慎，仔细考虑。

在荷马那里，你也能发现其他与此相似的[149d]说法。因为，他就曾说过，特洛亚人在扎营时——

　　向不死的诸神献上百牲祭。

[荷马]还说，风将[祭祀的]香气从平地送到天上——

---

① 阿蒙神，埃及众神中的主神，相当于希腊众神中的宙斯。

[d5][烟气]馨香。但蒙福的诸神却并未享用这祭祀,
也不愿享用。因为神圣的伊利昂受到他们深深的厌憎,
[149e]以及普里阿摩斯,还有普里阿摩斯的持梣木利矛的众民。①

所以,无论献祭,还是徒劳地献上供品,对他们都并无助益,既然他们受到了众神的厌憎。因为,我想,这种事绝非诸神的行事方式——他们竟会像卑劣的[e5]高利贷者那样,被礼物诱走。相反,我们若认为自己值得在这个方面胜过拉刻岱蒙人,我们讲这话时就太幼稚了。因为,如果众神关注的是我们献上的供品和祭物,而不是我们的灵魂——看看我们[150a]是否虔敬和正义,那么,这实在是件可怕的事。我认为,[众神]关注这些,要远超过关注那些奢华的游行和献祭。对于那些或者对诸神或者对世人犯下众多过错的个人也好,城邦也罢,没有什么能阻止他们每年举办这些[游行和献祭]。但众神呢,正如神和诸神的解谕者所说,由于他们不[a5]接受贿赂,便也蔑视所有这些东西。恐怕,无论在诸神那里,还是在有头脑的世人那里,他们都会格外敬重正义[150b]和明智。而明智者和正义者无非是这样的人——无论是对诸神还是对世人,他们都懂得应该如何做、如何说。不过,我愿意也向你讨教,关于此事,你究竟有何想法。

阿　[b5]可是,对我来说,苏格拉底,我的看法与你和神的看法并无不同。因为,我若投票反对神,并不合适。

苏　你是否记得,你曾说过,自己处在完全的困惑之中,[150c]不知如何避免不觉中为自己祈求了坏事,却相信这是好事?

阿　我记得。

苏　所以,你看,你前去向神祈祷,此事并不安全。因为,神可能会碰巧听到[c5]你的渎神之言,于是不再接受你的这些献祭,反倒恰好又让你得了别的坏处。那么,依我看,你最好保持沉默。因为,由于你"心志宽

---

① 这段诗符合希腊文六音步格律,但并未见于现存《伊利亚特》文本。不过,《伊利亚特》8.548–552 的内容与这段内容相近,但有所出入。

大"——这是给愚蠢起的最美的名字了,我想,你恐怕不愿意采用拉刻岱蒙人的祷辞。[150d]所以,一个人有必要先等待着,直到学会该如何对待众神和世人。

阿　那么,这个时候何时到来呢,苏格拉底?谁会教我?我认为,如果能看到这个[d5]人会是谁,我会再高兴不过了。

苏　他就是那个关心你的人。不过,依我看,正像荷马所说的那样,雅典娜为狄俄墨德斯除去了眼前的迷雾——

使他看清楚谁是天神,谁是凡人。①

[150e]同样,你也应该首先从灵魂中除去迷雾,这迷雾如今正在你面前。唯有那时,你才能运用那种东西——凭着它,你将能认识何为败坏、何为高尚。我认为,你现在还做不到。

阿　[e5]就让他除去这迷雾吧,或者他愿意称之为别的什么。因为,我已做好准备,绝不逃避他的任何命令,无论这人是谁,只要能让我变得更好。

苏　[151a]不过,他对你有着多么让人惊奇的热切啊!

阿　那么,依我看,我最好先放弃献祭,除非那个时候到来。

苏　[a5]你的看法很正确。因为,这么做要比冒那么大的危险更安全。

阿　可是,苏格拉底,接下来呢?依我看,既然你为我提了这么美的建议,我要给你[151b]戴上这顶花冠。对于众神,等我看到那天来临的时候,我们则既要献给他们花冠,也要献上其他所有合乎习俗的供奉。这日子不会很久才来,如果诸神愿意的话。

苏　好,我接受它,而且,我也乐于看到自己接受[b5]你给予的其他任何东西。这正像欧里庇得斯让克瑞翁说的那样——那时,他看到忒瑞西阿斯正戴着花冠,又听说,[忒瑞西阿斯]正是凭借自己的技艺,从敌人那里夺得了最新鲜的收获,于是他说:

---

① 荷马,《伊利亚特》5.128。

对于你那带着胜利荣光的花冠,我视为一个预兆,
[b10]因为,我们正陷身浪涛之中,如你所知。①

同样,我也把你这种看法视为一个预兆。[151c]依我看,我身处的浪涛绝不比克瑞翁经受的更小,而且,我也想要获得胜利的荣光,胜过你的那些爱欲者。

---

① 欧里庇得斯,《腓尼基妇女》858-859。

希帕库斯

胡镓 译

苏格拉底 ［225a］那么，什么是好利？或者说，好利只能是什么，什么人是好利者？

友伴 在我看来，他们是这样一群人，他们认为从没什么价值的东西中获利值得。

苏 ［a5］但他们——在你看来——知道那些东西毫无价值呢，还是不知道？因为如果他们不知道这一点的话，你所说的这群好利者就是一群傻子咯。

友 ［225b］我说啊，他们不是傻子，却是些利欲熏心的恶棍和坏人。他们知道那些他们想要从中获利的东西毫无价值，却仍然毫无羞耻地去做。

苏 那你是说，好利者是这种人：他们明知道自己的庄稼分文不值，［b5］却仍然想要通过种植它而获利，你说的是这类人？

友 那些好利者啊，苏格拉底，他们认为可以从所有东西中获利。

苏 ［b10］不要给我这种笼统的回答，好像你因谁遭受了不义一样。［225c］专心点儿，像我对你提问那样对我作答，我重新问你：难道你不认为，好利者知道那些他意图从中获利的事物的价值？

友 是的，我这样认为。

苏 ［c5］现在告诉我，世人哪个知五谷？何时栽来培何土？——如果我们想像那些在法庭辩论上言辞漂亮的聪明人那样表达的话。①

---

① 苏格拉底暗示当时雅典法庭辩论时讲究言辞的华丽和音韵，自己也幽默地模仿了一把。但他不说自己模仿的是诗人，而是模仿当时的讼师，似乎暗示当时的讼师将自己搞得像诗人那样说话。

友　[225d]我认为是农夫。

苏　那么，说"认为获得值得"，你是别的意思，而不是认为应该获利？

友　我这么认为。

苏　[d5]那就别试图用心口不一的答案蒙我这个老头儿啊，[226a]你这个年轻人，说实话。是不是会有这样一个农夫，你认为他知道某种作物分明毫无价值，还想通过种植这种作物而获利？

友　[a5]宙斯啊，我可没这样认为。

苏　看看这个：你是否认为一个马夫知道他用来喂马的饲料毫无营养，同时却不知道这样做会伤害他的马？

友　我不这样认为。

苏　[226b]也就是说，他不认为自己能从这堆毫无营养的饲料中获利。

友　他不会那样认为。

苏　这个呢：你是否认为一名舵手会给他的船装上无用的帆和舵，[b5]同时还不知道他将遭受损失，并且还会把自己和船以及船上所载之物引入毁灭的风险？①

友　我不这样认为。

苏　所以他不认为自己将从这些无用的装备中获利？

友　[226c]肯定不。

苏　那么，一名将军是否明知道他的士兵们装备着不中用的长枪，还认为自己能通过他们获利，[c5]并认为获利值得？

友　完全不会。

苏　那么，一个双簧管手用一只破簧管，或者一位基塔拉琴手用一把烂琴，抑或一位弓箭手用一副坏弓箭，或者其他任何人——总之，所有的艺匠们，或其他有理智的人们，[c10]他们会认为自己可以用没用的装备或工具获利？

友　[226d]至少我不这样看。

---

① "遭受损失"和"亏损"这两个语词在整篇对话中反复出现，古希腊语中，这两个语词也可以理解为"受到惩罚"和"惩罚"。

苏　那么,刚才你说的好利者是哪些人呢?因为我推测他们肯定不在刚才我们所举例的那些人中,他们是那些明知某些东西毫无用处,还认为可以从中获利的人。[d5]但如此一来,如你这个令人惊讶的家伙所说,人们中就一个好利者都没有了呀。

友　但是我想说,苏格拉底,那些好利者是一群贪婪的家伙,他们受异乎常人的好利之心驱使,[226e]不懈地争取从哪怕任何一点微不足道或琐碎事物中得到好处。

苏　而且他们肯定不知道,我的好哥儿们,那些东西毫无价值。因为我们之前的论证说明了,那[e5]不可能。

友　在我看来如此。

苏　所以,如果他们不知道这些,认为那些毫无价值的东西价值连城,那显然他们无知。

友　很明显。

苏　[e10]那么,好利者肯定好利吧?

友　是。

苏　你说获利是亏损的对立面?

友　[227a]我[说]。

苏　有没有一个人,遭受亏损对他是好的呢?

友　没有。

苏　那是坏咯。

友　[a5]是啊。

苏　人们都因为亏损而受到损害?

友　是受到损害。

苏　这样的话,亏损就坏。

友　是啊。

苏　[a10]获利是亏损的对立面。

友　是对立面。

苏　那么获利就好。

友　是。

苏　[227b]所以你管那些爱好东西的人叫好利者。

友　看起来是这样。

苏　至少你没管这些好利者叫疯子啊,伙计。但你自己,你爱不爱好东西,不管那东西是什么?

友　[b5]我爱呀。

苏　有没有什么好东西你不爱,或者坏的你却爱?

友　凭宙斯说啊,我不会。

苏　或许,你爱所有的好东西。

友　是啊。

苏　[b10]问我也是一样。因为我也会赞同你,我也爱好东西。[227c]而且除了你我,你不觉得其他所有人都爱好东西,厌恶坏东西吗?

友　看起来是这样。

苏　[c5]我们不是同意了获利是好?

友　是。

苏　那么,这样看来所有人都成了好利者啦。但据我们早前所说,没有人是好利者。这会儿,一个人该选取哪个说法,从而避免出错呢?

友　[c10]我认为啊,苏格拉底,一个人这样理解才正确[227d]:有些东西,正派人不敢从中获利,但另一些人却认真对待,并认为值得从中获利,这样的人被认为是好利者才正确。

苏　但是你看,我最亲爱的,我们之前已经同意,[d5]获利就是受益。

友　是啊,怎么啦?

苏　另外,我们还同意每个人从来都想要好东西。

友　是呀。

苏　[d10]而且,好人也想要拥有所有的利益——只要那些东西好。

友　[227e]除了那些获得了会让他们受到损害的利益,苏格拉底。

苏　你说的受到损害,指遭受损失,还是别的?

友　不是别的,我说的就是遭受损失。

苏　[e5]那么,人们是因为获利受损,还是因为亏损而受损呢?

友　两者都是,因为亏损和卑鄙的获利都让他们遭受损失。

苏　那么,有任何正派的、好的东西在你看来[e10]会是卑鄙的吗?

友　我不这样认为。

苏　[228a]但我们就在一小会儿前都同意,获利是亏损的对立面,而亏损是坏的,不是吗?

友　我同意。

苏　坏的对立面是好?

友　[a5]我们看法一致。

苏　所以啊,你看,你在试图蒙骗我,有意用与我们之前的一致看法相反的说法。

友　不是呃,凭宙斯说!相反,苏格拉底啊,是你在蒙我,我也不知道你怎么就能把之前的所有说法来了个[a10]上下颠倒!

苏　[228b]嘘!切莫妄言!如果没有谨守那位好且智慧之人的训诫,可是我的不对了。

友　他是谁?你在说什么?

苏　他是你我的同胞,斐莱岱的庇西斯特拉托斯的儿子,希帕库斯——[b5]在庇西斯特拉托斯的儿女中最为年长,同时也是最智慧的那个。①他的智慧通过很多优良举止体现。尤其是,他最先把荷马史诗带到这片土地,并命令诵诗人在泛雅典娜节上轮流吟诵,一人一段,[228c]直到现在仍然如此。他也曾派遣一支五十桨船到忒俄斯去,把阿纳克瑞翁②带到了城邦。他还通过大量地馈赠和赏赐,说服科俄斯的西蒙尼德斯③总陪伴在自己左右。

希帕库斯这样做,是为了教育他的城邦民,[c5]这样他才有可能统治最好的城邦民。希帕库斯认为,作为一个既美且好的人,对他人不该吝啬智慧。在城中的城邦民都受到了希帕库斯的教育,[228d]并叹服于他的智慧之后,他决定又来教育乡下的城邦民,沿着城市中心和各个郊社的道

---

① 庇西斯特拉托斯于公元前560年在雅典建立了首个僭主统治,两次被城邦民驱逐,两次卷土重来,最终将其僭主之位传给儿子。希帕库斯和希琵阿斯是庇西斯特拉托斯的儿子,但庇西斯特拉托斯至少还有两个子女由他另一个妻子所生。苏格拉底提到斐莱岱这个埃勾斯部族的郊社所在地,可能是为了暗示庇西斯特拉托斯的身世,他似乎出生于这个郊社。

② 阿纳克瑞翁是小亚细亚地区忒俄斯的抒情诗人,他的诗歌多以爱情和美酒为主题。

③ 西蒙尼德斯是一位出生于科俄斯岛的抒情诗人,在庇西斯特拉托斯作为僭主统治雅典的时期,他已久负盛名,但后来他转而与叙拉古的僭主希耶罗往来。

路上建立起赫耳墨斯雕像①。

然后,从他自己的智慧中——他的智慧既来自学习,也有他自己的发现——[d5]他选取了自己觉得最为智慧的一些,亦即他的诗歌和智慧的典范,将它们转写成挽歌对句的形式,[228e]铭刻在赫耳墨斯雕像上。他这么做首先是为了让他的城邦民不会再对德尔斐神庙智慧的铭文"认识你自己""勿过度"等诸如此类的感到惊叹,[e5]而是认为希帕库斯的话更智慧。此外,过往的旅人将会读到他的铭文,体味到希帕库斯的智慧,并在走出乡村的时候完成对他们的教育。[229a]此类铭文分别刻于赫耳墨斯雕像的两边,左边是:赫耳墨斯立于市中心或者郊社;右边则是:

此为对希帕库斯的纪念:行当思中正。

[a5]还有很多不同的名言警句篆刻在其他的赫耳墨斯雕像上。特别是在斯忒里亚地方②的路上,有一尊赫耳墨斯雕像上写着:

[229b]此为对希帕库斯的纪念:勿欺骗友人。

现在,我既然是你的朋友,自然不敢欺骗你,那也违背了这样一个人物[的训诫]。在希帕库斯死后,他兄弟希琵阿斯以一个僭主的身份统治了雅典三年。[b5]而你也应该听老辈子们说过,只有这三年,雅典处于僭主制下,至于其他时候,雅典人简直就像生活在克罗诺斯当王的岁月。③

实际上,一些更有教养的人说过,希帕库斯的死[229c]并非像大多数人认为的那样,因为他的姐妹在提篮仪式中受到了侮辱——此类说法不过愚妄之言——而是因为哈尔摩狄俄斯成了阿里斯托吉通的男孩,[c5]并受后者的教育。阿里斯托吉通为自己教育人的本事自豪,并把自己看作希帕库斯的对手。那时,[229d]哈尔摩狄俄斯本人也成了爱欲者,他爱

---

① 这种雕像大体上只是一个方柱,上刻有男性生殖器,顶端是赫耳墨斯神的头像。雅典有大量赫耳墨斯雕像摆放在街道和家门口,阿提卡地区在乡间道路上摆放的赫耳墨斯雕像也相当多,这或多或少与庇西斯特拉托斯统治有些关联。

② 斯忒里亚是阿提卡地区东南沿海的一个乡村,属于潘狄翁部族的郊社范围。

③ 在古希腊神话中,克罗诺斯是宙斯的父亲,将庇西斯特拉托斯统治时期与克罗诺斯统治所做的类比,亦可参亚里士多德,《雅典政制》16.7。

上了一个在当时有着好出身,模样也俊美的小伙子——他们说起过那人的名字,但我不记得了。那个小伙子曾一度叹服哈尔摩狄俄斯和阿里斯托吉通的智慧,但后来,在与希帕库斯[d5]结伴后,他开始看不起那二人。那二人深深为这羞辱所伤,故而杀害了希帕库斯。

友 那么,苏格拉底,这么看来,要么是你不把我当朋友,要么就是你虽把我当朋友,却不遵守希帕库斯的训诫。[229e]因为你要是不通过欺骗,就没法在这段论证中说服我,虽然我不清楚你怎么做。

苏 不过,我愿意——就像我们俩在下棋一样——让你更改任何一个我们之前论证中的说法,这样你就不会觉得被欺骗了。[e5]我是不是应该为你把这个说法改一改:好东西并非所有人都渴望?

友 不,不是这句。

苏 那么遭受损失,或者说亏损,并不是坏?

友 不,不是这句。

苏 那么"获利"或者"取得收益"并非"亏损"或者[e10]"遭受损失"的对立面?

友 [230a]也不是这句。

苏 那么取得收益,作为坏的对立面,并非好?

友 并非总是如此,就让我修改这个说法吧。

苏 [a5]看起来你的意见是,有些获利好,有些则坏。

友 是。

苏 那我就为你修改一下这个说法:有些获利好,另一些则坏。并且这两者并没有哪一个比另一个多获利一些,[a10]不管好的那个还是坏的那个,是不是?

友 你这是问我什么?

苏 我来解释,有一些好食物,也有一些不好的食物,是不是?

友 [230b]是。

苏 那么,在食物当中,一个比另一个更是食物? 还是说:两者是一同一个东西,即食物? 在是食物这一点上,一个跟另一个没有区别,[b5]区别在于,一个是好食物,一个是坏食物。

友 是。

苏　所以，对饮品以及其他一切存在物而言，都如此。同一类事物，有好有坏，一个跟另一个在"是同一个东西"这一点上没有区别？[230c]就像人，我猜[同样是人]，有的正派，有的就邪门。

友　是啊。

苏　不过他们中的任何一个，我认为，都不会[c5]在作为人这方面多一点或者少一点——并非正派的人就比邪门的人具有更多的人[的属性]，邪门的人也不会比正派的少一些。

友　事实正如你所说。

苏　如此一来，我们不应该将这个观点也应用到"获利"方面吗？不管是卑鄙的获利，还是正派的获利，都同样是获利？

友　[c10]必然如此。

苏　所以，一个人通过正派的手段获利，也并未比用卑鄙的手段获得更多；如此看来，此两者哪个都没有获利更多，[230d]正如我们所同意的那样。

友　是的。

苏　所以，"更多"或"更少"并不附着于那两个中的任何一个？

友　[d5]是，确实如此。

苏　既然"更多"或"更少"并不附着于这两个中的任何一个，那么，一个人又怎么可能在这类事情上做或遭受更多或者更少呢？

友　那不可能。

苏　所以，现在看来，既然这两种"获利"相等，[d10]而且都"有利可获"，我们就必须思量思量，你因什么称这两者都是"获利"：你在这两者中看到了什么相同的东西？[230e]就像在前一个例子中，如果你问我，我凭什么称好的食物和坏的食物都作食物，我会对你说，那两者都是针对身体的干营养物——简单来说就是因为这个。而你，多半也会同意这就是食物之所是，[e5]是不是？

友　我会同意。

苏　至于饮品，我们可以用同样的方式得到答案：针对身体的湿营养物，且不论那东西的正[231a]与邪，都用这同一个名字——饮品。至于其他的，也是一样。所以，来像我这样回答。当你说正派的获利和卑鄙的获利都是获利的时候,你在两者中看到了什么相同的东西——那个让获利是为获利的东西?[a5]如果你自己又没法回答,考虑一下我的说法:你是否称获利为某个人所获得的一切所有物,无论他丝毫未付出,还是付出少却收获多?

友　[231b]是的,我想我正是将这回事儿称作获利。

苏　你是指这一类事儿吗:某个人受邀赴宴,不花一个子儿就能尽情吃喝,但后来却因为过食患病?

友　凭宙斯说,不是这个。

苏　[b5]那通过吃喝变得健康,是获利还是亏损?

友　获利。

苏　那么,如果得到随便什么东西,这并非获利。

友　[b10]确实不是。

苏　如果所得的东西坏,就不是,对吗?如果一个人得到随便什么好的东西,那还不是获利?

友　如果所得都好,那此人显然获利咯。

苏　[231c]如果所得的坏,那此人不就遭受损失?

友　我这么看。

苏　你看你看,你不是又绕回来了吗?获利显得好,亏损显得坏。

友　[c5]啊?我不知道该怎么说。

苏　你晕头转向可并非遭受了不义啊。但还是请回答我:如果某人所获的多于他付出的,你是否称此为获利?

友　只要所获不坏,如果那个人得到的金银比他付出的多,[c10]我称其为获利。

苏　[231d]那让我来问你,如果一个人花去了一半重量的黄金,得到了双倍重量的白银,他是获利了抑或亏损呢?

友　当然是亏损咯,苏格拉底,因为[d5]他的黄金本值得十二倍重量的白银,他却只得了两倍。

苏　然而,他得到了更多啊。难道两倍不是多于一半吗?

友　在价值上不是这样,如果比较黄金和白银的话。

苏　因此,看来在考虑获利的时候,有必要加入价值这一因素。

[d10]因为你刚才说,白银即便比黄金多,也不如黄金有价值;同样的,你说,即便黄金的量少些,也具有同等的价值。

友　[231e]确实,就是这么回事儿。

苏　那么,有价值就是"有利可获",不论大小,没有价值的东西就没法让人获利。

友　是。

苏　[e5]你说的有价值,不是别的,就是值得拥有的?

友　是,正是值得拥有的。

苏　此外,你认为值得拥有的,是无益呢,还是有益?

友　当然是有益。

苏　[232a]那么,有益岂不是好?

友　是啊。

苏　好吧,我最有勇气的伙计,我们是否再次,或者说第三次,甚至第四次回到了这个一致的意见,即获利是好?

友　[a5]我看是这样。

苏　那你还记得我们是因为什么问题而开始讨论的吗?

友　我想[我记得]。

苏　如果你不记得了,我会提醒你。你跟我争辩说,好人并不想从所有的东西中获利,[a10]他们只是从那些好东西中获利,而非从坏东西中获利。

友　是这样。

苏　[232b]但是现在,我们的论证岂不已然强迫我们同意,所有的获利,不论大小,都好?

友　苏格拉底啊,这是在强迫我同意,而非说服了我。

苏　[b5]可能待会儿你将会被说服吧。但现在,且先不论你是被说服了,抑或是其他什么状况,至少你同意,所有的获利——不论大小——对我们来说,都是好?

友　是的,我同意。

苏　那你是否也同意,所有正派人都想要[b10]所有好东西?

友　我同意。

苏　[232c]并且你自己也曾说,那些邪门的人热爱获利,不管大小?

友　我是说过。

苏　如此按照你的说法,所有的人[c5]都是好利之人,正派的人和邪门的人皆然?

友　显然如此。

苏　那么,如果有谁指责其他人是个好利者,这个指责就不正确,因为这个作此指责之人自己也属那类人。

情　敌

吴明波　译

[132a]来到文法师狄俄尼索斯[1]那里,我看到有几个看起来相貌出众、有家声的年轻人,还有他们的爱欲者。刚好有两个男孩在争执,但关于什么,我听[a5]不大清,似乎在为阿纳克萨戈拉[132b]或者奥伊诺庇德斯争执。[2]至少,他们似乎在画圆圈,还合起手,模仿某些倾角,非常专注。我呢,因为坐在其中一人的有爱欲者边上,于是用肘挑他,问他[b5]那两个男孩对什么如此专注;并且问道:"可能是某些大而美的东西吧,他们俩对此做得如此专注?"

"你说大而美?"他说,"他们不过正闲扯高的东西,而且胡诌[b10]热爱智慧。"

[132c]我对他的回答感到惊讶,便问:"年轻人,在你看来,热爱智慧丑吗?你为什么说得这么刺耳?"

另一个人,刚好坐在那人边上,[c5]是他的情敌,听到我与他的问答。"你不用这样做,"他说,"苏格拉底,[你用不着]询问这人是否觉得热爱智慧丑,你不知道他终生就在摔跤、宴乐、睡觉中度过吗?所以,你[c10]还想让他回答什么,不就是热爱智慧丑吗?"

[132d]这两个爱欲者中的后者将时间消磨在音乐上,而另一个,他反诘的那个,消磨在体操上。但是,在我看来,我应该放弃开头那人,即我问

---

① 狄俄尼索斯教读和写,据说柏拉图曾在狄俄尼索斯的学校学习文学与音乐基础。
② 苏格拉底曾对阿纳克萨戈拉的自然哲学产生过浓厚兴趣,奥伊诺庇德斯是星象家和几何学家。

的那人。这人没有自鸣长于言辞,而是长于[d5]行动,我应该盘诘自鸣更聪明的人,以便我能从他那里得点帮助。我于是说道:"我的问题是提给大家的。那么,假如你觉得你能更美地回答,我问你跟他同样的问题,在你看来,热爱智慧美还是不美?"

[133a]刚好我们说这些时,那两个男孩听到了我们的谈话,也静了下来,停止他们的争执,成了我们的听众。爱欲者感觉如何,我不知道,我自己则惶恐不安。因为一直以来,我在年轻人[a5]和美人间都惶恐不安。反正我觉得,那人丝毫没有我的苦恼,反而想回答我,雄心勃勃。他说:"苏格拉底,倘若[133b]我认为热爱智慧丑,那我就不把自己当人,[我认为]别人也不会这么干。"他指向情敌,并且提高说话的声音,以便他的被爱欲者听到。

[b5]我于是问:"那么,你觉得热爱智慧美吗?"

"完全如此。"他说。

"怎么,"我问,"在你看来,能够知道事物美还是丑,却不事先知道它是什么?"

[b10]"不能。"他说。

[133c]"那么,你知道,"我问,"热爱智慧是什么?"

"那当然!"他说。

"那么,它是什么?"我问。

"梭伦说过什么呢?因为梭伦曾在某处[c5]说过:'吾年老为学愈勤!'还有,我觉得,那些想热爱智慧者必须一直这样学习某些东西,不管年轻还是年老,以便有生之年尽可能学习。"

开始我[c10]看他想说点什么,随后,我想到点什么,就问他是否觉得,热爱智慧就是多学问。

[133d]那人说:"当然。"

"那么你认为,热爱智慧只美,还是也好呢?"我问。

"当然也好。"他说。

[d5]"那么,你只能在热爱智慧中看到这东西,还是你觉得在其他事情中也同样能?那么,你认为热爱体操不只美,而且也好?或者不?"

那人装傻一样①给了两个回答:"对这人嘛,我要说两者都不;而对你嘛,苏格拉底,[133e]我同意既美且好,而我认为我[说得]正确。"

我于是问:"那么,在体操锻炼时,你认为多运动就是热爱体操?"

那人说:"那当然,就像热爱智慧时,[e5]我认为多学问就是热爱智慧。"

我随后说:"那么你认为,比起其他[东西]来,热爱体操的人更渴望这东西,即能让他们有好身体的东西?"

"就是那东西。"他说。

[e10]"那么,也就是多运动,"我问,"能让他们有好身体?"

[134a]他说:"对,怎么会有人少运动能有好身体呢?"

这时,我觉得,我得挑挑那个热爱体操者,以便他能以体操的经验帮助我。[a5]我接着问他:"你怎么给我静下来了呢,壮小伙儿,在他说这些时? 那么你也认为,人们多运动有好身体,还是适当[运动]?"

"我觉得嘛,苏格拉底,"他说,"就算猪都知道,如常言道,[a10]适当运动能有好[134b]身体,少睡、少食、脖子无擦伤以及因为思考而消瘦的男人怎么会[不知道]?"男孩们听到他的说法很高兴,笑了起来,另一个人则脸红了。

[b5]我问:"怎么? 你业已承认,不是多也不是少运动让人有好身体,而是适当? 或者你将要攻击我俩的说法?"

[134c]然后,那人说:"对这人,我非常乐意反击,我清楚知道,我能支持我前面提到的说法,②即使我提出的[说法]仍然比这笨,因为他什么也不是。而对你呢,我一点儿不想[c5]在观点上争强好胜。而我也同意,不是多也不是少而是适当操练在人们身上造出好身形。"

"那么食物呢? 适当还是多?"我问。

他也同意,食物[也一样]。

[134d]然后,我迫使他也同意,在其他所有关于身体的事情上,适当

---

① "装傻一样"意思是"以某种方式来表达讽刺"。

② 这与之前的主题相关,也与《云》(正义言辞与非正义言辞的争论)和《斐多》(90b-c)相关:热爱智慧是种"论辩",能够无区别地证明或者反对某些东西。

最有利,非多也非少;他也同意我,适当[最有利]。

我问:"那么,关于灵魂呢? 适当还是[d5]不适当有利于服侍[灵魂]?"

"适当。"他答。

"因而,服侍灵魂不也是学问吗?"

他同意了。

[d10]"那么,适当的学问有利,而非多?"

他赞成了。

[134e]"那么,我们可以正当地问谁,哪种运动和食物对身体适当?"

我们三人一致同意,要么问医生,要么问训练师。

"另外,[问]谁播撒多少种子适当?"

[e5]对此,我们都同意问农夫。

"那么,在灵魂中耕耘和播撒学问之种呢? 我们正当地问谁,多少以及哪种才适当?"

[135a]至此,我们所有人已满是困惑;我于是开玩笑,问他们:"既然我们都困惑,你们能为我们问这些男孩吗? 或者,我们可能会觉得丑,像荷马说的,那些求婚者,不[a5]认为其他人能拉开弓?"①

当时,我觉得他们都对这说法感到气馁,我想换种方式探究,于是问:"让我们猜猜,哪些特别的学问热爱智慧者必须学习? 既不是全部,也不是大多数吧?"

[135b]那个更聪明的接过话头说:"那些最美的学问,以及适合[的学问],凭这些[学问],他在热爱智慧上拥有非常大的名声。他将拥有非常大的名声,如果他看起来擅长所有技艺。如果不是所有,[b5]那就尽可能多,特别是引人注意的[技艺]。他学习这些[技艺]里面适合自由人学习[的东西],也即见解,而非手艺。"

"那么,你是说,"我问,"就跟木工一样? [135c]因为你能买个木工,花五六个米纳,但无法买个顶级木工,即便花费无数德拉克马。②的确,这

---

① 参看《奥德赛》21.285 以下,佩涅洛佩同意,如果求婚者能拉开奥德修斯的弓,并且能穿过十二把斧,她就嫁。但没有求婚者能做到这一点,他们建议换个法子。

② 米纳和德拉克马均是希腊货币单位,1 米纳等于 100 德拉克马。

种人很少,即使在所有希腊人中。所以,你的意思不就是这样?"

听了我的话后,他说他也就是这意思。[c5]然后,我问他:"同一人不是不能以同样的方式学习两门单独的技艺吗,更不用说更多更大的技艺?"

"哦,不要这么回答我,"他说,"苏格拉底,[不要说]热爱智慧者必须准确懂得每种技艺[135d],就像有那门技艺的人,而是以适合受过教育的自由人的方式懂得[这些技艺]。这些人遵循工匠的说法,不同于旁人,并且为自己的想法出力。[d5]跟旁人比,他们似乎总是最文雅也最聪明,在谈论和实践这些技艺时。"

由于我仍然不懂他想[表达的]说法,[135e]我于是问:"我在考虑,你说的热爱智慧者是哪种人?我看你说的就是五项竞技①运动员与跑步健将或者摔跤好手比赛。他们在那些人所长的比赛中不如他们,只能屈居第二,[e5]而在其他竞赛者中是第一名,胜过他们。可能你的意思就这样,热爱智慧导致这些人投身于这些事业,[136a]对各门技艺的见解,[他们]不如一等人,但身为次等人仍超过其他人,曾热爱智慧者就成了所有方面次高的人。我看你指的就是这种人吧!"

[a5]"苏格拉底,"他说,"看来你很美地领会了我对热爱智慧者的看法,将他与五项竞技运动员相比。他仅仅是这种人,不陷于任何事情,也不会执拗于准确,以至于只关注一样而丢掉其他所有事情,就像工匠,[136b]而是适度地把握所有事情。"

他作了这个回答之后,我急切想清楚知道他的说法,我问他,觉得好人有用[5]还是无用?

"当然有用吧,苏格拉底!"他说。

"那么,好人有用,坏人无用?"

他同意了。

[b10]"怎么?你觉得热爱智慧者有用还是没[用]?"

[136c]他同意有用,他还说他觉得最有用。

"来,让我们看看,你是否说得对,那些次高者如何对我们有用?因为很明显,每个[c5]擅长该手艺的人,热爱智慧者都不如。"

---

① 五项竞技运动指:摔跤、跳高、赛跑、掷铁饼、拳击。

他同意了。

"来，那么，"我说，"假如刚好你或者你某个朋友病了，你非常关心他，你想获得健康，会先领那个次高者[c10][热爱智慧者]进家里还是拉医生呢？"

[136d]"我会拉两个。"他说。

"不，"我说，"别跟我说两个，而是更愿找哪个、先找哪个？"

他说："没人会争论这一点，[d5]不找医生而是先找他。"

"怎么？在遇到风暴的船上，你更愿托付你自己以及你的财产给哪个，掌舵人还是热爱智慧者呢？"

"我当然[托给]掌舵人。"

"在其他遭遇上不也同样如此吗？当有某个工匠时，[d10]热爱智慧者就无用？"

"看来如此。"他说。

[136e]"现在，某个热爱智慧者不就对我们无用？因为一直以来，我们处处都有工匠。而且，我们也都同意，好人有用，坏人无用？"

他不得不同意。

[e5]"接下来呢？我能否问你，或者这个问题太粗鄙……"

"问你想问的。"

"不，"我说，"我不想做其他事，而想总结[137a]说过的话。就是这样：我们都同意，热爱智慧者美，我们自己是热爱智慧者，热爱智慧者好，好就有用，坏就无用。另外，我们也都同意，热爱智慧者无用，当有工匠时，[a5]而工匠一直有。这些不都是已经同意的？"

"确实。"他说。

"我们都同意，按你的说法，如果热爱智慧确实以你说的方式来[a10]掌握技艺，他们就坏，而且[137b]无用，当人们有技艺时。但不是这样啊，朋友，热爱智慧不是专注于那些技艺，也不是在生活中好管闲事、埋头苦干，也不是多学习，而是其他。而我认为，[b5]这的确可耻啊，因为专注于技艺的人被称为制匠①。接下来，我们将会更清楚知晓我说的真不真，

---

① 这种工匠专注于一门技艺，并以手工谋生。

假如你能回答下面这一点:谁知道[137c]正确地惩罚马？是那些使它们最好的人还是其他人？"

"那些使它们最好的人。"

"那么,岂非那个懂得使狗最好的人,也懂得正确地惩罚狗?"

[c5]"当然。"

"因此,这同一门技艺既能使它们最好又能正确地惩罚?"

"我看,显然如此。"他答道。

"怎么？这门技艺能使它们最好也能正确地惩罚[c10],这同一门技艺也能区分有用的人还是坏人？还是其他某门[技艺]?"

"这同一门。"他说。

"那么,你现在愿意同意这个关于人的看法吗？[137d]那门技艺能使人最好,它能正确地惩罚人,也能鉴别有用的人和坏人?"

"当然啦。"他说。

[d5]"那么,某门技艺适合个人,也就适合多数人,适合多数人,也适合个人?"

"当然。"

"那么,马以及其他所有[东西]也都这样?"

"我看是。"

[d10]"那么这是哪门知识？这门知识能正确地惩罚城邦中的放纵者和违法者？那不就是审判的[知识]吗?"

"当然。"

"你能称其他[知识]为正义而非这门?"

[d15]"不,而是这门。"

[137e]"他们不就能借助这门[知识]正确地惩罚,也用它区分有用和坏?"

"这同一门。"

"任何人能认识一,也就能认识多?"

[e5]"是。"

"而任何人不认识多,也就不认识一?"

"我说是。"

"因此,假如作为马不知道有用的马还是劣马,那么它也就不知它自己属于哪种?"

[e10]"我说是。"

"假如作为牛不知道劣牛和有用的牛,那么它也不知道自己属于哪种?"

"是。"他说。

"那么,作为狗也一样啦?"

[e15]他同意了。

[138a]"怎么?作为人,不知道有用的人和坏人,那么,他也不知道自己有用还是劣,既然他自己也是人?"

他承认了。

[a5]"不认识自己的人明智还是不明智?"

"不明智。"

"那么,认识自己的人就明智?"

"我说是。"他说。

"那么,看来,这就像德尔斐[神庙的柱子]上刻的箴言:[a10]运用节制与正义。"

"看来是这样。"

"借助这同一门[知识],我们懂得正确地惩罚?"

"当然。"

[138b]"我们不就可以借这门[知识]懂得正确地惩罚,这不就是正义?我们不就可以借这门[知识]懂得鉴别自己和其他人,这不就是明智?"

"看来是。"他说。

[b5]"那么,正义与节制是同样的东西?"

"显然。"

"确实,城邦能治理好,当不义者受罚时。"

"你说得对。"他说。

[b10]"那么,这也是门治邦术啦?"

他赞成。

"那么,当某人能正确地治理城邦,他的名字不就是君王或僭主?"

"我说是。"

[b15]"那么他以王者术或僭主术来治理?"

"是这样。"

"那么,这些技艺也是前面那些?"

"似乎如此。"

[138c]"一个人能正确地治家,他叫什么?不就是治家者或主人吗?"

"当然。"

"那么,这人用正义还是[c5]其他什么技艺治理好家庭?"

"用正义。"

"那么,看起来这些都相同啊,君王、僭主、治邦者、治家者、主人、明白人、正义之士。这些都是一门技艺,王者术、僭主术、治邦术、主术、[c10]治家术、正义、明智。"

"看来,"他说,"就是这样。"

[138d]"那么热爱智慧者,当医生向病人说点什么时,感到丑,因为他不能遵循那些说法,不能为这些说法和做法出力。当有其他工匠时,[d5]也同样如此。当法官或者君王或者其他我们刚刚谈论的人在场时,热爱智慧者不能遵循这些说法,也不能出力,不觉得丑吗?"

"他怎么不觉得丑呢,苏格拉底,他不能为如此重大的行为出力?"

[138e]"那么,我们对此能说,"我说,"这人应该是五项竞技运动员以及次高者,热爱智慧者在所有这类事情上都是二等;他确实无用,当前面某个人在场时;或者首先,他不应该把他的房子[e5]交与其他人看管,也不应该在这事上屈居二等,而是审理和正确地惩罚他自己,如果他的房子想被管理好?"

他向我承认了这一点。

"然后,假如朋友可能把仲裁交与这人,[e10]假如城邦指派他来裁决和审判,[139a]他在这些事情上觉得丑,友伴啊,他似乎只是第二和第三,而非领头?"

"我觉得是这样。"

"因此,对我们来说,棒小伙啊,热爱智慧远不是多学问[a5]和研究众技艺。"

我说了这些后,那个聪明人对他之前说过的话感到丑,静了下来,而另一个愚昧的人说是这样。其他人则赞扬我所说的话。

图书在版编目(CIP)数据

柏拉图全集. 中短篇作品. 上/(古希腊)柏拉图著;刘小枫主编;刘小枫等译. -- 北京:华夏出版社有限公司,2023.5
ISBN 978-7-5222-0358-4

Ⅰ.①柏… Ⅱ.①柏… ②刘… Ⅲ.①柏拉图(Platon 前427-前347)-全集 Ⅳ.①B502.232-52

中国版本图书馆 CIP 数据核字(2022)第115046号

柏拉图全集:中短篇作品(全二册)

作　　者	[古希腊]柏拉图
译　　者	刘小枫 李致远 等
责任编辑	马涛红
责任印制	刘　洋
美术编辑	李媛格
出版发行	华夏出版社有限公司
经　　销	新华书店
印　　装	北京汇林印务有限公司
版　　次	2023年5月北京第1版 2023年5月北京第1次印刷
开　　本	880×1230　1/32
印　　张	47
字　　数	1418千字
定　　价	349.00元

华夏出版社有限公司　地址:北京市东直门外香河园北里4号　邮编:100028
网址:www.hxph.com.cn　电话:(010)64663331(转)

若发现本版图书有印装质量问题,请与我社营销中心联系调换。

刘小枫 主编

柏拉图全集
PLATONIS OPERA

中短篇作品

下

[古希腊]柏拉图 著
李致远 叶然 等译

华夏出版社

目　录

"柏拉图中短篇作品"出版说明

— 上 —

卷一

游叙弗伦（顾丽玲 译）　　　　　　　　2
苏格拉底的申辩（吴飞 译）　　　　　　21
克里同（程志敏 译）　　　　　　　　　45
斐多（刘小枫 译）　　　　　　　　　　59

卷二

克拉提洛斯（刘振 译）　　　　　　　　136
泰阿泰德（贾冬阳 译）　　　　　　　　200
智术师（柯常咏 译）　　　　　　　　　282
治邦者（刘振 译）　　　　　　　　　　352

卷三

帕默尼德（曹聪 译)   412

斐勒布（李致远 译)   478

会饮（刘小枫 译)   554

斐德若（刘小枫 译)   613

卷四

阿尔喀比亚德前篇（戴晓光 译)   678

阿尔喀比亚德后篇（戴晓光 译)   731

希帕库斯（胡镓 译)   749

情敌（吴明波 译)   760

—— 下 ——

卷五

忒阿格斯（刘振 译)   772

卡尔米德（彭磊 译)   786

拉克斯（罗峰 译)   815

吕西斯（贺方婴 译)   841

卷六

欧蒂德谟（万昊 译） 872

普罗塔戈拉（刘小枫 译） 920

高尔吉亚（李致远 译） 981

美诺（郭振华 译） 1087

卷七

希琵阿斯前篇（王江涛 译） 1126

希琵阿斯后篇（王江涛 译） 1156

伊翁（王双洪 译） 1174

默涅克塞诺斯（李向利 译） 1189

卷八

克莱托丰（张缨 译） 1210

蒂迈欧（叶然 译） 1215

克里提阿斯（叶然 译） 1299

卷九

米诺斯（林志猛 译） 1316

法义附言（程志敏 崔嵬 译） 1329

书简（彭磊 译） 1347

释词（唐敏 译）	1400
托名作品（唐敏 译）	1409
论正义	1410
论德性	1417
德莫铎库斯	1423
西绪佛斯	1432
哈尔克雍	1439
厄吕克西阿斯	1442
阿克西俄科斯	1460
专名译名表	1469

卷五

忒阿格斯

刘振 译

德谟多科斯 [121a]苏格拉底啊,我一直需要跟你私下谈点事情,要是你有空的话。就算没空,要是没什么大不了的事,你还是看在我的分上抽个空吧。

苏格拉底 可是相反,我凑巧有空,而且看在你的[a5]分上,我有空得很。那么,要是你想说什么,尽管开口。

德 那么,来吧,你愿意我们从这里岔开,走到自由神宙斯的殿廊那里吗?

苏 要是你想的话。

德 [121b]那我们走吧。唉,苏格拉底,所有活物兴许都有个相同的过程,不管是从地里长出来的还是动物,还有其他东西和人。关于植物,这对我们来得容易,比如耕地,[b5]在播种前准备一切和播种本身;可是种下的东西一旦成活,之后照料这些植物就变得辛苦、困难又让人恼火。[121c]关于人,好像也是这样,我从自己的事情猜到其他事情。因为,对我来说,不管应该称它种植还是生育,就这个儿子来说,这是所有事情中最容易的,但是[c5]养育却让人恼火,总让人担忧,为他担惊受怕。所以,兴许有很多别的可说,不过眼下在他身上的这个欲望让我担忧得很——因为它不高贵,倒是很危险,因为,苏格拉底啊,我们面前的这个人想要——据[d]他说——变得智慧。据我所见,这地方的有些差不多大的小青年下到城里,他们通过回忆一些谈话让他变糊涂了,他崇拜这些人,一直给我找麻烦,要求我照管他,[d5]还要掏钱给什么智术师,只要这人把他变得智慧。钱对我倒是小[122a]问题,不过我想,他会陷入他所追求的不小的危险。所以，从前我通过劝说阻止他，可后来不行了，我想最好听他的，免得我不在的时候他因经常跟什么人待在一起而被[a5]败坏。所以，现在我来正是为这个，我要把他跟某个有智术师名声的人放到一起。你恰好撞上我们，我想要做这类事情的时候，最愿意跟你商议。那么，关于从我这里听到的事情，要是你有什么建议，尽管说，[122b]也必须说。

苏　可是，德谟多科斯，据说建议终究是件神圣的事情。真要是有什么别的神圣的事，恐怕它就是你现在商议的东西了。[b5]因为，人商议的事情，没有比教育更神圣的，教育自己也好，教育自己的家人也好。那么，首先我和你得达成共识，究竟把我们商议的东西看作什么；因为，不要我老是[122c]把它看作某个东西，你却看作另一个，那样恐怕我们虽然在一起待了半天，却会发现自己很可笑，我在建议，你在征求建议，想的却不是一回事。

德　[c5]我看你说得对，苏格拉底，必须这么做。

苏　我说得确实对，尽管不完全对。我稍微换个说法吧。因为，我怕这个年轻人不想要我们认为他[122d]想要的这个东西，而是想要别的，要是我们再商议其他事情，那我们就更离谱了。所以，我看最好还是从他自己开始，问清楚他想要什么。

德　[d5]兴许最好照你说的这样。

苏　告诉我吧，这年轻人有什么好名字？我们怎么称呼他？

德　他的名字是忒阿格斯，苏格拉底。

苏　德谟多科斯啊，你给儿子弄的名字真是好啊，[122e]合乎神义。①告诉我们吧，忒阿格斯，你说想要变得智慧，还要求你的这位父亲找个人——这种人会把你变得智慧——跟你待在一起吗？

忒阿格斯　是。

苏　[e5]就他们所知的来说，你把智慧的人称为有知识的人还是没知识的人？

忒　我称他们有知识的人。

---

① "忒阿格斯"这个名字的意思，一说是"敬畏神明"，一说是"受神引导"。

苏　什么？难道这位父亲迄今没有给你传授和教导别的好[e10]父亲的儿子们学到的东西，比如写字、弹琴、角力和其他竞技术？

忒　教过。

苏　[123a]那么，你还是认为自己缺乏某种知识，你父亲适合为你留意这种知识？

忒　对。

苏　它是什么呢？告诉我们，好让我们满足你。

忒　[a5]他知道的，苏格拉底——因为我一直在跟他说——可是他故意跟你扯这些，好像他不知道我想要什么似的。他用其他类似的话跟我争吵，不愿意让我跟任何人待在一起。

苏　可是，从前你对他说的那些话[123b]可以说是没有证人的话，现在把我当作证人吧，当着我的面宣布你想要的智慧是什么。来吧，要是你想要人们用来驾船的智慧，我正好要问你：[b5]"忒阿格斯啊，由于缺什么智慧，你责怪这位父亲不愿意让你跟那些兴许会让你变得智慧的人待在一起？"你会怎么回答我？它是什么？难道不是航海术？

忒　是。

苏　[123c]要是由于想要在人们用来驾车的这种智慧方面变得智慧，所以你责备这位父亲，而我又问这种智慧是什么，你会回答它是什么？难道不是驾车术？

忒　[c5]是。

苏　你现在正好想要的，是个没名称的还是有名称的东西？

忒　我认为还是有[名称]的。

苏　那么，你是知道这种智慧，不知道它的名称，[c10]还是也知道名称？

忒　名称我也知道。

苏　那么它是什么呢？说说吧。

忒　[123d]它还能是什么呢，苏格拉底，还有人会说它的名称不是智慧吗？

苏　难道驾车不是智慧？或者，你觉得它是无知？

忒　[d5]我不觉得。

苏　它是智慧吗？

忒　是。

苏　我们用它做什么？难道我们不是通过它懂得控制①马队？

忒　是。

苏　[d10]难道航海术不是智慧？

忒　我觉得是。

苏　我们不是通过它懂得控制航船吗？

忒　确实是它。

苏　[d15]那么你想要的是什么智慧呢？我们通过它[123e]懂得控制什么呢？

忒　我觉得是人。

苏　肯定不是病人吧？

忒　当然不是。

苏　[e5]因为那是医术，对吗？

忒　是。

苏　那么，我们通过它懂得在歌队中控制歌者吗？

忒　不是。

苏　[e10]因为那是音乐术？

忒　当然。

苏　那么我们通过它懂得控制运动员吗？

忒　不是。

苏　因为那是体育术？

忒　[e15]是。

苏　那么通过它控制做什么的人呢？打起精神说说吧，像我刚才对你说的那样。

忒　[124a]通过它控制城邦里的人，我觉得。

苏　病人不是也在城邦里吗？

---

① 这里的"控制"一词兼有"控制、统治"等多重含义，既可以指驾船、御车等非政治活动，也可以指统治城邦等政治活动。

忒　是，但我说的不只是他们，还有城邦里的其他人。

苏　[a5]我有没有搞懂你说的技艺？因为，我看你说的不是我们用来懂得控制耕地的人的东西，还有收割、种植、播种、脱粒的人，因为那是种地术，我们用它控制那些人。是吗？

忒　是。

苏　[124b]我至少认为，我们不是用它来懂得控制所有锯木匠、钻孔匠、刨木匠或凿木匠，你不是说这些，因为，这不是木工术吗？

忒　是。

苏　[b5]或许倒是用来控制所有这些人，其中有农民、木匠，还有所有匠人和个人，女人和男人，或许这就是你说的智慧。

忒　苏格拉底啊，我一直想说这个。

苏　[124c]那么，你会说在阿尔戈斯杀死阿伽门农的埃吉斯托斯①统治你说的这些人——所有这些匠人和个人，男人和女人——还是别的什么人？

忒　[c5]不，就是他们。

苏　这个呢：埃阿科斯之子佩琉斯②在弗提亚岂不同样统治这些人？

忒　是。

苏　居普塞洛斯之子佩里安德罗斯③在科林多统治过，[c10]你从前有没有听过这事？

忒　听过。

苏　他们不是在自己的城邦中同样统治这些人吗？

忒　是。

苏　[124d]佩尔狄卡斯的儿子阿尔喀劳斯④呢，他最近在马其顿统

---

① 传说埃吉斯托斯谋杀了阿伽门农并且篡夺了后者的王位。欧里庇得斯和索福克勒斯的同名戏剧《埃勒克特拉》(*Electra*)以及埃斯库罗斯的《俄瑞斯忒亚》(*Oresteia*)讲到了这个传说。

② 传说埃阿科斯是宙斯之子，也是埃吉纳岛的第一个君主，佩琉斯是埃阿科斯之子。佩琉斯在弗提亚是否行僭政，史无确考，苏格拉底在《理想国》(又译《王制》)391c2 称其"最明智"。

③ 佩里安德罗斯作为僭主在科林多统治大约四十年，常常被视为古希腊七贤之一。

④ 佩尔狄卡斯的私生子，凭借一系列手腕篡夺了王位，但统治相当成功。

治,你不认为他同样统治这些人吗?

忒 我这么认为。

苏 [d5]庇西斯特拉托斯的儿子希琵阿斯①在这个城邦统治时,你认为他统治谁?不是这些人吗?

忒 怎么不是呢?

苏 能不能告诉我,巴喀斯②、西比尔③和我们的同胞安斐吕托斯④有什么称号?

忒 [d10]苏格拉底,除了预言者还能有什么呢?

苏 [124e]说得对。但是,你试着也这样对我回答这个,希琵阿斯和佩里安德罗斯由于他们的统治得到了什么称号?

忒 我认为是僭主。会是别的吗?

苏 [e5]那么,谁想要统治城邦里的所有人,他就想要像他们一样的僭政统治,并且想要当僭主吗?

忒 好像是。

苏 你岂不是说想要这个?

忒 [e10]差不多,至少从我说的看来。

苏 混小子,因为想当我们的僭主,你就一直[125a]抱怨这位父亲不把你送到某个僭主师那里?还有你,德谟多科斯,不羞愧吗,你早就知道他想要什么,他想要智慧,你有地方送他去做个有智慧的匠人,结果[a5]你拒绝他,不愿意送?可现在呢,看到没,既然他当着我的面责怪你,我和你是不是一起商议,把他送到谁那里,他跟那个谁待在一起兴许能变成智慧的僭主?

德 [125b]对,宙斯在上,苏格拉底,当然得商议,因为我看这少不了

---

① 希琵阿斯之兄希帕库斯继承了父亲庇西斯特拉托斯在雅典的僭政统治,后来希帕库斯被暗杀,希琵阿斯成为雅典的僭主,与智术师希琵阿斯不是同一个人。

② 传说有三个古代预言者名为巴喀斯,不过,最早讲到巴喀斯的希罗多德只提到波伊俄提阿的巴喀斯,此人因水泽仙女赋予灵感而获得了预言能力。

③ 西比尔是一些古代女性预言者的通名,最早提到西比尔的知名古代作家是赫拉克利特。

④ 古代文献对预言者安斐吕托斯记载甚少,据希罗多德说,此人或许不是雅典人,而是阿卡纳尼亚人。

费脑筋。

苏 放心,好人。我们先向他问个究竟。

德 那就问吧。

苏 [b5]那么,要是我们援引欧里庇得斯,会怎么样呢,忒阿格斯?因为欧里庇得斯在某个地方说过,"僭主智慧,是由于跟智慧的人待在一起"。要是有人问这个欧里庇得斯:"欧里庇得斯,你说那些僭主是由于跟在什么事情上[125c]智慧的人待在一起而智慧的呢?"——比如,要是他说,"农民智慧,是由于跟智慧的人待在一起",我们问,"在什么事情上智慧的人",他会怎么回答我们? 会是[c5]别的什么吗,除了农事?

忒 不会,就是这个。

苏 要是他说"厨师由于跟智慧的人待在一起而智慧",又怎么样呢? 要是我们问"在什么事情上智慧的人",他会怎么回答我们? 不是[c10]在厨艺方面吗?

忒 是。

苏 要是他说"摔跤手由于跟智慧的人待在一起而智慧",又怎么样呢? 要是我们问"在什么事情上智慧的人",他不会说在[125d]摔跤方面吗?

忒 是。

苏 可是,既然他说"僭主由于跟智慧的人待在一起而智慧",[d5]而我们问"你说在什么事情上智慧的人呢,欧里庇得斯",他会说什么? 可能是哪类事情呢?

忒 宙斯啊,我不知道。

苏 那么,要我告诉你吗?

忒 要是你愿意的话。

苏 [d10]阿纳克瑞翁说卡利克里忒知道这些事情。或者,你不知道那首歌吗?①

忒 知道。

---

① 卡利克里忒是居阿涅的女儿,二人参与统治了利帕拉(Lipara)的部分区域;阿纳克瑞翁是一个诗人,与一些僭主有交往。苏格拉底提到的"那首歌"已经佚失。

苏 什么？你也想要这样跟什么[125e]人待在一起，以便成为我们和这个城邦的僭主吗，要是这个人刚好与居阿涅的女儿卡利克里忒有同样的技艺，又"懂得僭政术"，就像诗人说她的那样？

忒 苏格拉底，你老是嘲笑打趣我。

苏 [e5]什么？你不是说想要这种用来统治城邦里所有人的智慧吗？你这么做，除了做僭主，还会是别的什么呢？

忒 我祈盼成为僭主，我确实这么想，[126a]最好是所有人的僭主，要是不行，也越多越好。我想，你和其他所有人也是如此，说不定甚至想成为神呢，可是我没说想要这个。

苏 [a5]那么，你想要的究竟是什么呢？你不是说想要统治城邦吗？

忒 不用强力，也不像僭主们那样，而是统治自愿的人，就像其他在城邦中名声很好的人那样。

苏 那么你是说忒米斯托克勒斯、伯里克勒斯[a10]和喀蒙这样的人，以及那些通晓政治事务的人吗？

忒 宙斯在上，我说的就是这些人。

苏 那么好吧，要是你恰好想要在马术上变得智慧呢？[126b]假如要成为聪明的骑手，你认为要到什么人那里去呢？除了马术师，还会是别的什么人吗？

忒 宙斯在上，我认为不会。

苏 相反，要到那些通晓这些事情的人那里去，而且[b5]他们有马，成天使用自己和别人的马。

忒 显然。

苏 那么，要是你想在投枪方面变得智慧呢？假如要在这方面变得智慧，你不认为要到那些精于投枪的人那里去吗，[b10]他们有标枪，而且成天使用许多别人和[126c]自己的标枪？

忒 至少我这么认为。

苏 那么告诉我，既然你想在政治事务上变得智慧，你认为到其他什么人身边能变得智慧吗，[c5]除了那些通晓政治的人，他们自己通晓政治，整天跟自己的城邦和许多其他城邦打交道，与希腊城邦和野蛮人交往？还是你觉得，要在他们的这些事情上变得智慧，就得跟其他什么人待在一起,而不是跟他们这些人待在一起?

忒　[126d]苏格拉底啊,因为我听他们讲过你说的话,那些通晓政治的人的儿子绝不比皮革匠的儿子好;而且,从我所能感觉的看来,我觉得你说得最真实。所以,[d5]要是我竟然认为这些人中的某个人会把他的智慧传给我,一点也不造福自己的儿子,恐怕我就太傻了,要是他能在这些方面造福什么其他人的话。

苏　你会怎么做呢,最好的人,要是等你有了儿子,他给你弄出这样的麻烦,他说[126e]想成为好画匠,责怪你这个父亲不愿意因为这些事情为他花钱,可他又看不起那些干这种活儿的匠人,也就是画匠,不愿意跟着他们[e5]学习?或者,想成为簧管手,又看不起簧管手,或者基塔拉琴手?你知道怎么对待他吗,你会把他送到什么别的地方呢,既然他不乐意跟着这些人学习?

忒　宙斯啊,我不知道。

苏　[127a]那么,现在你自己对这位父亲做了同样的事情,你有没有感到惊讶,要是他不知道该怎么对待你,该把你送到哪里,你会抱怨吗?我们至少会把你跟雅典的美好的政治人放在一起,你愿意找谁都行,他会免费跟你待在一起;还有,[a5]你非但用不着花钱,比起跟别人一起,你还能在众人当中有个顶好的名声。

忒　什么啊,苏格拉底?你不就是一个好人吗?因为,要是你乐意跟我待在一起,这就够了,[a10]别人我谁都不找。

苏　[127b]你说的这是什么,忒阿格斯?

德　苏格拉底啊,他说得确实不赖,同时也让我满意。因为我想兴许没有比这更大的恩赐了,要是他由于跟你待在一起而高兴,你又[b5]乐意跟他待在一起。我实在不好意思说我很想如此。但我恳求你们俩,请你得乐意跟他在一起,而你呢,不要跟其他任何人待在一起,除了苏格拉底。这样你就省了一堆让我害怕的[127c]想法。因为现在我很为他担心,怕他撞上别的什么败坏他的人。

忒　老爹,现在不用再为我担心了,要是你真能说服他同意跟我待在一起的话。

德　[c5]说得很好,苏格拉底,这后面的谈话还是交给你吧。因为我打算——简单说吧——把我和我所有最看重的东西交给你,总之只要你需要,要是你接受这个忒阿格斯[127d]并且尽可能让他变好的话。

苏　德谟多科斯哟,你这么急切,我倒不惊讶,要是你真的认为我对你的这个孩子最有帮助——因为,我不知道一个有头脑的人更应该操心什么,比起[d5]让他的儿子尽可能成为最好的人——但是,你是怎么知道这一点的:我比你自己更能帮你这个儿子成为好邦民,他又是怎么想到我比他自己更有帮助的? 这[127e]让我一直觉得惊讶。因为,一来你比我年长,因此已经为雅典人任过许多要职,一直受到阿纳居罗斯区人极大的爱戴,其他邦民的爱戴也不逊色。而在我身上,[e5]你们俩绝对看不到这些。

所以,要是这个忒阿格斯不屑跟那些政治人待在一起,而要找别的什么声称能够教育青年的人,这里有科俄斯人普罗狄科①、勒翁提诺伊人高尔吉亚②[128a]、阿克拉伽斯人珀洛斯③和许多其他人,他们智慧得很,以至于进入各个城邦劝说最显贵最富有的年轻人——这些年轻人可以随意跟城邦里的人待在一起,用不着钱——[a5]劝说这些年轻人离开那些同伴跟自己待在一起,额外花大钱作学费,还要感激他们。在这些人中选一个,对你儿子和你自己都合适,选我不[128b]合适。因为我根本不懂这种神赐的美好学问——但愿我能懂。显然,我总是说我凑巧几乎什么都不懂,除了一点这种学问:爱欲术。[b5]当然,在这门学问上,我认为自己比过去和现在的任何人都聪明。

忒　瞧见没,老爹? 我看这个苏格拉底还是很不愿意跟我相处——我已经准备好了,[128c]只等他同意,但他却冲着我们说这些来打趣。因为,我认识一些跟我同龄和大一点的人,在跟他待在一起以前,他们根本不值一提,可是自从与他一起,短短一点时间过去,他们看起来就比[别的]所有人都好了,[c5]从前他们可不如这些人。

苏　那么,你知道这是怎么回事吗,德谟多科斯之子?

---

① 普罗狄科是智术师派代表人物。
② 高尔吉亚是智术师派代表人物,柏拉图著有同名对话《高尔吉亚》。
③ 珀洛斯是高尔吉亚的学生,此人或许并非典型的智术师,在《苏格拉底的申辩》的一处类似语境中,苏格拉底提到的三个智术师是普罗狄科、高尔吉亚和希琵阿斯(《苏格拉底的申辩》19e3 - 4)。另外,柏拉图在《高尔吉亚》中提到,珀洛斯推崇僭主野心。

忒 知道,宙斯在上,要是你愿意,我将来也能变成像他们那样的人。

苏 [128d]不,好人啊,你没有发现这是怎么回事,我来告诉你。因为有个精灵由于神命紧跟着我,从孩提时就开始了。这是一种声音,它一出来,总是指示我放弃将要做的事情[d5],它从不鼓动我。要是我的一个朋友来商量事,这个声音就出来,还是一样,阻止而不是允许我行动。关于这些事,我会给你们拿出证据。

你们认识那个卡尔米德吧,他生得漂亮,[128e]是格劳孔的儿子。他有一次碰巧跟我谈到要去练跑步参加涅墨阿赛会①,他刚开始说要去练,这声音就出来了,我就劝阻他说:"你说话的[e5]时候,这个精灵的声音在我这里出现了。还是别练了。"

"说不定,"他说,"它指示你,我赢不了;可就算我将来赢不了,在这段时间里锻炼一下也有好处。"说完这些,他就去练了。现在该从他那里听听,[129a]由于这一练,他都遭遇了什么。要是你愿意,问问提马尔科斯的兄弟克莱托马科斯,②提马尔科斯要死的时候对他说了什么,③还有那个赛跑手欧阿忒洛斯④,他曾经[a5]藏匿过逃命的提马尔科斯。他会告诉你们,提马尔科斯对他说过这些。

忒 什么呢?

苏 "克莱托马科斯啊,"他说,"我现在真的要死了,因为不肯听苏格拉底的话。"提马尔科斯究竟为什么这么说呢?我来解释。当[129b]提马尔科斯和斐勒摩尼德斯的儿子斐勒蒙⑤从宴会上起身去杀赫罗斯卡曼德罗斯的儿子尼喀阿斯⑥的时候,只有他们俩知道这个计划。

---

① 涅墨阿赛会是古希腊四大泛希腊赛会之一,赛会地点在伯罗奔半岛东北部的涅墨阿,故得名。

② "提马尔科斯"和"克莱托马科斯"是常见于古希腊铭文的人名,但此处二人的身份无法确定。

③ 此处有一句"与精灵相反",据考订可能是衍文,故略去。

④ 此人身份不确定,或许是在公元前433年至前425年之间某个时候控告美勒西阿斯(Melesias)之子修昔底德(Thucydides)的欧阿忒洛斯。

⑤ "斐勒摩尼德斯"和"斐勒蒙"是古希腊的常见人名,但此处二人的身份无法确定。

⑥ "赫罗斯卡曼德罗斯"是一个少见的希腊人名,其人身份不确。尼喀阿斯身份不确,但肯定不是公元前413年死于叙拉古的雅典将军尼喀阿斯。

可是，提马尔科斯起身的时候对我说，"聊什么呢，"他说，"苏格拉底，[b5]你们喝酒，我得起身去个地方。要是走运的话，我片刻以后就回来。"

这声音就在我这儿出现了，我就对他说，"千万别起身，"我说，"因为那个精灵一贯的指示在我这儿出现了。"他就停下了。

[129c]过了一阵他又想去，就说："苏格拉底，我还得去。"这声音又出现了，于是我又迫使他忍住。

他第三次起身，打算躲开我，再没跟我说什么，也没让我发觉，因为他瞥见[c5]我把心思放到别的地方了。然后，他就跑出去做了让他送命的事。这就是他为什么对他的兄弟说我现在对你说的这些话，他会死就是因为没听我的。

此外，关于西西里的事，[129d]你们会从很多人那里听到我对于那次远征失败的说法。从知情人那里可以听到过去的事情。可是，也可以现在试试这个指示，看它说什么。因为在漂亮的桑尼翁①出海远征后，[d5]我这儿出现了这个指示，现在他已经跟忒拉绪洛斯②去远征以弗所和伊奥尼亚了。所以我料想，他要么送命，要么遭遇什么与之类似的事情，至少我对余下的远征非常担忧。

[129e]我对你讲这一切，是因为这个精灵的这种能力在人们花时间跟我待在一起时无所不能。它会拒绝许多人，这些人不可能由于跟我相处得到好处，[e5]所以我不能跟他们相处。可是，许多人跟我待在一起，它却不阻拦，不过他们跟我在一起一点也没变好。不过，这个精灵的确帮着我跟有些人待在一起，这些人你也知道，他们马上飞快地进步。而且，在这些进步者当中，[130a]有些人始终牢牢抓住它的好处，而许多人呢，兴许跟着我的时候进步惊人，可一旦离开我，又跟任何人没什么两样了。

[老]阿里斯提德斯的儿子[a5]吕西马科斯的儿子阿里斯提德斯③曾

---

① 桑尼翁极少见于古代文献，也不见于任何其他柏拉图作品，身份不确。
② 忒拉绪洛斯是雅典将领和政治家，苏格拉底在此处提到的是忒拉绪洛斯在公元前409年远征伊奥尼亚并兵败以弗所的事。
③ [老]阿里斯提德斯是雅典政治家，号称"正义者"，其子吕西马科斯少有政治作为，在柏拉图的《拉克斯》中，吕西马科斯对此多有抱怨。吕西马科斯之子阿里斯提德斯与其祖父同名，大约生于公元前440年前后。

经历过这事。通过跟我相处,他在很短的时间里进步神速。后来他遇到一次远征,就出海去了,可他回来之后发现,[老]修昔底德的儿子美勒西阿斯的儿子修昔底德①正跟我在一起。[130b]这个修昔底德前天跟我在言语上发生了一点不愉快。后来阿里斯提德斯见到我,打过招呼,讨论过其他事情之后,他就说,"我听说,"他说,"苏格拉底啊,修昔底德冲你摆架子发脾气,[b5]俨然是个什么人物。"

"是这样。"我说。

"什么,他不知道在跟你待在一起之前自己是个怎样的奴隶吗?"

"像是不知道,"我说,"诸神在上。"

"不过我自己也的确弄得荒唐,[130c]苏格拉底。"他说。

"究竟什么事呢?"我说。

"因为,"他说,"在出海之前,我能跟任何人谈话,而且在言辞上表现得不比任何人差,所以我找最厉害的人相处,[c5]现在却反过来了,我兴许得躲着那些我觉得有教养的人。由于自己的粗俗,我羞愧得很。"

我说:"这个能力是突然还是慢慢离开你的呢?"

"慢慢地。"他说。

[130d]"它出现在你这里的时候,"我说,"是因为你跟我学东西而出现的呢,还是靠什么别的方式?"

他说,"苏格拉底,诸神在上,我来告诉你一件离奇的事,可这是真的。我从来没有跟你学过,你自己也[d5]知道,可是,我跟你待在一起的时候就会进步,就算我只是在同一栋房子里,不在同一间屋子里。当然,在同一间屋子里的时候进步更多,我还觉得,在同一间屋子里,在你说话的时候看着[130e]你,比看着别处进步多得多,最多最好就是我坐在你本人旁边抓住你聊天的时候。不过现在,"他说,"所有这些条件都没了。"

[e5]所以,忒阿格斯啊,我们的交往就是这样。要是这事让神喜爱,你就会很快大有进步,否则就不行。那么你看看,对你来说,要是有谁自

---

① [老]修昔底德出身显赫,后来成为雅典政治家,美勒西阿斯可能是其长子,极少涉足政治。美勒西阿斯之子修昔底德大约生于公元前440年至前435年之间,生平几乎不见于古代文献。

己就掌管着用来造福人类的福祉，接受他的教育岂不是比跟着我碰[e10]运气做事可靠得多？

忒　[131a]那么我看，苏格拉底啊，我们这么做吧，就彼此共处这件事问问这个精灵。要是它允许我们，这最好，如若不然，那时马上想想怎么办，[a5]要么跟其他人待在一起，要么通过祈祷、献祭和祭司们掌管的其他东西尽力安抚这个出现在你身上的神物。

德　苏格拉底啊，在这件事上请不要拒绝这孩子，因为忒阿格斯说得好。

苏　要是看起来倒必须这么做，我们就这么做吧。

卡尔米德

彭磊 译

苏格拉底 [153a]昨天傍晚,我们离开军营,从波提岱亚回来,①由于在外很长时间,我就兴冲冲地奔我惯常打发时间的地方而去。我紧着走进了公牛②摔跤场,就在女王神殿正对面。[a5]我发现那儿人多得要命,虽然有些人我根本不认识,但绝大多数都认识。[153b]见我出人意料地走进来,他们便立马远远地从各处向我打招呼。

可凯瑞丰啊,真不愧是个疯家伙,从人群中一跃而起,朝我跑来,一把抓住我的手,说:"好个苏格拉底!你是怎么从战场上活下来的?"

[b5]就在我们开拔前不久,波提岱亚开仗了,留在这里的人刚听说这回事。

于是我回答他说:"就这样,如你所见。"

"可有消息传到这儿,"他说,"说是这一仗打得很凶,[153c]挺多我们认识的人都战死了。"

"这消息很属实。"我说。

"你在场吧,"他说,"打仗时?"

"我在场。"

[c5]"那就过来吧,"他说,"坐下给我们仔细讲讲,因为我们还不太清楚这一切。"他一边说一边把我拉过去,让我紧挨着卡莱斯科如斯的儿

---

① 公元前432年至前429年,雅典围攻波提岱亚,事见修昔底德《伯罗奔半岛战争志》1.56–65,2.58、70。

② 字面义为"公牛的",应为摔跤师傅的绰号。

子克里提阿斯坐。我便挨着克里提阿斯坐下,跟他还有其他人打了招呼,然后对他们讲了军营中的事,随他们向我[153d]打听。他们就一个接一个地问这问那。

等我们拥有了足够多的这类东西后,轮到我来问他们这儿的事情:热爱智慧现今是个什么状况,还有那些年轻人,他们中是不是有一些在智慧或美[d5]或这两方面已经变得出类拔萃。克里提阿斯朝门[154a]望去,瞧见一些小伙子正走进来,彼此骂骂咧咧,后面还跟着乱糟糟的一群。"说到那些美男,"他说,"苏格拉底啊,依我看,你一会儿就知道答案了。因为,正走进来的这帮人恰好就是[a5]当今被认为最美的人的先导和爱欲者,而且我觉得,他本人也越来越近,已经到了附近什么地方。"

"可他是谁,又属于谁呢?"我说。

"你应该知道呀,"他说,"不过,在你离开之前他还未成年,[154b]就是卡尔米德,我叔父格劳孔的儿子,也是我堂弟。"

"我当然知道,宙斯啊!"我说,"因为他那时就一点都不赖,当时他还是个小孩子。可现在,我猜他一定长成一个十足的[b5]半大小伙儿了吧。"

他说:"你马上就会知道他长多大、变成怎样了。"

正说着这些,卡尔米德进来了。

可我呀,友伴哟,什么也无法估量。说到那些美男,我根本就是条白色的墨线①,因为我觉得几乎[b10]所有成年的人都美。但是,[154c]当时连我也觉得他的身材和美貌尤为惊人,而且,依我看,其他所有人都爱欲他——他进来的时候,那些人一下子慌乱和喧哗起来——而紧跟在他后面的那群人里,还有许多爱欲者。[c5][这种反应]在我们这样的男人来说一点也不奇怪,但等我把注意力投向那些男孩,发现他们没一个朝别处瞧,连最小的也不例外,而是全都凝视着他,好似在凝视一尊神像。

[154d]凯瑞丰唤我道:"你看这年轻人怎么样,苏格拉底?脸蛋难道不漂亮吗?"

---

① 古谚语,源自石匠的行话。石匠用一条有颜色的墨线来给石料作标记,为了不污染白色大理石,就要用白色的墨线来做标记,但这样打下的记号几乎看不出来。

"超级漂亮。"我说。

"可要是他愿意脱去衣服，"他说，"你就会觉得他没有脸蛋了。[d5]他的形体是如此完美。"

其他人也同意凯瑞丰这话。

而我说："赫拉克勒斯哟！你们把这个男人说得无人能敌啊，只要他碰巧还有一样小东西。"

"什么？"克里提阿斯说。

[154e]"如果他的灵魂，"我说，"碰巧长得很好。按理说，克里提阿斯啊，他应当是如此，毕竟他跟你是一家子。"

"不过，"他说，"他在这方面也完全美且好。"

[e5]"既然如此，"我说，"我们为何不脱掉他灵魂[的外衣]，先看看他的灵魂，再说他的形体？因为，既然他已经到了这个年纪，他一定乐意交谈。"

"一点儿没错，"克里提阿斯说，"尤其因为他既爱智慧，[155a]而且在其他人和他自己看来，还极会作诗。"

"这种美的品质，"我说，"亲爱的克里提阿斯，是你们祖上传下来的，源自你们与梭伦的亲戚关系。不过，你干吗不把这个年轻人叫过来，把他展示给我呢？因为，[a5]即便他碰巧还要再年轻些，当着你的面与我们交谈，他也没什么好害羞的，你可是他的监护人，同时也是堂兄。"

"说得妙啊，"他说，"我们这就叫他。"[155b]他随即对一名随从说："小厮！去叫卡尔米德，就说我想给他引见一位医生，瞧瞧他不久前跟我说他觉得的那种不舒服。"克里提阿斯又对我说："最近他确实说大清早起床的时候头有点沉。[b5]话说回来，你对他假装知晓某种治头的药，没什么不便吧？"

"没有，"我说，"他尽管来吧。"

"他这就来。"他说。

果不其然。因为他来到了，还制造了许多笑料。[155c]因为我们原先全都坐着，每个人拼命挤旁边的人，好腾出空来，以便他会坐在自己身旁，直到我们把坐在最边上的那位挤得站起来，又把坐在另一头的那位挤得掉下去。可卡尔米德走了过来，坐在了我跟克里提阿斯中间。[c5]当时,说实在的,亲爱的,我一下子手足无措起来,我原本对跟他极为从容地交谈握有的那份胆量,也已经消失了。因为啊,当克里提阿斯宣称我就是那位知晓药方的人时,[155d]他的双眼就以一种不可抗拒的方式望着我,并且挺身好像要问什么,而摔跤学校里的人全都涌了过来,把我们团团围住——当时呢,出身高贵的人哦,看到他衣裳里面的物件,我欲火中烧,再不能控制自己,而且我认为[d5]在爱欲上居狄阿斯①是最智慧的人,他在谈到一个貌美的男孩时曾劝告另一个人说:"千万别跑到狮子跟前,小鹿哟,要不就成了人家的口中食。"[155e]因为我觉得自己就落到了这样一只猛兽手里。尽管如此,当他问我是否知晓治头的药方时,我还是费力地回答说我知晓。

"那方子究竟是什么呢?"他说。

[e5]我说是一种草叶,但还有一种咒语配合这药方,如果一个人在服药的同时念诵咒语,这药方就能使他完全恢复健康,可要是没有咒语,草叶就没有一点儿效果。

[156a]他说:"那么,我就从你那儿把咒语抄下来。"

"前提是你说服我,"我说,"还是不[说服我]呢?"

他随之一笑,说:"前提是我说服你,苏格拉底。"

[a5]"那好吧,"我说,"可你确定我的名字吗?"

"如果我没弄错的话,"他说,"因为,在我们这群同龄人中,不少时候谈到你呢,而且我自己记得,在我还是孩子时,你就跟这位克里提阿斯腻在一块儿。"

"好样的!"我说,"我得对你更加坦率,[156b]说说这咒语碰巧是什么样的。可就在刚才,我还不知该怎样向你展示它的力量。因为这样一种咒语,卡尔米德啊,并不能单单使头健康,就像你很可能听[b5]一些好医生讲过的那样:每当有人两眼疼痛着来找他们,他们多半会说,不可能光着手医治这双眼,而必须要同时照顾好头,如果[156c]眼睛想好起来的话;他们还会说,若设想能够只照顾头而不管整个身体,那是极为愚蠢的。出于这一道理,他们为整个身体制定养生方案,[c5]在努力照顾和医治部

---

① 除了苏格拉底此处的引用,我们对这位居狄阿斯别无所知。

分时兼顾整体。或者,你没注意到他们这样说,而且确实如此吗?"

"当然[注意到了]。"他说。

"那你认为说得有道理吗,你接受这个说法吗?"

"完全接受。"他说。

[156d]听到他的赞许,我重新鼓起勇气,再次一点一点地壮起胆量,重又回过神来。于是我说:"那好,卡尔米德啊,这咒语也是这样。我在那儿学会这个咒语,是在军中[d5]跟扎尔摩克西斯①的忒腊克医生们中的一位学的,据说这些医生还能让人不死。这个忒腊克人曾说,希腊医生们的说法有道理,也就是我刚才说的这些。'但是,我们的王扎尔摩克西斯神说,'他说,[156e]'正如不应当试图医眼却不医头,或医头却不医全身,也不能医身体而不医灵魂;希腊人里面的医生们之所以对许多病无能为力,就是因为他们不认识[e5]应该得到呵护的整体,因为,如果整体的状况不美,部分的状况也不可能好。因为,他说,一切身体方面和整个人的坏和好都始于灵魂,且从那里流淌出来,就像从头流到[157a]眼睛。所以,应该首先和最主要地照料这个[灵魂],如果头和身体其他部分的[状况]想要变美。他说,要用一些咒语——有福的人儿哦——来照料灵魂,这些咒语[a5]是些美的言辞。从这些这样的言辞中,灵魂中产生了节制②,一旦节制产生并一直存在着,头和身体其他部分[157b]要健康就容易了。'

"所以,在教给我这药和那些咒语时,'不管怎样,'他说,'要是有谁劝说你用这药照料他的头,你千万别听,除非他首先把灵魂交出来,让你用这咒语照料。因为[b5]现今,'他说,'凡人们所犯的错误就是割裂二者,有些人努力要成为只顾节制或只顾健康的医生。'他还极严厉地命令我,不管一个人多富有、多高贵或多美,都不要让这个人[157c]说服我不

---

① 据希罗多德《原史》(4.94–96),扎尔摩克西斯本是哲人毕达哥拉斯的奴隶,后来获得自由回到故乡忒腊克(旧译"色雷斯"),成为当地部落的神和王。他传授教人不死的学说,为了证明自己的学说,他藏身于地下密室三年然后现身,让人们相信他过去一直活在冥府。

② 节制(sōphrosynē)一词含义非常丰富,亦包含"头脑清醒""明智"等意。对话中,该词指向"认识自己""知道自己知道什么和不知道什么"等,超出了中文里的"节制"的含义。

照此行事。我得服从他的命令,因为我向他发过誓,而我必须守誓。至于你,如果你遵照这位外邦人的命令首先将灵魂交出来,[让我]吟诵忒腊克人的那些咒语,我就[c5]会给你的头用药。如若不然,恐怕我们就不能为你做什么了,亲爱的卡尔米德啊!"

听到我说这些,克里提阿斯便说:"苏格拉底啊,头不舒服说不准会变成赫耳墨斯对这个年轻人的恩赐,如果他由于自己的头而不得不[157d]变得更富理智。不过,我可告诉你,卡尔米德被认为比同辈人都出众,不仅是凭相貌,也凭那个东西,也就是你说你有关于它的咒语的东西。可你说的是节制,是不是?"

[d5]"正是。"我说。

"那你就得清楚,"他说,"他可被认为是当今同辈人中最节制无比的。至于所有其他方面,在他这样的年纪,他也不输任何人。"

"没错,"我说,"卡尔米德啊,而且你理当[157e]在一切此类事情上比其他人出众。我想,这儿没谁能轻易地从雅典的名门望族中挑出两家,这两家联姻会孕育出更美和更好的后代,胜过你所出自的家族联姻。[e5]你们的父家,也就是德罗庇德斯之子克里提阿斯一家,受到阿纳克瑞翁①、梭伦还有许多其他诗人的传颂,于是我们听闻,这一家在美、[158a]美德以及其他所谓的幸福上都出类拔萃。你们的母家也是一样。你舅舅毕里兰佩斯曾多次作为使节造访[波斯]大王或亚洲大陆上的其他[王],[a5]没人说希腊大陆上有谁被认为是比他更美和更伟岸的男人,这整个家族绝不输于其他家族。

"由于你生于这样的家族,你当然很可能在各方面都拔得头筹。所以,说到可见的相貌,[158b]亲爱的格劳孔的孩儿,依我看,你可丝毫没有辱没你的先辈。此外,如果你确如这位所说,在节制和其他方面长得足够好,"我说,"亲爱的卡尔米德啊,你母亲生了你就真是件福事。[b5]现在是这样:如果节制已经临在你身上,如这位克里提阿斯所言,而且足够节制,你就绝不再需要什么扎尔摩克西斯的那些咒语,或者极

---

① 阿纳克瑞翁是宫廷诗人,在庇西斯特拉图斯之子希帕库斯的宫中待了八年(前522—前514),寓居雅典期间,他结交了许多贵族朋友,其歌颂酒和爱的诗尤其出名。

北人①阿巴里斯的那些咒语,且必须现在就给你[158c]那治头的药。可如果你看起来还欠缺这些,那就必须在给你药之前念诵咒语。那好,请你本人告诉我,你是同意这位的说法,说你已经足够地享有节制,还是说你欠缺节制?"

[c5]卡尔米德先是脸红起来,看上去还要更美了——因为他这个年纪正适合害羞——然后并非不高贵地作了回答。他说,在当前情形下,对我的问题说是或不,都不合理。[158d]"因为,"他说,"要是我说自己不节制,不仅自己这样说自己有些怪怪的,同时也会表明这位克里提阿斯和其他许多人在说谎,就像这位所说,这些人也认为我节制。可要是我说自己节制并[d5]赞美我自己,这很可能会显得担当不起。所以我无法回答你。"

于是我说:"我觉得你说得很恰当,卡尔米德啊!而且我认为,"我说,"我们应该共同探讨你是不是已经拥有了[158e]我问的那样东西,这样你就不会被迫说你不愿说的话,而我也不会不经探讨就给人治病。所以,如果你喜欢,我乐意跟你一起探讨;如若不然,就算了。"

"可我再喜欢不过了。"他说,"至于那样东西,[e5]你本人觉得怎么探讨更好,你就怎么探讨吧!"

"既然如此,"我说,"依我看,最好是这样来探讨它。显然,如果节制临在你身上,[159a]你就会形成某种关于它的意见。因为,既然它在你里面——如果确实在你里面的话,它必然会带来某种感觉,借由这一感觉,你就会获得某种关于它的意见,即节制是什么,又是什么性质。你不这么假定吗?"

[a5]"我这么假定。"他说。

"那好,至于你假定的东西,"我说,"既然你一定知晓希腊语,你多半也能说说,你觉得它是什么?"

"兴许吧。"他说。

"为了我们能琢磨它是不是在你里面,说说吧,"[a10]我说,"依照你的意见,你宣称节制是什么。"

---

① 极北人是一支神秘民族,他们生活在"北风之外",崇拜阿波罗。

[159b]他一开始有些迟疑,很不愿回答。但之后他说,在他看来,节制就是有条有理地和沉静地做一切事,不仅走路和交谈时这样,做其他一切事情时也这样。[b5]"而且依我看,"他说,"总起来说,你追问的东西就是一种沉静。"

"难道你说得好吗?"我说,"他们的确说,卡尔米德啊,沉静的人就是节制的。我们来看看他们说的在不在理。[159c]告诉我,难道节制不是属于那些美的东西吗?"

"完全如此。"他说。

"那么,在文法老师那里,写相同的字母,写得快最美,还是写得沉静最美?"

[c5]"快。"

"读呢?快还是慢[最美]?"

"快。"

"进一步说,弹琴弹得快,摔跤身手敏捷,比沉静和慢美得多?"

[c10]"是。"

"拳击和格斗呢?不一样吗?"

"完全一样。"

"跑、跳以及身体的各种动作,[159d]做得又敏捷又快不就美吗,做得慢、费力、沉静不就丑吗?"

"看起来是。"

"在我们看来,"我说,"至少在身体方面,[d5]最美的不是沉静的,而是最快和最敏捷的。不是吗?"

"完全如此。"

"可节制是某种美的东西吗?"

"是。"

[d10]"所以,至少在身体方面,更节制的就不会是沉静,而是快,既然节制是美的。"

"似乎是。"

[159e]"接下来呢?"我说,"学得轻松还是学得吃力更美?"

"学得轻松。"

"学得轻松,"我说,"就是学得快,而学得吃力就是学得沉静又慢?"
[e5]"是。"
"教别人的时候,教得快又极其起劲,难道不比教得沉静又慢更美吗?"
"是。"
"接下来呢?回忆和记诵时,沉静和[e10]慢更美,还是起劲和快更美?"
"起劲和快更美。"他说。
[160a]"思维敏锐不就是灵魂的一种敏捷,而非沉静吗?"
"确实。"
"那么,理解[别人]所说的话——不论是在文法老师[a5]和基塔拉琴师那里,还是在其他任何地方——最美的不是理解得尽可能沉静,而是尽可能快?"
"是。"
"此外,灵魂在进行探询和思考时,我本人假定,被认为应受赞扬的不是最沉静的人,不是[a10]思考和发现得有些吃力的人,[160b]而是做这事做得最轻松和最快的人。"
"是这样。"他说。
"所以,在各个方面,"我说,"卡尔米德啊,包括牵涉灵魂和牵涉身体的方面,快和敏捷[b5]对我们显得比慢和沉静更美?"
"可能是。"他说。
"那么,节制就不会是一种沉静,节制的生活也不会是沉静的,至少从这一论证来看,因为节制的生活本身必定美。因为以下两种情形必居其一。在生活中,没有任何场合[160c]或在极少场合,沉静的行为对我们显得比快、强有力的行为更美。不过,亲爱的,即使沉静的行为碰巧比有力、快的行为更美,而且碰巧压根儿不比后者少,[c5]节制也不会由此就是沉静地行事而非起劲、飞快地行事,不论在走路、说话时,抑或其他任何场合;沉静、有条有理的生活也不会比不沉静的生活[160d]更节制,因为我们的论证假定,节制是某种美的东西,而且某些快的东西显得并非不如沉静的东西美。"
"依我看,"他说,"苏格拉底啊,你说得对。"

[d5]"那就再来一次,"我说,"卡尔米德啊,更专心一些,往自己里面瞧:思索节制的临在使你成了怎样的人,又是什么样的节制会造就你这样的人,合起来考虑这一切,好好地、[160e]勇敢地说说,节制对你显得是什么?"

于是他停下来,非常勇敢地审视了自己,"依我看,"他说,"节制让人感到惭愧和害羞,而且节制就是羞耻心所是的[e5]东西。"

"好!"我说,"你刚才不是同意节制是美的吗?"

"的确。"

"那么,节制的人就是些好男儿喽?"

[e10]"是。"

"那么,并不造就好人的东西会好吗?"

"当然不会。"

"所以[节制]就不仅美,而且好。"

[161a]"依我看是。"

"接下来呢?"我说,"荷马说:'对于一个乞讨者,羞耻心不是好品格。'①你难道不相信他说得妙吗?"

[a5]"我相信。"他说。

"看起来,羞耻心既不好又好喽?"

"似乎如此。"

"但节制至少是好的,如果它确实使那些具有它的人成为好人,不使他们成为坏人。"

[a10]"依我看,确实像你说的那样。"

"那么,节制就不会是羞耻心,倘若节制碰巧是那好,[161b]而羞耻心[碰巧]一样地既好又坏。"

"依我看,"他说,"苏格拉底啊,这话说得对。但还有一个关于节制的说法,请你来探讨一下,说说你的看法。[b5]因为我刚刚回想起我曾经听人说过,节制是做自己的事。那就请你探讨一下,在你看来,说这话的人说得对不对。"

---

① 参见荷马,《奥德赛》17.347。

而我说："混小子！你是听这位克里提阿斯或[161c]另一位智慧者讲的吧。"

"应该是听别人讲的，"克里提阿斯说，"因为绝不是听我讲的。"

"可是，苏格拉底啊，"卡尔米德说，"我听什么人讲的，这有什么关系吗？"

[c5]"没有关系，"我说，"因为，应当探讨的根本不是谁说了这话，而是这话说得是否真实。"

"你现在说得对。"他说。

"宙斯在上！"我说，"可要是我们发现了这话的含义，我兴许会大吃一惊呢。因为它像是一句谜语。"

[c10]"为什么？"他说。

[161d]"因为，"我说，"他说节制是做自己的事时，这说法一定没有道出他心中所想。难道你认为文法老师在写或读时什么都没做？"

[d5]"我当然不这样认为，"他说。

"那么，依你看，文法老师是只写和读自己的名字，还是也教你们这帮孩子[写和读你们的名字]？或者，你们写你们自己和朋友的名字，也写敌人的名字，而且写得一点也不少？"

[d10]"一点也不少。"

"既然你们这么做，那就是什么都做，而且不节制啰？"

[161e]"绝不是这样。"

"而且，你们没有做你们自己的事，如果写和读是'做事'。"

[e5]"是'做事'啊。"

"此外，友伴啊，治病、盖房子、织衣服——只要是运用一种技艺造出这种技艺的任何产物——必定也是'做事'。"

"那当然。"

[e10]"接下来呢？"我说，"如果有条法命令，各人织和洗各人的衣服，做各人的鞋——同样还有油瓶、刮板和其他种种，[162a]总之，不许碰别人的东西，各人只造和做自己的[东西]，依你看，用这样一条法来治理城邦会治理得好吗？"

"我看不会。"他说。

"但是，"我说，"[城邦]治理得节制，也就会[a5]治理得好。"

"怎么不会呢？"他说。

"既然如此，"我说，"假如'做自己的事'等于做这样的事，而且这般来做，它就不会是节制。"

"不像是。"

[a10]"那么，看起来，正如我刚才说的，那位说'做自己的事是节制'的人是在说谜语了。因为他肯定不会如此[162b]头脑简单。难道你是听哪个傻瓜说的，卡尔米德？"

"绝不可能，"他说，"因为他曾被认为极为智慧。"

"所以，依我看，再肯定不过的是，他是打了一个谜语，[b5]既然难以认识'做自己的事'究竟什么意思。"

"兴许吧。"他说。

"那么，'做自己的事'究竟会是什么意思呢？你能说说吗？"

"我本人并不知道，宙斯在上！"他说，"但是，兴许没什么妨碍[b10]说这话的人也根本不知道自己心中所想。"说着这些，他微微笑，目光转向克里提阿斯。

[162c]克里提阿斯显然早就在较着劲，想当着卡尔米德和在场人的面赢得荣誉，之前他勉勉强强克制住自己，可这会儿也按捺不住了。因为在我看来，我的猜测再真实不过了：[c5]卡尔米德是从克里提阿斯那里听说了这个关于节制的答案。不过，卡尔米德不想亲自论证这一答案，而想让克里提阿斯来，[162d]于是一点点撩拨他，并表明自己已经被驳倒。克里提阿斯不堪忍受，且在我看来，他对卡尔米德有些恼火，就像诗人对待把自己的诗诵砸了的演员那样。所以他望着卡尔米德说："你是不是以为，卡尔米德啊，如果你[d5]不知道那个说'节制是做自己的事'的人心中所想，他也同样不知道？"

"不过，最好的人儿哟，"我说，"克里提阿斯，[162e]他这个年纪不知道可一点儿都不奇怪。可你呢，凭你的年纪和努力，你当然很可能知道。好吧，如果你承认节制就是他所说的东西，并接手论证，我会高兴得多地跟你一起探讨这个说法是否[e5]真实。"

"我完全承认，"他说，"并且接手。"

"好样的!"我说,"那么,请告诉我,你是不是也承认我刚才问的:所有手艺人都制作某种东西?"

[e10]"我承认。"

[163a]"在你看来,他们只制作自己的东西,还是也制作别人的东西?"

"也制作别人的东西。"

"既然不只制作自己的东西,那他们还节制吗?"

[a5]"那又何妨?"他说。

"至少我觉得没关系,"我说,"但请你看看,这是否妨碍那个人在假定'节制就是做自己的事'之后宣称,没有什么妨碍那些做别人的事的人也节制。"

[a10]"兴许我已经同意了,"他说,"那些做别人的事的人节制,假如我同意那些制作[别人的东西]的人节制。"

[163b]"告诉我,"我说,"你不把'制作'和'做'称作一回事吗?"

"当然不,"他说,"我也不把'劳作'和'制作'称作一回事。因为我从赫西俄德那里学到,他说过'任何劳作都非[b5]耻辱'。① 你难道假定,赫西俄德会断言做鞋、贩咸鱼或者卖淫没什么耻辱的,如果他把你刚才所说的那类劳作称作'劳作'和'做'的话?可不应当这么假定啊,苏格拉底,而我假定,赫西俄德认为'制作'不同于'做'和'劳作',[163c]并且认为,尽管[制作的]作品有时会成为耻辱——当它没跟美的东西一起产生时,但[劳作的]产物从不会是什么耻辱。因为,他把美且有益地制作成的作品称作'[劳作的]产物',并把此等制作称作'劳作'和'做'。应当说,[c5]赫西俄德相信,只有这类东西才是自家的,而一切有害的东西都是别人的。所以应当假定,赫西俄德和其他任何睿智的人都把做自己事情的人称作节制的。"

[163d]"克里提阿斯,"我说,"你一开口,我几乎立即就明白了你的意思:你称那些自家的和自己的东西是好的,还称制作好东西才是'做'。因为我听过普罗狄科对名称作的上万个区分。[d5]不过,我准许你确立每个名称,不论你想以什么方式,只是请你阐明,你说这个名称时你是在

---

① 参见赫西俄德,《劳作与时日》311。

指什么。所以,现在再来一次,请从头更清楚地界定。[163e]做或制作好事——随你想怎么命名,你说节制就是这个?"

"没错。"他说。

"那么,做坏事的人就不节制,做好事的人才节制?"

[e5]"最好的人啊,"他说,"难道你不这样认为吗?"

"这你别管,"我说,"因为我们要探讨的不是我认为如何,而是你现在怎么说。"

"可是,在我本人来说,"他说,"我认为不制作好东西而制作坏东西的人不节制,制作好东西而不制作坏东西的人[e10]才节制。因为做好事就是节制,这就是我清清楚楚地给你下的定义。"

[164a]"而且兴许没什么妨碍你说得真实。可我实在感到惊讶,"我说,"如果你相信那些节制的人没有认识到他们节制。"

"但我不相信。"他说。

[a5]"就在刚才,"我说,"莫不是你说的吗:没什么妨碍手艺人节制,即便他们制作别人的东西?"

"是说过,"他说,"怎么啦?"

"没什么。但你得说说,你是否认为一位医生使人恢复健康,[164b]就给他自己和他治疗的那个人带来了益处?"

"我认为是。"

"做这些的人不就是在做必需的事吗?"

"是。"

[b5]"做必需的事的人不节制吗?"

"当然节制。"

"所以医生也必须认识他什么时候治疗有益,什么时候无益?而且,每个手艺人也必须认识他什么时候会从他从事的劳作中获利,什么时候不会?"

[b10]"兴许不必。"

"既然如此,"我说,"做得有益或有害[164c]的医生有时候就不认识自己怎么做的。不过,做得有益,据你的论证,他就做得节制。你不就这么说吗?"

"我是。"

[c5]"那么,看起来,有时候那做得有益的人虽然做得节制而且人也节制,却没有认识到自己节制?"

"但这种情况,"他说,"苏格拉底啊,绝不会发生,可如果你假定从我先前同意的内容必定得出这个结论,我宁愿[164d]收回这项内容,而且我会毫不羞愧地说自己刚才讲得不对,以免一时承认一个不认识自己的人节制。因为我认为这个东西差不多就是节制:认识自己。[d5]而且我赞同那位在德尔斐立下这样一句铭文的人。因为在我看来,之所以立下这句铭文,是作为神对那些来者的问候语来代替'你好',[164e]鉴于'快乐'这一问候语并不对,应该彼此互勉的不是'快乐',而是'节制'。① 因此,神问候那些走进神庙的人有些不同于常人,这就是那人立下这句铭文时的想法,[e5]在我看来。而且他对那来者说的不是别的,就是'节制吧!',他称。当然,他说得更加隐晦,就像占卜者一样。因为'认识你自己!'和"节制吧!"是[165a]一回事,正如铭文和我认为的那样。可或许有人假定两者不一样,依我看,那些立下此后的铭文'勿过度'和'为人担保,祸害自找'的人就是这样。因为他们假定'认识你自己!'是一条建议,[a5]而不是神对那些来者的问候语。因此,为了立下同样有用的建议,他们写下这些并立了起来。我之所以说这一切,苏格拉底啊,是出于这个考虑:[165b]我为你放弃之前的一切——兴许你就那些内容说得更为正确,兴许我更为正确,但我们说的没一点儿算得上清楚——但现在,我愿意为你论证这个,如果你不同意节制就是一个人自己认识自己。"

[b5]"可是,"我说,"克里提阿斯,你对待我好像我宣称知道自己所问的东西,并且,要是我愿意,好像我就会同意你。哪里是这样哟,正因为我自己不知道,所以才一直跟你一道探询所提出的内容。[165c]所以,只有经过探讨,我才愿意说我是否同意。你别发急,且等我探讨过。"

"你探讨吧!"他说。

"我在探讨,"我说,"如果节制就是认识[c5]某种东西,显然它就会

---

① "你好"(Chaire)是古希腊常用的问候语,但其义为"快乐",克里提阿斯在此利用了此词的多义性。

是某种知识,而且是关于某种东西的知识。不是吗?"

"是的,"他说,"关于自己的[知识]。"

"那么,"我说,"医术不就是关于健康的知识吗?"

"当然。"

[c10]"既然如此,"我说,"假使你问我,'作为关于健康的知识,医术对我们有什么用处,又造出什么',[165d]我会说,它的益处可不小,因为它造出健康,而健康对我们是个美的产物,如果你认可这一点。"

"我认可。"

"那么,假使你问我认为建筑术——也就是关于盖房子的知识——[d5]造出什么产物,我会说房子。其他那些技艺也一样。所以,既然你断定节制是关于自己的知识,当有人问我,'克里提阿斯,节制[165e]是关于自己的知识,那它为我们造出什么配得上它的名称的美的产物呢',为了节制,你可得能说上一说。来,说说吧。"

"不,苏格拉底啊,"他说,"你这样探询就不对了。因为这种知识性质上与其他知识并不相似,甚至其他知识彼此也不相似。[e5]可你探询起来就好像它们相似。那你告诉我,"他说,"算术或测地术的产物是什么,倘使它们的产物类似于建筑术的产物房屋,或编织术的产物衣服?许多技艺都有这样的产物,任谁都能列出一长串,[166a]可说到算术和测地术,你能给我指出某种类似的产物吗?保你不能。"

于是我说:"的确如此。但我能向你指出:这些知识每一门分别是关于什么东西的知识,[a5]即一种碰巧不同于这门知识本身的东西。比如,算术必定是关于奇数和偶数的知识,[研究]它们相对于自身和彼此而言的总数。不是吗?"

"完全如此。"他说。

"偶数和奇数不就不同于[a10]算术本身吗?"

"怎不呢?"

[166b]"还有,衡重术衡量重量之更重和更轻,而重和轻不同于衡重术本身。你同意吗?"

"我同意。"

[b5]"说说吧,节制是关于什么东西的知识,不也是一种碰巧不同于

节制本身的东西吗？"

"问题就在这里，"他说，"苏格拉底啊！你已经追索到了节制由以区别于所有知识的特征。可是，你是根据它与其他知识的相似性在探询。实际并不[166c]是这样，相反，所有其他知识都是关于别的东西而非它们自身的知识，唯有节制既是关于其他知识的知识，而且自身也是关于它自身的知识。你绝不是忽略了这一点，我想，你现在的所作所为就是你刚才矢口否认的：[c5]你试图反驳我，于是抛开了这场讨论的主题。"

"你怎么能这样！"我说，"你居然相信，即便我的确在反驳你，我的反驳会是出于别的理由，而非为了[166d]亲自仔细考察我所说的内容，因为我生怕我什么时候浑然不觉地假定自己知道某种东西——虽然我其实并不知道。所以我认为，我现在的所作所为就是探讨这场论证，主要是为我自己，兴许也为其他朋友们。难道你并不[d5]假定，每一个存在以其本然的样子变得清楚，这对几乎所有人来说是共同的好？"

"我当然假定，苏格拉底啊。"他说。

"那就鼓起勇气，"我说，"有福的人哟，按你的理解回答所问的问题，别管是克里提阿斯[166e]还是苏格拉底受到了反驳。但请专注于论证本身，探讨它一旦受到反驳究竟会怎么衍变。"

"好，"他说，"我就这么做。因为我觉得你说得还算在理。"

"那你就说说，"我说，"关于节制，你怎么说？"

[e5]"那我就说，"他说，"与其他知识不同，唯有它自身是既关于它自身又关于其他知识的知识。"

"既然这样，"我说，"如果它是关于知识的知识，那它不就会是关于无知的知识吗？"

"完全如此。"

[167a]"所以，只有节制的人才会自己认识自己，并且能够检审自己碰巧知道什么和不知道什么；同样，也只有节制的人有能力考察其他人，比如某人知道并假定[自己知道]什么——如果他的确知道，以及反过来，他假定自己知道但实际并不知道什么。[a5]其他人都做不到这些。保持节制、节制和自己认识自己，也就是知道一个人知道什么和不知道什么。这是你说的意思吗？"

"没错。"他说。

"那就再来一次,"我说,"'第三杯献给救主'①,像从头开始那样,[167b]让我们首先考察是否有可能知道一个人知道什么和不知道什么,即知道一个人不知道,如果完全有可能,接下来再考察我们知道这一点会有什么益处。"

[b5]"就应当这么探讨。"他说。

"来吧,"我说,"克里提阿斯,探讨吧,看你在这些问题上是否显得比我更有办法,因为我有些困惑。至于我为何困惑,能跟你说说吗?"

"当然。"他说。

[b10]"如果是你刚才说的那样,"我说,"所有这些不就会是某种知识吗,它不是关于什么别的东西的知识,[167c]而是关于它自身和其他知识的知识,而且,这同一种知识还是关于无知的知识?"

"当然。"

"可看看我们试图谈论的东西多么奇怪吧,友伴啊![c5]因为,如果你就其他情形探讨这同一个东西,我想,你会认为它是不可能的。"

"怎么会?哪些情形呢?"

"下面这些。仔细思考一下,你是否认为有一种看,它不看其他看所看的那些,而是看它自身[c10]和其他看,同样也看各种不看:[167d]它虽然是看,却不看任何颜色,而看它自身和其他看。你认为有这样的看吗?"

"宙斯在上,我认为没有!"

"有没有一种听,它听的不是任何声音,而是它自身和[d5]其他听,还有各种不听?"

"没有这个。"

"再就所有感觉进行探讨,总起来说,你是否认为有一种感觉是感觉各种感觉和它自身,却不感觉其他感觉所感觉的东西?"

[d10]"我认为没有。"

[167e]"但你认为有这样一种欲望吗,它不是对任何快乐的欲望,而

---

① 古希腊人在酒宴上行三次祭酒,第一杯献给宙斯和奥林波斯诸神,第二杯献给英雄们,第三杯献给救主宙斯。第三杯祭酒通常被看作极为吉利。

是对它自身和其他欲望的欲望?"

"当然没有。"

"我想,也没有一种意愿不意愿任何好,[e5]而是意愿它自身和其他意愿。"

"的确没有。"

"你会说有这样一种爱欲吗,它碰巧不是对任何美的爱欲,而是对它自身和其他爱欲的爱欲?"

"我不会。"他说。

[e10]"你有没有注意到一种恐惧,它恐惧自身和[168a]其他恐惧,却不恐惧任何可怕之物?"

"没注意到。"他说。

"[那你有没有注意到]一种意见,它是关于各种意见和它自身的意见,但并不臆断其他意见所臆断的东西?"

[a5]"绝没有。"

"可我们似乎宣称有某种这样的知识,它不是关于任何学问的知识,而是关于它自身和其他知识的知识?"

"我们是这么宣称。"

[a10]"如果真有这样一种知识,那不奇怪吗?我们先别断言没有,还是接着探讨是不是有吧!"

[168b]"说得对。"

"来呀!这种知识是关于某种东西的知识,这种知识有一种力量,这力量使它成为'某种东西的'。不是吗?"

"完全如此。"

[b5]"我们是不是宣称'更大'有一种力量,这力量使它比某种东西更大?"

"是有。"

"也就是比某个更小的东西更大,要是它更大的话。"

"必然如此。"

[b10]"所以,如果我们能发现某种更大的东西,它比那些更大的东西和它自身更大,但不比其他更大的东西所比之更大的任何东西更大,[168c]

那它一定会是这样:既然它比自身更大,也就比自身更小。不是吗?"

"极为必然,苏格拉底。"他说。

"所以,如果有个双倍是关于其他双倍[c5]和它自身的,它就会是它自身和其他双倍的双倍,而它自身无疑是它的一半。因为,双倍必定不是别的什么的双倍,而是一半的双倍。"

"确实。"

"比自身更多不也会比自身更少吗,比自身更重不也会[c10]比自身更轻吗,比自身更老不也会比自身更年轻吗?[168d]以此类推,只要一个东西自身拥有作用于自身的力量,它不就会拥有它的力量所作用于的那种属性吗?我说的是下面这样的东西:比如'听',我们宣称,听的不是别的而是声音。是这样吗?"

[d5]"是。"

"所以,如果'听'自身要听自身,它自身得有声音才能听到,否则就听不到。"

"极为必然。"

"再比如'看',最好的人哦,如果'看'自身要看自身,[d10]它自身必须得有某种颜色。因为看绝不会看任何没颜色的[168e]东西。"

"肯定不会。"

"那你是不是看到,克里提阿斯,在我们细数过的情形中,有些对我们显得完全不可能,有些则令我们极为怀疑它们自身绝不会拥有作用于自身的力量?因为,在大小、[e5]多少和类似的东西上是完全不可能的。不是吗?"

"完全如此。"

"可话说回来,听和看,此外还有自身使自身动起来的运动,[e10]以及[自身]燃烧[自身]的热,所有这类东西[169a]会引起一些人的怀疑,但兴许某些人不会。亲爱的,我们得需要一位伟丈夫啊,他能在万有之中充分地区分出:究竟是一切存在——除了知识——生性自身就没有作用于自身的力量,只有作用于他物的力量,[a5]还是有些存在有、有些存在没有;此外,如果某些存在自身有作用于自身的力量,我们宣称节制所是的那种知识是否列乎其中。我并不自信有能力区分这些。因此,我既不能断言这是否可能产生[169b]——即有一种关于知识的知识——即便确实可能,我也不能承认它就是节制,直到我考察了这样一种东西是否对我们有益,因为我预言节制是某种有益且好的东西。[b5]所以你,卡莱斯克罗斯的孩儿啊——既然你把节制确立为关于知识的知识,而且还是关于无知的知识——要首先表明你能够证明我刚才说的内容,除了表明能够与否,你接下来[169c]还得表明它有益。这样你或许才会让我满意,认为你对节制是什么说得正确。"

克里提阿斯听到这些,又看到我困惑不解,就像那些看到对面的人打呵欠便[c5]跟着一块儿打呵欠的人一样,我觉得,他就受制于困惑的我,并且他自己就被困惑擒获了。由于他向来受追捧,他便在那些在场的人面前羞愧难当,既不愿对我承认他不能够区分我要求他区分的东西,[169d]而且说的话也含糊不清,借以掩饰他的困惑。

为使我们的论证继续下去,我说:"可如果合适的话,克里提阿斯,我们现在就承认关于知识的知识有可能产生,以后再探讨[d5]是不是这么回事。那么来吧,为什么如果关于知识的知识确实可能,就更能知道一个人知道什么和不知道什么?因为我们曾宣称,'认识自己'和'保持节制'必定就是知道一个人知道什么和不知道什么。不是吗?"

"完全如此,"他说,"结论也一定是这样啊,苏格拉底。[169e]因为,如果一个人拥有一种知识,这知识自身认识自身,他本人就会和他拥有的这种知识相类。正如一个人拥有快的时候就是快的,拥有美的时候就是美的,拥有认识的时候就是有认识的,所以,当一个人拥有认识自身对自身的认识时,[e5]他一定就会自己认识自己。"

"我并不否认,"我说,"一个人拥有某种认识自身的东西时,他本人也就会认识自己;只不过,对拥有这个东西的人来说,为什么必然会知道[自己]知道什么和不知道什么呢?"

[170a]"就因为这两者是一回事啊,苏格拉底。"

"兴许吧,"我说,"但我恐怕还像原来那样——我还是不明白,知道[一个人]知道什么与知道一个人不知道什么怎么会是一回事。"

[a5]"此话怎讲?"他说。

"这么说吧,"我说,"如果有关于知识的知识,它除了能区分这个是知识、那个不是知识,还能区分别的吗?"

"不能,只能区分这个。"

[a10]"那么,关于健康的知识和无知,[170b]关于正义的知识和无知,是一回事?"

"绝不是。"

"我想,一个是医术,另一个是政治术,那关于知识的知识就只不过是知识。"

[b5]"怎么不呢?"

"所以,假设有人仅认识知识,此外并不知晓健康和正义,由于他仅拥有关于知识的知识,他很可能会认识到自己和他人知晓某种东西、有某种知识。[b10]不是吗?"

"是的。"

"可是,他如何凭着这种知识来知道[自己]认识呢?[170c]因为他认识健康是凭医术,不是凭节制;认识谐音是凭乐术,不是凭节制;认识盖房子是凭建筑术,不是凭节制;一切都是如此。不是吗?"

[c5]"看起来是。"

"可是,如果节制仅仅是关于各种知识的知识,他如何凭着节制知道[自己]认识健康或盖房子呢?"

"绝不会!"

"那么,不认识他所知道的东西的人就不会知道[自己]知道什么,而仅仅知道[自己][c10]知道。"

"似乎是。"

[170d]"既然这样,保持节制和节制就不会是知道[自己]知道什么和不知道什么,而看起来仅仅是知道[自己]知道和不知道。"

"很可能。"

[d5]"那么,如果别人声称知晓某种东西,他也就不能检审这人是否真的知晓其声称知晓的那种东西。看起来,他所能认识到的仅仅是人家有某种知识,可究竟是关于什么的知识,节制不会使他认识到这一点。"

[d10]"看起来不会。"

[170e]"这样一来,他既不能分辨那假扮的冒牌医生与真正的医生,

也不能分辨各类有知识的人与没有知识的人。我们从下面这些问题来探讨。如果节制的人或其他任何人打算分清真正的医生[e5]与冒牌的医生,他就不会像下面这样做:他一定不会跟人家谈论医术——我们说过,医生除了健康和疾病外不懂别的——不是吗?"

"不错,是这样。"

"医生对知识一无所知,因为我们只把这个差事[e10]交给了节制。"

"是的。"

"医生也就对医术一无所知,既然[171a]医术碰巧是一门知识。"

"确实。"

"节制的人会认识到,医生有某种知识;但如果要搞清楚是什么知识,他是不是只能探讨[a5]它是关于哪些东西的知识?或者说,不正是因为每种知识都是关于某些东西的,所以才被界定为不仅是知识,而且是某种知识吗?"

"是因为这个。"

"医术被界定为不同于其他知识,正因为它是关于健康和疾病的知识。"

[a10]"是。"

"所以,想要探讨医术的人就必须在[171b]医术固有的领域探讨。因为无疑不能在医术之外的、无关医术的领域探讨?"

"当然不。"

"那么,探讨得正确的人会从健康和疾病来考察医生,[b5]评定医生的水平。"

"似乎是。"

"也就是在所言或所行的范围内,探讨[医生]说得是否真实,做得是否正确?"

[b10]"必然如此。"

"可是,没医术的人能不能理解[医生的]所言或所行呢?"

"当然不能。"

[171c]"看起来,除了医生,谁都不能,连节制的人也不能。因为除了节制,他还得是一个医生。"

"是这样。"

"那么,再肯定不过的是,如果节制仅仅是关于知识[c5]和无知的知识,它就不能分辨一个医生是知晓这门技艺的内容,还是并不知晓但假装或假定知晓;它也不能分辨其他任何知晓某种东西的人,除了和他具有同一种技艺的人;其他手艺人也是一样。"

[c10]"看起来是这样。"他说。

[171d]"那么,"我说,"克里提阿斯,既然节制是这样的,它还会带给我们什么益处呢?因为,就像我们一开始所假定的,如果节制的人知道[自己]知道什么和不知道什么,也即知道[自己]知道这些、不知道那些,而且[d5]能够考察和他情形相同的人,我们声称,做个节制的人就会对我们极其有益。因为,我们这一辈子都不会犯错——我们自己、那些拥有节制的人,还有所有其他受我们统治的人。[171e]因为,我们不会自己试图去做我们并不知晓的事,而是找出那些知晓的人,委派他们去做;我们也不会交给我们统治的人去做别的,除了他们要做就做得正确的事——也就是[e5]他们拥有知识的事。这样一来,由节制治家则家治,由节制治邦则邦治,其他一切由节制统治的东西都是这样。因为,只要根除了错误,[172a]依循正理,这样的人无论做什么都必然做得美、做得好,而做得好的人必然幸福。克里提阿斯啊,"我说,"我们说知道一个人知道什么和不知道什么有多大的好处,[a5]不就是说节制像上面这样吗?"

"完全是这样。"他说。

"但现在,"我说,"你看到,这样的知识并没在哪里出现过。"

"我看到了。"他说。

[172b]"那么,"我说,"我们现在发现节制就是知晓知识和无知,它是不是有这个好处:拥有它的人在学别的东西时会学得更容易,一切都会对他显得更清楚明白,[b5]因为,除了他所学的各样东西,他还洞悉这一知识;他会就自己所学更恰当地检审别人,而那些没有它的人要检审别人就会表现得更弱和更差?亲爱的,难道这些[172c]就是我们会从节制中享受到的好处吗?我们是不是在期望某个更大的东西,于是强求它成为一个比它实际所是的更大的东西?"

"或许是这样吧。"他说。

"兴许吧,"我说,"兴许我们的探究也根本没有用。[c5]我这么推断,是因为一些有关节制的奇怪景象向我显现出来,设若节制是这样的话。要是你愿意,我们就承认知晓知识是可能的,然后再来看。另外,我们一开始的假定——节制是知道一个人知道什么和不知道什么,咱别[172d]一笔勾销,倒要接受下来。我们先接受所有这些,然后再来更好地探讨:倘使节制是这样的,它对我们是否有什么好处。因为,我们刚才说,如果节制是这样的,它就有很大的好处,可以指导治家和治邦——[d5]依我看,克里提阿斯啊,我们对此并没有圆满地达成一致。"

"怎么?"他说。

"因为,"我说,"我们有些轻率地同意,节制对人们有某种很大的好处,如果我们每一个人都做自己知道的事,并不知晓的那些事则委派其他知晓的人[d10]去做。"

[172e]"我们没有圆满地达成一致吗?"他说。

"依我看没有。"我说。

"你说的真够奇怪,"他说,"苏格拉底啊。"

"凭狗起誓!"我说,"我也这么觉得,[e5]我从刚才就看到一些奇怪景象,所以我才说它们向我显现出来,才说我担心我们探讨得不正确。说实在的,即便节制的确是这样,我觉得[173a]它也未必会带给我们什么好处。"

"怎么?"他说,"快说呀,让我们也知道你是什么意思。"

"可我认为,"我说,"我是在说胡话。尽管如此,还是必须探讨那显现的景象,别不经意地放过去,要是一个人[a5]多少关心一下自己。"

"说得妙。"他说。

"那就请你听听我的梦幻,"我说,"不管它来自牛角门还是象牙门。①如果节制确实统治着我们,并且就是我们现在所界定的那样,一切必定只会[173b]依据各种知识来做。即便有人实际并不是却声称是一个舵手,

---

① 参见荷马,《奥德赛》19.564-567。佩涅洛佩对奥德修斯说:"经由雕琢光亮的象牙前来的梦幻常常欺骗人,送来不可实现的话语;经由磨光的牛角门外进来的梦幻提供真实,不管是哪个凡人梦见它。"(王焕生译文)

他也骗不了我们;即便一个医生、将帅或其他任何人假装知道他并不知道的某种东西,我们也不会浑然不觉。果真如此的话,[b5]我们的身体岂不就会比现在更健康,在海上和战场上岂不更能死里逃生,各式器具、各种衣物和鞋子[173c]、各种东西岂不为我们造得更精美,还有其他许多好处,都源于我们选任了真正的手艺人?要是你愿意,我们就承认占卜术是关于将发生的事的知识,[c5]节制掌管着它,能避开那些骗子,为我们安排真正的占卜者作为预言未来的先知。我敢说,人这一族一旦这样武装起来,[173d]就会遵照知识来做事和生活——因为节制会小心戒备,防着无知偷偷混进来给我们添乱——而且,遵照知识来做事,我们会做得好和幸福。[d5]可是呐,我们还未能弄明白这一点,亲爱的克里提阿斯。"

"不过,"他说,"要是你看轻了'遵照知识',你可不容易找到'做得好'的其他方式。"

"那你就再另外教我一点儿吧,"我说,"你说'遵照知识'是遵照什么知识?是裁制皮革的知识吗?"

[173e]"宙斯在上,我可没说!"

"那是冶铜的知识?"

"绝不是。"

"那是加工羊毛、木头之类东西的知识?"

[e5]"当然不是。"

"既然这样,"我说,"我们就不再恪守'遵照知识生活的人是幸福的'这一说法了。因为,这些人就遵照知识生活,你却不承认他们是幸福的,看起来,你是限定遵照特定知识生活的人才是[e10]幸福的喽。兴许你说的就是我刚才说到的占卜者,那知道将发生的一切的人。[174a]你说的是他,还是别的人呢?"

"我说的既是他,"他说,"也是别的人。"

"谁呢?"我说,"是这样一个人吧:除了[a5]将发生的,他还知道一切已发生的和现今的事,而且对什么都不无知?让我们假定有这样一个人。我想,你会说没谁比他还要更加遵照知识生活。"

"当然没有。"

[a10]"此外我还急于知道:这些知识中的哪一门使他幸福?还是说,

所有知识同样使他幸福？"

"绝不一样。"他说。

[174b]"那么，哪一门知识最使他幸福呢？是他借以知道现今的、已发生的和将发生的事的知识吗？是借以知道下跳棋的知识吗？"

"下跳棋？！"他说。

[b5]"借以知道计算的知识？"

"绝不是。"

"借以知道健康的知识？"

"有些接近。"他说。

"我说的那门最使他幸福的知识，"我说，"到底是借以知道什么的呢？"

[b10]"借以知道好和坏的知识。"他说。

"混小子！"我说，"原来你一直在拖着我兜圈子啊，不告诉我并不是遵照知识生活就会做得好[174c]和幸福，即便所有其他知识加起来也不成，只有遵照唯一一种知识——关于好和坏的知识——才行。因为，克里提阿斯啊，如果你愿意从其他知识里头拿掉这种知识，[c5]医术就不足以使人健康，制鞋术就不足以使人有鞋穿，编织术就不足以使人有衣穿了吗？掌舵术就不足以使人免于命丧海上，将兵术就不足以使人免于命丧战场了吗？"

"绝不会。"他说。

"可是，亲爱的克里提阿斯啊，要是没有这种知识，我们就不可能把这些事情样样[174d]都做得好和有益。"

"的确。"

"看起来，这种知识无论如何不是节制，它的工作就是带给我们益处。因为它不是关于知识和[d5]无知的知识，而是关于好和坏的知识。所以，如果它是有益的，节制就应当是别的，而不是那对我们[有益的]知识。"

"为什么说节制没有益处？"他说，"因为，如果节制确实是关于各种知识的知识，而且掌管[174e]其他知识，它一定就统治着这一关于好的知识，因而会带给我们益处。"

"难道是节制而不是医术使人健康？"我说，"难道节制在做其他技艺的工作,而不是[e5]其他技艺各做各的工作?我们不是早就声明,节制仅仅是关于知识和无知的知识,而不是关于其他任何东西的[知识]吗?不是这样吗?"

"至少看起来是。"

"那么,节制就不是管健康的手艺人?"

[e10]"当然不是。"

[175a]"因为健康归另一技艺管,不是吗?"

"归另一技艺管。"

"节制也就不是管益处的手艺人了,友伴啊!因为我们刚刚也把这一工作交给了另一技艺。不是吗?"

[a5]"完全如此。"

"既然节制是个不管任何益处的匠人,那它怎么会是有益的呢?"

"至少看起来绝不是,苏格拉底啊。"

"那么,你是不是看到,克里提阿斯啊,我此前就应当这样担心,[a10]而且我很有理由责备自己,说我对节制的探讨根本没有用?因为,既然它被公认是所有东西中最美的,[175b]就一定不会对我们显得没有益处,如果我还能胜任一场高贵的探究的话。可现在,我们彻底失败了,不能发现立法者究竟把哪一个存在确立为'节制'这个名称。[b5]不过,我们倒是承认了许多我们在论证中无法得出的观点。比如,我们承认有关于知识的知识,但论证并不容许或宣称有这种知识。我们还承认,这种知识也认识其他各门知识的产物——[175c]尽管论证也不容许这一点——由此,我们心中的节制之人就会知晓他知道什么和不知道什么,即知晓自己知道这些、不知道那些。我们过分大度地承认了这一点,没去考察一个人[c5]是不可能以什么方式知道他根本不知道的东西。因为我们达成的观点宣称,他知道自己并不知道的东西——我本人觉得,没什么比这显得更荒谬了。不过,尽管[175d]这场探讨碰上了这般温和又不强硬的我们,它也没有更能够发现真理,反而如此地嘲笑真理,以至于它极为狂妄地向我们表明,我们早先一致同意、一同编造而确立为节制的东西[d5]没有益处。"

"于我自己而言,我并不怎么懊恼。但为你着想,"我说,"卡尔米德啊,我懊恼得要命!你相貌如此出众,灵魂又[175e]最节制,却从这种节制得不到好处,节制临在你身上却不能给你的生活带来一丁点儿益处!想到我从忒腊克人那里学到的这个咒语,我就更加懊恼了,假如我费尽心思学的这个咒语竟然毫无价值![e5]所以,我认为绝不是这样,只不过我是一个不够格的研究者罢了。既然我认为节制是某种很大的好处,要是你的确拥有节制,[176a]那你就是有福的人喽。不过,你得看看自己是否拥有节制,是否不需要这咒语。要是你拥有节制,我还是劝你当我满口胡话,不能通过论证探究任何东西,而你也要把你自己看成是有多节制[a5]也就有多幸福。"

而卡尔米德说:"宙斯在上!苏格拉底啊,可我并不知道我有还是没有节制。你说你们不能发现节制究竟是什么,那我又怎么会知道节制呢?[176b]但我并不怎么相信你说的,苏格拉底啊,而且我觉得自己非常需要那咒语。在我来说,要我听你天天念咒并没什么,直到你说念够为止。"

[b5]"好啊!只不过,"克里提阿斯说,"卡尔米德啊,如果你这么做,在我看来,那就将确凿地证明你节制:如果你把自己交托给苏格拉底,由他念咒,而且不管怎样都不离开他。"

"我一定会追随苏格拉底,"卡尔米德说,"决不离开他。[176c]因为,我会做可怕的事,要是我不听从你这位监护人,不做你命令的事。"

"我就是在下命令。"克里提阿斯说。

"那我就照做,"卡尔米德说,"从这一天开始。"

[c5]"嘿,"我说,"你俩在考虑做什么呢?"

"没什么,"卡尔米德说,"我们已经考虑完了。"

"难道你要施暴,"我说,"还不许我预先审审?"①

"我是要施暴,"卡尔米德说,"因为这位下达了命令。该你考虑对此你要做什么了。"

[176d]"没什么可考虑的,"我说,"因为,要是你试图做什么,而且是要施暴,没哪个人能反抗你。"

"那好,"他说,"你也不要反抗。"

[d5]"那好,"我说,"我不会反抗。"

---

① 主理讼案的法官会进行预审,让双方在审判前提交讼词和证据。

拉克斯

罗峰 译

吕西马科斯① [178a]你们已观看过那个武装格斗②的汉子,尼喀阿斯和拉克斯啊③。可我和美勒勒西阿斯④为何请你们一道观看,我们当时没说,但这会儿要告诉你们了。因为,我们觉得确实该对你们直言[a5]不讳。的确有些人会笑话这种[坦诚],要是[178b]有人向他们讨教,他们言不由衷,而是揣度别人的心思,说些违背自己看法的话。不过,我们认为你们不仅有能力判断,判断之后也会如实说出心中所想,所以,在我们打算交流的事情上,[b5]我们会获得你们的建议。[179a]我的开场白这么长,为的是这么一件事儿:

我们两人的儿子在此,这个是他[美勒西阿斯]的,取了他祖父的名字,叫修昔底德;这个呢是我的,也随了他祖父也就是我父亲的名,我们叫他阿里斯提德斯⑤。我们已[a5]决定全心全意照管他们,不像多数为人父的那样,在他们变成小伙子时就任其为所欲为,我们现在就要开始尽己

---

① 正义者阿里斯提德斯之子,吕西马科斯的父亲声名卓著,令他本人黯然失色。

② 武装格斗可能涉及一种剑术,格斗者手持重装步兵使用的防御性武器(譬如盾)和进攻性武器(譬如矛)。武装格斗(和许多运动技能)由智术师教授,是一种极富技巧和策略的训练。

③ 尼喀阿斯是一位杰出的治邦者和将军,伯里克勒斯死后成为克利翁的头号对手。拉克斯也是一名将军,名气稍逊尼喀阿斯。

④ 和吕西马科斯一样,美勒西阿斯寂寂无名,曾担任四百人执政团使节。

⑤ 阿里斯提德斯是波斯战争(前490—前478)的希腊将领之一,在公元前477年缔结的德洛斯同盟中也扮演重要角色。阿里斯提德斯曾为保守派首领,在公元前5世纪40年代跟伯里克勒斯搞过政治对抗。

所能照管他们了。我们晓得[179b]你们也是有儿子的人,相信你们像其他人那样,已经关心过怎么使他们成为最好的人;但要是,你们万一对这事儿还没怎么上心,我们倒要提醒你们别疏忽大意,并邀请[b5]你们共同照管你们的和我们的儿子。

我们之所以这么决定,拉克斯和尼喀阿斯啊,你们该听一听,虽然话说来有点儿长。要知道,跟我共餐的正是在座的美勒西阿斯,小伙子们也跟我们同桌。[179c]正如我起先说的话,我们要对你们直言不讳。关于自己父亲的许多高贵行为,我俩各自都能对年轻人畅谈,因为,无论战时还是和平时的事务,[c5]盟邦还是本邦的事务,他们都能处理好。可是,我俩都说不出自己的一件作为来。对此,我们颇感羞愧,于是归咎于自己的父亲对我们[179d]娇生惯养,在我们长大成人时却去忙活别人的事儿。我们向在座的年轻人指出这些,是想说,他们要是掉以轻心,不听我们劝,就会变得声名狼藉,但他们若是上心,[d5]兴许就能配得上他们拥有的名字。

眼下,他们答应听劝了,于是我们寻思这个问题:他们要学点儿什么或专心干点儿什么,才能成为最好的人。[179e]有人向我们建议这种学习,说学武装格斗对年轻人好。他还夸赞你们刚刚看过的那个献艺人,后来还催我们去看。我认为,我们该去看那个人,还得[e5]邀你们一道去看,你们若愿意的话,在照管儿子们上,我们不仅应成为共赏者,还应是参谋和友伴。[180a]这就是我们想跟你们交流的。现在该由你们提议了:不仅关于这种学习,你们认为该不该学,而且关于别的事——你们推荐年轻人去学什么课程或行当。还有,[a5]关于这个共同的讨论,你们要采用哪种方式。

尼喀阿斯 我嘛,吕西马科斯和美勒西阿斯,不仅赞成你们的想法,还准备参与进来。我想拉克斯也一样。

拉克斯 [180b]你想得没错,尼喀阿斯。因为,吕西马科斯方才关于他父亲和美勒西阿斯父亲的那番话,我觉得说得很好,不仅适用于他们、我们,也适用于所有治理城邦的人。这些人[b5]几乎都像他说的那样,忽视孩子和自己的其他个人事务,对他们不管不顾。你这番话说得漂亮哟,吕西马科斯。但你请我们在青年[180c]教育上一道出主意,却不邀请在座的苏格拉底,这让我吃惊。首先,他跟你是同族人,其次,他一直致力于研究的正是你在寻找的:青年的学习和高贵行为。

吕　[c5]这是何意,拉克斯?苏格拉底果真热心做这样的事?

拉　千真万确啊,吕西马科斯。

尼　这一点我敢保证,不亚于拉克斯。因为不久前,苏格拉底曾向我推荐一人[180d]做犬子的音乐老师,就是阿伽托克勒斯①的弟子达蒙②,此人高雅至极,不仅在音乐方面,在其他方面也值得同时代的年轻人追随左右。

吕　苏格拉底、尼喀阿斯和拉克斯啊,我这把[d5]年纪的人并不熟悉年轻辈儿,因为上了岁数的人大多数时候都在家消磨时光;但是你,索弗罗尼斯科斯的儿子哟,若有什么好建议要给[180e]同族出,就应该提出来。这也是恰当的,因为你正好是我们的世交,我和乃翁一直是同道和朋友,他至死都跟我相交莫逆。这倒让我记起[e5]孩子们说过的话——因为小伙子们在家交谈时常提起苏格拉底,赞不绝口,可我从没问过,他们说的[181a]是不是索弗罗尼斯科斯的儿子。无论如何,孩子们啊,跟我讲讲,这就是你们每次说起的苏格拉底吗?

两个孩子　正是他,父亲。

吕　好极了,赫拉在上!苏格拉底,你保住了他的名声,令尊[a5]是最好的人啊。尤其[高兴的是],我们两家以后要不分彼此啦。

拉　的确,吕西马科斯嘛,千万别让这个人走掉,因为我曾亲眼目睹,他在别处不仅维护了他父亲的荣誉,[181b]而且维护了祖辈的荣誉——从德利昂溃逃时,他和我一道撤退,③我敢向你保证,要是别人都愿像他那样,我们的城邦就会走上正道,不至于遭这样的劫难了。

吕　[b5]苏格拉底啊,这真是高贵的赞美,因为,你现在得到的赞美,

---

① 阿伽托克勒斯也是品达的老师之一。柏拉图在《普罗塔戈拉》316e 提到,他自称乐师,实为智术师。

② 达蒙属欧耳部族,深谙乐理,是一名政客,也可能是智术师,师从阿伽托克勒斯和普罗狄科,并与阿纳克萨戈拉一道为伯里克勒斯的业师。

③ 公元前424 年11 月,也就是伯罗奔半岛战争进行到第八年时,雅典人在德利昂被帕贡达斯率领的波伊俄提阿人击溃。

来自值得信任的人,而且这些行为本身值得赞美。要知道,我听说你的好名声比谁都高兴呢,请把我看作你的一位至友吧。[181c]你早该常来看看我们,把我们当自家人了,这样才对啊。现在,从今天起,既然我们已经相识,从今往后,你要做的无非是常露露面,跟我们和[c5]这两个年轻人熟络起来,我们和你们好保持友谊。这就是你要做的,我们往后也会提醒你。那么,关于我们起先提的[问题],你们有什么要说的吗?你们怎么看?学习武装格斗对年轻人是有益的课程吗?

苏格拉底 [181d]当然,在这方面,吕西马科斯啊,我愿尽我所能给你出主意,悉听尊便。但考虑到我比在座各位年轻,阅历也较浅,我想先听听你们怎么说,[d5]向你们学习,这样最恰当。如果对你们所说的,我还有别的看法,到时我再求教并说服你和他们。那么,尼喀阿斯啊,你俩何不谁先来谈谈?

尼 呃,没什么不可以的,苏格拉底。在我看来,[181e]掌握这种学习在诸多方面都对年轻人有好处。因为,这种学习不仅可让年轻人收心,不再流连于他们得闲时常爱干的那些事儿上,而且必定能使他们获得更好的[e5]身体——因为武装格斗绝不比体育锻炼轻松,[182a]付出的辛劳一点儿也不少。同时,武装格斗和马术也是最适合自由民的体育锻炼:因为,在这种我们身为竞技者的竞赛中,在我们的竞赛①所规定的事务中,只有那些受过体育训练的人才懂得怎么使用战场上的武器。[a5]再者,每当要和众人一起列队战斗,这种学习对作战本身也有用处。但在队伍被打散时,武装格斗用处最大。自此,每个人都不得不展开肉搏,无论是追击[182b]顽抗的敌人,还是在溃逃中抗击进攻的敌人。一个人不论落入孤敌还是众敌之手,掌握这门技艺都吃不了亏,反而还可能处处占上风。武装格斗还会激起人们渴求一种更高贵的[b5]学问,因为,每个学过武装格斗的人都会渴望学相关的东西——关于排兵布阵的学问;当他掌握了这门学问,他又会雄心勃勃地[182c]想要掌握一切有关将略的学问。所以很明显,值得男人学习和追求的一切高贵、有价值的学问和志业,都

---

① 尼喀阿斯所说的"竞赛"很可能指伯罗奔半岛战争。在希腊语中,agōn 既可指竞技,也可指战争,尼喀阿斯在此显然利用了该词的多重含义。

得从掌握这门学问开始。

[c5]我们还应在这上头作点儿并非微不足道的补充,这种知识能使每个人在战场上变得比以前更大胆、更骁勇。我们也别小瞧我提到的[武装格斗],即便有人认为它不足为道:在必要的时候,它会令人显得更加从容,由于这份[182d]从容,他在敌人眼里就会显得格外可怕。

所以依我看,吕西马科斯啊,我说的就是,这些东西应该教给年轻人,我也给出了这么想的理由。不过,如果拉克斯对此有什么话要说,[d5]本人愿意洗耳恭听。

拉　可实际上,尼喀阿斯啊,很难说哪门学问没必要学,因为样样精通看来是件好事。这种武装格斗要真是门学问,[182e]像那些传授者宣称的,也正如尼喀阿斯所说的那样,那就该学一学。可它若不是什么学问,而是那些从业者哄人的,或者碰巧是门学问,却不是很有价值,又有什么必要学习呢?

[e5]关于武装格斗,我这样说是因为我觉得,这门学问若真有名堂,就不会逃过拉刻岱蒙人的注意,他们一辈子不关注别的,一门心思[183a]寻求并致力于任何能让他们在战争中制胜的学问和事业。即便拉刻岱蒙人没有注意到这门学问,这些传授者也不会没注意到,拉刻岱蒙人是希腊人中最热心此道的人,[a5]任何精于此道的人在他们那儿都备受尊崇,能在别的城邦赚取大把钱财,就像备受我们尊崇的肃剧诗人一样。因此,一个人若自以为制作的是好肃剧,就绝不会挨个跑到阿提卡[183b]周遭的其他城邦去展示,理所当然,他会径直跑来这儿为这里的人们展示。可那些练武装格斗的人呢,我看见他们把拉刻岱蒙视为神圣不可侵犯的圣地,连脚尖儿都不碰[b5]它一下,宁肯在拉刻岱蒙四周兜圈子,为其他所有人展示,而实际上,这些人连自个儿都承认,许多人在作战方面比他们本人还有能耐呢。

[183c]此外,吕西马科斯啊,我在战场上还目睹了不少这类人,见过他们是啥样人。这就让我们能马上进行审视:因为好像是有意的,致力于武装格斗的人,还没一个在战争中成名,[c5]而在所有其他技艺上,那些在各行中成名的人都致力于各自的技艺。可搞这行的那些人看起来都倒

霉到家了。就拿这位斯忒西劳斯①来说吧,你们[183d]和我刚看过这家伙在大庭广众之下表演,还大吹特吹,自卖自夸,可我有一次亲眼目睹,他在实战中的表现身不由己。

他在一艘船上当水兵,正碰上[d5]一条运输船。他拿着把镰矛,一件稀奇古怪的武器,以显示他与众不同。这人的其他事儿没什么好说的,但可说说这个把镰加在矛上的花招[183e]的结果如何。他在打斗中,这把镰矛一下缠到另一艘船上,挂住了。为了挣脱,斯忒西劳斯使劲儿拽,可就是拽不出。就在这时,他的船超过了另一艘船。他一度沿着[e5]船跑,紧抓住矛不放;而当那只船越过他的船,便拖着他,他还拿着矛,[184a]但最后矛从手里滑走了,他只抓着矛杆"屁股"②。瞧他这样,货船上那些人发出了笑声和掌声,而当有人朝船板扔石头砸中他的脚时,他撒手放开了[a5]矛,这时,就连三层桨战船上的人都忍不住放声大笑,他们看到,那把镰矛让货船给挂走了。兴许这里头有点儿什么名堂,像尼喀阿斯所说的那样,但这就是我亲历的,原原[184b]本本。

所以,正如我起先所说:要么武装格斗只是门用处不大的学问,要么它并不是什么学问,而是有些人认为并谎称它是门学问,无论如何,它都不值得费劲去学。因此在我看来,假如一个胆小的人以为他学会了这门学问[b5]就会变得更大胆,其实更显出他是啥样人;假如他是个勇敢的人,众人就会盯住他,他就算犯下小错也会招来众多非议。[184c]宣称拥有这种知识的人会招妒忌,因此,一个人若不是德性超凡、出类拔萃,他要是自称拥有这门知识,难免会沦为笑柄。

这就是我,[c5]吕西马科斯啊,对这门学问的真实想法。你要抓住我起先跟你提过的那个人,别让在座的苏格拉底溜走,而要向他讨教对眼前这个问题的看法。

吕 那我就要请你谈谈了,苏格拉底,因为我觉得,[184d]我们的决议还需一位仲裁。倘若双方意见一致,就没有这个必要。可现在你看,拉克斯投了跟尼喀阿斯相反的票,所以最好还是听听,你投票支持两人中的

---

① 斯忒西劳斯未出现在其他作家笔下。
② 指枪矛杆粗端的尖钉,用来将枪矛插在地上。

哪一位。①

苏　[d5]什么,吕西马科斯？我们多数认可哪一边,你就要投给谁吗？

吕　那还能做别的什么呢,苏格拉底？

苏　你呢,美勒西阿斯啊,也要这么做吗？如果[184e]你决定该让儿子从事某项体育锻炼,你是应该听我们多数人的劝呢,还是听从受好教练教导和栽培的那一个？

美勒西阿斯　看来是后者呀,苏格拉底。②

苏　[e5]你更信从那个人,而非我们四个？

美　也许吧。

苏　我认为下判断应根据知识,而不是依多数,谁要下好判断的话。

美　[e10]怎不是呢？

苏　那我们现在就有必要先考察一下,[185a]在我们商议的这件事上,我们中有没有人是行家？如果有,即便只有那么一个,我们就听他的,不理会其他人；如果没有,就去找别的人。你和吕西马科斯是否认为,现在谈论的是小事一桩,并非[a5]你们一切事务中最大的那件？因为,当你们的儿子们变得有用或者相反时,你们父辈的整个家业的管理,依照的也会是儿子们所成为的样子。

美　你说的是实情。

苏　在这件事上,必须深谋远虑。

美　[a10]完全没错。

苏　[185b]因此,正如我刚才所说的,我们要怎么探究呢,如果要找出我们中谁在体育锻炼上最在行？岂不是那个学过、练过并成为这一行当的好老师的人？

美　[b5]我看确实是这样。

苏　那在此之前,我们岂不应探究,从这些教师们那儿我们究竟要获

---

① 投票支持一方或另一方的政治意蕴,颇为反讽地体现在苏格拉底随后强调的专家权威与数量权重的对比中。

② 美勒西阿斯在《拉克斯》中仅有这一次露面。

得什么?

美 此话怎讲?

苏 这么说也许会更明白点。我认为,[b10]打一开始,我们就没在商讨和探究的事情上达成一致:我们当中哪些人是行家,[185c]并由此成为老师,哪些人不是[行家]。

尼 怎么,苏格拉底啊,我们不是在讨论武装格斗,以及年轻人该不该学吗?

苏 [c5]确实如此,尼喀阿斯。可当一个人考虑该不该给他的眼睛用某种药时,你认为他该考虑哪个呢,药还是眼睛?

尼 考虑眼睛。

苏 [185d]那么,当一个人考虑他该不该及何时给马上笼头时,他考虑的就是马,而非笼头咯?

尼 的确。

苏 [d5]所以一句话,一个人为一样东西而寻思另一样东西时,依据的是他为之寻思的那样东西,而非他寻思的另一样东西。

尼 必然如此。

苏 那我们就该讨论一下,在[d10]处理我们的讨论所着眼于探讨的那件事上,那个给建议的人是否在行。

尼 当然。

苏 [185e]这样,我们现在不就可以说,我们思考的学问是为了年轻人的灵魂吗?

尼 是的。

苏 我们是否有人在照料灵魂上在行,[e5]不仅照料得好,还从过好老师,这是我们必须考察的。

拉 什么,苏格拉底呀,难道你没见过,在某些事上,无师的比有师的更在行?

苏 我的确见过,拉克斯。不过,他们要是自命为好艺匠,你会不愿[e10]相信他们,除非他们拿得出这种技艺的成品给你看,还得做工精良,不止[186a]一件。

拉 你这话说得很对。

苏 我们应做的就是,拉克斯和尼喀阿斯啊——吕西马科斯和美勒西阿斯方才邀我们给他们出主意,因为渴望[a5]儿子们的灵魂能变得尽可能好——如果我们说能,就展现出自己的老师,证明这些老师首先是好人,照料过众多年轻人的灵魂;其次,[186b]展示出他们对我们的教导。或者,如果我们当中有谁说自己无师自通,那他就得拿出我们之前说过的他自个儿的作品,指出有哪些雅典人或外邦人,无论奴隶还是自由民,被认为由于他而[b5]变好了。但若对我们而言事实并非如此,那就该敦促他们去找别人,不要甘冒败坏友人儿子的危险①,还为此受到至交的最严厉责罪。

我呢,吕西马科斯和美勒西阿斯,首先[186c]要说的是,我本人从来没有这方面的老师,虽然我打年轻时起就渴望有一位。可我没钱交学费给智术师们,唯有他们声称能使我成为高贵的好人;[c5]而另一方面呢,我自个儿至今也还没能发现这种技艺。倘若尼喀阿斯或拉克斯已经发现或学过这种技艺,我也不会感到吃惊,因为他们比我有钱,可以从别人那里学来,他们也更年长,兴许已经发现[这门技艺]。所以,[186d]我觉得他们有能力教育人,因为,关于对年轻人有益还是有害的志业,他们绝不会放胆直言,要是他们不自信已充分了解的话。在别的事上,我相信他们,可他俩针锋相对,[d5]令我吃惊。

我反过来请求你,吕西马科斯啊,正如拉克斯刚才劝你别放我走,向我发问,我现在劝你别放走拉克斯和尼喀阿斯,向他俩发问,就说:苏格拉底[186e]称自己对这事儿一无所知,没能力判定你俩谁说得对,因为在这类事情上,他既非发现者,亦非任何人的学生。拉克斯和尼喀阿斯哟,请你俩分别告诉我们,[e5]在培养青年上,在那些你们打过交道的人中,谁最在行,还有,你们知道的东西是学来的,还是自个儿发现的。如果是学来的,[187a]尊师分别是谁,干同一门技艺的还有谁。这样,你们若忙于城邦事务而不得空,我们就可以去找那些人,送礼也好,讨好也罢,或者双管齐下,说服他们照管我们的和你们的[a5]孩子,使这些孩子不至于因变坏而辱没先人。如果是你们自个儿发现的,就请你们举个例证,说说还有

---

① 此处的措辞,让人想起苏格拉底所受的指控:败坏青年。

别的什么人在你们的照管下由邪恶变得高贵、美好。因为,如果你们想从现在开始着手[187b]教育,就该注意要冒险的对象不是卡里亚人①,而是你们自己的儿子和朋友的孩子,俗话说得好,你们可别"在大酒瓮上学陶艺"②。现在,说说看,[b5]在这些事上,你们认为哪些适合你们,哪些不适合。

吕西马科斯啊,这些就是你们要探知的,可别放走这些人。

吕　我觉得,诸位,苏格拉底说得可漂亮呢。[187c]你们是否愿意接受关于这些事的盘问,并说出来,得由你们自己决定,尼喀阿斯和拉克斯啊。对我和在座的美勒西阿斯而言,我们显然会很高兴,如果你们愿意详细回答苏格拉底提的所有[c5]问题。因为我一开始就先提到,我们请你们在这些事上出主意,是因为我们认为,你们已经关心过这些事情,尤其因为你们的孩子和我们的一样,都快到[187d]受教育的年龄了。你们若没什么异议,就和苏格拉底一起讨论和思考,交换彼此的看法吧。因为他说得好:我们现在讨论的是最重大的事务。那么,请决定自己是否[d5]认为该这么做吧。

尼　吕西马科斯啊,看得出,你对苏格拉底的认识无疑只通过他父亲,跟他本人并没有打过交道,只是[187e]在他小时候跟父亲去神庙或其他公共集会时,才跟你和你的同族人打过照面。显然,在他长大成人之后,你还没见过他呢。

吕　[e5]到底什么意思,尼喀阿斯?

尼　看来你不晓得,凡是跟苏格拉底亲如一家,跟他论辩的人,即便早先论辩的是别的事,也必然要顺着他的话题走,直到最后放弃[e10]先前的话题,开始谈论自己现在的[188a]生活方式,以及过去是怎么生活的。而一旦谈及[这些话题],苏格拉底就不会放开他,直到他漂亮地审查好每一点。我已经熟识他,晓得必须忍受[a5]他的这种做法,也完全清楚自己信服这些做法。因为我乐意跟此人打交道,吕西马科斯啊,我绝不认为有人这样提醒是坏事:我们做过的或正在做的事情不高贵。[188b]我

---

① 卡里亚(Caria)人常当雇佣兵,地位不及普通民兵。
② 一句俗话,酒瓮是最大的坛子,很难制作,且制大酒瓮时一旦出错,代价惨重。

反而认为,这必然会让日后的生活更加审慎,要是一个人不逃避而是愿意接受像梭伦①所说的,认为只要活着就应该学习,且不自认为人到老就会拥有理智。[b5]对我来说,受苏格拉底检审一点也不奇怪或讨人嫌,我倒是老早就晓得,只要苏格拉底在场,讨论就不会是关于我们的孩子,而是关于[188c]我们自己。如我所言,不要阻止苏格拉底以他愿意的任何方式交谈,不过,还是看看在座的拉克斯对此的看法吧。

拉 我对言辞的看法很简单,尼喀阿斯,[c5]你要愿意,也可以说不简单,而是双重的。因为我在某种人看来健谈,在另一种人看来又厌谈。每当我听到有人谈及德性或某种智慧,而此人是一个真丈夫,配得上他所说的话,[188d]我就非常高兴,因为我看到说话者与他的言辞相互契合,天衣无缝。在我看来,这种人是真正的乐师,调配出最美的谐音,用的不是里拉琴或逗乐的乐器,而是用他[d5]自己的生命,使言辞和行动和谐一致,是真正多里斯调式的,而非伊奥尼亚调式的,我认为,也绝非弗里吉亚调式的或吕底亚调式的,而是唯一地道的希腊式谐音。② 这种人令我高兴,[188e]他只要一开口,我就显得健谈,并十分愉快地接受他所说的。与之行事相反的那种人则令我反感,他越是能说,就越让我觉得厌谈。

[e5]至于苏格拉底,我还没见识过他的言辞,但以前,我对他的行动有些认识,那时候,[189a]我发现他是一个配得上说话漂亮并完全直言不讳的人。他要是这样,我就认同他,乐意接受这种人检审,也会不讨厌学习。我倒是同意梭伦的说法,只作一点补充:我愿意老了还多学习,[a5]但只跟好人学。就让梭伦在这点上赞同我吧:教师本身应是好人,这样我就不会显得迟钝,厌恶学习了。至于教的人是否比我年轻,或是还没名气,[189b]或其他诸如此类的,我倒不在意。现在,苏格拉底,请你教导我、盘问我,随你愿用什么方式。另一方面,也请弄明白我所了解的东西。自从你跟我一起冒险并给出你自己的、凡打算正义地给出的人都必须给出的美德经验的那一天起,你就被我这样定位。你爱怎么讲就怎么讲,别

---

① 梭伦是公元前6世纪早期的雅典诗人和立法家,希腊"七贤"之一。
② 希腊人认为,不同的乐调会培养出不同的性格:多里斯调式雄浑、庄重,伊奥尼亚调式阴柔;弗里吉亚调式充满激情,吕底亚调式悠扬。

顾虑我们的年龄。

苏　[189c]看来,我们不能怪你们不准备一起讨论、一道思考了。

吕　但这可是我们的事,苏格拉底,因为我把你视为我们中的一份子了。那么,为了[c5]年轻人,请替我探究要向这些人学些什么,在论辩中一起讨论吧。我因为上了年纪,大多数时候会忘记打算要问的和听的。万一中间跑出别的话题,我可完全[189d]记不得。你们就自己交谈和辩论我们提出的那些问题吧。我会当听众,听了之后,我和在座的美勒西阿斯会去做你们认可的事。

苏　尼喀阿斯和拉克斯啊,那就听从吕西马科斯和[d5]美勒西阿斯吧。我不妨着手探究刚才提的问题:在这类教育中,我们已有哪些老师,我们已使别的哪些人变得更好?用同样的问题[189e]检审我们自己也没什么不好。不过,我认为用这种思考也会达到同样的目的,而且更切近根本:如果我们正好知道,不管是什么,若把它加到另一样东西上就能使之变得更好,[e5]并且我们也能把它加上去,那么显然,我们知道那个东西本身——我们可以在那方面建议一个人怎样才能最容易、最好地获得它。兴许,你们还不明白我说的意思,不过这么说你们会更容易懂些:[190a]如果我们正好知道,把视觉加诸眼睛能使眼睛变好,也能把它加诸眼睛,那么显然,我们知道视觉本身是什么,我们也就[a5]可以成为这方面的顾问,建议一个人要怎么最容易、最好地获得它。因为,我们要是压根儿不清楚视觉或听觉本身是什么,就充当不了视觉或听觉方面的合格的顾问和医生,不晓得一个人要用什么方式[190b]才能最好地获得听觉和视觉。

拉　你说得对,苏格拉底。

苏　那么,拉克斯啊,这两位现在不是在邀请我们出主意,用什么方式把德性[b5]加到他们儿子的灵魂上,才能使他们更好吗?

拉　确实。

苏　那么,我们不是应该着手弄清德性是什么吗?因为,我们要是正好压根儿不清楚德性是什么,又怎么建议[190c]人家用哪种方式最好地获得它呢?

拉　绝不能,依我看,苏格拉底。

苏　那我们就自认为知道德性是什么喽,拉克斯。

拉　[c5]我们就这么认为。

苏　我们知道德性是什么,就该能把它说出来吧?

拉　怎不是呢?

苏　此外,最好的人儿啊,我们还是不要直接探究整个德性——因为这样做兴许太难——而是先着眼于德性的一部分,[c10]看看我们对它是否有充分的认识。[190d]对我们而言,这样思考可能会容易些。

拉　那么,苏格拉底,我们就照你的意思办吧。

苏　那我们首先要挑选德性的哪一部分呢?显而易见,岂不是武装[d5]格斗涉及的那部分?恐怕多数人会认为它关乎勇敢,不是吗?

拉　的确是这么认为。

苏　那我们首先得设法说明勇敢是什么,拉克斯啊,然后再探究[190e]年轻人能以什么方式、怎样通过生活习惯和学习获得它。你来试着谈谈我所说的,什么是勇敢。

拉　宙斯在上,苏格拉底啊,这不难说。[e5]因为,如果有人愿意坚守阵列抗敌而不逃跑,你就很清楚,他勇敢。①

苏　说得好,拉克斯,不过,这可能得怪我没说清楚,以致你答非所问。

拉　[e10]此话怎讲,苏格拉底?

苏　[191a]我会向你解释,只要我晓得。勇敢者,就是你所说的那种坚守岗位抗敌的人吗?

拉　我的确这么认为。

苏　[a5]我也这样想,但那种在逃跑中击敌而不坚守的又是什么人呢?

拉　怎么在逃跑中呢?

苏　据说斯基泰人就这样,他们在逃跑或追击中作战,一点不输人。荷马称赞[a10]埃涅阿斯的马儿时说,"飞速地忽东忽西",[191b]他说的是它们晓得怎么追击和逃跑。荷马还称赞埃涅阿斯本人,因为他懂得逃

----

① 拉克斯给勇敢所下的第一个定义使用了军事术语。

跑的知识,还说他是"逃跑大师"。①

拉　说得妙呀,苏格拉底,荷马[b5]说的是战车,你说的也正是斯基泰骑兵②:那里的骑兵就是那样作战的,而希腊人的重装步兵则像我说的那样作战。

苏　拉克斯,兴许除了拉刻岱蒙人吧。因为,据说拉刻岱蒙人[191c]在普拉泰亚遭遇持柳条盾的部队时,就不愿坚守作战,而是逃跑了,等到波斯人的阵列被打散后,才掉转身来像骑兵那样作战,[c5]还因此赢了这场普拉泰亚战役③。

拉　你说的是实情。

苏　所以,正如我方才所言,你没有很好地回答,责任在我,因为我没问好——其实,我想[191d]从你那儿了解的,不只是步兵中的勇敢,也包括骑兵及每种战争样式中的勇敢;而且不只是在战争中的勇敢,还有在海上遇险、[d5]疾病、贫困和治邦中的勇敢。此外,我想知道的不仅是跟痛苦和恐惧斗争的勇敢,还有巧妙地跟欲望和快乐[191e]斗争的勇敢,无论坚守阵地还是转身[逃跑]时,总有些人,拉克斯啊,在这些方面勇敢呢。

拉　确实如此,苏格拉底。

苏　因此,所有这些人都勇敢,只是有些人表现[e5]在快乐中,有些人则在痛苦中,有些人表现在欲望中,有些人则在恐惧中,而还有一些人,我认为他们在这些情况中显得怯懦。

拉　的的确确。

苏　这二者[勇敢和怯懦]分别是什么,这就是我刚才问的。[e10]你就试着先说说,在所有这些情况中,这同一个勇敢是什么。或者,你还没搞清楚我的意思吗?

拉　还不大清楚。

苏　[192a]我的意思是说,就好比我问快速是什么,我们在奔跑、弹

---

① 荷马,《伊利亚特》5.222-223,8.106-108。

② 一个居住在黑海北部的游牧民族,与希腊人贸易,最早在马背上持弓作战的军队之一。

③ 普拉泰亚一役发生在公元前479年末。希腊人在泡萨尼阿斯指挥下打败了马多尼乌斯率领的波斯人。

基塔拉琴、说话、学习及其他许多活动中寻找,我们在几乎——这一点[a5]值得一说——每种涉及手、腿、嘴、声音或者思考的活动中都发现了它;这不也正是你想说的吗?

拉　的确是。

苏　因此,假如有人问我,苏格拉底呀,在这所有活动中,你所说[a10]的那种快速是什么,你会怎么说呢?我就会[192b]对他说,我把那种在短时间内完成许多事情的能力称为快速,不管是在声音、奔跑还是其他一切活动上。

拉　你说得非常对。

苏　[b5]请你尝试,拉克斯,像这样说说勇敢吧。那种能力,因为它在我们说过的快乐、痛苦及其他一切情形中是同样的,所以被称为勇敢。

拉　那么,依我看,勇敢就是灵魂的某种坚持,如果[192c]有必要说说一切事物中有关勇敢的本质的话。

苏　当然有必要了,如果你要给我们解答这个问题的话。这是我的看法:不是每一种坚持,我认为,在你看来都是勇敢。我之所以这么想,是因为我很清楚,拉克斯,[c5]你把勇敢视为一样极高贵的东西。

拉　当然是最高贵的东西之一。

苏　那么,跟随明智的坚持既高贵又好吗?

拉　[c5]当然。

苏　[192d]伴随愚蠢的[坚持]又怎么样呢?不就与之相反,既有害又坏吗?

拉　是的。

苏　你会认为这种既[d5]坏又有害的[坚持]高贵吗?

拉　当然不正义,苏格拉底。

苏　那么,你不会承认这样的坚持是勇敢吧,因为它不高贵,而勇敢是高贵的。

拉　你说得对。

苏　[d10]照你的说法,明智的坚持才会是勇敢。

拉　看来是。

苏　[192e]那我们来看看,这是在哪方面明智?是在大大小小的所有事情上吗？如果有人在花钱上明智地坚持，晓得这么花会挣得更多，你会称这种人勇敢吗？

拉　[e5]宙斯在上，我绝不会。

苏　如果有人是医生，他的儿子或其他人得了肺炎，求他给喝或给吃，[193a]而他坚持不让步，这种人呢？

拉　不，无论如何这绝非[勇敢]。

苏　如果有人在战争中愿意坚持作战，因为在明智地盘算后，他晓得有人会来[a5]援助自己，而且相比之下，攻打的敌人较少较弱，此外他还占据地利，那么，你会认为何者更勇敢呢：是这种明智且万事俱备而坚持作战的人，还是敌营中愿意坚守且坚持的人？

拉　[193b]是敌营中的那个，我认为，苏格拉底啊。

苏　可他的坚持比另一个的愚蠢。

拉　你说得对。

苏　[b5]你会不会认为，有骑术知识的人在骑兵格斗中坚持着，不如没有这种知识的人勇敢？

拉　我确实这么认为。

苏　有投石术、射术或其他[b10]技艺而坚持着的人也一样咯？

拉　[193c]当然。

苏　凡是并不厉害却在跳入井中并潜水之后愿意坚持这种工作或某种其他类似行为的人，你会认为他们比在这些方面[c5]厉害的人勇敢吗？

拉　是的，这还有什么好说的呢，苏格拉底？

苏　无话可说，要是真这么想的话。

拉　可我正是这样想的。

苏　但无疑，拉克斯啊，那些[c10]冒险坚持的人比凭技艺行事的人更愚蠢。

拉　看来是。

苏　[193d]那么，根据我们之前所说的，愚蠢的莽撞和坚持既可耻而又有害。

拉　的确。

苏　可我们一致同意，勇敢是某种高贵之物。

拉　[d5]确实同意。

苏　但这会儿我们又说,那种可耻且愚蠢的坚持是勇敢。

拉　看来是。

苏　那你认为这么说高贵吗?

拉　[d10]宙斯在上,苏格拉底啊,我可不那么看。

苏　照你的说法,我和你就跟多里斯调子不合拍了,[193e]拉克斯啊,因为我们的行动和言辞并不和谐。在行动上,有人兴许会说我们具备勇敢,但从言辞来看,他会认为我们没有,要是他眼下在听我们交谈的话。

拉　[e5]你说得对极了。

苏　这个呢?你认为我们处于这种状态好吗?

拉　绝对不好。

苏　那你是否愿意,我们在一定程度上听从我们所说的话?

拉　在何种程度上,[听从]哪些话?

苏　[194a]命令我们要坚持的话。你要是愿意,我们就得继续追寻并坚持下去,这样勇敢本身就不会讥笑我们不敢追求她①——要是坚持大致能算是[a5]勇敢的话。

拉　我准备,苏格拉底啊,先不放弃,虽然我很不习惯这种论证。但一股好胜心促使我去抓住之前说过的话,但我很懊恼,[194b]没能用这种方式说出自己的想法。我依然认为,自己知道勇敢是什么,只是不晓得刚才怎么从我这儿溜走了,以致不能用言辞逮住勇敢,说出她是什么。

苏　[b5]因此,朋友啊,好猎人必须穷追不舍。

拉　千真万确。

苏　那你是否愿意,我们邀请在座的尼喀阿斯追猎,看看他是不是比我们更有法子?

拉　[194c]我愿意,为什么不呢?

苏　来吧,尼喀阿斯!我俩在论证中陷入风浪,不知所措,来帮友人

---

①　苏格拉底将勇敢拟人化为一位女子形象,这一点对充满男子气概的拉克斯尤为重要,激起了他的一股"好胜心"。

一把吧,但凡你有能力。因为你瞅瞅,我们走投无路了。你就说说,你认为[c5]勇敢是什么,好让我们从困境中解脱出来,你也好把自己的想法用言辞确定下来。

尼　我早就觉得,苏格拉底,你们没有巧妙地定义勇敢。因为我听过你一种巧妙的说法,你们却没用它。

苏　[c10]哪种呢,尼喀阿斯?

尼　[194d]我常听你讲,我们每个人都在他有智慧的事情上做得好,在他无知的事情上做得糟。

苏　宙斯在上,你说得对,尼喀阿斯。

尼　那么,如果勇敢的人是好的,显然就是有智慧[d5]的。

苏　你听到了吗,拉克斯?

拉　我听到了,只是不太懂他说的话。

苏　我倒自认为懂啦,我觉得他是说,勇敢者就是有某种智慧的人。

拉　[d10]哪种智慧,苏格拉底?

苏　[194e]你何不问问他?

拉　我要。

苏　来吧,跟他讲讲,尼喀阿斯,按你的说法,勇敢应是哪种智慧呢?勇敢不是吹簧管的技艺吧。

尼　[e5]绝不是。

苏　也不是弹基塔拉琴的技艺吧。

尼　当然不是。

苏　那它是哪种知识呢?

拉　你完全问得对,苏格拉底,[e10]这样他就得说出自己认为勇敢是哪一种了。

尼　要我说,拉克斯啊,就是那种关于可怕之事和可为之事的[195a]知识,在战争及其他所有活动中。

拉　他说得多荒唐呀,苏格拉底。

苏　你说这话在想什么呢,拉克斯?

拉　在想什么?智慧截然不同于勇敢吧。

苏　[a5]尼喀阿斯至少不这么看!

拉　宙斯在上,他的确不那么看。我告诉你,他说的是傻话。

苏　那我们就该教导他,而不是辱骂他。

尼　可我认为,苏格拉底,拉克斯想摆明我在说废话,是因为他刚才明摆着[195b]就是这样的人。

拉　的确如此,尼喀阿斯啊,我还要证明,你就是在说废话。因为在疾病这类事上,难道不是医生懂得可怕之事吗?还是你认为勇敢的人才懂?[b5]抑或你称医生勇敢?

尼　当然不是了。

拉　我想耕种者也不是吧,虽然他们可能知道耕种上的可怕之事。所有其他艺匠也都知晓他们技艺上的可怕之事和[195c]可为之事,但他们算不上勇敢。

苏　你觉得拉克斯说的是什么意思呢,尼喀阿斯?好像还真说了点什么。

尼　[c5]的确是说了点什么,但说得不对。

苏　怎讲?

尼　他认为,医生关于病人的知识不仅在于能够说明健康和疾病而且超过于此,但我认为,他们知道的仅此而已。健康是否比病痛更可怕,[c10]拉克斯啊,你认为医生知道这一点吗?或者,你不认为,很多时候不从疾病中康复过来比康复更好吗?请告诉我这一点,[195d]你是否认为所有情况下活着更好,很多时候死去并非更好?

拉　我确实认为如此。

尼　那么,对那些死去更好的人而言可怕的事,你认为跟那些[d5]活着更好的人一样吗?

拉　我不这么看。

尼　但你认为医生或其他艺匠拥有这种认识,而非那位知道可怕之事和不可怕之事的人——我称这种人为勇敢者?

苏　[d10]你明白他在说什么吗,拉克斯?

拉　[195e]我明白,他把占卜者称为勇敢者。因为还有谁会知道,对一个人而言活着还是死去更好呢?你啊,尼喀阿斯,是承认指占卜者呢,还是此人既非占卜者,也非勇敢者?

尼 [e5]怎么？你这会儿又认为，占卜者跟认识可怕之事和可为之事有关吗？

拉 我是这样认为，还能有谁呢？

尼 我对我说的这个人[寄望]更多，最亲爱的朋友啊，因为占卜者只需知道将要发生之事的朕兆，[e10]或是死亡、疾病或破财，[196a]或是战争或其他竞技中的胜或败。那么，为什么占卜者更适于判断一个人遭遇或不遭遇这些事更好，而非任何其他人？

拉 可我不明白，苏格拉底啊，他想[a5]说什么。因为他称为勇敢的，既非占卜者、医生，也不是任何明确的人，他说的难不成是一位神。我觉得尼喀阿斯只是不愿[196b]坦率承认自己在说废话，而是绕来绕去，以掩饰自己的困境。即便我们也能这样，你和我刚才也能来回打转，要是我们想避免显得自相矛盾的话。倘若这是[b5]我们在法庭上的言辞，这么做还有点儿道理，但在眼下这样的聚会中，一个人怎能用空洞无物的话遮掩自己呢？

苏 [196c]我也觉得这一点不妥，拉克斯。不过，我们来看看尼喀阿斯说了点什么名堂，而不是为了说而说。这样，我们可以更清楚地探明他是怎么想的，如果事实表明他说了点什么，我们就认同他，要是没有，我们就教导他。

拉 [c5]那你来探究吧，苏格拉底，你要愿意探究的话。我可已经探究够了。

苏 没有什么能阻止我，因为这项探究是共同的事，为了我，也为了你。

拉 确实如此。

苏 [c10]那么，请告诉我，尼喀阿斯啊，确切地说是告诉我们，因为[196d]我和拉克斯看法一致：你说勇敢就是关于可怕之事和可为之事的知识？

尼 我是这么说的。

苏 但并非人人都能认识这些，因为，[d5]医生和占卜者若没有得到这种知识，就无法认识这些，也就不会是勇敢的。这不是你的意思吗？

尼 正是。

苏　正如俗话所说的,"每头野猪都能[d10]认识"①,事实若非如此,野猪就不勇敢吗?

尼　我想不是。

苏　[196e]那么显然,尼喀阿斯啊,你并不相信那头克罗米昂野猪②勇敢。我说这话不是在开玩笑,我认为持这种看法的人必定不会承认任何野兽勇敢,或同意某种野兽——可认为是一头狮子、豹子或者某种野猪——如此[e5]智慧,竟能参透连少数人都难以认识的东西。同样,像你这么看待勇敢的人必然会说,狮子、鹿、猴子和公牛天生勇敢。

拉　[197a]诸神在上,你说得很好呀,苏格拉底。请坦率回答我们,尼喀阿斯啊,你是说,这些我们大伙儿承认勇敢的野兽,在这些方面比我们更智慧呢,还是决定否认大伙的看法,决不[a5]称它们勇敢?

尼　拉克斯啊,因无知而不惧可怕之物的野兽或任何他物,我决不称其勇敢,而是称其无畏、愚蠢。你以为我把所有孩童都[197b]称为勇敢,他们因无知而无畏?我倒认为,无畏和勇敢不是一码事。在我看来,只有少数人才具备勇敢和先见之明,许许多多男人、女人、孩子和野兽,只是[b5]鲁莽、大胆、无畏且无先见之明。所以,你和多数人称为勇敢的,我[197c]称之为鲁莽;我所说的明智者才勇敢。

拉　瞧瞧,苏格拉底啊,这家伙自认为说得多漂亮,又用那套说法把自个儿打扮得多漂亮哟,却企图剥夺那些公认为勇敢者的这种荣誉。

尼　[c5]绝不是这样,拉克斯,你放心吧。因为我认为你智慧,拉马科斯③也一样,只要你们真勇敢,好些别的雅典人也这样。

拉　我不想说这些了,虽然我有的说,以免你说我是个地道的埃克索涅人。④

苏　[197d]还是别说啦,拉克斯。因为依我看,你还没发觉他这种智

---

①　据古注,这句俗话实为"就连一只狗或一头猪也能认识"。对希腊人而言,猪通常暗指愚蠢,而非脏或贪婪。

②　克罗米昂野猪,传说中极为凶猛的野兽,为雅典国王忒修斯所杀。

③　拉马科斯和尼喀阿斯及阿尔喀比亚德一起统率了西西里远征,后死于叙拉古。

④　拉克斯所属的部族在雅典南海岸。据古注,埃克索涅部族的人善造谣诽谤,为此还有一个动词 aixōneuesthai,特指像埃克索涅人一样善谤。

慧来自我们的友伴达蒙；达蒙跟普罗狄科打得火热，在智术师中，普罗狄科被认为[d5]语词分析搞得最漂亮。

拉　是啊，苏格拉底，这种精心分析语词的事，更适于让一位智术师来干，而非由一位城邦尊为首领的人来干。

苏　[197e]不过，有福的人啊，这种事也适合由这么个人来干：他掌管最紧要的事务，也最明智。但我认为值得考察尼喀阿斯，他定义勇敢时着眼于什么。

拉　[e5]那你自个儿考察吧，苏格拉底。

苏　我正要这么干，最好的人啊。可别以为我会放你走，不参加共同的谈论。请专心听吧，和我一道考察所说的话。

拉　那就这么办吧，要是看来有必要的话。

苏　[e10]的确有必要。你呢，尼喀阿斯，跟我们从头再[198a]说说。你是否晓得，我们在谈话开初考察勇敢时，把它当成德性的一部分来考察？

尼　当然。

苏　既然你回答它是一部分，那它[a5]和其他部分合起来，就称为德性吗？

尼　怎么不是呢？

苏　你指的就是我说的那些吗？除了勇敢，我还称节制、正义以及诸如此类为[德性的一部分]。你不这么认为吗？

尼　[198b]当然[这么认为]。

苏　打住，在这些事情上我们达成共识了。但我们得思考可怕之事和可为之事，免得你有你的看法，我们又有其他看法。我们对此怎么看，我们会告诉[b5]你，如果你不认同，就请指教。我们认为，可怕之物就是引发恐惧的东西，可为之物就是不引发恐惧的东西；而恐惧既不是已经发生的坏事，也不是正在发生的坏事，而是预期中的坏事，因为恐惧就是等待一件将要到来的坏事。你是不是也这么认为，[b10]拉克斯？

拉　[198c]完全是这样，苏格拉底。

苏　我们的看法，尼喀阿斯啊，你听到的就是：可怕之事是将要到来的坏事，可为之事是将要到来的不坏或好的事。关于这些，你是这么认为的,还是另有看法呢?

尼　[c5]我正是这么看。

苏　有关这些事情的知识,你称之为勇敢吗?

尼　正是。

苏　在第三点上,还得看看你跟我们[c10]是否一致。

尼　这一点是什么呢?

苏　[198d]我会解释的。我和这位[拉克斯]认为,对于像知识这样的东西,我们并不是靠一种知识知道过去的事情如何发生,靠另一种知识知道现在的事情如何发生,还靠一种知识知道[d5]尚未发生的事将如何最好地发生,而是靠同一种[知识]。譬如在健康方面,在所有时间里,不是别的什么,而是医术这一技艺在照看过去、现在和未来的事如何[198e]发生。至于土里生长的东西,也是同一种农艺在照管。在战争方面,你们可以作证,将略能最好地预见其他时候发生的和即将发生的事,绝不会信从占卜术,[e5]而应让占卜术服从统治,因为将略更明了[199a]战争方面正在发生的和将要发生的事。正因为这样,法律才下令,不能由占卜者统领将军,而应由将军统领占卜者。我们该这么说吗,拉克斯?

拉　[a5]该这么说。

苏　你呢,尼喀阿斯?是不是同意我们,在这些事情上,是同一种知识在认识将来、现在和过去发生的事?

尼　我同意,因为我正是这么想的,苏格拉底。

苏　[a10]那么,最好的人儿哟,勇敢是关于可怕之事[199b]和可为之事的知识,如你所说,是吗?

尼　是的。

苏　我们也一致同意,可怕之事和可为之事是未来的坏事和未来的好事。

尼　[b5]的确。

苏　而且,同样的知识涵盖同样的事情——未来发生的和所有其他情况。

尼　是这样。

苏　那么,勇敢就不只是关于可怕之事和可为之事的[b10]知识了,因为勇敢并不只是认识未来发生的坏事和好事,也认识现在、过去,[199c]以及所有时间发生的坏事和好事,跟任何其他知识一样。

尼　看来是这样。

苏　尼喀阿斯啊,你充其量只回答了我们关于勇敢的第三部分,而我们问的是整个勇敢应是什么。[c5]现在,照你所言,勇敢看起来不只是关于可怕之物和可为之物的知识,而简直是关于所有好事和坏事全合在一起的知识。[199d]这就是你现在关于勇敢的看法。那么,你是同意这种修正呢,还是怎么说,尼喀阿斯?

尼　我同意,苏格拉底。

苏　那么在你看来,人精①哟,这种人在[d5]德性上还会有欠缺吗,如果他懂得整个善,以及所有善在现在、未来和过去如何产生,并对恶也同样如此[懂得]?你认为,此人还需要节制、正义和虔敬吗,既然只有他才能小心应对关于诸神和人类的可怕之事及[199e]相反之事,并因懂得如何正确行事而给自己带来好处?

尼　我觉得你说得在理,苏格拉底。

苏　那么,尼喀阿斯,你现在所说的就不是德性的部分,而是整个德性了。

尼　[e5]看来是。

苏　可我们说过,勇敢只是德性的一部分。

尼　的确这么说过。

苏　但现在所说的看起来不是这么回事。

尼　[e10]好像不是。

苏　那我们就没有发现勇敢是什么,尼喀阿斯啊。

尼　看来没有。

拉　可我,亲爱的尼喀阿斯,还以为你会发现呢,[200a]因为你在我回答苏格拉底的时候小瞧我。我之前还寄厚望于你能凭达蒙的智慧发现它呢。

---

①　"人精"原文为daimōn,通常译为"精灵",但是在这里苏格拉底很可能是揶揄尼喀阿斯要滑头。

尼　非常好,拉克斯啊,你不再介意[a5]自己刚才显得对勇敢一无所知。我是否看起来也是这种人,这是你所关注的。对你而言,只要拉上我,对一个男人应具备的知识一无所知似乎就无所谓了。所以[200b]在我看来,你是在以完全属人的方式行事,不看自己,只看别人。我觉得我在眼下所谈的话题上说得得体了,如有不足之处,以后[b5]通过达蒙或别的人还可以修正——达蒙这人你大概认为该一笑置之,虽然素未谋面。一旦搞明白了这些问题,我就会教导你,不会吝惜,因为[200c]我觉得你的确亟须学习。

拉　你是个聪明人,尼喀阿斯啊。但我还是要向在座的吕西马科斯和美勒西阿斯建议,在青年教育上告别你我,而去问这位苏格拉底,[c5]像我起先说的那样,别放他走。如果我的孩子到了这个年龄,我就要这么做。

尼　这我倒很同意,苏格拉底要是愿意照管这些小伙子们,就绝不另寻他人。因为[200d]我也乐意把尼刻拉托斯①托付给他,他要愿意的话。可每次我提起这事,他总是向我推荐别人,自个儿却不愿意。不过,你看看,吕西马科斯啊,苏格拉底是不是更听你的。

吕　[d5]这无疑是恰当的,尼喀阿斯,因为很多我不愿为其他许多人做的事,我都愿意为他做。你觉得怎样呢,苏格拉底?你是不是听我的话,一道热心帮助这些年轻人,使他们变得最好?

苏　[200e]不愿一道热心帮任何人变得最好当然可怕,吕西马科斯。如果在刚才的谈话中我显得有见识,而这两位没见识,那么,邀请我做这件事,我义不容辞;[e5]可现在我们所有人同样陷入困境,那么,干吗偏选我们中的某个人呢?依我[201a]看,就不该选择[我们中的]任何人。既然如此,就来看看,我要怎么对待你们给的建议。我认为我们该做的就是——男子汉们啊,可千万别说出去——我们大伙儿得一起为自己找个最好的老师——因为我们自个儿需要,[a5]其次也为了年轻人,免得花钱或干别的事情。② 我不建议我们自己安于现状。如果有人笑话我们[201b]这把

---

① 尼喀阿斯的儿子,以荷马颂诗人的身份著称。
② "千万别说出去"原本可能是俗话,此处可能是引自阿里斯托芬作品中的一句话,意为"守口如瓶",见《地母节妇女》472。教育主要不是为了儿子们,而是为了他们自身,这就是需保密的原因所在。

年纪还觉得有必要找老师,我认为我们就该用荷马的话反击,他说过,羞耻对于一个有需要的男人不好。① 我们还是别管人家说什么,一起来看顾我们自己和[b5]年轻人吧。

吕　你说的话令我满意,苏格拉底。我虽岁数最大,可是最愿意跟年轻人一道学习。为了我,就这么做吧,明儿[201c]一早到我家来,可别推脱,我们好商讨此事。不过现在,我们得结束这场交谈了。

苏　我会这么做的,吕西马科斯。我明儿到[c5]你家去,愿神明允许。

---

① 荷马,《奥德赛》17.347。忒勒马科斯指乔装的奥德修斯。

吕西斯

贺方婴 译

苏格拉底 [203a]我从阿卡德米出来直接前往吕喀昂,①沿着城墙外的路,那条路就在墙根下。我走到巴诺珀斯②喷泉附近的小门,在那儿偶然遇到希耶罗努摩斯的儿子希珀塔勒斯和派阿尼亚③区的克忒西珀斯,另外一些少年则与他们[a5]一大群人站在一起。希珀塔勒斯瞅见我正朝他们走过来,就说:"苏格拉底啊!你要去哪儿,[203b]从哪儿来?"

"从阿卡德米来,"我答道,"我要直接去吕喀昂。"

"过来啊,"他说,"直接到我们这里来吧。难道你不想停靠一下?准值得。"

[b5]"你说的是哪儿啊,"我说,"你们又是哪些人?"

"我指这儿,"他说,给我指一处场所,围墙环绕,大门正敞着,"这就是我们消磨时间的地方,我们中的一些人现在就在那里,还有别的许多美人。"

[204a]"这是什么地方,你们怎么消磨时间?"

"摔跤学校,"他说,"新近建的,我们大部分时间都在言辞中度过,要是你能成为我们中的一员,我们可就太愉快啦。"

"你们干得漂亮啊,"我说,"不过,谁在那儿教你们?"

---

① 阿卡德米和吕喀昂都是位于雅典城外的练习场。早在因柏拉图和亚里士多德执教于此而扬名于世之前,这些室内操练场就已经用作教学场所。

② 巴诺布斯是一位雅典"英雄"的名字,也是雅典人敬拜的一位神祇。

③ 派阿尼亚是雅典的一个社区。

[a5]"居然是你的一个友伴①呢,"他说,"崇拜者——米克科斯。"

"凭宙斯啊!"我说,"这个人可不是无用之辈,他是一个能干的智术师啊。"

"那你愿意跟我们走吗?"他说,"这样你就能亲眼看到有哪些人在那儿啦。"

[204b]"在去之前,我更愿意听到我要为了什么[而去],以及谁是那个美人。"

"我们各有所好,苏格拉底。"他说。

"那么,你认为谁是[美人]呢,希珀塔勒斯? 你跟我说说这个。"

[b5]他被问得脸红了。于是我说:"希耶罗努摩斯的儿子希珀塔勒斯啊,你用不着再说你在爱欲或不爱欲谁啦,因为我知道你不仅爱上了,而且在爱欲的路上已经走得很远咯。就我自身而言,在别的事情上,我确实微不足道,[204c]而且无用。不过,从一个神那里,我得到了某种能力,我能很快识别一个爱欲者和他所爱欲的。"

他听到这番话,脸越发红得厉害。见此,克忒西珀斯插话说:"瞧你的脸红得多迷人,希珀塔勒斯,[c5]你跟苏格拉底说他的名字这么扭捏,要是苏格拉底和你待上一小会儿,他会受不了你一再提到那个名字! 说实在的,苏格拉底,他把我们的[204d]耳朵都要吵聋了,[我们的耳朵]全被他填满了'吕西斯'。要是碰巧他喝了一点儿,很可能我们睡着了也要被他吵醒,想想看,我们正听着'吕西斯'的名字呢。他平时谈话固然吓人,可是与他试图[d5]滔滔不绝地灌进我们脑子里的好些诗文相比倒还没那么吓人。比这些更吓人的是,我们不得不耐着性子听他用绝妙的嗓子歌唱他的孩伴,可如今,你问他这个名字,他倒脸红得不行!"

[204e]"看起来,"我说,"这个吕西斯一定相当年轻;我这么猜是因为,我听到这个名字时并没有认出来。"

"没错,"他说,"因为人们不常提及他的本名,仍旧用他父亲的姓称呼他,因为他的父亲名[e5]满天下。我肯定,你不可能一点也不知道那男

---

① 友伴(hetairos)常用来指称苏格拉底的学生和追随者,与后文出现的朋友(philos)在某些语境中可互换使用,不过仍有根本性的差异。

孩的样子像谁；单凭他的好模样，就足以让他与众不同。"

"请告诉我，他是谁的儿子。"我说。

"德摩克拉底的[儿子]，"他说，"来自埃克索涅小镇的——吕西斯是他长公子。"

"好哇，"我说，"希珀塔勒斯，现在你找到了一位多么高贵且活泼的[e10]爱人啊，无论从哪方面看都如此！好吧，快点儿！也向我展示一下你向这些人展示的东西，[205a]那样，我就能知道，你是否懂得一个爱欲者应该如何向自己或者其他人谈论他的孩伴儿啦！"

"不过，苏格拉底，"他[希珀塔勒斯]说，"你会看重这个人[克忒西珀斯]所说的任何话吗？"

"你在否认？"我说，"还要否认爱上了他所说的那个人吗？"

[a5]"没啊，我没有，"他说，"不过，我确实否认我为我的男孩写过诗或作过赋。"

"他不大健康，"克忒西珀斯说，"他心智发昏，胡言乱语！"

于是，我说："希珀塔勒斯，我这会儿不是要听[205b]你无论是否为那个男孩写过的诗或曲。我现在请求听听你的想法是什么，这样我才能确定你亲近男孩的方式。"

"我肯定，这家伙会告诉你的，"他说，"因为他知道得一清二楚，记得可牢啦，[b5]要是如他所说的那样，他一直听我说[那些]话，早就聋了。"

"诸神在上，"克忒西珀斯说，"一点也不错。何况，他说的那些事太可笑啦，苏格拉底！他是一个爱欲者，他的心思都拴在那男孩身上，可他甚至没有[205c]一点儿属于自己的东西要说——连一个男孩也不可能这么说，可笑不可笑？但是，那些全城都咏唱的关于德摩克拉底和这个男孩的祖父[老]吕西斯①及其所有先祖的事，都是他作诗和讲述的内容：他们的财富、繁育赛马、还有在皮托赛会、[c5]科林多地峡赛会和涅墨阿赛会上取得的四驾马车赛和单人赛马的胜利——除此之外甚至还有比那些更古老的事儿。他前天刚作一首诗，正是关于款待赫拉克勒斯的事儿——由于与赫拉克勒斯的亲戚关系，吕西斯的先祖[205d]接待了来访的英雄

---

① 指吕西斯的祖父。吕西斯家族十分显赫，在苏格拉底时代赫赫有名。

赫拉克勒斯,这位先祖说,自己是宙斯与那个地区创建者之女的后人。就这些老女人唠叨的事还有一大堆呢,苏格拉底。这个人谈论和歌唱的就是这些事,还叫我们非听不可。"

[d5]听到这儿,我说:"可笑的希珀塔勒斯,在你赢得胜利之前,你有没有为自己谱写和唱过一首颂辞呢?"

"不管是谱写的还是唱的,都不是为了我自己,苏格拉底。"他说。

"你当然不这么想。"我说。

"那又是怎么一回事?"他说。

[205e]"这些颂歌首先是为了你自己,"我说,"一方面,要是碰巧你逮住了如颂歌所唱的那样的男孩,那么你所说的和歌颂的将会是你的一种装饰品,是一首称颂你赢得这样一位男孩的颂辞。但是,从另一方面来看,倘若碰巧他从你手上溜走了呢,[e5]那么,对你那些男孩越是极尽溢美之辞,就越显得你被剥夺了多么美且好的东西,[206a]于是你也就显得可笑。因此,朋友啊!① 一个在爱欲方面的老手由于担心未来发生变故,在没有掳获对方之前,不会去赞美他所欲爱的。同时,那些美人们无论何时遇到赞美或追捧,都会变得自满自大。难道你不这样认为?"

[a5]"我承认。"他说。

"那么,他们越是傲慢,就越难捕获吧?"

"是的,那当然。"

"照你看,那种惊动猎物,增加了捕猎难度的猎人怎么样?"

[206b]"显然,是个无用的家伙。"

"那么,言辞和歌曲不是用来诱惑猎物,反倒去激发它的野性,非常不着调,不是吗?"

"我也这么认为。"

[b5]"那么,当心点哟,希珀塔勒斯,你可不要由于作诗而让自己有可能犯这些错误。再说,我猜你也不会赞成一个因写诗损伤自身的人是

---

① "朋友"的原文为 philos,其意思和用法都相当复杂,既可作名词(意为"朋友"),又可作形容词(意为"可爱的"),既可指爱人者,也可指被爱者。虽然 philos 与 ēros[爱欲]关系密切,但 philos 极少带有性爱意味,而 philia[友爱]则含有性欲成分。

个好诗人,因为他伤害自己。"

"凭宙斯,当然不会!"他说,"这绝对是最不理智的做法。不过,正是因为[206c]这些,苏格拉底,我可全跟你说了,你要是有别的招儿,给点建议吧,一个人怎么谈话或者行事,才可能变得被他所中意的孩伴们喜爱?"

"这可不好说,"我说,"不过,要是你打算把[c5]他带过来和我交谈上两句,我就能够向你展示:一个人在交谈中应该和他讲什么,而不是这些家伙说你所说和所唱的那些。"

"这不难,"他说,"只要你和克忒西珀斯进去坐下来聊聊,我猜,他就会自己[c10]过来找你,他格外喜好听人讨论。苏格拉底,与[206d]平时不同,依赫耳墨斯节①的要求,这些青年人和男孩儿们都混杂在一起。所以,他准会到你这儿来,要是他不来,克忒西珀斯与他熟得很,由于他[克忒西珀斯]表弟默涅克塞诺斯的缘故,在所有人中,恰好默涅克塞诺斯跟他[吕西斯][d5]最要好。要是他自己没过来,就让克忒西珀斯去唤他过来好了。"

"我们就得这么办。"我说。

话音刚落,我就一把抓住[206e]克忒西珀斯与我一起走向摔跤学校,其他人跟在后面。

进去时,我们发现男孩子们在那儿已经举行过一场献祭,那时与[宰杀]牺牲相关的仪式快结束了。男孩们[e5]正在玩掷距骨游戏,全都衣着整齐。绝大多数人在广场外面嬉戏时,另一些人在更衣室的一角,从一些小筐子里挑选出许多距骨,玩猜单双游戏,其他人则围站一旁观看。

其中一个男孩就是吕西斯,他站在[207a]那些男孩和青年人当中,头戴花冠,仪表出众。值得说起的并不仅仅是他的美,而是他既美且好。我们这群人进到这圈人的正对面坐下来,因为那地儿很安静,于是我们中一些人交谈[a5]起来。

这时,吕西斯开始频频扭头瞧我们。显然,他渴望上这边来呢。这会儿,他有些踌躇,犹豫要不要独自过来,到我们这边。但是,随后默涅克塞

---

① 赫耳墨斯节是一个向赫耳墨斯神致敬的节日。赫耳墨斯神除了有其他诸种神力之外,还是体育场的守护神。

诺斯[207b]从广场——在他那游戏进行的当儿——走进来,当他看到我和克忒西珀斯,马上就走到我们身边坐下。一看到他,吕西斯就跟着过来了,在我们旁边挨着默涅克塞诺斯坐下。

接着,另一些人也朝我们走来。希珀塔勒斯看到这几个人靠得很近,趁机[b5]利用这些人做掩护,给自己找了一个隐蔽的位置,以为如此一来吕西斯就不会看到他,因为希珀塔勒斯害怕招他厌恶,就站在那里听。

至于我,我瞧着默涅克塞诺斯,盯着他问:"德摩丰的儿子啊,[207c]你们两位谁的年纪大呢?"

"[对此]我们俩各执一词。"他说。

"关于你们俩哪个出身更高贵,也要争论一番?"我说。

"完全如此。"他说。

[c5]"那么,关于你们俩谁更漂亮些,[也要]按此方式[争论一番]吧?"

两个男孩都笑了。

"不过,至于你们俩谁更富有,"我说,"我可不会问,毕竟,你二人是朋友,不是吗?"

"肯定是。"他俩异口同声地说。

[c10]"那么,据说朋友之间的东西是[两人]共有的,这个问题,你们绝不会起争执吧——如果你们俩关于[你们是]朋友的说法真实的话。"

他们俩都同意。

[207d]随后,我正打算询问他们谁更正义、谁更聪明,可我话还未出口,有人过来叫默涅克塞诺斯出去,那人说教练正在找他。我印象中默涅克塞诺斯刚好在行献祭礼,于是他就这样出去了。

[d5]我随即向吕西斯提问:"我猜,吕西斯,"我说,"你父亲和母亲疼爱你吧?"

"当然啊。"他说。

"那他们准会希望你尽可能幸福?"

[207e]"怎么会不呢?"

"那么按你的想法,这样的人幸福吗,一个人是奴隶,并且不准做任何他心里渴望的[事情]?"

"凭宙斯神,不,我可不这么认为。"他说。

"好,如果你的父亲和母亲疼爱你,并且渴望你获得幸福,显而易见,[e5][他们]挖空心思地想方设法使你能幸福吧。"

"他们怎么会不如此?"他说。

"因而,他们允许你随心所欲,丝毫不责备你,而且他们压根儿不会阻挠你做任何幸福的、你渴望[欲求]的事情吧?"

"哎呀,凭宙斯神!他们当然会阻挠我,苏格拉底,他们在许许多多事上阻挠[我]。"

"你这是从何说起啊?"我说,"他们希望你[208a]幸福,就要阻止你做自己想做的事?那你跟我说说:如果你曾渴望驾御你父亲的双轮马车,在赛会期间手握缰绳[驰骋],他们不准你[这么干],反倒阻止你?"

"凭宙斯神,不行!"他说,"他们绝不准许我。"

[a5]"那他们准许谁?"

"我父亲雇佣来的车夫嘛。"

"你说什么?他们宁可信任一个雇工也不[信任]你?让他随心所欲地驾御他们的马匹,而且[208b]他们还会为这事儿付钱?"

"就是这样啊。"他说。

"但是,我猜想他们会信任你管治这对骡子,随你扬鞭抽打,他们都允许。"

"他们怎么会由着我来啊?"他说。

"什么?"我说,"没人能够鞭打[b5]它们吗?"

"必然是,"他说,"骡夫[能鞭打]啊。"

"他是奴隶还是自由民?"

"一个奴隶。"他说。

"即便是一个奴隶,看起来,他们看重他[奴隶]也要远胜过[看重]你——他们的儿子,他们将他们的财物交给他而非你,他们允许他随心所欲,对你却[208c]百般阻挠?不过,你再跟我说个事儿:他们允许你自己为自己做主吗?还是说他们甚至连这事儿也不信任你?"

"怎么可能信任呢?"他说。

"那么谁来管你呢?"

"就在这儿,一个监管人。"他说。

"肯定不是奴隶吧?"

"怎么不是?他就是我们的[奴隶]。"他说。

[c5]"这可糟透了!"我说,"一个自由民却受制于一个奴隶!不过,这个监管人在管制你的时候都干了什么?"

"他带领我,"他说,"去老师那儿。"

"他们肯定不会管制你吧?这些[208d]老师们。"

"他们肯定会!"

"简直太多主人和管制者了,看来,你的父亲有意为你安排。那么,你回到你母亲那里时,她会让你随心所欲地行事——就为了让你幸福——[允许你]玩毛线或者[d5]织布机横杆,就在她正织布的时候?因为她不会阻挠你,我猜,[让你]去碰触她的布刀或者她的织梭,或是其他一些她用来织布的工具。"

他却笑了,并且说:"凭宙斯![208e]苏格拉底,她不仅阻止我,要是动了那些,我还会挨打的。"

"赫拉克勒斯啊!"①我说,"你确定没有做过什么伤害你父亲或者你母亲的事?"

"凭宙斯!我压根儿就没有。"他说。

"那他们为何如此可怕地阻止你幸[e5]福,不让你随心所欲地行事,却让你整天像奴隶般听命于人,一句话,很少能做自己渴望的事?至于你,看来啊,并没有从你的钱财上得到半点益处,尽管你们家里有的是钱——每个人[209a]都比你更能支配它。看来,[你]更没有凭你的身体[得到半点益处],尽管你的身世高贵无俦,可是仍由旁人指导和照看。你什么也掌控不了,吕西斯啊,你真是连一件想做的事也做不成。"

"那是因为,"他说,"我的年纪还不到,苏格拉底。"

"我怀疑这绝不是[a5]阻止你的原因,德摩克拉底的儿子,我猜,因为有很多事情,你的父亲和母亲实际上不必等到你年纪大了才交给你来做。而且,无论何时他们希望为他们自己读点什么或写点什么,我猜,你

---

① 这个呼语表达的是恼怒。

准是[209b]在家里担此任务的第一人,是不是这样?"

"肯定这样!"他说。

"那么,如此说来,你有可能随意抄写字母表,先写哪个[字母],后写哪个[字母]。读也用同样的方式。那么,如我所猜想的那样,[b5]当你拿起里拉琴时,无论是你的父亲或母亲都不会阻止你随意把弦上紧或调松,不管你是用手指拨琴,还是用拨片来击琴吧,还是他们会阻止你呢?"

"当然不会啊。"

"究竟是什么原因,吕西斯,他们在这些情况下不阻拦你,[209c]却在我们刚才说的那些事情上阻止你?"

"我认为,"他说,"那是因为这些事我知道,而那些事我却不知道吧。"

"很好,"我说,"最好的人啊,你父亲不必等到你年纪长成后才把全部事务交给你,只要当他认为你考虑得比他[c5]更周全的时候,到了那一天,他会把他自己和他的东西都交付于你。"

"我正是这样想的。"他说。

"很好,"我说,"邻居呢?他不会用你父亲[对待你]的规矩来对待你吗?[209d]一旦他认为,在家务管理方面,你想得比他自己周到的时候,你认为他会把自己的家政事务委托给你吗?或者他仍旧自己掌管?"

"我认为[他]会交给我。"

"雅典人呢?你认为他们不会把自己的[城邦事务]交给你来处理吗,当他们[d5]看到你变得深思熟虑的时候?"

"准给我。"

"凭宙斯神!"我说,"倘若是那位大王①呢?那么他是把调制羹汤的事儿交给自己的长子——那个即将去执掌亚细亚的王子——特许他随心所欲地[209e]在沸腾的肉汤里加添佐料,还是[宁愿把这特权赋予]我们,如果我们到达他的宫廷,向他展示我们在膳食预备方面的善谋胜过他的儿子?"

"显然是[交给]我们。"他说。

"那么,大王不准他放任何一点佐料,却准许我们[e5]放,即便我们

---

① 指波斯国王。

想抓大把盐撒进[肉汤]。"

"他怎么不会？"

"那么，假设他的儿子患眼疾，要是大王认为[他的儿子]不是医生，他会让王子碰触他自己的[210a]眼睛吗？还是会阻止他呢？"

"他会阻止。"

"不过，要是他把我们看成医术高手，就算我们想要撑开他儿子的眼睛，往眼里洒一剂灰面儿，我想大王也不会阻止吧，因为他会认为我们的想法是正确的。"

[a5]"你说得真实。"

"那么，不管什么事情，只要我们比他们更有智慧，大王就会把它交给我们来处理，而不是他本人和他的儿子？"

"当然如此啦，苏格拉底。"他说。

"那么，情形就是这样，"我说，"我的朋友吕西斯啊，在那些我们能明智[处理]的事情上，[210b]所有人都会把他们的事交托给我们，不管是希腊人还是非希腊人、男人还是女人，在这些事情上我们想怎么做就怎么做，没人会故意阻挡我们。相反，在这些方面我们自己能自由行事，并且[b5]掌控他人，这些将是我们的[事务]——因为我们可以从中获益。而对于那些我们心智兴许还够不上的事儿，没有人会按我们自己的想法把与他们最切身的事情交给我们去做。毋宁说，[210c]所有人都将竭力阻止，非但那些外人，甚至还有我们的父亲和母亲，以及比他们更为亲密的亲戚，无不如此。在这些事上，我们自己就得服从他人，而我们讨论的这些事不再归属我们管辖，因为我们从这些事本身不能获得任何益处，你承认[c5]情形就是这样吗？"

"我承认。"

"那么，在这些事情上，即在那些我们毫无用处的事情上，我们会成为其他人的朋友？有人将会友爱我们吗？"

"当然不会啊。"他说。

"现在看来，非但你的父亲不会爱你，也没有人会友爱一个毫无用处的人吧。"

"看来不会啊。"[210d]他说。

"这样的话,要是你变得有智慧,我的孩子啊,所有人都将会成为你的朋友,并且每个人都是你的亲属,因为你有用,并且优秀;可要是你没有[智慧],无论其他什么人还是你的父亲都不会成为你的朋友,你的母亲以及那些亲属也不会。有没有这样的可能呢,[d5]吕西斯,一个人在他压根儿还没思考的事情上狂妄自大?"

"他怎么能这样啊?"他说。

"可是,倘若你还需要一位老师的话,那你就还不会思考。"

"是的。"

"那么,如果你尚且还没头脑的话,你也就不高明。"

"凭宙斯!"他说,"苏格拉底,我可不认为[自己高明]。"

[210e]当我听到他的回答,我瞥了一眼希珀塔勒斯,差点犯了个错,因为我几乎脱口而出:"希珀塔勒斯啊,你就应该这样和心爱的男孩们谈话,带着轻视和羞辱,而不是像你那样[把他]哄得飘飘然,女气十足。"

[e5]不过,当我看到他因为刚才那番话[显得]苦恼且茫然时,我回忆起他[刻意]站在吕西斯近旁,正是为了不让吕西斯注意到他,于是我就硬生生地闭上自己的嘴,[211a]强忍住那些[临到嘴边的]话。正在这当儿,默涅克塞诺斯已回来坐在吕西斯旁边,还是他先前起身的位置。

趁默涅克塞诺斯一不留神儿,吕西斯孩子气地且友善地压低嗓门对我说:"苏格拉底,你把跟我说的话[a5]也对默涅克塞诺斯说一说啊!"

于是我说:"你自己告诉他吧,吕西斯,因为你先前听的皆已入心了。"

"当然。"他说。

"那就试试,"我说,"尽你所能地回忆起来,[211b]这样你就能跟他说清楚所有的事情;要是你碰巧忘了什么,你下次一遇见我时再问吧。"

"我会这么做的,"他说,"不成问题,你大可放心。不过,再对他说点别的什么,让我也听听,[b5]直到我该回家。"

"不过,既然是你这么吩咐我,"我说,"看来我们得这么做。可是,万一默涅克塞诺斯企图反驳我,你得保护我,难道你不知道他是个好辩之人?"

"是的,凭宙斯!"他说,"正是如此,我希望[211c]你亲自跟他谈谈。"

"是为了让我变得可笑吗?"我说。

"才不是呢,凭宙斯!"他说,"是为了让你惩戒他。"

"怎么可能?"我说,"这可不容易!他是个可怕的家伙,[c5]他可是克忒西珀斯的弟子。瞧瞧,他本人就在现场,你没看到他?克忒西珀斯!"

"别管别人,苏格拉底,"他说,"你尽管去跟默涅克塞诺斯谈谈。"

"这谈话势在必行啊。"我说。

[c10]正当我们俩就这事儿交头接耳时,克忒西珀斯说:"你们在说什么?就你们俩自己单独享用这些言辞,不[211d]给我们分享一下?"

"哪里啊,我们肯定要与你们分享[言辞],"我说,"这位有些没听明白我刚才说的话,但他猜测默涅克塞诺斯可能知道一二,所以他盼咐我去问问默涅克塞诺斯。"

[d5]"那你为什么还不问他?"他说。

"可是,我会问他的。"我说,"告诉我,默涅克塞诺斯,无论我问你什么。打从我还是小孩子的时候起,我就偶尔渴望得到某件宝贝,跟别的人一样,不过各有所好:有人[211e]渴望得到马,有人渴望得到狗,这个想要黄金,那个想要荣誉;至于我嘛,对这些统统不感兴趣——我极其欲求获得一些朋友,更渴望拥有一个好朋友,而不是在人世间发现一只上好的鹌鹑或[e5]公鸡。凭宙斯!我[欲求朋友]胜过拥有人世间最好的马和狗;我确实相信,天狗在上,比起大流士的黄金来,我更迫切想给自己找个友伴,更准确地说,比得到大流士本人还要渴望;我就是这样一个重友之人。因而,[212a]当我看到你们——你和吕西斯——我深受打击,但是觉得你们幸福。因为,你们在这么年轻的时候就能轻而易举地获得这件宝贝——你已经得到了他这样一个朋友,迅捷而牢靠,正如他得到你一样;无论如何,至于我,我想得到[a5]这件宝贝还早得很呢,我甚至还不知道用什么方法才能使一个人成为另一个人的朋友。

"不过,就这事儿我正想向你讨教,因为你是过来人。请跟我说说,要是某人友爱一个人,两人中哪一个[212b]成了另一个的朋友——友爱者①之

---

① "友爱者"这个语词带有主动意味。

于被友爱者？还是被友爱者之于友爱者呢？还是两者就没区别？"

"我看没什么两样儿。"他说。

"你这话是什么意思？"我问，"那么，如果碰巧只是两人中的一人友爱着[b5]另一人的话，两人都成了朋友吗？"

"我看是这样。"他说。

"那这种情况呢？难道没可能存在某个友爱者并没有从他所友爱的[对象]那里得到友爱的回报吗？"

"有。"

"那么这种情况呢？难道没可能存在[某个]友爱者甚至被他所友爱的憎恨吗？比如这种事，我想，有时候友爱者会在他们所友爱的男孩们身上经历过：[212c]尽管他们全副身心地去爱，但是，他们中有些人却认为没有得到友爱的回报，甚至还有些人认为[自己]受到憎恶。或者，你认为这不真实吗？"

"真实。"他说。

"那在这种情况下，"我说，"一个在友爱，另一个则被友爱。"

"对。"

"那么，这两人中[c5]谁是另一个的朋友呢？友爱者之于被友爱者——无论他是否得到友爱的回应，或是被[所友爱的]憎恶——还是被友爱者之于友爱者？或者在这种情况下，谁也不是谁的朋友，除非他们两个彼此友爱？"

"不管怎么样，[212d]看来如此。"

"那么，现在看来我们的看法就与刚才不同啦。刚才说，如果两个人中的一个友爱另一个，在我们看来，这两人就是朋友了；而现在呢，除非他们彼此友爱，否则就不是一对朋友。"

"恐怕是这样。"他说。

"如此说来，友爱者连一个朋友也没有，[d5]除非他能获得友爱的回应。"

"看来没有。"

"这样的话，那就没有爱马的人咯，因为马并不会以友爱回应他们，同样原因，也就没有爱鹌鹑的、爱狗的、爱酒的和爱健身的，还有爱智慧的——除非智慧本身能以友爱回应他们。可是,这每一种[友爱者]都是实实在在地友爱着[212e]这些东西,尽管这些东西并不是朋友。那么,诗人有可能说谎了?当他说:'快乐的人啊,他与自己的孩子和铁蹄的马儿为友,与狩猎的犬和异邦的访友为伴。'①"

[e5]"我可不这么看。"他说。

"你认为他说得真实?"

"是的。"

"被友爱的是友爱者的朋友,看来是这样的,默涅克塞诺斯啊,无论[被友爱的东西怀有]友爱还是憎恶,如同初生的幼孩——他们中的一些人还不会友爱,而另一些甚至[213a]在受到母亲或父亲教训的时候会产生憎恶——不管怎样,即便在他们憎恶父母的那一刻,[他们]也是父母的至爱。"

"我认为正是如此。"他说。

"照这么说,友爱者并不是朋友,[a5]反而被友爱者才是朋友。"

"好像是这样。"

"那么,被憎恶者是敌人,而非憎恶者是敌人吧。"

"显然啊。"

"因此,许多人被他们的敌人所友爱,而被他们的朋友所憎恶,那么,[213b]如果被友爱者是朋友,而非友爱者是朋友的话,这些人就是他们敌人的朋友,又是他们朋友的敌人咯,不过,这显然极不合理,我亲爱的友伴,或者说透点儿,我认为,一个人是朋友的敌人或者是其敌人的朋友,这根本就不可能。"

"看来你说得正确啊,苏格拉底。"[b5]他说。

"好吧,如果这不可能,那么,友爱者才是被友爱者的朋友吧。"

"显然啊。"

"反之,憎恶者就会是被憎恶者的敌人。"

"必然如此。"

"这么说,我们将被迫同意那些[213c]与我们此前讨论相同的事情,

---

① 这些诗句皆出自梭伦诉歌(迪尔[Diehl]本,13)。

许多时候,一个友爱者是'非友'的友爱者,甚至常常还是敌人的友爱者,只要当某人友爱并不友爱他的,或者友爱憎恶他的东西时。许多时候,一个敌人是'非敌'的敌人,或者甚至是朋友的敌人,只要当某人憎恶并不憎恶他的,甚至憎恶友爱他的。"

[c5]"很有可能。"他说。

"那么,我们该怎么办?"我说,"如果朋友既不会是那些友爱者,也不会是那些被友爱者,也不是那些既友爱又被友爱者。除此之外,或者我们说,仍然还有其他一些能够彼此互为朋友的吗?"

"不,凭宙斯!"他说,"苏格拉底,我压根儿就找不到路了。"

[213d]"兴许是,"我说,"默涅克塞诺斯,我们根本就没有找对路子一探究竟呢。"

"我看是这样,苏格拉底。"吕西斯说,话音未落他就脸红了。

在我看来,这些话是他情不自禁冒出来的,因为,他的全副身心都沉浸在[d5]我们刚才的谈话中,显然,他全部都听进去了。

我的确正打算让默涅克塞诺斯喘口气,同时也为另一个对智慧的热爱感到满意,于是,我改变方向,转而[213e]与吕西斯说了这番话。我说:"吕西斯啊,在我看来,你说得对:要是我们过去的检审找对了路,我们就不会像现在这样迷茫。

"所以,我们别再沿这个方向走啦!这种检审在我看来实在是一条非常艰难的路。但是,[e5]在我看来,我们必须从转向的地方继续走下去——按照[214a]诗人们的说法去检审[我们的路]。毕竟,我们把诗人看作智慧之父和[我们的]引路人。关于朋友以及朋友到底是什么,他们表达的观点和说的话兴许还不算差;相反,他们声称,通过把彼此引领到一起,神亲自使他们成为朋友。[a5]我认为,他们的意思就像这句话,'神总是把相似的引到相似的跟前'①,[214b]并且使他们相知——难道你没有恰巧读过这些诗句?"

"我恰巧读过。"他说。

"那么,你是不是也恰巧读到过那些最有智慧的人写下来的东西正好

---

① 比较荷马,《奥德赛》17.218。

谈到这些,他们说相似者必然是相似者的朋友？至于这些人,我认为是一些就自然和整全[b5]立言和著文的人。"

"你说得真实。"吕西斯说。

"那么,"我说,"他们说得好吗？"

"或许吧。"他说。

"也许,"我说,"这话只对了一半,也许全对,只是我们并没有理解这些话。毕竟,在我们看来,无论如何,一个自己就是无赖[的人][214c]与另一个无赖越接近,联系越紧密,他就会变得心怀恨意,因为那人做得不公正。按我的看法,伤害者与被伤害者无论如何也不可能成为朋友,不是这样吗？"

"是。"他说。

"照这么说,那么这些话有一半不[214c5]正确——也就是,假设坏人彼此相似的话。"

"你说得真实。"

"但是,在我看来,他们的意思是,好人们彼此相似,彼此是朋友,而坏人则不然——他们正如常言所说的——坏人变化多端,彼此之间绝无可能相似,即便他们自己跟自己也绝不相似[214d]；况且,凡与自身不相似并且不同于自身的,必然不可能与别的什么相似或成为朋友。难道这不也是你的意见吗？"

"我就是这样认为。"他说。

"那么,我的友伴啊,在我看来,这就是他们用打哑谜的方式[所说的话]——[d5]'相似者'是'相似者'的友爱者——意思是说,好人只会是好人的朋友,坏人永远不可能从好人或坏人那里获得真正的友爱。你也这样看吗？"

他点头同意。

"那么,现在我们已经逮着朋友究竟是什么了。毕竟,这话[214e]向我们暗示,好人都是[朋友]。"

"我认为确实如此。"他说。

"至于我嘛,"我说,"这里还有些让我自己不能接受的地方。所以,凭宙斯！赶紧让我们看看我感到怀疑的是什么。相似者因为相似而与相似者成为朋友,那么,[214e5]这样一个[相似者]对于另一个[相似者]有用吗？不然,说得更确切些：任何相似者能够对其所相似的任何东西做出有益或有害的、而[相似者]自己无法加诸自身的事情吗？还是说,相似者能够[从其相似者处]而不是从其[215a]自身那里获取任何[好处或坏处]呢？那么,倘若相似者彼此间不能互助,他们又怎会彼此珍惜？有这种可能吗？"

"没有。"

"若不珍惜,何来友爱[朋友]呢？"

"绝不可能。"

"不过,即便相似者不会与其所似者为友,然而,好人之所以是好人的朋友,[a5]是就其好而言,而非就其相似而言,对吗？"

"或许是。"

"什么？不是好人越好,就越能满足其自身吗？"

"是的。"

"但是,对于一个感到满足的人来说,由于充足就无所需求。"

"怎么不是呢。"

"这种人既然[215b]无所需求,也就无所珍惜。"

"当然不会。"

"不会珍惜的人也就不会友爱。"

"肯定不会。"

"不会珍惜的人不会是一个朋友。"

"显然不是。"

"那么,如何才能做到这一点呢？起先在我们看来,好人皆是好的朋友,是因为朋友不在身边的时候,他们之间根本就不相互渴望[b5],即便彼此分开了,他们仍感自足；当朋友出现时,他们相互之间又毫无用处,究竟是什么理由使得这类人彼此珍惜呢？"

"没有[理由]。"他说。

"但是,[215c]倘若他们做不到相互珍惜,他们就压根儿不是[朋友]。"

"确实。"

"你得想想,吕西斯,我们不知怎么走偏了！我们彻底被欺骗了吧？"

"怎么回事？"

"从前我曾经听某人说过[c5]——我刚刚才回忆起来——他说相似的最恨相似的，好人最恨好人。此外，他还提请赫西俄德作证人，[赫西俄德]这样说：'陶工恼恨陶工，歌者恼恨歌者，[215d]而乞丐恼恨乞丐。'①其他情况也如此，赫西俄德还说：'凡最最相似的东西之间必然满是嫉妒、好胜和憎恨，而越是最不相似的东西之间则越充满了友爱。'赫西俄德说：[d5]'因为穷人被迫与富人为友、弱者被迫与强者交友，都是出于想要获得帮助的缘故，病人与医生之间也是这样，谁要是在所有的事情上无知，他准会珍惜那个学富五车的人，并且友爱他。'[215e]他还继续深入地、出色地推进他的论证，他说：'事实上，相似者与其所相似的完全没可能成为朋友，且情形恰恰与此相反，'他说，'因为最对立的与最对立的才是朋友，毕竟，每种[e5]事物需要这样一种与其对立而非相似的事物，譬如：干要湿，冷要热，苦要甜，利要钝，空要满，而满则需要空。其余事物皆遵照同一原则。'他说，'因为对立的[事物]滋养与其相对立的[事物]，而相似的事物从其所似的事物方面毫无[216a]增益。'

"实际上，我的友伴啊，在我看来，他说这些[道理]的时候可是一个聪明人。因为他讲得真好。你们俩怎么看？"我说，"他说得怎么样啊？"

"他说得好，"默涅克塞诺斯说，"至少，听起来如此。"

"那么，我们能否同意，对立的是其所对立之物的[a5]朋友呢？"

"当然如此啊。"

"好吧，"我说，"默涅克塞诺斯，这难道不奇怪吗？那些心智超凡的人——那些巧言善辩的家伙——难道不会立刻高兴地向我们扑过来质问：[216b]'是否敌意与友爱最为对立？'我们该怎么回答他们？或者我们没必要承认他们说得正确？"

"必须承认啊。"

"好，那么他们会说：'敌意是友爱的友爱者，或者友爱是敌意的友爱者咯？'"

"都不是。"

---

① 比较赫西俄德，《劳作与时日》25–26。

"但是,正义会是不正义的友爱者吗？还是说,[b5]节制是放肆的友爱者,好人是坏人的友爱者呢？"

"我不这样看。"

"可是,"我说,"如果按这个说法,正是由于对立,某物才是其朋友的友爱者,这些对立之物必然就是朋友啊。"

"必然如此。"

"因此,既非相似者是其所相似者的友爱者,也非对立者是其所对立者的友爱者。"

"看来不会。"

[216c]"不过,让我们把这个[观点]再看仔细些。也许朋友真正是什么[这个问题]早已逃开我们的注意,也许我们所说的这些都不是;然而,那些既不好也不坏的事物可能却成为好的友爱者。"

"此话怎讲？"他问。

"好,凭宙斯啊！"我说,"我不[c5]知道——但是我自己真的被这个论证的死胡同弄得晕头转向啦,而且我还担心,如同那句古谚所言：'美是朋友。'①不管怎样,它就像某种柔软、平顺且滑溜溜的东西。[216d]或许,这就是为什么它如此轻易地与我们擦肩而过,从我们身边偷偷溜掉,因为它就是那样的东西。②因此我说好就是美,你呢？你也这么看吗？"

"我确实这么看。"

"那么,我要像先知那样开言：凡不好不坏的东西就是美和好的朋友；[d5]关于我所预言的话,你当听！依我看,似乎有三类事物：好的、坏的、既不好也不坏的。你怎么看？"

"我也这么看。"他说。

"依我看,既非'好'是'好'的朋友,也非'坏'是'坏'的朋友,也非'好'是'坏'的朋友[216e]——那么,正如先前论证所不同意的,如果有样东西真的是另一个的朋友,那么,'既不好也不坏'的应该是'好'的朋

---

① 比较忒俄格尼斯,《诉歌》17;欧里庇得斯,《酒神的伴侣》881。
② 苏格拉底很可能在这里讲了一个雅典人熟知的性笑话。

友,或是与它自身相似的东西的朋友;当然,我想没有什么会是'坏'的朋友吧。"

［e5］"的确。"

"但是,我们刚刚还说,相似者不是其所相似者的朋友啊,我们不是这么说了吗?"

"是。"

"因此,既不好也不坏就不会是其自身所相似的东西的朋友。"

"看来不是。"

"既不好也不坏的东西,唯独对于好的东西,［217a］才能成为朋友。"

"必然如此,看来像是这样。"

"很好,男孩们,"我说,"刚才所说的话把我们引向了正确的方向吗?倘若我们至少设想一下,［a5］健康的身体既不需要医术也不要帮助的情况。因为身体拥有健康,所以没有人会出于健康的原因,而在健康时成为医生的朋友,不是吗?"

"没人。"

"反之,生病的人［成为医生的朋友］,我想,是出于疾病的原因。"

"他怎么会不这样呢?"

［217b］"那么,一方面疾病是坏,而另一方面医术则有益和好。"

"是的。"

"那么,至少就身体本身而言,身体在某种程度上是既不好也不坏。"

"是这样的。"

"但是,由于疾病,身体现在被迫去迎合和友爱医术。"

"我认为是这样。"

"那么,既不坏［b5］也不好与好成为朋友,是由于坏的出现。"

"好像是。"

"但是,很明显,这一定是它尚未因坏的作用变坏之前,因为,一旦它变坏［217c］,它［不再］对好有一丝渴望,或成为好的朋友。因为我们说过,坏不可能是好的朋友。"

"不可能是这样啊。"

"你们现在仔细审视我的话,"我说,"因为一些东西就是这种,它就是自身。另一些东西则不是[这种]。就好像,如果[c5]有人想用一种颜色去涂抹任何[东西的]表面,用来涂抹的颜色,就显现在被染的东西上。"①

"完全如此。"

"好,那么这种被染的东西此时与其所附着的颜色是属于同一种颜色吗?"

[217d]"我不明白。"他[默涅克塞诺斯]说。

"要不然这样,"我说,"倘若有人涂抹你的头发——它原本是金色的——用白铅,那时[头发]是变白,还是显得白?"

"会显得白。"他说。

"那么,白色就真的从它自身显现啦!"

"是的。"

"然而,那会儿的头发仍然[d5]不会比染色之前更白哦,也许此时显现白色,但是你的头发压根儿不是白的或者黑的。"

"真的。"

"然而,我的朋友,当老年为它送来同一种颜色时,那时候它就会变得与自身显现的颜色一样,白色[217e]因[头发]变白而显现。"

"对啊,怎么不是?"

"那么,这就是我现在要问你的:是否无论什么在某物上显现,此物所拥有的将会是物所显现的这种东西吗? 或者说,如果某物以一种特定的方式显现,它将会成为显现的物质,抑或不是?"

"肯定是后者。"他说。

"那么,既不坏也不好有时候[e5]只是显得坏,却还不是坏;而有些时候,这一种东西已然生成,它是[坏]。"

"是的,肯定会。"

"那么,只要它还不是坏,尽管某种坏已经显现,[这种]显现使它爱欲好。但是[坏的]显现已使之变坏,就会令其丧失对好的爱欲以及与好的友爱。因为,它不再是[218a]既不坏也不好,而是坏。然而,好不是坏的朋友。"

---

① 《理想国》430a 用羊毛染色来比喻灵魂的教育。

"确实不会。"

"正是由于这些东西,那么,我们也可以说:那些已是智慧的,不管诸神也好,世人也罢,皆不会再热爱智慧;那些[a5]无知到如此地步,以至于变坏的人也不会热爱智慧,因为(我们会说),没有一个坏且愚蠢的人热爱智慧。那么,还剩下一种人——身上带有无知的坏,却还不至于无自知之明,或[218b]愚蠢,但他们仍然相信,自己在许多不知道的事情上无知。因此,那些既不好也不坏的人热爱智慧。而正如坏人不热爱智慧,好人也不热爱智慧。我们此前所说的就变得很清楚了,对立者不会与[b5]所对立者为友,相似者也不会与所相似者为友。难道你们俩没有回忆起来?"

"当然记得。"他们[两个]都异口同声说道。

"现在,既然这样,"我说,"吕西斯和默涅克塞诺斯啊,我们已经相当全面地发现了朋友是什么和不是什么。对此我们承认,不仅关于灵魂而且关于[218c]身体,或者别的什么东西,既不坏也不好,由于坏的显现,成为好的友伴。"

他们两个[都]完全同意,认为朋友就是这样的。

我自己更为欣喜,有如某个猎人[为自己]捕获了心属的猎物[而欣喜]。但是随后,我不知道[c5]从何而来的一股不同寻常的疑窦从心里冒出来:我们所同意的并不正确,我直接恼怒地说:"哎呀!吕西斯和默涅克塞诺斯,看来我们拥有的只是一个梦影。"

[218d]"到底怎么啦?"默涅克塞诺斯说。

"我担心,"我说,"我们遇到了一些关于谁是朋友的虚假论证——就像是冒名顶替的人一样[虚假]。"

"怎么会这样?"他说。

"让我们这样来考虑,"我说,"说一个人即将成为朋友,是指他是某人的友爱者呢,抑或不是某人的[友爱者]?"

"必然是啊。"他说。

"那么,成为朋友究竟并非为了什么东西且毫无原因呢,还是为了什么东西并且有原因?"

"为了什么东西,且有原因。"

"现在,友爱者为了某种东西去友爱[d5]他的朋友,那么,[这种东西]到底是朋友,抑或既不是朋友也不是敌人?"

[218e]"我完全跟不上。"他说。

"这很自然,"我说,"不过,用这样的方式,也许你会跟上,而且,我认为我甚至会更明白自己要说的话。正如我们刚才所说,病人是医生的朋友,是吧?"

"是的。"

"那么,病人是因为生病,为了得到健康的缘故,才成为[e5]医生的朋友吗?"

"是啊。"

"疾病是一种坏吧?"

"怎么不是。"

"那么健康呢?"我说,"健康是好还是坏,或者两者都不是呢?"

"一种好。"[219a]他说。

"我们刚才说过,身体既不好也不坏,看起来因为疾病的缘故,也就是说由于坏的一面,身体是医术的朋友,而医术是好;为了给予健康的缘故,医术接受了友爱,并且健康是好。[a5]是这样吧?"

"是的。"

"那么,健康是朋友呢,还是不是朋友呢?"

"是朋友。"

"那么,疾病是一个敌人吗?"

"肯定是。"

"所以,由于坏的和某种敌人的原因,同时也为了好和朋友的目的,[219b]既不坏也不好的东西成为好的朋友。"

"似乎如此。"

"因为朋友的缘故,朋友才成为朋友的朋友,也是因为朋友的敌人存在。"

"似乎如此。"

[b5]"那么,"我说,"既然我们已经讨论到这里,男孩儿们,让我们留点神,免得我们被骗。朋友成为朋友的友爱者,相似者是所相似者的友爱者——我们先前都认为,这不可能。我允许先放过这个[看法]。不过,虽

然这么说,为了避免我们现在的讨论欺骗[219c]我们,让我们考虑以下问题:我们说,医术为了健康的目的成为[身体]的朋友。"

"是的。"

"这么说,健康也是朋友?"

"肯定是。"

"这么说,凡成为朋友的皆是为了某种东西的缘故。"

"是的。"

"如果依照我们先前的结论,这某种东西是一个友爱者。"

"肯定是。"

"因此,如果为了朋友的缘故而成为朋友的也是[c5]友爱者吧?"

"是啊。"

"那么,我们是不是有必要停止这样追寻下去呢?否则我们就会进入到[友爱的]某种原初的东西。这[原初的东西]将不会再把我们引向另一类友爱者,而是将会达至[219d]第一朋友,我们把其他所有为了第一朋友的缘故[而成为朋友]的东西,统统都称为友爱者。"

"有必要。"

"那么,这恰好是我要说的,我怀疑,那些为了第一朋友而被我们称为友爱者的其他全部东西正在欺骗我们,它们就好似[第一朋友]自身的某种幻影。并且我还怀疑恰恰这个我们说的最初的东西才是[d5]真正的友爱者。现在让我们以这种方式设想下去。无论何时某人非常重视什么东西——比如说,有时候某个父亲把儿子看得高于他的一切财产——这样一个[219e]为了关心儿子缘故的人,会同样看重与其子相关的其他所有东西吗?比如说,如果他知道儿子饮了毒芹汁,要是他认为酒可以救自己的儿子,他会不会更看重酒呢?"

"当然[会]啊。"他说。

"也会看重盛[e5]酒的器皿吗?"

"是的,非常看重。"

"那么,在这种情况下,这位父亲更看重哪一个呢?陶制的酒杯还是自己的儿子,是三小杯酒还是自己的儿子?或者情形有些像这样:他的全部热忱没有直接放在为了某物所提供的那些东西上,而是放在了所有

[220a] 这类东西为之服务的某物上。我不否认,我们经常说我们看重金银,但是我怀疑事实并非如此。相反,我们视这个目的无所不在,无论它显现为什么,获取[a5]黄金以及所有的其他斩获都是为了这个目的。我们可以这样说吗?"

"完全可以。"

"那么,关于朋友也能用同一套说法吗? 显然,凡是因为我们为了某个其他[220b]朋友的缘故成为我们朋友的,我们称它们为名义上的'朋友'。毕竟,真正的朋友恐怕就是所有这些所谓的'朋友'最终指向的那个东西本身。"

"恐怕是这样。"他说。

"那么,真正的朋友不会为了某些[b5]朋友而成为友爱者吗?"

"的确。"

"那么,我们就放弃了这种说法:朋友为了某些朋友成为友爱者;不过,'好'是一个友爱者吗?"

"我认为是的。"

"那么,因为'坏的'才会友爱'好的',[220c]情况会是[如下]这样的吗? 我们刚刚讨论过的三类东西——'好的''坏的'和'不好不坏的',如果留下其中'好的'和'不好不坏的',除去'坏的'并且使得'坏的'再不能伤害身体、灵魂,或是我们所说的[c5]其他任何自身对自身而言'既不坏也不好的'的东西,到那时候,难道'好的'就对我们无用并且会变得毫无所用吗? 毕竟,要是不再有什么东西能够伤害我们,我们根本就不需要[220d]任何帮助,这样的话,就会愈加显明我们以前是由于'坏的'才会喜欢和友爱'好的',正如'好的'是能治疗'坏的'的一剂药,而'坏的'则是一种病。假若没有病,也就不需要药。对于'好的'而言,难道它生成就是如此吗? 之所以被我们这些介于'坏'与'好'之间的人[d5]友爱就是因为'坏'的缘故吗? '好的'就自身而言毫无用处吗?"

"看来是这样。"他说。

"因此,对我们来说,这个朋友,作为其他所有东西最终友爱[220e]的'第一朋友'——因为我们曾经说过,这些东西为了'第一朋友'的缘故都成了'友爱者'——与这些友爱者毫无相似之处。尽管他们为了'第一朋友'的缘故才被人称为友爱者,然而,友爱者的真正所是却与之截然相反。其所是表明,真正的友爱者为了某个敌人而与我们成为朋友,如果敌人[e5]除去了,友爱者似乎就不再是我们的朋友。"

"至少,就眼下所说而言,"他说,"我认为不再是。"

"可是,"我说,"凭宙斯,如果'坏的'消灭了,难道世上就再无饥饿,再无[221a]干渴,再也不会有任何这类东西吗?不然,假若还有世人和其他造物[存在],就仍有饥饿,但它没有危害?干渴和其他欲望亦然,但它们不会是坏的,因为'坏的'已经消灭?或者这是个荒唐的问题——[a5]它[欲望]一会儿会是[坏的],一会儿又不会是[坏的]吗?有谁知道呢?不过,我们至少确实知道,即便现在饥饿仍有可能对人有害,也可能对人有益,不是这样吗?"

"肯定如此。"

"那么,对于干渴的人以及[221b]对其他全部有这类欲望的人来说,这种情况有可能出现吗?有时候欲望有益,有时候则会有害,而有时候两者都不是。"

"恰如其分。"

"那么,如果坏的东西消灭了,那么,它会促使那些碰巧不坏的东西与坏[b5]的东西一起消亡吗?"

"根本不会。"

"那样的话,无论什么既不好也不坏的欲望还是会存在,即使坏的东西消灭了。"

"显然如此。"

"好,一个怀有欲求和爱欲的人,却有可能不会[像个友爱者那样]友爱他所欲求和欲爱的东西吗?"

"我可不这么看。"

"如果那样的话,即使[221c]坏的[东西]消灭,看来某些友爱者仍会存在。"

"是啊。"

"不是吗,如果'坏的'真的是某种成为友爱者的原因,'坏的'消灭了,就没有什么会是另一个的友爱者。毕竟,若原因被消灭,由这个原因导致的东西就不可能还[c5]存在。"

"你说得直白。"

"现在我们是不是已经同意,由于某个东西,友爱者才会友爱某个东西?我们之前不是设想,由于'坏的','既不好也不坏的'才会友爱'好的'吗?"

"真实。"

[221d]"但现在呢,似乎另一个友爱与被友爱的原因正在显现。"

"看来如此。"

"那么,老实说,正如我们刚才所讲的,事实上欲望才是友爱的原因;欲望在欲求的时候,欲求者是它欲求东西的友爱者,不是吗? 至于[d5]我们先前所说的关于友爱者的话是一些废话,就像一首臭长的诗?"

"恐怕是这样!"他说。"当然,"我说,"欲望都是要欲求它所[221e]欠缺的东西,不是吗?"

"是啊。"

"这样的话,欠缺者就是它所欠缺的东西的友爱者吗?"

"我的看法是这样。"

"那么,无论它被剥夺了什么,它就变成了欠缺者。"

"当然。"

"那么,这就表明,爱欲、友爱和欲望似乎是相属的,[e5]默涅克塞诺斯和吕西斯啊。"

他俩皆同意。

"这样的话,如果你们俩彼此是朋友,在某些方面就自然而然一个属于另一个。"

"正是如此!"他们异口同声说。

"那么,"我说,"要是任何人渴望或爱欲另一个,[222a]男孩儿们啊,或者疯狂地爱欲他,在某种程度上,除非这个人在灵魂或者灵魂的某种特质、方式或模样方面刚巧与被爱欲者相属,否则他不可能渴望、爱欲或友爱。"

"肯定如此。"默涅克塞诺斯说,但吕西斯并不吭声。

"很好,"[a5]我说,"那些自然与我们相属的东西,我们显然应该去友爱[它们]。"

"看来如此。"他[默涅克塞诺斯]说。

"那样的话,一位爱欲者如果真诚而不是故意装出来的,他一定会被他的男孩儿爱上。"[222b]对此,吕西斯和默涅克塞诺斯相当勉强地颔首赞同,而希珀塔勒斯则对[这个结论]喜形于色。

[由于]希望检审一下这个论证,于是我说:"如果'相属'有别于'相似',那么,[b5]我们所说的那些——在我看来,吕西斯和默涅克塞诺斯啊,关于什么是朋友的话[正确]。可是,如果碰巧遇到'相似'与'相属'其实是同一个,那就不容易抛弃先前的论证,也就是,由于它们的相似,'相似'对'相似'毫无用处。只能承认,[此前]同意一个朋友毫无用处[222c]就是错误的。你们真的愿意吗?"

我说:"当我们如同醉汉般对待这个论证时,我们必须同意且宣称'相属'有别于'相似'这个说法吗?"

"肯定同意。"

"到底是哪一个呢?是'好的'属于每个人,而'坏的'[c5]不属于[每个人]而属于别的?还是,'坏的'属于坏人,'好的'属于好人,'既不好也不坏的'则属于不好不坏的人?"

他们都说,他俩的意见是各[222d]与其类相属。

"那就绕回去啦,男孩们!"我说,"我们再次掉进先前摈弃的那些关于友爱的讨论了。毕竟,与不义之人是不义之人的友爱者一样,坏人是坏人的[友爱者],好人是好人的[友爱者]。"

[d5]"看来如此。"他说。

"这是怎么回事?如果我们宣称'好'与'相属'一样,是不是好人就只能是'好'的友爱者?"

"肯定如此。"

"可就连这个观点,我们已经驳倒我们自己,难道你俩不记得啦?"

"我俩记得。"

[222e]"那么,就这个论证我们还能做些什么?或者显然什么[结论]也没有?无论如何,像那些在法庭上的聪明人,我需要回头彻查我们刚才所讲的全部东西。因为如果既不是那些'爱欲者',也不是那些'被爱欲者',不是那些'相似的',不是那些'不相似的',不是那些'好的',

[e5]不是那些'相属的',也不是我们通盘考虑的全部东西——毕竟,我[自己]记不得那么多——不管怎么说,如果友爱者并不在所有这些东西之中,我真不知道该说些什么了。"

[223a]当我说这番话的时候,我已经有意要去激发那伙年长者中的某个人。不一会儿,像某类精灵一般,看护男孩们的家奴出现了,其中有默涅克塞诺斯和吕西斯的[家奴],还有他们的亲兄弟走过来,召唤并催促他们离开,[a5]回自己的家,因为那会儿天色已晚。

起先,我们和人群站成一圈儿,试图把他们挡开。然而,因为他们没有注意到我们,于是一边冲着我们发火,一边用带有蹩脚的希腊话[223b]一声声唤着男孩子们。我们推测,他们准是在赫耳墨斯节上喝了不少酒,很难缠。于是,我们向他们让步,敞开我们的圈子。

正当他们要离开时,我对他们说:"现在,吕西斯和默涅克塞诺斯啊,我们[b5]——我,一个老头儿,还有你们——把自己弄得很可笑,因为,我们离开的时候,在场的这些人会说:'我们当然认为,我们都是另一个人的朋友。'毕竟,我也把自己算作你们中的一个。可什么是朋友呢?我们至今还没有找到。"

卷六

欧蒂德谟

万昊 译

克里同 [271a]那是谁啊,苏格拉底,昨天你和谁在吕喀昂谈话?当时你们周围人太多,我凑近想听,却什么都听不清。不过,我伸长脖子隐约能瞥见,我认为你是在与某个外邦人谈话。[a5]那是谁?

苏格拉底 你问的是哪一个,克里同?因为不是一个人而是两个。

克 我指坐在你右边,从你数起的第三个人,[271b]你俩中间是阿克西俄科斯①的小儿子。而且我认为,苏格拉底,他已经长大了很多,同我们的克里托布洛斯②年纪相差不多。不过他[克里托布洛斯]较为瘦弱,这个男孩则更强壮,并且既美且[b5]好。

苏 那是欧蒂德谟③,克里同,他就是你问的那个人,挨着我左手边坐的是他兄弟狄俄尼索多罗斯④,他也参与了这番谈话。

克 哪个我都不认识,苏格拉底。他们似乎是某类新鲜人物,[271c]就像智术师。[他们]从哪里来?有何种智慧?

苏 从家族血统上看,他们来自附近某处,我想应该是喀俄斯⑤。但

---

① 阿克西俄科斯大约生活于公元前5世纪中至前5世纪末。老阿尔喀比亚德(前448—前404)有两个儿子,一为文中的阿克西俄科斯,另一个是克莱尼阿斯,此二人的儿子分别是对话中的克莱尼阿斯及著名的阿尔喀比亚德。

② 克里托布洛斯,克里同的儿子,苏格拉底的弟子之一。

③ 欧蒂德谟(生卒年不详),智术师,狄俄尼索多罗斯的弟弟。

④ 狄俄尼索多罗斯(生卒年不详),智术师,欧蒂德谟的哥哥。

⑤ 喀俄斯,希腊岛屿,位于爱琴海,距离今土耳其西岸很近。

他们移民到了图里俄伊①，后来又逃离了那儿。从此以后他们绕着这些地方辗转多年。[c5]你问到他俩的智慧——[这是]一个奇迹，克里同啊，他们简直在所有事情上都最智慧，我此前从不曾知道拳击摔跤全能赛手是怎样的。他们俩在所有事情上都是绝对的战士。他们并不只是像来自阿卡纳尼亚②的那对兄弟那样的全能赛手，[271d]那两位只懂得用身体作战，而这两位，首先，他们在用身体作战一事上强得可怕，能够战胜所有人——他们不仅自身擅长披甲作战，[272a]只要[向他们]交学费，还能让其他人变得像他们一样。其次，他们也最能胜任法庭上的战斗，并懂得教授其他人如何言说，或是为其编撰那类适用于法庭的言辞。在过去，他们仅在这些方面强得可怕，[a5]但如今，他们已经将[自己的]全能竞技的技艺磨练得炉火纯青。对于从前不甚擅长的战斗，他们现在已经造诣精深，乃至于没有一个人有能力在他们面前抵挡片刻。他们在用言谈战斗和驳斥[272b]既定的说法——无论是谎言或真实——方面已经如此可怕。所以我啊，克里同，就萌生了将自己交给那两个男子的念头。因为他们宣称，可以用很短的时间让其他任何人同样在这些事情上变得可怕。

克　[b5]什么，苏格拉底？你就不担心你的年纪恐怕太老了些？

苏　完全不担心，克里同，我有足够的证据和鼓励让我不必担心。因为这两位自己就可谓是老人，在开始习得这种智慧——[b10]我所欲求的辩论的[智慧]时：一两年前他们还没有这么[272c]聪明。但我只担心一件事，那就是我可能反而会为这两位外邦人招致辱骂，就像那位基塔拉琴师墨特罗比俄斯的儿子科恩诺斯③那样，他甚至直到现在仍在教我基塔拉琴；看到[这一幕]，与我同去学习的孩子们便嘲笑我，并将科恩诺斯[c5]唤作"老头的老师"。所以，我担心有人让这对外邦人也丢同样的脸。因为担心发生类似的事情，他们或许不会愿意接受我。不过我啊，克里同，已经说服了其他[一些]上年纪的学习伙伴与我同去[欧蒂德谟]那儿，[272d]在这里，我也将设法说服另一些[伙伴]。你为何不同来呢？而且

---

① 图里俄伊，雅典在意大利建立的殖民城邦。欧蒂德谟兄弟大约在公元前413年被图里俄伊放逐。
② 阿卡纳尼亚，地区名，位于希腊中西部。
③ 科恩诺斯（生卒年不详），苏格拉底的音乐老师。

我们还会带上你的儿子们作为[引诱]他们俩的诱饵:我很确信,由于年轻小伙子们的吸引力,他们俩肯定乐意一并教育我们。

克 这没问题,苏格拉底,只要你认为好。[d5]首先,请你告诉我这两个男人的智慧究竟是什么,这样我就能知道我们也将会学到些什么。

苏 你马上就能听到。我可不能说我没关注他们俩。相反,我全神贯注,[他们所说的]大部分我都记得,我会试着从头开始把所有事情全部都讲给你听。

[272e]在某位神明的驱使下,我坐在了那里,就是你看见我的那个地方。我独自待在更衣室,随即便有了起身[离开]的念头。当我正站起来时,那常伴随我的精灵现身了。于是我再次坐下,片刻[273a]之后,这对兄弟——欧蒂德谟和狄俄尼索多罗斯——走了进来,同时其他学生也鱼贯而入——我看到有很多。他俩走进来以后,便在回廊处来回踱步。他们大概走了两三圈时,[a5]克莱尼阿斯①走了进来——他长大了许多,你说得真实——他身后还尾随着许多其他爱欲者,以及克忒西珀斯②,一位来自派阿尼亚③的年轻人,天性十分美且好,只是有着[273b]年轻人常有的傲慢。紧接着,克莱尼阿斯一进来就看见我正独坐,他径直朝我走来,就像你说的那样坐在我右边。欧蒂德谟和狄俄尼索多罗斯看见他[克莱尼阿斯]后,先是停住脚步交谈了一会儿,时不时[b5]便望向我们——此时我的注意力全在他们身上——接着,他们中的一人,欧蒂德谟,坐在了这位少年旁边,另一个则坐在了我的左手边,其他人也一一坐下。

[273c]因为有段时间没看到这对兄弟了,我便向他们表示了欢迎。然后我对克莱尼阿斯说:"克莱尼阿斯,欧蒂德谟和狄俄尼索多罗斯这两个男人很有智慧,并非在小事上,而是在大事上。他们了解关于战争的一切事务,[c5]一个人要成为一位好将军所必须知晓的一切,军营所需的规章与权威,以及披挂重甲作战所必须被教导的一切。这兄弟俩还能教人学会在法庭上自我辩护,如果有人对其行不义的话。"

---

① 克莱尼阿斯(前424—?),阿克西俄科斯的小儿子。
② 克忒西珀斯(前425—?),克莱尼阿斯的爱欲者,默涅克塞诺斯的表兄弟。
③ 派阿尼亚,东阿提卡地区的希腊小镇,位于雅典东北。

[273d]说完这些后,我发现他们对此嗤之以鼻。他们笑了笑,彼此交换了一下眼色。欧蒂德谟说:"我们已经不再将这些当作事业了,苏格拉底,而是拿它们当副业而已。"

[d5]我惊讶地说:"我猜[你们现在从事的]一定是美的事业,如果连[刚才提到的]那些事情都被你们视作副业,诸神在上,请你们告诉我这美的事业是什么。"

"德性,"他说,"苏格拉底,我们认为我们俩可以将其最美地教给人,并且最快。"

[273e]"宙斯啊!"我说,"你们俩说的究竟是什么样的事情!你们俩从哪里寻得了这天赐之物?我仍旧像我刚才说的那样揣测你们,以为你们[只是]精于此道——披挂重甲战斗——我才说着关于你俩的这些事情。从前,你俩还住在我们[e5]中间的时候,我记得那会儿你们自己是这么宣称的。但现在,如果你俩真的怀有这样的知识,那便行行好吧——你们看,我都真诚地称你们为一对神明了,请你们原谅[274a]我此前的说法。不过请你们瞧瞧,欧蒂德谟和狄俄尼索多罗斯啊,你俩说的是否真实:对如此重大的宣告产生怀疑,一点儿也不令人惊奇。"

[a5]"那么你会知道得清清楚楚,苏格拉底,"这俩人说,"事实就是如此。"

"那么,我会就你们的事业夸赞你们,远远超过夸赞取得统治权的大王。只是你们得告诉我,你们心里想的是要展示这样的智慧呢,抑或有其他打算。"

"这便是我们来到这里的意义,苏格拉底,我俩来展示[274b]并教学,如果有谁想学的话。"

"我向你保证,所有不具备[这种智慧]的人都愿意。首先是我,其次是这儿的克莱尼阿斯,除我们以外,还有这位克忒西珀斯,以及其他这些人。"我说完便[b5]为他指出了克莱尼阿斯的这些爱欲者,他们现在恰巧站在我们周围。因为在我看来,克忒西珀斯恰巧坐得离克莱尼阿斯远,欧蒂德谟在与我交谈时恰巧把身子凑向前,[274c]阻隔了克忒西珀斯看向克莱尼阿斯的视线,那时他[克莱尼阿斯]就坐在我们之间。为了能看到他的男孩,同时也渴望听,克忒西珀斯跳起来,第一个站到我们跟前。其他人[c5]看到这个举动以后,便也站到了我们周围——克莱尼阿斯的爱欲者和欧蒂德谟与狄俄尼索多罗斯的友伴们都是。我指着他们告诉欧蒂德谟,所有这些人都准备好了要[274d]学习。于是,克忒西珀斯热切表示赞同,其他人也一样,所有人都一同叫这对兄弟展示智慧的力量。

然后我说:"欧蒂德谟和狄俄尼索多罗斯,完整地[d5]在每个方面满足他们,也为了我,展示一番吧。显然,要最完整地展示不是一件小事;不过,请你们告诉我一件事,你们是只能将已经确信必须要从你们这儿学习的人变成好人,[274e]抑或也能将对此并不确信的人——因为他全然不信德性这件事情可教,或怀疑你们俩并不能担任德性的教师——[变成好人]?来吧,这是同一种技艺的功效吗——既使这样的人相信德性可教,又使他相信任何人都能从你们那里最美地学习它——还是属于另一种技艺?"

"属于这同一种[技艺],苏格拉底。"狄俄尼索多罗斯说道。

"那么你们,"我说,"狄俄尼索多罗斯,是现今所有人中[275a]能够最美地使人朝向热爱智慧并关心德性的人吗?"

"至少我们这么认为,苏格拉底。"

"那么,你们俩推迟些吧,"[a5]我说,"晚些再为我们展示做其他事情,现在请只展示这件事。请你们说服这位年轻人,必须热爱智慧并关心德性,让我和这里的所有人都满意。这位小伙子恰好符合这种情况;我和他们所有人,也恰好渴望看到他尽可能变得优秀。他是阿克西俄科斯——老阿尔喀比亚德的儿子——的儿子,[275b]现在活着的那位阿尔喀比亚德的堂兄弟,他的名字是克莱尼阿斯。他还年轻,所以我们都担心他,那是对一个年轻人常有的那种[担心],唯恐有人抢在我们前头,将他的想法引向别处,败坏了他。而你们两位在最美的时机来到这里。[b5]如果对你们来说[谁]都一样,那便请你俩拿这个小伙子做试验,当着我们的面同他交谈。"

几乎就在我说这些话的同时,欧蒂德谟勇敢又大胆地说:"对我们来说都一样,[275c]苏格拉底,只要这个年轻人愿意回答。"

"不过事实上,"我说,"他已经习惯于这样;这些人经常来找他问各种问题并与他交谈,他对于回答问题毫不胆怯。"

[c5]接下来的事情,克里同,我要怎样才能对你描述得美？要彻底地复述如此不可思议的智慧,可不是一件小事,以至我要像[275d]诗人一样,开始叙述的时候吁请缪斯和墨涅摹绪涅①。接下来,我想,欧蒂德谟是这么开始的:"克莱尼阿斯,哪种人是学习的人,智慧的还是无知的人？"

[d5]这位小伙子因这个大问题羞红了脸,他陷入困惑并看着我。我意识到他因惶惑而变得躁动,"勇敢点儿,"我对他说,"克莱尼阿斯,[275e]像个男人,对你显得怎样就怎样回答。因为这样做,或许你能最为受益。"

此时,狄俄尼索多罗斯凑近我耳旁,脸上始终带着微笑,对我说:"事实上,[e5]苏格拉底,我可以预先告诉你,无论这个小伙子如何回答,他都会被反驳。"

他说这番话的同时,克莱尼阿斯就回答了,所以我没有机会劝告[276a]这个小伙子当心。他回答说,智慧的人是学习者。

接下来,欧蒂德谟说:"你会将有的人称作老师,还是不会？"

他同意。

"那么这些老师便是学习者的[a5]老师,我想,就像基塔拉琴演奏者和文法家是你和其他男孩的老师,你们则是学习者？"

他赞同。

"那就意味着,你们在学习的时候并不懂得你们正在学习的东西？"

"不懂。"他说。

[276b]"你们不懂得那些东西时,你是智慧的吗？"

"当然不。"他回答说。

"如果不智慧,便无知？"

"当然。"

"因此,你们在学习所不懂的东西时,是作为无知的人在学习？"

那个小伙子点了点头。

"所以说,是无知的人学习,[b5]克莱尼阿斯,而不是像你想的那样,是智慧的人。"

---

① 墨涅摹绪涅,希腊神话中提坦神族司记忆的女神。

他说完这些后,就像在歌队教练指挥之下的歌舞队一般,那些追随[276c]狄俄尼索多罗斯和欧蒂德谟的人同时欢呼和大笑起来。紧接着,那小伙子还没能好好喘口气,狄俄尼索多罗斯便接过话头,"这种情况又会如何,克莱尼阿斯,"他说,"当文法家在给你们听写的时候,两个孩子中的哪个在学他所[c5]听写的东西,智慧的还是无知的?"

"智慧的。"克莱尼阿斯说。

"所以,是智慧的人学习,而不是无知的人,你刚才没有好好回答欧蒂德谟。"

[276d]这时,两兄弟的仰慕者们大声笑了起来,一阵喧嚷,赞美这对兄弟的智慧。而我们其余人一阵沉默,都被吓蒙了。欧蒂德谟意识到我们被吓蒙了,为了让我们更惊叹于[d5]他[的智慧],他没有放过那个小伙子,而是对他发问,就像那些好的舞者,在同一个点上将问题翻转了两遍,他说:"人们在学习的时候,学的是他们懂的东西,还是他们不懂的东西?"

狄俄尼索多罗斯再次对我小声耳语说:[276e]"这一回,苏格拉底,是和先前的[问题]很像的另一个问题。"

"宙斯啊,"我说,"毫无疑问,先前的问题对我们来说已经显得很美了。"

[e5]"我们问的所有这些,"他说,"苏格拉底,都无可逃避。"

"正因如此,"我说,"如我所见,你们才在弟子之中享有好名声。"

与此同时,克莱尼阿斯回答欧蒂德谟说,在学习的人学习的是他们不懂的东西。[277a]他接着以先前的形式继续问:"那么这又如何,"他说,"你不认得字母吗?"

"认得。"他说。

"所有字母你岂不都认识?"

他同意。

"当有人听写任何东西的时候,他不是在听写字母吗?"

他同意。

"你知道他在听写的是什么吗,"[a5]他说,"如果你认得所有字母?"

他再次同意。

"那便如何？"他说，"并非你在学习任何别人听写的东西，而是一个不认识[字母]的人在学习字母？"

"不，"他说，"是我在学习。"

"那么，"他说，[277b]"你在学习的就是你懂的东西，若你确实认得所有字母？"

他同意。

"所以，你刚才就答得不对。"他说。

欧蒂德谟话音未落，狄俄尼索多罗斯像接过球似的再次把[b5]言辞瞄准那小伙子，说道："欧蒂德谟骗了你，克莱尼阿斯。告诉我，学习不就是去掌握一个人所要学的知识吗？"

克莱尼阿斯同意。

"而懂得，"他说，"不就是已经拥有知识吗？"

他赞同。

"那么，不懂就是[277c]尚未拥有知识？"

他对他[狄俄尼索多罗斯]说同意。

"那么，获取任何东西的人，是已经拥有的人，还是尚未拥有的人？"

"尚未拥有的人。"

"你是否同意，那些不懂的人属于这些尚未拥有的人？"

他点头同意。

[c5]"这么说来，学习者属于要获取的人，而不属于拥有的人？"

他赞同。

"因此，是不懂的人学习，克莱尼阿斯，而不是懂得的人。"

[277d]欧蒂德谟仍然想要将这位少年第三次摔倒，他咄咄逼人，就像在摔跤比赛中那样。我意识到这小伙子已经撑不住，便想要停止这场问话，以免他对我们失去信心，我就鼓励他说："克莱尼阿斯，不要惊诧于[d5]展现在你面前的这些不同寻常的言辞。或许你并不理解这两位外邦人对你所做的意味着什么。他们所做的正是与要加入科吕班忒斯①的祭

---

① 科吕班忒斯，女神瑞娅的信徒。他们祭祀瑞娅的方式，非常近似狄俄尼索斯祭仪，以狂欢著称。

礼时[所要做的事情]一样,当他们打算接纳新人时,便会为他举行入会仪式。那里会有舞蹈和游戏,如果你也曾加入[你便会了解]。现在[277e]这对兄弟不过是围绕着你跳舞,仿佛起舞、游戏,此后,他俩便打算让你加入。

"那么现在呢,[应当]认为你正在聆听智术师祭礼的第一步。排在第一位的,就像普罗狄科所说,是必须学习名称的正确用法,[e5]这也正是这对外邦人刚才对你所展示的,你并不知道,一方面,世人用'学习'称呼这种人——他刚开始完全不具备关于某种事物的知识,[278a]随后他获得了关于它的知识;另一方面,他们又用同一个词称呼另一种人——他已经拥有知识,并用同样的知识来思考同样的事物,无论是所做的还是所说的。人们会将后者称作'理解'更甚于[a5]'学习',但有的时候也会称之为'学习'。

"但是你呢,就像他们指出的,对这一点并没有留意,同一个名称会被用于相反的人,既包括懂得的人,也包括不懂的人。第二个问题的要点也差不多,他们[278b]问你,人们学习的是他们懂得的东西还是他们不懂的东西。这些问题都属于有关'学习'的小游戏——就是因为这样,我才说他们在与你做游戏——而称其为游戏,是由于以下这些原因:对于这类事情,哪怕有人学得了很多,甚至全部,[b5]他也无法完全懂得事物的真实状态,不过他倒是能够就名称[所包含]的差异来与别人玩游戏,给他们下绊儿、把他们掀翻,就好像有些人在人们想要坐下时将下面的凳子抽走,满心愉悦[278c]并嘲笑一番,看到他们摔得仰面朝天时便是如此。

"现在,你该明白,他们刚才和你玩的游戏就是这样的东西。但是,在此之后,显然这对兄弟俩将为你展示严肃的事情,而我将引导他俩,这样他们便会说出他们[c5]对我承诺的事情。因为他俩说了他们要展示规劝的智慧,而适才在我看来,他们或许认为有必要先和你玩个游戏。

"现在,欧蒂德谟和狄俄尼索多罗斯啊,[278d]你们和他已经玩过游戏了,或许这已经够了。在这之后,请你俩展示一下,规劝这位小伙子,叫他知道关心智慧和德性的必要。但首先,我会为你们俩演示一下,我如何思考这样的问题,以及我渴望[d5]听到你们如何[说]这样的问题。如果那时候我在你们看来既外行又可笑,还望你们不要嘲笑我;这全都是因为我热切渴望听到你们的智慧,所以我才胆敢以即兴表演呈现在[278e]你们面前。因此,请你们俩克制一下,你们自己以及你们的学生都是,听我讲别发笑;你回答我,阿克西俄科斯的孩子。

"所有人都希望过得好吗? 或许这就属于我刚才所担心会引起嘲笑的那种问题之一,怕是会引你们发笑而遭到鄙[e5]视? 我感觉问起这样的事情就很愚蠢:谁会不希望过得好呢?"

"没有任何一个人不[希望]。"[279a]克莱尼阿斯说。

"好,"我说,"接下来,既然我们希望过得好,那么我们如何才能过得好? 是不是如果有许多好东西属于我们,那就是过得好? 或许这个[问题]比前面的[问题]更为头脑简单? 显然,事情很清楚就是这样。"

他赞同。

"接下来,[a5]在那些存在物之中,哪类对我们来说才是好的呢? 或者这看起来不是一件难事,也无需一个重要人物来解决? 所有人都会告诉我们,拥有财富好,不是吗?"

"当然如此。"他说。

"接下来是不是过得健康、[279b]美,以及充分具有身体方面的其余[好东西]?"

他似乎也同意。

"显然,在一个人自身的[城邦]中,好的出身、权力、荣誉也是好东西。"

他同意。

"接下来还有什么是我们仍未提及的好[东西]?"我说,"是否还有[b5]节制、正义和勇敢? 以宙斯之名,克莱尼阿斯啊,你认为,如果我们将这些都算作好东西,这么做是对还是不对呢? 或许有人会与我们争论,但在你看来这当如何?"

"这些是好东西。"克莱尼阿斯说。

[279c]"很好,"我说,"那我们将把智慧摆在这支歌舞队的哪个位置? 摆在好东西之中,或者你怎么说?"

"在好东西之中。"

"用心记好了,免得我们遗漏任何值得被言辞提及的好东西。"

"我不认为我们遗漏了任何一样东西。"克莱尼阿斯说。

可[c5]我想起了一样,就说:"宙斯啊,我们险些把最伟大的好东西漏了。"

"什么?"他说。

"好运,克莱尼阿斯。每个人甚至最下层的人都会说,这是最伟大的好东西。"

"你说得没错。"他说。

我再次改变想法,并说:"差点作为笑料[279d]呈现在这些外邦人面前了,我和你都是,阿克西俄科斯的孩子。"

"为什么会这样?"他说。

"因为我们刚刚把好运放在前面所说的东西之中时,我们在说的是一个重复的东西。"

"为什么是这样?"

"这当然很可笑,[某样东西]之前已经放在我们面前,[d5]我们还要将其再次放在面前,并再次说起这个东西。"

"你这是什么意思?"

"智慧当然就是好运,"我说,"甚至连孩子都明白这事。"

他感到惊讶,因为他仍然年轻且头脑简单。我察觉到了他的惊讶。

[279e]"你不知道吗,"我说,"克莱尼阿斯,将簧管演奏得好的簧管演奏者是最有好运的?"

他赞同。

"那么这是不是也一样,"我说,"文法老师之于书写和阅读字母?"

"确实如此。"

"这又如何?面对海上的[e5]危险,一般说来,你肯定不会认为有人比智慧的舵手更好运?"

"当然不会。"

"这又如何?若你在军队中服役,你更愿意与哪一个共同承担危险[280a]与运气,智慧的将军还是无知的?"

"智慧的那个。"

"这又如何？当你生病时，你更愿意与哪一个共同面对危险，智慧的医生还是无知的？"

"智慧的那个。"

"显然啊，"我说，"因为你认为，[a5]与智慧的人共事比与无知的人共事更好运吗？"

他承认。

"所以智慧能够在任何地方让人变得好运。智慧绝不会犯错，而是必然行动得当、时机得宜，否则便不再是智慧。"

[280b]我们最终取得了一致同意，我不知道如何做到的，总结起来是这样：如果拥有智慧，有[智慧]的那个人便不再需要任何好运。取得一致同意后，我再次问他，现在是否还承认我们早前[b5]同意的。

"我们同意，"我说，"如果我们有很多好东西，我们就会幸福并过得好。"

他赞同。

"我们因为有好东西而幸福，是由于[它们]并不对我们有益，还是由于有益？"

"由于有益。"他说。

"那么，[280c]某件东西会有益吗，如果我们只是拥有而不使用它？比如说，如果我们拥有很多食物，但我们并不吃；又或是有很多饮品，但不喝，这些东西还有可能对我们有益吗？"

"当然不会。"他说。

"这种情况呢？如果所有工匠都拥有为自己的工作[c5]所准备的一切设备，但并不使用它们，那么他们会因为这种拥有就[能把工作]做好吗，因为他们拥有作为工匠所必须拥有的所有东西？比如说，一位木匠，如果所有工具和足够的木材都已备齐，但他并不搭建，他有可能从这种[280d]拥有中获益吗？"

"全无可能。"他说。

"这又如何，如果有人既拥有财富，也拥有我们刚才所说的所有好东西，但并不使用它们，他会因为拥有这些好东西而幸福吗？"

"当然不会，苏格拉底。"

"因此，"[d5]我说，"看起来啊，一个人想要幸福，不能仅仅拥有好东西，而且，必须要使用它们，否则他并不会从这种拥有中得益。"

"确实如你所说。"

"所以，[280e]接下来，克莱尼阿斯啊，既拥有好东西，也使用它们，这就足以让一个人幸福了吗？"

"至少在我看来如此。"

我说："是否只有一个人正确地使用[好东西]时[才会幸福]，还是哪怕没有正确地使用[也会幸福]？"

"只有正确地[使用]时。"

"你说得美，"我说，[e5]"我觉得，错误地使用一件事物还不如不使用它：前者坏，后者则无所谓[281a]好坏。我们是这么认为的吗？"

他赞成。

"这又如何？在关于木头的工作和使用上，除了木工知识，还有别的什么东西更能实现正确地使用吗？"

"当然没有。"他说。

"我相信，在制作器具的工作中[a5]，也正是知识实现了正确地使用。"

他同意。

"接下来，"我说，"关于使用我们最初提到的那些好东西——财富、健康和美，为了正确使用所有这些东西，是靠知识[281b]来引导并修正行为，还是靠别的什么东西？"

"知识。"他说。

"由此看来，在拥有和行动两个方面，知识不仅为人们带来好运，还让他们做得好。"

他同意。

"接下来，[b5]凭宙斯，"我说，"拥有其他东西而没有审慎和智慧，会有任何获益吗？一个人如果得到得多，做得也多，却没有理性，这会比有理性但[得到和做得]少更有益处吗？这样想想：做得少，[281c]犯错岂不也少？犯错更少，做坏事岂不也更少？做坏事更少，不幸岂不也更少？"

"全然如此。"他说。

"穷人与富人，哪一个做得少？"

"穷人。"他说。

"那么，[c5]弱小的人和强大的人呢？"

"弱小的人。"

"那么，尊贵的人和卑微的人呢？"

"卑微的人。"

"一个既勇敢又节制的人做得更少，还是懦弱的做得更少？"

"懦弱的。"

"同样，懒散的人也比努力工作的人做得更[少]？"

他承认。

"慢的人比[281d]快的人[做得少]，在看和听方面迟钝的人比敏锐的人做得更[少]？"

在所有这类事情上我们都达成了一致。

"总结起来，克莱尼阿斯，"我说，"也许，关于我们早前说到的所有那些好东西，讨论的并非这个问题，即它们如何出于[d5]自身天性而为好，看起来，毋宁是如下的情形：如果是无知在引导，它们便会比它们的对立面更坏，因为它们更能侍奉一位坏的引导者；但如果是审慎和智慧来引导，它们就是更大的好，不过就其自身而言，[281e]两者中的哪一个都毫无价值。"

"看起来就是这样，"他说，"就像你所说的。"

"接下来，从这些说法中，我们可以推断出什么？难道不是其余的任何东西都既不好也不坏，只有智慧[e5]好，而无知坏？"

他同意。

[282a]"因此，"我说，"让我们思考一下仍然遗留的问题。既然我们全都渴望幸福，也展示出既要使用这些东西也要用得正确，才能变得幸福，正确和好运则来自[a5]知识，所以，每个人都应当想尽办法做好准备，来让自身变得尽可能智慧，不是吗？"

"是。"他说。

"而且，如果一个人认为，比起钱财，他远远更应从父亲那儿继承这个东西，[282b]也向监护人、朋友，尤其其他自称是其爱欲者的人——无论是异邦人还是同胞邦民——请求和恳求,求他们分享智慧,那么,这并没有什么可耻的。克莱尼阿斯啊,同样,这么做也不该受谴责:为了这个目标,侍奉并受奴役于[b5]爱欲者也好、任何人也罢,并且愿意为任何美的供奉效力,这都是因为他渴望变得智慧。或者,在你看来,"我说,"不是这样?"

"当然如此,在我看来,你说得实在是好。"[282c]他说。

"如果智慧可教,克莱尼阿斯,"我说,"而不是人与生俱来的,对这一点我们还未考察,你和我也还没有取得一致。"

"但至少对我而言,"他说,"苏格拉底,[c5]我认为智慧可教。"

我很高兴,并说:"你说得确实美,最好的男子啊,你做得好,你让我从关于智慧是否可教的许多讨论中摆脱出来。那么现在,既然你认为智慧可教,它又是存在之物中唯一能把幸福和好运带给[282d]世人的,你还有什么别的要说吗,还是必定会去爱智慧,并将你自己的心智专注于此?"

"确实全然如此,"他说,"苏格拉底,我会竭尽全力。"

我很高兴听到这些,并说:"这就是我做的示范,[d5]狄俄尼索多罗斯和欧蒂德谟,我想听到的劝告言辞就是这样的,尽管我说得既业余又费力,而且拖得很长。无论你俩中的哪位愿意,都请为我们展示,如何有技艺地做同样的这件事吧。但如果[282e]不想这样做,你们可以接着我打住的地方,为这个小伙子展示:他是否有必要掌握所有的知识,抑或有一种知识,掌握了就可以变得幸福并成为好人,而那种[知识]又是什么。因为就像我开头所说的,[e5]这个年轻人如能变得既智慧又好,恰好对我们非常重要。"

[283a]我先说了这些,克里同,随后便认真关注接下来会发生什么,考察他们用何种方式把握言辞,以及从哪里开始鼓励这位少年操持智慧与德性。[a5]他们中年长的那位狄俄尼索多罗斯首先开启了言辞,我们全都注视着他,仿佛马上就能听到惊人的言辞。这[283b]的确就是他随后为我们带来的:这个男人以惊人的言辞开场,克里同,这值得你聆听,因为这是一场鼓励人朝向德性的言辞。

"告诉我,"他说,"苏格拉底和其余的人——那些[b5]说渴望这位少年变得智慧的人,你们是闹着玩儿说这些,还是当真如此渴望,是在严肃地说?"

我意识到,这对兄弟认为之前我们催促他们与这位少年对话的时候是在闹着玩儿,[b10]正因如此,他们也和他闹着玩儿,并不严肃。[283c]想到这一重,我便更加强调说我们惊人地严肃。

狄俄尼索多罗斯说:"好好想想,苏格拉底,免得你要否认你现在所说的话。"

"我已经想过了,"我说,[c5]"我知道,我什么时候都不会否认。"

"哦,是吗?"他说,"你是不是说你希望他变得智慧?"

"全然如此。"

"但现在,"他说,"克莱尼阿斯智慧呢,还是不?"

"至少他本人说自己仍不智慧,"我说,"他不是个吹嘘欺骗的人。"

"但你们,"[283d]他说,"都希望他变得智慧,不要成为一个无知的人?"

我们都同意。

"那么,是不是你们都希望他成为一个不是他的人,不再是他现在之所是?"

听到这个,我感到惶惑不已;他抓住了我的惶惑,[d5]"另外说来,"他说,"你们想让他不再是现在的他,那么看起来,你们想要的除了他的死亡以外,还能是别的什么呢?这样的朋友和爱欲者还真是可贵啊,为了让被他们爱欲的人死亡,什么都愿意做。"

[283e]克忒西珀斯听到这句话后,为了自己所爱欲的人勃然大怒,说道:"图里俄伊来的外邦人!要不是觉得太野蛮而说不出口,"他说,"我定会咒你'掉脑袋吧',你故意撒谎捏造我和其他人的这类事情,我认为甚至说出来[e5]都不神圣——竟说我希望他死掉?"

"什么,"欧蒂德谟说,"克忒西珀斯,在你看来撒谎是有可能做到的吗?"

"凭宙斯[当然],"他说,"如果不这么认为,我肯定是疯了。"

"哪一个[能撒谎]:当一个人说着言辞所指的事物时,还是没有[284a]说着时?"

"说着时。"他说。

"是不是这样,如果一个人说着一件事物,那么,除了他所说的这个事物以外,他没有说任何其他东西?"

"他如何能?"克忒西珀斯说。

"显然,他所说的那个事物,是诸多东西中的一个,并与其他事物不同。"

"当然。"

"当一个人[a5]说那件事物时,他说的不是[该事物的]存在吗?"他说。

"对。"

"但显然一个人说起存在时,他说的是真实的存在,因此狄俄尼索多罗斯如果说了某种存在,那他便说了真实,没有说关于你的假话。"

[284b]"是的,"他说,"但是他在说这些事情的时候,"克忒西珀斯说,"欧蒂德谟,他并没说着[事物的]存在。"

欧蒂德谟说:"但是,那些并没有存在的东西,"他说,"岂不必然不存在?"

"它们不存在。"

"'不存在'的事物岂不在哪里都[b5]不存在?"

"在哪里都不[存在]。"

"那么,对于这些不存在的东西,是否可能有任何人能做任何事情来使得它们存在——虽然它们在哪里都不存在?"

"在我看来不可能。"克忒西珀斯说。

"这种情况呢?当演说者在人群中演说时,他们什么都没做吗?"

"不,他们做了。"他说。

"因此,[284c]如果他们做了些什么,那他们也造了些什么?"

"是的。"

"所以演说便是既做又造?"

他同意。

"然而对于不存在的东西,"他说,"没有人能说它——否则便会已然造出某物:而你已经同意了,没有人能够造出不存在的东西——[c5]依据你的言辞,没有人能说出虚假的事物,如果狄俄尼索多罗斯确实在说话,那么他所说的就是真实且存在的东西。"

"宙斯在上,"克忒西珀斯说,"欧蒂德谟,但是,他的确以某种方式说到了那些存在的东西,却没按照它们本来的那样[说]。"

"你在说什么,"狄俄尼索多罗斯说,"克忒西珀斯?[284d]有人会依照事物本就有的样子说话吗?"

"确实有,"他说,"既美又好的人,以及那些说真话的人。"

"所以呢?"他问道,"岂不是好东西情形便好,"他说,"坏东西情形便坏?"

他同意。

"那你同意既美又好的人[d5]就依照事物本就有的情形说话吗?"

"我同意。"

"那么对于坏的东西,"他说,"克忒西珀斯,好人便说得坏,如果依照它们的情形来说的话。"

"是,宙斯在上,"他说,"绝对是这样,至少他们说起坏人是这样——如果你听我的劝,你便应该小心谨防成为他们中的一员,[284e]以免好人坏地说起你。可以肯定,好人会坏地说起坏的东西。"

"而大的东西,"欧蒂德谟说,"他们会大地说起,并且热地说起热的东西?"

"的确,"克忒西珀斯说,"他们还会把利落的①东西[e5]说得利落,并且认为自己的谈话[也很利落]。"

"你这是谩骂,"狄俄尼索多罗斯说,"克忒西珀斯,是谩骂!"

"宙斯在上,我没有,"他说,"狄俄尼索多罗斯,因为我对你友爱;但是作为友伴,让我给你这些忠告,也让我试着劝劝你,再也不要在我面前说这么粗野的话,说我想让他们[285a]——我最在意的人——去死。"

接下来,因为看到他们彼此太过粗野,我便对克忒西珀斯开了个玩笑,对他说:"在我看来啊,克忒西珀斯,我们必须[a5]接受外邦人所说的,如果他们愿意施予,犯不着为名号争执。如果他们懂得如何毁灭人,从而将愚蠢无用的人造得有用并明智,无论他们俩是自己发现,[285b]或是从别人那儿学来了这种致命和毁灭的方法,让他们可以摧毁无用者,并将其重新变得有用;如果他俩懂得这个——很显然他们懂,因为他们说他俩最新发现的技艺

---

① "利落的"(psychrōs),字面义为"冷的/地",此处用于讽刺狄俄尼索多罗斯对话冗长。

可以[b5]从那些无用之人中造就好人——让我们承认他们有这个[本事],然后请他们为我们摧毁这个小伙子,再把他造得明智,也对我们其余所有人这么做。但如果你们[285c]少年们害怕,就让危险降临在我身上吧,就像降临在一位卡里亚士兵身上那样,因为我老了,已经做好准备冒这个险①,并把自己交给狄俄尼索多罗斯,就当他是科尔喀斯的美狄亚②。让他摧毁我,如果他愿意,[c5]还可以把我煮了,甚至可以做任何他想做的事,只要他将我造得有用。"

然后克忒西珀斯说:"苏格拉底,我也做好了准备把自己交给这些外邦人,"他说,"哪怕他们想剥我的皮,比他们现在剥得更狠,只要我身上的皮不要最终[285d]成为酒囊,就像马尔苏亚③那样,而是成为德性。另外,这个狄俄尼索多罗斯认为我这样是在生他的气。其实我没有生他的气,我只是在反驳他那些对着我说得不美的话。但你别把这些反驳当成谩骂,"[d5]他说,"生来高贵的狄俄尼索多罗斯啊,谩骂完全是另一回事。"

狄俄尼索多罗斯说:"你造出这些言辞仿佛是要说,'反驳'是存在的吗?"

[285e]"当然,"他说,"而且毫无疑问;或者你,狄俄尼索多罗斯,不认为存在着'反驳'?"

"至少你无法证明,"他说,"你曾经听到过任何人反驳别人。"

[e5]"你真这么说?"④他说,"但我们现在就来听听,我能不能向你证

---

① 卡里亚,古希腊城邦名,位于今土耳其境内,克里特文明的起源之一。卡里亚人启用外邦人作为雇佣军,从而保存自己城邦士兵的生命。因而此处的"冒这个险"意指不让一个人自身[克莱尼阿斯]来承担风险,而是由一位卡里亚士兵[苏格拉底]代替。

② 美狄亚,希腊神话中的科尔喀斯公主,魔力深湛的女巫。她曾诱惑佩利阿斯的女儿们切碎并烹煮佩利阿斯,声称这样可以让她们的父亲再次变得年轻。她将一只老山羊如法炮制,过后锅里便蹦出来一只小山羊。这个戏法骗过了佩利阿斯的女儿们,她们便用刀砍碎了自己的父亲扔进锅里煮,美狄亚并未让佩利阿斯变得年轻并再次出现,佩利阿斯就这样被自己的女儿们杀死。

③ 马尔苏亚,希腊神话中的半人半羊,他捡到了一个簧管并自行练就了娴熟技艺,于是向阿波罗挑战比赛音乐造诣。结果惨遭失败,随后被阿波罗剥了皮。

④ 此处也可译为"你说的是真的?"

明——克忒西珀斯就反驳了狄俄尼索多罗斯。"

"你能为此提供一番论证吗?"

"当然可以。"他说。

"所以呢?"他说,"每个存在都有言辞吗?"

[e10]"当然。"

"那么,每个言辞是就其存在来说的,还是就其不存在说的?"

[286a]"就其存在。"

"如果你还记得,"他说,"克忒西珀斯,刚才我们证明了没有人依照着不存在的样子说话,因为显然没有人说不存在的东西。"

"那又怎样?"克忒西珀斯说,"难道你我之间的对立会有丝毫减少?"

"那么,"[a5]他说,"当我们俩说的是关于同样的东西的言辞时,你我仍然对立,还是说,因此我们俩所说的当然就是同一回事?"

他同意[后者]。

"但是,"他说,"我们两个都不[286b]说关乎这个事物的言辞,那时候你我便处于对立?还是说,在这种情况下,我们根本不是在考虑这个东西?"

对此他也同意。

"但因此,当我说的言辞关乎一个东西,而你说的关乎其他东西,那时候[b5]你我便对立了?还是说,当我在说着这个东西时,你其实完全没在说[它]?一个没说的人如何能与一个说了的人相对立?"

随后克忒西珀斯陷入了沉默。而我震惊于这番言辞,我说:"狄俄尼索多罗斯,你所说的什么意思?我得对你说,[286c]尽管从许多人那儿听到了许多回,我也仍然总是为这番言辞所震惊——普罗塔戈拉的追随者们就热切地使用它,比他们更早的人们也这样做。我始终认为,这惊人的[言辞]不仅颠覆了其他的[言辞],它也颠覆了自己——[c5]但我确信,我会从你们这儿最美地学到关于它的真相。是不是并不存在说谎这回事?——你的论证有证明这一点的力量,不是吗?一个说话的人,要么说的是真的,要么就没有在说?"

他同意。

[286d]"那么说假话是无法做到的,却有可能持有[虚假的]意见?"

"不可能持有[虚假的]意见。"他说。

"那么其实根本没有这种东西,"我说,"[没有]虚假的意见?"

[d5]"没有。"他说。

"所以既没有无知,也没有无知的人;或者这个'就某个东西说得虚假的话'——如果有的话——不就是无知?"

"全然如此。"他说。

"但没有这回事。"我说。

[d10]"没有。"他说。

"狄俄尼索多罗斯,你只是为了言辞才有这样的言说,以便能说出悖谬之事,还是说,你真的认为没有无知的人?"

[286e]"你只管反驳。"他说。

"依照你的言辞,'反驳'这回事有可能吗,既然没有人会说得虚假?"

"没有。"欧蒂德谟说。

[e5]"刚才狄俄尼索多罗斯不是要求我反驳吗?"我说。

"怎么会有人能要求人做一件没有的事?你会这么要求吗?"

"那是因为,"我说,"欧蒂德谟,我完全理解不了这些智慧的事情和做得好的事情,而是思考得蛮迟钝。[e10]所以,也许我会问些愚蠢的问题,不过请原谅我。[287a]但你看,如果既不可能说假话,也不可能持有虚假的意见,亦不可能变得无知,那么无论任何人做任何事的时候,岂不是没有可能犯错误?因为某人在做某事时,不可能在他正在做的那件事上犯错:这不就是你们所说的?"

[a5]"完全如此,"他说。

"现在,这个就是我的愚蠢的问题。"我说,"如果我们无论行事、言说或是思考,都不会犯错,宙斯在上,如果这些事情都是如此,那你们来做老师还能教什么?你们不是刚刚才说过,你们可以最美地将德性[287b]传授给任何想要学习的人?"

"是吗,"他说,"苏格拉底,"狄俄尼索多罗斯打断道,"你是克罗诺斯吗,所以我们最开始说过的事情你现在又想起来了?如果我去年说过些啥,我看你现在也会想起来,但对于当下[b5]刚说的事情,你却不能应付?"

"这是因为,"我说,"它们着实太难——这也适宜,因为是智慧的人说的嘛——你讲的这个最近的事情最难应付。你说'我不能应付'指什么，狄俄尼索多罗斯？还是说，显然你指[287c]我无法'反驳'它？接下来，告诉我，这句话还有什么别的意思吗，这句'对于你的言辞我不能应付'？"

"没有，就如你所说，"他说，"太难应付它了。接下来，你只管回答。"

[c5]"在你回答之前吗，狄俄尼索多罗斯？"我说。

"你不回答吗？"他问。

"这样公正吗？"

"当然公正。"他说。

"依据什么言辞？"我说，"还是说，显然，依据的便是这[番言辞]，[c10]因为你是作为对言辞完全智慧的人来到我们跟前，所以你便知道[287d]何时需要回答而何时不需要？你现在无论怎样都不回答，是因为你认为不需要？"

"你在瞎扯，不肯回答。"他说，"但是，好人啊，服从我并回答，因为你也同意我智慧。"

[d5]"我不得不服从，此外，"我说，"这也很有必要，因为看起来，你在这里是头儿。那么问吧。"

"当有意识的东西在有所意识时是有灵魂的，还是并没有灵魂？"

"它们有灵魂。"

[d10]"你知道任何语句，"他说，"是有灵魂的吗？"

"宙斯在上，我不知道。"

[287e]"既然这样，你刚才为什么要问我那句话是什么意思？"

"为什么不认为我只是因为松懈而犯了错？还是说，我并没有犯错，当我说'那句话的意思'时其实说的是对的？你认为我有没有犯错？如果[e5]我没有犯错，你就不能反驳我，因为你尽管智慧却也无法应付我的言辞；如果我犯了错，那么你说的就不对[288a]——你刚才所说的不存在犯错这回事那个说法。而且，我现在所说的这些话并不是反驳你去年说过的话。但看起来，"我说，"狄俄尼索多罗斯和欧蒂德谟啊，这番言辞仍然停留在原处，就和旧的一样，绊倒对方的同时自己也会摔倒，甚至就连[a5]你们的技艺也无法发现如何回避这一点，尽管它在使用言辞方面惊人地精确。"

克忒西珀斯说:"你们说了惊人的东西,诸位,[288b]无论你们来自图里俄伊还是喀俄斯或任何哪儿,也无论你们怎么个因为享有盛名而高兴,你们都毫不在意你们说话荒唐。"

我担心出现谩骂,便再次安抚克忒西珀斯说:"克忒西珀斯,就像我刚才[b5]对克莱尼阿斯说的,我对你说的也是同一些事:你并未意识到这对外邦人的智慧是惊人的。只不过他俩并不乐意严肃对待,为我们展示,而是效仿埃及智术师普罗透斯①来迷惑我们。[288c]那就让我们效仿墨涅拉奥斯②,抓住他俩不让走,直到他们为我们展示他们自己严肃对待的事物。我相信,他们将会带来某种非常美的事物,无论他们是从何时开始变得严肃。那么让我们恳求、劝勉并祈求[c5]他们展示它。因此,我认为我得再次引导他们,我祈求他们接下来展示予我的是哪一种人:就从[288d]我早前中断的地方开始,我会尝试着把这些问题继续下去,尽我所能,只要能鼓动他们,那他们就会怜悯我,并同情我尽力绷紧得严肃,接着他们也会变得严肃起来。"

[d5]"而你,克莱尼阿斯,"我说,"提醒我,那时候我们是在哪里中断的。我认为是在这里,我们最终同意一个人必须去爱智慧,是吗?"

"是的。"他说。

"热爱智慧就是获得知识,不是这样吗?"我说。

"是的。"他说。

"获得什么知识对我们来说才是正确地[288e]获得呢?是不是很简单,就是对我们有益的这种吗?"

"全然如此。"他说。

"如果我们知道如何四处探寻地下埋藏着最多黄金的地方,这对我们有益吗?"

---

① 普罗透斯,希腊神话中早期的海洋神明,或是河流、海洋等水体的神明,荷马称其为"说真话的海中老神"(见荷马,《奥德赛》4.384)。在荷马笔下,"他会试图变化,变成生长于大地的各种动物,还会变成游鱼和烈火,这时你们要牢牢抓住丝毫不松手"(见荷马,《奥德赛》4.416 – 419)。

② 墨涅拉奥斯,希腊神话中的斯巴达王,阿特柔斯之子,阿伽门农之弟,海伦之夫,以计谋识破了普罗透斯的变化并抓住了他(见荷马,《奥德赛》4.440 – 460)。

"或许是。"他说。

"但此前，"[e5]我说，"我们反驳了这一点。其实我们什么都得不到，哪怕无需任何麻烦或挖掘土地我们就能得到所有的黄金；甚至哪怕我们懂得将石头变成黄金[289a]的做法，这种知识也毫无价值。因为如果我们不懂得如何使用黄金，便不会产生任何益处。你还记得吗？"我问。

"当然，我记得。"他说。

"甚至看起来，任何其他知识也不能带来任何益处，[a5]无论是赚钱、医疗抑或是任何其他的，只要它懂得如何造出某物，却不懂得如何使用其造物。不是这样吗？"

他同意。

"甚至哪怕有某种知识[289b]懂得如何造出不朽，却不懂得如何运用这种不朽，这也不会带来任何益处——如果需要从我们前面取得一致的事情中收集任何证据的话。"

我们对所有这些事情都取得了一致。

"照这样看来，我们需要某种知识，[b5]漂亮的男孩，"我说，"既能造出某物，又懂得如何使用其造物，得同时具备这两者。"

"看来是这样的。"他说。

"照此看来我们完全不需要成为造琴者，[289c]或者获得类似这种知识。在这个问题上，制造的技艺是一回事，使用的技艺是另一回事，它们针对的是同一事物，却是有所区别的两回事：造琴的技艺和奏琴的技艺是截然不同的两回事。不是这样吗？"

他同意。

"同样[c5]我们显然完全不需要制造簧管的技艺：这也是这种情况的另一个[例子]。"

他看起来也同意了。

"但是，诸神在上，"我说，"如果我们能学习制造言辞的技艺，这便是我们为了幸福所必须获得的吗？"

"我不这么认为。"克莱尼阿斯插话说。

[289d]"你使用什么证据？"我说。

"我看到，"他说，"有的言辞制造者并不懂得如何使用他们自己造出的言辞,就像造琴者们不懂得如何使用他们的琴。与此同时,也有其他人能够使用他们[d5]所造出的产物,尽管言辞制造者自己无法使用,那么很显然,对于言辞,制造的技艺与使用的技艺也是分开的。"

"我认为,"我说,"你提供了足够充分的证据,制造言辞的技艺并不是那一种必须获得从而能够让人[d10]变得幸福的技艺。此外,我感觉就在这里的某处,即将出现[289e]我们找了很长时间的那种知识。对我来说,这些自身制造言辞的人,无论何时待在他们身边,我都认为他们非常有智慧,克莱尼阿斯,而且他们的这种技艺既神圣又崇高。不过这并不值得惊讶:这是[e5]魔法师技艺的一部分,而且比它更差一些。[290a]魔法师的技艺施魔法于毒蛇、毒蜘蛛和蝎子,以及其他野兽和灾祸;然而言辞制造者的技艺恰巧吸引并鼓舞陪审团、议员和其他人群;在你看来,"[a5]我问,"不是这样吗?"

"不,显然就是这样,"他说,"就像你所说的。"

"接下来,"我问,"我们要转向哪里?转向哪种技艺?"

"我找不到容易通过的路。"他说。

"但是,"我说,"我认为我已经发现了它。"

[a10]"什么?"克莱尼阿斯说。

[290b]"我认为,"我说,"统帅术就是胜于其他任何技艺的那个技艺,获得了它,人就会幸福。"

"至少我不这么认为。"

"怎么说?"我问。

[b5]"这只是一种对人的狩猎技艺。"

"所以呢?"我问。

"狩猎技艺本身不外乎猎得和控制,"他说,"而当他们控制了他们猎得的东西时,他们并不能使用它,所以[b10]驱狗的猎人和渔夫会将猎物交给厨师,同样,[290c]依此看来,几何学家、天文学家和算学家也是猎人——他们每一个都不制造自己的图式,而是找出存在的东西——因为他们自身不懂得如何使用它们,只懂得如何猎得,[c5]他们将所找出的东西交给辩证家令其充分使用,我想,这样至少他们并不算完全愚蠢。"

"很好,"我说,"最美且最智慧的克莱尼阿斯啊,就是这么回事吗?"

"全然如此。"他说,"统帅也是同样的[290d]情形。当他们猎得城邦或军营后,他们将其交给通晓政治术的人——因为他们自身不懂如何使用这些他们狩猎得来之物——就像我认为捉鹌鹑的人会[将鹌鹑]交给饲养鹌鹑的人。那么,"他[d5]说,"如果我们所需要的那个技艺还得懂得使用所获得的东西,无论是通过制造抑或通过狩猎而得,这样一种技艺才会让我们幸福,"他说,"因而有必要找到另一样技艺而不是统帅术。"

克　[290e]你说什么,苏格拉底?那个小伙子竟说出这样一番话?

苏　你不相信吗,克里同?

克　不相信,宙斯在上。我认为,如果这些话是[e5]他说的,那么他既不需要欧蒂德谟,也不需要任何其他人来教育他了。

苏　可是,宙斯在上,会不会是克忒西珀斯说了这番话而不是他,我却不记得了。

克　[291a]怎么可能会是克忒西珀斯?

苏　但我能肯定,说这番话的人既不是欧蒂德谟也不是狄俄尼索多罗斯。不过,机灵的克里同,会不会是有某种更高的东西出现了,说了这些话?因为我确实[a5]听到了这些话,我能肯定。

克　是的,宙斯在上,苏格拉底,我认为确实是某种更高的东西。但在此之后,你们是否仍在继续寻找某种技艺?你们找到了还是没找到一直在寻找的技艺?

苏　[291b]在哪里找到,幸福的人啊?我们实在可笑,就像孩子们追逐凤头百灵鸟,我们总是认为马上就要抓住每一种知识了,但它们总是能逃脱。不过为什么我要对你说得如此冗长?我们找到了[b5]王者术,并对其做了彻底的考察,看它是不是那个能带来并实现幸福的技艺,就在那儿,我们就像陷入迷宫,当我们认为已经走到终点时,却发现我们绕了一圈,只是回到了这番探究的起点,我们需要的东西就和刚开始[291c]我们寻找时一样多。

克　这是如何发生在你们身上的,苏格拉底?

苏　我会告诉你的。因为我们认为政治术和[c5]王者术是一回事。

克　然后怎么了?

苏　统帅术和所有其他技艺都将对其产物的统治权交给这种统治,

那些技艺自身只是工匠，只有这种技艺懂得如何使用它们。显然，这种技艺就是我们[c10]要寻找的，它也是在城邦之中行事正当的原因，[291d]完全就像埃斯库罗斯的抑扬格作品所言，它独自坐在城邦的船尾，一切皆由其引领，一切皆受其统治，一切皆因其造得有用。

克　你不认为它美吗，苏格拉底？

苏　[d5]你会自己判断的，克里同，如果你同样想听之后所发生的事情。我们马上再次考察它，大概是这么做的："接下来，王者术在统治一切时，为我们[291e]完成了某些产物，还是没有？""当然有。"我们这么相互说着。你会不会也这样说，克里同？

克　我会的。

苏　你会说它的产物是什么？假如[e5]我这样问你，医疗的技艺统治着一切它所统治的，那么它会带来什么产物？你不会说是健康吗？

克　我会的。

苏　但你们的技艺即耕作又如何？统治着一切它所[292a]统治的，它会完成什么产物？你不会说它从土地中为我们带来食物吗？

克　我会的。

苏　王者术统治着一切它所统治的，又如何？[a5]会完成什么？或许你很难回答。

克　宙斯在上，苏格拉底啊！

苏　我们也同样，克里同。但你至少知道这一点，如果这就是我们所找寻的技艺，它必定是有益的。

克　[a10]肯定是的。

苏　那么它必定会将一些好东西交给我们？

克　必定如此，苏格拉底。

苏　[292b]至于好的东西，我和克莱尼阿斯已经取得一致，无非是某种知识。

克　对，你是这么说的。

苏　那些人们认为是政治术[b5]所带来的其他产物——这些产物当然有许多，诸如将富裕、自由以及团结带给邦民——所有这些都显得既不坏也不好；但它必定会将人们造得智慧并传授知识，如果它确实对我们

[292c]有益并能将我们造得幸福。

克　是这样,至少那时候你们同意了,就像你转述的这番言辞。

苏　那么,王者术是不是会将人造得既智慧[c5]又好?

克　有什么能阻碍它呢,苏格拉底?

苏　让所有人在所有事情上都好?就是这个技艺传授所有知识、制鞋、木艺和其余所有?

克　[c10]我不这么认为,苏格拉底。

苏　[292d]那是什么知识?我们如何使用它?它肯定不是造出那些既不好也不坏的产物的工匠,而且除了它自身以外并不传授其他知识。我们能说出这是[d5]什么吗,应该如何使用它?克里同啊,你是希望我们说,我们就是通过它来将某些人造得好?

克　当然。

苏　它如何对我们好,又有什么用?或者我们还能进一步说,他们会将其他人造[好],其他人又对其他人这么做?[292e]他们并未在任何地方向我们展示他们如何好,自从我们看不上那些据说是由政治术带来的产物后,'科林多宙斯之子'①这样的说法便出现了,就像我说的,我们仍未找到,甚至更不知道,什么[e5]才是那个会将我们造得幸福的知识了?

克　宙斯在上,苏格拉底,看起来你们走进了很难走出的死胡同。

苏　我自己呢,克里同,当我一陷入[293a]这个死胡同,便立刻倾尽所有声音,恳求这两位外邦人,就像我在呼唤狄俄斯科罗伊②拯救我们似的,从强大的第三波言辞③中拯救我和那位小伙子,无论以任何形式都请严肃起来,严肃地展示,这究竟是[a5]什么样的一种知识,只要我们偶然遇见它,便能将余下的一生过得美。

克　然后呢?欧蒂德谟愿意为你们展示什么东西吗?

苏　怎么会不?他开始了,我的友伴,以这样一种极其崇高的形式开始了这番言辞——

---

① "科林多宙斯之子",这个说法通常用来形容毫无意义的重复。

② 狄俄斯科罗伊,意为"宙斯之子",特指宙斯的两个儿子,双生子卡斯托尔与波吕德乌克斯,双子座神话的原型。

③ 古希腊人认为第三波海浪是最强大的一波。

[293b]"苏格拉底啊,"他说,"你是让我把这种让你们在死胡同里徘徊许久的知识教给你,还是让我展示其实你已经拥有[这种知识]?"

"受神喜爱的人啊,"我说,"你连这都能做到?"

"当然可以。"他说。

[b5]"那么为我展示我已经拥有,宙斯在上,"我说,"对于我这把年纪的人来说,这比学习要容易得多。"

"来,回答我,"他说"有任何东西是你知道的吗?"

"当然有,"我说,"很多东西,但都是小事儿。"

"足够了,"他说,"那么,在你看来,在这些东西中,会不会恰好有任何东西不是其自身[293c]之所是?"

"宙斯在上,我不这么认为。"

"那么你不是知道某些事情吗?"他说。

"我确实是。"

"你不就是一个有知识的人,如果你确实知道某些事情?"

"当然是,至少在那件事上是。"

"这个无所谓。但对你来说,不必知道所有的事情,也可以作为一个有知识的人而存在?"

[c5]"宙斯在上,不,"我说,"因为我还有很多不知道的事情。"

"如果你不知道某些事情,你便不是一个有知识的人?"

"至少在那件事上不是,朋友。"我说。

"少知道了任何事情,"他说,"你便不是一个有知识的人?但就在刚才,你说你是个有知识的人。照此看来,恰好你[293d]自己便是你之所是,再回过头来,同时在相同的事情上,你又不是你之所是。"

"很好,"我说,"欧蒂德谟,就像谚语所言,'你喋喋不休得确实美'。那么,我如何才能知道那个我们一直在寻找的知识是什么?如果同一件东西不可能既是它自己[d5]又不是[它自己],如果我知道一件事,我便知道了一切——因为我不可能同时既是有知识的人又是没有知识的人——但因为我知道一切,所以我拥有那种知识。这就是你所说的,这也就是你的智慧?"

[293e]"你自己正在反驳你自己,苏格拉底。"他说。

"什么?"我说,"欧蒂德谟,你不就在遭受同样的经历吗? 我告诉你吧,无论遭受任何事情,只要与你和这个'亲爱的脑袋'①狄俄尼索多罗斯一道,我便全然不会[e5]恼怒。告诉我,你们俩是不是知道某些东西,同时不知道另一些?"

"完全不是,苏格拉底。"狄俄尼索多罗斯说。

"你们俩在说什么?"我问,"是说你俩什么都不知道?"

"[相反我们知道得]非常多。"他说。

[294a]"所以,你们知道一切,"我说,"既然你们无论如何也知道一些东西。"

"一切,"他说,"你也一样,如果你知道哪怕一件事物,你便知道一切。"

"宙斯啊,"我说,"你说的是一件多么惊人的事,而你还将一种多么伟大的好[a5]呈现于[我们]眼前。是不是其他所有人也知道一切,要么什么都不知道?"

"他们当然不可能知道这些又不知道那些,"他说,"同时既是有知识的人又是没有知识的人。"

"可是接下来会怎样?"我问。

[a10]"所有人,"他说,"都知道一切,只要知道一件事物。"

[294b]"啊,诸神在上,"我说,"狄俄尼索多罗斯——在我看来已经很明显了,你俩的确很严肃,尽管之前我难以恳求你们变得严肃——所以你们当真知道一切? 比如木工和造鞋?"

[b5]"当然。"他说。

"所以你俩会缝补皮革?"

"是的,宙斯在上,会缝补。"他说。

"[也知道]诸如有多少颗星星、有多少粒沙子这样的事情?"

[b10]"当然,"他说,"你以为我们不会承认?"

这时克忒西珀斯插话说:"宙斯在上,"他说,"狄俄尼索多罗斯,[294c]你俩从你们所说的这类东西中找些证据展示给我看,让我能知道你俩所说的是真的。"

---

① 古希腊语中的一个常见表达,形容亲密、友好,类似"亲爱的"。

"我需要展示什么?"他问。

"你知道欧蒂德谟有多少颗牙齿吗,欧蒂德谟[c5]知道你有多少颗牙齿吗?"

"听到我们知道一切,"他说,"这对你来说还不够?"

"一点也不够,"他说,"不过只需要告诉我们这一件事,并展示你俩说的都是真的。如果你俩都说了各自有多少[颗牙齿],我们数过以后证明你们确实知道,[c10]那时候我们就会被你们折服,[也相信你们知道]其余的事。"

[294d]他俩认为自己受到了嘲弄,并不愿意这么做,尽管克忒西珀斯一个接一个地对他们发问,他们依然坚持说自己知道所有有用的东西。在结束之前,克忒西珀斯肆意发问,没有什么是他没问到的,甚至连最丢脸的事情也没有[落下],问他们是不是[d5]知道。他们俩以一种最勇敢的方式同样地应对[一个又一个的]问题,坚持说他们全都知道,与两头野猪被迫面对长矛时的处境相同,所以连我自己,克里同啊,都难免产生了怀疑,并问欧蒂德谟,[294e]狄俄尼索多罗斯是不是也知道该如何跳舞。

"他完全会。"他说。

"你们或许不懂得,"我说,"诸如在剑刃上翻滚或是在车轮上旋转这样的智慧,毕竟你们已经是这把年纪了。"

[e5]"没有什么,是我们不会的。"他说。

"那么你们俩,"我说,"只是现在才知道一切,还是一直[都知道]?"

"一直。"他说。

"当你们俩还是孩子的时候,你们刚一出生就知道[e10]一切吗?"

他俩同时宣称是这样的。

[295a]对我们来说,这件事的确太难以置信;而欧蒂德谟说:"你不信吗,苏格拉底?"

"[是,]除非,"我说,"你们俩像是有智慧的人。"

"但如果你愿意回答我,"他说,"我就能展示给你看,[a5]你也会认同这些惊人的事物。"

"的确,"我说,"我会非常乐意在这件事上被你驳倒。如果我自己并不知道自己智慧,你却能证明这一点,也就是我一直都知道一切,那么,终我一生我又能找到什么比这更大的神赐之物呢?"

[a10]"那么回答吧。"他说。

[295b]"我会回答的,问吧。"

"那么,"他说,"苏格拉底,对于某些东西你是个有知识的人,抑或不是?"

"我确实是。"

"是哪一个让你成为有知识的人,你借以知道的东西,还是其他东西?"

"是我借以知道的东西,我认为你所说的就是[b5]灵魂,抑或你并不是在说这个?"

"不害臊吗,苏格拉底?"他说,"你在被问到的时候却反过来提问?"

"好吧,"我说,"可是我该如何是好?只要你要求,我都会照做的。[不过]当我不明白你在问什么的时候,你仍然会要求我只回答,不反问吗?"

[295c]"对于我所说的,你或许会有些自己的想法?"他说。

"我会。"我说。

"那么回答我,照着你想到的。"

"那便如何,"我说,"如果你问问题所想的是一回事,我[c5]想到的却是另一回事,于是我照着我所想的这样来回答,这对你来说够吗,哪怕我的回答与你的语句完全无关?"

"对我来说足够了,"他说,"我相信对你来说不够。"

"那么我便不回答,宙斯在上,"我说,"直到我学会。"

"你不回答你一直以来所想的是什么,"他说,"因为你一派胡言,而且守旧过时。"

[295d]我意识到他生气了,因为我撕裂了他所说的东西,而他在我周围设置了这些名称并希望捕获我。这时我想起了科恩诺斯,每当我不顺从他的时候,他也会生气,因此他便不那么在意我,[d5]认为我无知。因为我想着要跟他去[学习],所以我想我该顺从,否则他会认为我愚钝而不接受我成为他的学生。所以我说:"但如果你认为,[295e]欧蒂德谟,它[言辞]应该照这样的形式来造,那就该被这样造;因为对你来说,在对话

术上,你远远比我知道得更美,而我在这门技艺上只是一个业余人士。重新问吧,从头再来。"

"重新回答吧,"他说,"你是通过某物知道你所知道的东西吗,还是不?"

"我确实通过灵魂。"我说。

[296a]"这个人又一次在回答时添上了些并没有问到的东西。"他说,"我并没有问那是什么,只是问你是否通过某物知道。"

"我又再次回答得比需要的更多,"我说,"因为我缺少教育。不过请原谅我,因为我现在就会[a5]简单地回答,我是通过某物知道我所知道的东西。"

"始终通过同一个事物,"他说,"还是有时通过这个,有时通过另一个?"

"始终,每当我知道的时候,"我说,"都是通过这一个东西。"

"再一次,你能不能停止添加条件限制?"他说。

"但这是为了防止这个'始终'让我们跌倒。"

[296b]"不是为了我们,"他说,"相反,即使为了某人,也是为了你。不过回答我:你始终都是通过它而知道?"

"始终,"我说,"因为我必须去掉'每当……的时候'。"

"所以你始终都是通过它而知道。由于你始终都知道,那么,你是通过这个你借以知道的东西来知道某些东西,而通过另一个东西[来知道]另一些东西,[b5]还是通过这个东西[来知道]所有?"

"通过这个东西[来知道]所有,"我说,"至少是我所知道的东西。"

"这又是你添加的条件限制。"他说。

"那我就去掉那个'至少是我所知道的东西'。"我说。

"一个也不用去掉,"他说,"我不需要你做任何事。[296c]只需要回答我:你能知道一切吗,如果你并不知道每一件东西?"

"那会十分怪异。"我说。

他说:"接着添加任何你想要的东西吧,[c5]因为你承认自己知道一切了。"

"看来是这样,"我说,"因为'我所知道的东西'确实已经不起作用,所以我知道一切。"

"你已经承认,你始终都是通过你借以知道的东西来知道,无论你在何时知道,也无论你想如何知道;你已经承认,你始终都[c10]知道,同时还知道所有。显然,甚至在你是个孩子时你就[296d]知道,甚至在你出生时、在你仍被孕育时;甚至在你诞生之前,在天与地诞生之前,你便知道一切,如果你始终都知道。是的,宙斯在上,"他说,"只要我愿意,你便会始终都知道一切。"

[d5]"但愿你愿意,"我说,"极受尊敬的欧蒂德谟,如果你说得确实真实。但我并不完全相信你一个人便足够,除非你的兄弟,这位狄俄尼索多罗斯,也与你一同愿意;这样才有可能足够。但你们俩得告诉我,"我说,"[296e]在其他事情上,我完全无法反驳你们,因为你们的智慧是如此惊人,以至于我不知道一切,但你们宣称[我知道]——不过无论怎样我都没法说我知道这件事,欧蒂德谟,好男人是不义的?[e5]来,告诉我,对于这件事我是知道,还是不知道?"

"你当然知道。"他说。

"什么?"我问。

"好人不是不义的。"

[297a]"当然,"我说,"我早就知道了。不过,我问的不是这个,而是我是从哪里学到'好人是不义的'这一点?"

"没哪里。"狄俄尼索多罗斯说。

"噢?那我便不知道这件事。"我说。

[a5]"你正在摧毁这通言辞,"欧蒂德谟对狄俄尼索多罗斯说,"这个人将会显出他不知道,然后同时既是一个有知识的人又是一个没有知识的人。"狄俄尼索多罗斯羞红了脸。

"可是你说的是什么意思,欧蒂德谟?"我说,"难道你不[297b]认为你这位知道一切的兄弟说得对吗?"

"我是欧蒂德谟的兄弟吗?"狄俄尼索多罗斯连忙插话说。

我说:"随它去吧,好人啊,直到欧蒂德谟教我,[b5]我如何认识到好男人是不义的,你不要嫉妒我[跟他]学习。"

"你在逃避,苏格拉底,"狄俄尼索多罗斯说,"而且不愿意回答。"

"可不是嘛,"我说,"我不如你们俩中的任何一个,[b10]所以我迫切需要从你们俩那儿逃走。因为我和赫拉克勒斯比起来,实在太[297c]微不足道了,即便是他也无法与九头蛇战斗,那位女智术师,如果有人砍了她言辞中的一个头,她的智慧能让她在那个位置再生出许多[头]来。他也无法与巨蟹即另一位来自海洋的智术师战斗,[c5]我想就在此刻,他已然登岸入港。当他因为巨蟹来自左边的语言和撕咬受痛时,他便会唤来他的侄子伊奥劳斯①帮忙,而他也的确[297d]足以帮上他。但如果'我的伊奥劳斯'帕特罗克勒斯②来了,他只会让情况变得更糟。"

"回答吧,"狄俄尼索多罗斯说,"你已经唱完了这番赞歌:伊奥劳斯是不是赫拉克勒斯的[d5]侄子,而不是你的?"

"我最好还是回答你,狄俄尼索多罗斯,"我说,"因为我知道你不会停止发问,你嫉妒我,还要阻碍我,以免欧蒂德谟教我那种智慧。"

"你就回答吧。"他说。

[d10]"我在回答啊,"我说,"伊奥劳斯是赫拉克勒斯的侄子,[297e]我想,无论从哪个方面看都不是我的。因为我的兄弟是帕特罗克勒斯,他不是伊奥劳斯的父亲,而赫拉克勒斯的兄弟是伊斐克勒斯③,[和我的兄弟]名字相近。"

"帕特罗克勒斯是你的[兄弟]?"他说。

"当然,"我说,"[e5]至少我们有同一个母亲,尽管父亲不同。"

"所以,他对你来说既是兄弟,又不是兄弟。"

"从是否同父来看不是,最好的人啊,"我说,"因为他的父亲是凯瑞德摹斯,而我的父亲是索弗罗尼斯科斯。"

"他们都是父亲吗,"他说,"索弗罗尼斯科斯和凯瑞德摹斯?"

---

① 赫拉克勒斯的侄子,在与九头蛇的战斗中,他用火烧灼赫拉克勒斯所斩断的脖颈,阻止了九头蛇断头的再生,最终取得胜利。

② 苏格拉底的同母异父兄弟,他的父亲凯瑞德摹斯是苏格拉底的继父,苏格拉底的生父为索弗罗尼斯科斯。

③ 赫拉克勒斯的双胞胎兄弟,与赫拉克勒斯同母异父,父亲是安菲特律翁而不是宙斯。同时,赫拉克勒斯因为出生后吸食了赫拉的乳汁而具备了半神的力量,他的兄弟并无此际遇。

"当然,"[298a]我说,"一个是我的,一个是他的。"

"那么,"他说,"凯瑞德摹斯不同于父亲?"

"[不同于]我的[父亲]。"我说。

"因此,尽管他不同于父亲,却是父亲? 或者,你等同于石头吗?"

"我担心自己确实被你证明[等同于石头],"我说,"但[a5]我自己当然不这么认为。"

"那么你不同于石头?"他说。

"当然不同。"

"如果你不同于石头,"他说,"你就不是石头? 如果你不同于黄金,你就不是黄金?"

"这些都对。"

"那么,"他说,"既然凯瑞德摹斯也不同于父亲,那他便不是父亲。"

"这样看来,"我说,"他不是父亲。"

[298b]"当然,"他说,"如果凯瑞德摹斯是父亲,"欧蒂德谟插话道,"反过来,索弗罗尼斯科斯因不同于父亲而不是父亲,那么你,苏格拉底,便没有父亲。"

克忒西珀斯接过话头,"但你们俩的父亲,"他说,"反过来[b5]不也会遇到同样的情况? 他不同于我的父亲吗?"

"远非如此。"欧蒂德谟说。

"那么,"他说,"[与我的父亲]相同?"

"当然相同。"

"我不愿承认这个。不过,[298c]欧蒂德谟,他只是我的父亲,抑或也是其他人的父亲?"

"也是其他人的[父亲],"他说,"或者,你相信一个是父亲的存在会同时不是父亲?"

"我当然相信。"克忒西珀斯说。

"然后会怎样?"他问,"作为黄金的存在不是黄金? [c5]作为人的存在不是人?"

"别这样,"克忒西珀斯说,"欧蒂德谟,就像谚语所说,你把非亚麻织物和亚麻织物混为一谈;你在说一件可怕的事情,如果你的父亲也是所有人的父亲。"

"但他确实是。"他说。

"他是人的父亲,"克忒西珀斯说,"抑或也是马以及其他所有动物的父亲?"

[298d]"所有的。"他说。

"那你母亲也是[所有人和动物的]母亲?"

"确实也是[所有人和动物的]母亲。"

"那么,"他说,"你的母亲也是那些海胆的母亲。"

"你的母亲也是。"他说。

"所以你是鲤鱼、狗崽和猪崽的兄弟。"

"你也是。"[d5]他说。

"所以你父亲是公猪和公狗。"

"你父亲也是。"他说。

"你马上就会同意这些事情,"狄俄尼索多罗斯说,"只要回答我,克忒西珀斯。告诉我,你有没有一条公狗?"

"很凶恶。"克忒西珀斯说。

"它有[298e]狗崽吗?"

"都很[凶],"他说,"就像它一样。"

"这条狗是不是它们的父亲?"

"告诉你,我确实看到,"他说,"它和母狗交配。"

"然后呢?这条狗是不是你的?"

"当然。"他说。

"它既是父亲,又是你的,这条狗不就成了你父亲,[e5]而你则是狗崽们的兄弟?"

狄俄尼索多罗斯再一次迅速接过话头,让克忒西珀斯无法抢先说出任何话,"还有我的一个小问题,"他说,"你也回答一下:你打你的狗吗?"

克忒西珀斯笑了,"是的,诸神在上,"他说,"因为我不能打你。"

"你岂不是[e10]打你父亲?"他说。

[299a]"我会有很多更正当的理由打你俩的父亲,"他说,"因为他

生下了这般智慧的儿子们。但我认为,欧蒂德谟,"克忒西珀斯说,"你俩的和狗崽们的父亲很享受由你们的这种智慧带来的许多好处。"

[a5]"但他并不需要许多好处,克忒西珀斯,无论他还是你。"

"你自己也不[需要]吗,欧蒂德谟?"

"任何人都不需要。告诉我,[299b]克忒西珀斯,你认为一个人生病时喝药是好的,还是你认为这不好,当他有需要的时候;或者当一个人参加战争的时候,带着武器比不带武器好?"

"要我说,"他说,"我看你又要讲出某个美丽的事物了。"

"你会[b5]最好地知道这一点,"他说,"只要你回答。既然你已经同意,当有需要的时候,喝药对人是好的,那是不是有必要尽可能多地喝这种好东西,如果有人给他研磨掺配了一整车的藜芦,那是不是一件美事?"

而克忒西珀斯说:"那当然太美了,欧蒂德谟,如果[299c]喝的人体型和德尔斐的雕像差不多大的话。"

"那么,"他说,"在战争中也是,因为带武器是好的,是不是有必要尽可能多地带着长枪与圆盾,因为那是好的?"

"当然要带很多,"克忒西珀斯说,"难不成你认为,欧蒂德谟,[c5]只要一面盾、一柄枪?"

"至少我是。"

"那你也会照这样武装革律翁①和布里阿瑞俄斯②吗?我还以为你会更可怕些,你可是个披甲作战的战士,还有你边上这位友伴也是。"

欧蒂德谟陷入了沉默;但狄俄尼索多罗斯就[299d]克忒西珀斯之前的回答发问道:"那么拥有黄金,"他说,"在你看来不也是好的吗?"

"当然,而且这些东西是越多越好。"

"然后呢?在你看来是不是有必要拥有好东西,始终都有、到处都有?"

"太对了。"[d5]他说。

---

① 希腊神话中的巨人,美杜莎的孙辈,他有一个身体(一说三个),三个头,六手六足(一说还有六只翅膀)。他饲养的牛群被赫拉克勒斯牵走,成为后者的十二功绩之一。

② 希腊神话中的百臂巨人,乌拉诺斯和盖娅的孩子,有五十个头,一百只手臂。百臂巨人共有三兄弟,曾在宙斯与提坦之战中帮助宙斯取得了最后的胜利。

"而你是否同意黄金是一种好东西?"

"我已经同意了。"他说。

"那么,在你看来,是不是有必要始终都有,到处都有,尽可能多地拥有它? 一个人这样就会最幸福吗,[299e]如果他有三塔朗同的黄金在肚子里,一塔朗同黄金在头颅中,每只眼中还有一斯塔忒尔黄金?"①

"至少他们是这么说的,欧蒂德谟,"克忒西珀斯说,"在斯基泰人②那里,这样的男人最幸福且最好,[e5]即那些他们自己的头颅里有大量黄金的人,就像你刚刚所说的那条狗是父亲,这件事更惊人,他们还用自己的镀金头颅来喝酒,看着它们里头,用手端着自己的头。"

[300a]"斯基泰人以及其余的人,"欧蒂德谟说,"他们看的是可以看的事物,还是不可以看的?"

"当然是可以[看]的。"

"你也一样?"他说。

"我也是。"

"你看我们的外套了吗?"

"是的。"

"它们便是可以看的?"

[a5]"格外可以。"克忒西珀斯说。

"看什么呢?"他问。

"什么都没有。不过你或许不认为它们可以看;要是这样,那你可真可爱。但我看你啊,欧蒂德谟,没躺下就睡着了,如果有人可以说话时却什么都没说,那你就在做这样的事。"

[300b]"会不会有沉默时说话?"③狄俄尼索多罗斯说。

---

① "塔朗同"(有"平衡、刻度、天秤"等意)与"斯塔忒尔"均为古希腊重量单位,用于计量时常用于称量金银,亦作货币单位,1塔朗同约合25.5公斤。雅典制的1斯塔忒尔等于4德拉克马,1米纳等于100德拉克马,1塔朗同等于60米纳。

② 希腊古典时期生活在欧洲东北部、东欧大草原至中亚一带的游牧民族,无文字,善冶金。

③ 这句话存在三种可能的理解,一为"沉默的事物说话",二为"说沉默的东西",三为"说话时沉默"。

"无论怎样都不会。"克忒西珀斯说。

"也没有说话时沉默?"

"这更不必说。"他说。

"那么,当你说着岩石、木头和铁块的时候,不就是说沉默[的东西]?"

"那照你的意思,[b5]如果我穿过铁匠铺,"他说,"当有人打铁时,那些铁块发出声响、尖叫,便是在大声说话;因此,由于你的智慧,你说话,其实又什么都没说,你却不自知。不过,你还是得把另一种情况展示给我,反过来,如何能在说话时沉默。"

[300c]在我看来,克忒西珀斯太过激动了,因为他的男孩在旁边。

"当你沉默时,"欧蒂德谟说,"你不是对一切都沉默吗?"

"我是。"他说。

"那么,是不是你对于说话的事物也沉默,如果这些说话的事物包含于一切之中?"

"什么?"克忒西珀斯说,"不是一切都[c5]沉默吗?"

"当然不是。"欧蒂德谟说。

"那便是,最好的人啊,一切都说话?"

"至少说话的那些东西[说话]。"

"不过,"他说,"我问的不是这个,而是[问]一切都沉默还是说话?"

[300d]"两样都不是,"狄俄尼索多罗斯接过话头,"我很肯定你无法使用这个回答。"

而克忒西珀斯,就像他通常那样哄堂大笑,"欧蒂德谟,"他说,"你兄弟造的言辞模棱两可,[d5]既毁了它,又让它招致挫败。"克莱尼阿斯非常高兴,笑了起来,这让克忒西珀斯自我膨胀得超过十倍。但我认为克忒西珀斯就是在耍无赖,他就是从这两人自己身上听来了这些东西,因为这种智慧不属于在场的其他任何人。

[300e]而我说:"你为什么笑,克莱尼阿斯,对于这么严肃这么美的东西?"

"你曾经见过任何美的东西吗,苏格拉底?"狄俄尼索多罗斯问。

[e5]"当然,"我说,"而且很多,狄俄尼索多罗斯。"

[301a]"那么它们与美不同,"他说,"还是与美相同?"

无论怎么看我都走到了死胡同,而因为我的牢骚,我想我合该遭此[麻烦],尽管如此,我还是说,它们与美本身不同,而是出现在它们各自面前的某种美的东西。

[a5]"那么是不是这样,"他说,"如果一头公牛出现在你面前,你便是头公牛,而因为我出现在你面前,你便是狄俄尼索多罗斯?"

"别亵渎了这件事。"我说。

"不过,以什么方式,"他说,"一个东西因为另一个东西出现在它面前而成为另一个东西?"

[301b]"你为此感到困惑吗?"我说。这时候我打算模仿这两人的智慧,这件我渴望的东西。

"如何能不困惑呢,"他说,"我和其他所有人,对于这种并不存在的东西?"

[b5]"你在说什么,"我说,"狄俄尼索多罗斯?难道不是美是美、丑是丑吗?"

"如果我这么想。"他说。

"你是不是这么想的?"我说。

"当然。"他说。

"那你是不是[认为],相同是相同,不同是不同?显而易见,不同不是相同,[301c]我认为这个问题甚至困扰不了一个孩子,不同就是不同。但是,狄俄尼索多罗斯,你故意搁置了这一点,因为在我看来,就像工匠可以恰当地完成各个事物一样,你们俩在其他方面也完美地[c5]完成了对话术。"

"那你知道吗,"他说,"对每个工匠来说,什么是恰当?首先,什么人能恰当地锻打青铜,你知道吗?"

"我知道,是铜匠。"

"这又如何,制陶?"

"陶工。"

"这又如何,屠宰、剥皮,将肉切碎成小块,拿去烹煮和炙烤?"

[301d]"厨师。"我说。

"是不是,"他说,"如果一个人将那些事情做得恰当,就是做得对?"

"毫无疑问。"

"而恰当对厨师来说就是切剁和剥皮?"他说,"你同意这些事吗,还是不同意?"

"我同意,"我说,"不过请可怜可怜我。"

[d5]"显而易见,因此,"他说,"如果有人宰了厨师并将他切碎、烹煮并炙烤,他便是将这些事情做得恰当;同样,如果有人锻打铜匠,并用陶工来制陶,这个人也将这些事情做得恰当。"

[301e]"波塞冬啊,"我说,"你终于展露了你智慧中的最后一层。它会出现在我面前,进而也成为属于我的吗?"

"你会认识它吗,苏格拉底,"他说,"如果它成为属于你自己的?"

[e5]"如果你愿意,"我说,"我当然会。"

"什么?"他说,"你觉得你认识属于你自己的东西?"

"是的,除非你说其他东西,因为必须由你开始,以这位欧蒂德谟结束。"

[e10]"那么接下来,"他说,"你是不是认为这些是属于你的,即那些你所宰制的和可以[302a]由你任意使用的东西?比方说,一头牛或是一只羊,你会认为这些东西是你的吗,你既可以贩卖,也可以赠予,还可以用于祭祀任何你想祭祀的神明?但如果你并没有以这种形式拥有它,那便不是你的?"

[a5]而我——我知道,从这些问题里头将要显现出某种美的东西了,同时我也想尽早听到它——说:"全然如此,以这种形式拥有的东西,这样的东西就只属于我。"

"接下来呢?"他说,"你会把这些拥有灵魂的东西称为动物吗?"

[302b]"是的。"我说。

"你同意吗,只有这样的动物才是你的,因为你有能力用它们来造我刚说的所有事情?"

"我同意。"

接着,他极具讽刺意味地停了一会儿,就像在思考某种重大问题。"告诉我,"他说,"苏格拉底,[b5]你有祖传的宙斯吗?"

这时候,我怀疑这番言辞即将迎来尾声,我一直设法从死胡同的曲折中脱身却始终被纠缠着,就像有一张网逮住了我似的,"没有,"我说,"狄俄尼索多罗斯。"

"那么你是个可怜人，[302c]甚至算不上一个雅典人，如果你既没有祖传的诸神，也没有神圣之物，亦没有任何美的或好的事物。"

"由它去吧，"我说，"狄俄尼索多罗斯，不要亵渎诸神，也不要粗暴地上来就教育我。因为我有祭坛和神圣之物，无论家族的和祖传的，[c5]以及其余雅典人拥有的其余这类东西。"

"那么，其余的雅典人，"他说，"也没有祖传的宙斯？"

"没有，"我说，"任何一个伊奥尼亚人都不用这个称谓，无论是从这个城邦迁出的移民还是我们，[302d]但我们有祖传的阿波罗，因为[我们]传承自伊翁一系；所以我们不把宙斯称为祖传的，而是称作守护家庭及部族的[神]，雅典娜也是守护部族的[神]。"

"这就足够了，"狄俄尼索多罗斯说，"看来你有阿波罗、宙斯和雅典娜。"

[d5]"全然如此。"我说。

"是不是这些也是你的神？"他说。

"先祖，"我说，"以及主子。"

"但接下来，他们是你的，"他说，"还是你不承认他们是属于你的？"

"我承认，"我说，"我会遭遇什么[问题]吗？"

"是不是，"他说，"他们也是动物，这些[302e]神？因为你已经承认那些有灵魂的东西就是动物。还是说，这些神没有灵魂？"

"他们有。"我说。

"那他们岂不也是动物？"

"是动物。"我说。

"而你已经承认，"他说，"这些动物是你的，凡是那些可以任由你赠予、[e5]贩卖或祭祀任何你想祭祀的神明的东西。"

"我是承认了，"我说，"我没有退路，欧蒂德谟。"

"来吧，"他说，"坦白地对我①说，因为你同意宙斯[303a]和其他神明

---

① "坦白地对我"（dē moi euthys），是将欧蒂德谟（希腊文为 Euthydēmos）这个名字拆解组成的一语双关，将 dē moi 和 euthys 的顺序互换即为欧蒂德谟之名。

是你的，所以你便可以将他们贩卖、赠予，随你所愿任意地使用，就如同对其余的动物那样？"

克里同啊，我当时就像被这番言辞狠狠打晕，[a5]哑口无言；这时候克忒西珀斯过来帮我说道："真棒！① 赫拉克勒斯，"他说，"这番美丽的言辞！"

然后狄俄尼索多罗斯说："你是说，"他说，"这赫拉克勒斯是'真棒'，还是说这'真棒'是赫拉克勒斯？"

克忒西珀斯说："波塞冬啊，"他说，"可怕的言辞。我得远离，这两人不可战胜。"

[303b]到了这时候，朋友克里同啊，在场的人没有一个不极度赞美这番言辞和这两个男人，他们大笑、鼓掌、极尽欣喜，直到快要昏死过去。在早前的每一处彻底地说得美的地方，只有欧蒂德谟的爱欲者们会[b5]喧哗躁动，但现在，几乎连吕喀昂的廊柱都在为这两人而喧哗躁动，高兴不已。甚至我自己都进入了他们的状态，[303c]以至承认从未见过任何人会有这么智慧，无论哪个方面我都被他们的智慧彻底奴役，于是我颂扬并赞美他们，我说道：

"你们这对幸福的人啊，有着多么惊人的天性，竟然如此迅速地在如此短的时间内完成这样一件事。你们的言辞拥有许多不同的美，欧蒂德谟和狄俄尼索多罗斯啊。但在它们之中，这一点确实最称得上伟大，那就是对于多数人，比如受尊敬的人以及那些被认为很重要的人，[303d]你们丝毫不在意，而只[在意]那些和你们相似的人。我清楚，只有少数跟你们相似的人会完全爱这些言辞，其他人并不认识它们，所以我也清楚，他们会感觉用这类言辞反驳[d5]别人比他们自己被反驳更羞耻。接下来这一点，则是你们言辞中另一个通俗且温和的特点。当你们说既没有什么东西美，也没有什么好，也没有什么白，也没有任何其他类似的东西，完全没有[303e]任何东西不同于其他任何东西时，确实，你们完全缝上了人们的嘴，就像你们所说的那样：但不只是其他人的嘴，看起来你们也将你俩

---

① "真棒"（pyppax）原本为副词，克忒西珀斯用于感叹，而狄俄尼索多罗斯在他的问题中以名词的形式发问，他把感叹的语句当成了真正的名字。

自己的嘴缝上了,这样做既非常优雅,又卸下了这番言辞的担子。

[e5]"不过确实,最伟大的还是这种[能力],对于那些你俩所掌握的、以精湛技艺发明的事物,可以让任何人都在很短的时间内学会它们:我意识到了这一点,是因为留意着克忒西珀斯,[发现]他那么快就能够当场模仿你们俩。[304a]接下来,你们智慧中的这一部分可以传授得如此快,这是一件美事,但并不适宜用来当着众人的面交谈。如果我能说服你,请当心不要当着多数人的面讲,以免他们很快学会这些,[a5]还不知道感激你们。相反,最好只在你俩之间相互交谈。如果做不到,如果当着另一个人的面,那个人就要付银子给你们。如果你们自身[304b]节制,你们将会以同样的事情劝告你们的学生,永远不要与除了你俩以及你们自己以外的人交谈;因为稀罕之物才受尊崇,欧蒂德谟啊,而水最便宜,哪怕品达说它是最好的。那么来吧,"[b5]我说,"无论如何,请你们接受我和克莱尼阿斯[做你们的学生]吧。"

谈完这些事情,克里同,以及其他一些简短的事情后,我们便离开了。好好想想你如何才能一起追随[304c]他们这两个男人,因为他们俩都说,他们能教任何愿意付银子的人,无论天性抑或年龄都不会构成阻碍——尤其适合说给你听的是,他们说完全不会妨碍赚钱——无论任何人都能[c5]轻松地接受他们的智慧。

克 确实,苏格拉底,我喜欢听人说话,也乐意学习任何东西,只恐怕我并不是跟欧蒂德谟相似的人,而是你专门[304d]说到的那类人,他们被这样的言辞驳倒会比驳倒别人更开心。由我来劝诫你看起来会有点可笑,但尽管如此,我还是想告诉你我听到的事。你要知道,从你们之中离去的其中一人,[d5]在我四处溜达的时候向我走来,他认为自己非常智慧,属于那些在法庭辩论的言辞上强得可怕的人之一,"克里同,"他说,"你从这些智慧的人那儿什么都没听到吗?"

"没有,宙斯在上,"我说,"因为尽管我站在旁边,还是被人群[挡着]没法听到。"

"确实值得一听。"他说。

"为什么?"[304e]我问。

"你应该聆听那些人交谈,他们是当今在这类言辞方面最智慧的。"

我说:"那么他们对你展露了什么?"

"还能有任何别的什么吗,"他说,"除了任何人始终都能从那类人那里听来的那类东西,他们胡说八道并对毫无[e5]价值的东西却以毫无价值的严肃来对待?"这大概就是他的语气和他所说的词句。

而我说:"无论怎么说,热爱智慧当然是件体面的事情。"

"什么体面,"他说,"[305a]幸福的人啊?一文不值。如果你也在场,我肯定你会替你的友伴感到大为羞耻:他那么荒唐,竟然愿意把自己交给那些人,他们对他们所说的事全不在意,只会紧抓着每一个词不放。[a5]而这些人,就像我刚才所说的,竟然还是当今最强大的人。但是,克里同啊,"他说,"这件事情本身,以及为此事花费时间的人们,着实可鄙又可笑。"

但我认为,苏格拉底,这样非难这件事情[305b]是不对的,无论是他还是任何其他非难此事的人。不过,我认为他有一点责难得对,即[不该]愿意当着多数人的面跟这类人交谈。

苏 克里同,这一类男人着实惊人。[b5]我还不知道我想说什么。这个走到你跟前并责难热爱智慧的是哪一种人?他是在法庭辩论上强得可怕的人,即某个演说者,还是输送这类人的人,即为演说者制作他们用来竞赛的言辞的作家?

克 [305c]至少不是演说者,宙斯在上,我也不认为他曾经站在法庭上。不过他们说,他懂得[写作]这件事,宙斯在上,他强得可怕,能把可怕的言辞组织到一起。

苏 [c5]现在我懂了,我自己也正打算说到这类人。因为克里同啊,他们是普罗狄科所说的那些介于爱智的人和从政的人之间的人,但他们相信自己是所有人中最智慧的,此外对于这一点,在大众面前他们也全然得到了认同,因此在获得所有人都认可的好名望这件事上,[305d]挡在他们面前的不是别人,而是关心爱智的人。于是他们认为,如果他们能够把这些人拉下来,让他们[背负]一文不值的名声,那么他们便能无可争辩地在所有人那里赢得智慧的名声。[d5]他们认为,他们真真切切是最智慧的,但每当他们在私下谈话中被抓住时,便是被欧蒂德谟身边的那些人打断。不过,他们认为自己非常智慧——这么说合乎情理,因为他们懂得一定程度的爱智,[也懂得]一定程度的政治事务,[305e]这完全基于合宜的言辞——因为他们依据自己的需要分得这两件事,没有风险和竞赛便收获智慧之果。

克 那便如何?你认为他们说了任何东西吗,苏格拉底?因为他们的言辞的确有着得宜的外表。

苏 [e5]确实是这样,克里同,外表要好得多[306a],和真实比起来。要就这一点来说服他们并不容易:人以及其余所有处于某两者之间并碰巧分有两者的东西,凡是来自坏东西和好东西的事物,它便比其中之一更好,而比另一个更坏;凡是来自两个[a5]目标不同的好东西的事物,在朝向它由其合成的那些东西各自所适用的目标方面,就比两者都更差;而凡是由两个目标不同的坏东西合成并居于它们中间的事物,只有[306b]这些事物比它们部分分有的两者各自都更好。那么,如果爱智是好的,政治践行也是[好的],但各自朝向不同的目标,而他们分得两者并身处两者中间,那他们所说的便什么都不是——[b5]他们比不上两者中任何一个——如果一个好一个坏,他们便比其中之一好,比另一个坏;只有在两者都坏的情形下,他们所说的才真实,无论如何没有其他情况。我也不认为[306c]他们会承认这两者都坏,或是其中一个坏而另一个好;而事实上,那些分有两者的人比两者都更弱,在朝向政治和哲学各自为之而值得一提的目标方面,[c5]其实他们排在第三位才真实,他们却追求被认为是第一。我们应该原谅他们的欲望,也不要粗暴地对待他们,尽管我们仍然以他们是什么样子来看待他们;我们应该赞赏所有这样的男人,只要他谈论任何趋于理智的事物并尽力勇敢地施行。

克 确实,苏格拉底,就像我始终对你说的,我自己对于我的儿子们感到困惑,不知道应该以怎样的方式对待他们。小儿子还仍然年幼,[d5]但克力托布罗斯现在已经到年纪了,需要有人帮助他。事实上,每当同你待在一起,都会让我认为自己简直疯狂,为了孩子们,我在许多其他方面如此严肃,关于[306e]婚姻,如何才能让他们从母亲那边得到好的出身;关于钱财,如何才能让他们尽可能富足;但关于他们的教育,我却有所疏忽。每当我看到有人声称自己能教育别人,我都惊惶不已,而我[e5]经过考察,认为他们每一个人都非常古怪,[307a]至少对你说实话。结果是,我不能[看出]怎样规劝这个小伙子转向热爱智慧。

苏　亲爱的克里同啊,你不知道在任何行当中,大多数人都微不足道且毫无价值,严肃的[a5]只是少数人,他们有全部价值吗?接下来,难道你认为体育不美吗,还有赚钱、演讲以及军事呢?

克　我完全承认。

苏　然后便如何?在每一个这些行当中,难道你看不到大多数人在[307b]他们各自的工作上都[显得]可笑?

克　是的,宙斯在上,你说得也非常真实。

苏　那么,就因为这样,你会让你自己逃离所有行当,而且不让你的儿子转向[某个行当]吗?

克　[b5]那样不公正,苏格拉底。

苏　因此,不要做不必要的事,克里同,而是由那些追求爱智的人去吧,无论他们是有用抑或无用。当你自己用美和好的方式来检验[爱智]这件事情本身时,[307c]如果它在你面前显现得微不足道,那就让所有人远离它,而不是只让你的儿子们[这么做];但如果它显现出来的就像我认为它所是的那样,那就鼓起勇气,追求并践行它,如那俗话所说,你自己和你的孩子们都[该这样]。

普罗塔戈拉

刘小枫 译

友伴 ［309a］你这看起来像是打哪儿来啊，苏格拉底？岂不明摆着刚追过阿尔喀比亚德的青春么？① 其实，前不久我看到过他，看上去的确像是个美的男子诶，不过，是男子咯，苏格拉底，我们自己说哈，胡子［a5］已经发芽儿啦。

苏格拉底 那又怎样？你不恰是荷马的追捧者么，［309b］荷马说，最魅人的青春劲儿恰是胡子初生，②阿尔喀比亚德正是时候啊？

友 那么这事儿现在怎样啦？你看上去刚从他那儿来？这嫩小子对你怎样？

苏 ［b5］他让我觉得不错哦，尤其今天这次。毕竟，他替我说了不少话声援我；我确实刚从他那儿来。不过，我想要对你说件稀奇事，尽管他在场，我竟然没在意，常常把他给忘了。

友 ［309c］难道会发生什么吗，你和他竟有这种事情？毕竟，你恐怕遇不到一个更美的人呦，起码在这［雅典］城邦［遇不到］。

苏 哪里话，［美］多啦。

友 ［c5］你说什么？本城人还是外邦人？

苏 外邦人。

---

① 阿尔喀比亚德（前450—前404）是雅典民主鼎盛期的重要政治人物，年轻时与苏格拉底交往密切，被视为苏格拉底的学生。本篇对话记叙普罗塔戈拉第二次到雅典时的情形，其时阿尔喀比亚德大约十七岁（比苏格拉底约小二十岁）。

② 在荷马笔下，这话用于贼神赫耳墨斯，共两处：《伊利亚特》24.348 和《奥德赛》10.279。

友　哪儿来的？

苏　阿伯德拉①。

友　你竟然觉得这某个外邦人如此之美，甚至对你显得美过[c10]克莱尼阿斯的儿子？

苏　怎么，幸运儿啊，最智慧的东西难道不显得更美？

友　莫非你刚幸遇某个智慧的，[这会儿]就与我们在一起，苏格拉底？

苏　[309d]在今天还健在的[智慧人]中恐怕是最智慧的咯，要是你觉得[他]最智慧的话……普罗塔戈拉②啊！

友　哇，你说什么！普罗塔戈拉到[雅典]啦？

苏　已经第三天喽。

友　[d5]难道你来之前和他在一起！

苏　[310a]当然，[同他]说了很多，也听了很多。

友　要是不耽误你什么事儿的话，何不对我们详细说说[你们]在一起[的事]。坐这儿，这个小厮起来！

苏　[a5]那么当然；如果你们要听，我倒挺感激。

友　要是你会讲讲，我们也感激你。

苏　那么感激兴许就翻倍喽。你们且听着。

这还是[昨天]夜里的事儿，[早上]天快亮时，希珀克拉底③，也就是阿波罗多罗斯的儿子、法松的兄弟，[310b]用手杖猛敲房门。有人刚把门打开，他就径直冲进来，大声嚷嚷，"哎呀，苏格拉底，"他说，"你醒了还是还在睡啊？"④

我听出是他的声音，于是我说："希珀克拉底，[b5][我]在这儿呐；莫非你有什么糟糕事儿要通报？"

---

① 阿伯德拉（Abdera）城邦在忒腊克（旧译"色雷斯"[Thrace]，今巴尔干半岛东半部）。

② 普罗塔戈拉（约前490/486—前420）是古希腊最著名的智术师，曾游历各城邦教学，名满天下，可惜著述散佚殆尽。

③ 希珀克拉底是普通青年，未见史籍提及。在阿里斯托芬的《云》中，以 hippo－[马]开头的人名被用来喻指弟子。

④ 随后的戏剧性谈话发生在上午。换言之，同一个事件在一天中发生了两次：谈话事件发生在上午，苏格拉底对集市上的听众复述这次谈话则是在当天下午。

"没有、没有，"他说，"只有好事儿！"

"但愿你有好运，"我说，"究竟什么事儿啊，为何你一大早就来？"

"普罗塔戈拉……来啦。"他站在我旁边说。

"前天[就来了]，"我说，"你才听说？"

"凭诸神[发誓]，"他说，"[昨天]傍晚[才听说]。"

[310c]说着他摸到[我的]小床，在我脚那头坐下说道："真的，[昨儿]傍晚[才听说]，[当时]我从奥伊诺厄①回来已经很晚。哎呀，我的家奴萨图罗斯跑啦；真的，我[本]想来告诉你，我要去追他，由于[c5]别的事儿就给忘了。我回来后，我们吃晚饭，然后打算睡觉，这时我兄弟告诉我，普罗塔戈拉来啦。当时我就已经要动身立刻来找你，随后我[又]觉得夜太深。等[310d]一顿酣睡很快把我从疲劳里释放出来，我立马起身，随即赶来这儿。"

我认识他这人的勇敢，还有[好]激动，于是我说："这同你有什么相干？莫非普罗塔戈拉错待你什么啦？"

他笑了说："没错，[d5]凭诸神发誓，苏格拉底，因为唯独他是智慧者，却不打造我是[智慧者]。"

"可是，凭宙斯，"我说，"要是你给他钱，说服他，他也会造就你[拥有]智慧的东西。"

"但愿哦，"他说，"宙斯和诸神啊，要[310e]是这样的话[就好了]；因为，我不会留下哪怕一点儿无论是我自己的还是我朋友们的[钱]。正是为了这样一件事儿，我此刻就来找你，要你替我同他说说。毕竟，我眼下还年轻啊，何况，我还没见过普罗塔戈拉呢，甚至没听他说过任何话；[e5]他第一次来雅典时，我还是个孩子。再说，苏格拉底，所有人都在夸赞这个男人，说他在言谈方面最智慧。为什么我们不这会儿就[311a]去他那儿，在他出门前逮住他？听说他正在希珀尼科斯的儿子卡利阿斯②那里，我们走吧。"

我说："我们别[急着]去那儿，好小子，毕竟[天色]还早呐。不如我

---

① 奥伊诺厄是雅典西北靠近厄琉忒剌(Eleutherae)地区的一个小镇。
② 卡利阿斯是雅典富豪，其父希珀尼科斯在公元前424年战死，留给他巨额财富。

们立马起身,去院子里转转,我们在那里悠闲悠闲,等天亮,然后我们再走。毕竟,[a5]普罗塔戈拉大多时候都在家悠闲。你得有信心,我们兴许会在[卡利阿斯]屋里逮着他。"

说罢我们就起身,在院子里转悠。[311b]为了考察希珀克拉底的决心,我问了些问题来考察他。我说:"给我说说看,希珀克拉底,你这会儿打算去普罗塔戈拉那儿,想要付钱给他,作为教你的酬金,这是去什么人那儿,并要成为[b5]什么人呢?比方说吧,如果你打算去与你同名的科斯岛的希珀克拉底——也就是阿斯克勒皮俄斯家族的那个[希珀克拉底]那里,①为了自己付他一笔钱,若有人问:'说说看,希珀克拉底,因为他是个什么[人]你[311c]打算付希珀克拉底一笔呢?'你会怎样答?"

"我会说,"他说,"是个医师。"

"为了成为一个什么[人]呢?"

"医师。"他说。

"那么,要是你找到阿尔戈斯人珀吕克莱托斯或雅典人斐狄阿斯②,打算为了你自己付他们一[c5]笔,这时有人问你:'你打算付这笔给珀吕克莱托斯和斐狄阿斯,因为[他们]是什么啊?'你会回答什么?"

"我该说,雕刻家。"

"那么,你自己要成为什么呢?"

"很清楚嘛,我该成为雕刻家。"

"那好,"我说,[311d]"这会儿我们已到了普罗塔戈拉那儿,我们——你和我——肯为了你付钱给他,如果我们的钱够数,就用这笔来说服他;要是不够数,就把乡友们的也搭上。那么,[d5]我们如此热切地追求,倘若有个人问我们:'苏格拉底,还有你——希珀克拉底,请对我说说,你们打算付钱给普罗塔戈拉,由于他是什么呀?'我们该[311e]回答什么?对普罗塔戈拉,我们听见人家用什么别的名称称呼他来着?比如,称呼斐狄阿斯为雕刻家,称呼荷马为诗人;我们听到人们相应地称呼普罗塔戈拉

---

① 希珀克拉底是古希腊医术的奠基人,与苏格拉底同时代;阿斯克勒皮俄斯则是传说中的医术始祖,被尊为医神。

② 珀吕克莱托斯是阿尔戈斯人,著名画师,生卒年不详。斐狄阿斯(约前490—前430)是雅典人,著名雕刻师,曾主持修建帕特农神庙,其中最美的雕塑都出自他手。

什么?"

"哎呀,人家把[e5]这人叫智术师,苏格拉底。"他说。

"啊哈,因为是智术师,所以我们要去付钱啦?"

"完全没错。"

"要是还有人问你:[312a]'你自己呢,你去找普罗塔戈拉,为的是让自己成为什么人?'"

他脸红了——当时已经天光熹微,脸红清楚可见——他回答说:"要是这与刚才的那些[问题]相像的话,显然为的是成为一个智术师。"

"你呀……"[a5]我说,"凭诸神发誓,你让你自己在希腊人面前是个智术师,难道你不感到羞耻?"

"怎么不会呢,凭宙斯,苏格拉底,要是得说出我的想法的话。"

"不过,希珀克拉底,兴许你并没有以为,跟普罗塔戈拉学[312b]就会让你自己成为[智术师]这样的人,而是[认为]像跟语文教师、音乐教师、体育教师学习一样?毕竟,从这些课业你并非为的是习得一门技艺,由此成为那样的一个艺匠,而是为了接受针对常人和自由民①的教化。"

"的确,[b5]我也这么觉得,"他说,"跟普罗塔戈拉学,其实不外乎如此。"

"那么,你知道你这会儿要去做的事情了吧,抑或你没觉察到?"我说。

"[没觉察到]哪一点?"

"[没觉察到]你打算把自己的灵魂交[312c]付给一个你称为智术师的男人照看。我很好奇,你是否知道,一个智术师究竟是什么东西。就是说,要是你还没有认识到这一点,要是你并不知道在把灵魂交付给谁,你就不知道正在把灵魂交付给要么好要么坏的事情。"

"我认为嘛,起码……"他说,"还是知道吧。"

"那说说看,你认为[c5]智术师是什么?"

"我嘛,"他说,"就像这名称所说,一个智术师就是对智慧的东西有知识。"

---

① "常人"指不具备技艺的人,与有技艺的人相对;"自由民"则指不靠攒钱过日子的人。

于是我说:"对画师和木匠,不也可以说这个——他们对智慧的东西有知识? 可是,[312d]要是有人问我们:'画师对哪些智慧的东西有知识?'我想,我们会这样回答他:'这些东西涉及描画肖像,以及其他类似的东西。'可要是有人问:'智术师呢,对什么智慧的东西有知识?'[d5]我们该怎样回答他? 智术师对什么样的工作有知识?"

"我们该说他是什么呢,苏格拉底,除了对造就人在言说方面厉害有知识?"

"也许吧,"我说,"我们兴许就说真有那么回事吧。不过,要说啊,这还不够,这回答要求我们进一步问:智术师在哪些事情上造就人言辞厉害? 比如说,基塔拉[312e]琴师明显在他有知识的事情上造就人言辞厉害,也就是在基塔拉琴的事情上言辞厉害,对吧?"

"没错。"

"那好。那么智术师呢,在什么事情上他造就人言辞厉害? 是不是明摆着在他拥有知识的事情上?"

"好像是这样。"

"那么,智术师自己[对其]拥有知识并且[e5]让自己的学生也拥有知识的这个东西,是什么呢?"

"天哪,"他说,"对你我还真说不上来。"

[313a]经过这番[谈话]以后,我就说:"怎么样啊? 你知道押上自己的灵魂是在冒怎样一种危险吗? 如果你必须得把自己的身体交托给什么人,而冒这个险会使得身体要么有益要么糟糕,难道你不会翻来覆去想想,究竟该不该[a5]交托[给他],你会把乡友们和亲戚们叫到一起商议,考虑好多天。你所想的东西,也就是你的灵魂,要比你的身体更值,对灵魂要么有益要么糟糕,端赖于你自己的所作所为是好还是坏。可是,在这件事情上,你却既没有与父亲也没有与兄弟[313b]商量,甚至没有找你的我们这些友伴们中的任何谁商量,是否该把你的灵魂交托给这个来到此地的外邦人。相反,你[昨儿]晚上才听说他[到了]——如你所说,[今儿]天刚亮就早早跑来,对是否应当把[b5]你的灵魂交托给他,你自己没个说法,又不同任何人商量,却已经打算用上你自己的钱,还有你朋友们的钱,就好像你已经清楚认识到,方方面面都应该做普罗塔戈拉的学生,

可你并不认识他,如你自己所说,也从不曾[313c]和他交谈过。你称他智术师,可你显得并不知道智术师究竟是什么,就这样一个人,你竟然打算把自己的灵魂交托给他。"

听了我这番话,他说:"从你说的来看,苏格拉底,好像是那么回事。"

"所以,希珀克拉底呀,智术师不恰恰[c5]就是某个贩卖养育灵魂的东西的大贩或小贩么?据我看哪,智术师就是这类人。"

"可是,苏格拉底,灵魂靠什么得到养育呢?"

"兴许靠学习吧。"我说,"不过,友伴啊,智术师夸赞自己出售的东西不会是在哄骗我们吧,就像那些商人或小贩夸赞[313d]涉及身体的食物?毕竟,那些人其实并不知道自己带来的贩运品对身体有益还是糟糕,他们夸赞出售的所有东西,从他们那儿买[东西]的人们其实也不知道[对身体有益还是糟糕],除非碰巧有人是体育教练或医生。[d5]同样,那些人拎着学识周游各城邦贩卖,向那个[对学识]总有欲求的人兜售,他们夸赞自己贩卖的所有东西。可是,最好的人儿,有些人兴许并不知道自己贩卖的每样东西[313e]对灵魂有益还是糟糕;同样,从他们那里买的人也不知道,除非他碰巧是个灵魂的医生。

"所以,要是你恰好对什么是有益的东西和什么是糟糕的东西有知识,你向普罗[e5]塔戈拉和别的任何谁买学识才安全。但倘若不是的话,幸运小子,看好啊,[314a]可别拿自己最心爱的东西去下赌和冒险。毕竟,购买学识的危险比购买食物大很多。从大贩或者小贩那里买来吃的喝的,一个人有可能把它们摆在别的盛器里,[a5]在把它们吃进喝到身体中去之前,有可能放在自己家里,叫来那个夸赞的人商议一下,什么该吃该喝、什么不该吃不该喝、吃多少喝多少和什么时候吃喝;所以,购买食物的危险不大。可学识就没可能[314b]用别的盛器装走,相反,一旦付了钱,把学识装进灵魂,获得学识,离开时灵魂必然不是已经受到损害,就是已经获得裨益。

"所以,我们得认真看清楚这些事情,而且同[b5]我们的长辈们一起[看清楚];毕竟,我们还太年轻,决定不了这样大的事。不过,既然我们已经起了心,就不妨去吧,听听那人[的说法];听的时候,我们不妨也同其他人一起交流。毕竟,那儿不仅普罗塔戈拉一个人,[314c]还有厄利斯人希琵阿斯①,我认为,科俄斯人普罗狄科②也在,还有许多别的有智慧的人。"

带着这样一个意见我们上路了。不过,到了大门口,我们站下来,继续谈论路上我们碰到的[c5]某些话题。由于不想话题半截子撇下,而是这样子继续下去,直到有结论,我们站在大门口谈了一会儿,直到相互之间达成了某种一致。所以,我觉得,那个门房——某个阉人——听到了我们[的谈话],而且似乎[314d]由于有大批智术师进了这院子来,他烦得不行。不管怎样,我们敲门,他打开门见到我们,他说:"嗐,又是些个智术师!他本人没空闲!"说着就用双手狠狠把门摔[d5]上。我们再敲,他隔着关上的门在里面回答:"你们这些家伙啊,没听见说他本人没空闲?"

"可是,上人,"我说,"我们不是来找卡利阿斯,而且我们也不是智术师,您放心吧;[314e]我们来是需要见见普罗塔戈拉。请通报一声吧。"过了一会儿,这人很不情愿地替我们开了门。

进到里面后,我们拿到正在廊前踱步的普罗塔戈拉。围着他一起踱步子的,[e5]一边是希珀尼科斯的儿子卡利阿斯和伯里克勒斯的儿子帕拉洛斯,这两人是同母[315a]异父兄弟,还有格劳孔的儿子卡尔米德③。另一边是伯里克勒斯的另一个儿子克桑提珀斯,斐洛墨洛斯的儿子斐利庇德斯,还有门德人安提摩伊罗斯,④此人在普罗塔戈拉的学[a5]生中最受器重,他凭靠技艺学习为的是将来当智术师。还有一大批人紧跟在后面听[他们]在说什么,这些人似乎大多是普罗塔戈拉周游各城邦时带来的外邦人,普罗塔戈拉就像[315b]俄耳甫斯,用声音迷住这些人,而他们就在对这声音的痴迷中紧随着他。这个合唱歌队里甚至有几个本地人。看到这班合唱歌队,我特别乐的是,他们都小心翼翼,绝不抢在普罗塔戈拉步子之前碍着他。[b5]要是他本人折回,他身边的那些人跟着折回,这群听者就乖乖儿整整齐齐分列两旁,随之绕个圈转身,总是保持在后面的位置,走得实在漂亮。

---

① 希琵阿斯是著名智术师,生卒年不详,年纪大约与苏格拉底相同。
② 普罗狄科(前465—前395)是著名智术师,精通语义辨析,尤其善于辨析同义词。
③ 这个卡尔米德是柏拉图的舅父,雅典贵族世家子,苏格拉底曾鼓励他参加政治活动。
④ 斐利庇德斯出身希腊望族,安提摩伊罗斯则无从查考,他是唯一有名有姓的普罗塔戈拉弟子。

荷马说,"此后我又认出"①厄利斯人[315c]希琵阿斯,他端坐在对面廊下的一把椅子上,围着他的几条凳子上,坐着阿库美诺斯的儿子厄吕克西马科斯、缪里努西俄斯人斐德若、安德罗提翁的儿子安德戎,以及几个外邦人,有些是希琵阿斯的同乡,有些[c5]不是。他们好像正在探问希琵阿斯一些天象学中涉及自然的和天上的东西,希琵阿斯坐在椅子上,正在对这些东西逐一下断语,详细讲解所问的问题。

接着,"我又认出坦塔罗斯"②——[315d]科俄斯人普罗狄科果真也在这院里。他在某个房间里,这房间原是希珀尼科斯的贮藏室,由于这会儿寄宿的人多,卡利阿斯将这房间腾空,供外邦人寄宿。普罗狄科这时正躺[d5]着,看上去裹着羊皮和毯子以及好多东西。紧挨着他的长凳上,坐着来自喀拉美斯的泡萨尼阿斯,泡萨尼阿斯旁边的那个年青人还很年轻,我感觉他[315e]天性既美又好,模样非常漂亮。我觉得,我听到他的名字叫阿伽通③,如果他恰巧是泡萨尼阿斯的男伴,我不会吃惊。这个[阿伽通]还是个少年,两个叫阿德曼托斯的也在,一个是喀庇多斯的儿子,一个是[e5]琉科洛斐德斯的儿子,还有其他一些人。至于他们在说些什么,我从外面没法听到,虽然我非常想听普罗狄科[说的话]——毕竟,我觉得这人智慧圆融,[316a]而且神气——由于他嗓音低沉,屋子里有一种嗡嗡声,没法听清在说什么。

我们刚进去,阿尔喀比亚德就紧跟着我们进来,这美人哦——就像你说的,我[a5]服了——还有卡莱斯克罗斯的儿子克里提阿斯④。就这样,我们进来后,在一些小事上悠闲了一小会儿,仔细看了看这些,然后朝普罗塔戈拉走去。

[316b]我说:"普罗塔戈拉,我们来拜访你,你瞧,我和这个希珀克拉底。"

---

① 苏格拉底让自己化身为荷马笔下的奥德修斯,他进入冥府召唤英雄们的亡魂时说:"此后我又认出力大无穷的赫拉克勒斯,一团魂影。"(《奥德赛》11.601,王焕生译文)

② 语出《奥德赛》11.583。坦塔罗斯是希腊神话人物,因偷神的食物予人,被罚在冥府永受饥渴之苦。

③ 阿伽通生于公元前448年或前447年,后成为著名肃剧诗人,当时大约十六岁。

④ 克里提阿斯是柏拉图的堂舅,肃剧诗人,与智术师们过从甚密,公元前404年至前403年雅典复辟时的三十人执政团成员之一,事败后丧生。

"你们希望单独[同我]谈谈,"他说,"还是跟其他人一起[谈]?"

[b5]"我们嘛,"我说,"一点儿没所谓。不过,你听听我们为何而来,你自己考虑吧。""那么,是什么呢,"他说,"你们为何而来?"

"这个希珀克拉底是本地人,阿波罗多罗斯的儿子,出自一个大户殷实人家。他嘛,天性似乎与同龄人有得一比。我觉得,他欲求[316c]成为这城邦中数得着的人物。他认为,要是他跟了你的话,这事儿绝对就会成啦。所以,请你考虑一下这些,你觉得关于这些事情你需要一对一谈,还是与其他人一起[谈]。"

[c5]"正确啊,"他说,"苏格拉底,你替我事先考虑。毕竟,一个异乡的人物,在各大城邦转,说服那儿最优秀的青年们离开与别人在一起——无论熟悉的人还是陌生人,老年人还是年轻人——来跟他在一起,为的是他们靠与他在一起[316d]将会成为更好的人——做这种事情必须得小心谨慎。毕竟,这些事情会招惹不少的妒忌,以及其他敌意乃至算计。

"我说啊,智术的技艺其实古已有之,古人中搞[d5]这技艺的人由于畏惧这技艺招惹敌意,就搞掩饰,遮掩自己,有些搞诗歌,比如荷马、赫西俄德、西蒙尼德斯,另一些则搞秘仪和神谕歌谣,比如那些在俄耳甫斯和缪塞俄斯周围的人。我发现,有些甚至搞健身术,例如塔拉斯的[d10]伊克科斯①,以及还健在的头号智术师[316e]塞吕姆布里亚的赫罗狄科斯②——原来是麦伽拉人。你们的阿伽托克勒斯用音乐搞掩饰,是个了不起的智术师,还有克莱俄人皮托克利德斯以及其他多数人。③ 所有这些人,如我所说,都因为畏惧妒忌而用这些[e5]技艺作掩饰。

"我呢,[317a]在这一点上可不与所有这些人为伍。毕竟,我认为,他们没有实现自己的所愿:没逃脱各个城邦中那些有权力的人——恰恰由于这些人才有掩饰[的必要]。至于众人,[a5]压根儿就毫无感觉,有权力的[人]宣讲什么,他们跟着唱什么。[倘若想要]偷偷溜走又没法偷偷溜走,而是被看出来,这溜走的企图就太愚[317b]蠢咯,而且必然使得世

---

① 伊克科斯是当时著名的体育家和教练。
② 赫罗狄科斯出生于距雅典三四十公里的麦伽拉,体育教练,同时行医。
③ 阿伽托克勒斯和皮托克利德斯均为当时的著名乐师,后者还是一个能干的治邦者。

人更敌视他。毕竟,世人会认为,别的不说,这样一个人简直是无赖。

"我呢,采取的做法与这些人完全相反:我既承认自己是智术师,也承认我[b5]教育世人。而且我认为,这样一种小心谨慎比那种[小心谨慎]更好:与其否认[是智术师]不如承认更好。当然,除此之外,我也考虑到其他[小心谨慎],所以,凭神来说,我不会由于[317c]承认自己是智术师而遭遇任何可怕的事情。我投身这门技艺已经好多年;事实上,我已经大把年纪,凭这年纪,你们中间没谁我不可以做父亲。所以,对我来说,[我]会非常乐意——倘若这是你们的所愿——就[c5]这些事情当着所有在外面的人来立言。"

我猜他很想在普罗狄科和希琵阿斯面前演示一番,让自己充分显得我们这些有爱欲的[317d]都是冲他而来,因此,我说:"我们为什么不把普罗狄科和希琵阿斯以及与他们在一起的人也叫过来,以便他们也听听我们的?"

"当然好啊。"普罗塔戈拉说。

[d5]"那么,"卡利阿斯说,"你们想要我们布置出一个议事间吗,这样你们可以坐着谈?"

[大家都]觉得需要;我们所有人都欣喜不已,既然要聆听这些有智慧的人[交谈],我们自己搬凳子和长椅,摆到靠希琵阿斯那里,因为,那里已经[d10]有些凳子。我们忙乎这的时候,卡利阿斯和阿尔喀[317e]比亚德两人去领普罗狄科——扶他下长椅——和与普罗狄科在一起的人。

我们大家坐到一起后,普罗塔戈拉说:"现在,苏格拉底,既然都在这里了,请你[e5]把刚才关于这年轻人对我说的话再说一遍。"

[318a]于是我说:"普罗塔戈拉,我为这事的开头本身是这样的,也就是说,我为何而来。这不,这希珀克拉底正欲求要跟你当学生。他说他乐于了解,要是跟你在一起,自己会有怎样的结果。我们[a5]的说法就这样。"

逮着这当儿普罗塔戈拉就说:"年轻人啊,要是你与我在一起,那么,你与我在一起一天,回家时就会变得更好,接下来的一天同样如此,每天都会不断朝更好长进。"

[318b]我听了[这话]就说:"普罗塔戈拉,你说的一点儿都不让人惊

讶,倒是看似如此。毕竟,即便是你这把年岁和这样有智慧的人,倘若有谁教你什么你恰好不知道的东西,你也会变得更好。别这样子[回答],[b5]而是像这样:假若这希珀克拉底忽然改变欲求,转而欲求做赫拉克勒亚人宙克希珀斯①的学生,而这个年轻人这会儿刚刚抵达村社,希珀克拉底就来找他,就像眼下来找[318c]你,听他说了那些与从你这儿听到的完全相同的说法:做宙克希珀斯的学生,他将一天天变好,一天天长进。假若希珀克拉底进一步问他:'为什么你说我将会变好,我会朝向什么长进?'宙克希珀斯会对他说,朝向绘画术。又假若希珀克拉底去做[c5]忒拜人俄尔塔戈拉斯②的学生,听他讲了那些与从你这里听到的完全相同的说法,他会进一步问,做这人的学生会朝什么一天天变好,俄尔塔戈拉斯会说,吹簧管啊。就这样子,你也告诉这年轻人,还有我,既然[318d]我在替他问,这希珀克拉底做普罗塔戈拉的学生,只要做一天他的学生,离开时都会变得更好,以后每天都会这样子朝什么[变好],普罗塔戈拉,为了什么长进?"

[d5]普罗塔戈拉听了我这番话后说:"你问得漂亮哦,苏格拉底,我呢,当然乐意回答这些问得漂亮的人。好吧,希珀克拉底来我这儿,不会遭受像做别的智术师的学生会遭受的那些事情。也就是说,别的智术师摧残年轻人。因为,年轻人[318e]刚刚逃脱种种技艺,这些智术师违背年轻人的意愿,又逼着把他们领进种种技艺,教什么算术以及天文、几何、音乐——"这时,他瞟了希琵阿斯一眼,"来我这里呢,他将学到[e5]的不过是他来这儿为了要学的东西。要学的是持家方面的善谋,亦即自己如何最好地齐家,[319a]以及治邦者方面的善谋,亦即如何在治邦者方面最有能耐地行事和说话。"

"那么,"我于是说,"我跟得上你的理路吗?你对我说的似乎是治邦术,而且许诺造就[a5]好城邦民?"

"没错,苏格拉底,"他说,"我承诺的正是这个承诺。"

---

① 公元前5世纪最知名的希腊画家之一,柏拉图把他的作品当作模仿艺术的典范,参见《理想国》卷十。

② 俄尔塔戈拉斯是aulos[簧管]演奏高手,aulos是一种含簧片的竖着吹奏的乐器。

"要是你的确做成了的话,"我说,"你做成的这工艺品漂亮呃。当然,对你啊,我可没的说,除了说出我的真实想法。[a10]毕竟,普罗塔戈拉,我一直以为这[治邦术]没法教。[319b]可对你这话,我兴许又不得不相信。不过,在哪一点上我觉得这[治邦术]不可教,不可由人们提供给人们,我还是说出来才对。毕竟,我,还有其他希腊人会说,雅典人是有智慧的人。

[b5]"我看啊,每当我们聚在一起开大会,倘若城邦必须解决的涉及城建,就招集建筑师们来商议建造方面的事情;倘若必须解决的涉及造船,就招集船匠;其他所有事情也这样,这些事情[319c]被认为是可习得和可教的。要是有谁也要插进来给雅典人出主意,而他们却并不认为他是个有专长的能匠,那么,就算这人仪表堂堂、腰缠万贯、门第很高,雅典人也不会接受,反倒会讥笑、[c5]起哄,这插嘴的家伙不是被轰、灰溜溜走人,就是大会纠察奉城邦民大会主席团之命把他拽走或撵出去。涉及被认为属于技艺的事情时,他们就这样子解决。

"不过,一旦必须考虑的事情涉及[319d]城邦治理,那么,一个木匠也会站起来就这类事情为雅典人建言。同样,铁匠、鞋匠、商贾、水手,富人也好穷人也罢,出身贵贱统统不论,任谁都一样,没任何人会因此像[d5]先前那种情形那样[出来]呵斥:谁谁谁压根儿就没从什么地方学过,从未拜过师,居然就来出主意。显然,雅典人并不认为这[治邦术]是可教的。

"不仅涉及这城邦的[319e]共同事务时是这样,在常人事务上也如此:即便我们最智慧、最优秀的城邦民,也没法把自己具有的德性传授给其他人。比方说伯里克勒斯吧——这两位年轻人的父亲,①他教育儿子们时,就从老师那里学到的东西而言,他既[教得]好又得法,[320a]但就他本人是个智慧人而言,他却既没有亲自教育他们,也没把他们交托给谁[去受教],而是放他们随意到处找草儿吃,除非他们会自个儿磕磕绊绊地在哪儿撞上德性。

---

① 伯里克勒斯的两个儿子帕拉洛斯(Paralus)和克桑提珀斯(Xanthippus)当时都在场——两人后来前后相差八天死于公元前429年的瘟疫。

"然而，要是你愿意的话，就说克莱尼阿斯吧——这儿这位阿尔喀比亚德的弟弟，[a5]他的监护人同样是这伯里克勒斯。由于生怕克莱尼阿斯会被阿尔喀比亚德带坏，伯里克勒斯把克莱尼阿斯从阿尔喀比亚德那里拽开，放到阿里弗戎①家，在那里教育他。可是，还不到半年，[320b]伯里克勒斯就把克莱尼阿斯送回给阿尔喀比亚德，因为他对克莱尼阿斯毫无办法。我还可以给你讲一堆别的人，虽然他们本人都好，却绝对没法把任何人造就得更好，不管亲戚还是外人。所以，我呢，普罗塔戈拉啊，见到这些，才不认为[b5]德性可教。不过，听你说过这番话，我动摇了，而且以为你说出了点儿什么，因为我想到你见多识广，自己还富有创见。所以，要是你能给我们更为清楚地揭示[320c]这[治邦的]德性可教，就别吝啬，揭示一下吧。"

"不会的，苏格拉底，"他说，"我不会吝啬。不过，我是该像老人给年轻人讲故事那样来给你们揭示呢，还是一步步论述？"

[c5]坐在旁边的众人于是回答他说，他不妨按自己愿意的那样来揭示。"那么，"他说，"我觉得给你们讲故事更优雅。"

"从前那个时候，诸神已经有了，会死的族类[320d]还没有。后来，会死的族类诞生的命定时刻到了，神们就揉和土和火以及由火和土混合起来的一切，在大地怀里打造出他们。到了神们想到该把会死的族类引向光亮的时候，神们便吩咐普罗米修斯和[d5]厄庇米修斯②替每个[会死的族类]配备和分配相适的能力。厄庇米修斯恳求普罗米修斯让他来分配，'我来分配，'他说，'你只管监督吧。'这样说服普罗米修斯后，他就分配。

"分配时，厄庇米修斯给有些[族类]配上强健但没敏捷，[320e]给柔弱的则配上敏捷；他武装一些[族类]，却赋予另一些[族类]没有武装的天性，不过也替它们设计出一些别的能力来保存自己。比如，对用弱小来

---

① 阿里弗戎是伯里克勒斯的兄弟。阿尔喀比亚德的父亲死于公元前446年的克罗涅亚(Coroneia)战争，当时阿尔喀比亚德只有四岁。他和弟弟克莱尼阿斯一起被托付给近亲伯里克勒斯。

② 厄庇米修斯和普罗米修斯是古希腊神话中的一对兄弟：前者笨拙、心不在焉(事后聪明)；后者机灵、有远见(事先思考)。

穿戴的那些,他就[给它们]配上翅膀可逃,或寓居地下;对增大[躯体]块头的那些,就[让它们]用这块头[321a]来保护[自己];其余的也都如此均衡地分配。厄庇米修斯设计这些[能力]时善谋,以免某一类灭掉。

"为会死的族类提供了避免相互毁灭的法子后,厄庇米修斯又设计出抵御来自宙斯的季节变化的法子——[给它们]裹上密密的[a5]毛和厚厚的皮,既足以御冬,又能耐夏热,要睡觉时还可当作自己家里的床被,而且毛和皮都是自动长起来。[321b]厄庇米修斯给有的[族类]套上蹄子,给另一些则裹上坚韧的不会出血的皮。然后,厄庇米修斯给不同的[族类]提供不同的食物——有些给地上的青草,另一些给树上的果实,还有一些则给根茎,有些甚至让它们以别的动物为食物。[b5]他让有些生育得少,让死得快的生育多,以便它们保种。

"可是,由于厄庇米修斯不是太那么智慧,他没留意到,[321c]自己已经把各种能力全用在了这些没理性的[族类]身上。世人这个族类还留在那儿等厄庇米修斯来安置,而他却对需要做的事情束手无策。

"正当厄庇米修斯束手无策时,普罗米修斯朝他走来,检查分配情况,他看到,其他生命已全都和谐地具备了[c5]这些[能力],世人却赤条条没鞋、没被褥,连武器也没有。轮到世人这个族类必须从地下出来进入光亮的命定时刻,已经迫在眉睫。由于对替世人找到救护办法束手无策,普罗米修斯就[321d]从赫斐斯托斯和雅典娜①那里偷来带火的含技艺的智慧送给人做礼物。毕竟,没有火的话,即便拥有[这智慧],世人也没办法让这到手的东西成为可用的。就这样,人有了活命的智慧。可是,世人还没有[d5]治邦术,这个[智慧]在宙斯身边。普罗米修斯没法进到卫城——宙斯的居所,何况,那些宙斯的守卫可畏着呢。不过,他偷偷进到雅典娜和赫斐斯托斯的共同居所——[321e]他们在那里热心搞技艺——偷走赫斐斯托斯的用火技艺和雅典娜的另一种技艺,然后送给世人。由此,世人才有了活[322a]命的好法子。可后来呢,据说普罗米修斯却由于厄庇米修斯而被控偷窃受到惩罚。

"于是,这个世人分有了属神的命分。首先,由于与这个神沾亲带故,

---

① 赫斐斯托斯与雅典娜是诸神中的一对兄妹,分别掌握火的技艺和纺织技艺。

唯有这个世人信奉神们，[a5]着手建祭坛和替神们塑像；第二，凭靠这门技艺，这个世人很快就发出语音甚至叫出名称，还发明了居所、衣物、鞋子、床被，以及出自大地的食物。如此得到配备以后，起初[322b]世人分散居住，没有城邦。于是，世人就被野兽给灭了，因为，世人在所有方面都比野兽孱弱。对于世人填饱肚子，艺匠技艺倒是足够，但要与动物斗，[这技艺]就贫乏喽[b5]——毕竟，世人还没有治邦的技艺嘛，战争术就是其中一部分。于是，世人寻求聚居，靠建立城邦来保存自己。可是，一旦聚居在一起，他们又相互行不义，因为没有治邦的技艺嘛，结果他们又散掉，逐渐灭了。由于担心[322c]我们这个族类会整个儿灭掉，宙斯吩咐赫耳墨斯把羞耻以及正义带给世人，以便既会有城邦秩序又会有结盟的友爱纽带。

"于是，赫耳墨斯问宙斯，他应当以怎样的方式把正义和羞耻带给世[c5]人：'我是否该像分配技艺那样来分配这些，也就是这样来分配，即一个人拥有医术对于多数常人已经足够，其他手艺人也如此。我是不是该这样子让[322d]世人具备正义和羞耻，抑或应当分给所有人？''得分给所有人，'宙斯说，'让所有人都分有；毕竟，倘若极少数人才分有，就像其他技艺那样，恐怕就不会有城邦。而且，得依我的命令立下一条法律：把凡没能力[d5]分有羞耻和正义的人当作城邦的祸害杀掉。'

"就这样，苏格拉底，由于这些，其他人也好，雅典人也罢，如果有某个涉及木匠手艺的德性或其他什么艺匠德性的道理，那么，他们会认为，[唯有]少数人应该建言，倘若[322e]有谁不属于这些少数人却要建言，如你所说，他们就不会容许——如我说，看起来就是如此。不过，倘若他们要凭靠治邦[323a]者的德性聚到一起商讨，而这整个儿必须得自正义和节制，他们看似就容许所有男子[建言]。因为，这适合所有男子分有这种德性，不然就不会有城邦。苏格拉底啊，这就是之所以如此的原因。

[a5]"不过，为了你不至于以为自己认为在这件事情上被蒙骗——也就是，所有人实实在在都认为，所有男子都分有正义或其他涉及治邦者的德性——你不妨考虑一下如下论证。毕竟，就其他德性而言，如你所说，要是有人说自己是个好簧管手，或在某些其他技艺方面好，而实际上他并不是，人们就会讥笑[323b]他或严厉谴责他，乡亲们也会出面训斥他疯癫。但涉及正义或其他涉及治邦者的德性时，倘若他们明知他不义，而

这人自己在众人面前说出自己的真实，那么，说真话在别处会被认为是节制，在这儿就会被认为是疯癫。而且，据说，所有人无论自己正义抑或不义，都必须宣称自己正义，或者说，谁不让自己显得正义就是[脑筋]疯癫。仿佛这是必然的：[323c]我们中间没谁在这[正义]方面没份儿，否则就不算世人中的一员。

"我说的正是这些，即由于人人都分有德性[这种看法]的引导，人们理所当然地承认，每个男子都应该对这种德性建言。[c5]我想要向你进一步揭示的一点是，人们并不认为，这[德性]是天生的或自己冒出来的，而是教会的，靠努力培养出来的。毕竟，人们认为，世人都会有许多[323d]天生的或偶然得来的丑，别人有这样的丑，没谁会生气，或训诫或教导或惩罚这些人，使得他们不带着这些丑生活。相反，人们会怜悯他们。比如，有人长得丑，或个儿矮，或弱不禁风，谁会如此没理智到要去对他们做这类事情呢？毕竟，[d5]据我看来，人们知道，这些东西——美及其反面——对世人来说都是天生的和偶然的。不过，人们认为，对世人来说，好品质出自努力或训练或施教，[323e]谁要是没有，却有与此相反的坏品质，针对这些人，人们的生气、惩罚、训斥就来了。其中的一种[坏品质]就是不义和不虔敬，[324a]总而言之，就是那种与治邦者的德性整个儿相反的东西。在这里，谁都的确会对所有这号人生气和训斥，显然是因为，这种(治邦者的)德性可以靠努力和学习来获得。

"毕竟，要是你愿意动脑子想想，苏格拉底，惩罚究竟能对那些行为不义的人有什么作用，[a5]那么，这本身就会教你[懂得]：世人的确认为，德性是一种可以制作出来的东西。有脑筋的人没谁惩罚行为不义的人，仅仅因为和由于这人行为不义——谁也[324b]不会像头野兽那样毫无理性地报复。带有理性地施行惩罚，不会[是为了]报复一桩已经犯下的不义行动。毕竟，已经做成的事情不会[因惩罚而]不再是已经发生的事情；惩罚为的是将来的事情，以便无论行不义的人自己[b5]还是看到行不义受到惩罚的他人都不会再行不义。有这样一种想法的人当然就会想到，德性是教育出来的东西：无论如何，惩罚是为了劝阻。因此，所有采取报复——[324c]不管以个人方式还是以民众方式报复——的人都持有这种意见。所有其他[地方的]人都不会报复和惩罚他们认为行不义的人，不仅仅你的雅典城邦民如此。按照这一道理,雅典人也属于认为德性是可制作出来和[c5]可教的那类人。因此,你的城邦民看似会采纳铁匠和鞋匠对城邦事务的建言,因为他们认为德性可教、可制作出来——这些证明对于你,苏格拉底,至少在我看来[324d]已经够充分。

"还剩下一个困惑,也就是你对好男子感到的困惑:为什么那些好男子要教自己的儿子们[别的]老师所拥有的其他东西,以便[d5]造就他们[在这些事情上]有智慧,而在这[自己的]德性方面,好男子们却没法把[自己的]儿子们造就得更好。关于这,苏格拉底,我将不再给你讲故事,而是讲论述。请这样动脑子想想:倘若会有城邦存在的话,会不会有一种东西是所有[324e]城邦民必然分有的呢?正是在这一点上,你感到困惑的这个困惑本身会得到解决,绝不会是其他什么。另一方面,倘若有这样一种东西,而且这一东西并非木匠手艺、铁匠手艺或陶匠手艺,[325a]而是正义、节制和虔敬,我概括为一个东西本身,即一个男子的德性——如果有这东西,它必然便是所有人必须分有的东西。有了这,每个男子想要学习或做什么事情才做得成,否则[a5]就做不成;或者,[如果有这东西]就必然得训导和惩罚没有这[德性]的人,无论小孩、男子抑或女人,直到通过惩罚使他变得更好。谁要是不听从惩罚和训导,就得被视为不可救药者[325b]撵出城邦或者处死——如果情形就是如此,如果情形是如此自然而然,那么,请思考一下,那些好男子如果教自己的儿子们时别的什么都教,就不教这个[德性],他们何以会成为好人,岂不怪哉。人们认为,这东西本身可教,[b5]在个人和民众方面都如此,对此我们已经作了揭示。那么,既然这是可教、可培育出来的,难道他们会只教自己的儿子们别的东西——即便不知悉这些东西也不至于惹上死刑,却不教这些东西?如果自己的孩子们不学习、[325c]不培育德性,就会惹上死刑和放逐,除了死刑还有家产充公,总而言之,整个家都会毁掉——他们肯定会用全副心思关切这事。必须这样认为,苏格拉底!

[c5]"从孩子很小的时候开始,只要[父母]健在,他们就会教和训诫自己的孩子。一旦[孩子]会更快地懂得话语,保姆、母亲、家丁[325d]甚至父亲本人都会为此奋斗,即孩子怎样才会变得更好,会在一言一行上教他和展示给他,这个对、那个不对,这个美、那个丑,这样虔敬、那样不虔

敬,[d5]做这些、不要做那些。要是愿意听话嘛……,①要是不听,他们就要像整治一根弯弯扭扭不直展的[幼]树桩那样,用威吓和抽打把他整直。经过这些之后,他们送[孩子]去学堂,叮嘱老师们要多多致力于孩子们的[325e]行为端正,而非仅是语文和音乐课。老师们要努力的就是这些事情;一旦孩子们学了识字,想要明白成文的东西一如以前理解口头言辞,老师们就要给坐在自己面前的板凳上的孩子们[e5]摆出好诗人们的诗作要他们诵读,强迫他们[326a]背诵。这些作品中有许多警言,还有不少古代好男子的外传、颂赋和赞歌,使得这孩子受到激发要摹仿[他们],渴望成为这样的人。音乐老师则涉及其他诸如此类的东西,致力于[孩子们的]节制,[a5]以免青少年有失体统。

"除了这些,当孩子们学会弹基塔拉琴之后,老师们要进一步教他们另一些好诗人——抒情诗人的诗作,给[326b]基塔拉琴作品配上诗作,强迫孩子们的灵魂熟悉节律以及谐音,让他们更温雅,养成善于更富有节律、更富有谐音的言和行。[b5]毕竟,人的一生都需要富有节律和富有谐音。除此之外,他们还要送[孩子们]去体育老师那里,以便孩子们有更好的身体可以为有益的思想效力,[326c]不会在打仗时或其他行为中因身体糟糕而被迫胆怯。做这些的大多是极有能力的人——极有能力的人[往往]是最富有的人,而且[c5]他们的儿子入学年龄特别早,离开老师又特别迟。他们离开老师时,城邦又会强制他们学习礼法,并在生活上依从礼法一如依从范例,[326d]使得他们不会凭自己的偏好任意行动,而是简单地就像语文老师用写字笔给不会写字的孩子们刻写下文字笔画,然后把这应该写下的文字给孩子,强制他们按[d5]笔画规范写字。同样,城邦把刻写下来的礼法——贤明的古代立法者们的发现——[给孩子们],强制他们按照礼法来统治和被统治。谁要是特立独行,城邦就要惩罚他——对于这种惩罚,在你们这里和[326e]别的许多地方都叫做'纠正',因为,正义就是纠而正之嘛。既然在个人和民众方面对德性的努力如此之多,苏格拉底啊,你对德性是否可教还会感到奇怪,还会困惑么?

---

① 这里省略了"听话"的可能,以便突显随后"不听话"的严重性质。这种刻意省略是一种修辞,称为"缄口不言",古代修辞学校经常用到。

没必要奇怪啊,要是德性不可教,才[e5]奇怪得很呢。

"那么,为什么好父亲的许多儿子们会变得低劣呢?来学习一下这一点吧。其实,倘若我刚才说的那些是真实的话,这并没有什么奇怪。就这件事情而言,[327a]亦即就德性而言,如果会有城邦存在,就必定不会有谁[对德性]是外行。倘若情形的确如我说过的那样,那么,所有情形大多也就如此——不妨选取一个别的随便什么[与德性不同的]生活方式和学识来思考一下吧。

"其实,若非我们所有人都是簧管手,[a5]根本就不会有城邦存在——除非无论谁个个都能干这行,每个人都能凭个人和民众教每个人[吹簧管],并责骂吹奏得不好的人,不妒忌任何一个[会这乐器的]人,就像如今没谁在涉及正义和法律的事情方面妒忌[任何人],不会[327b]像[隐藏]别的技艺成品那样隐藏[这种成品]。毕竟,我认为,[一个人与另一个人]相互之间的正义和德性对你们有益。由于这些原因,人人都热切谈论正义的东西和教合法的东西。

"所以,如果我们在这方面也热切[b5]且毫无保留地教其他人,就像在吹簧管方面那样,那么,你会以为"——他说——"苏格拉底啊,好簧管手的儿子们会不及蹩脚簧管手的儿子们成为好簧管手么?我可不[这样]认为,毋宁说,无论谁的儿子,只要碰巧生来有极好的吹簧管天赋,他[327c]就会成为名手,无论谁的儿子,只要没天赋,就会籍籍无名。何况,好多时候,一个蹩脚簧管手也会出自一个好簧管手,而好多时候,一个好簧管手也出自一个蹩脚簧管手。不过,尽管会有如此情形,所有这些簧管手毕竟比压根儿不懂吹簧管的外行在行。所以,[c5]现在不妨认为,一个在礼法和人世中长大的人,无论在你看来多么不义,他本身还是正义的,甚至在这事情上还是个巧匠。如果[327d]必须拿他与那些既没受过教育也没受过法庭或礼法或任何强制——那种让每个人努力成德的强制——[约束]的人们作比来衡量的话,这些人毋宁说是野蛮人——诗人斐瑞克拉底①去年在勒奈阿节上教化的那类人。要是你[d5]置身在这样的人,

---

① 斐瑞克拉底是谐剧诗人,其代表作《野蛮人》于公元前421年至前420年在勒奈阿节上演(仅存极少残段)。

亦即这位诗人的合唱歌队中的那些个厌恨人世的人中间,你若是遇上欧吕巴托斯和弗吕农达斯①,兴许会格外欣喜,然后你兴许会放声恸哭,痛惜这儿这些人[327e]身上的弱点。

"你啊,苏格拉底,现在被宠喽。因为,所有人都按其所能地是德性教师,而你却觉得没谁是。这就好像,如果你研究一下谁是[教]讲希腊话的[328a]教师,就没有一个会显得是。同样,我认为,如果你要找谁来为我们教工匠的儿子们从自己父亲那儿学到的那门手艺,也不会[找到]。他们的父亲以及父亲的[a5]那些有相同技艺的乡友们恰恰有这种能力,他们谁都能教。因此,我当然认为,苏格拉底,要做这些人的老师会不容易,但要做完完全全不懂这[技艺的年轻人]的老师,就会很容易,在德性和所有其他事情上就是如此。不过,倘若我们中间有谁在增进德性方面哪怕突出一丁点儿,[328b]就是一件让人高兴的事情。我以为,我就是这样的人中的一个,有助于某个人在臻进美和好的品质方面比其他人突出。而且,我做这事收取报酬值[这个数]啊,甚至收取更多,求学者自己都[b5]觉得值。由于这些,我做这样的事情一向以这种方式收取报酬。毕竟,无论谁跟我学,只要他愿意,他付[多少]我就收[多少]钱;要是不愿意,他就[328c]去神庙,发誓说这些[学到的]学识值多少,然后就付多少。

"苏格拉底,"他说,"这就是我给你讲的故事和论证:何以德性可教,雅典人何以这样认为,以及[c5]何以毫不奇怪,既然珀吕克莱托斯②的儿子们——[他们的]年龄与这里的帕拉洛斯和克桑提珀斯一般大——一点儿不像他们的爸爸,好父亲的儿子会成为低劣者或者低劣的[父亲的儿子]会成为高贵者;其他艺匠的儿子们也如此。当然,对这儿这些[小伙子][328d]下如此断言就不那么恰当啦;他们还有希望,毕竟还年轻嘛。"

如此之长且如此这般的这番演示过后,普罗塔戈拉结束了论说。而我呢,已经沉迷[其中],望[d5]着他好半天,仿佛他还有什么要说,而我很欲求听。当我感觉到他确实已经讲完,还真费了些劲儿才让自己回过神来。我瞟了一眼希珀克拉底,[对他]说:"阿波罗多罗斯的儿子啊,我

---

① 欧吕巴托斯和弗吕农达斯是当时出名的坏人,在剧中他们并非歌队成员,而是演员。
② 珀吕克莱托斯是当时著名的雕塑艺匠。

实在感激你，把我拉来这里。听了从普罗塔戈拉那里听到的[这些]，[328e]我所获多多。毕竟，就在刚才之前，我还以为，好人之成为好人，不是凭人为努力；但这会儿我信服了。

"不过，我有个小小的地方没想通。显然，普罗塔戈拉轻易就[e5]能开导[我]，既然他开导了那么多的事情。毕竟，如果有人就同样这些事情与任何一个[329a]民众演说家——无论伯里克勒斯，还是别的哪个铁嘴——讨论，大概也会听到这样一些说法。可是，如果还有什么要进一步问，[他们]无不像书本那样，既不能解答，也不能反躬自问。如果有谁就所讲的东西中哪怕小小的一点儿[a5]问下去，[他们]就会像被敲响的铜盆响个不停，直到有谁摁住它。那些演说家们就这样，要是[329b]有人问一丁点儿，他们就会扯出一段长篇大论。这位普罗塔戈拉有本事讲得又长又漂亮，就像刚才他表明的那样，他也有本事简捷回答提问，若问问题，也会等待和听取[b5]回答——极少数人才会到这份儿上。"

"普罗塔戈拉啊，这会儿我只差一丁点儿就搞通所有的了，要是你能回答我这一点的话。你[刚才]说，德性可教，而我呢，要是我会被别的任何人说服，也会被你说[329c]服。不过，你在讲的时候，那个[让我感到]惊讶的东西在我心里堵得慌。你当时说，宙斯把正义和羞耻分给人，而在论说中的好些地方，正义、节制、[c5]虔敬以及所有这类东西，都被你总起来说成仿佛是一个东西，即德性。请给我用论证准确地说说，德性究竟是不是一个东西，而它的各部分则是正义、节制、虔敬；抑或我刚才[329d]说的这些实际上不过是一个东西本身的各个名称。这就是我渴望[知道]的。"

"可是，这很容易回答，苏格拉底，"普罗塔戈拉说，"因为，你问的那些实为一个东西即德性的[各个]部分。"

"是不是这样，"[d5]我说，"就好像一张脸的部分是嘴巴、鼻子、眼睛、耳朵，抑或像金子的部分那样，部分与部分没差别，无论这一部分与另一部分还是与整体[都没差别]，除了大小[之别]？"

"对我来说，它们显得是前一种，[329e]苏格拉底，就像脸的部分与整个脸。"

"那么，"我说，"人们拿取德性的部分，是不是有些人拿取这一部分,另一些人拿取那一部分? 或者,要是某人拿取一[部分],必然就有了全[部]?"

[e5]"不会[是后一种],"他说,"因为,多数人勇敢却不正义,就算多数人正义,也不智慧。"

"那么,这[两者]也是德性的[330a]部分了,"我说,"亦即智慧和勇敢?"

"大多恐怕都如此吧,"他说,"而且,各部分中最大的[部分]当然是智慧。"

"它们每一个都与另一个不同吧?"我说。

"没错。"

"它们每一个都有自己的能力吧,就像脸的那些[部分],眼睛不像耳朵,它们的能力[a5]就不是一回事,其他[任何]部分也没有哪个与另一个相同,无论按能力还是按其他方面都不同。德性的各个部分是不是也如此,没有哪个[330b]与另一个相同,无论其本身还是其能力? 或者,明摆着就是如此,要是像这[脸的]范例的话?"

"可的确就是如此啊,苏格拉底。"他说。

于是我说:"那么,德性的别的部分就没有与知识[学问]一个样的,也没有哪部分与[b5]正义一个样,或者与勇敢一个样,或者与节制一个样,或者与虔敬一个样?"

"没有。"他说。

"那好吧,"我说,"我们不妨一起来考察,它们每一个究竟是什么性质的东西。首先[考察]这种:[330c]正义是做某件事情,抑或不是做某件事情? 对我来说,毕竟,它显得是[做某件事情],你[觉得]是吗?"

"对我来说也是,然后呢?"他说。

"要是有人问我还有你:'普罗塔戈拉和苏格拉底啊,对我说说看,你俩刚才名之为做事情的这个,也就是正义,这个[做事情][c5]本身是正义的抑或是不义的呢?'我自己这方会回答他,是正义的;你那方呢,会投哪一票? 与我相同还是不同?"

"[与你]相同。"他说。

"那么,正义就是像做义人这样的事情,我会这样回答那个[330d]提问的人；你不也会吗？"

"会。"他说。

"要是他接着问我们：'你们不是说虔敬是某种东西吗？'我们兴许会说[它是]，如我想的话。"

"没错。"他说。

"'那么你们是说，这也是做某件事情，是抑或不是？'我们会说是吧。或者不会？"

他对这也[d5]表示同意。

"'那么，这个做事情本身可以说自然而然就是做不虔敬的人或者做虔敬的人吗？'——对[那人的]这个问题，我兴许会光火起来，"我说，"而且兴许会说：'扯淡，你这家伙，要是虔敬本身会是做不虔敬的人，哪还会[330e]有虔敬这回事啊！'——你会说什么？你不也会这样回答？"

"当然会。"他说。

"那么，要是在这以后他问我们说：'你们刚才怎么说的来着？难道你们[的说法]我听得不正确？[e5]我觉得你们好像说的是，德性的各部分彼此是这样的：它们的每一个都与另一个不同。'于是，我兴许会说：'别的你都没听错，听错的是你以为我也是这样说的。毕竟，是这普罗塔戈拉[331a]在回答这些啊，我不过是提问而已。'要是这会儿他说：'普罗塔戈拉，这人说的是真的吗？你的确说德性的这一部分在性质上不是另一部分？这就是你的说法么？'——你会回答他什么？"

"被[a5]迫得同意[这一点]，苏格拉底。"他说。

"那么，普罗塔戈拉，我们将回答他什么呢？我们同意这些后，要是他进一步问我们：'这样一来，虔敬在性质上就不是做正义的事情，正义在性质上就不是做虔敬的事情，而是做不虔敬的事情；虔敬在性质上也不是做正义的事情，而是[331b]做不义的事情，[正义]就是做不虔敬的事情？'我们将怎么回答他？我本人当然会替我自己[回答]说：'正义就是做虔敬的事情，虔敬就是做正义的事情。'要是你会让我替你说，我将会回答，这些是一样的：'其实，行为[b5]正义当然与虔敬是一回事，或者极为相似，简直可以说，正义在性质上即虔敬，虔敬在性质上即正义。'不过看清楚哟，你是不是允许这样回答，或者你是不是也这样同意。"

"把正义与做虔敬的事情扯在一起、[331c]把虔敬与做正义的事情扯在一起,苏格拉底,我可不觉得如此简单,"他说,"我觉得,它们之间还是有某种差异。不过,造成这差异的究竟是什么呢?"他说,"如果你愿意的话,我们姑且就让正义是做虔敬的事情、虔敬是做正义的事情吧。"

"我不,"我[c5]说,"我完全不需要用这个'如果你愿意'和'倘若你觉得'[之类]来辩驳,而是[需要]我和你[的直接辩驳]。我说'我和你',因为我认为,谁要最佳地探讨出个道理,[331d]就得让自己离这'如果'远点儿。"

"不过,当然喽,"他说,"正义的确有点儿像虔敬,毕竟,任何东西都这样或那样地与随便什么东西相像。白在某种情况下像黑,硬[在某种情况下]像软,还有[d5]其他显得相互极为对立的东西[也是这样]。就我们在某个时候说到的东西而言,都有各自的能力,这个东西在性质上不是那个东西——脸的各个部分就这样或那样地[相互]相像,这个[部分]在性质上就是那个[部分]。所以,要是你愿意的话,你当然可以用这样一种方式来辩驳,[说]所有东西[331e]相互都相同。不过,把那些有点儿相同的东西叫做相同,是不对的;把那些不那么相同的东西叫做不相同,也不对,即便它们会有相同的地方,也仅是一丁点儿而已。"

我感到奇怪,便对[e5]他说:"那么,对你来说,做正义的事与做虔敬的事相互之间就是这样子的,因为它们相互所有的相同就那么一丁点儿?"

"不是,"[332a]他说,"不是这样子,不是你觉得我以为的那样。"

"不过算了吧,"我说,"既然你让我觉得你对这很烦,就让我们放下这个,我们不妨来细看你说的另一个东西吧。你把这[某个东西]叫做没节制吧?"

他说[是的]。

"做这[a5]事情不就完全与智慧相反吗?"

"至少我觉得[是]。"他说。

"那么,要是人们做事情既正确又有益,在你看来,他们如此做事情时算节制呢,还是[当他们]相反地做事情[算节制]?"

"[如此做事情时算]节制。"他说。

"他们岂不[332b]是凭节制来节制吗?"

"必然如此。"

"那些不正确地做事情的人岂不是做事情没节制,因而,这样子做事情就是没节制吧?"

[b5]"我也这样觉得。"他说。

"那么,没节制地做事情就与节制地做事情相反了?"

他说是。

"没节制地做的事情岂不是靠没节制做出来的,节制地做的事情是靠节制[做出来的]?"

他同意。

"要是一件事情是得力地做出来的,就是得力地做事,要是一件事情是软弱地做出来的,就是软弱地做事吧?"

他觉得是。

"要是一件事情是敏捷地做出来的,就是敏捷地做事,要是一件事情是慢腾腾地做出来的,[332c]就是慢腾腾地做事?"

他说是。

"那么,一件事情是以如此方式做出来的,就是由这个本身来做事情,要是一件事情是以相反方式[做出来的],就是由相反的东西[来做事情]?"

他同意。

"那么好,"我说,"有某个美的东西吗?"

他同意。

"除了丑的东西,它还与什么东西相反呢?"

"没有。"

[c5]"然后呢?[即]有某个好的东西吧?"

"有哇。"

"除了坏的东西,它还与什么东西相反呢?"

"没有。"

"然后呢?声音中有某个高点儿的东西吧?"

他说有。

"除了低沉的东西,它还与什么东西相反呢?"

他说没有。

"那么,"我说,"相对立的东西中的每一个都仅有一个相对立的东西,而不是许多?"

他同意。

[332d]"那么好吧,"我说,"让我们总括一下我们已经同意的。我们已经同意,一个东西仅有一个相反的,而非许多,是吧?"

"我们已经同意。"

"以相反方式做的事情是由相反的东西做出来的,是吧?"

他说是。

"我们已经同意,[d5]与无节制地做事情相反的是节制地做事情,是吧?"

他说是。

"那么,节制地做的事情是由节制做出来的,没节制地[做的事情]是由没节[332e]制做出来的?"

他同意。

"那么,以相反方式做的事情是由相反的东西做出来的,是吧?"

"是。"

"这事是由节制做出来的,那事是由没节制[做出来的],是吧?"

"是。"

"以相反的方式吗?"

"当然。"

"那么,是由相反的东西做出的?"

"是。"

"那么,没节制[e5]与节制相反?"

"显得是这样。"

"你还记得,刚才前不久,我们已经同意没节制与智慧相反吧?"

他同意。

"可一个东西只有一个相反[333a]的啊?"

他说[同意]。

"那么，普罗塔戈拉啊，这[两个]说法我们该选取哪个呢？一个东西仅有一个相反的[这个说法]，抑或那个[说法]——据它说，智慧与节制是两回事，但两者每个都是德性的部分，而且这一个与那一个不一样，不仅自身[不一样]，而且[a5]其能力[也不一样]，就像脸的各部分[不一样]？我们该选取[这两个说法中的]哪一个呢？毕竟，这样两个说法一起说实在不符合缪斯技艺啊。它们既唱不到一起，也无法相互合调。毕竟，它们怎么会唱到一起呢，倘若[下面]这一点是必然的话：[333b]一个东西仅有一个相反的，而非有许多。没节制是一个东西，可它与智慧和节制都相反？是这样的吗，普罗塔戈拉？"我说，"不然又是怎样呢？"

他同意，不过十分勉强。

"那么，节制岂不就会和[b5]智慧是一回事了？先前[说的]其实已经让我们看到，正义与虔敬几乎就是同一个东西。好啦、好啦，"我说，"普罗塔戈拉，我们别泄气，我们还要细看余下来的东西。在你看来，某个做事情不义的[333c]世人，就他做事情不义而言，算得上节制吗？"

"这个嘛，我就不好意思同意喽，苏格拉底，"他说，"尽管世人中的多数人恐怕会说[是这样]。"

"那我该与那些[多数]人搞清道理，还是与你搞清道理啊？"我说。

"如果你愿意，"他说，[c5]"你不妨先拿这说法与多数人对话吧。"

"其实我倒没所谓，要是你仅仅回答，你觉得这些究竟是[这样]抑或不是。毕竟，我要审查的主要是这个说法。结果会是，无论提问的我还是回答者，都会平等地受到审查。"

[333d]起初，普罗塔戈拉在我们面前装模作样，嘀咕这论题繁难，然后才同意回答。

"开始吧，"我说，"从起头回答我。有些人做事情不义，对你来说显得是做事情节制吗？"

"就算是吧。"他说。

[d5]"你是说[做事情]节制即善于思虑吧？"

他说是。

"善于思虑就是[他们]由于做事情不义要周全考虑吧？"

"就算是吧。"他说。

"是哪一种呢,"我问,"他们做不义的事情时是做得漂亮还是低劣?"

"做得漂亮。"

"那么你是说,有某些好的东西?"

"我的确说有。"

"那么,"我说,"好的东西就是对世人有益的[东西]吧?"

[333e]"当然是啊,凭宙斯说!"他说,"即便对世人并没益处的,我也会称为好东西。"

我感觉到普罗塔戈拉这会儿脾气上来啦,回答时一副摆出阵势争胜的样子。见他这副样子,我小心翼翼起来,温和地问——"你是说,"我说,[334a]"普罗塔戈拉,那些对一个人没益处的东西,还是说那些整个儿没益处的东西? 而你把这些也称为好[东西]?"

"绝不是[这意思],"他说,"我自己当然知道,许多东西对人并没益处——吃的、喝的、药物以及别的[a5]数也数不过来的东西,但[我也知道]有的东西对人有益。还有一些则谈不上对人有益或者有害,却对马有益;有些仅对牛有益,有些则对狗有益。还有一些对这些[动物]谈不上有益或者有害,却对树木好;而且有些对树根好,对嫩枝却有害,比如畜粪,撒在所有树木的[334b]根上都好,可要是你想把它们撒在新苗和嫩枝上,就把它们全毁喽。甚至还有橄榄油,对所有植物都极为有害——而且是除人以外所有[b5]生物的毛发的大敌,却呵护人的毛发甚至身体的其他地方。所以,一个东西的好实在复杂,而且五花八门。就拿这个[橄榄油]来说,在[334c]体外对这人就是好东西,但在体内,同样的这个东西[对这人]就极坏。由于这个原因,医生全都禁止体弱者在[c5]想吃的东西中用橄榄油,除非极少一丁点儿,以祛除食物和佐料中让鼻子感到的难闻味为限。"

普罗塔戈拉说这番话时,在场的人大声喝彩,似乎他讲得好,我则说:"普罗塔戈拉呀,我恰恰属于记性不好的那类人,要是有个世人对我说得老长,[334d]我就记不住这番话是关于什么的了。就好比倘若我恰好耳朵有点儿不好使,你就会认为,一旦你要同我讨论什么,就需把嗓门提得比对别人更高。这会儿也是这样,既然你恰好遇到个记性不好的,要是我得跟上你的话,[d5]请替我把回答截短,搞得更简短些。"

"你怎么要求我回答得简短呢？难道我对你的回答得比必须的更短？"他说。

"不是那个意思。"我说。

"而是必须的那么短？"他说。

[334e]"就是。"我说。

"那么，我该回答你的这个'必须回答那么多'究竟是我觉得的那么多，还是你觉得的那么多啊？"

"其实，我曾听说，"我说，"要是你愿意的话，你自己[e5]教别人这些事情时既能讲得很长——这样子时绝不会没话可说，又能讲得简短——这样子时[335a]没谁说得比你更简洁。所以，要是你愿同我讨论的话，请你对我用后一种方式，即言辞简短的方式。"

"苏格拉底，"他说，"迄今为止我已经和好些人舌战[a5]过，倘若我过去是按你要求的那样来做——按反驳者要求我[必须]如何讨论的那样来讨论，我就既不会显得比任何人更优秀，普罗塔戈拉也不会名满希腊啦。"

而我呢——毕竟，我发觉他对自己[335b]先前的回答不满意，而且不再情愿在讨论时回答[提问]——既然我认为，这样的在一起[聚谈]不是我的活儿，我便说："其实啊，普罗塔戈拉，我不是非要我们这样在一起[谈]，违背你觉得[b5][想要的方式]。只不过，要是你愿意以我能够跟得上的方式来讨论，我当然会和你讨论。你毕竟——就像你据说而且你自己也这样说——有能力既以长篇大论的方式又以言简意赅的方式搞聚谈。[335c]毕竟，你有智慧啊——可我没能力[跟上]这些长篇大论，尽管我愿意有这能力。不过，既然你两方面都行，你就必须将就我们咯，这样[我们]才可以在一起[谈]。但既然现在你不愿意，而我又没什么空闲，不能[c5]待在你旁边听长篇大论——毕竟，我得赶去别处，我要告辞啦，尽管我也许不是不高兴听你的这些[长篇大论]。"

说这番话时我站起身来要走，当我站起来时，卡利阿斯右手拽住[我的]手，[335d]左手抓住[我]这件磨破的外套，说道："我们不会放你走，苏格拉底，你要一走，谈话对我们就会不一样啦。我要你与我们待着，任听谁都没有比听你和[d5]普罗塔戈拉交谈让我高兴。你可别让我们大家扫兴。"

这时我已经站起来要走出去,我说:"希珀尼科斯的儿子呀,我可是一向钦佩你的这种热爱智慧,眼下[335e]尤其赞赏和热爱[这种热爱智慧],要是你的要求我可能[办到]的话,我倒很愿意让你开心。可这会儿你简直就像是要求我跟上希美拉的跑手克里松①——他正是精力最旺盛的时候,或者要我与某个长跑手或急差比着跑,而且不落下。[336a]我会对你说,我比你更要求我自己跟上这些个跑手们,可我不能啊。要是需要看我同克里松一起跑,你就得要他慢下来。毕竟,我没能力跑快,[a5]而他却有能力[跑]慢。要是你欲求听我和普罗塔戈拉[交谈],你就得要他这会儿像起初他回答我提出的那些问题时一样回答简洁。[336b]不然的话,交谈的方式会成什么样子啊?何况,我觉得,在一起相互交谈与搞民众演说毕竟是两回事嘛。"

"可是,苏格拉底,你看到了吗?"他说,[b5]"普罗塔戈拉如果认为应该允许按[他]自己愿意的方式来交谈,他似乎说得蛮正义,你不同样也如此[要求]按你愿意的方式来交谈嘛。"

这时阿尔喀比亚德插进来,他说:"你说得实在不美,卡利阿斯。毕竟,这苏格拉底已经承认他跟不上长篇大论,输给了普罗塔戈拉。至于说这样子交[336c]谈以及设置话题——给出和接过话题,要是苏格拉底会输给任何人的话,我就会觉得奇怪啦。所以,要是普罗塔戈拉承认,在交谈方面他比苏格拉底更为蹩脚,对苏格拉底来说就够啦。但要是他坚持不让,就让他以[c5]问和答来讨论,而不是在每个提问上把大话扯得老长,言辞躲闪,不愿[336d]给出个说法,却滔滔不绝,以至于在听的多数人——我说'多数人'[而非'所有人']——都忘了问的问题究竟是关于什么的。当然咯,我担保苏格拉底不忘事儿,他不是不会开玩笑,说自己记不住。所以,在我看来,苏格拉底会觉得[d5][自己的]说法更恰当。毕竟,[我们]每个人都必须表明自己的看法嘛。"

阿尔喀比亚德之后,我想,说话的是克里提阿斯吧。[他说:]"普罗

---

① 克里松是来自西西里的希美拉的长跑家,曾先后在公元前448年、前444年、前440年的奥林匹亚竞赛中获胜。

狄科和希琵阿斯啊，据我看，卡利阿斯似乎太向着［336e］普罗塔戈拉，阿尔喀比亚德呢，对自己拥护的任何事情总是争强好胜。不过，我们不必跟着争强好胜，无论偏向苏格拉底还是偏向普罗塔戈拉。我们得一致请求两位别中途分手。"

［337a］克里提阿斯说这些后，普罗狄科说："我觉得，你看起来说得好，克里提阿斯。毕竟，这类言辞的参与者必须共同听取投入交谈的双方，但不是平等地［听取］，毕竟，［两者的说法］不是同一个东西。毕竟，应当共同［a5］听取双方，不等于［应当］平等地赞赏各方。应当多给更有智慧的，少给更无学识的。所以，我本人认为，普罗塔戈拉和苏格拉底啊，你们应该谦让，相互围绕论题对辩，［337b］不要争吵嘛。毕竟，朋友与朋友对辩是出于善意，彼此不合和互为敌人的人才争吵。这样，我们就会有一场极好的聚谈。这样，你们两位发言人就会赢得我们这些［b5］听者的极大敬重，而非受到称赞：敬重出自听者的心底，没有蒙骗，称赞往往是些违背自己的意见说谎的言辞。［337c］而且，这样的话，我们这些听者也会极为欣喜，而不是愉快：欣喜指靠精神本身学习和获得某种见识，愉快则指吃到某种东西或靠身体本身快乐地得到某种东西。"

普罗狄科说的这些，在座的多数人都接受。［c5］接着普罗狄科之后，希琵阿斯这个智者说："在座诸位，我认为，就自然而非礼法而言，你们是同族和同一个家庭的成员，［337d］每个都是城邦民。毕竟，相同的与相同的凭自然彼此亲近。可是，礼法是［支配］世人的王者，它强制许多针对这自然的东西。对我们来说，羞耻的是，我们懂得诸事的自然，而且在希腊人中最智慧，［d5］眼下聚集在希腊的这样一个地方，［聚集］在这智慧的主席团大厅，［聚集］在这城邦最伟大、最光耀的高宅，可我们一点儿都没［337e］拿出配得上这名位的东西，竟然像世人中的那些最为低劣的人那样相互争来吵去！

"所以，我这会儿敦请和奉劝，普罗塔戈拉和苏格拉底啊，你们得和解。我们就像公断人把［你们］拉到［338a］这中间地带，你［苏格拉底］就别非寻求这种严格的对话样式——非常简洁——不可，要是普罗塔戈拉不喜欢的话，不妨随他滔滔不绝，使得［他的］辞令可以对我们显得更为宏伟壮丽、更为井井有条。反过来呢，［a5］普罗塔戈拉就别整个儿夸夸其谈,乘风扬帆,遁入言辞汪洋,以至于陆地隐而不见——反正,你俩守点儿中道。就这样做吧,听我劝,选出仲裁①或主管或主席,替你们[338b]看住各自言辞的适中长度。"

这话让在座的都满意,所有人都称赞,而且卡利阿斯说,他不会放我走。于是,他们要求我选个主管。我说:"选个言辞裁判出来,未免羞耻吧。[b5]毕竟,要是被选出来的比我们还差,更差的管住更好的,这可不正确哦。要是[被选出来的和我们]一样,同样不正确。毕竟,一个[与我们]一样的人会与我们做一样的事情,选他[338c]出来是多此一举。当然,你们会选一个比我们更好的人出来。实际上,我觉得,对你们来说,没可能选出一个比这普罗塔戈拉更智慧的。要是你们万一选了个一点儿都不更好的人,你们却宣称更好,对这普罗塔戈拉就会成为一种耻辱——竟然选一个[c5]低劣的世人当主管。至于我自己嘛,倒没什么所谓。

"不过,为了你们热望的事情——我们的聚谈和交谈可以实现,我倒愿意这么办:如果[338d]普罗塔戈拉不愿回答,就他来问、我来答,同时,我会试着向他演示,我所说的回答[问题]该是怎样回答。一旦我回答了他愿意问多少就问多少[的问题]之后,让他再以[d5]同样方式对我说明道理。要是他显得并不热心回答[我]所问的问题,你们和我就要共同要求他做你们要求我做的事情:不要毁了聚[338e]谈。因此,完全没必要有一个主管,而是你们大家共同主管。"

大家都觉得应该这样办。普罗塔戈拉虽然老大不情愿,也被迫同意问问题,[e5]问够之后,再以简短回答给出说法。

于是,他开始像下面这样提问。"我认为,苏格拉底,"他说,"对一个男子来说,教育的最大部分在于[让他在]诗句方面[339a]厉害。这就是有能力透彻理解诗人们所说的东西——[理解]哪些是[诗人]正确地作成的诗,哪些不是,亦即懂得[怎样]区分[这些],而且,当有人问的时候懂得给个说法。那么,现在呢,提问仍然涉及的是我[a5]和你谈论的同一个问题,也就是关于德性[的问题],转到了诗作而已——差别就这么一点儿。

---

① "仲裁"的字面意思是拿着棍子的人,在奥林匹亚竞技会上指体操比赛的裁判。

"有一次,西蒙尼德斯①对帖撒利亚人克瑞翁的儿子斯科帕斯说:

[339b]一方面,要成为一个好男子,真的难啊,
无论手、足,还是心智
都要做到方方正正,无可指责。

你知道这首诗歌吗?要不我整个儿给你背诵一遍?"

[b5]我说:"完全没必要,我知道的,而且我碰巧还对这首诗歌下过一番功夫哩。"

"那就好。"他说,"那么,你觉得它作得美不美、正确不正确啊?"

"非常美,而且正确。"我说。

"要是这诗人自己说了与自己相反的,你也觉得[b10]作得美?"

"那兴许就不好咯。"我说。

"那么,"他说,[339c]"再好好看看[这首诗]。"

"可是,好人呃,我已经看得够可以的啦。"

"那么,你看,"他说,"这诗人在接下来的诗歌中说:

我可不觉得匹塔科斯②的话中听,
(5)尽管话是一位智者说的,
'难啊,'他说,'是一个[c5]高贵者。'

你想过吗,这同一个[诗]人[现在]这样说,先前却那样说。"

"这个我知道。"我说。

"那你觉得,[后面的]这些与[先前的]那些一致?"

"我觉得它们显得如此"——其实,这时我还真害怕他会说出点儿什么——"不过,你呢?"我说,"它们显得不是[这样]?"

"这[诗]人两样都说,怎么会[339d]显得与自己一致呢?一方面,这[诗]人首先确立的是,成为一个好男子实际上很难,可诗作刚往前走一点

---

① 西蒙尼德斯(约前556—前468),古希腊著名诗人,史称西方历史上第一个"职业诗人",只要给钱就什么都能写,据说品达称他为"受雇的缪斯"。
② 公元前7世纪勒斯波斯(Lesbos)岛首府缪提勒涅(Mytilene)的行政官,"七贤"之一。

儿,他就给忘啦。明明匹塔科斯[d5]说的与他说的是同一个说法——是高贵者太难——他却[难道不是在]谴责[这个说法],而且宣称不接受匹塔科斯的与他自己相同的说法? 要是他谴责一个跟他自己有同样说法的人,那么很明显,他是在谴责自己。所以,他所说的要么前一个不正确,要么后一个不正确。"

[d10]他说完这些,听者中的多数人发出喝彩和[339e]叫好。而我呢,当他说过这番话和其他人喝彩时,我起初仿佛挨了好拳手一击,两眼漆黑,脑子晕眩。然后——至少对你说真的——为了有时间来思考这位诗人究竟说的是什么[意思],我转向普罗狄科,然后喊他,"普罗狄科呀,"我说,"你可是西蒙尼德斯的城邦民啊,①[340a]你帮这人一把才正义啊。我觉得我应该向你喊援,就像荷马所说,斯卡曼德罗斯遭阿喀琉斯围困时向西摩伊斯喊援,他说的是:'亲爱的兄弟呀,让咱俩一起来顶住这汉子的[a5]大力吧。'②所以,我也向你喊援,以免普罗塔戈拉把我们的西蒙尼德斯给灭啦。毕竟,为了纠正西蒙尼德斯,需要你的缪斯技艺,你靠它区分过愿望和[340b]欲求不是同一个东西,还有你凭此说的好些美的东西。所以,请注意看看,是否你与我一同[这样]觉得。毕竟,西蒙尼德斯并没有显得在说与自己相反的东西。普罗狄科,你就摆出你的看法吧,在你[b5]看来,'成为'与'是'是一回事,抑或另外回事?"

"另外回事,凭宙斯。"普罗狄科说。

"西蒙尼德斯不是自己在起头[几行]就说出了自己的看法么——'要成为一个好男子真的难啊'?"我说。

"你说得真实。"[340c]普罗狄科说。

"那么,西蒙尼德斯谴责匹塔科斯,就不像普罗塔戈拉认为的那样,是因为匹塔科斯说了与他自己说的同样的东西,而是因为说了别的。毕竟,匹塔科斯并没有像西蒙尼德斯那样说'成为'[c5]高贵者难,而是说'是'[高贵者难]——'是'和'成为'并非同一回事啊,普罗塔戈拉,这普罗狄

---

① 西蒙尼德斯和普罗狄科都是科俄斯岛上的尤里斯(Iulis)人——科俄斯岛在爱琴海南部居克拉迪群岛(Cyclades)。

② 荷马,《伊利亚特》21.308 – 309。

科说的哟。除非'是'与'成为'是同一回事,西蒙尼德斯自己并没有说与自己相反的东西。兴许[340d]这普罗狄科和别的多数人都会按赫西俄德[的说法]说,成为好人难呢,因为'在德性面前,诸神铺下了汗水',但是,谁一旦'抵达[德性的]顶峰,成就[德性]就容易了,[d5]虽然获得[德性]曾经难'。"①

普罗狄科听到这番话便夸奖我,普罗塔戈拉却说:"苏格拉底啊,你这纠正比你所纠正的错得更大喽。"

我说:"哎呀,事情反倒被我搞糟啦,好像是这样吧,[340e]普罗塔戈拉;我简直是个可笑的医生,我治病却搞得病更重。"

"岂不就是这样嘛。"他说。

"岂不是怎样?"我问。

[e5]他说:"要是这诗人竟然说,以如此方式获得德性是件太寻常的事儿,而所有世人都觉得,这是所有事情中最难的,这诗人就太没学识喽。"

我说:"凭宙斯,普罗狄科恰好在我们这儿,对这些个说法简直是时机难逢。兴许可以说,[341a]普罗塔戈拉啊,普罗狄科那神样的智慧很有把年纪了,不是起自西蒙尼德斯[的辈分],就是甚至还要年迈些。而你呢,尽管在好些其他事情上老练,在这方面却显得没经验,不像我那么老练——我毕竟是普罗狄科的弟子嘛。[a5]我觉得,你似乎还不懂得,西蒙尼德斯对这'难'的用法并不是像你的用法那样,倒像这位普罗狄科在涉及'厉害'[这个词]时每每告诫我的那样——当我称赞你或别的某个人时,我说普罗塔戈拉是个厉害的有智慧的男人,他就问我,[341b]把好东西叫'厉害',我难道不感到羞耻?毕竟,他说:'厉害的[事情]是坏[事情]。所以,绝不会有谁会说厉害的富足或厉害的安宁或厉害的健康,但会[有人]说厉害的疾病、厉害的战争和厉害的贫困,[b5]因为,厉害的就是坏的。'所以,兴许科俄斯岛人和西蒙尼德斯所用的'难'[指的]是'坏'或你还不懂的别的什么。我们不妨问普罗狄科吧,毕竟,涉及西蒙尼德斯的方言,问他才正义。普罗狄科啊,西蒙尼德斯的这个[341c]'难'说的是什么呢?"

---

① 比较赫西俄德,《劳作与时日》289–292。

"坏[事]。"他说。

"那么,由于这些,"我说,"普罗狄科啊,当匹塔科斯说'做高贵者难',西蒙尼德斯才谴责匹塔科斯吧,因为,在西蒙尼德斯听起来,仿佛[c5]匹塔科斯在说'做高贵者是坏[事]'。"

"可是,苏格拉底,难道你认为,"普罗狄科说,"西蒙尼德斯说的是别的什么[意思]而非这[意思]? 即他责骂匹塔科斯是因为,匹塔科斯不懂得正确区分语词,毕竟,他是勒斯波斯岛人,在外邦方言中长大。"

[c10]"普罗塔戈拉,"我说,"普罗狄科说的这些你听见了吧。[341d]对这些你有什么话说?"

普罗塔戈拉说:"这样的话,就太离谱啦,普罗狄科。其实,我很清楚地知道,西蒙尼德斯说的'难',与我们[说]的不是一回事,不是'坏',而是不[d5]容易,靠许多作为才成得了。"

"不过,普罗塔戈拉啊,"我说,"其实我也认为,西蒙尼德斯说的是这[意思],而这位普罗狄科当然也知道这一点。他不过开个玩笑,似乎要考验一下你是否有能力持守住你自己的论点。西蒙尼德斯并没有说'难'[事]是[341e]'坏'[事],最重要的证据是紧接着的下一说辞。毕竟,他说:'唯有一个神恐怕才有这奖赏',[所以,]他不至于说'做高贵者'是低劣的事,而是说,[e5]唯有神才拥有这,唯有这神才配得到这奖赏。毕竟,普罗狄科兴许会说,西蒙尼德斯简直是个放纵的家伙,根本就不是科俄斯人。不过,在我看来,西蒙尼德斯在这首诗歌中究竟有什么意图,我倒乐意告诉你,[342a]如果你愿意考考——如你所说——我对这些诗句[的理解能力]如何。当然,如果你愿意,我会听你[说]。"

听了我说的这番话,普罗塔戈拉就说:"苏格拉底,如果你愿意①[就听我说]。"不过,普罗狄科和希琵阿斯则[a5]急切怂恿[我说],其他人也如此。

"那么,"我说,"我就来试试向你们详述我觉得这首诗歌[说的什

---

① 苏格拉底在刚才的说法中用了两个不同的"如果你愿意",普罗塔戈拉的回答接受的是后一个"如果你愿意",但被普罗狄科和希琵阿斯阻止了。

么]。毕竟,热爱智慧极为古老,在克里特岛和[342b]拉刻岱蒙①,希腊人中这些[热爱智慧的]人最多,这世上的智术师就那儿最多。不过,他们绝不承认[自己热爱智慧],装得无学识的样子,以免公然显得自己在智慧方面超过[别的]希腊人——就像普罗塔戈拉刚才说到的那些智术师们,而是让自己显得在打[b5]仗和勇敢方面超过[别的希腊人]。他们认为,要是人们知道了[他们]凭什么超过[别人],所有人都会去练这个——也就是智慧啦。而现在他们都隐藏这个,蒙骗诸城邦里那些追仿拉刻岱蒙生活方式的人们——有些人摹仿他们,把耳朵打得青肿,[342c]裹着拳击皮套,热爱练身,还披短衫,似乎拉刻岱蒙人就凭着这些主宰希腊人似的。而拉刻岱蒙人呢,一旦想要公开而且轻松地亲自与他们的那些[c5]智术师们聚会,厌烦悄悄聚会,他们就对这些追仿拉刻岱蒙生活方式的人们以及任何在当地逗留的外邦人下逐客令,与智术师们在一起才不会让外邦人发觉。他们还绝不许自己的年轻人[342d]去别的城邦——克里特岛人同样也不许,以免年轻人不努力去学习他们教给年轻人的东西。在这些城邦,不仅男子为自己的教养极为自豪,而且女人们也如此。

"你们兴许会认识到,我[d5]说的这些是真实的,拉刻岱蒙人在热爱智慧和言辞方面受过最好的教育,其[表现]方式是:倘若有人想要与最寻常的拉刻岱蒙人在一起,就会发现,这拉刻岱蒙人在谈话中大多时候显[342e]得是个寻常人。然而,他在说到某些要点时,就抛出简洁、凝练、值得思考的语句,像个厉害的标枪掷手。所以,与他交谈的人显得一点儿不比小孩子更好。

"总有这样的人——无论今儿还是从前,他们已经领悟到这件事情:[e5]追仿拉刻岱蒙生活方式其实指热爱智慧,而非热爱练身。他们知道,有能力谈吐这样的言语,非得[343a]是那些受过教化的人。这些人中有米利都的泰勒斯、缪提勒涅的匹塔科斯、普里厄涅的庇阿斯,还有我们的梭伦、林多斯的克勒俄布洛斯、克奈的缪松,拉刻[a5]岱蒙的喀隆据说算这些人中的第七位。他们都是拉刻岱蒙人[式]教育的追慕者、爱欲者和

---

① 拉刻岱蒙是斯巴达的正式名称。

学生，他们个个懂得[自己拥有的]智慧是这样一种[智慧]：每个人说出来的话都是简洁而又值得记住的言辞。他们甚至[343b]一起去德尔斐的神庙，把这智慧共同祭献给阿波罗，写下[后来]所有人都会唱诵的这些[箴言]：'认识你自己'和'勿过度'。

"我为啥要说这些呢？因为，这是前辈们热爱[b5]智慧的方式，即某种拉刻岱蒙式的简洁言辞。的确，匹塔科斯的'做高贵者难'这个说法虽然受到智者们赞许，却在私下流传。可西蒙尼德斯呢，[343c]由于在涉及智慧方面爱声誉，他知道，要是他能像个名气很大的竞技者一样颠覆这个说法，击败匹塔科斯，自己就会在当世爆得大名。正是为了这，而且为了实现这一图谋，西蒙尼德斯作了[c5]这整首诗歌把[匹塔科斯的]这个说法拦腰斩断——在我看来就是如此。

"我们大家不妨共同来仔细考察一下，我[刚才]说的是否真实。简直可以说，如果[诗人]想要说'成为好男子难'的话，诗歌的这个开头兴许就显得是疯的。[343d]所以，他插入了'一方面'。其实，插入这个显得毫无理由，除非假定，西蒙尼德斯[这样]说是为了与匹塔科斯的说辞争辩。匹塔科斯说，'做高贵者难啊'，西蒙尼德斯则争[d5]辩说，'才不是呢，而是成为好男子一方面难啊，匹塔科斯哟，真的'——不是'实际上好'，不是为了这个[好]他说这'真实'，①似乎一些人[343e]真的是好人，另一些好人却不是真的[如此]——毕竟，这样会显得头脑简单，西蒙尼德斯才不会这样呢。

"毋宁说，必须把诗歌中的这个'真的'设为颠倒法，也就是把匹塔科斯的说法当作前提放在前面——仿佛我们把[e5]匹塔科斯设为说者，把西蒙尼德斯设为答者——匹塔科斯说，'世人啊，做高贵者难哦'，西蒙尼德斯则[344a]回答，'匹塔科斯呀，你没说真实。毕竟，并非是好男子难，毋宁说，一方面，成为好男子，手、脚、心智都方方正正，无可挑剔，才真的难'。这样，[a5]插入'一方面'以及把'真的'正确地摆在最后，才显得有理由。整个下文都会证实这一点，[诗歌]所说的就是如此。

"这首诗歌中所说的每一处[344b]都有许多东西，凡此表明，这诗歌

---

① 西蒙尼德斯用的"真的"相当于语气副词，苏格拉底把它解释为名词用法。

作得妙,非常优雅、精巧。不过,这样子细说会太费事儿。我们不妨细说一下它的整个轮廓和意图。通过这整首诗歌,[西蒙尼德斯][b5]几乎处处是在反驳匹塔科斯的说辞。毕竟,在述说过一丁点儿之后,他就仿佛在说道理似的说道,成为好男子难,真的;不过,其实在某段时间[成为好男子]还是可能的。可是,成了之后,要保持[344c]这样一种习惯,是个好男子,如你所说,匹塔科斯哟,才没可能,这不是属人的[能力],唯有神兴许才会有这奖赏,可是,

> 男子汉嘛,没法不是低劣的人,
> [c5][一旦]让人束手无策的厄运击垮他。

"统领航船时,不可抗拒的厄运击垮的是谁呢? 明显不会是个常人,毕竟,这个常人总是已经被击垮。正如没谁会击倒一个已经趴下的人,倒是会击倒曾几何时站立着的人,使他趴下,而非使一个[已经]趴[344d]下的人趴下。同样,不可抗拒的厄运击倒的乃是那个曾几何时善于搞设计发明的人,而非从没能力搞设计发明的人。一场大风暴突袭航船舵手,会使得他失去掌控能力,庄稼汉会被突来的恶劣天气搞得束手无策,[d5]医生[也会遇到]同样的事情。

"所以,一个高贵的人也有可能成为低劣的人,就像另一位诗人所证实的那样,他说:'即便好男子也有时低劣,有时高贵。'[344e]可是,对低劣的人来说,并非有可能变得低劣,毋宁说,他被迫从来就是[低劣的人]。所以,既然不可掌控的厄运击倒的是善于搞设计发明且有智慧的好人,[他]就'没可能不是低劣的人'。

"可是,你呢,匹塔科斯啊,却说'是高贵者难'。[e5]其实啊,成为高贵者虽难却有可能,是高贵者则没可能。

> (10)毕竟,[若走运]事情做得佳,个个都是好男子,
> 但若[事情]做得低劣,就是低劣的人。

[345a]"那么,涉及语文的话,什么是好的行为呢? 什么使得一个人在语文方面算好呢? 显然是学习语文。很好地做什么才造就一个好医生

呢？显然是学习如何医病。'做得低劣，就是低劣的人。'那么，谁[a5]会成为劣医呢？显然，这人首先得尝试做医生，然后才会是好医生，毕竟，[这好医生]也可能会成为劣医。我们这些常人不通医道，[即便]做得低劣也绝不会[是]劣医或劣工匠或[345b]其他诸如此类的[匠人]。即便有谁做得低劣也不会成为医生，显然是因为，并没有劣医。

"同样，好人也会一时变低劣，要么因为时间长，要么因为辛苦，要么因为害病或其他什么不幸——[b5]毕竟，知识被剥夺，才是唯一的低劣行为。但低劣的男人就绝不会成为低劣的，因为他从来就是[低劣的]；倘若他会成为低劣的人，必须先成为好人才行。所以，这首诗歌的这一部分趋向的是这一点，[345c]做好人没可能，即没可能一直好，但可能成为好人，当然，这同一个人也可能成为低劣的。大多时候都优秀的人，是那些神们喜爱的人。

"所有这些都是针对匹塔科斯说的，[c5]这首诗歌接下来说的更清楚地表明了这一点。他说：

> 正因为如此，我决不去寻求，
> (15)没可能的这种成为，白白地
> 把我一生的命扔进不切实际的希望，
> [寻找]方方面面无可指责的人，
> 他摘取丰硕大地的[c10]生果；
> (20)倘若找到[他]，我会告诉你们。

[345d]"他这样子说。整首诗歌从头到尾就这样激烈攻击匹塔科斯的所言。

> 我倒是愿意称赞并喜爱所有人，
> 无论谁，只要他不做
> [d5]一点儿丑事；即便神们也不
> 与必然斗。

"这也是针对这一点本身而说的。西蒙尼德斯不至于如此没教养到会说,他称赞不会愿意做低劣的事的人,似乎有些人会愿意做低劣的事。毕竟,我宁可认为是这个[意思]:没有哪个[345e]智慧人会以为,有什么人愿意犯错,或者愿意做丑事或低劣的事;他们清楚地知道,所有做丑事和低劣的事的人都是不情愿地做的。

"因此,西蒙尼德斯并非是说,[e5]他称赞那不愿意做低劣的事的人,毋宁说,这个'愿意'是就他自己说的。因为他以为,一个[本来]既美又好的男人可能常常强迫自己成为某人的朋友和称[346a]赞者[去喜爱和称赞他]——就像一个男人常常遇到的情形:他有乖戾的母亲或父亲或父邦或诸如此类别的什么。

"拙劣的人一旦遇上这类事情,看上去仿佛喜滋滋的,[不停]谴责、揭露、[a5]指控自己的父母或父邦的拙劣,以免世人指控他们无视自己父母或父邦的拙劣,或者由于他们无视这些拙劣而责骂他们,于是,他们更起劲地谴责,给不得不为之的事情添加自愿的[346b]敌视。

"可好人呢,则掩藏自己[的看法],强制自己称赞[父母或父邦],即便受到自己的父母或父邦的不义对待而愤愤不已,他们也自己消气,自己化解,强制自己去[b5]爱、去称赞属于自己的所有。

"所以我认为啊,西蒙尼德斯常常在想,他自己曾经称赞和歌颂过一个僭主或别的这类人,并非情愿,而是被迫[为之]。当然咯,他还对匹塔科斯说了[下面]这些:[346c]'匹塔科斯啊,我责备你可不是因为我好挑剔,毕竟:

(25)我觉得已经够喽,谁只要不低劣,
或不是太过没出息,多少
懂得有益于城邦的正义,为人[c5]通达。
我不会指责[他];
我可不是好责备的人;
(30)毕竟,一代代蠢人不可数。

"'所以,如果有谁喜欢责备,就让他去满足自己的责[c10]备吧:

所有东西都美着呢,并没有羼杂丑的东西。'

[346d]"他说这[话]并非好像他说所有东西都洁白,不夹杂黑色——否则就未免方方面面都可笑;[这话的意思]毋宁是,他自己接受中不溜的东西,以免责备它们。他说,

> 我决不去寻求,
> 方方面面无可指责的人,
> 他摘取[d5]丰硕大地的生果;
> 倘若找到[他],我会告诉你们。

"'正因为如此,我才谁都不称赞。对我来说,谁要是中不溜,不做低劣的事,就已经满足喽,所以,

> 我喜爱并称赞所有人,

"——在这里他用了[346e]缪提勒涅[方言]的音调儿①。因为,他冲着匹塔科斯说:

> 我愿意称赞并喜爱所有人,

"——这儿的'愿意'之后必须断句。

> 无论谁,只要他不做丑事。②

"'当然,我并不愿意称赞和喜爱有些人。至于你呢,即便中不溜地[347a]说了些恰切和真实的[事情],匹塔科斯,我也绝不会责备你。可是,你眼下竟然就最最崇高的事情讲假话,尽管你显得说的是真实,正因为如此,我要责备你。'在我看来,普罗狄科和普罗塔戈拉,"我说,"这些就是西蒙尼德斯[a5]作这首诗歌的用意所在。"

希琵阿斯说:"苏格拉底,我觉得你对这首诗歌所作的解说很好哇;不

---

① "用了缪提勒涅的音调儿"指"称赞"这个语词,苏格拉底故意对这个词发音滑稽。
② 与汉语语序不同,"愿意"这个副词在原文中的位置后置,因此苏格拉底说这里应该断句,否则,"愿意"这个副词就当理解为属于随后的关系从句。

过嘛,"他说,[347b]"我自己对此也有好的说法,要是你们愿意[听]的话,我会展示给你们。"

于是阿尔喀比亚德说:"当然咯,希琵阿斯,不过下次吧,这会儿[做]普罗塔戈拉和[b5]苏格拉底相互约定的[事情]才正义:要是普罗塔戈拉仍然愿意问就问,苏格拉底回答;要不然,如果普罗塔戈拉愿意就来回答,苏格拉底会来问。"

我当时说:"我嘛,就让给普罗塔戈拉[去选]他更乐意哪一种。不过,如果他愿意的话,关于诗歌和[347c]诗句,我们就让它们去吧,关于我最初问你的,普罗塔戈拉,我倒乐意与你一起来探究一番,以便有个了结。我觉得,聚在一起谈论关于作诗的事情,简直就像低俗的市井之[c5]人的饮酒场合。由于缺乏教养,这些人没能力凭自己相互聚在一起,喝酒时没有属于自己的声音[347d]和属于自己的言辞,便搞来昂贵的吹簧管女,花大价钱租用不属于自己的簧管的声音,靠这些声音让[自己]相互聚在一起。凡饮酒者是既美且好的人[的场合],都受过教育,你就不会看到簧管女、舞女或抚琴女,他们自己聚在一起就足够啦,没有这些瞎闹和[d5]小孩子气,整个儿是属于自己的声音,发言和倾听各自有序地轮着来,即便他们也[347e]大饮特饮。

"如此一来,这样一类聚谈倘若是由这样的人——我们中的多数人都说自己是这类男人——来搞的话,根本无需外人的声音,甚至无需诗人[的声音]。诗人们说的什么,其实没可能问出个名堂来。多数人说话引用[e5]诗人的时候,一些人说这诗人是这些个意思,另一些人则说是那些个意思,就这些事情争来辩去,始终不能得出结论。可他们[既美且好的人]呢,干脆让这类聚谈[348a]靠边儿去,凭自己的东西自己在一起聚谈,用属于自己的言辞提出和接受互相检验。正是这样的人,我觉得,我——尤其你应该模仿,而非[模仿那些低俗的人],让诗人们靠边儿去,凭我们自己的东西[a5]相互立言,检验真理和属于我们自己的东西。如果你还想问,我仍旧让自己回答你;不过,要是你愿意,你就让我,使我们停在中途的[话题]进行下去,以便有个了结。"

[348b]我说了这些以及其他类似的事情后,普罗塔戈拉却不肯明白表示他究竟要做哪一样。这时,阿尔喀比亚德瞟了卡利阿斯一眼说道:"卡利阿斯呀,"他说,"普罗塔戈拉这会儿不愿[表示]给个说法还是[b5]

不给,你觉得他做得美吗?我可不觉得[他做得美]。要么让他讨论下去,要么让他说[自己]不想讨论,这样我们才会知道,而苏格拉底或别的哪个人——只要他愿意的话——可以同另一个人讨论。"

[348c]阿尔喀比亚德说了这些后,我当时觉得,普罗塔戈拉感到羞耻,加上卡利阿斯和几乎所有在场者纷纷请求,他勉强让自己讨论下去,催我问他[问题],他好回答。

[c5]但是我说:"普罗塔戈拉啊,可别以为我同你讨论是因为有别的什么用意,我每次都是自己有困惑,才来探究这些事情。我认为,荷马[的这句诗]肯定说了点什么:[348d]'两人一起同行,总有一个先想明白。'①毕竟,我们这些世人在做事、说话和思考[有困惑]时总会更能找到出路;'要是单单一个人在动脑筋'②,他马上四处走寻,不停地找,直到遇上[有个人]指点,并[d5]一起搞清楚。所以,我很高兴同你而非同别的谁讨论,不过是因为我认为,在探究[348e]适合一个出类拔萃的人探究的各种事情上,你最优秀,尤其在德性方面。

"毕竟,有谁赶得过你啊,你自己当自己是个既美且好的人,就像其他认为自己是出类拔萃者的某些人那样,但这些人不能造就别人如此啊;你不仅自己是好人,还[e5]有能力造就别人[成为]好人。于是,你对自己充满自信,别人要隐[349a]藏这门技艺,你却公开宣称自己,在所有希腊人面前称自己是智术师,显示自己是一个[教]教养和德性的教师,还第一个想到值得为此收取学费。因此,我叫住[a5]你探究这些事情,问问题、一起交流,难道不是必须做的么?非如此不可啊。"

"这会儿呢,我欲求通过你来重新回忆开头我首先问你的那些东西,然后给[我们的]考察添加另一些东西。当时问的,[349b]我想,是这样一个问题:智慧、节制、勇敢、正义和虔敬,这五种名称涉及的是一件事情,抑或每个这样的名称各有某种属己的所是,各是一回事情,各有[b5]自己的作用力,它们的这一个都与那一个不同?

"你当时说,它们并非一件事情的名称,毋宁说,[349c]这些名称的每

---

① 荷马,《伊利亚特》10.224。

② 荷马,《伊利亚特》10.226。

个都基于一个属己的事情,所有这些事情乃是德性的部分,但不是像金子的各部分那样彼此相同、整体之与部分相同,而是像脸的各部分那样,与各部分所属的整体不同,[c5]彼此之间亦不相同,每部分各有属己的能力。要是这些在你看来仍如当初[你说的]那样,就说是;但要是有些不同了,就区分这[不同],反正如果你这会儿说得不同我不会给你记上一笔账。毕竟,如果你[要说]当时说的这些不过是为了考[349d]考我,我不会感到惊讶。"

"可是,我要对你说,苏格拉底,"普罗塔戈拉说,"所有这些都是德性的部分,其中四种多多少少相互相像,但勇敢与所有这些都差别极大。你会认识到,我讲[下面]这样的话,说的是真实:你会发现,世人中的多数人极不正义、不虔敬、不节制、没学识,却[d5]极为出众地勇敢。"

[349e]"且慢,"我说,"你说的确实值得考察一下。你是说,勇敢就是大胆,还是什么?"

"甚至还急切地冲着多数人所恐惧的而去。"他说。

"行啊,你说德性是美的东西吧,所以[e5]你才让自己做一个[教]这种美的东西的教师?"

"再美不过,"他说,"不然我就疯了。"

"是不是,"我说,"德性的这一点丑,那一点美,抑或整个儿都美?"

"整个儿都美啊,美得没治啦。"

"那么你知道吗,谁[350a]够胆儿潜进井里?"①

"我知道,潜水夫。"

"[够胆儿是]因为他们[在这方面]有知识,还是因为别的什么?"

"因为有知识。"

"谁够胆儿骑着马打仗?会骑马的还是不会骑的?"

"会骑的。"

"谁[a5]够胆儿[打仗时拿]轻盾?会用轻盾的还是不会用轻盾的?"

"会用轻盾的。其他所有事情[都这样],倘若你要寻求的是这个,"

---

① 雅典人在夏天习惯把食物放进罐子密封沉入水井起冷藏作用,潜水夫的职业是下井把这些罐子捞上来。

他说，"有知识的比没知识的更胆大，他们自己[350b]一旦学习就比学习之前更胆大。"

"可是你已经看到，"我说，"有些人在所有这些事情上并没知识，却对这些事情每一件都胆儿大？"

"我嘛，"他说，"的确倒是见过，不过[这些人]胆子也太大了些。"

"那么这些胆大的人就是勇敢的人？"

[b5]"哪里啊，"他说，"那样的话，勇敢就会是丑的东西啦，因为这些人疯了。"

"可是，"我说，"你怎么说勇敢的人？他们不就是胆儿大吗？"

"现在嘛，[我]还是[这说法]。"他说。

[350c]"可是，如此胆大的人，"我说，"岂不显得他们不是勇敢的人，而是疯了么？再说，那些最有智慧的人不就是最胆大的人，最胆大的人不就是最勇敢的人？按照这个说法，智慧就[c5]会是勇敢喽？"

"我当时说的和回答你的话，苏格拉底，你回忆得不漂亮，"他说，"当时你问我勇敢的人是不是胆儿大的人，我确实同意过[是]。可是，胆儿大的人是不是勇敢的人，可没问过我啊。要是你当时问我，我就会说，[350d]并非所有[胆大]的人[都是勇敢的人]。至于说到勇敢的人并非就是胆儿大的人，你也一点儿没有表明，我的这同意[勇敢的人是胆大的人]同意得不正确。

"进一步说，你提出，那些有知识的人比他们自己[有知识之前]和其他没知识的人更为胆大，在这一点上[d5]你认为，勇敢和智慧是同一个东西。以这种方式来追究，你恐怕会认为，[身体]强壮也是智慧。毕竟，以如此方式追究，如果你首先问我，[身体]强壮的人是否就是[350e]有能力的人，我就会说[是]。接下来[如果你再问]，那些有摔跤知识的人是否比没摔跤知识的人更有能力，而且他们在学过[摔跤]之后是否比学之前更有能力，我就会说[是这样]。在我同意了这些后，就让你得以援用这同样的一些[e5]证据来说，按照我所同意的，智慧就是[身体]强壮。

"可是，我根本就不同意而且也没同意过，有能力的人就是强壮的人，即便[我同意]强壮的人就是有能力的人。[351a]毕竟，能力和强壮不是同一个东西。这个出自知识，也就是能力，当然，还出自疯癫和血气，至于

[身体]强壮,则出于天性和身体养育得好。

"同样,在这儿,大胆和[a5]勇敢不是同一个东西。所以,碰巧勇敢的人是胆大的人,但并非所有胆大的人都是勇敢的人。毕竟,对世人来说,胆大来自技艺,正如[351b]能力来自血气和疯癫,而勇敢则来自天性和灵魂滋养得好。"

"你是说,"我说,"普罗塔戈拉,有些世人活得好,有些活得坏吧?"

他说[是这意思]。

"那么,在你看来,要是世人[b5]苦恼和痛苦地活着,他活得好吗?"

"不[好]。"他说。

"要是他快乐地活着终了自己的生命呢?你不觉得他这样就是很好地活过?"

"我觉得[是]。"他说。

"也就是说,[351c]快乐地生活是好,不快乐地生活是坏?"

"如果凭靠那些美的东西生活有了快乐的话。"他说。

"什么意思,普罗塔戈拉?难道你不像多数人那样把有些快乐的事情称为坏,有些苦恼的事情称为好?我[的意思]是说,有些事情就其本身是快乐,却并非就其本身是[c5]好的事情,除非由它引发了某些别的事情?反过来,那些苦恼的事情同样如此,并不因是苦恼的事情其本身就是坏?"

"我不知道,"他说,"苏格拉底,我是否必须[应该]像你问的那样如此简单地[351d]来回答:凡快乐的事情就是好的,凡苦恼的事情就是坏的。我倒是觉得,不仅为了我眼下的回答,也为了我的整个余生,使得回答更为可靠的是这样的:有些[d5]快乐的事情并不好,反之,有些苦恼的事情并不坏,还有第三种,即一些事情两者都不是,既说不上坏也说不上好。"

"你称为快乐的那些事情,"我说,"不就是分有[351e]或造成快乐的事情吗?"

"完全如此。"他说。

"但我的意思是[要问],其本身是快乐的事情是否就不好?我要问的是,快乐本身是否不是好的东西。"

"就像你每次都会说的那样,苏格拉底,让我们来探究这同一个东西吧。如果探究[e5]结果看起来在理,足以表明快乐与好是同一个东西,我们就会走到一起;如果不是的话,我们就即刻接着对辩。"

"那么,"我当时说,"你愿意引导这番探究,还是我引导?"

[e10]"你有义务引导,"他说,"毕竟,你引发这个话题的嘛。"

[352a]"那么,"我说,"以这样的方式,兴许[探究]对我们会变得清楚起来吧?就像有人要凭一个人的样子来探究某个世人,无论[探究]健康还是别的什么身体作用,看了脸和双手后,他会说:'来吧,把你的[a5]胸膛和背脱出来让我看看,以便我可以更清楚地检查。'我也想要对某种这样的东西作这样的检查。看到你对好和快乐持有如你说的如此[看法]后,我也必须说某种这样的话:'来吧,普罗塔戈拉,[352b]把你的思想脱出来,你对知识持有怎样的[看法],这[看法]对于你是否就像对于多数世人那样,还是另一回事。'

"在多数人看来,知识是这样一种东西:它并非强有力的东西,既没有引导能力也没有统治能力。[b5]在他们心目中,知识并不是这样一种性质的东西;毋宁说,[他们认为]当某个世人有知识,但这知识经常并不统治他,统治他的是别的什么——这会儿是血气,那会儿是快乐,过会儿是苦恼,有时是爱欲,更多时候是恐惧。他们如此没技艺地[352c]看待知识,就好像[知识]不过是脚下的奴隶,任由所有别的东西拉来扯去。

"那么,在你看来,知识也是这样的什么吗?抑或[在你看来]知识是一种美的东西,能够统治一个世人。而且,要是谁认识到[c5][什么是]好的事情和坏的事情,他恐怕就不会受任何东西的强制去行事,只会按知识吩咐[他的去行事],从而,对于救助世人,见识就足够了?"

"看来,"他说,"[是]像你说的那样,苏格拉底;况且,[352d][如果]不把智慧和知识看作所有人间事务中最强有力的东西,对所有人来说都是羞耻——对我来说也是。"

"你这[话]说得好啊,"我说,"而且说得真实。可是,你知道吗,[d5]多数世人不听我和你的劝,[他们]反倒说,多数人认识到最好的事情也不愿去做,即便他们有可能去做,也非做别的事情[不可]?无论我问过多少人,这究竟是什么原因,[他们]都会说,由于[他们]被快乐[352e]或苦恼减小[征服]，或者屈从于刚才我说的那些东西中的一种，他们照做不误。"

"我认为，苏格拉底，"他说，"世人说的其他不正确的事情多着呢。"

[e5]"那好，同我一起来试着说服世人，教他们[懂得]自己[所经历]的情感是什么，当他们说，他们被[353a]快乐和别的东西征服，以至于认识到最好的事情却不去做，[他们这样说]是什么意思。毕竟，当我们[对他们]说：'世人啊，你们说得不正确，你们在说谎。'他们兴许会问我们：'普罗塔戈拉以及苏格拉底呀，如果这不是一种[a5]被快乐征服的感受，那是什么，你们说它是什么呢？对我们说说嘛！'"

"苏格拉底啊，我们干吗非要去探究多数世人的这个意见呢？他们不过随便说说而已。"

[353b]"我认为，"我说，"就寻求勇敢，寻求德性的各个部分以及它们如何相关而言，这[多数世人的意见]对于我们毕竟意味着点什么。所以，倘若你觉得最好还是持守刚才我们觉得[很好]的，即由我来引导，因为我以为，以此[方式]事情会最漂亮地变得清楚起来，[b5]你就跟着[我]吧。但如果你不愿意，如果你喜欢的就是这，我会求之不得。"

"不过，你说得倒正确，"他说，"照你开始的去完成吧。"

[353c]"那么进一步说吧，"我说，"如果他们问我们：'你们说的这个，也就是我们说我们被快乐征服，究竟是什么[意思]？'我呢，兴许会对他们这样说：'听着，普罗塔戈拉和我会试着告诉你们。你们不是说，[c5]你们恰好就是这样的吗，常常屈从于比如吃啊、喝啊以及性感之类的即时快乐，你们认识到它们是辛苦的事情，却照样做这些？'"

"他们会说[是]。"

"那么，我们——你和我——再问他们：'你们凭什么说这些是辛苦的事情呢？[353d]是因为这些事情提供这种即时的快乐，而且它们每个都是快乐，还是因为[这些事情]后来引致疾病和匮乏，招致其他诸如此类的许多东西？或者，就算这些中的某一个[快乐]日后不会招[d5]致任何[坏的]东西，仅仅造成享受，但它们就是坏的事情，只因为它们不管怎样都造成享受？'我们会认为，普罗塔戈拉，他们偏偏会这样回答：'并非由于即时快乐本身的作用，[这些快乐]才是坏的事情，[353e]而是由于随后出现的事情即疾病以及其他[坏的事情]'——他们会[这样回答]吗?"

"我倒是以为,"普罗塔戈拉说,"多数人会回答[是]这个[原因]。"

"'那么,造成疾病不就造成苦恼,造成匮乏不就造成苦恼?'我相信,他们会同意吧。"

[e5]普罗塔戈拉表示同意。

"'可是,这对你们不是很清楚吗,你们常人啊,就像普罗塔戈拉和我说的,这些事情之所以坏,不就因为它们以苦恼告终,剥夺了其他[354a]快乐?'他们会同意吧?"

我们两人都觉得[他们会同意]。

"那么,如果我们再问他们相反的:'世人啊,你们说,好的事情也是苦恼的哦,你们说的不会是这样一些事情吧:诸如练身啊、从军啊,以及[a5]由于医生的治疗而出现的那些烧灼啊、切割啊、药疗啊以及禁食?这些事情尽管是好事情,却是苦恼的事情?'他们会说[是这样]吧?"

他也觉得[他们会]。

"'那[354b]么你们把这些叫做好事情,是因为它们随即带来极度的疼痛和苦痛,还是因为后来从其中产生出健康和良好的身体状况,乃至救助城邦、统治他人[b5]以及[获得]财富呢?'我会认为,他们会说[是这样]。"

他也觉得[他们会]。

"'这些事情是好事情,没别的原因,不过因为它们以快乐告终,释解和祛除痛苦?或者,当你们把这些叫做好事情时,[354c]除了快乐和痛苦,你们还能够说出别的什么你们所盯住的目的吗?'我会认为,他们会说不[会有别的目的]。"

"我也觉得[他们]不[会有别的目的]。"普罗塔戈拉说。

"'你们不是把快乐当作好东西来追求,把痛苦当作[c5]坏东西来逃避吗?'"

他也觉得[是这样]。

"'那么,你们认为,坏即痛苦,好即快乐,因为你们说,享受本身也是坏[事情],只要它夺去了比它所有的更大快乐中的某一种[快乐],或者引致了比[354d]自身带有的快乐更大的痛苦。如果你们为的是别的什么,转而盯住别的什么目的才把享受本身称作坏,你们就能够告诉我们。可你们却不能。'"

"我也觉得他们不[能]。"普罗塔戈拉说。

"'再说,关于遭受痛苦这件事情,[d5]难道不同样是这种方式?你们把遭受痛苦本身称为好东西,[不就因为]当[遭受痛苦]要么祛除了比这些痛苦自身中的痛苦更大的痛苦,要么提供了比痛苦更大的快乐?如果你们把遭受痛苦[354e]本身称为好事情,你们转而盯住的是别的什么目的,除了我所说的之外,你们也能告诉我们吧?可你们却不能[告诉我们]。'"

"你说的是真实。"普罗塔戈拉说。

"'那么再进一步,'我说,"'世人啊,如果你们再问我:关于这一点你们说那么多究竟为了哪一桩啊,而且[e5]翻来覆去说?我呢,兴许就会说:原谅我吧。毕竟,第一,这样不就容易表明你们所谓的被快乐征服究竟是什么[意思]嘛;其次,[我的]所有证明都基于这一点。不过,[你们的说法]这会儿还可能后退一步,[355a]如果你们能这样子说:好与快乐是某种不同的东西,或者坏与苦恼是某种不同的东西。要不然,对于你们来说,快乐地过一辈子没有痛苦的生活是不是就够了呢?如果够了,如果你们只能说,好或坏的东西不过就是以这些[快乐和痛苦][a5]告终,你们就且听下文吧。

"'我要对你们说,如果是这样的话,[你们的]这个说法就变得可笑啦——倘若你们说,尽管一个世人经常认识到坏的事情就是坏的事情,却照样做这些事情,尽管有可能不做,[因为]他受快乐[355b]驱使而神魂颠倒。反过来,你们又说,这个世人认识到好的事情,却由于即时的快乐不愿去做,被这些[即时快乐]征服。倘若我们不同时使用许多名称,[使用]快乐和苦恼、好和坏,[b5]这些事情多么可笑,就会是明摆着的;毋宁说,既然这些事情显得是两样,我们就得用两对名称来表达它们,首先用好和坏,然后再用快乐[355c]和苦恼。

"'一旦确定了这一点,我们就应该说:这个世人认识到坏的事情是坏的,却照样做这些事情。要是有人问我们:为什么呢?我们会说,因为他被征服了。那人会问我们:被什么征服?于是,我们便没可能[c5]再说被快乐[征服]，毕竟，已经有另一个名称替代了快乐，即好[这个名称]。所以，我们应该回答那个人并说：他被征服了。他会说：被什么征服呢？我们会说：被好[征服]，向宙斯发誓！

"'如果问我们的人碰巧是个肆心的人，他会哈哈大笑，[355d]然后说：如果有人尽管认识到[这些是]坏的事情而且并不需要去做，他却去做[这些]坏的事情，这就是被好的东西征服，那么，你们说的事情简直可笑啊。他会问：[如果那人被好东西征服，]在你们看来，是好的东西不足以战胜坏的东西，还是足以[战胜坏的东西]呢？

"'我们会[d5]回答说：很清楚啊，因为[好东西]不足以[战胜坏东西，才会被好东西征服]。毕竟，我们说他被快乐征服的那个人恐怕不会搞错。可是，他兴许会说：凭什么[道理]好的东西不足[以战胜]坏的东西，或坏的东西不足[以战胜]好的东西呢？除了按照其中一个大一些、另一个[355e]小一些[这个道理]，还会有别的[道理]吗？或者[按照]这个更多、那个更少[的道理]？我们恐怕不能说不是这个[道理]吧。所以很清楚，他会说，你们所谓的被征服，就是拿更大的坏取代较小的好嘛。事情就是如此。

"'我们不妨再换用[e5]快乐和苦恼这些名称在同样的事情上，然后我们说，这个世人做事情——先前我们说[他]做坏的事情，现在我们则说[他]做苦恼的事情，尽管他认识到这些是苦恼的事情，因为他被[356a]快乐征服。很清楚，[因为苦恼的事情]不足以战胜[快乐的事情]嘛。毕竟，除了相互的过度和不足，还会有别的什么比快乐足以针对痛苦呢？这些[过度和不足]就是相互变得更大和更小、[数目上的]更多和更少、[程度上的]更足[a5]和更差嘛。毕竟，如果有谁要说：可是，苏格拉底，即时的快乐与将来的快乐和痛苦以及别的什么毕竟差得老远啊。——我呢，就会说：除了在快乐与痛苦上不同，还会有什么不同呢？毕竟，[它们]并无任何别的不同！毋宁说，就像[356b]一个善于衡量的世人把快乐的事情摆到一起，把痛苦的事情摆到一起，还有近和远，然后放到天平上，说[两边]哪个更多。要是你用快乐的事情称量快乐的事情，你肯定总是取[数量]更大和更多的。要是你用痛苦的事情称量[b5]痛苦的事情，[你肯定总是]取更小和更少的。要是用快乐的事情称量痛苦的事情，倘若快乐的事情重过苦恼的事情,无论远的重过近的还是近的重过远的,[你]采取的行动肯定是做那些其中有这些[更大快乐]的事情。但倘若[356c]苦恼的事情重过快乐的事情,[你]就肯定不会做。我会说:你们世人啊,这些事情难道不就是这样么?'我知道,他们只会这么说。"

普罗塔戈拉也觉得是这样。

"'既然这个[事情]似乎就是如此,我会说,那么,请你们回答我这个[问题]。[c5]同样大的东西,在眼中对你们就显得近的大些,而远的小些,或者不是?'"

"他们会说[是这样]。"

"'厚的东西和多的东西也如此吧?还有,一样的声音,近就大些远就小些?'"

"他们兴许会说[是这样]。"

"'那么,如果[356d]对我们来说,事情做得好凭靠的是这个,即凭靠做和抓住大的事情,避开和不做小的事情,那么,对我们来说,什么才会显得是生命的救助呢?衡量术抑或这种显得如此的东西的力量吗?或者,这种[显得如此的东西的]力量[d5]会把我们引入迷途,使得我们常常把同样的东西[拿在手里]颠来倒去[举棋不定],在践行和选取大和小的事情时[常常]后悔。衡量术才戳破这个[显得如此的]幻象,揭开[356e]真实,使得灵魂宁静地栖息在这真实之上,从而解救了生命?'世人兴许会同意这些事情,即衡量术解救我们,或者[他们会说是]别的技艺?"

普罗塔戈拉同意[他们会说]衡量术。

[e5]"'那么,倘若生命的救助对我们来说凭靠的是选取奇数和偶数,[岂不]就必得正确地一时选取更多一时选取更少,要么就奇数选取这个奇数,要么就偶数选取那个偶数,①不管就近还是就远?对我们来说,什么才会救助[357a]生命呢?岂不就是知识吗?既然这才是涉及过度和不足的技艺,岂不就是某种衡量术么?可是,既然牵涉奇数和偶数,那么,除了是算术[这技艺]还会是别的吗?'——世人会同意我们吧,还是

---

① 意思是当我们在两个奇数之间或两个偶数之间选择时,要么选取这个[奇数/偶数],要么选取另一个[奇数/偶数]。

不会呢？"

普罗塔戈拉似乎也觉得[a5]他们会同意。

"'那么好，世人啊，既然对我们来说，生命的救助显得就是正确地选取快乐和痛苦，选取更多和更少、[357b]更大和更小、更远和更近[的快乐和痛苦]，[生命的救助]岂不首先显得是衡量，即细究相互之间的过度、不足与均等吗？'"

"当然必然[如此]。"

"'既然是衡量，明显必然是一种技艺和知识啦？'"

[b5]"他们也会同意说[是这样]。"

"'好吧，这[衡量术]究竟是哪门技艺和知识，我们以后再探究。它是知识，这对于那个证明，即我和普罗塔戈拉[357c]必须证明你们问我们的东西来说，倒是远远足够喽。你们曾问[我们]——要是你们记得的话，当时，我们[两个]相互达成一致：没有什么比知识更强大，毋宁说，正是这个[知识]，无论它在哪儿，总会强制快乐以及所有其他东西。可是，你们却说，快乐[c5]常常甚至强制一个[即便]认识到[这一点]的世人。当我们不同意你们时，你们就接下来问我们：普罗塔戈拉和苏格拉底啊，如果这不是一种被快乐征服的感受，那它究竟是什么呢，你们说它是什么嘛？[357d]对我们说说看。那么，如果我们当时直截了当对你们说，[简直]无学识，你们就会嘲笑我们。但这会儿呢，如果你们嘲笑我们，你们就是在嘲笑自己喽。毕竟，你们已经同意，恰恰由于在选择快乐和[d5]痛苦，也就是选择好事情和坏的事情时缺乏知识，那些在这些事情上犯错的人才会犯错；[那些人]不仅是由于缺乏知识，而且是由于缺乏你们刚才同意的衡量术[才犯错]。

"'你们已经知道，[357e]一个错误行为就是由于这个人无学识[以至于]无知识地做事情[所致]。所以，所谓被快乐征服就是最大的无学识，对此[无学识]，这位普罗塔戈拉说他是医生，还有普罗狄科以及希琵阿斯[也这样说]。可你们呢，由于你们以为[被快乐征服]根本不是什么无学识，[e5]你们既没[自己去找]这些事情的老师，也没送你们的孩子们[去找]这些智术师，仿佛[这些事情]不可教，而是舍不得给这些[老师们]钱财，你们在私和公方面事情都做得坏。'

[358a]"这些大概就是我们对多数人的回答。不过,我想要问你们,希琵阿斯和普罗狄科,还有普罗塔戈拉——毕竟,这个道理对你们来说是共同的,在你们看来,我说的是真实[a5]还是说的假话呢?"

所有人都觉得,刚才所说的这些真实得太自然不过啦。

"那么,你们都同意,"我说,"快乐[的事情]是好,苦恼[的事情]是坏喽? 不过,我请求这位普罗狄科别搞名称辨析,别搞你说'快乐'或'欣喜'或'高兴'[的辨析],或者给'你何以和如何高兴起来'诸如此类的事情[358b]命名,最棒的普罗狄科,径直回答这个[问题],这才是我想要的。"

普罗狄科笑了,他表示同意,其他人[也同意]。

"那么,诸位,"我说,"这样一个东西究竟是什么呢? 所有朝向这个东西的行为,即朝向不带痛苦的快乐生活的所有行为,难道不都是美的[和有益的]吗? [b5]美的作为难道不是既好又有益吗?"

[所有人]觉得如此。

"那么,"我说,"如果快乐就是好,就没谁在知道或相信还可能有别的比[358c]他正在做的[事情]更好的[事情]的时候,却依然做[他正做的]那些事情,要是可能[做对他来说]更好的事情。被自己征服岂不恰恰就是无学识,而掌控自己岂不恰恰就是智慧?"

所有人都觉得如此。

"那么,然后呢? 你们[不是]说,无学识是这么回事:持有虚假的意见和[c5]在非常重要的事情上被蒙骗?"

所有人也觉得是这么回事。

"那么,别的什么呢,"我说,"没谁愿意去求坏的事情或他认为坏的事情吧? [358d]看来啊,这个[行为]并非基于世人的天性哦,即愿意去求自己认为坏的事情而不求好的事情。一旦被迫在两个坏的事情中选取一个,没谁会选取更大的,要是可能选取更小的。"

[d5]我们所有人都觉得,所有这些事情就是如此。

"然后呢?"我说,"你们把某种东西称为畏惧或恐惧吧? 而且是我逮着的那个东西? 我对你说呐,普罗狄科。我说的这个是某种对低劣的事情的预感,你们要么称它为畏惧,要么称它为恐惧?"

普罗塔戈拉和希琵阿斯觉得,这就是畏惧和恐惧;[358e]但普罗狄科觉得,这是畏惧,不是恐惧。

"这倒无关紧要,普罗狄科,"我说,"但是,这个[倒是紧要的]:如果[我们]此前所说的事情是真实的,会有哪个世人愿意去求[面对]这些他感到畏惧的事情吗,要是他有可能去求[面对]他不[感到畏惧的事情]的话?或者,按前面[e5]已经同意的来看,这不可能?毕竟,刚才已经同意,一个人认为,他畏惧的事情是坏的事情,而没有一个人会愿意去求[面对]或拿取他认为是坏的事情。"

所有人[359a]也都觉得是这样。

"既然这样子假定了这些,"我说,"普罗狄科和希琵阿斯啊,就让这位普罗塔戈拉给我们辩护一下他最初的回答何以正确吧——绝不是[他最初说的]那个,[a5]当时他说,德性有五个部分,没有一个有如另一个,每个都有自己属己的能力。我说的不是这些,而是他后来说的。毕竟,他后来说,四种[德性]彼此颇为[359b]相像,而有一种[德性]与其他[德性]完全不同,这就是勇敢。他说,我会凭靠如下证明认识到这一点——[他说]'你会发现,苏格拉底,世人极为不虔敬、极为不正义、极为不节制、极为无学识,却极为勇敢。由此[b5]你会认识到,勇敢与德性的其他部分非常不同。'当时我对这回答实在非常诧异,我同你们讨论过[刚才讨论的]这些后,就更诧异了。我当时问这个人,是否他说勇敢的人是胆大的人。他说,[他们]甚至[359c]急切哦。你还记得吧,普罗塔戈拉,[当时]你这样回答这些事情。"

他同意[他说过]。

"那好,"我说,"对我们说说,你说的勇者急切面对的是什么?是懦夫[c5]面对的那个吗?"

他说不是。

"那么[懦夫]面对别的东西?"

"是的。"他说。

"是否懦夫面对[让人]胆大的事情,勇者则面对可怕的事情?"

"的确,苏格拉底,世人的说法[就是]如此。"

"你说的是真实,"我说,"不过,我问的[359d]不是这个,而是[问]:

你——你说勇者急切地面对的[那个]是什么？[他们]面对可怕的事情，即他们认为这些事情可怕，抑或面对不可怕的事情？"

"但这一点嘛，"他说，"[根据]你[刚才]说的那些道理已经证明不可能。"

"你说的这个也真实，"我说，"所以，如果[d5]这一点已经正确地得到证明，就没谁会去求取[面对]自己认为可怕的事情，因为被自己征服出于无学识。"

他同意。

"不过，懦夫也好勇者也罢，所有人都去求取[面对]他们大胆[去求取]的事情啊，在这一点上，至少[359e]懦夫和勇者去求取[面对]的是相同的事情。"

"可实际上，苏格拉底，"他说，"懦夫和勇者去求取[面对]的[事情]完全相反；譬如说，勇者愿意上战场，懦夫却不愿。"

"那么，"我说，"上战场是[e5]美的事情还是丑的事情？"

"美的事情。"他说。

"既然是美的，我们先前已经同意，它也就是好的；毕竟，我们已经同意，所有美的行为都是好的[行为]。"

"你说的是真实，而且我一向觉得如此。"

"这才正确嘛，"我说，[360a]"可是，尽管[上战场]既美又好，你说[勇者和懦夫中的]哪种人不愿意上战场呢？"

"懦夫。"他说。

"是吧，"我说，"即便[上战场]是美的事情、好的事情，而且是快乐的事？"

"[这一点]当然已经同意。"他说。

"那么，懦夫就是，明明认识到[这些]，却不愿去求取[a5]更美、更好、更快乐的事情？"

"不过，如果我们也同意这一点，"他说，"我们就会推翻先前同意的[说法]。"

"那个勇敢的人[会做什么]呢？他岂不会去求取更美、更好、更快乐的事情？"

"必然得同意[这一点]。"他说。

"那么,一般而言,那些[360b]勇者如果恐惧的话,他们不会恐惧丑的恐惧,也不会对丑的大胆胆儿大吧?"

"[你说的是]真实。"他说。

"如果他们不丑,岂不就美[高贵]?"

他同意。

"如果[他们]美[高贵],也就好?"

"是的。"

"反过来,懦夫或莽夫或疯癫[b5]的人岂不既恐惧丑的恐惧又对丑的大胆胆儿大?"

他同意。

"他们对丑的和坏的事情胆儿大,岂不恰恰是由于没见识和无学识?"

"正是[360c]如此。"他说。

"然后呢? 懦夫因之而是懦夫的这个东西,你叫做懦弱还是勇敢?"

"我当然[叫做]懦弱。"他说。

"懦夫岂不是因为对可怕的事情无学识而显得是[懦夫]?"

"完全如此。"他说。

"那么,由于这种无学识本身,他们才是懦夫?"

[c5]他同意。

"按你同意的,他们因为懦弱所以是懦夫?"

他承认。

"对可怕的事情和不可怕的事情无学识岂不就是懦弱?"

他点点头。

"可是,"我说,"勇敢与怯懦[360d][刚好]相反吧?"

他说[是]。

"那么,对可怕的事情和不可怕的事情有智慧与对这些事情无学识相反吧?"

这儿他仍然点点头。

"对这些事情无学识是懦弱吧?"

对此他十分勉强地点头。

"那么,对可怕的事情和不[d5]可怕的事情有智慧就是勇敢,与对这些事情无学识则相反吧?"

在这儿他不再愿意点头,也不吭声。

于是我说:"怎么啦?普罗塔戈拉,对我问的,你既不说是也不说不是?"

"你自己完成吧。"他说。

"仅有一件事情,"我说,[360e]"我还想问问你:你是否仍然像起初那样认为,有些世人既极其无学识,又极其勇敢?"

"我觉得,"他说,"苏格拉底啊,你让我做一个回答[问题]的人是为了好胜。我会让你高兴,而且我说,按[e5]已经同意的,我认为这不可能。"

"其实,"我说,"我问的所有这些不是为了别的,不过是想看清楚涉及德性的事情究竟怎么回事,德性本身究竟是什么。毕竟,我知道,倘若这一点变得明朗[361a]起来,我们——我和你俩——说了老半天的那个[问题]才会变得极为清楚:我说德性不可教,而你说可教。我觉得,我们的这些说法迄今为止的结局就像一个世人在指控和[a5]嘲笑[我们],如果[这结局]会发出声音的话,它恐怕就会说:'苏格拉底和普罗塔戈拉啊,你们真是出格之人!你[苏格拉底]呢,在起先的那些[说法]中说德性不可教,这会儿你却急匆匆要与自己[361b]相反,力图证明所有有用的东西都是知识,甚至正义、节制以及勇敢[都是知识],以此方式[表明],德性似乎显得最为可教。毕竟,倘若德性是某种不同于知识的东西,像普罗塔戈拉试图[b5]说的那样,它显然就会不可教。可现在呢,苏格拉底啊,倘若[德性]整个儿将显得就是知识,如你急匆匆得到的那样,如果它不可教才会让人诧异呢。反之,普罗塔戈拉呢,当初假定[德性]可教,这会儿却显得急匆匆要得到相反的[观点],[德性]显得最[361c]不像的就是知识。这样的话,德性终究就会是不可教的。'

"所以,我啊,普罗塔戈拉,当我观察到所有这些事情颠七倒八可怕地混乱不堪时,我就以全副热心要让这些事情变得清楚起来。在我们[c5]经历过这些事情之后,我很想我们会去求取德性究竟是什么,然后再来仔细考察它可教还是不可教。没准儿那个厄庇米修斯会在我们考察时

[361d]耍诡计让我们失败,如你所讲的那样,就像他在分配[能力]时忽略我们。所以,[你的]这个故事中是普罗米修斯而非厄庇米修斯更让我喜欢得多。用他[做榜样],把我自己的整个生命先想清楚,[d5]我才忙碌于所有这些事情。而且,要是你愿意,就像我在开头说的那样,我会极为快乐地同你一起彻底探究这些事情。"

于是普罗塔戈拉说:"苏格拉底,我啊,赞赏你的这股子热心以及这些说法的路径。当然咯,[361e]在别的事情上,我不觉得自己是个低劣的人,而且世人中我最少妒忌,因为我对许多人说到过你,在我所遇到的这些人中,我最叹服你,尤其在[同你]年岁相若的人中,最为[叹服你]。而且我还说,如果你会成为凭智慧而受到[e5]敬重的人,我不会感到诧异。只要你愿意,我们以后再来详细考察这些事情。不过,这会儿该是去办别的事情的时候了。"

[362a]"可不嘛,"我说,"如果你觉得[必须做]的话,这才是必须做的。毕竟,我说过,我早就该离开了,却留下来让这位[漂亮]卡利阿斯高兴。"

在说了和听了这些后,我们就离开了。

高尔吉亚

李致远 译

卡利克勒斯① ［447a］参加战争并战斗，据人说，苏格拉底啊，才应该［像你们］这样。

苏格拉底 哦？莫非我们，常言道，宴后才到且来晚啦？②

卡 ［a5］确实，而且［是］一场特别文雅的宴会呢；因为高尔吉亚③不久前给我们炫示了许多美丽的东西。

苏 不过，这些嘛，卡利克勒斯，都要怪这个凯瑞丰④呀；你竟然强迫我们在市场上消磨时光。

凯瑞丰 ［447b］没事儿，苏格拉底，因为我还可以补救。⑤ 因为高尔吉亚既然［是］我朋友，就还会给我们炫示——要是看起来［应当现在］，就现在；如果你愿意［以后］，就以后吧。

卡 什么，凯瑞丰？苏格拉底渴望聆听［b5］高尔吉亚［炫示］？

凯 正是为了这个，我们才到现场的呀。

卡 那么，无论何时，只要你们愿意，就来家里找我吧，因为高尔吉亚

---

① 卡利克勒斯，雅典人，年轻政治家，古人没有其他记载。"卡利克勒斯"字面义为"美称"，暗示他出身高贵，享有美名或长相俊美。

② 卡利克勒斯与苏格拉底开篇的应对显然是化用一句古希腊谚语"赴宴要争先，战斗要争后"。

③ 高尔吉亚，西西里人，长苏格拉底约十四岁，著名修辞术教师。

④ 凯瑞丰，雅典人，据阿里斯托芬的《云》，凯瑞丰是苏格拉底的重要伙伴；据《苏格拉底的申辩》，凯瑞丰既是苏格拉底的朋友，又是多数人的朋友。

⑤ 大概暗指忒勒佛斯的故事：他被阿喀琉斯刺伤之后，收到神谕，预言阿喀琉斯的长矛生锈之后，伤口方能痊愈，神谕是"谁伤害谁补救"。参奥维德，《变形记》12.122以下。

就在我那儿落脚,他还会给你们炫示。

苏 讲得好啊,卡利克勒斯。不过,他会乐意[447c]跟我们交谈吗?因为我愿意向他本人讨教,这个男人的技艺的能力①是什么,以及他宣扬与教授的东西是什么;至于其他的嘛——像你所讲的炫示——就让他以后再做吧。

卡 [c5]怎么都不如问他本人,苏格拉底啊,因为这也是他本人炫示的[内容]之一;其实,他刚才就命令里面那些家伙,任何人愿意问什么就[问什么],并肯定自己会回答一切。

苏 讲得美啊。凯瑞丰,就问他本人!

凯 [c10]我该问什么?

苏 [447d]他是什么。

凯 此话怎讲?

苏 就像这样:假如他碰巧是个做鞋的工匠,他多半儿就会回答你,"一个鞋匠"。怎么,你不明白[d5]此话怎讲?

凯 明白啦,我这就问。告诉我,高尔吉亚,这位卡利克勒斯讲,你宣扬会回答任何人问你的任何东西,真的吗?

高尔吉亚 [448a]真的,凯瑞丰啊,因为我不仅刚才这样宣扬,而且[现在]要讲,迄今很多年都没有任何人问过我任何新东西。

凯 是吗,那么,想必你回答起来很容易喽,高尔吉亚。

高 [a5]这个嘛,你可以现场拿来试试呀,凯瑞丰。

珀洛斯② 凭宙斯发誓!如果你实在愿意,凯瑞丰,就[试试]我吧!因为依我看,高尔吉亚其实已经说累了:因为他刚刚经历了很多东西[讲了很长时间]。

凯 什么,珀洛斯?你相信自己能比高尔吉亚回答得[a10]更美?

珀 [448b]那有什么[关系],只要让你[觉得]足够[美]!

---

① "能力"是关键术语,但含义宽泛,既可表示广义的力量,也可表示某物的特殊功能或作用(近似451a-b的"效力",480a-b的"用途"),也可表示狭义的政治权力(如466b-470a),珀洛斯在狭义上使用这个词,苏格拉底则在广义上用,侧重人之为人的特殊功能。为了前后一致,统一译作"能力"。

② 珀洛斯(Polus),非雅典人,高尔吉亚的学生,年少于苏格拉底,修辞术教师。

凯　没什么！得了，既然你愿意，就回答吧。

珀　问吧。

凯　我这就问。假如高尔吉亚碰巧精通[b5]他兄弟赫罗狄科斯的技艺，①我们给他什么名称，才算公正？不就是给那个人的那个[名称]吗？

珀　那当然。

凯　那么，若肯定他是个治病者，我们就讲得美。

珀　[b10]是。

凯　但假如他熟悉阿格劳丰之子阿里斯托丰或者他兄弟②的技艺，我们叫他什么，才叫得正确？

珀　[448c]显然，一个写生画家嘛。

凯　但现在，他[高尔吉亚]精通什么技艺，因而我们叫他什么，才算正确？

珀　凯瑞丰啊，很多技艺在世人那里都已经[c5]以经验的方式从各种经验中被发现：因为经验使我们凭借技艺走完人生，无经验则[使我们]凭借机运[走完人生]。从这些技艺里，不同的人以不同的方式分得不同的[技艺]，而最好的人〈以最好的方式〉[分得]最好的[技艺]。其中就有这位高尔吉亚，他分享那种最美的技艺。

苏　[448d]太美啦，高尔吉亚，看来珀洛斯在言辞方面已经装备得[太美啦]。不过，他却没做他答应凯瑞丰的事呀。

高　哦？主要为什么，苏格拉底？

苏　[d5]在我看来，他没有完全回答问题。

高　那你来嘛，要是你愿意，就问他本人。

苏　不，只要你本人愿意回答[，我就不愿意问他本人]；相反，[问]你本人会令人快乐得多。因为从珀洛斯说过的东西，我就看出，他显然更多地关心所谓的演说术[d10]而非交谈。

珀　[448e]到底为什么，苏格拉底？

---

①　高尔吉亚的兄弟，也是医生，但不同于另一个更著名的同名医生。后者是忒腊克（又译"色雷斯"）人，第一个坚持体操有益于健康。

②　即大画家珀吕格诺托斯（前500？—前440），雅典人，擅长巨幅壁画。

苏　因为,珀洛斯啊,凯瑞丰一问到高尔吉亚精通什么技艺,你就赞美他的技艺,好像谁在谴责似的,但你没回答它是什么。

珀　[e5]我不是已经回答它是最美的吗?

苏　确实特别[美]。不过,没人问高尔吉亚的技艺怎么样,而是[问]它是什么,并且应该叫高尔吉亚什么。就像前面凯瑞丰给你举的那些[例子],你确实以美的方式[449a]且通过简短的[言辞]回答他了,那么现在,请你再这样说说:那种技艺是什么,并且我们必须叫高尔吉亚什么……但不如,高尔吉亚啊,你本人告诉我们:你精通什么技艺,因而必须叫你什么。

高　[a5][我精通]演说术,苏格拉底。

苏　因此,必须叫你演说者①喽?

高　至少是个好的[演说者],苏格拉底,只要你用——如荷马所言——"我愿我所是"②的那个[名号]称呼我。

苏　罢了,我愿意。

高　[a10]那就叫吧。

苏　[449b]那我们不就得肯定,你也有能力使其他人成为[演说者]喽?

高　我确实这样宣扬,不仅在这里,而且在别处。

苏　那么,你是否乐意,高尔吉亚,像我们现在[b5]交谈一样,继续一问一答直到结束,而将珀洛斯发起的那套冗长的言辞推到以后? 不过,你既然答应了,就不要骗人,而要乐意简短地回答问题。

高　可是,苏格拉底啊,有些回答[b10]必然得用冗长的言辞呀;不过,即便如此,[449c]我也会试着尽量用最短的[言辞]。更何况,这也是我肯定的东西之一:就同一些东西,没人能比我说得更短。

苏　要的就是这个,高尔吉亚! 也给我做个[c5]这样的炫示吧,[炫示]讲话简短本身,至于讲话冗长呢,以后[再做]。

---

① 演说者与演说专家(参455b以后)是同根词,但有别:前者较普通,侧重实践;后者暗含"技艺",相应于"演说术",侧重理论和教授,因而更专门或更高级。

② 例见《伊利亚特》6.211"人世如落叶"。

高　得了,我会做的,你也会肯定自己从未听过任何人讲话更短。

苏　那就来吧!既然你肯定自己精通演说的技艺,[449d]并且能使别人成为演说者。演说术碰巧关心种种存在者的什么?比如,织布术关心种种衣服的劳作,不是吗?

高　是。

苏　而作乐术不就关心种种曲调的制作吗?

高　是。

苏　[d5]凭赫拉起誓,高尔吉亚,我太钦佩这些回答了,因为你竟然这么能够用最短的[言辞]回答!

高　那当然啦,我相信,苏格拉底,这样做完全合适。

苏　讲得好。来吧,关于演说术,也这样回答我:它是关心种种存在者的什么的知识?

高　[449e][关心]种种言辞。

苏　怎样的[言辞]呢,高尔吉亚?难道是那些表明病人们怎么被治疗才能变健康的[言辞]?

高　不。

苏　因此,演说术至少并不是关心所有的言辞。

高　当然不。

苏　不过,它确实[e5]使人有能力讲话。

高　是。

苏　不就也[使人有能力]在自己所讲的东西方面变得明智吗?

高　怎么不呢?

苏　那么,[450a]我们刚才所讲的治病术是否使人有能力在病人们方面变得明智并讲话?

高　必然。

苏　那么,治病术看起来也关心言辞喽?

高　是。

苏　至少是那些关于疾病的[言辞]?

高　[a5]极是。

苏　那么,体育术不也关心言辞吗——那些关于身体的好状态与坏状态的[言辞]?

高 那当然。

苏 至于其他技艺,高尔吉亚,[450b]情况同样如此:它们每种[技艺]都是关心言辞的——那些碰巧跟每种技艺所属的种种事务相关的[言辞]。

高 显然。

苏 那么,你究竟为什么不称其他关心种种言辞的技艺为演说术呢,既然你仅仅因为[b5]这种[技艺]关心种种言辞就称之为演说术?

高 因为,苏格拉底啊,其他技艺的全部知识,一般而言,都是关心种种动手工作以及这类行动,演说术的[知识]则根本没有这类动手劳动,而是全部行动和效能都通过[450c]种种言辞。因为这些,我认为演说术应该是关心种种言辞的技艺,如我所言,我讲得正确。

苏 那么,莫非我就能明白你愿意称它为怎样的[技艺]了吗?但我很快就会知道得更清楚。得了,请回答:对我们来说,有种种技艺,[c5]不是吗?

高 是。

苏 在所有的技艺中,我相信,有些[技艺]很多是劳作,只需要简短的言辞,而有些[技艺]根本不[需要言辞],相反,这种技艺的[效能]甚至在沉默中就可以完成,比如[c10]绘画、造像和其他许多[技艺]。依我看,[450d]你讲的就是这类[技艺]——你肯定演说术跟它们无关,不是吗?

高 那当然,你推测得很美,苏格拉底。

苏 但至少有另一些技艺,它们通过言辞[d5]完成一切,一般而言,它们完全不额外需要或[仅仅需要]极其简短的劳动,比如计数术、运算术和测地术,甚至下棋术以及其他许多技艺。其中,有些[技艺]拥有的言辞与行动几乎[分量]相等,但大多数[技艺拥有的言辞]更多,甚至它们的整个行动[450e]和效力都完全是通过言辞。依我看,你是讲演说术就是这类[技艺]之一。

高 你讲得真实。

苏 不过,我相信,你仍然不愿意把它们任何一种称为演说术,尽管你在口头上这样说过,即演说术通过言辞[e5]获得效力。要是有人愿意在这些说法里找麻烦,他就可以推测:"高尔吉亚,莫非你是讲,计数术即演说术?"不过,我不相信,你是讲计数术或测地术即演说术。

高　[451a]确实,你相信得正确,苏格拉底啊,而且推测得公正。

苏　来吧,现在该你了,就我所提出的[问题],请你也完成回答。既然演说术碰巧是属于那些大部分使用言辞的技艺之一,而其他[技艺][a5]碰巧同样是[属于这类技艺],就请你试着说说,凭言辞获得效力的演说术关心的是什么?

比如说,关于我刚才讲过的随便哪个技艺,要是有人问我:"苏格拉底啊,[451b]计数术是什么技艺?"我就会告诉他,就像你刚刚[告诉我]那样:"属于那些通过言辞获得效力的[技艺]之一。"要是他接着问我:"它们关心什么?"我就会说:"它们关心偶数与奇数——不管[偶数和奇数]各自碰巧多么大。"

但要是他再次问:"但运算术呢,你称之为什么技艺?"我就会[b5]说:"它也是属于那些用言辞实现全部效力的[技艺]。"要是他接着问:"它关心什么?"我就会像那些民众大会上的[451c]议案起草者一样,说:"在其他方面,运算术正如计数术,因为[二者]关心相同的东西,即偶数与奇数;但在这个方面又有差别,即运算术观察奇数和偶数相对于它们自身和相对于彼此有多大数量。"

要是有人再盘问天象术,[c5]我就讲:"它也用言辞实现全部效力。""但天象术的那些言辞,"要是他说,"关心的是什么,苏格拉底啊?"我就会说:"关于众星、太阳和月亮的运动,以及它们相对于彼此有多大速度。"

高　[c10]你讲得很正确,苏格拉底。

苏　[451d]那就来吧,该你[正确地讲讲]了,高尔吉亚,既然演说术碰巧是属于那些用言辞行使并达到全部效力的[技艺],不是吗?

高　是这些。

苏　[d5]那就请讲,那些[技艺]关心什么?那个东西是什么,即演说术使用的那些言辞本身所关心的那个东西?

高　那些最大的……苏格拉底啊,和最好的人类事务。

苏　不过,高尔吉亚,你讲的这个也有争议啊,[451e]甚至根本尚不清楚。因为我相信,你听过世人在酒会上唱起的那首酒歌,在其中,他们边数边唱:"保持健康是最好,其次就是长得美,第三嘛,"就像这首酒歌[e5]的作者[诗人]所言,"莫靠欺诈致富。"①

高　我确实听过;但你为什么讲这个?

苏　[452a]因为,假设[生产]这位酒歌作者所赞扬的那些东西的工匠们此刻就站在你旁边,即治病者、健身师和赚钱者,而治病者首先可以说:"苏格拉底啊,高尔吉亚在蒙骗你呢,因为关心[a5]对世人来说最大好处的,不是他的技艺,而是我的[技艺]。"——那么,要是我问他:"但你是什么,竟然这样讲?"他很可能会说:"治病者。""你在讲什么?莫非你的技艺的工作[成果]就是最大的好处?""健康怎么不是呢?"②他很可能会说,"苏格拉底啊,对世人来说,还有什么是比[452b]健康更大的好处呢?"

但要是在这人之后,健身师又会说:"我也会感到惊讶,苏格拉底啊,如果高尔吉亚可以向你展示他的技艺比我的[技艺][产生]更大的好处!"而我又会对这个人说:"但你又是什么呢,[b5]小子③哎,而你的工作是什么?""健身师,"他就会肯定,"而我的工作就是使世人在身体上变得既美丽又有力。"

但在健身师之后,赚钱者就会说——我相信他完全鄙视所有人:[452c]"想想看吧,苏格拉底啊,在你看来,还有什么显得是比财富更大的好处呢,无论在高尔吉亚那里,还是在其他任何人那里?"那么,我们就会对这个人说:"什么?莫非你就是[生产]这个东西的工匠?"他就会肯定:"是。""是什么?""赚钱者。""那又怎样?你判定,[c5]对世人来说最大的好处就是财富?"我们将会说。"怎么不呢?"他将会说。"不过,喏,至少这个高尔吉亚就有异议:比起你的,他那儿的技艺才是[造成]某种更大

----

① 这首酒歌亦见于《欧蒂德谟》279a,《斐勒布》48d,《法义》631c、661a。作者大概是西蒙尼德斯,或以为是厄庇卡尔摩斯。

② 参多兹(Dodds)本:怎么不呢? 那可是健康呀!

③ 原文可指广义的人(anthrōpos),既包括奴隶,也包括自由人。相对于诸神,它指凡人;相对于男人或男子汉(anēr),则指常人或普通人。单独用来特指某人,则带有贬义,故译为"小子"。其他地方依具体语境变化译法,不作统一,不一一注明。

好处的原因。"我们就会肯定。那么显然,他在这之后就会问:"这种好处是[452d]什么？让高尔吉亚回答！"

那就来吧,既然你承认,高尔吉亚啊,你已经既被这些人又被我本人问到了,就请回答:这个东西是什么——你肯定它是对世人来说最大的好处,而你是[产生]这个东西的工匠？

高　[d5]这个东西嘛,苏格拉底,才真正是最大的好处,而且它既是世人解放自身的原因,同时又是每个人在自己的城邦里统治他人的[原因]。

苏　那么,你讲的这个东西到底是什么呢？

高　[452e]我[讲的]就是说服,比如,用种种言辞[说服]法庭上的法官们、议事会里的议员们、[公民]大会上的会员们以及其他所有集会上[的人们],只要那里发生政治集会。其实,就凭这种[e5]能力,你将来既有治病者作奴隶,又有健身师作奴隶；至于那个赚钱者嘛,他反倒会显得不是为自己而是为别人赚钱,反倒是为了你——只要你有能力讲话并说服大众。

苏　现在,依我看,你极其接近阐明,高尔吉亚啊,[453a]你视演说术为何种技艺。要是我领会了点儿什么,你就是讲:演说术是[制造]说服的工匠,而且它的整个行业和首脑都归结于此。或者,你有什么要讲的:演说术有能力[a5]为听众在灵魂里制造比说服更多的东西吗？

高　一点儿没有[其他东西要讲],苏格拉底,相反,依我看,这样界定就足够了,因为这就是它的首脑。

苏　那就听着,高尔吉亚。因为我嘛,你要很好地知道,我像这样[453b]说服我自己:要是有其他什么人跟别人交谈的时候愿意知道讨论所关心的那个东西本身,[我就说服]我自己也成为这些人之一；但我认为,你也应该[说服自己成为这类人]。

高　那又怎样,苏格拉底？

苏　[b5]我现在就会告诉[你]。我嘛,你要很好地知道,尽管我尚未清楚地知道,你所讲的那种源于演说术的说服到底是什么,以及是关于什么事务的说服,但我不免怀疑我相信你所讲的就是什么[说服]以及关于什么的[说服]。但是不要紧,我仍然会问你,你所讲的源于演说术的说服到底[453c]是什么,以及是关于什么的[说服]。到底为了什么,我自己怀疑的时候将会问你而不自己讲呢?不是为了你,而是为了讨论,为的是让它可以这样前进,以使所讲的任何东西可以最清楚地向我们显示。

请想想看,依你看,[c5]我这样盘问你是否公正:比如,我碰巧问你,写生家宙克西斯①是什么人。要是你对我说,那个画动物的,那么,我不就可以公正地问你,那个画哪类动物的,且在哪儿②?

高 那当然。

苏 [453d]不就是因为这个吗,即还有其他写生家画过其他许多动物?

高 是。

苏 但要是除了宙克西斯根本没有其他人画过,你就会[觉得]刚才回答[d5]得美?

高 怎么不呢?

苏 那就来吧,关于演说术,也告诉[我]:依你看,是唯独演说术造成说服呢,还是其他技艺也[造成说服]? 其实,我是讲这类情况:任何人教授任何事务,他是[d10]在说服[人们相信]他所教授的东西呢,还是没有?

高 当然并非[没有]啦,苏格拉底,而是尽力说服。

苏 [453e]且让我们重新讲讲刚才[讲到的]那些技艺:计数术和能计数的世人不就教授我们数字的种种属性吗?

高 那当然。

苏 那它不也在说服吗?

高 是。

苏 因此,[e5]计数术也是[制造]说服的工匠喽?

高 显然。

苏 所以,如果有人问我们,它属于哪类说服及其关心什么,我们大

---

① 宙克西斯,南意大利人,苏格拉底同代人,著名画家,属于伊奥尼亚画派,以精美而细腻的色彩著称。画作无一幸存,但肯定画过某些作品,用于装饰马其顿僭主阿尔喀劳斯的宫殿。

② 多兹本删去"且在哪儿"。

概就会回答他:属于教导术,关心偶数[454a]与奇数,无论有多大。而且我们将能够证明,我们刚才所讲的其他所有技艺都是[制造]说服的工匠,[并指明它们]属于哪类[说服]及其关心什么,不是吗?

高　是。

苏　因此,并非唯独修辞术是[制造]说服的[a5]工匠。

高　你讲得真实。

苏　既然并非唯独它完成这项劳动,而是其他[技艺]也[完成这项劳动],那么,像关于写生家一样,我们就可以在这之后公正地重问那个讲话者:"修辞术到底是一种属于哪类说服以及关于什么的说服的技艺?"依你看,[454b]这样重问不公正吗?

高　依我[看]确实[公正]。

苏　那就回答吧,高尔吉亚,既然依你看确实亦然。

高　[b5]属于那种……那么,我就讲,苏格拉底,那种在法庭上和其他群氓面前的说服,就像我刚刚讲的,以及关于种种正义和不正义之事的[说服]。

苏　我也确实曾怀疑,你讲的就是这种说服以及关于这些东西的[说服],高尔吉亚啊。不过,你可不要感到惊讶,如果[b10]不久之后我盘问你某个类似的东西,尽管它看起来很明显,[454c]但我仍然要接着再问,因为就像我讲的,为了让论证得以循序完成,我才问,不是为了你,而是为了让我们不要习惯于预先臆测并提前截取彼此所讲的东西,而要让你根据自己的预设以你愿意的任何方式完成你自己[所讲]的[c5]那些东西。

高　依我看,你做得确实也很正确,苏格拉底。

苏　那就来吧,让我们也考察这个。你会称某个东西为"已经明白"吗?

高　我会称。

苏　但这个呢,[你会称某个东西为]"已经信服"吗?

高　[454d]我会。

苏　那么,依你看,"已经明白"与"已经信服",学识与信念,是相同呢,还是有什么不同?

高　至少我相信,苏格拉底啊,[它们]不同。

苏　你相信得太美啦；但你会由此认识[它们不同]。因为，要是某人问你：[d5]"高尔吉亚啊，有没有某种虚假而真实的信念？"我相信，你会说有。

高　是。

苏　但这个呢，有虚假而真实的知识吗？

高　根本没有。

苏　因此，[学识与信念]显然再次不同啦。

高　你讲得真实。

苏　[454e]不过，那些已经明白的和已经信服的，其实都是已经被说服的。

高　是这样。

苏　那么，你愿意让我们设定两套说服的样式吗：一套带来缺乏认知的信念，一套[带来]知识？①

高　那当[e5]然。

苏　那么，演说术在法庭上和其他群氓面前就种种正义和不义之事造成哪套说服？是从中产生缺乏认知的信服的那套，还是从中[产生]认知的那套？

高　显然嘛，苏格拉底，多半儿从中[产生]信服的那套吧。

苏　因此，演说术看起来是关于正义和不正义[455a][制造]信服术式的而非教导术式的说服的工匠。

高　是。

苏　因此，演说者不是在法庭上和其他群氓面前关于种种正义与不义之事的教导者，而仅仅[a5]令人信服者；因为他多半儿没有能力在短时间内向如此众多的群氓教导如此重大的事务。

高　当然不能。

苏　那就来吧，让我们看看，关于演说术，我们到底[455b]在讲什么。

---

①　这里不断变化使用近义词，大体分两组：知识一组依次有"明白""学识""认识""知识""认知"；信念一组依次有"信服""信念""相信""说服"。关键词"样式"（eidos，或译"形相"）在这篇对话中出现三次（454e、473e、503e），前两次是普通用法，仅第三次是柏拉图特有用法。

因为我跟你[讲],我自己这会儿其实都没有能力彻底想通我在讲什么。

一旦城邦里举行集会,选举治病者、造船者或某个其他工匠群体,那时候,演说专家不会提出建议,还会有别的吗?显然,[b5]因为在每次选举上,必须选出最精通[这门]技艺的专家。一旦涉及城墙的建造、港口或船坞的装备,[那时候,演说专家]也不会[提出建议],而是总工程师①们[提出建议]。另外,一旦为了选举将军、部署抗击敌人或攻占[455c]土地而进行商议,那时候,军事专家们就会提出建议,而演说专家们却不会;诸如此类,嘿,高尔吉亚,你怎么讲?既然你肯定,你自己是个演说者,而且使别人精通修辞术,[我们]就有幸向你本人讨教你的技艺的[c5]情况啦。

而现在,你要承认,我本人也急切渴望[学习]你的东西呢;因为,喏,里面这些人,兴许就有一个人碰巧愿意成为你的学生——呃,我感觉,好像有一些人,甚至几乎很多人呢——他们兴许觉得耻于盘问你。那么,[455d]既然被我盘问,你要承认,也会被这些人盘问:"我们将会有什么,高尔吉亚啊,如果我们追随你?我们将来能够在哪些方面给城邦提出建议?是仅仅关心正义与不义,还是也关心苏格拉底刚才所讲的那些东西?"[d5]那么,请你试着回答他们吧。

高　得了,我会试着为你,苏格拉底啊,清楚地揭示演说术的全部能力,因为你本人引导美啊。因为你多半儿知道,那些船坞[455e]和城墙——[你们]雅典的哟——以及港口装备,都出自忒米斯托克勒斯的建议,另一些则出自伯里克勒斯的[建议],而不是出自工匠们的[建议]。②

苏　关于忒米斯托克勒斯,高尔吉亚啊,确有这些说法。[e5]至于伯里克勒斯嘛,他就中部城墙给我们提出建议时,我还亲自听过。

高　[456a]而且无论何时,一旦有一场关于你刚才所讲的那些人的选举,苏格拉底啊,你就可以看到,演说者们才是关于这些东西的建议提

---

① "总工程师"的希腊文由"首领"与"木匠"合成,仅此一见,接近但有别于512b–d的"机械制造者"和514a–d的"建筑专家"。

② 包括雅典本身城防和佩莱坞斯港防务,都源于忒米斯托克勒斯的倡议。"另一些"被归于伯里克勒斯,大概是指长城,建于公元前461年至前456年。至于后文提到的"中部城墙",建造时间不确定,大概在公元前444年或前442年,苏格拉底时年二十五岁。

出者和见解获胜者。

苏 正是这些令我感到惊讶,高尔吉亚,正因如此,以前我才一直问演说术[a5]的能力到底是什么。因为我这样观察的时候,它至少向我完全显示为某种巨大的神力。

高 确实啊,要是你看见全部,[它就会显现为某种巨大的神力,]苏格拉底,[看到]它一般而言能集合所有能力并置于自身的控制之下。[456b]我会给你举一条大大的证据:

因为迄今为止,我个人多次陪同我兄弟和其他治病者,去某个不乐意喝药或不让治病者切割或灼烧①的病人那里,治病者没有能力[b5]说服[病人]的时候,我就仅凭修辞术而非其他技艺说服了[病人]。而且我肯定,一名精通修辞术的男人和一个治病者进入一座城邦——无论你愿意在哪儿——要是必须凭言辞在议事会或其他某次集会上竞争,[决定]他俩谁应该被选为治病者,那个治病者[456c]根本不会显露出来,而那个能说会道者倒会被选上,只要他愿意。甚至,若他还要跟其他任何工匠竞赛,演说专家都比其他任何[工匠]更能说服[大众]选举他自己,因为演说专家没有什么东西[c5]不能比其他任何工匠更有说服力,只要在大众面前。确实啊,这种能力就是这样[强]大,这种技艺就是有这样的[能力]。

当然啦,苏格拉底,必须要像[使用]其他竞赛[技能]那样使用修辞术。而且[456d]使用其他竞赛[技能的时候],一定不要因为这个缘故就反对所有世人,即学会了拳击、全能格斗和武装战斗就好像变得比朋友们和敌人们更强。一定不要因为这个缘故就打击或[d5]刺击甚至杀死朋友们。

千万不要啊,凭宙斯起誓,假若某人经常出入摔跤学校,有幸拥有好身体,并成为拳击专家,然后就打击自己的父亲和母亲,或者其他某位亲人或朋友。一定不要因为这个缘故,[456e]就憎恨健身师们和教授武装

---

① 切割和灼烧是古希腊医术的两种基本手段。用火消毒、切口、放血和切除,都不用麻醉剂。古代没有医生资格认证体系,医生必须会用高尔吉亚推荐的说服技巧,或能向病人们讲清他们患病的原因和治疗的理据。

格斗的人,并[将其]逐出城邦。因为这些人传授这些东西,原本是为了使它们被正义地使用,去反对敌人们和行不义者们,以防卫而非发起[不义之事],[457a]但那些背叛者却没有正确地使用自己的力气和技艺。所以,那些教授者并不堕落,其技艺也不因为这个缘故而变得堕落或该受怪罪。相反,我相信,是那些没有正确地使用的人[堕落且该受怪罪]。

这套说法也适用于演说术。[a5]因为演说者确实有能力就所有东西讲话并反对所有人,以至于他在大众面前——总之,[457b]关于他愿意[谈论]的任何东西——都更有说服力。不过,必须更加不要因为这个缘故而跟治病者们抢名声——尽管他有能力这样做,也不要[因为这个缘故而]跟其他工匠们[抢名声],相反,也要正义地使用演说术,就像[使用][b5]竞赛[技能]一样。但我相信,如果某人成了演说专家,然后用这种能力和技艺去行不义,一定不要憎恨教授者并[把他]逐出城邦。因为那个人原本是为了[457c]正义者的使用而传授,而这个人却反着使用。那么,公正的[做法]应该是憎恨、驱逐并杀死那个没有正确地使用的人而非教授者。

苏 我相信,高尔吉亚啊,你也[跟我一样]已经经历了许多[c5]讨论,也已经从中瞧出了这类东西:他们[讨论者]没有能力轻松地为彼此界定他们着手交谈的那些东西,从而相互学习和教授,[457d]就这样拆散聚会;反过来,如果他们争辩某个东西,而一方说另一方讲得不正确或不清楚,他们就怨恨,并相信他们每一方都是出于嫉妒而讲话,热爱胜利而非探究[d5]在讨论中被摆出的东西;甚至有些人最终以最丑的方式摆脱[讨论],[相互]辱骂,一旦说出并听到那些关于他们自己的诸如此类甚至让那些在场者都替他们自己感到厌烦的东西,因为他们[在场者]原以为值得成为[457e]这些凡人的听众。

我讲这些到底为了什么缘故呢?因为依我看,你现在所讲的似乎既不完全遵循,又不[完全]符合你最初关于演说术所讲的那些东西;于是,我害怕驳倒你,免得你会推测我讲话是出于[e5]爱胜利,不是针对事,以便使之变得彻底清楚,而是针对你个人。[458a]那么,我嘛,要是你也属于像我这样的凡人,我就会快乐地追问你。要不然,我就会放弃。

但我究竟是属于什么人呢?属于这样的人:要是我讲的有什么不真

实,我就快乐地被反驳,但要是某人讲的有什么不真实,我也快乐地反驳,[a5]被反驳并不比反驳更少快乐。因为我视之[被反驳]为更大的善,因为更大的善就在于使自己摆脱而非使别人摆脱最大的恶;因为我相信,对一个常人来说,根本没有什么恶像一种关于[458b]我们的讨论现在碰巧关心的那些东西[拥有]虚假的意见那么大。

所以,要是你也肯定自己是这样的人,就让我们交谈吧;但要是依你看应当放弃,就让我们从此放弃,告别并拆散这场讨论。

高 不过,我确实肯定,苏格拉底啊,我自己也[b5]是你引出的那类人。尽管如此,兴许还必须顾虑这些在场者的[意愿]吧。因为很久以前,在你们到来之前,我就已经为这些在场者炫示了许多东西,而现在我们若再[458c]交谈,兴许就会往前拉长啊。所以,也必须考察这些人的[意愿],免得我们妨碍他们之中某些愿意从事其他什么事的人。

凯 多喧闹啊,①高尔吉亚和苏格拉底,你们自己听听这些男人的[喧闹]吧!他们愿意听听[c5]你们要讲什么。至于我嘛,但愿我也不至于变得如此没闲暇,要离开如此[有趣地]讲述的如此[重要的]讨论,而让做其他什么事变得更重要!

卡 [458d]凭诸神起誓,凯瑞丰啊,确实,我本人亦然,我迄今已经出席过许多讨论,我不知道自己从前有哪一回像现在这样感到快乐。所以,即便你们乐意交谈整整一天,也会令我感到喜悦。

苏 [d5]当然啦,卡利克勒斯,至少我这一方毫无障碍,只要高尔吉亚乐意。

高 事已至此,苏格拉底,我再不乐意,就变得太丑了,既然我自己已经宣扬,任何人愿意问什么就[问什么]。[458e]得了,要是依这些人看[必要],就请你交谈并问你愿意[问]的任何东西吧。

苏 那就听听,高尔吉亚,你所讲的哪些东西令我感到惊讶;因为兴许你讲得正确而我推测得不正确。[e5]你肯定自己能够使任何人变成演说专家,只要他愿意从你那里学习?

高 是。

---

① 既可表示赞同(像这里),亦可表示反对。

苏　莫非[使他变得]关于所有东西在群氓面前都有说服力,不靠教导但凭[459a]说服?

高　那当然啦。

苏　你刚才讲过,关于健康,演说者也会比治病者更有说服力。

高　我确实讲过,至少在群氓面前。

苏　这个"在群氓①面前"莫非就是,呃——呃,在不知者们面前?因为至少[a5]在知道者们面前,他多半儿不会比治病者更有说服力。

高　你讲得真实。

苏　如果他比治病者更有说服力,他不就变得比知道者更有说服力?

高　那当[459b]然。

苏　尽管他并不是治病者,不是吗?

高　是。

苏　但非治病者多半儿不精通治病者精通的那些东西。

高　显然如此。

苏　因此,一旦演说者会比治病者更有说服力,不知者在不知者面前就会比知道者[b5]更有说服力。结果就这样,会有别的吗?

高　至少在这里,结果就这样。

苏　那么,至于演说者和演说术之于其他所有技艺,情况不也同样如此吗?它根本不必知道那些事务本身有怎样的情况,[459c]而只需找到某种说服技巧,以便在不知者们面前显得比知道者们更知道。

高　那不就变得容易多了吗,苏格拉底,一个没学过其他技艺而仅仅[学过]这门[技艺]的人[不就变得更容易]丝毫不比[c5]工匠们更差?

苏　至于演说者通过这种情况是否变得比其他人更差或不更差,我们待会儿都要考察,只要它跟我们的论证有什么关系。但现在,让我们首先考虑这个[问题],[459d]在正义与不义、丑与美、好与坏方面,演说专家是否碰巧就像在健康和其他技艺关心的其他东西方面一样,尽管不知

---

① "群氓(ochlōs)"带有较强的贬义,相对于"守法的民众(dēmos)",表示混乱的人群或乌合之众,文中最先出自高尔吉亚之口(454b)。"民众"较中性,更多政治色彩,集中出现在卡利克勒斯部分。最常用的是含义更宽泛的"多数人(hoi polloi)"。类似词语还有"大众(plēthos)""群体(athroos)",各自仅出现两三次。

道什么是好、什么是坏、什么是美、[d5]什么是丑、什么是正义、什么是不义这些东西本身,却在这些方面设计出一套说服,以至于他尽管不知道,却在不知者们面前看似知道,甚至[459e]比知道者更[知道]？或者,[他]必然已经知道[这些东西],甚至打算到你那里学习演说术的人也必须预先熟悉这些东西？但即使不[知道],你这位演说术教师也根本不会给这个来者教授这些东西——毕竟不是你的工作嘛——[e5]却仍然会使他这个不知道这些东西的人在多数人面前看似知道,甚至使[他]这个实际不[好]的人看似好？或者,你完全不能教授他演说术,除非他预先知道关于这些东西的真理？那么,这些东西情况怎样,高尔吉亚？[460a]哦,凭宙斯起誓,如你刚刚所说①,揭示演说术的[能力]嘛,请说说这种能力到底是什么。

高　不过我相信,苏格拉底啊,即便他恰巧不知道,也会从我这里学习这些东西？

苏　[a5]且打住！因为你讲得太美啦。如果你确实能使某个人变成演说专家,他就必然知道正义与不义之事,要么以前已经[知道],要么以后从你那里学习？

高　[460b]那当然。

苏　这个呢:已经学会木工术的人就[是]木工专家②,不是吗？

高　是。

苏　所以,[已经学会]作乐术的人也就[是]作乐专家喽？

高　是。

苏　[已经学会]治病术的人就是治病专家？根据同样的道理,其他东西同样如此,已经学会哪种东西的人[b5]就是那种知识所造就的那种人？

高　当然。

苏　所以,根据这个道理,已经学会正义的人也就[是]正义之人喽？

高　当然啦,大概[正义]。

---

① 见455d6。
② "木工专家"比普通的"木匠"更专业或更高级。后文"作乐专家""治病专家"仿此。

苏　但正义之人大概做正义之事。

高　是。

苏　[460c]那么,演说专家不就必然是正义之人,而正义之人[不就必然]愿意做正义之事吗?

高　显然嘛。

苏　因此,无论何时,正义之人却绝不会愿意行不义。

高　必然。

苏　但按这道理,演说专家必然[c5]是正义之人。

高　是。

苏　因此,无论何时,演说专家都绝不会愿意行不义。

高　显然不会嘛。

苏　那么,你还记得吗,你不久以前讲过①:必须不要[460d]指控健身师们或[把他们]逐出各城邦,倘若拳击专家使用拳击术,甚至不义地使用并行不义;②同样,如果演说者不义地使用演说术,也不要指控教授者或[把他]赶出城邦,[d5]而是[要指控并驱逐]行不义的和没有正确使用演说术的人? 这些有没有说过?

高　说过。

苏　但现在,[460e]这同一个演说专家至少显然任何时候都不会行不义,不是吗?

高　显然。

苏　而在前面那些讨论里,高尔吉亚啊,至少还讲过,演说术关心言辞,但不是那些关于偶数和奇数的言辞,而是那些关于正义[e5]与不义的[言辞]。是吧?

高　是。

苏　我嘛,于是,在你讲这些的时候,我那会儿就这样推测:演说术绝对不会是不义的事务,因为它永远制作那些关于正义的言辞;但此后,不久以后,你又讲,演说者[461a]也可能不义地使用演说术,这样一来,我那

---

① 见 456d–e。
② 参多兹本:即使拳击专家使用拳击术并行不义。

会儿就感到惊讶,并料想这不符合[你]讲过的那些东西①,就说了那些话,即要是你能像我一样把被反驳视为一种收获,就值得继续交谈,但要不然,就告别。但此后,[a5]经过我们的仔细考察,你自己当然也看到,这个[推测]重新取得同意,即演说专家没有能力不义地使用演说术并乐意行不义。那么,这些情况到底怎样,凭狗起誓,[461b]高尔吉亚哟,需要一次不短的聚会才能充分查明啊。

珀　什么,苏格拉底?关于演说术,你也持像你现在所讲的这种意见?或者你相信——因为高尔吉亚[b5]已经感到耻于不继续同意你,即精通演说术的男人并不是不知道正义之事、美事和好事,而且如果不知道这些东西的人到了他那里,他也会教授[这些东西];然后,也许出于这项同意,结果就在讨论中推出某种矛盾[461c]——你就热衷于此,就是你[把他]引到这类问题上的——因为你相信,谁会坚决否认自己不仅熟悉而且教授别人正义之事呢?不过,将讨论引入这类[问题],实在是非常粗野。

苏　[c5]最美[高尚]的珀洛斯呃,不过,正是因此我们才特意获取友伴们和儿子们,为的是,一旦我们这些已经变得更老的家伙跌倒,你们这些更年轻的人就可以在场重新扶正我们的生活,不仅在行为上,而且在言辞上。而现在呢,要是我本人和[461d]高尔吉亚在言辞的什么地方跌倒了,就请你在场重新扶正——你是正义者嘛——而且,要是那些已经取得同意的东西,依你看,有什么地方同意得不美,我也乐意收回②你愿意[让我收回]的任何东西,只要你肯为我仅仅防止一个东西。

珀　[d5]你讲的这个东西是什么?

苏　冗长的言辞啊,珀洛斯,只要你限制你起初就已经着手使用的那套[冗长言辞]。

珀　什么?我就没有特权愿意讲多少就讲[多少]吗?

苏　[461e][可怕哟,]最好的人啊,要是你来到雅典,这个在希腊有

---

① 见457e–458d。
② "收回"源于跳棋游戏,通常指"悔棋"。

最多讲话特权的地方,①然后在这里,唯独你在这方面不走运,你确实就会遭受可怕之事。不过,请你换位想想:既然你讲得冗长且不乐意回答[e5]问题,我岂不也会遭受可怕之事,要是我没有特权[462a]走开且不听你[讲]？不过,要是你操心某些已经说过的言辞,且愿意重新扶正它——就像我刚才讲的,收回依你看[必须收回的]任何东西,轮番提问与被提问,就像我本人与高尔吉亚一样——那么,就请你反驳[a5]与被反驳。因为你多半儿肯定,你也熟悉高尔吉亚[熟悉的]那些东西,不是吗？

珀　我确实[肯定]。

苏　那么,莫非你也命令任何人问你本人他任何时候愿意[问]的任何东西,好像你已经熟悉[如何]回答？

珀　[a10]那当然了。

苏　[462b]那现在,就请你做两者之中你愿意的那个:提问或回答。

珀　得了,我会做这些。也请你回答我,苏格拉底:既然依你看高尔吉亚没有办法[界定]演说术,[b5]那你自己说,它是什么？

苏　莫非你是问,我说它是什么技艺吗？

珀　我确实[是问这个]。

苏　至少依我看,绝非[技艺],珀洛斯呀,至少对你要说出真话。

珀　[b10]不过,依你看,演说术是什么？

苏　你所谓造就技艺的那种事务,据我最近[462c]读到的那篇论文。

珀　你讲的这种[事务]是什么？

苏　我[是讲]某种经验。

珀　因此依你看,演说术是一种经验？

苏　[c5]至少依我[看是],除非你讲什么其他东西。

珀　关于什么的经验？

苏　关于产生某种喜悦和快乐的[经验]。

珀　那么依你看,演说术不就是一种美丽的东西吗,既然它能够取悦世人？

苏　[c10]什么,珀洛斯？你迄今已经向我讨教我说[462d]它是什

---

① 雅典以"喜欢讲话的城邦"闻名,"言论自由"被视为民主制国家的基本原则。

么了吗,以至于在此之后就问依我看它是否并不美?

珀　因为我不是已经讨教了吗,你说它是某种经验?

苏　[d5]那么,既然你推崇"取悦",你愿意在某个渺小的[问题]上取悦我吗?

珀　我确实[愿意]。

苏　那你现在问我吧,烹调①依我看是什么技艺。

珀　我这就问,烹调是什么技艺?

苏　绝非[技艺],[d10]珀洛斯啊。不过,[它是]什么?你说!

珀　我这就说[,它是什么?]

苏　某种经验。关于什么的[经验]?你说!

珀　我这就说[,关于什么的经验?]

苏　关于产生喜悦和[462e]快乐的[经验],珀洛斯啊。②

珀　因此,烹调与演说术竟然是相同的东西?

苏　绝不[相同],不过,都属于相同追求的一部分。

珀　[e5]你讲的这项[追求是]什么?

苏　说出真话恐怕就更粗野喽。我畏缩不敢讲,实在是因为高尔吉亚的缘故,免得他会相信我在挖苦他本人的追求。但我嘛,这是否就是高尔吉亚追求的[463a]演说术,我并不知道——因为从刚才的讨论看,他自己料想的那种[演说术]到底[是]什么,根本尚未在我们面前变得显明——但我所称的演说术确实属于某种绝不美的事务的一部分。

高　[a5]什么[事务],苏格拉底?请说吧,绝不会令我感到羞耻。

苏　那么依我看,高尔吉亚啊,它[这种事务]尽管是某种没有技艺含量的追求,却属于那种擅长揣摩的、勇敢的和天生惯于结交世人的聪明的

---

① "烹调(opsopoiia,别见465e)",即后文463b以下的"烹调术(opsopoiikē)",二者常交替使用,后者更专业,使用频率最高。"烹调"的词根为"调料",即从健康城邦走向奢侈城邦的最初诱因(《理想国》332d、327c以下)。

② 462d10 - e1 断句据多兹本,视为苏格拉底教珀洛斯学习简短的对话。参伯内特本断句:"苏:绝非技艺。珀:不过,它是什么,你说!苏:我这就说,某种经验。珀:关于什么的经验,你说!苏:我这就说,关于产生喜悦和快乐的经验,珀洛斯啊。"另,除非特别注明,全文依据伯内特本翻译。

灵魂。但我呢,[463b]我称它的首脑为谄媚。依我看,这项追求还有许多其他部分,烹调术就是其中之一。它看起来是技艺,但照我的说法,它不是技艺,而是经验和常规。我也把[b5]演说术称为它的一部分,以及化妆术和智术,这四个部分针对四种事务。

那么,要是珀洛斯愿意讨教,就让他讨教吧;因为[463c]他迄今尚未向我讨教演说术是谄媚的哪个部分,并未察觉我迄今尚未回答,就继续问我料想它是否并不美。但我呢,我不会更先回答他我料想演说术是美[c5]还是丑,除非我已经最先回答它是什么。因为那不公正啊,珀洛斯!不过,如果你愿意讨教呢,就请你问,我说演说术是谄媚的哪个部分。

珀　我这就问,也请你回答,哪个部分。

苏　[463d]咳,我若回答了,你就能明白吗?因为根据我的说法,演说术是治邦术的某个部分的影子。

珀　那又怎样?你讲它是美还是丑?

苏　丑,至少我[这样讲]——因为我称那些坏的为丑——既然[d5]必须回答你,仿佛你迄今已经知道我所讲的东西[是什么]。

高　凭宙斯起誓,苏格拉底啊,不过我嘛,我根本没有领会你在讲什么。

苏　[463e]大有可能,高尔吉亚,因为我根本尚未讲清楚,但珀洛斯这个"泼骡子"①又年轻又急躁。

高　得了,你就随他去吧,请告诉我,你怎么讲演说术是治邦术的某个部分的影子?

苏　[e5]得了,我会试着指明,至少在我看来,演说术显得是个什么东西。但要是碰巧不是这个东西,这个珀洛斯就[464a]会反驳。你大概会称某个东西为身体和[某个东西为]灵魂吧?

高　怎么不呢?

苏　那么,你不是也相信,它们各自都有某种良好状态吗?

高　我确实[相信]。

---

①　谐音双关语,"珀洛斯"字面义为"马驹",故勉强译为"泼骡子"。"急躁"是年轻人的典型特征。

苏 但这个呢？［也有］某种看似良好而实际不好的状态？我是讲诸如此类的情况：许多人看似具有良好的［a5］身体状态，任何人都不容易察觉他们并不具有良好状态，除了一名治病者和某位体育专家①。

高 你讲得真实。

苏 这种东西，我要讲，既在身体里又在灵魂里，它使身体和灵魂变得看似具有良好状态，［464b］尽管［它们］根本没有［良好状态］。

高 是这些。

苏 那就来吧，如果我有能力，我就会为你更清楚地炫示我所讲的东西。

既然有两种事务，我就讲相应的两种技艺。针对灵魂的那种，我称为治邦术，但针对身体的那种，［b5］我却不能这样为你起一个单一的名称。但我要讲，对身体的这种照料虽是一个，却有两个部分，一个是体育术，另一个是治病术。但相应于治邦术，体育术的对应者是立法术，治病术的对应者是正义②。［464c］它们各自两两，即治病术之于体育术和正义之于立法术，因为关心相同的东西而彼此共享。但尽管如此，它们彼此仍有点儿差别。

那么，既然有这四个东西，且永远都朝向最好的东西，在它们［c5］照看身体和灵魂的时候，谄媚术察觉了——不是认识到，我要讲，而是揣摩到——就把自身划分为四份儿，偷偷溜入每个部分下面，冒充［464d］那个它已溜入其下的东西，而毫不在意最好的东西，而是永远用最令人快乐的东西去捕捉并蒙骗愚蠢［的人］，以至看起来有最多价值。于是，烹调术已经偷偷溜进治病术下面，并冒充［d5］知道对身体最好的种种食物，这样一来，要是一名烹调者和一名治病者必须在孩子们或像孩子们一样愚蠢的男人们面前竞争，他俩谁更懂得种种有益的和［464e］有害的食物，是治病者还是烹调者，那么，治病者就会饿死……

---

① "体育专家"即擅长体育术的人，与前文"健身师"并非同一职业，但经常混同。前者针对成人，侧重竞赛；后者针对孩子，侧重健美。在这篇对话中，作为技艺则用"体育术"，但相应的职业，则用"健身师"而非"体育专家"（仅此一处），但从未用过"健身术/健身专家"。

② 鉴于立法术，这里的正义理解为"审判术"，后文520b即用审判术代替正义。

于是,我称之为谄媚,并肯定[465a]这类东西实在丑,珀洛斯啊——因为对你,我才这样讲——因为它瞄准缺乏最好之物的令人快乐之物。而且我肯定它不是技艺而是经验,因为它根本不能给出道理以说明它为之提供东西的那个东西[身体或灵魂],以及它所提供的那些东西在性质上是怎样的东西,①以至于[a5]不能说出每个东西的原因。而我不称任何缺乏道理的事务为技艺。但对这些,要是你有异议呢,我乐意给出一番道理……

[465b]于是,治病术下面,像我讲的,就躺着作为谄媚的烹调术;而体育术下面,按同样的方式,躺着化妆术,它既使坏又欺诈,既卑鄙又不自由,既用形状和颜色又用光滑和外衣去搞欺诈,[b5]以致使那些披上某种外在美的人忽视通过体育术而得的内在美。

那么,为了不至于长篇大论,我乐意像几何学家们那样告诉你——因为迄今为止,[465c]你兴许仍跟得上——化妆术之于体育术,正如烹调术之于治病术。但更确切地说:②化妆术之于体育术,正如智术之于立法术。同样,烹调术之于治病术,正如演说术之于正义。[c5]就像我讲的,就这样自然地分开了。但因为实在接近,智术师们与演说者们就混在一起,处于相同的位置,关心相同的东西,以致他们不懂如何利用自己,其他世人也[不懂如何利用]他们。因为如果不是灵魂[465d]照管身体,而是它自己[照管]自己,正如烹调术和治病术不是在它之下被检视和被分辨,而是身体自己用针对它自身的种种满足去衡量和判定,那么,阿纳克萨戈拉所[言]就会非常到位,[亲爱的]朋友珀洛斯啊——因为你对这些[d5]有经验呀——"所有必要的东西都会"在相同的地方"混成一体",治病术啦、健康啦和烹调术啦之间的东西都无法判别。③

既如此,我肯定演说术是什么,你已经听到了:[465e]即烹调在灵魂

---

① 这里据多兹本。参伯内特本:因为它根本不能给出任何关于它借以应用它所应用的那些东西的道理,以说明它们在性质上是怎样的东西。

② 这里据多兹本。伯内特本删去"化妆术之于体育术,正如烹调术之于治病术。但更确切地说"。

③ 阿纳克萨戈拉作品开卷语"所有必要的东西都会混为一体",描述"努斯"进入宇宙之前的混沌状态。

里的对应者,正如后者是[演说术]在身体里[的对应者]。既如此,兴许我已经做了一件离谱的事儿:我不准你讲冗长的言辞,自己却已经拉出一番长久的言辞。尽管如此,我仍然应该得到原谅:因为我讲得简短时,你就不[e5]明白,根本没法使用我回答给你的任何答案,你根本不能这样,而是需要一套叙述[解释]。既如此,如果[466a]我也不能使用你回答的任何东西,你也可以拉长言辞。但如果我能,就请你准我使用,因为[这样]才公正嘛。而现在呢,要是你多少能够使用这个答案,就请使用吧。

珀　你究竟在说什么?依你看,演说术就是[a5]谄媚?

苏　确切点儿,至少我说过,是谄媚的一部分。不过,你才这个年纪,就没记性啦,珀洛斯?待会儿,你咋办哟?

珀　那么,依你看,那些好的演说者在各城邦里也[a10]会被承认为卑贱的谄媚者?

苏　[466b]你是在问问题呢,还是在讲某套言辞的开端?

珀　我确实在问。

苏　他们根本不被尊重[承认],至少依我看。

珀　怎么不被尊重[承认]?他们不是能力最大吗,在各个[b5]城邦里?

苏　不,除非你讲,有能力对有能力者而言是某种好处。

珀　不过,我恰恰确实这样讲啊。

苏　所以,依我看,演说者们在城邦的人们中[b10]能力最小。

珀　什么?他们不是像僭主们一样,可以杀死[466c]自己愿意[杀死]的任何人,并抢走财产,把任何依他们看[应该驱逐的人]逐出各城邦吗?

苏　以狗起誓,我实在搞不清,珀洛斯啊,你讲的这些东西的任何一个。你是自己在讲它们并显示你自己的[c5]见识呢,还是在问我。

珀　得了,我确实在问你。

苏　但愿是吧,[亲爱的]朋友啊。既然如此,你同时在问我两个[问题]喽?

珀　怎么两个呢?

苏　你刚刚不是这样讲过吗:演说者们[466d]可以杀死自己愿意

[杀死]的任何人,像僭主们一样,并抢走财产,把任何依他们看[应该驱逐的人]赶出各城邦?

珀 我确实[讲过]。

苏 [d5]所以,我给你讲,这是两个问题,而且对这两个[问题],我都将给你回答。因为我肯定,珀洛斯啊,演说者们和僭主们在各城邦里其实能力最小,就像我刚才讲的。因为[466e]一般而言,他们根本没做自己愿意的事儿,尽管他们确实做了依自己看最好的事儿。

珀 那么,这不就是能力很大吗?

苏 不,至少珀洛斯没有肯定。

珀 [e5]我没肯定?我当然肯定了!

苏 凭那谁谁起誓①——你并没[肯定],因为你说过,能力很大对有能力者而言有好处。

珀 我确实肯定。

苏 那么你相信,如果某个毫无理智者做[e10]那些依自己看最好的事儿,就有好处吗?而且你称之为能力很大?

珀 不,我确实[不会]。

苏 那么,你不是就要证明,演说者们拥有理智,并且[467a]演说术是技艺而非谄媚,假若你要驳倒我?但要是你准许我不受反驳,演说者们和僭主们在各城邦里做依自己看[最好的事情],就根本不会借此获得任何好处。尽管能力,像你说的,是个好东西,[a5]但你也同意,毫无理智地做那些看起来[好的事情]却有坏处,不是吗?

珀 我确实[同意]。

苏 那么,如果苏格拉底不被珀洛斯驳倒而[不承认]他们做了他们愿意的事,演说者们或僭主们在各城邦里[a10]如何可能能力很大?

珀 [467b]这,这个男人……②

苏 我肯定他们没做自己愿意的事。得了,反驳我吧。

珀 你刚刚不是同意,他们做依自己看最好的事吗,就在不久前?

---

① 省略神名有幽默效果,类似的例子很少见,参阿里斯托芬,《蛙》1374。

② 顿绝修辞法,珀洛斯不知该说什么。

苏　[b5]确实,我现在仍然同意。

珀　那么,他们不就做了自己愿意的事吗?

苏　我否定。

珀　尽管他们做了依自己看[好]的事[,却没做自己愿意的事]?

苏　我肯定。

珀　[b10]太惊人啦,你所讲的,也太异常啦,苏格拉底。

苏　[467c]别说坏话呀,颇随和的珀洛斯①——就让我按照你自己的[风格]招呼你吧。不过,要是你能够问我,就请你显示我在撒谎,但要不然,就请你本人回答吧。

珀　得了,我乐意回答,以便我也可以知道你在讲什么。

苏　[c5]那么依你看,世人是愿意他们任何时候所从事的那个东西呢,还是[愿意]他们从事他们所从事的那个东西所为的那个东西? 比如,那些从治病者们那里喝药的人,依你看,他们是愿意他们所做的这个东西,即喝药和疼痛,还是[愿意][c10]他们为之而喝的那个东西,即健康?

珀　明显[愿意][467d]健康。

苏　那么,航行者们以及做其他赚钱生意的赚钱者们不同样如此吗:他们愿意的并不是他们任何时候所做的那个东西,因为谁愿意航行、冒险并费事呢? 相反,我相信,[他们愿意的是]他们为之而[d5]航行的那个东西,即致富,因为他们是为了财富而航行。

珀　那当然。

苏　那么所有东西都同样如此,岂有他哉? 如果某人为了某个东西而从事某个东西,他愿意的都不是他所从事的那个东西,而是[467e]他为之而从事的那个东西?

珀　是。

苏　那么,任何存在之物不都是要么好,要么坏,要么介于二者之间,既非好又非坏吗?

珀　非常必然,苏格拉底啊。

---

① 直译"最随和的珀洛斯",原文用了头韵法,这是高尔吉亚及其学派极为擅长的修辞法。

苏　那么,你不是讲,智慧、[e5]健康、财富和其他这类东西都是好的,而它们的反面都是坏的吗?①

珀　我确实[这样讲]。

苏　但那些非好非坏的东西,你是讲,就是这类东西:它们有时分有好,[468a]有时[分有]坏,有时两者都不[分有],比如坐下啦、行走啦、奔跑啦、航行啦,又比如石头、木头和其他这类东西?你不是讲这些东西吗?或者,你称其他某些东西为非好非坏的东西?

珀　不,就这些东西。

苏　[a5]那么,一旦他们从事,他们是为了那些好东西而从事这些介于二者之间的东西呢,还是为了这些介于二者之间的东西而[从事]那些好东西?

珀　多半儿[468b]是为了那些好东西而[从事]这些介于二者之间的东西。

苏　因此,一旦我们行走,我们也是为了追求好而行走,因为我们相信这样更好;相反,一旦我们站立,我们也是为了同样的东西而站立,为了好,不是吗?

珀　是。

苏　那么,乃至于我们杀人,[b5]要是我们杀死某些人,驱逐[他们]并抢走财产,不也是因为我们相信,做这些比不[做]对我们更好?

珀　那当然。

苏　因此,那些做所有这些东西的人都是为了好而做。

珀　我肯定。

苏　那么,我们不就已经同意,我们愿意的,不是我们为了某个东西而做的那些东西,[468c]而是我们做这些东西所为的那个东西?

珀　极是。

苏　因此,我们不愿意这样简单地屠杀、逐出城邦或抢走财产,而是如果这些有益,我们就愿意从事它们,但[c5]若它们有害,我们就不愿意[从事]。因为我们愿意那些好东西,就像你肯定的,但不愿意那些非好非

---

① 参451e。

坏的东西,也不[愿意]那些坏东西。是吧?依你看,我讲得是否真实,珀洛斯啊?你为什么不回答?

珀 真实。

苏 [468d]那么,既然我们同意这些,要是某人杀死某些人或[将其]逐出城邦或抢走财产,不管他是僭主,还是演说者,他都相信[这样做]对他自己更好,但即便碰巧其实更坏,他多半儿也仍然在做那些依他自己看[更好的东西],是吧?

珀 [d5]是。

苏 那么,难道也[在做]他愿意的那些东西吗,倘若这些东西碰巧其实是坏的?你为什么不回答?

珀 得了,依我看,他没做他愿意的那些东西。

苏 那么,是否有人[468e]能够这样在这个城邦里拥有很大能力,倘若根据你的同意,拥有很大能力是某种好东西?

珀 没有。

苏 因此,我讲得真实,我讲过,一个常人在城邦里做依他自己看[最好的]那些东西,有可能既不拥有很大能力,[e5]又没做他愿意的那些东西。

珀 仿佛你本人,苏格拉底啊……有特权在城邦里做任何依你看[好的事],你也不会接受,而宁愿没有[这种特权];而一旦你看到某人杀死任何依自己看[该杀的]人或抢走财产或囚禁,你也不会羡慕。

苏 [e10]你是讲,正义地,还是不义地?

珀 [469a]无论他会用哪种方式做,两者不都值得羡慕吗?

苏 呸,好好说话,珀洛斯啊!

珀 为什么?

苏 因为不应该羡慕那些不值得羡慕的人,也[不应该羡慕]那些[a5]不幸的人,而是[应该]可怜[他们]。

珀 为什么?依你看,我所讲的那些世人就处于这种境况?

苏 怎么不呢?

珀 那么,任何人杀死任何依自己看[该杀的人],正义地[a10]杀死,依你看,他就不幸且可怜?

苏　依我[看]并不[不幸见可怜],但也不值得羡慕。

珀　你刚刚不是断言他不幸了吗?

苏　[469b]不义地呀,友伴哟,[我断言,不义地]杀人者确实[不幸],另外也很可怜;但正义地[杀人者]也不值得羡慕。

珀　无论如何,至少不义地被杀者可怜且不幸。

苏　[b5]不比杀人者,珀洛斯啊,也不比正义地被杀者[更可怜和更不幸]。

珀　究竟怎么会呢,苏格拉底?

苏　就像这样:最大的恶碰巧是行不义。

珀　[b10]这个怎么最大呢? 受不义不更大么吗?

苏　一点儿都不。

珀　因此,你本人愿意受不义而非行不义?

苏　[469c]至少我本人两者都不愿意。但要是必然会行不义或受不义,我宁愿选择受不义而非行不义。

珀　因此,你本人不会接受做僭主?

苏　不,倘若你所讲的做僭主像我[所讲的]一样[,我就不会接受]。

珀　[c5]不过,我所讲的就是这个,就像我刚刚讲的:有特权在城邦里做任何依自己看[好的事],乃至杀死、驱逐以及根据他自己的意见从事所有[活动]。

苏　幸运儿哟,在我讲时,请你凭言辞捉拿[我]吧:[469d]因为要是我在人数众多的市场上腋下夹着一把短剑,对你讲:"珀洛斯啊,某种能力和惊人的僭政刚刚已经增强了我本人:因为在你所见的世人里,如果某人依我看[d5]必须立刻死掉,这人看起来[必须死掉]的人就会死掉;而如果某人依我看必须让自己的脑袋被打烂,它立刻就会被打烂;而如果[他的]外衣[依我看必须]被撕破,它就会被撕破。我本人[469e]在这个城邦里就有这样大的能力。"那么,要是你不相信,我就可以向你亮出短剑,你见了,兴许就会说:"苏格拉底啊,所有人都能这样有很大能力,既然任何依你看[应该被烧掉]的房子都能以这样的方式被烧掉,乃至[e5]雅典人的船坞和三层桨战船以及所有公私船只[都能以这样的方式被烧掉]。"因此,做那些依自己看[好的事]并不就是有很大能力。或者,依你看呢?

珀　显然不像这样。

苏　[470a]那么,你能说出凭什么谴责这种能力吗?

珀　我能。

苏　为什么?请讲!

珀　[a5]因为这样行事者,必然是要付出代价。

苏　但付出代价不是坏事吗?

珀　那当然。

苏　那么,令人惊讶的人啊,有很大能力不就重新[a10]向你显现了吗,如果施行那些看似[好的]事会伴随有益的行为,[施行那些看似好的事]就是好的,并且这看起来就是有很大能力;但要不然,[施行那些看似好的事]就是坏的,就有很小能力。[470b]但让我们也考察这一点吧:我们同意,做我们刚才所讲的那些事,杀死和赶走世人们并抢走财产,有时更好,有时却不,岂有他哉?

珀　[b5]那当然。

苏　这一点,看起来确实得到了你和我的同意。

珀　是。

苏　那么,你说何时做这些东西更好?请说出[b10]你界定什么界限?

珀　还是你自己,苏格拉底啊,回答这个[问题]吧。

苏　[470c]既如此,珀洛斯啊,要是从我这儿听令你更快乐,我就肯定:一旦某人正义地做这些事,就更好;而一旦不义地[做],就更坏。

珀　多难反驳你啊,苏格拉底。不过,[c5]不是连个孩子都能反驳你,[证明]你讲得不真实吗?

苏　哦?那我会非常感激这个孩子,但也同样[感激]你,只要你能驳倒我并使[我]摆脱废话。得了,向一个亲爱的男人行善,你就不要疲倦,相反,请反驳吧。

珀　得了,苏格拉底啊,至少根本没有必要用古代的[470d]那些事实反驳你,因为昨天和前天发生的这些[事实]就足够驳倒你,并证明多数行不义的世人都是幸福的。

苏　这些[事实是]哪些?

珀　[d5]阿尔喀劳斯①嘛,那人你多半儿见过,佩尔狄卡斯之子,马其顿统治者。

苏　即便没[见过],我也至少听说过。

珀　那么,依你看,他幸福呢,还是不幸?

苏　我不知道,珀洛斯啊,因为我迄今尚未跟那个男人一起待过。

珀　[470e]为什么?只有一起待过,你才能认识,否则,你就不能当下认识他是否幸福?

苏　凭宙斯起誓,当然不能。

珀　很显然,苏格拉底啊,你甚至不会肯定自己[e5]认识[波斯]大王是否幸福。

苏　确实,我也真正会[这样]说,因为我不知道他在教育和正义方面情况怎样。

珀　为什么?全部幸福就在于这个?

苏　至少像我讲的,确实[如此],珀洛斯啊。因为我肯定,既美且好的[e10]男人和女人是幸福的,而不义且堕落的[男人和女人是]不幸的。

珀　[471a]因此,按照你的说法,那个阿尔喀劳斯就不幸喽?

苏　只要他确实不义,朋友啊。

珀　但他怎么会并非不义呢?至少[a5]他现在拥有的统治权根本不适合[属于]他,因为他其实出自一个给佩尔狄卡斯的兄弟阿尔喀塔斯做奴隶的女人,因而,按照正义,他也是阿尔喀塔斯的奴隶,因而,要是他愿意做正义之事,他也会给阿尔喀塔斯做奴隶,因而,按照你的说法,他也就会幸福啦。但现在,他变得多么惊人地不幸啊,既然他行了那些最大的[471b]不义!首先,他派人请来那个人,即他自己的主人和叔父,仿佛将会归还佩尔狄卡斯从他手里抢走的统治权,设宴款待并灌醉了他本人及其儿子亚历山大,即与他自己年龄相仿的堂兄弟,[b5][然后把他们]扔进一辆马车,连夜拉出去,割喉并除掉了他们两个。而行了这些不义之后,他仍不明白自己已经变得最不幸了,还对此毫不后悔。相反,不久[471c]之后,对自己的亲兄

---

①　阿尔喀劳斯是佩尔狄卡斯(前454?—前413)的私生子,通过阴谋爬上王位(前413—前399在位),后被谋杀。

弟,佩尔狄卡斯的嫡出儿子,一个大约七岁的孩子,那个按照正义应该得到统治权的[孩子],他竟不愿意正义地予以抚养,并把统治权归还给那个[孩子],从而使自己变得幸福,而是[把那个孩子]扔到一口井里淹死了,并对[c5]他的母亲克勒俄帕特拉说,[那个孩子]在追逐一只鹅的时候,掉到[井里]淹死了。正因如此,现在,既然他已经在马其顿行了这些最大的不义,他就是所有马其顿人中最不幸而非最幸福的人啦,而兴许确实有某个雅典人,从你[471d]开始,宁愿选择成为其他任何一个马其顿人而非阿尔喀劳斯。

苏 自从谈话一开始,珀洛斯啊,我就已经赞扬你喽:依我看,你在演说术方面受过良好教育,[d5]但你不关心交谈。现在,这就是那套连个孩子都能用来驳倒我的说法吗,而我现在,就像你相信的,我这个号称行不义者不幸福的人就已经被你用这套说法驳倒了吗?怎么可能,好人啊!实际上,我根本不同意你说的这些。

珀 [471e]因为你不乐意[承认]罢了,尽管依你看确实就像我讲的。

苏 呃,幸运儿,因为你企图着手以演说术的方式驳倒我,就像那些在法庭上自以为在反驳的人。因为在那里,一些人看起来好像在反驳另一些人,只要他们能[e5]为自己要讲的那些说法提供许多有名声的见证人,而那个说法相反者只能提供唯一一个[见证人],或者一个都没有。但针对真理,这种反驳[472a]毫无价值,因为有时候,某个人可能会被多数人和看似重要人物的伪证所压倒。而现在,关于你所讲的那些东西,除了少数人,所有雅典人和外邦人都会赞同你,只要你愿意提供一些见证人反对我,[以证明]我讲的[a5]不真实。如果你愿意,尼刻拉托斯之子尼喀阿斯及其兄弟们就会跟他一起为你作证,他们的三足鼎就依次摆置在狄俄尼索斯圣地;如果你愿意,斯喀利俄斯之子[472b]阿里斯托克拉底也会[为你作证],他那美丽的祭品则在皮托的[阿波罗神庙];如果你愿意,伯里克勒斯的整个家族或你愿意从[雅典]本地挑选的其他任何宗族都会[为你作证]。①

---

① 苏格拉底设想的见证人涵盖整个雅典政治谱系。伯里克勒斯及其家族(包括他外甥阿尔喀比亚德)是雅典民主派(有些是极端民主派)的领袖。阿里斯托克拉底是寡头派,尼喀阿斯是温和派。

不过,唯我一人不同意你:因为你无法强迫我[同意你],相反,你只能[b5]提供许多作伪证者反对我,并企图着手把我逐出存在和真理的[领域]。但我嘛,如果我不能提供你本人作为唯一一个同意我所讲的那些东西的见证人,我相信,关于我们的讨论所及的那些东西,我就无法完成[472c]任何有价值的论证;但我相信,你也[无法完成任何有价值的论证],除非唯我一人为你作证,而你让自己告别其他所有这些[见证人]。于是,既有这样一种反驳方式,像你本人和其他许多人相信的;也有另一种[反驳方式],即我本人相信的那种。那么,就让我们[c5]把它们彼此并列,考察它们彼此是否有什么差别。更何况,我们争辩的碰巧不是那些完全微不足道的东西,而几乎就是那些知之则最美、不知则最丑的东西,因为它们的首脑就在于,认识或不认识什么人幸福和[472d]什么人不[幸福]。

首先是现在论证所及的[问题]:你设想一个行不义且作为不义者的男人可以得到祝福,既然你设想阿尔喀劳斯虽是不义者却幸福。我们可以考虑,你承认这样,岂有他哉?

珀　[d5]那当然。

苏　但我断言[这]不可能。我们正是在这一点上有争议。但愿如此:他尽管行了不义,但仍会幸福——如果他碰上[正义]审判①和报应?

珀　一点儿都不,因为这样,他会最不幸啦。

苏　[472e]不过,如果行不义者没碰上审判,按照你的说法,他就会幸福?

珀　我肯定[他会]。

苏　但至少按照我的意见,珀洛斯啊,行不义者[e5]和不义者都完全不幸;当然啦,如果他行了不义却既没接受审判,又没碰上报应,就更不幸;但如果他接受审判,并碰上来自神们和人们的审判,就更少不幸。

珀　[473a]你简直企图着手,苏格拉底啊,讲一些离谱的东西。

苏　但至少我会试着使你,友伴啊,也对我讲同样的东西,因为我视

---

① 在希腊文中,"审判"是正义的词根形式,隐含"正义的审判"之意。故文中,正义与审判/审判术可以互换,参464b注释。

你为朋友嘛。现在,就是在这些东西上我们有差别;请你也[跟我一起]想想看。我说过——大约[a5]就在前面某处:行不义比受不义更坏。

珀　那当然。

苏　但你[却说],受不义[更坏]。

珀　是。

苏　我也曾断言那些行不义者不幸,也[a10]被你"驳倒了"。

珀　是,凭宙斯起誓!

苏　[473b]至少你这么相信,珀洛斯啊。

珀　至少[我]相信得真实呀。

苏　也许吧。但至少你又[相信],那些行不义者幸福,只要他们没有接受审判。

珀　[b5]那当然啦。

苏　但至少我断言,他们最不幸,而那些接受审判的人次之。你也愿意反驳这一点吗?

珀　不过,这一点可比那一点更难被驳倒啊,苏格拉底。

苏　[b10]不是[更难],珀洛斯啊,而是不可能,因为真理从来无法驳倒。

珀　此话怎讲?如果一个常人行不义,阴谋[473c]抓取僭政,却被抓住,被拉肢,被阉割,乃至被烧瞎双眼,不仅自己被其他许多巨大的所有形式的虐待所摧残,而且亲眼看着自己的孩子们和女人[被摧残],直到最后被钉死在尖桩上或[c5]被涂上沥青烧死,这个人会比[下述情况]更幸福吗:如果他逃脱了,被立为僭主,在城邦里统治并做他愿意的任何事儿,这样度过一生,作为被邦民们和其他外邦人[473d]羡慕并称为幸福的人?这些就是你所讲的不能被驳倒的东西吗?

苏　你又吓唬[我],高贵的珀洛斯啊,却没有反驳;而你刚刚则是传证人。但尽管如此,你提醒我记起一个渺小的[问题]:如果[d5]他不义地阴谋攫取僭政——你说过吗?

珀　我确实[说过]。

苏　既如此,他们两者肯定从来都不会更幸福,无论是那个已经不义地攫取僭政的,还是那个已经接受审判的,因为两个不幸者没谁会更幸福

[473e]——当然啦,那个已经逃脱并取得僭政的更不幸。这是什么,珀洛斯? 你在笑? 这又是另一种反驳样式吗:一旦某人说了什么,就一笑了之却不反驳?

珀　你不相信自己已经被驳倒了吗,苏格拉底啊,一旦你讲出[e5]诸如此类没有哪个常人会肯定的东西? 罢了,你问问这些人,随便哪一个!

苏　珀洛斯啊,我并不属于治邦专家,但去年我抽签进了议事会,然后担任了部族主席,我就必须诉诸投票,[474a]而且闹了笑话,[因为我]不熟悉[如何]诉诸投票。① 那么现在,请你也不要命令我诉诸这些在场者投票吧,不过,要是你没有比这些更好的反驳,像我刚才讲的,就轮到我了,请你移交给我,并试试这种[a5]我相信必须如此这般的反驳。

因为我本人熟悉[如何]为我所讲的东西提供唯一一个见证人,即跟我谈话的那个人,而我让自己告别多数人,而且我熟悉[如何]诉诸唯一一人投票,但根本[474b]不跟多数人交谈。那么,就轮到你了,请你瞧瞧,你是否乐意通过回答问题来授受反驳。

因为我相信,无论我,还是你,乃至其他世人都设想:行不义比受不义更坏,且不接受审判比[b5]接受[审判更坏]。

珀　但我[相信],无论我,还是其他任何世人都不[这样设想]。尽管你会宁愿选择受不义而非行不义吗?②

苏　而且无论你,还是其他所有人都会[这样选择]。

珀　远非如此! 相反,无论我,还是你,乃至其他任何人都[b10]不会[这样选择]!

苏　[474c]那么,你会回答喽?

珀　当然会! 因为我也渴望知道你到底会说什么。

---

① 参《苏格拉底的申辩》32a－c,苏格拉底提到自己从未担任政治职务,仅仅参加议事会(履行普通公民义务),及其在公元前406年审判十将军事件上扮演的角色——大多数学者认为,苏格拉底这里就是暗示此事。

② 伯内特本、多兹本及诸译本皆断为疑问句。但在前文469c,珀洛斯已经问过,苏格拉底已经肯定,本不必再问;当然,也可能珀洛斯并不相信,或没记性,故又问。

苏　为了让你知道，请你给我讲讲，就像一开始[c5]我问你的：依你看哪个更坏，珀洛斯啊，行不义还是受不义？

珀　受不义[更坏]，至少依我[看]。

苏　然后呢？哪个更丑，行不义还是受不义？请回答！

珀　行不义[更丑]。

苏　那么，既然更丑，不就也更坏吗？

珀　一点儿都不。

苏　我明白了：[474d]看起来，你不把美与好、坏与丑视为相同的东西。

珀　当然不啦。

苏　但这个呢？所有美的东西，诸如种种身体啦、种种色彩啦、种种形状啦、种种声音啦、种种习惯啦，[d5]你任何时候称之为美的，都不着眼于任何东西吗？譬如，首先，你讲种种美的身体之为美，其实就是要么根据用途，即每个东西都为之而有用的那个东西，要么根据某种快乐，如果它使那些观看者在观看的时候感到喜悦？除了这些，关于身体之美，你有什么要讲？

珀　[474e]我没有。

苏　那么，其他所有东西不也这样吗：你称呼种种形状和颜色为美的，要么出于某种快乐，要么出于益处，要么出于这两者？

珀　我确实[这样称呼]。

苏　种种声音和所有涉及音乐的东西，不[e5]也同样如此吗？

珀　是。

苏　甚至关于种种涉及礼法和习惯的情况大概也不外乎这些：那些美的[礼法和习惯之所以美]，要么因为有益，要么因为令人快乐，要么因为两者都是。

珀　[475a]至少依我看[不外乎这些]。

苏　那么，种种学问之美不也同样如此吗？

珀　那当然；而且你现在界定得很美，苏格拉底啊，因为你用快乐和善界定了美。

苏　那么，[我]不就用相反的东西[界定了]丑吗，用痛苦和[a5]恶？

珀　必然。

苏　因此,一旦两个美的东西之一更美,它就是因为在这两者之一或这两者方面超过[另一个]而更美,其实要么在快乐方面,要么在益处方面,要么在这两者方面。

珀　那当然。

苏　反之,一旦两个丑的东西[475b]之一更丑,其实它也就会因为在痛苦或恶方面超过[另一个]而更丑,不必然[这样]吗?

珀　是。

苏　那就来吧:你刚才怎么讲的,关于行不义和受不义? 你不是讲过,受不义更坏而[b5]行不义更丑吗?

珀　我讲过。

苏　那么,既然行不义比受不义更丑,它其实不就更令人痛苦吗,并在痛苦方面超过[受不义],或在恶或这两者方面[超过受不义]而更丑,不也必然这样吗?

珀　怎么不呢?

苏　首先,[475c]让我们考察:是不是行不义在痛苦方面超过受不义,且行不义者比受不义者更疼痛?

珀　绝非如此,苏格拉底啊。

苏　因此,不在痛苦方面胜过[受不义]。

珀　当然不。

苏　那么,要是[c5]不在痛苦方面,当然就不会在这两者方面都超过喽?

珀　显然不会。

苏　那么,不就剩下在另一个方面[超过]了吗?

珀　是。

苏　在恶方面。

珀　看起来[是]。

苏　那么,[既然]在恶方面超过,行不义不就会比受不义更坏吗?

珀　显然如此。

苏　[475d]那么,多数世人和你自己早些时候都已经同意我们,行不义比受不义更丑,岂有他哉?

珀　是。

苏　但现在,它[行不义]至少已经显得更坏。

珀　看起来[是]。

苏　那么,你更愿选择[d5]更坏且更丑的东西甚于更少[坏且丑]的东西吗?请不要畏缩不敢回答,珀洛斯啊,因为你不会受任何伤害;相反,请高贵地服从道理,就像[服从]治病者一样,回答吧!无论我问[475e]什么,你只管肯定或否定。

珀　得了,我不愿选择[更坏且更丑的东西],苏格拉底啊。

苏　但其他任何世人呢?

珀　依我看不愿,至少根据这个道理。

苏　因此,我讲得真实,即无论我,还是你,乃至其他任何[e5]世人,都不会更愿选择行不义而非受不义,因为它[行不义]其实碰巧更坏。

珀　显然。

苏　那么你瞧,珀洛斯啊,这个反驳与那个反驳被并列的时候,毫不相似。相反,你要除我之外的其他所有人同意你,但我只需你一人[476a]同意并作证就够了,并只诉诸你一人投票,让自己告别其他人。

那么,就让我们这样坚持这一点吧;但在这之后,让我们考察我们争辩的第二点:行不义者接受审判是不是最大[a5]的恶,像你相信的;抑或,不接受[审判]才是更大的[恶],像我相信的。

但让我们这样考察:行不义者接受审判与正义地被惩罚,你是否会称之为相同的东西?

珀　我确实会。

苏　[476b]那么你能这样讲吗:并非所有正义之事都是美的,无论它们多么正义?还是请你彻底考察之后再说吧。

珀　得了,依我看[确实如此],苏格拉底。

苏　那就再考察这一点:要是某人施行某事,是否必然有某物从这个施行者那里[b5]遭受[某事]?

珀　依我看确实。

苏　因此,遭受者[所遭受]的即施行者所施行的,而且像施行者施行一样[遭受]？我讲的就像这类情况：要是某人去打,就必然某物被打。

珀　必然。

苏　而且要是打者猛烈地或快速地[476c]去打,被打者也就这样被打?

珀　是。

苏　因此,被打者就是像打者施行一样遭受?

珀　那当然。

苏　那么,要是某人灼烧,不就必然某物被灼烧吗?

珀　怎么不呢?

苏　而且要是[c5]他猛烈地或疼痛地灼烧,被灼烧者就像灼烧者灼烧一样被灼烧?

珀　那当然。

苏　那么,要是他切割某物,①同样的道理不也[适用]吗？因为某物被切割。

珀　是。

苏　而且要是切口很大、很深或很疼痛,被切割者[476d]也就像切割者切割一样被切割这切口。

珀　显然。

苏　请总体上瞧瞧你是否同意我刚刚讲的：关于所有东西,遭受者就像施行者施行一样遭受。

珀　得了,我同意。

苏　[d5]既然这些已经被同意,接受审判是遭受某物呢,还是施行[某物]?

珀　必然是遭受啦,苏格拉底。

苏　那么,从某个施行者那里[遭受]喽?

珀　怎么不呢？至少从惩罚者那里[遭受]。

苏　但正确地惩罚者[476e]就正义地惩罚喽?

珀　是。

苏　是不是就施行正义之事?

---

① 参多兹本：若某人切割。

珀　[是]正义之事。

苏　那么,被惩罚者接受审判时,不就在遭受正义之事吗?

珀　显然。

苏　但正义之事大概是美的,这已经得到同意?

珀　那当然。

苏　因此,在这些人中,[e5]一方施行美事,而另一方,即被惩罚者,则遭受[美事]。

珀　是。

苏　[477a]那么,如果是美事,不就是好事吗?因为要么令人快乐,要么有益。

珀　必然。

苏　因此,接受审判者就遭受了好事?

珀　看起来[是]。

苏　因此,他就受益了?

珀　是。

苏　[a5]是不是我推测的这个益处:如果他正义地被惩罚,他就在灵魂方面变得更好?

珀　看起来确实。

苏　因此,接受审判者就摆脱了灵魂的恶?

珀　是。

苏　那么,他是不是就摆脱了最大[477b]的恶?但请这样考察:在一个常人的财产装备方面,你能瞧见其他什么恶吗,除了贫穷?

珀　不能,只有贫穷。

苏　但在身体装备方面呢?你会肯定,恶就是无力、疾病、丑陋以及[b5]诸如此类的东西吗?

珀　我确实会。

苏　那么,在灵魂方面,你猜测,也有某种堕落?

珀　怎么不呢?

苏　那么,你不称这种[堕落]为不义、无知、怯懦以及诸如此类的东西吗?

珀　当然如此。

苏　那么,关于财产、[477c]身体和灵魂这三个存在物,你不就已经说出三种堕落了吗:贫穷、疾病和不义?

珀　是。

苏　那么,这些堕落哪个最丑? 不就是不义和灵魂的总体堕落?

珀　那当然。

苏　那么,要是[c5]最丑,也就最坏喽?

珀　你凭什么,苏格拉底噢,[这样]讲?

苏　凭这个:最丑的东西其实永远是因为提供最大的痛苦或伤害或这两者而最丑,依照前面已经同意的那些[说法]。

珀　必定[是]。

苏　但最丑的东西即不义和灵魂的全体堕落,刚才[477d]我们已经同意?

珀　确实已经同意。

苏　那么,它[不义]之所以是最令人苦恼的,是那些[堕落]之中最丑的,不就要么因为在苦恼方面,要么在伤害或这两者方面超过[其他堕落]吗?

珀　必然。

苏　那么,做一个不义、放纵、怯懦和无知的人[d5]比受穷和患病更令人疼痛吗?

珀　不,至少依我看,苏格拉底啊,至少依照这些[说法]。

苏　因此,灵魂的堕落之所以是所有[堕落]之中最丑的,就是因为在某种如此异常巨大的伤害和惊人的恶[477e]方面超过其他东西,既然不在疼痛方面,依照你的说法。

珀　显然。

苏　不过,在最大伤害方面超过[其他东西]的东西,大概就是种种存在物中最大的恶。

珀　是。

苏　因[e5]此,不义和放纵以及灵魂的其他堕落就是种种存在物中最大的恶?

珀　显然。

苏　那么,什么技艺让人摆脱贫穷?不就是赚钱术吗?

珀　是。

苏　但什么[技艺让人摆脱]疾病?不就是治病术吗?

珀　[478a]必然。

苏　但什么[技艺让人摆脱]堕落和不义?嗯,要是你这会儿尚未想通,就请这样考察:我们领那些身体患病的人去哪里和什么人那儿?

珀　去治病者们那儿,苏格拉底啊。

苏　但那些行不义和放纵的人呢,[我们领他们][a5]去哪儿?

珀　你是讲,去审判者们那儿?

苏　那么,他们不就会接受审判吗?

珀　我肯定。

苏　那么,那些正确地惩罚的人不是使用某种正义去惩罚吗?

珀　显然是。

苏　因此,赚钱术让人摆脱贫穷,[478b]治病术[让人摆脱]疾病,而审判[让人摆脱]放纵和不义。

珀　显然。

苏　那么,你所讲的这些东西哪个是最美的?

珀　你是讲哪些东西?

苏　赚钱术、治病术、审判。

珀　[b5]审判,苏格拉底啊,优越得多。

苏　那么,它其实不就又造就最多快乐或益处或这两者吗,既然它是最美的?

珀　是。

苏　那么,被医治是令人快乐的吗,那些被医治的人也感到喜悦吗?

珀　不,至少依我看。

苏　不过,至少有益,是吧?

珀　[478c]是。

苏　因为他摆脱了一种很大的恶,所以承受疼痛并变得健康[于他]有利。

珀　怎么不呢？

苏　那么，一个凡人在身体方面是这样——即被医治——的时候最幸福呢，还是在起初根本没有患病的时候？

珀　[c5]显然嘛，在根本没有患病的时候。

苏　因为幸福看起来并不是这个，即摆脱恶，而是起初根本没有获得[恶]。

珀　就是这样。

苏　[478d]但这个呢？两个或在身体上或在灵魂上拥有恶的人，哪个更不幸，是那个被医治并摆脱恶的，还是那个没被医治却拥有[恶]的？

珀　在我看来，显然是那个没被医治的。

苏　那么，接受审判不就是[d5]摆脱最大的恶，即堕落吗？

珀　确实是。

苏　因为审判大概使人自制并变得更正义，并成为[治疗]堕落的治疗术。

珀　是。

苏　因此，最幸福的人即灵魂里不拥有恶的人，既然这[灵魂里拥有恶][478e]显得是最大的恶。

珀　那显然。

苏　但第二等[幸福的人]大概是已经摆脱[恶]的人。

珀　看起来是。

苏　但这就是被告诫、被鞭打和接受审判的人。

珀　是。

苏　因此，拥有不义且没有摆脱的人[e5]活得最坏。

珀　显然是。

苏　那么，这不碰巧就是这种人吗：他行了最大的不义之事并利用了最大的不义，却能做到既不被告诫，[479a]也不被惩罚，又不接受审判，就像你肯定阿尔喀劳斯和其他僭主、演说者和能人们①已经预备的一样？

---

① "能人"的词根即"能力"，在此语境下表示掌权者或统治者，但据其本义和苏格拉底在此的用意，带有贬义。参447c注释。

珀　看起来是。

苏　[a5]因为这些人大概,最好的人啊,几乎做到了某个感染最大疾病的人所能做到的这个,即不为自己身体方面的种种过错接受治病者们的审判,不被医治,简直像个孩子一样害怕灼烧和切割,因为[479b]疼痛。依你看,不也是这样吗?

珀　依我[看]确实。

苏　[因为]至少看起来,他不认识身体的健康和美德是怎样的东西。因为从现在我们已经同意的东西看,那些逃避[b5]审判的人恐怕也做着类似这样的事,珀洛斯啊,他们向下瞧见它[身体]的疼痛,却看不见益处,而没认识到,更不幸的不是跟不健康的身体,而是跟不健康的、病态的、不义的[479c]和不虔敬的灵魂住在一起;因此,他们竭尽全力以便不接受审判,不摆脱最大的恶,并预备财产和朋友,从而使自己讲话尽量变得最有说服力。但要是我们已经同意的东西都真实,珀洛斯啊,那么,[c5]你感觉到从这个论证推出的结果了吗?或者,你愿意让我们总结它们吗?

珀　只要依你看[应该]。

苏　那么,结果是不是,最大的恶即不义和[479d]行不义?

珀　显然确实。

苏　而接受审判显然确实是摆脱这种恶?

珀　这有可能。

苏　但不接受[审判]至少就是保持恶?

珀　是。

苏　因此,第二大的恶就是[d5]行不义;而行不义者不接受审判就自然成了所有恶中最大且首要的[恶]。

珀　看起来[是]。

苏　那么,我们争辩的,朋友啊,不就是这个吗:你称阿尔喀劳斯幸福,那个行了最大的不义之事[479e]却没接受任何审判的人;但我相信,恰恰相反,无论阿尔喀劳斯,还是其他任何世人,行了不义却没接受审判,他就活该成为超乎其他世人的不幸者,并且行不义者永远是比受不义者,[e5]不接受审判者[永远是]比接受[审判]者更不幸?这些不都是我所讲过的吗?

珀　是。

苏　那么,不是已经证明[我]所讲的都真实吗?

珀　显然。

苏　[480a]但愿如此。那么,要是这些都真实,珀洛斯啊,演说术有什么大的用途呢?因为根据现在已经得到同意的东西,一个人必须极力防止自己行不义,以免会拥有足够的恶。不是吗?

珀　[a5]那当然。

苏　但如果他自己或他操心的其他任何人确实行了不义,他就[必须]自愿去到那个会最快速地使自己接受审判的地方,急切渴望去审判者那儿,就像去治病者那儿一样,[480b]唯恐不义的疾病被拖延,使灵魂在内部溃烂并无可救药;或者我们怎么讲呢,珀洛斯啊,如果我们前面同意的那些[说法]站得住脚?这些[说法]不就必然以这种而非其他方式[b5]符合那些[说法]吗?

珀　确实,我们还能说什么呢,苏格拉底啊?

苏　因此,至于为自己的、父母的、友伴们的、孩子们的或行不义的祖国的不义行为辩护,演说术对我们而言毫无用处,珀洛斯啊;除非某人[480c]可以推测相反的[用途]——即必须最主要指控他自己,然后[指控]其他无论何时碰巧行不义的亲人和朋友,并且[必须]不要掩盖不义行为,而要公之于众,以便他可以接受审判并变得[c5]健康,并且[必须]强迫他自己和其他人不要怯懦,而要乖乖地且勇敢地闭目服从①,就像[服从]治病者的切割和灼烧一样,追求既好且美的东西而不考虑疼痛:如果确实行了不义,该打,[480d]就服从鞭打;如果该囚禁,就[服从]捆绑;如果该罚款,就赔偿;如果该放逐,就逃亡;如果该死,就受死。他就是他自己和其他亲人的首要指控者,并为此使用演说术,[d5]以便他们能在种种不义行为彻底发露之时摆脱最大的恶,即不义。我们可以这样肯定,还是不可以[这样]肯定,珀洛斯啊?

珀　[480e]这些[说法]至少依我看太离谱啦,苏格拉底啊,当然啦,

---

① 希腊成语,字面义为"闭上眼睛",比喻盲目地进入危险,无视危险通常被视为勇敢的标志。

［依］你［看］，它们兴许同意前面那些［说法］。

苏 那么，不就要么应该拆毁那些［说法］，要么必然推出这些［说法］吗？

珀 是，至少这里情况就这样。

苏 ［e5］但［应该］再转向反面：要是［我们］必须对某人做坏事，无论对敌人还是对任何人，只要［我们］自己没有从敌人那里受不义——因为这一点［我们］应该当心——但如果敌人对其他人行不义，［我们］就应该尽一切办法，既［481a］凭行动又凭言辞，使他既不能接受审判，又不能走上法庭；但如果他走上［法庭］，［我们］就应该千方百计让敌人逃走且不接受审判；但如果他抢了很多金子，［我们就应该千方百计］让他不归还而是留着，不义地［a5］和渎神地挥霍在他自己和他的［亲人］身上；另外，如果他行了不义，甚至该死，［我们就应该千方百计］让他不受死，最好永远不［受死］，而是作为堕落者永远不死；要不然呢，就尽量让他［481b］作为这种人活得时间最长。

在诸如此类的东西上，依我看，珀洛斯啊，演说术确实是有用的。因为至少对不打算行不义的人，依我看，它没有什么多大的用途，即便确实有点什么用途，也没有在前面［b5］任何地方显现出来。

卡 告诉我，凯瑞丰啊，苏格拉底在这些东西上是严肃［探讨］呢，还是在开玩笑？

凯 依我看，卡利克勒斯啊，他异常严肃。当然啦，不如问他本人。

卡 ［b10］以诸神起誓，我正渴望［问他本人］呢！告诉我，苏格拉底啊，［481c］我们应该确定你现在是在严肃［探讨］呢，还是在开玩笑？因为要是你确实在严肃［探讨］，而你讲的这些东西碰巧又是真实的，我们世人的生活不就被推翻了吗，而我们所做的一切看起来不就跟［我们］必须［要做］的恰恰相反了吗，岂有他哉？

苏 ［c5］卡利克勒斯啊，要是世人没有某种共同的感情——这些人有这种，那些人有那种——而是我们某个人遭受着某种不同于其他人的私密感情，就不容易［481d］向另一个人指出自己的遭遇。我［这样］讲，是因为心想我与你现在碰巧已经遭受了某种相同的东西，我们两个都是爱欲者，各自都［爱］两个东西——我［爱］克莱尼阿斯之子阿尔喀比亚德和哲学,而你[爱]这两个东西,[d5]雅典民众[德莫斯]和毕里兰佩斯之子[德莫斯]。①

于是,我就感觉到,尽管你实在厉害,但任何时候,无论你的情伴们说什么和说怎么样,你都没有能力反对,而是让[481e]自己忽上忽下反复转变:如果你在集会上讲某个东西,而雅典民众说并非那样,你就立刻转变,讲出那帮人愿意[听]的东西;而且对于毕里兰佩斯之子,那个美丽的年轻人,你也遭受了另一些类似的东西。[e5]因为你不能反对情伴们的种种决议和说法,这样一来,要是某个人[听到]你任何时候都讲那些因为这些人而讲的东西而感到惊讶,[觉得]它们太离谱,你兴许就会——要是你愿意讲真话——告诉他:除非某人使[482a]你的情伴们停止这些讲法,否则,你永不停止讲这些东西。

既如此,请你承认,你也应当会从我这儿听到另一套类似[离谱]的东西,请你也不要因为我讲这些东西而感到惊讶,相反,你要使哲学——我的情伴——停止讲这些东西。

因为她[哲学]永远,[a5]亲爱的友伴啊,只讲你现在从我这儿听到的东西,并比另一些情伴更少冲动:因为那个克来尼阿斯之子在不同的时候有不同的说法,但哲学永远[只有][482b]相同的[说法],就讲你现在惊讶的东西,尽管讲的时候你就在场。所以,要么请你反驳她[哲学],就像我刚刚讲的,[证明]行不义和行了不义却没接受审判不是所有恶中极大的;要么,要是你准许这一点不被反驳,[b5]凭狗——呃,凭埃及人的神起誓,卡利克勒斯就不会同意你喽,卡利克勒斯啊,而是在整个一生都会[跟你]不协调。其实,至少我相信,最好的人啊,让我的里拉琴和我领唱的合唱队不和谐且不协调,[482c]并让大多数世人不同意我而讲出[跟我]相反的东西,比让我一个人不符合我自己且讲出[跟自己]相反的东西更强。

卡　苏格拉底啊,你在这些说法上看起来慷慨激昂,[c5]简直就是个

---

① 毕里兰佩斯是柏拉图的继父,伯里克勒斯的朋友,曾出使波斯,以道德高尚和长相俊美著称。其子德莫斯继承了父亲的美貌(阿里斯托芬《马蜂》98),富有但不聪明。在希腊文中,作为人名的德莫斯与民众是同一个词。

民众演说者。甚至现在,你就在这些东西上搞民众演说,[证明]珀洛斯自己遭受了他指责高尔吉亚在你那儿遭受的经历。因为他[珀洛斯]多半说过:高尔吉亚被你问到,如果有不熟悉正义之事却愿意学习演说术的人[482d]去到他那儿,高尔吉亚是否会教授那人,他[高尔吉亚]就出于常人的习惯而感到羞耻并肯定自己会教授,因为要是任何人不肯定[自己会教授],他们[常人们]就会感到恼怒;于是,出于这项同意,他就被强迫说出那些自相矛盾的东西,[d5]而你就热衷于此。那时候,他[珀洛斯]嘲笑你,至少依我看[嘲笑得]正确;但现在,他自己反过来遭受了相同的[经历]。

至少在这一点上,我不钦佩珀洛斯,因为他认同你,即行不义比受不义更丑:因为[482e]出于这项同意,他自己也在那些论证中被你困住手脚并封住嘴巴,耻于说出他心里所想的东西。因为你呢,苏格拉底啊,实际上你把[讨论]带入这些如此粗俗不堪的、适合大众演说的东西里——你却号称追求真理——[带入]那些不凭自然[e5]但凭礼法而美[可取]的东西里。

但这些东西,即自然与礼法,大多数都是彼此对立的;所以,如果某人感觉羞[483a]耻而不敢大胆讲出心里所想的东西,他就被强迫讲出自相矛盾的东西。你也完全想通了这个智慧,就在讨论中使坏:如果某人依照礼法去讲,你就依照自然去套问;但如果[某人讲到]那些属于自然的东西,[你就套问]那些属于礼法的东西。[a5]就像此刻在这些[问题]上,关于行不义和受不义,珀洛斯一讲到依照礼法更丑的东西,你就追求依照自然的论证①。因为凭自然,一切更丑的东西也就更坏,如受不义;但凭礼法,行不义[更丑]。因为[483b]受不义这种遭遇根本不属于男人,而属于某种奴隶——这种人死去比活着更强,因为他受了不义并受了践踏之后,既不能保护他自己,更不能[保护]他操心的其他任何人。不过,我相信,种种[b5]礼法的制定者们都是无力的世人和多数人。于是,为了他们自己和他们自己的利益,他们制定礼法,并赞扬他们所赞扬的,[483c]谴责他们所谴责的;为了吓跑那些更健壮且有能力拥有更多的常人,免得他

---

① "论证",克瓦热(Croiset)本作"礼法"。

们比自己拥有更多,他们就讲:"获得更多"既可耻又不义,而行不义就是这个"竭力比别人[c5]拥有更多"。因为我相信,他们热衷于拥有平等[份额],既然他们是更卑贱者。

于是,就因为这些,这"力求比多数人拥有更多"被[他们]凭礼法讲成是不义和可耻的,而且他们称之为"行不义"。但至少我相信,自然本身显示:[483d]更优者比更差者、更能干者比更无能者拥有更多才是正义的。而它在多数地方都显明,情况就是这样:无论在其他生物中,还是在属人的所有城邦和族类中,[d5]正义之事都已经这样被判定为"更强者统治更弱者并拥有更多"。因为薛西斯率兵反对希腊,或者他父亲反对斯基泰人,还能使用何种正义呢?① 或者,[483e]任何人都会有其他无数的这类[事例]可讲。不过,我相信,这些人做这些事都是根据自然——正义之事的[本性],呃,凭宙斯起誓,至少是根据自然的法则,当然了,兴许不是根据我们制定的那种法则;我们打造我们自己中间那些最优秀[e5]和最健壮者,从年轻时就逮住他们,像对待狮子们一样,通过歌唱和咒语彻底奴役他们,[484a][跟他们]这样讲:必须拥有平等[份额],而且这是高尚[美]和正义之事。但至少我相信,如果出来一个拥有充分天性的男人,抖掉、冲破并逃脱所有这些东西,践踏我们的那些文章啦、[a5]巫术啦、歌谣啦,以及一切反自然的礼法;于是,这个翻身起来的奴隶反倒显得成了我们的主人,而且在这里,[484b]自然的正义光芒四射。

而且依我看,品达在那首凯歌里也证实了我所讲的东西,他在其中讲道:"法者,王也,一切[b5]必死者与不死者[之王]。"确实如此,他肯定,"它带领最强者成为正义/凭着至高无上的手;我这样推断/全凭赫拉克勒斯的作为,因为他——无需购买——"②[b10]他大概就是这样讲的,因为我不熟悉这首凯歌——他讲到,他既没通过购买,又没经过革律翁赠送,

---

① 薛西斯的父亲大流士曾发动第一次米底战争,但马拉松战役失败;薛西斯入侵希腊,部分是为父亲报仇,但萨拉米斯海战和普拉泰亚陆战失败。波斯入侵失败的结果是,雅典人在忒米斯托克勒斯领导下开始走向帝国主义。

② 关于公元前5世纪忒拜诗人品达的这首诗,今仅存断章,亦见于《法义》690b和715a。

就赶走了牛群,[484c]因为这正是凭自然的正义,而更差者和更弱者的牛群以及其他所有财产都属于更好者和更强者。

所以,真理就是这样,你也会认识到,只要[c5]你从此放弃热爱智慧并走向那些更大的东西。因为热爱智慧嘛,苏格拉底啊,确实是个令人喜悦的东西,只要某人在适当年龄适度地接触它;但如果他往前超出必要限度,车里面消磨时光,它就败坏世人喽。因为即便他是天性完好,但过了适当年龄仍然搞哲学,他就必然变得在所有那些[484d]只要打算将来成为既美且好和声名显赫的男人就必须经验的东西方面没有经验。而且他们变得在遍布城邦的种种礼法方面没有经验,在只要在种种集会上——[d5]无论私下或公开——结交世人就必须使用的种种说辞方面,在种种属人的快乐和欲望方面,总之,在种种人情世故方面完完全全变得没有经验。于是乎,他们一旦进入某个私人的或政治的[484e]行动,就变得滑稽可笑,我相信,至少就像治邦专家们一旦反过来进入你们那些消遣和说辞就实在滑稽可笑一样。

因为结论[就是]欧里庇得斯的[话]:"每个人"在这里都是"光彩照人","并对它[e5]紧追不舍","给它分配最多份额的时日,/以便在那里碰到最好的自我"。[485a]他在哪里感到卑贱,就从那里逃走并诽谤它,而赞扬另一个东西,出于对自己的好意,他猜想,这样他就赞扬了他自己。

不过,我相信,最正确的是兼有两者。仅仅为了教养而分有哲学[a5]倒是一桩美事,而且作为一个愣小伙搞哲学也不算丑事;但一个常人一旦已经变得更老了仍然搞哲学,这玩意儿,苏格拉底啊,就变得滑稽可笑喽!而我[485b]对那些搞哲学的家伙与对那些结结巴巴和嘻嘻哈哈的[娃娃]有极相似的感受。因为一旦看见一个仍然适合这样交谈的娃娃结结巴巴和嘻嘻哈哈,我就感到喜悦,这在我看来显得令人喜悦,也像自由人,也[b5]适合这个娃娃的年龄;但一旦听到一个小孩子头头是道地交谈,依我看,这玩意儿就有点苦涩,并令我的双耳苦恼,依我看,实在是某种适合奴隶的东西;但一旦[485c]任何人听到一个男人结结巴巴,或瞧见他嘻嘻哈哈,那就显得滑稽可笑喽,不像男人,甚至该打。

所以,我对那些搞哲学的家伙有同样的感受。因为从一个年轻的愣小伙那里瞧见哲学,我会钦佩,依我看[c5]那挺合适,我也视这种常人为某类自由人,而那种不搞哲学的人就不自由,也从来不觉得自己值得做任何美丽而高贵的[485d]事务;但一旦看见一个更老的家伙仍然在搞哲学而没解脱,依我看,像这样的男人,苏格拉底啊,就已经该打喽。因为就像我刚才讲的,这个常人即便一开始就天性完好,也会变得不像男人,[d5]因为他逃离各个城邦中心和各个广场——在这些[地方],诗人说过,①男人们会变得"卓然赫赫"——却向下沉潜,度过剩余的生命,跟三四个愣小伙在一个角落[485e]里小声嘀咕,却从不大声宣说自由、伟大和充分的东西。

但我嘛,苏格拉底,我对你算是相当友好啦;所以,我现在恐怕已经遭遇欧里庇得斯——我曾提到他——[笔下]的策托斯对安斐翁的[感受]。[e5]因为那个人对他兄弟[所讲]的那些东西突然降临于我,要[我]讲给你:"你不关心,"苏格拉底啊,"那些你必须关心的东西啊,你用某种愣小伙般的形象,扭曲那么[486a]高贵的灵魂天性;你既不能给种种审判议事会正确地贡献只言片语,又不能拿出某种看似可能和令人信服的东西,更不能替其他人审议并提出一套朝气蓬勃的建议。"然而,亲爱的苏格拉底啊——你可不要怨恨我呀,因为[a5]出于对你的好意我才会说——依你看,这样不丑吗,因为我相信你和其他在哲学上总是向前走得太远的人都有这样的情况?

因为现在要是某个人抓住你或其他任何[像你]这类人,押入监狱,宣称[你们]这些未行不义者在行不义,你要知道,你就会对你自己[486b]毫无用处,而只能头晕目眩并张口结舌,无话可说,而且你走上法庭,碰到一个完全卑贱且糟糕的指控者,你就会被处死,要是他愿意对你提出死刑。

然而,这怎么能算智慧呢,苏格拉底啊,[b5]"一门技艺抓住一个天性良好的男子汉,却使之变得更差",使他既没有能力保护他自己,又[没有能力]拯救他自己或其他任何人脱离种种最大的危险,而是[486c]被敌人们生生夺走全部存在,简直毫无尊严②地生活在城邦里?但对这种人,

---

① 参荷马,《伊利亚特》9.441。
② "毫无尊严"(有的地方译为"毫不客气"),包含"褫夺公民权"之意。

要是说得更粗野点儿,[任何人都]有特权打[他]耳光而不接受审判。

不过,好人啊,信服我吧,"请停止反驳,转而[c5]修习[政治]事务的美好音乐吧",并在那个使你有明智之名声的地方修习吧,"放弃这些精致之物,留给其他人吧!"必须要说,[这些精致之物]要么是蠢话,要么是废话,"从这些东西里出来,你只会住进一座座空空的房间";①不要羡慕那些辩驳这些渺小[问题]的[486d]男人们,而要[羡慕]那些有生活、有名声、有其他许多好东西的[男人们]。

苏　要是我碰巧拥有一颗金质的灵魂,卡利克勒斯啊,你不相信我会乐于在那些检测金子的石头里找到一块吗,那最好的[石头]啊,我打算[d5][拿自己的灵魂]接近它,要是它同意我,[承认我的]灵魂已经照料得很美,我就将很好地知道,我有足够[好的状态],也根本不需要另一块试金石?

卡　[486e]你问这个到底指什么,苏格拉底?

苏　我现在就会告诉你。我相信,既然碰见你,我就碰见了这种所谓的天赐良机啦。

卡　到底为什么?

苏　[e5]我很好地知道,如果你在我灵魂所持的那些意见上同意我,那些[意见]本身最终就是真理。因为我心想,[487a]要打算充分检测一颗灵魂活得正确与否,就因而必须拥有三样东西——所有这些你都拥有:知识和好意,以及坦率。因为我碰见的多数人都没法检测我,因为不像你[a5]一样智慧;另一些人倒是智慧,却不乐意给我讲真话,因为不像你一样为我操心;但至于这俩外邦人,高尔吉亚和珀洛斯,固然都智慧,也都[487b]是我的朋友,却更缺乏坦率,且更易于羞耻,超过必要程度。怎么不呢?他俩已经进入羞耻如此之深,以至于他们各自因为感到羞耻而竟然大胆自相矛盾,对着多数[b5]世人且就那些最伟大的问题讲出[自相矛盾的东西]。

但你呢,其他人没有的所有这些[品质],你都有。因为你不仅受过充分的教育,就像多数雅典人都会肯定的,而且[487c]对我怀有好意。我用

---

① 此处和前文都是引用或改编自欧里庇得斯的《安提俄珀》。

什么证明呢？我会告诉你。我知道,卡利克勒斯啊,你们四个已经成了智慧上的同志,你、阿斐德奈的提桑德罗斯、安德罗提翁之子安德戎和科拉尔戈斯的瑙西居德斯;①一次,我偶然听到[c5]你们审议,应该修习智慧直到什么程度,而且我知道,某个这样的意见在你们当中获胜了,即千万不要热情于搞哲学直到精密[的地步];相反,你们劝告彼此[487d]要好好小心,以免变得太智慧,超过必要的[程度],不明不白地被败坏。然后,我一听到你给我提出同一些建议,就像给你自己最亲密的友伴们[提出的]一样,我就有了足够的证据[证明],你是真正对我怀有好意啊。[d5]至于[我肯定]你也能够坦率且不感到羞耻,你自己都肯定了,而你不久前讲过的那个说法也证实了你自己。

那么显然,关于这些东西情况就像现在这样:[487e]如果你在[我们]讨论的某个东西上同意我,它最终就会被我和你充分检测,也不再需要把它带向另一块试金石。因为你任何时候都不会出于缺乏智慧或过分羞耻而[e5]勉强认同它,又不会假装认同以欺骗我:因为你是我的朋友嘛,就像你自己也肯定的。因此,有了你和我之间的这种同意,[我们]最终会达到真理的目的。

但一切之中最美的,卡利克勒斯啊,就是考察你要我重视的那些[问题]:应该成为一个怎样的男人,[应该][488a]追求什么且直到什么程度,在更年老与更年轻的时候。因为我嘛,要是在我自己的生活方面有什么做得不正确,你要知道,我不是自愿犯下这个错误,而是由于我自己的无知;那么你呢,就像你开始告诫我的,请你不要放弃,[a5]而是为我充分指出,什么才是我应该追求的东西,并以什么方式我才能获得它;而且如果你发现,我现在同意你而待会儿却不做我已经同意的那些东西,请你视我为一个十足的笨蛋,并请你[488b]以后永远不要再告诫我,因为我实在毫无价值。

但请你为我重新从头开始:你和品达都肯定,依据自然的正义是怎样的？更强者凭暴力拿走更弱者们的东西,更好者统治更差者们,更高者比

---

① 关于这四个人,我们所知甚少,大概都是有钱的年轻人。提桑德罗斯仅见于此。安德戎是四百寡头集团成员。瑙西居德斯大概是个富裕磨坊主。

[b5]更卑贱者们拥有更多？你没讲正义是什么其他东西吧，或者我记得正确吗？

卡　得了，我讲过，无论那时还是现在，我都这样讲。

苏　但你是称同一个人为"更好者"和"更强者"呢？还是……[488c]因为我那时根本没能从你那儿学会你到底在讲什么。你是称那些更有力者为更强者，而那些更无力者必须听从那些更有力者呢——比如，依我看，你那时就这样指出，那些大城邦是根据自然的正义[c5]进攻那些小[城邦]，因为它们确实更强且更有力，好像[你是指]"更强者""更有力且更好者"是相同的东西？还是[指]虽是更好者却更弱且更无力，而虽是更强者却更糟糕？抑或，"更好者"[488d]与"更强者"有相同的界限吗？请为我清楚地界定这个东西本身："更强者""更好者"和"更有力者"相同还是不同？

卡　得了，我就清楚地给你讲吧：它们是相同的。

苏　[d5]那么，多数人根据自然不就比一个人更强吗？毕竟他们给那一个人制定了种种礼法，就像你刚刚也讲过的。

卡　怎么不呢？

苏　因此，多数人的种种习规就是那些更强者[d10]的[习规]。

卡　那当然。

苏　[488e]那么，不就是那些更好者的[习规]吗？因为照你那个说法，那些更强者更好得多。①

卡　是。

苏　那么，这些人的种种习规根据自然不就是美的吗，既然[e5]他们是更强者？

卡　我肯定。

苏　那么，多数人不是习惯承认这样[一条习规]，就像你刚刚又讲过的：拥有平等份额是正义的，且行不义比受不义[489a]更丑？是不是这样？你可不要再[像他俩一样]因为感到羞耻而在这里被俘房。多数人是不是习惯承认这样[一条习规]：拥有平等份额而非[拥有]更多是正义

---

① 参多兹本：那些更强者大概更好。

的,且行不义比受不义更丑?请你不要出于嫉妒而不回答我[a5]这个[问题],卡利克勒斯,为的是[这个目的]:如果你同意我,我最终就可以从你那里得到证实,因为一位有足够见识的男人已经同意。

卡　得了,多数人确实习惯承认这样[一条习规]。

苏　因此,不仅凭礼法,行不义比受不义[489b]更丑,且拥有平等份额是正义的,而且凭自然,也[同样如此]。所以,你恐怕在前面讲得不真实,也没正确地指控我,因为你当时讲:礼法与自然是对立的,而我也认识到了这一点,就在讨论中使坏,[b5]如果某人根据自然去讲,我就引向礼法,如果某人根据礼法,[我就引向]自然。

卡　这,这个男人就不会停止废话嘛!告诉我,苏格拉底啊,你就不感到羞耻吗,都这把年纪了,还在捕捉文字游戏,乃至于[489c]如果某人犯了口误,就把它当成天赐良机?难道你相信,我讲的更强者是指其他什么人而非更好者吗?我不是很早以前就给你讲过,我肯定"更好者"与"更强者"是相同的吗?或者你相信,我是讲,如果一群乌合的[c5]奴隶和除了凭身体有力之外兴许毫无价值的各色各样的常人们集合起来,而这些人宣布[某些东西],这些东西本身就是[合法的]习规吗?

苏　但愿如此,最智慧的卡利克勒斯啊,你就这样讲?

卡　那当然。

苏　[489d]得了,我嘛,精灵啊,我很早以前就猜到,你讲的"更强者"就像某个这类东西,而我盘问,是因为竭力想要清楚地知道你在讲什么。因为你大概不会以为两个人比一个人更好吧,或你那些奴隶比你[d5]更好吧,尽管他们其实比你更有力。不过,请你从头开始,重新告诉我,你讲的那些"更好者"到底指什么,既然不是那些"更有力者"?惊人的家伙啊,请你更温柔地继续教导我吧,免得我从你那儿逃学呀……

卡　[489e]你在装糊涂①,苏格拉底。

苏　凭策托斯起誓,卡利克勒斯啊,你刚才就利用他向我装了很多糊涂!得了,来吧,请说:你讲的那些"更好者"是什么人?

---

① 即佯装无知,一般译为"反讽",但其本身未必有讽刺之意,即使有,也更多是听者的感受。

卡　[e5]我[是指]那些更优者。①

苏　你不瞧瞧,你自己讲的就是文字游戏,却没阐明任何东西吗?你不会是说,你讲的"更好者且更强者"是那些更明智者吧,还是其他什么人?

卡　确实,凭宙斯起誓,我讲的就是那些人,而且要强调!

苏　[490a]因此,按照你的说法,一个明智者其实经常比无数不明智者更强,且必须让这个人统治而那些人被统治,且[必须]让这个统治者比那些被统治者拥有更多;因为依我看,这就是你愿意讲的——而我没有捕捉[a5]文字游戏啊——要是一个人比无数人更强。

卡　得了,我讲的就是这些。因为我相信,凭自然的正义就是,更好且更明智的存在者不仅统治,而且比那些更卑贱者拥有更多。

苏　[490b]且打住,就这儿!你现在到底又在讲什么?如果我们很多人在相同的地方聚成群体,像现在这样,而我们共同拥有许多食物和饮料,但我们是各色各样的,这些人有力而那些人无力;但我们有一个人在这些东西[食物和饮料]上[d5]更明智,是个治病者,但他很可能比这些人更有力而比那些人更无力,那么,这个人既然比我们更明智,就会在这些东西上更好且更强,还有别的吗?

卡　那当然。

苏　[490c]那么,莫非他就应该比我们拥有更多这些食物,因为他确实更好嘛;或者,这个人必须凭统治权分配所有东西,而不应该为了在自己的身体上挥霍并用光它们而拥有更多,只要他不打算付出代价,而是应该[c5]拥有得比这些人更多而比那些人更少;但如果他碰巧是一切之中最无力者,一切之中最少者就[应该]给这个最好者,卡利克勒斯啊?不就这样吗,好人啊?

卡　你尽讲些食物啦、饮料啦、医生啦,以及废话[490d]啦!但我讲的不是这些。

苏　你不是讲更明智者更好吗?请说是或不!

---

① 在希腊文中,"更好者"和"更优者"都是"好"的比较级形式,前者侧重品质方面,后者侧重道德方面。苏格拉底接下来说的"更强者"也是"好"的比较级形式,侧重体力方面。

卡　至少我[说是]。

苏　[d5]不过,更好者不就必须拥有更多吗?

卡　但既不是在食物方面,也不是在饮料方面。

苏　我明白了,而是兴许在外衣方面,而且最精通编织术的人必须拥有最大的外衣,并裹着最多和最美的[外衣]转来转去?

卡　[d10]关外衣啥事儿?

苏　而是在鞋子方面,很显然,必须拥有最多者就是[490e]在这些东西方面最明智且最好者。做鞋者兴许必须套上最大且最多的鞋子踱来踱去。

卡　关鞋子啥事儿? 你只管废话吧!

苏　[e5]得了,要是你讲的不是那类东西,兴许就是这类东西:例如,一个精通耕作的男人在土地方面明智且既美且好,那么,这个人兴许就必须拥有更多种子,并在自己的土地上尽量使用最多的种子。

卡　你怎么总是讲相同的东西啊,苏格拉底!

苏　[e10]不仅如此,卡利克勒斯啊,而且关于相同的东西。

卡　[491a]凭诸神起誓,你确实总是单单在讲一些皮匠啦、布匠啦、厨匠啦,以及医生啦,喋喋不休,好像我们的论证就是关于这些家伙!

苏　那么,你就不会说,在什么东西方面,更强且[a5]更明智者拥有更多时,就正义地拥有更多? 或者,你既不会容许我来提示,又不会自己来说?

卡　不过,至少我很早以前就讲了。首先,我讲的那些人,作为更强者,既不是鞋匠,也不是厨匠,而是[491b]那些在各种城邦事务方面、在[城邦]以什么方式得到良好治理方面确实明智的人,不仅明智,而且勇敢,即有足够[能力]实现他们心里所想的东西,而不会因为灵魂的软弱而畏缩不前。

苏　[b5]你瞧瞧,最好的卡利克勒斯啊,你指控我的与我[指控]你的不是相同吗? 因为你说我永远讲相同的东西,并责怪我;而我[说]你恰好相反,因为你从来不就相同的东西讲相同的东西。相反,那时你[491c]把更好且更强者界定为更有力者,此后却[界定为]更明智者,而现在呢,你又带着另一个什么东西来了:某类更勇敢者被你讲成是更强者和更好者。得了,好人噢,一下子说出来吧:你讲的[c5]更好且更强者到底是什么人,且在什么方面?

卡　不过,我确实已经说了,那些在种种城邦事务方面明智且勇敢者。因为这些人[491d]适合统治各个城邦,而且这是正义之事,即这些人比其他人、统治者们比被统治者们拥有更多。

苏　但这个呢:比他们自己又如何,[d5]友伴啊?他们在什么方面统治或被统治?①

卡　此话怎讲?

苏　我是讲,他们每个人自己统治自己,抑或根本不需要自己统治自己,而[只需统治]其他人?

卡　[d10]统治自己,此话怎讲?

苏　毫不复杂,只不过就像多数人[所说的]那样,自己做个节制者和自己的主宰者,统治自己内在的[491e]种种快乐和欲望。

卡　你太令人快乐了。你是讲,那些傻子即节制者!

苏　怎么会呢?没有哪个人会认识不到,我不是讲这个。

卡　[e5]其实完全就是[这个],苏格拉底啊。因为一个常人既然成了任何一个人的奴隶,怎么会变得幸福呢?相反,这才是根据自然的美丽和正义——我现在坦率地给你讲——即,将要正确生活的人,必须要让自己的种种欲望尽量变得最大而不要惩罚[它们],[492a]但这些[欲望]尽量变得最大时,[必须]要有足够[能力]凭借勇敢和明智去伺候[它们],并用那些使欲望永远产生的东西去填满[它们]。

不过,我相信,多数人没有这个能力。为此,他们就出于羞耻而谴责这样的人,以掩盖[a5]自己的无能。而且他们肯定,放纵是丑陋的,就像我前面讲的,以便奴役那些天性更好的世人。而且他们没有能力为自己设计出种种快乐的满足时,他们就赞扬节制[492b]和正义,出于自己的怯懦。既然有些世人从一开始要么就是王者们的儿子,要么他们自己凭自然就足够为自己设计出某种统治权,或僭主制或寡头制,那么,依照真理,对这些人而言,有什么会比节制和[b5]正义更丑且更坏呢——这些人尽管有特权尽情享受种种好东西且根本无人挡道,却要给自己带上多

---

① 这句话有不同断句法,参多兹本:"苏:但比他们自己又如何,友伴啊?卡:什么'又如何'?苏:是统治者还是被统治者?"

数常人的礼法、说辞和谴责作为自己的主人？或者,他们怎么能不变得不幸呢,[492c]既然在这种出自正义和节制的美丽[政体]之下,他们分配给自己朋友们的丝毫不比给敌人们的东西更多,并这样在自己的城邦里统治？

相反,依照真理——苏格拉底噢,你号称自己追求她呀——情况就是这样：骄奢、[c5]放纵和自由,只要你能支持[它们],这些就是美德和幸福；而其他东西,那些美丽的装饰啦,常人们的那些反自然的契约啦,都是废话且毫无价值。

苏 [492d]你确实并非不高贵地,卡利克勒斯啊,凭言辞冲锋在前,确实坦率。因为你现在清楚地讲出了其他人心里很想却不愿讲出的东西。所以,我恳求你无论如何千万别放松,以便实际上彻底阐明,[d5]应该如何生活。得了,请你给我讲：你说过,某个人要是打算成为他必须成为的那类人,就不应该惩罚种种欲望,而是[应该]准许它们尽量变得最大,从无论这里或那里为它们配备满足,而[492e]这就是美德？

卡 我说过这些。

苏 因此,若讲那些毫无所需者是幸福的,就不正确喽？

卡 [e5]是的,因为若像这样,那些石头和尸体就会是最幸福的。

苏 不过,像你所讲的那样生活也很可怕哟。因为要是欧里庇得斯在这些[诗行]里讲得真实,我一点儿不会感到惊讶,他讲：[e10]"但有谁知道,是否生就是死,/死就是生？"[493a]而且我们其实兴许已经死了；因为我也曾经从某个智慧者那儿听到：我们现在已经死了,而身体就是我们的坟墓,但灵魂的那个里面有着种种欲望的[部分]碰巧就是能够被说服的且忽上忽下地[a5]变来变去的东西。因此,某个讲神话的精致男人——也许某个西西里人或意大利人吧——也借"有说服力和令人信服"玩弄文字游戏,命名[灵魂的这个欲望部分]为"罐子",而[命名]那些愚蠢者为"未入门者[未密封者]",①[493b]但那些愚蠢者的灵魂的这个有

---

① 在希腊文中,"有说服力"和"令人信服"的词根都是"说服",而"说服"与"罐子"读音相近。"愚蠢者"与"未入门者"读音相近,含义相通。"未入门者"同时也可指"未密封者",从而与有漏洞的罐子相关联。

着种种欲望的[部分]，即放纵而未密封[的部分]，就像是个有漏洞的罐子——他基于[它]不满足而这样打比方。这个人恰恰跟你相反，卡利克勒斯啊，他指出：在那些在冥府里——他所谓[b5]"不可见的"[地方]——的人中，那些未密封者会是最不幸的，而且他们会用另一个同样有漏洞的漏勺不断往有漏洞的罐子里加水，但这个漏勺——于是，他就讲，就像那个向我讲的人[493c]所说的——就是灵魂；但他仅把那些愚蠢者的灵魂比作漏勺，好像已经有漏洞，因为它出于不信和遗忘而没有能力密封。

这些[说法]看起来确实有点儿离谱，然而，它们毕竟阐明了我愿意为你指出的东西，但愿我能够[c5]说服[你]转变，放弃贪婪且放纵的生活状态，选择有序且以种种永远现成之物为充足和圆满的生活状态。

不过，我是[493d]稍微说服了你，并[使你]转变而[相信]那些有序者比那些放纵者更幸福呢，还是即便我讲其他许多这类神话，你仍然不会有丝毫转变？

卡　你说的[后面]这个更真实，苏格拉底啊。

苏　[d5]那就来吧，让我给你讲另一个比喻吧，跟刚才那个出自相同的学派。请想想看，关于节制者与放纵者各自的生活，你是否像这样讲：假设两个男人各自都有许多罐子，一个人[493e]的[罐子]健康且满足，一只装酒，一只装蜜，一只装奶，而其他许多[罐子]装[其他]许多东西，但这些东西各自的源泉都是既稀缺又艰难的，而且经过许多辛劳和艰难才能设计出来；于是，另一个已经满足[自己罐子]的人，[e5]就不再灌注或在意什么，而是因为这些东西而得到平静。但另一个人呢，也像那个人一样，[他的]那些源泉虽能够提供但很艰难，但[他的]那些容器都已经有漏洞且残缺，他就会被强迫永远夜以继[494a]日地去装满它们，否则，他就会为那些极端的痛苦而感到痛苦。假若这就是他们各自的生活状态，你仍讲，放纵者的[生活]比有序者的[生活]更幸福？讲这些时，我是稍微说服了你认同有序的生活比[a5]放纵的[生活]更好呢，还是没有说服？

卡　你没有说服[我]，苏格拉底啊。因为那个已经满足的人不再有任何快乐，相反，那种[状态]就是我刚才讲的，像石头一样地生活：他一旦

[494b]满足,就既不再感到喜悦,又不再感到痛苦。不过,快乐地生活就在于此,就在于尽量流入最多。

苏　那么,流入多,不就必然是失去也多吗,也[必然]有某些很大的漏孔供流出?

卡　[b5]那当然。

苏　你又讲到某种石鸻的生活,①而非尸体或石头的[生活]。得了,请给我讲:你是讲这个吗,比如饿与饿时吃?

卡　我是[讲这个]。

苏　[494c]也是[讲]渴与渴时喝?

卡　我是讲[这个],而且拥有其他所有欲望并有能力满足[它们],感到喜悦,就生活得幸福。

苏　太好啦,最好的人啊! 请你继续像你开始那样,直到结束,而[c5]不要害羞! 但看起来,我也必须不要害羞。首先,请你说说:要是发痒并想挠痒,能痛痛快快地挠痒,终生持续挠痒直到结束,就是生活得幸福?

卡　[494d]太离谱了你,苏格拉底啊,你简直就是个民众演说者!

苏　正因如此,卡利克勒斯啊,我才吓晕了珀洛斯和高尔吉亚,并使他们感到羞耻呢,但你嘛,当然既不会被吓晕,也不会感到羞耻,因为你是勇敢者呀。得了,你就[d5]只管回答吧!

卡　既如此,我肯定,即便那个搔痒者,也会生活得快乐。

苏　那么,既然[活得]快乐,也就[活得]幸福喽?

卡　那当然。

苏　[494e]他只给脑袋挠痒呢——还是,呃,我还要问你什么呢? 请想想看,卡利克勒斯啊,你会回答什么,如果某人接着这些连续问你所有相关的东西,而这类东西的首脑,即娈童们的生活,那岂不既[e5]可怕又可耻且可悲吗? 或者,你竟敢大胆讲,这些人只要痛痛快快地拥有他们需要的各种东西,就幸福?

卡　你就不感到羞耻吗,苏格拉底啊,竟把[我们的]这些论证带入这

---

① 石鸻习性贪婪肮脏,吃喝拉撒同时进行。

类东西?

苏　难道是我带到这里的吗,高贵的人啊,还是那个人——他[e10]随随便便这样说,那些感到喜悦的人无论以怎样的方式感到喜欢喜悦,[495a]都幸福,也不区分各种快乐哪些好哪些坏? 得了,现在还是请你讲,你肯定快乐与好相同呢,还是[肯定]有某种快乐并不好?

卡　[a5]为了不使论证不同意我——如果我要肯定它们不同[,我就会自相矛盾]——我就肯定它们相同吧。

苏　你会彻底败坏最初的说法,卡利克勒斯啊,而且不能继续陪我一道儿充分审查现有的[说法],如果你说那些违反你自己所持意见的[说法]。

卡　[495b]你也会[败坏最初的说法]啊,苏格拉底。

苏　那么,我就做得不正确——如果我这样做——你也不[正确]。不过,幸运儿啊,要看到,这并不是好事,即不惜一切地感到喜悦;因为如果情况是这样,不仅会显出刚才暗示的许多[b5]可耻结论,而且[会显出]其他许多[可耻的结论]。

卡　确实像你相信的,苏格拉底。

苏　但你其实,卡利克勒斯啊,仍有力地坚持这些[说法]?

卡　我确实[坚持]。

苏　[495c]因此,我们应该着手处理这个说法,就好像你在严肃[探究]?

卡　那当然,非常[严肃]。

苏　那就来吧,既然你这样看,但请为我区分这些东西:你大概会称某种东西为知识?

卡　我确实会。

苏　你刚才不是也[c5]讲过,有某种伴随知识的勇敢?

卡　我确实说过。

苏　那么,你就是讲,勇敢不同于知识,它们是两个东西,岂有他哉?

卡　非常确实。

苏　但这个呢:快乐与知识相同,还是不同?

卡　[495d]显然不同啦,你这个最智慧的人。

苏　勇敢与快乐也不同吗？

卡　怎么不是呢？

苏　那就来吧，让我们记起这些［说法］：阿卡奈人卡利克勒斯如是说，愉快与好相同，知识与勇敢［d5］既不同于彼此，又不同于好。

卡　但这个阿洛佩刻人苏格拉底究竟是不同意我们这些［说法］呢，还是同意？

苏　［495e］他不同意；但我相信，卡利克勒斯也不会［同意］，只要他正确观照他自己。因为，请告诉我：那些做得好的人与那些做得坏的人，你不会觉得［他们］遭受了相反的感受吗？

卡　［e5］我确实会［这样觉得］。

苏　那么，既然这些［感受］彼此相反，关于它们的情况不就必然像关于健康与疾病的情况一样吗？因为常人大概既不同时保持健康与患病，又不同时摆脱健康与疾病。

卡　［e10］此话怎讲？

苏　譬如，举出你愿意［举出］的身体的任何部分，［496a］请想想看。一个常人也许眼睛患病，我们就会给它命名为眼炎？

卡　怎么不呢？

苏　他大概也不同时健康吧，在这些［眼睛］方面？

卡　无论如何绝不。

苏　但这个呢：一旦摆脱眼炎，那时他也摆脱了［a5］眼睛的健康，并最终同时摆脱了这两者吗？

卡　一点儿都不。

苏　我相信，［496b］那就变得惊人且无理了，不是吗？

卡　非常确实。

苏　相反，我相信，他轮番获得与失去［两者的］每一个？

卡　我肯定。

苏　那么，力气与无力不也同样如此吗？

卡　是。

苏　迅速与缓慢也［如此］？

卡　［b5］那当然。

苏　至于诸善和幸福与它们的反面,即诸恶和不幸,他不都是轮番获得并轮番失去[两者的]每一个吗?

卡　完全如此。

苏　[496c]所以,如果我们发现一个常人同时摆脱并同时拥有的某些东西,这些东西显然就不会是好东西与坏东西。我们同意这些吗?也等你想得特别好了,再回答吧。

卡　但我异常[c5]同意。

苏　那就来吧,回到我们前面已经同意的那些东西。饿,你讲过,是令人快乐呢,还是令人苦恼?我是讲饿本身。

卡　至少我[认为]令人苦恼;然而,饿时吃却令人快乐。

苏　[496d]我明白了。不过,至少饿本身令人苦恼,不是吗?

卡　我肯定。

苏　那么,渴不也[令人苦恼]吗?

卡　非常确实。

苏　那么,是我继续问更多[例子]呢,还是你同意,所有需要和欲望都令人苦恼?

卡　[d5]我同意得了,就不要问啦。

苏　但愿如此。但你肯定,渴时喝却令人快乐,还有别的吗?

卡　我确实[肯定]。

苏　那么,在你讲的这个[说法]中,渴时大概就是感到痛苦时?

卡　[496e]是。

苏　而喝是需要的满足和快乐?

卡　是。

苏　那么,你不是讲,通过喝而感到喜悦吗?

卡　极是。

苏　渴时?

卡　我肯定。

苏　感到痛苦时?

卡　是。

苏　那么,你察觉[e5]这个结论了吗:一旦你讲"渴时喝",你就是讲,感到痛苦的同时感到喜悦? 或者,这并非同时发生在相同的地方和时间,无论你愿意[它发生]在灵魂里或在身体上? 因为我相信,这毫无差别。是不是这样?

卡　是这样。

苏　不过,"做得好"至少不可能[497a]同时"做得坏",你说过。

卡　我肯定。

苏　但"感到苦恼时"至少有可能同时"感到喜悦",你已经同意了。

卡　显然。

苏　因此,"感到喜悦"就不是"做得好",而"感到苦恼"也不是"[做得]坏",于是,快乐就变得不同于[a5]好。

卡　我不知道你在耍什么智慧,苏格拉底啊。

苏　你知道,只是装傻罢了,卡利克勒斯。请你继续前进吧,进入前方。因为你坚持蠢话,以便你能知道,①你在告诫[497b]我时多么智慧。我们每个人不都是通过喝而停止渴并同时[停止]感到快乐吗?

卡　我不知道你在讲什么。

高　千万别[这样]呀,卡利克勒斯,还是回答吧,也算为了[b5]我们嘛,以便这些论证可以得到完成。

卡　可是,苏格拉底总是这个样子,高尔吉亚,他总盘问一些渺小且价值甚微的东西并驳倒[别人]。

高　可是,这于你又有何妨呢? 完全无关你自己的荣誉嘛,卡利克勒斯。得了,你就容忍苏格拉底以他愿意的方式[b10]驳斥吧。

卡　[497c]那就问那些渺小且琐碎的东西吧,既然高尔吉亚持这样的意见。

苏　你是个幸福的人呀,卡利克勒斯,因为你在[领教]那些渺小的东西之前就已经领教了那些伟大的东西;但我相信,这不合天理。[c5]那么,请从你停下的地方回答吧:我们每个人是不是同时停止渴与感到快乐?

---

① 这里有不同的释读和断句。多兹本更可取:"……进入前方。卡:你为什么坚持说蠢话? 苏:为了你能知道……。"

卡　我肯定。

苏　那么,不是也同时停止饿和其他欲望与种种快乐吗?

卡　是这样。

苏　那么,不是也同时[497d]停止种种痛苦与种种快乐吗?

卡　是。

苏　不过,他却不同时停止种种好东西与坏东西,就像你同意过的,但现在你不同意了吗?

卡　我仍[同意]——那又怎样?

苏　那么,朋友啊,种种好东西就不会[d5]变得与种种快乐相同,种种坏东西也不会[变得与]种种苦恼[相同]。因为我们同时停止这些[快乐与苦恼],而不[同时停止]那些[好东西与坏东西],因为它们是不同的东西。那么,怎么会有种种快乐等同于种种好东西,或种种苦恼[等同]于种种坏东西呢?但如果你愿意,请你也这样观察;因为我相信,这个[论证]根本不会在你那里[497e]得到同意。但请你想想看:你不是因为那些好人表现种种好东西而称之为好人吗,就像[你称]那些表现美的人为美人?

卡　我确实[这样称]。

苏　但这个呢:你称那些不明智和怯懦的男人为好人吗?因为你刚刚就不[这样讲],而是讲[e5]那些勇敢和明智者[为好人]。或者,你不称这些人为好人?

卡　当然如此[称呼]。

苏　但这个呢:你迄今见过,一个愚蠢的孩子感到喜悦?

卡　我确实[见过]。

苏　但你尚未见过,一个愚蠢的男人感到喜悦?

卡　我相信我确实[见过];不过,这有什么要紧?

苏　[498a]没什么,你就只管回答吧。

卡　我见过。

苏　但这个呢:[你见过]一个有理智者感到痛苦与感到喜悦?

卡　我肯定。

苏　但哪个更多地感到喜悦与感到痛苦,是那些明智者呢,还是那些不明智者？

卡　我相信，没多大[a5]差别。

苏　得了，这也就足矣。但在战争中，你迄今见过一个怯懦的男人吗？

卡　怎么没有？

苏　那这个呢：敌人们撤去时，依你看哪个更多地感到喜悦，是那些怯懦者呢，还是那些勇敢者？

卡　两者，至少依我[看]，[498b]都更多地[感到喜悦]。但要不然，至少相近地[感到喜悦]吧。

苏　这毫无差别。那么，那些怯懦者也感到喜悦喽？

卡　非常确实。

苏　而且那些不明智者也[感到喜悦]，如此看来。

卡　是。

苏　但[敌人们]攻来时，是只有那些怯懦者感到痛苦呢，还是那些勇敢者也[感到痛苦]？

卡　[b5]两者都[感到痛苦]。

苏　所以就相似地[感到痛苦]？

卡　那些怯懦者也许更多地[感到痛苦]吧。

苏　但[敌人们]撤去时，他们不就更多地感到喜悦吗？

卡　也许吧。

苏　所以，那些不明智者与明智者、怯懦者与勇敢者，不就相近地感到痛苦和感到喜悦吗，[498c]就像你说的，但那些怯懦者比勇敢者更多地[感到痛苦和喜悦]？

卡　我肯定。

苏　不过，那些明智者和勇敢者都是好人，而那些怯懦者和不明智者都是坏人？

卡　是。

苏　因此，好人们与坏人们相近地[c5]感到喜悦和感到痛苦。

卡　我肯定。

苏　那么，莫非好人们与坏人们相近地好与坏？或者，坏人们甚至更多地好与坏?①

卡　[498d]不过,凭宙斯起誓,我不知道你在讲什么。

苏　你不知道吗,你说:那些好人因表现种种善而是好人,而[那些坏人因表现出]种种恶而是坏人;但那些善就是那些令人快乐的东西,那些恶就是那些令人苦恼的东西?

卡　我确实[说过]。

苏　那么,[d5]那些善,即那些快乐,不就表现在那些感到喜悦的人身上吗,如果他们确实感到喜悦?

卡　怎么不呢?

苏　那么,那些感到喜悦的人不就是好人吗,既然他们表现出那些善?

卡　是。

苏　但这个呢:那些恶,即那些痛苦,不是表现在那些感到苦恼的人身上吗?

卡　表现在[他们身上]。

苏　[498e]但你肯定,那些坏人因为表现种种恶而是坏人,或者,你不再肯定了?

卡　我确实[仍然肯定]。

苏　因此,那些感到喜悦的人就好,那些感到苦恼的人就坏喽?

卡　当然。

苏　那些更多地[喜悦与苦恼]的人就更多地[好与坏],而那些更少地[喜悦与苦恼]的人就更少地[好与坏],而[e5]那些相近地[喜悦与苦恼]的人就相近地[好与坏]?

卡　是。

苏　那么,你不就肯定,那些明智者与不明智者、那些怯懦者与勇敢者,相近地感到快乐与痛苦,或者,那些怯懦者甚至更多地[感到快乐与痛苦]?

---

① 这里有不同的释读和校订。参伯内特本:"或者,甚至好人们更多地好,而坏人们更多地坏。"多兹本:"或者,甚至坏人们更多地好。"

卡　我确实[肯定]。

苏　[e10]那就请你跟我一起总结一下,我们从已经同意的东西里得出什么结论;因为他们说,"两次三番地"[499a]谈论和观察种种美是一件美事。而我们说,明智且勇敢的人是好人。不是吗?

卡　是。

苏　而不明智且怯懦的人是坏人?

卡　那当然。

苏　但再者,感到喜悦的人是好人?

卡　是。

苏　[a5]而感到苦恼的人是坏人?

卡　必然如此。

苏　而好人与坏人相似地感到苦恼和感到喜悦,但坏人也许甚至更多地[感到苦恼和喜悦]?

卡　是。

苏　所以,坏人与好人变得相似地好与坏,或者,甚至[499b]更多地好?如果某人要说快乐与好相同,不就得出这些和前面那些结论吗?这些不就必然如此吗,卡利克勒斯?

卡　我从你那儿已经听了很长时间啦,苏格拉底,不断地[b5]同意,同时心里暗想:即便某人开玩笑向你作出任何让步,你都会乐于抓住它,像那些愣小伙。仿佛你竟相信,我本人甚或其他任何常人都不觉得,有些快乐更好,而有些更差!

苏　哎哟哟,卡利克勒斯啊,你是什么事儿都干得出来呀,简直拿我[499c]当孩子耍,同一些东西,你那会儿宣称那个样儿,这会儿又这个样儿,你在蒙骗我!尽管如此,我刚开始还不相信你是自愿地蒙骗我,因为你是我朋友嘛;但现在我已经被欺骗了,如此看来,我也必须被迫[c5]——按照古代的讲法——"因势利导"并从你那里"来者不拒"。①

---

①　两个格言混合使用。第一个格言意为做好手头的事,充分利用现有的东西,如逆来顺受、因势利导、因地制宜等。第二个格言意为接受所给的东西,如来者不拒、照单全收、却之不恭等。

但你现在说的,看起来,就是这个:存在某些快乐,有些好而有些坏,不是吗?

卡　[499d]是。

苏　那么,是不是那些有益的就好,而那些有害的就坏?

卡　那当然。

苏　而那些产生某种善的就有益,而那些[产生]某种恶的就有害?

卡　我肯定。

苏　那么,你是不是讲这类东西,比如在身体方面,[d5]我们刚才讲过的吃和喝的快乐①——是不是其中那些在身体方面产生健康、力气或身体其他某种美德的[快乐]就好,而那些[499e][产生]它们反面的[快乐]就坏?

卡　那当然。

苏　那么,那些痛苦不同样如此吗,有些有用,而有些堕落?

卡　怎么不呢?

苏　那么,不就应该选择并实践那些有用的快乐和痛苦?

卡　[e5]那当然。

苏　而非那些堕落的[快乐和痛苦]喽?

卡　显然如此。

苏　因为也许应该为了那些善而实践一切,依我们看,要是你有记性,我和珀洛斯[都这样看]。② 那么,依你看也同样如此吗:一切行动的目的都是善,而且必须为了这个东西而实践其他一切,[500a]而非为了其他东西[而实践这个]? 你也投票赞同我们两个,做第三个吗?

卡　我确实[投票赞同]。

苏　因此,必须为了那些善而实践其他东西和快乐的东西,而非为了那些快乐的东西而[实践]那些善。

卡　那当然。

苏　那么,所有男人不就[a5]需要从那些快乐中分别选出哪类好、哪

---

① 见496c – d。

② 见468b。

样坏,或者,在每样[东西方面]都需要有个专家?

卡 [需要有个]专家。

苏 那就让我们回忆一下我那时碰巧又给珀洛斯和高尔言亚讲过的那些东西。① 因为我那时讲——要是你有记性:[500b]有些活动是直达快乐,仅仅预备这个东西本身,却不认识更好与更差,而有些[活动]则认识什么好与什么坏;而我确定,烹饪术②这种经验而非技艺,属于那些关心[b5]快乐的东西,而治病术这种技艺则属于那些关心善的东西。

向友谊[神宙斯]起誓,卡利克勒斯啊,请你既不要相信自己必须拿我开玩笑,或回答你碰到的任何违反自己意见的东西,[500c]又不要接受我这样——好像我在开玩笑一样——[说出]的东西。因为你会瞧见,这就是我们那些讨论关心的[问题]——除此之外又有什么[问题],任何一个稍微有点儿理智的人会更严肃地[探究]呢:究竟应该以什么方式生活,是走上你号召我[走上]的那种[生活]呢,即从事[c5]男人的那些东西,在民众中讲话并修习演说术,并以你们现在搞政治的那种方式搞政治,还是[走上]这种在哲学中生活,而这种[生活]与那种[生活]到底有什么差别。

那么,[500d]也许最好是,像我刚刚着手做的,区分[这两种生活]。但既已区分并彼此同意之后,要是它们确实是两种生活,[最好]就考察它们两者彼此有什么差别,且哪种[生活]值得生活。也许你还不知道我在讲什么。

卡 [d5]当然不[知道]。

苏 不过,我将会给你说得更清楚。既然我与你已经同意,既有某种善,又有某种快乐,而快乐不同于善,但又有某种针对它们各自的照料和获得[它们]的活动,一则是对快乐的[d10]追逐,一则是对善的[追逐]——但首先,对我这个[说法]本身,[500e]你是否赞同。你赞同吗?

卡 我这样肯定。

苏 那就来吧,请你继续同意我也向这些人讲过的东西,既然依你看

---

① 见 464b–465a。
② 烹饪术仅此一见,义同烹调术。

[我]那时候讲得真实。我大约讲过:[e5]依我看,烹调术不是技艺,而是经验,[501a]但治病术[是技艺]。我要讲,这个东西既考察了它所照料的那个东西的本性,又[考察了]它所从事的那些东西的原因,而且能够给它们各自讲出道理,就是治病术;但那个东西呢,[追逐]快乐[的东西],它的照料全部都冲着这个[快乐]——毫无技艺地[a5]趋向这个[快乐],既没考察过快乐的本性,又没[考察过它所从事的那些东西的]原因,总之毫无道理,一般而言,根本没有分类计算,仅仅凭常规和经验保存[501b]出于习惯而发生的东西的记忆,并借此提供那些快乐。

那么,请你首先想想看,这些[说法]依你看讲得是否充分,关于灵魂[是否]也有某些其他类似的行业:有些[行业]有技艺,具有某种关于灵魂方面的最好东西的先见之明[b5];但有些[行业]非但轻视这个[本事],反倒又像前者[身体方面]一样,仅仅考察属于灵魂的快乐会以什么方式为它本身[灵魂]而产生,它们既不考察这些快乐哪个更好,哪个更差,又不关心其他东西,仅仅除了[关心]取悦,[501c]无论[这种取悦]更好还是更差。因为它们依我看确实存在,卡利克勒斯啊,而且我肯定,这类东西就是谄媚,既在身体方面,也在灵魂方面,以及在其他任何方面——只要有人照料这个方面的快乐,而从来没有考察[c5]更好和更差;但你呢,关于这些[说法],你这会儿完全跟我们抱定相同的意见呢,还是予以否认?

卡　至少我不[否认],得了,我认同吧,以便既可以使你完成论证,又可以使我取悦这位高尔吉亚。

苏　[501d]但这个东西[取悦]是不是仅仅针对一个灵魂,而不针对两个或多个[灵魂]?

卡　不,而是也针对两个和多个[灵魂]。

苏　那么,它不就是同时取悦群体吗,尽管它根本没有[d5]考虑最好的东西?

卡　我相信确实[如此]。

苏　那么,你能说出哪些追求是这样做的吗?但不如我来问——要是你愿意:如果它依你看属于这些东西之一,就请你肯定,若不属于,就否定。[501e]但首先,让我们考察吹簧管的技艺吧。依你看,它不就是这样的东西吗,卡利克勒斯啊,即仅仅追求我们的快乐,却不在意其他任何东西?

卡 依我看确实。

苏 [e5]那么,所有这类东西不都同样如此吗,比如,那些[音乐]竞赛上的基塔拉琴弹奏术?

卡 是。

苏 但这个呢:[酒神]合唱训练和颂诗制作?它不非常明显地向你显现为这类东西吗?或者你以为,[e10]美勒斯之子喀涅西阿斯①是某种程度上在意自己将如何说出某些使听者们从此变得更好的东西呢,还是他只关注[502a][如何]取悦成群的观众?

卡 很明显[是后者]嘛,苏格拉底,至少就喀涅西阿斯而言。

苏 但他父亲美勒斯呢?②依你看,他过去不是经常着眼于最好的东西[a5]而弹唱基塔拉琴吗?或者,那个人并非为了最快乐的东西,因为他过去弹唱经常令观众们感到悲愁?不过,请你想想看:所有基塔拉琴弹唱术和[酒神]颂诗制作,依你看,不都是为了快乐之故而被发现的吗?

卡 依我[看确实]。

苏 [502b]但这个呢:这个崇高而惊人的东西本身,即肃剧的创作,它严肃对待的那个东西?它[肃剧]的意图和严肃,依你看,是仅仅取悦观众呢,还是也坚持[跟观众]战斗:某个东西即便令他们快乐[b5]并取悦[他们],却很堕落,就[争取]无论如何不说出这个东西;但要是某个东西碰巧不令人快乐却有益,就[争取]讲出并唱出这个东西,无论他们会不会感到喜悦?依你看,应该以哪种方式预备肃剧创作?

卡 这很明显嘛,苏格拉底,它更多地[502c]冲着快乐并取悦观众。

苏 那么,这类东西,卡利克勒斯,我们刚才说过,不就是谄媚吗?

卡 那当然。

苏 [c5]那就来吧,要是某人从整个诗作剥除曲调、韵律和节拍,最终

---

① 公元前5世纪末和前4世纪初的酒神颂歌诗人,作为新派音乐的重要代表和自由思想家,被认为败坏了酒神颂歌的传统,参阿里斯托芬,《鸟》1373-1408。

② 被斐瑞克拉底说成有史以来最差的基塔拉琴歌手。柏拉图不大可能听过他弹唱,但应该熟悉关于他的戏剧(《普罗塔戈拉》327d)。

就变得除了一些言辞,还剩下别的吗?

卡　必然[只剩言辞]。

苏　那么,这些言辞不就被讲给多数群氓和[c10]民众吗?

卡　我肯定。

苏　诗术因此就是某种民众演说。①

卡　[502d]显然。

苏　那么,它不就是演说术式的民众演说吗。或者依你看,诗人们不就在剧场发表演说吗?

卡　依我[看]确实。

苏　[d5]因此,现在,我们已经发现了某种面向这类民众——诸如孩子们、女人们、男人们,无论奴隶还是自由人——的演说术,这种东西我们完全不钦佩,因为我们肯定,它就是谄媚术。

卡　那当然。

苏　[d10]但愿如此吧。但这个呢:面向雅典民众[502e]和其他在各城邦里属于自由男人的民众的演说术,它本身对我们而言到底是什么?依你看,演说者们是永远为了最好的东西而讲话呢——以此为目标,以便通过自己的言辞使邦民们[e5]尽量变得最好——还是这些人也冲着取悦邦民们,乃至为了他们自己的私人[利益]而轻视公共[利益],就像对待孩子们一样去结交民众,仅仅试着取悦他们,却毫不在意他们是否会通过这些东西[503a]而变得更好或更差?

卡　很不简单啊,你所问的这个[问题]:因为有些人讲自己所讲的那些东西确实是操心邦民们,但也有些人就像你讲的那样。

苏　[a5]这就够了。因为要是这个东西也有两部分,它的一部分大约就是谄媚和丑陋的民众演说,而另一部分则是高尚的——它预备使邦民们的灵魂尽量变得最好,并坚持战斗并讲出那些最好的东西,无论它们会令听者们更快乐或更不快乐。[503b]不过,你迄今从未见过这种演说术吧。或者,要是你能说出一位这样的演说者,你为什么不也给我指出,他是谁呀?

---

① 参482c。关于群氓与民众之别,见459a注释。

卡　不过，凭宙斯起誓，我实在无法为你，至少[b5]从现在的演说者当中说出任何一位。

苏　但这个呢：你能从古代的[演说者]当中说出任何一位吗——通过这个人，雅典人能称得上变得更好了，自从这个人开始民众演说之后，那些在先前时代实际更差的[雅典人变得更好了]？因为我确实不知道这个人是谁。

卡　[503c]什么？忒米斯托克勒斯①，你没听说吗，他最终变成了好男人，还有喀蒙②、米尔提阿德斯③，以及那个新近命终的伯里克勒斯，你也听过他[演说]吧？

苏　确实，卡利克勒斯啊，如果你前面讲过的美德是[c5]真正的[美德]，即最终满足自己和其他人的各种欲望[，那么他们就是好男人]。但如果并非如此，而是像我们在随后的讨论中被迫同意过的——有些欲望得到满足会使常人变得更好，[503d]就实现这些[欲望]，而有些[欲望得到满足则使常人变得]更差，就不[实现这些欲望]，而这会是某种技艺——那么，这些人中有谁最终变成这样的男人，至少我说不出来。

卡　不过，只要你寻找得美，你就会发现。

苏　[d5]得了，就让我们这样静静地观察，④看这些人是否有谁最终成了这样的人；来吧，因为为了最好的东西而讲话的好男人，不会随随便便地说出他要讲的东西，而是[503e]专注于某个东西，除此之外，岂有他哉？就像其他所有着眼于自己工作的工匠们一样，每个人都不是随随便便地选取和运用自己的工作，而是会使他制作的东西就其本身而言具有[e5]某种样式。例如，要是你愿意观看写生者们、建房者们、造船者们，以

---

① 忒米斯托克勒斯（前524—前460），雅典政治家和海军战略家，雅典舰队的缔造者，一手策划了萨拉米斯海战的胜利，公元前471年被放逐。

② 喀蒙（前510—前451），米尔提阿德斯之子，马拉松战役的胜利者。他曾是萨拉米斯海战的英雄，当选十将军委员会，创建德洛斯同盟。公元前462年被放逐。

③ 米尔提阿德斯（前554—前489），于公元前490年取得马拉松战役胜利，随后因军事失利而遭指控。

④ 这里有不同的释读和校订。参多兹本："……这在我们看来是某种技艺——那么，你能肯定，这些人哪个已经成了这类男人了吗？卡：我确定不能这样说。苏：不过如果你探究得美，你就会发现。那就让我们这样……"

及其他所有工匠，无论你愿意从这些人里[观看]谁，[你都会看见]每个人如何把自己制定的每个东西制定入某种安排，并进而强迫[504a]一个东西适合并协调另一个东西，直到他已经把整体组合成为一个经过安排且经过秩序化的活动；当然，其他工匠也[同样如此]，包括我们刚才讲过的那些身体方面的[工匠]，即健身师们和医生们，他们大约秩序化[a5]并组合身体。我们同不同意，就是这样？

卡　就让它这样吧。

苏　因此，一座碰巧已经有安排和有秩序的房子就会有用，而无安排的就糟糕？

卡　我肯定。

苏　[a10]那么，一艘船不也同样如此吗？

卡　[504b]是。

苏　而且我们肯定，我们的身体亦然？

卡　那当然。

苏　但灵魂呢？碰巧尚无安排就会有用呢，还是[b5]已有安排和某种秩序[才会有用]？

卡　从前面那些[说法]看，必然也要同意这一点。

苏　那么，那个在身体里从安排和秩序产生的东西，有什么名字？

卡　你兴许是讲"健康"和"力气"吧。

苏　[504c]我确定[是讲这个]。但这个呢：那个在灵魂里从安排和秩序产生的东西，又[有什么名字]？请你试着照前面那样，找到并说出其名字。

卡　但你为什么不自己讲呢，苏格拉底？

苏　[c5]得了，要是这样令你更快乐，我就会自己说；但你呢，如果依你看我讲得美，就请你肯定，但要不然，就请你反驳，千万不要让步。因为依我看，就身体的那些安排而言，名字就是"健康"，由此在它[身体]里面产生健康和身体的其他美德。是这样抑或不是？

卡　[c10]是这样。

苏　[504d]但就灵魂的那些安排和秩序而言，至少[依我看，名字就是]"习规"和"礼法"，由此，人们就变得既合法又有序；而这些就是正义和节制。你说是不是?

卡　就算是吧。

苏　[d5]那么,那个有技艺且好的演说者,不是将会着眼于这些东西而应用他要讲给灵魂的那些言辞和所有行动吗,无论将给予他要给予的什么礼物,或将抢走他要抢走的什么东西?他永远让自己的心智朝向这个[目的]:如何使正义在自己邦民们[504e]的灵魂里产生,使不义离去,并使节制在里面产生,使放纵离去,并使其他美德在里面产生,使诸恶走开。你认不认同?

卡　[e5]我认同。

苏　卡利克勒斯啊,因为对一副患病且已经被置于糟糕境地的身体,给予很多最令人快乐的食物、饮料或其他任何并非更多地或恰恰相反——按照正义的道理——甚至更少地有助于它的东西,究竟有什么益处呢?是[e10]这样吗?

卡　[505a]就算是吧。

苏　因为我相信,带着一副糟糕的身体生活并排有利于一个常人;因为他这样,也必然生活得糟糕。或者,不是这样吗?

卡　[a5]是。

苏　那么不也[是这样]吗:一个健康的人满足种种欲望,诸如饿时就尽情地吃,或渴时就[尽情地]喝,医生们在多数情况下准许;但对一个患病者,一般而言,他们从来都不准许他填饱他所渴望的东西?至少你[a10]也认同这一点吧?

卡　我确实[认同]。

苏　[505b]至于灵魂,最好的人啊,不是同样的方式吗?只要它是堕落的,既无理智又不节制,既不正义又不虔敬,就必须使它本身隔绝各种欲望,而不容许它做其他任何事,除了那些会使它变得更好的事情。[b5]你是否肯定?

卡　我肯定。

苏　因为这样大约对灵魂本身更好。

卡　那当然。

苏　那么,让它远离它所渴望的东西,不就是惩罚[它]吗?

卡　[b10]是。

苏　被惩罚,因此就比放纵对灵魂更好,就像你刚才相信的。

卡　[505c]我不知道你所讲的任何东西,苏格拉底,得了,你去问其他任何人吧。

苏　这,这个男人竟然不容忍自己受益并亲自经受讨论所及的这个东西,即被惩罚。

卡　[c5]绝不,我根本就不关心你所讲的任何东西,我过去给你回答这些,哼,只是为了高尔吉亚。

苏　但愿如此;哎呀,我们这该怎么办呢?我们就半途解散论证吗?

卡　你自己会认识[,我不管]。

苏　[c10]不过,就连那些神话,他们说,半途放弃[505d]都不合天理,相反,它们都要被安个脑袋,免得它没有脑袋就会四处乱转。所以,也请你回答余下的东西吧,以便我们的论证可以有个脑袋。

卡　你太暴力了,苏格拉底。但如果你被我说服,[d5]你就会让自己告别这套论证,或者你就会跟其他人交谈去。

苏　其他人,有谁乐意啊?我们确实不能放弃论证,让它毫无结尾。

卡　但你就没能力自己穿越论证吗,要么凭你自己去讲,要么给你自己回答?

苏　[505e]这样的话,厄庇卡尔摩斯那句[话]就应在我身上了,"两个男人之前讲过的"东西,我一个人就足够了。① 然而,恐怕必然只能这样。那现在就让我们这么办。我相信,我们所有人应该在[e5]认识我们所讲的东西什么是真什么是假方面热爱争论;因为这事变得显明是一件所有人共同的好事。所以,[506a]我这就自己穿过论证,[看看]它依我看会怎样;但如果依你们任何人[看],我实际上并不同意我自己,就必须拦住并反驳[我]。因为我讲话时并不知道我所讲的东西,相反,我要跟你们共同探究,这样,如果驳斥我的人[a5]有什么东西讲得明白,我就会第一个认同。行啦,我就讲这些,要是看起来必须完成论证;但要是你们不

---

①　厄庇卡尔摩斯是个谐剧诗人,西西里人,被称为"谐剧王子"。他的"那句话"的出处已不可考。

愿意,就让我们从此告别论证,并各自离去。

高 不过,依我看,苏格拉底啊,不至于一定要[506b]离去嘛,相反,要让你自己穿越论证。但在我看来,其他人也这样看。因为我和我自己愿意听听你[如何]凭你自己穿过剩余的东西。

苏 当然啦,高尔吉亚,我和我自己也会很快乐地[b5]继续跟这个卡利克勒斯交谈,直到我用安斐翁对策托斯的答话回敬了他。但是,卡利克勒斯啊,既然你不乐意一起完成论证,无论如何,请你至少坚持听我[讲]。如果依你看,我有什么东西讲得不美,[506c]就请你捉住。而如果你驳倒我,我也不像你对我那般对你怀有怨恨,相反,你终将被我作为最大的恩人铭记在心。

卡 讲吧,好人啊,请你和你自己完成去吧。

苏 [c5]得了,请你听我从头重拾论证:
——快乐与善是不是相同的东西?
——不相同,就像我本人和卡利克勒斯都同意的。①
——但是,是快乐必须为了善而被实践呢,还是善必须为了快乐[而被实践]?
——快乐为了善。
——但快乐是这种东西,它[506d]一旦产生出来,我们就感到快乐;而善呢,它一旦出现,我们就是好人?
——那当然。
——不过,某种美德一旦产生出来,我们就是好人吗,其他所有凡是好的东西就是[好东西]?
——至少依我看必然如此,卡利克勒斯啊。②
——[d5]不过,器具啦、身体啦、灵魂啦,甚至所有活物,[它们]每样东西的美德,都不是随随便便就以最美的方式产生出来,而是通过安排、端正和给它们各自分配的某种技艺,不就是这些吗?

---

① 据此推断,答者是苏格拉底,问者是苏格拉底与卡利克勒斯之外的某人,鉴于前文提到的自己与自己的分离,这个问者可视为苏格拉底的"自己"。

② 据此推断,问者从苏格拉底的"自己"变成了卡利克勒斯,正确的结论由卡利克勒斯说出。

——确实,我肯定。

——[506e]所以,通过安排,每样东西的美德就是某种已经被安排和被秩序化的东西?

——我会肯定。

——因此,在每样东西内部产生的某种秩序,即每样东西本已的[秩序],让每样存在者变好?

——依我看确实。

——因此,一颗拥有自己秩序的[e5]灵魂也就比毫无秩序的[灵魂]更好喽?

——必然。

——不过,拥有秩序的[灵魂]就肯定有序吗?

——它怎么可能不呢?

——但[507a]有序的[灵魂]就节制喽?

——非常必然。

——因此,节制的灵魂就好喽。

我嘛,除了这些,我没有其他东西要说了,亲爱的卡利克勒斯。但你呢,要是有,就请教吧。

卡 你讲吧,好人儿。

苏 [a5]我这就讲:

——要是节制的[灵魂]是好的,那么,已经遭受节制之反面的[灵魂]就是坏的,而它本身就会是不明智且放纵的灵魂。

——那当然。

——而且,节制者肯定会实践那些有关神们和人们的适宜之事;因为实践了不适宜之事者,就不会保持节制。

——[507b]这些必然如此。

——并且实践有关人们的适宜之事者,就会实践正义之事,而[实践]有关神们[的适宜之事]者,[就会实践]虔敬之事;而实践正义和虔敬之事者就必然是正义且虔敬之人。

——就是这些。

——于是,也[b5]至少必然是勇敢之人;因为节制的男人就是,既不追求又不逃避那些不适宜[追求和逃避]的,而是逃避和追求那些应当[逃避和追求]的,无论是事或是人,无论是快乐还是痛苦,并且保持忍耐坚守在应当之地;这样,非常[507c]必然,卡利克勒斯啊:节制者既然是正义、勇敢且虔敬之人,就像我们已经讨论的,最后就[必然]完全是好男人;而好人就[必然]既好且美地做他会做的事情,而做得好的人就[必然]幸运且[c5]幸福,而做得坏的堕落者就[必然]不幸:这就是与节制者们处于相反境地的家伙,即你所赞赏的放纵者。

于是,我就这样确定了这些[道理],并肯定这些[道理]都是真实的;但倘若这是真实的,愿意幸福的人看起来[507d]就应该追求且实践节制,而我们每个人都应该竭力撒腿逃避放纵,且应该准备在最大程度上[使自己]根本不需要受到任何惩罚;但如果他自己或他自家的其他任何东西,无论个人[d5]或城邦,需要[受到惩罚],就应该施以审判且应该惩罚,只要他打算变得幸福。

这至少依我看就是生活必须瞄准的目标,且全心全力使自己和城邦的东西一起趋向它,这样,正义和节制就会[507e]为那种打算将来变得幸运的人而出现,[必须]这样践行,既不准许各种欲望变得放纵,也不着手填满它们,即一种永无止境的恶,从而过一种盗贼的生活。

因为这样的人既不会是其他常人的亲密朋友,也不会是神的[亲密朋友],[e5]因为他没有能力进入共同体。但任何人不进入共同体,就不会有友爱。智慧者们说,卡利克勒斯啊,天、[508a]地、神们和人们通过共同体、友爱、秩序化、节制和正义化合成一个整体,并且因为这些,他们称这个整体为宇宙,友伴啊,而非无秩序或放纵。但你呢,依我看,你没把[a5]心思转向这些东西,尽管你在这些东西上也算是个智慧者,不过,你仍不明白几何平等在神们和人们中有很大的力量,却相信必须修习"获得更多",因为你不关心几何。

但愿如此:于是,要么这番道理应该被我们[508b]驳倒,以便表明,那些幸福者不是因为获得正义和节制而幸福,那些不幸者也[不是因为获得]恶而不幸,要么[我们]就应该考察,倘若这[番道理]是真实的,会得出什么结论。结论就是前面所有那些,卡利克勒斯啊,你曾问我,我讲到它们时是否[b5]严肃。我那时讲:有人如果行了什么不义,就应该指控他本人以及儿子和友伴,且应该为此而使用演说术。① 你认为珀洛斯出于羞耻而认同的东西,也因此就是真实的,即行不义比受不义在多大程度上[508c]更丑,就在多大程度上更坏。② 因此,打算将来正确地做个演说专家的人也就必须是正义之人,且熟悉正义之事——珀洛斯又说高尔吉亚出于羞耻而同意了这一点。③

既然这些情况是这样,就让我们考察,你责备我的到底是什么[c5],因而讲得是否美。④[你讲,]我既无法保护我自己,或任何朋友或亲人,也不能拯救[他们]出离各种极大的危险,而我就只能任他人所愿,就像那些弃民任人摆布一样,[508d]不管他愿意打——套用你那个朝气蓬勃的讲法——耳光啦,或抢走财产啦,或逐出城邦啦,还是最后杀死[我]啦,就这样被置于——照你的讲法——所有东西里最丑的境地。

[d5]但我的[讲法是]这样,迄今为止我已说了许多次,但再讲[几次]也无妨:

我并不肯定,卡利克勒斯,不义地被打耳光最丑,也不[肯定]我的身体或[508e]钱包被切割[最丑],而是[肯定]不义地打击和切割我和我的东西更丑且更坏。同时,偷窃、奴役和入室抢劫等亦然。总而言之,对我和我的东西行不义,对行不义者而言[e5]比对我这个受不义者而言更坏且更丑。

上面这些已经在前面的论证中向我们这样显明的[结论],要我讲,就被坚持下来并被绑在一起,[509a]要是说得更粗野点儿,用钢铁般坚固的言辞[绑在一起],这看起来就像这样[坚固];要是你本人或某个比你更朝气蓬勃的人不解开它们,任何人不像我现在讲的这样去讲任何东西,就无法讲得美;因为我永远只有这套[a5]相同的说法:我不知道这些东西情况怎样,但在我已经碰见的人中,就像现在,没有任何一个人能够以别的方式讲述而不变得滑稽可笑。

所以,我再次确定,[509b]情况就是这样。但如果确实这样,即对

---

① 见480b – d。
② 见482e。
③ 见482c – d,461b。
④ 见486a – c。

行不义者而言最大的恶就是不义,且比这个最大的[恶]更大的[恶]就是——如果可能——行不义者没有接受审判,那么,一个没有能力为他自己提供什么保护的人会真正变得[b5]滑稽可笑？不就是那种会使我们避开最大伤害的[保护的人会]吗？得了,非常必然,这是没有能力为他自己或自己的朋友提供的最丑的保护；而其次丑的[509c]就是[不能使自己和他人]避开其次的恶,且第三[丑的就是不能使自己和他人]避开第三[恶],其他以此类推。每种恶自然有多么大,能够保护[自己和他人]避开每种[恶]的美和不能[避开每种恶]的丑也就有多么大。就是这样,还有别的吗,卡利克勒斯？

卡　[c5]没别的。

苏　那么,关于这两个东西,即行不义与受不义,我们就肯定,行不义是更大的恶,而受不义是更小的[恶]。那么,一个常人预备什么,才能保护他自己,[509d]以便拥有这两种利益,即不行不义和不受不义？是[预备]能力呢,还是意愿？罢了,我这样讲：是如果他不愿意受不义,他就会不受不义呢,还是如果他预备一种不受不义[d5]的能力,他就会不受不义？

卡　这很明显嘛：如果[他预备]一种能力。

苏　但这个呢：关于行不义？如果他不愿意行不义,这就足够了呢——因为他就不会行不义——还是为了避免[509e]这个,也必须预备某种能力和技艺,就好像如果他不学习并修习它们,他就会行不义？为什么不为我回答这个[问题],卡利克勒斯？依你看,我本人和珀洛斯在以前的讨论中被迫同意得[e5]是否正确——那会儿我们同意,无人愿意行不义,相反,所有行不义者都是非自愿地行不义？①

卡　[510a]就算依你[看]是这样吧,苏格拉底,以便你可以结束这套论证。

苏　因此,为了避免这个[行不义],看起来也应该预备某种能力和技艺,这样我们才能不行不义。

卡　[a5]那当然。

---

① 见467c–468e。

苏 那么,为了根本不或尽量少受不义而预备的技艺到底是什么?请想想看,是否依你和我看都是同一种。因为,依我看是这种:要么必须自己在城邦里统治,乃至成为僭主,要么[必须]成为起初就具统治地位的政体的[a10]同党。

卡 你瞧见了吗,苏格拉底啊,我就准备赞扬[你]啦,[510b]只要你在哪一点上讲得美?依我看,你这一点说得就完全美。

苏 那就请想想,依你看,我这一点是否也讲得好:依我看,每个能在最大程度上跟每个人做朋友的人,如古代智慧者们所言,就是跟相似者相似的人。不[b5]也如此吗,依你[看]?

卡 依我看确实[如此]。

苏 那么,无论在哪里,一个野蛮且缺乏教养的僭主做统治者,要是城邦里有人比这个家伙好得多,这个僭主不就一定会害怕那个人,并[510c]终究没有能力全心全意地变成那个人的朋友吗?

卡 是这样。

苏 但要是有人卑贱得多,他也不会[成为那个人的朋友],因为这个僭主就会鄙视那个人,且终究不会像[c5]对待朋友一样严肃对待[那个人]?

卡 这也真实。

苏 对这样的人来说,值得称为朋友的就只剩这种人:他有[与僭主]相似的性情,谴责和赞扬相同的东西,乐意被统治并顺从统治者。这个人[510d]在那个城邦里就会拥有很大能力,任何人对他行了不义就都喜悦不起来。不是这样吗?

卡 是。

苏 因此,要是在那座城邦里有个年轻人心想,[d5]"以什么方式,我会拥有很大能力,并使任何人都不能对我行不义呢?"看起来,他就有这个途径:立刻从青年开始就让自己习惯于同主人为相同的东西感到喜悦和怨恨,并预备将来尽量在最大程度上变得跟那个人相似。不就这样吗?

卡 [d10]是。

苏 那么,这个人不受不义并拥有很大[510e]能力——照你们的说法——不就会在城邦里彻底实现吗?

卡　　那当然。

苏　　那么,不行不义也会[彻底实现]吗?或者远非如此,只要[e5]他变得跟那个不义的统治者相似并在那个人旁边拥有很大能力?不过,我相信,完全相反,他这样预备恰恰是为了使自己能够尽量最多地行不义,且行了不义之后不接受审判,是吧?

卡　　显然。

苏　　[511a]那么,最大的恶不就会开始降临到这个因模仿主人并[攫取]能力而灵魂已经变得糟糕且残废的人头上吗?

卡　　我不知道,你怎么每次都忽上忽下地[a5]扭转那些说法,苏格拉底。或者你竟然不知道,这个模仿者会杀死那个不模仿者,只要他愿意,并抢走[那人的]东西吗?

苏　　[511b]我当然知道,好人卡利克勒斯啊,要不然我就是聋子啦:不仅从你那儿,而且刚刚多次从珀洛斯那儿,乃至从城邦里几乎所有其他人那儿,我已经听到啦。不过,请你也从我这儿听到:他尽管会杀死[那个不模仿者],如果他愿意,但他是作为堕落者[杀死]一个既美且好的[b5]存在者。

卡　　那么,这不恰恰是令人愤怒的事儿吗?

苏　　不,至少对拥有理智者而言[不是],如论证所指明的。或者你相信,一个常人必须预备尽量最长时间地生活,并关心那些永远拯救我们于[511c]危险的技艺,尤其是你命令我关心的那种,即在法庭上拯救[自己]的演说术?

卡　　是,凭宙斯起誓,我给你提的建议确实正确呀!

苏　　但这个呢,最好的人啊:游泳知识,[c5]依你看也是什么崇高的东西吗?

卡　　凭宙斯起誓,不,依我[看不是]。

苏　　它至少也拯救世人于死亡,一旦他们掉进某个必需这门知识的这类地方。但要是依你看它实在渺小,我会给你[511d]说一个比它更伟大的,即掌舵术,它不仅拯救各种性命[灵魂],而且[拯救]各种身体和财物于各种极度的危险,就像演说术。而且它谦虚且有序,并不目视崇高,装作仿佛[d5]实现了某种辉煌之事的姿态;相反,如果它已经[把人们]从埃吉纳拯救到这里,已经实现跟庭辩术[实现的]相同的东西,那么我相信,它就索要两个欧宝;但如果从埃及或从蓬托斯①[拯救到这里],[511e]那么,为了这件大大的善行——已经拯救刚才讲过的那些,即他自己、孩子们、各种财物以及女人们,已经使之进入港口登陆——它就顶多索要两个德拉克马②;而且那个已经拥有这门技艺并实现这些[事情]的人[e5]就下来[上岸],在海洋和船只旁边以适度的姿态踱来踱去,因为我相信,他熟悉这样合计,即他使哪些同航者受益了——没有让[他们]被扔进海里——又伤害了哪些人,这些都并不明显。他也知道,[512a]他丝毫没有使他们下船时变得比他们上船时更好,无论身体方面或灵魂方面。于是,他就这样合计:要是某人在身体方面得了那些巨大且无可救药的疾病而没被淹死,这个人就很不幸,因为没[a5]有死掉,丝毫没从他那儿受益。因此,要是某人在比身体更珍贵的东西,即灵魂里,拥有许多无可救药的疾病,这个人就不应该活着,且他就会无助于这个人,即便拯救[这个人]出离海洋、法庭或其他[512b]任何地方。相反,他[舵手]知道:对悲惨的世人而言,活着并非更好,因为必然活得坏。

因为这些,舵手自视崇高是不合礼法的,尽管他拯救了我们。惊人的家伙啊,至少机械制造者③亦然,[b5]尽管他有时候拯救能力丝毫不比将军更差,遑论舵手,更别提其他任何人了,因为他有时候拯救整个城邦。依你看,他不是处于庭辩家的层次吗?然而,卡利克勒斯啊,要是他愿意讲你们[所讲]的那些东西,[512c]使[自己]事务显得崇高,那么他就能用言辞埋没你们,就讲话并号召[你们]必须都变成机械制造者,仿佛其他东西什么都不是,因为他有言辞就足够了。不过,你仍然毫不减弱地鄙视他本人和他的技艺,[c5]并蔑称为"机械制造者",好像带着侮辱。而且你既不会乐意把女儿嫁给他的儿子,也不会[乐意]给自己[儿子]娶来那人的[女儿]。

---

① 蓬托斯(又译"本都")在黑海南岸地区。
② 一个德拉克马等于六个奥波洛(obolos)。公元前409年至前406年,一个劳力一天的标准工资是一个德拉克马。
③ 即军事工程师,负责发明和制造战争机械和防御工事。

然而，基于你借以赞扬你自己的［事务］的那些东西，你凭什么正义的道理来鄙视机械制造者和［512d］我刚才所讲的其他人呢？我知道，你会说自己更好且出身更好。但要是"更好"不是我所讲的那种［更好］，而是这种美德，即拯救自己和自己的东西，无论他碰巧是什么样的人，那么，你对机械制造者、［d5］治病者以及其他所有为了拯救［我们］而被制作出来的技艺的指责就会变得滑稽可笑。①

不过，幸运儿，请你瞧瞧，高贵且优良是否不是除了拯救与被拯救之外的其他任何东西。因为至少作为真正的男人，不应该允许［512e］自己活得时间太长，且不应该热爱活命，而是把关于这些东西的［考虑］托付给神，并信服女巫们［说的］，没有任何一个人可以逃脱自己的定命。那么继之而来的，就应该考察：以什么方式才能在他［e5］打算生活的那段时间内活得最好，难道是让自己变得跟［513a］他住在其中的政体完全相似吗？但现在呢，你因此就必须使自己变得尽量跟雅典民众最相似，只要你打算成为它［雅典城邦］的亲密朋友并在城邦里拥有很大能力？请你瞧瞧，这是否有利于你和我，［a5］精灵哟，以免我们遭受那个据说帖撒利亚女巫们摘下月亮②时［所遭受的命运］：选择在城邦里拥有这种能力，就会让我们付出最亲爱的东西。

但要是你相信，无论什么常人会向你传授某个这样的技艺，它［513b］都可以使你在这座城邦里拥有很大能力，尽管你跟［现有］政体并不相似，无论因为［比它］更好或更差，那么，依我看，你这样就没有正确地征求建议，卡利克勒斯啊。因为一定不能只是个模仿者，而要在自己天性上跟这些人相似，要是你打算［b5］跟雅典民众最终结成某种嫡亲的友谊，哦，对了，凭宙斯起誓，也跟毕里兰佩斯之子［德莫斯结成友谊］。那么，无论什么人将会使你最终变得跟这些人最相似，这个人都会使你像你渴望成为治邦专家那样成为治邦专家和演说专家，因为每类人［513c］都喜欢那些依照他们自己性情讲出的言辞，而厌烦那些依照异己［性情讲出的言辞］，

---

① 卡利克勒斯对医生的蔑视，见490c9和491a2a。
② "摘下月亮"即月食。女巫为了获得魔法通常要付出代价，如残废或失去亲人，最常见的是瞎眼。

除非你讲什么别的,亲爱的脑袋啊。针对这些,我们[能]讲什么呢,卡利克勒斯?

卡　我不知道,依我看,你在什么意义上讲得好,[c5]苏格拉底。但我已经遭受了多数人的感受:我没有完全被你说服。

苏　因为热爱民众之情,卡利克勒斯啊,正深藏在你灵魂里跟我作对。不过,兴许我们多次更好地[513d]仔细考察这些相同的东西,你就会被说服。得了,就请你回忆一下,我们说过,①有两套预备分别照料身体与灵魂,一套结交快乐,而另一套朝向最好,并不向下取悦,而是[d5]坚持战斗。② 这些不就是我们那会儿界定的吗?

卡　那当然。

苏　所以,一套——朝向快乐的那套——碰巧就是低贱的,且除了谄媚,其他什么都不是。是吧?

卡　[513e]就算于你而言是这样吧,要是你愿意。

苏　但另一套至少为了使我们照料的那个东西——无论碰巧是身体或灵魂——尽量变得最好。

卡　那当然。

苏　[e5]那么,我们不就应该着手这样照料城邦和邦民们,以便使这些邦民尽量变得最好吗?因为缺了这个,就像我们前面发现的,则施予其他任何一个善行都[514a]毫无益处,倘若那些打算获得许多财物、对任何人的统治权或其他任何能力的人的存心不是既美且好。我们可以这样肯定吧?

卡　那当然,要是这令你更快乐。

苏　[a5]那么,要是我们号召彼此,卡利克勒斯啊,在将来公开从事政治事务时搞建筑——城墙啦、船坞啦,或神庙,[号召彼此]搞最伟大的建筑,我们不是就必须首先考察我们自己[514b]并审查,我们熟悉或不熟悉建筑术这门技艺,且从谁那儿学习的?我们是否必须[这样]?

卡　那当然。

---

① 见500b。
② 向下取悦和坚持战斗这两个分词的宾语皆不明确,各译本皆含糊地译为"它"。

苏　[b5]那么,其次不是[必须]再[考察]这个[问题]:我们迄今是否已经私下为我们某个朋友或我们自己建过什么建筑,并且这个建筑是美是丑?而且要是我们经过考察发现,我们已经有了一些既优良且[514c]享有盛誉的教师,不仅许多美丽的建筑已经在那些教师们[的指导]下被我们建筑起来,而且许多私人[建筑]在我们摆脱教师们之后[被我们建筑起来],倘若我们被置于这样的[境地],我们就会拥有理智地走向那些公共工作。[c5]但要是我们既未能展示我们自己的任何教师,又[未能展示]任何建筑,或[仅仅展示了]许多毫无价值的[建筑],却着手公共工作并号召彼此从事这些[工作],那大概就太不理智了。我们可以肯定,这些都讲得正确,[514d]不是吗?

卡　那当然。

苏　那么,其他所有东西不都如此吗?例如,如果我们着手服公役①,号召彼此,仿佛我们是够格的[d5]治病者,我们大概就要考察——我[考察]你,而你[考察]我:"来吧,向诸神起誓,但苏格拉底本人在身体方面健康状况怎样?或者,迄今有其他什么人曾经通过苏格拉底而摆脱疾病,无论奴隶或自由人?"而我呢,我相信,我就会对你考察另一些类似的东西。而且要是我们发现,没有任何人曾经通过我们[514e]而在身体上变得更好,无论外邦人或本邦人,无论男人或女人,那么,向宙斯起誓,卡利克勒斯哟,这不就是真正的滑稽可笑吗:世人竟然进入如此不理智的[境地],以至于在干私活时不仅碰巧制作许多东西,[e5]而且成功树立很多东西并充分锻炼技艺之前,常言道,就着手"在大酒瓮上学陶艺"②,不仅自己试图着手服公役,而且号召其他这类人[服公役]?这样从事,依你看,不是不理智吗?

卡　[e10]依我[看]确实。

苏　[515a]但现在,最好的男人啊,既然你刚刚开始从事城邦事务,而且号召我[从事]并责备我不从事,我们不就该考察彼此吗?"来吧,卡

---

① "服公役"统称一切技艺或专业的公共服务,与后文"干私活"相对。相应地,苏格拉底前文将政治术分为公开从事与私下训练两个阶段,二者之间有先后关系。

② 一句俗话。酒瓮是大件陶器,制作较困难,初学者应该从制作简单的小件陶器入手。

利克勒斯迄今曾经使任何邦民变得[a5]更好了吗？有哪个以前是堕落之人，不义、放纵和不明智，通过卡利克勒斯变得既美且好，无论外邦人或本邦人，无论奴隶或自由人？"请给我讲，[515b]如果某人审问你这些，卡利克勒斯，你会说什么？你会肯定，你已经使某个常人通过跟你聚会而变得更好了吗？你畏缩不敢回答吗——你是否有什么工作[成果]，在你仍然干私活时，着手服公役之前？

卡　[b5]你太爱胜利了，苏格拉底。

苏　不过，我问[你]不是出于爱胜利，而是真正愿意知道，你认为到底必须以什么方式在我们中间搞政治。既然你已经为了我们走向城邦事务，难道你会关心任何其他东西[515c]而非使我们这些邦民尽量变得最好吗？或者，我们迄今不是已经多次同意，这就是擅长治邦术的男人必须从事的吗？我们是不是已经同意了？回答呀！我会代你回答：我们已经同意。

于是，如果这[c5]就是好男人必须为自己城邦而预备的东西，现在就请你回忆之后告诉我，你是否仍然认为，你不久之前所讲的那些男人已经变成了好邦民，[515d]伯里克勒斯啦、喀蒙啦、米尔提阿德斯啦，以及忒米斯托克勒斯。①

卡　依我[看]确实。

苏　那么，既然他们是好人，他们每个人不就显然曾经使邦民们变得更好而非更差。他们是否做过？

卡　[d5]是。

苏　那么，雅典人在伯里克勒斯刚开始在民众中讲话时不就比在他最后一次讲话时更差吗？

卡　也许吧。

苏　不是"也许"，最好的人啊，而是"必然"，基于我们[d10]已经同意的那些东西，如果那个人确实是好邦民。

卡　[515e]那有什么[关系]？

苏　没什么；不过，在这之后，请你告诉我这个：雅典人是否据说已经通过伯里克勒斯而变得更好，或者完全相反，已经被那个人败坏。因为至

---

① 参503c注释。

少我听过这些[说法]：[e5]伯里克勒斯已经使雅典人变得又懒散、又懦弱、又贫嘴、又贪财，[因为他]首次设立了工资制。

卡　你是从菜花耳们①那儿听到这些的吧，苏格拉底。

苏　[e10]不过，以下这些就不再是我听说的了，而是我已经清楚地知道的，而且你也[知道]：起初，伯里克勒斯享有好名声，而雅典人没有给他投票决定任何一次可耻的审判，尽管他们那会儿其实更差；但他们已经被他变得既美且好[516a]之后，在伯里克勒斯接近生命终点之时，他们却投票指控他盗窃，而且差点儿判了死刑，显然因为他是个堕落之人。

卡　那又怎样？就因为这个缘故，伯里克勒斯就是坏人？

苏　[a5]一个像这样照管驴、马和牛的人，要是他接管一些既不踢、也不抵、又不咬他自己的东西之后，却证明它们凭着野性做了所有这些[行为]，他至少看起来就是坏人。或者依你看，[516b]任何动物的任何照管者证明，他接管时更温顺的[动物们]比他接管时更野蛮了，他不是坏人？依你看是否[是这样]？

卡　那当然，以便我能取悦你嘛。

苏　[b5]既然如此，也请你通过回答这个来取悦我：世人是否也是动物之一？

卡　怎么不呢？

苏　那么，伯里克勒斯不是照管了世人吗？

卡　是。

苏　[b10]那又怎样？他们不就应该，像我们刚刚同意的，已经被那个人变得更正义而非更不义了吗，既然[516c]那人作为政治事务方面的好人②照管了他们？

卡　那当然。

苏　那么，正义者不是更温顺吗？如荷马所言。③而你怎么说？不这

---

① 某些贵族派或寡头派雅典人爱好斯巴达品味，包括拳击之类，故经常打烂耳朵。

② 也可译为"擅长政治事务的人"，但根据语脉，强调的是"好人"。politikos 一词，表示广义的城邦事务时，译为"政治的/政治事务"；表示狭义的政治技艺时，译为"治邦术/治邦专家"。

③ 荷马式套话"野蛮而不正义"，三见于《奥德赛》(6.120, 9.175, 13.201)。

样[说]吗?

卡　[c5]是。

苏　不过,他确实显示:他们[雅典人]至少比他接管他们的时候更野蛮了,而且这些[野蛮行为]针对他自己——这个最不愿意[看到这种情况]的人。

卡　你愿意让我同意你吗?

苏　只要我讲的至少依你看都真实。

卡　[c10]就算是这样吧。

苏　那么,既然他们更野蛮,他们不就更不义且更差吗?

卡　[516d]就算是吧。

苏　因此,伯里克勒斯其实并不是政治事务方面的好人,根据这个道理。

卡　只是你不肯定。

苏　[d5]凭宙斯起誓,你也不[肯定],根据你同意的那些[道理]!但请你重新给我讲讲喀蒙:不正是那些他曾经照料的[雅典人]放逐了他吗,以致他们可以十年不听他的声音? 而且他们不是对忒米斯托克勒斯做了同样的事情,并处以流放之刑吗? 但至于米尔提阿德斯,他们不是曾经投票决定将这位"马拉松飞腿"[516e]投入刑坑吗,而且要不是因为那位[部族]主席①,他就掉进去啦? 然而,这些人要是确实是好男人,像你说的,就任何时候都不会遭受这些[事情]。无论如何,好的御手们至少刚开始没从双驾马车上摔下来,却在[e5]他们已经照料了那些马匹且自己已经变成更好的御手之后,恰恰摔下来了:无论在马车比赛上或其他任何工作上,都不会有这样的[情况],不是吗? 或者依你看呢?

卡　至少依我看不[会这样]。

苏　因此,前面那些说法看起来都是真实的:[517a]我们已经知道,没有哪个男人在这个城邦里变成政治事务方面的好人。你曾同意在今人中没有一个,却从前人中挑出这些男人,但这些人已经反倒显得跟那些今

---

① "部族主席",见473e注。这个主席成功救出米尔提阿德斯,而苏格拉底没有成功救出阿尔吉努塞(Arginusae)战役之后被叛死罪的将军们。

人处于同等[层次]，以至于他们即使[a5]是演说者，也既没使用真实的演说术——否则他们就不会摔下来——又没[使用]谄媚的①[演说术]。

卡 不过，[今人]当然差得远，苏格拉底，今人之中任何一个任何时候产生的任何成就都远远比不上那些[前人]之中你愿意[提到]的任何一个[517b]已经产生的那些[成就]。

苏 精灵哟，我至少不会在他们身为城邦的仆人方面指责那些人，相反，依我看，那些人已经变得至少比今人们更会做仆人，且更能为城邦设计它所[b5]渴望的那些东西。不过，至于引导那些欲望改变方向而不让步，说服并强迫它们朝向那个使邦民们打算从此变得更好的地方，总而言之，[517c]那些[前]人与这些[今]人毫无差别；但这是好邦民的唯一工作。但在设计船只、城墙、船坞以及其他许多这类东西方面，我也会同意你，那些[前]人确实比这些[今]人更聪明。那么，我和你其实在这些论证里干了[c5]一件可笑的事儿：因为在我们交谈的整个这段时间里，我们从来没有停止永远在相同的东西周围绕来绕去，而且没有认识到我们彼此在讲什么。

我嘛，至少我相信，你已经多次同意并认识到，这个行业确实[517d]是某种双重的东西，既涉及身体又涉及灵魂。其中一个是服务术，通过它，如果我们的身体饿了，就有能力设计食物，如果渴了，就[有能力设计]饮料，如果冷了，就[有能力设计]衣服啦、被褥啦、鞋子啦，以及身体渴望的[d5]其他任何东西；而且我特意借用这些相同的比喻给你讲，以便你可以更容易彻底明白。因为精于供给这些东西的，要么是零售商，要么是批发商，要么是[制造]这些东西的[517e]工匠，做饭者②啦、烹调者啦、编织工啦、制革匠和揉皮匠。毫不奇怪，这类人就是身体的照料者，无论依他自己或依其他人看——所有这样看的人都不知道，在所有这些东西之外存在某种技艺，即某种技艺，即体育术[e5]和治病术，它才是确确实实照料身体的，而且它适合统治所有这些技艺并使用它们的工作[成果]，因为它

---

① "谄媚的"既可作形容词，又可作名词，即"谄媚术"，参502d、522d。

② 该词仅此一见，字面义即制作食物的人，仅仅满足主食需要，无关美味，故有别于烹调者。

知道哪些食物或饮料有益于或有害于身体的[518a]美德,而其他所有这些[技艺]却都不认识。正因如此,关于身体的行业,这些其他技艺都是奴隶般的、仆从式的和不自由的,而体育术和治病术,依据正义,就应该是这些[其他技艺]的[a5]女主人。

那么,[我讲]这些相同的东西也适用于灵魂,依我看你有时明白我在讲什么,而且你同意,好像你已经知道我在讲什么;但不久之后呢,你又出来讲到,有些常人[518b]已经在城邦里变成既美且好的邦民,而一旦我问到哪些人,依我看你就会举出那些在政治事务方面[跟以下这类人]最相似的常人:要是我问到体育术:"哪些人已经变成或现在就是[b5]身体的良好照料者?"你就完全严肃地给我讲:"面包师忒阿里翁啦、写过西西里烹调指南的米泰科斯啦,以及零售商萨朗波斯,①这些人都已经变成了惊人的身体照料者,一个预备惊人的[518c]面包,一个[预备]调料,一个[预备]酒。"

于是,你兴许就会感到恼怒,要是我给你讲:"小子②,你根本不懂体育术!你给我讲的那些常人都是各种欲望的仆人和供应者,他们根本不懂[c5]关于它们的美和善!如果碰巧有这样的[机会],填满并养肥常人们的身体,受到他们的赞扬,他们就将进而彻底毁坏他们起初的肉身;但那些[常人][518d]因为无经验,反倒不会责怪那些应该对疾病和起初肉身的丧失负责的款待者,而是[责怪]那些碰巧那时在场并给他们提出某个建议的人:一旦那时已经带来疾病的饱足在很长[d5]时间之后在他们身上发作——因为[这种饱足]已经变得脱离健康——他们就会责怪这些人,指控并干点坏事,只要他们可以,却会赞美那些更早的且应该为这些恶果[518e]负责的人。"

你现在呢,卡利克勒斯啊,就在干最类似于此的事情呀:你赞美那些常人——他们已经用那些人所欲求的东西尽情款待了那些人,而且他们肯定他们自己已经使城邦变伟大了!但它之所以臃肿并在内部溃烂,恰

---

① 忒阿里翁在雅典有个面包店,应该非常著名,因为阿里斯托芬曾做过漫画式描绘。米泰科斯是生于叙拉古的烹调师,柏拉图大概在叙拉古见过他。关于萨朗波斯,除了柏拉图这里提及,我们一无所知。

② 见452b5注释。

恰是[519a]因为那些古人，[人们]却感觉不到。因为他们已经毫无节制和正义地用港口啦、船坞啦、城墙啦、贡税啦以及诸如此类的废话，填满了城邦。那么，一旦无力之症发作，他们[a5]就会责怪那时在场的建议者们，却会赞美忒米斯托克勒斯、喀蒙和伯里克勒斯，即那些应该对这些恶果负责的人。但也许他们会捉拿你——如果你不好好小心——和我的同党阿尔喀比亚德呢，一旦他们在[丧失]他们已经取得的东西之外，也进而毁坏[519b]起初的东西，尽管你们不应该对这些恶果负责，不过也许仍是同谋。

然而，一件愚蠢的事情发生了，我不仅现在瞧见，而且从古人们那儿听说了[这事儿]。因为我察觉，一旦城邦[b5]把某个擅长治邦术的男人作为行不义者来处置，他们就愤怒并抱怨，好像自己遭受了可怕之事，照他们的说法，他们已经为城邦做了许多好事，却因此被它不义地毁灭了。但这整个[说法]是谎言，因为没有任何一个城邦领导人[519c]任何时候会被自己领导的城邦不义地毁灭。因为凡是冒充治邦专家的人与凡是[冒充]智术师的人，恐怕有相同的情况。因为智术师们尽管在其他方面智慧，却也在干这种离谱的事务：[c5]因为他们自称是美德的教师，却经常指控学生们对他们自己行不义，因为他们既拒付酬金，又不报以其他感谢，[519d]尽管他们[学生们]已经从他们那儿得到善待。可是，有什么事情会比这个说法更没道理呢：那些已经变得既好且正义的常人，既通过教师卸除了不义，又拥有了正义，然后却用他们并不拥有的东西行不义？[d5]依你看，这不是离谱吗，友伴啊？你好像强迫我真正搞了民众演说，卡利克勒斯啊，因为你不乐意回答嘛。

卡　你会是那种人吗——若没人回答你，你就不能讲？

苏　[519e]看起来[我能讲]。现在，我无论如何要拉长言辞啦，既然你不乐意回答我。得了，好人啊，请你说说，向友爱[神宙斯]起誓，这依你看不是毫无道理吗：一个自称已经使某人变好的人却指控那个通过他自己已经[e5]变成且就是好人的人最后仍然是堕落之徒？

卡　依我看确实[毫无道理]。

苏　那么，你没听过那些自称在美德方面教育世人的人讲到这些[说法]吗？

卡　[520a]我确实[听过]；不过,你为什么会讲起这些毫无价值的常人?

苏　但你为什么会讲起那些人——他们自称领导城邦并关心怎样使之尽量变得最[a5]好,反过来,一旦他们碰巧有机会,又指控它最堕落?你相信,这些人与那些人有什么差别吗?幸运儿啊,智术师与演说者是相同呢,还是有点接近和相似,就像我对珀洛斯讲过的?但你出于无知[520b]而相信,一个是某种完全高尚[美]的东西,即演说术,却鄙视另一个;但根据真实,智术比演说术更高尚,正如立法术比审判术更高尚,体育术比治病术[更高尚]。而我个人甚至相信,只有民众演说者们和智术师们[b5]没资格指责他们自己教育的那个成果,①[说它]到他们那里就堕落了。要不然,按照同样的道理,他们就必须也同时指控他们自己,[说]他们根本没使他们自称要帮助的那些人受益。不就是这样吗?

卡　[520c]那当然。

苏　而且如果我讲得真实,大概看起来,也只有他们有资格白施善行而无需报酬。因为某个人受益于其他善行,例如,通过健身师[c5]变得迅速,他也许就会丧失感激,要是健身师白送给他,而非跟他商定报酬并尽量在教会"迅速"的同时[520d]拿走银子。因为我相信,常人们行不义肯定不是因为"缓慢",而是因为不义,是吧?

卡　是。

苏　那么,要是某人取走这个东西,即不义本身,[d5]他不就任何时候都不害怕受不义了吗,相反,只有他能安全无虞地白施这种善行——如果确确实实有人有能力使人变好。不就这样吗?

卡　我肯定。

苏　于是,看起来就因为这些,提出其他建议,[d10]比如关于建房或其他技艺,并拿走银子,毫不可耻。

卡　[520e]看起来确实。

苏　但关于这种行为,关于一个人究竟以什么方式尽量变得最好且最好地治理自己的家庭或城邦,这就习惯被认为是可耻的,即除非某人会

---

① 即教育的成果或产物,无论团体或个体。

给自己银子，[e5]否则就拒绝提出建议。是吧？

卡　是。

苏　显然，原因就在于此，即只有这种善行使受到善待的人反过来渴望行善，以至于看起来，要是行善者通过这种善行反过来会受到善待，[e10]这就是高尚的标志。但要不然，就不[是]。这些情况就是这样吧？

卡　[521a]就是。

苏　那么，请你为我界定，你号召我以哪种方式照料城邦，是坚持跟雅典人战斗，以便使之尽量变得最好，就像治病者一样，还是像那种为了讨人喜悦而服侍[a5]和交往的人？请你给我说真话，卡利克勒斯啊，因为按规矩，你应该像你刚开始对我坦率一样，坚持讲完你心里所想。而现在，就请你好好地且高贵地说吧。

卡　既然如此，我就讲了：要像服侍者。

苏　[521b]所以，最高贵的人啊，你号召我去做谄媚者。

卡　就算是吧，若称你密细亚人①令你更快乐，苏格拉底，因为要是你不做这些——

苏　但愿你不要说你已经说过多次的东西啦，"谁愿意[杀死我]就会[b5]杀死我"，免得我反过来又要说，"其实是一个堕落者[杀死]一位好人"；也不要[说]，"他会抢走我拥有的什么东西"，免得我反过来又要说，"他尽管抢走了，却不能使用它们，相反，正如他不义地从我这儿抢走[它们]，他拿走[521c]之后也会这样不义地使用；但要是[使用得]不义，就可耻，而要是可耻，就坏"。

卡　依我看，苏格拉底啊，你太信服自己不会遭受哪怕一件这类[事情]啦，仿佛你住在世外桃源，而不会被某个[c5]也许完全糟糕且卑贱的常人带进法庭。

苏　那我就是真正愚蠢啦，卡利克勒斯，要是我不相信在这个城邦里任何人都可能遭受碰巧发生的任何事儿。然而，这一点我完全知道：如果我确实会走进法庭，卷入[521d]你所讲的那些危险之一，把我带进去的将会是某个堕落者——因为任何有用的人都不会把一个未行不义者带进

---

① 密细亚人被希腊人鄙视，比谄媚者更低级，参《泰阿泰德》209b。

去——我就算被处死，也毫不离谱。你愿意让我告诉你，我凭什么预见这些吗？

卡 [d5]那当然。

苏 我相信，我同少数雅典人一起——免得我说唯我一人，但今人之中唯独我——着手真正的治邦技艺并实践政治事务。于是，由于我不是为了讨人喜欢而去讲我任何时候都讲的那些道理，而是为了最好，不是为了[521e]最令人快乐，而且[由于]我不乐意编造你劝告的那些东西，那些"精致之物"，因此，我在法庭上将会无话可讲。但我对珀洛斯讲过的那个讲法同样适用于我：因为我将会像一名被烹调师指控的治病者在小孩子们面前被判决一样被判决。[e5]因为请你想想看，一个像这样被抓到这些东西里的凡人能申辩什么呢，要是某人指控他，讲："孩子们啊，喏，这鬼男人已经在你们身上干了许多坏事，就在你们自己身上啊！而且他通过切割和灼烧败坏你们之中最年轻者，[522a]又通过减泻和堵塞使[你们]困惑啊！给[你们]一些最苦的药水，并强迫[你们]忍饥挨渴啊！哪像我一直用许多各式各样的令人快乐之物好生饲候你们哟！"你相信，一名治病者已然被抓进这个坏[境况]里还能说什么吗？要是[a5]他说出真话，"我做所有这些，孩子们啊，都是为了健康"。像这样的法官们，你相信，会扯出何等叫嚷？能不大吗？

卡 也许[会这样]吧。必须相信会这样。①

苏 那么，你不相信他完全没有办法[522b][说出]他应该说出的东西吗？

卡 那当然。

苏 然而，我知道，我只要走进法庭，也会遭受这样的经历。因为我将会无法讲出我已经[b5]为他们设计的任何快乐，即他们习惯承认既是善行又有益的东西，但我呢，我既不羡慕那些提供者，又不[羡慕]那些被提供者；如果某人说我，要么败坏青年人，[把他们]搞得困惑，要么诋毁老年人，私下或公开讲些刺耳的言辞，那么，我将会无法说出真话，"我说和做所有这些，[522c]都是出于正义"——借用你们的那个[叫法]——"法

---

① 一些编本和译本将这句话归入苏格拉底之口。

官大人们啊",也无法[说出]其他任何东西。这样,也许我将遭受我碰巧遇上的任何事情。

卡 那么依你看,苏格拉底啊,一个常人在城邦里[c5]被置于这样的境地且没有能力保护他自己,能算得上高尚[美]吗?

苏 算得上,只要他起初拥有那个,卡利克勒斯啊,你已经多次同意的东西:只要他能保护自己免于[522d]说出或做出任何不义之事,无论对人们或对神们。因为这种自我保护——我们已经多次同意——是最强的。那么,要是某人能驳倒我,[证明]我没有能力给自己或他人提供这种保护,[d5]我就会感到羞耻,无论在多数人面前或少数人面前,乃至仅仅被一个人反驳。而且要是我因为这种无能而被杀死,我就会感到愤怒。但要是我确实因为缺乏谄媚的演说术而命终,我完全知道,你就会看见我轻松地承受[522e]死亡。因为任何人只要不是完完全全没有理性且没有勇气,就不害怕被杀死本身,而是害怕行不义:因为带着自己充满许多不义行为的灵魂抵达冥府是所有恶的极致。[e5]但要是你愿意,我乐意给你讲一套说法[言辞],[说明]这事儿就像这样。

卡 得了,既然你已经完成其他东西,就请你也完成这套[说法]吧。

苏 [523a]行!你来听,一套据说特别美丽的说法,尽管我相信你会视之为神话,但我却[视之为]论证[言辞],因为我将会把我打算讲的东西作为真理讲给你。

因为如荷马所言,宙斯、波塞冬和普路托瓜分了统治权,①[a5]自从他们从父亲那儿接管[统治权]之后。却说在克罗诺斯时代,曾有这一条关于凡人们的礼法,它永远且直到现在仍然存在于神们那儿:凡是正义且虔敬地度过[523b]人生的凡人,一旦命终,就离开[人世],去往幸福岛,居住在完满的幸福之中,远离诸恶;但凡是不义且不敬地[度过人生的凡人],则进入报应和审判之牢,他们所谓的冥界深渊②。

---

① 克罗诺斯的三个儿子,分别主管天界、海洋和冥界。据《伊利亚特》15.187–193,宙斯命令波塞冬离开特洛亚战争,波塞冬大为愤怒,就提出这次分权,强调自己与宙斯平起平坐。

② 一译"塔尔塔罗斯"。

但在克罗诺斯时代,甚至直到新近拥有统治权的宙斯之时,[b5]这些活人的审判者们一直都活着,在他们将要命终的那一天审判。于是,那些审判就一直判决得很坏。于是,普路托和来自幸福岛的主管们就前去对宙斯讲:不应该去的[523c]凡人们经常自己跑进这两个地方。于是,宙斯就说:"不行,我嘛,"他说,"我要阻止这事儿发生,因为现在那些审判确实被审判得很坏,"他说,"因为被判决者们都周身套着[衣服]被判决,因为他们活着就被判决。于是,"他这样说,[c5]"许多拥有堕落灵魂的人,却周身裹着美丽的身体、家世和财富,而且一旦举行判决,许多见证人就随他们前来,证明他们过去生活得[523d]正义;于是,审判者们就被这些吓晕了,而且他们自己也同时套着[衣服]进行审判,用眼睛、耳朵和整个身体在他们自己的灵魂面前遮起一道屏障。所有这些东西就已然挡在他们面前,既有[d5]他们自己的衣服,又有被判决者们的[衣服]。于是,首先,"他[宙斯]说,"必须停止让他们预知自己的死亡,因为现在他们确实预知[死亡]。于是,这就被说给普罗米修斯,[523e]以便他停止他们的[这种预知]。其次,他们必须脱去所有这些东西之后赤裸地被判决,因为他们必须在已死之后被判决。而且判决者也必须是赤裸的、已死的,用自己的灵魂本身突然之间观照每个已然失去[e5]所有亲属并把整个装饰留在世间的死者的灵魂,以便判决可以是正义的。于是,我嘛,既然在你们之前已然认识到这些,就让我自己的儿子们做了审判官,两个来自亚细亚,即米诺斯和拉达曼图斯,[524a]一个来自欧罗巴,即埃阿科斯。于是,一旦这些[审判官]命终之后,就将在草地上进行审判,在三岔路口,从那儿延伸出两条路,一条通往幸福岛,一条通往冥界深渊。拉达曼图斯将判决那些来自亚细亚的[亡灵],而[a5]埃阿科斯[将判决]那些来自欧罗巴的[亡灵];至于米诺斯,我将赋予他最终判决的优先权——如果其他两位有什么困惑——以便关于凡人们的旅程的判决可以尽量最正义。"

卡利克勒斯啊,这些就是我已经听到且信[524b]以为真的。而且我从这些言辞推论出这样一条结论:死亡碰巧就是,依我看,无非就是两种事物即灵魂与身体的彼此分离。因此,一旦它们两个彼此分离[b5]之后,它们各自拥有的状态不比它本身在凡人生前差很多,身体[仍然拥有]自身的天性、所受的诸多照料和遭遇——一切都[524c]显而易见。

例如，要是某人生前，要么通过自然，要么通过养育，要么通过这两者，身体高大，一旦死了，这人的尸体仍然高大，要是[生前身体]肥壮，死后仍然肥胖，其他[性质]同样如此；再者，要是他过去习惯留长发，这人的尸体仍然留着[c5]长发；再者，要是某人生前曾经是个坏蛋，且身体带有殴打的痕迹，一些伤疤，要么出自鞭打，要么出自其他创伤，就可以看到，他死后身体上仍然具有这些[伤疤]；或者，要是他生前四肢被打断或被扭曲，这些[524d]东西同样在他死后仍然显而易见。一言以蔽之：他生前早已为自己身体上预备的这类东西，要么所有，要么多数，都在他命终之后一段时间内仍然显而易见。

现在，依我看，这[种情况]因此也同样适用于灵魂，卡利克勒斯啊。灵魂上[d5]的所有东西都显而易见，一旦它已然脱去身体而变得赤裸，无论是天生的东西，还是凡人因为从事各项事务而在灵魂里已然拥有的诸般遭遇。

于是，一旦他们来到审判者——那些来自亚细亚的人[来到][524e]拉达曼图斯面前，拉达曼图斯就吩咐那些人停下，然后观照每个人的灵魂，尽管他不知道它是什么人的，不过，他多次抓住[波斯]大王或任何其他这类王者或能人，就立刻看出[他们的]灵魂根本不[e5]健康，而是受过严重鞭打且充满了因[525a]假誓和不义带来的各种伤疤，即每个行为涂抹到自己灵魂里的东西，并且所有东西都因为撒谎和吹嘘而弯曲了，且没有任何正直的东西，因为被培育时脱离真实。而且因为特权、骄奢、狂妄和行为[a5]失控，他看到，[他们的]灵魂充满了畸态和丑陋。一看到这种[灵魂]，他就毫不客气地直接赶进监狱，它到那里之后就注定要遭受各种适宜的经历。

[525b]但适宜的是，让所有该受报应的人被别人正确地报复，[使之]要么变得更好并有助于己，要么变成其他人的样板，以便其他人瞧见他正遭受他所遭受的[惩罚]，就感到害怕，从而可以变得更好。那些[b5]通过接受出自神们和人们的正义审判而受益的人，只是犯了一些可以救治的过错。尽管如此，他们都是通过疼痛和悲伤得到益处，无论在这里还是在冥府里，因为没有任何其他方式可以[让他们]摆脱[525c]不

义。但从那些行过极大的不义并因为这些不义行为已然变得无可救药的人中，则产生那些样板，而且虽然这些人丝毫不再有助于他们自己，因为他们无可救药，却有助于其他人，[因为]他们[c5]瞧见这些人因为各种过错而在永恒的时间里遭受最巨大、最痛苦、最可怕的经历，仅仅作为样板被悬挂在那里，在冥府里的监狱里，给任何时候到来的不义者们作为景观和警告。

[525d]我肯定，阿尔喀劳斯也将是这些人之一，要是珀洛斯讲得真实，而且其他任何这样的僭主[都将是这些人之一]。我也相信，这些样板多数产生于僭主们、王者们、能人们和那些从事[d5]城邦事务的人之中，因为这些人可以凭特权犯下一些最重大且最不敬的过错。荷马也为这些[说法]作证，因为那个人已经把一些王者和能人描写成了[525e]在冥府里永永远远遭受报应的人：坦塔罗斯、西绪佛斯和提图俄斯。① 至于忒尔西忒斯②和任何其他堕落的个人，没有人曾经把他描写成被重大报应包围起来的、仿佛无可救药的人，因为我相信，他没有特权，也因此会比[e5]那些有特权者更幸福。

不过，卡利克勒斯啊，尽管那些[526a]变得极其堕落的常人也出自那些能人，但也没有什么阻止从这些人中产生一些好男人，而且变得极其值得钦佩。因为这很困难，卡利克勒斯啊，也非常值得赞扬，即一个已然变得有很大特权[a5]行不义的人却正义地度过一生。但这类人只是少数。既然在这里和其他地方都已经出现了，我相信，他们也会是在这种美德方面既美且好的人，即正义地[526b]掌管任何人托付的任何东西。但有一个人已经变得享有盛誉，并传到其他希腊人那里，即吕西马科斯之子阿里斯提德斯③；但多数能人，最好的人啊，都变坏啦。

于是，就像我讲过的，一旦那个拉达曼图斯抓住某个[b5]这样的人，完全不知道关于他的任何事情——既不[知道他是]什么人，又不[知道他]生于什么人——只[知道他是]个堕落之徒，而且察出这一点之后，他

---

① 参荷马，《奥德赛》11.576–600。
② 参荷马，《伊利亚特》2.211–277；柏拉图，《理想国》10.620c。
③ 生于公元前6世纪末，雅典将军，有"义人"之称，德洛斯同盟的创始人之一。但他像苏格拉底前文谴责的四大政客一样遭到放逐。

就[把他]赶进冥界深渊,打上印记,[标明]他看起来是有药可救或无药可救,而那个到了那个地方[冥界深渊]的人[526c]就经受那些适宜之事。但有时候,[拉达曼图斯]向里面看见另一种已经虔敬地并随真理度过一生的灵魂,一个属己的男人或其他某个人的[灵魂],我肯定,卡利克勒斯啊,最大程度上居于一个终生专注己事而清静无为的哲人的[灵魂],[c5]他就钦佩并[把它]送往幸福岛。但埃阿科斯呢,也[做]同样的事情。他们两个各自都拥有一束权棒进行审判。而米诺斯坐下来监察[他们],唯独他拥有一把金质的[526d]权杖,如荷马的奥德修斯所言,他曾经看到,他"手持金质权杖,向众亡灵分配正义"。①

于是,我嘛,卡利克勒斯啊,我已经被这些言辞说服了,并考虑将来怎样向那位判决者显示一副尽量最健康[d5]的灵魂;于是,让自己告别多数常人尊崇的那些东西之后,我就修习真理,试着尽我所能实际做个最好的人,这样去生,一旦死了,也[这样][526e]去死。但我也号召所有其他常人——只要我有那么大能力——也尤其反过来号召你,走向这种生活和这场竞赛,我肯定,它抵得上这里的所有竞赛。而且我要责备你,因为你将来就没法[e5]保护你自己,一旦你遇上[正义]审判和我刚才所讲的判决;相反,你已然来到那位审判官——[527a]埃吉娜之子——面前之后,一旦他抓住你,带到[法庭],你就会张口结舌并头晕目眩,你在那里丝毫不亚于我在这里[的表现],兴许某个人也会毫不客气地打[你]耳光,并完全作践[你]。

[a5]于是,依你看,这些[说法]很快就成了老太婆讲述的神话,而且你[很快]就鄙视它们;而且要是我们以某种方式能够发现并找到比它们更好且更真的[说法],再鄙视它们,就毫不奇怪;但现在,你瞧吧,你本人、珀洛斯和高尔吉亚,你们三个尽管确实是现今最智慧的[527b]希腊人,但都没能证明,必须过其他某种生活,而非这种甚至在那里都显然有益的[生活]。相反,在这么多说法中,其他那些[说法]都被驳倒了,唯独这个说法依然稳固:应该谨防行不义甚于[b5]受不义,且甚于一切的是,一个男人应该注意并非看似而是实际好,无论私下或公开;但如果某个人在某

---

① 见荷马,《奥德赛》11.569。

个方面变坏了,他就应该被惩罚,而这种善仅次于保持正义,即变得[正义]并[527c]通过被惩罚而接受审判;而且一切谄媚,无论对自己或对他人,无论对少数人或对多数人,都应该避免;而且应该永远朝向正义之事而使用演说术和其他一切行为。

所以,[c5]既被[我]说服,就请你跟随我到这里,来到这儿之后,你就会幸福,无论你仍然活着或已经命终,如论证所指明的。也请你让任何人鄙视你吧,[视你]愚蠢,并作践[你],只要他愿意;呃对了,凭宙斯起誓,也请你鼓起勇气,[任随他]挥来[527d]毫无尊严的殴打,因为你丝毫不会遭受任何可怕之事,只要你实事求是地做个既美且好的人,修习美德。

然后,我们这样共同修习之后,直到那时,如果看起来必要,我们就会转向那些政治事务;或者,我们那时就会审议任何依我们看[应该审议]的事情,因为我们[那时][d5]比现在更善于审议。因为这确实可耻:处在像我们现在明显所处的境地——依我们看,从来没有关于相同之物的相同之理,甚至[没有]关于最伟大之物的相同之理[527e]——然后却仿佛是什么大人物一样慷慨激昂,我们竟落到如此缺乏教养的地步!那么,就让我们用这个现在已然显明的说法作为领路人吧——他向我们指明,最好的生活方式就在于修习正义和其他美德,无论生前或[e5]死后。那么,就让我们跟随这位[领路人]吧,并号召其他人[跟随];而不要[跟随]你所信服并号召我[跟随]的那个[领路人],因为它实在毫无价值,卡利克勒斯啊!

美 诺

郭振华 译

美诺 [70a]能给我讲讲吗,苏格拉底,德性是不是某种可教的东西? 或者不是某种可教的东西,而是某种可练的东西? 或者,德性既不可练,也不可学,而是凭天性或其他方式为人所有的东西?

苏格拉底 [a5]美诺啊,从前,帖撒利亚人在希腊人中出名、受到推崇,靠的是马术和财富,[70b]而现在,依我看,靠的是智慧,至少你的友伴拉里萨人阿里斯提珀斯是这样。你们这种情况的原因在于高尔吉亚;因为,高尔吉亚来到你们的城邦时,既迷倒阿勒乌阿斯家族中爱欲智慧的杰出人士,包括你的[b5]爱欲者阿里斯提珀斯,又迷倒其他帖撒利亚人中的杰出人士。高尔吉亚尤其使你们习惯于这样的性情,无畏而大度地应答,无论任何人问你任何问题,都像[70c]有知者一样[应答],因为高尔吉亚正是这样,任何希腊人想问高尔吉亚任何想问的问题,高尔吉亚无不应答。

但是在我们这里[雅典],亲爱的美诺,情况正好相反:就像在智慧方面闹起旱灾,[71a]智慧有从我们这儿全流失到你们那儿的危险。至少,如果你拿那样的问题问我们这儿某个人,没人不会笑着对你说:"异乡人啊,依你看,我竟然可能是某种蒙福之人——知道德性是不是某种可教的东西,[a5]知道德性是怎么来的——但我不但不知道德性是不是某种可教的东西,而且完全不知道什么是德性本身。"

[71b]我自己呢,美诺啊,也处于同样境地;在这个事情上,我和同胞一样窘迫,我因自己关于德性一无所知而自责;既然我不知道究竟什么是德性,又怎么会知道德性是怎样的东西? 难道依你看,[b5]会有这样的

事，某人完全不知道美诺是谁，却知道美诺是美、富有，是家境好，还是恰恰相反？依你看，这可能吗？

美　依我看，不可能。但是你，苏格拉底啊，竟然真的[71c]不知道什么是德性，难道我们回去后就这么说你？

苏　不但要这么说，友伴，还要说，我从没见过谁知道什么是德性，依我看。

美　[c5]什么？你没见到高尔吉亚，当他在你们这儿的时候？

苏　我见过。

美　依你看，他不知道？

苏　我记性不太好，美诺，所以我现在没法说他当时在我看来怎样。但是，[c10]他大概知道[美德是什么]，而你也知道他所讲的东西；那么，提醒我[71d]他所讲的吧。或者，如果你愿意的话，自己讲讲，因为你的看法肯定跟他的一样。

美　我是那样看。

苏　我们先别管高尔吉亚，反正他不在。但是你[d5]自己，以诸神之名，美诺啊，你会怎么讲什么是德性？开讲吧，别吝啬，如果你和高尔吉亚表明你们果然的确知道，我可真是讲了最幸运的假话，既然我说过自己从未遇到有人知道。

美　[71e]好吧，这并不难讲，苏格拉底。首先，如果你要男子汉的德性，这很容易，这就是男子汉的德性：能够承担城邦事务，而且在承担时，对朋友做好事，对敌人做坏事，[e5]小心别让自己遭殃。如果你想要女人家的德性，也不难细说，女人家就要好好操持家庭，既保全家庭又服从男人。还有小孩子的德性，既包括女孩子还包括男孩子，还有老人的德性，既包括自由人，如果你想要的话，[72a]还包括奴隶。还有其他许多德性，所以，要讲什么是德性，没什么问题。我们每个人所做的事情、所处的生命阶段，都会有相应的活动，相应的德性。以同样的方式，我认为，苏格拉底啊，[a5]缺德也是这样。

苏　看来我真中了不少好运，美诺啊，我探究单数的德性，却发现你身边围着一大窝德性。但是，美诺，就[72b]蜂窝比喻而言，如果我问你一只蜜蜂的实质，问什么是一只蜜蜂，你却说有许多蜜蜂、各种蜜蜂，当我这样问时你又如何回答我:"那么,你是说,有许多蜜蜂、各种蜜蜂,它们在凭之皆成其为蜜蜂的东西方面,各有差异?或者,[b5]其差异不在于此,而在于其他方面,美、体型,诸如此类?"告诉我,你会怎样回答,如果我这样问?

美　我会这样答,它们没有差异,在凭之皆成其为蜜蜂的东西方面。

苏　[72c]那么,如果我追问:"给我多讲讲吧,美诺,这凭之并无差异而完全是同一回事的东西,是什么,你怎么讲?"你大概能告诉我什么是这东西。

美　[c5]我能。

苏　当然,你也能以同样的方式谈谈德性:即便有许多德性、各种德性,所有德性也都具备某种同一的形相,所有德性凭该形相成其为德性;靠对该形相很美的凝视,回答者可以向提问者阐明[72d]德性之所是。难道你不懂我所讲的?

美　依我看,我懂。不过,我还没有像我想要的那样对问题有所把握。

苏　依你看,仅仅在德性方面是这样,[d5]美诺啊,男子汉有男子汉的德性,女人家有女人家的德性,其他人有其他人的德性,还是在其他方面也这样看,比如在健康、体格、力量方面?依你看,是不是男子汉有一种健康,而女人家有另一种?或者,如果有健康,那么健康是不是在任何地方都具备同一种形相,[72e]不论在一个男子汉身上,还是在其他任何人身上?

美　依我看,健康对于男子汉和女人家是一样的。

苏　体格和力量也一样?如果一个女人[e5]的确有力,她之所以有力,难道凭借的不是同样的形相、同样的力量?我所讲的凭同样的意思是,无论力量存在于男人还是女人身上,力量之为力量都并无不同。难道依你看有所不同?

美　依我看没有。

苏　[73a]难道当德性存在于小孩、老人、女人家或男子汉身上时,德性之为德性有所不同?

美　依我看,苏格拉底啊,这里[a5]情况有所不同。

苏　为什么？难道你没说过，男人的德性在于好好操持城邦，女人的德性在于好好操持家庭？

美　我说过。

苏　如果一个人并非节制、正义地操持城邦、家庭，此人能好好操持城邦、家庭吗？

美　当然不能。

苏　[73b]那么，如果男子汉的确正义而节制地操持，他们就会凭正义和节制而操持喽？

美　必然如此。

苏　如果他们——女人家和男子汉——都想当好人，两方面需要的是同样的东西，这同样的东西就是正义和[b5]节制？

美　显然。

苏　那么，小孩和老人呢？如果他们放纵而不义，他们会成为好人吗？

美　当然不会。

苏　如果他们节制且[73c]正义呢？

美　那就会。

苏　那么，所有人之为好人，都是通过同样的途径；所有人都通过获得同样的东西成为好人。

美　似乎如此。

苏　如果他们不具备同样的德性，他们也许就不会以同样的方式成为好人。

美　[c5]当然不会。

苏　这样一来，既然德性对所有人都一样，那么，试着讲一讲、回忆一下，高尔吉亚和作为其追随者的你怎么讲什么是德性。

美　除了能够统治众人以外还有什么呢？[73d]如果你探究一个适用所有人的[定义]。

苏　这正是我要探究的。但这样一来，美诺，小孩子和奴隶的德性也一样喽，他们都能统治主人，依你看，进行统治的仍然是奴隶？

美　[d5]完全不是，依我看，苏格拉底。

苏　似乎不大可能,最好的人儿。我们往下看,你说,能够统治,我们难道不应该补充上正义地而非不义地?

美　我同意。因为正义,苏格拉底啊,[d10]是德性。

苏　[73e]是德性,美诺,还是某种德性?

美　此话怎讲?

苏　就像其他任何东西一样。如果你想要,我们用圆打比方,我会讲圆是某种形,而不会[e5]讲圆是形。我这样讲是因为还有其他形。

美　你讲得对,因为我也讲,并非只有正义,而是还有其他德性。

苏　[74a]那些德性是什么?讲讲吧。正如我也能讲给你还有其他形,如果你命令我讲的话;你也给我讲讲其他德性。

美　勇敢,那么,依我看,是一种德性,[a5]还有节制,还有智慧,还有大度,还有其他许多德性。

苏　美诺啊,我们再一次遭遇这样的情况:尽管探究的是单数的德性,但我们找到的却是许多德性,尽管得到的途径与之前有所不同。而贯穿所有这些德性的单数的德性,我们没能[a10]找到。

美　的确没能,苏格拉底啊,我没能以你的探究方式,[74b]掌握贯通一切德性的单数的德性,正如在其他事物上所掌握的那样。

苏　的确很可能。但我愿意,如果我能够的话,帮我们更进一步。因为,在我看来,你明白,一切事物都是这样。如果有人像我刚才说的那样问你,[b5]"什么是形,美诺?"如果你要告诉他圆是形,如果他像我刚才对你说的那样问:"圆是形,还是某种形?"你当然会说,圆是某种形。

美　当然会。

苏　[74c]难道不正因为还有其他的形?

美　是。

苏　如果他要进一步问你,还有哪些形,你会讲吗?

美　我会。

苏　[c5]然后,如果他要以同样的方式问你色,问你什么是色,你告诉他白是色,他接着问:"白是某种色吗?"你会说,白是某种色,因为碰巧还有其他色?

美　我会。

苏　[c10]如果它让你讲讲其他色,[74d]你会提起其他碰巧和白色一样是色的各种色吗?

美　会。

苏　那么,如果他像我一样顺着话题往下论证:"我们一再得出多,但我们探究的不是多。[d5]但是,既然你为多冠以同一名称,你说它们,甚至包括那些彼此相反的形,无不是形;既然你将圆和直都命名为形,[74e]而且断定圆之为形不多于直,那么,什么是贯通圆与直的东西?"这难道不是你所讲的方式吗?

美　是。

苏　当你这样讲时,你断定[e5]圆之为形不多于直,直之为形不多于圆?

美　当然不,苏格拉底。

苏　的确,你断定圆之为形不多于直,一方不多于另一方。

美　[e10]你说的是真的。

苏　那么,究竟什么是你所讲的以形为名的东西?[75a]试着讲讲。如果有人以这样的方式就形或色向你提问,你对他说,"但我不知道你要的是什么,伙计,也不知道你讲的是什么意思",也许他接下来会好奇,问你:"难道你不理解,我所探究的,正是[a5]这一切之上那个同一的东西吗?"难道你不能讲讲这些东西吗,美诺啊,如果有人问你:"什么是圆、直以及其他之上的那个东西,所有那些你称作形的东西之上的那个东西?"试着讲讲吧,这样你能为在德性方面作答做些严肃的练习。

美　[75b]不,苏格拉底,你来讲。

苏　你想要我满足你?

美　我当然想要。

苏　然后你会愿意给我讲讲德性吗?

美　[b5]我会。

苏　好吧,我乐意这样做,因为这值得一试。

美　一定。

苏　来吧,我们试着给你讲讲什么是形。看看你是否接受以下说法。就让这对我们而言是[b10]形吧:唯其碰巧一直伴随着色的那个东西。这能够满足你吗,或者你要通过其他方式探究?我会很乐意,[75c]如果你能以这种方式给我讲讲德性。

美 但这太肤浅了,苏格拉底。

苏 你什么意思啊?

美 形在某种程度上,按照你的说法,就是一直[c5]伴随着色的那个东西。好吧。但是,如果有人说自己并不认识色,而是像困惑于形一样困惑于色,你又该如何作答?

苏 在我看来你说的是真的。如果提问者是有智慧、好诡辩、爱争执的人之一,我会告诉[75d]他:"那正是我说的话。如果我说的不正确,接过我的论证并进行反驳是你的任务。"但是,如果那人是朋友,就像咱俩现在这样,就会想要进行讨论,那就当然需要一个多少更为温和而辩证的回答。[d5]更辩证的回答就是,不仅要真实作答,而且要用提问者自认也懂的东西作答。我的确会用这种方式跟你讲。[75e]告诉我吧,你会不会把某种东西称作"边界"?这东西呢,我指的是界限、极限——我说的这些都是一回事。也许普罗狄科与我有分歧,可是,依我看,至少你会称某物"有限""有终"——这就是我想要讲的那种东西,并不[e5]复杂。

美 我会这样称,我认为我知道你的意思。

苏 [76a]然后呢?你会不会把某种东西称作平面,把某种东西称作立体,就像在几何学上那样?

美 我的确会这样称呼。

苏 这样一来,你就能理解我所讲的形。[a5]我这样讲任何形:立体之边界即为形;我所讲的总结一下就是,形是立体的界限。

美 那么色呢,你怎么讲,苏格拉底啊?

苏 你真放肆,美诺。[a10]你把这些麻烦的问题丢给一位老人回答,自己却不愿[76b]回忆着讲讲高尔吉亚究竟怎么讲什么是德性。

美 你一旦告诉我这个,苏格拉底,我就告诉你那个。

苏 眼瞎的人,美诺啊,跟你聊[b5]聊都知道,你很美而且仍有爱欲者。

美 这是为什么?

苏 因为你的话里除了命令,别的什么也没有,这正是惯坏了的人的做派,趁着青春,就像僭主一样行事。[76c]同时,你大概已经觉察到,我也无法抗拒美人。所以我会满足你,我会回答。

美　那就想尽办法满足我吧。

苏　那么,你想要我以高尔吉亚的方式作答,以便[c5]你尽可能跟上?

美　我当然想要。为什么不?

苏　难道你们这些人不是像恩培多克勒那样讲存在者的流溢?

美　经常讲。

苏　有孔道这种东西,流溢通过它出入?

美　的确。

苏　[c10]有些流溢对于孔道来说正好合适,[76d]其他不是太小就是太大?

美　是这样。

苏　还有种东西,你称之为视觉?

美　是。

苏　基于上述推论,正如品达所言,"理解我所讲的吧"。色是形的流溢,与视觉相应,[d5]可以感知。

美　依我看,苏格拉底啊,你答得太好了。

苏　也许是因为我答的与你所习惯的方式一致。不过,我认为,你这样想一想,就可以讲什么是声音、[76e]味道,诸如此类。

美　正是。

苏　这是一个肃剧式的答案,美诺啊,所以比那个关于形的答案更令你满意。

美　[e5]的确。

苏　但这个答案并不是更好的答案,阿勒克西德摩斯之子,那个答案更能说服我。依我看,如果你不必如你昨天讲的那样必须在秘仪之前离开,而会留下来受启发,你也不会认为这个答案更好。

美　[77a]我会留下来,苏格拉底,只要你肯给我多讲讲这方面的东西。

苏　要讲这方面的东西,我当然不会缺少热忱,为了你也为了我自己。但我担心[a5]我讲不了多少。来吧,你也试试兑现你为我许下的诺言,从总体上讲什么是德性,别再把一弄成多,就像每次有人打碎什么东西时就会被人嘲笑的那样,而是在使德性保持完整、健全的情况下,告诉我什么是德性。[77b]无论如何,回答的范本,你已经从我这里得到。

美　好吧,依我看,苏格拉底,德性就是,正如诗人所言,"欣赏美的东西,并且对其有能力"。我也这样讲德性:欲求美的东西,并且有能力[b5]得到。

苏　你是不是讲,谁欲求美的东西,谁就欲求好的东西?

美　差不多。

苏　你是说,有人欲求坏东西,其他人欲求[77c]好东西?难道你,最好的人儿啊,不认为人人都欲求好东西?

美　我不认为。

苏　有人欲求坏东西?

美　是。

苏　你认为,那是因为他们把坏东西当成好东西,还是你讲,尽管他们知道坏东西坏,却仍然欲求坏东西?

美　[c5]依我看,两样都有。

苏　那么,美诺,难道依你看,有人明知道坏东西坏,却依然欲求坏东西?

美　当然。

苏　你所讲的"欲求"是什么意思?那些东西应该变成他的?

美　变成他的;还能有[77d]其他意思?

苏　他相信坏东西变成谁的就对谁有好处,还是他认为坏东西变成谁的就对谁有坏处?

美　有人相信坏东西有好处,有人认为坏东西有坏处。

苏　那些[d5]相信坏东西有好处的人,依你看,会不会认为坏东西坏?

美　依我看完全不会。

苏　那么,显然那些不认为坏东西坏的人并不欲[77e]求坏东西,他们之所以欲求那些东西,是因为那些东西在他们看来是好东西,尽管那些东西是坏东西;他们并不知道坏东西坏而以为坏东西好,显然他们欲求好东西。不是吗?

美　也许吧。

苏　[e5]这个呢？那些欲求坏东西的人,既然像你说的那样,相信坏东西对沾染者有害,那么这些人当然知道自己会被坏东西伤害？

美　[78a]必定知道。

苏　这些人难道不认为受害者有多受害就有多可怜？

美　必定也知道。

苏　可怜人不幸？

美　我认为他们不幸。

苏　难道会有人希望自己既可怜又[a5]不幸？

美　依我看没有,苏格拉底。

苏　所以没人想要坏东西,美诺,除非他乐意成为可怜人。还有什么比欲求并且得到坏东西更可怜？

美　我敢[78b]说你所言为真,苏格拉底,没人想要坏东西。

苏　难道你刚才没说,德性是想要好东西并且对其有能力？

美　我当然说过。

苏　那么,[b5]这个说法中的"想要"属于所有人,在这方面没人比另一个人更好？

美　看来是这样。

苏　显然,如果有一个人好过另一个人,那么他必定胜在能力上。

美　当然。

苏　看来,按照你的说法,这就是德性:[78c]为自己获得好东西的能力。

美　依我看,苏格拉底,完全就是你理解的这样。

苏　我们来看看你所言是否为真;也许你也能好好讲讲。你确定德性就是为自己获得好东西的能力？

美　[c5]我确定。

苏　健康和财富不算你所讲的好东西吗？

美　我的意思是,获得金银也算,获得荣誉和城邦中的官位也算。

苏　你不会说这些东西之外的东西是好东西,是这样吗?

美　不会,[78d]我会说只有这类东西才是好东西。

苏　很好。为自己获得金银就是德性,这就是美诺——波斯大王的世袭嘉宾——所讲的话。你是为"获得"加上"正义地""虔敬地"这样的限定,美诺啊,还是[d5]在你看来这并没有什么不同,如果有人不义地为自己获得这些东西,你同样会说这样的行为符合德性?

美　当然不会,苏格拉底。

苏　那是缺德。

美　当然。

苏　看来,应该给获取行为加上正义、节制、[78e]虔敬或德性的其他部分。否则,该行为就不符合德性,即便该行为能带来好东西。

美　没有这些东西,哪来德性。

苏　只要获取并不正义,那么不获得金银,不论[e5]为自己还是他人,难道这种贫乏不也是德性?

美　看来是。

苏　这样一来,好东西的占有,并不比好东西的贫乏更是德性;但是,也许伴随正义而来的任何东西都是德性,[79a]不伴随正义这类东西而来的任何东西都是缺德。

美　依我看,必定如你所言。

苏　难道我们刚才未曾确认,这些东西的任何一部分都是德性,包括正义、节制、[a5]诸如此类?

美　的确。

苏　那么,美诺,你是在耍我吗?

美　怎么会,苏格拉底?

苏　之前我要求你别打碎、[a10]破开德性,还预先给你一个样本照着答,你却毫不留意,跟我讲德性[79b]就是能够符合正义地为自己获得好东西。你说,这是德性的一部分?

美　是的。

苏　按照你所认可的,只要符合[b5]某部分德性地去做,不论一个人做什么,就符合德性。你曾确认,正义诸如此类都是一部分德性。我为什么提起这个话题？因为，当我求你讲整个德性时，你压根儿不讲什么是德性，却宣称，每种行为都是一种德性，只要这行为符合某部分[79c]德性，好像这样你就讲过什么是德性，而且能够立刻得到我的认可，即便你已经把德性破成碎片。那么，你必须重新[面对]，依我看，刚开始的那同一个问题，亲爱的美诺啊，那就是：什么是德性，[c5]如果符合某部分德性的行为都是德性？当有人说各种符合正义的行为都是德性，他说的就是这个意思。或者依你看，这里不再需要同一个问题，相反，你认为，有人即使不知道什么是德性，也知道什么是某部分德性？

美　[c10]我不这样认为。

苏　[79d]如果你还记得，我刚才给你回答过形，我认为，我们已经否定了那种回答方式，即，试图用尚待探究、尚未议定的东西来回答所要回答的。

美　[d5]我们否定得对，苏格拉底。

苏　因此，我的好人儿啊，当什么是德性整体这一问题尚待探究时，别以为用德性各个部分作答就能阐明德性是什么，或者用同样的方式就能[79e]说明其他任何东西；要知道，你需要的仍然是同一个问题。当你探讨德性时，究竟什么是你所探讨的德性？或者，依你看我讲得毫无意义？

美　依我看，你说得对。

苏　[e5]那么，再次从头作答吧：你们，你和你的友伴，你们怎么讲什么是德性？

美　苏格拉底啊，在见你之前，我就经常听[80a]说你，你什么都不干，只顾自己待在困惑中，还让他人陷入困惑。如今，依我看，你正在蛊惑我，麻醉我，给我下咒，令我变得困惑。依我看，开个[a5]玩笑，不论在模样还是其他方面，你都是海里扁平的电鳐。谁接近、接触它，谁就会被麻翻，依我看，你如今正是干了那种东西干的事，把我麻翻了。真的，我不论[80b]在灵魂中还是嘴巴上，都被你麻翻了，没什么东西可以用来回答你。我就德性在众人面前发表过无数次演讲，而且依我看讲得很好；现在却完全没法讲什么是德性。依我看，[b5]你要好好掂量，别从海路或陆路迁离此地：如果你作为异乡人在别的城邦干这样的事，人家可能会把你当巫师逮了。

苏 你真是个无赖,美诺,你险些骗了我。

美 你什么意思,苏格拉底?

苏 [80c]我知道你为什么用影像描绘我。

美 你觉得为什么?

苏 是为了让我反过来用影像描绘你。我知道所有美人都这样,美人喜欢得到由他们而来的影像,这是美人应得的。[c5]美人的影像在我看来也美。但我不会反过来制作你的影像。如果电鳐本身在麻翻其他人的同时也麻翻自己,那么我的确像电鳐;否则就不像。并不是说,我本身不困惑,而使别人陷入困惑;实际情况是,使别人困惑的我比别人都[80d]困惑。现在,关于德性,我不知道什么是德性;而你也许早就知道,在你来见我之前就知道,现在却像个不知道的人一样。无论如何,我愿意和你一起看看,一起探究到底什么是德性。

美 [d5]苏格拉底啊,一样东西你完全不知道它是什么,又如何探究?在你所不知道的东西中,哪一种才是你意在探究的东西?即便你碰巧遇到,又如何得知它是你所不知道的东西?

苏 [80e]我知道你想说什么,美诺。难道你不明白,你所得出的论证何其诡辩——人既不可能探究自己知道的东西,也不可能探究自己不知道的东西?人不可能探究自己知道的东西,因为知道的人不需要探究;[e5]人不可能探究自己不知道的东西,因为人不知道自己探究什么。

美 [81a]难道依你看这段论证讲得不美么,苏格拉底?

苏 不,在我看来不美。

美 你能讲讲为什么?

苏 [a5]我能。我曾从有智慧的男人和女人那里听说过神圣的事情——

美 他们说过什么话?

苏 真话,依我看啊,也是美话。

美 讲的什么,讲的人是谁?

苏 [a10]讲的人是祭司和女祭司,他们致力于解释[81b]所预见之事。品达也讲过,其他许多神圣的诗人也讲过。这就是他们所讲的话,你自己留意他们所言依你看是否为真。他们断言,人的[b5]灵魂不朽,在某个时刻灵魂会终结——这就是他们所讲的死亡——在另一时刻灵魂会诞生,而灵魂本身永不毁灭。因此,一个人必须尽可能虔敬地过完自己的一生。从任何人那里

> 斐尔塞佛涅①接受以长久的受苦为代价的
> 赎罪,九年后放回他们的灵魂,
> [b10]使之重见天日。
> [81c]他们中将诞生荣耀的王者,
> 其强大和智慧无人可及。
> 后来,人们称其为人中之人,神圣的英雄。

[c5]既然灵魂不朽,生成过很多次,既见过此世的事物,也见过冥府的事物,也就是说,灵魂见过一切事物,那就没有灵魂没见识过的东西。那么,灵魂能够回忆关于德性和其他东西的一切,就没什么好惊异的,因为灵魂之前就知道。既然自然[81d]整体是贯通的,而且灵魂学过一切东西,那么,只要某个人一旦回忆起——人称"学到"——哪怕一样东西,就没有什么能够阻挡此人探究其他一切,只要他足够勇敢,探究时不懈怠。探究和学习[d5]完全是回忆。一个人不该信服之前的诡辩论证,因为它会使我们变懒,[81e]软弱的人听到那个诡辩论证会很开心。与之相反,这个论证使我们勤勉而乐于探究。在相信这个论证为真的同时,我愿意和你一起探究什么是德性。

美　是的,苏格拉底。但你这话是什么意思,我们并不学,我们所讲的学是回忆?[e5]能教教我这是怎么回事吗?

苏　我刚才说过,美诺,你是个无赖,[82a]现在你问我能不能教你——我说没有学只有回忆——那样一来,我的话马上会显得自相矛盾!

美　不,凭宙斯起誓,苏格拉底,我并非出于[a5]那样的考虑才这样讲,而是出于性情;但是,如果你能为我指明,情况正如你所讲的那样,就为我指明吧。

苏　好吧,这可不容易,但无论如何我愿意为你试试。帮我喊一个出

---

① 宙斯和德墨忒尔的女儿,为冥王哈得斯抢走,成为冥后。

来,[82b]在你自己的随从中,想要哪个都行,我为你演示一番。

美 没问题。那谁,过来。

苏 他是希腊人,讲希腊语?

美 [b5]当然,他生在我家。

苏 接下来你要注意,在你看来,他演示了以下两种方式中的哪一种:是回忆,还是跟我学。

美 当然,我会注意。

苏 告诉我,小奴,你知道正方形[b10]是这样的吗?①

小奴 我知道。

苏 那么,[82c]正方形这些相等的边,有四条?

小 的确。

苏 它还有通过[正方形各条边]中点的这些线段?

小 是。

苏 这块地方难道不是可大可小吗?

小 [c5]的确。

苏 如果这条边有两尺,那条边也两尺,整个正方形有几[平方]尺?这样看:如果这条边有两尺,另一条边有一尺,这块地方难道不是二尺的一倍吗?

小 [82d]是。

苏 但既然另一条边有两尺,难道这块地方不会是二尺的二倍吗?

小 会是。

苏 因此,这块地方成了二尺的二倍?

小 是。

苏 那么,两倍的二尺是多少呢?数一数,然后告诉我。

小 四,苏格拉底。

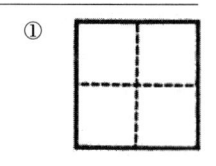

---

①

苏 [d5]难道不会出现另一个图形,其地方为这个图形两倍,和它同类,各边相等,正如这个图形?

小 会。

苏 它会有几[平方]尺?

小 八。

苏 来吧,试着告诉我该图形边长[82e]有多长。原图形的边长为二尺。两倍大小的图形边长是多少?

小 很明显,苏格拉底,边长也是两倍。

苏 看吧,美诺,我没有在教他任何东西,[e5]只不过在问问题?现在他以为自己知道生成八[平方]尺的正方形的边长是几尺。难道依你看不是这样?

美 依我看是这样。

苏 那他知道吗?

美 当然不知道。

苏 [e10]因为他以为该正方形生成自二倍边长?

美 是。

苏 注意他现在如何按顺序回忆,正如一个人本应回忆的那样。

你[小奴],告诉我:你确定由二倍边长可以[83a]生成二倍地方?我指的是这样一种东西:设其并非一边长一边短,而是各边相等,正如这儿这个,而地方加倍,也就是说,地方为八[平方]尺。来看看,所求正方形依你看是否还是生成自二倍边长。

小 我看是。

苏 如果[a5]我们给这条边延长与它相等的长度,它会不会是原边长的二倍?

小 当然。

苏 由这条线段,你确定,一旦四条边都这么长,八[平方]尺的地方就能够[83b]生成?

小 是。

苏 那我们把这图形的四条等边补上。①难道这个图形地方为八[平方]尺吗,你确定?

小 当然确定。

苏 这个图形可以分为四块,每块和原来四[平方]尺的图形相等?

小 [b5]是。

苏 那它变成多大?难道不是原来大小的四倍?

小 怎么不是?

苏 那这块四倍大小的地方,和两倍大小的地方一样大?

小 当然不,凭宙斯起誓!

苏 那有多大?

小 四倍大。

苏 因此,由二倍边长,[83c]小奴啊,无法生成二倍地方,只能生成四倍地方。

小 你说的是真话。

苏 因为四[平方]尺的地方的四倍是十六[平方]尺。不是吗?

小 是。

苏 由何种线段可以生成八[平方]尺的地方?难道四倍大小的地方不是来自这条线段?

小 我说是。

苏 [c5]四[平方]尺的地方来自这条线段的一半?

小 是。

苏 很好。难道八[平方]尺的地方不是这块地方的二倍、这块地方的一半?

小 是。

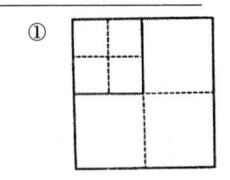

①

苏 难道它不是来自比这条线段长、比这儿这条线段短的线段？[83d]不是吗？

小 依我看,是。

苏 很美。继续依你看这样答。告诉我,难道这条线段不是我们之前讲过的二尺,那条线段四尺？

小 是。

苏 因此,八[平方]尺的地方的边长,必然长于[d5]这条二尺的线段,短于那条四尺的线段。

小 必然如此。

苏 [83e]现在试着讲讲,你认为那条线段有多长。

小 三尺。

苏 如果它有三尺,我们来把这条线段延长一半,它不就有三尺吗？这条有二尺,那条有一尺；同样,这儿这些有两尺,其他有一尺；[e5]这就有了你所讲的那块地方。①

小 是。

苏 当这儿有三尺,那儿有三尺,难道整块地方不是三尺的三倍？

小 似乎如此。

苏 三尺的三倍是多少[平方]尺？

小 九。

苏 所求原地方的二倍是多少[平方]尺？

小 八。

苏 因此,[e10]八[平方]尺的地方不可能来自三尺的线段。

小 当然不。

苏 那么来自哪种线段呢？试着精确地告诉我：[84a]如果你不想数,那就指给我们看,来自哪种线段。

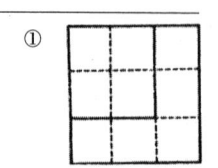

---

①

小　但是,凭宙斯起誓,苏格拉底,我不知道。

苏　你在反思吗,美诺,他现在回忆了多远？起先,他不知道[a5]什么是八[平方]尺的地方的边长,正如他现在还是不知道,但是无论如何,他认为自己知道,而且勇敢地像知道的人一样回答,他不相信自己困惑。但是现在,[84b]他明白自己困惑、不知道,而且不认为自己知道。

美　你说的是真话。

苏　现在在他不知道的东西方面,难道他没有更进一步？

美　[b5]依我看,的确更进一步。

苏　通过像电鳐一样使他困惑,把他麻翻,难道我们害了他？

美　依我看,没有。

苏　无论如何,我们为他做了好事,以便[b10]能够发现事物之所是。现在他乐于继续探究,尽管不知道,无论如何,他曾贸然以为自己能在众人面前多次畅谈[84c]二倍大小的地方,说它需要把原边长加倍。

美　似乎如此。

苏　好,你是否认为,他已然尝试探究、[c5]学习自己本以为知道却不知道的东西,在他因开始相信自己不知道而陷入困惑、匮乏之前、在他渴望知道之前？

美　依我看没有,苏格拉底。

苏　难道他没有从被麻翻中受益？

美　依我看有。

苏　[c10]现在来看看他会从这种困惑和匮乏中发现什么,我会让他和我一起探究,我除了问问题之外什么都不会做,不会教他。[84d]盯着我,看你会不会发现我并不仅仅在问他自己关于这件事情的意见,而是在教他、对他进行解释。

你[小奴],告诉我:这不是我们那块四[平方]尺的地方？你明白吗？

小　我明白。

苏　我们能在它[d5]旁边添上与它相等的一块地方吗？

小　能。

苏　也能添上与前两块相等的这个第三块？

小　是的。

苏 我们能在这个角添上一块?

小 当然。

苏 难道这儿不会有四块相等的地方?

小 [84e]是。

苏 接下来呢?这整块地方是原来那块的几倍?

小 四倍。

苏 但我们求的是二倍大小的地方。你不记得?

小 我当然记得。

苏 难道这儿,这条从角到角的线段,[85a]没有把这几块地方一分为二?①

小 有。

苏 难道这四条线段没有围起这块地方?

小 当然有。

苏 现在来看看:这块地方有多大?

小 我不[a5]懂。

苏 这四块地方里面的线段难道没有把它们一分为二?有吗?

小 有。

苏 在这块地方里,这么大的地方有几块?

小 四。

苏 这儿这块地方里有几块?

小 二。

苏 四跟二什么关系?

小 二倍。

苏 那么这块地方[85b]变成了多少[平方]尺?

小 八[平方]尺。

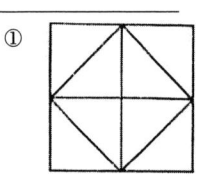

---

①

苏　来自哪种线段？

小　来自这种。

苏　来自四［平方］尺这块地方从角到角的这条线段？

小　是。

苏　智术师们称这条线段为对角线；我们就叫它［b5］对角线吧，二倍大小的地方来自这条对角线，正如你——美诺的小奴隶所宣称的那样。

小　当然，苏格拉底。

苏　依你看怎么样啊，美诺？难道他在回答中给出的意见，有哪个不是他自己的吗？

美　［85c］没有，都是他自己的。

苏　我们之前刚说过，他并不知道。

美　你说的是真话。

苏　这些意见属于他自己，不是吗？

美　［c5］是。

苏　即便一个人不知道自己所不知道的，他内在也有关于他所不知道的那些东西的真实意见？

美　似乎如此。

苏　如今在他身上如梦初醒般激发的，［c10］正是他自己的意见。但如果有人以不同的方式多次问他那些同样的问题，你知道，他最终将会像其他任何人一样［85d］理解这些问题。

美　看上去很可能。

苏　没人教，只有人问问题，也能使他理解，那么，是他自己从自身重新获得知识吗？

美　［d5］是。

苏　他从自身重新获得知识，这难道不是回忆？

美　当然是。

苏　他现在所拥有的知识，难道不是要么在某个时刻获得过，要么［d10］一直拥有？

美　是。

苏　如果他一直拥有，他就一直是有知之人；但是，如果他在某个时刻曾经获得过,那他不可能在此生获得。[85e]难道有人教过他如何做几何?那样一来,他就会做几何方面的一切,还有其他学问。难道有人教过他这些东西?我觉得,你肯定知道,既然他在你家生[e5]养。

美　但我知道从来没人教过他。

苏　他拥有这方面的意见,还是没有?

美　必然拥有,苏格拉底,显然如此。

苏　但是,如果他并没有在此生获得这些意见,难道现在不是[86a]很明显吗,他在其他时候拥有、学到这些意见?

美　显然。

苏　难道不是在他尚未变成人的时候?

美　[a5]是。

苏　如果在他是人的时候和他不是人的时候,真实意见都属于他,而且一经提问就会被激发为知识之类的东西,那么,难道他的灵魂不是在任何时候都处于有知状态?显然,在任何时候,他要么是人,[a10]要么不是人。

美　显然。

苏　[86b]如果关于存在着的事物的真理一向在我们的灵魂中,而灵魂不朽,那么,面对你现在碰巧不知道——也就是说,碰巧不记得——的东西时,你要努力探究、回忆。

美　[b5]依我看你讲得很好,苏格拉底,尽管我不知其所以然。

苏　我也这么认为,美诺。对于别的事情,我完全不会如此自信地坚持我的这番论断:相比于认定我们既没有能力发现又不应该探究我们所不知道的东西而言,倘若我们认定我们应该探究一个人所不知道的东西,我们就可以变得更好、[86c]更能够勇敢而更不懈怠——我当然会尽我所能为此而战,在言辞和行动上。

美　依我看,这番话你也讲得很好,苏格拉底。

苏　既然我们想要同样的东西,都认为一个人应该探究[c5]自己所不知道的,那么,你想不想让我们一起尽力探究什么是德性?

美　当然。不过,苏格拉底,我最乐于见到、听到的,还是我之前所问的,我们究竟应该认为德性本身是可[86d]教,还是来自天性,还是以其他什么方式为人所有。

苏 可是，美诺，如果我不仅统治着自己，还统治着你，我们就不会先去探究德性是可教的东西[d5]还是不可教的东西，既然还没探究什么是德性本身。但是，既然你甚至都不试着统治自己，从而使自己自由，而是尽力统治我，也的确统治着我，那么我会服从你——我还能怎么办呢？

看来，我们不得不[86e]了解某种东西是哪种东西，尽管我们连什么是这种东西都不知道。如果你别的什么东西都不愿意干，那至少略微放松你对我的统治，同意从假设出发探讨这东西是可教还是怎么回事。我说的"假设"意思是：几何学[e5]家往往这样看待事物，例如，当有人拿某图形来问几何学家，这个三角形究竟能否[87a]内接于这个圆时，他也许会说："我还不知道这是不是那种图形，但我拥有对该问题有用的某种假设：如果这就是那种图形，即，若有人对其给定线段进行[a5]延长后，会缺少像其给定线段被延长的那片地方一样的一片地方，则在我看来，结果会是这样一回事；如果不可能像这样缺少，则结果会是另一回事。从该假设出发，[87b]即将该图形内接于圆，我会告诉你结果是可能还是不可能。"

以这种方式，德性也是如此——既然我们既不知道什么是德性，又不知道德性是怎么样——让我们从假设出发来看一看德性，看它究竟可教还是不可教，[b5]我们来这样讲一讲：如果德性是各种与灵魂有关的东西中的一种，那德性是可教还是不可教？首先，如果德性不同于知识之类的东西，德性是否可教，或者如我们方才所言，是否可回忆？——就让这些[87c]名称对我们而言没什么区别吧——但德性可教吗？这一点是不是对人人而言都显而易见：能教给人的只有知识。

美 依我看，是这样。

苏 [c5]如果德性是某种知识，显然德性可教。

美 怎么可能不是这样呢。

苏 好，我们很快就解决了这个问题，如果德性是这种东西，则可教；如果德性是那种东西，则不可教。

美 [c10]当然。

苏 接下来，我们似乎应该追问，德性究竟是知识，还是不同于知识的某种东西。

美　[87d]依我看,接下来确实应该探究这个。

苏　怎么?难道我们并未认定,德性本身是一种好东西,难道德性本身是好东西不是我们一直坚持的假设吗?

美　当然是。

苏　那么,如果某种东西是[d5]好东西,同时是不同于知识的某种东西,那么,德性就不是某种知识;但是,如果没有一种好东西是知识所不包括的,那么,我们就可以正确地假设,德性是某种知识。

美　的确如此。

苏　那么,[87e]我们凭借德性成为好人?

美　是。

苏　如果我们是好人,我们就是有益的人:一切好东西都有益。不是吗?

美　是。

苏　而德性也有益?

美　就我们所达成一致的而言,必然如此。

苏　[e5]我们逐个看看,哪些东西对我们有益:我们认定,健康、力量、美。当然还有财富——我们说这些东西有益。[88a]不是吗?

美　的确。

苏　但我们还认定,这些东西有时会有害;难道你不这样认为?

美　不,我也这样认为。

苏　那我们来看看,决定这些东西有益还是有害的是什么。难道不是正确的[a5]使用导致其有益,不正确的使用导致其有害?

美　当然。

苏　好吧,我们再来看看那些内在于灵魂的东西。是不是有种你称之为节制的东西,还有正义、勇气、好学、记忆、大度,诸如[88b]此类?

美　是。

苏　我们看看,这些东西依你看是否并非知识,而是不同于知识的某种东西;这些东西是否并非有时有害、有时有益?以勇气为例,如果勇气不是审慎,而是某种鲁莽——当[b5]人不带着理性变得鲁莽时,自己就受害;当人带有理性时,自己就受益?

美　是。

苏　那么，节制和好学也是这样；当人们带着理性学、练某种东西，就有益，不带着理性就有害？

美　的确[88c]如此。

苏　那么，概括一下，灵魂承担、经受的一切，只要受审慎指引，就会带来幸福，只要受轻率控制，就会导致相反的结果？

美　似乎是这样。

苏　如果德性是灵魂中的某种东西且[c5]德性本身必然有益，那么德性必然是审慎：因为，内在于灵魂的所有东西本身谈不上有益或有害，伴随着审[88d]慎或轻率才会变得有害或有益。按照这一论断，既然德性有益，那么德性必然是某种审慎。

美　依我看，是。

苏　同样显而易见的是，我们刚才谈到的其他东西，财富[d5]之类，有时好，有时坏。既然审慎支配灵魂其他部分就会使灵魂中的东西有益，而轻率会使灵魂中的东西有害，以此[88e]类推，难道灵魂正确地使用和引导这些东西不会使它们有益，不正确地使用和引导这些东西不会使它们有害？

美　当然如此。

苏　审慎的灵魂正确引导，轻率的灵魂错误引导？

美　的确。

苏　我们能不能以[e5]这样的方式谈论一切事物，也就是说，对于人而言，其他一切东西要成为好东西都取决于灵魂，而灵魂本身的东西取决于审慎，若[89a]灵魂中的东西要成为好东西：按照这一论断，有益的东西就是审慎——我们是否认定德性有益？

美　当然。

苏　这样一来，我们是否认定，审慎是德性，要么是德性整体，要么是德性的一部分？

美　依我看，这番[a5]话讲得很美，苏格拉底啊。

苏　如果事情是这样，那么，好人不可能天生就好。

美　依我看，的确并非如此。

苏 [89b]即便的确如此,也会出现下面的情况:如果好人天生就好,那么我猜,我们会让人从年轻人中辨认出谁天性好,然后从那些发现他们的人那里接管过来,送进卫城好生看管,比处[b5]理金子还仔细地给他们打上印记,以防有人败坏他们;这样一来,当他们成年时,就会变得对其城邦有用。

美 的确有可能这样,苏格拉底。

苏 既然好人成为好人不靠天性,[89c]那么,是靠学吗?

美 现在依我看必然如此:显然,苏格拉底啊,按照德性其实是知识这一假定,德性可教。

苏 [c5]也许吧,凭宙斯起誓;但是,也许我们并未正确地就此达成一致?

美 可是刚才似乎我们讲得很正确啊。

苏 但依我们看,刚才讲得很美还不够,还应该在现在和将来也讲得很美,若[c10]要讲得健全的话。

美 [89d]什么情况?你觉得哪里讲得不对吗,哪里让你对德性是知识有疑问?

苏 我会告诉你,美诺。如果德性的确是知识,那么德性可教,我不否认[d5]这讲得美;可是,德性也许不是知识,看看我的疑问在你看来是否合理吧。给我讲讲:任何东西,不光德性,只要可教,难道不是必然有这方面的老师和学生?

美 依我看,的确。

苏 [89e]反之,如果在某方面既没有教师也没有学生,如果我们猜想它不可教,难道我们猜得不对?

美 的确。但是,难道没有德性方面的教师,[e5]在你看来?

苏 我当然多次探究到底有没有德性方面的教师,然而到处找遍我都没能找到。我和许多人一起探究,尤其和我以为在德性方面最有经验的人一起找。可是,就现在,美诺,多美的时刻啊,[e10]安虞托斯①正好

---

① 苏格拉底的主要指控者,但并未出现在《苏格拉底的申辩》中。此处是其在柏拉图对话中唯一一次出场,与苏格拉底正面交锋。

坐在我们旁边,我们应该和他一起探究。[90a]这儿这位安虞托斯,首先是富有而智慧的安忒米翁①之子,安忒米翁致富靠的可不是机运,也不是靠赠予——就像忒拜的[a5]伊斯墨尼阿斯②最近收了珀吕克拉底③的钱那样——而是靠自己的智慧和勤勉获得财富。此外,安忒米翁看上去不是一位傲慢的邦民,也不膨胀、不爱冒犯人,而是一个遵纪守法、行为得当的[90b]男子汉。在大多数雅典人看来,安忒米翁把我们这位人物生养得很好,所以他们才选安虞托斯担任最高的官职。现在我们正好跟这样一位人物一起探究,看看到底有没有德性教师、他们到底是谁。你一定要跟我们,[b5]安虞托斯啊,一起探究,跟我还有你这位嘉宾美诺,探究在这方面到底有没有教师。我们来这样看吧:如果我们要让这位美诺成为好医生,[90c]我们应该把他送到谁那里去拜师?难道不是送到医生那里?

安 当然。

苏 如果我们要让他成为好鞋匠,[c5]难道我们不会把他送到鞋匠那里?

安 是。

苏 其他以此类推?

安 当然。

苏 再给我这样讲讲这些情况吧。把他送到[c10]医生那里去,我们认为,算是送得很美,如果我们要他成为医生。当我们这样讲时,我们是不是在[90d]说,我们把他送到那些声称自己在实践这门技艺而非不实践这门技艺的人那里去,是合理的,那些人实践技艺并为此收费,他们称自己为想来学的人的教师?[d5]如果我们考察过这些,我们送他去难道不是送得很美?

安 送得很美。

苏 吹箫管之类难道不是一[90e]回事?如果有人想让某人成为吹箫管手,却不愿送他去那些声称能够收费教授吹箫管技艺的人那里,而是

---

① 皮匠。参《苏格拉底的申辩》18b。
② 疑为色诺芬《希腊志》3.5.1所提到的忒拜民主派领袖,受贿挑起与斯巴达的战争。有争议。
③ 雅典作家,民主派支持者,代表作为《控诉苏格拉底》,以安虞托斯为主角。

麻烦其他人来教，[e5]那些人既没有自称是教师，在我们认为我们送去的人应该从他们那儿学习的那门学问方面也没有任何一个学生，这样做岂不是很愚蠢？难道依你看这不是很不合理吗？

安　是的，凭宙斯起誓，这在我看来很不合理，而且很无知。

苏　[e10]你讲得很美。现在你可能想要跟我[91a]还有我们这位嘉宾，这位美诺，一起探究了。安虞托斯啊，美诺之前一直在告诉我，他欲求某种智慧和德性，凭之人们可以很美地管理家庭和城邦、照顾自己的[a5]父母、知道对本邦人和异乡人如何周到地迎来送往，从而配得上当一个好人。这种[91b]德性，如果我们要送他去跟什么人学，你认为我们送他去谁那里才对。按照我们的推论，是不是很明显，应该送到那些自命德性教师、公开教授想学的希腊人[b5]并为之收取一定费用的人那里？

安　你说的这些人到底是谁，苏格拉底？

苏　你知道，当然是人们口中的智术师。

安　[91c]凭赫拉克勒斯起誓，管好你那张嘴，苏格拉底。愿我们的人，不论我的家人还是朋友，无论我的同胞还是异乡人，都不沾染这种疯癫，不因接近那种人而自取其辱，显然，人们会自取其辱、被败坏，只要跟那种人[c5]来往。

苏　你什么意思，安虞托斯？在所有声称自己知道某种做好事的方式的人中间，为什么只有这种例外，不但不会使交在他们手上的东西受益，反而会把它们毁[91d]掉？他们公开认为自己配得上收钱，靠的正是这些服务啊？现在我没法相信你：至少我认识一个人，普罗塔戈拉，他靠自己的这种智慧赚的钱，比制作那么美的作品的斐狄阿斯[d5]再加上其他十位雕塑家还多。你说得多惊人啊，想想那些修旧鞋补衣服的匠人，要是给别人还回去的衣服鞋子比收到时还糟糕，那可没法不被人注意到，只要这么干，不出三十[91e]天准得饿死。而普罗塔戈拉居然隐藏在希腊人中，一直败坏身边的人，[e5]送走他们时，他们的状况比他接收他们时还糟糕，这种情况居然长达四十年之久。我知道，他一直活到将近七十岁，操持此业达四十年之久。在此期间，直到如今，他一直名声很好；不仅普罗塔戈拉，[92a]其他许多这种人也是如此，有人比他生得早，有人现在还活着。按照你的说法，我们是断言，他们有意欺骗、损害年轻人，还是他们自己也出于无意？在后一种[a5]情况下，我们是不是应该认定，这些被有些人称为最智慧的人其实疯了？

安　他们远没有疯，苏格拉底，付钱给他们的年轻人才疯了，[92b]把年轻人送到他们那里的亲人更疯，而最疯的是允许那些家伙进来、不把他们赶走的城邦，不论那些干那种事的家伙是异乡人还是本邦人。

苏　[b5]那些智术师中，安虞托斯啊，有人冒犯过你吗，你对他们如此刻薄？

安　凭宙斯起誓，没有，我从未跟他们中任何一个交往过，也不会允许我的民人中任何人跟他们交往。

苏　你压根儿对那些人没经验？

安　[b10]愿我以后也没有。

苏　[92c]神人啊，关于你完全没有经验的东西，你怎么知道其中是否有任何好东西或差东西？

安　很简单，我了解那些人是怎么回事，不论[c5]我对他们是否有经验。

苏　你大概是位先知，安虞托斯啊。否则，我想知道，就凭你所讲的这些，你怎么可能了解他们。但是，我们要找的，不是让[92d]美诺跟他们学成归来后比以前更没用的人——如果你想要，我们就把他们称作智术师——告诉我们吧，为你这位世交友伴做件好事，告诉他，在如此伟大的城邦中，[d5]他应该去谁那里[学习]从而配得上我刚才提到的那些德性。

安　为什么你自己不告诉他？

苏　好吧，我的确讲过我认为谁是这方面的教师；但你说我讲的毫无道理。也许[92e]你说的有些道理。现在轮到你告诉美诺，在雅典人中，他应该去谁那里。告诉他你满意的那个人的名字。

安　为什么只听一个人的名字呢？不论他碰巧遇到哪位雅典贤人，都[e5]比智术师更能使他变得更好，只要他愿意听。

苏　这些贤人是自发变成这样，没跟任何人学，就能给别人教自己未曾学的[93a]东西？

安　我认为，他们是跟之前的贤人学到的；难道你不认为，这座城邦中一直有不少好人？

苏　[a5]安虞托斯啊,我的确也认为这里有善于处理城邦事务的好人,以前也有不比这些人差的人,但是,这些好人同时也是自身德性的好教师吗？这碰巧正是我们讨论的东西:我们所讨论的不是这里到底有没有好人,也不是以前到底有没有这样的人,[93b]我们之前好一阵子一直在探究德性是否可教。在探究这一问题的过程中,我们还在探究,现在和过去的好人是否知道如何把自己凭之成为好人的德性传给别人,德性是否不是能由一个人传给另一个人、[b5]能由一个人从另一个人那里得到的某种东西。这正是我和美诺之前探究良久的东西。现在,从你的说法出发,我们来这样看看:[93c]你是否认定忒米斯托克勒斯是好人？

安　我认定,他甚至是好人中最好的。

苏　因此他也是一位好教师,既然任何人都是自身德性的教师？

安　[c5]我觉得是,只要他想成为[这样的人]。

苏　但你是否认为,忒米斯托克勒斯会不让其他人、尤其自己的儿子,成为贤人？或者你是否认为,他会吝于让自己的儿子得到德性,[93d]不把自己凭之成为好人的德性传给儿子？难道你没有听说,忒米斯托克勒斯让自己的儿子克勒俄凡托斯受教育成为很好的马术师？克勒俄凡托斯甚至能在马背直立,能[d5]直立在马背上投掷标枪;他父亲使他在许多技艺方面接受教育,他也在这些方面取得了许多非凡的成就;他在许多方面依靠好教师。难道你没有从长辈那里听说这些？

安　我听说过。

苏　没人会指责自己的儿子天生[d10]就坏。

安　[93e]大概不会。

苏　怎么？难道你听人说过,不管听年轻人还是老年人说过,忒米斯托克勒斯之子克勒俄凡托斯,在其父所成就之事方面,成了好人和有智之人？

安　[e5]当然没有。

苏　难道我们要认定,既然德性的确可教,忒米斯托克勒斯却只想在其他方面教育自己的儿子,而在使自己成为有智之人的智慧方面不让自己的儿子好过邻人？

安 凭宙斯起誓,大概不会。

苏 [e10]这就是你所认可的德性教师,过去的时代中最好的德性教师之一。[94a]我们来看看另一个人,吕西马科斯之子阿里斯提德斯①。你不认为他是好人吗?

安 我当然认为他是,无论从哪方面讲。

苏 阿里斯提德斯不是也在凡是[a5]有老师教的东西上,让自己的儿子吕西马科斯接受雅典人最好的教育,但依你看,他就让自己的儿子成了比其他任何人都好的人?我知道,你和阿里斯提德斯过从甚密,看得出他是怎么样的人。如果你想要,[94b]还有伯里克勒斯,何等大度的有智之人;你知不知道,他带大了两个儿子,帕拉洛斯和克桑提珀斯?

安 我知道。

苏 你知道,[b5]伯里克勒斯当然会教自己的儿子在马术方面不输给任何雅典人,教他们在音乐、体育以及任何能够作为技艺来掌握的东西方面不输给任何人;难道他不想让自己的儿子成为好人?我会认为他想,但这不是可教的东西。为避免你认为只有少数最低贱的雅典人在这方面的[94c]事情上无能,一定要考虑到修昔底德也带大了两个儿子,美勒西阿斯和斯忒法诺斯,修昔底德在其他方面把他们教得很好,让他们成为雅典最棒的摔跤手——修昔底德把一个儿子送到克桑提阿斯那里,另一个送到欧多罗斯那里;我估计,[c5]他们在当时都以最棒的摔跤手著称——难道你不记得?

安 是的,我听说过。

苏 这样一来,不是很明显吗,一方面,[94d]他肯花大价钱让人教自己的孩子那些东西,另一方面,却没有不花钱亲自教自己的孩子变好——如果这可教?难道修昔底德是低贱的人,在[d5]雅典人和盟友中没有多少朋友?他出身豪门,能在自己的城邦中和其他希腊人中担当大事,如果这东西可教,即便他自己因为管理城邦而无暇顾及,他当

---

① 希波战争时期雅典著名政治家,以诚实、正义著称。参《高尔吉亚》526b,《拉克斯》179a。

然也会找到能让自己儿子变好的人,不论是同胞还是[94e]异乡人。但是,安虞托斯啊,我的友伴,我担心德性也许不是可教的东西。

安　苏格拉底啊,依我看,你很容易讲人坏话。我现在劝你,最好[e5]听我的,小心点儿哦:在其他城邦中,对人干坏事往往比干好事容易,在这座城邦中当然也[95a]一样。我认为你自己懂的。

苏　美诺啊,依我看,安虞托斯生我的气了,我对此完全不惊奇:他认定我在讲那些人的坏话,而且他相信自己是那些人中的一员。但是,[a5]如果他知道说坏话是怎么一回事,他就不会生气了,而他现在并不知道。而你,告诉我,你们那儿的人中就没有贤人?

美　当然有。

苏　[95b]怎么?这些人愿意担任年轻人的教师,既以教师自命,又认定德性是可教的东西?

美　不,凭宙斯起誓,苏格拉底啊,有时[b5]你听他们说德性是可教的东西,有时不然。

苏　我们难道应该认定,这些人在同样的事情上意见不一,却都是德性教师?

美　依我看不是,苏格拉底啊。

苏　怎么?那些唯一自命干这一行的智术师,[b10]依你看是德性教师?

美　[95c]我最崇拜高尔吉亚之处,苏格拉底,在于你不会听他这样承诺;他听别人这样承诺时,甚至会笑话他们。但他的确认为需要使人说话有技巧。

苏　[c5]依你看,智术师不是教师?

美　我没法讲啊,苏格拉底。我也遭遇了多数人会遭遇的情况:他们有时在我看来是,有时在我看来不是。

苏　你知道吗,不仅在你看来是这样,在其他[c10]政治人物看来也是这样,他们有时认为这可教,其他时候认为不可教;[95d]但你是否知道,诗人忒俄格尼斯也讲过同样的话?

美　在哪些诗句里?

苏　在诉歌里,他说:

和他们一同吃喝啊,和他们同坐,
[d5]他们多有力量啊,要让他们快活。
因为从好人那里,岂非受教良多。
[95e]心智都会丧掉,还跟坏人混什么。

你看得出吗,在这些诗句里,他把德性当作某种可教的东西来讲。

美 看起来是这样。

苏 但是在其他诗句里,他的说法略有不同。[e5]"若能达成此事,"忒俄格尼斯说,"若能将心智赋予人"——大概是这样讲的吧——"谁能做到,谁就能赢得大笔酬金,"可是

好父亲怎么可能生出坏儿,
[96a]只因自有良言相劝。可单靠教,
就想让坏人变好,那可没门儿!

你明白吗,在同一件事情上,他现在讲的恰恰相反。

美 [a5]看起来是这样。

苏 那么,你能不能告诉我,在其他方面还有这样的事情吗,这些自命教师的人,别人不仅不承认他们是教师,而且认为他们自己都不懂,恰恰相反,别人会认为[96b]他们在自命教师的这方面一窍不通——而且从另一方面讲,那些公认的贤人有时称这东西可教,其他时候称这东西不可教?对于这些在这方面如此困惑的人,你会说,严格来讲,他们是这方面的教师吗?

美 [b5]凭宙斯起誓,我当然不会那样说。

苏 如果智术师和那些本身是贤人的人都不是这方面的教师,是否很显然不可能有这方面的其他教师?

美 依我看的确没有。

苏 [96c]没有教师,就没有学生?

美 依我看,是你说的那样。

苏 我们一致认为,既然在这东西方面既没有教师,也没有学生,那么这东西就不可教?

美 [c5]我们的确一致认为。

苏 看来,哪儿都没有德性教师?

美 的确。

苏 没有教师,就没有学生?

美 看上去没有。

苏 [c10]因此,德性不是可教的东西?

美 [96d]似乎不是,如果我们探究得正确的话。这样一来,我真的很好奇,苏格拉底啊,到底有没有好人,要有好人的话,好人怎么来的。

苏 [d5]危险啊,美诺,我和你都是没用的人,高尔吉亚没把你教透,普罗狄科也没把我教透。所以我们务必自己运用心智,看看到底谁能以某种方式使我们更好:[96e]我这样说首先是着眼于我们刚才的探究,我们多愚蠢啊,竟没注意到,并非只有受知识引导时,人才会正确行动、把事办好;也许正是出于这一原因,我们才没能知道人以何种[e5]方式变好。

美 你这样说是什么意思,苏格拉底?

苏 是这个意思:好人必定有益;[97a]我们一直认为这正确。难道不是吗?

美 是。

苏 只要好人能正确引导我们的事,就是有益的,我们也可以这样认为,不对吗?

美 [a5]对。

苏 我们之前和别人一样不正确地以为,如果一个人没有审慎,就不可能正确引导。

美 你说的"正确地"是什么意思?

苏 我会告诉你。如果有人知道通往拉里萨之路,或者[a10]通往他想去的其他地方的路,不但去那儿,而且引导别人,难道他不会正确而且很好地引导别人?

美 当然会。

苏 [97b]只要他在道路方面能够形成正确意见,即便他没上过这条路,也完全不了解这条路,也能正确地引路?

美 当然。

苏　[b5]因此，拥有正确意见的人相比于拥有知识的人，并不是更差的向导——即便他仅仅是认定其为真而非审慎地确知——相比于审慎地确知的人也不是更差的向导。

美　不是。

苏　因此，真实意见作为正确行为之向导，不[b10]输给审慎。我们之前关于什么是德性的探究，就是在这里离题的，当时我们说[97c]只有审慎才会正确引导行动；其实真实意见也可以。

美　很可能。

苏　因此，正确意见之有益不亚于知[c5]识。

美　不过还是有区别，苏格拉底啊，有知识的人永远可以达到目的，而有正确意见的人有时可以达到目的，有时不行。

苏　你说的是什么意思呢？有正确意见的人，只要其意见是正确的，[c10]就会一直达到目的，难道不是吗？

美　在我看来，必然如此。可是我很好奇，苏[97d]格拉底啊，即便如此，知识却往往比正确意见更受推崇，那么，为什么二者彼此不同。

苏　这下你知道为什么你好奇了吧，要不要我告诉你？

美　[d5]当然，告诉我。

苏　因为你没留心过代达罗斯的雕塑作品。不过也许你们那儿没有。

美　你为什么提起这个？

苏　因为，如果你不把那些雕塑作品缚住，它们就会逃走、[d10]跑开；一旦缚住，就会保持。

美　[97e]噢，那又怎么样？

苏　拥有一件容易跑掉的作品，其实益处不大，就像拥有一个要逃跑的奴隶；但是一旦缚住，益处可就大了；因为[e5]他的作品很美。我提这个是想说什么呢？是想说说真实意见。真实意见一旦保持住，就是美的东西，能[98a]带来各种好东西。然而在大多数时间里，真实意见不愿保持，而会逃出人的灵魂；因此，真实意见价值并不大，除非有人用推理和理性把它们缚住。美诺啊我的友伴，这就是回忆，正如[a5]我们之前一致认可的。真实意见一经缚住，首先会成为知识，然后会固定下来。因此，知识比正确意见更有益;知识之有别于正确意见,就在于已经缚住。

美 凭宙斯起誓,苏格拉底啊,就是这回事。

苏 [98b]我不是作为知道的人在讲,而是作为影像制作者。但我当然不认为,我讲正确意见与知识是不同的东西,是在制作影像。我能确认自己知道的东西不多,无论如何,[b5]这就是其中一件。

美 你说得正确,苏格拉底。

苏 那么接下来呢?难道我接下来说的不正确吗,在指导各种行动的运作、完成方面,真实意见不比知识差,不是吗?

美 [b10]在这一点上,依我看,你所言亦为真。

苏 [98c]那么,正确意见在有益于行动方面不比知识差,拥有正确意见之人也不比拥有知识之人差。

美 正是。

苏 [c5]我们确曾一致认为,好人有益。

美 是。

苏 那么,即便有好人,而好人之所以好,之所以有益于城邦,并非只能凭借知识,还可以凭借[c10]正确意见;而知识和正确意见这两种东西既不是天生就有,[98d]也不是获得的——难道依你看哪种是天生就有?

美 依我看不是。

苏 既然它们不靠天性,那么,好人并非天生就是[d5]好人。

美 当然不是。

苏 既然好人并非天生就是好人,那么,再来看看德性是不是可教的东西。

美 好。

苏 [d10]如果德性是审慎,那么,德性看起来就可教?

美 可教。

苏 如果德性是可教的东西,那么德性是审慎?

美 当然。

苏 [98e]如果有教师,就可教,但如果没有教师,就不可教。

美 的确。

苏 我们曾达成一致,没有德性教[e5]师?

美　的确。

苏　那么我们当然会一致认为，德性既不可教也不是审慎？

美　当然。

苏　[e10]但我们的确一致认为德性是好东西？

美　是。

苏　能正确地引导的东西既有益又好？

美　当然。

苏　[99a]正确地引导的只有这两种东西：真实意见与知识。能正确引导的人凭借的就是这两种东西。偶然发生的事情不受人引导。能让人引导得[a5]正确的东西就是这两种：真实意见和知识。

美　依我看是这样。

苏　既然德性不是可教的东西，那么，德性其实并不随知识而来。

美　似乎不是。

苏　[99b]因此，在这两种好而且有益的东西中，已经排除了一种，引导政治行动的不可能是知识。

美　依我看不是。

苏　[b5]因此，像忒米斯托克勒斯以及安虞托斯刚才讲的那类人，引导城邦凭借的不是智慧，凭借的不是自己是有智慧的人。他们没法使别人成为像他们自己一样的人，因为他们成为那样的人靠的不是知识。

美　[b10]苏格拉底啊，看来就是你说的这样。

苏　既然不是凭知识，那么，剩下的只有好意见，[99c]治邦者摆平城邦时靠的正是这东西。这些人在审慎方面同占卜者和受神启的先知并无不同。因为，当他们中的绝大多数人受神启时，的确会讲出真实的东西，却不知道自己[c5]说的是什么。

美　很可能是这样。

苏　那么，美诺啊，这些人不用心智就摆平了他们所做所讲的那些伟大的事情，他们称得上神圣吗？

美　[c10]当然。

苏　所以我们把刚才提到的这些人说成神圣的，[99d]也就是那些卜者、先知还有所有诗人，真是说对了；政治家也完全可以归入此类，我们确认这些人是神圣的、蒙神启的,为神所鼓动、为神所占有,会摆平许多大事,[d5]尽管不知道自己说的是什么。

美 当然。

苏 美诺啊,女人当然也会称好人为神圣的。斯巴达人称赞好人时,也会说"真乃神人也"。

美 [99e]看来,苏格拉底啊,他们说得对。可是,你这样说,也许冒犯了这位安虞托斯。

苏 那对我来说没什么。美诺啊,我将来和他还得再谈一次。可是现在,如果说我们在整个对话过程中[e5]探究得美、讲得美,那么,德性就既不靠天性,也不是可教的东西,德性出现在可能出现的人身上,靠的是蒙神赐而不自知;[100a]除非在治邦者中有这样一种人,他能够使另一个人成为治邦者。万一有这样的人,我们说,那他在活人中,一定像荷马所讲的忒瑞西阿斯在死人中,荷马说,[a5]"冥府中人唯忒瑞西阿斯有心智,余者如魂影飘忽"。在我们这儿也是一样,在德性方面,这样一个人在我们当中,的确如一件真实的事物为魂影围绕。

美 [100b]依我看,你讲得再美不过,苏格拉底啊。

苏 从此番推理中可以看出,美诺啊,德性来到可能来到的人身上,显然凭神赐。但我们要清楚,[b5]在我们探究德性是怎么来的之前,我们必须先探究什么是德性本身。现在我该走了,你来劝你的东道主,这儿这位安虞托斯,让他信服你自己已经信服的这些东西吧,那样一来,也许他会通情达理一些。[100c]如果你能劝服他,那可真是让雅典人受益了。

卷七

希琵阿斯前篇

王江涛 译

苏格拉底 [281a]希琵阿斯①,既美且智,有一段时日了吧,对我们来说,自打你上回莅临雅典。

希琵阿斯 因为没有闲暇啊,苏格拉底。毕竟,厄利斯②每当需要与某个城邦打交道时,它总是在它的城邦民中首先[a5]来找我,选我作使节,认为我最擅长评判和传递[281b]每一个城邦的言辞。故我屡次出使别的城邦,其中出使最频繁、事务最繁杂也最重要的莫过于拉刻岱蒙。这也是为什么,正如你所问的,我不常来这边这些地方。

苏 [b5]这倒是,希琵阿斯啊,成为一位聪明而又完满的男子汉还真得如此。因为你在个人方面,精于从年轻人那里获得许多钱财,[281c]而且你的帮助大于所得;在公共方面,你又精于为你自己的城邦效力,一个人若不想被看扁,想在众人中受欢迎,就必须如此。但是,希琵阿斯,到底是什么原因呢,那些古人,[c5]据说在智慧方面有很大名气的那些人,比如匹塔科斯、庇阿斯、米利都的泰勒斯那帮人,以及之后一直到阿纳克萨戈拉的那群人——他们中的全部或大多数都显得远离政治事务?

希 你以为是什么,苏格拉底,无非是他们没有能力,[281d]不精于用明智实现一般的事务和个人的事务,难道不是吗?

苏 那么,凭宙斯之名,就像其他技艺都取得了进步,与今天的匠人们相比,古代的匠人们[d5]不值一提,同样,你们智术师的技艺也取得了

---

① "希琵阿斯"是对话的第一个词,而且用的是主格而非通常的呼格,全篇仅此一例。
② 希琵阿斯是厄利斯人,厄利斯是希腊南部的一个城邦,以产马著名。

进步，而且在智慧方面，老派智者们在你们面前不值一提，我们可以这样说吗？

希 你说得完全正确。

苏 所以，如果在我们现在，希琵阿斯，如果庇阿斯重生，①他在你们面前也[282a]将是可笑的，就像雕刻家们说代达罗斯②，若他生在今天，还制作那些让他获得名声的东西，他也会可笑。

希 正是这样，苏格拉底，如你所言。[a5]不过我本人习惯于赞颂古人们和我们的先辈胜过今人，因为我既担心生者的嫉妒，又害怕逝者的愤怒。

苏 [282b]说得漂亮啊你，希琵阿斯，真是能说善思，在我看来。我为你作证，你说的是真的，而且你们的技艺确实取得了进步，有能力处理公共事务，以及个人的事务。[b5]来自勒翁提诺伊的智术师高尔吉亚，曾从家乡出公差至此，担任使节，因为他是勒翁提诺伊最精于处理一般性事务的人。另外，在集会上，他显示出了极其出色的演讲才华，而在私底下，他展示自己的口才，吸引了一帮年轻人，凭此赚了许多钱财，[282c]从这座城邦带走；还有我们的友伴普罗狄科，他经常出公差，最近的一次，他从科俄斯出差至此，在议事会中露了一手，赢得满堂喝彩，而在个人方面，[c5]他展示自己的口才，吸引了一帮年轻人，凭此他赚得了一大笔令人惊讶的钱财。而在那些古人中，没人认为赚钱谋生是值得的，也没人认为值得[282d]在各色人中展示他自己的智慧；如此之天真，他们甚至没意识到钱的巨大价值。而这两位中的任何一个从智慧赚得的钱比其他匠人从无论任何技艺赚得的都多，甚至超过[d5]他们之前的普罗塔戈拉。

希 那是因为，苏格拉底啊，你一点也不知道美的事物，在这方面。因为如果你知道我赚的钱有多少，包你大吃一惊。其他不提，单说我去西西里那回，普罗塔戈拉[282e]也正在那儿盘桓，虽然他很受欢迎，也较为年长，我则相对年轻，但须臾间我就赚得一百五十多米纳，我还从一个名不见经传的地方伊努孔，赚到二十多米纳。当我带着这些钱回家，交给我

---

① 苏格拉底玩了一个双关语，"庇阿斯"和"重生"的词根相同。
② 传说中的雕刻家，他的雕像会动。

的父亲时,他和其他[e5]乡亲们都大吃一惊,吓得目瞪口呆。我想我赚到的钱可能比其他两位——你所想到的任何两位智术师——赚的总和还多吧。

苏　你说的倒是一桩美事,希琵阿斯,而且也很好地证明了你自己和今人们[283a]的智慧如何胜过那些老家伙们的智慧。根据你的论证,先辈们十分无知。因为,据说,发生在阿纳克萨戈拉身上的事与发生在你们身上的事完全相反;虽然他继承了大笔钱财,但他毫不[a5]在意,还丢了个精光——他完全在动蠢脑筋——人们说,别的这类事也常见于其他古人们身上。在我看来,你漂亮地证明了[283b]有别于先辈智慧的今人智慧。而在多数人看来,聪明人自己必须聪明,尤其是为了自己;而聪明人的标志正在于赚最多的钱。这些事就到此为止吧。告诉我,在你所去的城邦中,[b5]你从哪里赚的钱最多?很明显嘛,不就是从拉刻岱蒙吗,你去得最频繁的那个城邦?

希　不是,以宙斯发誓,苏格拉底。

苏　你怎么这样说?难不成赚得最少?

希　[283c]其实,不曾取过一厘一毫。

苏　你说的是件稀奇事儿,令人吃惊,希琵阿斯。告诉我,难道你的智慧不能吸引人,然后使学习德性的人们变得更优秀?

希　完全[c5]如此,苏格拉底。

苏　那是你能让伊努孔的孩子们变得更好,却不能使斯巴达的孩子们变好?

希　当然不是。

苏　那肯定是西西里的人们渴望变得更好,而拉刻岱蒙的人们[283d]却不渴望喽?

希　也不是,苏格拉底,拉刻岱蒙人也渴望。

苏　那是因为缺钱,所以他们才不愿跟你打交道?

希　当然不是,他们有的是钱。

苏　那是为什么,他们有意愿,又有钱,[d5]而且你又有能力给予他们莫大的帮助,他们却没让你赚得满载而归?若是如此,该不会在教育孩子们方面,拉刻岱蒙人比你更优秀吧?若我们都这样说,你同意吗?

希 [283e]没门儿！

苏 所以你是未能说服拉刻岱蒙的青年们吧，如果他们跟你在一起，而不是跟他们自己的人在一起，他们在德性上会取得更大的进步？或者说，你没能力说服他们的父亲们，[e5]他们应当把儿子们交托给你，而不是由他们自己看管，如果他们关心他们的儿子们的话？难道是因为他们嫉妒自己的孩子们成为最优秀的人？

希 我倒不认为他们会嫉妒。

苏 可拉刻岱蒙确实有好礼法。

希 可不是吗？

苏 [284a]而在礼法好的城邦里，德性最享殊荣。

希 当然。

苏 在人们之中，你知道如何以最美的方式把德性传授给他人。

希 确实如此，苏格拉底。

苏 若一个人知道以最美的方式传授[a5]骑术，那么他在希腊的帖撒利亚①或其他任何重视骑术的地方岂不会大受赞誉，获得钱财无数？

希 是这样。

苏 若有人能够传授关于德性最有价值的知识，在[284b]拉刻岱蒙或在其他礼法好的希腊城邦，他岂不会大受赞誉，赚得钱财无数，只要他愿意的话？还是说，友伴啊，你认为更有可能在西西里和伊努孔？我们要相信这一点吗，希琵阿斯？你若下命令的话，我们必须得相信。

希 [b5]因为这有悖祖制，苏格拉底，不管是变革拉刻岱蒙人的礼法，还是教育他们的儿子们有别于习俗的东西。

苏 怎么说？对于拉刻岱蒙人而言，难道正确地行事就有悖祖制，而犯错就不违背？

希 [284c]我可没这样说，苏格拉底啊。

苏 所谓行事正确，是用更好的方式教育青年们，而不是用更坏的方式，难道不是？

希 [c5]正是；但异邦教育对他们来说于礼不合。你要知道，但凡有

---

① 希腊北部的一个城邦，苏格拉底在《克里同》中称该邦没有法律，没有秩序。

人能够在那儿教书赚钱,肯定是我赚得最多——至少他们乐于听我讲,还称赞我——但如我所言,那于礼不合。

苏 [284d]你说礼法呀,希琵阿斯啊,是有害于城邦呢,还是有益于城邦?

希 制定礼法,我认为,是为了有益,可有时候也会有害,倘若礼法制定得糟糕的话。

苏 什么?制定礼法者制定的礼法是为了城邦最大的善,难道不是吗?[d5]否则,哪里还有可能在好礼法下生活呢?

希 你说的是真的。

苏 那么无论何时,一旦那些着手制定礼法的人把什么是善给弄错了,他们就会把制度与礼法弄混,[284e]你怎么说?

希 准确地说,苏格拉底啊,确是如此。不过,人们尚不习惯这样使用语词。

苏 你说的是那些明白人,希琵阿斯,还是那些不明白的人?

希 多数人。

苏 这些知道真相的人,是多数人喽?

希 [e5]当然不是。

苏 相反,或许那些知道的人们实际上相信,更有益的而不是更无益的才更合法,对所有人都如此。难道你不同意吗?

希 是的,我同意,至少事实如此。

苏 那些明白人的看法才如此,而且一直如此,难道不是?

希 当然。

苏 至于拉刻岱蒙人,如你所说,更有[285a]益的是接受你的教育,[即便]是异邦的教育,而非当地的教育。

希 至少我所说的是真的。

苏 因为更有益的东西是更合法的,你是这样说的吧,希琵阿斯?

希 我是这么说过。

苏 那么,基于你的[a5]论证,对于拉刻岱蒙人的儿子们来说,接受希琵阿斯的教育更合法,而接受父亲们的教育则更不合法,只要他们真正能从你这里受益。

希　可他们确实有所[285b]受益,苏格拉底。

苏　那么拉刻岱蒙人就违法了嘛,要是他们没给你金子并把他们自己的儿子交托给你的话。

希　我同意,因为你说的这番话似乎偏向我,我也没必要反对它。

苏　[b5]确实,友伴啊,我们发现拉刻岱蒙人在违法,而且还是在最重要的事情上,尽管他们看上去最守法。他们在诸神面前赞誉你,希琵阿斯啊,而且还感到高兴,他们到底听到了什么样的东西?显然,不就是那些你[285c]知晓得最美的东西吗,关于星象的事物以及天上的事物的东西?

希　根本不是;这种事情他们连忍都忍受不了。

苏　那么听几何学方面的东西,他们会高兴?

希　一点儿也不,他们中的大多数,可以这么说,[c5]连计数都不会。

苏　他们半点儿都忍受不了关于算术的东西,至少当你演讲时。

希　千真万确,以宙斯之名。

苏　肯定是那些东西,你在众人之中知道[285d]以最准确的方式分析——关于字母、音节、韵律与谐音的能力,不是吗?

希　我的好人啊,确实是谐音与字母。

苏　可他们到底乐于从你那里听什么呢,而且还乐于赞扬你?你得亲口告诉我,因为我实在[d5]找不出。

希　关于诸英雄和人们的谱系,苏格拉底,以及建城,比如在古代诸城邦如何建立,总之,全是那些个古老传说,才是他们最乐于[285e]听的。所以,正因为如此,我才不得不学习、钻研所有那些事物。

苏　是的,以宙斯之名,希琵阿斯啊,你算走运,拉刻岱蒙人也许会不高兴,若有人告诉他们,我们的执政官们[e5]始于梭伦;否则,你非得花大力气才能学个透彻。

希　怎么可能,苏格拉底?我只听一遍,就记得住50个名字。

苏　你说得对,我可没想到你还会记忆术;所以我认为[286a]拉刻岱蒙人喜欢你,是因为你知道许多事情,正如孩子们喜欢老妈子们,是因为讲故事令他们快乐。

希　以宙斯之名,苏格拉底啊,至于美的生活习惯,我前不久才讲述

[a5]年轻人应当如何养成这些习惯,在那里大受欢迎。因为关于这些生活习惯,我已经以完美的方式编织了一篇讲辞,这篇讲辞安排得很好,特别是在措辞方面;这篇讲辞的序曲和开头大致是这样:故事讲述了特洛亚陷落后,涅俄普托勒摩斯请教[286b]涅斯托尔[1],什么是美好的生活习惯,它可以使养成这些习惯的年轻人变得最受欢迎;说完这些之后,涅斯托尔,还向涅俄普托勒摩斯建议了许多合法的生活习惯,以及十全十美的生活习惯。这篇讲辞我在那里展示过,[b5]我打算三天后在这里展示,就在斐多斯特拉托斯学园,[2]除此之外还有许多其他东西值得一听;因为阿佩曼托斯之子欧狄科斯[3]邀请了我。所以你得光临,[286c]再领些其他懂得欣赏的人来听。

苏 一言为定,若神允许的话,希琵阿斯。可现在,请回答我一个小小的问题,正好与此相关,既然你[c5]碰巧提醒了我。因为最近有个人,最好的人儿啊,在某些论证中说得我无言以对,当时,我正批评某些东西丑,赞扬某些东西美。他是这样问的,态度非常嚣张:"告诉我,苏格拉底呀,"他说,"你是从哪儿知道[286d]什么样的东西美,什么样的东西丑?来吧,你说得出什么是美吗?"而我呢,由于我的愚钝,早已无言以对,没办法回答他;我们分开之后,我自怨自艾,[d5]发誓只要一碰见你这群聪明人中的某一位,我必会请教他,好好研究、琢磨,再回去找我那位论敌,和他作一番论战。所以我才说你今儿来得正巧,请务必向我解释清楚美本身是什么。在你向我解释的时候,[286e]请试着尽可能准确,免得我再次被驳倒,再遭一次嘲笑。因为你一定了解得很透彻,这不过是你通晓的多门学问中微不足道的一门而已。

希 [e5]不过小事一桩,以宙斯之名,苏格拉底啊,没什么了不起,说实话。

苏 那我将很容易学会,从此再没人可以驳倒我。

---

[1] 涅斯托尔是皮洛斯的国王,他年事已高,无法作战,主要职责是给希腊人年龄的忠告。涅奥普托勒摩斯是阿喀琉斯之子。
[2] 关于该学园的情况尚无文献记载,其字面含义是"节俭的士兵"。
[3] 雅典青年,未见于其他古典文献,在柏拉图对话中也仅出现在《希琵阿斯前后篇》中,可能是柏拉图杜撰的人物。

希 肯定没人,否则我的行为也就太愚蠢、[287a]太外行了。

苏 以赫拉起誓,你说得好,希琵阿斯,但愿我们能打败这位男子汉。不过,这样行不行?我模仿那人来阻碍你,在你回答时,我将抓住你论证的漏洞,[a5]以便你给我尽可能多的训练。因为我在反驳方面更有经验。如果这对你来说确实没什么差别,那么我希望提出反驳,以便学得更扎实。

希 那你来反驳吧。因为我刚才说了,[287b]这不是个大问题,许多更难的问题我都可以教你分析,这样就没人能够驳倒你了。

苏 啊,你说得真好;来吧,既然你已吩咐,[b5]接招吧,我将尽全力成为那人,向你提问。因为,假如你向他朗诵展示方才你提到的那篇文章,关于美的生活习惯的文章,他会先听你讲,等你讲完后,他先不管其他,径自问美的问题——[287c]这是他的习惯——他会说,"厄利斯的异乡人呀,是不是由于正义,正义的人们才是正义的?"回答他,希琵阿斯,假设是那人在提问。

希 我将回答是由于正义。

苏 "存在这么一种东西,叫做正义,对吧?"

希 当然。

苏 [c5]"难道不是由于智慧,智慧的人们才是智慧的吗?而且,难道不是由于善,所有善的东西才是善的吗?"

希 怎么不呢?

苏 "由于这些东西存在,这些事物才如此;不大可能是因为它们不存在。"

希 当然是由于它们存在。

苏 "那么,所有美的事物不也是因为美才[287d]是美的吗?"

希 是的,是因为美。

苏 "因为它是某种存在的东西?"

希 是存在的东西;不然还会是什么呢?

苏 "快告诉我,异乡人呀,"他会说,"什么是这个美?"

希 那个问这个问题的家伙,苏格拉底啊,不就想[d5]搞清楚什么东西是美的吗?

苏　依我看,不是,而是什么是美,希琵阿斯。

希　这两者有分别吗?

苏　在你看来没有分别?

希　我看不出一点分别。

苏　[d10]当然,很明显你知道得更美。不过,好人儿啊,注意啦,因为他问你的不是什么东西是美的,而是什么[287e]是美。

希　我明白,好人啊,我这就回答他什么是美,我可绝不会遭到反驳。苏格拉底,听好啦,若非得说实话,那么美的少女就是美。

苏　[e5]还算漂亮,希琵阿斯,以天狗起誓,此外你还回答得很妥帖。没有别的要补充吧,假如我这样回答,[288a]我回答得还算正确,不算答非所问,恐怕不会遭到反驳了吧?

希　苏格拉底,所有人都这样认为,所有听过的人都证明你说得正确,你怎么会遭反驳呢?

苏　[a5]嗯,的确如此。接招吧,希琵阿斯,我把你所说的话当作我自己说的。他也许会这样问我:"来,苏格拉底,回答我。所有你说的这些美的东西,只有在美本身是什么的情况下,这些东西才可能是美的?"可我真的该说,美的少女就是美,就是她,使这些东西都成其为美的吗?

希　[288b]那你认为,他仍在着手反驳你,因为你所说的不美,又或者,如果他这样打算,就不怕成为笑柄?

苏　他会这样着手的,神奇的人儿啊,我太了解啦;然而,[b5]他这样着手是否可笑,则要看他着手的结果。当然,至于他会问什么,我愿意告诉你。

希　说吧。

苏　"你真'可爱',"他会说,"苏格拉底!难道一匹美丽的母马就不美?就连神都曾在他的神谕中称赞过母马。"[288c]我们该说什么呢,希琵阿斯?我们除了说母马是一种美[的东西],至少美的母马[美],还有别的[选择]吗?我们怎敢否认,称美是不美的?

希　你说得对,苏格拉底;[c5]神这么说肯定正确;因为在我们那个地方就养育了许多美得不得了的母马。

苏　"那好,"他会说,"那美的里拉琴呢?不也是一种美?"我们该这样说吗,希琵阿斯?

希 该。

苏 于是,他会一直问下去,我太了解他啦,从他的性格我就可以推断出来。他会问:"你这最好的人呀,那美的陶钵呢? 不也是一种美?"

希 [288d]苏格拉底,这家伙是谁? 真没教养,竟敢在庄重的场合出言不逊。

苏 他就是这么个人,希琵阿斯,非但不风雅,反倒粗鄙得很,[d5]除了为真理而思,其他什么都不关心。可尽管如此,还是得回答这位男子汉的问题,我来抛砖引玉吧。若这陶钵真是由一位优秀的陶匠烧制而成,光滑圆润,又烘烤得漂亮,就像那些个漂亮的双耳柄钵,那些个容量六库司①、美得不得了的陶钵,如果他问的是这种[288e]陶钵,我们不得不承认,这种陶钵美。因为我们怎么可以称一个本来就美的东西不美呢?

希 绝不可以,苏格拉底。

苏 那么他会说:"一个美的陶钵不也是一种美吗? [e5]回答我。"

希 确实如此,苏格拉底,在我看来;这种家什只要制作精良,也美,但总的说来,跟母马的美、少女的美以及所有其他东西的美相比,这玩意儿完全不值一提啊。

苏 [289a]那么我懂了,希琵阿斯,应当这样反驳他,要是他提出这些问题的话:"你这家伙,你不知道吧,赫拉克利特有句话说得好,'最美的猴子[a5]与人类相比也丑',最美的陶钵与少女相比也丑,正如聪明的希琵阿斯所说。"不是吗,希琵阿斯?

希 当然,苏格拉底,你回答得正确。

苏 听着。因为我很清楚,接下来他会这样说:"然后呢,苏格拉底呀? 倘若有人将少女一类同诸神一类[289b]比较,不就相当于拿陶钵一类与少女一类比较?"最美的少女不也显得丑? 你提到赫拉克利特,他不也说过,"最智慧的人与神相比,[b5]在智慧、美和所有其他方面都显得不过是只猴子"? 我们要不要承认,希琵阿斯啊,最美的少女在诸神一类面前也丑?

---

① 希腊的液量单位,每库司约合3.36公升。

希 是的,谁敢否认这一点,苏格拉底?

苏 [289c]那么,我们要是同意这些的话,他会大笑并说道:"苏格拉底呀,你还记得我的问题吗?"我说,你问我美本身到底是什么。他会说:"我问美于你,而你的回答,如他本人所说,[c5]美并不比丑更美。"我说,好像是;或者,朋友啊,你教我该说什么?

希 像刚才那样,因为与诸神相比,人类不美,他说得对。

苏 "假如我原先问你的是,"他会说,"什么[289d]美,什么丑,你像现在这样回答,就回答得很正确,不是吗?可美本身有这么一种属性,其他所有事物只有经过它的点缀,才会显得美,只要附着上那个样式,在你看来,这种美依旧是少女、母马或者基塔拉琴吗?"

希 [d5]那么,苏格拉底,如果这就是他所寻求的,那么回答他什么是美,就是所有事物中最容易的,美点缀其他所有的东西,任何东西一旦经它附着其上,都显得美。[289e]这家伙太过幼稚,他根本不了解关于美的物品。因为如果你告诉他,他所问的美不是别的,就是黄金,他定会无话可说,无法着手反驳你。因为我们都知道,任何东西一旦[e5]镶上这玩意儿,纵然先前显得丑,一经黄金点缀,立马显得美了。

苏 你还不了解这位男子汉,希琵阿斯,他从不畏缩,从不轻易接受任何东西。

希 怎么回事,苏格拉底?他必须得接受[290a]正确的说法,否则他将成为笑柄。

苏 至于这个回答嘛,最好的人啊,他不仅不会接受,而且肯定会嘲讽我,他会说:[a5]"你这个骗子哟,你认为斐迪阿斯是位糟糕的工匠吗?"我想我会说没这回事。

希 你说得还算正确,苏格拉底。

苏 当然正确,因此,一旦我同意斐迪阿斯是位优秀的工匠,[290b]那人就会说:"莫非你认为斐迪阿斯不懂得你说的这种美?"我说:"何以见得?""因为,"他说,"斐迪阿斯在雕刻雅典娜神像时,没有用黄金来造她的眼,或她的脸,或她的脚,或她的手,[b5]若黄金必然显得是最美的话,就非用黄金不可,可他用的却是象牙;很明显,他是因为无知才犯错的,他不知道,黄金简直就是能使万物变美的东西,只要黄金镶嵌其上。"

要是他这样说,我们应当如何回答他,希琵阿斯?

希　[290c]一点都不难;我们说斐迪阿斯造得正确。因为我认为,象牙也美。

苏　"那又是为什么,"他会说,"斐迪阿斯不用象牙,反而用石头造雅典娜的眼珠子呢,[c5]他发现石头配象牙相得益彰,或者美的石头也美?"我们要这样说吗,希琵阿斯?

希　我们当然得这样说,至少当石头合适时。

苏　"那一旦不合适,就是丑啰?"我该不该承认?

希　你得承认,至少当石头不合适时。

苏　[290d]"那象牙和黄金呢?"他说,"你这聪明的家伙呀,难道不是只有在合适的时候,才使事物显得美,在不合适的时候,就使事物显得丑吗?"我们要否认呢,还是要承认他说得对?

希　[d5]我们至少应该承认,只要对于每件事物合适,那么它就使每件事物美。

苏　"那么哪一个才合适呢,"他会说,"若有人用我们刚才谈论的陶钵——漂亮的陶钵——烹饪满满一钵美味的汤肴,哪一个更合适呢,金勺还是木勺?"

希　[d10]赫拉克勒斯!你说的这家伙简直……苏格拉底!你不[290e]打算告诉我他是谁吗?

苏　不,因为就算我告诉你他的名字,你也不认识他。

希　至少现在,我知道他是个无知的家伙。

苏　他是个讨厌鬼,希琵阿斯。不管如何,[e5]我们怎么回应呢?这两个汤勺中,哪一个适合汤肴和陶钵?显然,不就是木勺吗?因为木勺可以增加汤肴的香味,而且,友伴啊,木勺还不至于打碎陶钵,把汤洒掉,不会把火弄灭,木勺不会使那些期待享受美食的人们得不到盛情的款待;但那金勺就难免有全部这些危险,以至于在我[291a]看来,我们的木勺比金勺显得更合适,除非你还有别的意见。

希　确实更合适,苏格拉底;不过,我可不会跟这家伙交谈,他竟然提出这样的问题。

苏　[a5]对呀,朋友啊。因为满嘴这种粗言秽语对你来说不合适,你衣着如此光鲜,又穿着漂亮的鞋子,全希腊都钦佩你的智慧。不过,我跟这家伙[291b]混在一起就没什么麻烦。因此,先教我两招,算是为我着想,就回答吧。"假如木勺比金勺更合适,"这家伙会说,"那木勺岂不更美,苏格拉底呀,既然你同意,合适[b5]比不合适的更美。"我们应该赞同这一点吗,希琵阿斯,即木勺比金勺更美?

希　你希望我告诉你,苏格拉底,说明什么是美,以便你把自己从纷繁的论证中解脱出来?

苏　[291c]正是如此;不过在这之前你得告诉我,在两只汤勺中,我应该回答哪一个更合适,而且更美。

希　如果你愿意,回答他,用无花果木[c5]造的勺子。

苏　那么现在讲讲你刚才打算说的吧。因为根据这一答案,若我说美就是黄金,看来对我而言,黄金并不比无花果木显得更美。不过这次,你又要说美是什么?

希　[291d]我来告诉你。因为依我看,你寻求回答的是,美是这么一种东西,它在任何时候,任何地方,对任何人来说都不会显得丑。

苏　正是如此,希琵阿斯,这回你很漂亮地抓住了我的意思。

希　[d5]听好,若有人能够反驳,你就可以这样宣布,我无论在哪方面都一窍不通。

苏　快说吧,当着诸神的面。

希　我认为,在任何时候,对所有人来说,在任何地方,最美的是[d10]对于一位男人来说,富裕、健康、深受希腊人爱戴,长命到老,在他父母临终后,替他们风光地[291e]料理后事,死后由子女替自己举行漂亮隆重的葬礼。

苏　好哇,好哇,希琵阿斯!你说得还真令人惊叹,气势恢宏,配得上你本人!以赫拉起誓,我要赞扬你,[e5]在我看来,你在好心好意、尽力而为地帮助我。可即使如此,我们还是没打倒那位男子汉,如今,他将大大地嘲笑我们,你要知道。

希　无非是胆怯的笑罢了,苏格拉底。如果在这一说法面前,他无话可说,只能一笑了之,那么他嘲笑的将是他自己,[292a]而且他还将被那些在场的人嘲笑。

苏　或许是这样。或许，至少就这个回答而言，我断言，恐怕就不仅仅引起嘲笑了。

希　[a5]还会引起什么？

苏　要是他碰巧有根棍子，而我又跑不出他的手掌心，那么他极有可能动手抽我一顿。

希　你说什么？这家伙是你什么主子吗？他这样做不会被抓起来，吃官司？还是说，[292b]你的城邦不公正，反而允许邦民们以不义的方式相互殴打？

苏　城邦决不允许这样。

希　那至少当他以不义的方式打你，就该受到惩罚。

苏　[b5]在我看来并非如此，希琵阿斯，并非以不义的方式，若非要我这样回答，他毋宁是以正义的方式，至少在我看来如此。

希　那么，依我看，苏格拉底，只不过是你自己这样认为罢了。

苏　我可不可以告诉你，为什么我认为自己会遭到正义的鞭打，[b10]如果非要我像刚才那样回答？你会因为我不分是非而鞭打我吗？还是你会听我解释？

希　[292c]如果我不接受的话，苏格拉底，这就太可怕了。可你要说什么呢？

苏　我来告诉你，就用刚才那种方式，我来模仿那人，以免我朝你讲那人对我讲过的那些不三不四、唐突冒昧的话。听好了，[c5]"告诉我，"他说，"苏格拉底呀，你认为是遭受了不义的鞭打吗，当你答非所问时，犹如唱酒神颂跑调了一般？""这从何说起？"我说。"从何说起？"他说，"你难道不记得我的问题了？我问的是美本身，[292d]它附着在任何一件事物上，都使那一事物成为美的，不管它是一块石头、一截木头、一个凡人、一位天神还是所有的行为和所有的知识。至于我嘛，好家伙，问的是美本身，我说得清清楚楚、明明白白，[d5]而你坐在我身旁，就像一块石头、一个石磨，既没有耳朵，也没有脑子。"我感到害怕，于是就说出了下述的话，你不会不高兴吧，希琵阿斯啊？"可[292e]希琵阿斯说这就是美；我问他的方式与你如出一辙，它[这定义]对所有事物都美，永远都是。"那你怎么说？你不会不高兴吧，如果我这样说？

希 我知道得很清楚,苏格拉底啊,对于所有事物而言,[e5]我说的这个定义就是美,而且将来也显得如此。

苏 "是否在将来也美?"他说,"因为美本身无论如何都永远美。"

希 当然。

苏 "那它在过去也是美的啰?"他说。

希 在过去也是。

苏 "对阿喀琉斯而言,"他说,"来自厄利斯的异乡人说,美对于阿喀琉斯来说就是在其[293a]先祖百年之后将其埋葬,对他的祖父埃阿科斯①以及其他诸神所生的后代来说也是如此,甚至连诸神他们自己也不例外?"

希 你说什么?真该死!② 这家伙讲的话真无礼,苏格拉底啊,至少在这些问题上。

苏 你要他怎样呢?当别人问起时,如此这般说这些事情不也[a5]相当不敬吗?

希 也许吧。

苏 "也许,你就是如此,"他说,"你说,对于所有事物而言,永远美的是被子女所埋葬,并埋葬他的双亲;那赫拉克勒斯,以及我们刚才所谈论的那些人都算作例外,是不是?"

希 可是,至少我没有说诸神也被包含在内。

[293b] **苏** "看来也不是指那些英雄们吧。"

希 那些诸神的孩子们也不算。

苏 "那就是指那些不是诸神孩子们的人啰?"

希 当然。

苏 "那么,还是根据你的论证,就像其显示的那样,在英雄们中,对于坦塔罗斯、达尔达诺斯和策托斯是可怕的、不敬的以及丑陋的,对于佩洛普斯③和有相同出身的人而言则美。"

---

① 阿喀琉斯在特洛亚战争中战死,葬身异国。他的祖先埃阿科斯据说是天神宙斯的儿子,死后做了冥府的三判官之一。

② 原文字面义为"把他扔进幸福岛",表示委婉的咒骂。

③ 坦塔罗斯、达尔达诺斯和策托斯全是宙斯的儿子,佩洛普斯是坦塔罗斯的儿子。还有一种说法认为,佩洛普斯的双亲是凡人,前三者都是宙斯与凡人女子所生。

希　至少在我看来是如此。

苏　[b5]"在你看来确实如此,"他说,"即使你刚才否认了这一点,即一个人埋葬了他的父辈,又被他的[293c]子女所埋葬,有时对某些人来说,是丑的;况且,这会发生在所有人身上,而且还美,就更不可能了,由此看来,这个回答仿佛前面那些回答——关于少女与陶钵的回答,犯了同样的错误,而且更可笑的是,它对有些事物美,对另一些则不[c5]美。甚至在今天也不是,"他说,"苏格拉底呀,你能回答我所问的关于美的问题吗,即它是什么?"如果我这样答复他的话,他就会义正辞严地责备我。现在,希琵阿斯,[293d]他跟我对话的大部分大致就是如此。不过有时候,他可怜我没经验,又缺乏教养,他会给我一些提示,他会问我,美在我看来是不是如此这般,是不是什么他碰巧正在研究的,以及正在论证的别的什么东西。

希　[d5]你为何这样说,苏格拉底?

苏　我来告诉你。"精灵般的苏格拉底呀,"他说,"别再用这种方式给出上述那些答案了——因为它们太过幼稚,太容易驳倒了——[293e]考虑一下下述答案,在你看来,它是否美,这正好是我们从你的回答中挑出来的,当时,我们说,当黄金对某些事物是合适的时候,它就是美的,不合适时,就不美,任何事物只要对他物合适,都是如此;因此考虑一下,合适以及合适自身的本质,[e5]是否才恰恰是美。"我的确在任何情形下都习惯于同意上述观点——因为我无话可说——可在你看来,合适真的美吗?

希　任何情况下都是,苏格拉底。

苏　让我们想一想,以免上当受骗。

希　[e10]必须得想一想。

苏　这样来看,我们谈论的这个合适,[294a]当它在场时,它使每一个被合适附着的事物显得美,还是使其成为美,还是两者皆否?

希　至少在我看来如此。

(苏　哪一种?)①

---

① 某些校勘本认为这句是衍文。

希 使事物显得美。比如,一个人只要披上衣裳,再穿上配套的鞋子,[a5]即使他长得滑稽可笑,也会显得更美。

苏 如果合适确实使事物的外表显得比实际更美,那合适就是一种关于美的欺骗,也就不是我们所寻求的了,对吗,希琵阿斯?因为我们寻求的是[294b]那种美,凭借它,所有美的行为才美——就像所有大的东西之所以大,所凭借的是过度,因为凭此,所有大的事物才大,即使是并不显得大的事物,只要是过度的,对它们来说必然是大的——同理,我们说,所谓[b5]美,凭借它,所有美的事物才美,是这样吗?那么美就不会是合适;因为合适使事物的外表显得比实际更美,根据你的论证,然而,美是使事物成其为美,而不是使事物显得美。那个使事物成其为美的的东西,[294c]如我刚才所说,是否使事物也显得美,我们必须试着去说它是什么;因为这才是我们所寻求的,如果我们寻求的是美的话。

希 可是合适,苏格拉底啊,既使事物有实际美,又使事物的外表显得美,只要当它在场。

苏 [c5]就其存在而言,当使事物显得外表美的那个东西在场时,实际美的事物不可能不显得外表美,是不是?

希 不可能。

苏 我们会同意下面这一点吗,希琵阿斯?就其存在而言,所有美的事物,不但包括美的制度和美的生活习惯,而且还被誉为[294d]对每个人来说总是既美又显得美,还是同意完全与之相反的观点,美的事物不为人所了解,所有事物中,它们自身最有争议和冲突,于私对每个人如此,于公对诸城邦亦如此?

希 我选后者,苏格拉底,它们不为人所了解。

苏 [d5]它们不会不为人所了解,至少当外表美附着在它们之上时,美就呈现出来了,如果合适真的就是美,不仅使事物有实际美,还让事物的外表显得美。所以,一方面,如果合适使事物有实际美,那么合适就是美,就是我们所寻求的东西,但也就不使事物的外表显得美;另一方面,如果合适只使事物[294e]的外表显得美,那它就不具有实际美,不是我们所寻求的东西。因为那个合适使事物具有实际美,同一事物不能够既显得外表美又具有实际美,不论美本身还是其他任何事物都不行。所以让我们选择,合适看上去是前者还是后者,它是[e5]使事物显得美,还是使事物美。

希　使事物的外表显得美,至少在我看来如此,苏格拉底。

苏　哎呀!美又从我们手里溜走了,希琵阿斯啊,我们没认识到美到底是什么,到目前为止,合适不过显得是别的东西,而不是美。

希　是的,以宙斯起誓,苏格拉底,可我老觉得很不对劲。

苏　[295a]不过,友伴啊,我们现在还不至于放弃。因为我还抱有一线希望,美是什么最终会水落石出。

希　那当然,苏格拉底,因为发现美并不困难。我很清楚,只要给我一点时间,[a5]让我独自观察,我就可以告诉你一个更准确的答案,比任何答案还要准确。

苏　希琵阿斯啊,话别说大啦。你看到,它已经使我们如此麻烦了;[我担心]它可能会发脾气,逃跑得更快。[295b]但这只是我胡说。因为我认为,你将轻易地发现它,只要当你一个人的时候。可看在诸神的分儿上,当着我的面寻找它吧。要是你愿意,现在就和我一起探求;如果我们找到了美,那将是最美的事情,可如果没有,我认为我也会认[b5]命,而你走后,还是会轻易地发现它;如果我们现在去发现它,你放心,即便我认识到那东西就是你凭自己发现的,我也不会对你懊恼;现在,好好打量它,在你[295c]看来,美是什么。我说是这样——你要注意我,彻底运用你的心智,确保我不会胡说——我们先把这当作美:美就是有用的。出于以下考虑,我曾说过:我们称双眼美,说的不是[c5]那些看起来如此,却没有能力观看的双眼,而是说那些具有能力的,并且能用于观看的眼睛,难道不是吗?

希　是的。

苏　这样的话,我们说整个身体都美,不仅赛跑的身体如此,摔跤的身体也如此,[295d]而且所有生物都美,一匹马美,还有一只公鸡和一只鹌鹑,所有的用具和器皿,不仅包括陆上的,还有海里的,货船和战舰,还有所有的器具,用于音乐的乐器和用于其他技艺的道具,如果你愿意的话,还可以算上种种生活习惯和种种礼法。我们称几乎所有这些东西为美的,因为相同的特性。仔细观察它们各自是如何生长的,如何被制作而成的,以及如何被确定的,我们说一件有用之物之所以美,因为它如何有用,对什么东西[295e]有用,以及什么时候有用,相反,在这三方面全部没用的,我们则称之为丑;在你看来是否如此,希琵阿斯?

希　至少对我来说如此。

苏　[e5]那我们这样说对吗,不是别的任何东西,而凡是有用的才美?

希　当然正确,苏格拉底。

苏　有能力的东西具备实现各自[效果]的能力,就其效果而言,它有用,而没有能力就无用,难道不是吗?

希　当然。

苏　那么力量就是美?[e10]而缺乏力量就是丑?

希　太对了。别的种种事物,[296a]苏格拉底,都可以为我们作证,事实就是如此,尤其是种种政治事物。因为在种种政治事物以及在自己的城邦中,力量是所有事物中最美的,而缺乏力量则是所有事物中最丑的。

苏　说得好。那么,当着[a5]诸神的面,希琵阿斯,若是如此,智慧难道不是所有事物中最美的吗,而无知则是所有事物中最丑的?

希　要不然你以为是什么,苏格拉底?

苏　别着急,亲爱的友伴啊,我担心我们刚才所说的又会出岔子。

希　[296b]你怎么又怕起来了,苏格拉底,起码到目前为止,对你来说,论证不是进行得非常漂亮吗?

苏　我倒希望如此,可是跟我一起思考如下问题:一个人能否做得了他既没有知识又没有能力去做的事?

希　[b5]绝不可能;一个人怎么可能做他没有能力去做的事呢?

苏　那些犯错、作恶的人,即便他们无意地做,如果他们没有力量这样做的话,他们无论如何不会做吧?

希　显然是这样。

苏　不过,凭借能力,[296c]那些有能力的人才算得上有能力,因为不至于凭借无能。

希　当然不至于。

苏　所以,要做一件事情,就要有能力?

希　是的。

苏　可所有人从小时候起,做的坏事就远多过好事,[c5]而且还在无意中犯错。

希　真是这样。

苏　之后呢?我们能够说那种能力和那些用处[296d]美吗,恐怕不能吧?

希　远远不能,至少在我看来不能,苏格拉底。

苏　那么,希琵阿斯,能力和用处似乎对我们来说就不美了。

希　除非,苏格拉底,他们有能力向善,而且对于这些事情[d5]有用。

苏　那就一点也讲不通,即能力和用处就等于美;但这就是那个[定义]吗,希琵阿斯,那个我们灵魂想表达的,用处和能力,只要与行善有关,就是[296e]美?

希　至少在我看来如此。

苏　但这其实是有益的,不是吗?

希　当然。

苏　这样的话,美的诸身体、美的诸制度、智慧以及我们刚才所谈论的所有东西之所以美,是由于它们有益。

希　[e5]显然如此。

苏　因此益处似乎对我们而言就是美了,希琵阿斯。

希　必然如此,苏格拉底。

苏　但是,益处其实就是产生善的结果。

希　是的。

苏　而产生结果的不正是事物的起因吗?

希　是这样。

苏　所以善的[297a]原因就是美。

希　是的。

苏　但至于原因嘛,希琵阿斯,它和结果不能是一回事;因为原因怎么也不能当作一个原因的原因。这样想:原因可以产生结果,这不是很明显吗?

希　[a5]当然。

苏　产物是被制作者制作出来的,而不是制作者,难道不是吗?

希　是这样。

苏　产物岂非不同于制作者?

希　是的。

苏　那么,至少原因就不能[297b]产生原因,而只能产生由它而来的结果。

希　当然。

苏　因此,如果美是善的原因,那么善就是由美产生的;由于是这样,看起来我们得严肃对待明智和其他所有美的事物,[b5]因为它们的产物和后代,即善,值得严肃对待。或许,从我们的发现得知,美在某种型相上是善的父亲。

希　确实如此,因为你说得太美了,苏格拉底。

苏　那我这么说也美吗?即父亲不[297c]是儿子,儿子也不是父亲?

希　当然美。

苏　至少原因不是结果,反过来,结果也不是原因。

希　你说得对。

苏　以宙斯起誓,最好的人啊,那美就不是善,而善也不是美;或者你认为,[c5]从之前我们所谈论的来看是这样吗?

希　不,以宙斯起誓,在我看来没有其他结论!

苏　那我们对这个答案满意吗,我们愿意称美不是善,而善也不是美?

希　不,以宙斯起誓,我完全不满意。

苏　[c10]是的,以宙斯起誓,希琵阿斯啊,至少对我来说,[297d]这是我们谈论的所有论证中最令人失望的。

希　好像是这样。

苏　或许,对我们来说并非如此,在诸论点中显得最美的,莫过于"益处、用处以[d5]及创造善的力量才是美",相反,如果它是最漂亮的论点,那么将比先前的论点招致更多的嘲笑,比如我们曾以为的少女是美,以及每一个早先提到的以为是美的东西。

希　好像是。

苏　[d10]至少我没有可回旋的余地,希琵阿斯,只好不知所措。你还有什么法子?

希　[297e]至少现在没有,可就像我刚才所说,只要我好好思索,我知道我一定能发现美。

苏　可在我看来,由于我的求知欲,我不能同意你等到以后再想;因为实际上,[e5]我想我已经摸到了一点线索。瞧啊,如果有东西使我们感到高兴,不是所有的快乐,而是凭借听力和视力使我们感到快乐,我们称其为美,那么我们会遇到什么样的挑战?[298a]至少美丽的人儿,希琵阿斯啊,以及所有的刺绣、图画和雕塑都使我们看得心满意足,如果它们都是美的话。种种悦耳的乐音、合奏的音乐,种种演说、种种故事[a5]也能产生出这相同的快乐,因此,假如我们这样回答那个鲁莽的家伙,"出身高贵的人啊,美就是由听觉和视觉带来的快乐"——你不觉得我们可以打压一下他的鲁莽吗?

希　至少现在,在我看来,苏格拉底,[298b]称美是如此这般很好啊。

苏　可美的诸生活习惯和美的诸礼法呢,希琵阿斯,我们也称之为由于听觉和视觉带来的快乐吗,还是它们具有某种别的样式?

希　[b5]或许这一点,苏格拉底,连那家伙也没意识到。

苏　以天狗起誓,希琵阿斯,至少他不会,我特别羞于在他面前讲废话,尤其是当我没话可说却又假装有话要讲的时候。

希　[b10]他是谁?

苏　索弗罗尼斯科斯之子①他根本不[298c]容许我随意谈论这些未经审视的事物,更不容许我随意谈论那些我已经知道我不知的事物。

希　好吧,至少对于我和对于他来说,既然你都说了,这件关于礼法的事看起来是有些不同。

苏　[c5]耐心些,希琵阿斯;因为我们或许会假设,我们落入了与刚才相同的关于美的困境中,但却有另一种解决之道。

希　此话怎讲,苏格拉底?

---

① 也就是苏格拉底他自己。"索弗罗尼斯科斯"是苏格拉底父亲的名字。

苏 我来告诉你,事情至少对我显得清清楚楚,如果我说的话。[298d]因为这些关于礼法和生活习惯可能会呈现出的事物,显得并非存在于感觉之外,感觉恰好通过听觉和视觉呈现给我们;不过,让我们对上述这一论点耐心些,通过上述感觉得到的快乐就是美,[d5]而不要把关于礼法的论点带入讨论的中心。可是,假如我谈论的这家伙,或者随便其他哪个人问我们:"希琵阿斯和苏格拉底呀,为什么你们区分了种种快乐,你们把这一类快乐说成美,却又不把另一些[298e]感觉,诸如食物、饮料、情爱之事以及其他所有类型的快乐称为美?除非你们说在那些感觉里面根本就没有快乐,或者说快乐只存在于视觉和听觉中?"我们该怎么说,希琵阿斯?

希 [e5]我们当然该说,苏格拉底,在其他感觉之中也存在着巨大的快乐。

苏 "既然,"他说,"这些[感觉的快乐]和那些[感觉的快乐]同样都令人快乐,为何你却拿走这名号,否认它们[299a]的美呢?"我们将说,谁人不会嘲笑我们,如果我们说吃不快乐,却美,香味不快乐,却美;而对于情爱之事,大概所有人都会同我们争辩,认为它最快乐,然而却必须得这样,[a5]有人做这事儿时不能被人看见,因为被人看见最丑。假如我们这样说,希琵阿斯,他也许会说:"我很理解,刚才你们羞于承认这种表面上的快乐是美的,对人们来说并非如此;[299b]可是,我要问的不是这些,不是多数人认为什么是美,而是美是什么。"我想,我们会说上面那番建议:"至少我们会说,快乐的这一部分,由视觉和听觉所生成的快乐美。"但是,[b5]你是维持这一论点呢,还是咱们谈些别的,希琵阿斯?

希 维持,至少对于已经谈论过的来说,苏格拉底,除了这一点没啥好说的了。

苏 "你们说得漂亮,"他说,"假如说[299c]通过视觉和听觉得来快乐的事物是美的,任何不属于上述快乐的事物,明显就不美,对吗?"我们会同意吗?

希 同意。

苏 "那么,通过视觉得来快乐的事物,"他说,"等于通过视觉[c5]和听觉得来快乐的事物吗?"我们会说,从其中任一种感觉得到快乐的事物绝不可能等同于从这两种感觉共同得到快乐的事物——因为在我们看来,你会这样说——但是,我们曾说过,这些快乐的事物中的任一种单个讲都美,合在一起也美。难道我们不该这样[c10]回答吗?"

希　[299d]当然。

苏　"那么,"他会说,"一种快乐事物与另一种快乐事物有区别吗,至少在令人愉快方面? 我问的不是快乐在大小多少方面的区别,而是它们在以下方面是否有所[d5]不同,即一种是快乐,而另一种不是快乐?"至少我们不这样认为,不是吗?

希　的确不这样认为。

苏　"那么,"他会说,"它们是快乐岂非另有原因,你们偏爱这些快乐,而不是另一些快乐,[299e]一定是在两者中发现了某些特质,这是其他快乐所没有的,正因为此,你才称其为美,不是吗? 通过这视觉得来的快乐之所以是美的,是因为它通过视觉得来,若这就是它成为[e5]美的原因,那么另一种快乐,通过听觉得来的,就不可能美;至少它不是通过视觉得来的。"我们该说"你说得对"吗?

希　嗯,我们该这样说。

苏　[300a]"通过听觉得来的快乐之所以美,其原因不会是因为它通过听觉而来;因为若是如此,通过视觉得来的快乐就不美,至少不等于通过听觉得来的快乐。"我们要承认,希琵阿斯,那家伙说得对吗?

希　[a5]对。

苏　"尽管如此,可是通过视觉得来的快乐和通过听觉得来的快乐都美,如你们所说。"我们会这样说吗?

希　没错。

苏　"通过视觉得来的快乐和通过听觉得来的快乐具有某种相同的特质——这一特质使它们[a10]合在一起时成其为美,[300b]分开时亦成其为美;否则这两者不可能合在一起时美,各自[分开时]也美。"回答我,就像回答那家伙一样。

希　我会回答,依我看,我赞成你的说法。

苏　如果这两种快乐本身共同具有某种属性,[b5]而各自都不具有,那么至少不会凭借这一具有的属性使这两种快乐成其为美。

希　这怎么可能,苏格拉底,两种快乐分开来各自都不具有的属性,合在一起如何就会共同具有呢？

苏　[300c]在你看来不可能？

希　若是这样，那我对以下两方面简直就是一窍不通，一方面是关于这些快乐的本质，另一方面是关于刚才论证的用词。

苏　还算令人痛快，希琵阿斯。可是，我似乎有[c5]可能见过某种东西，它保持着这样的状态，照你所说，却不可能存在。然而，我却一无所获。

希　不是有可能，苏格拉底，而是你确实看走眼了。

苏　确实有许多这样的事物呈现在我[c10]的灵魂面前，但我却不敢相信它们，因为它们没有向你这样一位男子汉显示，[300d]在今日凭借智慧赚了最多的钱财，而我，却分文未赚。我在想，友伴啊，你是不是在逗我玩，故意欺骗我；许多事物确实如此有力地向我显现。

希　[d5]没有谁，苏格拉底啊，比你更漂亮地清楚我是不是在逗你玩，如果你打算谈论这些对你显现的东西。因为你不会发现有什么东西像你说的那样，你绝不会发现一个既不属于你又不属于我，但却共同属于我们两者的属性。

苏　[300e]你在说什么，希琵阿斯？在你说的东西中，有些地方我不大明白；但是，你听我说，听清楚我想要说什么。因为对我显示的这东西，既不属于我的性质，也不属于你的性质，却属于我们二者的性质；[e5]反过来讲，同时属于我们二者的性质，却不属于我们各自的性质。

希　你像又作了番奇谈怪论的回答，苏格拉底，比你前一次的回答更奇怪。想想吧：如果我俩都正义，难道我们各自不也正义吗？[e10]如果我们各自不义，难道我俩不也都不义吗？或者，如果我们健康，[301a]难道各自不也健康吗？如果我们各自吃了苦，受了伤，挨了打，或者遭受到了其他类似的情况，难道我俩不也共同遭受到了这种情况吗？再比如说，如果我们都是黄金，或白银，或象牙，还是你想要的那样，出身高贵，或聪明绝顶，[a5]或德高望重，或老或少，凡你在人们之中想要的，我俩碰巧都共同拥有，那我们各自不也必然如此吗？

苏　[301b]全是如此。

希　可是你呢，苏格拉底，没有考虑到诸事行的种种整全，习惯与你交谈的那些人也没考虑到,你们是这样考察美的,先把美分开,[b5]然后在论证中把美之存在的各个部分孤立起来。正因为如此,你们才没注意到事物自然生长的伟大和连贯的方面。而你现在没法注意到这一点,以至于你以为存在的某物不是属性,就是实体,或者你以为某种性质为二者共同所有,[301c]却不存在于各自之中,要不然就相反,某种性质为各自所有,却不存在于二者共同之中;你们老是这样,没有逻辑,没有方法,没有常识,没有洞见。

苏　确实如此,希琵阿斯啊,我们的事情就是这样,常言道,[c5]没人希望如此,却只能够如此;不过你一直劝告我们,提携我们。事到如今,我们在接受你的这些劝告之前,我要讲述我们关于这些事情的想法,以此向你展示我们刚才是多么没有常识,[301d]还是说,我不用讲了?

希　你是在跟一个明白人说话,苏格拉底;因为我对每一个人的论证方式都了如指掌。不过,要是你高兴说就说吧。

苏　[d5]这确实更令我高兴。因为我们,最优秀的人啊,是如此愚蠢,在你面前说这些,相信你和我——我们各自是一,也就不是我俩在一起时的那样——因为在一起我俩就不是一,而是二——我们是如此没有常识;可现在,[301e]我们从你那儿重新学到了,如果我俩是二,那么我们各自也必然是二,如果我们各自是一,那么我俩也必然是一;因为根据希琵阿斯关于连贯的说法,没有别的可能,只可能是如此,两者共同是什么,[e5]它们各自就是什么,它们各自是什么,两者共同就是什么。如今我被你说服了,这就是我的立场。在此之前,希琵阿斯啊,提醒我一下:我和你是一,还是你是二,我也是二?

希　你在说什么,苏格拉底?

苏　[e10]我正在说这个;因为我担心你肯定会说,[302a]你气我得很,因为你会相信你自己说的东西。不过,还是告诉我吧:一难道不是我们各自具有的这个性质吗?

希　当然。

苏　如果真的是一,那么我们各自就是奇数;难道你不把一当作奇数吗?

希　[a5]是奇数。

苏　那么我俩一块儿算是二,也是奇数?

希　那不可能,苏格拉底。

苏　相反,我俩是偶数,不是吗?

希　当然。

苏　我俩是偶数,基于此,难道我们各自不也都是[302b]偶数吗?

希　当然不是。

苏　那么这也不是绝对的,就像你刚才所说,我俩是什么,我们各自也就是什么,我们各自是什么,我俩也就是什么。

希　至少不是在这方面,而是在我先前说过的那些方面。

苏　[b5]这就足够了,希琵阿斯;这些就令我满意了,自从有些事物如此呈现,有些则不然。因为如果你还记得这论证是从何说起的话,我曾经说过,通过视觉和听觉得来的快乐之所以是美的,凭借的不是[302c]两者各自碰巧分有却不共有的性质,也不是两者共有却不各自分有的性质,这种快乐所凭借的是两者共有又各自分有的性质,因为你同意说,通过视觉和听觉得来的快乐无论合起来还是分开都是美的。正因为如此,凭借[c5]两者所共有的本质,我曾以为,如果两者真的是美的,那么它们肯定是凭借两者共有的本质才是美的,而并非各自分开才是美的;而我现在仍然这样以为。告诉我,就像刚开始那样:如果通过视觉得来的快乐和通过听觉得来的快乐不仅两者[302d]共同都是美的,而且各自也是美的,那么使它们美的本质是否如此,不仅存在于它们共同之中,而且还存在于它们各自之中?

希　当然。

苏　由于它们不仅分开来各自是快乐,而且合起来共同也是快乐,因此它们就美?或者因此至少[d5]其他所有的快乐也不遑多让,也美?因为它们正好显得是快乐,如果你还记得的话。

希　我记得。

苏　[302e]相反,至少是通过视觉和听觉得来的,所以美。

希　是该这样说。

苏　再想想,如果我说得对的话。因为刚才说过,要是我没记错的话,这种快乐美:并非所有的快乐,而是[e5]通过视觉和听觉得来的快乐。

希 对。

苏 这个性质属于两者共有,而不是由各自分有,难道不是吗？因为各自分有,如前所述,至少不属于两者共有,两者共有是由双方共同构成,而各自分有则不是,是这样吗？

希 是的。

苏 至少无法凭借这个使[e10]它们各自成其为美,因为这个不属于各自的性质,就像它们成共同的双就可以成其为美,根据假设,而各自单独却可以不美;[303a]要不我们该怎么说呢？这不是必然的吗？

希 看起来是。

苏 若我们称双是美的,还可以说单独的每一个不美吗？

希 还有什么能反驳我们这样说吗？

苏 至少在我看来,朋友啊,反驳我们的是:[a5]对我们来说,有些事物具有某些性质,它们属于二者共同的性质,也属于各自单独的性质,反之亦然,你所见过的所有事物都是如此,对吗？

希 是。

苏 可我见过的未必如此；其中,便存在[a10]"各自"本身和"双"的例子。是不是？

希 是。

苏 [303b]那么,希琵阿斯,在你看来,美属于哪一种？是你刚才所说的那种吧,如果我强壮你也强壮,那我俩都强壮；如果我正义你也正义,那我俩都正义；如果我俩都正义,那么我们各自也正义；这样的话,如果我美[b5]你也美,那么我俩都美,如果我俩都美,那么我们各自也美？还有另一种情况,就像当两数之和是偶数时,它们各自既可能是奇数,也可能是偶数；而当各自是无理数时,它们之和既可能是有理数,也可能是[303c]无理数,类似的情况不计其数,要我一一呈现出来吗？在这两者中,你把美放在哪边？不知道我们的想法是否不谋而合？因为至少在我看来,这十分不合逻辑,我俩美,而我们各自却不美,[c5]或我们各自美,而我俩却不美,你将作何选择？还是跟我一样？

希 跟你一样,苏格拉底。

苏 你还算做得不错,希琵阿斯,这样我们就能从[303d]更多的研究中解脱出来；因为美若属于这些事物，那么通过视觉和听觉得来快乐的事物就不再是美。因为通过视觉和听觉得来快乐的事物是由双方共同造成的美，而不是由各自造成的美；这不可能，一如我们同意的那样，[d5]希琵阿斯。

希 我们都同意。

苏 那么，通过视觉和听觉得来快乐的事物就不可能美，就算变成美的，这一快乐事物也会成为某种不可能的东西。

希 [d10]是这样。

苏 "那你们再说一次，"他说，"从一开始，[303e]你们就把这完全弄错了；你们所说的是，这个美涉及两种快乐，因此，相对于其他，你们称这些为美，并器重它们，是吗？"在我看来，希琵阿斯，肯定要说是那些最无害的快乐[e5]和最优秀的快乐，无论共同还是各自都如此；或者你还要说点别的么，使得它们显得与众不同？

希 根本不用，因为这些快乐是最优秀的。

苏 "这样的话，"他会说，"你们所说的美就是有益的快乐啰？"我们觉得如此，至少我会这样说，你呢？

希 [e10]我也是。

苏 "难道有益的，"他会说，"就是使某物变好么，而原因和结果是两回事，刚才已经说过了，我们的论证不又回到老路上去了吗？因为善不[304a]美，而美也不善，如果它们各自是与众不同之物的话。"要全盘认同吗，希琵阿斯，如果我们放聪明点儿的话；因为不应该反对一个论述正确的人。

希 可是，苏格拉底，你认为整个儿这些算是什么？[a5]无非是些支离破碎的咬文嚼字，如我所说，被割成一小块一小块；而不仅美且价值连城的是，既好且美地发表一篇演说，在法庭、在议事会上或对着其他某个执政官[304b]，这篇演说不仅有说服力，而且可以得到不是最少的，而是最多的奖赏，不但可以捍卫自己，甚至可以捍卫自己的财产和朋友们。这才是值得我们下功夫的事业，告别那些细枝末节吧，[b5]以免有人胡说八道，显得很不懂事。

苏 友好的希琵阿斯啊，你幸运呃，因为你知道一个人必须养成的

[习惯],而且你做得非常棒,一如[304c]你所说;可冥冥之中仿佛有东西抓住我,使得我犹豫不决,不但一直处于困惑之中,而且还把自己的困惑展示给你们这样的聪明人看,自从我展示以来,就反而在言辞上遭到你们的攻击。你们说,像你刚才[c5]所说的,我尽操心愚蠢的、琐碎的、没有价值的事情。可一旦我听从你们的劝告,并且像你们那样说,最能干的是,既好又美地完成一篇演说,在法庭或者其他[304d]某个集会上,可是别的一些人尤其是这家伙老反驳我,他们对我说的全是坏话。因为他碰巧是我的至亲,而且跟我住在同一屋檐下;因此,只要我一回到家,让他听到我说的这番话,他就会问我晓不晓得羞耻,竟敢谈论美的诸生活习惯,因为我在美的方面被驳斥得如此体无完肤,连美本身是什么都不知道。"你怎么知道,"他会说,"你怎么知道[304e]如此一篇演说发表得美不美,或者其他类似的行为美不美,如果你不认识美的话?当你处在这种状态时,你还以为你活着比死去了更强吗?"

这事儿就发生在我身上,一如我所说,既被你们责备,又被他辱骂。尽管如此,我却必须忍受所有这些事情;但愿我不会无所受益。所以在我看来,希琵阿斯,我从和你们双方的切磋中受益匪浅;因为,那句古谚"美事艰难",我好像明白了。

希琵阿斯后篇

王江涛 译

欧狄科斯 [363a]你,何以沉默不语,苏格拉底?希琵阿斯已经讲完了。为何你不一齐来称赞他讲的东西,或者反驳他,要是你觉得他讲得不美的话?尤其是现在,[a5]只剩下我们了,一群极力要求在热爱智慧中打发时光的人。

苏格拉底 确实,欧狄科斯,有那么些事情,是我乐于请教[363b]希琵阿斯的,关于他刚才谈到的荷马。因为我曾听令尊阿佩曼托斯说过,在荷马的叙事诗中,《伊利亚特》比《奥德赛》更美,相应的,阿喀琉斯也比奥德修斯更优秀;他还说,因为在这两部叙事诗中,一部[b5]记叙的是奥德修斯,另一部则记叙的是阿喀琉斯。关于那一点,我很乐意请教,若希琵阿斯愿意赐教的话,在他看来,在那二位男子汉中,人们认为哪一位[363c]更优秀?因为许多其他的事情,关于其他诗人与荷马的方方面面,他已经向我们展示过了。

欧 显然,不论你问他什么事情,希琵阿斯都不吝[c5]回答。希琵阿斯,不论苏格拉底问你什么,你都会回答吧?或者,你打算怎么做?

希 欧狄科斯啊——每逢奥林匹亚节庆,我总[363d]是从我的家乡厄利斯前往奥林匹亚①,参加希腊人庄严的聚会,我在那儿的神庙里将展示任何我想谈论的话题,回答任何人想问的问题——事到如今,我若逃避苏格拉底的问题,无异于在做可怕的事情。

苏 [364a]至少,希琵阿斯,你是有福气的,如果每次奥林匹亚赛会

---

① 奥林匹亚在希琵阿斯的家乡厄利斯境内。

期间,你去神庙时都如此乐观地对待智慧之灵魂的话;我会很惊讶,如果有位体育运动员,他来这里竞赛时以如此无畏而自信的态度信任他的[a5]身体,一如你信任你的思想。

希 非常合理,苏格拉底,我配得上这经历:因为自从我开始参加奥林匹亚赛会以来,我从来没碰见任何人在任何事情上比我厉害。

苏 [364b]你说的话未尝不是一桩美事,希琵阿斯,你说,不论对于厄利斯城邦还是对于你的父母,你的名声都是智慧的象征。然而,关于阿喀琉斯和奥德修斯,你会对我们说些什么呢?你认为谁更优秀?胜在什么方面?[b5]因为刚才我们中的大多数人在里面时,你正在发表演说,当时我未能跟上你讲的东西——我之所以在犹豫,没有向你一再询问,有两个原因:一是毕竟在大庭广众之下,二是怕提问会打断你的演说——不过现在嘛,没几个人在了,而且这位欧狄科斯又逼我提问,你就说出来,[364c]清清楚楚地给我们上上课,关于这二位男子汉,你都谈了些什么?你又如何评价他们?

希 我愿意,苏格拉底,以更加清楚的方式向你解释我说过的话,关于这些人以及另外一些人的事迹。因为我认为,[c5]荷马把阿喀琉斯制作成了远赴特洛亚的人中最优秀的男子汉,把涅斯托尔制作成了最聪明的,把奥德修斯制作成了最诡计多端的。

苏 哎呀,希琵阿斯,请你行行好,如果我理解你的话很费劲,还[364d]老是问东问西的话,请不要嘲笑我,好吗?反之,你得试着心平气和地回答。

希 苏格拉底,如果我一方面教别人同样的东西,自认为凭这一点还有资格收取金钱,[d5]另一方面,我本人在接受你的提问时,却又不能容忍,不能耐心回答问题,这可真够可耻的。

苏 说得真好。因为,当你说阿喀琉斯被制作成了最优秀的时,我似乎懂[364e]你的意思,当你说涅斯托尔被制作成了最聪明的时,我也明白,可轮到奥德修斯时,你说诗人把他制作成了最诡计多端的,在这件事上,老实对你说,我完全不知道你在说什么。请告诉我,或许以这一种方式我可以[e5]更明白:难道阿喀琉斯没被荷马制作成诡计多端的吗?

希 一点都没有,苏格拉底,相反,制作得十分单纯、真诚。在"乞援者"①这场戏中,荷马让他们彼此交谈,他让阿喀琉斯对[e10]奥德修斯说:

> [365a]宙斯所生的拉埃尔特斯之子
> 诡计多端的奥德修斯啊,我不得不
> 把我所想的、会成为事实的话讲出来,
> 有人把事情藏心里,嘴里说另一件事情,
> [365b]在我看来像冥王的大门那样可恨。
> 我要把我心里认为最好的意见讲出来。

荷马在这几行诗中勾勒出这二位男子汉的品性,就像阿喀琉斯的真诚与单纯,[b5]奥德修斯不仅诡计多端,还谎话连篇,所以他安排阿喀琉斯对奥德修斯说这些话。

苏 现在,希琵阿斯,或许我理解你说的话了;你说诡计多端的人是说谎者,至少显得如此。

希 [365c]对极了,苏格拉底。因为荷马在《伊利亚特》和《奥德赛》中的多处都把奥德修斯制作成了这种类型的人。

苏 看来,荷马认为真诚的男子汉是一种类型,说谎者是另一种类型,两者不相同。

希 [c5]难道不是吗,苏格拉底?

苏 连你本人也如此认为吗,希琵阿斯?

希 毋庸置疑!因为若非如此,倒真是桩可怕的事儿。

苏 让我们先撇开荷马不谈,毕竟[365d]不可能去问他,在写这几行诗的时候,他心里在想什么;不过既然你显然承担起了这责任,而且你也

---

① "乞援者"是《伊利亚特》中心场景的古代叫法(《克拉提洛斯》428c),那场戏中,奥德修斯、埃阿斯和佛伊尼克斯以希腊最高统帅阿伽门农的名义劝说阿喀琉斯,以平息他的怒火。奥德修斯率先发言。通过熟练的演说,他努力劝说阿喀琉斯重归希腊军队,自从阿喀琉斯退出战斗之后,希腊军队不仅没能攻下特洛亚,反而有丢掉他们在特洛亚的船舰的危险。奥德修斯恭维阿喀琉斯并向他承诺他的奖赏和荣誉。这里引用的是《伊利亚特》9.308 – 314,是阿喀琉斯的回应,他依旧愤怒,拒绝了奥德修斯的提议。

同意,你所断言的那些事情是荷马说的,那么就代表荷马和你自己一起回答吧。

希　[d5]那好,但就你想问的问题简短发问。

苏　你认为说谎者们没能力做任何事,就像那些病人们,还是有能力做一些事情?

希　至少就我来说,他们忒有能力做许多事情,尤其是骗人。

苏　[365e]看起来,根据你的论证,除了诡计多端之外,他们还是有能力的,不是吗?

希　是的。

苏　他们诡计多端,谎话连篇,凭的是愚蠢和糊涂,还是凭一种恶行和某种审慎?

希　极有可能凭的是滔天恶行,[e5]以及审慎。

苏　那么看起来他们审慎。

希　以宙斯起誓,毫无疑问。

苏　既然他们审慎,他们是不知道自己的所作所为,还是知道?

希　他们太知道了;正因为如此,他们才坏。

苏　既然这些人知道他们所知道的这些事,那他们是[e10]无知的还是聪明的?

希　他们都相当聪明,至少在这些事情方面,[366a]比如欺骗。

苏　打住。让我们回想一下你说的是什么。你称骗子们是有能力的、审慎的、有知识的,并且还在这些行骗的事上挺聪明。

希　我的确这样说。

苏　[a5]而且真诚的人们与骗子们彼此不同,甚至截然相反?

希　我是这样说的。

苏　那么,有些既有能力又聪明的人,看来,就是骗子,根据你的论证。

希　当然是。

苏　那么,[366b]当你说那些骗子们在这些事本身上既有能力又聪明时,你说的是哪种情况?你的意思是只要他们愿意,就有能力撒谎,还是没有能力,在这些撒谎的事情方面?

希　至少在我看来,是有能力的。

苏　总的来说,这些骗子们[b5]很聪明,而且又有能力撒谎。

希　是。

苏　因此,一个没有能力撒谎,而且还无知的男子汉,不可能是个骗子。

希　正是如此。

苏　每个人都有能力做他愿意做的事情,只要他愿意;[366c]我说的不是那些迫于疾病或类似事情的人,而是如你一般的有能力的人,比如,只要你愿意,你随时都写得出我的名字,我是这个意思。或者,你不这样定义"有能力的"?

希　是的。

苏　[c5]告诉我,希琵阿斯,难道你不是在计数术和算术①方面很有经验吗?

希　相当有经验,苏格拉底。

苏　这样的话,如果有人问你,三乘以七百是多少,只要你愿意,你可不可以最快[366d]最准地报出答案?

希　没问题。

苏　因为你是在这些事情上最有能力而[d5]且最聪明的人吧?

希　是啊。

苏　到底是哪一种呢?你仅仅是最聪明的和最有能力的,还是在那些你最聪明而且最有能力的事情上同时也最优秀,比如关于算术的事情?

希　恐怕也最优秀,苏格拉底。

苏　[366e]那你能够以最有力的方式说出关于这些事情的真相吗?能还是不能?

希　我认为我能。

苏　可同样是这些事,什么是关于它们的谎言呢?像之前那样,光明正大地回答我,希琵阿斯:如果有人问你,三乘以七百等于多少,你能把[e5]谎撒得以假乱真吗?你总是能够在这些事物的同一方面说谎吗,只

---

① 算术涉及数字的运算,计数术涉及数字间的关系和规则,如 3 × 700 = 2100 属于算术,5 > 3,5 后面是 6 等属于计数术。参《希琵阿斯前篇》285c。

要你愿意说谎,不愿以实相告的话?还是[367a]有个在算术方面一无所知的人比你更会撒谎,只要他愿意的话?再或者,就算无知者愿意撒谎时,也常常会无意道出真相,如果碰巧发生这样的事情,是因为他不懂。而你是聪明人,只要你愿意撒谎,总能在[a5]同一方面一直撒下去,是吗?

希 是的,跟你说的一样。

苏 要是骗子在其他方面是骗子,而在算术方面却不是,那他就不会在算术方面撒谎,是吗?

希 以宙斯起誓,他也会在算术方面撒谎!

苏 那我们岂不是该树立这样一种观点,希琵阿斯,在计数术和算术方面,有[367b]人是骗子?

希 是的。

苏 那谁会是这种人呢?他没必要具有撒谎的能力吗,若他真的想要成为一名骗子的话,你刚才也是同意的?因为没有能力撒谎的人,如果你还记得的话,[b5]是不可能成为骗子的,这可是你说的。

希 我记得,我这样说过。

苏 你刚才不是表现出,你是最有能力在计数术方面撒谎的人吗?

希 是的,至少我也这样说过。

苏 [367c]因此,在计数术方面你也是最有能力说真话的啦?

希 当然。

苏 那在计数术方面,最有能力撒谎之人岂不同时也是最有能力说真话的?这个人在这些事情方面是优秀的计数师。

希 是。

苏 [c5]所以有谁会成为一名计数方面的骗子,希琵阿斯啊,而又不是一位优秀的人呢?因为这是同一种人,他不但有能力,而且还真诚。

希 确实显得如此。

苏 你看得出吗,骗子和真诚的人是同一种人,在这些事情上,真诚的人不比骗子更优秀?[367d]因为他们其实就是同一种人,并非截然相反的两种人,一如你刚才所认为的。

希 至少在这里并未显得如此。

苏 你希望我们再观察一下别的事物吗?

希　[d5]如果你愿意[考虑其他事物],也未尝不可。

苏　你不是也擅长几何学吗?

希　我还算擅长吧。

苏　怎么,难道在几何学方面不也是这样吗?在几何图形方面,最有能力撒谎的人和最有能力说真话的人是同一种人,即几何学家,是这样吗?

希　是的。

苏　所以在这些事情方面,[367e]还有其他什么人胜过几何学家吗?

希　没有其他人。

苏　那么,优秀、聪明的几何学家岂不是最有能力的人,至少在两方面都是?如果真的有其他人成了一名几何图形方面的骗子,那么这位骗子就是好人?因为这位骗子有能力撒谎,而坏人是[e5]没有能力撒谎的,这样一来他就没能成为一名骗子,也就不能够撒谎,这一点已经达成一致了。

希　是这样。

苏　让我们再来观察第三种人,星象学[368a]家,关于这门技艺,你依然认为你比前面提到的那些人更有见识,是这样吗,希琵阿斯?

希　是。

苏　这些事情在星象术方面岂不也是如此?

希　有可能,苏格拉底。

苏　在星象术方面,如果有人是个骗子,他将是一位优秀的关于星象术的骗子,[a5]一个有能力撒谎的人。因为他不可能没有能力,否则他就是无知的。

希　显得如此。

苏　所以在星象术方面,真诚的人和骗子也将是同一个人。

希　看起来[如此]。

苏　来,希琵阿斯啊,就这样随意观察一下[368b]所有这些知识,是否有与之不同的情况。在绝大多数技艺方面,你是所有人中最聪明的,因为有一回,我听你在自吹自擂,你自己仔仔细细地讲述了让人羡慕的大智慧,就在市场里的[b5]柜台边。你曾经说过,有一次去奥林匹亚,你全身的穿戴都是自己的杰作:首先是一枚戒指——因为你是从此开始讲的——是你的[368c]杰作,因为你懂得雕刻种种戒指;印章是你的另一杰作,还有刮子和油瓶,都是你亲自打造出来的;然后是靴子,你曾说是你亲自切皮制作而成,以及你织的外衣和里衬,[c5]至于所有人都觉得最不可思议同时也是最伟大智慧的典范是,当时你曾说你系在里衬上的腰带,堪比奢侈的波斯货,竟也是你编成的。除此之外,你说你还会作诗,叙事诗、肃剧、[368d]酒神祭以及各式各样以散文风格构思而成的讲辞。关于接下来这些技艺,有别于我刚才谈到的那些知识,比如格律、谐音、炼字、[d5]还有许多其他的东西,正如我似乎记得的。对了,我差点忘记那似乎也算是一门技艺的记忆术,你把它当作你的拿手绝活,我想[368e]我还漏掉了许多其他东西。不过我要说的是,瞧一瞧你自己的技艺就足矣,告诉我,关于其他事物的技艺,根据之前你我所同意的,你能否发现一个人真诚,而另一个是骗子,完全独立的另一个人,[e5]不是同一人?在任何一种你愿意谈论的智慧中,观察这一点,无论[369a]是不择手段的邪恶,还是你乐于提及的。但是你不会找到的,友伴啊——因为它根本不存在——所以你说吧!

希　不过,至少我没有遇见过,苏格拉底。

苏　你不会遇见,一如我所认为的,但假如我说得对,[a5]请记住我们从论证中得出的结论,希琵阿斯。

希　我不是太明白你在说什么,苏格拉底。

苏　大概因为你没运用你的记忆术——很明显,你认为你不需要——不过我会提醒你。你知道吗,你曾说过,阿喀琉斯真诚,而奥德修斯[369b]则是个骗子,而且诡计多端?

希　是的。

苏　如今你晓得,真诚的人和骗子被称为同一种人,所以如果奥德修斯是个骗子,那他也就[b5]成了一位真诚的人,如果阿喀琉斯是一位真诚的人,那他也就成了个骗子,那么这些男子汉就并非彼此不同甚或相差甚远,而是品性相近啰?

希　苏格拉底,你总是这样编织论证,你挑出论证中最困难的部分,[369c]并且抓住细枝末节的东西不放,与论证相关的整体部分却不予争辩。所以现在，如果你愿意的话，我会拿出大量可靠的证据，以一场充分的讲辞向你展示，荷马把阿喀琉斯制作得比奥德修斯更优秀，而且还是个不撒谎的人，[c5]奥德修斯则谎话连篇、诡计多端，比阿喀琉斯差多了。如果你愿意，尽可以用论证反驳我的论证，以证明奥德修斯更优秀，这样这些人将知道我俩谁讲得更好。

苏　[369d]希琵阿斯，我确实没有质疑你并非不比我更有智慧；不过我老有这么个习惯，每当有人在说些什么时，我都会用心关注，尤其是，在我看来，发言者是聪明人的时候。既然我渴望搞明白他的话的意思，[d5]我就会对所说过的事物刨根问底，反复思量，权衡比较，这样我才搞得明白。如果在我看来说话人的话不值一提，那我连一个问题也不会问，根本不在乎他说过些什么。你将从这一点看出，我愿把哪些人视作聪明的。因为你将会发现，我会对这类聪明人说过的话[369e]死缠到底，反复跟他琢磨，直到我弄明白我可以在哪方面获益为止。而现在，当你在说话的时候，我已经开始反思，就在你刚才引用的诗行中，你指出，阿喀琉斯就像个骗子，当他对奥德修斯说话时。依我看，这有点儿不对劲，[e5]如果你讲的为真，奥德修斯绝非[370a]显得会说谎，是个诡计多端的家伙，反倒是阿喀琉斯显得像个诡计多端的家伙，至少他撒过谎。因为你先前引用的几行诗是这样说的——

> 有人把事情藏心里，嘴里说另一件事情，
> [a5]在我看来像冥王的大门那样可恨。

[370b]没过一会儿，他说，由于他不会听从奥德修斯和阿伽门农的劝说，所以他根本不会留在特洛亚，他说：

> 明天我向宙斯和全体天神献祭，
> [b5]我把船只拖到海上，装上货物。
> 你就会看见，只要你愿意，有点关心，
> 拂晓时我的船在鱼游的赫勒斯蓬托斯航行，
> [370c]我的人热心划桨；要是那位文明的
> 震撼大地的波塞冬赐我顺利的航行，

第三天我会到达泥土深厚的弗提亚。①

然而在这些事发生之前,阿喀琉斯大骂阿伽门农:

[c5]我现在要回到弗提亚,带着我的弯船,
那样要好得多,我可不想在这里,
[370d]忍受侮辱,为你赚得财产和金钱。②

虽然他曾当着全军的面说过这些事情,曾当着他自己的友伴们说过这些事情,可没有任何迹象表明阿喀琉斯准备或者着手拖船下海,[d5]起航回家;但是,他对于讲真话,表现出的完全是一副高贵的忽视。所以我呀,希琵阿斯,从一开始就想问你,因为我是完全糊涂的,[370e]诗人到底想把这二人中的哪一位制作得更好,我认为,他们两人都非常优秀,很难分出谁更善于撒谎和说真话,而谁又在德性方面更高尚;因为在这方面,这二人分不出胜负。

希 [e5]那是因为你没有漂亮地审视,苏格拉底。因为当阿喀琉斯在撒这些谎时,他并非显得是出于计划地撒谎,而是无意地撒谎,由于军队的遭遇,他不得不留下来,伸以援手,而奥德修斯,他撒这些谎时是有意的,而且出于计划。

苏 [e10]你在骗我吧,最亲爱的希琵阿斯啊,你自己就在模仿奥德修斯。

希 [371a]哪有这种事,苏格拉底。你到底想要说什么,是什么意思?

苏 你说阿喀琉斯撒谎并非出于计划。他不仅是个骗子,而且瞎话连篇,一如荷马所制作的那样,他显得比奥德修斯[a5]更有心计,轻易地骗过后者,还不让奥德修斯察觉到,以至于他竟敢说自相矛盾的话,就连奥德修斯也没察觉出来。至少有一点很明显,奥德修斯从来没有对阿喀琉斯说过他感觉阿喀琉斯在撒谎。

希 [371b]你指什么,苏格拉底?

---

① 参见荷马,《伊利亚特》9.357-363。
② 参见荷马,《伊利亚特》1.169-171。

苏　阿喀琉斯先是对奥德修斯说过他将清晨起航,之后,他在与埃阿斯谈话时,[b5]却再也没提返航的事,而是谈了些别的事,难道你没注意到?

希　在哪一部分?

苏　他说的话在这几句诗行里——

在英勇的普里阿摩斯的儿子、神样的赫克托耳
[371c]杀死阿尔戈斯人,放明火烧毁船只,
攻到米尔弥冬人的营帐和船只以前,
我不会准备参加这场流血的战争。
但是我认为赫克托耳本人会在我的营帐
[c5]和黑色的船只旁停下来,尽管他想打仗。①

所以你,希琵阿斯,[371d]以为忒提斯之子,曾受教于最聪明的喀戎②的阿喀琉斯,会如此健忘,以至于他刚用最为冒犯的口气骂了奥德修斯一顿,说他会返航,然后却又对埃阿斯说他会留下?[d5]他是在算计、误导奥德修斯,自始至终都在耍花招,撒大谎。

希　至少在我看来并非如此,苏格拉底;相反,这些事情本身也[371e]是出于好意,这使得他对埃阿斯说的话不同于对奥德修斯说的话。然而,奥德修斯说真话,总是先拿定主意再说出口,即便撒谎也是如此。

苏　看来,奥德修斯要比阿喀琉斯[e5]更优秀。

希　怎么可能,苏格拉底啊。

苏　什么?刚才不是说得很明白了吗,有意撒谎的人们比无意撒谎的人们更优秀?

希　但怎么可能呢,苏格拉底,那些有意行不义、[372a]有意设诡计和施恶行的人们,比那些无意这样做的人们更优秀?后者似乎更容易得到宽恕,除非他是在明明知道的情况下还要行不义,或撒谎,或干其他什么恶行。法律也肯定是对[a5]那些有意作恶和撒谎的人们更加严厉,相

---

① 参见荷马,《伊利亚特》9.650–655。
② 传说中半人半马的英雄,除阿喀琉斯外,还是多位英雄的导师。

比无意这样做的人们。

苏 [372b]你发现了吗,希琵阿斯?当我说我在向那些聪明人提问时非常固执,我可不是在开玩笑。也许这是我唯一可取之处,其他方面完全不值一提。因为面对这些行为,我一窍不通,我不知道它们何以可能。这向我充分证明,[b5]你们这些人才智出众,这一点全希腊人都有目共睹,无论我与你们中的哪一位打交道,我都会显得一无所知;因为我和你们没有一点看法是相同的,正如刚才[372c]所说。然而,比起一个人与聪明的男子汉们有天壤之别,还有什么更能证明一个人的无知呢?

不过我有这么个令人惊异的好习惯拯救了我:因为我不以学习为耻,而是孜孜不倦地钻研和追问,我对给予我解答的人都十分感激,[c5]不忘对他们表示感谢。因为每当我学到什么知识,我从不否认,假装这些所学是我自己的发现;相反,我还要赞扬那位教导我的有智之士,承认我肚子里的那点货都是从他那里学来的。

实际上,[372d]你刚才所说的那些,我不仅不同意你,而且还强烈地反对。我很清楚这完全是因为我的缘故,因为我就是这么个人,绝不会说大话。因为对我来说,希琵阿斯啊,事实与你所说的完全相反:那些[d5]伤害他人、行不义之举、撒谎、欺骗、有意犯错的人,而不是无意这样做的人,总是比那些无意这样做的人们更优秀。然而有时,在我看来,我又觉得反过来才对,我在这些事情中间徘徊不定,很明显,这是因为[372e]我的无知。可此时此刻,我就像中了邪,在我看来,那些有意犯错的人要比无意这样做的人更优秀。我把前面的论证归咎于如今的经验,[e5]因而在此时此刻那些无意这样做的人比有意这样做的人更加一无是处。你就行行好,不要吝惜治疗我的灵魂;[373a]因为你将为我干一件大好事,要是你使我的灵魂不再受无知的折磨,胜过使我的身体不再受疾病的折磨。如果你希望发表长篇大论,我先提醒你,那不会有疗效——因为我跟不上你的思路——可如果你愿意像刚才那样回答我,你将使我受益匪浅,[a5]我不认为你会吃亏。我要正当地请求你,阿佩曼托斯之子啊,因为是你鼓动我与希琵阿斯交谈的,现在,要是希琵阿斯不愿意回答我,你得替我去求求他。

欧 可是,苏格拉底啊,我不认为希琵阿斯[373b]需要我们去求他。

因为他一开始就没这样说,而是说他不会逃避任何男子汉提出的问题。是不是这样,希琵阿斯?难道你不是这样说的吗?

希　至少在我看来如此,可是,欧狄科斯啊,苏格拉底老在[b5]论证中捣乱,似乎想要制造麻烦。

苏　好希琵阿斯啊,至少我这样做不是有意的——因为这样一来我岂非有智慧,而且厉害,根据你的论证——而是无意的,所以请原谅我,因为你说过,一个无意制造麻烦的人可以得到原谅。

欧　[373c]那就别干其他事儿了,希琵阿斯,就算为了我们,也为了你刚才说过的话,你就回答苏格拉底向你提出的那些问题吧。

希　我会回答的,既然你这样要求,[c5]那你尽管问吧。

苏　我当然是非常渴望,希琵阿斯啊,研究刚才所谈论的话题,到底哪一种人更优秀,是那些有意犯错的人,还是无意犯错的人?其实我认为,按以下方式,可以最正确地进入研究。所以请回答:你会称一个跑步者为好的吗?

希　[373d]至少我会。

苏　那么也会称一个跑步者为坏的吗?

希　是的。

苏　跑得棒的人好,而跑得糟的人坏,难道不是吗?

希　是的。

苏　跑得慢的人跑得糟,跑得快的人跑得棒,难道不是吗?

希　是的。

苏　因此在比赛中,以及在跑步方面,跑得快就好,[d5]而跑得慢就坏啰?

希　难道还有其他可能吗?

苏　那么,哪一个才是更优秀的跑步者,有意跑得慢的那位,还是无意跑得慢的那位?

希　有意的那位。

苏　跑步难道不是一种行为?

希　确实是一种行为。

苏　如果它是一种行为,难道不会产生某种效果?

希　[373e]是的。

苏　那么跑得糟的人会在比赛中产生坏的和可耻的效果？

希　会产生坏的效果，怎么不可能？

苏　跑得慢的人就跑得糟？

希　是的。

苏　好的跑步者可以有意制造[e5]这种坏的并且可耻的效果，而坏的跑步者只能无意产生这种效果，难道不是吗？

希　至少看起来是如此。

苏　那么在比赛中，无意产生坏效果的人[374a]比有意产生坏效果的人更一无是处了？

希　至少在比赛中是这样。

苏　那么在角力中如何？哪一个角力士更优秀，有意跌倒的那位呢，还是无意跌倒的那位？

希　好像是有意跌倒的那位。

苏　[a5]那么，在角力比赛中，无用的、可耻的是跌倒的那位呢，还是把对手摔倒的那位？

希　跌倒的那位。

苏　所以在摔跤中也一样，有意干无用的而且可耻的勾当的角力士比无意这样干的人更优秀。

希　看起来是。

苏　在身体的所有其他用处方面又如何呢？身体更优秀的那位有能力在两方面产生更好的效果——无论是强壮的效果还是[374b]孱弱的效果，无论是可耻的效果还是高贵的效果；因此，若论在身体方面产生无用的效果，一个有意这样干的人在身体方面更优秀，无意这样干的人在身体方面更无用。

希　看起来，在事关强壮方面的效果也这样。

苏　[b5]在举止优雅得体方面呢，希琵阿斯？更优秀的身体特征是有意摆弄出可耻而无用的姿势，而无用的身体特征是无意这样摆弄，是吗？在你看来呢？

希　是这样。

苏 [374c]至于在丑陋不雅方面,凡有意,都与德性有关,凡无意,则与身体的无用相关。

希 看起来是。

苏 那么声音方面你怎么说呢?你说哪一个更优秀,是有意唱跑调的那位呢,还是无意唱跑调的那位?

希 是有意唱跑调的那位。

苏 一个无意唱跑调的人是不是很恶劣?

希 [c5]是。

苏 你愿意选择拥有好的效果还是坏的效果?

希 好的效果。

苏 那你愿意选择拥有哪一种,有意的跛脚还是无意的跛脚?

希 [374d]有意的。

苏 跛脚难道不是一种无用和丑陋不雅吗?

希 是的。

苏 那么,迟钝难道不正是眼睛的无用吗?

希 是的。

苏 你愿意拥有哪一种眼睛,愿意与哪一种眼睛相处?[d5]有意装作迟钝、斜眼的眼睛,还是那些无意的眼睛?

希 那些有意显得如此的眼睛。

苏 所以你已经相信你自己有意产生无用的效果,比无意产生[这样]的效果更优秀?

希 至少在这些事情方面确实如此。

苏 其实,所有的事物,诸如耳朵、鼻子、嘴巴以及所有这些感官,都包含在这一段论证里,那些无意[374e]产生坏效果的东西不值得拥有,因为它们无用,而那些有意产生坏效果的就值得拥有,因为它们好。

希 至少在我看来是这样。

苏 那么在这一方面呢?哪一种工具更好,有人用起来可以有意产生坏效果的工具,还是那些无意产生坏效果的工具?就拿舵来说,是人们无意[e5]掌控得糟的舵更好呢,还是那个有意掌控得糟的舵?

希 那个人们有意掌控得糟的舵更好。

苏 对于弓箭,以及类似的里拉琴、各种簧管甚至其他所有乐器,难道不是一回事吗?

希 [375a]你说得对。

苏 那么这一方面呢?若[拥有]一匹马的灵魂,是有意骑得糟的更优秀呢,还是无意骑得糟的更优秀?

希 有意骑得糟的。

苏 所以也更优秀?

希 是的。

苏 那么,凭借着一匹马的更优秀的灵魂,[a5]尽可以有意干这些对于灵魂无用的行为,可是凭借一匹无用的马的灵魂,就只能无意地这样做。

希 确实如此。

苏 那么狗以及其他所有动物的情形岂不相同?

希 是的。

苏 那么这种情况呢?拥有哪一种弓箭手的灵魂更优秀,是拥有一个有意错失[375b]目标的灵魂呢,还是无意错失目标的灵魂?

希 有意错失目标的灵魂。

苏 这一灵魂在射术方面岂不更优秀?

希 是的。

苏 因此一个无意犯错的灵魂比一个有意犯错的灵魂更无用啰?

希 至少在射术方面如此。

苏 那医术呢?[b5]如果有人有意在身体方面产生坏的效果,他是不是医术更佳呢?

希 是的。

苏 所以在这项技艺上,这一灵魂比不精通医术的灵魂更优秀?

希 是更优秀。

苏 那么这一方面呢?有一种灵魂更擅长弹奏基塔拉琴和吹簧管以及其他所有类似的技艺[375c]和知识,有意产生坏的和可耻的效果并且犯错的灵魂是不是更优秀,还是无意这样做的更无用?

希 显然如此。

苏　然而,我们或许更偏好[拥有]那些有意[c5]犯错、做坏事的奴隶的灵魂,而非无意这样做的那些灵魂,因为前者在这些事情方面更优秀。

希　是的。

苏　那这方面呢?难道我们不愿意我们自己拥有更优秀的[灵魂]吗?

希　[375d]是的。

苏　那么更优秀的人是有意作恶和犯错的人,还是无意这样做的人?

希　不过这将成为一件可怕的事情,苏格拉底啊,如果那些有意行不义的人将要比那些无意这样做的人更优秀的话。

苏　[d5]可他们确实显得如此,至少从谈论的内容来看。

希　至少我不这样认为。

苏　但是我在想,希琵阿斯,你显得如此。请再回答一次:正义是某种力量,或是知识,或者两者皆是,难道不是吗?正义至少三者必然居其一,[375e]难道不是吗?

希　是。

苏　那么,如果正义是灵魂的一种力量,岂不是越有力量的灵魂就越正义?因为这种类型的人无论如何都对我们显得更优秀,最优秀的人啊。

希　是显得如此。

苏　可如果是知识呢?岂不是越聪[e5]明的灵魂就越正义,而越无知的灵魂就越不义?

希　是的。

苏　可如果两者加一块儿呢?岂不是一个同时拥有知识和力量这两者的人更正义,而无知的人更不义?难道不必然是这样吗?

希　是显得如此。

苏　更有力量和更聪明的灵魂岂非都显得更优秀,[e10]而且更强大,不管是在[376a]高贵的行为方面还是在可耻的行为方面,关于所有的行为?

希　是的。

苏　所以,就算产生了可耻的效果,也是凭借一种力量和技艺有意产生的;而这些效果显得是正义的,不管是二者一起抑或其中之一。

希　看起来是如此。

苏　那么,至少[a5]行不义是做坏事,而不行不义即是做高贵之事。

希　是的。

苏　难道更有力量而且更优秀的灵魂,无论何时只要她在行不义,就是有意行不义,而更无用的灵魂将无意这样做,是不是?

希　显得是如此。

苏　[376b]好男子汉具有好的灵魂,坏男子汉具有坏的灵魂,难道不是吗?

希　是的。

苏　那么一个好男子汉的特征就是有意行不义,而坏男子汉的特征就是无意行不义,如果好男子汉真的拥有一个好灵魂的话。

希　肯定有。

苏　那个有意[b5]犯错、做可耻不义之举的人,希琵阿斯啊,如果真有其人的话,他不是别的,只会是好人。

希　我不同意你,苏格拉底,在这些方面。

苏　我自己都不同意我自己,希琵阿斯啊。可无论如何必然如此,[376c]至少现在从这一论证来看确实显得是这样。然而,正如我方才所说,关于这些事情,我七上八下,徘徊不定,在我看来没有任何事物曾是这样。我或者别的哪个人徘徊不定本不值得大惊小怪。可如果连你们这些聪明人也徘徊不定,[c5]这对我们来说就太可怕了,假如我们在遇见你之后,依然无法停止困惑的话。

伊 翁

王双洪 译

苏格拉底 ［530a］伊翁,你好啊！你这是打哪儿到了我们这里？从你的家乡以弗所①？

伊翁 才不是呢,苏格拉底,我从厄庇道罗斯②的阿斯克勒皮俄斯神庆典来。

苏 ［a5］你难道是说,厄庇道罗斯人也用诵诗人的竞赛来给医神献祭？

伊 的确是,除了诵诗,还有其他各种文艺竞赛呢。

苏 那告诉我,你为我们而参赛吗？在比赛中表现怎样？

伊 ［530b］我们拔得头筹啊,苏格拉底。

苏 你说得好！希望我们在泛雅典娜节同样也能获胜。

伊 要是神保佑,我就能成功。

苏 ［b5］老实说,我常羡慕你们,伊翁啊,因为你们干诵诗这种技艺。干这种技艺的不仅应该总是把自己打扮得漂漂亮亮的,而且不得不忙着做的事儿是和好诗人们打交道,尤其荷马。［b10］荷马可真是最优秀、最神圣的诗人,诵诗人不仅要熟悉他的诗句,［530c］并且还得把思想理解得通透,这真让人羡慕啊！如果不明白诗人说了什么,就绝不是好诵诗人。诵诗人必须得成为诗人思想的传译者,［将思想］传达给听众,［c5］要是连

---

① 位于小亚细亚的希腊城市,规模很大,最初由雅典人建立。
② 伯罗奔半岛东北部的小城,距离雅典不远,举行体育和音乐赛会来纪念它的保护神医神阿斯克勒皮俄斯。

自己都不懂诗人所云何物,就甭提准确传达诗人的意思了。所有这些都让人羡慕呀。

伊　苏格拉底,你说得真实。就我而言,技艺中这个部分花费了我最大心力。在所有诵读荷马的人当中,我敢说自己最棒。兰普萨科斯人[530d]墨特罗多罗斯也好,塔索斯人斯忒西姆布罗托斯也好,格劳孔也罢,无论是谁,都比不上我诵读荷马见解之丰富与精到。

苏　你说得好,伊翁。为我展示一下,[d5]显然你不会拒绝吧。

伊　当然[不会拒绝],苏格拉底,我如何为荷马增色的确值得一听,我认为,荷马的崇拜者们都应该为此授我金冠。

苏　当然得听[你诵诗]啦,不过还是抽空儿再听吧,[531a]现在回答我这个问题:你只精通荷马的诗,还是同样精通赫西俄德和阿尔喀洛科斯①呢?

伊　[赫西俄德和阿尔喀洛科斯的诗]我压根儿就不熟悉,我只会诵读荷马。对我来说这就足够啦。

苏　[a5]荷马和赫西俄德是不是在某些事情上说法一样?

伊　是,我看他们说法相同的事儿多着呢。

苏　对于这些事儿,哪一位的诗句你解说得好一些,荷马还是赫西俄德?

伊　苏格拉底,他们说法一致的事儿,[531b]不管怎样,我能解说得同样[好]。

苏　那他们说法不同的[你解说得怎样]呢? 比如占卜,荷马和赫西俄德都讲过。

伊　当然了。

苏　哦? 那么,两位诗人都讲到占卜,其中有些说法相同,有些说法不同,[b5]是你还是一位好占卜者解说得更好呢?

伊　占卜者。

苏　若你就是一位占卜者,能解说他们说法相同的事儿,那么说法不同的,你也一样能解说吧?

---

①　阿尔喀洛科斯通常被认为是短长格诗和抒情诗的创始者。

伊 [b10]显然我能。

苏 [531c]你有本领解说荷马,却不能解说赫西俄德或其他诗人,这是怎么回事?是因为荷马的话题和其他诗人的话题不一样吗?他不也是主要描述战争?不也是在谈人们之间的[c5]关系——好人与坏人,以及常人与行家的关系,谈论诸神之间、诸神与人的关系,讲述他们如何交往,不也是谈论天上和冥府有些什么事情发生,以及诸神和英雄们的[531d]家世由来吗?荷马不就是用这些制作诗歌或制作关于这些事的诗歌吗?

伊 你说得真实,苏格拉底。

苏 那么其他诗人呢?他们的诗讲的不也是同样的事情[d5]吗?

伊 不错。但是,苏格拉底,他们与荷马作诗的方式不同呀。

苏 怎么不同?更差?

伊 差远了。

苏 [d10]荷马的更好?

伊 凭宙斯发誓,当然荷马的更好。

苏 我至爱的伊翁啊,一群人讨论算学时,其中有人讲得最好,总会有个人慧眼识珠,辨识出[531e]这个讲得好的吧?

伊 应该没错。

苏 这同一个人也能判断谁讲得差,是吗?还是另有他人判别谁讲得差?

伊 肯定是同一个人。

苏 那么他拥有算学技艺,不是吗?

伊 是的。

苏 那么,许多人讨论[e5]哪些食物健康时,有人讲得最好,是不是有个人能识别那个讲得最好者为何讲得最好,而另一个人判断那个讲得更坏者为何讲得更坏?还是同一人[都能胜任]?

伊 显而易见,肯定是同一个人。

苏 这个人是谁呢,我们怎么称呼他?

伊 医生。

苏 那么,我们可以做个总结:如果许多人谈论同样的事情,[532a]总是同一个人能识别出说得好与坏的;或者说,他要是不能判别谁说得坏，显然也就不能判别谁说得好，至少关于相同的话题是这样。

伊　是啊。

苏　那么，判别好与坏，同一个人都擅长喽？

伊　对呀。

苏　那么，你是不是断言，[a5]荷马与其他诗人们——包括赫西俄德和阿尔喀洛科斯——讲的是同样的事儿，不过说法有别，荷马[讲得]好，其他诗人更差？

伊　我说的真实呀。

苏　那么你能判别谁说得好，[532b]也就能判别那些说得更差者为何说得更差。

伊　应该是这样吧。

苏　那么，最好的人啊，伊翁同样擅长[解说]荷马和其他诗人，我们没说错呀。因为[b5]他亲自说了：只要说的话题相同，他就能够判别[讲得好的和差的]；而几乎所有诗人说的都是相同的事儿。

伊　可是，苏格拉底，若有人谈论其他诗人，我的注意力就不[532c]集中，更讲不出什么值得一提的见解，只有打盹儿的份儿，但是一提到荷马，我就立刻醒来，专心致志，想说的话也源源不断，这到底是怎么回事儿呢？

苏　[c5]伙计呀，这不难推测，很显然，你不能够凭技艺和知识谈论荷马，倘若你能凭技艺谈论，那你也就能凭技艺谈论所有其他诗人喽。也许诗的技艺是个整体，是吗？

伊　[c10]是这样。

苏　[532d]如果有人将任何一种技艺作为一个整体来掌握，那么这个人就会以同样的方式来探究这技艺，对所有技艺而言都是这样。伊翁，需要给你解释我说这些话是什么意思吗？

伊　凭宙斯发誓，我当然需要，苏格拉底，我喜欢[d5]听你们聪明人讲话。

苏　但愿你说得对，伊翁。可是，大概聪明人是你们，是你们诵诗人、演员，以及作出你们所诵诗歌的诗人们。我只说老实话，[532e]普通人说话就是这个样儿。你看，我问你的问题多通俗，谁都懂我说的话：只要一个人把一门技艺作为整体掌握，那就用同样方式探究它。让我们通过以下的讨论来把握这[道理]吧：[e5]是不是有一门作为整体的绘画技艺？

伊　是。

苏　古往今来有许多画家，他们也有高下之别吧？

伊　当然有。

苏　你遇见过这样的人吗？他只善于评判阿格劳丰的儿子珀吕格诺托斯①作品的好坏，却不能评判其他画家的作品；[533a]一给他看别人的画儿，他就瞌睡、茫然、毫无见解，但一要他讲讲对波吕格诺图或你认为合适的任意哪一个画家的见解，[a5]他就醒过来，专心致志，讲起来思如泉涌。

伊　凭宙斯发誓，我的确没见过这样的人。

苏　说到雕刻，你见过这样的人吗？他只长于解释墨提翁的儿子代达罗斯的作品如何好，[533b]或者解释帕诺佩乌斯的儿子厄庇乌斯，或者萨摩斯人忒俄多罗斯②或其他哪个雕刻师刻的好在哪儿，但一给他看其他雕刻师的作品，他就一脸茫然，要订瞌睡，无话可说。

伊　凭[b5]宙斯发誓，我也没见过这样的人。

苏　的确如此，依我看，在吹簧管、演奏基塔拉琴、基塔拉琴伴唱以及诵诗的人们当中，你也不会见到这样的人，他只擅长讲解奥林波斯或塔缪里斯或[533c]俄尔甫斯或伊塔卡诵诗人斐米俄斯，③但对于以弗所的[诵诗人]伊翁，他就困惑茫然，讲不出伊翁吟诵得好或不好。

伊　苏格拉底，对于你所说的，我无话可说。[c5]但是，在[诵诗]这事儿上我可了解自己，解说荷马的人们当中我最出色，可说的话很多，其他人也都认为我讲得棒，但提起别的诗人，情形就大不相同喽。你看这是

---

① 珀吕格诺托斯是著名的画家，公元前5世纪中期活跃于雅典。

② 代达罗斯是传说中木器、行走人像、人像翅膀的发明者，以塑造栩栩如生的塑像著称。厄庇乌斯是传说中特洛亚木马的制造者。忒俄多罗斯是公元前6世纪著名的雕塑家和建筑师。

③ 奥林波斯是传说中的乐师和簧管演奏者，塔缪里斯、俄尔甫斯是传说中的基塔拉琴师。塔缪里斯曾经提出要和缪斯竞赛，缪斯惩罚了他的傲慢，令他双目失明，见荷马，《伊利亚特》2.595-600。传说俄耳甫斯的琴声能感动木石，引来飞禽走兽。斐米俄斯是荷马史诗中的诵诗人，见荷马，《奥德赛》22.330及其后。

怎么回事儿？

苏 我的确知道怎么回事儿，伊翁，我这就告诉你[533d]我是怎么理解的。我刚才说到过，荷马你解说得好，并非因为技艺，而是因为有神的力量激发你，就像某种石头所具有的力量，欧里庇得斯称之为磁石，但大多数人称这种石头为"赫拉克勒斯石"。[d5]这种石头不仅本身能吸引铁环，而且可以传导力量给它们，使之也像这石头一样，[533e]能吸引另外的铁环，所以有时许多铁环互相吸引，就串成长长的一串儿。所有铁环的力量都得自那石头。

同样道理，缪斯自己赐给某些人灵感，然后其他人被这些获得[e5]灵感的人们吸引，从而也形成一串儿。所有出色的史诗作者们作出美妙诗歌，凭的并非技艺，而是他们从神那里得到的灵感，被神凭附，好的抒情诗人也同样如此。就像科吕班忒斯①巫师们[534a]在丧失理智的状态下舞蹈一样，抒情诗人们同样是在丧失理智的状态下制作那些美丽的抒情诗。他们一旦沉浸在谐音和节奏中，就疯癫迷狂，被神凭附，像酒神狂女们被[酒神]附身，[a5]能从河水中汲取乳和蜜，这在她们精神正常时是做不到的。

抒情诗人们自己说，他们的灵魂也是这样工作。因为诗人告诉我们，不是吗，[534b]他们从缪斯的花园和溪谷中那流淌着蜂蜜的源泉里，采撷诗句带给我们，就像飞舞的蜜蜂[采蜜一般]。

诗人们说的是事实。因为诗人身姿轻盈，长有羽翼，富有神性，[b5]只有得到神灵感召，精神脱离常态，心智出离[身体]，才能作诗；除此之外，任何人都不能作诗或说出神示。诗人们作出华彩诗篇，写出动人章句，[534c]就像你解说荷马一样，并非凭技艺，而是凭神意，只有缪斯激发那种诗，一个人才能写得美——有人作酒词，有人作颂词，有人作合唱歌，有人作史诗，还有人作短长格——但除了自己所长之外，言及其他，就表现平平了。[c5]因为他们说出那些凭的是神力而非技艺。如果诗人们懂得如何凭技艺作好一种诗，那其余所有体裁的诗他们就都能作好了。

神对诗人们像对预言者们和占卜者们一样，[534d]夺走他们的心智，

---

① 科吕班忒斯仪式是一种秘仪，仪式进行时有狂热的舞蹈。

让诗人们做神的仆人,所以我们听众都知道,说出字字珠玑的并非心智全无的诗人们,而是神自己,神通过诗人对我们言说。[d5]关于这种说法,最好的例证是卡尔喀岱乌斯人图尼科斯,他有一首人人传唱的诗,几乎在所有抒情诗中最棒,但除此之外,就再也没有其他什么值得记诵的作品了,正像他自己说的,简直是[534e]"神来之笔"。在我看来,神就是要用这件事儿向我们证明,毋庸置疑,那些优美的诗句不是属人的,也非人之创作,而是属神的,得自神,诗人们不过是神们的[e5]传译者而已,他们各自被掌控自己的神凭附。神有意借最平庸的诗人唱出最美妙的诗,[535a]以说明上述道理。伊翁,你认为我说得对不对?

伊 凭宙斯发誓,你说得对。苏格拉底,你的这些话不知怎么就控制了我的灵魂,依我看,[a5]出色的诗人们是传译者,都凭借神意传译来自神的诗句。

苏 你们诵诗人接下来不又是诗人的传译者吗?

伊 说得对。

苏 你们就是传译者的传译者喽?

伊 [a10]的确如此。

苏 [535b]等一下,伊翁,回答我这个问题吧,但无论我请教什么,你可不要藏着掖着:你绘声绘色地诵读史诗娱乐观众时——例如,奥德修斯跳上门槛,出现在求婚者们面前,[b5]将箭矢倒在脚边,①或是阿喀琉斯追赶赫克托尔,②或是安德罗玛刻、赫卡柏、普里阿摩斯的悲痛③——这时,你清醒吗?[535c]抑或是失去自主,陷入迷狂,好像身临其境,到了伊塔卡、特洛亚,或史诗发生的其他地方?

伊 你讲的事例好生动哟,苏格拉底![c5]不瞒你说,讲到哀伤之事,我满眼泪水;讲到悲惨恐怖之事,我毛骨悚然,心儿狂跳。

苏 [535d]那么伊翁哟,如果一个人身着华服,头戴金冠,并且他的这些东西都毫发无损,他却在祭典或节庆中哭哭啼啼;没有谁抢他东西或

---

① 参见荷马,《奥德赛》22.2 及以下。
② 参见荷马,《伊利亚特》22.131 及以下。
③ 参见荷马,《伊利亚特》22.33 及以下;24.477 及以下。

对他行不义,他却在两万多友善的世人面前惊恐不已,[d5]咱们还能认为此人神智正常吗?

伊 凭宙斯发誓,说实话,他神智当然不正常啰,苏格拉底。

苏 你们同样感染了观众,你知道吗?

伊 [535e]我一清二楚啊。每次我从台上往下看,观察那些观众,他们或哭泣,或面带恐惧,或随着我所讲的内容惊诧不已。我必须最为悉心地关注他们,如果[e5]我让他们哭,我自己就会笑,因为这样我能挣到钱,但如果他们笑,我就只能哭啰,因为这样我的收入就损失了。

苏 我曾说过,铁环之间相互吸引的力量都得自赫拉克勒斯石,你可知道,观众是这最后一环。中间环是你们[536a]诵诗人和演员,诗人是最初一环;通过所有这些,神吸引人们的灵魂到他所意愿的地方,力量也环环相扣。就像从这石头[悬挂下来的铁环一样],[a5]舞者、合唱队员和伴奏乐师等也形成一大串儿,斜挂在由缪斯吸引的铁环旁边。一位诗人依附一位缪斯,而另一位诗人则依附其他缪斯。我们将这称之为"被凭附",这种说法极为[536b]贴切呀,因为他"被神掌控"。

还有一些人悬挂在最初一环——诗人那里,不同的人从不同的[诗人]那里悬挂下来且得到灵感,有些人被俄尔甫斯吸引,有的则被缪塞俄斯打动。但是多数人为荷马所掌控,被荷马凭附。伊翁,[b5]你就是其中一位啊,并被荷马凭附。有人诵读其他诗人的作品,你就昏昏欲睡,茫然无话可说;但是一有人提到荷马的诗作,你就立刻清醒过来,神采飞扬,滔滔[536c]不绝。因为你谈论荷马所说的话,凭的不是技艺,也不是知识,而是神的意愿和掌控。就像克吕班忒斯巫师们,他们只对凭附自己的那个神的乐调敏感,[c5]歌和舞随之油然而生,对其他乐曲却毫不留意。伊翁啊,你也同样如此,一有人提到荷马,你就有许多话,对于其他诗人却茫然无话可讲。[536d]你问过我,为什么你对荷马很有办法却对其他[诗人]没有,原因就在于,你是长于颂扬荷马的人,凭的并非技艺,而是神意。

伊 苏格拉底,你讲得妙啊。可我还是想知道,[d5]你是否讲得好到让我信服,我在赞颂荷马时有神灵凭附、陷入迷狂。我也不相信,若是你亲自听我诵读荷马,我会如你所说的那样。

苏 我的确很乐意听你诵诗,但你还是先回答我这个问题:[536e]对于荷马提到的事儿,哪些你解说得好?你总不会样样精通吧。

伊　你要知道,苏格拉底,没有哪些我伊翁不拿手。

苏　但肯定有些荷马说过但你恰好不懂的事情,[e5]这样的事儿你解说不好吧?

伊　有什么事儿荷马说过但我伊翁不懂的呢?

苏　[537a]荷马不是许多地方总谈到各种技艺吗?例如御车,如果我能记得那段诗,我就给你指出来。

伊　那让我来吧,我记得。

苏　[a5]在纪念帕特罗克洛斯的赛车礼中,涅斯托尔告诫儿子安提洛科斯要当心转变时,告诉我他是怎么说的。

伊

在那精制的战车里,你要稍稍倾向左侧,
[537b]吆喝右侧的辕马,
扬鞭驱策,放松手里的缰绳。
让左边辕马紧挨着标石驶过,
挨近到[b5]就要碰上轮轴,
但要当心不要碰着那石头。①

苏　[537c]够了!伊翁,请问,谁更胜任评判荷马这些话正确与否,是御车人还是医生?

伊　当然是御车人啰。

苏　因为他拥有这种技艺,还是另有其他原因?

伊　因为这种技艺。

苏　[c5]神赋予每种技艺理解某种特定活动的能力,不是吗?我们不能凭借医术去认识我们凭航海术认识的东西,对不对?

伊　当然不能。

苏　我们也不能凭木匠技艺来弄懂我们凭医术弄懂的东西。

---

①　参见荷马,《伊利亚特》23.335–340。《伊翁》中对荷马史诗的引用与现行荷马史诗版本有出入,参照罗念生、王焕生先生中译文,稍有调整。

伊　[537d]当然不能。

苏　我们凭某一技艺懂得的东西不能凭另一技艺来了解,对所有技艺而言都如此,不是吗? 还是先回答我这个问题:你是否承认诸多技艺各有不同?

伊　对,是这样。

苏　如果[d5]一种技艺是关于某些事物的知识,而另一种技艺是关于另外一些事物的知识,我就称之为不同的技艺,[537e]你同我的看法是否一致?

伊　是的。

苏　如果[不同技艺]是关于相同的事物的知识,那相同事物可以由不同技艺来认知,我们根据什么判断技艺彼此不同呢? 比如,这是五个[e5]手指,我知道你也知道,我要问你了,你我知道同样事实同样凭算学技艺,还是你凭另外一种技艺来认识? 你肯定得认为凭同一种技艺吧。

伊　是的。

苏　[538a]那回答刚才我问你的那个问题:依你看,就所有技艺而言,必然是同种事物靠同种技艺认知,另外一种技艺则不能认识此类事物,若这另外一种技艺果真与第一种不同,它必然认识不同的事物,对不对?

伊　[a5]我看是这样,苏格拉底。

苏　无论谁,只要他不拥有某种特定的技艺,对于有关这种技艺的事儿说得怎样或做得如何,他就不能准确判断,是吗?

伊　[538b]你说得对。

苏　你刚才背诵的那段诗,荷马讲得好坏,是你还是御车人评判得好些?

伊　御车人。

苏　因为你是诵诗人而非御车人。

伊　是啊。

苏　诵诗人的技艺[b5]与御车者的技艺不同,对不对?

伊　对。

苏　如果这两种技艺不同,它们就是关于不同事情的知识。

伊 是。

苏 荷马的叙述中,涅斯托尔的小妾赫卡墨德,怎样拿酒给受伤的马卡翁喝？[538c]他这样说：

> 她用铜锉刀锉下一些山羊奶酪,放入普拉诺酒中；
> 还放了一个葱头在旁边,以供下酒。①

要准确判断荷马讲得恰当与否,[c5]是凭诵诗人的技艺,还是凭医生的技艺？

伊 要凭医生的技艺。

苏 再看荷马的这段话：

> [538d]她像牛角坠了铅,没入海底,
> 给贪食的鱼们带去灾难。②

我们会说,要判断诗人说了什么,以及说得正确与否,凭的是渔人的技艺[d5]还是诵诗人的技艺？

伊 老实说,显然得凭渔人的技艺。

苏 试想,假如你问我：[538e]"苏格拉底,你既然在荷马史诗描写的技艺中找到了适合每个人评判的部分,那你来给我指出哪些适合占卜者凭占卜技艺确定其写得好坏。"——[e5]想想看,我能多容易、多恰当地答复啊。因为《奥德赛》中好多地方都谈到占卜,例如,美兰珀斯的后裔,占卜者忒俄克吕美诺斯对求婚人们说：

> [539a]你们这般可怜虫！你们在遭受什么灾难？
> 你们头脸手脚全让昏冥的黑夜笼罩；
> 呻吟之声阵阵,你们满脸是泪,
> 门廊里尽是阴魂,又把庭院充满布遍,
> [a5]匆忙赶往黑暗的埃瑞博斯；太阳

---

① 参见荷马,《伊利亚特》11.630、639。
② 参见荷马,《伊利亚特》24.80–82。

[539b]在天空消失了,灾雾弥漫。①

《伊利亚特》里也有许多类似的段落,例如攻城战那段,荷马这样说:

他们刚要越过那条壕沟,[b5]一只飞禽
出现在前方:是鹰高高盘旋[539c]在队伍左侧,
鹰爪紧紧攫住一条血红的巨蛇。
那蛇依然活着,不忘厮斗,
扭转身来,对准抓住它的老鹰颈项一口,
[c5]老鹰痛得将蛇扔下,蛇落到队伍中间,
[539d]鹰大叫一声乘风飞去。②

我敢说,这些以及诸如此类的段落适合占卜者们评判。

伊 你说得对,苏格拉底。

苏 [d5]对,伊翁,你这样说也对。我已经为你从《奥德赛》和《伊利亚特》中选出了属于占卜者、医生[539e]和渔夫的部分,既然你对荷马比我熟得多,伊翁啊,那你也像我一样,给我挑出一些属于诵诗人及诵诗技艺的段落,诵诗人比其他任何人都适合评判的[e5]段落。

伊 苏格拉底哟,我得说,全部[都适合诵诗人评判]。

苏 你肯定不是指全部吧,伊翁,你竟如此健忘?一个人若是诵诗人,他可不该健忘。

伊 [540a]我忘记了什么?

苏 难道你不记得,你说过诵诗人的技艺和御车人的技艺不同?

伊 我记得。

苏 既然它们是不同技艺,那么你是否赞同,它们了解的事物也不同?

伊 [a5]对。

苏 那么照你自己的说法,诵诗人的技艺并不能样样事情都懂得,诵诗人也不是万事通啊。

---

① 参见荷马,《奥德赛》20.351–357。
② 参见荷马,《伊利亚特》12.200–207。

伊 也许这些事情除外,苏格拉底。

苏 [540b]除外的"这些事情",你指的是有关其他技艺的事儿吧。但是,如果[诵诗人]并不懂得全部,那么他究竟懂些什么呢?

伊 依我看,[诵诗人知道]男人和女人、奴隶和自由人、[b5]被统治者和统治者适合说什么话。

苏 你是说,一艘船在海上遭遇暴风雨时,船长适合说什么,诵诗人会比舵手更清楚?

伊 不,肯定是舵手知道。

苏 [540c]那么诵诗人是否会比医生还清楚处理病患者适合说什么话?

伊 不是那样。

苏 你说他知道奴隶适合说什么话?

伊 是的。

苏 你的意思是,一位放牛奴要设法驯服发狂的牛,[c5]是诵诗人而不是牧牛人更清楚最适合说什么?

伊 肯定不是。

苏 [诵诗人知道]纺织妇关于纺羊毛的活儿适合说什么吗?

伊 [540d]他不知道。

苏 那么,他会知道一个男人——一位将军——在激励自己的将士时适合谈什么吗?

伊 是的,这类事儿诵诗人会懂得。

苏 什么?诵诗人的技艺就是将军的技艺吗?

伊 [d5]我肯定知道一位将军该说什么话。

苏 伊翁,[除了诵诗之外]或许你同样拥有将才呢。因为如果你碰巧同时既是位骑手,又是位基塔拉琴手,那么你会懂得[540e]马驾驭得好坏。如果我问你,"你凭哪种技艺来判定驾驭得好的马,是凭你骑手的技艺还是基塔拉琴师的技艺",你怎么回答我?

伊 我该说,凭骑手的技艺。

苏 如果你要判断哪些人基塔拉琴弹得好,[e5]你会同意,你是以基塔拉琴师的身份,而不是骑手的身份来判断他们?

伊 是的。

苏　既然你懂得军事,你是以将军的身份,还是以好诵诗人的身份来弄懂它?

伊　至少在我看来没什么两样儿。

苏　[541a]怎么?你说没什么区别?那么你认为诵诗人的技艺和将军的技艺是一种技艺还是两种技艺?

伊　至少在我看来这是一种技艺。

苏　那么,谁要是个好诵诗人,这个人碰巧也就是位好将军啰?

伊　当然是,苏格拉底。

苏　[a5]那么,谁要碰巧是位好将军,也就会是个好诵诗人?

伊　我倒不这么认为。

苏　你不是认为好[541b]诵诗人也是好将军吗?

伊　那当然。

苏　你是希腊人中最好的诵诗人吧?

伊　那还用说,苏格拉底。

苏　那么你也是希腊人中的最好的将军喽,伊翁?

伊　那是自然,苏格拉底,[b5]我从荷马那里学会的。

苏　哎哟,诸神在上!伊翁,既然你既是希腊最好的将军,又是希腊最好的诵诗人,那你在希腊游来荡去,为什么只是诵诗,从不当将军呢?[541c]你以为希腊更需要顶着金冠的诵诗人,而不需要将军吗?

伊　苏格拉底,我们的城邦由你们统治着,有你们的将军们发号施令,不再需要将军了;[c5]而你们的城邦和拉刻岱蒙人的城邦也不会选我当将军,因为你们都认为[自己的将军]已经足够了。

苏　伊翁,妙人啊,你不知道居齐科斯人阿波罗多罗斯吗?

伊　他是做什么的?

苏　[c10]他多次被雅典人选为将军,但他是个外邦人。[541d]此外还有安德罗斯人法诺斯忒涅斯、克拉左美奈人赫拉克利德斯,他们也都是外邦人,因为证明了自己值得称道,所以都被雅典人委任过将军和其他官职。为什么这个城邦不选以弗所人伊翁[d5]做将军,给他荣耀呢,如果他也值得一提?你们以弗所人原本不就是雅典人吗?以弗所也不比任何城邦差,不是吗?[541e]伊翁啊,如果你当真认为自己能凭技艺和知识赞美荷马,那你就是行不义,因为你声称自己懂得有关荷马的许多好东西,并且说要展示一番,你是在哄骗我呀。[e5]你非但不肯展示,而且还不愿说出你究竟擅长什么,尽管刚才我再三恳求。你活像普罗透斯,①颠来倒去,变化多端,到最后,[542a]为了不给我展示你有多精于荷马的智慧,你就伪装成一位将军,要从我这里开溜。正如我刚才说的,若是精通[诵读]荷马的技艺,你答应表演却又骗了我,你就是不义者。不过,你如果没有什么技艺,关于荷马能说出那些优美词句,靠的是得自荷马那里的神意而被凭附,[a5]你自己一无所知——正像我说过的,你就算不上行不义。选择吧,你是愿意被我们称作不义的人呢,还是富有神性的人呢?

伊　[542b]两者之间天壤之别呀,苏格拉底。被称作富有神性要美得多。

苏　那么,伊翁啊,依我们看,这个更美的称呼就归你啦,你这位荷马的赞美者富有神性,而不是长于技艺。

---

① 参见荷马,《奥德赛》4.385–570。

默涅克塞诺斯

李向利 译

苏格拉底 [234a]从市场还是从哪儿来，默涅克塞诺斯①？

默涅克塞诺斯 从市场，苏格拉底，从议事会来。

苏 你去议事会有什么要紧事？或者不明摆着，[a5]你认为你完成了学业和热爱智慧，已经学得足够了，因此你想转向那些重大的事情。令人钦佩啊，小小年纪就着手统治我们这些年纪更大的人，[234b]以便你们家族会源源不断地提供我们的主事人？

默 苏格拉底啊，如果你允许且建议[我]统治，我将欣然从命；不然，我不会。不过，这回我去[b5]议事会，是因为我听说议事会打算物色一位向阵亡者致辞的人；因为，你知道，他们打算举办一场葬礼。

苏 当然[知道]。那么，他们选中了谁？

默 没[选]谁，他们推迟到明天了。不过，我预感[b10]阿尔喀诺斯②或狄翁③将获选。

苏 [234c]确实，默涅克塞诺斯啊，勇于战死沙场往往高贵。即使一个人死的时候一贫如洗，也可以得到既漂亮又宏大的葬礼；此外，即使他是个大老粗，也会得到智慧人士的赞美——[c5]不是随便赞美，而是花很多时间准备演说辞。他们赞美得天花乱坠，在[235a]论说那些人各自或有或无的品质时，一定会尽可能用语词美化，以便迷惑我们的灵魂。他们

---

① 默涅克塞诺斯和苏格拉底是朋友，此时大约刚满十八岁，此外还出现在《斐多》和《吕西斯》中。

② 阿尔喀诺斯是公元前403年雅典民主制重建时的著名政治人物。

③ 狄翁曾作为雅典使者之一于公元前392年出使波斯。

绞尽脑汁地赞美城邦,赞美在战场上死去的人,以及我们[a5]所有的老祖先,甚至赞美我们这些活着的人,使得我本人,默涅克塞诺斯啊,被他们的赞美搞得全然高贵起来。每回[235b]在听和受迷惑的时候,我都忘乎所以,觉得[自己]立马变得更高大、更高贵、更俊美了。

通常,总有很多客人和我在一起,他们会跟着我一起听,在他们眼里,我也立马变得更有尊严了。[b5]在我看来,由于受演说的迷惑,他们对城邦的其他一切有了对我的那些感觉,认为她比从前更加令人钦佩了。这种庄严感伴随着我,[235c]三日不绝。演说如此余音袅袅,演说者的声音沉浸在耳中,以至于到了第四天或第五天,我才勉强记起我自己,感觉到我在哪个大地上,其间,我差点认为我生活在"幸福岛"。我们的[c5]那些演说家就是如此聪明。

默 苏格拉底啊,你总是嘲笑那些演说家。然而,这一回,我想他们选中的人不会太出彩,因为这次选拔完全出于一时冲动,因此,[被选中的]演说人似乎很可能将要被迫毫无准备地演说。

苏 [235d]怎么可能,好朋友?这些演说辞对他们来说都是现成的,再说,毫无准备地发表这类演说一点儿不困难。若是有人真不得不在伯罗奔半岛人中称赞雅典人,或者在雅典人中称赞伯罗奔半岛人,这就需要演说者[d5]能很好地实施说服且受欢迎;不过,无论什么时候,如果有谁在这群人中竞赛并且[是]赞扬他们,看起来讲得好就不会被认为有什么大不了的。

默 你以为没有[什么大不了],苏格拉底?

苏 当然没有,宙斯在上。

默 [235e]难道你认为你自己就能演说,如果你不得不这样做,而且议事会选中了你?

苏 我肯定[能],默涅克塞诺斯呀,能演说没什么稀奇,我的老师碰巧在演说术方面一点儿不差,[e5]她不仅培养了许多其他好的演说家,而且其中一位还优于[所有]希腊人,[他就是]克桑提珀斯之子伯里克勒斯。

默 她是谁?显而易见,你说的是不是阿斯帕西娅①?

---

① 阿斯帕西娅(约前470—约前400),米利都人,古希腊著名交际花,伯里克勒斯的情妇,擅长演说术。

苏 我说的正是[她],还有墨特罗比俄斯的[儿子]科恩诺斯。这[236a]两位都是我的老师,他[是我的]音乐[老师],她[是我的]演说术[老师]。因此,一个让自己受过这样训练的人,演说得巧妙没什么稀奇;即使有人受的教育比我差——音乐是兰普罗斯教的,演说术是拉姆努斯人安提丰教的①——[a5]即便这样,依然能在雅典人中赞扬雅典人时受到欢迎。

默 那么你将有什么要说,如果你不得不演讲?

苏 靠我自己,我很可能没什么[要说的],不过,[236b]我昨天听阿斯帕西娅完成了一篇关于同样这些人的葬礼演说辞。因为她已经听说你所说的[消息],即雅典人打算选拔一位演说人。于是,她同我讨论了应该说的内容,一部分出自即兴构思,另一部分她早就想好了,我相信,[b5]她合并了伯里克勒斯讲过的那篇葬礼演说②,把那篇演说的一些片段拼凑了起来。

默 你记得阿斯帕西娅说的内容吗?

苏 要是不[记得]就不义了,毕竟,我学了它,而且[236c]差点因为忘记而受鞭打。

默 那么,为什么不透露一下?

苏 免得老师对我动怒,一旦我把她的演说辞公之于众。

默 [c5]千万别[这样],苏格拉底啊,讲吧,你会让我非常高兴,无论你想要讲阿斯帕西娅的还是别人的,只管讲。

苏 可是你很可能会笑话我,如果我在你看来似乎一大把年纪了还依然小孩子一样嬉戏。

默 [c10]绝对不会,苏格拉底啊,无论如何讲吧。

苏 好吧,[我]应当使你高兴。既然没什么人,[236d]即使你催促我脱光了衣服跳舞,我也会照办[使你高兴],因为这里只有[我们

---

① 苏格拉底在《欧蒂德谟》272c、295d 亦提到科恩诺斯是其音乐老师。兰普罗斯是索福克勒斯的音乐和舞蹈老师,安提丰是雅典著名演说家,苏格拉底暗示二人是较差劲的老师,很可能是一种玩笑。

② 指伯里克勒斯在公元前 431 年伯罗奔半岛战争爆发时发表的著名的葬礼演说。

俩]。听好了。我想,当开始从那些阵亡者自身说的时候,她是这样说的:①

就行动方面来说,这些人[已经]从我们这里得到了与他们自身相称的东西,[d5]得到它们后,他们走上了命中注定的旅程,既由城邦共同[为他们]送葬,又由亲友亲自[为他们送葬];至于言辞方面,法律命令[我们][236e]回报这些勇士[我们]尚未送出的荣誉,而且[我们]应当[这样做]。既然有了做得很好的行动,借助于讲得好的言辞,听众就会纪念和尊敬那些做[这些行动]的人。

因此,任何一篇这样的演说,都应该能够充分地赞扬阵亡者,[e5]友好地规劝生者——鼓励儿子们和兄弟们模仿这些人的德性,安慰父亲们、母亲们以及仍然在世的[其他]长辈们。[237a]然而,这样一种演说该如何向我们呈现?或者,要赞扬这些高贵的勇士——他们生前以其德性令他们自己的[亲友]喜悦,又用死亡换得了生者的保全——我们应该从哪里开始才正确?在我看来,应该[a5]根据自然赞扬他们,就像他们[根据自然]变得高贵一样。他们[之所以]变得高贵,是因为[他们]出自高贵[之人]。因此,首先,[让]我们赞美他们的高贵出身;其次,[赞美他们的]滋养品[237b]和教育;在此之后,我们将指出他们的行动情况,因而展示这些勇士们的美和价值。

首先,对这些勇士们来说,他们祖先们的起源肇始了这种高贵出身——这些祖先不是异乡人,说明这些人也不是[b5]从其他地方来这里定居的人们的子孙,而是本地人,居住和生活在[自己的]祖地;他们也不像其他人那样由继母抚养,而是由[237c]母亲——他们所居住的祖地——[抚养];如今,他们死了,安息在自己的家乡——那个生[他们]、养[他们]、[最后又]接纳[他们]的地方。[因此,]最公正的就是,首先向[他们的]母亲本身致敬,因为这样同时也是在向他们的高贵出身致敬。

[c5]我们的地方值得所有人赞美——不仅[值得]我们[赞美],而且[值得]在其他许多地方[的人赞美]——首先且最重要的原因是,她恰巧为神所喜爱。对于我的这个说法,因她而起争执的神们的[237d]争吵和

---

① 以下直至249c为苏格拉底讲述的阿斯帕西娅的演说。

决定可以为证。①既然诸神都赞美她,受全体人的赞美又怎么会不义呢?

公平地说,赞美她的第二个理由是因为,在那样一个时期,当整个大地生长和产生各种动物——既有野兽又有家畜——的时候,[d5]在这里,我们的[地方]却既不生长又未出现什么凶残的野兽;在所有动物之中,她选择并生产了人——人在智慧上胜过其他[动物],而且唯有人信奉正义和诸神。[237e]有充分的证据[证明]这样的说法:这片土地生育了这些[阵亡的]人和我们的祖先。因为一切生育者都拥有合适的滋养品给予其所生育之物,由此,可以明确看出一个女人是否是真正的生育者,如果是收养,她就不会有[e5]这个孩子所需的滋养乳源。而我们自己的土地和母亲,却提供了充分的证据[证明]她生育了人,因为当时只有她最先生产了人类的滋养品——[238a]小麦和大麦——人类由此得到了最美和最好的抚养,由于这一点,所以[人类]这种动物是她生育的。[其实,]从土地的角度,比从女人的角度更容易接受这样的证明:不是土地[a5]模仿女人怀孕和生育,而是女人[模仿]土地。她并不吝惜她的果实,而是分给其他人。

在此之后,她为她的后代出产了橄榄油———一种对辛劳的安慰;[238b]在抚养[后代]并使之长大成人后,她又提供了诸神做他们的统治者和教师;在这里适合略去诸神的名字——因为[这些名字]众所周知——他们不仅通过教授[我们]最主要的技艺,给我们的生命配备了正好文明的生活方式,[b5]而且通过教[我们]获取和使用武器,[训练我们]保卫[我们的]地方。

像这样出生和受教育,这些[阵亡的]人们的祖先,生活在[他们]建立的政体中,对于这种政体,有必要简要地[238c]予以回顾。因为政体是人的滋养品,高贵的[政体养育]好的[人],而相反的[政体养育]坏的[人]。必须指出,我们的先人正好就是在高贵的政体中受的抚养。由于这一点,那些人和当今的人们都是好的,而这些[好]人中碰巧[c5]有这些阵亡者。

---

① 据传说,海神波塞冬和智慧女神雅典娜曾为获得雅典展开竞争,最后雅典娜胜出,雅典城也因此得名。

这个相同的政体，当时就像现在一样，是一种贵族政体。当前，我们作为城邦民生活在这个政体中，就像从那时以来通常的情况那样。尽管有人叫它[238d]民主政体，有人[叫它]他高兴[叫的]其他[名字]，但是，事实上，它是一种得到民众好评的贵族政体。因为我们一直有王，他们有段时期出自某个家族，有段时期则是选出来的。①虽然民众掌管了城邦的大部分[权力]，但是他们将统治权[d5]和权威交给那些看起来总是最贤良的[人]，没有人由于疾病、贫穷或者父亲的无名而受排斥，[也没有人]由于相反的情况而受尊崇，犹如在其他城邦那样，而是[有]一条标准——那个看起来智慧或者好的人做主宰和统治。

[238e]我们[选择]这种政体的原因，[是]由于平等的出身。因为其他城邦由形形色色的不平等之人组成，结果他们的政体——僭主制和寡头制——也不平等；因此，他们在生活中，一些人视对方为奴隶，[e5]另一些人视对方为主人。而我们和我们的[城邦民]，[239a]全都像一母同胞的兄弟那样成长，认为不应该成为对方的奴隶或主人，我们出身的平等——我们自然的[平等]——迫使[我们]寻求法律上的权利平等，而且看起来屈服于对方也没有其他原因，除了[因为对方]看起来的德性和明智。

[a5]因此，由于在完全自由的[环境中]得到抚养和高贵地成长，这些人的祖先、我们的[祖先]以及这些人自身，向所有人展示了众多高贵的行为——[239b]既有私下[展示]也有靠公费开支[展示]。[他们]相信，为了自由，必须为希腊人而抗击希腊人，以及为全体希腊人而抗击野蛮人。因而，他们如何在欧摩尔珀斯②和阿玛宗人③以及更早的一些人入侵我们的地方时[b5]保卫自己，如何保卫阿尔戈斯人抵抗卡德摩斯的后

---

① 雅典的王权自从公元前8世纪晚期开始便受到严格限制，公元前682年左右，世袭王权在雅典终结，不过"王"的头衔得以沿用，变成了任期仅有一年的官职，负责主持宗教事务。
② 海神波塞冬之子，忒拉斯克诗人和首领，传说他曾协助厄琉西斯人在雅典王忒修斯时期入侵阿提卡。
③ 希腊神话中完全由好战的女战士构成的一个民族，曾入侵雅典，被雅典王忒修斯击退。

裔,①[保卫]赫拉克勒斯的子孙抵抗阿尔戈斯人,②时间有限,都来不及细讲,而且诗人们通过用诗歌动听地吟唱,已经使他们的德行广为人知。

因此,如果我们[239c]试图光凭言辞向这些行为致敬,很可能相形见绌。由于这些原因,我认为不妨略去这些,因为它们已经得到应有的荣誉;可是,对于迄今尚未有诗人用合适的荣誉表现其价值、[以至于]依旧被遗忘的那些行为,我以为[c5]应当记住它们——通过赞美[它们],以及通过恳请别人将它们谱成与做这些[行为]的人相称的颂歌和其他[体裁]的诗。我首先要说的是这些:

[239d]当波斯人统治着亚细亚③并试图奴役欧罗巴的时候,这个地方的子孙——我们的祖先——阻止了他们,因而首先想起这些祖先并赞美他们的德性,既正义又应当。如果有人打算赞美得恰到好处,他就需要熟知[d5]那个时代——当时整个亚细亚都在给第三位[波斯]王做奴隶。第一位[王]居鲁士④在解放了他自己的同胞波斯人之后,凭靠同样的意志,[239e]不仅使他们的主人米底人沦落为奴,同时还统治了亚细亚直到埃及为止的其他地方。他的儿子⑤尽可能地攻占埃及和利比亚⑥[的土地]。第三位[王]大流士⑦不仅在陆地上将帝国边界一直划到斯基泰⑧,而且用舰船[240a]主宰了大海和众多岛屿,以至于没有人敢与他为敌——所有人的思想都被奴役了。波斯帝国就是这样奴役了众多强大、尚武的民族。

接着,[a5]大流士指责我们和厄瑞特里亚人,⑨诡称[我们]对萨尔狄斯⑩耍阴谋,[于是,]用运输船和战船派来五十万[大军],[并派来]三百

---

① 指七雄攻忒拜之战。传说卡德摩斯是忒拜的创建者。
② 传说赫拉克勒斯的子孙曾被从阿尔戈斯的迈锡尼城流放,雅典人后来帮助他们抗击阿尔戈斯人,使他们重返故乡。
③ 古希腊人把今小亚细亚一带称为亚细亚。
④ 公元前550年至前530年在位,古代波斯帝国的缔造者。
⑤ 指冈比西斯,公元前530年至前522年在位。
⑥ 古希腊人所说的利比亚指今非洲北部一带。
⑦ 公元前522年至前485年在位。
⑧ 斯基泰位于今黑海北岸。
⑨ 厄瑞特里亚是优卑亚岛上的一个城邦,优卑亚岛则是阿提卡北侧的一个大岛。
⑩ 萨尔狄斯是小亚细亚吕底亚王国的首都,当时属于波斯。

艘战船,命令统帅达提斯①,如果他想[240b]保住自己的脑袋,就将厄瑞特里亚人和雅典人掳回来。达提斯航行到了厄瑞特里亚,进攻那里的人们——当时,希腊人中的这些[厄瑞特里亚]人,在战事方面赫赫有名,而且[人数]不在少数——三天后就把他们俘虏了,他搜查了他们的整个地方,[b5]为防止有人逃脱,用了这样的方式:到达厄瑞特里亚的边境后,士兵们在那里,从大海[的一边]散开到大海[的另一边],挽起手穿越了这整个[240c]地方,以便他们可以向[他们的]王报告说,他[要]的人没有一个逃脱。

怀着同样的企图,他们从厄瑞特里亚航行到马拉松,以为可以同样轻易地将雅典人引向强加给厄瑞特里亚人的那种命运。[c5]当他们在做前一件事并企图做后一件事的时候,没有一个希腊人援助过厄瑞特里亚人或雅典人,除了拉刻岱蒙人②——这些人[战斗结束后的]第二天才到达战场——其他所有人都惊慌失措,喜欢[240d]眼前的安全,按兵不动。

因而,任何在这个时期出生的人,都会认识到他们有什么样的德性,他们在马拉松对野蛮人的大军严阵以待,惩罚了全亚细亚的傲慢,最先竖起了[d5]战胜野蛮人的纪念柱,成为其他[希腊]人的指挥官和老师,[告诉其他人]波斯的大军并非不可战胜,一切人和一切财富都要在德性面前俯首称臣。因此,我认为那些[240e]人不仅是我们的身体之父,而且也是我们和这个希腊大陆上所有人的自由之父。看到那一战事,希腊人决心冒险参与随后的战斗,[e5]以捍卫[自身]安全,从而成了[参与]马拉松[之战的人们]的学生。

因此,在[我们的]演说中,必须把最高奖赏授予那些[参与马拉松之战的]人,[241a]而把次奖[授予]那些在萨拉米斯附近和在阿尔忒米西昂参与海战并获胜的人。③关于这些人,任何人都有很多话可讲,例如他们

---

① 波斯帝国将领,公元前490年率军攻打雅典,兵败于马拉松之战。马拉松位于阿提卡东海岸,距离雅典不远。

② 即斯巴达人。

③ 这两次海战发生在公元前480年薛西斯领兵入侵希腊时,萨拉米斯岛位于阿提卡半岛西侧,阿尔忒米西昂位于优卑亚岛北端。薛西斯是大流士后的波斯帝国君主,公元前485年至前465年在位。

如何严阵以待敌人由陆路和海路[发起]的进攻,以及如何打退这些[进攻]。

[a5]想到这一点,在我看来,这是他们最高贵之处,他们完成了与马拉松之战的勇士们前后相承的战事。因为马拉松之战的勇士们向希腊人证明的只有这一点:[241b]由陆路能够以少数人打退人数众多的野蛮人。然而,海战中如何,依然不甚明了,波斯人以其人数、财富、技能和兵力,拥有在海上所向披靡的美誉。[正因如此,]当时参与海战的人们的这个[壮举]值得赞扬,[b5]因为他们终结了希腊人拥有的恐惧,让[他们]不再恐惧难以计数的战船和兵士。因此,二者——那些在马拉松作战的人,以及那些在[241c]萨拉米斯参加海战的人——恰好教育了其余的希腊人,前者由陆路、后者由海路使他们学会并习惯于不再害怕野蛮人。

在拯救希腊方面,第三个发生的,不论在顺序上还是在德性上,我要说,[c5][是]在普拉泰亚①的行动,这一次已经[是]拉刻岱蒙人和雅典人共同的[行动]。实际上,他们打退的全部这些[威胁],最为艰巨和困难,由于[他们的]这种德性,[他们]现在受到我们的赞美,日后[241d]也将受后人[赞美]。

不过,在此之后,很多希腊城邦仍旧和野蛮人站在一起,[波斯]王本人据说图谋再次攻击希腊人。因此,我们缅怀这样一些人也是正义的,[d5]他们通过清除一切野蛮人势力,并且把它从海上赶出去,从而给先人们的行动加上了拯救这一结局。他们是这样一些人:他们在欧吕美冬参加海战,②[241e]他们远征居普罗斯,他们远航到埃及和其他许多地方。③我们应当纪念他们、感谢他们,因为他们让[波斯]王因担心自身安全而把心思转向自身的安全,而非[e5]图谋毁灭希腊人。

[我们]整个城邦都经受了这场抵抗野蛮人的战争的洗礼,[242a]既为了我们自己,也为了其他操同一语言的人。可是,等到实现了和平,属

---

① 普拉泰亚之战发生在公元前479年。普拉泰亚位于波伊俄提阿东南部,在忒拜以南。波伊俄提阿是紧邻阿提卡的一个地区,在阿提卡以西。

② 欧吕美冬海战发生在公元前469年,当时雅典军队在小亚细亚的欧吕美冬河从陆海两方面击败了波斯军队。

③ 这些海战发生在公元前459年至前454年,其中在埃及作战时雅典人遭到惨败。

于城邦的荣誉来到她身上,却[发生了]人们喜欢对成功者做的事情:先是[产生]羡慕,[后]又从羡慕到嫉妒。这[a5]使我们的城邦不情愿地卷入与希腊人的战争。

这场战争爆发后,为了波伊俄提阿人的自由,我们在塔纳格拉与拉刻岱蒙人[242b]交战,①虽然这次战斗存在争议,但随后的行动却做出了判决:那些[拉刻岱蒙]人退走了,撇下了前来支援[他们]的人,而我们的人由于第三天在奥伊诺斐塔打了胜仗,②公正地召回了[当地]那些遭到不义流放的人。[b5]波斯战争之后,为了自由,这些人最先援助希腊人抗击[另一些]希腊人,[242c]他们成为高贵的人,并且解放了那些他们援助的人。因受到城邦的敬仰,他们最先被安葬到这个墓地。

在此之后,一场更大的战争爆发了,所有的希腊人都进攻并蹂躏我们的地方,[c5]对我们的城邦恩将仇报。我们的人在一次海战中战胜了他们,在斯法吉亚岛擒获了他们的一些拉刻岱蒙将领。[我们]本可以处死他们,[但却]饶恕[242d]并遣返了[他们],[同他们]缔造了和平。③因为我们认为,与同种族作战只宜战斗到胜利为止,不应因与某个城邦的私怨而毁灭希腊共同体,与野蛮人作战[则应战斗]到毁灭为止。[d5]这些勇士值得赞美——他们因参与这场战争而安息于此——因为即使有人争论说,在早前抗击野蛮人的战争中有其他人比雅典人更勇敢,他们也证明了这种争论并不真实。因为当时这些人[242e]表明,在希腊人彼此反目时,他们在这场战争中更优越——他们俘虏了其他希腊人的那些领袖,独自战胜了那些曾与之共同战胜野蛮人的人。

这一和平之后,第三次战争爆发了,[e5]出人意料且异常惨烈。在这场战争中,许多殒命的高贵之人安息在这里,[他们]许多人在西西里

---

① 塔纳格拉之战发生在公元前457年,当时,一支斯巴达军队在完成了镇压福基斯敌对行动的任务后,担心返乡时遭到雅典人袭击,就暂时驻扎在塔纳格拉,雅典民主分子视之为威胁,派兵围攻却未能得胜。塔纳格拉位于波伊俄提阿东部,忒拜东北方向。

② 奥伊诺斐塔之战发生在塔纳格拉之战六十二天之后。得知斯巴达人逃离,雅典随即出兵袭击塔纳格拉,在奥伊诺斐塔取得胜利,并摧毁了塔纳格拉的防御工事。

③ 这次事件发生在公元前425年,雅典一开始并未与斯巴达人讲和,直到随后在德利昂和安斐波利斯遭到惨败,才愿意和解,释放俘获的斯巴达人,并解除对斯法吉亚的封锁。斯法吉亚岛位于伯罗奔半岛西南,扼皮洛斯港咽喉。

[243a]为了勒翁提诺伊人的自由立起了最多的战胜纪念柱,[他们]出于誓言要援助勒翁提诺伊人才航行到那个地方。①

但是,由于航程遥远,困难重重,城邦难以帮助他们,[a5]他们放弃了,遭遇了不幸。那些与他们打过仗的敌人,因节制和美德,获得了比其他人的朋友更多的赞美。②还有很多人[死于]赫勒斯蓬托斯海战,他们不仅在一天之内俘获了敌人的全部[243b]船只,还取得了其他众多胜利。③

我说过这场战争异常惨烈且出人意料,说的是其他希腊人与我们城邦的嫌隙到了如此程度,竟至于决心派使者与我们最痛恨的[波斯]王商谈和约——[b5]他们曾和我们一道将之驱逐——他们私下怂恿这个敌视希腊人的野蛮人回来,纠集所有希腊人和野蛮人进攻我们的城邦。④

当然,[243c]我们城邦的力量和德性变得有目共睹。人们以为她已经被战争拖垮,战船也在缪提勒涅被拦截,⑤他们⑥乘坐六十艘战船前去增援;他们登上战船,公开表明他们是[c5]最优秀的勇士,不仅征服了敌人,而且解救了友人,虽然他们遭受了厄运的打击,无法从海中被打捞起来安息在这里。⑦[243d]我们应当永远怀念并颂扬他们,由于他们的德性,我们不仅赢得了那天的海战,而且也[赢得了]随后的战争。

正因为有了他们,我们的城邦才拥有了这样的令名:她任何时候都不

---

① 公元前415年,雅典借口援助西西里岛上的一些城邦,发动了著名的西西里远征,最终全军覆没。

② 希腊文原文有歧义,这是希腊文的字面意思。也有西文译本将此句改译为:"他们因审慎和德性,从与他们打过仗的敌人那里,比其他人从他们的朋友那里,获得了更多的赞美。"

③ 公元前411年至前410年,雅典在居诺斯塞马、居齐科斯和阿比多斯等海战中对斯巴达取得了一些胜利。这里的说法有明显夸大。

④ 公元前413年,斯巴达人开始与波斯人串通,反对雅典在伊奥尼亚的利益,次年双方签订《米利都条约》,规定所有原属于波斯的希腊殖民地归还波斯帝国。不过,斯巴达很快便解除了该条约。

⑤ 缪提勒涅海战发生在公元前407年。缪提勒涅位于勒斯波斯岛东南部。

⑥ 阿尔吉努塞海战中的雅典将士。

⑦ 这里指发生在公元前406年的阿尔吉努塞海战,也是伯罗奔半岛战争中最大规模的海战。雅典虽然在此次海战中获胜,但猛烈的风暴使他们无法营救受损舰船上的士兵以及打捞死者尸体。阿尔吉努塞岛位于勒斯波斯岛东南。

会被打垮,甚至整个人类都不能[将她打垮]。实际情况是,我们受到了我们[d5]自己不和的掣肘,而非败于他人之手。即使现在,那些人依旧不可战胜我们,只是我们自己战胜和打败了我们自己。

这场战争过后,[243e]继而一片宁静,我们同其他人和平相处,自己却以这样的方式打起了内战——如果注定人们会起内讧,没有人会求神使他的城邦以其他方式患病。①因为佩莱坞斯②和[雅典]城中的[城邦民][e5]多么喜悦和友好地彼此和解了啊,并且这些城邦民也出乎意料地与其他希腊人[和解了],他们在处理对厄琉西斯③人的[244a]战争时多么节制啊。

对于这一切,没有其他原因,除了真正的血族关系,这种关系不是在言语上而是在行动上产生了一种稳固的、同族的友谊。也应当纪念那些在这场战争中死于对方之手的人,[a5]而且我们要尽可能使他们和解,用祈祷和献祭,在这样一些场合,向那些统治他们的人祈祷,既然我们已经和解。因为他们相互大打出手并非出于邪恶或仇恨,[244b]而是源于不幸。对此,我们这些在世者自身可以作证:由于与那些人是一个种族,我们已经宽恕了彼此,不管我们做过什么和遭受过什么。

这之后,我们处于完全的和平之中,城邦得以休养生息。[b5]她原谅了那些野蛮人,由于受了她的虐待,他们报复时并不手下留情。不过她对希腊人却心存不满,想到他们受过自己优待却这样[244c]报答:他们串通野蛮人,剥夺了[她]那些曾经拯救过他们的战船,推倒了[她的]城墙——我们曾阻止他们的[城墙]被摧毁。④我们的城邦打算不再援助希腊人,无论他们相互[c5]奴役,还是受野蛮人奴役,她就这样维持着。就在我们处于这种打算之中时,拉刻岱蒙人却以为我们这些自

---

① 公元前404年7月,雅典寡头分子在斯巴达将军莱山德的支持下,建立了三十僭主恐怖统治,处死众多雅典公民。次年,三十僭主被推翻,雅典恢复了民主制,且未再对之前的寡头派实施报复,而是致力于城邦和解,严格强制执行大赦。

② 佩莱坞斯是雅典著名海港,雅典民主派的根据地,即今希腊比雷埃夫斯港。

③ 这里的厄琉西斯人指被推翻的雅典寡头政治集团。雅典和解条款规定,厄琉西斯应该作为一个独立城邦,用以安置寡头派残留分子。不过,数年后雅典又将其吞并。厄琉西斯在雅典以西不远。

④ 雅典在伯罗奔半岛战争中战败,被迫拆除城墙,实质上成为斯巴达的附庸。

由的守护者已经被打垮,此时[244d]奴役别人是他们的事情,他们就做了这事。①

需要什么长篇大论呢?因为我要讲的,既不是很久以前发生的事情,也不是与古人相关的事情。我们这些人都知道,当他们惊慌失措的时候,[d5]那些希腊的佼佼者们——阿尔戈斯人、波伊俄提阿人和科林多人——曾前来向我们的城邦求援,而且所有[事情]当中最神奇的事情是,[波斯]王也深陷困境,结果,围绕他周边的安全不是来自别的地方,而是产生于我们的城邦——他曾经热切地[244e]要彻底摧毁她。

倘若有谁想公正地指责我们的城邦,只有这样说才能正当地指责她:她总是太富于同情心,[总是做]较弱一方的支持者。而且在那个时候,她做不到无动于衷或者[e5]坚定地执行她的决定,[做不到]不再搭救身受奴役的[245a]伤害过她的人;相反,她妥协了,并且伸出了援手。她搭救了那些希腊人,使他们从受奴役中获得解放,他们成了自由人,直到他们再次奴役自身。然而,她不会下决心搭救[波斯]王,[a5]辱没马拉松、萨拉米斯和普拉泰亚的荣誉,不过,因为仅仅允许流亡者和志愿者实施援助,人们公认她救了他。

建造了城墙和舰船后,[245b]她接受了战争——因为她是被迫参战——为了帕罗斯人与拉刻岱蒙人作战。②然而,当[波斯]王看到拉刻岱蒙人放弃了海战后,由于害怕我们的城邦,他想要放弃[作战],[于是]索要[b5][亚细亚]大陆上的希腊人——拉刻岱蒙人之前[将他们]交出去给了

---

① 苏格拉底开始讲述公元前399年他死后发生的事件。雅典在伯罗奔半岛战争中战败,其在爱琴海地区的影响迅速被斯巴达取代。由于在控制伊奥尼亚诸城邦方面的分歧,斯巴达和波斯在公元前400年公开发生冲突。在双方的海上交锋中,很多雅典雇佣兵加入波斯舰队,雅典亦在公元前396年非正式地向波斯舰队遣送船员和海军。伯罗奔半岛战争之后,斯巴达成为首屈一指的希腊强权,日益引起昔日盟邦们的恐惧。雅典和斯巴达之间的敌意也在公元前395年再次公开化,于是雅典联合阿尔戈斯人、波伊俄提阿人和科林多人,共同抗击斯巴达对希腊大陆的入侵,科林多战争由此爆发。

② 公元前394年夏,雅典海军将军科依在东爱琴海率领一支由波斯战船组成的庞大舰队,在克尼多斯海战中粉碎了斯巴达舰队,并于第二年开始攻击斯巴达本土。科依说服波斯人将相当大一部分舰队划归雅典控制,把斯巴达人驱逐出了居克拉迪群岛,并且在波斯的经济援助下重建了长墙和佩莱坞斯港。这里提到的帕罗斯是居克拉迪群岛中的第四大岛,处于爱琴海的中心位置。

他——以此作为同我们和其他那些盟军[继续]作盟友的前提。

他以为[我们]不会愿意,这样他就有了[245c]退出的借口。①他错误估计了其他那些盟军:科林多人、阿尔戈斯人、波伊俄提阿人和其他盟军,愿意[将他们]交出去给他、[与他]订盟约并发誓,只要他答应提供金钱,他们就将交出[亚细亚]大陆上的[c5]希腊人。只有我们既没有下决心交出[他们],又[没有下决心]发誓。

毫无疑问,我们城邦的高贵和自由如此根深蒂固、完好无缺,而且它们天生憎恶野蛮人,[245d]因为我们纯粹是希腊人,没有与野蛮人混杂。因为跟我们聚居在一起的,既没有佩洛普斯、卡德摩斯、埃及普托斯或者达瑙斯的后裔,②也没有很多其他本性上是野蛮人、法律上是希腊人的人。我们是希腊人,没有[d5]跟野蛮人杂居,因此,对野蛮人的纯粹憎恶,自然地融入了我们的城邦。因而,我们再次被遗弃了,[245e]由于不愿做出把希腊人出卖给野蛮人这种可耻且不圣洁的行为。

随后,我们回到了之前被战争打垮的这种[情况],然而在神的帮助下,我们把这场战争处置得比以前更好。因为我们保全了战船、城墙和[e5]我们自己的殖民地,③我们想这样从这场战争中解脱,我们的敌人也满意于这样的解脱。④不过,在这场战争中,许多英勇之人被夺去了[生命]——他们在科林多遇到了不利地形,又在勒凯昂遭遇了[246a]叛乱。那些使[波斯]王获得自由以及将拉刻岱蒙人从海上驱逐的人,

————————

① 雅典在军事上的重新崛起,促使斯巴达在公元前392年与波斯讲和,同意归还曾经属于波斯的岛屿,并允许其他希腊城邦保持自由和自治。雅典人和忒拜人反对这种安排——雅典人主要担心失去刚得到的斯基罗斯、伊姆布罗斯和勒姆诺斯等岛——科林多战争又持续了五年。

② 根据传说,佩洛普斯是伯罗奔半岛西部匹萨城邦的王,埃及普托斯是埃及的国王,达瑙斯是埃及普托斯的孪生兄弟,阿尔戈斯王。

③ 在公元前392年至前391年讨论的和解条款中,波斯人并未反对雅典保留爱琴海北部的勒姆诺斯、伊姆布罗斯和斯基罗斯等岛。在随后的《大王和约》中依然如此。

④ 公元前388年,雅典与居普路斯和埃及建立了强有力的同盟,致使波斯改善与斯巴达的关系。双方签订了条约,并通过封锁赫勒斯蓬托斯海峡和骚扰阿提卡沿海,迫使雅典接受该条约中的条件。由于随后接受了约定中的条款,雅典人被允许保有勒姆诺斯、伊姆布罗斯和斯基罗斯岛。该条约签订于公元前386年,史称《大王和约》,又称《安塔尔西达斯和约》。

他们也英勇无比。①他们就是我为你们忆及的人,你们适合一齐赞美和敬重这类人。

[a5]这些就是长眠于此的勇士们的事迹,以及所有其他为我们城邦献身的勇士们的事迹,虽然我讲了很多美好的话,然而还有更多更美好的依然[246b]没有讲,因为倘若有人打算将这一切和盘托出,多少个昼夜都讲不完。因此,所有记得这些人的事迹的人,都要鼓励他们的子孙,只要在战场上,就不可擅离先人们的职守,[b5]亦不可屈服于怯懦逃离战场。

因此,我本人,高贵的勇士们的孩子啊,此刻就在鼓励[你们],在[我]有生之年,不论在哪儿遇到你们中的谁,[246c]我都会提醒和劝你们要一心做最勇敢之人。在目前这种情况下,我理应讲述你们的父亲们嘱托我向那些被永远撇在身后的人宣告的话,如果他们在即将去冒险时遇到什么不测。我要向你们[c5]宣告我从他们自身那里听到的内容,以及现在如果他们有能力,他们将愉快地对你们说的话。你们应当认为是在从他们本人聆听我要宣告的内容。他们讲了这些:

[246d]孩子们啊,你们是高贵的父亲们的孩子,目前的情况就表明了这一点:尽管我们可能生活得并不高贵,我们却选择更高贵地去死,在给你们和后人们招来辱骂之前,以及在让我们的父亲和所有[d5]祖先蒙羞之前。因为我们认为,让自己的这些[亲]人蒙羞[的生活]是难以容忍的[生活],对于这样一个人,既不会有人也不会有神做[他的]朋友,无论在世上还是死后在地下。

因此,你们应该牢记我们的话,假如你们练习别的什么事情,要带着德性去练习,[246e]要知道,丢掉了这一点,一切财富和事业都不仅可耻而且坏。因为财富不会给[它的]缺乏男子气的拥有者带来高贵——因为这样一个人是在为别人而非他自己变得富有——[e5]沾染了怯懦和罪恶的身体的美和力量,也不会显得得体,而是丑陋。它们

---

① 早在公元前392年,科林多湾上从科林多到勒凯昂的长墙,被科林多内部同情寡头派者出卖,斯巴达因而得以在科林多北部建立要塞。"使[波斯]王获得自由"的人,指在波斯舰队效力的雅典雇佣军,这些人中最著名的是科侬,他在很多场合成功地打败了斯巴达舰队。

让拥有者更加显眼,并暴露其怯懦。一切知识,脱离了[247a]正义和另外一种德性,会显出是一种邪恶,而非智慧。

因为这些,自始至终,千千万万,你们要尽力饱含热情,以便你们在名望上能极大地超越我们和那些先人。如果不是这样,[a5]你们要知道,对我们来说,假如我们在德性方面胜过了你们,这个胜利会[为我们]带来耻辱,反之,[我们的]失败——如果我们被打败的话——[则会带来]幸福。

最好的情况是,我们被战胜,你们获得胜利,如果你们让自己准备好[247b]将既不滥用先人的声望,也不糟蹋它。要知道,对于一个自我期许甚高的人来说,最可耻的事情莫过于让自己并非由于自身而是由于先人的声望才受人尊敬。因为祖先的荣誉对于子孙是一笔美观[b5]且价值连城的宝藏;只使用钱财和荣誉的宝藏,却由于自身缺乏财产和荣誉,不能传给子孙,[多么]羞耻且没有男子气。[247c]假如你们一心践行这些,你们将会像朋友走向朋友那样来到我们[身边],无论注定的命运何时将取走你们[的生命];[假如]你们没[这样]做且变得怯懦,没有人会友好地接纳你们。我要对孩子们说的就是这些。

[c5][对于]我们尚健在的父亲和母亲,应当始终安慰他们尽可能轻松地忍受这个不幸,假如它碰巧真的发生的话,而非[和他们]一同悲恸——因为他们并不缺乏悲哀,[247d]已发生的不幸将足以提供这个[悲哀]——为了医治和缓和[他们的悲哀],要提醒他们,诸神已经对他们祈求的东西给予了极大的关注。既然他们祈求的不是他们孩子们的永生,[d5]而是孩子们的勇敢和扬名,他们[的孩子们]已经得到了这些——它们是最大的善;尽管对于一个有死的凡人,在其一生中一切都顺心如意不会轻易实现。通过勇敢地忍受不幸,他们才看起来像是勇敢的孩子们的父亲,而且[247e]他们[实际]也会是这样的人;然而,倘若他们耽于悲伤,人们就会产生怀疑——或者[他们]不是我们的[父亲],或者那些赞扬我们的人在说谎。

这两种情况都不应该[出现],他们应该尽可能用行动来做我们的赞美者,让自己显得是男子汉,是男子汉们的父亲。[e5]"勿过度"这句古老的格言,看起来说得很好,也确实说得很好。因为如果一个人依靠自己获得所有[248a]或者几乎所有能带来幸福的东西,而不是指望他人——随着他人做得或好或坏,他自身的[行为]也被迫亦步亦趋——这样一来,对于生活,他就为自己做了最好的准备,这个人就是一个节制的人,一个勇敢和明智的人。[a5]无论他的钱财和孩子存在还是失去,他都对这条格言深信不疑;既然他相信自己,他就既不会显得过于欢娱,也不会显得过于受困扰。[248b]我们敬重这类人,希望而且宣称我们的[父亲]就是这类人;现在,我们要让我们自身显得也是这样的人,不会过于不情愿或害怕,如果必须在目前的状况下去死。

我们恳请我们的父母[b5]怀着同样的想法度过余生,明白他们不能通过哀悼我们或为我们痛哭而使我们极大地喜悦。如果死者对生者有某种感知,[248c]那么,最不愉快的可能就是,他们不善待自己,且心情沉重地忍受不幸;而最让[死者]高兴的是,他们轻松且适度地[哀悼]。既然从此我们将有一个属于凡人的最美好的结局,因此更适合[c5]敬重而非哀悼它。通过关心、养活我们的妻子和孩子,把心思转到这上面,他们不仅能忘掉我们的厄运,而且[248d]能活得更美好、更正确,对我们[显得]更亲爱。对我们的[父母],我们说这些已经足够。

对于城邦,我们或许该建议她关心我们的父亲和儿子,妥当地教育我们的儿子,[d5]妥善地赡养我们的父亲。不过,我们知道,即使我们不建议,[城邦也会]充分关心[他们]。

这些,阵亡者的孩子和父母啊,就是他们[248e]嘱托我们宣告的话,我尽可能最热忱地做了宣告。我自己也代他们恳求[你们],孩子们要模仿自己的[父亲],父母们要对自己的[生活]有信心,我们会从公私两方面赡养和关心你们,[e5]不论谁在哪儿遇到任何一位阵亡者的任何一位[亲人]。

你们自己知道城邦的关怀如何,她制定了关于战死沙场者的孩子和父母的法律来关心[你们]，而且[249a]最高当局已经下令要与[保护]其他城邦民有所不同地保护[你们]，以便这些[阵亡者]的父母不受到伤害。她把孩子们抚养长大，一心让他们的孤儿身份尽可能不那么明显，[a5]在他们尚且年幼的时候，担负起父亲的角色。一旦他们成年，她就把全副武装的他们送回他们自己的[家乡]，指出并重温他们父亲的事业，赠予他们带有祖传德性的工具；[249b]一旦吉兆[出现]，就[让他们]来到父亲的家中实行统治——用武力统治，因为配备了武器。①

她从未忽略对那些阵亡者的尊敬，每年都公开为所有人举办那些风俗[仪式]——[b5]就像[人们]私下里为每一个人举行的那样——此外，她还设立了体操、马术和各种诗歌竞赛。由于命运随意地把她放到了阵亡者继承人和儿子的位置上——[249c]她处于[阵亡者]儿子们的父亲的位置，[以及]阵亡者父母的受托人的位置——她始终面面俱到地关怀着所有人。

注意到这些，就应当更平静地承受不幸，因为对于阵亡者和生者来说，[c5]这样做，你们会是最可爱的人，并且易于治愈别人和治愈自己。

现在，你们和所有其他人，已经根据法律共同哀悼过阵亡者，可以回去了。

[249d]这就是，默涅克塞诺斯呀，[你让我]给你的米利都的阿斯帕西娅的演说辞。

默　凭宙斯，苏格拉底啊，你所讲的这位阿斯帕西娅该多有福啊，如果身为一个女人，她竟能[d5]创作这些演说辞。

苏　要是你不相信，那就随我来，你听她讲好了。

默　好多次了，苏格拉底啊，我遇到阿斯帕西娅，我知道她是什么样的人。

苏　[d10]然后呢？你不佩服她？现在不因这篇演说辞而感激她么？

默　非常感激，苏格拉底啊，由于这篇演说辞，我非常感激[249e]那

---

① 在酒神大节上演肃剧之前，在战场上阵亡的城邦民的成年孩子会身着重装盔甲出现在人们面前。这标志着他们正式承担起一家之主的责任。

个人,或者那任何一个把它告诉你的人。最主要的,我要感激讲述它的人。

苏 好极了。不过,只要你不告发我,今后我会告诉你很多来自她的美丽的[e5]城邦演说辞。

默 你放心,我不会告发[你]。只管告诉[我]。

苏 一定会的。

卷八

克莱托丰

张缨 译

苏格拉底 ［406a］［说到］克莱托丰，阿里斯托努摩斯之子，有个人不久前告诉我们，他在与吕西阿斯交谈时，指责自己与苏格拉底一起消磨时间，反倒对忒拉绪马科斯的陪伴赞不绝口。①

克莱托丰 ［a5］无论那人是谁，苏格拉底，都没有准确地向你复述我对吕西阿斯说到你时所持的论点。因为，尽管在有些事上我没称赞你，但对［你的］另一些事我其实称赞过。不过，既然很清楚你现在在指责我，尽管你装作若无其事，我还是很高兴由自己来向你原原本本重述我那些论点——［a10］这会儿刚好我俩单独在一块儿——这样你就不至于认为我贬低了你。因为现在的情况是，或许你听到的不尽属实，而这使你看上去对我［的态度］比应有的要严厉得多，因此，倘你容我直言，我会很高兴地接受，并愿意作出解释。

苏 ［407a］既然你那么热切地要有益于我，我要不接受，倒让我羞愧了。因为显然，一旦我了解到我在哪方面更坏与更好，我将践行与追求一端并且尽全力远离另一端。

克 ［a5］那么听好了。当我和你在一起的时候，苏格拉底，我常惊讶于我所听见的。依我看，你比其他所有人说得更精妙，每当你指责世人，像肃剧舞台上的机械降神一样吟诵：

---

① 克莱托丰，活跃于公元前411年至前405年，一个雅典民主派领袖，受过修辞术与演说术训练。吕西阿斯（约前459—前380），阿提卡演说家，亦出现于柏拉图对话《斐德若》及《理想国》中。忒拉绪马科斯（约前460—前400），来自达达尼尔海岸的卡尔克冬（Chalcedon），智术师中的佼佼者，在《理想国》中，他是苏格拉底的对手。

[407b]"啊,人们哪,你们被挟往何处?你们难道不知道,该做的事你们什么也没做?你们关心的全部就是为自己积蓄财富,而你们的儿子——你们将把财富遗赠给他们的人——应该知道如何正当地运用财富,你们却不理会。[b5]你们既没为他们寻找[传授]正义的教师——若正义确实可通过学习获得,或者说,若正义可通过锻炼或训练而获得,任何人都能充分地锻炼或训练——你们也没有首先这样照顾你们自己。

"但当你们看到,[407c]你们自己还有你们的孩子已经充分地学会了文字、音乐和体操——那些无疑被你们视为德性的全部教育——而结果是,你们在财富方面毫无改善,你们怎么既不鄙弃现有的[c5]教育方式,也不寻找能阻止你们这种失调的人?不过显然,恰由于这种失度和掉以轻心,而不是由于脚步跟不上里拉琴的节拍,才会兄弟与兄弟相残,城邦与城邦交恶,毫无尺度、[407d]毫不和睦地彼此冲突,制造战端,斗得不可开交,且遭受最极端的痛苦。

"现在你们声称,不正义者之所以不正义,不是源于缺乏教育或源于无知,而是自愿地如此。但随后你们又胆敢宣称:不正义是可耻的,[d5]是为神所憎恶的。然而一个人怎能自愿地选择这样一种恶?你们说,有这样的人,那些无法抵御享乐的人。但若战胜[自己]确实靠自愿,那么,此事难道不是不自愿的?因此,各方面的论证都证明,不正义是不自愿的,而我们——[407e]每个人私下里,与此同时,所有城邦在公开场合——必须比现如今更关注此事。"

这些事情,苏格拉底啊,当我听你如此经常地这样宣告,我无比钦服,并且我极其赞赏它们。[e5]因此,当你陈说其结果时,我也同样赞赏,你说,那些操练其身体却忽略其灵魂的人亦如此:他们忽略了施行统治者,却关心那被统治者。此外,当你声称,对不知道如何运用之物,还不如干脆放弃运用它:那么,如果某人[e10]不知道如何运用他的眼睛或他的耳朵,或他的整个身体,他不如既不听也不看,也不派他的身体以任何用处,这强于以任何方式运用它。[408a]而这对技艺也同样适用。那个不知道如何使用自己的里拉琴的人,显然也不知道如何使用邻居的里拉琴,而不知道使用别人东西的人,也不会知道如何使用自己的东西——或任何其他的乐器或财产。

[a5]你这番讲辞的结尾同样精妙——对一个不知道怎样运用灵魂的人,让他的灵魂保持安静,了无生气,要好过让他自行其是地活着。然而,倘若他必定得活着,那么让他像[408b]奴隶一样度其一生,要好过作自由人:让他缴出思想之舵——仿佛那是一把船舵——给另一个人,那个学过为人们掌舵的技艺的人,那种技艺,苏格拉底啊,就是你经常称为治邦术的,你说正是这种技艺关乎惩罚与正义。

[b5]因此,这些讲辞和其他同类[讲辞]反反复复、精妙绝伦地表述的,其大意无非是:德性乃可以教授,人应当关注自身甚于其他一切——对此我从无[408c]异议,我也不认为今后会反对。我相信这些话最具劝诫性,[对人]最有助益,它们将我们从沉睡中直直地惊醒。

因此,我一心想要倾听下文。[c5]我先要追问的不是你,苏格拉底啊,而是你的同龄人和你的同侪或友伴,或无论应以什么名义与你相关的人。在这些人中,我首先追问的是那些你对之有很高评价的人:在询问此后的论证是什么时,[408d]我就把问题以你自己的方式提交给他们。

"你们这些人中之杰啊,"我说,"我们如今究竟如何接受苏格拉底就德性给我们的劝诫?难道就这么些,难道不可能进一步追问事情乃至全然把握它?[d5]难道我们此生的劳作只不过就是去劝诫尚未受过劝诫的人,而那些人将依次为其他人做同样的事?抑或,一旦我们同意这正是一个人应当做的,难道我们不该继续问苏格拉底,[408e]也彼此问一下:'然后怎样呢?'

"我们所说的开始学习正义的方式是怎样的?就好像有人劝诫我们要关注身体,因他看到我们[e5]像孩子一样,对诸如体操和医术这类事没任何概念,故而此人谴责我们说,倾全力关注小麦、大麦、酒以及大量我们为了身体的缘故操劳并竭力获取的东西,却不去[e10]寻找某种使身体变得更好的技艺或器械,纵然这东西确实存在——这是可耻的。

"倘若[409a]我们追问那个当时劝诫我们的人说:'你说的这些技艺是什么呢?'他很可能会回答,是体操和医术。那么,现在我们问:与灵魂的德性相关的技艺是什么呢?请说吧。"

其中一位看来是最强悍的人回答[a5]我说:"这种技艺,"他说,"正是你听到苏格拉底讲的那种,无非就是正义。"

对此,我说:"不要只是告诉我它的名称,而要以[409b]这种方式。据说,有某种技艺被称为医术,这种技艺的目的是双重的:一是除现有的医生以外,不断造就医生;另外是[造就]健康。其中后者不再是一种技艺,反而是同时作为教授与受教的技艺的一种产物,[b5]该产物正是我们称为健康的东西。

"同样道理,对木工手艺而言,[其目的是]一幢房子与木工手艺;其一是[技艺的]产物,另一是[技艺的]传授。那么,关于正义,同样地,让我们承认它产生了正义的人,恰如其他技艺对各种从业者那样。然而,对另一方面,正义的人有能力去造就的东西,[409c]我们说它是什么呢?请说吧。"

就像我设想的,刚才那个人回答道,那是有好处的事物;另一个人说,是必要的事物;也有人说,是有益的事物;还有人说,是有利可图的事物。于是我折回[我的问题],说:"在其他情况下,这同样的名称也可用于每一种技艺:正确行事,[c5]做有利可图之事、有益之事,等等。然而,对所有这些事物所指向的东西,每种技艺都声称,那是该技艺所特有的。以木工手艺为例:它会说,为了使木头所制的木器成型,什么是好的做法,什么是美的做法,什么是恰当的做法——这本身并不是技艺。因此,以这同一种方式[409d]来论述正义事物吧。"

最后,苏格拉底,你的一个同伴的确回答了我,看来此人最精于此道,他说:正义——[d5]而非其他任何一种技艺——独有的产物,是在城邦中缔造友爱。对于进一步的追问,他主张:友爱总是件好事,从不会是坏事。

不过,当有人问及儿童们的友爱与兽类的友爱时——对此我们也以那个名称[友爱]来表示——他却否认它们是友爱。此乃出于他承认这一类的关系常常是害处大于[409e]好处。为了逃避[这句话的隐含意味],他声称这类关系根本不是友爱,而那些如此命名这类关系者错误地命名了它们。真实的以及真正的友爱最明白地说是心灵一致。

[e5]当他被问及,所谓的心灵一致指意见的一致还是知识的一致,他否认是意见的一致。因为人们的意见一致必然导致许多坏事,而他先前同意的是,友爱全然是件好事,且是正义的一种产物。因此,他坚称,心灵的一致也一样,[e10]是知识而不是意见。

现在，当我们处于论证的这个环节且不知如何是好时，[410a]旁观者们倒有能力击中此人，并断言他的论证陷入了循环，回到了最初的论点。"医术，"他们说，"也是某种心灵的一致，就如所有的技艺一样，而它们有能力说它们所对付的是什么。但论到你所说的[a5]'正义'或'心灵的一致'，其目标却全失了准头，而且无论怎样，其产物都不清楚。"

最后，苏格拉底，我向你本人请教这些事情，[410b]你告诉我，正义的产物[效果]是损害敌人和对朋友做好事。不过后来，这就变成正义者从不伤害任何人，因为他对每个人所做的所有事，都为让他们得益。我这样逼问你不止一两次，持续了很长一段时间之后，我放弃了。因为我开始相信，[b5]在劝诫人们关注德性方面，所有人中你最擅于此道，不过以下两者必居其一：要么，你能做的仅限于此而不及其他——就如在其他任何技艺中都同样可能发生的，比如一个人尽管不是[410c]掌舵人，却可能对那一技艺极尽夸赞，说它对人类有多大的价值——对于其他技艺也是一样。

就此，有人或许能在正义问题上对你提出同样的指控：你并未因为精于称颂正义而变得更知道正义。当然，这不是我的立场。[c5]同样，以下两者必居其一：要么你不知道[正义]，要么你不愿意跟我分享。这就是为什么我不断转去找忒拉绪马科斯或其他任何我能找的人，因为我实在不知如何是好。

然而，如果你最终愿意[410d]停止这番劝诫的言谈——就好似说到体操，我被劝诫说那是身体不应当忽略的，你会在这番劝诫之外接着说，我的身体天生是哪种类型，以及它因此需要哪种照料——在目前的情况下，就让同样的事情发生吧。[d5]就当克莱托丰同意，关注其他事物却忽略灵魂是荒唐可笑的，[410e]我们操劳其他事物为的正是灵魂。也假使，现在我已经以这种方式，详述了随这些事——就是我刚刚回顾过的这些事实——而来的所有其他事。

我现在说的是，我恳求你，绝不要以另外的方式行事，免得我像现在这般，在吕西阿斯和其他人面前对你[e5]又赞赏又指责。因为我会坚持，苏格拉底，对一个未受劝诫的人而言，你是无价之宝；而对一个已经受过劝诫的人而言，在人家以德性为目标成为幸福者的路途上，你差不多就像块绊脚石。

蒂迈欧

叶然 译

苏格拉底 ［17a］一、二、三——可是，我们的第四位呢，亲爱的蒂迈欧，就是昨天做赴宴人而今天做设宴人的第四位，他在哪儿？

蒂迈欧 某种无力落到了他身上，苏格拉底。因为［a5］他并非自愿地缺席眼下这场聚会。

苏 那么，你和眼下这几位的任务，是替这位不在场的人填补他的份额？

蒂 ［17b］那当然，我们会尽可能这么做，至少不会擅离职守。因为，昨天蒙你用合适的礼物款待，我们中余下的这几位若不热心地给你还席，就会不正当。

苏 ［b5］既如此，你们记得我曾命令你们说多少事物，以及围绕什么事物说吗？

蒂 有些我们记得，至于记不得的，［正好］你在场，可以提醒一下。不如这样，要是没什么让你为难，你就从头简要地再回顾一下［你命令的］，好让我们更确定些。

苏 ［17c］就这么办。昨天，我说的话某种意义上与政制有关，这些话的主要内容是，对我来说，什么样的政制，从什么样的男子汉们①中，本会看起来生成得最好。

蒂 至少，苏格拉底，你把这个政制说得非常合乎［c5］我们所有人的心意。

---

① 此为泛指，也包含一些巾帼英雄。

苏　话说耕地的那类人,还有[从事]其他那些技艺[的几类人],我们曾首先在这个政制里把他们与将为[城邦]而战的那类人区分开,不是吗?

蒂　是。

苏　[c10]此外,依据自然,我们赋予每个人那[17d]适合其自身的一项单一行业——每人一项技艺——故我们说,如果[城邦]外面的谁,或者甚至[城邦]内部的人们中的谁,来干坏事,那么,唯有那些必须为[城邦]所有人而战的人,才必须是城邦的护卫者们。于是,一方面,对于为护卫者所统治且自然而然是朋友的人们,护卫者温和地主持正义,[18a]但另一方面,对于仇敌中那些碰巧遇上的人,护卫者就变得严酷,与他们进行一场场战斗。

蒂　当然。

苏　因为,我想我们说过,护卫者灵魂的某种本性①,[a5]必须是超常地既展现血气又热爱智慧②,好让护卫者对待那两批人各自时,有能力正确地变得温和与严酷。

蒂　是。

苏　[护卫者的]教养又如何呢?他们应该在体操术和缪斯术③中,[a10][总之]在所有适合他们的学习中,得到教养,不是吗?

蒂　当然。

苏　[18b]另外,我们实际上还说过,经过这样教养,护卫者必须依礼法认定,在任何时候任何地方,金子或银子或其他任何事物,都并非他们自己的私人财产。相反,作为辅佐者,他们从自己所保全的人们那里获得属于护卫者的报酬,即对节制的人来说[b5]合乎尺度的那么多报酬。同时,他们还必须共同使用这笔报酬,且彼此志同道合地生活,从而始终秉持对美德的关切,处于免于从事其他那些行业的闲暇中。

蒂　我们也说过这些,且是这样说的。

---

① 原文"本性"与"自然"为同一词。
② 即"哲学"的字义。
③ 意译则为"乐术"。

苏　[18c]然后,关于[那些]女人,我们提到过,应该调整她们那些本性,使之差不多像那些男人,还应该赋予她们所有人以所有那些共同行业,不论在战争中,还是在其他生活方式中。

蒂　[c5]我们也这样说过这些话。

苏　此外,关于生孩子的事又如何呢?或者,由于所说的那些话不合习俗,这件事应该容易记得吧?那就是,我们曾为所有人规定了所有人的婚姻和孩子方面的共同事务,从而设计使任何人任何时候都不认识他们私人的后代,[18d]这样一来,所有人都将依礼法认定所有人为同族——凡生长在相仿年岁的便为姊妹和兄弟,凡年长的和高寿的便为父辈和祖辈,凡进入低龄的便为子辈和[d5]孙辈。

蒂　是,你说的这些容易记得。

苏　此外,为了尽可能让[护卫者们]在本性上直接生成得最好,我们记得我们说过,男女统治者们必须为那些婚配秘密[18e]设计某些拈阄,以便糟①男人和好男人将分别"碰巧娶到"与各自般配的女人,而且他们中间绝不会由此产生什么仇恨,因为他们认为,机运才是碰巧娶妻的原因。我们不记得这些吗?

蒂　我们记得。

苏　[19a]不仅如此,我们还记得我们说过,应该教养好人们的后代,并把糟人们的后代秘密分配到城邦其他地方。同时,这些后代成长时,[统治者们]必须一直观察,从而把值得[教养]的人提拔回来,并把这些后代中不值得[教养]的人[a5]换到返回的人[原来]的地方。是吗?

蒂　是这样。

苏　至此,我们是否确已像昨天一样叙述,从而在主要之点上又回顾了一遍?或者,我们还渴望什么曾经说过但刚才遗漏了的事物,亲爱的蒂迈欧?

蒂　[19b]不渴望了。相反,这些事物本身就是曾经说过的,苏格拉底。

---

① 与"好"一样,"糟"在原文中既是就道德也是就能力而言。

苏 现在,你们可以听听关于我们叙述的政制的诸事物之后的诸事物:对于这个政制,我碰巧感受到了什么样的事物。[b5]其实,对于我,这种感受近似于眼下这样的事物:好比任何人曾在任何地方观察一些美丽活物——不论是画画造出的,还是真实活着而处于静止中的——这人便涌起了一种欲望,即想观察它们[如何]运动,又[如何]在看起来适合它们身体的诸事中的任何一件上[19c]出于竞赛而竞争。对于我们曾经叙述的城邦,我也感受到了同样的事物。因为我期盼快乐地听到:任何人以文辞讲述①城邦会参与竞争的那些竞争,在那些竞争中,这个城邦与其他诸城邦竞赛,从而合适地进入[c5]战争,且在战争中以适合的事物回报那种教育和教养。这种回报凭借的是,对于那些城邦中的每一个,既以一些事迹做出行动,又以一些文辞作出解释。

其实,对于这些,克里提阿斯和赫耳墨克拉底②,[19d]我自己确实认识到,我任何时候都不会变得有能力充分赞颂这些男子汉和这个城邦。而且你们确实不应该惊异于我的情形。但对于诗人们——不论古代生成的还是如今存在的——[d5]我也持这个意见。这并非因为我不尊敬通晓诗术的这类人,而是因为对每个人都显而易见的是,通晓模仿术的这一族可以最容易也最好地模仿他们从中受到教养的事物,但对于外在于他们教养的事物,他们每个人都[19e]变得难以很好地模仿,在事迹[的模仿]上难,在文辞[的模仿]上更难。

至于智术师那类人,尽管我认为他们对其他许多美丽言辞非常有经验,但我恐怕,由于他们漫游在诸城邦之间,[e5]从不在任何地方安下私人的家,故无论如何他们都不会"命中"那些既热爱智慧又通晓治邦术的男子汉——[尤其是,]在战争和一场场战斗中,当这些男子汉各人要以事迹做出那样的行动,并以文辞进行那样的交流时,到底会做出何种行动,并说出何种话语。

现在,余下的是拥有你们习性的这类人,[20a]即在本性和教养上同时分有[热爱智慧和通晓治邦术]这两方面的一类人。因为,眼下这位蒂

---

① "以文辞讲述"指并非随便讲。稍后"以一些事迹做出"则指并非随便做。

② 叙拉古将军,曾击退雅典的西西里远征军,公元前407年阵亡。

迈欧——来自拥有最好礼法的城邦，即意大利的洛克里斯，在财产和出身上都不亚于那儿任何人——不仅获得了那城邦中那些最大的统治权和荣誉，[a5]而且依我的意见，他走向了整个热爱智慧[这门技艺]的最高点。至于克里提阿斯，某种程度上，眼下这儿所有这些人都知道，在我们说的任何方面，他都不是外行。至于赫耳墨克拉底，我们应该相信，他的本性和教养均足以做所有这些事，许多人可以为此作证。

[20b]因此，我思考着，昨天你们恳求我叙述关于这个政制的事情，我便热心地满足了你们，因为我知道，只要你们愿意，没人比你们更足以回报我以接下来的文辞。因为你们可以把这个城邦放到适合的战争中，[b5]从而回报我以所有适合这个城邦的事物，如今的人们中唯有你们[可以这么做]。因此，我说了你们命令我说的，并反过来命令你们说说我现在说的。

实际上，你们曾经共同考察，从而一致说定了，[20c]现在你们自己会回报我以一些文辞礼物。而我[正好]在场，还为了[接受]这些礼物打扮了一番，而且我是所有人中最有准备接受这些礼物的人。

赫耳墨克拉底 确实，像眼下这位蒂迈欧说的，苏格拉底，[c5]我们既不会缺乏热心，也没有任何借口不做[你命令的]事。因为就在昨天，当我们从眼下这里回到克里提阿斯[家]的客房——我们的下处——时，甚至更早，还在路上时，我们就直接考察过那些事本身。[20d]于是，眼下这位[克里提阿斯]曾为我们讲述一篇出自古老传闻的文辞。现在，克里提阿斯，你也为眼下这位[苏格拉底]讲讲这篇文辞吧，好让他也一起判定，对于[苏格拉底的]命令，这篇文辞符合还是不符合。

克里提阿斯 我有必要这么做，只要第三位同伴蒂迈欧[d5]也一起判定[要这么做]。

蒂 我当然这么判定。

克 那你就听吧，苏格拉底，听一篇非常离奇却千真万确的文辞，七位[智慧者]中最智慧的[20e]梭伦有一次如是说。实际上，梭伦是我们曾祖父德罗庇德斯的亲族和极其要好的朋友，正如梭伦多次在诗中所说。于是，[德罗庇德斯]对我们的祖父克里提阿斯说过，正如[克里提阿斯]老人家对我们回忆过，[e5]眼下这个城邦[雅典]有些古老事迹伟大而令人惊异,但由于时间[久远]和人们灭亡,这些事迹已经不受瞩目。所有这些事迹中,有一桩最伟大,[21a]也许适合我们现在回忆,从而一方面回报你以好意,另一方面在这个全民节庆①里,正当而真实地这样咏唱,以赞颂[雅典娜]这位女神。

苏 说得好!那么,[老]克里提阿斯[a5]曾经怎样根据梭伦的传闻而讲述这桩事迹——这桩虽然[现在]不被说起,却在太初为眼下这个城邦[雅典]实在地做出的事迹?

克 我本人这就讲出来,既然我从一个不年轻的男人那里听来这篇古老文辞。因为,那时[老]克里提阿斯,如他所说,已经[21b]仿佛接近九十岁,而我自己好像至多十岁,而那天碰巧是我们的阿帕图里亚节期间的少年日②。有一件事按习俗每次都与这个节日相配,并那时碰巧降临到孩子们身上,这件事就是父亲们为我们设下诵诗比赛。[b5]于是,许多诗人的许多诗作被拣选出来,但由于梭伦的诗在那个时代很新异,所以我们孩子中许多人吟诵他的诗。

话说族盟成员中有某人——要么由于当时在这人看来[真是这样],要么由于这人要向[老]克里提阿斯致以某种好意——说道,在他看来,不仅[21c]在其他方面,梭伦生成为最智慧的,而且在作诗上,梭伦也生成为所有诗人中最自由的。

[克里提阿斯]老人家[听了这话]非常快乐,因为我记得极其清楚。老人家笑着说:"阿缪南德罗斯,梭伦曾把作诗当作副业来挥霍,[c5]而未曾像其他人们那样严肃追求作诗,也就没有完成他从埃及带到[雅典]这里的那篇文辞,而是被迫不理会那篇文辞。因为梭伦回到眼下[雅典]这里后,身陷一些内讧,以及他发现的其他一些糟糕事。但要是梭伦不曾这样,[21d]那么,依我的意见,不论赫西俄德,还是荷马,还是其他任何诗人,都本不会在任何时候生成得比梭伦名声更好。"

"那么,[你说的]这篇文辞是什么,克里提阿斯?"阿缪南德罗斯道。

"事实上,这篇文辞关乎眼下这个城邦[雅典]做的所有行动中最伟

---

① 泛雅典娜大节。泛雅典娜节有大小之分,大节四年一次,小节每年一次。
② 这天为少年们举行融入城邦的仪式。

大的一个行动,"[老]克里提阿斯说,"这个行动也是可以最正当地获得最大名气的一个行动,[d5]但由于时间[久远]且行事者们灭亡,这篇文辞没有撑到现在。"

"请你从头说起吧,"阿缪南德罗斯又道,"就说梭伦说了什么,如何说的,以及从什么人们那里从头到尾听来这些被当作真事的事情。"

[21e]"在埃及,"[老]克里提阿斯说,"有个三角洲,在它的顶部,尼罗河的水分成两股。这个三角洲上有某个地区叫萨伊提科斯,这个地区最大的城邦是萨伊斯,阿玛西斯王就来自那儿。① 对[萨伊斯的]人们来说,这个城邦的[e5]创始者是某位神,其埃及名字是涅特,其希腊名字是雅典娜,就像那里人们的言辞所示。他们[萨伊斯人]声称,他们非常热爱雅典,且在某种意义上,是眼下[雅典]这里人们的亲族。

"所以梭伦说,他行进到[萨伊斯]那里时,变得极其受那里人尊敬。[22a]尤其有一次,关于古老事物,梭伦曾询问祭司中对此最有经验的几位,从而发现,仿佛不论他自己还是其他任何希腊人,可以说都对古老事物一无所知。

"又有一次,梭伦谋划把几位祭司引向关于[a5]一些太初事物的言辞,就尝试讲眼下[雅典]这里诸事中最为太初的一些,即关于佛罗纽斯——所谓的第一个人——和尼俄柏的事。然后,梭伦还讲了下面的故事,即洪水过后,丢卡利翁[22b]和蒲拉怎样从其中生存下来。然后,梭伦还讲述了从丢卡利翁和蒲拉二人开始的谱系。最后,梭伦回忆了所涉的时间,从而试着计算他讲的事情以来的年数。

"于是,祭司中着实非常老迈的某一位说:'梭伦啊梭伦,你们希腊人永远[b5]是孩子,任何年老的希腊人都不存在。'

"听了这话,梭伦说:'就此而言,你怎么在说,又在说什么?'

"'你们所有人都年轻,'祭司说,'在于[你们]那些灵魂。因为在那些灵魂中,你们没有任何来自太初传闻的古老意见,也没有任何因时间

---

① 萨伊斯人在埃及建立了第二十六王朝(前664—前525)。阿玛西斯是该王朝第五位法老(前570—前526年在位),其在位期是"埃及当年最幸福的时代"(希罗多德,《原史》[旧译《历史》]2.177)。

[久远]而灰白的学问。[22c]这些状况存在眼下这种原因。

"'基于许多事情,发生过许多次人们灭亡的事件,而且将来还会有,其中最大的一些事件出于火和水,而其余较小的一些事件出于无数其他事物。因为实际上,你们[雅典]那里也有人说过,有一次,法厄同,即赫利俄斯的儿子,①驾上他父亲的[c5]战车,可由于他没有能力行驶在他父亲的道路上,就点燃了大地上的事物,且他自己也遭雷劈死了。这件事被说起时,具有故事的外形,但[22d]真相是,天宇中一些环绕地球运行的事物偏离了正轨,而且每隔很长时间,地球上的事物就因大火而发生一次灭亡。于是,在这种时候,在山上和高燥地域安家的人们,比向着河流和大海安家的人们,遭到更大的毁灭。[d5]至于我们[萨伊斯人],尼罗河——[我们]其他情形下的保全者——在这种时候涨起水,保全我们免于这种走投无路。

"'另外,每当诸神用水净化地球而发起洪水时,山里的牧牛人们和牧羊人们就得到保全,但你们[雅典]那儿[22e]诸城邦的人们,却让条条河流带进了大海。可是,在眼下[萨伊斯]这个地方,不管这种时候还是其他任何时候,水都不会从上面流到土地上,反而全部自然而然从下往上回流。

"'这样一来,出于以上这些原因,在眼下[萨伊斯]这里保全的事物[e5]号称最古老。其实真相是,在过度寒冷或炎热没有围困人类的所有地域,[23a]都永远会存在人类,有时多些,有时少些罢了。如果在你们[雅典]那里,或眼下[萨伊斯]这里,或我们靠传闻知道的其他地域,出现过任何美丽的或伟大的或具有任何其他超常性的事物,那么,这样的事物从古以来全都记述在眼下[萨伊斯]这里,并[a5]保全在一些庙宇中。

"'但每当在你们[雅典]那里和其他人那里,碰巧刚刚具备了文字,以及[其他]所有为诸城邦所需的条件——无论多少——时,经过惯常的年数,从天宇来的水流都会重新降临,像疾病一样带走你们,只留下你们当中不识字的[23b]和不通晓缪斯术的人。这导致你们重新从头变得那样年轻,全然不知道在古老时代存在过什么,不论在眼下[萨伊斯]这里,

---

① "法厄同"字义为发光,"赫利俄斯"字义为太阳。

还是在你们[雅典]那里。

"'不管怎样,刚才你讲述的谱系,梭伦,即你叙述的你们那里人们的事情,[b5]几乎很少超出儿童故事。首先,你们只记得地球遭受过一次洪水,但此前发生过许多次洪水。再者,你们不知道,你们那块地方曾生成人们中最美且最好的那类人,而你和如今你们整个[23c]城邦正是源于那类人,因为那类人在某个时候残留下来很少的种子。你们已然遗忘这些,因为在许多世代中,生存下来的人至死也没有用文字发声。

"'因为事实上,梭伦,在某个时候,即在水导致的最大灭亡以前,[c5]如今雅典人的城邦,既在战争上最好,又在所有方面都超常地具有最好的礼法。在这个城邦中,据说生成了最美的诸事迹和最美的诸政制,[23d]即我们在传闻中继受的天宇之下所有事迹和政制——无论多少——中最美的那些。'

"听了这些话,梭伦说,他很惊异,并怀有全部热心,去恳求这些祭司,要他们完整、准确、循序地为他叙述那些古老[雅典]邦民的事情。

"于是,这位祭司说:'我绝无嫉妒,[d5]梭伦,相反,我会为你讲述,这也是为了你们的城邦[雅典],且最终是为了向那位女神[雅典娜]致以好意。因为她碰巧获得了你们的城邦[雅典]和眼下这个城邦[萨伊斯],并教养和教育了这两个城邦。相比之下,你们那里的城邦早[23e]一千年存在,当时那位女神从盖娅和赫斐斯托斯①那里接过你们的种子。而眼下这个城邦则晚些才存在。到眼下为止,那些神圣文献里记载了,我们这里的秩序年数达八千年。而关于生成于九千年前的[e5][雅典]邦民,我将向你简要显示他们的礼法,以及他们做出的事迹中最美的一桩。[24a]但若要准确、完整、循序地叙述这些事物,就等我们回头闲暇时拿到神圣文献本身以后再说。

"'事实上,关于[古老雅典邦民的]礼法,你就观察眼下[萨伊斯]这里的礼法吧。因为如今在眼下这里,你将发现过去存在于你们那里的事物的许多范例。[例如,]居于首位的是祭司这类人,[a5]他们与其他类的人区分开来。排在祭司这类人后面的是制造者那类人,其中每种人都

---

① 地神和火神,暗指土和火。

各自从事[自己的]制造,而不与别种人相混。接下来是放牧的那类人、捕猎的那类人、[24b]耕地的那类人。尤其关于从事战斗的那类人,你在某种程度上已经感觉到,在眼下这里,他们与所有其他类的人隔开。礼法命令道,除了有关战争的事,他们不关切其他任何事。此外,他们的武装形式是盾和矛,[b5]我们在全亚细亚①首先得到这样武装,因为那位女神[雅典娜]将盾和矛展示给我们,正如她在你们[雅典]那些地域首先将盾和矛展示给你们。

"'再者,在与明智有关的事上,你在某种程度上见识了眼下[萨伊斯]这里的礼法:一方面,这种礼法直接从头对宇宙付出了这么多关切,[24c]故而从属神存在者们那里发现了所有致力于属人事物的事物,如预言术和医术——后者致力于健康。另一方面,这种礼法还获得了跟在这些事物后面的其他所有学问。

"'而且那位女神[雅典娜]那个时候更早为你们[雅典人]安排了整个秩序和组织,[c5]并拣选出你们生成于其中的那个地域[雅典],从而令你们安家。因为她知道,在那个地域,诸季节得到很好的混兑,故那个地域会生出最明智的男子汉们。由于那位女神既热爱战争[24d]又热爱智慧,所以她才拣选出那个地域,即注定将生出最接近于她的男子汉们的地域,从而首先令你们安家。就这样,你们安了家,遵守[萨伊斯]这样的礼法,甚至拥有[比萨伊斯]更好的礼法,[d5]而且在整个美德上超越了[其他]所有人,这一点正近似于诸神的后代和弟子。

"'实际上,你们的城邦[雅典]有许多伟大事迹在眼下[萨伊斯]这里得到记载,且令人惊异,而其中有一桩[24e]在伟大和美德上着实超过[其他]所有事迹。因为[萨伊斯的]记载讲述了,有一次,你们的城邦制止了一股多么大的力量,那股力量从外面的阿特兰蒂科斯洋②上出发,肆心地同时冲着整个欧罗巴和亚细亚行进。

"'因为当时,[阿特兰蒂科斯]这大洋那里尚可通行。[e5]因为曾经

---

① 小亚细亚。
② 大西洋。

有一个岛正对着一个口子,即你们[雅典人]所说的名为赫拉克勒斯之柱①的口子。这个岛比利比亚②和亚细亚加起来还大,当时旅行者们可以从这个岛登上其他一些岛,然后从那些岛[25a]登上对面的整个大陆,即怀抱着[阿特兰蒂科斯]这个真正海洋的大陆。因为眼下这里,即我们所说的口子里面的部分,看起来只是一个拥有某个狭窄入口的港湾,而口子外边那个才实实在在是个大洋。怀抱这大洋的那块土地也许才可以最完美地、真实地、[a5]最为正确地称为大陆。

"'且说在这个阿特兰蒂斯③岛上,曾经集结起一股巨大且令人惊异的力量,由诸位王者构成,既支配着这整个岛,也支配着其他诸岛,乃至那个[真正]大陆的一些部分。不仅如此,诸位王者还统治着[那个口子]里面即眼下这里的一些部分,[25b]既包括利比亚远至埃及的部分,也包括欧罗巴远至图瑞尼亚的部分。

"'于是,这整股力量在被集合为一体后,有一次尝试通过一次闪击就奴役你们[雅典]那里和我们[萨伊斯]这里,乃至那个口子之内的整个区域。[b5]就在此刻,梭伦,你们城邦的力量生成得在美德和强力上为所有人所瞩目。因为在勇气和基于战争的诸技艺上,你们的城邦曾位列[其他]所有城邦之前。[25c]在一些情况下,你们的城邦曾领导希腊人,但在另一些情况下,你们的城邦曾被孤立,因为必然性使其他诸城邦离你们的城邦而去。尽管面临一些最严重的危险,你们的城邦还是取得了对侵略者的支配地位,树起了凯旋纪念柱,同时也使未遭奴役者[c5]免遭奴役,并绝无嫉妒地解放了我们其他所有安家在赫拉克勒斯界石以内的人。

"'可是,在后来的时代,由于发生了数次过于惨重的地震和洪水,且严酷的一天一夜[25d]袭击了[你们的城邦],故你们[雅典]那里的整个战斗集体都沉入了地下,且阿特兰蒂斯岛同样沉入了海下,不再被看见。因此,如今这大洋的那里变得无法通行,也无法探测,[d5]因为受阻于非常浅[的地方]的淤泥,那是那岛下沉后造成的。'"

---

① 直布罗陀海峡。
② 泛指北非大部,包括埃及。
③ 与"阿特兰蒂科斯"仅有词尾不同,这表明这个岛属于这个大洋。

苏格拉底,你已经听了老[25e]克里提阿斯讲的那些事,他是根据梭伦的传闻讲的,可以说讲得不完整。就在昨天,你讲述你所说的那个政制和男子汉们时,我很惊异,记起我今天所讲的这些。因为我认识到,你受精灵庇护,出于某种机运,[e5]不偏不倚地契合了梭伦讲的许多事物。

事实上,我[26a]谋划着,不要当场讲,因为时间太久了,我不足以[当即]回忆起来。于是,我思考着,也许有必要让我事先独自充分地回想一切,才能像[今天]这样讲出来。由此,昨天我当即[与同伴们]一致说定[要完成你]命令的事情。因为,我认为,[a5]所有眼下这样的任务中最伟大的事迹①,正是设定一篇符合[你]那些意图的文辞,而我们将能够合乎尺度地好好干出这桩事迹。由此,如这位[赫耳墨克拉底]所说,昨天从眼下这里离开后,[26b]我就直接为眼下这几位凭记忆重述了那些事情,而离开他们之后,晚上我还审视了一遍我重述的,仿佛回想起了差不多所有事情。

常言道,"儿时学习的任何事物,都可以多么令人惊异地记起"!因为,就我自己来说,一方面,对于昨天听来的事物,往往不知道[b5]有没有能力在记忆中再完整回想一遍。但另一方面,对于极长时间以前从头到尾听来的事情,如果忘了任何一点,我都会极其惊异。事实上,那些事情是我当时带着许多快乐和[26c]儿戏听来的,而且由于我多次追问,那位老者[克里提阿斯]就热心地教我,直到那些事情在我心中生成为持存的,就像不会褪色的画上烧入的图案。尤其在眼下这几位面前,天一破晓,我就直接讲了那些事情本身,好让他们和我都能够好好讲出[c5]一篇篇文辞。

现在,为了上面所有这些都得到讲述,苏格拉底,我准备好了,并非只讲述一些主要之点,而是按我听来的,讲述每个细节。至于昨天你为我们讲述的那些邦民和那个城邦,即如同处于故事中的那些事物,今天我们刚把它们带入[26d]真实。我们将设定那个城邦就是眼下这个存在的城邦,还将宣称你曾思考的邦民们就是我们真实的先辈,如那位祭司所说。[那

---

① "任务"与"事迹"为同一个词,但在这里,克里提阿斯显然是想呼应"最伟大的事迹"。

城邦和这城邦,那些邦民和这些邦民,都]将完全相互匹配。于是,我们若说[你讲述的城邦和邦民]是当时存在于那个时代的[城邦和邦民],那将不会离谱。[d5]于是,我们所有人各司其职,将共同试着尽我们所能,回报你以适合于你曾命令的那些事物的事物。那么,[你]确实有必要观察,苏格拉底,这篇文辞是否合乎我们的心意,[26e]不然的话,我们还应该找另一篇取代这篇。

苏 克里提阿斯,我们还要拿什么文辞取代这篇文辞?这篇文辞也许最适合在目前的场合对那位女神[雅典娜]的献祭,因为这篇文辞同她"有亲缘"。同时,这篇不是编造的故事,而是真实的[e5]文辞,这在某种意义上最重要。毕竟,如果我们抛开这些而去找其他的,那么,如何找,又从哪儿找?我们没必要找了,倒是有必要让你们凭借好机运来发言,同时,为了回报我昨天的文辞,也有必要让我今天[27a]处于安静中聆听。

克 下面,你就观察[如何]安排给你的[文辞]礼物吧,苏格拉底,我们安排如下。因为在我们看来,蒂迈欧是我们中最通晓星象术的一个,且把认知大全的本性[a5]当作最伟大的事迹,所以他应该首先发言,以宇宙的生成为开端,以人们的本性为终结。我则应该在蒂迈欧之后发言,好让我一方面从他那里接收他的文辞中生成的人们,另一方面从你这里接收这些人们中某些受过超常教育的人。[27b]然后,依据梭伦的文辞和礼法,我应该把这些人带到我们面前,如同带到法官面前,使这些人做眼下这个城邦[雅典]的邦民。因为他们本是当初的雅典人,[现在]却不受瞩目,但神圣文献的告谕曾经揭示他们。[b5]最后,关于这些已经存在的邦民和雅典人,我还应该制作一些文辞。

苏 我近似于将完美而光荣地享受这场文辞宴会作为回报。那么,你的任务,蒂迈欧,近似于在这之后发言,当然前提是你已经依据礼法向诸神祝祷了。

蒂 [27c]毋宁说,苏格拉底,至少就此来说,所有分有哪怕一丁点节制的人,在开始任何小的和大的行动前,永远会在某种意义上向神祝祷。于是,当我们打算以某种方式制作一些关于大全的文辞时[c5]——涉及大全如何生成,或者甚至如何不生成而存在——如果我们没有完全偏离正轨,我们就必然要向男女诸神祝祷,祈愿我们说出一切时,首先合乎他们的心意,其次[27d]也合乎我们的心意。我们不仅应该这样向诸神祝祷,而且应该祝祷属于我们的事情:一方面,你们会最容易地懂我,另一方面,我自己会最清楚地展示我如何思考摆在你们面前的诸事物。

[d5]事实上,依我的意见,我们首先应该区分开眼下两者:什么是永远存在而没有生成的事物,什么又是[28a]永远生成而不在任何时候存在的事物?前者可以凭借理性为思考所把握,因为它永远依据同一些事物而存在。后者可以凭借没有理性的感觉为意见所想象,因为它生成又毁灭,而不在任何时候实在地存在。

另外,每个生成者都必然出于某个原因而[a5]生成,因为每个生成者都不可能没有原因而有生成。于是,一方面,只要那位制造者①注视永远依据同一些事物的事物,用这样的事物作为某种范本,造出其型相②和功能,那么,这样造就的[28b]每个事物都必然美。但另一方面,如果那位制造者注视生成出的事物,用生产出的事物作为范本,那么,这样造就的每个事物都必然不美。

于是,对整个天宇来说——或宇宙,或甚至其他在某时最受认可的叫法,我们[先]这么叫吧——我们首先应该考察[b5]那个对每个事物来说都潜在于开端而必须考察的问题:天宇永远存在,而没有一个生成的开端,还是曾从某个开端开始,从而生成?天宇是生成出来的。因为天宇可见、可触,且有身体,所有这样的事物都可感,[28c]而可感事物凭借感觉为意见所把握,故可感事物生成并被生产,从而被看见。

另外,我们说,生成者必然出于某个原因而生成。那么,去发现眼下这个大全的制作者和父亲,就是一个任务,不过就算一个人发现了,也[c5]不可能对所有人讲。故我们应该回过头来审视眼下这个关于大全的问题:那位建造者造出大全时,曾注视[29a]哪个范本,是那个依据同一些事物并以同一个方式存在的事物,还是那个生成的事物?

事实上,如果眼下这个宇宙很美,且那位制造者很好,那么,显而易见,他曾注视永久的事物。但如果情况相反——任何人说这话都不是神

---

① 造物主。
② 柏拉图式术语,原文为 idea。

法[允许的]——那么,那位制造者曾注视生成的事物。其实,每个人都清楚,[a5]那位制造者曾注视永久的事物。因为宇宙在生成的事物中最美,而那位制造者在诸原因中最好。由于宇宙就这样生成,故那位制造者曾注视那个为理性和明智所把握且依据同一些事物而存在的事物,从而制造了宇宙。

[29b]另外,当我们以上述这些为开端时,眼下这个宇宙完全必然是某个事物的近似物。着实最重要的是,依据自然在开端处开启每个事物。关于近似物,乃至关于其范本,我们应该像眼下这样进行分辨,毕竟[不同的]诸言辞[各自][b5]类同于其所揭示的诸事物。按这种分辨,一方面,关于持存而确定的且为理智所显明的事物的诸言辞,本就持存而不可改变。因为似乎这样的诸文辞适合成为不可反驳的和不可战胜的,故必须[29c]不免于这里的说法。但另一方面,关于近似于上述事物的事物——它本就是近似物——的诸言辞,本就成比例地近似于那些[持存]事物:正如存在之于生成,也如真理之于信念。

因此,苏格拉底,许多事物关涉诸神,也关涉[c5]大全的生成。在这许多事物的许多方面,若我们生成得没能力回报你以一些文辞,让这些文辞在每个事物上都与[这些文辞]自身完全一致地被说定,乃至得到准确完成,那么,你也许不会惊异。相反,如果我们可以提供不亚于[其他]任何近似程度的近似程度,那么,[你们]就有必要满足于此。因为我们记得,我这个言说者[29d]和你们诸位裁断者都只具有属人本性,所以,我们适合接受关于那些[持存]事物的近似故事,而不去进一步探究超越这个故事的任何事物。

苏 好极了,蒂迈欧,我们应该按你敦促的,完全接受这个故事。[d5]既然我们惊异地接受了你的"序曲",你就为我们循序唱完"这首曲子"吧。

蒂 那么,我们可以说说,[29e]那位构造者曾出于什么原因而构造了生成和眼下这个大全。他很好,而在好[神]心中,任何时候都不会生成对任何事物的任何嫉妒。既然没有嫉妒,他就曾谋划让所有事物都最大限度地生成得接近他自己。事实上,这是生成和宇宙着实最权威的开端,且任何人都会[30a]最正确地从明智的男子汉们那里接受这个开端。以上状况任何人都会接受。

因为那位神曾谋划尽可能让所有事物都好而没有一个事物微末,故他曾接过这个可见的大全,在它并非处于静止中,而是"不合曲调"且[a5]无序地运动着时,把它从无序引向秩序。因为,他曾认为,秩序在各方面都比无序更强大。

此外,对于他这位最好者,除了做最美之事,做其他任何事都曾不是神法[允许的],现在也一样。[30b]于是,他曾思索从而发现,在依据自然可见的诸事物中,比起任何整全而有理智的事物,任何整全而无理智的事物任何时候都将不是更美的作品,而且理智若脱离灵魂,就不可能在任何事物中生成。

正因为眼下这番思索,他在灵魂中构造理智,又在身体中构造灵魂,[b5]从而曾建造大全。这样一来,他造出了一个作品,让它依据自然而最美且最好。于是,在这个意义上,依据这篇近似的文辞,我们必须说,眼下这个宇宙是真实领域中一个有灵魂又有理智的活物,且出于那位神的[30c]预想而生成。

从此开始,我们应该言说这些事物之后的事物:那位构造者曾把这个活物构造得与活物们中的哪一个相一致?我们曾认为,任何自然而然具有"部分"形相①的活物都没有价值,[c5]因为任何近似于不完美事物的事物,任何时候都不会生成得美。故我们可以设定,在所有活物中,有一个活物令其他活物们在个体上和类型上均是它的部分,而宇宙正与这个活物最相一致。

因为,这个活物包含了所有可理知的活物,从而在自身中拥有它们,就像眼下这个[30d]宇宙之于我们以及其他构造出的可见的被养育者们。因为这个活物在被理知的活物们中最美,且在所有方面都完美。那位神曾谋划让宇宙最大限度地与这个活物相一致,从而曾构造了宇宙这个单一而可见的活物,让它[31a]在自身中拥有所有依据自然而类同于它的活物。

我们说天宇是单一的,这说得正确吗?或者,说天宇有许多乃至无限

---

① 柏拉图式术语,原文为 eidos。

多,才更正确? 天宇是单一的,只要天宇按照那个范本而被制造。因为,任何时候,那个包括所有[a5]可理知活物——无论多少——的范本,都不会在一个之外还存在第二个。因为,那样的话,就必须存在另一个活物包括此二者,此二者都会是它的部分。所以,说眼下这个天宇与包含此二者那个活物相一致,而非与此二者相一致,才会更正确。基于这些,为了[31b]眼下这个天宇在单一性上与那个最完美活物相一致,那位制作者不曾制作两个宇宙,更别说无限多个宇宙。相反,眼下这个生成的天宇是单一的,且是所属类型中的单一成员,将来也如此。

事实上,生成的事物必须具有身体形相而存在,既可见又可触。[b5]然而,离开火,任何事物任何时候都不会生成得可见。若没有任何立体,就没有任何事物可触。若没有土,就没有立体。因此,在开始构造时,那位神以火和土制作了大全的身体。但若要很美地把火和土二者构造为一体,那么,不可能没有第三者,[31c]因为必须生成某种纽带,在中间联结二者。诸纽带中最美的那一个会把它自身和被结合的诸事物着实最大限度地制作成一体,且比例[这个纽带]自然而然会最美地完成这个[任务]。

因为[我们假设,]有三个数,[其中两个数]——无论立方数[32a]还是平方数①——之间存在一个中项,让首项比中项等于中项比尾项,而且反过来,让尾项比中项等于中项比首项。在这种情况下,中项生成为首项和尾项,且尾项[a5]和首项都生成为中项。由此,所有三项必然将碰巧②[在功能上]同一,而既然彼此生成得[在功能上]同一,所有三项就将是一体。此外,如果大全的身体必须生成为平面而没有深度,那么,一个中项就足以[32b]结合它自身所伴随的诸项和它自身。但现在,由于大全的身体适合成为立体的,故任何时候都并非一个中项,而是永远有两个中项,在调整诸立体。

由此,那位神曾把水和气置于火和土中间,[b5]并曾尽可能按同一个比例造出它们彼此的关系,让火比气等于气比水,且气比水等于水比土。

---

① 欧几里得,《几何原本》卷七,定理 18 和 19。
② "碰巧"指"恰好",与"必然"不矛盾。

就这样,他曾结合并构造了可见又可触的天宇。基于这些,从为数有四的[32c]这样一些事物中,宇宙的身体生产出来,按比例而自我一致,并从这些事物中拥有友爱。故而,宇宙的身体与其自身一道抵达了同一性,从而生成得不可为那个结合者之外任何事物所分解。

[c5]另外,宇宙的构造已采用那四者中每一个的全部。因为那位构造者曾从全部的火、水、气、土中构造宇宙,而不曾让任何一个的任何部分或任何功能遗漏在外。因为他曾思考了眼下这些。[32d]首先,宇宙应该是一个着实最大限度地整全的完美活物,且由诸完美[33a]部分构成。除此之外,宇宙还应该是单一的,因为他没有遗漏任何事物可以让其他[像宇宙]这样的事物从中生成。其次,宇宙应该没有衰老也没有疾病而存在,因为他认识到,热和冷以及所有具有强大功能的事物,若从外面包围并袭击这个构造出的身体,[a5]就会不合时宜地分解它,并引发疾病和衰老,从而造成它朽坏。正是出于这个原因和眼下这番思索,他曾把宇宙建造成所有整全者中独一无二的整全者:它完美,没有衰老,[33b]没有疾病。

此外,他曾赋予宇宙一个适合并类同于它的外形。那么,对于这个注定在自身中包括所有活物的活物,适合的外形会是在自身中包含所有外形——无论多少——的外形。因此,[b5]他曾把宇宙打造得具有球的形相,从中心到所有方向的边缘都相隔同等距离,也就是浑圆的。这是所有外形中最完美且与自身最一致的那个,因为他曾依礼法认定,一致比不一致美无数倍。

他曾把[宇宙的]这整个外表[33c]准确地造得光滑而浑圆,这是出于许多原因。因为宇宙并不必需任何眼睛,毕竟任何可见的都未留在宇宙外面。宇宙也不必需耳朵,因为没什么可听。宇宙也不必须为呼吸用的气息所包围。宇宙也不必须拥有任何器官[c5]让宇宙把养分吸收到自身之中,再排出事先脱水的[养分残余]。因为任何事物都未离宇宙而去,且任何事物都未从任何地方并入宇宙,毕竟[宇宙之外]不存在任何事物。因为宇宙把自身的朽坏部分提供给自己作养分,并在自身内部且依靠[33d]自身而承受并做所有事情,故宇宙从技艺中生成了。因为,那位构造者曾认为,宇宙自足将比必需他物远远更强大。

手呢,由于没有任何必要去用手抓取或抵挡任何事物,故他曾认为,并不必须徒劳地为宇宙[d5]配备手,而脚或用于站立的[34a]辅助物,也全都不必需。因为他曾为宇宙分配了一种运动,作为[宇宙]身体的"亲族",即七种运动①中最大限度地致力于理智和明智的那种运动。因此,他曾使宇宙依据同一些事物,在同一个地方,以自身为范围转动,从而曾使宇宙按圆周转动。于是,他[a5]曾剥夺宇宙[其余]所有六种运动,从而把宇宙造得免于[其他]所有运动的漫游。于是,宇宙因这种圆轨而不必须有脚,故他曾把宇宙生产得无腿又无脚。

关于[宇宙]这个将在某时存在的神,以上正是那位永远存在的神所作的[34b]整个思索。这番思索在为他所思索时,从诸完美身体中制作出了[宇宙]身体——光滑而平坦,从中心到所有方向都相隔同等距离,整全而完美。然后,他曾把[宇宙]灵魂置于这个身体的中心,并把灵魂拉伸得充满整个身体,直到以灵魂从外面完全包裹身体,从而设置出按圆周[b5]自转的浑圆物,一个单一而孤独的天宇。于是,天宇基于美德而有能力自己陪伴自己,而不必需其他任何事物,因为天宇自己足以做自己的熟识者乃至朋友。正是基于这一切,他曾把天宇生产为一个幸福的神。

[b10]关于[天宇]灵魂,尽管现在我们尝试把它当作较迟的事物来言说,[34c]但那位神未曾这样把它设计为较年轻的事物。因为当他曾联合较年长的和较年轻的时,不曾允许前者被后者统治。相反,我们某种意义上大量分有碰巧遇上的事物,乃至某种意义上这样偶然地言说。不过,他曾把灵魂构造得在出身和美德上都优先于身体,也比身体更年长,[c5]如同这个被统治的身体的女主人和统治者。[35a]他这么做是源于眼下这些材料和眼下这种方式。

有两个事物,一个是不可分的且永远依据同一些事物而存在的存在[即同],另一个是可分的且致力于身体而生成的存在[即异]。从这两个事物中,他曾混兑出居间的第三个存在形相。此外,关于同的本性和异的

---

① 参见40a–b,43b。

本性,他曾依据同一些事物[a5]而在这两个本性[各自]的不可分者和可分者——可分者立足于身体——之间进行构造。在他拿到这三个存在者后,他曾将它们全部混兑为单一型相,由于异的本性难以融合,故他曾用强力把异的本性调整到同之中。[35b]当他曾凭靠那个存在而融合[同和异],并曾把这三者制作成一体时,他曾把这个整全的事物划分为适宜的诸部分,每一部分都曾从同和异以及那个存在中融合而成。

他曾像眼下这样开始分割。首先,他曾从整体中分出一[b5]份,在这一份之后,又曾分出 2 倍于这一份的第二份,后又曾分出第三份,它 3/2 倍于第二份,且 3 倍于第一份,随后,他又曾分出 2 倍于第二份的第四份,又曾分出 3 倍于第三份的第五[35c]份,又曾分出 8 倍于第一份的第六份,又曾分出 27 倍于第一份的第七份。

此后,他曾填充[36a]这些二倍数和三倍数[各自]的间隔①,故他进一步从整体那儿切割出了诸份,并将其置入那些间隔中,让每个间隔中都存在两个中项。一个中项以首尾两项本身的同一个分数超过首项,并为尾项所超过。[a5]另一个中项基于同等的数值超过首项,并为尾项所超过。于是,由于这些纽带,之前那些间隔中生成了 3/2、4/3、9/8 的诸间隔,[36b]故他曾用 9/8 的间隔填充所有 4/3 的间隔,从而曾留下 4/3 的间隔中每一个的一个分数。留下的这个分数的间隔,如用两个数值之比表示,就是 256∶243。[b5]故尤其像这样,他曾切割出这个被融合的整体的诸部分,从而曾消耗了这个整体。

接着,他曾按长条形把这整个构造一分为二,并使两个长条中心对中心地两相交叠,就像 X。然后,他曾把每个长条都环成[36c]一个圆圈,并曾使每个圆圈都在那个交叠点对面的点上与自身联合,也与另一个联合。然后,他曾以一种运动——即依照同一些事物并以自身为范围转动——从外围把握两个圆圈,而且曾从两个圆圈中制作出一个外圈和一个内圈。

然后,他曾指定,在外的运行[c5]具有同的本性而存在,在内的运行具有异的本性而存在。然后,他曾使同的运行沿着边缘向右转动,并曾使异的运行沿着直径向左转动,而且他曾赋予同和一致的[36d]环行以支配

---

① "间隔"在音乐上指音程。

地位。因为他曾允许这个[同的]环行单一而不可分,但他曾根据二倍数和三倍数的各个间隔——这两种间隔各存在三个——把在内的[异的]环行分六次,分出七个不等同的圆圈。然后,他曾命令[d5]这些圆圈向相互反对的方向运行,其中三个速度一致,另外四个速度互不一致,也与那三个速度不一致,但按比例运行。

既然[天宇]灵魂的整个构造曾生成得合乎那位构造者的心意,那么,在这之后,他曾在这个灵魂构造中[36e]建造整个具有身体形相的事物,并曾联结[灵魂的]中心和[身体的]中心,从而使二者相互匹配。这个灵魂构造被"编织"得遍布于从中心到天宇每个方向的最远处,又从外面周遍地完全包裹[天宇身体],从而以自身为范围转动。故这个灵魂构造为不息的、明智的、朝向整个时间的生命开启了其属神的开端。

[e5]此外,尽管天宇身体生成得可见,但天宇灵魂生成得不可见,并分有思索[37a]和"谐音"①。作为生产出的事物中最好的那个,这个灵魂由可理知的且永远存在的事物中最好的那个[那位神]所生产。于是,既然这个灵魂由同的本性、异的本性、存在这三部分混兑而成,按比例被分割又被结合,[a5]且依其自身而进行圆周运动,那么,每当它触及任何拥有可分存在的事物时,以及每当它触及不可分的事物时,它都会自己整体运动起来,并言说如下事情:[它触及的]任何事物与什么相同、与什么[37b]相异,以及每个事物最终碰巧相对于什么、在什么地方、以什么方式、在什么时候存在并承受。这里的"每个事物"既指依据生成者而存在的每个事物,也指永远依据同一些事物而存在的每个事物。

不论涉及异的存在者还是同的存在者,这番言说都生成得同样真实,[b5]并在无声音和噪音的情况下,被传遍[天宇灵魂]这个为自身所推动的事物之中。一方面,每当这番言说生成得涉及可感事物时,异圈就会正确运行,并报信给整个灵魂,故诸意见和诸信念生成得确定而真实。[37c]另一方面,每当这番言说生成得涉及理性事物时,同圈就会容易地转动,并揭示这些事物,故理智和知识必然达到完美。当这两种情况生成在诸存在者中的这个存在者中时,如果任何人任何时候称这个存在者为

---

① "谐音"的原文为 harmonia。

灵魂以外的任何事物,那么,此人完全是在说别的,而非在说[c5]真相。

于是,这位生产者兼父亲曾认识到,[天宇]这个被推动的、活生生的事物,已生成为给永久诸神的礼物。这时,他曾为之惊叹,也曾心境好,从而曾意图把[天宇]造得与范本远远更加一致。[37d]故而,正如范本碰巧是永久活物,他在这方面也曾尝试使眼下这个大全尽可能这样达到完美[而成为天宇]。

尽管[范本]这个活物的本性碰巧是永恒的,但正是这一点不可能给[天宇]这个生产出的事物完美地配备。[d5]于是,他曾意图把[这个]可推动的事物制作为永恒性的某种近似物。故而,就在为天宇安排秩序的同时,他曾制作持存于单一之中的永恒性的一个按永恒的数来运行的近似物,我们称之为"时间"。

[37e]因为,在天宇生成之前,日、夜、月、年并不存在,所以在天宇得到构造的同时,他设计出日、夜、月、年的生成。故它们全部生成为时间的部分,且"曾是"①和"将是"生成为时间的形相。不过,我们将这些时间形相用在永久存在上,并不正确,[e5]故我们尚未能认识这些时间形相。

因为,尽管我们说到"曾是""是""将是",但依据这篇真实的文辞,唯有"是"[38a]才适合用在永久存在上,而"曾是"和"将是"适合于言说在时间中运行的生成。因为"曾是"和"将是"二者都是运动,但那个不可推动地永远依据同一些事物而存在的事物[即永久存在],不适合在时间中生成得更年长或更年轻——既不适合过去生成,[a5]也不适合现在生成,同样不适合将来存在。[总之,永久存在]完全不适合具备生成为运行于感觉领域的诸事物配备的任何状况。相反,这些状况生成为时间的诸形相,而时间模仿永恒性且按数进行圆周运动。

除了上面这些,还有眼下这些:[38b]"已生成的是已生成的"和"生成着的是生成着的",乃至"将生成的是将生成的"和"不存在的是不存在的"——我们没有准确言说它们中任何一个。可是,在目前的场合,很可能不存在一个适合的时机让我们可以准确言说[b5]这些事物。

---

① 希腊文中系动词"是"亦指"存在"。

总之，时间同天宇一道生成了，好让时间和天宇二者由于同时被生产而可以同时被分解，假如二者的任何消解在任何时候生成。时间依据那个具有永恒本性的范本而生成了，好让天宇尽可能[38c]与范本最为一致。因为，一方面，范本是在完全的永恒性方面存在的事物，另一方面，天宇是始终在整个时间中已生成、存在着、将存在的事物。

于是，出于理性，也出于神对时间的生成所作的如此思考，为了让时间被生产，[c5]太阳、月亮和其他五个星球——它们有"漫游者"之名——生成了，从而区分和护卫时间之数。故那位神曾制作诸星球每一个的身体，并曾将它们置入异的圆轨曾运行其中的诸环行。由于存在七个环行，故存在[38d]七个[星球]身体。

他曾将月亮置入地球周围的第一个圆圈，曾将太阳置入地球之外的第二个圆圈，曾将启明星[金星]和所谓"献祭给赫耳墨斯"的星球[水星]置入如下两个圆圈，这两个圆圈按照速度上与太阳同步的圆周运行，却碰巧获得了与太阳方向相反的力量。由此，[d5]依据同一些事物，太阳、赫耳墨斯之星[水星]、启明星相互赶超，且相互被赶超。至于其他那些星球，他曾把它们安置到哪里，以及出于哪些原因安置它们，倘若某人要说完所有这些，[38e]那么，[此人引出的]文辞是附带的，且本会比这番文辞得到言说时所依据的诸事物造成更重的任务。故而，关于其他那些星球的事物，很可能以后有了闲暇，就会碰巧得到值得的讲述。

且说这些星球必须一起造出时间，而它们中的每一个都进入了适合其自身的运行。[e5]而且诸活物[即诸星球]被生产为具有灵魂的纽带所维系的诸身体，并学习[那位神的]命令。此后，按照异的运行[39a]——异的运行被斜置而存在，因为异的运行穿过同的运行而运行，并受同的运行支配——有的星球以较大的圆周运行，有的星球以较小的圆周运行。以较小的圆周运行的诸星球绕行较快，以较大的圆周运行的诸星球绕行较慢。

另外，依据同的运行，绕行最快的诸星球看起来为运行较慢的诸星球[a5]所赶超，实则前者赶超后者。因为同的运行使诸星球的所有圆周以螺旋状转动——所有圆周同时朝两个[39b]相互反对的方向前行——并使最慢地离同的环行而去的星球看起来离它最近，实则同的环行最快。

于是，为了诸星球的相对快慢有某个明白的尺度，也为了诸星球按那八种运行来行进，那位神曾在地球之外第二个圆轨上点燃一个光源［b5］，我们现在称之为"太阳"。这是为了让太阳最大限度地照亮天宇中的所有事物，且让诸活物从同和一致的环行中学习，从而分有［39c］数，因为这些活物适合这么做。

故而，一方面，以这种方式，且基于这些，夜和昼就生成了，充当那个单一且最明智的圆周运动的圆轨。另一方面，每当月亮按它自身的圆周绕行，从而赶上太阳时，月就生成了。第三方面，每当太阳按它自身的圆周绕行时，年就生成了。［c5］至于其他诸星球的诸圆轨，除了［身处］多数人中的少数人，人们没有思考过，从而既未为这些星球命名，也未以数来度量和观察其相对关系。因为可以［39d］说，人们不知道，时间就是诸星球的诸漫游，这些漫游使用令人无计可施的杂多性，从而令人惊异地"被绣得五彩缤纷"。

不过，人们非常有可能认识到，倘若以同和一致所运行的圆周来度量，则每当所有八个圆轨的相对速度［的运行］被一并完成，从而［再度］到达开头时，时间的完美之数就充实了完美之年。［d5］事实上，依据这些，并因为这些，在天宇之中行进并绕弯的诸星球被生产，好让眼下这个活物［39e］尽可能与那个完美而可理知的活物最为一致，因为前者要模仿后者的永恒本性。

至于其他诸方面，直到时间的生成，眼下这个活物已然被造得与它所近似的那个活物相一致。但它还没有［e5］包含所有生成于它内部的活物，故在这一点上它与它所近似的那个活物仍不一致。于是，他照着它的范本的本性来"压印"①，从而曾造出这剩余的部分。正如理智审视那个存在着的活物中存在着的诸型相——［尤其］诸型相是什么样的以及有多少数量——他同样曾思考眼下这个活物必须拥有什么样的以及多少数量的型相。

［e10］实际上，存在四个型相，一个是诸神的属天类型，另一个［40a］是有羽毛而遨游于气中的类型，第三个是水生的形相，第四个是用脚行走

---

① 喻指模仿。

且陆生的形相。

他曾从火中造出属神类型的最大部分型相，好让属神类型看上去最光辉也最美。同时，他使属神类型近似于大全，从而曾把它制作得圆溜溜。他还把属神类型置[a5]入那个最具支配力的事物的明智之中，令它依从那个事物。故而，他曾按圆周把属神类型分配于整个天宇，直到它是对天宇的真正装饰，且整个儿"被绣得五彩缤纷"。

然后，他曾为每个属神事物都配备两个运动。一个运动是在同一个地方且依据同一些事物运动，因为每个属神事物都凭自身永远思考[40b]有关那些事物的诸问题。另一个运动是向前运动，因为每个属神事物都受同和一致的环行支配。至于五种其他运动，诸属神事物中每一个都不被推动并保持稳定，以便着实最大限度地生成得最好。

出于这个原因，生成了诸星球中不漫游的那些。[b5]它们是一些属神的、永久的活物，且依据同一些事物而以自身为范围转动，从而永远持存。而绕弯且那样漫游的诸星球，则像前面所说的，基于那些状况而生成。至于地球，他曾把它设计成我们的养育者，[40c]以及夜和昼的护卫者和制造者，即在天宇中生成的诸神中最初的和最年长的那位，因为地球围着那个在一切之中延伸的枢轴转动。

那么，诸神[即诸星球]如何进行"合唱歌队式舞蹈"，又如何相互交叠？[c5][诸神运行其中的]诸圆圈如何朝向自身进行圆周运动，又如何行进？诸神中有哪些生成得相互结盟，又有哪些生成得相互反对？每位神在哪些神之后，在哪些神之前，在哪些时间"蒙住"其自身，在哪些时间再度被我们看见，从而把此后将生成的诸事物的恐怖和征兆[40d]传达给那些没有能力思索的人？言说以上这些，只会是白白付出艰辛，除非进一步观摩诸神的模仿品。不过，关于可见的、生产出的诸神的本性，我们已然以如上方式充分言说了如上这些，就让这些[d5]有一个终结吧。

至于其他诸精灵，言说并认识其生成，对于我们是个过重的[任务]。我们应该为那些早先的言说者所劝说，因为他们是诸神的后代——这也是他们说的——从而清楚地知道自己的祖先。因而，我们不可能[40e]不相信诸神的孩子们，就算他们言说时缺乏近似性和必然证明。相反，由于他们宣称在报道家事，故我们依从礼法，就应该相信他们们。

所以，对于我们来说，依据他们[所说的]，就让这些神的生成以这种方式存在并得到言说吧：[e5]盖娅和乌拉诺斯曾生出孩子俄刻阿诺斯和忒图斯，俄刻阿诺斯和忒图斯曾生出佛尔库斯、克罗诺斯、瑞娅，以及同他们一起的[41a]神们，克罗诺斯和瑞娅曾生出宙斯、赫拉，以及所有如我们所知的被称为他们的兄弟姊妹的神，而这些神又曾生出其他后代。①

无论以可见方式绕行的神们，还是在自己愿意时被看见的神们，当所有这些神[a5]曾获得生成时，那位曾生产眼下这个大全的神对他们说了眼下这些话：

"神中之神们啊，我是作为作品的你们的制造者和父亲，你们曾因我而生成得不可分解，除非我愿意分解你们。事实上，[41b]每个结合起来的事物都可分解，但糟糕事物才愿意分解得到美丽的调整且很好地存在的事物。基于这些，且由于你们生成了，所以，你们既非不死，也非完全不可分解，但你们将既不会被分解，也不会碰巧遇上死亡的命分。[b5]因为你们曾碰巧分得我的谋划，而比起你们曾生成时赖以结合的诸纽带，我的谋划是你们更强大也更权威的纽带。

"现在，你们就学习我向你们言说从而展示的事物吧。还剩下有死的三个类型没有生产出来，而如果它们不生成，天宇就将不完美。因为，那样的话，天宇将[41c]不会在自身之内拥有活物的所有类型，但天宇必须拥有，只要天宇注定足够完美。但如果这有死的三个类型通过我而生成，并分有生命，那么，它们本会等同于诸神。故而，为了有死的三个类型会存在，也为了眼下这个大全会实在地完整，[c5]你们转而依据自然而制造这些活物吧，你们制造时要模仿我致力于你们的生成时所用的能力。

"此外，由于有死者们的某个部分适合与不死者们[诸神]同名，故在有死者们中的那些永远愿意依从正义和你们的活物中，这个部分被称为'属神的'，而且充当领导。所以，我自己曾播种并开启这个部分，并[41d]即将把这个部分转交给你们。至于剩下的事，你们把有死部分和不死部分'编织'在一起，从而就造出并生产诸活物吧。同时，你们赋予诸活物以养分，从而使它们增长吧，并在它们朽坏时收回它们吧。"

---

① "盖娅""乌拉诺斯""克罗诺斯"字面义分别为大地、天宇、时间。

他说了这些后，曾再次［d5］向起初那个缸子——他曾在那个缸子里混兑从而融合大全的灵魂——里倒入先前那些原料中余下的部分。然后，他以某种程度上相同的方式融合这些部分，但这些部分不再依据同一些事物而［与先前］一样无瑕，而是第二等和第三等地无瑕。于是，他曾构造出这个［融合出的］整体，并曾把这个整体分割成与诸星球数目相等的灵魂。［41e］他还曾把每个灵魂分配给每个星球，就像把每个灵魂置入一驾马车。然后，他曾向每个灵魂展示大全的本性，从而曾对诸灵魂言说其应得的诸礼法如下：

一方面，所有灵魂的第一次生成，都将会被设定为同一的而存在，以便任何灵魂都不会受他轻视。［e5］另一方面，在每个灵魂都被播种到每个适合它的时间机关后，它必须［42a］自然而然生长为诸活物中最敬畏神的那个部分。再一方面，由于属人本性是双重的，故而更具支配力的一重将会是后面称作"男人"的那个类型。

出于必然性，他曾使诸灵魂自然而然生长在诸身体里面，且有的事物进入诸灵魂所在的身体，有的事物则从其中离去。每当这些时候，［a5］必然会生成如下事物：首先，出于强有力的诸遭遇，会生成对于所有人都自然而然的单一感觉。其次，会生成与快乐和痛苦相融合的爱欲。除这些以外，还会生成恐惧、血气、［42b］与此二者相随的诸事物，以及自然而然对立地生长的诸敌对事物，无论多少。诸灵魂若将支配这些［生成的事物］，就将正义地生活，而若被这些［生成的事物］所支配，就将不义地生活。

于是，一个曾在适合的时间里好好生活的人，会回到按礼法与他相配的星球提供的家，从而将拥有幸福的且［b5］按习俗与他相配的生活。而一个不曾做到那些事的人，则会在第二次生成时［42c］变得具有女人的本性。如果在这种情况下，这个人还不停止糟糕，那么，依照他糟糕的方式，他会变得永远具有某种野兽本性，这才与他的生成方式相一致。当然，他还可以变化，先不停止付出艰辛，直到［c5］他可以按照他内部那个同和一致的圆轨牵引一大群事物，这些事物后来自然而然生长在他身上，且由火、水、气、［42d］和土构成。这样一来，他便以理性支配了这些喧闹且非理性的事物，从而抵达他最初的且具有最好习性的形相。

［那位神］曾为诸灵魂规定了所有这些，以便他不充当它们中每一个以后的糟糕事的原因。然后，他曾把有些灵魂播种到地球上，有些灵魂播种到［d5］月亮上，有些灵魂则播种到其他诸时间机关上。在这番播种后，他曾交代那些年轻的神：首先，他们要塑造有死的身体；其次，他们要造出属人灵魂的其余必须［42e］附带生成的部分，以及与这些相伴随的一切；最后，他们要尽可能着实最美且最好地统治有死的活物，并为之领航，除非有死的活物自己生成为自己种种糟糕事的原因。

［e5］至于［那位神］，在曾设定了所有这些之后，就曾按［惯常］方式持存于他自己的习俗之中。当他曾这样持存时，［他的］孩子们曾认识到父亲的秩序，就曾为这个秩序所劝说。故他们曾采用有死活物的不死原则，模仿他们自己的制造者，从宇宙那里借得火、土、水、气的［43a］诸部分——以后会归还——从而曾把得到的这些部分黏合为［自我］同一的事物。他们未曾以他们自身曾赖以结合的不可分解的诸纽带黏合这些部分，而是曾以小到看不见的且密集的钉子熔接这些部分。就这样，他们从所有这些部分中造出了每个单一身体，并曾把不死［a5］灵魂的诸圆轨缚入有事物流进和流出的身体。

这些曾被缚入巨大"河流"的圆轨，既不曾支配这条河流也不曾受它支配，而是曾以强力被它带动并曾带动它。故而，这［43b］整个活物运动起来了，运动得无序——它曾碰巧这样前行——且非理性，从而它拥有所有六种运动：向前和向后，向右和向左，向下和向上行进，它在这六个"地域"的每一个中漫游。［b5］因为那曾提供养分的波涛如此之大，以至于发起洪水，后又流走，但更大的是某种喧闹，这种喧闹曾由诸遭遇袭击每个活物而造成。这种袭击的情形如下：［43c］某个活物的身体曾撞击火——［相当于］碰巧遇上外来的异质事物——或立体的土块，或液态的诸水流，或曾为气所带动的气息风暴所赶超，且所有这些状况把诸运动带到身体各处，而这些运动曾［c5］袭击灵魂。基于这些，所有这些运动后来曾被称作"感觉"，现在也仍被这样称呼。

尤其在这时，在目前的场合，这些感觉提供了最广泛也最大的运动。同时，这些感觉自身凭借这持续流动的［43d］水流而运动，并剧烈震动灵魂的诸圆轨。故而，一方面，这些感觉朝同的圆轨的反方向流动，从而曾完全束缚同的圆轨,并曾阻碍其统治和运行。另一方面,这些感觉曾全面震动异的圆轨。结果,这些感觉曾以所有扭曲方式扭曲二倍数和三倍数各自的三个[d5]间隔,以及3/2、4/3、9/8的中项和结合物——因为除了那位结合者,任何事物都无法完美地分解它们[43e]——并曾以尽可能多的方式在其中制作诸圆圈的所有分裂和朽坏。所以,诸圆圈很难相互结合,虽在运行,却运行得非理性,时而逆转,时而歪斜,时而颠倒。这就像[e5]某个颠倒的人把头抵在地上,使双脚向上抵住某物。这时,在这种遭遇中,无论对于这位承受者,还是对于诸旁观者,右都显现为左,左都显现为右。

诸环行确实剧烈承受这同样的状况,以及其他这样的诸状况。[44a]故每当诸环行碰巧遇上外来事物——不论是"同"那个类型的事物,还是"异"那个类型的事物——时,诸环行便宣称该事物同于或异于与真相反的事物,从而生成为说谎者和无理智者。这时,诸圆轨中没有一个是统治者或领导者。[a5]此外,如果外来的某些感觉带动并袭击诸圆轨,从而牵引灵魂的整个盛器[即身体],那么,诸圆轨看起来在支配他物,实际上却在受支配。而且正因为有现在和起初所有这些遭遇,[44b]当灵魂被缚入有死的身体时,灵魂最开始生成得无理智。

但每当那带来增长和养分的"河流"以较小规模袭来时,诸圆轨便重获平静,在其自身的道路上运行,并随时间推进而更加安定。[b5]这时,诸环行就被矫正得合乎每个依据自然运行的圆圈的外形,并正确宣称异和同,从而使拥有诸环行的人生成得明智而达到完美。于是,一方面,若某种正确教养参与到教育中,[44c]那么,拥有诸环行的人就会完美地生成得碰巧整全且健康,从而避免那个最大的疾病①。

但另一方面,若拥有诸环行的人不理会此事,一生从事蹩脚的活计,那么,他返回冥府②时,就不完美且无理智。

不过,这些事后面某时再说。而关于[c5]现在摆在我们面前的诸事,我们则必须更准确地叙述。此外,在这些事之前[说过]的诸事,包括身体

---

① 参见88b。
② 冥王,代指冥府。

的逐渐生成、灵魂,还有令灵魂生成的那些原因和诸神的预想,也都应该
[44d]得到讲述。而作这番讲述的应该是坚守最大近似性从而按此进行
讲述的人们。

且说[诸神]曾模仿大全的外形——它以环行而存在——从而曾把存
在着的两个属神圆轨缚入一个具有球的形相的物体。[d5]我们现在称此
物体为[我们的]"头",它最属神,且主宰我们内部的一切。诸神曾把[我
们的]整个身体交给头,从而曾把整个身体集合为头的仆从。因为诸神曾
认识到,头会分有所有将会存在的诸运动。

为了让头免于在地上滚动——地上有所有种类的高度和深度——
[44e]也为了让头免于在跨越某地或出离某地时走投无路,诸神曾为头赋
予身体,作为"马车"和便利的行进工具。所以,身体拥有长度,且自然而
然生长出可舒展又可弯曲的四肢,因为神曾把四肢设计成行进工具。有
了四肢,身体就可以进行抓取并[e5]获得支撑,生成得有能力在所有地域
行进,[45a]同时高举我们最属神也最神圣的事物[理智]的家[即头]。

以这种方式,并基于这些,双腿和双手自然而然生长在所有人身上。
诸神依礼法认定,人的前部比后部更有荣誉,也更通晓统治术,故诸神曾
让我们多数情况下向前行进。[a5]于是,人必须拥有[与身体后部]区分
开来且不一致的身体前部。因此,诸神曾首先把脸置于身体前部,让脸围
绕头的外壳。然后,诸神曾把一些器官缚入这个外壳,以便这些器官致力
于[45b]灵魂的整个预想。最后,诸神曾设定,分有领导权的[身体部分]
是自然而然的身体前部。

在诸器官中,诸神曾首先建造带来光明的眼睛,并曾把眼睛缚入头的
外壳,这是基于眼下这个原因:诸神曾设计,[眼睛里的]这团火不会燃烧,
[b5]却提供柔和的光明,从而生成为这样一个物体,作为每个白昼的"亲
族"。因为,我们内部这团火,作为白昼的"兄弟",是纯粹的。所以,诸神
曾使之光滑而密集地在眼睛各处流动,并曾压紧整个眼睛,尤其压紧
[45c]眼睛的中心,以便挡住其他所有更粗劣的火,单单过滤出这种纯净
的火本身。

于是,当白昼的光明存在于目光之流周围时,目光之流便冲出来——
一致者遇上了一致者——并生成得与白昼的光明集合在一起。[c5]同

时,目光之流从内部发起袭击,在它抵挡它所碰巧遇上的外部事物的地方,它通过眼睛的笔直视线构造出一个[与那个外部事物]"有亲缘"的物体。正是基于一致性,整个目光之流生成得具有一致遭遇。于是,任何时候,不论目光之流[45d]触及了什么,还是别的什么触及了目光之流,目光之流都把这些事物的诸运动传递到整个身体乃至灵魂,从而提供这样一种感觉:通过这种感觉,我们声称自己在观看。

而当[与自身]类同的火离去并进入黑夜时,目光之流便被切断。因为当目光之流向外运行,并及于[与自身]不一致的事物上时,[d5]它自身就发生改变并熄灭,从而生成得对于邻近的气来说不再自然,因为这气并不拥有任何火。于是,目光之流停止观看,甚至生成得导致睡眠。

因为诸神曾把眼睑的本性设计成目光的保全者。[45e]当眼睑关闭时,眼睑就封住自身里面的火的功能。这功能分散眼睑里面的诸运动,并使之齐一化。而当这些运动被齐一化时,静止就生成了。而当静止生成得巨大时,少梦的睡眠就降临了。然而,[e5]当某些更大的运动被留下时,这些运动是什么样的并被留在什么样的"地域",[46a]这些运动就提供什么样的和多少数量的幻象。这些幻象在眼睑里面[与这些运动]相一致,并在眼睑外面为醒来的人们所记起。

接下来,我们不再难以知晓,诸镜子,还有[其他]所有在自身中显现他物的光滑事物,如何制作影像。因为眼睑里面的火[a5]和外面的火相互结合,故每次单一的火在光滑事物附近生成,并以多种方式被"改变节律"时,[46b]所有那样的影像必然在光滑事物中显现。因为在光滑而光辉的事物附近,脸附近的火生成得与目光附近的火集合在一起。

而且左显现为右,因为生成了如下状况:目光的相反部分触及了[被显现者的][b5]相反部分,而这违反了二者交叠的既定惯例。相反,每当光源变换位置,从而与被集合的事物集合在一起时,右仍显现为右,左仍显现为左。[46c]要让这种情况发生,就得让诸镜子的光滑[表面]两侧升起,从而驱逐目光的右部,使之成为左部,并驱逐左部,使之成为右部。这面对着脸的同一个[光滑表面]在被纵向旋转时,就使整张脸看起来倒过来了。[c5]因为这驱逐光芒的下部,使之到达上部,并驱逐上部,使之到达下部。

所有这些都属于附带的原因,神把这些原因用作仆从,从而尽可能使最好者的型相[46d]达到完美。但最大多数人认为,对于所有事物,这些不是附带的原因,而是原因[本身]——这些原因冷却并加热,集合并分散,从而造出这样一些结果。但实际上,这些原因中没有一个有可能拥有理性或理智以至于达到任何结果。[d5]因为诸存在者中唯一适合获得理智的,应该说是灵魂。因为灵魂不可见,但火、水、土、气生成为可见物体。

于是,理智和知识的爱欲者必然求索诸首要原因,即明智本性的诸原因。[46e]当然,理智和知识的爱欲者也求索诸次要原因,即一些基于必然性而生成的原因,这些原因造成某物被他物推动,以及某物推动他物。故我们应该这样做,即分别言说原因的两个类型,一个类型凭借理智而成为既美且好的事物的制造者,[e5]另一个类型则自绝于明智,从而在每个时候都造出碰巧无序的状况。

眼睛的这些附带原因造成眼睛拥有其自身现在碰巧获得的功能。关于这些附带原因,就说这些吧。而关于眼睛那致力于[我们的]益处的最伟大事迹——神因这事迹而把眼睛[47a]赐予我们——应该在此之后就讲。

确实,按我的文辞,目光生成为我们的最大益处的原因。因为,如果我们没有看见诸星球、太阳、天宇,那么,我们任何时候都不会说出现在言说的关于大全的诸文辞。正是现在看见的昼、[a5]夜、月、年的圆轨,还有[两个]等分点和[两个]回归点①,设计出了数,并提供对时间进行思考和对大全本性进行探究[的机会]。从这些之中,[47b]我们得到热爱智慧[这门技艺]的一个类型,诸神过去不曾——将来任何时候也不会——赐予有死的这个类型以比这更大的好。我说,这正是眼睛最大的好。

至于其他较小的好,我们为何要咏唱呢? 一位不热爱智慧的人若看不见这些好,[b5]"才会徒然悲叹并哀吟"②。相反,让我们言说[我们]那个益处的原因吧,这是出于如下诸原因:神曾发现目光,并曾将其赐予我们,好让我们观察天宇中理智的诸圆轨,从而将其用于我们的思考的诸

---

① 即春分、秋分、夏至、冬至。
② 欧里庇得斯,《腓尼基妇女》1762。

环行。这些环行类同[47c]于那些圆轨而存在,不过那些圆轨丝毫不乱,而这些环行受到扰乱。于是,我们透彻学习那些圆轨,并分有诸思索的依据自然的正当性。这样一来,我们模仿了那位神造就的完全不漫游而存在的诸圆轨,从而设置了我们内部漫游着的诸环行。

另外,关于声响和听觉,[c5]这番文辞本身同样适用:出于同一些事物,并由于同一些事物,诸神为我们赐予了声响和听觉。因为文辞出于同一些事物而被设定,并为了同一些事物而做出了分内的最大贡献。此外,诸神还曾为我们赐予缪斯术的一部分,[47d]这部分通过声响而对听觉有用,因为合乎谐音。这种谐音拥有一些运行,这些运行类同于我们内部的灵魂圆轨。诸缪斯把这种谐音赋予了那种凭借理智而运用缪斯术的人,这并非为了如今看起来有用的非理性快乐,而是[d5]为了与我们内部的灵魂圆轨——它生成得不合乎谐音——并肩作战,从而使灵魂圆轨获得秩序,也使灵魂圆轨与自身合乎和音①。出于同一些事物,诸缪斯还曾为我们赋予节律作为辅佐者,[47e]因为我们内部的习性生成得无尺度,且最大多数人内部的习性生成得缺乏种种优雅。

除一小部分外,上面所说的内容展示了通过理智而制造的诸事物,下面我们必须[e5]把通过必然性而生成的诸事物和上面的文辞放到一起。因为[48a]眼下这个宇宙的生成是融合出的,即从必然性和理智[二者]的集结中生产出的。理智统治必然性,因为理智劝说必然性把生成者中的最大多数导向最卓越。在这个意义上,基于这些,由于必然性臣服于明智的劝说,[a5]故眼下这个大全在诸开端处这样得到构造。

如果任何人要言说大全如何基于这些而实在地生成,那么,此人应该[在不漫游的原因形相之外]还融合漫游着的原因形相。依据此原因,大全自然而然生长得带动诸事物。于是,像眼下这样,[48b]我们应该[从不漫游的原因形相]退回到漫游着的原因形相。而且我们应该转而采用适合这些事物的另一个开端,从而现在重新从开端处开启这些事物,就像之前从开端处开启这些事物一样。

故而,我们应该观察天宇生成之前火、水、气、土的本性本身,[b5]还

---

① "和音"的原文为 symphōnia。

有天宇生成之前的诸遭遇。因为直到现在仍然没人揭示过这些事物的生成。可是,我们对人们说话时,仿佛人们知道火——无论它是什么——乃至[其他]那些事物中的每一个似的。同时,我们还把这些事物规定为诸开端,即大全的"音素"①。[48c][但实际上,]仅在近似性上,一个哪怕很少明智思考的人,也不适合认为这些事物近似于"音节"的诸形相。

现在至少我们持眼下这个看法吧:我们不应该言说所有事物的那个开端,或诸开端,或任何现在看来用于指称这些开端的事物。这不是因为别的什么,而是因为[c5]我们难以按照目前的讲述方式显示看起来如此的诸事物。所以,你们不要认为我必须言说这些事物,而我也没有能力劝说自己道,我[48d]可以正确地尝试去做这样重大的一桩事迹②。

不过,我要悉心护卫[我们]在诸开端处所说的,即近似的诸文辞的功能。故而,我将试着发表一篇近似性并非更小而是更大的文辞,而且就像之前从开端处开始一样,既分别言说每个事物,也汇总言说所有事物。现在,[d5]在我们诸文辞的开端,我们要向作为保全者的神[宙斯]祝祷,让他保全我们免于作出离奇的、不合习俗的讲述,而是抵达那个基于诸近似性的意见,[48e]以便我们再次开始言说。

让关于大全的这又一个开端比之前的开端作出更多区分吧:因为那时我们曾区分了两个形相,而现在我们应该展示另一个即第三个类型。因为两个形相[e5][仅仅]对于之前所说的才足够。我们曾设定一个形相为范本的形相,即可理知的且永远依据同一些事物的存在者,[49a]我们还曾设定第二个形相为范本的模仿品,即拥有生成且可见的事物。我们那时未曾区分出第三个类型,因为我们曾依礼法认定,拥有那两个形相已经足够。但现在,这篇文辞近似于强迫我们尝试以诸文辞显现一个让人为难的且晦暗的形相[即第三个类型]。

那么,[a5]我们应该认为[第三个类型]具有什么功能和本性呢? 眼下这一点最重要:它是整个生成的接受者,即某位奶妈。尽管它得到过真实的言说,但必须更明白地言说它。当然,这很难,[49b]除了别的原因,

---

① 本指"元素",见后文54d等处。
② 26a 和 27a 已将言说或认知视为"最伟大的事迹"。

更重要的原因是，[第三个类型]本身导致我们必然对于火及其伴随的诸事物预先发生困惑。因为难就难在，言说这些事物中的每一个时，实在地称哪个为"水"而非"火"，又实在地称哪个为某一个而非[其他]所有那些中的任何一个，[b5]从而使用某种可信的且确定的言辞。在近似性上，既然我们曾对这些事物全面发生困惑，那么，对于[第三个类型]本身，我们要如何言说，在何种意义上言说，又言说什么呢？

首先，我们看见，我们如今命名为"水"的事物凝固起来，并如我们所认为的，生成为石头和土。[49c]这同一个事物融化并分解，生成为气息和气。气被点燃，生成为火。反过来，火被聚合并被扑灭，又回到气的型相。再者，气运行到一起，并密集起来，便生成为云和[c5]雾。当云和雾被进一步压紧时，便从中生成水流。从水中则再次生成土和石头。这构成了一个循环，诸事物这样把生成传递给彼此，如上面所显现。

因此，这些事物在任何时候都不[49d]显现为它们各自。那么，任何人坚定地主张它们中的哪一个是某一个而非另一个，才不会令自己出丑呢？这里说的"哪一个"并不存在。① 相反，在规定这些事物时，迄今最保险的是像眼下这样言说：不论我们发现什么永远在不同时候和不同地方生成，[d5]比如火，我们都不把火说成"这个"，而是说成"每个时候都这样的事物"，也不把水说成"这个"，而是说成"永远都这样的事物"，也不把任何其他事物说成在任何时候具有任何确定性的事物。

[49e]所谓"具有任何确定性"就是，我们展示诸事物时，用到"眼下这个"和"那个"这种叫法，从而认为自己显示了某个事物。因为任何事物都逃离而非持存于如下这些表达："眼下这个""那个""在眼下这方面"，以及[其他]每一个把诸事物展示为持存者的表达。相反，我们不要把每个事物都说成"这个"，[e5]而要称为"永远一致地绕行着的这样的事物"——这既是分别就每个事物来说，也是汇总就所有事物来说——尤其要把火称为"自始至终这样的事物"，同时[也要这么称呼其他]每个有生成的事物。

不过，在[第三个类型]中，诸事物中的每一个都显现为永远生成着的

---

① 指永远存在。

事物，而且从[第三个类型]中，诸事物中的每一个又都归于毁灭。[50a]在仅仅宣称[第三个类型]时，我们才应该使用"那个"和"眼下这个"这样的叫法。而对于任何某样的事物，不论热的，还是白的，还是相互反对的事物中的任何一个，还是由诸事物构成的任何整体，我们都不应该称之为"那个"和"眼下这个"这些叫法中的任何一个。

此外，[a5]我们还应该热心于重新更清楚地言说[第三个类型]。因为，如果任何人从金子中塑造所有外形，且不停地把每个外形改塑为[其他]所有外形，那么，当任何人展示这些外形中的一个并问[50b]"这到底是什么"时，为了真实性，迄今最保险的是说"这是金子"。可是，不论对于三角形，还是对于其他生成于[第三个类型]中的诸外形，我们任何时候都不应该说它们"是"[某事物]，因为正当规定它们时，它们就变化了。相反，如果凭借任何程度的保险性，一个外形愿意接受"这样的事物"这个叫法，那么，我们就应该[b5]满足。

这篇文辞本身也关乎那个接受所有物体的[第三个类型的]本性。我们应该永远以同一个叫法称呼这个本性，因为这个本性完全不会离开自身的功能。因为这个本性永远接受所有事物，却[50c]不采取与进入它内部的任何事物相一致的任何形状，不论在任何时候，在任何地方，以任何方式。因为，依据自然，这个本性被设定为"压印"出每个事物的材料，并被进入它内部的诸事物所推动和全面形塑。因此，这个本性在不同的时候显现为不同的样子。此外，入于并[c5]出于这个本性的诸事物，是永远的诸存在者的诸模仿品，且是永远的诸存在者"压印"出来的。这种"压印"采用了某种难以言说且令人惊异的方式，我们回头会探求这种方式。

无论如何，在目前的场合，我们有必要思考三个类型：[50d]生成者、[生成者]在其中生成的事物[即接受者]①、生成者从其中自然而然生长得与其相一致的事物[即永远的存在者]。我们尤其适合认为，这个接受者近似于母亲，这个[令生成者]"从其中"[生成]的事物[即永远的存在者]近似于父亲，这个介于此二者之间的[生成者的]本性则近似于后代。

---

① 即前几段所说的"第三个类型"。

同时，我们还适合认识到，既然"印记"[d5]注定会看上去在最大限度地"被绣得五彩缤纷"，那么，"印记"在其中被"压印"并被存放的那个事物[即接受者]本身，不会得到很好的准备，除非此事物无形状而存在，即不具备[50e]此事物从任何地方注定接受的所有那些型相。

因为，当[接受者]接受与它自身对立的诸事物，以及本性与它完全不同的诸事物时，如果它与靠近它的这些事物中的任何一个——不论何时到来——之间存在一致，那么，它就糟糕地造就一致，因为它附带显现了它自身的外观。因此，[e5]这个在自身之中接受所有类型的事物，有必要外在于所有形相而存在。这就像对于那些好闻的油——无论多少——人们首先以技艺设计如下开端：人们制作一些液体，这些液体着实最没有气味，这样才可以接受诸气味。此外，如果人们尝试在任何柔软事物中压印出诸外形，那么，人们就不允许任何外形一开始就显示在那个柔软事物之中，[e10]而是先使那个柔软事物平坦到着实最为光滑，然后造出诸外形。

[51a]同样，由于这个[接受者]基于其整个自身而注定多次很美地接受与所有永远的存在者相一致的诸事物，故这个[接受者]适合于自然而然生长得外在于所有形相。因此，我们会说，生成得可见且完全可感的事物的这位母亲[a5]和接受者，不是土或气或火或水，或土、气、火、水的结合物，或令土、气、火、水得以生成的组成部分。相反，如果我们说，[接受者]是某种不可见且无形状的形相，接受所有事物，在某种意义上[51b]最令人困惑地分有可理知者，且最难以把握，那么，我们不会在说谎。由于有可能从之前所说的话抵达这种形相的本性，故任何人都可以最正确地像眼下这样言说：这种形相被点燃的那部分每次都显现为火，[b5]这种形相被液化的那部分每次都显现为水，这种形相接受土和气的模仿品的那部分每次都显现为土和气。

若我们要进一步以文辞分辨这些事物，那么，我们就应该像眼下这样作悉心考察：是否存在任何凭借自身的火自身？又是否存在这样的所有事物，令我们永远说它们[51c]每一个都基于自身而存在？或者，那些我们注视的事物，抑或其他那些我们通过身体而感觉的事物，才是唯一具有这样真实性的事物？除这些事物以外，其他任何事物都不在任何地方以任何方式存在？相反，我们每次断言[c5]存在每个事物的某种可理知的形相时,都是徒劳,而这种形相终究无非是一个说法吗?

在此,一个人固然不值得抛开目前这个未经裁断且未经决断的局面,也就不值得坚持声称情况是[之前]那样。可是,一个人同样不应该往一篇很长的文辞上再加上另一篇很长的附带文辞。[51d]所以,如果一个人进行某种重大的分辨,并简要显现这种分辨,那么,这个做法会生成得着实最契合时机。

于是,像眼下这样,至少我自己"投下自己的一票"。一方面,如果理智和真实的意见是两个类型,那么,完全存在着那些依据其自身的[d5]事物,即不为我们所感觉而仅为我们所理知的诸形相。但另一方面,如果正像对某些人显现的,真实的意见绝非不同于理智,那么,我们应该规定,我们通过身体而感觉的所有事物——无论多少——是最确定的。[51e]可实际上,我们应该说,理智和真实的意见是两个[形相],因为它们分别生成,并相互不一致地存在着。

因为在我们内部,二者中的一个[即理智]通过教诲而生成,另一个[即真实的意见]则因劝说而生成。一个永远凭靠真实的文辞而存在,另一个则是非理性的。一个不可为劝说所推动,另一个则可以为劝说所改变。[e5]我们应该说,一个[即真实的意见]为每个男子汉所分有,[另一个即]理智则为诸神所分有,也为人们中规模很小的某个类型所分有。

正因为理智和真实的意见以这种方式存在,[52a]我们才应该一致说定,有一个形相依据同一些事物而存在。它既不可生产,也不可毁灭。它既不从其他地方接受任何事物到自身之中,自身也不从任何地方去往其他事物之中。它既不可见,也不以其他方式可感。它可以为思考所碰巧审视。

[a5]此外,我们还应该一致说定,还有第二个形相与上述形相同名且相一致。它可感,可生产,永远被带动,在某个地域生成,又从那儿毁灭。它可以为意见凭借感觉所把握。

此外,我们还应该一致说定,还有第三个类型,即空间这个类型。它永远存在,而不承受灭亡。[52b]它为所有具有生成的事物提供一个位置。某种"血统掺杂的"思索可以凭借非感觉[能力]触及它。它很难令人相信。我们注视它时，实际上在做梦，并声称：某种意义上，每个存在者都必然存在于某个地域中，占据某个空间，[b5]至于既不在大地上也不在天宇某处的事物，则并不存在。

由于这种做梦，我们生成得没有能力醒来，也就没有能力分辨所有这些事物、作为这些事物的兄弟的其他诸事物，以及无睡眠的且真实地生存着的本性。[52c]于是，我们也没有能力言说真相，而真相是：一方面，就近似物来说，空间在生成中关涉的事物本身并不属于近似物自身，而且永远作为其他某事物的幻象而被带动。基于这些状况，空间适合生成在某种其他事物之中，并以某种方式[c5]坚守存在。否则，空间完全不存在。但另一方面，实在的存在者的"援军"是准确意义上的真实文辞。这篇文辞主张，只要某个事物是一个事物，别的事物是另一个事物，那么，两者中的任何一个在任何时候都不生成于另一个之中，[52d]也将不会同时生成为同一个和两个。

总之，让这篇文辞因"我投的票"[1]而得到发表吧，因为这篇文章曾得到这样的思索：存在者、空间、生成——三重意义上的这三者，存在于天宇生成之前。同时，生成的[d5]奶妈[即空间]被液化且被点燃，接受土和气的形状，并承受其他与这些遭遇相伴的诸遭遇，[52e]从而显现为所有种类而让人看见。因为这位奶妈为既不一致又不平衡的诸力量所充实，从而在她的任何部分中，她都不平衡。相反，她在每个方向非齐一地摇摆，从而为[火、水、土、气]所震动，并在被推动时[e5]反过来震动[火、水、土、气]。

[火、水、土、气]得到推动时，永远以不同方式得到带动和分解，就像为一些筛子和[其他]一些净化谷物的工具所震动和[53a]去壳：密集的且重的诸事物被带到一个位置固定下来，松散的且轻的事物则被带到另一个位置固定下来。这时，[水、火、土、气]这四个类型这样为这位接受者[即奶妈]所震动，而她自己也得到推动，有如一个造成震动的工具。于是，她把彼此最不一致的诸事物[a5]彼此隔开得最远，并把彼此最一致的诸事物最大限度地驱逐到一起。

---

[1] 参见51d。

因此,不同的诸事物曾占据了不同的空间,在此之后,[那位神]曾为大全安排秩序,从而曾让大全从不同的诸事物中生成。而在此之前,所有这些事物曾无比例地且无尺度地存在。[53b]当[那位神]曾尝试为大全安排秩序时,最初的火、水、土、气——它们曾有自身的某些痕迹——已然全都被置于如下状态:当神在任何事物面前都不在场时,每一个事物都是近似的。那时,诸事物已然自然而然生长成这样,神曾首先[b5]用诸形相和诸数全面形塑它们。于是,那位神以这种方式构造了诸事物,使之从并非最美且最好变得尽可能最美且最好。[至此,]我们把所有这些[话]确立为可以永远这样说的[话]吧。

现在,我应该尝试[53c]显示对这些事物中每一个的设定,并显示这每一个的生成——为此我将使用对你们来说不合习俗的文辞。可是,你们分有一些教育途径,通过这些途径,我所说的必然得到展示,故你们将依从我所说的。

首先,火、土、水、气是物体,这在某种意义上对每个人都显而易见。[c5]因此,每个物体形相都有深度。深度完全必为平面的本性①所包围。平面表面的平整本性从诸三角形中构成。所有三角形都以一对[53d]三角形为开端,这一对三角形中每一个都有一个直角和两个锐角。在这对三角形中,一个在直角两侧各自拥有直角的一部分,这两部分被相等的两条边分割出来。另一个同样在直角两侧各自拥有直角的一部分,但这两部分不相等,且为不相等的[两条边]所分配。

我们把这设定为火和其他诸物体的开端,[d5]并依据与必然性相伴的近似文辞进行[探讨]。至于比这些三角形更高的诸开端,神才知道,当然男子汉们中也许作为神的朋友而存在的某一个也知道。

接着,我们有必要言说[53e][火、土、水、气]四个物体会生成为什么样才最美。一方面,它们各自之间不一致。另一方面,它们中的任何一些物体在分解后,都有可能从它们中的另一些物体中生成。因为当我们碰巧遇上这一点时,我们便掌握了真相,即关于土和火及其两个比例中项[气和水]的生成的真相。因为[e5]我们对任何人都将不会承认眼下这

---

① 希腊文中,一个事物的本性可代指该事物。后文多见。

一点:有人看见某个地方存在着一些物体比[火、土、气、水]这些物体——其每一个都基于一个类型而存在——更美。于是,我们应该热心于既把这些物体的四个类型调整到超常美丽,又主张我们已然充分把握这些类型的本性。

[54a]在[作为开端的]那一对三角形中,等腰的那个碰巧获得了单一本性,长短腿的那个则碰巧获得了无限多本性。① 因此,如果我们打算按[惯常]方式开始,那么,我们应该在这无限多本性中优先选择最美的那个。如果某人有能力说自己拣选出了更美的一个,以构造那些物体,那么,作为[我们的]朋友而非仇敌,此人就取得了支配地位。[a5]在许多[长短腿]三角形中,我们略过其他的,而把最美的那个规定为如下:从这个三角形中,我们可以构造出等边三角形,作为第三个三角形。

[54b]关于何以如此,得说更多。相反,若任何人反驳这一点,并发现情况确实[值得反驳],那么,我们会出于友爱而[为此人]设定诸竞赛奖品。因此,[在此人出现之前,]我们就优先选择这两个三角形[作为开端的]吧,从它们之中,火的身体和其他诸事物的身体得到设计。这两个三角形中,一个是等腰的,另一个则[b5]使长边在平方上永远三倍于短边。

于是,早先说不清楚的事物,现在我们应该作出进一步分辨。因为那所有四个类型看起来从彼此中生成为彼此,但它们并未得到正确显现。其实,从[54c]我们优先选择的诸三角形中,生成了这四个类型:三个类型来自一个不等边三角形,第四个类型是唯一一个从等腰三角形组合而成的。

所以,四个类型并非都有可能在分解为彼此时,从许多小类型中[c5]生成少量大类型,或反之。其实,只有三个类型有可能如此。因为三个类型都从一个三角形中自然而然生长出来,所以在较大的诸类型得到分解后,从这些类型中,许多小类型得到构造,并接受适合其自身的外形。而在许多小类型[54d]被分散为诸三角形后,生成的一个数量的三角形会造就一个块状物,作为另一个大形相。

关于四个类型生成为彼此,就说这些吧。我们接着要说,四个类型中每一个生成为何种形相,以及生成于多少数量的三角形的碰巧相遇。

---

① "等腰的"即"等腰的","长短腿的"即"非等腰的"。

[d5]将充当开端的是四个类型中排第一位且被构造得最小的形相,其元素是弦二倍于短边长度的三角形。如果两个这种三角形沿其弦集结在一起,这种状况生成三次,[54e]且诸弦和诸短边抵住同一个中心,那么,从为数有六的这种三角形中,一个等边三角形就生成了。如果四个等边三角形集结在一起,让三个平面角交汇于一点,那么,这就制作出了一个立体[55a]角,此角后于最钝的平面角而生成。① 如果我们造就四个这样的立体角,那么,我们就可以构造出第一个立体形相,它可以把整全的球体表面划分为相等而一致的诸部分。

第二个立体形相来自同一些[a5]三角形,但它们按八个等边三角形为一组集结起来,且从四个平面中造出一个立体角。如果六个这样的立体角生成,那么,第二个物体就获得了完满。

第三个立体形相来自集合起来的两倍于六十个的元素三角形,[55b]且来自十二个立体角,每个立体角为五个等边三角形平面所包围。于是,这个立体形相生成得拥有二十个等边三角形作为底面。

两个元素三角形中,一个生产了这些形相,便期望得到解脱,另一个即等腰[b5]三角形则生产了第四个形相的本性。等腰三角形按四个为一组集结起来,并将诸直角朝向一个中心联结起来,从而造出一个等边四角形。六个这样的[55c]四角形集合起来,便造就了八个立体角,每个立体角基于三个直角平面而得到组合。这个集结而成的物体的外形,生成为立方体,从而拥有六个等边四角形平面作为底面。

还存在一个构造,[c5]即第五个形相。那位神曾为了大全而使用它,从而在大全上画出了各种活物。

如果某人"合乎曲调地"思索所有这些,从而困惑于有必要说"存在着无限多宇宙",还是"[诸宇宙在数量上]有限度",那么,[55d]此人会认为,前一个意见属于如下这种人:对于有必要有经验的诸事物,这种人实在没有经验。至于到底适合于说"一个"还是"五个"宇宙真实地自然而然生长出来——当[某人]驻足于此问题时,他就在更加适宜地全面发生

---

① 最钝的平面角即平角(180度)。因为立体角由平面角构成,故立体角后于平角而生成。

困惑。[d5]事实上，依据这篇近似的文辞，我们的意见揭示，单一的宇宙自然而然生长为神。不过，当其他某人在其他意义上注视其他状况时，此人就将持其他意见。我们应该打发走此人。

相反，我们可以把现在文辞中生成的诸类型分配给火、土、水、气。于是，我们可以把立方体形相赋予土。[55e]因为四个类型中最不可推动的是土，土也是诸物体中最可塑造的，且这个物体拥有最保险的诸底面，从而绝对必然生成为这样。一方面，就我们一开始设定的诸三角形构成的底面来说，依据自然，等边三角形构成的底面比不等边三角形构成的底面更保险。[e5]另一方面，就从[两个元素三角形中]每一个中集结出的平面来说，在部分和整全上，等边四角形[这个平面]都必然比等边三角形[这个平面]更牢固地站立。因此，[56a]我们为土分配立方体形相，从而保全这篇近似的文辞。

对于剩下的诸形相，我们分配如下：为水分配最难以推动的形相，为火分配最容易推动的形相，为气分配居间的形相。[换言之，]为火分配最小的物体，为水分配最大的物体，为气分配居间的物体。[又换言之，][a5]为火分配最尖锐的物体，为气分配第二尖锐的物体，为水分配第三尖锐的物体。所有这些物体中，拥有最少底面的物体必然自然而然生长得最容易推动，并凭每个底面而在所有这些物体中最有切割力且[56b]最尖锐。此外，这个物体也最轻，因为它从最少的同一些部分中集结而成。相应地，拥有第二少底面的物体，第二等程度地具备这同一些状况。拥有第三少底面的物体，第三等程度地具备这同一些状况。

于是，依据这篇正确的文辞，也依据这篇近似的文辞，就让生成为棱锥体[b5]形相的立体是火的元素和种子吧。然后，我们可以说，在生成上居于第二位的立体是气的元素和种子，生成上居于第三位的立体则是水的元素和种子。

在此，我们必须思考：所有这些立体如此小，以至于[56c]每个类型中每个成员都小到我们看不见，但当许多立体被集合时，它们构成的块状物就可以为我们所看见。我们还尤其必须思考：关于诸匹配度，即关于[诸立体的]诸体积、诸运动以及其他诸功能各自之间的诸匹配度，[c5]当那位神曾造就[所有这些功能]时，他完全准确地组合了[所有这些功能]，使之相互匹配。当然,他这么做的前提是,不论以什么方式,必然性的本性都既自愿又被劝说而退避。

从我们此前关于诸类型所说的一切出发,[56d]依据最近似的事物,情况会像眼下这样。土碰巧遇上火,并为火的尖锐性所分解。但不论土会碰巧分解于火本身之中,还是一"块"气之中,还是一"块"水之中,土都仍会运行。然后,土的诸微粒在某处碰巧相遇,[d5]自身与自身得到组合,从而再次生成为土。因为土在任何时候都不会进入别的形相中。

再者,水被火所分割,或者甚至被气所分割。但有可能的是,[水的诸微粒]集结,从而生成为一个单位的火和两个单位的[56e]气。一个气微粒被分解,从中会生成气的诸碎片,而这些碎片会生成为两个单位的火。此外,在许多火中,有少量火为气和诸水所包围,或为某些土所包围。[这些包围火的事物]运行着,这少量火则在[这些事物]中运动并战斗,然后被战胜并被粉碎。这时,[e5]两个单位的火便集结为一个形相的气。当气被支配并被切碎时,从两个半①整全形相的气之中,将集合出一个整全形相的水。

因为我们可以再次思索这一切,就像眼下这样。[火之外]其他类型中的某一个在火中被捕获,[57a]从而被火以角和边的尖锐性所切割。这时,在一种情况下,[这个被切割的类型]集结为火的本性,便停止了被切割。因为每个与自身一致和相同的类型,都既不可能在依据同一些事物而一致地存在的类型中制作任何变化,也不可能因这个类型而承受任何事物。[a5]然而,在另一种情况下,[前述被切割的类型]生成为其他某个类型,作为较弱小者而存在,并与较具支配力者战斗。那么,[前述被切割的类型]就不停止分解。

此外,少量较小的类型为许多较大的类型所包围并粉碎,[57b]从而被"扑灭"。这时,在一种情况下,少量较小的类型愿意集结为具有支配力的事物的型相,便停止被"扑灭"。故而,从火中生成了气,从气中生成了水。然而,在另一种情况下,少量较小的类型正对着许多较大的类型运行,与这些其他类型[即较大类型]中任何一个运行到一起,从而进行战

---

① 即二又二分之一。

斗。[b5]那么,少量较小的类型就不停止分解。结果,要么它们完全被驱逐并被分解,从而逃向类同于它们的类型,要么它们被战胜,从多个生成为一个,并生成得与具有支配力的类型相一致,从而持存为此类型的"同族"。

另外,[57c]依据这些遭遇,所有类型互换所在空间。因为,一方面,通过接受者的运动,每个类型的大多数成员都各自分开,位于其私自的地域。另一方面,[每个类型剩下的]那些成员每个时候都与其自身不一致,却与其他类型相一致。[c5]通过[接受者的]震动,由于与其他类型相一致,故这些[剩下的]成员就朝着其他类型的地域运行。

出于这样一些原因,未经混兑的、原初的诸物体就生成了。至于其他诸类型以其诸形相[如何]自然而然生长,我们应该把此状况的原因归于诸元素三角形中每一个进行的构造。[57d]一开始时,每个构造未曾"种植"具有唯一一个大小的三角形,而曾"种植"大大小小的三角形,其数目像存在于诸形相中的诸类型那么多。因此,这些三角形与自身融合,也与彼此融合,从而[d5]无限地"被绣得五彩缤纷"。事实上,那些打算使用有关自然的近似文辞的人们,必须生成为这个"被绣得五彩缤纷"的状况的观察者。

关于运动和静止,不论此二者以什么方式且凭借哪些事物而生成,如果任何人并未[同我们]一致说定,[57e]那么,许多状况会阻碍随后的思索。尽管关于运动和静止,我们已然说过一些话,但在这些话之外,我们还要说眼下这些话:运动确实在任何时候都不愿意存在于齐一性中。因为,推动者缺少推动者而存在,或推动者缺少被推动者而存在[e5]——这两种情况都很难发生,甚至不可能发生。当推动者和被推动者不在场时,运动就不存在,而且推动者和被推动者任何时候都不可能齐一而存在。由此,我们可以永远把静止置入齐一性中,把运动置入非齐一性中。

[58a]非齐一的本性的原因是非平衡性。我们叙述了非平衡性的生成,但我们不曾说过,每个事物如何在任何时候都没有依据诸类型而被隔开,又如何因此而不停止相互之间的运动和运行。于是,我们要回过头来像眼下这样言说。

[a5]大全的圆轨——因为它包罗诸类型——是浑圆的,并自然而然

谋划向着自身运行到一起。由此，大全的圆轨把所有事物挤压到一起，不允许留下任何一个虚空的空间。因此，[58b]火在最大限度上渗透到了所有事物里面，气在第二等程度上渗透到了所有事物里面，因为气自然而然生长得在纤细上居于第二等。其他事物依此类推。因为，从最大的诸微粒中生成的诸事物，在自身构造中留下了最大的空隙，而最小的①诸事物则在自身构造之中留下了最小的空隙。

[b5]于是，压紧造成的会聚把小事物驱逐到一起，使之进入大事物的空隙。所以，当小事物被放在大事物旁边，较小的事物分解较大的事物，较大的事物聚合较小的事物时，所有事物便上下穿行，去往其各自的地域。[58c]因为每个事物都改变其大小，从而改变其地域的位置。故而，正是基于这些，非齐一性的生成得到永远保全，从而持续提供这些事物的运动。此运动永远存在，且将会永远存在。

[c5]此后，我们应该认识到，火的许多类型已然生成。例如，有火焰，还有从火焰那儿离去的事物，此事物并不燃烧，但为眼睛提供光明。还有火焰本身熄灭后[58d]留在灰烬中的事物。

气的情况也是依据同一些事物。最远离污染的气可称之为"以太"。最浑浊的气可称之为"雾"和"黑暗"。气的其他诸形相则没有名字，并通过诸三角形的非平衡性而生成。

水的类型主要一分为二：其中一个类型是液体，另一个类型是熔质。[d5]液体这个类型分有水的某些类型而存在，这些类型小而不平衡。故而，液体本身生成得能够运动，不仅可以依据自身而运动，而且可以为他物所推动。因为液体本身具有非齐一性，以及这种外形的型相。

[58e]熔质这个类型则来自大而齐一的诸事物，且比液体那个类型更牢固。同时，熔质很重，并为齐一性所凝固而存在。当火进入并分解熔质时，熔质才因此而抛弃齐一性。一旦熔质毁灭了其齐一性，熔质便分有更多运动。既然熔质生成得容易推动，[e5]熔质便为邻近的气所驱逐，并延伸至地上。"熔化"就是块状物的消亡，"流动"就是延伸至地上。熔质为如上每个遭遇都取了名字。

---

① 按前半句来理解，"最小的"实指"从最小微料中生成的"。

[59a]反之,当火从熔质中冲出来时,由于火并非向外运行到了虚空中,故邻近的气受到火的驱逐。同时,邻近的气把液体"块"——它仍容易推动——驱逐到一起,使之进入火[原来]的位置,从而把液体"块"和它自身①融合到一起。于是,被驱逐到一起的液体"块"重新获得了[a5]齐一性。由于作为非齐一性的制造者,火已然离去,故液体"块"处于与其自身的同一性中。火的解脱被说成是"冷却",而火的离去造成的会聚被说成是"凝固的"类型。

[59b]在我们称为"熔质"的所有这些水中,有一个最密集的类型生成于最纤细也最齐一的事物中,从而生成为一个具有单一形相的类型。此类型被染上了闪亮的黄色,且是最贵重的财产,即金子。金子从岩石中过滤出来,并凝固起来。金子有个支裔,[b5]因其密集性而最硬,且得到了黑化,叫做"铁石"。还有一个类型接近金子的微粒,但具有不止一个形相。由此,一方面,在密集性上,此类型比金子更密集。而且此类型分有小而纤细的一部分土,因为此类型比金子更硬。[59c]但另一方面,此类型在自身内部有大间隙,从而更轻。此类型是光辉而凝固的诸水中的一个类型,一旦得到集结,便生成为铜。与铜融合的那部分土,老化并与铜再度相互分离。这时,那部分土便生成得凭借自身而显现出来,从而[c5]被说成"锈"。

至于这样的事物中的其他类型,并未"被绣得五彩缤纷"到尚需悉心思索的程度,[因为某人应该]求索诸近似故事的型相。为了休息,某人会放下关于那些永远的存在者的诸文辞,并悉心观察关于生成的[59d]诸近似文辞,从而获得不后悔的快乐。这时,此人会把诸近似故事的型相制作成生活中有尺度而明智的儿戏。所以,现在我们放松此后的讲述,从而循序讲述这些事物的诸近似物,就像眼下这样。

水在与火融合后,纤细且呈液态,从而被说成"液体",因为[d5]这样的水运动着,且采用在地上滚动的途径。这样的水还柔软,因为它的诸底面没有土的诸底面那么安定,故它的诸底面退避他物。当这样的水分离于火并自绝于气时,[59e]它就生成得更齐一。且正因火和气离去,这样

---

① 希腊文中,有自身与自身融合的说法。

的水被驱逐到与它自身在一起了①。在这样凝固后,这样的水有一部分在地的上方,并最大限度地承受这些状况,从而被说成"雹"。这样的水还有一部分在地上,从而被说成"冰"。这样的水还有一部分较少凝固,即还是半凝固的:当这一部分在地的上方时,就被说成"雪"。而当这一部分从露水中生成,从而在地上凝固到一起时,[e5]就被说成"霜"。

水的最大多数形相被此融合。一方面,在整个类型上,[60a]这些形相从植物——植物来自土地——中过滤出来,"汁液"被说成[这些形相的名字]。但另一方面,每个形相都因这些融合而具有非一致性,这就造成许多没有名字的类型。不过,有四个形相易燃,且生成得最耀眼。

其中一个形相[a5]能够加热身体乃至灵魂,这就是酒。另一个形相光滑,能够分解目光,因而显现得看起来光辉、闪亮、油亮,这就是油的形相,[包括]树脂、蓖麻油、橄榄油本身,以及其他具有同样功能的诸事物。还有一个形相能够放松[60b]嘴的会聚部分,使之达至自然,而且通过这个功能而提供甜味,从而拥有一个包括所有情况的总名,即蜜。还有一个形相能够通过燃烧而分解肉,这就是有泡沫的类型,它从所有那些汁液之中分离出来,[b5]被命名为"酸汁"。

土的诸形相中,有一个从水中过滤出来,且以眼下这个方式生成为石性物体。与这土相融合的水一旦在融合中被粉碎,就变成了气的型相。气生成后,[60c]就向上跑到其自身的地域。然而,并无虚空在诸气之上,故这气驱逐邻近的气。这气由于很重,故在受到驱逐后,被浇在土块上。这气剧烈挤压土块,把土块驱逐到一起,使之进入新的气上行前所在的位置。[c5]土为气所驱逐到一起,以至于不可为水所分解,从而集结为岩石。其中较美的是一种透明岩石,由平衡而齐一的诸微粒构成,而较丑的反之。

土还有一个形相,被火迅速[60d]夺去了所有湿润部分,且在构造上比前一个形相更脆弱,这个类型我们命名为"陶土",它就这样生成了。但如果湿润部分得到保留,土就生成得在火中熔化,后被冷却。这时,土的这个形相仍然存在着,并生成为黑色石头。

---

① 希腊文中,有自身与自身在一起的说法。

土还有两个形相,依据这同一些事物,[d5]经过融合后,自绝于许多水。不过,这两个形相来自较纤细的土微粒,从而具有盐性。同时,这两个形相生成为半凝固的,并可重新为水所分解。这两个形相中一个是能够净化油和土的类型,即碱面。另一个在关于口中感觉的诸结合物中得到很好的调整,[60e]从而生成为盐,即礼法文辞中的"神所喜爱的物体"。①

还有些事物由水和土二者结合而成,且不为水所分解,却为火所分解。这些事物以眼下这个方式凝固到一起。火和气并不分解土块,因为[e5]火和气自然而然生长得由较小的微粒构成,这些微粒比土的构造的诸空隙更小。故火和气不使用强力就可以穿行于许多开阔空间之中。火和气允许土不被分解,从而留下土未被分解。但水的诸微粒自然而然生长得更大,从而通过强力开辟向外的通道,并分解土,直至溶化土。因为当土[61a]不为强力所集结时,只有水可以这样分解土。但当土集结时,除了火,任何事物都无法分解土,因为土没有为火之外任何事物留下向内的通道。另外,水最强有力的会聚只为火所分散,而水较无力的会聚则同时为火[a5]和气所分散:气作用于诸间隙,火作用于诸三角形。任何事物都无法分解通过强力而集结的气,除非作用于气的元素。只有火可以熔化不受强力作用的气。

至于融合自土和水的诸物体,[61b]由于在这种物体中,水占据了土为强力所压紧的诸间隙,故外部的水微粒若向这种物体袭来,就不具备任何向内的通道。于是,外部的水微粒在这整个块状物周围流动,留下此块状物不被溶化。同时,火的诸微粒进入水的诸间隙,从而造成这样的效果:火之于水,正如水之于土。[b5]当结合而成的物体熔化后流动时,火的诸微粒碰巧成了这种流动的唯一一些原因。土和水的诸结合物碰巧是如下这样。有一些结合物拥有更少水而非土,从而是与玻璃有关的整个类型,[61c]以及被称为"熔质"的诸石头形相。另一些结合物则拥有更多水[而非土],从而是所有如下事物:它们各自可以凝固到一起,成为具有蜂蜡形相和香料性质的物体。

---

① 荷马,《伊利亚特》9.214。

以上我们仿佛已经展示了,按照[火、气、水、土诸形相的]诸外形,也按照[诸形相]彼此的结合和转化,诸形相"被绣得五彩缤纷"。下面我们[c5]应该试着显现,出于哪些原因,生成了诸[形相]的诸遭遇。

感觉必须永远首先归于下面得到言说的事物,但我们尚未叙述,肉、同肉相关的诸事物、有死的灵魂如何生成。可是,若脱离[61d]与感觉的诸遭遇有关的诸事物,我们就碰巧不可能充分言说这些事物[即上述肉等的生成]。可是,若脱离这些事物,我们也碰巧不可能充分言说诸感觉。而我们仿佛也不可能同时充分言说上述二者。所以,我们应该事先设定此二者中的某一个为前提,然后返回这个得到设定的前提。为了在[火、气、水、土]诸类型之后言说诸遭遇,[d5]我们就让关于身体和灵魂的诸存在者事先存在吧。

首先,我们可以来看我们何以称火为"热的",从而像眼下这样考察。我们可以思考,火对我们身体的分解和切割如何生成。[61e]我们所有人仿佛都感觉得到,火带来的遭遇某种意义上是尖锐的。火的诸边之纤细,诸角之尖锐,诸微粒之细小,运行之迅速——凭借所有这些,火剧烈且有切割力,从而永远尖锐地切割火碰巧遇上的事物——[62a]这些是我们应该思索的。从事这番思索时,我们可以回忆:[首先,]火的外形如何生成。[其次,]火的而非他物的本性最大限度地分解我们的身体,并将之切碎成小块,从而提供我们现在近似地说成"热"的遭遇,以及"热"这个名字。

[a5]与这些事物相反的事物显而易见,但让此事物仍然不缺少[相应的]文辞吧。其实,身体周围的诸液体具有较大的微粒,较大的微粒进入身体时,把较小的微粒驱逐出去。但较大的微粒不可能进入较小的微粒的位置,故较大的微粒把我们的[62b]湿润部分驱逐到一起。对于非齐一且运动着的事物,较大的微粒赋予其齐一性,并将其驱逐到一起,故而从其中造出了不可推动的事物。正是这样,较大的微粒凝固了我们的湿润部分。不过,反自然地得到联结的事物,会依据自然而战斗,向着反方向自己驱逐自己。我们把这种战斗和这种震动[b5]命名为"颤抖"和"寒噤",而这整个遭遇及其施动者则均拥有"冷"这个名字。

此外,我们把我们的肉所退避的诸事物命名为"硬的",并把对我们的肉退避的诸事物命名为"软的"——此二者这样相互关联。这个退避者在小底面上站立,而那个从[62c]诸四角形底面中构成的存在者,由于站立得极[稳],从而是最能反击的形相。因为,当一个事物运行到一起,达到最大的密集性,它就会最能反击。

此外,"重的"和"轻的"会得到最清楚的展示,只要我们将其与所谓"在上"和"在下"的本性放在一起审查。[c5]其实,我们要依礼法认定,如下情况无论如何不正确:在自然上,存在着某两个相反的地域,把大全一分为二,一个部分在下,所有拥有某种块状身体的事物都向着它运行,另一个部分在上,每个事物都不自愿地向着它行进。

因为整个[62d]天宇具有球的形相,故天宇的诸最远点生成得同等远离天宇的中心。所以,这些点有必要自然而然生长得一致地最远。这个中心以同一些尺度远离这些最远点,故我们必须依礼法认定,这个中心与所有最远点正好相反。既然宇宙[d5]自然而然生长成这样,那么,这里说的最远点中的哪个点像如下这样:某人规定此点在上或在下,从而看起来正当地没有言说任何不适宜的名称?其实,一方面,在宇宙里面,我们若要自然而然地言说正当的中心地域,就不应说它"在下"或"在上",而应说它"在中心"。另一方面,外围地域既不在中心,且不包含不同于其他点的任何一个点——这是对于中心来说,而非对于[d10]正相反对于中心的任何一个点来说。

由于宇宙自然而然生长得在每个方向都一致,故某人可以把何种相反的名称用在宇宙身上,又会认为自己在什么意义上言说得美?因为,如果某个[63a]均衡的立体存在于大全的中心,那么,这个立体任何时候都不会被带到任何一个最远点那里,因为最远点在每个方向都一致。相反,如果某人以圆周环绕大全行进,那么,当他站在大全的诸对跖点上时,他会多次把同一个点既称为"在下"又称为"在上"。因为,正如刚才所说,这个整全的大全[a5]具有球的形相而存在,所以,说大全的某个地域"在下"而另一个地域"在上",并不属于明智之人[的言论]。

"在下"和"在上"这些名称从何得到命名?在什么情况下,我们习惯于这些存在着的名称——基于这些名称,我们把整全的天宇这样分割为两个地域,从而言说这个天宇?[63b]对于这些问题,我们应该一致说定,而这需要设定眼下这些。

[我们假设,]某人在大全的一个地域,在这个地域,火的本性完全碰巧获得了[自己应得的]。而且在这里,最多的火得到聚集而存在,因为火被带到这里。[前面说的那人]站在这火上,并有能力作用于这火。于是,他[b5]拿走一些火微粒,将其放在天平上称量。在这种情况下,当他抬高杠杆,并使用强力把火拉向与之不一致的气时,[63c]显而易见,在某种程度上,比起较多的火,较少的火更容易受到强力作用。因为当两个事物同时为一个强力所抬高时,二者都在某种程度上受到牵引,但量较少的事物必然更大程度地服从那个强力,而量较大的事物必然更小程度地服从那个强力。同时,量多的事物被称为"重的",且被带到下部,[c5]量少的事物被称为"轻的",且被带到上部。

关于眼下这个地域,我们必须在我们的行动中追踪同样的情况。因为我们在地上站立,取走一些具有土的形相的类型,有时甚至取走一些土本身。这时,我们反自然地以强力把它们拉向与之不一致的气,因为这两种事物都[63d]坚守类同之物。当我们使用强力令较小的事物趋近与之不一致的事物时,较小的事物比较大的事物更容易也更快地服从。于是,我们将较小的事物称为"轻的",并将我们使用强力令它趋近的地域称为"在上",而与此相反的遭遇,我们称为"重的"和"在下"。

这些[d5]遭遇必然以不同方式而相对地存在,因为不同类型的杂多事物占据着相互反对的地域。因为如果我们比较一个地域的"轻的""重的""在下""在上"与相反地域的"轻的"[63e]"重的""在下""在上",那么,我们将发现,不管生成上还是存在上,前四者都相对于后四者完全相反、偏离、完全不同。关于所有这些遭遇,我们确实应该思考某一件事,就像眼下这样。一方面,每个事物趋近其类同之物的[e5]过程,使被带动的事物是重的,也使这样一个事物被带往的地域是在下。另一方面,相反的状况则以相反的方式存在。所以,关于这些遭遇,我们就把这些说成原因吧。

至于光滑和粗糙的遭遇,某种意义上,每个人观察到其原因后,都会有能力将此原因[e10]对他人言说。因为与非齐一性相融合的坚硬性造成了一个遭遇[即粗糙],[64a]而与密集性相融合的齐一性造成了另一个遭遇[即光滑]。

关于整个身体所共有的诸遭遇,还剩下最大的问题:在我们叙述过的诸遭遇中,快乐和痛苦有何原因,以及何为如下这些遭遇——这些遭遇贯穿身体的诸部分而获得诸感觉,[a5]并在自身之中包含同时伴随这些感觉的痛苦和快乐?由此,我们可以把握有关每个可感的和不可感的遭遇的诸原因,就像眼下这样:我们可以回忆[64b]具有容易推动的本性的事物与具有难以推动的本性的事物,因为我们在前面曾区分过此二者。因为正是像这样,我们才应该求索我们意图把握的一切。

因为,一方面,对于依据自然而容易推动的事物,当甚至一丁点儿遭遇降临到它身上时,它的诸微粒便从一个到另一个地按圆周传递这个遭遇,[b5]就这样做着同一件事,直至诸微粒到达它的明智部分,并报道这个施动者[即这个遭遇]的功能。另一方面,与此事物相反的事物[即难以推动的事物]是安定的,且不按圆周运行,故它仅仅承受[64c]而不推动邻近的任何事物。于是,它的诸微粒并不在自身之中把前述遭遇从一些微粒传递到另一些微粒。在此情况下,[难以推动的事物]使这个遭遇不可推动至整个身体之中,从而使这个遭遇不可感。这种情形关涉到骨头、头发,以及其他在我们内部[c5]最大限度地具有土性的诸部分。而前一种情形最大限度地关涉到[我们内部负责]看和听的诸部分,因为这些部分在自身之中放入了火和气最大的功能。

故而,我们必须像眼下这样思考快乐和痛苦。一方面,当一种遭遇[64d]在我们内部反自然地以强力突然生成时,这种遭遇就是痛苦的,而当一种遭遇突然回归自然时,这种遭遇就是快乐的。另一方面,缓和而渐进的遭遇不可感,与之相反的遭遇则反之。容易生成的遭遇尽管着实最大限度地完全可感,[d5]但并不分有痛苦和快乐,比如与目光本身有关的诸遭遇。

我们在前面曾说过,在白昼,目光生成为对于我们自然而然的物体。因为,在这个情形中,一方面,切割和燃烧,以及其他为目光所承受的遭遇,并不在目光中制作痛苦,也不[64e]在重返同一形相时在目光中制作快乐。但另一方面,基于目光所承受的遭遇,也基于目光在某处投向并触及的事物,诸感觉最强烈也最清楚。因为完全没有强力存在于目光的分解和聚合之中。

由较大[e5]微粒构成的诸物体,很难服从施动者,也就很难传递诸运动至整个自身,因此,这些物体拥有快乐和痛苦。当这些物体疏离[65a][于自身自然的状况]时,它们就拥有痛苦。而当这些物体重新被设置为其自身[自然的状况]时,它们就拥有快乐。

一方面,[我们假设,]这些物体渐进地从自身退避而虚空化,又突然而猛烈地得到充实,从而生成得感觉不到虚空,而感觉得到充满。在这种情况下,[a5]这些物体为灵魂的有死部分并不提供诸痛苦,而是提供最大的诸快乐。这在诸香气的情况中显而易见。另一方面,[我们假设,]这些物体突然疏离[于自身自然的状况],从而渐进地且很难[65b]被重新设置为其自身[自然的状况]。在这种情况下,这些物体造成与前面所说的相反的所有遭遇[即诸痛苦]。这在身体被燃烧和切割时生成的情况中显而易见。

整个身体所共有的诸遭遇,[b5]以及诸名称中为了诸施动者而生成的那些,仿佛已得到言说。下面,只要我们在某种程度上有能力,我们就应该试着言说在我们的特定诸部分中生成的诸事物:[诸部分的]诸遭遇,以及[诸遭遇的]诸施动者的诸原因。

[65c]首先,关于味道的诸遭遇,即关乎舌头的特定诸遭遇,我们在前面曾留下没说,在此应该尽可能加以显现。看起来,正如许多遭遇,这些遭遇通过某些聚合和[c5]分解而生成,而且比其他诸遭遇更关涉粗糙和光滑本身。

因为,一方面,有些微粒是土性的,来到诸血管——诸血管有如舌头的探测器,并延伸至心脏——[65d]周围,并降临到湿润而柔嫩的肉微粒上,便被溶化了。于是,这些土性微粒使诸血管缩紧且干燥。这些土性微粒较粗糙时,就显现为酸的。这些土性微粒不那么粗糙时,就显现为涩的。

另一方面,有些微粒是[d5]诸血管的清洁剂,从而清洗舌头周围的整个区域。当这些微粒这么做得超越尺度,并阻却乃至溶化掉舌头的本性,就像碱面发挥其[65e]功能时,这些微粒便全部被命名为"苦的"。当这些微粒比碱面的习性更弱,并发挥合乎尺度的清洁作用时,这些微粒便是盐性的,而没有粗糙的苦味,并显现得对我们更友爱。

又一方面,有些微粒共有嘴巴的热量,[e5]并因其而变得光滑。这些微粒在着火烧尽后,自身反过来燃烧那个加热者。于是,这些微粒因为轻而被往上带动,一直抵达头的感觉。同时,这些微粒切割[66a]其所袭击的所有事物,无论多少。由于这些功能,所有这样的微粒被说成"辣的"。

又一方面,还有一些微粒因腐败而变纤细,并进入狭窄的诸血管。而在诸血管内部,[已经]存在着具有土的形相的诸微粒,以及气的诸微粒。相对于这两群微粒,[a5][上述刚进入的]诸微粒的形相具有合尺度性,故这个形相使这两群微粒围绕着彼此运动从而搅乱彼此。这两群微粒被搅乱,包围彼此,彼此进入彼此,从而造出环绕这些进入的微粒而延伸的空隙。[66b]当中空的湿润物——有时具有土的形相,有时是纯[水]的——环绕气而延伸时,上述诸空隙便生成为湿润的蓄气容器,即中空的、球状的诸水。一方面,有些包裹气的空隙由纯[水]的湿润物构成,呈透明状,可命名为"泡泡"。另一方面,有些包裹气的空隙则由具有土的形相的湿润物构成,这种湿润物[b5]一致地运动并上升,故这些空隙以"沸腾"和"发酵"之名得到言说。以上这两种遭遇的原因均被称为"酸的"。

又一方面,对于所有与说过的这些有关的诸遭遇,[66c]还存在一个相反的遭遇,它源于相反的缘由。进入诸液体的有些微粒的构造,自然而然生长得与舌头的习性"有亲缘"。每当此时,一方面,此构造为变得粗糙的诸微粒"涂油",使之变得光滑,另一方面,此构造缩紧反自然地分散的诸微粒,并放松反自然地集结的[c5]诸微粒。这样一来,此构造就着实最大限度地依据自然安置了所有微粒。这就是对带有强力的诸遭遇的"治疗",每一种这样的"治疗"都生成得充满快乐,且对每个人都友爱,从而被称为"甜的"。

[66d]以上这些事物就是这样。至于鼻孔的诸功能,实际上其中不存在任何形相。因为诸气味中的每一个都属于半类型,而且合尺度性不会碰巧降临到任何形相身上以便该形相拥有任何气味。相反,在我们内部,诸气味周围的诸血管集结后,对于土[d5]和水这两个类型太窄,对于火和气这两个类型又太宽。因此,任何人任何时候都没有感觉到这些事物有任何气味。

相反,气味从湿润化或腐败化或熔化或冒烟的某些事物中生成。因为当水变成[66e]气以及气变成水时,气味就生成于水和气的居间状态。所有气味都是烟或雾,在这二者中,一个从气向水运行,即雾,另一个从水向气运行,即烟。由此,所有气味都生成得比水更纤细,[e5]比气更浓稠。当某个呼吸受阻的人以某种强力把气息导入自身时,这一点就得到了展示。因为这时任何气味都不会[与气息]一并经过过滤[进入身体],而仅有脱离了气味的气息自身[67a]去到[身体里面]。

因此,诸气味尽管拥有这些"五彩缤纷的"[形式],却生成为两个[种类]。这两个[种类]不可命名,因为它们既非来自许多形相,也非来自单纯形相。不过,在此我们一分为二地言说诸气味,即快乐的气味和痛苦的气味,这是唯一明显的[两个种类]。一个[即痛苦的气味]把整个盛器——处于我们的头和肚脐之间的部分——粗糙化,并对其使用强力。[a5]另一个[即快乐的气味]则把这同一个盛器柔软化,从而让它再度满足地自然而然生长。

作为审视者,我们下面应该言说我们内部第三个能够感觉的部分,即与[67b]听有关的部分,同时也应该言说,出于哪些原因,与这个部分有关的诸遭遇碰巧发生。总体上,一方面,我们可以把声响规定为击打,气把击打通过耳朵传递到头内的髓,也传递到血,并一直传递到灵魂。另一方面,击打所施加一种运动,始于头部,[b5]终于肝的位置周围,这种运动就是听。若这种运动迅速,声响就高亢。若这种运动较慢,声响就较低沉。若这种运动一致,声响就齐一而光滑。若反之,声响就粗糙。[67c]若这种运动大,声响就大。若反之,声响就小。关于诸声响之间[如何]合乎和音,必然在较靠后的言说中得到讨论。

我们还剩下第四个能够感觉的类型,[c5]从而必须把它分辨出来。这个类型在自身之内获得了相当"五彩缤纷的"[形相],所有这些[形相]我们都称为"颜色",即从每个身体中流出的火焰,这火焰具有对于目光来说合乎尺度的诸微粒,以便得到感觉。此前,与目光生成的诸原因有关的事物[67d]已得到讨论。所以,在眼下这里,在最大近似性上,我们适合以合乎情理的文辞叙述有关诸颜色的事情。

有些微粒被从其他微粒中带出,并降临到目光上。比起目光本身的诸微粒，[上述微粒中]有一部分更小，有一部分更大，有一部分则相等。[d5]相等的微粒不可感，我们将其说成"透明的"，而更大的和更小的微粒——前者聚合目光而后者分解之——是三种微粒的兄弟。这三种微粒是：肉的热的和冷的微粒、[67e]舌头的酸微粒、我们所谓"辣的"且能够加热的微粒。这三种微粒的兄弟是白微粒和黑微粒，即聚合和分解带来的诸遭遇，这些遭遇本身以不同类型生成，并出于这些原因而显现得不同。所以，我们[e5]应该这样言说这些遭遇：一个能够分解目光，就是白的，另一个反之，就是黑的。

火的另一个类型更刺激地运行，这种运行袭击并分解目光直至眼睛。同时，这种运行还[68a]以强力突破眼睛的向外的诸通道本身，且将其熔化。于是，一方面，这种运行使火和水的集合体——我们称之为"泪"——从那儿涌出。另一方面，这种运行本身是火，还迎面遇上从相反方向来的火：一种火从眼睛中猛跳出来，就像来自闪电，另一种火则进入眼睛，并在周围的湿润部分中[a5]熄灭，所有种类的颜色都在这场混乱中生成。我们称这个遭遇为"闪烁的"，而把造成它的事物命名为"光辉的"和"闪亮的"。

[68b]以上两种火之间还有火的一个类型。一方面，当此类型到达眼睛的液体部分，并与之相混兑时，此类型就不闪亮。另一方面，这融合出的火的光芒，经过那湿润部分，从而提供血的颜色，故我们以"红的"这个名字称呼这种光芒。[b5]光辉的与红的和白的相融合，就生成黄的。

至于这些事物以什么比例相融合，就算任何人知晓，此人也没有理智去言说。因为，关于这些问题，任何人都没能力合乎尺度地言说任何必然性或近似的文辞。

红的[68c]与黑的和白的相混兑，便是海紫的。紫黑的则是这些融合的颜色进一步燃烧并与黑的混兑而成。褐的生成于黄的和灰的相混兑。灰的生成于白的和黑的相混兑。黄白的生成于白的和黄的相融合。[c5]白的和光辉的走到一起，并降临深黑的上面，就造成了深蓝色。深蓝的和白的相混兑，就造就了浅蓝的。褐的和黑的相混兑，就造就了绿的。

[68d]根据以上这些，其他诸颜色与哪些融合物相一致，会显而易见，只要一个人保全近似的故事。如果某人进行考察时要以行事获得

这些颜色的试金石,那么,此人没有认识到属人本性不同于属神本性。不同在于:当要把许多事物混兑为一个事物,以及反过来把一个事物分解为许多事物时,神[d5]在这两方面都足够有知识且有能力,但人们中的任何一个都不足以处理这两方面中的任何一个,不论现在还是以后任何时候。

[68e]这时,以这种方式,所有这些事物出于必然性自然而然生长出来了。由于[那位神是]诸生成者中最美且最好的一个生成者[即宇宙]的制造者,故而,当他曾生产这个自足且最完美的神[即宇宙]时,他曾接过上述那些事物,然后,他把与之相关的诸原因用作仆从,[e5]并自己建造所有生成者中的那种好①。

因此,我们有必要分辨原因的两个形相,即必然形相和属神形相。于是,一方面,为了获得幸福生活,我们有必要在所有事物中探究这种属神形相,[69a]只要我们的本性接受这种探究。另一方面,为了这些属神形相,我们有必要探究那种必然形相。因为[那位神]思索着,若没有那种必然形相,[我们]就不可能认识我们严肃追求的仅有的那些事物本身,也不可能抓住它们,也不可能在某种其他意义上[a5]分有它们。

现在,原因的诸类型均已被滤去渣滓,放在了我们面前,就像建造者们面前的诸木材。这时,我们必须从这些木材中"编织"剩下的文辞。于是,我们可以再次简要回顾开端,从而迅速抵达我们行进到这里之前的那同一个出发地。[69b]至此,我们试着为这篇故事安装底部和头部,以便与前面那些事物相匹配。

因为正如我们曾在诸开端所说的,诸事物无序地存在,故那位神在每一个事物自身之中曾制作种种合尺度性,使之既相对于自身也相对于彼此合乎尺度。[b5]故而,不论基于哪些合尺度性,也不论在什么意义上,[总]诸事物曾有可能合乎比例且合乎尺度而存在。因为当时除非出于机运,否则任何事物都不曾分有种种合尺度性,而且现在被命名的诸事物中任何一个,如火、水,乃至其他任何事物,都曾完全不值得被命名。相反,[69c]他首先曾为所有这些事物安排秩序,然后曾从它们中构造眼下

---

① 原文中这个"好"不同于句首的"好",而是更偏向实际,或可译作"福祉"。

这个大全,即这个在自身中拥有有死的和不死的所有活物的活物。于是,一方面,他自己生成为诸属神事物的制造者。另一方面,他曾命令自己的诸后代去制造诸有死事物的生成。

[c5]诸后代模仿他,曾接过灵魂的不死开端,然后曾围绕灵魂打造出有死的身体。由此,他们①曾赋予了灵魂以这整个身体,作为[灵魂的]马车。他们还在身体之中又构筑了灵魂的另一个形相,即有死形相。此形相在自身之中拥有厉害且必然的[69d]诸遭遇:首先是快乐,即糟糕事的最大诱饵。其次是诸痛苦,即诸好事的诸逃离者。再次是大胆和恐惧,即两个不明智的议事者。然后是血气,即难以劝解的事物。最后是希望,即容易诱拐的事物。他们曾把以上这些事物与非理性的感觉和对一切都跃跃欲试的[d5]爱欲相混兑,从而曾以必然方式构造[灵魂的]有死类型。

基于这些,他们畏惧玷污[灵魂的]属神类型,除非存在完全的必然性。故而,他们使那个有死类型离开这个属神类型去安家,从而让那个有死类型进入[69e]身体中的另一个家。为此,他们曾构筑"地峡"和"界石"隔开头和胸,即在二者之间设置了脖子,让二者各是各。然后,在胸部和所谓"胸膛"之中,他们曾缚入了灵魂的有死类型。

[e5]又因为灵魂的一部分自然而然生长得更强大,另一部分则自然而然生长得更弱小,故他们构筑了一些事物隔开胸膛这个盛器,就像把两个家分开:一个属于[70a]女人们,另一个属于男人们。[换言之,]在这两个家所在的部分,他们置入了诸横膈膜②作为"防线"。

一部分灵魂分有勇敢和血气,这个部分热爱胜利,故他们曾把它的家安得离头更近,介于诸横膈膜和脖子之间。这样一来,[a5]它就可以聆听理性,与理性共事,并在如下情况下以强力掌控欲望这个类型。这种情况就是,欲望这个类型不愿意出于自愿而为来自"城邦之巅"③的命令和理性所劝说。心脏[70b]是诸血管的枢纽,也是所有肢体中急剧环行的血液的源头,故他们把心脏置入这个"戍卫所"。

---

① 后文"他们"几乎均指诸神。但有时"他"即那位神也会违反自己定的规则,亲自下场造人。
② 在希腊文中亦指"明智"。
③ 习译为"卫城"。此处比喻头部。

这样一来，如果理性报信称，诸肢体的某个不义行动从诸欲望外部生成，或从诸欲望内部生成，那么，血气的精力就会沸腾。这时，通过所有狭窄的血管，身体内部每个能够感觉的部分，都会敏锐地感觉到敦促和威逼，并生成得听从且依从［敦促和威逼］此二者中的每一个。由此，身体内部每个能够感觉的部分，让所有这些事物中的最卓越者［70c］进行领导。

于是，在理性预料诸厉害事物时，心脏就猛跳，血气就苏醒。对此，他们预先认识到，血气上涌的诸部分的这种整体膨胀，注定会通过火而生成。所以，他们为这种膨胀设计了辅佐者，［c5］从而曾在这种膨胀中"种植"了肺的型相。首先，这个型相柔软而无血。其次，这个型相被刺穿，像海绵一样内部多孔。因此，这个型相在接受气息和饮料［70d］时冷却之，并在炎热中提供喘息和缓解。因此，他们曾切割通向肺的诸气管渠道，并曾将肺放在心脏旁边，有如一个软垫。这样一来，当血气在心脏内部完全怒放时，心脏就猛跳向退避者［即肺］，并重新得到冷却。然后，心脏就减少了艰辛，并更有能力凭借血气而做理性的［d5］仆从。

灵魂还有欲望部分，这种欲望指向食物、饮料，以及欲望部分因身体本性而必需的诸事物。故他们曾使欲望部分［70e］安家于诸横膈膜和围绕肚脐的区域之间，就像在这整个养育身体的"地域"建造"秣桶"。然后，他们曾把这样一个部分当作粗野的被养育者缚在下面这里。不过，任何有死的类型只要打算在将来任何时候存在，就得养育［这个］附属的［e5］必然部分［即欲望部分］。

基于这些，他们曾在这里赋予欲望部分以秩序。首先，这是为了欲望部分永远在秣桶里得到牧养。其次，这是为了欲望部分把家安得着实最远离议事部分，尽可能造成最小的喧闹和呐喊，［71a］好让最具支配力的部分安静地商议对所有部分共同和私自都有益的事物。

他们知道，欲望部分注定不理解理性：即使欲望部分某种意义上分有对诸文辞的某种感觉，［a5］但对某些文辞的关切也不会自然而然生长在欲望部分里面。相反，在黑夜和白天，灵魂的欲望部分最大限度地被诸影像和诸幻象所引导。故神曾为欲望部分自身进行谋划，从而曾构造了肝的型相，并［71b］曾把它设定在欲望部分的家里。神曾把肝设计得密集、光滑、光辉、甘甜又具有苦味。这是为了如下目的：当诸思考的那种能力从理智中运行而来时,这种能力运行到肝之中,就像到了镜子之中——镜子接受印象并[b5]提供可见的影像。故而,这种能力发挥如下三种作用。

首先,这种能力使欲望部分在某个时候产生恐惧。这个时候就是,这种能力使用肝的类同于苦味的部分,严酷地以威逼袭击欲望部分,敏捷地将欲望部分融合到整个肝中,从而使胆汁的颜色显现在肝中,并紧缩整个肝而使之起皱且粗糙。

[71c]其次,对于肝的下垂部分、诸接受者、诸门户,这种能力使前者从正确位置弯曲并缩到一起,同时阻塞并封闭后两者,从而造成诸痛苦和诸呕吐。

再次,[我们假设,]某种从思考那儿吹来的温和气息造出相反的诸幻象,并使肝从苦味中恢复平静,因为这种气息既[c5]不愿意推动也不愿意处理与自身相反的本性。同时,这种气息使用肝上的对于肝自然而然的甜味,[71d]把肝的所有部分矫正到正确、光滑、自由。在这种情况下,[诸思考的那种能力]使在肝周围安家的这个灵魂部分变得祥和:既度过欢快的白天,也在黑夜拥有合乎尺度的消遣,且在睡眠中使用预言能力,因为这个灵魂部分不分有理性和明智。

[d5]因为我们的构造者们记得其父的吩咐,当时他曾吩咐道,他们应该尽可能最好地制作有死的类型。于是,他们矫正我们的低劣部分,[71e]以便这个部分在某种程度上掌握诸真相。故他们曾在这个部分中放入有预言能力的事物[即肝]。

充分的征兆就是,神把预言术赋予属人的非明智。因为,任何人掌握神祇附身的真正预言术,都不是在有理智时,而是要么在睡觉时——这时在明智的功能上受到束缚——要么在生病时,要么在因某种[e5]神祇附身而偏离常态时。相反,一方面,一个人在明智时,才可以思考他所回忆的在梦中或醒着时所说的话——这些话由通晓预言术和神祇附身术的本性促成——以及他所见过的诸幻象。[72a]由此,他就可以通过思索来分辨所有这些话和幻象:以什么方式,又为了什么,某一番话或幻象预示着将来或过去或现在的糟或好。另一方面,对于已然疯狂并在疯狂中持存的人,自己裁断显现出的诸事物和发出的诸声响,不是他的行事[方式]。

相反,古语说得好,[a5]"做自己的事,认识自己的事,并认识自己,仅仅适合节制者"。由此，礼法把先知这个类型[72b]设置为一种裁断者，这种人裁断神祇附身引出的诸预言。某些人把先知命名为"预言者"，可这些人完全没有认识到，对于诸谜语中的说法和幻象，先知只是解释者，而不是预言者。故[我们]可以最正当地把先知命名为得到预言的诸事物的"为了[神]而解说的人"①。

[b5]基于这些，为了预言术，肝的本性自然而然生长成这样，且生长在我们所说的"地域"。当每个人还活着时，肝这样一个事物包含更明白的征兆。而当每个人被剥夺生命后，肝就生成得盲目，而且包含更晦暗的诸预言，[72c]以至于无法清楚预示任何事物。

至于与肝相邻的内脏[脾]的构造和位置，则从左边为了肝而生成。这个内脏使肝永远光辉而纯净，就像抹布准备好了，永远放在镜子旁边，随手可得。[c5]因此，每当任何一些不纯净的事物因身体疾病而生成于肝周围时，脾的疏松性就净化并接受所有这些不纯净的事物，因为脾被"编织"得有空隙而无血。[72d]所以，当脾为来自肝的不纯净诸事物所充实时，脾就增长得巨大，且败絮其中。相反，当身体得到净化时，脾就变小，并回落到[与增长前]相同的[大小]。

事实上，一方面，有关灵魂的诸事物——灵魂拥有何种有死部分，又拥有何种属神部分，[d5]这两部分分别安家时，位于何处，与哪些事物一道，又基于哪些事物——只有在神表示赞成时，我们才会坚持主张，我们确实言说了真相。不过，当我们现在和随后进一步审视时，我们应该冒险说，我们至少确实言说了近似状况。就让我们这么说吧。[72e]另一方面，我们应该基于同一些事物而求索[有关灵魂的]这样一些事物之后的事物，即身体其余部分生成的途径。所有事物中只有这也许才最适合从眼下这样的思索中得到构造。

他们构造我们这个类型时曾知道，我们内部将存在对饮料和食物的不克制，[e5]且我们会因疯狂而消耗大大超过尺度和必要的[饮食]。于是，为了诸疾病导致的急速灭亡不至于到来，也为了不完美的有死类型不至于[73a]直接终结，他们预见到这些状况，从而曾设置：名为"下腹部"

---

① 引号中原文仍是"先知"，这里译出其字面本义。

的接受者应该容纳过剩的饮料和食物。同时,在下腹部那里,他们曾把肠子的生成盘成圈状。这是为了避免如下两点:首先,养分迅速穿肠而过,进而[a5]强迫身体必需另外的养分。其次,养分造成不满足,并基于肚子疯狂而使[我们]整个类型不热爱智慧且不通晓缪斯术,即不听从我们内部最属神的部分。

[73b]关于骨、肉和[其他]每个具有这样本性的事物,情况像眼下这样。一方面,这一切的开端是髓的生成。因为当灵魂结合于身体时,生命的诸纽带被缚在髓中,从而使有死的类型扎根在髓中。[b5]另一方面,髓自身生成于其他诸事物中。

因为诸三角形中有一些是原初的、未扭曲的、光滑的,这些三角形因其准确性而最可能造就火、水、气、土。故那位神把这些三角形中每一个从其自身类型中[73c]区分出来,然后融合它们,使之彼此合乎尺度。由此,那位神为每个有死的类型设计了全部种子的混合物,故他曾从这些三角形中造出髓。在此之后,他在髓中"种植"了诸灵魂的诸类型,从而把它们缚在髓中。

在一开始的划分中,他以如下方式直接划分髓本身:[灵魂的]每个形相注定有多少以及[c5]什么样的外形,髓就有多少以及什么样的外形。髓有一部分有如土地,注定在自身之中拥有属神的种子,故他曾将髓的这部分完全塑造成球状,[73d]命名为"头内的髓"。因为当每个活物被造就时,包裹这髓的容器会生成为头。髓还有一部分注定拥有灵魂剩下的有死的部分,故他把这髓的这部分划分为既浑圆又狭长的诸外形,并把它们全都[d5]指定为髓。同时,他还像抛锚一样,从这些外形那里抛出整个灵魂的诸纽带,并围绕髓的这部分造出了我们的整个身体。

当然,在这之前,他已围绕髓的整个这部分,为其凝固出骨质掩护物。[73e]而他像眼下这样构造骨:他曾筛出纯净而光滑的土,并曾揉搓且以髓浸润这土。然后,他把这土放入火中。然后,他把这土浸入水中,后放回火中,又放回水中。就这样,他[e5]多次把这土带到火和水中的每一个里面,从而曾把这土造得不会为火和水中的任何一个所熔化或溶化。

于是,他使用这土,曾打造出一个围绕头内的髓的骨球,并曾为这骨球留下一个狭小的向外的通道。[74a]此外,围绕那穿过脖子和背部的髓,他还曾从这土中塑造出诸脊椎骨,使之向下延伸。就像诸枢轴一样,这些脊椎骨从头部开头,贯穿[灵魂的]整个盛器[即身体]。由此,他曾保全所有种子,从而曾以具有石头形相的围栏围住这些种子。[a5]在围栏中,他制作了诸关节,并在诸关节中使用"异"的功能,作为置入其间的中介,以便诸关节运动和弯曲。

他曾认为,骨的本性的习性,[74b]比必需的更脆弱,也更不可弯曲。他还曾认为,若再次生成得火热,并再次冷却,此习性便会迅速坏疽,并灭亡自身内部的种子。基于这些,他曾设计出腱这个类型和肉这个类型。这样一来,一方面,[b5]腱围绕着诸枢轴绷紧并放松,他则以腱把所有肢体缚在一起,让身体得以弯曲和伸展。另一方面,肉既阻挡炎热也抵挡寒冷,且在[身体]跌倒时,将像羊毛毡制品一样,[74c]柔软而容易地退避身体。同时,肉在自身之中拥有热的湿润性。因此,在夏天,肉向外排汗并变得湿润,从而为整个身体提供凉快,作为身体的"亲族"。而在冬天,肉则反过来以火[c5]合乎尺度地抵挡从外部袭击并包围身体的冰霜。

当他曾思考这些后,一方面,我们的这位"蜂蜡塑造者"[1]曾融合并组合水、火、土,又曾从酸性和盐性事物中构造出[74d]酵素,使之融合于水、火、土,从而曾构造出富于汁液且柔软的肉。另一方面,通过混兑骨和未发酵的肉,他曾混兑出腱的本性——这本性是单一的,却来自两者,且在功能上是居间的——而且用黄色[为腱着色]。所以,[d5]腱获得了这样的功能:比肉更紧绷也更黏稠,但比骨更柔软也更多水。那位神曾以肉和腱包裹骨和髓:先以腱把骨和髓相互缚在一起,然后以肉[74e]从上面把骨和髓全部遮蔽。

于是,一方面,对于内部具有最多灵魂的那些骨头,他包裹以最少的肉。另一方面,对于内部具有最少灵魂的那些骨头,他包裹以最多且最密集的肉。而且理性使如下必然性看起来完全不存在:诸骨头的关节必须有肉。[e5]因此,他曾使很少的肉自然而然生长在关节处。这是为了避免如下两点:首先,肉阻碍[身体的]诸弯曲,造成身体难以运行,正如身体

----

[1] 把我们比喻为蜂蜡。

生成得难以推动。其次，大量而密集的肉相互极度压紧，并因立体性而在身体中造成无感觉，从而使身体中致力于思考的诸部分更难于记忆也更迟钝。

［e10］因此，大腿和小腿的骨头，［75a］两髋的本性周围的骨头，后臂和前臂周围的骨头，我们其他无关节的骨头，以上所有这些内部空无明智——因为髓中灵魂稀少——的骨头都长满肉。［a5］至于那些内部拥有明智的骨头，就较少长肉，除非在某种情况下，为了诸感觉，他在肉上曾再构造某种肉，就像舌头这个形相。不过，最大多数情况下还是上述那样。

因为［属人］本性既出于必然性而生成，又［75b］得到［明智和必然性的］共同养育，故［属人］本性不接受我们的任何部分同时拥有如下两者：一者是密集的骨头和大量的肉，另一者是敏锐的感觉。因为，如果这两者愿意碰巧相遇，那么，在所有构造中，头部的构造会拥有最多这两者，而且人［b5］类会顶着一个既具有肉的形相和腱的形相又具有支配力的头。这样一来，人类享有的生命本会是［现在的］两倍长乃至多倍长，且比现在的更健康也更少痛苦。

现在，关于我们的生成，制造者们总体上思索着，他们应该造出历时更长［75c］但更差劲的类型，还是历时更短但更卓越的类型。然后他们曾一起判定，每个人都完全应该选择让更短暂但强大的生命存在，而不让更长久但更弱小的生命存在。因此，他们曾覆盖头部以稀薄的骨头，而非肉和腱，［c5］因为头部没有弯曲的情形。

根据所有这些，置于每个男人身体上的头，更容易去感觉，也更明智，但远远更无力。基于［75d］这些，并以这个方式，在头的最下部，那位神曾围绕脖子按圆周安置一些腱，并曾以一致性黏合这些腱。同时，他曾用这些腱把脸的本性下部的颚骨上下两端缚在一起。至于其余的腱，他曾分散到所有肢体，［d5］以联合关节和关节。

此后，以现在得到设定的方式，为了必然的诸事物和最好的诸事物，安排秩序的［诸神］曾以牙、舌、唇给我们嘴巴的功能安排了秩序。［75e］一方面，为了必然的诸事物，他们把嘴巴设计为向内的通道。另一方面，为了最好的诸事物，他们把嘴巴设计为向外的通道。因为进入并给予身体以养分的每个事物是必然的，而从嘴巴中流出来且为明智做仆从的文辞之流,则是所有流体中最美也最好的。

[e5]另外,他们不可能任由头仅仅是骨质的且赤裸着,因为诸季节里[热和冷中]某一个会过度。他们也不可能不理会如下情况:头为肉块所遮蔽,从而生成得迟钝而无感觉。[76a]因此,在这具有肉的形相的本性——它未被完全干燥化——外围,一片更大的膜生成了,且与这具有肉的形相的本性相分离,现在称此膜为"皮肤"。

由于头内的髓周围湿润,故[那儿的]皮肤自相运行到一起,并生长起来,从而按圆周包裹头部。[a5]而且湿润物从[头骨]缝隙下面向上运行,在头顶滋润并封闭这块皮肤,像打结一样把这块皮肤紧缩到一起。由于[灵魂的]诸圆轨和养分的功能,故生成了[头骨]缝隙所有种类的形相:诸圆轨和养分相互战斗越激烈,这些形相就越多,[76b]而相互战斗越轻微,这些形相就越少。

[我们的]属神部分用火周遍地刺穿整个[头部]皮肤。当这块皮肤被穿透,且潮湿贯穿这块皮肤而运行出来时,一方面,纯粹的湿热物就离去了,另一方面,诸原料——从这些原料中,这块皮肤得以存在——[b5]的[另一种]融合物为[上述]运行所举起,从而延伸至这块皮肤外面很远。因为此融合物具有与那被刺穿的孔同等的纤细性。但由于缓慢,此融合物被周围的气息从这块皮肤外面往回驱逐,[76c]并被挤压到这块皮肤下面,从而在那儿扎根。

基于这些遭遇,头发这个类型在这块皮肤中自然而然生长出来。一方面,这个类型与这块皮肤类同,且具有皮绳的形相。另一方面,这个类型比这块皮肤更坚硬也更密集,因为冷却导致了压紧,在此情况下,每根头发从皮肤中长出来后都得到冷却,[c5]并被压紧到一起。这样一来,那位制作者曾把我们的头造得毛发浓密。因为,一方面,他使用了我们说过的诸原因。另一方面,他思考着:头发而非肉才必须是头部——它包围头内的髓——的掩护物。[76d]这是为了保险性起见,因为头发很轻,且在夏天和冬天足以提供荫凉和庇护,但头发又不会生成为一个羁绊,阻碍[头部]去很好地感觉。

他们在"编织"手指和脚趾那儿的腱、皮肤、骨头时,[d5]曾从这三者中融合出[另]一种皮肤:此种皮肤有这三者的共性,且经过干燥化,生成得坚硬。此种皮肤既为诸附带的原因所制造,也为最重要原因即思考所造出。这是为了后来的诸存在者起见,因为我们的构造者们曾知道,某时,从男人们中会生成女人们和其他[76e]野兽。同时,他们还曾知道,在许多情况下,被养育者中的许多必须使用指甲和趾甲。由此,在刚刚生成的人们身上,他们[诸神]曾"压印"出指甲和趾甲的生成。所以,[e5]对于这篇文辞,出于这些缘由,他们曾使皮肤、头发、指甲、趾甲自然而然生长在肢体末端。

于是,这个有死的活物所有的部分和肢体,都自然而然生长在一起了。[77a]此外,出于必然性,这活物碰巧在火和气息之中拥有生命。而基于这些,这活物会为火和气息所熔化和虚空化,从而朽坏。在此情况下,诸神曾为这活物设计援助者。因为他们把一个本性——它类同于属人本性——混兑于其他诸型相和[a5]感觉,让此本性成为另一种活物,故他们种植了这另一种活物。现在,这种活物是驯化了的树、植物、种子,它们为耕作所"教育",为的是哺育我们。而在此前,只存在[77b]它们的诸野生类型,这些类型比驯化了的诸类型更古老。

因为,每个分有生命的事物,都可以既正当又最正确地被说成活物,而现在我们所说的这种活物,分有灵魂的第三个形相。理性把这个形相安置在诸横膈膜和肚脐之间。[b5]在任何意义上,这个形相都不与意见、思索、理智相伴而存在。相反,凭借欲望,这个形相与感觉、快乐、痛苦相伴而存在。因为这种活物保持承受一切,故它的生成并未赋予它如下本性:这种本性以自身为范围并围绕自身而转动,[77c]既驱逐外来的运动,又使用作为自身"亲族"的运动,从而观察并思索自身诸事物中的某一个。因此,尽管这种活物活着,且存在得无异于[其他任何]活物,但它持存着、扎下根,并凝固着,因为它被自身剥夺了[c5]运动。

他们更具支配力,我们则更弱小,故他们曾种植了所有这些活物类型,作为我们的养分。然后,他们曾挖出诸渠道,使之贯穿我们的身体本身,就像在种植园里切割出诸渠道,以便——可以说——身体从袭来的流体中得到滋润。

首先,在皮肤和肉的自然连接处之下,他们曾切割出[77d]隐蔽的诸渠道,即背部的两条血管,因为身体碰巧是两重的,即分为右边和左边。

于是，他们曾使这两条血管与脊梁平行而运行下去，并曾在这两条血管之间拿具有生产能力的髓［填充脊梁］。这样一来，这髓会着实最大限度地［d5］勃兴，且［对养分流体的］摄入生成得从这两条血管中容易流到身体的其他部分，就跟下山一样，从而提供齐一的"灌溉"。

其次，他们曾使头那儿的诸血管分成两股，［77e］且相互交织，从而向彼此反对的方向穿行。故他们使一些血管从身体右边拐向左边，并使另一些血管从身体左边拐向右边。由此，一方面，诸血管凭借皮肤而成为头通向身体的纽带，因为头的下部不为诸腱按［e5］圆周所包围。另一方面，诸血管向整个身体尤其展示了如下遭遇：这种遭遇生成自身体左右各部分的感觉。

由此，他们曾以眼下这种方式准备这种"灌溉"。［78a］如果我们事先一致说定一点，那么，我们将更容易发现眼下这种方式。这说定的一点就是，所有从较小事物中构造出的事物都可以封住较大的事物，而从较大事物中构造出的事物不可能封住较小的事物。故而，既然火是所有类型中由最小微粒构成的一个，火就可以穿过水、土、气，以及［a5］从这些之中构造出的事物，却不可能有任何事物封住火。我们应该思考，同样情况也存在于我们的腹部：一方面，每当食物和饮料落进腹部时，腹部可以将其［78b］封住。但另一方面，腹部不可能封住气息和火，因为构成气息和火的微粒比腹部的构造更小。

因此，那位神曾把气息和火用于从腹部到诸血管的"灌溉"，从而曾从气和火中编织一张网，就像诸鱼篓。这张网在［b5］向内的通道那儿有一对接入"鱼篓"的通道，他曾把其中一个通道又编织得一分为二。从接入"鱼篓"的诸通道，他曾使一些灯心草般的事物按圆周延伸于这整个网，直至其最深处。一方面，［78c］这张网里面的部分，他曾完全从火中构造。另一方面，这些接入"鱼篓"的通道和这张网的外壳，则均具有气的形相。

然后，他曾拿起这张网，并曾以眼下这种方式放到塑造出来的活物那里。一方面，他曾把这些接入鱼篓的通道放入嘴巴。由于这种通道是双重的，故他曾使其中一个凭借［c5］诸气管下到肺里，并曾使另一个沿着诸气管下到腹部里。另一方面，他曾使前一个通道一分为二，而且，凭借鼻子的两个渠道,他曾为这分开的两部分分配了共同[出口]。这样一来,当后一个通道并不凭借嘴巴而运行时,[78d]后一个通道的所有流体可以从前一个通道去充实[身体]。

至于这鱼篓的其余部分,即它的外壳,他曾使之自然而然生长在我们身体的空隙那儿。有时,他曾使这空隙全都柔和地流入这些接入鱼篓的通道,因为这些通道是气。有时,他曾使这些通道往回流。[d5]又由于身体疏松,故他曾使这张网沉入身体,贯穿身体,再出离于身体。

至于缚于鱼篓内部的火光,他使之跟随那朝着[两个方向中]每一个行进的气。[78e]只要他构造这有死的活物,这个状况就不会生成得停下来。对于这个状况作为一个类型,我们说,那位命名者曾命名为"吸入气息"和"呼出气息"。

于是,这整个行事和遭遇生成了,[e5]为的是我们的身体得到滋润和冷却,从而得到养育并活着。因为鱼篓内部的火附属于并跟从向内和向外运行的呼吸,永远被摇晃,进入并贯穿腹部,[79a]从而抓住食物和饮料。每当这时,这火就熔化食物和饮料,将其分割成小块,并向着行进的方向,带这些小块穿过向外的通道。正如从水源舀水进入诸渠道,这火也"舀"这些小块进入诸血管,从而使血管中的流体流动并贯穿身体,正如贯穿一个管子。

[a5]我们可以回过头来看呼吸的遭遇,看这遭遇使用了哪些原因而生成为现在所是的这样。其实,情况像眼下这样。[79b]由于并不存在任何虚空让运行着的任何事物可能进入此虚空中,而且气息从我们内部运行出来,故此后的状况已然对每个人都显而易见:气息并未进入虚空,而是把邻近的事物驱逐出其位置,而遭到驱逐的事物又永远把邻近的事物驱赶出去。[b5]基于这个必然性,每个兜圈子地被驱赶到气息出发的位置的事物,进入这里,充实这个位置,跟从这气息。这一切同时[79c]生成,就像轮子转动,因为不存在任何虚空。

因此,胸和肺放出气息,而胸和肺各自所在部分又生成得为身体周围的气——这气沉入并贯穿肉的疏松部分,并兜圈子地被驱赶——所充实。[c5]然后,这气转而离开了,在贯穿身体后运行到身体外。然后,通过嘴巴和鼻孔的通道,这气把吸入的气息兜圈子地驱逐到身体里。

我们应该规定,这些事物的原则是基于[79d]眼下这个原因。每个活物都有自身内部最热的诸事物,这些事物存在于血液和诸血管周围,就像某个火源存在于每个活物自身之中。事实上,我们曾认为,这就是近似于鱼篓之网的事物。[在这事物内部]延伸的整个部分均编织自火,而[d5]在外的其他诸部分则编织自气。

我们应该一致说定,依据自然,热事物运行出去,朝着与之类同的事物运行,直到抵达其自身的空间。存在着两种向外的通道,一种通过身体开放,另一种[79e]通过嘴巴和鼻孔开放。故而,一方面,每当热事物冲向一个通道时,热事物就把气兜圈子地驱逐到另一个通道。于是,兜圈子地受到驱逐的气,降临到那火身上,从而得到加热。至于运行出去的气,则得到冷却。另一方面,当热量发生变化,且诸气微粒通过一个向外的通道而生成得较热时,[e5]这较热的气更倾向于回到这个向外的通道,向着其自身的本性运行,并兜圈子地驱逐通过另一个通道出去的气。

以上状况永远承受同一些事物,并回报以同一些事物。就这样,上述两个方面作成了一个循环,向这儿又向那儿滚动,这个循环令"吸入气息"和"呼出气息"生成。

[e10]我们还尤其应该以这[同一]种方式求索一些事物的原因,这些事物包括:首先,与医术上的拔血罐有关的诸遭遇。其次,[80a]吞咽。再次,被抛到空中并运行到地上的诸抛掷物。

至于显现得或快或慢、或高亢或低沉的诸声音,我们也应该以这[同一]种方式求索。有时,这些声音运行得不合乎谐音,因为它们的运动在我们内部施加了非一致性。[a5]有时,这些声音则运行得合乎和音,因为它们的运动在我们内部施加了一致性。

因为较慢的声音赶超了较早且较快的声音的诸运动,故这些运动终止[自己的运动方式],进而[80b]与较晚[且较慢]的声音用来推动这些运动的诸运动相一致。而较慢的声音在赶超时,虽然加上了另一种运动,却没有引发混乱。相反,对于较快的声音的运行,较慢的声音为其一致地配备了较慢运行的开端,以至于较快的声音终止[自己的运动方式]。[b5]这样一来,较慢的声音从高亢的和低沉的声音之中混兑出单一的遭遇。由此,较慢的声音既为不明智的人们提供了快乐,也为明智的人们提供了好心境,因为对属神"谐音"①的模仿生成在有死的诸运行之中了。

另外,尤其当我们说起水的所有流体,[80c]还有雷的降临,以及关于引力——琥珀和赫拉克勒斯之石[磁石]的引力——的令人惊异之事时,实际上在以上所有事物中的任何一个之中,任何时候都不存在任何引力。同时,不存在任何虚空,故这些事物兜圈子地彼此驱逐。于是,每个事物运行时,都发生分解[c5]和聚合,并互换自身的位置。正因这些相互交织的遭遇,每个事物都造成令人惊异的结果,并将在按[惯常]方式进行探究的人面前显现。

[80d]尤其呼吸之事,即这篇文辞[此处]的出发点,基于这些并通过这些而生成,正如早先所说。一方面,火切割食物。另一方面,火在气息之内被摇晃,从而跟从气息。于是,在这种共同摇晃中,火充实了从腹部而来的诸血管,因为火[d5]把得到切割的食物从那儿"舀到"[身体各处]。基于这些,所有活物的养分之流,生成得流至整个身体。

新近得到切割的食物来自其自身的类同者,有的来自水果,有的来自蔬菜。[80e]因此,神曾为我们种植了这些食物,让它们作为养分存在。尽管这些食物因[在我们内部]融合而具有所有种类的颜色,但红色是最大部分的颜色,它跑得遍布这些食物,且是火在液体中切割和"压印"而制造的本性。因此,[e5]流动在身体中的事物的颜色具有我们叙述的这样的外观。我们称这种事物为"血",即肉和整个身体的"牧草"。[81a]从血这儿,[身体的]每个部分都得到"灌溉",从而充实被虚空化的事物的底部。

于是,这种填充和退避的方式生成了,正如大全中每个事物的运行生成了。在这种运行中,每个类同者都向着其自身[类型]运行。[a5]因为,一方面,那些从外部包围我们的事物,永远分解并划分我们,从而把本性一致的事物发送到其各自的形相那儿。另一方面,那些具有血的事物,则在我们内部被切碎,并[81b]为每个活物的构造所包含,就像为天宇所包含,从而被迫模仿大全的运行。故在我们内部,被分割的事物中的每一个,都向着自身的类同者运行,从而重新充实了被虚空化的事物。

一方面,当离去的比起流入的更多时,[b5]每个事物都会朽坏。另一

---

① 把诸星球运行比喻为谐音。

方面,当离开的比流入的更少时,每个事物都会增长。故而,一方面,如果整个活物的构造尚新,且拥有崭新的诸类型的三角形,就像刚下橡木船台一样,①那么,这个构造就获得了这些三角形相互强有力地锁在一起的状态。同时,这个构造作为整个块状物被集合得[81c]尚且柔嫩,因为这个构造新近生成于髓,并在奶中得到养育。事实上,有些包含在这个构造中的诸三角形从外部进入这个构造。食物和饮料就来自这些三角形。这些三角形比这个构造本身[原有]的诸三角形更老也更无力。[c5]故而,凭借[原有]诸崭新三角形,这个构造切割从而支配这些[外来的]三角形。同时,从许多一致的事物之中,这个构造养育从而造出这个大活物。

另一方面,如果[这个构造原有的]诸三角形的根放松下来——因为这些三角形在很长时间内的许多竞赛中与许多[外来的]三角形竞赛——[81d]那么,这些三角形不再可能切割进入[这个构造]的诸养分三角形,也就不再可能使之与这些三角形自身相一致。相反,这些三角形自身顺利地被从外部靠近的诸三角形所分割。每个这样得到支配的活物都会朽坏,而这个遭遇被命名为"衰老"。

最终,[d5]每当把髓那里的诸三角形组合起来的诸纽带,不再忍耐得了这种艰辛,而是分化开来时,这些纽带就放出灵魂的纽带。而灵魂依据自然得到释放后,就带着快乐[81e]飞出[身体]了。因为每个反自然的事物都生成得痛苦,而自然而然生长的事物则生成得快乐。依据同一些事物,疾病和受伤导致的死亡生成得痛苦且带有强力。至于依据自然随衰老而最终到来的死亡,则最少具有[e5]种种死亡的艰辛,而是生成得更多伴随着快乐而非痛苦。

诸疾病之事何由形成,某种意义上对每个人都显而易见。[82a]因为,存在四个类型,即土、火、水、气,身体从这些类型中得到集合。故而,当诸类型反自然地生成得过多和不足时,当诸类型的空间生成得从"家乡"变为"异乡"时,[a5]当每个类型——由于碰巧存在不只一个类型,即火和其他事物——额外得到不适合其自身的事物时,以及当[其他]所有这样的事情生成时,就造成了"内讧"和疾病。

---

① 把三角形比喻为船。

当每个类型反自然地生成并变换位置时,先前得到冷却的诸事物会得到加热,[82b]干燥的诸存在者后来会生成得湿润,轻事物和重事物同样如此,[总之]这些事物在每个意义上都会接受所有变化。因为我们说,仅当依据同类型事物、同样地、按照比例,同类型事物依附和离开同类型事物时,才会允许这个自我同一的存在者[b5]在安全和健康中持存。然而,在离开或依附时,若一个事物"不合曲调"到不遵循上述诸方式中[即"依据同类型事物"等]的任何一个,那么,它将造成完全"被绣得五彩缤纷"的变异,以及无限多的疾病和灭亡。

此外,次一级的诸构造也依据自然而得到构造。[82c]故对第二种疾病的认识,在谋划思考的人心中生成了。因为髓、骨、肉、腱集合自[土、火、水、气]诸类型——血尽管依据不同方式,但仍生成于这些类型——故另一种[即第二种]疾病中的最大多数,仍以前述方式得到集合。[c5]不过,这些疾病中最大的、严酷的那些,则以如下方式得到集合:当[次一级的]诸构造的生成向相反方向行进时,这些构造就灭亡。

因为,依据自然,一方面,肉和腱生成于血:腱来自血的纤维素,因为与之类同,[82d]肉则来自血的凝固物,此物凝固是因为与纤维素相分离。另一方面,从腱和肉中分离出一种既黏稠又油亮的事物。这种事物把肉黏合于骨的本性,并养育包围髓的骨本身,从而使骨本身增长。同时,[d5]诸三角形中最纯净、最光滑、最油亮的类型,从骨的密集状态中被过滤出来。这个类型从骨中渗出并滴落,从而滋润[82e]髓。当每个事物都基于这些而生成时,多数情况下健康就碰巧降临。

可是,当每个事物以相反方式生成时,疾病就碰巧降临。因为,当肉发生分解,并将其分解物送回到诸血管中时,凭借气息,诸血管中的大量且具有所有种类的血[e5]"被绣得五彩缤纷"——[充满]诸颜色、诸苦味,以及酸性和盐性的诸功能。于是,这些血包含了极为多样的胆汁、浆液、黏液。因为所有这些事物"被重新挑出",生成并灭亡,且首先毁灭血自身。这些事物自身不[83a]为身体提供任何养分,而是在诸血管中向每个方向运行,从而不再具备依据自然的诸圆轨的秩序。故而,一方面,这些事物自相为仇敌,因为它们从自身获得不到任何利益。另一方面,对于在身体内集结并持存于自身空间中的事物,这些事物与之进行[a5]战争,从而毁灭和分解之。

于是，一方面，当肉的最老存在者发生分解时，此存在者生成得难以吸收，从而为长久的燃烧所黑化。同时，由于完全遭到侵蚀，[83b]故此存在者是苦的，而且严酷地袭击身体内尚未灭亡的每个部分。有时这苦味变得更纤细，这黑色就具有酸味而非苦味。有时这苦味则被浸入血中，[b5]便具有更红的颜色。这黑色事物与这苦味相混兑，便成为草绿色的。

另一方面，当新肉为那"火焰"①处的火所熔接到一起时，黄色就与苦味相融合。某种意义上，有些人用共同的名称"胆汁"[83c]为所有这些事物命名，这些人要么是某些医生，要么是这样的某种人：这种人既有能力注视许多不一致的事物，又有能力看到，在所有这些事物中，存在着一个值得有名称的类型。至于其他那些所谓的"胆汁"形相，其中每个都按颜色而拥有各自的说法。

[c5]说到浆液，既包括血的清澈而温和的部分，②也包括黑色酸性胆汁的粗野部分，后者得自胆汁在热量中与盐性功能相融合，这样的事物被称为"酸性黏液"。浆液还包括凭借气而从新且柔嫩的肉中得到分解的事物。当此事物[83d]充满风，并为液体所包围，且从这个遭遇中产生一些泡泡的构造时——它们就每个而言小到不可见，但合在一起就造成可见的块状物，并具有可见的白色，因为[d5]生成了泡沫——这整个来自柔嫩的肉且与气息交织在一起的分解物，我们称之为"白色黏液"。另外，新构造出的黏液的清澈部分是汗和泪，[83e]以及其他这样日常流出从而被净化出来的诸物体。

事实上，所有这些事物生成为诸疾病的工具，因为在这些情况下，血并不依据自然从食物和饮料中得到补充，而是违反自然诸法则地从相反的事物中[e5]获取块状物。

于是，一方面，如果肉的每一部分都为诸疾病所分解，但肉的诸根基仍持存时，这种遭际的力量便会减半，因为肉仍可以容易地获得康复。

---

① 可能指发炎。
② 血清。

[84a]另一方面,有时,结合肉和骨的事物会生病,且不再与肉、骨、①腱相区分。故而,此事物既不再生成为骨的养分,也不再生成为肉和骨之间的纽带。相反,此事物从油亮、光滑、黏稠[a5]生成得粗糙、具有盐性、干燥化,因为有糟糕的生活方式。这时,每个这样承受这一切的事物本身,在肉和腱之下再度碎片化,并离开骨。同时,肉也[84b]从那些根那里一起落出,只留下赤裸且充满盐性的腱。然后,肉落回到血的运行中,从而造成更多前述的疾病。

尽管身体的这些遭遇生成得严酷,[b5]但先于它们的诸遭遇生成得更严重:因肉很密集,故骨无法获得充分呼吸,且为发霉所加热,从而坏疽。这样一来,骨无法接受养分,[84c]而是自身反过来运行到养分中,从而再度碎片化。养分则运行到肉中,肉则落入血中,这就造成比前述疾病更严重的所有疾病。所有这些病中最极端的是,髓的本性因不足或某种过度而[c5]生病。这造成诸疾病中最大、最具支配力且导致死亡的那些,因为身体的整个本性出于必然性而往回流动。

此外,我们必须思考,诸疾病的第三个形相以三个方式生成:[84d]由于气息,由于黏液,由于胆汁。因为,一方面,作为身体的气息分配者,肺会无法让向外的诸通道保持纯净,因为肺会为诸流体所阻塞。这时,气息无法运行到有的地方,且比适宜的量更多地[d5]进入另一个地方。故而,气息[在前一个地方]腐化碰巧缺乏呼吸的诸部分,并[在后一个地方]以强力穿过血管的诸部分,且将其扭在一起。由此,气息[在后一个地方]分解身体,且被封入拥有"防线"②的身体中部。[84e]无数痛苦的疾病由此产生,并常伴有大量的汗。

当肉在身体之内遭到分解时,气息常生成于身体之内,而不可能行进到身体之外。故气息造成一些剧痛,这些剧痛与外来气息造成的那些剧痛相同。[e5]最大的诸剧痛生成于如下情形:气息包围诸腱和诸血管,且在那儿膨胀,从而把"诸拉索"③及其相连的诸腱拉伸到后背。基于这种

---

① 按诸本惯例,此处不从伯内特本,而从抄件Y。
② 参见70a。
③ 本指船的桅杆的后拉索。

拉伸的遭遇,这种状况被称为"强直痉挛"和"角弓反张"这两种病。对这两种病的[e10]治疗很严酷,因为正是紧跟它们而生成的发烧,[85a]才可以最大限度地治疗这样的病。

另一方面,白色黏液在被封入时,会因泡泡中的气息而严酷。但白色黏液在获得朝向身体外部的开口时,会更温和。同时,白色黏液还在身体上"五彩缤纷地绣上"一些白癣,并衍生与之类同的诸疾病。[a5]白色黏液还会被混兑于黑色胆汁,从而被撒在头内的诸圆轨——最属神的诸存在者——之上,并使它们陷入混乱。于是,在睡眠中,白色黏液运行得较温和。[85b]但若被加诸醒着的人们,白色黏液就较难以摆脱。这就是具有神圣本性的病①,从而可以最正当地被说成"神圣的"。白色黏液既有酸性又有盐性,从而是所有生成为黏膜炎的疾病的源头。由于白色黏液流入所有种类的"地域",[b5]故它获得极为多样的名称。

第三方面,有些病因被点燃和灼烧而被称为身体的"发炎",这些病全部由于胆汁而生成。当胆汁获得朝向外部的开口时,胆汁就[85c]生出极为多样的肿块,从而沸腾起来。而当胆汁被封在内部时,胆汁就在内部造成火烧的许多疾病。其中最大的一种病生成于如下情形:胆汁混兑于纯净的血,从而令纤维素的类型脱离自身的秩序。

纤维素原本被分散于血中,以便血合乎尺度地[c5]拥有纤细性和浓稠性,而不会因热量而作为液体流出疏松的身体,也不会太密集而难以推动,[85d]从而不会很难在诸血管里循环。故而,按[纤维素]本性的生成,纤维素护卫诸血管的契合时机性:当[人]死后,血液冷却,以至于使[血中]纤维素相互紧缩时,剩下的血便全都分散开来。而当纤维素得到放任时,[d5]凭借周围的寒冷,纤维素就迅速凝固血液。

由于纤维素在血中具有这个功能,故胆汁依据自然而生成于衰老的血中,又从肉中得到分解而复归于血中。最初,胆汁热且呈液态,一点一点落入血中。然后,由于纤维素的功能,胆汁就凝固。[85e]就在胆汁凝固并为强力所"熄灭"时,胆汁便造成血液内部的寒冷和颤抖。

当胆汁流入血中较多,并以自身热量支配纤维素时,胆汁会沸腾,并

---

① 指癫痫。

把纤维素震动至无序。于是，如果胆汁生成得足以完全支配[e5]纤维素，那么，胆汁向着髓的类型穿越并燃烧。于是，胆汁从那里解开船一般的灵魂的"诸缆绳"①，让灵魂享有自由。不过，当胆汁较少流入血中，且身体抵挡得了这个局面，从而免于发生分解时，胆汁自身便受到支配。于是，胆汁要么从整个身体中落出，要么通过诸血管而被驱逐到[e10]腹部下部或上部，像一个从内讧的城邦中逃亡的人一样，从[86a]身体中落出。由此，胆汁造成腹泻和痢疾，以及[其他]所有这样的病。

身体生病若最主要源于火的过度，则造成接连不断的燃烧和发烧。若源于气，则每日发作。若由于水，则每到第三天才发作，[a5]因为水比气和火更钝。若由于土，则每到第四天才造成发烧，而且很难得到解脱，因为土是第四个，也是诸类型中最钝的，从而只能在四倍的时间圆轨中得到净化。

[86b]关于身体的诸疾病就这样碰巧生成了，而关于灵魂的诸疾病则因身体习性而像眼下这样生成。我们应该承认，灵魂的疾病是不理智，而不理智有两个类型：一个是疯狂，另一个是没学问。当任何承受者[b5]拥有这两个遭遇中的任何一个，我们都完全应该称之为"疾病"。至于过度的快乐和痛苦，我们则应该规定，它们是灵魂疾病中最大的一些。因为若一个人过于愉快，或[86c]反之，即因痛苦而承受一些事物，且不契合时机地急于抓住前一种情况，而逃避后一种情况，那么，此人没能力正确地看或听任何事物。这时，由于发狂，此人只有最小的能力分有思索。

在此人内部，髓那儿的种子生成得多且有流动性，就像[c5]某棵树那样存在：这棵树自然而然生长出多到超过尺度的果实。于是，在诸欲望及其相关的诸衍生物中，在每个情况下，此人都会获得很多剧痛和很多快乐。故而，此人在生命的最大部分中生成得陷入疯狂，正是因为这些最大的快乐[86d]和痛苦。这样一来，此人因身体而拥有了生病的且不明智的灵魂。

不过，人们认为，此人没有生病，而是自愿糟糕。但真相是，与阿芙罗

---

① 本指船靠岸时拴船尾的缆绳，古希腊人用船尾靠岸。

狄忒之事①有关的不克制，生成为灵魂的疾病。这主要是因为，由于骨的疏松性，那个单一类型[即髓]的习性在[d5]身体内部流动并"灌溉"。人们还说，有些事是对诸快乐没有支配力，且是值得谴责的事，就好像有人自愿糟糕一般。其实，所有这样的事——无论多少——仿佛没有得到正确谴责：[86e]因为没人自愿糟糕，只是由于身体具有某种恶劣的习性，且[灵魂]得到一种缺乏教育的教养，糟人才生成得糟糕。这些[值得谴责的]事物值得每个人仇恨，且在每个人不自愿的情况下附带生成。

另外，在诸痛苦之事上，依据同一些事物，灵魂因身体而具备许多[e5]糟糕事。因为有时，事实上，酸性和盐性诸黏液的诸汁液，以及苦的和具有胆汁形相的诸汁液，在身体中漫游。这些汁液未获得朝向身体外部的开口，而是被挤压在身体内部。此外，[87a]这些汁液融合来自它们自身的蒸汽和灵魂的运行，使二者相混兑。这时，这些汁液就在身体内部造成所有种类的灵魂疾病，或重或轻，或狭或广。同时，这些汁液在身体内部朝向灵魂的三个"地域"运行。对于这些汁液所袭击的每个"地域"，[a5]这些汁液"五彩缤纷地绣上"如下诸状况的所有种类的形相：首先是难以克制和难以有血气，其次是大胆和怯懦，再次是健忘和难于学习合在一起。

除此之外，若这样[87b]糟糕地"凝固"起来的人们拥有诸政制，那么，这些政制也糟糕，而且[糟糕的]言辞在这些城邦中私下和公开得到言说。更有甚者，尽管学问能够治疗这些人，但他们从年少时就不在任何地方学习任何学问。这样一来，所有糟人生成得糟糕，就是因为有他们最不自愿的这两件事[即政制糟糕和不学习]。对于糟人们，我们永远应该把原因更归于[b5]"种植者们"而非"被种植者们"，即更归于教养者而非被教养者们。事实上，只要某人有能力，此人就应该热心于逃避糟糕并选择其反面——既通过教养，也通过诸行业和诸学问。当然，这些事要求另外的文辞方式。

[87c]至于这些事的相对物，即有关治疗诸身体和诸思考的事，以及诸身体和诸思考得到保全的诸原因，则在近似意义上适合得到叙述。因

---

① 即性事。

为，远远更正当的是，我们拥有关于好事物而非糟事物的文辞。

每个好事物都[c5]美，而美事物不会不合尺度。所以，我们应该规定，这样存在的活物将合乎尺度。我们悉心感觉从而思索了一些小的合尺度性，但[87d]我们尚未通过思索来把握最权威也最重大的一些合尺度性。因为对于健康和疾病，也对于美德和糟糕，任何合尺度性和不合尺度性都不会比灵魂本身和身体本身之间的合尺度性和不合尺度性更重大。

但我们没有考察这种合尺度性和不合尺度性。我们也未思考，当在每个方面都强大且伟大的灵魂"驾驶"较无力且[d5]较渺小的身体形相时，以及当灵魂和身体二者以相反的方式集合到一起时，这个整全活物就不美。因为，在最重大的一些合尺度性上，这个活物不合尺度。而以相反方式存在的活物，对于有能力观看的人来说，则是所有景观中最美也最可付出爱欲的那个。

[87e]比如，某个身体有一条腿过长，或因另外某种过度而与自身之间不合尺度。那么，这个身体不仅丑陋，而且造成各部分艰辛配合中的许多疲惫，以及东倒西歪运行中的许多扭伤和跌倒。故这个身体是其自身无数糟糕事的原因。

[e5]关于这个二重复合体，即我们所谓的活物，我们应该同样地思考：当灵魂在身体里面比身体更具支配力，[88a]从而处于盛怒中时，灵魂就从身体里面震动整个身体，并使之充满疾病。当灵魂紧绷地向着某些学问和探究运行时，灵魂就"熔化"身体。当灵魂公开地和私下地在诸言辞中制作诸教诲和诸战斗时——这需要通过生成的诸斗争和对胜利的热爱——[a5]灵魂就使身体火热，从而振荡身体。同时，灵魂引出诸流体，并欺骗所谓的医生中的最大多数，从而使他们把一些非原因当作原因。

另外，当身体巨大且胜过灵魂，却与渺小而无力的思考自然而然生成在一起时，[88b]由于在人们内部，依据自然存在双重欲望，一重因身体而欲求养分，另一重因我们内部诸部分中最属神的部分而欲求明智，故较具支配力的前一重欲望的运动取得支配地位，并增长这一重欲望自身。同时，前一重欲望的运动还使灵魂的欲望[即后一重欲望]迟钝、难于学习、健忘，[b5]从而在人们内部造成最大的疾病，即没学问。

有一个保全之方让人们免于以上两种[不合尺度性]。这个保全之方就是，既不要只推动灵魂而不推动身体，也不要只推动身体而不推动灵魂。这样一来，灵魂和身体二者才可以自我保卫，从而生成得平衡而[88c]健康。于是，有学习能力的人，或热烈地以思考致力于某种其他关切的人，应该回报身体以一种运动，而这需要精通体操术。同时，热切地塑造身体的人，则应该回报灵魂以一些运动，[c5]而这需要使用缪斯术和整个热爱智慧[这门技艺]，倘若任何人打算既正当地被称为美的，又正确地被称为好的。

我们应该依据这同一些事物治疗[身体]诸部分，从而[88d]让[身体]诸部分模仿大全的形相。因为进入身体的诸事物在[身体]内部燃烧并冷却身体，而[身体]外部的诸事物则干燥化并液化身体，且身体因这两种运动而承受与之相伴随的事物。

所以，一方面，当某人[d5]把处于静止中的身体赋予这两种运动时，身体就受到支配，从而遭到毁灭。但另一方面，[我们假设，]某人模仿我们曾说过的大全的养育者和奶妈，从而任何时候都最大限度地不允许身体处于静止中，而是推动身体，因为此人永远在身体中造成某些震动。[88e]于是，此人由始至终抵挡身体内外依据自然的诸运动。同时，当此人有尺度地震动时，依据诸类同性，此人把漫游于身体各处的诸遭遇和诸微粒安排到彼此之间的秩序中，如我们先前关于大全曾发表的文辞所示。在这种情况下，此人将不[e5]允许仇敌与仇敌一起在身体中衍生诸战争和诸疾病，而是将使朋友和朋友一起在身体中[89a]造就健康。

在诸运动之中，最好的运动是以自身为范围且源于自身的运动，因为它最大限度地类同于有思考能力的运动和大全的运动。而源于[自身以外]其他事物的运动就较糟糕。最糟糕的运动是，当身体被放下并处于静止中时，[a5]通过其他事物来逐渐推动身体。因此，在对身体进行诸净化和诸补益时，最好的运动通过诸体操而生成，第二[好]的运动通过航海和[其他]某种不致疲惫的驾驶中的摇晃而生成。第三[好]的运动形相[89b]有时对受到剧烈强迫的人有用，但在其他情况下，此运动形相绝不应该为有理智的人所接受。因为此运动形相生成于药物的净化，从而供医疗之用。

至于没有很大危险的诸疾病，我们不应该通过种种用药来刺激。

[b5]因为诸疾病的整个构造,以某种方式近似于诸活物的本性。也因为诸活物[各自]的会聚,生成得具有这整个类型被设定的生命时间,而每个活物就其自身而言,也自然而然具有其应得的生命[时间],[89c]除非有出于必然性的诸遭遇。因为正是从诸开端以来,每个活物的有能力的诸三角形,都被构造得有能力起作用到某个时间,而任何人在任何时候都还无法用强力让生命超越这个时间。

这本身也是与疾病有关的[c5]构造方式:当某人在其[生命]时间的应得[长度]里,通过种种用药来灭亡这种构造时,往往从小病生成为大病,从少病生成为多病。因此,只要此人有闲暇,他就必须以诸生活方式引导所有这样的疾病,[89d]而非通过用药来刺激难以克制的糟糕状况。

一方面,关于这个结合而成的活物及其身体部分——[即关于如下问题:]若某人悉心引导自身并为自身所悉心引导,那么,此人如何最大限度地依据理性来生活——我们就这样言说吧。[d5]另一方面,在某种意义上,我们应该尽可能更多地且优先地筹备那种将会引导这个活物的事物,以便这个活物因这种引导而存在得最美且最好。准确叙述这些事情,[89e]本身就其自身而言,固然会生成为唯一足够的行事。不过,若某人基于前面那些事情而附带地探求这种事情,像眼下这样进行考察,并以眼下这篇文辞而得出结论,那么,此人不会偏离[惯常]方式。

正如我们曾多次所说,三重意义上的三个灵魂形相在我们内部安家,[e5]每个形相都碰巧具有一些运动。所以,基于同一些事物,现在我们应该最简要地说:一方面,如果这些形相中有一个处于无所事事中,并使自身诸运动归于静止,那么,这个形相必然生成得最无力。另一方面,如果这三个形相中有一个处于诸体操①中,那么,这个形相就最强有力。[90a]因此,我们应该护卫这一点,即让这三个形相拥有相互之间合乎尺度的诸运动。

关于我们最权威的灵魂形相,我们必须像眼下这样思考。神把这个形相作为精灵赋予了每个人。我们说,这个形相[a5]在我们身体的最高点安家,并向上牵引我们,让我们趋近天宇中[我们的]类同者而脱离大

---

① 包括理智体操。

地。因为我们并非属地的而是属天的"植物"。以上我们说得最为正确。因为从天宇那里,灵魂最初的生成自然而然生长出来。同样,从天宇那里,我们的属神部分[90b]悬起[我们的]头——也就是"根"——从而使[我们的]整个身体直立。

可是,若一个人执着于诸欲望或对胜利的热爱,并为此付出极多艰辛,那么,所有意见必然在此人内部生成为有死的。又由于他完全有可能生成为最大限度地有死的,[b5]故他几乎不免于这[有死],因为他助长了这样的[有死]。

不过,若一个人严肃追求对学习的热爱和真正的诸明智,并在自身诸事中最大限度地操练这些事,[90c]那么,某种意义上,此人完全必然会明智思考那些不死且属神的事物,只要他触及真实。又由于属人本性会分有不死性,故此人不会在任何部分丧失不死性。且因为此人永远治疗他的属神部分,并拥有那个精灵——[c5]此精灵很好地被安排了秩序,且与此人自身"同族"——故他存在得超常幸福。因此,对每个人的每个部分的治疗只有一种,即回报每个部分以一些养分[教养]①和运动,这些养分[教养]和运动与该部分"有亲缘"。

与我们内部属神部分类同的诸运动,是大全的诸思考[90d]和诸环行。故每个人都必须依从这些运动,并矫正我们头内在生成时就被灭亡的诸圆轨,这是为了学习大全的"诸谐音"和诸环行。这样一来,依据[每个人]太初的本性,每个人可以使认识者与被认识者相一致。[d5]通过使此二者相一致,每个人可以拥有诸神放在人们面前的最好生活目的,这个目的既朝向现在的时间,也朝向未来的时间。

[90e]尤其现在,一开始[克里提阿斯]对我们下达的诸命令,即从大全叙述到属人的生成,仿佛近似于有一个终结了。因为,关于其他诸活物如何生成,我们应该简要提及,而无任何必要说得老长。[e5]因为,这样一来,在关于其他这些活物的诸文辞上,[我们]任何人在自身看来都更合乎尺度。那么,我们就像眼下这样言说这样的事吧。

在生成的男人们中,有些男人怯懦,且不义地度过生命。根据这篇近

---

① 希腊文中,"养分"与"教养"为同一词。

似的文辞,这些男人在第二次生成时,会转而自然而然生长为女人。[91a]就在这个时候,且基于这些,诸神曾建造了[男女]"在一起"①的爱欲。故诸神曾在我们内部构造一个有灵魂的活物,在女人们内部构造另一个有灵魂的活物。诸神曾以眼下这样的方式制作这每一个活物。

为饮料而造的向外的通道,[a5]接受通过肺去到肾再到膀胱的饮料,并为气息所挤压,从而射出这饮料。于是,诸神在这个通道上穿孔,接通[91b]那集合起来的髓。那髓来自头部并沿脖子而下穿过脊梁,在前面诸文辞中,我们曾称那髓为"种子"。由于那髓有灵魂,而且获得了开口,故而,在这个开口处,那髓在自身内部造就了一种欲求流出的生命欲望,从而造出了生产的爱欲。因此,对于[b5]男人们,羞处的本性周围的部分,生成得不可劝说且自我支配。有如一个不听从理性的活物,基于具有牛虻形相的诸欲望,这个部分尝试支配所有部分。

[91c]此外,基于同一些事物,在女人们内部,生成了母体,或所谓"子宫",即一种有生孩子的欲望且在内部存在的活物。当超过"季节"很长时间仍没有生成"果实"时,子宫就在困难中气恼,从而忍受着这一切。于是,子宫在身体内所有地方漫游,[c5]阻塞气息的向外的通道,从而不允许呼吸。由此,子宫把女人抛进那些极端走投无路的境地,并造成其他所有种类的疾病,直到那[分属女人和男人]各自的欲望和[91d]爱欲联结[女人和男人]。就像从树上摘下果实,这欲望和这爱欲把诸活物[即"诸种子"]——它们小到看不见且尚未得到塑造——播种到土地一般的母体中,并且分辨这些活物。然后,这欲望和这爱欲在母体内部把这些活物养育大,并在此后把它们领向光明②,[d5]从而完成诸活物③的生成。女人们和[其他]每个阴性[类型]都这样生成。

另外,鸟类自然而然生长出羽毛而非头发,且从如下男人们中"改变节律"而生成:这些男人不糟糕,但轻率。一方面,他们通晓天象术。另一方面,他们因天真而认为,[91e]只有通过亲见,对这些事物[即天象]最

---

① 即交合。
② 即出世。
③ 即婴儿。

确定的证明才得以存在。

再者，用脚行走且具有野兽形相的［类型］，从如下这些人中生成：他们既不运用热爱智慧［这门技艺］，也不观察任何有关天宇的本性，因为他们不再运用头内的诸［e5］圆轨，而是依从这样的领导者，即灵魂在胸部那儿的诸部分。出于这些生活习惯，他们的前肢和头被拉向大地——因为与大地类同——并抵在大地上。他们的头则被拉长，并极为多样，［92a］这种多样性取决于他们每个人的诸环行如何因无所事事而被挤压到一起。出于这个缘由，他们这个类型自然而然长出四只脚，乃至许多只脚，因为神给更不明智的人们设定更多"底面"，因为他们更大程度地被拉向大地。［a5］这些人们中最不明智的那些，把整个身体完全向大地拉伸。因为他们不再需要任何脚，故［诸神］曾把他们生产得无脚且在地上爬。

至于［92b］水生的第四个类型，则从着实最无理智且最无学问的人们中生成。［诸神］改塑他们时，曾认为他们不再值得拥有纯净的呼吸，因为他们完全"不合曲调"，从而不纯净地拥有灵魂。故而，［b5］［诸神］不让他们在气中纤细而纯净地呼吸，而是曾把他们驱逐到水中，让他们浑浊而深沉地呼吸。由此生成了鱼、蚝和［其他］所有水生活物所构成的这一族，这一族碰巧获得了极端的家，作为对极端没学问的惩罚。

［92c］基于这些，所有这些活物在过去和现在互变为彼此，从而在对理智和不理智［各自］的抛弃和获取之间变换。

尤其现在，我们可以说，我们关于大全的这篇文辞已然［c5］拥有了一个终结。因为，就这样，眼下这个宇宙获得了有死的和不死的诸活物，并得到充实。这个宇宙是包含诸可见事物的可见活物，可理知者的近似物，可感的神，最伟大且最好，最美且最完美，从而生成为眼下这个单一的天宇，作为所属类型中的单一成员而存在。

克里提阿斯

叶然 译

蒂迈欧 [106a]真快乐啊,苏格拉底,仿佛从远途中停下来,现在我也要从言辞的跋涉中欣喜地解脱。我向很久以前某个时候生成的那个东西——也正是现在生成于诸言辞中的那个神①——祈祷,[a5]求他赋予我们合乎尺度地说出的那些东西的保全之方,[106b]并降下适宜的惩罚,倘若我们在非自愿的情况下违背"曲调"地说出了有关那些东西的任何话。正确的惩罚可使违背"曲调"的人合乎"曲调":于是,为了接下来我们能正确言说关于诸神的生成的那些言辞,[b5]我们祈祷他为我们赋予诸药之中最完美也最好的药——知识。既已祈祷过了,我们就依那些约定把随后的言辞转交克里提阿斯。

克里提阿斯 不管怎样,蒂迈欧啊,我接受[这言辞的任务],只不过你[106c]一开始所要求的,我现在同样乞求,——我乞求体谅,因为我想要讲一些大事,——[107a]而且关于将要讲的那些东西,我认为[我乞求的]恰好比[你要求的]远远更有道理。尽管想要进行乞求时,可以说我很好地认识到这乞求十分傲慢,而且比起所需要的更加粗野,但我仍然不得不提出来。毕竟,[a5]哪个明智的人会敢于说你所说的那些说得不好呢?而将要讲的东西由于更难,故需要更多体谅,这一点在某种意义上[我]不得不尝试着指明。蒂迈欧啊,对我们常人谈论有关诸神的任何东西时,适宜地进行想象,[107b]事实上比谈论诸有死者时更加容易。因为对于听者们面临的那样一些东西,他们之无经验和极端无知,给想要谈论

---

① 即宇宙。

有关那些东西的任何事物的人带来了很大的便利。而关于诸神,我们当然知道我们所处的状况。

为了[b5]我可以更清楚地显明我所说的,请你们像接下来这样一齐跟随我。事实上,我们所有人所说的,必定在某种意义上生成为模仿品和近似物:我们见过,画家们在属神的或属人的身体方面的影像制作,或困难或容易地表现得[107c]在观者们看来是在令人满意地模仿。我们洞察到,首先,对于大地、山峦、河流、林木、天宇全体以及其中存在和运行着的东西,[c5]只要有人有能力模仿得与之有那么一丁点儿一致,我们就会欣喜不已,除此以外,由于我们并未准确地见过这样一些东西,既未审查也未辩难这些描画出的东西,[107d]所以对于它们,我们采用不清楚的、欺骗性的阴影画法。另一方面,每当有人着手造就我们身体的近似物时,我们由于[对身体]一直有着日常的了解,故能敏锐地感觉到[这近似物的]缺憾,于是针对这个没有完完全全回报[我们]以所有一致性的人,我们会变成严苛的裁判者。

[d5][我们]应该知道,言辞的情形也一样:我们一方面欣喜于属天的和属神的事物被说得只有一丁点儿近似,另一方面却严格审查有死的和属人的事物。正因如此,如果我们并非完全有能力回报以适宜的东西,那么[你们]应该体谅现在即席[107e]讲出的东西。因为应该认识到,面对[人们的]意见而造就有死者的近似物,很困难而非容易。[108a]我想要你们记起这些,并乞求在将要讲的东西上得到并非更小而是更大的体谅,所以我说了所有这些,苏格拉底啊。如果我显得在正当地乞求得到这个礼物,你们就心甘情愿地给我吧。

苏格拉底 [a5]克里提阿斯啊,我们怎么会不想给你呢?此外,不论如何,让我们把同样的东西也给第三位即赫耳墨克拉底吧。因为很显然,稍后该他发言时,[108b]他将像你们一样提出乞求。为了他可以弄出不同的开头,而非被迫说相同的话,请他稍后那样发言时就当他已经得到了体谅一样。不过,我一定要事先对你说说观众的想法,亲爱的克里提阿斯啊,你之前这位诗人已然在观众中令人惊异地[b5]赢得了好名声,因此你将需要某种极大的体谅,倘若你想要变得有能力接手这个局势。

赫耳墨克拉底 事实上,苏格拉底啊,你同样在对我进行这样的告诫。[108c]然而,因为缺乏血气的男人们不曾树起凯旋纪念柱,克里提阿斯啊,故你必然要在言辞上勇敢前行,并向医神①和众缪斯祝祷,以便你显露并咏唱那些存在着的古老的好城邦民。

克 [c5]亲爱的赫耳墨克拉底啊,你排在后面[发言],而我则在前,你当然胆大。这个局势很快就会向你展现它是什么样。当然,应该相信你的劝告和[108d]壮胆,也应该祝祷你所说的神们以及其他神,尤其墨涅摩绪涅②。因为我们的言辞中最重要的部分几乎完全有赖这位女神。我大概知道,当我们充分地记起并传达了[d5]由祭司们从前讲述并由梭伦带到这儿的那些东西时,我们会认为自己合乎尺度地完成了观众交办的任务。此刻,应该去做这件事本身,而不该再迟疑了。

[108e]首先,我们来回忆,自从在赫拉克勒斯之柱③外面安家的人与赫拉克勒斯之柱里面的所有人之间发生的战争得到揭示以来,已有大概九千年了。现在必然要详尽讲述这场战争。据说我们这个城邦[e5]统率着战争一方,并打完了整场战争,而阿特兰蒂科斯洋④上那个岛的王者们统率着战争另一方,这个比利比亚和亚细亚加在一起还要大的岛,我们说过,当时存在,现在则已因数场地震而下沉,造就出了不可通行的淤泥,阻碍从我们这儿[109a]向着那整个大洋航行出去的人们,令他们不再可以行进。从前存在过众多野蛮人群,以及希腊人的族群,而言辞之路在那样展开时会一个又一个地显示每个地方偶然出现的事物。[a5]但首先有必要在一开始叙述当时雅典人及其打击的敌人双方的兵力和政体。双方之中,应该倾向于先讲述我们这一方。

[109b]由于从前诸神碰巧把整个大地分割成了诸地域——这并非出于斗争,所以如果说神们不知晓适合其各自的东西,或不同的神们虽知晓,但通过种种斗争而企图占据更适合其他神们自身的东西,那么这并非正确的说法。[b5]凭借正义[所安排]的拈阄,他们分有了喜爱的一份,

---

① 阿波罗的别号。
② 记忆女神,上述众缪斯的母亲。
③ 即直布罗陀海峡。
④ 即大西洋。

并开发了这些领土,而且开发过程中养育了作为其自身所有物和造物的我们,就像牧人之于畜群。然而,他们并不用身体[109c]强制身体,仿佛牧者通过鞭打来放牧畜群一般,而是在一个活物最容易受到左右的地方,即从"船尾"进行调整,而且仿佛依循[活物们的]思虑而用劝说之舵来把握灵魂一样,领导整个有死的[一类],为之"掌舵"。

由此,[c5]神们之中的其他神在其他地域碰巧获得并安排了各自的东西,而赫斐斯托斯和雅典娜——他们不仅从同一个父亲那里得到共同的、同胞的自然,而且在热爱智慧和热爱技艺方面达到了同样水平——则共同碰巧分得了单一的份额,即我们这块地方,因为它自然而然适宜且有利于德性[109d]和明智。此外,他们还在这儿"制作"出了从大地之中自动长出来的优秀男子汉,并往其理智中安放了政体秩序。这些人的名字得到了保存,但其行事却因后继者们灭亡以及时代久远而晦暗不明。

[d5]因为一直以来幸存的那一族,如之前所说,幸存于山上,不识字,仅仅听过这个地方的掌权者们的名字,除此之外还有一丁点儿他们的行事。[幸存者们][109e]在欣喜之中把那些名字传给后代,却不知道前辈们的种种德性和礼法,除了他们各自的某些隐晦传闻。[幸存者们]自身及其孩子们在许多世代里还在为[生活]必需品犯愁,[110a]只把心思放在所犯愁的东西上,只制作关于这些东西的言辞,故并未关注发生在很久以前某时的事物。因为"讲述故事"和"探究古事"二者[a5]只有见到某些人已然具备生活必需品之后,而非在此之前,才会伴随着闲暇同时前往诸城邦。

由此,古人们的名字而非行事得到了保存。我这么说是因为我凭种种迹象断定,梭伦说过,关于喀克罗普斯、厄瑞克透斯、厄里克托尼俄斯、厄吕西克同[110b]以及其他早于忒修斯的人的绝大多数被记起的一个个名字,它们之中许多都为那些祭司在描述从前那场战争时所称呼,女人们的名字[b5]亦然。此外,至于那个女神①的样子和塑像,由于从前战争之事是女人和男人共同的职业,所以依据从前那个礼法,那些人的神像是得到武装的那个女神,这证明了所有[110c]牧养在一起的雄性和雌性活物

---

① 即雅典娜。

自然而然都有能力一齐共同追求适合每个种族的德性。

不仅其他那几群关注种种制造和来自地里的养分①的城邦民从前住在我们这地方，[c5]而且属神的男子汉们一开始所区分出来的从事战斗的那群城邦民也住在这儿，他们拥有一切有助于其养育和教育的东西，一方面他们之中无人占有任何私人物品，[110d]另一方面他们把他们所有人的一切都视为共有的，绝不认为自己值得从其他城邦民那里接受任何超过必要养分的东西，此外，他们追求昨天②所讲的所有那些职业，即提到的那些设定出来的护卫者们的职业。

另外，[d5]有关我们这块地方的状况被说得有说服力且真实。首先，在这个状况中，这地方从前拥有一些边界，它们面对着那个地峡③而划定，而且在大陆其他部分延伸至[110e]喀泰戎山和帕尔涅斯山之巅，此外，这些边界朝着海下行，其右部据有奥罗庇亚，其左部则毗邻阿索珀斯河。每一块土地在品质上都为我们这块土地所超越，因此这块地方当时有能力[e5]养育大群不问农事的兵士。[这块地方的]品质的重要迹象如下：在物产多样、果实优良以及适宜于养殖所有活物这些方面，现在它留下的部分可以匹敌任何[地方]。[111a]而从前，除了质美，它产出同一些东西时产量亦极大。

到底这何以可信？[现在这地方]何以能正确地说成是从前那块土地留下的部分？它整个儿从大陆其余部分远远地向前伸入[a5]大洋，出落得像个尖子，而它周围的整个海床恰好在近岸地带很深。九千年来——这便是从那个时代到现在的年数——发生了多次大洪水，[111b]故在这些时代和遭际中，从高处流下的土堆并不像在其他地域一样形成值得一提的积淀，而是一直流到深处，消失无踪。就像在那些小岛上一样，[b5]与从前相比，现在留下的东西像生病的身体的骨骼一样，而这块土地肥沃而柔软的部分流走了，只剩下这个地方光光的身体。

然而，从前[111c][这地方]完好无损，具有高高的土丘作为山，拥有

---

① 指农作物。
② 参见《蒂迈欧》17a – c。
③ 特指科林多地峡。

充满肥沃土地的平原,即现在所谓的多石地带①的平原,此外,还具有大量山中林木,其迹象现在还有显现:因为尽管现在有些山只拥有蜜蜂的[c5]养料,但那些树木制成的屋顶完好依旧,而这些树就在并不长的时间之前从这儿砍伐,以便为最大的建筑工事封顶。还有许多其他种植出来的高树,为牲畜提供无尽的食料。另外,[111d][这地方]因每年来自宙斯的水②而丰收,不像现在这样失去从不毛之地流进海里的水,而是曾拥有大量的[土]并把水吸收到[土]里,把水贮藏在严实的黏土中,把吞噬了的水从高处[d5]注入坑洼,为所有地域的泉眼和河流带来无尽的水流,与此相关的庙宇现在还留在当初存在过的泉水旁,这些征兆表明,现在言说的是关于这[地方]的真实状况。

[111e]这便是这地方在它的其他部分的自然上所具有的东西,此外,[这地方]被真正的耕地之人——他们只干这一行本身,爱美,且具有优异的自然——安排得很适宜,而且拥有最优的土地、最充足的水,以及这块土地上方[e5]最合尺度地混兑出的季候。至于从前那个时代的城市,安置如下。

首先,它当时拥有的卫城的状况[112a]不像现在它所拥有的。因为迄今,一夜暴雨已经溶化了[卫城],使之失去泥土,与此同时发生的还有地震和丢卡利翁面临的毁灭③之前第三次较早的、异常的大水。在从前那个[a5]时代,[卫城]大小延伸到厄里达诺斯河和伊利索斯河,并把普努克斯山圈在里面,还从普努克斯山对面据有吕卡柏托斯山作为边界。另一方面,[卫城]整个都是土质的,而且除一小部分外,其顶部很平坦。[112b]在[卫城]外面,它的斜坡下面,居住着艺匠们和耕种邻近地带的人。在[卫城]高处独自住着进行战斗的那一类,就在雅典娜和赫斐斯托斯的庙宇周围,[b5]他们以一个环状物包围自身,就像一座寓所的园子。

在[卫城]北部,他们住在公共寓所里,并为自己配备冬季共餐场所,以及[112c]在他们的房子和庙宇方面一切适合辅助其共同"政体"的东

---

① 特指雅典的一个多石地带。
② 指雨水。
③ 参见《蒂迈欧》22a。

西，且不饰金银——因为他们绝对不需要这些，而是追求狂肆与卑贱①之间的中道，从而建造井然有序的住所，他们[c5]和后代的后代在这里面老去，并把这住所永续地传给其他[与他们]一致的人——到了夏天，他们则闲置园子、体操馆和共餐场所，而把[卫城]朝南的部分用于这些事。一汪泉水曾存在于现在的卫城的地域上，[112d]后却因地震而枯竭，现在徒留涓涓细流在周围，而从前它为所有人带来无尽的水流，冬夏咸宜。

作为自己的城邦民们的护卫者，以及其他[d5]希腊人甘愿臣服的领袖，他们正是以这种方式居住着，并监视着他们自身内部已然有能力且仍旧有能力从事战争的男女总数，使之在永久的时间之内尽量同一，即两[112e]万左右。

这些人就是这样，而且他们一直以这样一种方式正义地打理自己的[地方]和全希腊，从而在整个欧罗巴和亚细亚因身体的美丽[e5]和灵魂的每一种德性而为人称道，并在当时所有人之中最有名望。

至于与这些人开战的人们的状况是什么样，以及如何从一开始变成这样，若我们对于我们还是小孩时听来的东西尚未丧失记忆，那么我们现在就让那些状况在你们这些朋友之中公开，使之成为[e10]共产。[113a]不过有件小事在这篇言辞之先需要提出，以免你们多次听到野蛮男人们的希腊名字时惊异不已——其原因你们即将了解。

梭伦在思索着把这篇言辞用于他的诗作之中时，探询了[a5]那些名字的意思，发现那些埃及人作为最先记下这些名字的人已把它们转化到了他们自己的语言之中，于是他自己重新查出了每个名字的含义，[113b]将其引入我们的语言，并写了出来。这些写本曾归我祖父所有，现在归我所有，我孩提时便熟稔于心。因此，若你们听到那些名字很像我们这儿的，[b5]你们不应该惊异，因为你们得知了其原因。这篇长长的言辞某种意义上的开端当初是如下这样。

正如前面关于诸神的拈阄所说的，即他们曾把整个大地划分成这儿较大的、[113c]那儿较小的份额，而且为他们自己配备了庙宇和牺牲，与

---

① 二者均就物质追求而言。

此相应,波塞冬碰巧得到了阿特兰蒂斯①那个岛,并在这岛的如下某个地域通过一个有死的女人生育了他自己的后代,而且使他们安了家。

[c5]整个岛的中央靠近大海的地方存在过一个平原,据说生成为所有平原中最美的,品质上也十分适宜,另外在中央靠近这个平原的地方,即距其五十斯塔迪昂②处,还存在过一座极小的山。那山中住着[113d]一个名叫欧厄诺尔的,——他属于一开始从大地中生成的男子汉,——与他同住的是琉喀佩这个女人,他们生了个独生女儿克莱托。这姑娘刚到嫁汉子的年纪,母亲和父亲就寿终了,波塞冬则涌起了对她的欲望,[d5]与之交欢。为了使她所住的土丘得到很好的拱卫,他按圆周状打掉它周围的东西,并制作了海陆相间的大大小小的圆圈,一个环绕着另一个,两个是陆圈,三个是海圈,——仿佛他从这岛的中央进行打造,——[113e]每个圆圈宽度相等,以至于不可为人们所进犯,因为当时还不存在航船和航行。

他这样一位神轻易安排了这个处于中央的岛,造就了两股从地下上来的泉水,——从泉眼中流出来时一股热,另一股[e5]冷,——还从地里产出了极多样且充足的养分。他生出并养育了五对孪生男孩子,而且把阿特兰蒂斯这个岛划分成了十部分,为最年长的[一对孩子]中先[114a]出生的那个分配了他母亲的住所及其周围的份额,即最大最好的份额,又立他为其他[孩子]的王者,统治其他[孩子],同时也把对众人的统治权以及空间宽阔的地域给予了每个[孩子]。

[a5]他给所有[孩子]起了名字,给最年长的王者[起名时化用了]这整个岛和这个大洋用以命名的名字,即所谓阿特兰蒂斯③,因为当时第一个当王的名叫[114b]阿特拉斯。他还给后于[阿特拉斯]出生的那个孪生子——他碰巧获得了其份额,即这个岛接近赫拉克勒斯之柱的那些边缘部分,这些部分面对着现在按这个地域来命名为伽狄里科斯④的地方

---

① 与"阿特兰蒂科斯"仅有词尾变化,这表明这个岛属于这个大洋。
② 一斯塔迪昂约等于185米。
③ 严格来讲,与这个大洋的名字不同,这个岛的名字是"阿特兰蒂斯",但也源于这个大洋的名字"阿特兰蒂科斯"。
④ 意即"属于伽狄拉的"。伽狄拉即西班牙的加的斯(Cadiz),在赫拉克勒斯之柱(直布罗陀海峡)西侧。

的那部分——[起了名字,]希腊语叫欧墨洛斯,本土语叫伽狄罗斯,这名字大抵也传达了[伽狄里科斯]那个叫法[的意思]。

他把第二对出生的[孩子]中的一个叫做安斐瑞斯,把另一个叫做欧埃蒙,把第三对中先出生的那个叫做墨涅修斯,[114c]把后于他的那个叫做奥托克通,把第四对中在先的叫做厄拉西珀斯,把在后的叫做美斯托尔,阿扎尼斯这个名字被赋予第五对中在前的那个,狄阿普瑞佩斯[这个名字]则被赋予在后的那个。他们自己及其后代[c5]在许多世代里还打理并统治着这大洋上许多其他岛,而且正如之前所说,①还统治着[赫拉克勒斯之柱]以内一直到这儿的部分,远至埃及和图瑞尼亚。

[114d]阿特拉斯的家族变得庞大而荣耀,[每一代的]最年长者作为王者永远把[王权]传给后代中的最年长者,他们[后代]就这样在许多世代里保全了王权。而且他们获得了大量财富,以至于这些财富绝不[d5]出现于过去任何王者的统驭之下,以后亦不会那么容易出现。他们还为自己准备了城邦和其他地方之中需要准备的所有工程。因为许多东西因[他们的]统治权而从[这岛]外面涌向他们,[114e]不过这岛自身仍提供大部分生活必需品:首先是通过采矿业挖出的那些固体的和生成为熔质的东西,还有一种现在仅仅叫得出名字的东西,可当时这一类即[e5]"山铜"所具有的比名字更多,②可以在这岛上许多地域从土里挖出,且除了金子以外,它在当时那些东西中算最贵重的。

其次是丛林为建造者的工事提供的所有那些无尽的产物,以及它为驯服的和野生的活物而充足地养育的东西。而且大象这一类在那儿也极多,因为[e10]存在足够[丰美]的牧场供所有[活物]使用,不仅包括牧养在沼泽、湖泊、河流[115a]以及山地和平原的其他那些活物,同样包括[大象]这样一种自然而然生长得最高大且食量最大的活物。

除了这些东西,[这岛]某种意义上还很好地出产和养育了如今土地所养育的那些好闻的东西,它们来自根、芽、茎,或花果沥出的汁。[a5]至于种植的果实,那种充当我们的养分的干果,还有那些额外用作食物的果

---

① 参见《蒂迈欧》25a7–b2。
② 意即有实物存在。

子，——我们把它的[115b]所有分类叫做豆子，——还有那种树上结的且带来饮品、食物和油的果子，即引发玩兴和快乐且生成得难以保存的那种结在树梢上的果子，还有我们给晚餐后厌腻者用来舒缓饱足感的那些可口的果子——[b5]所有这些质美的、令人惊异的、数量无限的果子，都是这座当时存在于太阳之下某处①的神圣岛屿的物产。

得到了所有这些从这块土地中来的东西之后，他们就兴建了[115c]诸庙宇、诸王宫、诸港口、诸船坞和所有其他地方，并按如下秩序进行了安排。他们首先筑桥跨越那些环绕其原初母邦的海水圆环，[c5]为自身造就进出诸王宫的路径。他们一开始就直接把王宫建造在那位神和他们的前辈的住处，当他们中的一个从另一个手中接过这些王宫时，就[进一步]装修这些已经得到装修的[王宫]，[115d]而且一直尽可能超过前辈，直到他们使这些住所看起来在做工的宏伟壮丽上令人惊讶。因为他们首先从[外]海开凿运河，宽三普勒忒戎②，深一百尺③，长[d5]五十斯塔迪昂④，贯通到最外围的[海水]圆环，由此制造了从[外]海通向这圆环的通道，就好像通向港口一样，因为他们开了这个口子足够那些最大的船行进到其中。

在那些桥下，他们把那些间隔开海水圆环的陆地圆环[115e]打通了一条让一艘三层桨战舰得以穿过诸圆环的通道，他们还从上面遮盖了这通道，以至这航道在[地]下——因为陆地圆环两岸具有的高度高出海水不少。[e5]诸圆环中最大的那个，即[外]海贯通到它那儿的那个[海水圆环]，宽三斯塔迪昂，而与之相邻的陆地圆环也是一样宽。第二对圆环中，水环宽二斯塔迪昂，陆环则仍然与它外围的水环一样宽。[116a]环绕那个居中的岛的[海水]圆环宽一斯塔迪昂。

诸王宫所在的那个岛直径为五斯塔迪昂。他们用石质城墙以圆圈状包围这岛，也包围诸圆环和那宽一普勒忒戎的桥[各自]的两侧，[a5]并在桥和渡海通道的每个关口设置塔楼和对开门。石料是他们从居中的那

---

① 古希腊俗话，意即"尚且存在"。
② 一普勒忒戎约等于31米。
③ 一希腊尺约等于0.3米，一百尺即一普勒忒戎。
④ 一斯塔迪昂等于六百希腊尺。

岛周围的地下以及诸[陆地]圆环外侧和里侧的地下所取,有的白,有的黑,[116b]有的红,取石料的同时,他们[顺势]建造了成双的内凹的船坞,以[天然]岩石本身为顶。他们把这些建筑物中有些建成单[色]的,还出于儿戏,通过融合诸种石料而把另一些建筑物建成五彩缤纷的,从而赋予它们了一种自然而然的乐处。[b5]他们又为那环绕最外圆环的城墙的所有边缘裹上了一层铜,就像使用涂料一样,又为那环绕靠里的圆环的城墙的所有边缘镀上了一层锡,又[116c]为环绕那卫城的城墙镀上了一层山铜,如火一样闪亮。

卫城里的诸王宫得到了如下安排。正中间专门安置着克莱托[c5]和波塞冬那神圣不可侵犯的庙宇,且为金质围墙包围,正是在这个地方,最初他们播种并生下了十王者那一族。同样在这儿,每年所有十块[土地]份额的时令物产作为神物贡献给每一个王者。波塞冬自己也有个神庙,长一斯塔迪昂,[116d]宽三普勒忒戎,高度则看起来与长宽合乎尺度,具有某种野蛮形相。他们用银子"涂"满这神庙的整个外部,除了突起部分,因为突起部分用金子来"涂"。至于内部,天花板[d5]整个儿是象牙外观,并丰富多彩地装饰以金子、银子和山铜,而所有其他部分,即墙壁、柱子、地板,都用山铜包裹。他们树立了一些塑像,[有一尊是]那位神[即波塞冬]作为执缰绳者站在数匹飞马所拉的战车上,[116e]这[尊塑像]高大得触到了天花板的顶部。它周围有一百[尊塑像是]站在海豚们身上的纳瑞伊德斯①,因为他们当时认为她们有这么多位。此外,那时[神庙]里还有私人们树立的众多其他塑像。

这神庙的[e5]外围树立着所有人——十王者生出的那些人及其女人们——的塑像,还有众多其他巨大塑像,其树立者是这城邦自身的王者们和私人们,以及他们统治的异乡人们。还有个祭台[117a]在大小和做工上与这样一种设计格局相配,同样,诸王宫与这个政权之伟大相配,也与这些庙宇周遭的装饰相配。

那两个泉眼,即冷水泉和热水泉,[a5]有着无尽的水量,而且每一股泉水在水的爽口和品质这些用处上都自然而然生成得令人惊异。他们以

————————

① 古老的海神纳瑞乌斯的女儿们的集合专名。

与这些水相配的建筑和植被包围这两个泉眼,[117b]还在周围设置池塘,有的池塘在光天化日之下,有的则在屋顶之下,作为冬天的热水澡堂。有些池塘专供王者用,有些专供私人用,还有些专供女人用,其他的则专供马和其他轭下之兽用,[b5]而且他们为每个池塘分配了适宜的设施。他们把流出的水导向波塞冬之林,——那儿极其繁盛的树木因土地品质[好]而丰美、高大、具有精灵性,——还通过桥那儿的渠道把水引向外围的诸圆圈。

[117c]不仅有众多神的众多庙宇,众多园子和众多体操馆也得到建造,在那两个圆圈状岛屿上,有些供男人用,有些专门供马匹用,此外,在这两个岛中较大的那个的中间[c5]还为马匹专门开辟了跑马道,有一斯塔迪昂宽,其绕整个圆圈的长度专门为马赛而设。沿着跑马道的里侧和外侧都是[117d]成群侍卫所住的卫戍处,更值得信任的[侍卫们]所住的守卫处安排在较小的圆环[岛屿]上,更靠近卫城,而为所有[侍卫]中格外值得信任的那些人提供的住处则在卫城之中围绕着那些王者自己。[d5]诸船坞充满了三层桨战舰和与三层桨战舰相关的装备,反正一切都筹备得很充分。

诸王住处周围的东西,正是得到了如上准备。若穿过那三个港口往外走,[117e]便有一道城墙从[外]海之滨开始,以圆圈状行进,——其每个部分都与最大的圆环和港口距离五十斯塔迪昂,——然后自身与自身交汇于那条运河的入海口。整个这块地方聚居着众多而[e5]密集的人家,入港航道和最大的港口充满了各地到此的航船和商旅,因其数量极大,故日夜发出人声、喧闹声和各种击打声。

城市和位于原初居住地周围的东西,[e10]现在已经基本上按从前所说的得到了回忆,可还应该尝试回忆其他地方[118a]的自然以及它的秩序的形相之所是。首先,整个地域据说高出海面很多,且极为陡峭,同时城邦周围的整个平原包围着城邦,自身也为圆圈状的[a5]山所包围,这山下行至海里。这平原光滑平整,整个是长方形的,两条[长边]各为三千斯塔迪昂,[其宽度]在中心从海边算起为两千斯塔迪昂。[118b]这个地域面向整个岛的南方,故背对着北风。它周围的那些山当时为人称道,因为它们在数量、大小、美丽方面生成得超过现在存在的所有山。而且它们自身囊括了众多有着富裕居民的村庄,[b5]还有为驯服的和野生的造物[提供]充足养分的河流、湖泊、青草地,以及对于所有那些工程和每一种[需求]来说数量无尽且类型丰富的木材。

这个平原为大自然[118c]和许多时代里许多王者所苦心经营成了如下这样。大体上,它从一开始就有四个角,有笔直的边,[形状]是长方形,由于尚有一点点不整齐,故通过在其四周挖一条沟,它得到了修正。这沟的深度、宽度、长度被说得难以置信,[c5]因为除了其他工事,一项手工工程竟如此浩大,但还是应该把我们所听说的讲出来——[这沟]挖得深一普勒忒戎,宽度到处都是一斯塔迪昂,[118d]又由于它被挖得围着那整个平原,故刚好有一万斯塔迪昂那么长。它容纳了从山上流下的水流,环绕平原,并从两侧抵达城邦,由此得以向着[外]海[d5]流出去。

[城邦]背后,一条条宽约一百尺的笔直的运河划过平原,流回到那条沟面向[外]海的那边,运河彼此之间相距一百斯塔迪昂。[118e]他们借此可以把木材从山上带下来,带至城市,此外也可以用船把时令物产运下来,他们还划出一些与运河相垂直的渠道连接那些运河彼此,也连接运河与城邦。他们每年从地里收获两次,冬天[e5]使用宙斯那儿来的水[灌溉],夏天则从运河中调用土地带来的水流。

至于这个平原上那一大群适合战争的男子,按规定[119a]每个划分出的区域①得产生一名男子当领袖,各个区域的大小为十斯塔迪昂见方,且总共存在六万个这样的区域。山里和其他地方来的人们据说不可胜数,[a5]所有这些人按地域和村庄被分配给那些区域和领袖。为了战争,又规定一个领袖得提供:战士所用战车的六分之一部分,以便产生一万辆战车。两匹马和[119b][两名]骑兵。另一对马匹,不带战车,却带一名手持小盾的步兵和一名立于车战者身后为双马持缰绳者。重甲兵两名,弓箭手和弹弓手各两名。轻甲投石手和投枪手[b5]各三名。水兵四名,以便凑足一千二百艘船的船员。那个王者城邦②的兵力规定如上,而其他

---

① 据上下文,纵横交错的河道划分出六百块土地,每块再细分为一百个区域,这样的区域就是这里说的"划分出的区域"。
② 最高王室阿特拉斯家族统治的城邦。

九个城邦另当别论,尚需很长时间讲述。

[119c]对种种权力和荣誉的安排一开始是如下这样。十王者中的每一个在自己的地盘和自己的城邦有着高于那些男子汉①和绝大多数礼法的权力,可以按自己的意愿惩罚和处死任何人。[c5][王者们]相互之间的权力和关系依循波塞冬的吩咐,且通过一部礼法和一些文献传给他们,文献由最初的[王者们]刻写在山铜柱子上,[119d]而这柱子坐落在岛中心波塞冬的庙宇里,[在这儿]他们时而每五年、时而每六年,如是交替着举办聚会,以便把同等份额分配给偶数和奇数。他们在聚会中讨论共同事务,商议[d5]并审查什么人逾越了什么[礼法],并进行审判。

审判时,他们倾向于首先相互作出如下宣誓。公牛们在波塞冬的庙宇里任意走动,十王者独自来到这儿,向那位神祈祷能捉住取悦[119e]他的牺牲。他们不用铁器捕捉,而只用木棍和套索。他们把捉住的公牛引向柱子,在柱顶上宰杀,[让血溅]在[刻写出的]文献上。柱子上除了有那些礼法,还有一个誓约,祈祷种种严重的[e5]诅咒降临不服从[礼法]者。

当他们按[120a]自己的礼法献上牺牲并焚烧公牛的所有肢体时,他们混兑出一缸子[酒],为每个人都掷入一块凝血,再把剩余的[凝血]放入火中,从而清洗干净了那柱子四周。此后,他们用金盏子从缸子中[a5]打[酒],在火上祭酒,发誓若有什么人逾越了什么[礼法],他们便按柱子上的礼法审判,并施行惩罚,[还发誓自己]从此以后也决不故意逾越那些文献的任何一条,而且既不行使权力也不[120b]服从任何掌权者,除非他们依循他们的父亲的礼法,或这掌权者依循这些礼法下达命令。

他们每个人都为自己也为其生出的一族人作了如上祈祷后,便一饮而尽,并把那盏子呈献于那位神的庙宇中,然后忙于吃饭和一些必需之事。当[b5]黑暗降临且牺牲周围的火凉下来之后,所有人都穿上最最美的深蓝袍子,傍着立誓所用的牺牲的灰烬彻夜席地而坐,[120c]熄灭庙宇四下里所有的火,然后进行审判,也被审判,若他们中什么人指控什么人

---

① 在此与"城邦民"同义,这是一种习惯用法。

逾越了什么［礼法］。审判后，当光明到来时，他们把判决写在金板上，连同袍子一起呈献［于庙宇中］作为纪念。

还有众多其他专门的礼法涉及每位王者的特权，［c5］最大的一些特权就是：任何时候都不应该相互动武。若他们中什么人在什么情况下敢于颠覆哪个城邦的王族，那么所有人都应该前往援救。应该像前人一样，共同［120d］商议关于战争和其他事宜的意见，且把领导权赋予阿特兰蒂斯家族。然而，［这个家族的］王者不应该有权威处死其同宗［王者］中任何人，除非十人中超过半数也［d5］主张将其处死。

那位神建构出如此大且如此样的一股力量——当时存在于这些地域——之后，就将其带向我们这些地域，按这篇言辞，这是出于如下某个缘故。［120e］许多世代以来，由于那位神的自然对他们来说足够［有用］，故他们听从那些礼法，对与生俱来的属神事物十分友好。因为他们有着真诚且各方面都伟大的心思，面对［e5］一直以来遭遇的命运，面对彼此，都秉持着温和与明智，因为他们居高临下地看待一切，唯德性除外，认为［121a］这些现有事物十分微末，且轻易地承载起作为负担的那堆金子和其他所有物，而未因财富带来的娇惯而迷醉，也未因无法自制而被"绊倒"。他们很清醒，且敏锐地洞察到，所有那些［所有物］因［a5］彼此的友爱外加德性而得到增益，而若渴求且崇尚那些［所有物］，那么它们反倒消减，就连那个东西①也随之灭亡。

由于有这样一番思索以及那个在所有情况下都持存于他们内部的属神自然，我们此前讲述的那些［所有物］得到了增益。待到那位神在他们内部的"份额"多次与许多有死事物［121b］相混兑，从而消散殆尽之后，属人的习俗就占了支配地位，这时他们就没能力承载起那些现有事物了，从而做出丑事。对于一个有洞察能力的人来说，他们显得丑陋，且毁灭了那些最有荣誉的东西之中最美的一些东西，可对于一些没能力［b5］洞察到致力于幸福的真正生活的人来说，他们有时被认为是最最美的、有福的，因为他们充满了不义的贪婪和能力。

神中之神宙斯依礼法当王，由于他有能力洞察这样一些东西，并认识

---

① 可指上文的"友爱"，也可指"德性"。

到一个正派的族类竟可怜地安置了自己,故想要把惩罚[121c]放置到他们头上,以便他们变得更"合乎曲调",从而变节制。于是他把所有神都召集到他们那个最有荣誉的居所,——这居所立于整个宇宙的中央,俯视着所有分有生成的东西,——召集完毕后[c5]他说:①

---

① 世传文本于此中断。

卷九

米诺斯

林志猛 译

苏格拉底 ［313a］法是什么，对我们来说？

友伴 你问的是哪种法？

苏 什么？还有这法与那法之分——在这等事情上，在法之为法上？想想这会儿我恰好［a5］问你的问题吧。我这样问就像在询问"黄金是什么"。如果你照样问我，我说的［是］哪种黄金，我就会认为，你问得不正确。因为，想必没有这黄金与那黄金之分，［313b］也没有这石头与那石头之别——就石头之为石头而言，黄金之为黄金来看。同样，法或许也没有这种法与那种法之分，而全都是一回事。所以，每一项法不折不扣都是法，不会这项多几分，那项少几许。这正是我要问的问题：［b5］法就整体而言是什么？如果你有现成答案，请讲吧。

友 法还会是别的什么呢，苏格拉底啊，除了那些人们视为合法的东西外？

苏 那么，依你看，言语就是说出来的东西，视觉就是看到的东西，听觉就是听到的东西吗？或者，言语是一回事，［313c］说出来的东西是另一回事；视觉是一回事，看到的东西是另一回事；听觉是一回事，听到的东西是另一回事；而实际上，法是一回事，人们视为合法的东西又是另一回事？是这样吗，或者你另有高见？

友 眼下在我看来，确实不同。

苏 ［c5］那么，法就不是人们视为合法的东西嘛。

友 不是，依我看。

苏 那么法又会是什么？让我们这样来探究吧。就这会儿所谈的问题,如果有人问我们,"既然你宣称,凭借视觉,[314a]人们看到那些被看到的东西,那么视觉又是通过什么看到这些东西的呢?",我们就可以回答说,通过眼睛,视觉这个感官看到这些东西。如果他接着问我们,"这个呢?既然是凭借听觉,人们听到那些被听到的声音,那么听觉又是通过什么听到这些声音?",我们就可以回答说,[a5]通过耳朵,听觉这个感官使我们听到声音。

同样,如果有人再问我们呢:"既然是凭借法,人们视为合法的东西被视为合法,那么法又是通过什么使人们视这些东西为合法?"[314b]是通过某种感官或显现吗,就像人们认识到那些被认识的事物,乃是通过显现这些事物的知识?或者是通过某种发现,正如人们发现那些被发现的事物——例如,健康和疾病的各种原因,乃通过医术[发现],而诸神的意图,恰如占卜者所言,则通过占卜术[发现]?[b5]因为,对我们而言,技艺可以说是对各种事物的发现,不是吗?

友　确实如此。

苏　那么,这些当中的哪一个,我们最倾向于视为法?

友　[b10]那些公共意见和投票通过的法令,依我看;除此之外,人们还能说法是什么呢?因此,[314c]你所提的问题的答案或许是,作为一个整体,法是城邦的意见。

苏　看来,你是说,法是城邦的意见。

友　是这样。

苏　或许,你所言极是;但这样来讨论,我们可能会理解得更深入些。[c5]你说,是不是有些人智慧?

友　是这样。

苏　智慧者岂不是因智慧而是智慧者?

友　正是。

苏　这个呢?正义者是因正义而是正义者吗?

友　当然。

苏　守法者岂不是因法而是守法者?

友　正是。

苏　[314d]违法者是因不法而是违法者吗?

友　是的。

苏　守法者正义吗?

友　是的。

苏　违法者不正义吗?

友　不正义。

苏　最高贵的,岂不是正义和法?

友　是这样。

苏　最可耻的,是不义和不法吗?

友　[d5]是的。

苏　正义和法维护城邦及其他一切,而不义和不法破坏并颠覆这一切吗?

友　是的。

苏　因此,人们应当将法视为高贵之物,把它作为好东西来寻求。

友　能不这样吗?

苏　我们不是说过,法是城邦的意见?

友　[314e]确实说过。

苏　那么,是不是这样呢:有些意见有用,另一些却有害?

友　的确如此。

苏　而法,毫无疑问,不是有害的。

友　当然不是。

苏　因此,无须多说,这样回答不对:法是[e5]城邦的意见。

友　的确不对,依我看。

苏　所以,将有害的意见作为法并不妥当。

友　确实不妥。

苏　然而,我本人还是认为,法看起来像某种意见。但由于法不是有害的意见,这下子不就一清二楚了吗? 法是有用的意见——假如法真是意见的话。

友　[e10]是的。

苏　但有用的意见是什么呢? 岂不就是真实的意见?

友　[315a]正是。

苏　难道真实的意见不就是对实在的发现?

友　确实如此。

苏 所以，法意图成为对实在的发现。

友 这是怎么回事呢，苏格拉底啊，如果法是对实在的[a5]发现，为何在相同的事务上，我们并没有一直使用相同的法律——倘若我们确实发现了各种实在？

苏 尽管如此，法仍意图成为对实在的发现；不过，在我们看来，那些没有一直使用相同法律的[315b]人，并非总能发现法的意图所在，即实在。来吧，让我们看看，由此出发，我们能否搞清楚，我们是一直使用相同的法律，还是不同的时期使用不同的法律；是所有人都使用相同的法律，还是不同的人群使用[b5]不同的法律。

友 不过，苏格拉底啊，这一点倒不难明白：同一人群并不始终使用相同的法律，不同的人群使用不同的法律。例如，就我们这里而言，人祭既不合法也不虔敬，但对迦太基人来说，人祭却是既虔敬[315c]又合法的行为，甚至有些人将自己的儿子献给了克罗诺斯，或许，你也听说过这一点。与我们使用不同法律的，不仅是野蛮人，而且包括吕喀亚人和阿塔玛斯的后裔①——[c5]他们都实行人祭，尽管他们是希腊人。至于我们自己，或许你本人也了解，也曾听说，在埋葬死者方面，我们曾使用过哪些法律；在死者出殡、请来捡骨灰的妇女之前，我们屠宰过哪些牺牲。[315d]此外，早些时候，活着的人曾把死者埋在他们生前住的房子里；但我们从未干过这等事。这类事情，每个人都能说个没完，由此可以充分证明，无论我们自己，还是整个人类彼此之间，都没有始终[d5]遵循相同的法律。

苏 这一点儿也不奇怪啊，最亲爱的朋友，如果你说得对，那就是我的疏忽了。不过，要是你按自己的方式来讲述你对这些事情的看法，长篇大论，而我也这样做，[315e]我们就绝不会在什么事情上走到一块儿，我想。相反，若是提出问题来共同探讨，或许我们就能达成一致。因此，愿意的话，你可以问我问题，和我一道来探究；或者，愿意的话，你来回答问题。

---

① 吕喀亚是阿尔卡狄亚的一个城镇，据说，当地每九年要向宙斯献祭一个男孩。阿塔玛斯则创建了阿凯亚（Achaea）的阿吕斯城，据说他曾试图实行人祭。参希罗多德，《原史》7.197；柏拉图，《理想国》565d。

友　[e5]我乐意,苏格拉底啊,回答你想问的任何问题。

苏　那就开始吧。你是认可正义之物不义,不义之物正义,还是正义之物正义,不义之物不义?

友　就我而言,当然是正义之物正义,不义之物[316a]不义。

苏　难道人人不都这样认为吗,就像这里一样?

友　是这样。

苏　波斯人不也如此?

友　是的。[原文佚失]

苏　任何时候都这样吧?

友　一向如此。

苏　在这里,我们是认可重量大的东西沉些,[a5]而重量小的东西轻些,抑或相反?

友　不——当然是重量大的东西沉些,重量小的东西轻些。

苏　在迦太基和吕喀亚不都这样吗?

友　是的。

苏　看来,各个地方都认可高贵之物[316b]高贵,低贱之物低贱,而非低贱之物高贵,或高贵之物低贱。

友　是这样。

苏　因此,总体而言,无论我们自己还是其他所有人皆认可,各种实在为实在,而非各种非实在为实在。

友　确实,依我看。

苏　[b5]那么,在实在上犯错的人,就会在法律上犯错。

友　这样的话,苏格拉底啊,如你所言,相同的事务看起来总是[使用]相同的法律,无论在我们这里,还是在其他人那里。但我一想到[316c]我们的法律总是不停地变来变去,我就无法信服了。

苏　或许是因为,你没有想到,这些东西就像走来走去的跳棋,都一模一样。还是这样和我一道来探究吧。你曾[c5]见过关于治愈疾病的著作吗?

友　我见过。

苏　那么,你知道这种著作属于哪种技艺吗?

友　当然知道——医术。

苏　在这些方面拥有知识的人,你不管他叫"医生"吗?

友　可以这样说。

苏　[316d]那么,对于相同的事物,是相同的东西为有知识的人认可,还是不同的东西为无知的人认可?

友　相同的东西,依我看。

苏　仅仅希腊人之间,还是野蛮人之间,以及野蛮人与希腊人之间,在他们了解的事物上,认可相同的东西?

友　[d5]必定无疑,在认可相同的东西上,那些有知识的人——无论希腊人还是野蛮人,都会相互一致。

苏　答得好。难道他们不一向这样吗?

友　是的,一向如此。

苏　关于治愈疾病的著作,医生们写下的难道不是[316e]他们视为实在的东西?

友　是这样。

苏　那么,医生们的这些著作就是医术和医术的法律。

友　是医术的[法律],确实。

苏　同样,农业的著作就是农业的法律吗?

友　是的。

苏　[e5]那么,有关园艺的著作和法则,又出自谁呢?

友　园丁。

苏　这样,对我们来说,这些就是园艺的法律喽。

友　是的。

苏　出自那些在如何管理花园上有知识的人吗?

友　还能有其他人?

苏　正是园丁拥有这种知识。

友　当然。

苏　关于配制佳肴的著作和法则,又出自谁呢?

友　[e10]厨师。

苏　因此,这些就是烹调的法律吗?

友 是烹调的[法律]。

苏 似乎出自[317a]那些在如何配制佳肴上有知识的人？

友 是的。

苏 如他们所说，正是厨师拥有这种知识吧？

友 没错，正是他们拥有知识。

苏 很好，那么，关于治理城邦的著作和法则，又出自谁呢？岂不是出自那些[a5]在如何统治城邦上有知识的人？

友 确实如此，依我看。

苏 除了治邦者和君王外，还有谁拥有这种知识？

友 别无他人了。

苏 因此，人们所谓的法律，便是这些治邦的著作，亦即君王和好人的[317b]著作。

友 此言不虚。

苏 此外，对于相同的事物，那些有知识的人，无疑不会在不同时期写出不同的东西吧？

友 不会。

苏 就相同事物的法律，他们也不会一套套变来变去吧？

友 [b5]肯定不会。

苏 那么，要是我们看到有人在哪里这样做，我们会称这样做的人为有知识的人，还是无知的人？

友 无知的人。

苏 难道我们不应宣称，在各个领域里，正确的东西才算法律——无论医术、烹调还是园艺？

友 [317c]是这样。

苏 而不正确的东西，我们还能再称之为法律吗？

友 不能。

苏 变成非法的了。

友 必定。

苏 这样，那些涉及正义与不义之事的著作，并且一般而言，那些涉及城邦的[c5]组织和应当如何治理城邦的著作，正确的才是王法，不正确的则不是——尽管无知的人将其视为法律;因为,这是非法的。

友 是的。

苏 [317d]那么,我们一致同意这一点正确:法是对实在的发现。

友 似乎如此。

苏 让我们这样进一步探究吧。谁具有给土地分配种子的知识?

友 农民。

苏 是这种人[d5]给土地的各部分分配合适的种子吗?

友 是的。

苏 因此,农民是种子的好分配者,对于种子,农民的法律和分配正确吗?

友 是。

苏 谁是歌的曲调的好分配者,能分配合适的曲调? 就此而言,谁的法律正确?

友 那些[317e]吹簧管的人和基塔拉琴师。

苏 这样,对这些事物的法律最精通的人,就是最精通吹簧管的人?

友 是的。

苏 谁最擅长把食物分配给人的身体呢? 岂不是分配合宜的人?

友 正是。

苏 所以,这种人的分配[e5]和法律最好,凡是对这方面的法律最精通的人,也就是最好的分配者。

友 的确如此。

苏 这种人是谁?

友 [318a]训练师。

苏 这种人最擅长养育民众的身体吗?

友 是的。

苏 谁最擅长饲养羊群? 他的名字叫什么?

友 牧羊人。

苏 那么,牧羊人的法律最有益于羊群喽。

友 [a5]是的。

苏 而牧牛者的法律最有益于牛群。

友 是的。

苏 那谁的法律最有益于人的灵魂？岂不是王法？就这样说吧。

友 毋庸讳言。

苏 [318b]说得好。那么,你能否说说,关于簧管术的法律,在古人里面,谁是好立法者？或许,你想不起来了,要不要我提醒你？

友 务必。

苏 那么,不是有人说,是马尔苏亚,[b5]还有他的情伴弗里吉亚人奥林波斯吗？①

友 此言不虚。

苏 确实,他们的簧管曲最神圣,唯有这些曲调打动并显露了那些需要诸神的人；而且,[318c]唯有它们迄今还保留着,因为它们是神圣的。

友 是这样。

苏 在古代王者中,有谁可以说是好立法者,其法律因神圣而迄今仍保留着？

友 我想不起来了。

苏 难道你不知道希腊人当中谁使用了最古老的法律？

友 [c5]哦,你是说拉刻岱蒙人及其立法者吕库尔戈斯吗？

苏 但这些人,总之,兴许还没三百岁呢,或者只是多一点点。不过,他们最好的法律[318d]来自何处？你知道吗？

友 是这样的,有人说来自克里特。

苏 在希腊人当中,岂不正是克里特人使用了最古老的法律？

友 [d5]正是。

苏 那么,你知道谁是克里特人的好君王吗？——米诺斯和拉达曼图斯,他们是宙斯和欧罗巴②的儿子,他们的法律是最古老的法律。

友 的确,有人说,苏格拉底啊,拉达曼图斯是个正义者,但他们说,

---

① 马尔苏亚是个萨图尔(即半人半兽),人们认为他最早发明了簧管曲。马尔苏亚曾向阿波罗挑战,要在音乐上一决高低,失败后被活活剥了皮。他的情伴奥林波斯发明了许多歌和乐曲。弗里吉亚是小亚细亚的一个乡村,不属于希腊。

② 欧罗巴是腓尼基王佛伊尼克斯的女儿；宙斯爱上了她,并把她带到克里特,她在那里生了三个儿子:米诺斯、拉达曼图斯和萨耳佩东。

［d10］米诺斯是个野蛮、残酷和不义之人。

苏 最亲爱的朋友啊，你说的可是阿提卡肃剧里的神话。

友 ［318e］什么？人们不正是这样说米诺斯的吗？

苏 不，荷马与赫西俄德可不这样讲：他们比所有悲剧诗人合在一起还要可信呢——你所说的那些故事，正是从肃剧诗人那里听到的。

友 ［e5］那么，关于米诺斯，他们怎么说？

苏 我会一五一十地告诉你，以免你也像多数人那样不虔敬。因为，没有什么比这更不虔敬，也没有什么比这更应该提防：先是在有关诸神的言行上犯错，后是在有关神样的人的言行上犯错。不仅如此，［e10］每当你打算谴责或赞扬某个人时，你都应当深思熟虑，［319a］才不会言语失当。因此，你必须学习区分好人与坏人。因为，一旦有人谴责与神相似的人，赞扬与神对立的人，神就会义愤填膺——与神相似的人可是［a5］好人。所以，你不应当认为，某些石头、木头、鸟和蛇是神圣的，而人却不神圣。相反，所有这些造物中，好人最神圣，而坏人最龌龊。

接下来，关于米诺斯，荷马与赫西俄德如何［319b］颂扬他，我会对此作出解释，免得你这个凡人之子在谈论宙斯的儿子这个英雄上犯错。荷马在谈到克里特时说，那里人丁兴旺，有"九十座城邦"，他指出：

［b5］有座伟大的城邦克诺索斯，在那里，米诺斯
九岁为王，他是伟大宙斯的密友。①

［319c］在此，荷马对米诺斯的赞颂言简意赅，对任何其他英雄，荷马从未这样赞颂过。宙斯是个智者，他的智术无比高贵，在其他许多地方，特别是在此处，荷马清楚表明了这一点。［c5］荷马说，米诺斯每隔九年与宙斯相会，并跟他交谈，米诺斯定期去向宙斯求教——宙斯俨然是个智者。因此，受教于宙斯这项奖励，除了米诺斯外，荷马没有颁发给任何其他英雄，［319d］这真是个令人惊异的赞颂呐。在《奥德赛》召请亡灵的那一幕中，②荷马写到，手握黄金权杖进行宣判的，是米诺斯而非拉达曼图

---

① 参见荷马，《奥德赛》19.172–179。
② 参见荷马，《奥德赛》11.568–572。

斯。在此，荷马没有说是拉达曼图斯在审判，也不曾在什么地方描述过他与宙斯相会。正是[d5]这些原因使我相信，荷马对米诺斯的赞颂，远甚于对其他所有人的赞颂。身为宙斯之子，并且是唯一受教于宙斯的人，这可是个无与伦比的赞扬。

"九岁为王，他是伟大宙斯的密友"这句诗表明，[319e]米诺斯是宙斯的门徒。因为，"亲切交谈"就是讨论，"密友"便是在讨论的门徒。这样，米诺斯每隔九年造访宙斯的洞府，一方面是为了学些东西，另一方面则是为了展示东西——展示他前九年[e5]从宙斯那里学到的东西。有人认为，"密友"是指宙斯的酒伴和玩伴，但这样看的人空口无凭，或许，我们可以采用以下证据来说明[320a]：许许多多人，无论希腊人还是野蛮人，除了克里特人，以及向克里特人学习的拉刻岱蒙人外，没有人禁止酒会，也没有人禁止酒会上的玩乐。而在克里特，[a5]这是米诺斯制定的一条法律：禁止聚众醉酒。

显而易见，米诺斯视为高贵的东西，他也为邦民们制定成了法规。[320b]无疑，米诺斯不会像卑贱的人那样，认可某些东西，而又做出与他认可的东西背道而驰的事情来。相反，如我所言，这是个通过讨论进行德性教育的相会。由此，米诺斯为其邦民制定了这些法律，[b5]克里特和拉刻岱蒙自从使用了这些法律，便获得了永世的幸福，因为，这些法律是神圣的。

确实，拉达曼图斯也是好人，因为他曾受教[320c]于米诺斯。不过，米诺斯没有传授给他完整的统治术，而是传授了一项辅佐王者的技艺——这足以用来主持法庭。因此，拉达曼图斯据说是个好法官。米诺斯任命他为城镇的法律维护者，而[c5]塔洛斯①则为克里特其他地方的法律维护者。塔洛斯一年巡回村社三次，以维护那里的法律，他把法律刻在铜碑上，由此被称为"铜人"。赫西俄德关于米诺斯的说法也与此相近。[320d]在提到米诺斯的名字时，赫西俄德说：

> 米诺斯是最高贵的尘世君王，

---

① 塔洛斯是宙斯送给米诺斯的一个铜人，用于帮助克里特防御外敌。

统治着周边的大部分人,

[d5]他握有宙斯的权杖;借此成了列邦之王。"

赫西俄德谈到宙斯的权杖时,只不过是说,米诺斯受教于宙斯,由此,米诺斯统治了克里特。

友 那么,苏格拉底哟,[320e]关于米诺斯的这个传闻,说他是个没有教养且残酷的家伙,为何会四处流传?

苏 是由于某件事,最亲爱的朋友啊,如果你智慧的话,无论是你,还是其他所有爱惜好名声的人,都要提防这件事:绝不要招致任何诗人的嫉恨。毕竟,诗人们[e5]或借助歌颂,或借助诽谤,能对意见施加强大的影响——不管他们给人们制造的是哪种意见。其实,米诺斯错就错在,他攻打的那个城邦有着各式各样的智慧,以及形形色色的诗人,尤其肃剧诗人——其他诗人也都在那里。[321a]在这里,肃剧是古老的东西,肃剧并非像有人设想的那样,起源于忒斯匹斯或弗吕尼科斯①,不过,要是你愿意想一下,你就会发现,肃剧是这个城邦非常古老的发明。肃剧最能取悦民人,[a5]是最能迷住灵魂的诗。我们把米诺斯绑在诗行里严刑拷打,以报复他强迫我们偿付那些贡品。② 因此,米诺斯的错误就在于,他招致了我们的嫉恨。其实,由此也可以回答你的问题:为何米诺斯会变得声名狼藉。[321b]说米诺斯是个好人、守法者,如我们先前所说的,是个好分配者,这一点最强有力的证据在于,米诺斯的法律是不变的,因为,关于城邦治理的实在,米诺斯洞彻其真相。

友 [b5]依我看,苏格拉底啊,你已找到一个合理的说法。

苏 如果我说的是实情,那么,依你看,米诺斯和拉达曼图斯治理下的克里特邦民,他们使用的是不是最古老的法律?

友 好像是。

---

① 忒斯匹斯是传说中的雅典肃剧的奠基者,可能是引入演员与歌队对话的第一个诗人。弗吕尼科斯是另一个早期对演员的出现有贡献的人,生活在公元前6世纪晚期至前5世纪早期。

② 据说,米诺斯的儿子安德罗格奥斯(Androgeus)去参加泛雅典娜节运动会,因获胜而被心怀嫉妒的雅典人杀死。为了复仇,米诺斯向雅典人开战。最后迫使雅典人每九年给克里特进贡七对少男少女,用来喂养关在迷宫里的怪物米诺陶。

苏　[b10]所以，他们是古人里面最好的立法者，[321c]是人们的分配者和牧者，恰如荷马所说的，好将领是"民人的牧者"。①

友　的的确确。

苏　来吧，以友爱之神宙斯的名义，如果有人问我们[c5]"好立法者和身体的好分配者，分配什么给身体可使身体变好"，我们就应该以高贵而简洁的方式回答说，是食物和劳作，他用食物使身体成长，用劳作来锻炼身体，让身体变得结实。

友　千真万确。

苏　[321d]紧接着，如果他再问我们"那么，好立法者和好分配者，分配什么给灵魂可使灵魂变好"，我们要怎么回答才不会让我们自己和我们这把年纪感到羞耻？

友　[d5]我答不上来。

苏　不过，可以肯定，对于我们任何一人的灵魂都可耻的是，对灵魂中哪些东西构成了灵魂的善和恶显得一无所知——尽管涉及[d10]身体和其他东西的那些事情，我们已经研究过了。

---

① 参见荷马，《伊利亚特》1.263，《奥德赛》4.532。

法义附言

程志敏　崔嵬 译

克莱尼阿斯　[973a]我们既然已就所说的一切①真正地达成了一致,异乡人啊,我们三个都在这里,我、你和麦吉努斯,就来探讨一下"明智"这个问题,在道理上看看它到底应该是个什么样的东西。正如人们所认为的那样,[a5]做到"明智",就是世人所能达到的最高境界。[973b]如此前所说,我们已详细讨论了与立法相关的其他一切事情;但对于我们曾说要找寻的莘莘大者,即有死的世人要变得"智慧"必须学习些什么,却既没谈过,亦尚未找到。我们现在就来试一试,不要放弃,否则我们辛辛苦苦做的那件事情就会[b5]枉费心机,我们从头至尾要搞清楚的那件事情也就不会产生一丁点儿好处。

雅典异乡人　亲爱的克莱尼阿斯,说得太好了。我相信你会听到一种奇特的看法,但另一方面,从某个角度来说又并不奇特。[973c]许多人从他们的生活经历中得出了如下看法:世人既无天眷也不幸福。你们且来听一听,看我在这一点上是不是和他们说得一样好。

我认为,世人[c5]不可能是天眷和幸福的,除了少数人之外。我把这个说法界定在有生之年为止;死后倒是有着美好的希望来获得这一切,因为热衷于生前竭尽全力过一种最高贵的生活,而且死也死得最高贵,就能获得[973d]那两样东西。我说的倒不是什么智慧之言,而是所有人——希腊人和野蛮人——某种程度上都知道的事情,所有的生命从一开始就

---

① "所说的一切"指三人在《法义》中讨论的内容。克莱尼阿斯是克里特人,另一位在本篇对话中未发言的墨吉罗斯是斯巴达人。

可谓艰难困苦。首先得进入怀孕阶段，[d5]然后生下来，还要养育成人并接受教育，大家都说，每一个阶段加起来[974a]可就是要经历千难万苦啊。如果不算上那些痛苦不堪的日子，人们认为可以忍受的时间，就短暂得很了。人到中年时倒是有点可以忍受的日子，但想来也不过稍有喘息之机而已，因为垂暮老年很快[a5]就到来了，使得人绝不愿意从头再活一回——如果他碰巧不是满脑子孩子气的想法，而是好好掂量了自己所过的这一辈子的话。

对此我究竟有什么可靠的证据？我们现在所探寻的[974b]道理就能产生出那种证据。我们正在探讨，假设每一个人都有那种变得智慧的能力，那么该用什么样的方法——但每当人们从某种明智中获得所谓的技艺，或别的什么被认为是[b5]知识的玩意儿时，智慧却丝毫不见踪影。我敢说，它们没有哪一个当得起"世人的智慧"之名。灵魂虽强烈地相信并预言自己[974c]在某种意义上天生就有智慧，但对于智慧是什么，何时并以何种方法而具备，却全然说不上来。这难道不酷似我们在探寻智慧时所碰到的难题吗？这个难题比我们中任何一个能够在所有道理上和全面权衡中明[5]智而和谐地审视自我和他人的人所想象的都还要难。我们不同意这一点吗？

克　在这一点上我们恐怕要同意你，异乡人，希望我们有时间[974d]跟随你，此后在这个事情上进入真理的最高殿堂。

雅　那么我们就必须先检验一下别的那些所谓的知识，我们虽然获得并[d5]拥有那种所谓的知识，却并未让我们由此变得智慧。我们首先要把那些[所谓的]知识扔得远远的，以便确定我们所需要的，确定后就学之。

首先，我们来看看那些对有死的族类来说[974e]最最需要的，而且真正是第一位的那些知识。获得了这些知识的人，一开始倒是被认为是智慧者，但现在却不仅不被尊为智慧者，反倒因为拥有这种知识而[975a]受到指责。我们应该把那种知识找出来，以便所有人，我是说每一个立志要尽可能努力成为高贵者的人，通过这些东西，就可[5]避免那种知识，才能获得明智并潜心习之。

首先就是动物竞相为食的知识，而我们，正如故事中所说，却严禁相食,不过以动物为食,倒是符合现有的习俗。但愿先前的人对我们仁慈有加,他们也的确如此:对拥有[975b]刚才所说的那些知识的先民,我们却须敬而远之。

其次,用大麦和小麦制作食物,这倒是一门漂亮和高尚的手艺,但绝不意味着人就由此最终变得智慧,因为"制作"这个名称会让制作出来的东西[b5]本身成为让人讨厌的东西。在所有土地上耕种,也大略不能使人变得智慧,因为打理土地靠的不是技艺,而显然全靠那种来自神明的天性。

而且,以下各项也不能让人智慧:安排居家日子,一切修房造屋的事,[975c]所有制作家什的手艺,包括铜器、木器、陶器、织物以及所有器械用品。这种知识对大家都很有用,然而却谈不上什么德性。各种各样的狩猎术也不能让人变得智慧,尽管它算得上[c5]是一种技艺,却不能同"智慧"一起归在"崇高"的名下。预言术和神意解释术统统都不能让人智慧,它们仅仅知道说出来的话,却不了解其是否为真。

我们现在知道,既然获得[生活]必需品靠的是[975d]制造的技艺,而这些技艺又无一能使人有丝毫智慧,那此后[要讨论的]就剩下某种游戏。游戏在很大程度上是摹仿,丝毫当不得真。许多人用道具来摹仿,许多人也用自己的身体来摹仿,倒并不总是[d5]摹仿得像那么回事。这包括那些运用语词和一切文艺手段的[技艺],以及那些书画之类[的东西],也就是那些以各种方式完成的许许多多干湿类型的书画。但这些摹仿艺术统统都不能让人智慧,不管从事这种摹仿艺术的人在实践中多么严肃认真。

[975e]所有这些都讨论完了后,剩下的就是成千上万种援助手段,可让很多人受益。其中最大和最广泛的就是战争术,又叫做战略技艺,它在实用方面享有最高的声誉。它极其需要好运,究其本性而言,要获得它与其说靠智慧,不如说更[976a]需要勇敢。医术当然也是一种援助手段,以抵抗不合时宜气候的冷和热以及诸如此类的一切东西对动物的蹂躏。但这些防卫手段根本就不是最真正意义上的智慧,[a5]因为它没有尺度,靠的是意见和猜测。

我们当然也可以把舵手和船员叫做援助者,不过无论如何,谁都甭想鼓动我们把这帮人看成智慧者,因为他们既不知道风的愤怒,[976b]也不懂得风的友爱,尽管航海术与这一切最接近。而那些在法庭上靠自己的说话能力而看起来像援助者[辩护者]的人,也不是智慧者。他们靠记忆力和钻研并熟悉意见,来把握人们的心思,却远远偏离了真正正义的真理。

[b5]那就还剩下某种奇特的能力似乎当得起智慧的荣誉,但大多数人倒是更可能把它叫做天性,而非智慧。有的人在学习时,轻而易举就能理解他所[976c]学的,牢靠地记住许多东西,而有的人则能想得出对每个人都有用的东西:如何兵来将挡,并迅速完成它。有人把这一切叫做"天性",有人则称之为"智慧",而其他人则将其看成"天生机敏",[c5]但任何有头脑的人都不会乐意因此把诸如此类的家伙叫做真正有智慧的人。

然而,另外应该还有某种知识,一旦拥有了它就会使智慧者真正智慧,而不是仅仅被认为智慧。那么,我们且来看一看。我们[976d]要做的可是一件难乎其难的事情,去寻找真正和理所当然被称作智慧[的东西],与我们前面所说的[知识]大相径庭,拥有这种智慧的人既不庸俗,也不愚笨,而会是自己城邦的智慧且高尚的公民,一个合乎正义的统治者或臣民,[d5]随时随地都优雅合调。我们来看一看这种首要的[知识],看一看在世人的现有知识中,有哪一种知识一旦离开了世人,或者压根儿就没有产生过,那么就会把世人变成最不理智和最没有头脑的动物。不过,要瞥见[976e]这种东西倒不是十分困难。因为,如果我们拿一种[知识]与另一种[知识]相比较,会发现含有天赐的"数字"的那种[知识]就能对一切有死者产生这种效果。

我认为这是神明自己,而非某种好运,赐给我们[数字]以拯救我们。但我必须说出那是哪一位神明,[e5]这看起来很奇怪,实则并不奇怪——我们怎么可能认为那种替我们把一切都变成[977a]善的东西的原因,就不应该是迄今最大的善即智慧的原因呢?那么,克莱尼阿斯和麦吉努斯,我所说的哪一位神明才具如此庄严宝相?那就是乌拉诺斯,我们应该像所有其他[a5]精灵和神明一样,与众不同地尊荣他,并向他祈祷,这才是最正确的[做法]。

我们完全同意,他是我们所有其他一切好东西的原因,因为我们认为,他的确就是那位同时还赐给我们数字的神明,而且如果[977b]我们愿意紧跟他,他还会再[进一步]恩赐。因为如果我们用某种正确的方式默思了他,那么,无论我们把他叫做"宇宙"还是"奥林波斯"抑或"天",爱怎么叫就怎么叫吧,但我们要跟随他,看他如何改变自身,如何让星辰按所有轨道围绕自己运行,以产生季节,并为万物提供[b5]滋养。因而我们得说,除了一切数字外,他还赐予了其他的明智,以及其他好东西。如果我们接受了他恩赐的数字,以此探究万物终始和天道循环,则可谓善之善者也。

接下来,我们稍微回到刚才的说法上,回忆[977c]一下我们已然正确认识到的,即,如果把数字从人性中拿掉,那么我们在随便哪个方面都会变得毫无头脑。如果缺少那样一种理性,[我们]生命的灵魂就几乎不能获得整个德性,就会变成那种不[c5]认识二和三,不知道奇和偶的动物。而对数字全然无知,就不能对那些我们仅仅通过感觉和记忆来把握的东西给出道理。但这并不妨碍[977d][我们拥有]其他德性:勇敢和审慎。而缺乏真正的理性,就决然不会变得智慧,因为要是不具有所有德性中这个最大的部分——智慧,最终就既不会变得善,也不会幸福。[d5]因此,把数字设为基础非常必要,至于为什么有此必要,就需要比我们所说的一切还多的道理。但我们现在可以正确地说,就我们所说的其他技艺而言,刚才讨论的那一切技艺——假如那些[977e]技艺成立的话——的作用就荡然无存,一丝一毫也不会留下,并且所有技艺也都会被连根拔掉,如果我们拿掉数的技艺的话。

如果我们注意想一想这些技艺的话,就会认为世人对数字的需要,只不过出于一些微不足道的目的——尽管有其[e5]自身的重要性。如果我们看一看生生世界中神圣的和有死的要素,我们在其间就能认识到对神的敬重,认识到[978a]真正的数。

然而,并非所有人都能在某种程度上认识到,整个"数"对我们来说,在[知识的]起因方面有多大的能力——因为音乐无疑就需要计算运动和声音。而且尤其重要的是,并非每个人都能认识到数能带来一切好东西。我们还必须认识到这一点,即数不可能产生任何邪恶的[a5]东西。然而,那些无理、无序、失态、无节奏以及不和谐的运动,就像其他所有同"恶"

[978b]打交道的东西一样,乃是因为全然缺乏"数"。这就是那些打算死于安乐的人必须思考的。至于说正义、善、美以及诸如此类的所有东西,如果没有认知,而仅有真实的意见,那么谁都无法给他自己抑或给其他所有人讲出道理,使之服从这一切。

现在我们接着来思考这个问题:我们如何学会数数?试问,我们[978c]究竟是从哪里学会一和二,当我们从万物中获得了认识它们的天然能力?而其他许多生物就其自身来说,天生就不识数,既然它们没有能力通过天父而学会数数。而这位神明却首先赐予我们[c5]那种[天性],俾使我们能够认识他显现出来的东西,[这些东西]他以前曾显示过,将来还会显示。

在我们所看到的那些东西中,一个个比较起来,还有什么比白天更美的呢?然后我们再看黑夜,我们所拥有的那些形象就[978d]显得全然是另外一回事了。"天"从不停止命令这些[天体]夜以继日[运转],他也就从未停止把"一"和"二"赐给世人,直到最愚钝的人都能够学会数数为止。我们如果看见了这些[天体],每个人就还会注意到"三"、[d5]"四"和"多"。这位神明便从中制造并完成了一个月亮[的周期],使之有时看起来大一些,有时又小一些,并让每一天看来总是[978e]有所不同,直到十五个日夜[过去]为止。这就是一个周期,如果人们打算把整个圆周算作一[个单位]的话。

这样一来,我们就可以说,即便最愚笨的生物也能够学会[数数],如果这位神明赐给他能够[e5]学会[数数]的天性。到此为止并在这些[数字]中,有能力的生物通过一个个的观察,对于数的技艺就非常[979a]熟悉了。人们总是通过一切事物的相互关系来计算数字,我认为这些东西还有更大的目标,正如我们刚才所说,[神明]通过月亮的盈亏而把月份联合成年岁,[a5]以便让所有人能够幸运地领会数与数之间的关系。由于有天体的运转,大地为我们孕育果实,滋养所有的生物,风和雨也就变得既不暴烈,也不无度。但如果发生了某种[979b]与此相反的恶劣情形,我们千万不能怪罪神明,而应归因于世人的天性,即,[人]没有公正地安身立命。

对于我们所探讨的法律来说,我认为其他那些对世人好之[b5]又好的东西很容易认识,而且我们都能变得能够理解刚才那些说法,并付诸行动,如果我们能够认识到哪些可能有益处以及哪些没有好处的话。我们曾经认为并且现在仍然坚持认为,[979c]其他一切事业都不是非常难,然而以什么方式才能够[让人]成为一个有益的人,却难乎其难。而且要获得其他任何有益的东西,正如人们常说,那是完全可能的,并且也不困难,那些东西就是应该[c5]和不应该[获得]的财产,以及应该和不应该[达到]的身体[状况]。

但就灵魂来说,大家都同意它应该是善的,就其为善这方面而言,灵魂也必定正义、审慎和勇敢,以及诸如此类。但尽管所有人都说灵魂应该是智慧的,不过具体到智慧之为何物,正如我们刚才[979d]详细讨论过的一样,大多数人对此却不再有任何普遍一致的看法。到现在为止,通过前面这一切,我们已经找到了一些并非微不足道的智慧,发现那些已然如此学会和详究过[那些知识]的人,可以被认为是智慧者。但具有这些知识的人究竟是不是[d5]智慧和良善的,对此还应该拿话来说。

克　异乡人,你说得对,你试图就这些大问题讲出大道理。

雅　[979e]的确不小,克莱尼阿斯。然而更为困难的是,要在所有方面都全然是真理。

克　极是,异乡人。但同样请不吝赐教。

雅　[e5]岂敢!也请二位不要倦于垂听。

克　那是当然。我代表我俩向你保证。

雅　[980a]那好。我们就从头说起。首先必须做的,如果可能的话,似乎尤其应该找出一个名字,[以说明]我们所认为的智慧究竟是什么。如果我们对此全然无能为力的话,那么就退而求其次,[探讨]究竟要掌握什么以及掌握多少种[诸如此类的东西],[a5]按照我们的说法才能获得智慧。

克　请说下去。

雅　在此之后,立法者在神明的问题上,提出了比此前所议更好且更优秀的说法,不会招致天怒人怨,也就是说,[我们应]举行高贵的游戏来尊荣[980b]神明,毕生不断地用幸福的颂诗来礼敬神明。

克　异乡人,说得好。但愿这就是你所说的礼法之目标,人们就会在对神明的礼赞中,过[b5]上更加纯洁的生活,去世时马上就能达高贵而美好之极致。

雅　克莱尼阿斯,我们所说的究竟是什么意思?难道你不认为我们向神明吟唱颂诗就是对他最大的尊荣吗,我们难道不是说出心中最高贵和最美好的话来向神明祈祷吗?是这样,抑或还有其他什么说法?

克　[980c]无非就是如此。但是,我的好人,请你真心诚意地向神明祈祷,并说出你所想到的那些关于神明和女神的好话。

雅　正是要如此,如果这位神明亲自引领我们的话。[c5]谨请同我一起祈祷。

克　那么,请接着讲。

雅　既然前人对神族和生物描述得不好,看起来我的首要任务就是根据前面的说法,作更好的描述,着手[980d]对那些不虔敬的说法再次提出批判,我要说神明存在,关照着万物,不论巨细,在正义的事情上可谓铁面无私。你们也许记得,克莱尼阿斯,因为你们曾收到过一个[d5]备忘材料,我们那时所说的可谓相当真实。其中最重要的一点就是说,所有灵魂都比所有物体更加古老。你们还记得吧?你们肯定还记得这一点。那种更好、更古老和更神样的东西,显然[980e]比更低贱、更新和更不光荣的东西更为可信,而且在一切地方都是治者比被治者、引领者比被引领者更老。我们应该把这一点接受为定论,即灵魂比物体更古老。[981a]如果真是这么回事,那么我们第一次解释创世所说的开端,比[其他人]所说的肇始点更为可信。咱们且认定我们[所说的]最初的开端更为漂亮,我们也最为正确地接近这种最大的智慧——神明的[a5]创造。

克　这可是我们尽了最大努力所得到的道理。

雅　那么,我们是否可以说,把一个灵魂和物体联合所形成的一个组织和产生的一种形态叫做"生物",这乃是最真实和合于自然的?

克　[10]对。

雅　[981b]那么这种东西就可以最公正地叫做"生物"啰?

克　当然。

雅　我们必须按合理的说法把物体分为五种,由此就可塑造出某种最漂亮和最高贵的事物。而[b5]其他所有种类的东西则仅有一种形态。

除了灵魂这种真正最神圣的东西之外，其他没有哪一种东西能够不是物体，也绝不可能从来就没有颜色。灵魂几乎是唯一一种致力于塑形和创造的东西，[981c]至于说物体，我们认为，是被塑形、被生产和被看的。而灵魂这种东西——我们且再说一遍，因为前面没有谈到——虽不可见，但在认识中却可理解，它具有记忆，能够在奇和偶的变化中进行计算。

[c5]对于这五种物体，我们得说它们是火和水，第三种是气，第四是土，第五是以太，许许多多各种各样的生物中的每一种，都是由这五类物体中的一种占主导地位而构成的。我们应当逐一进行研究。我们首先把"土"[981d]算作一类，所有人、一切多足和无足的[动物]以及那些可动的和固定的东西，都牢牢扎根于土中。我们应该把它们视为一类，尽管万事万物都是出自这五种[物体]，然而"土"这种具有固体性质的东西却[在其中]占了[d5]最大的份额。

另外，我们应该提到第二种受造而且可见的生物种类。这种东西主要由"火"构成，而同时也由"土"[981e]和"气"，以及少量的其他种类所构成。我们得说，从这些种类中产生出了所有可见的东西，我们必须再次把那些位于天上的生物种类——我们得说那一切就是神圣的星辰一类——视为最美的[e5]物体，拥有最幸福和最高贵的灵魂。对于它们，我的意见是，必须指出它们可能是以下两种命运居其一：要么它们[982a]每一种自身都不可坏灭、不死，并且在所有必然性面前都全然是神圣的；要么每一种生物都能够有漫长的寿命，而无论如何也绝不可能要求得更多。

我们首先要考虑，正如我们所说，有两种[a5]生物——我们前面已说过——两者都可见，其中一种正如人们所认为的那样，完全来自"火"，另一种来自"土"。来自土的[那种生物]运动得没有章法，而来自火的[生物]则运动得全然符合章法。那么，对于那种运动得没有章法的——这确实就是我们周遭大多数生物的实情——我们应视为没有理智。

但是，[982b]那既遵章法又守乌拉诺斯轨迹的，就有坚实证据被表现为是有理智的存在。它们本身自我运动，毫无变化，就是某种必然的证据，以证实它们是有理智的存在。[b5]那有理智的、有生命的必然，是所有必然中的最强者。因为它以法律方式统治，却不受统治。[982c]当最好的灵魂根据最好的理智作出决定时，其结果定与理智一致，且无法改变。无论什么坚石都不及它更不可征服；无论什么生物都不及它更不可改变。

实际上,命运三女神牢牢掌控着经每一位神明商讨而作出的最佳决议,并保证其实施。[c5]人们应该能推断,众星辰和它们引领的所有那些都有理智,因为所有这些决议总是在一个异常早的时候就已经定下来,[982d]而绝不上上下下变动,也不会时而这样做,时而那样做,不会随处漫游,也不会改变航向。我们这些看法似乎与大多数人不同,那是因为那些做事缺乏理智的[5]大众,跟着愚人走,认为这些属人的感觉和生命需要变化,而神明是愚蠢的,因为它们总是保持着自己的运动。对于人来说,[982e]若是接受更美、更好和对于神友善的论述,也就能承认,那些永恒动作、毫不改变的事物,本身就具有理智；他也就能接受这便是群星的本质,是能看见的最美之物,它们的每个轨道与循环运动最美,且每个伟大的循环运动[e5]对于每个有生命的[事物]均是必须的。

因此,理应谈谈这些有灵魂的[事物],[983a]首先考虑他们自身的体积。他们并不像看上去那么小,事实上无比巨大,每一块本身均极大,这一点值得相信,因为证据充分。[a5]我们理应确信,太阳要比整个大地更大,实则每个运动着的星辰均巨大无比。试问,究竟是怎样的方法,让这般自然之物如此旋转,永无休止且又几乎同时。[983b]我说,神才是其原因,绝不可能是其他情况。因为,除了凭借神明之外,那有生命的无法借其他力量而降生,正如我们已经讨论的那样。

既然神明有这样的能力,[b5]那所有这些事情本身均变得容易,首先让每一身体和全部物体变得具有生命,接着,[让它们]按照被认为最好的方式运转。此刻,关于所有这些,有一种说法道出了真理：若是没有灵魂为它们而生,或是生于它们之中,[983c]那么,大地、整个宇宙、所有天体以及出自这些事物之物,均无法按年、月和日精确地运转,所有那些为我们而降生的全部的善也难以存在。

[5]人如此卑微,则其必不能以言辞清晰展现言说之物。此时,若要把运动中的身体、自然以及诸如此类的东西说成是原因,则根本就无法讲得清楚。我们必须记住曾说过的内容,[983d]看是否有道理抑或全然不着调。首先,存在物有两种,一是灵魂,一是物体,许多事物属其中一种,

每个事物均互不相同,即属其一者不同于属另一者。没有第三种共同点,且灵魂高于物体。我们认为一种有理智,一种没有理智;一种是统治者,一种是被统治者;一种是所有事物的原因,另一种不是任何事物的原因。那么,若是真以为[983e]天体是由其他事物生成,不是灵魂与物体的产物,那就太愚蠢了,简直毫无道理。若是我们的说法占据上风,且所述有关天体之内容又显得可靠而神圣,[e5]结论就必定是下述二者之一:一是视天体为神本身而真正地颂赞;二是视其为神的影像,按最美的神像产生,[984a]由神亲自创作出来。他们并不是没有理智,也不是没有价值,而恰如我所述,应将他们算作此类事物,必须崇拜他们超过所有的影像。因为,在整个世人的所有影像之中,绝不会再有如此明亮、[a5]美且更为常见的[事物],也没有哪个事物能像他们同时出现于各地,也没有哪个比他们更纯净、更庄严和[984b]更充满生命,因为他们正是以这样的方式诞生的。

此时此刻,关于神明我们要这样处理,观察这两个可见的生物,其一被称为不朽的,另一全是土性[生物],是有死的,再尝试谈及那五类中[b5]最清晰可见的三类,他们是居间的生成者。因为,以太生于火之后,灵魂形塑它,赋予生命与力量,正如[984c]其他生成者一样,它大部分由自己的本质属性[构成],小部分混合着属于其他生成者的属性。在以太之后,灵魂从气中制作出另一类生命,并且从水中诞生第三类。灵魂[c5]用所有制作的生命填充整个宇宙,尽其能力使用了所有的生成物,而所有的分有者均成为有生命的。第二、第三、第四和第五类生物,[984d]以可见的神明为始,最后以我们世人结束。

现在,众神们——宙斯、赫拉以及其他的神明——根据已经定下的礼法,人们须得以某种方式讨他们欢心,[d5]并坚信这样的原则。然则,这些可见的神灵,最伟大且又最崇高,光耀万方,首先这说的正是星辰的本质,以及它们如何诞生于这些可感知的事物之中。

继其之后,且在其之下是[984e]精灵,生于气,占据第三以及居间的位置,负起解释的责任,祈祷中要尊崇他,因其必然的、正确的恩惠和吉利的消息。另两类生物,一则出自以太,第二便出自气,两者均不可见。就算它们靠近,[e5]且充满,也不会变得可见。他们拥有[985a]卓越的智慧,是擅长学习、记忆力强的那一类,我们甚至可以说,他们知道我们自己的那些思想,并且他们欢迎我们之中善良的,以及好而卓越的,憎恨那些非常坏的,如[憎恨]此时拥有身体上的痛一样[a5]——而神明则拥有最高等级的神性,没有身体上的痛苦与快乐,完全沉浸于充分的生命与认知中——[985b]天上充满生物,他们互相传达解释信息,还向最高的神明以及所有的一切传达解释,这是由于居间生物能飘浮于大地和整个天空中。第五类水性[b5]生物,我们可这样理解,由此类生物构成的半神,时而可见,时而隐匿起来变得不可见,由于其若隐若现的样子而[985c]显得奇异。

这第五类的存在有生命,它会以某种方式与我们相遇,或与我们在梦中相见,或通过神谕,或通过神示,讲述给任何倾听者,无论他健康或生病,或已经陷入生命的终点;[c5]于是私人的和公共的观点均得以发展,并从中诞生许多公共祭祀,还会诞生其他东西。所有为这些事立法的人,无论是谁,就算有点理智,也绝不会敢于创新,让城邦转而崇拜[985d]那不明不白的神。

此外,若是全然不了解相关事务,他也不会否认先辈们关于献祭的礼法传统,因为凡人不可能懂得这样的事情。若是这些神明清楚为我们所见,而我们却不愿谈及他们,还把他们说成是别的神明,也不对这些特别的神明做公共献祭,[d5]以让神明们受到应有的崇拜,这不可容忍,也邪恶。

但现在,[985e]所有这类事情全凑一块儿了:我们中某人曾经看见过太阳和月亮的诞生及其光芒,却由于无能而讲不出来,同时也不愿改变这些神明不受尊重与[e5]无名的状态,让他们名誉昭昭,亦不为这些神明创建节日与祭祀,根据岁月的划分,为它们分派长或短的时间。[986a]难道不是这样吗?若是如此,就连他自己和其他知情人,也会一致公正地同意,认为此人邪恶。

克　怎么不会,异乡人,事实上的确邪恶之至。

雅　[5]所以呢,亲爱的克莱尼阿斯,你要知道我现在就处于这种情况。

克　你什么意思?

雅　据我观察,整个天空中,有八种力①,它们亲如兄弟。这观察也不是什么大[986b]成就,对别人来说也容易。其中有三个力:其一属太阳,另一属月亮,第三属群星,正如我在不久前刚提到过的那样。另有五个力。关于所有这些,以及在其中[运动]的那些,——或自行运动,或[b5]由支撑者负载而运动,——不会有人认为,他们一些是神,另一些不是,也不会[认为他们]一些合法,而另一些却不应谈及,若谈及就不对。

恰恰相反,我们应该声称并[986c]断言,他们是兄弟,且享有兄弟般的命运,我们不要把年归于这个,把月归于那个,却不给另外一些安排任何部分或时间,他们恰是在这样的时间里绕轴旋转,完善宇宙,建立起全部可见的最神圣天道。[c5][那看见宇宙的人]先是开心和惊讶,接着会拥有热情,尽一个凡人所能,去尽力搞清[这一切],[986d]并且相信这样度过的生命最好也最幸福,到生命终结之时,他将去往那美德恒在的地方,一旦他的确真正开始优入圣域,并掌握一等一的明智,他将在剩下的日子里作为最美生成物的观察者,尽其目光所及[幸福地]生活。

现在,[d5]对于我们来说,剩下的事情就是要讲清楚这样的[神明]有多少,以及他们是谁,因为[986e]我们绝不讲假话。我坚定地主张如下的说法。我要再次申言,他们共计八个,其中三个已经讲过了,还有五个没讲。第四个的来与去同时,而第五个的速度与太阳相近,[e5]既不慢也不快。[最后]三个存在中的一个,被视为拥有相当高的理智。我们称这些是属于太阳的、属于启明星的和属于第三类的,这第三类无法叫出名字,因其名字无人知晓,原因是最先观察他们的是野蛮人。因为,首先,[987a]古代的生活方式使得人们可以在美丽的夏季进行观察,而正如我曾说过的那样,在埃及和叙利亚,总能清楚地观察全部的星星,因为那里少云少雨。[a5][这样的观察]从那时起,在各地,时至今日,已经历了上万年乃至于无穷尽时间的考验。因此,我们应当有信心把这一切放入礼法中。因此,让一些神圣之物没荣耀,而另一些有荣耀,明显不明智。

至于他们[987b]缘何无名,根由定是我们已然讲过的这些。然则,他们的名字均借自神明。启明星,即是暮星,几乎可以说是阿芙罗狄忒本

---

①　八种"力",仅是七个行星和众恒星的旋转,详下。

身,此说颇有道理,且适合叙利亚的立法者;与太阳的轨道相同,且又与其最近[b5]则是赫耳墨斯。我们还要讲到另外的三个朝右的运动,随着月亮以及太阳一起。我们必须讲到一个,即第八个力,它最应该被称为某种宇宙秩序;它总是同所有的运动方向相反,并带动所有他者运动,就像对人们所显明的那样,哪怕他们在这方面所知甚少。

关于我们所知道的一切[987c],必须要讲,且也正讲述着。因为以某种方式显明它的智慧,就算对拥有较少思想的人来说也实在正确而神圣。剩下的那三颗星中,其中一颗运动得迟缓,有人称其为克罗诺斯。[c5]次慢的我们应称其为宙斯,最慢的称为阿瑞斯,在三颗星中,后者拥有最红的外表。一旦有人讲明这一切,[987d]理解起来并不困难,不过,正如我们所说,既然学到了,就一定要相信。

然则,我们所有希腊人都应该记得,我们所拥有的地方在整个希腊人中,对于[培养]德性来说几乎是最好的。[d5]我们应该提到的最好的事情是,它的气候既不太热,也不太冷。由于我们在夏天气候方面要逊色于那些地方,也就如我们所说那样,观察到这些神明所安排的宇宙秩序方面,也要晚。

不过,我们认为希腊人从野蛮人手中[987e]获得的东西,最后总能完成得更好。此刻,我们所说的这一切,须得思考,尽管事实上要发现所有这些事物,十分困难,这毫无争议。[988a]那些来自野蛮人的说法,以及对全部众神的崇拜,会得到希腊人的关心,这得益于他们的教育、来自德尔斐的神谕和[a5]遵照传统的那些崇拜,这些东西将会有极大的希望变得更美和更正义。

没有哪个希腊人应担忧,由于[他]是有死的存在,而注定不能从事与神相关的事情。完全相反,[天这位]神明从不曾愚昧,也不曾无识[988b]人之本性,不过神明知道,如果他教,我们自会紧紧跟随,并且理解所教的内容。神明教给我们并让我们学习的就是数和数数,这[我们]应该会知道。[b5]若是不知道这一切,便是所有事物中最愚昧的。若是对有能力的学习者动怒,而不与那借神之力而变好之人共享无邪之乐,就不能如老话所述,"认识自己"。

事实上,有许多很好的看法认为,[988c]当初人们拥有的最初的关于神的存在的想法，神明如何生成、生成什么样子以及生成之时完成了什么事情，所有这些内容对于有理智的人来说，既不符合理性，也不友好；后来的说法也不行，即认为[c5]火、水和其他物体是古老的，较年轻的是令人惊异的灵魂，更强更辉煌的运动为物体所拥有，并推动自身运动，还产生热、冷等其他类似之物，而灵魂却不能推动物体及其本身运动。

[988d]此刻，当我们说，若灵魂进入到物体之中，毫不奇怪，它可以移动并旋转自身和物体，我们也不会不相信，根据这个道理，灵魂若没有重量，就没有力量旋转。因此，这时我们可以强调，[d5]灵魂是整个宇宙的原因，好事物的全部原因是好的，而坏事物的原因则正好相反，[988e]灵魂是全部的运动和旋转的原因，这也没有什么好奇怪的，最好的灵魂推动的旋转和运动朝向好的方面，而相反的灵魂则推动它们朝向相反的方面，好定将并且总会战胜那些不好者。

[e5]我们所宣称的一切，均符合正义，就是要惩罚不虔敬者。事实上，这样的检验让我们不得不相信，好人是智慧的。[989a]对于那个我们长久以来努力寻求的智慧，我们看是否可以或根据教育或根据技艺来思考，无论谁，一旦认识不能它[智慧]，就认识不到那些正义之道。事实上，在我看来，我们可设想，并且我这样讲：凭借[a5]上下求索，于我而言，它已变得再清楚不过，我尝试着让它在你面前也变得明显可见。但德性的最伟大的部分没有很好地完成，在我看来，原因正如我刚刚所说的那样，那些[989b]内容很能说明问题。没有人劝服我们相信，对于凡人种族来说，还有比虔敬更伟大的德性。可以说，正是由于巨大的无知，虔敬才没有出现在那些良好的德性之中。虔敬的德性要诞生十分困难，[b5]可是一旦诞生，将产生巨大的好处。

对于灵魂来讲，如果它能适中而又温和地同时接受那慢的和相反的品质，那灵魂就是随和的；它会渴慕勇气，朝向明智的温和，更为重要的是，[989c]由于这些品质，它有能力学习并记住这一切，并能十分快乐地享受这一切，成为热爱学习者。所有这些均不容易产生；这样的灵魂出生之后，经过恰当的培育和教育，[c5]就能正确地统治较差的大多数，方式则是通过在恰当的时候以恰当的方式思考、处理与言说关于神的每一件事。

对神的祭祀与对人的净化，不要花招做样子，而是真正地崇尚[989d]德性，而事实上，这对于整个城邦来说，是所有事情中最重要的。现在，这类人从品质上被认为更具有权威性，若有人教导他们，[他们]则能学到更美与更好的东西。然则，若神不加以引导，则无人能教导他们。若有人[d5]教，却不照这类方法去做，最好不要去学。如我所述，这类人定然要去学习，也即我说的品质最好的那类人。

[989e]我尝试着用语言详细叙述，那[要学习的]是何物，它们像什么，以及怎样学习它们，这要取决于我这个演说者的能力和[990a]那倾听者的能力，即某人要以某种方式，学习何为虔敬。可以说，这一切听上去很奇怪。我说出的这个名字即天文学，若对相关情况缺乏经验，无法想象[这门学问]，也无法认识到[a5]最智慧的人必然是真正的天文学家，即并不像赫西俄德和其他类似之人那样只是观察群星的起落，而是观察八个轨道中的七个，[990b]然而要审视这一切，若不具备卓越的资质，仍是不易之事。至此，我们业已谈过，且还会谈及，恰如我们所想，必从何处且需何种方式来学习它。我们的第一点如下：

[5]首先，月亮最快速地穿过自己的轨道，带来满月以度量月份；第二，必须思考太阳，它以自身的旋转引导至点和那些跟跑者。为避免总谈论相同的事，[990c]而我们先前谈论的其他轨道又不易理解，且我们应为那些有能力的人作准备，因此必须预先教导他们许多东西，并且还应使他们在孩童和青年时期就惯于吃苦耐劳。[c5]因此，他们必修数学。首先，最重要的是研究数字本身，而不包括物体，这是对整个奇偶数起源及影响力的研究，以及关于它们对存在物本质的影响。[990d]学了这些，接下来是几何学，[这个]名字的叫法十分可笑，如下的事实却十分明显，即在本质上互不相似的数字，在平面上具有了相似点。[d5]这奇事，若能理解，显然属神，而非属人。其后，乃立方数与立方体本质上的相似，不相似的数由另一相近的技艺变得相似，这技艺被那些投身其中之人称为[990e]"立体几何学"。

这对那些细察及思索者来说，乃神奇而神圣的事，因为，那力及相反的力，根据各式形相和种类的相应比例，永远朝两个方向运动，而各式形相和种类乃整个自然的[991a]印迹。这种数字的双倍系列的第一个，从比率上讲是一比二；第二组的比率是其两倍；第三组，立方体乃由于再次平方，从一过渡到八。但那个［a5］两倍的东西有一个中间值［或平均数］，这个中间值［或平均数］比小的部分大得多，就正如它比大的部分小得多，而它另外的部分，超过了最小值，也被最大值超越。［991b］六和十二之间的平均数，［与二者的］比率恰好是三比二和四比三。这些基于平均数朝向两边的运作，由受缪斯赐福的歌队所赐，为世人带来和谐的交往，强弱得当、富于韵律和谐音的幸福歌舞。

［b5］现在，所有这些均如我们已经所述的那样。叙述的目标是，正是神明产生了我们的一切，即那可见的最美的事物和那最应向往的神圣品质，而正是神明允许世人看明白这一切。现在，［991c］没有人敢说，不看明白这一切就企望能轻松收获。还要通过提问与辩驳那些说得不好的内容，以根据每一事物的形相，将其归于某类别。［c5］因为这是人随手可用的最好且首要的试金石，那本不是却装作［是智慧的科学］，全是多么无意义的劳作啊。还得掌握时间的精确知识，它如何精确吻合天空中发生的一切。

于此，［991d］我们论述的真理值得相信，即灵魂比物体更老，也更神圣；也会认为"一切之中充满神性"这句老话极好，令人信服，我们也从未被更高者由于遗忘和粗心而忽视。［d5］关于这一切，我们定要认为，若每人均按惯例直接领会这一切，将会带来极大好处，否则，最好永远向神祈祷。方法如下，［991e］必须这样进行，每一图表、全部数字系统、所有谐音结构和星辰的全部旋转，在正确研习之人那里，均显示为一个和谐体，［e5］这样的显示，如我们所述，会使研习者眼望着"一"；［992a］并思考那显示出来的、能产生一切的纽带。若是有人用了什么别的方法来学习，那恰如我所说，就只好听天由命了。因为，离开这一切，自然不会在城邦中降下幸福。这样的方法，才是培养，才是学习，［a5］无论困难与否，都是必经之路。

忽视神明不符合正义，我们顺利的谈话让所有一切［992b］明白无误。那按如此方法掌握这一切的人，照我说，真正最智慧。说句玩笑话，也可当真话听，我坚信，若这样的人终其命限，或在死亡时，均不再拥有现在的诸多感觉，［b5］却分有统一体的部分，又与诸部分构成统一体，并因而成为快乐的、最智慧的,以及有福的,无论那人是生活于大陆上,还是至福岛上,[992c]均永享此福运。无论他是投身于公共事务,还是为自己而活,神都会用同样的方式赐予他同样的幸福。我在开始所讲,此刻又出现,讲的均是真理,即世人无法获得完全的幸福与快乐,[c5]唯有极少数人例外。这已直接讲过了。唯有那些拥有神圣和明智与拥有其他德性一样多的人,[992d]能领悟那最幸福的学习,正如我所述;也唯有这样的人,能幸福地获得与拥有全部神圣之物。我们私底下这样说,而面对公众则应定为法规,[d5]某人历经这艰苦学习,若能在年老之际达成目标,则须把最高的统治权托付给他,其余的人必须跟随他,赞颂众神明与众女神,[992e]我们呼吁夜间议事会成员,向这已被认知且全部经过正确检验的智慧靠拢。

书 简

彭磊 译

书简一

柏拉图祝狄俄尼修斯万事顺遂！

[309a]我在你们身边待了这么长时间,在治理你们的邦国时,在所有人里面最受信任,你们获得了益处,我却忍受着那些恼人的诽谤。因为我知道,没有人会认为,你们那些更为残暴的行径[a5]得到了我的同意;因为,所有那些和你们共同治邦的人[309b]都可以为我做证,我曾和他们中的大多数人并肩战斗,解救他们脱离并不小的伤害。我曾多次作为全权将领保卫你们的城邦,却被如此无礼地打发走了,即便是一个乞丐,你们也不该这样把他赶走,[b5]喝令他乘船离开,如果他曾在你们身边待了这么长时间的话。

所以,今后我要以更加远离世人的方式来为我自己考虑,而你,"身为这样一个僭主,将孤独地生活"。至于那块光彩夺目的黄金,[309c]也就是你给我作盘缠之物,递送这封书简的巴科基奥斯会带给你。因为它既不够我旅途的开销,对我今后的生活也没什么用处,何况它会带给你这位给予者莫大的坏名声,带给我这位接受者的坏名声也少不到哪儿去,[c5]因此我不会接受。不过,对你而言,接受还是给予这样一笔钱,显然没任何区别。所以,你还是收回去,去关心你的友伴中的另一位吧,就像当初关心我一样。因为我本人[309d]已经受够了你的关心。我现在援引欧里庇得斯的话正是时候:当各种变故某天一起落到你头上——

你会祈求这样一个男人在你身边。①

[d5]为此我还想提醒你,其他肃剧诗人在引入僭主被杀的一幕时,大多数都会让僭主呼喊:

[310a]我没有朋友,惨啊,我完蛋了!②

但是,从来没有[肃剧诗人]让[僭主]因为缺少金子而完蛋。下面这首诗,"那些有理智的人觉得并不坏":

最珍稀的不是金灿灿的黄金,
在有死者们没有希望的生活中;
[a5]也不是钻石,或银锻的卧榻,尽管它
在人面前受到检验时耀眼夺目;
拥有广袤沃土的大地产出累累果实,却也不如
[a10]好男人们相通的理智那样自足。③

[310b]再会了,你要认识到你在多少事情上错过了我们,这样,你才会更好地对待其他人。

书简二

柏拉图祝狄俄尼修斯万事顺遂!

听阿尔喀德摩斯④说,你认为不仅我应该对你的事[b5]保持沉默,而且我的朋友们也不应该做任何损害你的事,说任何损害你的话;你只把狄翁[310c]排除在外。"狄翁除外"这句话表示,我并不统治我的朋友们。

---

① 出自欧里庇得斯的哪部作品不详。
② 出处不明。
③ 作者不明。
④ 阿尔喀德摩斯是阿尔库忒斯的一位弟子,是柏拉图最为推崇的西西里人之一(参见《书简七》339a)。

因为,如果当初我这样统治其他人以及你和狄翁的话,那对我们所有人和其他希腊人会更好得多,[c5]正如我所宣称的那样。

而今,我的大能仅限于让我自己遵行我的教诲。我说这些,是因为克拉提斯托洛斯和珀吕克塞诺斯①告诉你的完全不可靠,据说[310d]其中一位说,他在奥林匹亚听到我身边的许多人说你坏话:或许他的耳朵比我敏锐,因为我本人并没听到这些。今后,一旦有人就我们中间的谁再说这类话,我觉得你应该这么做:[d5]送信前来向我询问。因为我会实话实说,既不会犹豫,也不会难为情。

你我彼此之间的关系碰巧是下面这样的。可以说,没有一个希腊人不知道我俩,[310e]而且我俩的交往也不是什么秘密。但你不要忘了,[我俩的交往]将来也不会是秘密:听闻[我俩的交往]的人已是如此之多,因为[我俩的交往]既不短暂,也并不低调。可我现在说的是什么意思呢? 我要从头开始讲起。

[e5]依据自然,明智和大权要结合为一,两者永远在相互追逐、相互寻求和相互聚合。此外,人们既乐于自己谈论它们,也乐于听别人在私人谈话或[311a]诗歌中[谈论它们]。比方说,当人们谈论希耶罗和拉刻岱蒙的泡萨尼阿斯时,就乐于提到他们与西蒙尼德斯的交往,说西蒙尼德斯②对他们都做过什么和说过什么。人们习惯于一并颂赞科林多的佩里安德罗斯[a5]与米利都的泰勒斯③,以及伯里克勒斯与阿纳克萨戈拉④,智慧者克罗伊索斯、梭伦与掌权者居鲁士⑤。正是仿照这些例子,诗人们

---

① 克拉提斯托洛斯其人生平不详。珀吕克塞诺斯是麦伽拉学派(Megarian)的布吕松(Bryson)的学生,也是赫利孔的老师之一(参见《书简十三》360c)。

② 西蒙尼德斯(约前556—前468)晚年客居于叙拉古僭主希耶罗的宫廷,歌颂希耶罗的功绩,他在希波战争期间与拉刻岱蒙摄政泡萨尼阿斯结成朋友。

③ 佩里安德罗斯(约前625—前585)是科林多僭主,米利都的泰勒斯是第一位伊奥尼亚哲人,两人均属古希腊的七贤。

④ 伯里克勒斯(约前495—前429)曾邀请阿纳克萨戈拉(约前500—前428)来雅典,阿纳克萨戈拉在雅典待了三十年。

⑤ 克罗伊索斯是吕底亚的最后一位王,吕底亚于公元前546年被居鲁士征服。希罗多德《原史》记录了梭伦与在位的克罗伊索斯之间的一场对话(I.29-33)以及克罗伊索斯对居鲁士的谏言(I.155-157)。

把克瑞翁与[311b]忒瑞西阿斯①、珀吕埃多斯与米诺斯②、阿伽门农与涅斯托尔、奥德修斯与帕拉墨德斯③撮合在一起——在我看来，原初的人们就是这样把普罗米修斯与宙斯撮合在一起的。

诗人们咏唱这些人，说他们有些彼此争执，有些[b5]彼此结下友谊，还有些这时结下友谊而那时陷入争执，在这些问题上一致而在那些问题上不和。我说这一切是想要[311c]表明，在我们死后，那些关于我们本人的言谈并不会止息。

因此，必须要留意这些言谈。看起来，我们必须要为将来操心，因为依照某种自然，那些[c5]最具奴性的人完全不考虑将来，而那些最端正的人所做的一切都是为了将来会受人称颂。此外，我把这看作一个证据，证明死者对世上的事有某种知觉。因为那些最好的[311d]灵魂预见到这一情形，而那些最邪恶的灵魂却予以否认，而且那些属神的男人们的预见要比那些不属神的[男人们]人们的预见更权威。

我本人认为，如果我说到的从前这些人有可能矫正他们之间的交往，他们会极其[d5]热切地去做，以便人们比如今更好地谈论自己。多亏神啊，如果我俩之前的交往中发生过什么不愉快，我俩还有可能通过行动和言辞来加以矫正。因为我本人认为，[311e]如果我们自身端正，关于哲学的真实意见和言辞将会更好；而如果我们自身卑劣，结果就恰恰相反。实际上，我们所做的事情不会有比关心这一点更虔敬的了，也不会有比忽视这一点更不虔敬的了。

至于这应该如何实现、[e5]如何公正地[实现]，我要说一说。我来到西西里的时候，我在那些从事哲学的人里面享有极高的名望，[312a]我之所以到叙拉古，是想拉你作为共同的见证人，以便热爱智慧可以因我在大多数人那里得到荣耀。但结果并不如我所愿。个中原因并不像大多数

---

① 克瑞翁是忒拜的王，忒瑞西阿斯是忒拜王室的预言者，索福克勒斯的《安提戈涅》刻画了他与克瑞翁的关系。

② 珀吕埃多斯是米诺斯宫中的预言者，曾使米诺斯的儿子格劳科斯（Glaucus）死而复生。

③ 在《伊利亚特》中，涅斯托尔、奥德修斯和帕拉墨德斯三人类似于阿伽门农的"谋士"。

人会说的那样，而是因为：你表现得并不太信任我，而是想设法[a5]把我打发走，请其他人过来，你还调查我的事是什么，因为你不信任我，在我看来。许多人为此大声喧嚷，说你[312b]瞧不起我，而是专注于别的[事情]。这些话都已流传开来。

至于此后怎么做才算公正，你且听着，我正好要回答你所问的问题：我和你应当怎样对待彼此。如果你完全瞧不起热爱智慧，[b5]那你就无需理会；如果你从其他人那里听到了或者自己发现了比从我这里[听到的]更好的[学说]，那你就要荣耀它们。但如果我们的[学说]令你满意，你就应该最大地荣耀我。

所以现在，就像从一开始那样，你若引领，我将跟随。因为，若我[312c]受到你的荣耀，我就会荣耀你；若我没有受到荣耀，我也就会静默不言。此外，若你荣耀我，并率先这样做，你会被认为是荣耀了热爱智慧；你也考察过其他人，这一事实本身会带给你好名声，让许多人认为你是热爱智慧者。但是，[c5]若你不荣耀我，而我荣耀你，我就会被认为是贪慕和追求钱财，我们知道，这样的行为在所有人那里都没有好名声。总而言之，若你荣耀我，我俩都会得到声誉，[312d]而若我荣耀你，我俩都会得到耻辱。对此就说这些。

那个球①不太对。等阿尔喀德摩斯到了，他会向你阐明。此外，关于那个问题——比这个[球]更有价值也更神圣的问题，他无论如何也[d5]必须阐明，因为你为之困惑不解地派他前来。据他说，关于"第一者"的性质，你说你觉得并没得到充分的论证。我必须以谜语向你解释，万一这块写字板②"在海上或陆上的层层叠叠中遭遇不测"，③[312e]读到它的人就不会明白。

那个问题是这样的。万物都与万物之王有关，万物都是因为它[而存在]，而且它是所有美的事物的原因。"第二者"是关于第二等东西的，"第三者"是关于第三等东西的。关于这些，人的灵魂渴望[e5]学习它们

---

① 可能是一个模型，用以说明球体的几何学或星球的运动。
② 此处代指书信。
③ 可能引用自一部已逸肃剧的残篇。

是什么样的,它凝视着那些与[灵魂]自身有亲缘性的东西,其中[313a]无一是完满的。关于王以及我说到的这些,则完全不是这样的——接下来灵魂会说——"那么,它们是什么样的呢?"狄俄尼修斯和多里斯①的儿啊,所有恶的事物的原因就在于这个问题,毋宁说,在于[a5]灵魂中产生的关于这一问题的阵痛,如果谁不能消除这种阵痛,他就永远不会真正抵达真理。

在花园②中的月桂树下,你曾亲自对我说,你已经想明白了这个问题,[313b]而且是你自己的发现。而我说,如果你觉得这一问题是这样的,那就使我免了许多口舌。不过,我说,我还从未遇到做出这一发现的其他人,而且我可是为这一问题付出了许多努力。你[b5]或许听某人讲过,也可能是由于神意而撞上了这一问题,之后,你认为自己牢固掌握了对它的那些证明,没有拴住它们,结果这一问题绕着表象时而这样、时而那样冲向你,[313c]尽管它根本不是这样的。这一情形不只发生在你身上,你要知道,但凡初次听我讲的人无不从一开始就这样,只不过有的人遇到的困难多些,有的人少些,但都难以摆脱,[c5]几乎没谁只遇到了一丁点儿困难。

鉴于已经发生的这些和当前的状况,在我看来,我们近乎已经发现了你来信[所问问题的答案]:我们应该如何对待彼此。因为,你检验我的学说——跟其他人交往,将我的学说[313d]与其他人的学说相对照,并考察我的学说本身的内容——如果这一检验是真实的,这些学说现在就会生长在你身上,你也会与它们和我们亲如家人。

怎样才能实现这些以及我们所说的一切呢?你这次派阿尔喀德摩斯前来是正确之举,至于今后,[d5]等他回到你那里,把我的话转告给你,之后你兴许还会碰到其他困惑。你要再次派——若你能正确考虑的话——阿尔喀德摩斯到我这儿,而他会像个商贩那样再次返回。如果你这么做两次或三次,[313e]并充分检验我送去的话,要是当前令你困惑的东西没

---

① 洛克里斯的多里斯(Doris of Locris),老狄俄尼修斯的两位妻子之一。
② "花园"是柏拉图与狄俄尼修斯谈话之所,见《书简三》319a,《书简七》348c。柏拉图自己也曾住在花园里。

有变得跟现在截然不同，我会惊讶不已。所以，你们放心地这样做吧！因为，你所能派遣的，或阿尔喀德摩斯所能贩运的，没有比这样的货物更美、[314a]更讨神喜爱了。

但你要当心，千万别让这些话传到没有教养的人们那里。因为在我看来，对于多数人而言，听到的几乎没什么比这些话更荒唐可笑了，但对那些禀赋好的人而言，听到的也几乎没什么比这些话更奇妙、更充满[a5]神的启示了。经过经常言说和反复倾听，经过许多年，在付出许多努力之后，它们才会像金子一样艰难地得到纯化。至于其中所发生的奇妙之处，你且听着。很多人听过这些话，他们善于[314b]学习，也善于记忆，能够在各方面彻底地检验以做出判断，他们已经年老，而且听了不下三十年，他们现在都说：那些曾经被认为最不可信的，现在却显得最可信和最清楚，而那些[b5]曾经被认为最可信的，现在却显得恰恰相反。

你要注意这些，当心不要什么时候因为现在不当地流传的东西懊悔。最大的保险是不写作而是用心记。[314c]因为写下来的东西不可能不流传开来。正因为此，我本人从来就没这些内容写过什么。没有柏拉图的著作，也根本不会有，现在那些所谓的[柏拉图的著作]属于变得美和年轻的苏格拉底。再会吧，[c5]要听从我，反复读过这封信后，首先立即就烧掉它。

对此就说这些。对于珀吕克塞诺斯，你对我会派他到你那里[314d]有些诧异。[对于他，]对于吕科弗戎①以及你身边的其他人，我现在和我之前说的一样：就论辩而言，你在禀赋和言说的方法上都远远超过他们；而且，他们没有一个情愿[d5]受到驳斥——就像有些人所认为的那样——而都是不情愿的。

不过，你对他们的态度和赠予看起来已经非常适中了。对于他们这样的人，说这些已经太多了。[314e]至于斐利斯提翁②，如果你要任用他，那就放心任用，但如果可以的话，把他借给斯彪西波③用，并派他过来。

---

① 可能是亚里士多德所提到的一位智术师，见亚里士多德，《政治学》1280b10，《形而上学》1045b10。

② 斐利斯提翁是当时意大利最著名的自然学家之一，出生于南意大利的洛克里斯，当地受狄俄尼修斯统治。

③ 斯彪西波是柏拉图的侄子，后来继任学园领袖。

斯彪西波也向你这样请求。斐利斯提翁答应我,如果你派他来,他会非常乐意来雅典。你释放来自采石场的那个人,[e5]这事做得好,而[他]就他的家人和阿里斯同之子赫葛西珀斯提出的请求,也容易办到。因为你来信[315a]对我说,若是有人对他或这些人行不义,你一旦得知,便绝不会容许。对于吕西克雷德斯,我也应该实话实说。因为,在那些从西西里来到雅典的人中,唯有他没有对你与我的交往改变任何看法,他始终[a5]对所发生的事情说好话,以图使之更好。

书简三

"柏拉图祝狄俄尼修斯快乐!"①我这么写,该是[315b]碰巧找对了最佳问候语吧?或者,我不如按照我的个人习惯写上"万事顺遂",正如我在给朋友们的书信中通常致意的方式?因为,据当时亲眼见到的人们讲,你用这句问候语来讨好[b5]德尔斐的那位神,据说,你还写过:

快乐吧,并且当使僭主的生活快活始终。

[315c]至于我,在招呼一个凡人时——更别说一位神了,我绝不愿命令他这么做。就神而言,我会违背自然地强求于神,因为神性远远居于快乐和痛苦之上;就人而言,快乐和痛苦通常会带来伤害,[c5]在灵魂中产生迟钝、遗忘、愚蠢和狂妄。关于问候语,我就这样说这些。至于你,当你读完这封信,你愿意怎样接受就怎样接受吧。

有不少人声称,你对去你那里的使者中的一些人说:[315d]有一次,当我听到你说你打算殖民西西里的希腊城邦,并且要减轻叙拉古人[之苦],把统治从僭政转变成王政,我当时劝阻你做这些,[d5]如你所声称的那样,尽管你满腔热情;而今,我却教导狄翁做同样这些事,而且我们试图借由你的这些构想来[315e]夺取你的统治。你是否从这些话得到了什么益处,你自己清楚,但无论如何,你对我行了不义,因为你说的与事实截然相反。

---

① "快乐"(chairein)是古希腊人日常问候语,也是书信开头常用问候语。

我已经受够了斐利斯提德斯①和其他许多人在雇佣兵面前和在叙拉古[e5]民众中间的诽谤，这都是因为我待在卫城里面；而城外那些人呢，一旦出了什么差错，他们就完全归咎于我，说你对我言听计从。你自己知道得最清楚，[316a]最开始的时候，我自愿和你共主一点政事——当时我还认为会成就点什么——但我适度地严肃从事的只是一些琐事以及关于一些法律的序言，其中不包括你或别的人所添加的内容。因为我听说，之后[a5]你们里头有些人修改过这些序言；不过，对于能够明辨我的性情的人们来说，[我写的和你们改的]是显而易见的。但是，就如我刚刚说的，我不再需要在叙拉古人面前的诽谤，而倘若你说的那些使其他某些人信服的话，我需要的毋宁是[316b]一场申辩，[反驳]先前所发生的诽谤，以及随之而来的现在愈益过分和恶毒的诽谤。对于这两者，我必须要做出双重的申辩：首先要辩明，我有理由避免和你共主[b5]城邦事务；其次要辩明，我并没有像你说的那样建议过你、阻挠过你——[你说，]当你打算殖民那些希腊[316c]城邦时，我却成了你的绊脚石。所以，你且首先听听我所说的先前的诽谤的缘起吧。

当初我来到叙拉古，是受你和狄翁的召请。狄翁受过我的检验，早就成为我的异乡朋友，[c5]而且他的年岁已经成熟而沉静——[这些品质]是但凡稍有点理智的人必须具备的，若是他们想要就你当时手中那样重要的事务出谋划策。而你却极为年轻，你对那些需要有经验的东西[316d]非常没经验，而且我完全不了解你。

此后，要么是人，要么是神，要么是某种机运，和你一道流放了狄翁，留下你独自一人。难道你认为，我当时在政事上跟你有合作吗？我失去了我神清智明的同道，[d5]看到留下来的是个被众多恶人围绕的糊涂虫——他自认为在统治，但他并没有统治，而是被这类人统治着。

在这些情形下，我应该做什么呢？难道不必定是做我所做的事情吗？一方面，从今往后[316e]远离政事，留心那些出于妒忌的诽谤；另一方面，尽全力试图使你们彼此成为尽可能亲密的朋友，尽管你们彼此分离并且

---

① 斐利斯提德斯很富有，是老狄俄尼修斯最忠诚的属下，也是老狄俄尼修斯的史官，但之后受到流放，狄翁的敌对者说服小狄俄尼修斯把他召回。

不和。你本人可以为此作证:我为这一目标努力,[e5]从未松懈。不过,我俩仍旧勉强达成约定:[317a]我要出海返乡,因为你们深陷战事;等和平到来,我和狄翁要来叙拉古,而你会召请我们。我第一次出外到叙拉古以及我[a5]平安回家的经过就是这样。

等和平到来,你第二次召请我,可你并没有遵守约定,而是写信让我独自前来,并说你之后会派人去请狄翁。正因为此,我没有来,结果当时激起了狄翁的怨恨。因为他认为,[317b]我去并听从你是最好的。一年后,来了一艘三层桨的船,还有你的几封信,这些信的开头都写着说,如果我来,狄翁的一切事就能照[b5]我的心意办,可如果我不来,那就会事与愿违。

我真不好意思说,当时你和为你[说项]的其他人[317c]从意大利和西西里来了多少封信,并送给了我的多少位家人和熟人——这些信全都奉劝我去,并请求我无论如何要听从你。以狄翁为首的所有人都觉得,我应该出海,不要[c5]丧气。然而,我以年纪为由来推托他们,并坚称你抵抗不住那些诽谤我们、想让我们为敌的人。因为我当时看到,就如我现在看到的那样,不论是平民还是君主拥有数额巨大、过多的财产,通常来说,[317d]财产越多,它所滋生的诽谤者、以卑鄙手段追求快乐的党徒就越多越可怕。财富和其他权力所产生的恶,没有比这更大的了。

尽管如此,我还是抛开[d5]这一切来了,我当时的考虑是,不能让我的任何一位朋友怪罪我说,由于我的怠慢,他们的[317e]一切[计划]原本可以不落空,结果却破灭了。等我到了——当然,你知道此后所发生的一切——按照你信中的约定,我当然要求你首先召回狄翁,把他当作自己人。我指出了这一结合,如果你[e5]当时听从我接受和解,对于你和叙拉古人以及其他希腊人而言,结果兴许好过现在所发生的状况,就如我的意见所预示的那样。

其次,我要求狄翁的[财产]由他的家人掌管,[318a]不能分配给那些获得分配的人,也就是你知道的那些人。此外,我认为每年按惯例要交给狄翁的[收益]应该送过去更多一些,而不能变少,既然有我坐镇的话。这些要求无一实现,[a5]我便要求离开。

此后,你劝说我再待一年,声称你会变卖狄翁的所有财产,其中一半送到科林多①去，另一半留给狄翁的[318b]孩子。我可以说说你有多少空口许诺，但因为太多了，我就简略些吧。你变卖了所有财产，没有得到狄翁的同意，尽管你声称未经他同意你不会售卖。令人惊叹的家伙啊，你由此以最为放肆的方式为你的所有许诺[b5]添上了最后一笔。因为，你设计了一个伎俩——这一伎俩既不高贵也不巧妙，既不正义也无益——试图吓跑我，以便我不会寻求[318c][让你]归还这些财产，尽管我并不清楚当时所发生的事。因为，在你流放赫拉克利德斯的时候，不论是叙拉古人还是我都不认为是正义的，由于我和忒俄多忒斯、欧吕庇俄斯②一起请求你不要这么做，你便以此作为充足的理由，说你早就[c5]看出我根本不为你着想，而是为狄翁以及狄翁的朋友和家人们着想，还说既然忒俄多忒斯和赫拉克利德斯现在受到指控，而他们是狄翁的家人，[318d]我便竭尽所能不要他们受到处罚。

我与你"在政事上的合作"就是这些。如果你看到我对你还有任何其他疏远，你便应当设想，所有这些都是出于相同的理由。你别惊讶！[d5]因为，任何有理智的男人都会公正地觉得我是个坏人，如果我慑服于你广大的统治，背叛那位因你而遭逢厄运的老朋友和异乡人——可以这么说，他一点也不比你差——[318e]却选择你这个行不义者，做你所命令的一切，这显然是为了钱。因为，没人会说我的改变有其他什么原因，如果我变了的话。所发生的这些事情就是这样，[e5]因为你，它们造成了我与你"狼的友谊"③以及不相来往。

我下面要说的传闻几乎紧跟着我刚刚说的[传闻]而来，我说过我必须就它做第二轮申辩。[319a]你要注意并要全神贯注，倘若你觉得我是在说谎而没有实话实说的话。我肯定地说，当阿尔喀德摩斯和阿里斯托克里托斯④也在花园中时，大概是在我从叙拉古启程前二十天，你就像你现在[a5]所说的那样抱怨我，说我关心赫拉克利德斯和其他所有人超过关心你。当着这些人的面，你质问我是否记得，在我一开始来的时候，我

---

① 科林多是叙拉古的宗主国，被叙拉古流放的人通常会在科林多避难。
② 关于这三个人，参见《书简七》348b，349b。
③ 意为虚伪的友谊。可能暗指《理想国》566a，那里将僭主比喻为狼。
④ 阿里斯托克里托斯，另见于《书简十三》363d。

命令你[319b]殖民那些希腊城邦。我承认我记得,并说我现在依旧认为这么做最好。狄俄尼修斯啊,接下来所说的内容也必须[在此]说一说。因为我问你,我究竟只向你建议了这一点,[b5]抑或还有别的什么。你极其愤怒和傲慢地回答了我,正如你所期望的——因为你当时的傲慢,梦现在成了现实;[319c]如果我记得不错的话,你讪笑着说:"我要先受教育,之后你再命令我做或者不做这一切。"我说,你记得真是清楚。你说:"莫非是受几何学的教育,还是什么?"之后,我并没有说出已到嘴边的话,[c5]因为我担心,就为了一小句话,我所期望的回航之路会由宽阔而变得狭窄。

可我为了什么说这一切呢?切勿诽谤我,说我不许你殖民那些被野蛮人毁灭的希腊城邦,[319d]也不许你减轻叙拉古人[之苦],把僭政转变为王政。因为你所能诬告我的[罪名]没有比这些更不与我匹配的了。如果哪儿有一场卓绝的审判的话,除了我说的这些,[d5]我还可以给出更为确实的证言来反驳说:我曾命令你[做这些],但你却不愿意做。这些计划如果得到践行,对你和叙拉古人以及所有西西里人都是最好的,[319e]要清楚地说明这一点根本并不难。但是,伙计啊,如果你否认说过你所说的这些话,我甘愿受罚;而如果你承认,你接下来应该相信斯忒西科罗斯[1]是智慧的,模仿他的悔罪诗,收回谎言,[e5]改说真话。

书简四

柏拉图祝叙拉古人狄翁万事顺遂!

[320a]我觉得,对于所发生的那些行动[2],我一直以来的热望显而易见,而且我也非常急切地[期盼]这些行动的告结。这更多地出于对高贵之物的爱荣誉之心,而不是出于别的什么。[320b]因为我认为,那些的确有能力且如此行事的人理当得到相应的名声。

---

[1] 斯忒西科罗斯是西西里诗人(约前632/629—前556/553),据《斐德若》243a-b,他因为在诗中诋毁海伦,被夺去了视力。他作了一首悔罪诗,说明不是海伦而是海伦的魂影引起了特洛亚战争,由此恢复了视力。

[2] 指公元前357年(可能在此之后)狄翁在西西里的军事行动。

多亏了神,当前的[行动]进展得很顺利,但最重大的竞赛还没到来。因为,在勇敢、[b5]速度和力量上的出众,看起来其他人也可以达到,而在真实、公正、威严[320c]以及在所有这些[品质]上的优雅得体上的出众,谁都会赞同说,那些努力寻求荣耀这类[品质]的人当然超越其他人之上。我现今说的意思很清楚,但我们还是需要提醒自己记得,[c5]那些人——你一定知道他们——应当超越其他人之上,远胜于[大人]超越孩童之上。因此,我们必须清楚地表明,我们就是我们声称所是的那类人,尤其是因为,有赖于神,这将容易办到。

[320d]因为,对其他人来说,他们不得不漫游四方,如果他们想要为人所知的话;而你目前的情况却是这样的:遍布全地的人们——这么说或许过分了些——都注视着一个地方,[d5]在这个地方又最主要地注视着你。你既然被所有人看着,你就要准备好,证明那位吕库尔戈斯和居鲁士已成过往,以及证明任何其他因其性情和政体而被认为出众的人也[已成过往],特别是因为,这儿的许多人甚至[320e]几乎所有人都说,一旦狄俄尼修斯被铲除,事业很有可能会毁于你以及赫拉克利德斯、忒俄多忒斯和其他几位豪杰的爱荣誉之心。但愿没人会是这样;可万一谁真的[e5]变成这样,你就要表现得像个医生,如此你们才会越来[321a]越好。

兴许在你看来,我说的这些很可笑,因为你本人并非不知道[这些]。可我在剧场中看到,竞赛者们受到孩子们的激励,不必说也受到朋友们的激励,可以想见,他们是[a5]真诚且善意地在加油助威。因而,现在你们自己也要展开竞赛,而且要给我们写信,如果有什么需要的话。

这儿的情形和你们在时差不多。你们要写信,[321b]说说你们做了什么或碰巧正在做什么,因为我们虽然听到了很多,却一无所知。这会儿,来自忒俄多忒斯和赫拉克利德斯的书简到了拉刻岱蒙和埃吉纳,可正如我所说的,对于当地的情况我们听到了很多,[b5]但却一无所知。有些人认为你还不够殷勤,对此你要留意。所以,你不要忘了:通过取悦众人[321c]才可能有所作为,而刚愎自用伴随着孤独。好运!

书简五

柏拉图祝佩尔狄卡斯①万事顺遂！

照你信中所说，我建议欧弗莱俄斯②照看你的事情，为你的事情尽心尽力；此外，我理应[c5]给予你异乡人之间所谓的"神圣的建议"③，[321d]关于你会提到的其他事情，以及当前应该如何任用欧弗莱俄斯。因为这个男人在许多方面都有用处，尤其是你现在有所欠缺的那个方面，这是因为你的年纪④，也因为在这个方面针对年轻人的建议者并不多。

因为，[d5]政体就像一些动物一样，各自都有一种语言，一种是民主制的语言，一种是寡头制的语言，还有一种是君主制的语言。[321e]许多人会声称自己懂这些语言，但除了少数一些人，他们远远不能理解这些语言。不论哪一种政体，如果它向神们和人们说它自己的语言，并使它的行为与它的语言[e5]相一致，它就会永远兴盛和平安；但如果它模仿另一种语言，它就会毁灭。对于这些，欧弗莱俄斯会对你不是一般的有用，尽管他在其他方面也很勇猛。[322a]因为我期望，在你的那些随侍里面，他绝不会最少地帮你发现君主制的言辞。所以，如果你在这些事情上任用他，你自己会受益，还会带给他极大的益处。

如果有人听到这些后说，"看起来，[a5]柏拉图声称知道什么对民主制有利，但是呢，尽管他可以在民众中间发言，把最好的东西建议给民众，可他从来都没有站起来说过话"——对此要说的是：⑤"柏拉图在他的父邦生得太迟了，他发现民众[322b]已经老了，受前人的影响，民众已经习惯于做许多与他的建议不相类的事情。因为，就如向父亲提建议一样，向民众提建议会是所有事情中最令他快乐的，如果他不认为这是在白白冒险，而且没有任何效果的话。[b5]我认为，他在给我提建议时也会这样

---

① 即佩尔狄卡斯三世，菲利普二世的哥哥，公元前365至前359年为马其顿王。
② 欧弗莱俄斯是优卑亚(Euboea)北部的奥瑞乌斯人(Oreus)，是柏拉图学园的学生。
③ "神圣的建议"为古希腊习语。
④ 一般认为佩尔狄卡斯生于公元前383/2年，他在十八到二十四岁之间统治。
⑤ 以下成为柏拉图假托佩尔狄卡斯之口作出的回答。

做。如果我们看上去不可救药,他就会对我们说永远再见,[322c]远远回避对我和我的事情提建议。"好运!

书简六

柏拉图祝赫耳米亚斯、厄拉斯托斯和科里斯科斯万事顺遂!

在我看来,神们中的一位和善且慷慨地为你们准备了一份好运,[c5]如果你们能好好迎接的话。因为你们彼此住得很近,而且你们都有所欠缺,因而可以[322d]在最重要的事情上相互扶助。因为,对于赫耳米亚斯①而言,无论是大批的车骑,还是众多其他的战争同盟,或者大笔财富的加增,都不如稳靠且拥有健全性情的朋友们更能在各个方面扩充自己的力量。

至于厄拉斯托斯和科里斯科斯②,除了[d5]关于形相的智慧,那一高贵的智慧,我认为——尽管我已老朽——他们还需要防御那些恶人和不义之人的智慧[322e]以及某种自我保护的能力。他们缺乏经验,因为他们的生活长久以来是和我们这些温良且没有坏心的人一起度过的。正因乎此,我才说他们还需要这些,以便他们不会被迫忽略那真正的智慧,[e5]过分关心这种属人的和必不可少的[智慧]。而在我看来,赫耳米亚斯拥有这样一种能力,这既得益于他的天性——尽管[323a]我和他还未谋面——也得益于经验带来的技艺。

可我说的是什么意思呢? 赫耳米亚斯啊,我比你更为了解厄拉斯托斯和科里斯科斯,我对你说、揭示和作证:你可不容易找到比这些近邻[所拥有的]更值得信赖的性情。[a5]我建议你尽一切正当的方式接近这些男人,不要把此事看得无关紧要。对于科里斯科斯和厄拉斯托斯,我建议你们反过来紧跟赫耳米亚斯,通过[323b]相互的依附,努力进入一个友爱的结合。

不过,万一你们中间有谁似乎是在以某种方式拆散这一结合——因为属人之物并非完全稳靠——你们要往这儿给我和我的[朋友们]送信,

---

① 赫耳米亚斯是阿塔纽斯(Atarneus)和阿索斯(Assos)的僭主,他是亚里士多德和色诺克拉底的朋友,两人在柏拉图死后退隐于他的宫廷,在那儿待了许多年。
② 厄拉斯托斯和科里斯科斯是柏拉图学园的成员。

说明[你们]彼此结怨的理由。因为我相信,[b5]来自我们这儿的言辞以其公正和威严——如果分裂碰巧不是太严重的话——将会比任何咒语更能将你们再次连结和捆缚起来,恢复先前的[323c]友爱和结合。倘若我们所有人——我们和你们——都爱这种智慧,尽我们所能以及每个人能力所及,现在的这些预言就将成为主宰。但如果我们不这么做,我也不会说这些。因为我发布的是吉利的神示,而且我认为[c5]我们将做的一切是吉利的,如果神乐意的话。

你们三人全都必须读这封信,尤其是要聚在一起读;如若不能,那就两个两个一起读,尽量一起读,尽可能地经常读;你们还必须以这封信作为一条约定[323d]和一道至高的法——这是理所应当的——同时以一种不无品味的严肃和作为严肃之姊妹的戏谑起誓,向那位统帅着一切存在和将要存在之物的神[起誓],并向那位统帅和原因的至高之父起誓;如果我们真正[d5]爱智慧的话,我们所有人就会清楚地认识他,就像那些幸福的人所能的一样。

书简七

柏拉图祝狄翁的各位家人和友伴万事顺遂!

你们来信说,我应当认为你们的想法[d10]和狄翁一样,不仅如此,你们还催促我加入你们,[324a]以行动和言辞尽我所能。可我[的答复是]:如果你们的意见和渴望和狄翁一样,我就同意加入你们;如若不然,我就要多加斟酌。至于狄翁的想法和渴望是什么,我大致能说上一说,而且我不是揣测,[a5]而是知道得很清楚。最初到叙拉古时,我将近四十岁①,狄翁的年纪②则和现在的希帕里诺斯③一样,[324b]而且他从那时

---

① 柏拉图生于公元前428年(一说公元前427年),他在公元前388年(一说公元前387年)第一次到叙拉古时已四十岁。
② 狄翁死于公元前354年,时有五十五岁,他生于公元前409年前后,在公元前388年(或公元前387年)已二十一岁。
③ 应是指狄翁的儿子希帕里诺斯。此外,狄翁的父亲叫希帕里诺斯,老狄俄尼修斯有个儿子也叫希帕里诺斯。

就一直秉持着一个意见:他觉得,叙拉古人应该享有自由,受那些最好的法治理;所以,如果某位神让希帕里诺斯与狄翁齐心,就政体持有与狄翁同样的意见,那也根本不稀奇。[b5]至于这一意见是如何形成的,年轻人和不年轻的人都并非不值得一听,而我将试着从头向你们细细讲述这一意见;因为眼下正是时机。

年轻那会儿,我的经历和许多人一样:我期冀着,一旦成了自己的主人,我就立即投身城邦的公务。[324c]不过,城邦事务中的这样一些机运落到了我身上。

那时的政体受到许多人谩骂,于是发生了一场政变。领导并操控政变的是五十一个人,其中十一人在城内,[c5]十人在佩莱坞斯——这两伙人各自负责市场和一切城内需要打理的地方——另外三十人[324d]被任命为握有全权的统治者。这些人里面碰巧有几位是我的家人和熟识,①而且,他们随即就邀请我加入这些[与我]相配的事。因为年轻,我的反应毫不稀奇:我期冀着这些人的治理会把城邦从一种不正义[d5]的生活引向正义的道路,因此我密切关注着他们,看他们会做些什么。

我的确看到,这些人不久就表明,先前的政体是一个黄金时代。别的事不说,[324e]我年长的朋友苏格拉底——我几乎可以毫不惭愧地说,他是当时最正义的人——他们派他和别人一道去抓一位城邦民,命他强行把此人拖来处死,[325a]这样就能把他拉入他们的事,不管他是否愿意;但苏格拉底拒绝听命,宁可冒着承受一切后果的危险,也不愿成为他们不虔诚的行为的同伙。② 看到这一切以及其他此类并非琐细的事情,我心生反感,[a5]于是从当时那些邪恶中抽身而退了。

可没过多久,三十人以及当时的整个政体倒台了。[325b]参与公务和政务的渴望再度撩拨着我,但已没那么强烈。在那些动荡不安的日子里,发生了许多令人反感的事情,一些人在政变期间大肆报复仇敌也并不稀奇;不过,[b5]当时那些从流亡中归来的人还是表现得极为宽和。可由于某种机运,一些当权者又把我们的友伴苏格拉底告上法庭,加诸一项最

---

① 指柏拉图的舅舅卡尔米德和表舅(其母亲的堂兄弟)克里提阿斯。
② 事见《苏格拉底的申辩》32c – d。

不虔诚的指控,[325c]而且是一项最不适用于苏格拉底的指控。因为,正是以不敬神的罪名,一些人起诉了他,另一些人则做出判决并把他处死:在他们自己不幸地受到流放之时,他们处死的这个人当初不愿参与不虔诚地抓捕他们的一位朋友。

[c5]我观察着这些事情和那些从事政务的人,而且,愈加审视各种法和风尚,且随着我年岁渐长,我愈觉得正确地治理政务多么困难。[325d]若没有朋友和可靠的友伴,就无从行事——要在身边找到这样的人可不容易,只因我们的城邦不再依祖传的风尚和习惯治理;而要轻易地获得其他新的[朋友和可靠的友伴][d5]绝非可能。成文法和风尚受到败坏,而且以令人惊异的速度日益沦落。结果,虽然我[325e]最初对从事公务满腔热情,但当我注意到这些,看到没有一处不彻底变动时,我最终晕头转向了。我一方面没有停止考虑这些事情以及[326a]整个政体究竟怎样才会变得更好,另一方面也一直等待着行事的时机,但我最终想到,现今所有城邦的统治都很糟糕——其法的状况近乎无可救药,若无[a5]某种有机运相助的神奇准备的话——而且我不得不说,要赞颂正确的热爱智慧,借由正确的热爱智慧,才能看清一切城邦的正义和个人的正义;[326b]人这一族将无法摆脱各种恶,除非正确地和真诚地爱智慧的那族人掌握了政治权力,或者城邦中当权的那族人出于某种神意真正地爱智慧。

[b5]正是带着这一想法,我来到了意大利和西西里,此即我第一次到那儿。可是,初来乍到的我一点也不喜欢当地所谓的"幸福生活"——满是意大利式的和叙拉古式的筵席,活着就要白天大吃大喝两顿,而且夜里绝不会独自入睡——[326c]以及伴随这种生活的种种习惯。

从这样的风尚中,天底下没有哪个从年轻时就养成这些习惯的人有朝一日能够变得明智——再奇异的[人的]自然也不会有这样的混合——也必定不会[c5]有朝一日变得节制,其他美德也是同样的道理;也没有哪个城邦会消停下来,不论它遵循什么样的法,倘若人们认为应当[326d]无度地挥霍一切,而且相信应当什么都不做,除了吃、喝以及苦苦追寻"阿芙罗狄忒的"[快乐];这样的城邦必然在僭主制、寡头制和民主制之间变来变去,[d5]永远不会停下来,这些城邦中的当权者也必然不会容许听到一个正义且公平的政体的名称。

想着这些以及先前那些,我辗转到了叙拉古[326e],这兴许是出于机运,但看来确实是由于某种更高的力量当时的设计,才为现今发生在狄翁和叙拉古身上的事况埋下了肇因;恐怕还会有更多的[事况]呢,除非你们听从我现时[e5]第二次给出的建议。

可我怎么会说,[327a]我当初到西西里就成了一切的肇因呢?在跟当时还年轻的狄翁交往时,我用言辞向他揭示了我认为对人们最好的东西,并建议他践行它们,我可能并没有意识到,自己浑然不觉地以某种方式[a5]促成了僭政此后的倾覆。因为,不论是在其他方面,还是对于我当时所讲的内容,狄翁都极其善学,他如此敏锐而热切地聆听着,[327b]我碰到的年轻人中还从未有像他这样的,而且,他愿余生过一种不同于大多数意大利人和西西里人的生活,因为他热爱美德胜过热爱快乐和其他骄奢。正因为此,狄翁的生活方式越来越令那些[b5]遵照僭主的成规生活的人难以忍受,直到老狄俄尼修斯的死降临。

在此之后,狄翁想到,他由正确的教导获得的那个想法不会仅仅在自己身上产生;[327c]他也看到,同样的想法在其他人身上产生了,尽管不是许多人,但的确在一些人身上产生了,而他相信,在众神襄助之下,狄俄尼修斯很可能会成为其中一员,要是此事能够做成,[c5]狄俄尼修斯和其他叙拉古人的生活就将变得无与伦比的幸福。此外,他觉得我应该尽一切办法尽快赶到叙拉古[327d]和他联手,因为他回想起,与我的谈话如何轻易地促使他渴望那最美和最好的生活。

眼下,要是他的努力能在狄俄尼修斯身上成功,他便怀着一些宏大的希望,[d5]即不经杀戮、死亡以及现今所发生的恶,便在全地建造起一种幸福又真实的生活。抱着这些正确的想法,狄翁说服了狄俄尼修斯召请我,他本人也来信恳求我尽一切办法尽快前来,[327e]以免其他什么人遇到狄俄尼修斯,先行使狄俄尼修斯从最好的生活转向其他生活。

以下就是他的恳求,要是细说起来就长了。"我们还等什么呢,"他说,"还有比当前神意的这些安排更有利的时机吗?"[e5]他详细述说了意大利和西西里的邦国、[328a]他自己在那里的权柄、狄俄尼修斯的年轻和渴望;他说,狄俄尼修斯会多么热切地[渴望]热爱智慧和教养,他自己的侄儿们和家人们会多么容易受到我一直教导的[a5]那种学说和生活影响,从而极大地激励狄俄尼修斯;所以,唯趁现在才会实现所有的希望:热爱智慧者与强大城邦的统治者们[328b]结合为一。

他这样来鼓舞我,还说了许多其他类似的话。至于我的意见,我却有些担心年轻人的[性情]究竟会变成怎样——因为年轻人的渴望变得快,而且常常变得与原来相反;[b5]但我也知道,狄翁灵魂的性情天生沉肃,而且已经到了适度成熟的年纪①。因此,我再三考虑,踌躇着是应该接受邀请出行还是怎样。最终我还是倾向于认为,如果哪天谁要着手实现[328c]这些对法和政体的构想,现在就必须尝试;因为,只要我完全说服一个人,我就能成就所有的好。就是带着这一想法和冲动,我离家起航,但并非出于一些人所猜想的[原因],而是[c5]根本上出于对自己的羞耻,以免我有一天会觉得自己完全只是一个彻头彻尾的言辞家,永远不会自愿插手任何行动,也以免我可能会被认为首先是背叛[328d]与狄翁的主客之谊和伙伴关系,因为他当时的处境确实相当危险。要是他遭受了什么不幸,或是被狄俄尼修斯和其他仇敌驱逐,受到流放的他就会来找我们,当面质问说:

"柏拉图啊,我这个流亡者到了你这里,不是因为[d5]我没有重甲兵,也不是因为我缺少骑兵来击退敌人,而是因为缺少言辞和劝说[的能力],我本人清楚,你最能以言辞和劝说驱策年轻人们追求善和正义,从而每次都能使他们彼此结成友爱和伙伴关系。[328e]正是因为你没在这些方面襄助,如今我出走叙拉古,置身此地。不过,我的遭遇不会带给你多大的耻辱,但热爱智慧——你一直在赞美的热爱智慧,你说那受到所有其他人菲薄的热爱智慧——[e5]现在它不是和我一起遭到背叛了吗,就你的行为而言?[329a]要是我们凑巧住在麦伽拉,你多半会前来襄助,响应我对你的召请,否则你就得认为自己是所有人里面最可鄙的一个。所以,你埋怨路途多么遥远、出海多么费时和劳顿,现在你以为你就能[a5]逃脱卑怯的名声?绝不可能!"

如果他这样说,对此我能给出什么得体的回答呢?不能。于是我去了,尽人之所能地[329b]依据了理性和正义的要求;出于这些理由,我放

---

① 狄翁生于公元前409年,在老狄俄尼修斯死时已经有四十二岁。

下了自己那些并非不体面的清闲,屈身于看起来与我的学说和我本人皆不相合的僭政之下。我这一去,也就从异乡人的保护神宙斯那里解脱了,并能使自己免受[b5]热爱智慧的指责,因为,要是我由于颓唐和胆怯而招致什么不好的羞耻,热爱智慧恐怕会受到责难。

等我一到——因为不应该长篇大论——我就发现,狄俄尼修斯身边处处是内讧,[329c]僭政面前处处是对狄翁的诽谤。虽然我极力卫护[狄翁],但我能做的毕竟很少,约莫到了第四个月,狄俄尼修斯指控狄翁图谋夺取僭政,把他送上一艘小船,无礼地流放了他。此后,我们[c5]这些狄翁的朋友全都担心,狄俄尼修斯会指控我们中的谁是狄翁的同谋并加以报复。关于我,叙拉古当时流传的一则消息称,我已被狄俄尼修斯处死,因为我是当时整起事件[329d]的祸因。狄俄尼修斯察觉了我们所有人的心绪,也担心从[我们的]恐惧中会滋生更大的事端,于是就热情地拉拢所有人,还特别安抚我,劝我振作起来,并万般恳求我[d5]留下;因为,我从他身边逃开对他可不光彩,我留下来对他才光彩,正是出于这个原因,他才假装热切地恳求。

可我们知道,僭主们的恳求都混杂着强迫。[329e]他设法阻挠我出海,把我带进卫城①,安顿在一个地方,禁止任何一位船主把我从那里带走,除非他亲自派人过来命令他们带走我;[e5]任何一位商贩,或者把守当地各条出口的长官,也不会坐视我只身离开,他们会当即逮住我,押还给狄俄尼修斯,特别是因为当时已经流传着与早前截然相反的消息,[330a]称狄俄尼修斯非同一般地依恋柏拉图。可实际怎样呢?我应当道出实情。随着时间的推移,通过了解[我的]生活方式和性情,他确实越来越依恋我,但他想要我夸赞他[a5]胜过夸赞狄翁,想要我特别把他看作高过狄翁的朋友,而且他匪夷所思地热衷于达成这一目的。实现这一目的的最美方式——如果当真要实现的话——[330b]就是学习和聆听关于热爱智慧的言辞,从而亲近并跟从我,但他对这事却退缩,[听信]诽谤者们的各种谣言,唯恐自己一旦受到羁绊,狄翁趁机就会成就一切。然而,我强忍住这一切,[b5]依然坚持我来时原初的想法,期望他或许会渴望热爱

---

① "卫城"是僭主修筑的一座宫殿,位一座岛上,由海陆两路雇佣军把守。

智慧者的生活；但他的顽拒获胜了。

我到西西里并在那里度过的最初那段时日[330c]就是如此。此后，我离乡远行，应狄俄尼修斯热诚之至的召请再次到了那里。我的理由以及我的所作所为是多么合理和正当，在建议你们[c5]于当前事况下应当怎么做之后，我再来一一道明，以便[答复]那些一再询问我为何愿意第二次去的人，免得我把附带的事当成了要说的正事。我要说的就是下面这些：

假如一个患病的人却遵循[330d]有损健康的生活方式，则只能首先建议他改变生活，此外无他。要是他愿意听从，就进一步给他别的劝告；可要是他不情愿，谁逃避给这样一个病人建议，我就视其为一个男子汉和良医，谁坚持[d5]这么做，我却反过来视其为懦夫和外行。对于一个城邦也是一样，不论它有一个还是许多主人。如若城邦想要得到某个有益的建议，而且其政体稳妥地走在正道上，[330e]给予这些人建议就是有理智的人的分内之事。但要是这些人完全背离正确的政体，也绝不愿蹈循这一政体的轨迹，而且预先警告那位提建议的人不要插手政体，也不要[331a]做任何变革，否则就处死他——如果这些人喝令他[们]为自己的意愿和欲望效劳，要他[们]建议如何最简便又最快地永久满足自己的意愿和欲望，在我看来，上前给出此类建议的人是懦夫，[a5]却步的人才是男子汉。

这就是我秉持的想法，每当有人就自己生活中某个最重要的问题来求问我的建议——比如怎么赚钱，[331b]怎么保养身子或呵护灵魂——如果我觉得他每日的生活井井有条，或者如果他愿意听从我对所问之事的建议，我会热心地给他建议，并不会仅仅敷衍一下就了事。但是，如果一个人根本没有[b5]求问我的建议，或者显然绝对不会听从我的建议，我就不会主动找这种人给他提建议，也不会强逼他，即便他是我自己的儿子。

至于一个奴隶，我会给他建议，若他不愿听从，我就逼迫他听从；[331c]可要是逼迫一位父亲或者母亲，我就觉得不虔敬了，除非他们已经精神错乱。如果他们过着某种陈腐的生活，而且这生活合他们的意，尽管不合我的意，也不应以无用的斥责激起他们的怨恨，更不应阿谀逢迎来迎合他们,[c5]想方设法满足他们的欲望——我宁愿死,也不愿沉迷于这些欲望。一个神清智明的人应当对自己的城邦抱着同样的想法来生活。假如[331d]他认为城邦治理得不美,那就直言吧,如果说了不会枉费口舌亦不会丧命;但是,他万不可对父母之邦使用暴力来改变政体,假如不经流放和杀戮就无法实现最好的[政体],那他就静默下来,[d5]为自己的和城邦的福祉祈祷吧。

依照这一原则,我会向你们提建议,如同我曾和狄翁一道建议狄俄尼修斯,首先每一天都要活得能使自己极力地克制自己,[331e]并能赢得可靠的朋友和友伴,以免他遭受其父那样的命运。[老狄俄尼修斯]夺取了许多被野蛮人洗劫过的西西里大城邦,并向那里殖民,但却不能在每一个城邦[e5]建立可靠的统治,因为他找不到真正的友伴,无论在[332a]某地来的其他外族人中间,还是在亲兄弟们中间——是他亲自养育下面的这些兄弟,把他们从平民变成权贵、从贫穷变得异常的阔气。他并不能以劝说、教导、恩惠和[a5]血亲关系把这些人中的任何一个变为权力的同盟,因此,他要比大流士差七倍,人家信靠的既不是亲弟兄,也不是自己养育的人,而只是那些助他制服了米底亚人和[332b]阉人的同盟者。① 大流士分给这些同盟者七份封地,每份都比整个西西里还要大,而且他发现他们很忠诚可靠,既不攻击他,也不相互攻击。他展示了一个榜样,即一位好立法者和好君王应该是怎样的;[b5]因为他通过确立法律而使得波斯帝国一直安然保存到今天。

此外还有雅典人,他们夺取了众多受野蛮人侵扰但尚有居民的希腊城邦,尽管并未亲自向这些城邦殖民,[332c]但他们的统治还是维系了七十年,因为他们在其中每一个城邦都有朋友。可老狄俄尼修斯呢,虽然把整个西西里联结成了一个城邦,但因为他的狡诈,他不能信任任何人,只能勉勉强强保住性命。因为他缺少可信赖的朋友,[c5]而对于美德和恶德而言,最鲜明的标志莫过于是否缺少这样的朋友了。

这些就是我和狄翁对狄俄尼修斯的建议。由于他父亲的疏忽,[332d]他不仅没有接触过教养,也没接触过适宜的交往。[我们建议]他

---

① 参见柏拉图,《法义》3.695c。

首先……，①一旦开始为此努力，他就要在家人以及同龄人中为自己赢得其他齐心追求美德的朋友，但最重要的是，[d5]他要成为自己[齐心追求美德的朋友]，因为他在这方面惊人地欠缺。我们并没有说得像这样清楚明白——因为这么做并不安全——而是说得很隐晦，并且坚决主张，每个这样做的男人将会拯救自己和他统帅的所有人，[332e]而要是不转向这条路，结局就会截然相反。

一旦他踏上我们所说的这条路，并把自己变得神清智明和节制，那么，要是他想殖民那些荒弃的西西里城邦，用法和政体把它们联结在一起，使得它们对他和对彼此[e5]如同一家以共抗野蛮人，[333a]那他将不仅仅两倍地扩充其父的统治疆域，而是会扩充许多许多倍；因为，如果这些实现的话，那就能轻松地奴役迦太基人——比当初葛隆②对他们的奴役更加有力，而不是像现在这样，他的父亲反倒[a5]要按约定向这些野蛮人纳贡。

这些就是我们对狄俄尼修斯的劝说和鼓动，而各方流传的消息却说，我们图谋推翻他。这些消息最终操控了狄俄尼修斯，致使狄翁受到流放，而我们[333b]也陷入了恐惧。不过——为了说完那些短时间内所发生的并不算少的变故——狄翁从伯罗奔半岛和雅典回来后，以行动斥责了狄俄尼修斯。

却说，在狄翁两度解放城邦又两度交还给叙拉古人之后，③[b5]当时叙拉古人对他的态度却变得和狄俄尼修斯一样。狄翁试图教育狄俄尼修斯，培养他成为一位配得上权柄的君王，由此和他共享整个生活，但狄俄尼修斯却与那些[333c]诽谤者为伍，这拨人说，狄翁图谋[夺取]僭政，他之所以做他现今所做的一切，是为了用教养迷惑狄俄尼修斯的心智，使得狄俄尼修斯无心权位，最终交托给他，而狄翁正欲篡权，阴谋把狄俄尼修斯[c5]逐下权位。这些传言当时获胜了，而且在叙拉古人中间第二次获胜了，对那些造就这场胜利的人来说，真是场极其荒谬且无耻的胜利。

---

① 后面应有阙文，或为柏拉图有意省略以免重复。
② 叙拉古僭主，曾击败迦太基人，逼迫迦太基人签订和约。
③ 第一次是在公元前357年，狄翁结束流放，控制了叙拉古。第二次是在公元前356年或前355年，狄翁在自愿离开叙拉古之后，再次返回并驱逐了狄俄尼修斯的爪牙。

这些是怎样发生的,那些[333d]促请我为当前的事况出面的人应当听听。我,一位雅典人,狄翁的友伴,也是他的盟友,来到僭主面前,是为了用友爱取代争斗;但在与诽谤者们的对抗中,我输了。狄俄尼修斯试图以荣誉[d5]和钱财说服我站在他这边,做他的证人和朋友,以便表明他有理由放逐狄翁,但他的算盘完全落空了。后来,狄翁从流放中回到家乡,[333e]他从雅典带来了两个兄弟,他们结成朋友,不是通过热爱智慧,而是像大多数的朋友那样是通过普通的友伴关系——大多数的朋友经营这类友伴关系,则是通过殷勤好客以及加入并参与秘仪。[e5]这两位陪着狄翁回来的朋友就是这样:靠着这些手段以及在回程上的帮忙,他们才成了狄翁的友伴。

但当他们到了[334a]西西里,发觉狄翁受到诽谤——他亲自解放的西西里人指控他图谋成为僭主——于是他们就不仅背叛了这位友伴和异乡人,甚至可以说他们亲手杀害了他,因为他们手握着[a5]武器站在那些凶手旁边帮忙。对于这一可耻和不虔诚的行为,我本人绝不会宽宥,但也不会评论什么,因为,业已有许多其他人在反复讲这些事,[334b]而且今后亦将如此;但对于涉及雅典人的说法,亦即这两个人使这座城邦蒙受羞耻,我却不能放过。因为我要说,拒绝背叛同一个狄翁的也是一位雅典人,尽管他能够获得钱财和好多其他荣誉。[b5]因为他成为狄翁的朋友,不是靠着庸俗的交情,而是由于自由教养的纽带——一位有理智的人所应信任的只是这种纽带,而远远不是灵魂和身体上的亲缘。所以,[334c]杀害狄翁的这两个人并不足以成为这座城邦的耻辱,好像他们曾几何时成了值得一提的人物。

我说这一切,都是为了建议狄翁的各位朋友和亲人。除了这些,我还要第三次向你们重复[c5]那同样的建议和同样的主张。① 西西里不应受任何人主奴役,其他城邦亦然,而应听命于法——这就是我的主张。因为,无论对奴役者还是对被奴役者而言,[334d]无论对他们自己还是他们的后世子孙而言,这样的奴役都不是更好的;尝试这么做是自取灭亡,禀性渺小和卑屈的灵魂才热衷于争抢这种好处,因为它们根本不知道来世

---

① 参见334d。

和今世那些属神和属人的善和正义。

[d5]这些就是我试图劝说的内容,当初第一次是劝狄翁,第二次是劝狄俄尼修斯,现在轮到第三次来劝你们。念在位列第三的救主宙斯①的份上,你们要听我劝,还要瞧瞧狄俄尼修斯和狄翁:前一位不听劝,因而现今活得并不高贵;[334e]后一位听劝,因而死得高贵。因为,为了寻求那些对自己和对城邦最美的东西,一个人经受可能要经受的一切,这完全正确和高贵。因为,我们中间没谁能逃脱一死,即便有人能不死,也不会如大多数人所认为[e5]的那样变得幸福。因为,没有灵魂的生命也就谈不上什么坏和好,[335a]坏和好属于每一个灵魂,不论灵魂与身体联在一块儿还是分离开来。必须永远真正地相信那些古老而神圣的说法,这些说法告诉我们,灵魂是不死的,一旦一个人摆脱了身体,灵魂就会受到审判,并遭受[a5]最严重的惩罚。

因此必须认为,与犯下极大的罪行和不义相比,承受这些罪行和不义的坏处更小。那贪财[335b]但灵魂贫乏的人不听这些——即便听到,他也只会任意地讥笑——毫不羞耻地到处抢掠一切,好比一头野兽,只要他觉得有什么能让自己大吃大喝,或者饱享那种奴性的和低俗的快乐——以阿芙罗狄忒来称谓[b5]这种快乐实属不当;他像是瞎子,看不到每一桩不义之举永远伴有多么大的坏处,因为那些抢掠的东西夹带着不虔敬,行不义者必然要受这种不虔敬拖累,不论他在大地上奔波时,还是[335c]在地下经历那毫无颜面又凄惨透顶的旅程时。

我本人说了这些和其他类似的话来劝狄翁,对于那些杀害他的凶手,我本人理当要予以怒斥,正如我理当也要怒斥狄俄尼修斯一样。因为这两方极大地伤害了我,[c5]甚至可以说,也极大地伤害了所有其他人:那些凶手毁灭了一个愿意践行正义的人,而狄俄尼修斯尽管握有最大的权力,[335d]但他根本不愿在整个邦国践行正义。要是热爱智慧与权力在他的邦国真正结合的话,万丈光芒将会照耀所有希腊人和野蛮人,并在所有人心中充分确立那一真实的意见,即:[d5]没有哪个城邦或人能变得幸福,除非他凭借明

---

① 这一表达是谚语,指献给救主宙斯的是第三次奠酒。第一次奠酒献给宙斯和奥林波斯诸神,第二次献给诸英雄。

智在正义的指引下度过一生,不论他自身拥有[明智和正义],还是因虔敬者们的统治而在性情方面得到了恰当的培育和教养。[335e]狄俄尼修斯造成了这些伤害;对我来说,其他伤害与此相比都不算什么。

然而,杀害狄翁的凶手并不知道,他造成了跟狄俄尼修斯一样的伤害。因为,我非常了解狄翁——就一个人能够对他人下断言的方面来说——[e5]倘若狄翁执掌邦国,他无论如何都不会[336a]转向其他统治形式,而是会像下面这样:首先转向叙拉古,他自己的父邦,解除她所受的奴役,洁净并赋予她自由的装扮,然后他会尽一切手段,以适宜的和[a5]最好的法来管束城邦民;接下来,他热切想要做的就是殖民整个西西里,把西西里从野蛮人手中解放出来,驱逐一部分野蛮人,再比希耶罗①更轻松地驯服余下的野蛮人。如果一个[336b]正义、勇敢、节制且爱智慧的男子汉实现了这些,大多数人就会获得有关美德的同一个意见,甚至于可以说,要是狄俄尼修斯听劝,所有人都会获得这一意见,并因而得到拯救。可如今呢,也许某位精灵或某位[b5]复仇女神降临,带来了不守法、不信神,最糟糕的是,带来了源于无知的胆大妄为——从无知中,波及所有人的所有恶生根发芽,并将最终给那些亲手种下这些恶的人结出最苦涩的果实——就是这种无知在第二次时倾覆并毁灭了一切。

[336c]眼下,为了有个好兆头,我们这第三次要说些吉利话。不管怎样,我还是建议你们这些狄翁的朋友,要效仿他对父邦的热爱和节制的生活方式,并依照更好的征兆[c5]努力完成狄翁的遗愿——他的遗愿是什么,你们已经听我讲清楚了——你们中间谁要是不能遵照祖辈的习惯过多里斯式的生活②,[336d]反而追求杀害狄翁的凶手们的生活和西西里的生活,那就不要召他入伙,也别指望他哪天会干出什么忠诚和有益的事儿;为了整个西西里的殖民与公平,你们还要请别人来帮忙,从西西里本地[d5]和伯罗奔半岛各地请人,而且也不要害怕雅典;因为,那里的人在美德上胜过所有人,而且他们憎恶那些杀害异乡人之徒的胆大妄为。

---

① 希耶罗是葛隆之弟,于公元前478年继任僭主。

② 多里斯人以生活规律、节制闻名,在定居西西里的殖民者中多里斯人最多,"祖辈的习惯"即指此。

不过，假使以上这些晚时才能实现，而内乱中［336e］每天涌现的各种众多的争执正催迫着你们，那么，凡受上天赐予了一丁点儿正确意见的男子汉都应当知道：内乱中各方所遭受的不幸不会止息，直到在争斗中胜出的一方［e5］不再恶意地流放和杀戮平民，［337a］也不再转而报复仇敌，而是克制自己，制定不偏不私的法律，不把自己的快乐置于败方的［快乐］之上，从而以敬畏和恐惧这两重强力逼迫败方遵守这些法律——［a5］恐惧，是因为［胜方］在实力上明显超乎他们之上；敬畏，则因为［胜方］显得超乎快乐之上，更愿意也更能够顺服于法。若不如此，深陷内乱的城邦便［337b］永远不能消除不幸，在那些自身处于这种状态的城邦中，种种纷争、敌意、仇恨和怀疑会连绵不断。

胜出的一方始终应当——不论他们什么时候渴望安宁——亲自［b5］从希腊人中选出他们听说的最优秀的男人；这些男人首先得有些岁数，家中有妻儿，上面有极其德高望重的先辈，而且全都有殷实的家产——［337c］对于一座万人城邦，五十个这样的男人足够了；应当百般恳求这些人，把他们从家里请来，并许以至高的荣誉；请来之后，应当请求并命令他们立法，并要他们起誓绝不偏向胜利者，［c5］也绝不偏向失败者，而是给予整个城邦平等和共享。

立法之后，一切便都取决于下面这一点了。如果胜利者能让自己［337d］比失败者还顺服于法，那到处都将充满着安宁和幸福，各种不幸将随之远离；可要是不能，就别来请我或其他伙伴帮助不听从当前这些吩咐的那个人。因为，这些吩咐近似于［d5］当初狄翁和我为了叙拉古人而试图联手施行的计划，尽管是第二好的计划。第一好的是先努力和狄俄尼修斯本人一道实现惠泽所有人的共善，但比人更强大的某种机运击碎了［这一计划］。［337e］不过，借着某种好运和神意，你们这一次要奋力更顺遂地实现这些。

我的建议和吩咐以及我初访狄俄尼修斯的经历就说到这里吧。至于后面那次旅程［e5］和航行发生得多么合理，同时又多么适宜，想要听一听的人接下来可以如愿了。

［338a］如我所说，在给狄翁的家人和友伴建议之前，我详细述说了我在西西里度过的最初那段时日。这些事情过后，我尽己所能劝说狄俄尼

修斯放我走，对于和平后的安排——因为当时西西里陷于战事——[a5]我们双方达成了约定。狄俄尼修斯说，一旦他觉得邦政安定下来，他便会再次派人来请狄翁和我；他还让狄翁[338b]不要想着自己现在受到流放，要想着只是迁居而已。既然他这样说，我便答应再来。

迎来和平后，狄俄尼修斯派人来请我，却要求狄翁再等一年，并坚持我无论如何都要来。狄翁[b5]催促并请求我赶快启程。因为从西西里传来许多消息，说狄俄尼修斯这会儿再次令人惊异地渴望热爱智慧，为此，狄翁急切地请求我们不要回绝这次召请。我当然清楚，[338c]年轻人们对热爱智慧常有这样的变化，可我还是觉得，至少这时候不要理会狄翁和狄俄尼修斯更为稳妥，于是，我答复说自己年纪大了，而且现在的做法[c5]也不合当初的约定，不意竟招致两人的怨恨。

此后，好像阿尔库忒斯①到了狄俄尼修斯那里——在起航离开之前，我促成了阿尔库忒斯及塔拉斯的人们[338d]跟狄俄尼修斯的宾主之情和友谊——叙拉古还有另外一些人曾从狄翁那里听到一点东西，另一些人又从这些人那里听到什么，从而脑中充塞着一些有关热爱智慧的不实传闻。我认为，这些人试图跟狄俄尼修斯谈论[d5]这方面的内容，以为狄俄尼修斯完全听到了我本人的种种思想。

不过，就学习能力而言，狄俄尼修斯并非没有天分，此外他还极其爱荣誉。所说的内容兴许讨他欢喜，而且一旦醒悟[338e]在我客居时什么都没听到，他便有些羞愧。因此，他开始渴望能听得更清楚明白，爱荣誉之心也催迫着他——他在我前一次到访时没听到什么，我们在前面已详细说过原因。[e5]所以，自我平安归家并回绝第二次召请后，如我刚才所说，我觉得狄俄尼修斯完全是出于爱荣誉而唯恐有人会认为，[339a]我不愿到他那里，是因为有了前面的经验，我瞧不起他的天资和习性，而且反感他的生活方式。

我理应讲出真相，听过所发生的事情后，要是谁瞧不起我的[a5]热爱智慧，反而认为僭主有理智，我也毫无怨言。狄俄尼修斯第三次是派了一

---

① 当时著名的毕达哥拉斯派数学家、乐理家、机械制造师，也是南意大利塔拉斯城的统帅。

艘三层桨的战船来接我,好让我的旅途安逸;他还派来阿尔库忒斯的一位弟子阿尔喀德摩斯——[339b]他认为在西西里人中我最推重此人——和西西里的其他名士,这些人全都带给我们同样的话,说狄俄尼修斯在热爱智慧上有了惊人的进步。[b5]他清楚我对狄翁的态度,也知道狄翁同样渴望我启航去叙拉古,所以他还送来一封很长的信。这封信抓住这两点,开头说的就像下面这样:"狄俄尼修斯[339c]致柏拉图,"然后是客套的问候,接着就直奔主题:

"要是你听我们的,现在就来西西里,首先,有关狄翁的事就能完全照着你的意思办——我知道你想要[c5]一个合理的解决,我会应允的——要不然,任何有关狄翁的事,不论是其他方面的,还是关乎他本人的,可都不会合乎你的心意。"

他这样说了一番,其他内容[339d]则有些冗长,现在说并不合适。此外,阿尔库忒斯和塔拉斯的人们也陆续来信,褒扬狄俄尼修斯的热爱智慧,还说若是我这会儿不来,我就会彻底瓦解我当初促成的他们与狄俄尼修斯的友爱,[d5]而这段友爱对政治可不是小事。那段时间收到的召请就是这样,从西西里和意大利来的人要把我拉过去,而雅典这边的人也来说项,简直是要[339e]把我推出去。

于是,同样的话又来了:我不应背叛狄翁,也不应背叛塔拉斯的这些异乡人和友伴。而我自己觉得,一位年轻人误听到有关卓绝之事的言谈,而且本人又善学,从而产生对最好生活的爱欲,这倒也不奇怪。[e5]所以,我应当查明这一点究竟是真是假,绝不能轻易地放过去,以免自己招来千古骂名,[340a]万一这些传闻果真属实的话。蒙上了①这一考虑,我启程了——当然,当时我非常忐忑,预感并不太妙——而我这一去果真是"第三次致救主"②,因为我[a5]之后再次幸运地平安[返回]。为此,除了要先感激神,还应当感谢狄俄尼修斯,因为许多人曾想杀我,是他阻拦他们,并在涉及我的事情上给予了应有的敬畏。

[340b]到了那儿,我觉得应当首先进行检验,看看是狄俄尼修斯真的

---

① 比喻性说法,指撩起外出时所披的毛料大氅蒙上头。
② 见344d。

被火一般的热爱智慧点燃了，还是接连传到雅典的消息虚妄不实。试验这些东西有一种方法，[b5]不仅并非不高贵，而且极其适用于僭主们，尤其那些脑中充塞各种不实传闻的僭主们——狄俄尼修斯很大程度上就是这样，我一到就察觉了这一点。

应当向这类人表明，这事整个是怎样的，[340c]要历经多少困难、吃多少苦头。听了的人要是真的爱智慧，因为禀有神性而亲近并配得上这事，他便认为，自己听到的是一条必须现在就全力以赴的神奇道路，其他生活就不值得过了。之后，[c5]他倾尽自己和引导者的力量追随这条道路，绝不松劲儿，直到抵达整条路程的终点，或者直到获得一种能力，使他不用靠指示者就能自己引领自己。[340d]循着这些想法，这样一个人这般生活着：不论他做什么事，他总是不顾一切地紧靠着热爱智慧，也紧靠着最能使他善学、强记而且能够[d5]清醒地[在自身中]进行计算的生活习惯；与此相反的生活习惯，他终生厌恶。

那些并不真的热爱智慧的人则被各种意见熏染——就像那些身体受到太阳炙烤的人——一旦看到要学多少学问、吃多少苦，[340e]每日还要遵循与这事相配的规律有度的生活方式，他们便认定这事对他们自己而言难乎其难，而且他们[341a]实际也无力从事这事；但他们中间有些人说服自己相信，他们已经充分地聆听了一切，无需再怎么努力。针对那些恣纵放荡又不能刻苦用功的人，这一试验本身既清楚明白，也最稳妥，[a5]因为他绝不会怪罪那位指示者，而只会怪他自己，毕竟是他无力践行这事所要求的一切。

我当时对狄俄尼修斯所说的话就出于这样一种考虑。不过，我并未详细地说明一切，[341b]狄俄尼修斯也没恳求我这样做，因为，靠着从其他人那里误听来的那些说法，他佯装自己知道并完全掌握了许多最重要的东西。我甚至听说，此后他就自己当时所听的内容写成了篇章，而且编得如同是他自己的技艺，毫不关乎[b5]他曾听到的内容；可我对这些一无所知。

但我知道，其他某些人就同样的内容写成了篇章，无论他们是些什么人，他们并不知道自己。关于所有写过和[341c]将会写的人——他们全都声称知道我所严肃从事的那些，不论他们听我还是听其他人讲过，或者是他们自己的发现——至少我能够断言的是：依我的意见，这些人根本不可能对这事有所领会。从来就没有关于这些内容的我的[c5]著述，也永远不会有，因为它根本不像其他学问那样可以言说。不过，经由有关这事本身的许多交谈和朝夕共处，突然间，就如光被跃动的火苗[341d]点燃一样，它便在灵魂中生成，此后就一直自己滋养自己。

尽管如此，至少我深知，若要把这些东西写下来或说出来，由我来说最好；而且，要是把它们写得糟糕，则会让我极其痛心。如果我[d5]觉得这些内容应当详备地写给大多数人，加之可以言说，对我们来说，此生还有什么事功比下面的更美呢：写下对人们有莫大助益的东西，并把自然[341e]带进光明[呈现给]所有人？但我认为，关于这些内容的所谓"尝试"对人们并不是好事，除了对某些少数人而言——他们借由蛛丝马迹就能够自己发现，至于其他人，它会毫不适宜地让一些人充满不正确的轻蔑，[e5]又让另一些人充满虚骄又空洞的期望，好像[342a]他们学了什么了不得的东西。

关于这些内容，我想要再多说一些；说过它们之后，兴许我现在所说的东西会更清楚一些。因为有一个真正的逻各斯，它反驳那敢于就这样的内容写作任何东西的人，[a5]虽然我之前多次讲过[这个真正的逻各斯]，可看起来现在必须要说说了。

每一存在物都有三样东西，必须要借由这三样东西，[关于这一存在物的]知识才能产生，而第四样就是知识本身——此外，还应该补充第五样东西，[342b]即那可认识的且真正存在的东西本身——第一是名称，第二是定义，第三是影像，第四是知识。如果你想领会现在所说的内容，你就要抓住一个例子，并照此来思索所有情形。有种东西叫"圆"，[b5]我们刚刚拼读的这个词本身就是它的名称。第二样是它的定义，由名词和动词组合而成；因为，"每一端点到中心的距离相等"，这或许就是那个以"圆球""圆环"[342c]和"圆"为名称的事物的定义。第三样是画下来和擦去的圆、镟刀镟出和毁去的圆；尽管所有这些圆都跟圆本身相关，但圆本身不会经受这样的变化，因为它跟这些圆截然不同。第四样是关于这些圆的知识、理智和真实的[c5]意见；必须得把它们算作一个整体，既不存在于声音中，也不存在于物体的形状中，而是存在于灵魂中，由此可见，这第四样既不同于圆本身的自然,[342d]亦不同于前面所说的那三样。就亲缘性和相似性而言,在这四样东西中,理智最接近第五样东西,其余几样则离得更远一些。

同样的道理适用于直、环形以及颜色,适用于善、美和[d5]正义,适用于一切人工制造品和自然生成物,[比如]火、水和所有此类东西,适用于一切生命体和灵魂中的性情,也适用于一切行为和承受。[342e]一个人若不能以某种方式把握这些事物的前四样东西,他便永远不能最终分有关于第五样东西的知识。此外,由于言辞的缺陷,这四样东西虽然试图显明每个事物的存在,[343a]但也同样多地试图显明每个事物的属性。因此,但凡有理智的人,从来不敢把自己的思想付诸言辞的缺陷,尤其不会付诸不可更改[的言辞],正如那些以种种记号刻写下的东西一样。

不过,你应当重新领会我现在所说的内容。[a5]现实中画下的或用镟刀镟出的每一个圆,都充满了第五样东西的反面——因为每一个圆处处触及直——至于圆本身,我们认为,它自身根本没有相反的自然。我们还认为,这些圆的名称一点[343b]也不稳固,如果把现在所称的"圆"称作"直"、把"直"称作"圆",并没有任何妨碍,而且改换和颠倒称呼的人会觉得它们和原来一样稳固。定义也是一样的道理:既然定义是由名词[b5]和动词组合而成,那它也绝不是绝对稳固不变的。这四样东西全都模糊不清,对此说也说不尽,但最重要的是,如我们刚才所说,在这两者之中——一为存在,一为属性——[343c]灵魂寻求认识的不是属性,而是"是什么",但四样东西各自以言辞和行动呈现给灵魂的皆非灵魂所寻求的,所言说和所展示的每一样内容总是容易受到感官反驳,[c5]从而使几乎所有人充满各种困惑和不解。

在某些问题上——由于贫乏的教养,我们不习惯于寻求真实,而是满足于各种影像的呈现——我们并没有成为彼此嘲笑的对象,受到那些提问者的追问[343d],他们有能力推究和反驳四样东西。但在某些问题上,我们会逼迫某人解答并阐明第五样东西,那位能够颠倒[是非]又想要颠倒[是非]的人就会得了势,并使大部分听众以为,以言辞、[d5]文字或回答做出解释的人并不认识其试图书写或言说的东西;因为这些听众有时并不知道,应受指责的不是写作者或言说者的灵魂,而是四样东西各自低劣的自然。

[343e]但有一种活动贯通所有这些东西,它顺着每一样上下游走,最终极其艰难地在禀有卓越自然的[灵魂]中生育出有关禀有卓越自然之物的知识;但要是禀有劣等的自然——正如大多数人的灵魂在学习之事以及所谓的"性情"方面所生长的状态那样——[344a]或是自然已受到败坏,即便是林寇斯①也不能使这样的人[看见]。蔽之一言,假如一个人与这事没有亲缘性,无论善学还是强记,都永远不能使他看见——因为它根本不会产生于异质的状态中;因此,[a5]那些与正义之物和其他美的事物没有天然的纽带又没有亲缘性的人——即便他们对别的东西既善学又强记——或是那些与之有亲缘性但不善学也不强记的人,永远无法最大可能地习得有关美德[344b]或邪恶的真理。因为,必须同时习得这些,也必须同时学习整个存在的虚假与真实,进行透彻的钻研,付出许多时间,就像我最开始说的;把这些东西——名称、定义、[b5]视象和感觉——放在一块儿相互摩擦,在友好的辩难和不带妒意的问答中检验它们,如此,关于每一存在物的智慧和理智才会极其艰难地迸射出光芒,而[理智]要用尽[344c]人最极限的力量。

正因为此,每个严肃的人远远不会就那些严肃的主题写作,以免把它们抛入人群中,激起众人的妒意和疑惑。所以,蔽之一言,应当由此认识到,每当某人看到写成的著述——[c5]立法者法律方面的著述也好,任何其他方面的著述也好——这些著述之于作者并非最严肃的,若作者本人严肃的话,[之于作者最严肃的东西]藏于他那最美之域的某处。如果他把自己真正严肃从事的东西付诸文字,[344d]"那么一定是"凡人们而非诸神"亲手毁灭了你的心"②。

紧随这一故事和漫游的那位将会明白:不论是狄俄尼修斯,还是某个更小或更大的人物,[d5]如果他就自然的至高和元始写了什么,按照我的逻各斯,他根本没有健全地聆听或学习他所写的内容;因为,如果他像我一样敬畏它们,他就不会鲁莽地把它们抛入不和谐与不得体之中。因为

---

① 林寇斯是古希腊传说中的"千里眼"。
② 引自荷马,《伊利亚特》12.233 – 234。

他写作不是为了备忘——因为,[344e]一旦以灵魂拥抱它,任谁都不用担心会遗忘;因为它位于最简短的[言辞]之中——倘若他的确写了,便只是出于可耻的爱荣誉之心,要把它当成自个儿的[创见],或者表明自己具有教养,尽管他实际配不上这一教养,仅热衷于由[345a]具有教养得到的名气而已。所以,如果狄俄尼修斯凭仅有的一次谈话就获得了教养——这也并非不可能——那么他究竟是怎样获得的?"宙斯明鉴!"①——如忒拜人所言。因为,如我所说,我只有一次做了详细的说明,此后再没有过。

[a5]如果有谁想发现当时那些事情究竟是怎样发生的,那他接下来应当深思,究竟出于什么原因,我们没有第二次、第三次甚至多次进行详细的说明。狄俄尼修斯仅仅听过一次,[345b]但他自己做出了发现或者之前跟别人学过,所以他认为自己知道而且确实知道得很充分? 或者他认为我所说的毫无价值? 或者是第三种可能:他认为[我所说的]不适合自己,高过了自己的能力,而且他确实不能过一种关心智慧和美德的生活? [b5]因为,要是他认为我所说的毫无价值,他就会与众多论调相反的见证者们抗辩——在这些问题上,他们来当仲裁者可比狄俄尼修斯权威得多。但要是他认为自己已经发现或学会[我所说的东西],而且认为它们对于自由灵魂的教养很有价值,[345c]那么,除非他是个古怪的人,否则他怎会这般肆意地侮辱他在这些问题上的引导者和主人? 他是怎么侮辱的,我愿讲一讲。

此后没隔多久,尽管狄俄尼修斯先前[c5]容许狄翁保留自己的财产并享受收益,这时却已不再容许狄翁所托付的人把钱送往伯罗奔半岛,好像他已经彻底忘了那封信:他说,这些财产的所有者不是狄翁,而是狄翁的儿子,也就是他的外甥,[345d]照法律要由他监护。那段时间里所发生的事至此就是这些。经历了这样的波折,我便看清了狄俄尼修斯对热爱智慧的渴望,我完全有理由发火,不管我是否[d5]愿意[发火]。当时正值夏季,船只纷纷出航。

我觉得,我不应只是责备狄俄尼修斯,同样还要责备我自己以及那些逼我[345e]第三次穿越多头女怪海峡的人——"我可能再次经过险恶的

---

① 忒拜方言,见柏拉图,《斐多》62a;阿里斯托芬,《阿卡奈人》860、910。

卡吕布狄斯";①我应当对狄俄尼修斯说,既然狄翁受到这样的侮辱,我不能再待下去了。可狄俄尼修斯安抚并请求[e5]我留下,因为他觉得,我带着这些消息这么快就离开,对他而言可不光彩;见说不动我,他就说要给我[346a]安排回程。我当时想着登上一艘商船出航,愤愤地觉得即便受到阻拦也在所不惜,因为我显然没有行一点不义,反而遭受了不义。看到我根本不同意留下来,[a5]他便使出了下面的伎俩,确保我在航季留下来。第二天,他来找我信誓旦旦地说:

"我和你做个了断吧,"他说,"省得就狄翁和狄翁的财产[346b]争执不休!为了你的缘故,"他说,"我会对狄翁这样做:我要求他带走自己的财产在伯罗奔半岛定居,但不是把他当成流放者,他可以出门到这儿来,只要他和[b5]我以及你们这些朋友一致同意。但是,这些都基于他不再阴谋反对我,对此,你跟你的家人们以及狄翁在本地的[家人们]要做担保,而狄翁也要向你们提供保证。还有,他拟带走的财产[346c]应当存在伯罗奔半岛和雅典,交付你们心仪的人,狄翁享有收益,但未经你们许可不得擅自取用。因为我并不太相信,他一旦拿到这些财产还会对我正义[c5]——毕竟这些钱数目不小——我反而更相信你和你的[家人们]。所以,你看看这样是否让你满意,满意就再待一年,下个航季[346d]再带着这些财产离开。我敢肯定,要是你为狄翁做了这些,他会非常感激你的!"

听完这番话,虽然有些不快,但我还是说,[d5]我要考虑考虑,明天告诉他我对此事的决定。我们暂且同意了这么办;之后我一个人思来想去,甚为烦乱,但我从一开始就主要是这么[346e]考虑的:

"罢了!如果狄俄尼修斯根本不打算兑现任何许诺,我这一走,恐怕他就会致信狄翁,还会指使他的一众爪牙也这么做,信誓旦旦地告诉狄翁他现在对我说的这些,说他愿意尽力,我[e5]却不愿意按他提议的那样做,完全不关心狄翁的事。此外,如果他还是不愿意送我离开,无需给那些船主[347a]下什么命令,只要随意向所有人表明他不想我出海,又有谁

---

① 引自荷马,《奥德赛》12.428。"多头女怪",一译"斯居拉",据守于卡吕布狄斯漩涡。卡吕布狄斯也被神化作吞噬人的女怪。

愿意带走我这位船客呢,即便我冲出了狄俄尼修斯的寝宫?"——其他各种不幸之外[的不幸是],我当时住在寝宫旁边的花园里,甚至[a5]守门人也不愿意放我走出那里,倘若没接到狄俄尼修斯的命令——"不过,要是我待上一年,我就能致信狄翁,说明我当前的处境和我正做的努力;况且,万一狄俄尼修斯兑现了他的哪条许诺,[347b]我就将做成一件并不完全滑稽可笑的事——如果估算准确,狄翁的财产或许不少于一百塔朗同;可万一当前这些征兆像很可能应验的那样应验了,我就不知道该拿自己怎么办了,[b5]尽管如此,或许我必须再熬一年,试着用行动检验狄俄尼修斯的这些伎俩。"

这么决定后,第二天我对狄俄尼修斯说:[347c]"我决定留下!但我要求,"我说,"你不能把我看成狄翁的主人,你得跟我一道给他写信讲明当前这些决定,并且问他对此是不是满意;要是他不满意,还有些其他的意愿和要求,[c5]他就得尽快来信说明,到时你可不能在他的事儿上变卦。"

我就说了这些,我们达成的约定也跟刚才讲的差不多。此后,商船纷纷出航,我已不再可能乘船出海,就在这时,[347d]狄俄尼修斯却想起对我说,这笔财产应该一半归狄翁,一半归狄翁的儿子。他说,他要卖掉这笔财产,卖后所得一半会交我带走,另一半则留给狄翁的孩子;因为这么安排最公道。[d5]这番话让我错愕万分,觉得无论再说什么都显得可笑,但我还是说,我们必须等狄翁的信,并且再次去信告诉他这些。可狄俄尼修斯随即就无比放肆地[347e]卖掉了狄翁的所有财产,在哪卖、怎么卖以及卖给谁全随他定,他也始终未对我说起过这些;同样,我也没再对他谈过狄翁的任何事,因为我觉得这么做[e5]毫无用处。至此,我一直都是这样来救助热爱智慧和各位朋友。但在此之后,我和狄俄尼修斯的生活[变了样]:[348a]我望着外面,就像一只渴望从[笼中]飞走的鸟儿,而他却想方设法阻吓我,以图不用归还狄翁的分文财产。尽管如此,在整个西西里面前,我们还声称是友伴。

却说,[a5]狄俄尼修斯试图违背其父的规矩,削减老雇佣兵们的军饷,结果激怒了兵卒:他们聚在一块儿,宣布不会屈服。狄俄尼修斯[348b]遂关闭卫城各座城门,试图动用暴力,可兵卒们马上就冲向城墙,吼着一首野蛮的战歌。狄俄尼修斯怕得要命,就答应了他们的全部要求,而且答应给[b5]轻甲兵中那些聚众闹事者的还要更多。很快就有消息传开,说赫拉克利德斯①是这些骚乱的主谋;听到这一消息,赫拉克利德斯便逃跑并藏了起来,狄俄尼修斯[348c]四处捉拿他,但毫无线索,于是就将忒俄多忒斯②召至花园——碰巧当时我正在花园中散步。他们谈的其他内容,我既不知道也没听到,但我知道也记得忒俄多忒斯当着我的面对狄俄尼修斯说的。

[c5]"柏拉图,"他说,"我正在劝狄俄尼修斯这么做:若是我能够把赫拉克利德斯带到这儿,在我们面前辩白当前这些对他的指控,那么,如果[我们]认定他不应再住在西西里,我便要求他带着妻儿[348d]乘船去伯罗奔半岛并在那里定居,这样他就不会伤害狄俄尼修斯,并享受自己财产的收益。其实,我早就派人找过他,眼下还要派人去找,兴许他会响应我之前的或现在的召唤。[d5]但我要求和恳请狄俄尼修斯,如果有谁碰到赫拉克利德斯,不论在乡下还是在这儿,都不许对他[348e]乱来,只得让他离开此地,直到狄俄尼修斯做出其他决定。"

"你同意这些吗?"他这样对狄俄尼修斯说。

"同意。即便发现他在你家中,"他答道,"也不许违背你现在说的[e5]对他乱来。"

第二天晚上,欧吕庇俄斯③和忒俄多忒斯两人急急忙忙来找我,神情极为不安。忒俄多忒斯说,"柏拉图,"他说,"昨天狄俄尼修斯就赫拉克利德斯的事对我和你许下了承诺,当时你在场吧?"

"当然在!"我说。

"可现在,"[e10]他接着说,"轻甲兵们正四处搜寻要捉拿赫拉克利德斯,而他可能就在附近什么地方。不过,"他说,[349a]"请你无论如何要随我们一块儿去见狄俄尼修斯。"

于是我们动身,进到狄俄尼修斯那里。他们俩泪流满面,默不作声地

---

① 狄翁的朋友,当时担任雇佣兵司令。
② 赫拉克利德斯的叔叔,参见普鲁塔克,《狄翁传》45.3。
③ 可能是赫拉克利德斯的兄弟,参见普鲁塔克,《狄翁传》45.3。

呆站着,而我说:"他们担心你违背昨天的承诺,对赫拉克利德斯下毒手;[a5]因为我认为,赫拉克利德斯已经跑回来了,曾在附近什么地方现身。"

听到这,狄俄尼修斯顿时火冒三丈,脸上五色杂陈,就像一个激愤的人那样。忒俄多忒斯[349b]俯身跪下,抓着他的手,哭着乞求他不要这样做。我插进来安慰他说:"放心吧,忒俄多忒斯啊,"我说,"狄俄尼修斯不敢违背昨天的承诺干别的。"

狄俄尼修斯[b5]瞪着我,露出十足的僭主般的神情,"对你,"他说,"我可没承诺过什么,小的承诺没有,大的承诺也没有!"

"以诸神起誓,"我说,"你至少承诺过,不做这个人现在求你不要做的事。"

说完这些,我扭头走出去了。此后,[349c]狄俄尼修斯继续追捕赫拉克利德斯,忒俄多忒斯就给赫拉克利德斯传话,吩咐他逃跑。狄俄尼修斯派出提西阿斯和轻甲兵,命他们围追赫拉克利德斯,不过,据说赫拉克利德斯先行一步,提前几刻逃到了[c5]迦太基人的领地。

打那以后,狄俄尼修斯觉得,既然他一直蓄谋不再归还狄翁的财产,便可以以此作为与我交恶的可信理由。他先是把我赶出卫城,[349d]借口说有些女人需要在我住的花园里举行连续十天的献祭;于是,他命令我在此期间待在外面,住到阿尔喀德摩斯家里。我在那里时,忒俄多忒斯派人来请,他对当时发生的这些事[d5]大为光火,连连责怪狄俄尼修斯。听说我去过忒俄多忒斯那里,狄俄尼修斯就[349e]再次以之作为跟我不和的另一个借口——前一个借口的姐妹:他派了一个人来问我,我是不是真的应忒俄多忒斯的召请跟他见过面。

"当然了。"我说。

"那好,"那人说,"[狄俄尼修斯]命我正告你,你做的可一点都不美,[e5]因为你一直把狄翁和狄翁的朋友们放在心上,却不够在意他。"

说完这些,之后他再没请我到他的寝宫,好像事实已经清楚地表明我是忒俄多忒斯和赫拉克利德斯的朋友,却是他的仇敌;他还觉得我对他不怀好意,因为狄翁的财产已被挥霍一净。[350a]此后,我就住在卫城外边的雇佣兵们中间。其他人以及一些雅典来的水手、也就是我的同胞来找我,通报说:我在轻甲兵们中间受到诽谤,还有些人威胁说,要是[a5]他们在什么地方抓到我,一定会干掉我。于是,我施了这样一个脱身之计。我给阿尔库忒斯和塔拉斯的其他朋友们送信,说明了我的处境。他们找到一个可由城邦派遣使团的借口,派出[350b]一艘三十支桨的船,还派了他们之中的一位拉米斯科斯。拉米斯科斯一到就为我向狄俄尼修斯求情,说我想要离开,请他无论如何勿加阻拦。狄俄尼修斯答应了这一请求,给了盘缠就打发我走了。可至于狄翁的财产,我没再索要,[b5]也没谁予以归还。

到了伯罗奔半岛的奥林匹亚,我遇到在观看[赛会]的狄翁,①便告诉了他所发生的事。他随即恳请宙斯为证,号召我以及我的[350c]家人和朋友们准备报复狄俄尼修斯:我们是因为受到对异乡人的欺弄——他当时这么说也这么想,而他是因为受到不公正的驱逐和流放。听到这,我就命令他召我的朋友们帮忙,如果他们愿意的话。

"但是,"[c5]我说,"你和其他人一道以某种方式强逼我跟狄俄尼修斯同吃同住,还强逼我跟他共同参与祭仪,当时有那么多诽谤,他很可能相信我跟你图谋推翻他本人和僭政,可他并没有杀我,[350d]反而对我心存敬畏。再说,我差不多过了跟人并肩作战的岁数,加上我是你们共同的[纽带],万一你们哪天需要彼此的友谊,愿意彼此为善呢;但只要你们渴望彼此为恶,那就去找别人吧!"

[d5]怀着对这场西西里漫游和不幸的憎恨,我说了这些话。但他们不听劝,也不听从我所做的调解,结果自己酿成了现今发生在他们身上的一切恶。[350e]至少就人事方面来说,倘若狄俄尼修斯把财产归还狄翁,或者与他彻底和好,这些恶就绝不会发生——因为我会用[我的]意愿和力量轻易地制止狄翁——但现在,他们彼此冲撞,致使全地充满种种恶。

[351a]然而,狄翁的愿望也就是我本要说的我和其他人应有的愿望:但凡持守中道的人,关于自己的权位和朋友们,关于自己的城邦,他都会想到,只要多多行善,[a5]就能获得最大的权力和荣誉。但我并不是说,为了充实自己的、友伴的还有城邦的腰包,一个人可以策动阴谋并召集同谋——这人没钱又管不住自己,因为怯懦而屈从于各种快乐——[351b]

---

① 时在公元前360年8月。

随后杀死那些有产业的人，称他们为敌人，以便夺取其钱财，并且煽动诸位帮手和友伴一起下手，这样就没有哪个声称没钱的人会控告他。

我也不是说，一个人用以下方式造福城邦来[b5]获得城邦的尊荣：利用投票决议把少数人的钱财分给大多数人，或者——如果他领导着一个统治众多弱邦的大邦——违背正义把这些小邦[351c]的钱财分给自己的城邦。因为，无论狄翁还是其他任何人，都不会自愿地这样来追逐将永远诅咒自己和后世子孙的权力，而是追求无需最少的死亡和流血就能实现政体，制定最公正和最好的法律。[c5]这些也就是狄翁现今做的，他宁可遭受不虔敬也不愿行不虔敬，但他还是好生提防，以免遭受[不虔敬]，尽管他就在对敌人的胜算达至顶峰时失足跌落了。[351d]这一遭遇毫不令人惊讶。因为，在应对不虔敬的人们时，一个节制又神清智明的虔敬之人从不会完全被这类人的灵魂蒙骗，然而，如果他遭受了一个好舵手的遭遇，兴许也并不令人惊讶：[d5]将至的风暴当然不会逃脱好舵手的注意，但风暴狂烈而出人意料的威力却可能不会引起他的注意，从而会不知不觉地强行吞没他。

狄翁就是这样栽了跟头。因为，那些给他下绊子的人是恶人，这当然没有逃脱他的注意，但至于他们的无知、[351e]其他邪门和贪婪到了何种程度，却没有引起他的注意。狄翁正是因此栽了跟头，长眠于墓中，给西西里蒙上无尽的哀恸。

[352a]说完现在这些，接下来我要给出的建议大致已经说过，我也就说那些吧。至于我为什么要接着讲第二次西西里之行，是因为所发生的那些事荒诞不经、有乖情理，我觉得必须得说一说。所以，如果[a5]谁觉得现在说的更富情理了，如果谁认为所发生的那些事有了足够的因由，对我们而言，现在说的这些就算说得合适和足够了。

书简八

[352b]柏拉图祝狄翁的各位家人和友伴万事顺遂！

你们究竟该作何考虑才能真的"万事顺遂"，我将尽我所能试着向你们说明。我希望[b5]能给出一些有益的建议，但不只给你们——主要是给你们，[352c]其次是给叙拉古的所有人，再次是给你们的仇人和敌人，但他们中间做了不洁之事的人①除外；因为这种行为无药可救，也永远没人能将之涤净。你们要领会我现在要说的话。

[c5]废除僭政以来，你们在西西里全地进行的每场战斗都是因为同样的原因：一些人想要再次夺取权力，另一些人则想要彻底脱离僭政。对于这样的情形，[352d]无论何时，大多数人所认为的正确建议是，应当提出会对敌人造成尽可能多伤害、为朋友提供尽可能多助益的建议。可是，带给别人[d5]许多伤害却想自己不遭受许多伤害，这绝非易事。要看清楚这一点，并不需要跑到远地儿去，只需要看看现今这儿所发生的这些事，看看西西里本地：一些人试图寻衅，另一些人则试图报复[352e]那些寻衅者。

如果要给别人讲述这些[故事]，恐怕你们永远会是能干的教师。这些事情可以说并不少见；但是，在这些情形中，那些会对所有人——敌人与朋友——有益或者对双方尽可能最少伤害的东西，并不容易[e5]看到，即便看到也不容易施行，这样的建议和言辞上的努力类似于祈祷。就让它完全是[353a]一个祈祷吧——因为，无论言说和思考什么，都始终应当从神们开始——它指示我们如下的话，愿它能实现。

恰从战争②爆发以来，这一个家族③几乎就一直统治着你们和[你们的]敌人，[a5]你们的父辈拥立这个家族，是因为陷入了绝境，那时候，希腊人的西西里正遭逢最深重的危机：被迦太基人毁灭，整个儿沦为野蛮人的地盘。为此，他们当时推选了既年轻又好战的老狄俄尼修斯，[353b]让他担当他适合从事的战争事务，还推选年长的希帕里诺斯④为谋师，并称两人为将拯救西西里的"全权将领"——人们所谓的"僭主"。至于西西里得救的原因，有人愿意归之于神圣的运道和[b5]神，有人愿意归之于统治者们的美德，还有人愿意归之于前述两者以及当时的城邦民们——随自己怎么看吧。不管怎样，当时那代人便由此得到了拯救。

既然他们表明了[353c]自己是怎样的人，或许所有人都应当感激这

---

① 可能指杀害狄翁的凶手。
② 指西西里人与迦太基人的战争，迦太基于公元前410年至前409年入侵西西里。
③ 指狄俄尼修斯和狄翁的联合家族。
④ 这位希帕里诺斯是狄翁的父亲。

些拯救者。不过,如果此后僭政不当地滥用了城邦的馈赠,除了它现在遭受的那些惩罚,就让它再偿付别的惩罚吧!然而,鉴于当前的状况,怎样惩罚他们[c5]才必定会是正确的呢?如果你们能轻而易举地摆脱他们,而且无需经受巨大的危险和艰难,或者如果他们能顺利地再次获取权力,恐怕就不能建议我下面要说的内容了。

而今,[353d]你们两方都应当思索和回想:你们各自曾经多少次满怀希望地认为,几乎总是差那么一厘一毫就能万事遂愿;然而,这一厘一毫每回都成了无数巨大[d5]灾难的原因,而且[灾难]永远没有尽头,旧的[灾难]看似终结了,新的[灾难]却又随之开始了,如此循环往复,[353e]整个僭主派和民主派便都有毁灭的危险。倘若这极为可能又万分不幸的情形真的发生,整个西西里大概就会彻底废弃希腊语,转而受腓尼基人或奥庇科斯人①统治[e5]和压迫。对此,所有希腊人都应该满腔热忱地找出药方。所以,若是谁拥有比我将要说的更正确也更好的[药方],如果他将之公之于众,[354a]称他作"爱希腊的人"便再正确不过了。

现今以某种方式向我显现的[东西],我将试着阐明,完全直言不讳,而且要秉持一种不偏不倚的正义之辞。因为,我是在以仲裁者的方式言说,像是与两个人交谈——一个曾行僭主统治,另一个曾受僭主统治——[a5]并给他们每个人我旧有的建议。现今,我对每个僭主的建议会是,脱离僭主的头衔和行为,并转变为——如果能够的话——王政。[354b]这能够做到,正如智慧且好的男子吕库尔戈斯用行动所证明的。吕库尔戈斯看到,在阿尔戈斯和美塞尼②的同室族人从王政变为听命于僭主,结果毁灭了他们自己和[b5]他们各自的城邦,吕库尔戈斯为他的城邦还有族人担心,于是引入了一剂药方,亦即长老们的权力以及督察官们对王权的有益约束,结果在这么多代人之后,[他的城邦]得以保全并声名卓著,这正是因为[354c]法成了人们至高的王,而不是人们成了诸法的僭主。

现今我要奉劝诸位的话是:那些渴慕僭政的人应当回避和及早逃离

---

① 南意大利的古老民族。
② 伯罗奔半岛分为阿尔戈斯、美塞尼和拉科尼亚三块,三个地区的统治者都出自赫拉克利德斯(Heraclides)家族。参见《法义》3.682d–e,691e–692a。

那些贪得无厌而愚蠢的人们的"幸福",[c5]努力转向王者的样式,臣服于王者之法,从自愿的人们和诸法那里获得最大的荣誉;[354d]至于那些追求自由的习性、视奴役的重轭为恶而逃离的人们,我想建议他们要当心,不要因为贪求某种不合时宜的自由而有朝一日落入先辈的恶疾——那时的人们经由极大的政乱而罹患这一恶疾,[d5]因为他们对自由有着不合度的爱欲。

在狄俄尼修斯和希帕里诺斯掌权之前,当时西西里的希腊人自认为活得幸福:他们奢靡放荡,同时又统治着他们的统治者。他们投石击死狄俄尼修斯之前的十位将军,[354e]完全没有依法判决,以便可以不听命于任何秉持正义或法律的主人,达到彻彻底底的自由。由此,一连串僭政就落到了他们头上。因为,奴役与自由哪个过度哪个就是极恶,[e5]哪个合度哪个就是极善。合度的是受神奴役,不合度的是受人们奴役;对节制的人们而言,神是[355a]法,对不节制的人们而言,神是快乐。

有鉴于此,我奉劝狄翁的朋友们向全体叙拉古人宣告我所建议的内容,以之作为狄翁和我共同的建议;狄翁现在对你们说的话——倘若他还活着,而且能够开言的话——我将代他解说。

[a5]"那么,"也许有人会说,"关于当前的事态,狄翁的建议给我们什么指示呢?"

如下:

"列位叙拉古人啊,你们首先要接纳这样的法:[355b]在你们看来,这些法不会把你们的心思以及欲望拉向牟利和钱财,而是——因为有三种[卓越],灵魂的、身体的以及财富的——最为尊崇灵魂的卓越,其次尊崇身体的[卓越],[b5]将之置于灵魂的卓越之下,至于财富的荣誉,则列为第三等也是最末一等,臣属于身体和灵魂。

[355c]"如果一条律令能做到这些,那就是为你们正确定立的法,会使服从它的人们真正幸福;而那称富人们'幸福'的说法本身就是可悲的——是妇人和小孩们的蠢话——而且[c5]会使听信的人们也变得可悲。我劝告的这些真实不虚,假如你们检验过我现在就法所说的内容,你们便会通过实践认识到这一点。在所有问题上,实践显得是最真实的试金石。

"接受这样的法之后,[355d]由于西西里危险重重,而你们既未充分征服对手也未明显被对手征服,所以,走中间路线或许既正当又有益,对你们所有人来说[皆是如此]——包括脱离了最严酷统治的你们,以及渴求再次获得权力的[他们]。[d5]他们的先辈曾经拯救希腊人脱离野蛮人之手——这是他们最大的功绩——由此我们现在才可能讨论政体问题;可如果希腊人当时被毁灭,那就绝不会留下任何讨论和希望了。所以,现在你们[355e]要经由王政达到自由,而他们要成为负责的王政,并由法主宰其他城邦民以及王者们本人,以免他们会行什么不法之事。

"基于这一切,你们当怀着诚挚和良善的意愿,在诸神的帮助下立王。[e5]首先立我自己的儿子为第一位王①,源于两重恩情,我自己的和我父的恩情——因为,从前是我父把城邦从野蛮人手中解放出来,[356a]而现今是我两次把城邦从僭主们手中解放出来,对此你们自己就是见证者。接下来,立与我父同名的、狄俄尼修斯之子为第二位王②,为他现在的援助和虔诚的品性;[a5]尽管他父亲是僭主,但他会自愿让城邦自由,抛弃短命而不义的僭政,为他自己和家族赢得不朽的荣誉。最后,你们应当邀请第三个人成为叙拉古人的王——一座自愿的城邦的自愿的[王]——他现在是[356b]敌军的首领,也就是狄俄尼修斯之子狄俄尼修斯,如果他恐惧命运,而且为父邦、冷清的神庙和坟茔感到痛心,愿意自愿改换为王者的样子,以免因为争胜之心彻底断送一切,[b5]成为野蛮人的笑柄。

"有了三位王,不管给予他们拉科尼亚③式的权力,还是削减其权力直到你们一致同意,你们都当以下面的方式来对待他们。[356c]我之前对你们说过这个方式,尽管如此,现在你们还要再听一次。在你们看来,为了拯救西西里,如果狄俄尼修斯和希帕里诺斯家族愿意终止现今的种种灾难,在未来和当下为他们自己和子孙赢得荣誉,[c5]如我之前所说,你们就当——从本地或外地,或不分本地外地——召请使节来主持和解之事,人选要让他们合意,人数也要经他们同意。

[356d]"这些使节一到,就要首先立法,并建立这样一种政体:应当

---

① 即狄翁的儿子希帕里诺斯。

② 指老狄俄尼修斯的儿子希帕里诺斯,由狄翁的姐姐所生,是狄翁的外甥,曾援助狄翁的友伴们攻伐杀害狄翁的凶手。

③ 拉科尼亚即斯巴达,而斯巴达施行双王制。

由王主持圣事以及与从前那些行善之人相配的所有其他事务,战争与和平时的首领则由[d5]三十五位护法者担任,并有民众大会和议事会协助。应由不同的法庭审理不同的案件,但以死刑和流放论处的案件应由三十五人审理;除去这三十五人,还要从上一年的长官中遴选法官,[356e]每个官职上只选一位,而且得是被认为最好且最公正的长官。到下一年,他们就得审理所有要以死刑、监禁和迁居处罚公民的案件。但是,王绝不可以担任这类案件的法官,[357a]他要像祭司一样保持洁净,免受血泊、监禁和流放带来的污染。

"我生前就考虑为你们实现这些,现在依然如此考虑。想当初,要是我跟你们一道征服了敌人——若异乡人的复仇女神们未曾阻拦的话——我就会照我考虑的来做;[a5]之后,倘如事遂人愿,我会殖民西西里的其他地方:驱除现在盘踞在那里的野蛮人,除了那些为共同的自由而反抗僭政的野蛮人,[357b]并让希腊地区原先的居民回到他们的故土定居。我现在建议各位,为了这些目标要齐心协力,还要呼召[b5]所有人参与这些行动,并把不愿[参与的人]视作公敌。这些目标并非不可能。因为,如果有些目标碰巧存在于两个灵魂之中,而且经过推算即可发现它们是最好的目标,那么,判定它们不可能的人[357c]不太可能是个明白人。我说的'两个灵魂',分别是老狄俄尼修斯之子希帕里诺斯跟我儿子的灵魂;因为这两人已经达成一致,而我想,其他所有关心城邦的叙拉古人们也会一致同意的。

"好啦,[c5]你们要向列位神祈祷和祭献,也向其他配跟神们一道受飨的[力量]祈祷和祭献,要心平气和地尽全力劝说和呼召朋友们和敌人们,不要停下,直到[357d]我们现在所说的这些——就像降临在清醒的人身上的神圣的梦——你们会显著地并幸运地实现。"

书简九

柏拉图致塔拉斯的阿尔库忒斯,万事顺遂!

[357d5]阿尔喀珀斯和斐洛尼德斯一行已经到了我们这里,[357e]带来了你交给他们的那封书简,并报告了你那边的情况。关于城邦的事,他们已经不费力地办完了——因为这根本不是什么难事——至于你的情

况,他们也给我们讲了,说你因为[e5]不能摆脱公事上的职务而心烦意乱。的确,生命中最快乐的莫过于做自己的事,[358a]尤其当一个人选择做你所做的那种事情①时——这几乎对所有人都是显而易见的;不过,你也应当牢记,我们每个人都不是仅仅为自己而生的,我们的出生一部分归之于父邦,一部分归之于父母,[a5]一部分归之于其余的朋友们,还有很多交给了掌控我们生命的那些时刻。当父邦亲自召唤我们承担公事时,不听从这一召唤兴许是荒唐的;[358b]因为,这么做的同时就会把位置让给那些糟糕的人,他们参与公事并不是出于最高贵的动机。

关于这些就说这么多。我们现在正关心厄喀克拉忒斯,今后也会关心他,[b5]为了你,为了他的父亲普尼翁,也为了这个年轻人自己。

书简十

[358b7]柏拉图致阿里斯托多罗斯,万事顺遂!

[358c]我听狄翁说,你现在是、而且一直都是跟他最为[亲近]的伙伴中的一位,在追求热爱智慧的人中,你展现出了最有才分的性情。因为,稳靠、可信赖和健全,我本人才称之为真正的热爱智慧,[c5]而汲汲于别的东西的其他那些才智和精明,把它们称作机巧,我认为是正确的命名。

保重吧,要像你现在这样在那些性情中持守。

书简十一

[358d]柏拉图祝劳达玛斯万事顺遂!

我先前给你写信说,对于你所说的,那一切而言,你最好能亲自到雅典来一趟。不过,既然你说这不可能,第二好的办法就是,如果可能的话,[d5]我或苏格拉底②到你那里去,就像你信中所说的。可现在[358e]苏

---

① 暗指热爱智慧。
② 可能指小苏格拉底,即泰阿泰德的同学和朋友(《泰阿泰德》147c-d),也出现于《智术师》和《治邦者》。

格拉底正患着尿淋沥症,而如果我去你那儿,万一完不成你召请我去完成的事情,那就丢人了。但是,对于实现这些事情,我本人并不抱太多希望——至于我的理由,需要另一封长信[e5]来一一详说——此外,因为年纪大了,我的身体经不起四处漫游,也经不起陆上和海上会遇到的危险,何况现在的旅途处处充满了危险。

不过,我能够给[359a]你和那些殖民者建议,我要说的——正如赫西俄德所言——"看起来无关紧要,但却难以理解"①。因为,如果[他们认为],通过确立法律且不论任何法律就能顺利地建立一个政体,即便没有一位在城邦中照看着[a5]日常生活方式的主人——以便奴隶和自由人在生活方式上既节制又勇敢——那他们就想错了。不过,如果已经有配得上[359b]这样的权柄的男人们,这事就会实现。要是还缺一个人来施教,我担心你们中间既没有施教者也没有受教者们,你们今后只能向诸神祈祷了。因为,早前那些城邦差不多都是这样建立起来的,[b5]并且之后治理得很好,这都是由于在战争或其他境况中所发生的那些重大事件,而且在这样的危机时刻,出现了一个拥有大权的既美且好的男人。

所以,[359c]你们应当且必须首先热切地渴望这些[目标],并将它们理解成我所说的那样,千万不要愚蠢地认为,你们会轻易地实现什么。好运!

书简十二

[c5]柏拉图祝塔拉斯的阿尔库忒斯万事顺遂!

收到你那边送过来的著作,我们非同一般的高兴,[359d]并对写下它们的那位作者感到无比敬仰;在我们看来,这个男人配得上他那些古老的祖先。因为,据说这些男人是米利人②——他们原本是特洛亚人,后在劳

---

① 此句不见于赫西俄德的《神谱》和《劳作与时日》,或为残句。
② 米利人,原文为 Myrioi,不清楚米利人是哪里人。有学者猜测是指从劳美冬治下逃出的移民,西西里的埃吕迈人(Elymaioi)。这里也可能是作形容词"无数的、数不清的"(myrioi)来修饰"这些男人"。

美冬①治下[d5]迁出去——[他们是]好男人,正如流传的故事所表明的。

你来信说到我的那些著作,它们还没有完全弄好,不过,就照着它们碰巧所是的样子,我[359e]给你送过去;关于[它们的]保管,既然我们彼此商定了,也就不需要再叮嘱什么。

(有人反驳说,这不是柏拉图的书简。)②

书简十三

[360a]柏拉图祝叙拉古僭主狄俄尼修斯万事顺遂!

这权当是给你的这封信的开头,同时也作为一个符记,表明这封信出自我手。

有一天,你宴请一群洛克里斯③的年轻人,[a5]躺在离我很远的位置,你起身走向我,热情洋溢地说了一段话,说得很精彩,至少我这么觉得。[360b]我旁边躺着一位高贵的人,他也这么觉得,因此他说:"狄俄尼修斯呵,论到智慧,你可真是从柏拉图那里受益匪浅啊!"而你说:"许多其他方面也一样,自从我请柏拉图来以后,我就单单因为请他来这儿[b5]而立马受益了。"你一定得再接再励,这样我们才能一直愈加地让彼此受益。

正是抱着这样的愿望,我这会儿给你送去几本关于毕达哥拉斯派和划分法的[书]。按照我们当初的约定,我还给你派来一人,[360c]你和阿尔库忒斯——如果阿尔库忒斯已到了你那里——兴许能用得上。此人叫赫利孔④,居齐科斯人,是欧多克索斯⑤的门生,深得其师的真传。此

---

① 劳美冬是普里阿摩斯的父亲,是特洛亚远古的国王。他曾向赫拉克勒斯许诺,如果能够杀死波塞冬派来的海怪并解救他的女儿,他就会赠送神圣的骏马。但等赫拉克勒斯完成任务,他却不愿践行诺言。赫拉克勒斯围攻特洛亚,并杀死了劳美冬。

② 几个主要的抄件都包含这句话,可能是古代编者的批注。

③ 狄俄尼修斯的母亲是洛克里斯人,叙拉古和洛克里斯关系极其密切。

④ 赫利孔可能是学园成员,曾跟柏拉图到叙拉古,并预言了一次日食,由此得到狄俄尼修斯的赏赐。参见普鲁塔克,《狄翁传》19.6。

⑤ 欧多克索斯(约前408—前355),当时著名的数学家和天文学家,另有拳击手欧多克索斯,参《美诺》94c。

外,他还熟识伊索克拉底①的一位学生[c5]以及布吕松②的伙伴珀吕克塞诺斯。

除了这些,尤为难得的是,他并不是个谈起话来索然无味的人,而且看上去没什么坏脾气,反倒似乎会是一个乐天和心地单纯的人。[360d]我这么说却又有些担心,因为我是在表达对一个人的看法,而人是一种并不拙劣但却易变的生物,只有很少人在很少事情上能例外。我担心并怀疑他也这样,于是在和他交谈时亲自观察他,[d5]还向他那些同乡打听过,可压根儿没人说他一句坏话。不过,你还得亲自考察此人,留心为妙。最要紧的是,如果你不管怎样有了闲暇,[360e]那就从他学习,并在其他方面热爱智慧。如果你没有闲暇,那就让他教会别人,以便你闲下来时再学,这样你就会变得更好,还会博得好名声,你从我这里获得的益处才会源源不断。这事就说到这儿。

[361a]至于你来信要我给你送去的那些东西,我已拿到阿波罗像,由勒普提涅斯带给你。神像出自一位年轻却高妙的工匠之手,工匠名唤勒俄卡瑞斯。我觉得他那里的另一件作品也极为精美,于是就买了下来,[a5]想献给你妻子,因为不论我身体安泰还是不适,她都以一种于你我都得体的方式尽心照料。将礼物交给她吧,若你觉得合适的话。我还给孩子们送去十二坛甜酒和两罐蜂蜜。[361b]我们回来时没赶上储藏干无花果的时季,而原本储藏的桃金娘果已经烂了。但我们下回会照看得更好些。勒普提涅斯会给你说说这些果树的情况。

买这些东西以及[b5]向城邦交纳贡税所费的银钱,我是从勒普提涅斯那里拿的,我还告诉他,我们在去琉卡狄亚的船上③的花费是自个儿掏的,约计十六米纳——我觉得,告诉他这些对我们极为合适,而且也是实话实说。于是我拿了这笔钱,一部分自己花,[361c]一部分用来给你们送去这些物品。

接下来,你得听我讲讲钱的事,既关系到你在雅典要用的钱,也关系

---

① 伊索克拉底(约前436—前338),雅典演说家。
② 欧几里得(Eucleides of Megara)的学生,知名智术师。
③ 雅典可能每年派船去琉卡狄亚岛上的阿波罗庙,狄俄尼修斯身为雅典公民,可能被强制承担仪式所需费用。

到我要用的钱。我对你说过,我会用你的钱,就像用其他热心的朋友的钱一样,可我会尽可能少用,除非我和出钱的人觉得不得不用或者应当用或者用得合算。眼下我正碰到这种情况。我的几个外甥女[361d]都已过世——她们死的时候,我没有戴花冠,尽管你非要我戴不可——撇下四个女儿,一个已到适婚的年龄,一个八岁,一个三岁多一点,还有一个不满一岁。她们的嫁妆理应由我和我那些热心的朋友代为置办,可恐怕[d5]我活不到她们都出嫁的那一天了,到时,未出嫁的就只能自个儿张罗了。

另外,要是她们的父亲比我富裕,我就不必为她们办嫁妆,可实际上,现在就数我过得最好,而且当初是我靠着狄翁和别人帮忙[361e]给她们母亲办的嫁妆。最年长的是斯彪西波姐姐的女儿,她将嫁给斯彪西波。为此我至多需要三十米纳,这笔礼金对我们正合适。此外,要是我母亲过世,[e5]修坟的钱应当不会超过十米纳。我当前所需开支大致就是这些。不过,若是我为去见你而有其他任何花销,无论是私是公,我都会照我当初说的那样做:我会尽力压缩[362a]花销,而那些在所难免的花销得由你来付。

接下来,我要说说你在雅典的钱的开支情况。首先,倘若我需要[为你]支付歌队之类的费用①,并没有哪个异乡人[a5]可以为你垫支,尽管我们都期望有;其次,一旦碰上与你本人切身相关的要事,立即付钱就对你有利,而拖到你派的人来再付钱则对你不利,这样做不仅麻烦,而且也丢你的面子。我[362b]亲身求证过这种事。你信中还要其他更大件的东西,为了给你送去,我派厄拉斯托斯去找埃吉纳人安德罗墨德斯,你一直叮嘱我,如果我有什么需要,都可以朝你们的这位异乡朋友支钱。可人家说,[b5]以前他曾给你父亲垫支过钱,好不容易才收回,因此这次他只能出一点,多了免谈。他这么说并不为过,而且是人之常情。于是我便向勒普提涅斯要钱,勒普提涅斯很值得表扬,不是因为他出了钱,而是因为他的爽快,而且在其他牵涉你的事情上,[362c]他说起话做起事来都显得够

---

① 意即以狄俄尼修斯的名义举行一场戏剧演出的费用。城邦会指定一位有钱的公民承担一场演出的费用,相当于缴一项税。公元前369/8年,狄俄尼修斯父子被授予雅典公民身份,因而承担了这一义务。

朋友。因为我应当向你传报此类和相反的情况,并说明我觉得每个人对你怎么样。

不管怎样,在钱的问题上,我要对你直言不讳。因为这是正当的,[c5]此外,我还要根据我的体会说说你周边的人。他们每次向你传报消息时,要是他们认为会报告花销的事,他们就不愿意传报,以免招致你的不快。[362d]所以,你要让他们习惯于并强迫他们明言这些和其他事情。因为你应当尽力去知道一切,自己做判断,切勿逃避知道。因为,对于统治而言,这是所有事情中对你最好的。正确地[d5]支配花销和正确地偿还欠债,无论是对于其他目的还是对于钱财的获取本身而言,都是一件好事,正如你本人所说以及将来也会说的。因此不要让那些声称关心你的人在世人面前诽谤你。这对于你的名誉既不好也不美,要是你被视作一个难打交道的人的话。

[362e]接下来我要说说狄翁。别的事情我目前还不能说什么,要等收到你的那些书简,就像你说过的。不过,至于你不许我向他提及的那些事情,[e5]我既没有提起过,也没有谈论过,可我试图搞清楚,他究竟会艰难地还是轻松地承受那些事情的发生,而在我看来,如果发生了,他可不会只是一点点不快。但在其他方面,我认为狄翁在言辞和行动上对你都很温和。

[363a]至于克拉提诺斯①——提摩忒俄斯的兄弟、我的友伴,让我们送他一副重甲兵的护胸甲吧,也就是步兵所用的软甲中的一种;再送给刻贝斯的女儿们三件七肘尺②长的衬袍,不用阿摩尔戈斯③价格昂贵的[亚麻],而是用西西里的亚麻。[a5]你很可能认识"刻贝斯"这个名字,因为他已被写进那些苏格拉底的言辞中:在那篇讨论灵魂的言辞中,他和西米阿斯一道与苏格拉底交谈。④这个男人对我们所有人非常亲近和友善。

[363b]至于那个符记——它可以表明哪些书简是我严肃写下的,哪

---

① 其人生平不详。他的兄弟提摩忒俄斯是一位著名的将领,与柏拉图关系密切。
② 肘尺为中指尖到肘尖的长度,约等于0.444米,七肘约等于3.11米。
③ 阿摩尔戈斯是居克拉迪群岛的一个小岛,当地的亚麻被认为是上品,价格昂贵。
④ 指柏拉图的《斐多》,毕达哥拉斯派的刻贝斯和西米阿斯以及苏格拉底是主要谈话者。

些不是——我想你记得,可你还得加以理解,并且要凝神专注于它。因为,有许多人命令我写,要公然拒绝他们可并不容易。[b5]那严肃的书简以"神"开头,不那么严肃的书简则以"神们"开头。

使者们①请求我致信于你,这很自然。因为他们极其热心地到处赞美你和我,斐朗罗斯也一样,当时他的手有些毛病。[363c]从[波斯]大王那里回来的斐莱德斯也谈起你。要不是需要一封很长的书简的话,我要写写他说的内容,既然这样,你就向勒普提涅斯询问吧。

如果你要把护胸甲或者我在信中提到的其他东西送来,[c5]你就把东西托付给你自己愿意托付的人,如果没有愿意托付的人,那就托付给忒里洛斯吧。因为他总是出航,而且他是我们的朋友,在其他事情以及在热爱智慧上皆有造诣。他是提松的姻亲,在我们启程离开的时候,提松正担任城防官。

保重吧,你要爱智慧,还要多鼓励其他那些[363d]更年轻的人,并代我问候那些[与你]一同研究天球的人。你要交代其他人和阿里斯托克里托斯②,一旦我有什么消息或书简到了你那里,他们应当确保你第一时间得知,还应当提醒你注意[d5]我说的内容。此外,别忘了偿还勒普提涅斯垫支的钱,而且要尽快偿付,其他人看到你这么对他,就会更热心地为我们效劳。

[363e]亚特罗克勒斯——他和缪罗尼德斯当时一道被我释放为自由人——现在正和我派来的人一同在海上。他对你很友善,请你把他雇佣了吧,你可以随意支使他。至于这封书简,你要保存原件或是一份备忘,[e5]而且你要始终如一。

---

① 可能暗指公元前367年往波斯派出的使团,当时是为了在斯巴达与忒拜的战争中请求波斯大王的仲裁。
② 《书简三》319a3提到阿里斯托克里托斯。

释　词

唐敏 译

[411a]aïdion[永恒]:在所有时段都存在,包括过去与当前,不会毁灭。

theos[神]:不朽的活的存在,自足而幸福;永恒的存在,善的本质的原因。

[a5]genesis[生成]:产生存在者;变化分有存在;转变成存在者。

helios[太阳]:天上唯一的火,人从黎明到黄昏[411b]都能看到;白日发光的星体;最大的永生造物。

chronos[时间]:太阳的运动,对其运动过程的度量。

hēmera[白天]:太阳的行程,从升起到落下;[b5]与夜晚相对的光亮。

heōs[黎明]:一天的开始;太阳的第一缕阳光。

mesēmbria[正午]:事物阴影最短的时候。

deilē[日落]:一天的终结。

[b10]nyx[夜晚]:与白天相对的漆黑;没有太阳。

tychē[机运]:从未知到未知的过程;超自然事件的自发原因。

[411c]gēras[老年]:时间流逝,生物的衰败。

pneuma[风]:地上某个区域内的气体流动。

aēr[气体]:每种自然的空间运动的[构成]因素。

[c5]ouranos[天空]:一种物体,环绕着所有可见事物,除了最上层的气体。

psychē[灵魂]:自我运动;生物生命过程的原因。

dynamis[能力]:凭借其自身产生某些结果。

opsis［视力］:能够辨认物体的状态。

［c10］ostoun［骨骼］:髓受热变硬。

stoicheion［元素］:复合事物由以合成或分解成的东西。

［411d］aretē［德性］:最好的性情;有死者自身值得颂扬的状态;一种状态,拥有这状态的人会被认为是好人;公正地遵循法律;性情,有此性情的人被认为接近完美卓越;一种状态,产生出对法律的信服。

［d5］phronēsis［明智］:一种能力,凭借它能获得人的幸福;关于善与恶的知识;产生幸福的知识;一种性情,我们据以判断做什么与不做什么。

dikaiosynē［正义］:灵魂自身的和谐,灵魂［411e］各部分之间有好的次序准则;一种状态,根据各人应得而作相应的分配;一种状态,凭借它,拥有它的人选择他看来正义的事情;一种状态,构成守法的生活方式的基础;遵守［e5］法律的状态。

sōphrosynē［节制］:灵魂控制通常出现在自身中的欲望和快乐;在日常快乐和痛苦方面,灵魂中和谐的、好的准则;灵魂的统治部分与被统治部分和谐一致;一般人的［e10］自主;灵魂中好的次序准则;对美与丑,灵魂中［412a］达成理性上的一致;一种状态,拥有它的人选择他应该［选择的］,并谨慎对待它。

andreia［勇敢］:一种不为恐惧所动的灵魂状态;战斗的自信;对战争中诸状况的认知;［a5］灵魂对骇人和恐惧的事物保持自制;听从智慧时的胆魄;面对死亡时的英勇无畏;在危险处境中坚守正确思想的状态;抗衡危险的力量;德性中的坚韧力量;对令人恐惧和鼓舞之事有正确的思想,灵魂保持平静;对让人恐惧之事和战争经历保持无惧无畏的信念;［412b］信守法令的状态。

enkrateia［自制］:忍受痛苦的能力;服从正确的想法;关于［b5］正确思想观念的不可动摇的能力。

autarkeia［自足］:完全拥有好的事物;一种状态,处于这种状态的人是自己的主人。

epieikeia［公平］:割让自己的权利和利益;协议中的适度;在美与［b10］丑方面,理性灵魂中的好准则。

［412c］karteria［坚韧］:为了高贵之事而承受痛苦;为了高贵之事而

任劳任怨。

tharsos[自信]:不预见任何坏的事情;不被坏的事情所搅扰。

[c5]alypia[耐痛]:不受制于痛苦的状态。

philoponia[勤劳]:将计划付诸实施的状态;甘愿受苦受累;劳作方面无可指摘的状态。

aidōs[羞耻]:依据什么是正确和看似最好[的东西],自愿不做鲁莽行为;自愿坚持最好[的东西];小心避免[c10]合理的批判。

[412d]eleutheria[自由]:掌控生活;在每方面都只有唯一的权威;生活中做喜欢之事的能力;拥有和使用财物方面的慷慨。

eleutheriotēs[慷慨]:一种赚钱的恰当状态;[d5]适当的花销和省钱。

pra(i)otēs[平和]:压制由愤怒引起的冲动;灵魂和谐融洽。

kosmiotēs[得体]:自愿遵从最好的东西;仪态上的有礼有节。

[d10]eudaimonia[幸福]:由所有的好组成的善;一种生活得好的能力;德性的完满;[412e]生活物资充足。

megaloprepeia[恢宏崇高]:依循最高贵之人的正确理性而让人尊敬。

anchinoia[机智]:灵魂的禀赋,让拥有之人在各种情况下[e5]都迅速发现什么是必需的;智识的穿透力。

chrēstotēs[诚实]:道德和智识上的真诚;德性的优异。

kalokagathia[德性完美]:决定行最好之事的状态。

megalopsychia[心胸博大]:处理事务时的高贵;[e10]灵魂与理智恢宏庄严。

philanthrōpia[仁慈或良善]:性格随和的状态,对人友好;有恩于人;感恩的品质;记着恩惠。

eusebeia[虔敬]:有关诸神之事的正义;自愿侍奉诸神的能力;依据[413a]诸神的正确的荣誉观念;依据诸神的关于荣誉的知识。

agathon[善]:其自身就是目的的东西。

aphobia[无畏]:一种不受制于恐惧的状态。

[a5]apatheia[静心]:一种不受制于情感的状态。

eirēnē[和平]:军事冲突中平静的时期。

ra(i)thymia[懒惰]:灵魂的惰性;灵魂的血气部分没有激情。

deinotēs［聪明］:这种性情能让拥有者快速发现他自身的特殊目标。

［a10］philia［友爱］:什么值得崇敬、什么是正义,对此达成一致;选择相同的生活方式;对道德选择和行为有相同的看法;一致认同一种［413b］生活方式;基于善意而共同分享承担;在施予和接受恩惠善意方面共同承担。

eugeneia［高贵］:一种崇高的性情德性;灵魂在言行方面的好教养。

［b5］hairesis［选择］:正确的评估。

eunoia［亲和］:对他人友善。

oikeiotēs［亲缘］:拥有共同的血缘。

homonoia［一致］:共享心里想到的一切;思想与假设合拍。

［b10］agapēsis［满足］:心满意足。

politikē［治邦术］:关于什么是有用、什么值得尊崇的知识;关于如何在一个城邦造就正义的知识。

［413c］hetairia［友情］:同龄人相互作伴而形成的友谊。

euboulia［善谋］:天生的推理德性。

pistis［信仰］:一种观念,万物显现为一;［c5］性情的坚定。

alētheia［真理］:在确证和否定中表现出的正确;关于真实的知识。

boulēsis［意愿］:基于正确理性的欲求;理性的欲望;基于理性的自然欲望。

［c10］symbouleusis［劝告］:在行为或如何行事方面建议某人。

eukairia［好的时机感］:在正确的时间里做某事或对人做某事。

［413d］eulabeia［谨慎］:对坏事物保持警戒;小心防备。

taxis［秩序］:整体中相互联系的元素间功能的相似性;一个团体中恰当的构成;整体中所有相互联系的元素的原因;知识的恰当构成。

［d5］prosexis［专注］:灵魂学习的努力劲头。

euphyïa［禀赋］:学习迅速;好的自然遗传;自然德性。

eumatheia［聪慧］:心智的禀赋,学习得快。

［d10］dikē［审判］:对一件有争议和纠纷的事做出正式的宣告;争论是否有不义。

［413e］eunomia［守法］:服从善法。

euphrosynē[愉悦]:一个节制的人做事时[感受到]的快乐。

timē[荣誉]:给有德的行为奖赏的好事物;德性所赋予的高贵;高贵的举止风度;对人的高贵的培育[或修炼]。

[e5]prothymia[热情]:一种积极意愿的表征。

charis[行善]:自愿的善行;在恰当的时机给予某些有用的好事物。

homonoia[和谐]:在如何统治与被统治方面,统治的人与被统治的人拥有相同的意见。

[e10]politeia[政体]:多数人的共同体,自给自足而生活得好;由法律统治的多数人的共同体。

[414a]prōnoia[先见或远见]:为将来的事做准备。

boulē[谋算]:考察在未来什么会有利。

nikē[获胜]:竞赛中致胜的能力。

euporia[慎思]:对现成的说法有好的判断。

[a5]dōrea[馈赠]:交换恩惠。

kairos[时机]:有利于某事的理想时刻;有助于获取好事物的时刻。

mnēmē[记忆]:灵魂的特性,保守储存真理。

[a10]ennoia[反思]:缜密的思考。

noēsis[直觉]:知识的起点。

hagneia[虔诚]:在诸神方面谨慎,不犯错;用[414b]通常的方式侍奉、崇拜神。

manteia[占卜]:没有任何证据而预言事件的知识。

mantikē[占卜术]:思索有死之人的当前和将来的知识。

[b5]sophia[智慧]:非假设性的知识;一直有效的知识;沉思事物原因的知识。

philosophia[热爱智慧]:欲求永远存在之物的知识;一种状态,思索真理以及什么使其真实;基于正确的理性培育灵魂。

[b10]epistēmē[知识]:推理不能推翻的灵魂观念;[414c]设想一个或多个推理不能推翻的事物的能力;思考不能推翻的真实观点。

doxa[意见]:能被理性说服的观念;理智中的不确定;想法,能被理性推导出虚假或真实。

[c5] aisthēsis[感知]:灵魂中的不确定;通过身体[表现]的理智活动;
hexis[品质]:灵魂的性情,依据它指出人的特定类型。

[414d] phonē[语音]:对思想的口头表达。

logos[言辞]:能用文字表达的声音,能指称每种存在的事物;由名词和动词组成的语言声音,并非音乐。

onoma[名词]:非复合的语言声音,既表达[事物的][d5]实体,也表达所有这类事物,它们本身再不言述一个[其他]事物。

dialektos[语言、语言表达]:人类的文字发声;[用以]表达的通用符号,没有音乐。

syllabē[音节]:人类声音的确切表达,能被书写。

[d10] horos[定义]:由种和属组成的描述语。

[414e] tekmērion[证据]:有关不显明的事物的证物。

apodeixis[论据]:推导出结论的真实论点;通过预先已知的东西而断定某事的论点。

stoicheion phōnēs[音素]:非复合的语音,其他[e5]语音成为语音的原因。

ōphelimon[效用]:给某物带来好处;有益处。

sympheron[有益]:有助于善的事物。

agathon[善]:导致事物保存的原因;所有事物都趋向的原因,这原因[e10]推导出何者应被选择。

sōphron[自我控制]:灵魂有序。

dikaion[正当]:法律规定而产生的正义。

[415a] hekousion[自愿]:导致自身行为的东西;为自身选择的东西;经过思考做成某事。

eleutheron[自由]:掌控自身的东西。

metrion[适度]:处于过与不及之间,以满足[a5]技艺的限制。

metron[中道]:过与不及之间的居中者。

athlon aretēs[美德的奖赏]:凭自身[原因]而值得选择的奖赏。

athanasia[不朽]:生命永恒存续。

hosion[虔敬]:侍奉神,令神愉快。

[a10]heortē[节日]:法律[规定]的宗教日。
anthrōpos[世人]:无翼、两足的平指甲动物;唯一能获得理性知识的动物。
[415b]thysia[牺牲]:给神献上的祭品。
euchē[祈求]:人向诸神请求好事物或看似好的事物。
basileus[君王]:法律上无法追责的长官;政治组织的首领。
[b5]archē[统治]:掌控所有事。
exousia[法律权威]:由法律授权的裁量权力。
nomothetēs[立法者]:法律的创制者,而一个城邦受这些法律统治。
nomos[法律/习俗]:多数人的政治意见,不局限于某一段时间。
[b10]hypothesis[假设]:不可论证的第一原则;一场讨论中原则性观点的梗概。
psēphisma[政令]:一段时间内的政治法令。
[415c]politikos[治邦者]:知道如何统治城邦的人。
polis[城邦]:一群人定居的地方,他们遵循共同立下的决议;同样的法律下的一群人。
poleōs aretē[城邦的德性]:一个好的政体的创立。
[c5]polemikē[战争术]:战斗经验。
symmachia[军事联盟]:战斗团体的联合。
sōtēria[保存]:保持安全和完好。
tyrannos[独裁者]:城邦的一种官员,可以根据自己的意见统治城邦。
sophistēs[智术师]:一类人,俘获富裕卓越的年轻人。
[415d]ploutos[富足]:有充足的财物可供生活得幸福;大量的财产,有助于幸福。
parakatathēkē[定金]:预先建立信任的东西。
katharsis[净化]:从好中剔除坏。
[d5]nikān[获胜]:在一场冲突中占优。
agathos anthrōpos[好人]:这类人能获得对人而言好的东西。
sōphrōn[自我控制]:拥有恰当欲望的人。
enkratēs[自制]:能掌控灵魂中反对[d10]正确理性的那部分。

spoudaios［优异］：完全善的人；拥有属人德性的人。

［415e］synnoia［忧虑］：不理性和纷乱的心思。

dysmathia［愚钝］：学习迟缓。

despoteia［主宰］：无需对任何人负责的正当权威。

aphilosophia［不热爱智慧］：一种状态，拥有者厌恶论证。

［e5］phobos［畏惧］：展望坏的事物时［感受到的］恐惧。

thymos［血气］：灵魂非理性部分中的强烈的冲动，不听理性和思想的命令。

ekplēxis［担忧］：害怕期待中的坏事情。

kolakeia［奉承］：不考虑什么是最好的，只为了快乐而结伴；［e10］为了快乐而与人交往，这快乐超过了节制的度。

orgē［愤怒］：灵魂的激情部分想要报复。

hybris［肆心］：不义驱使一个人羞辱他人。

［416a］akrasia［缺乏自制］：暴戾的状态，没有正确的理智，而趋向看似快乐的东西。

oknos［惰怠］：逃避劳动；怯懦消解了冲劲。

archē［始基］：存在的第一原因。

［a5］diabolē［诽谤］：通过言语疏远朋友。

kairos［时机］：做事或经历事的恰当时机。

adikia［不义］：漠视法律的情况。

endeia［贫乏］：缺乏诸好。

aischynē［羞愧］：害怕坏名誉的前景。

［a10］alazoneia［伪饰］：使缺乏好的人假装拥有好。

hamartia［犯错］：违反正确理智的行为。

phthonos［嫉妒］：当前或过去因朋友的善而遭受痛苦。

anaischyntia［无耻］：灵魂的状态，为了［a15］利益而［愿］承受坏名誉。

thrasytēs［鲁莽］：面对危险过于大胆，而这危险人本不应面对。

philotimia［虚荣］：一种灵魂状态，花费不经考虑，铺张浪费。

kakophyïa［坏的天性］：天性中的瑕疵，一种天生的错误；［a20］天性的疾病。

elpis[希望]:对善的期望。

mania[疯癫]:丧失了真实观念的状态。

lalia[话痨]:言语散乱没自制。

enantiotēs[对立]:同种而不同[a25]属差的事物间的最大距离。

akousion[下意识]:没经思考就完成[某事]。

paideia[教育]:培育灵魂的能力。

paideusis[教授]:传授施教。

nomothetikē[立法术]:关于如何造就一个好城邦的知识。

[a30]nouthetēsis[劝诫]:责备而且带有判断性的言辞;为让人不犯错误而[说的]言辞。

boētheia[帮助]:阻止当前或将要发生的坏事。

kolasis[惩罚]:关涉到先前的过错而对灵魂的处置。

dynamis[能力]:言行的优秀;一种状态,使[a35]拥有之人能做某些事;天生的力量。

sō(i)izein[保存]:保持安全和完好。

托名作品

唐敏 译 戴晓光 校

论正义

苏格拉底　[372a]你能告诉我正义是什么吗？或者你认为不值得讨论它？

无名友伴　我认为非常值得。

苏　那么，正义是什么？

友　若不是那些被[习俗]规定为正义的事物，还会是什么呢？

苏　不要这样回答。比如，如果你问我[a5]眼睛是什么，我会告诉你，它是我们用来观看的东西，如果你还要求我证明，我便会[向你]证明。如果你再问我，灵魂是什么东西的名称，我会告诉你，它是我们用来思考的东西。又如，你若问我语音是什么，我会告诉你，它是我们用来交谈的东西。现在，你得用这种方式说出正义是什么——关于[这个]正义，我们可以怎样使用它？就像我刚才说的那样。

友　我完全没法儿这样回答[a10]你。

苏　好吧，既然你没法儿这样回答，也许我们用下面的方式会更容易发现它？来，当我们想区分长短时，我们用什么度量？不是要用一根标尺吗？

友　是。

苏　[373a]伴随着标尺，[我们用的是]什么技艺？不是测量术吗？

友　测量术。

苏　用什么区分轻与重呢？不是用秤吗？

友　是。

苏　伴随着秤，[我们使用]什么技艺？不就是称重术？

友　正是。

苏　接下来呢？我们在区分正义和不义的东西时，用什么工具度量？而且，伴随这种工具，[我们]使用的是[a5]什么技艺？还是说，依你看，这种方式一点儿也没有更明白些？

友　没有。

苏　好吧，咱们从这里重新说。当我们争论什么东西更大和更小时，谁能给我们裁决？不是测量师吗？

友　是。

苏　我们在争论多[373b]少时，谁来裁决？不是算数师吗？

友　怎会不是呢？

苏　我们在争论正义和不义的东西时，要去找谁？每次都是谁给我们裁决？说吧。

友　苏[b5]格拉底啊，你说的是法官吗？

苏　你[这下]找对了。来吧，试着告诉我：当测量师测量大小时，他们会做什么？他们不是在测量吗？

友　对。

苏　在称轻重时，他们不是在称量吗？

友　[他们]的确是在称量。

苏　数多和少的时候呢，他们不是在计算吗？

友　是。

苏　[373c]若是涉及正义和不义的事情方面呢，[他们]在做什么？回答我。

友　我答不上来。

苏　说，"他们在说话"。

友　对。

苏　每当裁决正义和不义的事情时，法官们不是靠言说给我们裁断吗？

友　是。

苏　测量师在度量大小的东西时，[c5]这些东西能够判定，所用的东西是尺子。

友　是这样的。

苏　同样，称重师们在称轻重的东西时，正是因为用了秤，轻重才能判定。

友　的确是。

苏　再说回来，计数的人[373d]在裁定多少时，是凭靠着数量才得以裁定。

友　是这样。

苏　那么，刚才我们已经同意，法官通过说话为我们裁决正义和不义时，正是凭借言辞，正义和不义才得以裁断。

友　[d5]苏格拉底啊，你说得好。

苏　因为这说得真实：看来，言辞乃是正义与不义之事由以得到裁断的东西。

友　看来的确是。

苏　那么，正义与不正义到底会是什么？假如某个人问我们："既然是标尺、测量术和测量师裁定了大和小，那么，大和[373e]小是什么？"我们就会对他说，"大"就是超出者，"小"就是被超出者。或者问："既然是秤、称重术和称重师区分了重和轻，那么，重和[e5]轻是什么？"我们便会对他说，"重"就是那个在天平上沉下去的，"轻"就是翘上去的。以这种方式，假如有人问我们："既然是言辞、审判术和法官裁决了何者正义和不义，那么，正义和不义到底是什么？"我们怎样才能回答他？[e10]还是说，我们仍然没法儿回答？

友　我们没法儿[回答]。

苏　你认为，做下不义之事的，是[374a]那些自愿的还是不自愿的人？我说的是这个：你认为，是自愿的还是非自愿的人犯下了不义、成了不义之人？

友　我认为，是自愿的人，苏格拉底啊，因为他们败坏。

苏　你认为人们自愿成为坏的、不义的人？

友　我这样认为，难道你不[同意]吗？

苏　不，如果我们应该[a5]相信诗人的话。

友　哪位诗人？

苏　他曾说过:"无人自愿败坏,也没人不愿蒙福。"①

友　但是苏格拉底,你知道,有句老话说得好,诵唱的人[374b]多说谎言。

苏　如果这位诵唱人对此说了谎,我会感到诧异。如果你有空,我们可以考察他到底讲了假话,还是讲了真话。

友　我很有空闲。

苏　来吧,你认为,说谎与讲真话,何者[b5]正义?

友　我看是讲真话。

苏　那么,撒谎不正义?

友　是。

苏　你认为,欺骗与不欺骗何者正义?

友　显然是不欺骗。

苏　欺骗就是不正义?

友　是。

苏　接下来呢,伤害与帮扶,何者正义?

友　帮扶。

苏　伤害就是不正义?

友　是。

苏　[374c]那么,讲真话、不欺骗和帮扶正义,而说谎、伤害和欺骗则不正义。

友　是的,凭宙斯,肯定是这样。

苏　即便对敌人也是?

友　当然不是。

苏　那么,伤害敌人是正义,帮扶[c5]他们是不正义?

友　是。

苏　那么,通过欺骗敌人伤害他们,不就是正义的?

友　怎会不是呢?

---

① 引自叙拉古的厄庇卡尔摩斯(Epicharmus)的诗句,他是一位公元前5世纪的喜剧诗人。

苏　那么，我们要是用说谎来欺骗、伤害他们呢？不是正义的吗？

友　[374d]是的。

苏　接下来呢？你不是说过，帮扶朋友是正义的吗？

友　我说过。

苏　为了帮助他们，要欺骗还是不欺骗他们？

友　凭宙斯，甚至要欺骗他们。

苏　那么，通过欺骗来帮扶他们是正义，通过撒谎就[d5]不正义吗？还是说，通过撒谎[帮扶他们]也是[正义]？

友　通过撒谎甚至也是正义。

苏　那么，看起来，似乎撒谎和说实话都既正义也不正义了。

友　是。

苏　不欺骗与欺骗都是正义和不正义。

友　看来是这样。

苏　伤害与帮扶都是正义和不正义。

友　是。

苏　那么，看起来，所有这类[374e]事情似乎都是正义和不正义的。

友　在我看来是这样的。

苏　听着，我有一只左眼和右眼，不是吗？跟其他人一样。

友　对。

苏　一个左鼻孔和一个右鼻孔？

友　当然。

苏　一只左手和一只右手？

友　[e5]对。

苏　尽管它们名字相同，可是，你岂不称呼其中一些左为我们的左手，一些为右手吗？如果我问你哪个是哪个，你岂不会说，一些是右边的手，另一些则是左边的手？

友　是。

苏　来，回到刚才那里。虽然这些[事情]名字相同，可是，你称呼其中一些为正义，另一些为不正义。[375a]而且，你能说出哪些[事情]正义，哪些不正义吧？

友　依我看,在这些事情中,每当应当做、时机也适当时,就是正义,如果不该做时,就是不正义。

苏　你的看法很美。一个人如果做的是应该的事情,[a5]那么,这些行动中的每一件都做得正义。相反,谁做了不应该的事情,就是行不义?

友　是的。

苏　行正义之事的人,不就是正义的吗?行不义之事的人,就不正义?

友　是这样。

苏　在手术、烧灼[伤口]和消肿方面,谁能够做应该之事,时机也恰当?

友　医生。

苏　因为[375b]他知道如何做,还是由于其他原因?

友　因为他知道。

苏　在耕田、翻土和种植方面,谁能做应做之事?

友　农夫。

苏　因为他知道如何做,还是因为不知道?

友　因为他知道。

苏　其他情形是不是也这样?当应该做、时机也恰当时,知道[如何做]的人[b5]便能做应做的事,而不知道的人就不能?

友　是这样。

苏　在说谎、欺骗和帮助方面呢?一个知道[如何做]的人,每当应该做、时机也恰当时,他便能做这些事?而不知道的人就不能?

友　[375c]你说得对。

苏　一个人在应当做时做这些事,就是正义的?

友　是。

苏　他做这些事是因为知识。

友　怎么会不是呢?

苏　那么,一个人正义是因为他的知识?

友　是。

苏　一个人不正义,岂不是因为与正义相反的原因?

友　看来是这样。

苏 那么，一个正义的人[c5]因为智慧才正义。

友 是。

苏 一个不正义的人，是因为他的无知而不义。

友 好像是这样。

苏 那么，我们的祖先传给我们的智慧有可能就是正义，而[他们传给我们的]无知，便是[375d]不正义。

友 好像是这样。

苏 人们是自愿无知，还是不自愿？

友 不自愿。

苏 那么，他们不正义也是不自愿的？

友 看来如此。

苏 不正义之人很坏？

友 是。

苏 那么，他们是不自愿地坏和不正义？

友 绝对[是这样]。

苏 他们由于不正义，所以才行[d5]不义？

友 是。

苏 [他们行不义，是]由于不自愿之事？

友 当然。

苏 自愿的事情不会不自愿地发生。

友 确实不会。

苏 行不义之所以会发生，是由于不义。

友 是。

苏 不正义并非自愿。

友 是不自愿。

苏 他们行不义、成了不义的人和坏人，都是不自愿的。

友 看起来，他们是不自愿的。

苏 [d10]那么，在这件事上，诵唱的人没有撒谎。

友 好像没有。

论德性

苏格拉底 [376a]美德可教吗？如果不可教，那么，人是自然变好，还是通过其他某种方式[变好]？

无名友伴 此刻[376b]我回答不了，苏格拉底啊。

苏 那么，让我们[一道]考察吧。如果某个人想在如下这种德性方面变好——也就是令智慧的厨师之所以好的那种德性，那么，来[告诉我]，他会怎样做？

友 显然，他得向好厨师们学习。

苏 接下来呢？如果想[b5]成为好医生，他要去谁那里，才能成为好医生？

友 显然，他要向某个好医生学习。

苏 如果他想在这种德性方面——也就是[376c]智慧的建造者们[之所以好]的德性——变好呢？

友 他得向建造者学习。

苏 如果他想在如下这种德性方面变好——也就是人们得以变得既好又智慧的德性，那么，他必须去哪里学习？

友 如果可以有[学习]智慧的学生的话，我想，他应向[c5]好人们学习这种[德性]。[不然]还能去哪里？

苏 那么，来[说说看]，谁是我们当中的好人？这样，我们便能看看，这些人是否是能够造就好人的人。

友 修昔底德、忒米斯托克勒斯、阿里斯提德斯①和伯里克勒斯。

---

① 修昔底德是一位雅典政治家，忒米斯托克勒斯是同时代的将军和政治家，阿里斯提德斯别号"正义者"。

苏　关于这些人中的每一位，[376d]我们能说出其老师是谁吗？

友　我们说不出，因为我从未听人说起过。

苏　接下来呢？我们能举出一个学生吗，无论是异乡人、[本邦的]邦民还是其他什么人，无论是自由民还是奴隶，是否有谁因为与这些人交往而变得既智慧又好？

友　我没听过有这样的人。

苏　[d5]他们莫不是嫉妒，所以不愿把德性分享给其他人？

友　或许吧。

苏　正如厨师、医生和建造者有嫉妒心一样，避免产生自己的竞争对手？因为[d10]他们若有许多竞争对手，或生活在许多与之同样的能手中间，就不能获利了。那么，同样，好人如果生活在与之相似的人中间，是否便也没法获利？

友　或许是的。

苏　他们岂不是既正义又好吗？

友　是。

苏　一个人不活在好人中间，而活在坏人中间，他能获益吗？

友　我回答不了你。

苏　那么，你是否不能回答这个？——是不是说，好人的职事是[d15]伤害，坏人的职事是帮扶，还是相反？

友　[377a]相反。

苏　那么，好人帮扶人，坏人伤害人？

友　是。

苏　是否有谁想被伤害，而不想被帮扶？

友　当然没有。

苏　那么，没人想要生活在坏人中间，而非活在好人中间。

友　是这么回事。

苏　那么，没有哪位[a5]好人会嫉妒另一个好人，因此，好便造就与自身的相似。

友　从这个论证来看，显然不会。

苏　你是否听说过，忒米斯托克勒斯生了个儿子克勒俄凡托斯？

友　我听说过。

苏　[377b]忒米斯托克勒斯绝不会嫉妒儿子变成了最好的人,[这]岂不是很明显?而且,忒米斯托克勒斯也不会对任何人如此,如果他真如我们说的那样,真好的话。

友　是。

苏　你知道吗?忒米斯托克勒斯教育他的儿子成了一位智慧的骑手——他能直立站在马上,能直接从马上掷标枪,此外还施展过别的许多让人惊讶的技能。另外,[忒米斯托克勒斯]还教过他[b5]很多其他需要好教师来教的东西,并把他变得智慧。你没从老一辈那里听说过这事?

友　我听说过。

苏　[377c]那么便没有谁能责怪他的儿子天性拙劣?

友　没有谁能正当地[这么说],至少按你所说的来看。

苏　那么,这是怎么回事?忒米斯托克勒斯的儿子克勒俄凡托斯,在其父亲有智慧的那个方面,[竟]是个既智慧又好的人,难道你[c5]听哪位年轻人或老人说过这个吗?

友　我没听到过。

苏　那么,我们能这么认为吗?——忒米斯托克勒斯想要教育自己的儿子,可是,在[忒米斯托克勒斯]自己有智慧的那种智慧方面,他却不想使[377d]儿子优于任何一位邻居,假如德性的确可教的话?

友　看来不可能。

苏　但这个人就是你提过的那种德性的教师啊。我们来考察另外一位,阿里斯提德斯,他养育了吕西马科斯①。在需要教师的诸事上,阿里斯提德斯给予儿子[d5]最好的雅典教育,但没能使他比任何人更优秀。你和我都知道这个,因为你我都曾和他[相处过]。

友　是的。

苏　你也知道伯里克勒斯养育了两个儿子——帕拉洛斯和克桑提珀斯,我认为[377e]你好像还曾爱过他们其中一个。你也知道,伯里克勒斯

---

①　吕西马科斯和美勒西阿斯都出现在《拉克斯》中,他们作为人父,盲目到处求教,想让儿子有德成材。也参《忒阿格斯》130a。

教他们御马术——他们不逊于任何雅典人——他还教了他们音乐、体育竞技，以及其他所有可以在技艺方面教会的东西，[在这些方面都]不比任何人逊色。难道伯里克勒斯不想[e5]使他们成为好人？

友 他们若没有英年早逝，苏格拉底啊，或许会成为好人的。

苏 你在声援你的男伴，这也合理。但如果德性可教，如果能使人变好的话，比起音乐和竞技来，伯里克勒斯肯定更会让他们在他自己的德性那方面变得智慧。[378a]但德性似乎不可教，因为修昔底德也养育了两个儿子，美勒西阿斯和斯忒法诺斯。对于他们，你不能把关于伯里克勒斯的儿子们所说的话[拿来]说他们，因为你知道，其中一个活到了晚年，而另一个活得[a5]还要长些。他们的父亲确实在各种技艺方面把他们教育得很好，尤其[让他们]在雅典人当中最善于摔跤。修昔底德把一个送到克桑提阿斯那里，把另一个送到欧多罗斯那里——他们都被认为是当时最好的摔跤手。

友 是。

苏 难道不是很清楚吗？[378b]如果不花钱就能使他的儿子们变好的话，这个人肯定不会给自己的儿子教那些要花钱来教的事。如果德性可教的话，修昔底德难道不会教他们这个吗？

友 看来是这样。

苏 那么，或许修昔底德[b5]只是个平民，在雅典人及盟邦中没有很多朋友？不对，他来自大家族，能在雅典这里和其他希腊城邦干些大事。所以，如果[378c]德性可教，他肯定会找人——无论本地的还是外邦的——让儿子们变好，倘若他自己因为照料城邦事务没有空闲的话。那么相反，我的同伴啊，看起来德性并不可教。

友 大概不可教。

苏 那么，[c5]如果德性不可教，好人是自然长成的吗？如果我们按照下面的方式考察，或许就能发现。那么来吧，我们会认为好马有其天性吗？

友 确实有。

苏 不是有[378d]这样的人？——他们有一种技艺，由此能认识好马匹的天性，从身体上[知道马儿是否]善于奔跑，从灵魂方面，[知道]哪些马儿精神抖擞,哪些无精打采。

友 有这样的人。

苏 这是种什么技艺?名字是什么?

友 养马术。

苏 [d5]同样,对于猎狗,是不是有某种技艺,人们能凭借它分别狗的天性是好是坏?

友 有。

苏 这是什么技艺?

友 狩猎术。

苏 金和银呢?我们是否知道那种钱币兑换人,他们[378e]察看后,便能区分出好的和损毁的钱币?

友 有这样的人。

苏 你怎样称呼他们?

友 验币人。

苏 通过察看人们身体的天性,体育教练能知道哪种天性[e5]适合、哪种不适合各项艰苦训练,也能知道,在青年或少年那里,哪种身体天性将来会[变得]值得一提,在哪些方面有望卓越地完成身体能承担的很多运动。

友 正是这样。

苏 对各个城邦来说,哪个更为庄重:是好马、好[379a]猎狗和其他诸如此类的东西,还是好人?

友 好人。

苏 接下来呢?你是否认为,如果存在着对人的德性有益的好天性,人们岂不会全力求得把它们识别出来?

友 好像是。

苏 那么,你是否能告诉我,哪种技艺[a5]适用于展示,并且能够甄别好人的天性?

友 不,我不能[回答你]。

苏 但它确实价值颇丰,那些有了这种技艺的人,也是同样。因为他们便能向我们揭示哪些年轻人将会变成好人,[379b]即使他们还是小孩。

我们要用公费把他们送到卫城保护起来，视［他们］为财宝，甚至不止如此，从而确保他们不会从我们这儿遭受任何一点儿伤害，无论这伤害是来自战斗，还是来自其他任何危险。当他们长大成人，他们会被保留成为城邦卫士［b5］和施惠者。

可是，我敢说，人变得有德性，既不是通过天性，也不是通过学习。

友　苏格拉底啊，那么，你认为［德性］是怎么［379c］产生的呢，既然既非通过天性，也不是通过学习？那么，变成好人，还有什么别的途径？

苏　我觉得，要解释这个很不容易。可是我猜，拥有［德性］是一件极具神性的事，人们成为好人，就好像神圣的［c5］先知和预言者那样。因为这些人成为如此，既不是天生，也不是凭借技艺，而是通过诸神的启示，他们才变成这样的人。

同样，通过神的启示，好人们每次都向各个城邦通告［379d］事情的结果和将会发生的事情，比占卜的人［讲得］更好、更清楚得多。即使女人们也会说，这人具有神性，而且，斯巴达人极力称赞谁时，就会说他有神样。［d5］在很多地方，荷马也会用到这类赞扬话，别的诗人也是如此。而且，每当神希望一个城邦行动得成功时，他会将好人置于其中。每当想让城邦行动得失败时，神便会将好人们带离那个城邦。这么看来，德性好像既不可教，也非来自天性，［d10］而是由于神的分配，降临给拥有它的人。

德莫铎库斯

一

[380a]德莫铎库斯①啊,你要求我就你们在集会上讨论的事情提出建议。但我更愿意考虑,你们的集会能够做什么,那些想给你们提建议的人的热情能够做什么,你们每个人[a5]想要投的票能够做什么。

一方面,就你们在集会上讨论的事情,假如不能提出正确而有阅历的建议,那么,在不能正确提出建议的事情上[380b]集会讨论,怎么会不可笑呢?另一方面,假如能就这些事情提出正确和有阅历的建议,可是却并没有据以提出正确且有阅历的建议的知识,又如何不荒谬呢?如果存在[b5]某种知识,依据它能就这些事情提出好建议,那么,岂不必须有一些有知识的人,来就这些事情正确地提出建议吗?如果有些人知道如何[380c]就你们集会所要讨论的事情提建议,那么,你们自身的情形岂不必然[是这样吗]——要么你们知道如何就这些事情提建议,要么你们不知道怎么做,或者你们当中有些人知道,有些人不知道?如果你们全都知道的话,为什么还要集会讨论呢?因为,你们每个人都足以[c5]提出建议了。如果你们全都不知道的话,又怎么能讨论呢?再或者,如果没有能力讨论,那么,这个集会对你们又有什么作用呢?如果你们当中有些人[380d]知道,其他人不知道,而后者又需要建议,

---

① 《忒阿格斯》中的父亲,苏格拉底说他在雅典负责重要的事务,有很高的威望(127e)。他也很可能是修昔底德提到过的将军,《伯罗奔半岛战争志》4.75。

那么,假如一个有阅历的人能够给毫无阅历的人提建议的话,一个人就显然足以给你们当中缺乏知识的人提建议了。或者说,所有有知识的人,岂不[d5]都能提出同样的建议?所以,你们应当听从这个人,到此为止就够了。

但是,实际上,这不是你们在做的事,你们想听从许多提建议的人。因为你们假定,那些正着手给你们提建议的人并不知道他们为之提建议的这些事情。因为,你们如果假定[d10]向你们提建议的人知道[这些事],那么,当听过他们之中任何一人[的建议][381a]之后,你们便会感到满意了。现在,你们[发起]集会,听从不知道[如何提建议]的人,却认为会收获些什么,这怎能不荒谬呢?这就是我对你们的集会[a5]感到困惑的地方。

至于那些觉得可以给你们提建议的人的热情,我也有如下困惑。因为,他们如果就相同的事情提建议,却并未提出相同的建议的话,那么,既然他们没能提出正确的建议者所提出的建议,他们又怎么可能全都提出了高贵的建议呢?[381b]或者说,这些人热心地在他们并无阅历的事情上提建议,他们的这番热心怎能不荒谬呢?因为,他们如果有阅历的话,就不会不正确地提出建议。再说,如果他们提出的都是相同的建议,那么,为何还需要他们所有人都来提建议呢?[b5]因为,[只要]他们其中一人提出这同样的建议就够了。热心去做[一件]将要一无所获的事,怎能不可笑呢?因此,无阅历的人的热情[381c]就不能不荒谬,假如考虑到它本身是什么的话。而有阅历的人在这种情况下也不会热心,因为他知道,他们中的任何一位都会做同样的事,即便由他来提建议,也会如此。所以,那些想给你们提建议的人的热情,怎能不可笑呢?我找不到[答案]。

[c5]我尤其对你们的投票感到困惑,你们认为[投票]能带来什么呢?你们是在选择知道如何提建议的人吗?他们不会多人[共同]提出建议,也不会在相同的事情上彼此提出不同的建议。因此,你们没必要[381d]对他们投票。或者,你们是在选择出没有阅历的人,让他们提出不该提的建议吗?或者,正如不允许疯子提建议一样,对于这样的人,难道应该让他们提建议吗?如果你们选择的既非有阅历的人,又不是无阅历

的人，那么，你们在选择谁呢？

首要的是，[d5]如果你们足以选择这类事情，为何还需要他人给你们提建议？而如果你们不足以胜任，投票又能给你们带来什么呢？这怎能不可笑呢——[381e]你们因为需要建议、自己也不足以[提出建议]，才集会征求建议，可是集会以后，你们又认为应该投票，仿佛你们足够有能力做出选择？因为，[e5]作为单个的人，你们无知，但集会后，你们又怎能变得智慧呢！或者说，私下一人时，你们困惑不解，但当聚集到同一个地方时，你们却不再困惑，反而变得能够认识到自己应当做的事，而所有这些却既非向别人学习得来，又不是自己发现的——这真是所有事情中最可怪的事！考虑到你们没法儿认识到[382a]应当做什么，那么，你们就不可能足以评判[人们]在这些事情上是否提出了好建议。同样，这位向你们提建议的人只是一个人，他不会说，自己能教你们什么是你们应当做的事，并教你们[如何]选择那些建议提得好或差的人，因为[a5]时间太少，而你们人数又太多。和前一种[怪事]相比，这件事情的可怪之处显得一点儿也不少。那么，无论是集会，还是你们的建议者，都不足以让你们有能力选择，那么，你们的投票有什么用处？

[382b]在你们的集会与投票之间，以及在你们的投票与你们的建议者的热情之间，怎能不相互矛盾呢？因为，一方面，你们的集会表明，你们不能[充当建议者]，反倒需要建议者，另一方面，你们的投票表明自己不需要建议者，而是自己便能选择和提[b5]建议。你们的建议者的热情表明，他们拥有知识，可是，你们的投票又表明，他们没有知识。

再者，如果有人在你们[382c]投票之后问你们，也问那位就你们投票的事情提出建议的人："你们是否知道，你们投票打算付诸行动的那个目的能否达到？"我认为，你们说不出来。"接下来呢，如果你们打算行动的目的达到了，你们是否知道这对你们[c5]是否有利？"我认为，无论是你们，还是你们的建议者，也都说不出来。如果有人进一步问，在你们这些人当中，是否有谁能够知道其中的某些东西？我想，你们也不会承认这个，说自己知道。

那么，每当你们还没认清[382d]你们要提建议的这类事情是怎样时，当投票的人和建议的人都没有阅历时,那么,合理的是——[想必]你们也会同意——无论是在你们采取的建议的事情上,还是在投票的决议上,你们自己都经常会失去信心,也经常改变主意。[d5]但是,这样的事绝不应该发生在好人[身上]。因为他们知道,自己正在提建议的事情是怎样的,也知道,在他们为之提出建议的事情上,他们所说服的那些人将会达成目标。同样,他们还知道,无论是他们自己,还是他们[382e]所说服的人,都不会改变自己的主意。

所以,我认为,正是在这类事情上,而非在你要求我提建议的事情上,才值得由一位有心智的人提出建议。因为关于前者的建议会成功达到目标,而关于后者,只会有无益之言,[e5]终归失败。

二

我遇见一个人在责骂自己的友伴,因为友伴相信原告,不听取被告人、只听取原告[的说法]。他说,友伴在做一件令人惊诧的事:他先谴责友伴既没[383a]亲眼见到那件事,也没有从自己的朋友们那里打听——由于朋友们见到了此事,[因此,]友伴有理由相信这些朋友的话。然而,他没有听取两边[的说法],就贸然相信了原告。

在称赞或[a5]责备之前,[达成]正义需要听取被告人[的说法],就像需要听取原告[的说法]一样。因为,一个人如何能公正地判决案件或恰当地判断人呢,假如没有[383b]听取对立双方[的说法]?正如要比较紫色或金色钱币[一样],用各种言论比较,才更好下判断。如果不是因为立法者这样认为,认为[b5]法官们以此方式才会做出更公正、更好的判决,那么,为何要分配时间给双方?为什么法官们要发誓同等听取双方[的说法]?

"在我看来,你好像甚至都没听过众人的那种说法。"

"哪种说法?"[友伴]问。

[383c]"'绝不要断案,除非你听过两边的讲述。'如果这话不是一个正确而恰当的说法,它不会流传得这么广。所以,我建议你,"他说,"将来不要贸然地谴责人或者[c5]称赞人。"

他的友伴答复,在其看来,这显然太荒谬了:如果还不能分清一位说话者是在[383d]说真话还是说谎,又怎么能分清两位说话者呢?而且,如果从说真话的人那儿尚且无法弄明白的话,那么,从这个人、还加上另一位说谎者那里,又怎么可能把这同一件事弄明白呢?再说,如果一个讲话既诚实又真实的人尚且不能展示清楚自己所说的东西,那么,两个人又如何可能[做到]呢——在这两个人当中,那个说谎、说得不诚实的人,[d5]又怎能把连那位讲话诚实的人都展示不明白的事情展示明白呢?

友伴又说:"我对下面这件事也很疑惑:他们是如何把事情展示明白的,通过沉默还是讲话?因为,一方面,如果他们通过沉默就展示明白了,那么,两个人便都不需要了,于是也就没必要听取双方[的说辞]。如果[383e]双方是通过讲话[把事情]展示明白的,那么,双方肯定没办法一起说——因为应该让每一方轮着说。两方要是同时说,又如何能把它展示明白呢?这是不允许的。如果他们要同时把事情搞清楚,他们就会同时说,这又不允许。[e5]那么,余下的[情况]便是,如果他们要通过言说把事情展示明白,就只能一方[先单独]通过言说来展示明白。而且,当每一方都讲话后,每一方就能把事情展示明白。因此,一方先说,另一方后说,一方先展示明白,另一方再展示明白。可是,如果双方轮流把同一件事展示明白的话,为何还需要[e10]听取后讲的人呢?——因为事情已经由先说的人弄清楚了。

[384a]"再者,"他说,"如果双方都把事情展示明白,那么,又怎么会有哪一方不能展示明白呢?因为,在两人当中,如果一方不能展示明白的话,这双方又如何能展示明白?但若每一方都能独自展示明白,显然先讲的人就会首先展示明白。[a5]所以,为何不可能在只听了他[的讲述]之后,便[把事情]弄清楚了呢?"

我听到双方的话后,感到很困惑,不能下判断——尽管在场的其他人说,先讲的人说出了[384b]真实。所以,如果你能的话,请在这事情上帮帮我:当一个人说话时,就能得知他所说的是什么吗?还是说,如果有人想要知道他讲话是否诚实,便也需要[听听]他的对手?或者,是否必须要听取双方[的说辞]?或者你又[b5]怎么看?

三

前几天,有人在谴责一个人,因为那人不愿意信任他,不愿意借钱给他。遭谴责的那人在[384c]为自己辩护,在场的另一个人问谴责的人,究竟是那个不信任他、不借钱给他的人错了,"或者",这人说,"难道不是你错了,是你没能说服[他]借钱给你?"

"我哪里错了?"他[谴责者]说。

"那么,"他说,"在你看来,是谁错了?是没有获得想要之物的人,还是获得的人?"

"没有[获得]的人。"[c5]他[谴责者]回答。

"那么,想借钱的你不就是没有[获得]的人?"他说,"那人却不想借钱给你,而且并非没有获得[其目标]?"

"是,"他[谴责者]回答,"但假若他不借钱给我,我哪里错了?"

他说:"如果你向那人要你不应要的东西,你为何不应该认为自己错了?[384d]而他没有交给你,便做得对。如果你向那人要你应该要的东西,却没获得,那么,岂不必定还是你错了?"

"或许是吧。"他[谴责者]说,"但是,那个不信任我的人,为何没有错呢?"

"那么,"他说,"倘若你按应当[的方式]和他交往,[d5]肯定不会犯错,是吧?"

"肯定不会。"

"现在,事实上,你没按应当[的方式]同他交往。"

"我看来[的确没有]。"他[谴责者]回答。

"所以,如果他因你没按应当[的方式]同他交往,因而没被说服,你又如何能公正地[384e]谴责他?"

"我确实不能。"

"你难道不能说,不必体谅行事不当的人?"

"很可以这么说。"他[谴责者]回答。

"但是,在你看来,那些没有按应当[的方式]待人的人,岂不是行事不当?"

"我[这么认为]。"他[谴责者]回答。

[e5]"如果你行事不当,他没有体谅你,他做错什么了?"

"看起来没有过错。"他[谴责者]说。

"那么,究竟为什么,"他说,"人们要以这种方式谴责他人——对于没有被说服的人们,责备他们没有被说服,却从来不因没有说服别人而[385a]丝毫责备自己?"

另一位在场的人说:"假如有个人善待某人,帮助他,要他以同样方式待自己,却被对方拒绝了,那么,在这种情况下,这个人为何不能正当地指责他呢?"

"被这人要求以相同方式[a5]待他的那个人,"他说,"要么能,要么不能高贵地待他,不是吗? 如果那人不能,这种要求如何会是高贵的呢,岂不是要他做其不能做的事;如果那个人能,他又怎么会没能说服那个人? 说这席话的人又怎么能[385b]说得高贵?"

"凭宙斯!"他回答,"应该责备那种行为,为了将来那人还有他的其他朋友们要待他好些——这些朋友们也曾听到了他的责备。"

他说:"你认为,那些听到这番话的人会待谁[b5]更好些,是对一位讲话恰当、提恰当要求的人[更好些],还是对一个[在这些事上]犯错的人?"

"讲话恰当的人。"他回答。

"但你认为,他没有恰当地提出要求?"

"确实。"他说。

"当他们听到这样的责备时,又怎么会待[他]更好些?"

"肯定不会。"他回答。

"那么,一个人责备这些,[385c]是为了什么?"

他说,他找不到答案。

四

有人正在责备一个人习性纯良,因为这人不管遇到谁,都很快相信他们说的话。

"信任你的同胞邦民和家人说的话,很合理。但是,信任[c5]你原先从未见过或听过的人,而你又并非不知道多数人都是无赖和骗子——这可绝不是个很小的愚蠢的标志。"

[385d]有一位在场的人说:"我认为,相比缓慢的人,你会更看重随便任何一个能快速理解事物的人。"

那[责备人的]人说:"确实,我这么认为。"

"你为何要责备他,"他问,"如果他能快速相信任何[d5]说真话的人?"

"我不是责备他这个,"他回答,"而是因为他很快就信任讲假话的人。"

"但倘若他要用更长的时间信任人,并且又不是随便相信任何人,却还是被骗了——你不是会更加责备他吗?"

"我会。"他回答。

"是因为他很缓慢地信任人,[385e]又不随便相信任何人吗?"

"凭宙斯![当然不是。]"他说。

"不,"他说,"我想,你并非因为这个原因认为应该责备人,而是因为他相信说假话的人。"

"我确实[这么认为]。"他说。

"那么,你是否认为,"他说,"一个人并非因为很缓慢地相信人、也不随便信任[e5]人,而值得受到责备,[相反,]他之所以该受责备,是因为他很快相信人,而且还会信任任何人?"

"不,我不这么认为。"他回答。

"那么,你为何要责备他呢?"他问。

"因为他的错误在于,在考虑[了问题]之前就快速地相信任何人。"

[386a]"可是,如果他在考虑之前缓慢地相信他们,便不会犯错?"

"宙斯啊!"他回答,"相反,在这种情况下,他的错误也绝没有更小。我认为,他不应该任何人都相信。"

"如果你认为,他不应该随便相信任何人,"他说,"那么,你是否认为,他应该[a5]很快就相信不认识的人?还是说,你是否认为,他应该首先考虑他们是否在说真话？"

"我这样认为。"他说。

"如果他们是家人和亲属，他就无需考虑他们是否说真话吗？"

"我会说，他也需要。"他回答。

"大概因为，即便是在这些人中，有些人也会说出不值得信的话。"

"确实如此。"他回答。

[386b]"那么，"他说，"为什么相信家人和亲属要比随便相信任何人合理？"

"我说不出[原因]。"他回答。

"接下来呢？如果你应更相信你的家人们，而非随便的任何人，那么，你不应该认为，他们要比随便的任何人更值得信任吗？"

[b5]"怎么不是呢？"他说。

"如果他们总是一些人的家人，又是对其他人来说的陌生人，那么，你怎能不必须比他们自己更认为他们可信呢？因为你应该不会认为家人和陌生人同样可信吧，或者，你会这么说？"

"我不会接受这一点。"他说。

"同样，"他说，"对于他们说的话，有人[b10]会相信，其他人则会认为不可信，两方都没有错。"

"这太荒唐了。"他回答。

"再者，"他说，"如果家人和随便的任何人说了同样的事，[386c]他们说的话怎能不同样可信或不可信呢？"

"必然如此。"他说。

"你不应该同等地相信说这些事的人吗，当他们说这些的时候？"

"这很合理。"他说。

当他们这样讨论的时候，我很困惑，不知究竟应该相信谁、[c5]不该相信谁？我究竟应该相信可信的人和知道自己在讲什么的人呢，还是应该相信家人和相识的人？对于这些，你怎么认为？

西绪佛斯

苏格拉底 ［387b］昨天我们等了你好长时间，西绪佛斯①啊，在斯特拉托尼科斯②的表演之前，以便你同我们一道去聆听一位真正智慧之人的表演，［这表演］在唱词和演奏方面都充满了丰盛华美的内容。等到认为你不会来之后，［b5］我们才自行去听那人［的表演］。

西绪佛斯 是的，凭宙斯！因为我没有空闲，发生了一件非常紧急的事，我不能把它放一边。我们的执政长官［387c］昨天集会，他们强令我与他们一道审议。可是依照法律，我们法尔萨洛斯的城邦民必须服从，要是他们命令我们中的任何人与他们一起审议的话。

苏 不过，遵从法律是一桩美事，也会被［c5］同胞邦民看作一位善谋的人。而你在法尔萨洛斯确实也被认为是一位善谋者。不过，西绪佛斯啊，此刻我没法儿在好的谋算上［387d］与你争论。我觉得那需要很多闲暇和很长的讨论。不过我倒愿意首先着手和你讨论谋算本身，［看看］它是什么。

那么，谋算本身到底是什么？你能告诉我吗？——［d5］不是如何谋算得好、坏或者漂亮，而只是谋算本身，它是怎样的一回事？你自己作为一位善谋的人，回答起来岂不是很容易？希望我在这类事情上询问你，没有太过喋喋不休。

西 在你看来，什么是谋算这个问题真的弄不明白？

苏 ［387e］我确实［不知道］，西绪佛斯啊，至少它完全不同于这种

---

① 公元前4世纪的帖撒利亚的法尔萨洛斯（Pharsalus in Thessaly）的政治家。
② 公元前4世纪前期的音乐家，作为基塔拉琴演奏者闻名。

人所做之事:他对某件要做的事缺乏理解,只凭预测或者应付着说出碰巧想到的想法,就像那些玩猜单双游戏的人一样——他们显然不知道[e5]自己手里握着的东西是双数还是单数。当他们说这些东西[是单数或双数]时,只是碰巧[388a]猜对。也许谋算就像这类东西。某个人并不知道他正谋算的东西,只是凭运气说,却碰巧说对了。如果谋算就像这类东西,我就大体知道它[a5]是什么了。但如果不像这类东西,我就根本没有理解它。

西　它肯定不像是对某类事情完全无知,倒像是知道事情的一部分,却不知其余的部分。

苏　[388b]那么,你的意思是,谋算是——凭宙斯起誓! 我想,我已经猜到你关于好的谋算的想法了——它像这样的东西:人们努力发现自己要采取的最佳行动,但还没有[b5]清楚地知道,而是仿佛还在考虑它是什么,这大概就是你所说的?

西　我[说的]是这个。

苏　那么,人们试图发现哪些事情? 是他们知道的[388c]还是不知道的?

西　两者都有。

苏　当你说人们试图发现这两者时——既寻求已知的,也寻求不知道的事情——你指的也许是这个:比如,某个人[c5]认识卡利斯特拉托斯①,虽然知道他是谁,却不知道在哪里可以找到他。你所说的试图发现这两者,是这个意思吗?

西　我说的是这个。

苏　你不会试图发现前者——去认识卡利斯特拉托斯,因为你已经认识他?

西　[388d]当然不会。

苏　但你会试图寻找他在哪里。

西　是,我想我会。

苏　你也不会试着发现这个——可以去哪儿找到他,如果你已知道

---

① 公元前 4 世纪的雅典政治家。

的话。那种情况下,你不就会直接去找他吗?

西　是。

苏　[d5]看起来,人们不会试图发现已经知道的事情,而是[要发现]不知道的事情。不过,如果这个论证让你觉得强词夺理,西绪佛斯啊,[觉得]提出[它]不是为了[了解]实情,[388e]只是为了争辩本身,那么,就来用这种方式看看,看你是否还同意刚才说的。你岂不也知道,几何学中有这样的事:几何学家们不知道对角线,不过,[他们不知道的]并非[某条线]是否为对角线——因为这根本就不是他们试图发现的[e5]——而是,它与所切分的图形的边相比,究竟有多长,这不就是他们关于[对角线]试图发现的吗?

西　我想是。

苏　它是未知的事情,不是吗?

西　肯定是。

苏　接下来呢?例如将立方体加倍。你是否知道,几何学家们会通过推理,试图发现[e10]它有多大?关于这立方体本身,他们不会试图发现它是不是立方体。他们知道这个,不是吗?

西　[389a]是。

苏　那么,关于空气呢?你肯定知道,阿纳克萨戈拉和恩培多克勒以及其他的宇宙学家都试图发现,气是无限还是有限的。

西　是。

苏　可他们有没有问它是不是气,对吗?

西　[a5]显然没有。

苏　依照和上面类似的所有例子看来,我们同意,没人试图发现他已经知道的事情,而是要发现还不知道的事情,对吗?

西　我同意。

苏　[389b]那么,在我们看来,谋算不就是这个吗?——在需要采取行动的事情上,试图发现某种最好的东西?

西　是的。

苏　我们试图发现的谋算,是关于实事的,对吗?

西　当然[b5]是。

苏　那么现在,我们是不是该考虑,到底是什么阻碍了人们发现其试图发现的东西?

西　我想是。

苏　我们应该说,是什么[389c]阻碍了他们,如果不是无知的话?

西　让我们来查看一下吧,凭宙斯!

苏　绝对[如此]。我们必须像俗话说的那样,扬起风帆,高声呼喊。那么,和我一起考察[c5]这个问题:如果一个人没有关于音乐的知识,既不知道如何演奏基塔拉琴,也不知道如何演奏别的哪段符合乐律的东西,那么,你认为,这人能否谋算有关音乐的事情?

西　我认为不能。

苏　关于军事或航海术呢?[389d]你认为,一个二者都不通晓的人,还能够谋算这些领域中他应该做的事情吗?他能谋算如何领兵或者航海吗,如果既不通晓军事,也不通晓航海的话?

西　不能。

苏　[d5]在所有其他领域,你也这样认为吗?如果某某人不知道某些事情,他也不大可能知道或谋算他所不知道的事情。

西　我同意。

苏　有可能试图发现人们不知道的东西,是不是?

西　[389e]当然。

苏　试图发现就不能等同于谋算。

西　为什么不等同?

苏　因为人们试图发现的东西显然是自己不知晓的事情,然而,看起来,人们没法谋算[e5]不知道的事情。这不是我们刚才已经说过的?

西　当然是。

苏　这不正是你们昨日所为吗——试图为城邦发现最好的事,而又不知道[最好的事]?因为如果你们知道,你们显然不会还要试图发现它们——正如我们不会试图发现其他我们已经[e10]知道的事,不是吗?

西　是的,我们不会。

苏　那么,西绪佛斯啊,如果一个人不知道某事,你认为他应该做哪一个:试着发现它,还是[390a]学习它?

西 凭宙斯，我认为应该学习。

苏 你认为得对。不过，你[之所以]认为更应该学习，而非试着发现，是不是因为这个？——与一个不[a5]知道某事的人想要自己试着发现相比，如果从知道它的人们那里学习，能更快、更容易发现它？或者因为别的？

西 没有了，正是因为这个。

苏 那么，为何你们昨天还要费事谋算你们所不理解的事，试图为城邦发现所要采取的最好的行动？你们为何不从一位知道它们的人那里学习，[390b]这样，你们就能为城邦采取最好的行动？相反，在我看来，你们昨天花费了一整天，坐在那儿随便应付和预测你们并不知道的事，而不是费力学习这些事——我指的是你们城邦的执政者，[b5]其中也包括你。

或许你会说，我只是为了争辩的缘故而一直在嘲笑你们这些[行动]，在你[390c]看来没有经过严肃的论证。但是，凭宙斯，西绪佛斯啊，现在来严肃地看看吧。如果先承认存在着谋算这回事，而且，假如它并非像刚才所发现的那样，就像无知、猜测或临时应付一样，[c5]只是用了一个响亮的名字，此外别无不同，那么，你是否认为，在谋算得好或成为善谋算者方面，人与人有差异？就像在别的知识当中那样，一些人不同于其他人，比如木匠就与木匠不同，[390d]医生与医生不同，簧管手也不同于簧管手，在所有别的工匠行当中也是一样，他们自己彼此不同？就像这些手艺人各不相同一样，难道你不认为，在谋算什么事情的时候，人们彼此也会不同吗？

西 [d5]我这样认为。

苏 那么，告诉我，所有谋算得好或差的人，不都是谋算未来将要发生的事？

西 当然。

苏 而未来的事物还不存在，不是吗？

西 还不存在。

苏 因为如果是[存在]的话，它显然就不是将要[390e]存在，而是已经存在了，不是吗？

西 是。

苏　如果它不存在,那么,不存在的东西也还未生成?

西　还没有。

苏　但如果它还没有生成,那么,它不会有任何自身的本性?

西　根本不会有。

苏　那么,那些[e5]谋算得好的人和谋算得差的人,无论何时谋算着将来之事,都在谋算着这样的事——它们既不存在,也未生成,也没有任何本性。对吗?

西　显得是这样。

苏　那么,在你看来,人能够碰巧命中不存在的东西吗,无论这人[是命中得]好[e10]还是糟糕?

西　你说的是什么意思?

苏　我会向你说明我想说的意思。试想有许多[391a]弓箭手,你如何鉴别他们之中谁好,谁糟糕?这不难知道吧?你大概会命令他们射击某个目标,对吗?

西　当然。

苏　那个命中目标最多的,[a5]你会直接裁定他获胜?

西　我会。

苏　但如果没有为他们放置射击的目标,每个人只是随着意愿射击,那么,你该怎样[391b]鉴别好射手与差射手?

西　我没法[鉴别]。

苏　那么,对于鉴别谋算人的好坏来说,你岂不也会[感到]茫然失措吗,如果他们不能理解该谋算些什么?

西　我会[不知所措]。

苏　如果谋算者们[b5]正在谋算将来的事情,他们是在谋算还未存在的事情,是不是?

西　当然。

苏　而对于不存在的东西,岂不是不可能碰巧命中?在你看来,人们怎么可能碰巧命中[391c]不存在的事物呢?

西　肯定不可能。

苏　既然不能碰巧发现不存在的东西,那么,关于不存在的事物,也就没有哪个谋算者能够碰巧[发现]它？因为将要发生的事情是不存在的东西，不是吗？

西 我认为是。

苏 既然没人[c5]能碰巧发现将来的事物，那么，就没人真正擅长谋算或谋算得蹩脚了。

西 看起来，没有。

苏 那么，人们彼此之间就既没有更善于、也没有更不善于谋算了，如果对于不存在的东西，既没有"更碰巧命中"、也没有"更碰巧错过"[391d]的话。

西 确实不会。

苏 那么，当人们称呼某些人是好的或糟糕的谋算者时，他们朝着打量的事物会是什么呢？西绪佛斯啊，关于这个，难道你不觉得值得什么时候再[d5]来思考一番？

哈尔克雍[*]

凯瑞丰 [1]苏格拉底,海岬下,顺着下到海滩的路传到我们这里的是什么声音?太动听了!什么样的动物能发出那样的声音?生活在海里的动物肯定都是不发声的。

苏格拉底 是一种名叫哈尔克雍的海鸟,凯瑞丰,它总在哀鸣和哭泣。关于这种鸟有一个老人传下来的古代传说。它曾经是一位妇人,是海伦的儿子埃俄洛斯的女儿。她为爱悲痛,哀悼死去的丈夫特拉喀斯的喀羽克斯,喀羽克斯是启明星的儿子——英俊父亲生了英俊的儿子。她在地面四处巡行,却没能找到喀羽克斯,后来,因为神意,她像鸟儿一样长出翅膀,此刻飞到海上找寻喀羽克斯。

凯 这就是你所说的哈尔克雍吗?我从来没听过[2]它的声音,事实上,这声音震动了我,很不寻常。无论如何,那动物确实发出了悲伤的声音。苏格拉底,它的身形有多大?

苏 不是很大。不过,因为她对丈夫特别的爱,她从诸神那里获得了巨大的赏赐。因为,当哈尔克雍筑巢之际,世界便会带给我们所谓的"哈尔克雍日/平安时日",在隆冬季节,这些日子尤为平静——今天就尤其是个好例子。你难道没看见吗,头上的苍穹多么明亮,整个大海多么风平浪静,多么安宁?可以说,就像一面镜子。

凯 你说得对。今天确实是个"哈尔克雍的太平日子",昨天也像这

---

[*] 尽管许多抄件将这篇对话归在柏拉图名下,但伯内特(Burnet)并未将它编入柏拉图著作集中。现在通常把它编入路吉阿诺斯(Lucian)著作集,故这里采用的是路吉阿诺斯著作集中的行码。

样。但是,凭诸神,苏格拉底,我们怎能真正相信那些古代传说,[相信]鸟儿曾经变成女人,或女人变成鸟儿?所有这类事情看起来都完全不可能[发生]。

苏 我亲爱的凯瑞丰啊,[3]在判断什么可能或不可能[方面],我们似乎太短视了。我们依着属人的能力做评判,但它一无所知,既不可靠又没有辨别力。对我们而言,许多事情看似行不通,实则可行,许多事物看起来不可企及,实际却能获得,这经常是因为我们缺乏经验,也常常因为我们孩童般的心智。事实上,所有人,即便是老人,似乎都与小孩一样,因为我们生命的跨度如此之小,与永恒比较起来都不过是[处在]童年时期。我的好朋友啊,人们对诸神的大能或作为整全的自然一无所知,又如何能说这类事可能还是不可能?

你注意到了吧,凯瑞丰,前天的风暴有多大?人们若思索这些发亮的闪光和雷电,以及狂风骇人的力量,会被恐惧慑服。有人或许会觉得,这有人居住的整个世界即将毁灭。但片刻之后,又奇迹般恢复到平静的天气,[4]一直持续到现在。[神]把天空的样貌从如此难以停止的风暴和混乱变为这样的平静和晴朗,将整个宇宙带入宁静之中,你不认为,这是一项比把女人的形状变成鸟更加庞大和艰巨的工作吗?就连知道如何用泥土或蜡捏东西的孩子都能轻易用这些材料做出各种形状,那么,既然神拥有我们无法比拟的大能,对他而言,所有这些事情也都会这般轻而易举。毕竟,你能否说清,整个天空要比你自己大多少呢?

凯 [5]苏格拉底啊,谁能想象这类事情,或者找到形容它的只言片语?甚至连言说它都不可能吧。

苏 当我们把人们相互比较时,我们不是发现他们的差别巨大吗?有的力量充沛,有的虚弱,一些人远超过另一些人?当[我们]把成年人与五天或者十天大的婴孩比较时,成年人几乎在所有实际的事情上都有惊人的优势,无论是通过精巧的技艺完成的事,还是要通过身体和灵魂共同完成的事。就像我说的,孩子们的头脑甚至[6]都没有可能想过这些事情。与他们相比,一个完全长成的成年人的体力要超出得不可计量,因为一位成年人能轻易打败成千上万这样的小孩。当然,在生命的最初阶段,人们完全无助,不能胜任任何事情,这是很自然的事。如果一个人看来都能比另一个人远为优越,那么,在那些能够理解这类事的人看来,我们又应该如何设想整个天空相对于我们的能力呢?或许这在许多人看来会很有道理——宇宙的体量在多大程度上超过了苏格拉底或凯瑞丰的身形,那么,它的力量、智慧和理智就在多大程度上超过我们的能力。

[7]所以,对于你、我和许多其他像我们的人,许多事情不可能,但他人做来却很容易。因为,让不懂吹簧管的人学会吹奏,或者让不识字的人学会读写,也比把鸟儿变成女人或把女人变成鸟儿更难得多,如果他们缺少知识的话。大自然把一种无脚无翅的动物抛入蜂巢,然后让它长出脚和翅膀,用各种斑驳美丽的色彩装饰它,从中便产生出一只智慧的蜜蜂,亦即神圣的蜂蜜的制造者。[8][自然也]运用辽阔苍穹的神圣技艺,从沉默、没有生命的卵中塑造出多种有翅、能行走或水栖的动物。我们有死的世人很卑微,没法看清无论是宏大的还是细微的事物,以及黑暗中碰到的大部分事物。所以,我们不能对不朽者们的强大力量做出任何可靠的判断,无论哈尔克雍还是夜莺。

悦耳哀鸣的鸟儿啊,这则关于你歌唱的有名的神话,我的先辈怎样讲给我,我便会怎样讲给我的孩子们。我们还会经常向我们的妻子——克桑提佩和缪尔托——讲述你的虔敬和对丈夫的爱,尤其要提到你从诸神那里获得的荣耀。凯瑞丰,你也会这样做吧,并不推辞?

凯 苏格拉底啊,这么做肯定很恰当。你说的话是对夫妇双方的双重劝勉,来增强他们的联结。

苏 那么,是时候向哈尔克雍道别,离开法勒雍海角,去往城里了。

凯 当然,不必耽搁,这就上路吧。

厄吕克西阿斯

[392a]我和来自斯忒里亚村社的厄吕克西阿斯正巧漫步在解救者宙斯的走廊①下面,克里提阿斯和厄拉西斯特拉托斯②,也即斐阿克斯③——老厄拉西斯特拉托斯之子——的侄子,来到我们身旁。其实,厄拉西斯特拉托斯最近[a5]刚好从西西里及附近的地方回来。他来到我跟前,[392b]说道:"你好啊,苏格拉底。"

"你也好,"我说,"现在西西里可有什么值得讲述的事情讲给我们[听]?"

"当然有。但你愿意先坐下来吗?昨天我刚从麦伽拉走回来。"

"如果你愿意,当然。"

"你们首先[b5]想听那边的什么事儿?是西西里人在做什么,还是他们怎么看待我们的城邦?依我看,他们对我们的感受就像马蜂一样。如果有谁轻微搅扰惹怒它们,它们会立即[392c]变得不可抵挡,除非有谁打破整个巢穴,才能驱散它们。叙拉古人正像这样。除非我们费工夫带上大批武装去到他们的城邦,否则这个城邦便不可能臣服于我们。[c5]轻微的策略只会使他们更愤怒,到时只会极为棘手。如今,他们已经向我们派来了使节,而在我看来,他们在算计着欺骗[392d]我们的城邦。"

---

① 《忒阿格斯》和色诺芬《治家者》中苏格拉底与贤人伊斯霍玛霍斯的对话也发生在解救者宙斯的走廊。

② 厄拉西斯特拉托斯是雅典三十僭主之一。厄吕克西阿斯据信是克里提阿斯的亲戚,与克里提阿斯的母系出自同一血脉。

③ 雅典政治家,修昔底德提到他曾在公元前422年出使西西里和意大利,见《伯罗奔半岛战争志》5.4、5。

我们正谈论着,碰巧遇见一些叙拉古使节从一旁经过。厄拉西斯特拉托斯指着其中一个使节说:"那个人,苏格拉底啊,是全西西里和意大利最富有的人。"他又说,"他怎么不是呢,[d5]他拥有那么大量的土地,要是愿意的话,他能开垦出大片耕地。他的这些土地在全希腊没有别人能比得上,此外,他还有其他无数让人富有的东西——奴隶、马匹、黄金和白银。"

[d10]我注意到他要开始对那人的财产喋喋不休,[393a]便问他:"厄拉西斯特拉托斯啊,在西西里,人们怎么看待这人呢?"

"人们认为他是所有西西里和意大利人中最坏的人,他实际上[也]是。他的坏甚至超过他的富有,所以如果[a5]你想问任何一位西西里人,觉得谁最坏、谁最富有,没人会说除了他之外还有别人。"

我觉得厄拉西斯特拉托斯谈的事情绝非小事。相反,它倒是人们考虑的最重要的事情——德性和[393b]财富。所以我问他:"谁更富有,拥有一塔朗同白银的人,还是有一块地的人,这地值两塔朗同?"

"我认为是有地的人。"

"那么,"我说,"按同样的道理,如果碰巧有个人[b5]有衣物、毛毯或者其他比这位[西西里]客人的财产更贵重的东西,那么,这个人就更富有。"厄拉西斯特拉托斯同意了。

"假如有人要你在这两者之间选择,你[393c]想选哪一个?"

"我会选择[拥有的东西]更贵重的那位。"

"你觉得你的选择会使你更富有?"

"是。"

"所以,看起来,谁拥有最贵重的东西,谁就最富有。"

"是。"他说。

"那么,"我说,"健康的人[c5]就比病人更富有,因为健康是一种比病人的钱财更贵重的财产。不管怎样,与拥有君王般的巨大财富却生病相比,没有谁不更愿选择没有多少[393d]钱却健康。显然,他们认为健康更贵重。因为,如果不是觉得健康比财富更可贵,没人会这么选择。"

"当然不会。"

"于是,如果还有[d5]什么东西要比健康更贵重,那么,谁拥有这种东西,他就会最富有。"

"对。"

"假如有人来到我们跟前问:'苏格拉底、厄吕克西阿斯和[393e]厄拉西斯特拉托斯啊,你们能告诉我吗,一个人最贵重的财物是什么?它是否是这件东西——拥有它的人能够最好地谋划下面这件事,也就是如何最好地完成自己和朋友的事务?那么我们会说,[e5]这样的东西是什么呢?"

"苏格拉底,在我看来,幸福是一个人最贵重的财物。"

"回答得不错,"我说,"我们是否认为,谁最善于做事,这样的人们便最幸福?"

"我觉得是这样。"

"那么,这样的人不是最善于做事吗——如果他在处理自己和他人的事务时,[e10]犯错最少,行事又最正确?"

"正是。"

"所以,难道不是那些知道什么是好、什么是坏、[394a]什么应该做、什么不该做的人做事最正确,犯错也最少?"厄拉西斯特拉托斯也同意这种说法。

"那么,对我们来说,同样这些人就显得最智慧、最善于做事、最幸福,也最富有,如果[a5]智慧显得是最贵重的财物的话。"

"对。"

厄吕克西阿斯插话说:"苏格拉底啊,这样的人有何长处可言?如果他即便比涅斯托尔更智慧,却连[394b]日常生活所需——吃的、喝的、穿的以及别的这类东西——都缺乏的话?智慧能有什么帮助?如果他连必需品都缺乏,免不了要乞讨,又怎么可能[b5]最富有?"

我觉得他讲得很有道理,便说:"可是,一个有智慧的人是否会遭受这样的事呢?当他变得缺乏这些东西时?如果某个人拥有珀吕提翁的[394c]房子①,其中装满了黄金和白银,他是否就会什么都不缺?"

"可是,"他说,"没有什么能阻止他立刻拿财物换取恰好缺少的生活

---

① 著名的阿尔喀比亚德亵渎秘仪事件就发生在这座房子里。

所需,[c5]他甚至可以花些钱币,来交换能带来这些所需之物的东西,这样,他立刻就能充足地拥有一切东西了。"

我说:"确实如此,假如有人实际上更想要这样一幢房子,[394d]而非[前面]那个人的智慧的话。可是,如果有这样一种人,他更看重人的智慧和智慧的产物,那么,如果他碰巧缺乏什么东西,于是想要卖掉智慧及其[d5]产物的话,那么他就更能够卖掉它。是不是说,对人们来说,房子的用处必定很大,而且,是住在这样的房子里,还是住在既小又简陋的房子里,差别也非常大,[394e]但是[人]对智慧的需要就很少,而且,在紧要的事情上究竟智慧还是无知,也没有多少差别?是不是说,关于智慧,人们瞧不起它、不会为它付钱,可是对于[e5]建房子的柏木和彭忒利孔山的大理石,却有许多人需要,也想花钱去买?

"如果一个人是智慧的舵手或技艺高明的医生,或在其他类似行当里能够[做到]手艺精良,那么,他便不会不比拥有最多财产的人更可贵。另外,在如何最好地做事方面,如果有人善于既[e10]为自己也为别人谋划——那么,他难道没有能力出售[这种技艺]吗,如果[395a]他想要这么做的话?"

厄吕克西阿斯打断[我说话],面色恼怒,好像有人对他行了不义似的。他说:"苏格拉底啊,如果你真说出了实情,你当真会说,你比希珀尼科斯的儿子卡利阿斯①更富有吗?我想你会同意,在[a5]无论哪件最重要的事情上,你都不会[比他]无知——事实上,[你都]更智慧。可是,你仍然不会因此[比他]更富有。"

我说:"厄吕克西阿斯啊,你也许认为我们正在讨论的这些论证只是一场游戏而已,因为你认为它并不真实成立,反倒像跳棋②中的棋子,[395b]如果移动棋子,就能压制你的对手,让他没法移动棋子来反制你的棋子。而关于[b5]财富,你或许也认为,没有哪些[论证]会更成立。有一些论证都是一样,并不更真实或更虚假。人们说一些话,只是为了驳倒论辩对手——比如,[有人说]'对我们来说,最智慧的人就是最富有的

---

① 雅典富人,崇敬智术师,《普罗塔戈拉》中描述的事情就发生在他家里。
② 双人棋盘游戏,棋盘上有一个长三角形,通过掷骰子来移动棋子。

人'，尽管他所说的可能是假话，[395c]而对手却在说真话。也许这没什么好奇怪的，就像两个人在谈论字母：一个人主张苏格拉底的名字以 S 开头，而另一个则主张以 A 开头。而[主张]名字以 A 开头的论证[c5]要强过[主张]以 S 开头的论证。"

厄吕克西阿斯瞧了一眼周围的人群，大笑着脸红了，好似在前面的讨论中并不在场一样。他说：[395d]"苏格拉底啊，我认为我们的论证不应这样，既说服不了这里在场的任何人，也不能对他们有什么帮助。因为，哪位有头脑的人会被说服[相信]，对我们来说，最智慧的人最富有？[d5]既然我们在谈论财富，我们就应该讨论，富有在什么情况下是一件高贵的事，何时又是一件可耻的事，以及这个财富究竟是怎样一种东西，无论它是好是坏。"

"好吧，以后我要警惕些。[395e]你提的建议很漂亮。不过，既然你提出了这个问题，你为何不自己试着告诉我们，你认为富有是好事呢，还是坏事？既然你认为[我们]先前的论证没有讨论这个问题。"

[e5]"那么，我认为富有是好事。"他说。

他正想继续说，克里提阿斯打断[他]说："告诉我，厄吕克西阿斯啊，你是否认为富有是件好事？"

"凭宙斯，我当然认为[是好事]。否则我就是疯了。而且我还认为，没有谁会不同意这一点。"

"可是，"对方说，"我也认为，[396a]不会有谁不同意我——对于有些人来说，富有是件坏事。如果它真好的话，那么它不会对我们中的某些人来说坏。"

这时我对他们说："如果你们的分歧碰巧是这个——你们在御马术方面谁说得更真实，[a5]乃至谁骑马骑得最好，那么，如果我恰好是最好的骑手，我就会尝试平息你们的争吵。毕竟，如果我在这里，又不能尽我所能阻止你们争吵，[396b]我会很惭愧。再者，如果你们在其他什么事情上也完全不能达成一致，就也很可能像敌人一样分道扬镳，不再做朋友，除非你们达成一致。而现在呢，你们碰巧在争论的，乃是这样一件你们终其一生都必定要遇到的事情，那么，你们[b5]认为它有益还是无益也将造成巨大的差异。

"而且，希腊人也认为这绝非平常事物，而是很重大的事情。因此，当儿辈快长到能够思考如何致富的年纪时，这就会是父辈们首先[396c]建议儿辈们考虑的事情。因为一个人如果拥有财物，就有些分量，如果没有，就一文不值。如果很严肃地看，你们在其他事情上见解一致，[c5]在如此重要的事情上却有分歧——你们不会在拥有财富是黑还是白、轻还是重的问题上有分歧，而是在[拥有财富]是好还是坏[上有分歧]。如果你们在坏的和好的东西上争论，就会变成[396d]最大的敌人，即便你们实际上是最好的朋友和亲属。而我呢，我会尽我所能在你们彼此分歧时不忽略你们。相反，只要我有能力，我就会向你们说清楚[事情]是怎么回事儿，[d5]来中止你们的分歧。可是现在，由于我碰巧没有能力这么做，而你们每个人又都[396e]认为能让另一个人赞同自己，我便准备尽我所能帮助你们在这[拥有财富]是怎么回事方面取得一致。所以，克里提阿斯，着手让我们赞同你吧，像你已经在做的样子。"

"不过，"他说，"我已经开始[做]了，[e5]我很乐意问问这位厄吕克西阿斯，他是否认为有正义的人和不义的人。"

"凭宙斯，"对方说，"我当然[认为有]。"

"接下来呢，你认为行不义是坏事，还是好事？"

"我看是坏事。"

"那么，在你看来，如果有个人付[e10]钱与邻居的妻子通奸，他是行了不义，还是没有？既然城邦和它的法律又都禁止这件事？"

"在我看来，他在行不义。"

"所以，"他说，"如果这个不义的人想做这件事，恰好又富有，能够在这事上花钱，那么他便会[397a]犯罪。但如果一个人不富有，没钱花销，就不能做想做的事，于是就不会犯罪。那么，如果一个人不富有，那还更好些，因为[a5]他没法做他想做的事，[如果]他想做的又是错事的话。再比如，你觉得生病是坏事还是好事？"

"我看是坏事。"

"接下来呢，你觉得[397b]有意志软弱的人吗？"

"我觉得有。"

"那么，对这样一个人来说，如果拿走吃的、喝的和其他人们觉得愉快的东西才更有益于健康,可他却因为软弱不能这么做,那么,对这人来说,如果没有获取这些东西的手段,[b5]没法儿充分拥有所需求的东西,岂不更好吗?因为这么一来,他就没法犯错了,无论他多想。"

克里提阿斯的谈话显得那么好、那么漂亮,[397c]乃至要不是厄吕克西阿斯[怕]在众人面前感到难堪的话,就没什么能拦住他起身打克里提阿斯了。厄吕克西阿斯觉得自己被剥夺了很重要的东西,因为他也看到,他之前关于财富的观点明显不正确。我发现[c5]厄吕克西阿斯正想这么做,却担心会招致辱骂和对抗,[397d]于是我说:"前不久,在吕喀昂,有一位智慧者也说过这样的话,也就是科俄斯的普罗狄科。在当场的人看来,他讲的话都是胡说,没法说服他们相信他讲得真实。当然,还有个非常年轻、爱讲话的小伙子,上前坐到普罗狄科身边,笑话、嘲讽他,还[试图]激怒他。[d5]他想要[普罗狄科]解释自己说的话。而且,在那群听众中间,他比普罗狄科还要更有名望。"

"那么,"厄拉西斯特拉托斯说,"你能向我们讲述[397e]那场谈话吗?"

"肯定,我会尽力讲讲我能记得的。我想,这谈话是这样进行的。这年轻人问[普罗狄科],他觉得财富在什么方面是坏事,又在什么方面是好事。普罗狄科就像你[e5]刚才这样答道:'对高贵且好的贤人而言,它是好事,这些人知道自己应该在何处使用财产。对于缺德和无知的人来说,[财富]是件坏事。'他说,'其他事物也全都如此:人们是怎样的行事者,必定就会有怎样的事。'他说,'我觉得阿尔喀洛科斯①的诗讲得很好——人们怎样思想,就会撞见什么样的事情。'

[398a]"'那样的话,'年轻人说,'在好人之所以智慧的那种智慧方面,假如有人使我也变得智慧,那么,他必然同时也把其他事物也变成了对我而言的好东西。但是,那并不是他的着力之处,因为他[所着力的是]使我对之变得智慧而非无知的那些事情。这就好像,如果有人现在要把我[a5]教成文法上的行家,他必然会为我把其他与文法相关的事情变好。

---

① 公元前 7 世纪抑扬格诗与挽歌作者,见洛布(Loeb)丛书《挽歌与抑扬格诗》(*Elegy and Lambus*)卷 2 残篇 70。

如果[涉及的]是音乐,也是如此。同样,每当他使我变好的时候,他必然同时既使得我变好,也造成其他[相关的]事情。'

[398b]"普罗狄科虽然不同意这些话,但却赞同[那位年轻人]前面的说法。

"年轻人说:'你认为,做好的事情就像建房屋一样,是人力所为吗? 还是说,[事情]必然是这样——不管开始时怎么样,无论是好是坏,结束时便也会这样?'

"在我看来,[398c]普罗狄科开始怀疑他们的论证[到底]会朝向何方,所以,为了避免显得在每个在场者面前被年轻人驳倒——虽然他认为,如果只在一个人面前遭受这件事情也没什么分别——普罗狄科说出了一句非常狡猾的回应:'做好事是人力所为。'

"年轻人说:'你认为德性是可教的,还是天生的?'

[c5]"普罗狄科说:'我认为德性可教。'

"年轻人说:'在你看来,这样一个人难道不是很傻吗? 如果他认为,通过向神祈祷,[自己]就能成为文法专家,或者懂得音乐,或者能够获得其他要么必须[398d]向别人学习、要么必须自己探寻才能获得的知识?'

"他[普罗狄科]同意这些话。

"'所以,普罗狄科啊,'年轻人说,'每当你向诸神祈祷行事顺利和获得好东西时,你所祈求的不过是变成一位既高贵又好的贤人,因为对于既高贵又好的人来说,事情就会好,而对于低劣的人来说,事情就会是坏的。但是如果德性可教的话,那么,看起来,你所祈祷的不过就是把还不知道的东西教给你而已。'

"我对[398e]普罗狄科说,在我看来,如果弄错了这个问题——如果他认为我们立即就能从诸神那里获得我们所祈求的东西的话,我们所经受的可绝不是一件微小的错误。'每当你匆匆走进城邦,前去恳求[e5]诸神赐给你好东西时,你并不知道他们是否真能赐予你所祈求的东西。这就好像,你前往文法教师的门前,求他教给你文法的知识,你自己却不用做任何努力,而是[想要]一接受它就立即能够从事[e10]文法专家所做的事情。'

"正当我说这些的时候,普罗狄科朝那个年轻人反击起来——向诸神祈祷竟显得徒劳无用,这让普罗狄科很恼怒。为了给自己辩护,他正要展示出[399a]你刚才所说的这些[论证],但就在这时,体育场的监管人走上前来,命令他离开体育场,因为普罗狄科的讨论不适合年轻人,而如果[这些讨论]不合适,那显然就是[a5]坏的。

"我复述这些话,就是为了[让]你看到人们是怎么看待爱智慧的。如果普罗狄科也在这里说那些话,在场的[各位]都会[399b]觉得他太疯狂了,简直该逐出体育场。可是你呢,克里提阿斯,你刚才的论证显得非常好,不仅说服了在座的各位,还使你的对手同意你。显然,这很像法庭的场合:如果两个人[b5]碰巧就同一条证据作证——一个人被认为是既高贵又好的贤人,另一个被视为恶人——法官们就肯定不会因为恶人的证词而被说服,甚至有可能做相反的事情。但是,如果那个被认作贤人的人[399c]说了同样的事情,这些话就会被认为绝对是真的。或许在场的听众们对你和普罗狄科所感受到的事情正是如此。一位被认为是个智术师和游方的骗子,而你则会被视为参与城邦政事的男子汉,很有分量。他们也认为,要看的不应该是[c5]言论本身,而在于说话人究竟怎样。"

"可是,"厄拉西斯特拉托斯说,"苏格拉底啊,你讲话时或许在开玩笑,依我看,克里提阿斯显得说出了某些东西。"

"凭宙斯,"我说,"我肯定没有[开玩笑]。可是,既然[399d]你们讨论得既美又好,为什么不完成余下的讨论呢?在我看来,还有些东西有待你们探究,[你们]至少都同意这一点:财富对于一些人是好事,但对另一些人则是坏事。而余下尚待考察的则是,[d5]富有本身是什么。因为除非你们首先知道了这个,否则你们就不可能在富有是好是坏的问题上达成[399e]一致。我已经做好准备,尽我所能与你们共同探究。[现在]就该由声称富有是好事的人向我们解释,他为何持这种立场了。"

"苏格拉底啊,我对拥有富有的说法与[e5]其他人无异:获得许多财产,这就是富有。我认为,克里提阿斯也会认为,富有不会是别的东西。"

"不过,"我说,"这么一来,还仍然有待考虑财产是什么,以免稍后[e10]看起来还得再次回到这个[问题]。眼下,那些迦太基人[400a]就使用这样一种货币。把最大不过一斯塔忒尔①大小的东西包裹在一小块皮革里,至于其中包起来的是什么,除了包裹的人以外,没人知道。当这被封好后,他们就认可它[作为货币],谁拥有了[a5]最多的这种东西,就被认为有最多的财产、最富有。可是在我们这里,如果谁有了大量这种[货币],他也不会比从山上拿来大量鹅卵石更富有。在拉刻岱蒙,人们[400b]把一定重量的铁认作[货币],还是那种没用的铁。谁拥有大量的这种铁,就会被认为是富有的,但在别处,这种持有又毫无价值。在埃塞俄比亚,人们使用雕刻过的石头,[b5]而拉刻岱蒙人则会认为[它们]没什么用。在斯基泰的游牧民中,如果谁拥有珀吕提翁的房子,也不会被认为比我们眼中的拥有吕卡柏托斯山的人更富有些。

[400c]"所以,很清楚,这些东西都不是财产,因为有些拥有它们的人没有因此显得更富有。但是,所有这些对于某些人确实又是财产,对这些人来说,持有它们的人便很富有。但对另一些人而言,它们既不是[c5]财产,也不能使他们更富有。与此类似,相同的事物不会对所有人来说或美或丑,而是对不同的人来说各有不同。

"如果我们想要探究为何在斯基泰人眼里[400d]房屋不是财产、对我们却是,为何皮革对于迦太基人是财产,对我们却不是,为何铁对于拉刻岱蒙人是财产,对我们则不是,那么,我们的发现不也完全就是这样吗?比如,在雅典,如果有人在市场上发现了一千塔朗同重的石头,[d5]由于这些石头对我们没有用,那么,我们为何会认为,他因为这些就更富有了呢?"

"我看没有。"

"但假若他有一千塔朗同的吕克里特理石②,我们就会说,他极为富有?"

[400e]"当然。"

我说:"是不是因为这个——一种东西对我们有用,而另一种没有用?"

"是。"

---

① 一种硬币,雅典的一斯塔忒尔就是17.5克银。
② 即帕里安(Parian)大理石,或指一种红色的珍贵石头。

"就因为这个,房屋对斯基泰人来说才不是财产,因为房屋对斯基泰人一点儿用处也没有。也没有[e5]斯基泰人会喜欢最精美的房屋胜过喜欢羊皮外袍,因为一个对他有用,而另一个则没用。再说,我们认为迦太基货币不是财物,因为我们不能用它获取我们所需,就像用白银那样,所以,它对[e10]我们没用。"

"好像是。"

"所以,所有对我们有用的东西就是财产,没用的则不是财产。"

厄吕克西阿斯接过话说:"怎么可能? 苏格拉底啊,[401a]我们不是使用交谈、看和许多其他的事情来相互交往吗? 这些对我们来说都是财产吗? 它们看起来也有用。即便如此,在我们看来,这些东西也肯定不是财产。因为几乎所有人都赞同,某物如果是财产的话,它[a5]必定得有用,但是,既然并非所有[有用的事物都是财产],那么,哪种有用的事物[才是财产]呢?"

我说:"来吧,[告诉我,]如果我们再来考虑这个——比如,药物是不是为了[401b]祛除疾病? 那么,我们是否会发现一些我们正探寻的[答案]呢? 也就是说,什么是我们视为财产的东西? 获得财产究竟是为了什么目的? 或许这样能让[事情]对我们显得更清楚。现在,[事情][b5]必定显得如此——所有是财产的东西便也都是有用的事物,而在有用的东西之中,我们把有些种类叫做财产。而余下要考察的则是,财产在被使用时,是为了何种用处而成为有用之物的。

"因为,所有[401c]我们用来劳作的东西,大概都有用,正如一切有灵魂的东西都是动物,而我们把这些动物中的一类叫做人。假如有人问我们,若要让我们不再需要医术或[c5]医术所用的器具,我们须得去掉什么呢? 我们便能回答说,如果能从身体上祛除疾病,并且完全不再生病,或者当疾病一产生就被祛除的话。那么,医术看起来就是对这件事也即祛除疾病有用的知识。[401d]倘若有人再次问我们,若要让我们不需要财产,那须得祛除什么呢,我们能说出来吗? 如果不能,就让我们像这样重新考察:来吧,如果一个人没有食物和水还能存活,既不饿也不[d5]渴,那么,他还需要这些东西、钱或者其他某种能提供这些东西的事物吗?"

"我认为不需要。"

"那么,在其他事情上,岂不也是这样?如果我们不需要目前所需要的、用来照料身体的东西,例如[401e]冷与暖,以及身体需要却缺乏的其他所有东西,那么,对我们来说,那些被叫做财产的东西就没有用处,因为根本没人需要这些东西——正是为了这些东西的缘故,我们如今才想要有财产,唯有如此,我们才能在身体每时每刻都需要的[e5]欲望和需求方面获得满足。所以,如果是为了这个目的——有需要的人为了照料其身体,那么拥有财产就有用,而如果完全摒弃了这些需求,我们就不需要任何财产了,财产或许也就完全不存在了。"

[e10]"看起来是的。"

"那么,那些对于实现我们的这种事情有用的东西,在我们看来,好像就是财产。"

厄吕克西阿斯同意这些东西就是财产,但他对这个观点感到非常困惑。

"那么,如果这么来看呢?[402a]我们是否会说,对于同一个目的来说,同样一些事物有时有用,有时又没用?"

"我不会这样说。相反,如果我们就是为了它那个目的而需要某件东西,我就会认为这东西有用。如果我们不需要,它就没用。"

[a5]"所以,如果不用火,我们也能铸造铜像,那么,为了那个目的,我们就不需要火。如果我们不需要火,它就对我们没用处。同样的[402b]论证也适用于其他事物。"

"看起来是这样。"

"那么,凡是[即便]没有某些东西也能成事,那么我们也就不需要这些东西,而且,就这件事而言,这些东西也对我们显得没有用了。"

"的确没有。"

"那么,如果有一天我们变得能够终止身体的需求,以至不再缺乏,[因而也就]离开了白银、黄金和[b5]其他那些我们为了身体而要使用的东西,例如食物、饮品、衣物、毯子和房子,那么,对我们来说,服务于这个目的的白银、[402c]黄金以及其他这类东西,不就显得没用了吗?如果有一天我们能够离弃这些东西的话。"

"的确没用了。"

"那么,这些东西在我们看来就不是财产了,如果它们没用的话,尽管它们是我们能拿来获取有用之物的东西。"

"苏格拉底啊,[c5]我还是不相信[你说的]这些——黄金、白银和其他这类东西对我们来说不是财产。但对于[另外]那一点,我倒是很确信,也就是说,对我们没用的事物不是财产,可财产[402d]则属于最有用的事物之列。那么,[在这一点上]我没被说服,所谓这些东西对我们的生活没用,因为我们能凭借它们获取我们必需的东西。"

"那么,来吧,关于下面这些,我们会说什么?是否有一些[d5]教授音乐、文法或者其他某种知识的人,通过做这些获得报酬,以此为自己谋取需要的东西?"

"有。"

[402e]"这些人正是用他们的这种知识进行交换,从而获得了生活所需,这就好像我们拿金和银来[交换其他东西]。"

"我会这么说。"

"如果他们以此获取了他们生活所用的东西,那么,技艺本身就[e5]对生活有用。而我们也正是因此才说银钱有用,因为我们能用它获取我们身体必需的东西。"

"是这样。"他说。

"如果这些知识为此而被划到有用的事物之列,那么,在我们看来,这些知识就是财产,原因便是与'黄金[e10]和白银都是财产'同样的理由。显然,拥有这些技艺的人都变得更富有了。就在刚才,我们还很难接受[403a]这个看法,认为这些人是最富有的人。依据我们刚刚达成同意的这个看法,就必然可以得出,一些更有知识的人,就更富有。因为,倘若有人问我们,是否认为马对所有人都有用,你不是会这样回答么——它对那些知道如何使用马的人[a5]有用,对不知道的人就没用?"

"我会[这样回答]。"

"那么,"他说,"根据相同的道理,药不对所有人都有用,而只对知道如何使用它的人有用?"

"我同意。"

"其他所有的东西[403b]岂不也是这样?"

"好像是。"

"那么,金、银或其他被认为是财产的东西,岂不只对这种人才有用,也就是知道应当怎样使用它们的人?"

"是这样。"

"我们刚才不是还认为,既高贵又好的贤人才[b5]知道何时、如何使用这些东西中的每一件?"

"我会这么说。"

"那么,这些东西就只对高贵且好的贤人有用,既然他们知道应如何使用它们。但如果只对他们有用,那么,这些东西便显得只对他们而言才是财产。可是,看起来,如果一个[403c]对骑马术无知的人还拥有马匹,那么,马匹就对他没用。然后,如果有人让他懂得了马匹,同时就使他更富有了,因为那人使得先前对他没用的东西[现在变得]对他有用了。通过[c5]给予他一些知识,那人就立即使他富有了。"

"看上去是这样。"

"不过,我认为,我能代表克里提阿斯发誓,他没有被这些话中的任何一句说服。"

"凭宙斯!的确,"他[克里提阿斯]说,"如果我[403d]相信了这些,我准是疯了。不过,为什么不把那些话讲完呢,也就是说,通常被当作[财富的事物]——白银、黄金和其他这类东西——都不是财产。听着你刚刚仔细讲述的话,我对这些说法是多么赞叹啊!"

[d5]我则说:"在我看来,克里提阿斯啊,你喜欢听我的话,就好像你也很喜欢听诵诗人吟诵荷马的诗歌一般,虽然你认为这些话当中没有一句是真实的。不过,还是来吧,[告诉我,]关于这类东西,我们要怎么说呢?你是否[403e]会说,对人们当中的建房者来说,那些用于建造房屋的东西,会对他有用?"

"我认为是这样。"

"那么,我们是否会说,他们用于建房的这些东西有用?——也就是石头、砖、木头[e5]和别的这类东西?另外,这些东西也有用吗,比如他们用来建房子的工具,用来获取木头、石料这类[材料]的东西,再加上[制作]这些东西的工具?"

他说:"我认为,为了那个目的涉及的所有这些东西都有用。"

"那么,"我说,"关于所有其他工作,不也是这样?——不仅我们为了完成每件工作所用的这些东西本身有用,而且我们[e10]借以获取这些东西的事物也有用,因为,如果缺了它们,我们的工作就做不成?"

"确实如此。"

"同样,那些借以获得前者的东西,以及如果向上还有某种东西的话,[404a]就再包括借以获得它们的事物,甚至还要继续往上[追溯],如此[前溯]以至无穷无尽——那么,所有这些为了完成工作而[需要]的事物,看来都必然有用吗?"

他说:"是的,不会不如此。"

"接下来呢? 如果[a5]一个人有吃的、喝的、衣服和其他要用在身体上的东西,那么,他还需要金银或者别的什么吗,拿来获取他已经拥有的东西?"

"依我看,不需要了。"

"对我们来说,会出现这种情况吗? 一个人会不再需要[404b]这些用于身体的事物?"

"不会。"

"可是,假如这些事物看上去对这个目的没用,那么就不会在什么时候又显得有用了吧? 因为,[我们讨论的]基础就是,对于同一个目的来说,一件东西不可能有时[b5]有用、有时无用。那么,至少在这方面,我们有一致的说法:这些东西对于这个目的一旦有用,它们就不会再变得[404c]无用。现在,对于做某些事……[有些东西]对坏的事情……,有些东西对做好事有用。"①

"是,我会这么说。"

"坏的事情能对做好事情有用吗?"

"在我看来,不可能。"

"我们会说,这样的事——一个人通过德性[c5]做出的事——是好

---

① 这段文本中似乎缺失了一些内容。也许克里提阿斯宣称,对于做某些事情来说,有些东西总是有用。此后苏格拉底问,是否有些东西对于做坏事有用,有些则对做好事有用。

事吗?"

"我会说[是]。"

"一个人能学习通过言辞教授的东西吗?——如果他完全丧失了听到别人[说话]的能力?"

"凭宙斯,我认为不可能。"

"那么,[404d]在我们看来,听觉应该归于对德性有用[的事物],因为通过听觉,德性可教,我们则利用它来学习?"

"看起来是。"

"那么,如果医术能止住疾病,那么在我们看来,[d5]有时候医术就能属于对德性有用[的事物],如果通过医术能获得听觉的话?"

"不会不是。"

"再说回来,如果我们要以财产交换医药,那么,在我们看来,[404e]财产也对获得德性有用?"

"肯定是这样。"他说。

"那么,又说回来,我们由以获取财产的手段也同样[对德性有用]?"

"完全肯定。"

"那么,你能否设想,一个人通过做坏的和可耻的事情[e5]获取了钱财,用来交换获得医术知识,凭着这知识,他又从听不见东西变得能够听见?而且,他也能够为了德性或其他类似的东西运用这同样的东西?"

"我认为肯定可以。"

"坏的东西肯定不会对德性有用?"

"不会。"

"那么,[事情]是否必然是这样——那些我们用来[e10]获取有任何一种用处的东西的事物,也能[与这件东西]有同样的用处?因为,那样一来,坏东西[405a]有时看来也能有一种好的用处了。或许这样[论证]会更清楚——如果有一些对这样或那样的目的有用的东西,而且,如果没有这些东西,如果不是先有了它们,[那些目的]便也就没法实现,那么,告诉我,对此你会说什么?[a5]无知对于知识、疾病对于健康、恶对于德性,能够有用吗?"

"我会说,没有用。"

"对此我们会赞同,一个人身上如果不是先有了无知,便不可能有知识,如果不是先有了疾病,便不可能有健康,如果不是先有了[405b]败坏,便不可能有德性。"

他说:"是这样,我认为。"

"那么,看起来,那种如果没有它们[其他事物]便不可能产生的东西,不是必然对那些事物有用。不然,无知在我们看来就会对知识有用,疾病就会对[b5]健康有用,坏也就会对德性有用了。"

克里提阿斯很难赞同这些论证,也就是说,[赞同]那些东西并非都是财产。我明白,要说服他——如俗话说的——就像煮熟[405c]石头那样难,于是我说:"咱们跟这些论证道别吧,既然咱们没法[对这个问题]达成一致——有用的东西和财产是不是一回事。但是,关于[另外]那个问题,我们又要怎么说呢:我们怎样才会认为一个人更幸福、更好呢,[c5]究竟是当他在身体和日常生活的必备之物方面需求极为繁多时,还是当他[的需求]极少又极为简单时?或许这样来考察它就是最好的方式——将一个人与他自己相比较,考虑他的[哪种]状况[405d]更好些,是生病时还是健康时?"

"这个问题肯定不需要思考太久。"他说。

"这大概是因为,"我说,"每个人都很容易认识到,健康人的状况要比病人的状况好。那么接下来呢?在何种[d5]状况下,我们会需求更多也更多样的东西?是在我们生病时,还是健康的时候?"

"当我们生病时。"

"所以,当我们处在最坏的状况时,[405e]在经由身体的快乐方面,我们会有最强烈、最多的欲望和需求?"

"是这样。"

"每当一个人对这些[事物][e5]只有最少的需求时,他便显得处在最好的状况之中,那么,如果再来设想,同样的道理可以适用于两个人吗,如果一个人的欲望和需求又多又强烈,另一个人则又少又轻微的话?比如,就像人群当中,有些人是赌徒,有些是酒鬼,此外还有饕餮客——所有这些状况不过都是[e10]种种欲望。"

"正是。"

"但是,所有这些欲望无非都是对某些东西的需求。那么,与没有或者很少经受着需求的人相比,那些经受着最多的这些需求的人们,就处在[406a]更坏的状况中。"

"我认为,这样的人们处在极糟糕的状态,而他们需求越多,也就越悲惨。"

"我们是否认为,一些东西不可能对[a5]某个目的有用,除非我们为了这个目的而需求它们?"

"我会这么说。"

"如果我们会认为有些需要对于照料身体有用,我们同时岂不必然也为了这个目的而需求它们吗?"

"我想是这样。"

"所以,如果谁为了这个目的而拥有最多的有用的东西,那么,这个人也[a10]会显得为了这个目的而需求最多,因为他必定需要所有有用的东西。"

"在我看来是这样。"

"那么,根据这个论证,如果谁拥有许多财产,就必定需要许多必需的东西来照料身体,[a15]因为财产看上去对这个目的有用。所以必然得出的是,在我们看来,最富有的人也就显得处于最坏的状况中,因为他们对这些事物需求最多。"

阿克西俄科斯

苏格拉底① [364a]在我[出城]去往居诺萨尔戈斯的路上，临近伊利索斯河②时，我听见有人在喊："苏格拉底！苏格拉底！"当我转身四下环顾，[找寻]喊声从何处传来时，我看见阿克西俄科斯的儿子克莱尼阿斯正跑向卡利罗娥，同行的有音乐家达蒙[a5]和格劳孔的儿子卡尔米德。③达蒙是克莱尼阿斯的音乐教师，克莱尼阿斯和卡尔米德是同伴，相互[364b]爱恋。为了尽快跟他们合到一块儿，我认为[应该]走下大路，这样，我们就可以尽快碰头。

克莱尼阿斯双眼含泪说道："苏格拉底，[他们]一直说你有智慧，现在是[你]展示的时机啦！我的父亲[b5]不安泰有些时日了，已临近生命的终点。在这临终时刻，他很痛苦，尽管他曾嘲笑过那些惧怕[364c]死亡的人，还曾轻言调侃他们。你来吧，用你平常习惯的方式劝慰他，让他没有怨言，走向自己的命运。我和[家里]其余的人也好敬奉礼仪。"

"那么，克莱尼阿斯，我不会拒绝你这个适宜合度的请求，特别是[因为][c5]你所求之事合乎神法。我们走吧，若情况真那样，就应该最快

---

① 有的译本并不列出对话人名，而是将整篇对话视为苏格拉底转述的他偶遇克莱尼阿斯一行人，跟随前往安慰克莱尼阿斯弥留的父亲阿克西俄科斯的事，后文与阿克西俄科斯的对话全部作为引语。本篇的翻译依据伯内特校勘本，故仍依从伯内特列出对话人名，尽管这样会显得有些不合文体。

② 居诺萨尔戈斯（Cynosarges）是雅典城墙外的一间体育场，伊利索斯河（Ilissus）的源头是一眼名为卡利罗娥（Callirhoe）的泉水。

③ 阿克西俄科斯是一位民主政治家，阿尔喀比亚德的叔叔，少量关于他的文献记载几乎都牵涉阿尔喀比亚德。克莱尼阿斯与卡尔米德都是容貌俊美、天资卓越的年轻人，出现在《欧蒂德谟》和《卡尔米德》里。

[赶过去]。"

克 只要看到你，苏格拉底啊，他就会好转。其实他已经多次从这种境况中恢复过来。

[364d]沿着城墙迅疾走到伊托尼亚大门之后——[365a]阿克西俄科斯家住在大门旁，靠近阿玛宗塑像柱——我们发现他已经清醒过来，身体还行，但精神很差，非常需要劝慰，不断叹气和呻吟，[a5]同时[还有]哭声，并用双手捶打。

我低头望着他说："阿克西俄科斯，这些都是什么？你往日的自负、你长久以来对德性的称颂和你那不可撼动的勇气都去哪里了？你就像一个怯弱的运动员，虽在训练中[365b]表现优异，却输掉了比赛。仔细想想你的天性吧？你这样一个上了年纪的人，要听从道理，即便抛开其他不谈，你还是一位雅典人呢！你难道没意识到生活就是在异乡短暂停留？[b5]事实上，这都是所有人常说的话。过一种正派生活的人不是应该欢欣地甚至唱着颂歌面对自己的命运？[心灵]如此脆弱，不愿与生命道别，这对于已经老迈为自己着想的人而言，岂不既显得孩子气又不恰当？"

阿 [365c]苏格拉底啊，在我看来，你这些说得真实，也说得对。可是，我不知道为何，现在当我临近那个可怕的时刻时，所有那些强有力的、激动人心的论辞不觉间丧失了它们的力量，我不再重视它们。反倒一种恐惧留了下来，它以各种形式折磨着[c5]我的心智：我将要失去白昼的阳光和那些好事物了，遭漠视、被遗忘，将要躺在某个地方，逐渐腐烂，变成蛆虫和野兽（的食物）。

苏 [365d]在你的困惑中，阿克西俄科斯啊，你把知觉与丧失知觉搞混淆了。你的言行自相矛盾。你没有考虑到，你既因为失去知觉而心烦意乱，又同时因为你将腐烂和[d5]丧失快乐而感到痛苦。如果死后你将进入另一种生活，而非陷入完全的无知无觉，那么它也如你出生之前[过的生活]。比如，在德拉孔或克莱斯忒涅①治下，没有任何坏事与你相干，因为你还不存在[365e]，所以与之无关，同样，在你死后也不会有[相干的

---

① 德拉孔是公元前7世纪的雅典立法者，他以法令严厉著称。克莱斯忒涅是公元前6世纪初的雅典政制的改革者，他创立了陶片放逐法。参《雅典政制》4.20-22。

坏事］，因为你将不存在，因而同样与之无关。

那就远离所有这类无谓的话吧！记住这一点：一旦这个复合体解体，灵魂将会安顿在［e5］适当的地方，而身体则留下，它属地而又没有理智，它不是人［之为人］。因为我们都是灵魂，不死的生灵，被困锁［366a］在一座有死的牢狱里。自然造了这顶帐篷让人受苦，它的快乐浮于表面，飞逝而又混杂着许多痛苦。它的痛苦如此纯净无混杂，长久而又没有掺杂一点快乐。灵魂被迫要与感官同遭疾病、［a5］炎症和其他身体内在的疾病［的折磨］，因为它散布在身体各个毛孔，［与身体］同遭痛苦的灵魂渴求天上纯净的以太，渴望在那里生活和舞蹈。所以［366b］解脱生命是从坏事过渡到好事。

阿　苏格拉底啊，既然你认为活着不好，你为何还要活着？尤其因为你是个为这类事情绞尽脑汁的人，在心智上，你可超出我们大多数人。

苏　［b5］阿克西俄科斯，你没有为我作如实的见证，你像大多数雅典人一样认为，因为我好探究事情，［所以］我在这些事情上便有知识。我倒是曾经祈祷知道这些平常的事情，而非知道那些不寻常的事情！［366c］我说的这些，不过是智慧的普罗狄科的余响，有些人［为此］花费了半个德拉克马，其他人花费了两德拉克马，还有人［花了］四德拉克马。那人不会免费教人，总重复厄庇卡尔摩斯的说法，［c5］'用手洗手'，有予方有取。就在最近，他还在希珀尼科斯的儿子卡利阿斯家中做了一次炫示讲演，在那次讲演中，他谴责生命，以至于我都想赶快结束生命了。阿克西俄科斯，从那时起，我的灵魂就想要死去。

阿　他都说了些什么？

苏　［366d］我就告诉你我记得的这些。他说，生命的哪一段少得了苦痛呢？从出生的那一刻起，婴儿不就开始哭闹，不就以痛苦开始自己的生命？哪一种痛苦他都免不掉，［d5］无论饥渴、寒、热还是磕碰，都会使他痛苦，他还说不出受了什么苦。他只有哭闹这一种声音来表达难受。当［孩子］长到七岁，他会承受很多痛苦，会受到僭主般的保傅、识字老师和体育老师们的管教。［366e］再长大点儿，又会有法律老师、几何教师或格斗老师——都是一大群暴虐的人。当他登入青年人的行列后，又会有训练官和鞭打的恐惧。接着又是吕喀昂、［367a］阿卡德米学园和体育场的监察官，他们进行着杖责和无度的折磨。他的整个青年时期都会在督管官员和战神山议事会选派的年轻人监管的管理下度过。

当他脱离这些，各种忧虑又马上袭来，[a5]关于生活道路的考虑呈现在他们面前。比起后来的困难——从军、受伤和[367b]持续不断的战斗，先前的困难显得就像小孩游戏，[吓唬]小孩的鬼怪。

随后，老年不觉中悄然来到你身上，一切本质上会朽坏和致命的东西都涌进老年。除非你迅速偿还自己的生命，就像偿还债务，[否则]自然这个放债人会站在一旁，收取押金，瞅着一个人，又听着另一个人，而往往是同时做[b5]这两件事。如果谁还继续活着，就会瘫痪，遭受伤残或跛瘸。有些老人年纪很大了，身体还好，他们的心智第二次变成了孩子。

这正是为何诸神——他们[367c]理解人的境况——把生命的迅速解脱赐予那些他们高度看重的人。比如阿伽墨德斯和特罗佛尼俄斯①，他们建造了皮托②神庙，祈祷最好的事情降临自身，随后睡去，没再醒来。[c5]还有阿尔戈斯赫拉神庙女祭司的儿子们，由于他们的虔敬，母亲为他们向赫拉祈求奖赏。由于拉车的骡子行动迟缓，他们就给自己套上车轭，拉着她到庙里去。那天晚上在她母亲祈祷之后，他俩就离世了。

[367d]回顾诗人们的作品会花费太长的时间，他们虽然用神启的声音预言生命中的事件，却谴责生命本身。我将引用其中一位，也是最值得一提的那位，他曾说过，

  [d5]这正是诸神为不幸的凡人纺出的生命之路，
  使我们生活在不幸之中。

还说过，

  在大地上呼吸和爬行的所有动物
  [367e]没有哪一种活得比人更艰难。

[368a]他又如何说安斐阿劳斯？

---

① 这两位是传说中的建筑英雄。另可参西塞罗《图斯库路姆论辩录》1.47.114.
② 皮托（Pytho）是德尔斐（Delphi）的旧称，位于帕尔纳索斯山麓，有阿波罗的神庙。

提大盾的宙斯满心喜爱他,阿波罗也对他
眷爱备至,但他未活过老年的门槛。①

他命令我们:[a5]"为新生的人吟一曲哀歌,他将面临诸多不幸"②——你怎么看呢?但此刻我要打住了,以便不违背我的诺言,再举其他[诗人的诗句]以延长说辞。

有什么追求或行当是人们选择后不会抱怨,处于其中又不会[368b]恼怒的?我们要讨论手艺人和工匠们的工作吗?[他们]夙兴夜寐地辛劳,勉强获取所需,哀叹自己的命运,以痛苦和眼泪消磨所有无眠的夜晚。好吧,我们还要谈论[b5]水手的工作吗?他们经历过那么多危险,正如庇阿斯③所展示的,既不在死人也不在活人之列:陆地上的人投身大海,犹如过着[368c]两重生活,一切任由机运摆布。另外,农耕是一项愉快的工作吗?俗话不是说,一个伤口就能为痛苦找到托词?此时干旱,彼时多雨,此时[作物]枯黄,彼时[c5]过热或多霜,岂不都会使农民痛哭流涕?

还有,[受人]高度尊崇的城邦[生活]又如何呢?我且略过许多例子。这种生活要被拖着经历多少可怕的变故啊,有时欢快,狂热地颤抖,心潮[368d]澎湃;有时[遭遇]失败的痛苦,比死一千个人[还难过]。为民众而活,一个人又怎么可能会幸福?被人嘘,遭民众打骂,就像人们的宠物马,被赶出公家的房,被嘲笑、遭惩罚甚至被杀掉,岂不[实在]招人怜?是这样[d5]吧,治邦者阿克西俄科斯,米尔提阿德斯是怎么死的?忒米斯托克勒斯是怎么死的?厄斐阿尔忒斯又是怎么死的?④ 最近的十将军又是怎么死的?当时我还拒绝将这问题提交给城邦民大会[投票]。我认为我要让一群疯狂的民众对这事负责太不妥当,[368e]但是第二天,忒拉美涅斯和卡利克塞诺斯那伙人贿赂了会议的主事官,未经审判就[369a]处死了那些人。事实上,你和欧吕普托勒摩斯是三千邦民大会中

---

① 荷马,《伊利亚特》24. 525 – 526,17. 446 – 447;《奥德赛》15. 245 – 246。
② 欧里庇得斯佚失肃剧《克瑞斯丰忒斯》(Cresphontes)中的诗句。
③ 伊奥尼亚的普里埃内城(Priene)的贤人。
④ 这三人都是公元前5世纪雅典民主的政治领袖。

唯一为他们辩护的人。①

阿　你说得对,苏格拉底啊,从那时起,我就厌烦了演说人的讲台,我觉得没有什么比[a5]城邦事务更令人厌烦了。对每个从事它的人来说,都明显如此。当然你是作为一个远处的观察者谈论它,而我们则通过经验准确认识了它。亲爱的苏格拉底啊,民众忘恩负义、反复无常、冷漠残酷、好诽谤而没教养——可以说是由流民和[369b]暴力的庸众聚集起来的杂众。谁要是掺和它,就更可鄙。

苏　那么,阿克西俄科斯啊,既然你认为,相比其他生活,最自由的生活更要遭到拒斥,我们又怎么[b5]理解生活的其他追求呢,我们不是要逃离吗? 我倒曾经听普罗狄科说过,死既跟活着的人无关,也与死去的人无关。

阿　你说的是什么意思,苏格拉底?

苏　对活着的人而言,[369c]死不存在,而死者也不存在了。因此,死不仅现在与你无关——因为你还没有死,即便你会遭遇到某些事;它也将与你无关,因为你将不复存在。阿克西俄科斯要为关于阿克西俄科斯的或者不存在、或者将来不会存在的事而哀伤,实在是毫无意义的痛苦。这就像某个人[c5]为多头女怪或马人②而心烦意乱一样,可是对你而言,它们并不存在,在你死后,它们也不会存在。恐怖的事物对于存在的人而言才存在,它怎么可能对于不存在的人存在呢?

阿　[369d]你从现今流行的众口常谈里得到了这些机智的观点,就像为年轻人虚构的愚蠢话。可对我来说,如果被剥夺了生命的种种好处,我还是会感到[d5]痛苦,即便你总结出了比这些说法更有说服力的观点,苏格拉底啊。我的心智不理解它们,却被这些漂亮说辞弄得晕头转向,这些话连表面都没有达到,虽然堆砌出漂亮说辞的游行队列,却全无真实。这些智术[369e]机巧不会减轻我的痛苦,只有能够抵达我的灵魂[的言辞]才可以缓解它。

苏　阿克西俄科斯啊,那是因为你还没弄清楚,就把感知到引入坏东

---

① 该事件的详细经过可以参看色诺芬,《希腊志》1.6.35 及 1.7。

② 多头女怪,一译"斯居拉(Scylla)",居住在卡吕布狄斯漩涡对面的洞穴之内,会吞噬经过洞穴的航海者。马人,一译"肯陶罗斯"(Centaur),古希腊神话中上半身为人下半身为马的怪物。

西与好东西被剥夺［这两件事］混淆在一起了,忘记你［370a］将要死去。坏东西取代好东西,这让被剥夺了好东西的人痛苦。而谁若不在了,就不会想到被剥夺。对于不会对任何痛苦的事有知识的人来说,他又怎么会痛苦呢？阿克西俄科斯啊,如果你一开始［a5］没有无知地假设,死者以某种方式还有些知觉,你就不可能被死惊扰。现在,你其实反驳了你自己,因为你害怕被剥夺灵魂,便赋予这种剥夺一个灵魂本身。你害怕失去感知,又认为你会通过感知获得这种不再存在的［370b］感知。

此外,还有许多关于灵魂不死的很美的说法。除非灵魂中真正存在某些神圣的灵气,它给了灵魂理解力和对广大物体的洞察力,否则,有死的自然断然达不到这种伟大的事业——它不屑于野兽们更强大的身体力量,［而是］漂洋过海,［b5］修建城邦,确立政制,仰望苍穹,凝视星辰的运转、太阳和月亮的运动、它们的升起与落下、残缺与迅速的盈满、成对的春分秋分与［370c］夏至冬至,还有七星星座的风暴、夏天的飓风、倾盆大雨和龙卷风的狂暴,为宇宙中的城邦建立永世的历法。

［c5］阿克西俄科斯啊,所以你离世不是死,而是不朽,也不会有好东西从你身边被拿走,而是你更纯粹地享有［370d］它们,快乐并不与有朽的肉身混合,而是完全不会被痛苦稀释。一旦你从这座牢狱囚室中解脱出来,启程去那边,去到一个没有争斗、没有悲伤与老年的地方,［过］安静的生活,不受坏事物搅扰,处在平和之中,探究自然与热爱智慧,并不为哪一群观众,而是处在真理中间。

阿　你的论证将我转向了相反的观点。我不再［370e］对死感到恐惧了,我甚至渴望它,如果我要模仿演说者,用个夸张的说法。在过去的日子里,我已经游历了天上,［而今］就要完成这永恒和神圣的循环了,我已经从我的虚弱中恢复,获得新生。

苏　［371a］或许你会想听另外一个说法,是由一位［波斯］先知高布吕厄斯讲给我的：他说,当薛西斯穿洋过海的时候,他的与其同名的祖父高布吕厄斯①被派去德洛斯,守护岛上的圣所,有两位神曾在这里出生。

---

① 老高布吕厄斯是一位希腊贵族,参与了推翻窃取波斯王位的人的宫廷争斗。希罗多德,《原史》3.70-79。

高布吕厄斯从[a5]一些铜匾上——奥庇斯和赫卡尔戈①从极北人那里带来这些铜匾——了解到,灵魂从身体解脱后,会去往不可见的地方,去到大地之下的居所。这里是普路托的宫殿,它丝毫不逊于宙斯的[371b]庭院。大地占据着宇宙的中心,苍穹的拱顶是圆球形的,这个界域的一半归属天上的诸神,另一半则归属地下的诸神,他们一些彼此是兄弟,其他则彼此是兄弟的孩子。通往[b5]普路托宫殿的大门由铁质的门闩和栅栏护着。

当这大门滑动打开,哀伤河与[371c]哀嚎河接收亡灵,他们被摆渡[过河]送到米诺斯和拉达曼图斯[跟前],名叫真理平原的地方。那里端坐着法官,他们会审问每位抵达这里的人,问他居住在[c5]身体时,过的何种生活,从事何种活动。没谁可能说谎。

接着,那些在现世生活中由好精灵引导的人会定居在一个专为虔敬的人[准备]的地方。这里毫不嫉妒的时节带来各种果实,纯净的水从泉眼里流出,各种草场缀满了各种花儿,[这里]哲人在交谈,[371d]诗人在表演,[人们]围成圆圈起舞,音乐相闻,[举办着]欢快的会饮和自设的盛宴,[人们]纯然没有痛苦,畅享快乐。[这里]没有严寒或酷暑,吹拂着[d5]和煦的微风,充满着柔和的阳光。

有一个特设之地专门属于那些入门的人,在那里他们可以履行神圣的仪式。为何你不应当位于这个荣誉队列的前列呢?[371e]你可是诸神的后裔。传说告诉我们,赫拉克勒斯和狄俄尼索斯在下到冥界深渊之前,曾被接引到这个世界,厄琉西斯女神曾给予他们去往那边旅程的勇气。

那些在恶行里蹉跎生命的人,[e5]会由厄里努厄斯引导,通过冥界深渊去到厄瑞波斯和混沌那里。这里是为不虔敬的人[准备的]地方,[其中有]永远取不到水的达奈得斯,饥渴的坦塔罗斯,还有提图俄斯,竟其一生,他的内脏永远遭到啃噬,此后又重新生长出来。此外还有永不停歇[推]石头的西绪佛斯,他痛苦的终结又会是新的[372a][痛苦的]开始。在这里,他们被野兽舔舐,复仇神燃起永不熄灭的火。他们被所有折磨折

---

① 奥庇斯指阿尔忒弥斯,赫卡尔戈指阿波罗,他们出生于德洛斯岛。

磨着,遭受永恒的惩罚。

这就是我从高布吕厄斯[那里]听来的,阿克西俄科斯,你必须为自己决定。我被这论证[a5]触动,我只确知这一点:每个灵魂都是不死的,当它脱离这个地方时,就摆脱了痛苦。所以,阿克西俄科斯,无论在[天]上还是[地]下,你都应该幸福,只要你虔敬地生活。

阿　苏格拉底啊,我很难为情,因此没法儿对你说些什么。我已经如此[a10]不再害怕死,现在甚至已经很渴望它了。这番言辞以及这则关于天上的故事已经如此[彻底地]说服了我,此刻我已不看重生,因为我正要动身去一个更好的家。

现在,我想要自己静静地重温你所讲的话。正午过后,苏格拉底啊,拜托你[再]来看我。

苏　[a15]我会按你说的做。现在我要回去,步行去居诺萨尔戈斯了,我被叫到这里的时候,正在赶往那里。

专名译名表

1、本表只录柏拉图作品中出现的所有人名、地名、神名等专名，以汉译 – 希腊语原文 – 英译对照的形式编排（词条按拼音顺序排列）。本表未收术语，因不少术语很难有统一译法。

2、本表一般只列名词，若有其衍生名词或与其对应的形容词，则并入该名词词条，即便柏拉图只用过该衍生名词或该形容词。但有些重要的衍生名词和形容词仍然保留。

3、译音原则上依从罗念生、水建馥编《古希腊语汉语词典》所附译音法，但约定俗成的译音则尽可能一仍其旧。

阿巴里斯 Ἄβαρις Abaris
阿波罗 Ἀπόλλων Apollo
阿波罗多罗斯 Ἀπολλόδωρος Apollodorus：Aeantodorus 的兄弟
阿波罗多罗斯 Ἀπολλόδωρος Apollodorus：Cyzicus 人
阿波罗多罗斯 Ἀπολλόδωρος Apollodorus：Hippocrates 之父
阿波罗多罗斯 Ἀπολλόδωρος Apollodorus：Phaleron 人
阿伯德拉人 Ἀβδηρίτης Abderian
阿德拉斯忒娅 Ἀδράστει Adrastea
阿德拉斯托斯 Ἄδραστος Adrastus
阿德曼托斯 Ἀδείμαντος Adeimantus：Ariston 之子
阿德曼托斯 Ἀδείμαντος Adeimantus：Cepis 之子
阿德曼托斯 Ἀδείμαντος Adeimantus：Leucolophides 之子
阿德墨托斯 Ἄδμητος Admetus
阿多尼斯 Ἄδωνις Adonis

阿尔戈斯 Ἄργος Argus
阿尔喀比亚德 Ἀλκιβιάδης Alcibiades：老阿尔喀比亚德
阿尔喀比亚德 Ἀλκιβιάδης Alcibiades：雅典将军
阿尔喀波利斯 Ἀρχέπολις Archepolis
阿尔喀达摩斯 Ἀρχίδαμος Archidamus
阿尔喀德摩斯 Ἀρχεδήμος Archedemus
阿尔喀劳斯 Ἀρχέλαος Archelaus
阿尔喀洛科斯 Ἀρχίλοχος Archilochus
阿尔喀诺斯 Ἀρχῖνος Archinus
阿尔喀珀斯 Ἄρχιππος Archippus
阿尔喀斯提斯 Ἄλκηστις Alcestis
阿尔喀塔斯 Ἀλκέτας Alcetas
阿尔卡狄亚人 Ἀρκάδες Arcadians
阿尔克迈翁 Ἀλκμαίων Alcmeon
阿尔库忒斯 Ἀρχύτης Archytas
阿尔塔薛西斯 Ἀρταξέρξης Artaxerxes
阿尔忒弥斯 Ἄρτεμις Artemis
阿尔忒米西昂 Ἀρτεμίσιον Artemisium
阿斐德奈 Ἀφίδναι Aphidnae

阿芙罗狄忒 Ἀφροδίτης Aphrodite
阿伽门农 Ἀγαμέμνων Agamemnon
阿伽墨德斯 Ἀγαμήδης Agamedes
阿伽通 Ἀγάθων Agathon
阿伽托克勒斯 Ἀγαθοκλῆς Agathocles
阿格拉斯 Ἄγρας Agra
阿格劳丰 Ἀγλαοφῶν Aglaophon
阿吉斯 Ἆγις Agis：Archidamus之子
阿吉斯 Ἆγις Agis：一位将军
阿喀琉斯 Ἀχιλλεύς Achilles
阿喀罗俄斯 Ἀχελῶος Achelous
阿喀西姆布罗托斯 Ἀκεσίμβροτος Acesimbrotus
阿卡德米 Ἀκαδήμεια Academy
阿卡纳尼亚 Ἀκαρνανία Acarnania
阿卡奈 Ἀχαρναί Acharnae
阿开奥斯人 Ἀχαιοί Achaeans
阿凯美涅斯 Ἀχαιμένης Achaemenes
阿克拉伽斯 Ἀκράγας Acragas
阿克西俄科斯 Ἀξίοχος Axiochus
阿库美诺斯 Ἀκουμενός Acumenus
阿库西劳斯 Ἀκουσίλαος Acusilaus
阿勒克西德摩斯 Ἀλεξιδήμος Alexidemus
阿勒乌阿斯家族 Ἀλευάδαι Aleuadae
阿里弗戎 Ἀρίφρων Ariphron
阿里斯提德斯 Ἀριστείδης Aristides：老阿里斯提德斯
阿里斯提德斯 Ἀριστείδης Aristides：小阿里斯提德斯
阿里斯提珀斯 Ἀρίστιππος Aristippus：Cyrene人
阿里斯提珀斯 Ἀρίστιππος Aristippus：Larissa人

阿里斯同 Ἀρίστων Ariston：Adeimantus、Glaucon和Plato之父
阿里斯同 Ἀρίστων Ariston：Hegesippus之父
阿里斯托德摩斯 Ἀριστόδημος Aristodemus：Cydathenaeum人
阿里斯托多罗斯 Ἀριστοδώρος Aristodorus
阿里斯托芬 Ἀριστοφάνης Aristophanes
阿里斯托丰 Ἀριστοφῶν Aristophon
阿里斯托吉通 Ἀριστογείτων Aristogiton
阿里斯托克拉底 Ἀριστοκράτης Aristocrates
阿里斯托克里托斯 Ἀριστοκρίτος Aristocritus
阿里斯托努摩斯 Ἀριστώνυμος Aristonymus
阿洛佩刻 Ἀλωπεκή Alopece
阿玛西斯 Ἄμασις Amasis
阿玛宗人 Ἀμαζών Amazon
阿摩尔戈斯 Ἀμοργός Amorgus
阿墨斯特里斯 Ἄμηστρις Amestris
阿缪南德罗斯 Ἀμύνανδρος Amynander
阿蒙 Ἄμμων Ammon
阿纳居罗斯 Ἀνάγυρος Anagyrus
阿纳克瑞翁 Ἀνακρέων Anacreon
阿纳克萨戈拉 Ἀναξαγόρας Anaxagoras
阿帕图里亚 Ἀπατούρια Apaturia
阿佩曼托斯 Ἀπήμαντος Apemantus
阿瑞斯 Ἄρεως Ares
阿斯克勒皮俄斯 Ἀσκληπίος Asclepius
阿斯帕西娅 Ἀσπασία Aspasia
阿斯图阿纳克斯 Ἀστυάναξ Astyanax
阿索珀斯 Ἀσωπός Asopus

专名译名表　1471

阿塔玛斯 Ἀθάμας Athamas
阿忒 Ἄτη Ate
阿特拉斯 Ἄτλας Atlas
阿特兰蒂科斯 Ἀτλαντικός Atlanticus
阿特兰蒂斯 Ἀτλαντίς Atlantis
阿特柔斯 Ἀτρεύς Atreus
阿提卡 Ἀττική Attica
阿扎厄斯 Ἀζάης Azaes
哀嚎河 Κωκυτός Cocytus
哀伤河 Ἀχέρων Acheron
哀伤湖 Ἀχερουσιάς Acherousian Lake
埃阿科斯 Αἰακός Aeacus
埃阿斯 Αἴας Ajax
埃安托多罗斯 Αἰαντόδωρος Aeantodorus
埃俄洛斯 Αἴολος Aeolus
埃及 Αἴγυπτος Egypt
埃及普托斯 Αἴγυπτος Aegyptus
埃吉纳 Αἴγινα Aegina：地名
埃吉纳 Αἴγινα Aegina：水泽女神
埃吉斯托斯 Αἴγισθος Aegisthus
埃克索涅 Αἰξωνή Aexone
埃涅阿斯 Αἰνείας Aeneas
埃塞俄比亚 Αἰθιοπία Ethiopia
埃斯基涅斯 Αἰσχίνης Aeschines
埃斯库罗斯 Αἰσχύλος Aeschylus
爱利亚 Ἐλέα Elea
爱若斯 Ἔρως Eros
安德罗玛刻 Ἀνδρομάχη Andromache
安德罗墨德斯 Ἀνδρομήδης Andromedes
安德罗斯 Ἄνδρος Andros
安德罗提翁 Ἀνδροτίων Androtion
安德戎 Ἀνδρων Andron
安斐阿劳斯 Ἀμφιάραος Amphiaraus
安斐波利斯 Ἀμφίπολις Amphipolis

安斐吕托斯 Ἀμφίλυτος Amphilytus
安斐瑞斯 Ἀμφήρης Ampheres
安斐特吕翁 Ἀμφιτρύων Amphitryon
安斐翁 Ἀμφίων Amphion
安泰俄斯 Ἀνταῖος Antaeus
安忒米翁 Ἀνθέμιον Anthemion
安忒诺尔 Ἀντήνωρ Antenor
安提俄喀斯 Ἀντιοχίς Antiochis
安提丰 Ἀντιφῶν Antiphon：Cephisus 人
安提丰 Ἀντιφῶν Antiphon：Rhamnus 人
安提丰 Ἀντιφῶν Antiphon：
　　柏拉图的兄弟
安提洛科斯 Ἀντίλοχος Antilochus
安提摩伊罗斯 Ἀντίμοιρος Antimoerus
安提斯忒涅斯 Ἀντισθένης Antisthenes
安虞托斯 Ἄνυτος Anytus
奥庇科斯人 Ὀπικοί Opici
奥庇斯 Ὦπις Opis
奥德赛 Ὀδύσσεια Odyssey
奥德修斯 Ὀδυσσεύς Odysseus
奥林波斯 Ὄλυμπος Olympus：
　　传说中的音乐家
奥林波斯 Ὄλυμπος Olympus：神山名
奥林匹亚 Ὀλυμπία Olympia：地区名
奥罗庇亚 Ὠρωπία Oropia
奥瑞斯忒斯 Ὀρέστης Orestes
奥瑞图亚 Ὠρείθυια Orithuia
奥托克通 Αὐτόχθων Autochthon
奥托斯 Ὦτος Otus
奥伊诺庇德斯 Οἰνοπίδης Oenopides
奥伊诺厄 Οἰνόη Oenoe
奥伊诺斐塔 Οἰνόφυτα Oenophyta
巴喀斯 Βάκις Bakis
巴克基俄斯 Βακχεῖος Bacchius

巴克科斯 Βάκχος Bacchus
巴诺珀斯 Πάνοπος Panops
巴提埃亚 Βατίεια Batieia
百头怪 Τυφῶν Typhon
柏拉图 Πλάτων Plato
拜占庭 Βυζάντιον Byzantium
毕达哥拉斯 Πυθαγόρας Pythagoras
毕里兰佩斯 Πυριλάμπης Pyrilampes
毕托多罗斯 Πυθόδωρος Pythodorus
庇阿斯 Βίας Bias
庇透斯 Πιτθεύς Pittheus
庇西斯特拉托斯 Πεισίστρατος Pisistratus
波瑞阿斯 Βορέας Boreas
波塞冬 Ποσειδῶν Poseidon
波斯人 Πέρσης Persian
波提岱亚 Ποτείδαια Potidaea
波伊俄提阿 Βοιωτία Boeotia
伯里克勒斯 Περικλῆς Pericles
伯罗奔半岛 Πελοπόννησος Peloponnesus
布拉西达斯 Βρασίδας Brasidas
布里阿瑞俄斯 Βριάρεως Briareus
布吕松 Βρύσων Bryson
策托斯 Ζῆθος Zethus
达尔达诺斯 Δάρδανος Dardanus
达蒙 Δάμον Damon
达奈得斯 Δαναίδες Danaids
达瑙斯 Δάναος Danaus
达提斯 Δᾶτις Datis
大流士 Δαρεῖος Darius
代达罗斯 Δαίδαλος Daedalus
德尔斐 Δελφοί Delphi
德拉孔 Δράκων Draco
德利昂 Δήλιον Delium

德罗庇德斯 Δρωπίδης Dropides
德洛斯 Δῆλος Delos
德摩多科斯 Δημόδοκος Demodocus
德摩丰 Δημοφῶν Demophon
德摩克拉底 Δημοκράτης Democrates
德摩斯 δῆμος Demos
德墨忒尔 Δημήτηρ Demeter
狄阿普瑞佩斯 Διαπρέπης Diaprepes
狄俄墨德斯 Διομήδης Diomedes
狄俄尼索多罗斯 Διονυσόδωρος Dionysodorus
狄俄尼索斯 Διόνυσος Dionysus：一位教师
狄俄尼索斯 Διόνυσος Dionysus：一位神
狄俄尼修斯 Διονυσίος Dionysius：老狄俄尼修斯
狄俄尼修斯 Διονυσίος Dionysius：小狄俄尼修斯
狄俄涅 Διώνη Dione
狄俄斯科罗伊 Διόσκοροι Dioscuri
狄诺马刻 Δεινομάχη Dinomache
狄翁 Δίων Dion：Syracuse 人
狄翁 Δίων Dion：一位雅典演说家
第俄克利斯 Διοκλῆς Diocles
第俄提玛 Διοτίμα Diotima
蒂迈欧 Τίμαιος Timaeus
丢卡利翁 Δευκαλίων Deucalion
多多纳 Δωδώνα Dodona
多里斯 Δωρίς Doris：地名
多里斯 Δωρίς Doris：小 Dionysius 的母亲
俄狄浦斯 Οἰδίπους Oedipus
俄尔塔戈拉斯 Ὀρθαγόρας Orthagoras
俄耳甫斯 Ὀρφεύς Orpheus

俄刻阿诺斯 Ὠκεανός Oceanus
厄庇道罗斯 Ἐπίδαυρος Epidaurus
厄庇革涅斯 Ἐπιγένης Epigenes
厄庇卡尔摩斯 Ἐπίχαρμος Epicharmus
厄庇克拉底 Ἐπικράτης Epicrates
厄庇米修斯 Ἐπιμηθεύς Epimetheus
厄庇乌斯 Ἐπειός Epeius
厄尔喀亚 Ἐρχία Erchia
厄斐阿尔忒斯 Ἐφιάλτης Ephialtes
厄斐波斯 ἔφηβος Ephebes
厄喀克拉忒斯 Ἐχεκράτης Echecrates：Phlius 人
厄喀克拉忒斯 Ἐχεκράτης Echecrates：Phrynion 之子
厄拉斯托斯 Ἐράστος Erastus
厄拉托 Ἐρατώ Erato
厄拉西珀斯 Ἐλάσιππος Elasippus
厄拉西斯特拉托斯 Ἐρασίστρατος Erasistratus
厄拉西斯特拉托斯 Ἐρασίστρατος Erasistratus：前一位厄拉西斯特拉托斯的祖父
厄里达诺斯 Ἠριδανός Eridanus
厄里克托尼俄斯 Ἐριχθόνιος Erichthonius
厄里努厄斯 Ἐρινύες Erinyes
厄里诺斯 ἐρινός Erineum
厄利斯 Ἦλις Elis
厄琉西斯 Ἐλευσίς Eleusis
厄吕克西阿斯 Ἐρυξίας Eryxias
厄吕克西马科斯 Ἐρυξίμαχος Eryximachus
厄吕西克同 Ἐρυσίχθων Erysichthon
厄瑞波斯 Ἔρεβος Erebus

厄瑞克透斯 Ἐρεχθεύς Erectheus
厄瑞特里亚 Ἐρέτρια Eretria
厄托诺厄 Ἠθονόη Ethonoe
恩底米翁 Ἐνδυμίων Endymion
恩培多克勒 Ἐμπεδοκλῆς Empedocles
法厄同 Φαέθων Phaethon
法尔马喀亚 Φαρμακεία Pharmacia
法尔萨洛斯 Φάρσαλος Pharsalus
法勒雍 Φάληρον Phaleron
法诺斯忒涅斯 Φανοσθένης Phanosthenes
法松 Φάσων Phason
泛雅典娜节 Παναθήναια Panathenaea
腓尼基人 Φοῖνιξ Phoenician
斐阿克斯 Φαίαξ Phaeax
斐德若 Φαῖδρος Phaedrus
斐狄阿斯 Φειδίας Phidias
斐冬得斯 Φαιδώνδης Phaedondas
斐多 Φαίδων Phaedo
斐多斯特拉托斯 Φειδοστράτος Phidostratus
斐尔塞佛涅 Φερσεφόνη Phersephone
斐拉格罗斯 Φίλαγρος Philagrus
斐莱岱 Φιλαῖδαι Philaedae
斐莱德斯 Φιλαίδης Philaedes
斐勒布 Φίληβος Philebus
斐勒蒙 Φιλήμων Philemon
斐勒摩尼德斯 Φιλημονίδης Philemonides
斐利庇德斯 Φιλιππίδης Philippides
斐利珀斯 Φίλιππος Philip
斐利斯提德斯 Φιλιστίδης Philistides
斐利斯提翁 Φιλιστίων Philistion
斐洛劳斯 Φιλόλαος Philolaus
斐洛墨洛斯 Φιλόμηλος Philomelus
斐洛尼德斯 Φιλωνίδης Philonides

斐米俄斯 Φήμιος Phemius
斐纳瑞忒 Φαιναρέτη Phaenarete
斐瑞法塔 Φερρέφαττα Pherephatta
斐瑞克拉底 Φερεκράτης Pherecrates
斐西斯 Φᾶσις Phasis
弗里吉亚 Φρυγία Phrygia
弗利乌斯 Φλειοῦς Phlius
弗吕尼科斯 Φρυνίχος Phrynichus
弗吕尼翁 Φρυνίων Phrynion
弗吕农达斯 Φρυνώνδας Phrynondas
弗提亚 Φθία Phthia
佛尔库斯 Φόρκυς Phorcys
佛罗纽斯 Φορωνεύς Phoroneus
佛伊尼克斯 φοῖνιξ Phoenix：Philip 之子
复仇女神 Ποιναί Avengers
伽狄里科斯 Γαδειρικός Gadeiricus
伽狄罗斯 Γάδειρος Gadirus
伽努墨德斯 Γανυμήδης Ganymede
盖娅 Γῆ Earth
冈比西斯 Καμβύσης Cambyses
高布吕厄斯 Γωβρύης Gobryas：
　　前一位高布吕厄斯的祖父
高布吕厄斯 Γωβρύης Gobryas：
　　一位波斯贤人
高尔吉亚 Γοργίας Gorgias
革律翁 Γηρυών Geryon
格劳科斯 Γλαῦκος Glaucus：
　　一位 Lycia 英雄
格劳科斯 Γλαῦκος Glaucus：一位工匠
格劳孔 Γλαύκων Glaucon：
　　Apollodorus 的朋友
格劳孔 Γλαύκων Glaucon：Ariston 之子
格劳孔 Γλαύκων Glaucon：
　　Charmides 之父

格劳孔 Γλαύκων Glaucon：著名的吟诗人
葛隆 Γέλων Gelon
公牛摔跤场 Ταυρέας Taureas
哈得斯 Ἅδης Hades
哈尔克雍 Ἀλκυών Halcyon
哈尔摩狄俄斯 Ἁρμόδιος Harmodius
哈尔摩尼亚 Ἁρμονία Harmonia
海伦 Ἕλλην Hellen
荷罗马策斯 Ὡρομάζης Horomazes
荷马 Ὅμηρος Homer
荷马的子孙 Ὁμηρίδαι Homeridae
赫耳米亚斯 Ἑρμείας Hermias
赫耳墨葛涅斯 Ἑρμογένης Hermogenes
赫耳墨克拉底 Ἑρμοκράτης Hermocrates
赫耳墨斯 Ἑρμῆς Hermes
赫耳墨斯节 Ἕρμαια Hermaea
赫斐斯托斯 Ἥφαιστος Hephaestus
赫葛西珀斯 Ἡγήσιππος Hegesippus
赫卡柏 Ἑκάβη Hecuba
赫卡尔戈 Ἑκαέργη Hecaerge
赫卡墨德 Ἑκαμήδη Hecamede
赫克托尔 Ἕκτωρ Hector
赫拉 Ἥρα Hera
赫拉克勒斯 Ἡρακλῆς Heracles
赫拉克勒斯的子孙 Ἡρακλεῖδαι
　　Heraclidae
赫拉克勒亚 Ἡρακλειά Heraclea
赫拉克利德斯 Ἡρακλείδης Heraclides：
　　Clazomenae 人
赫拉克利德斯 Ἡρακλείδης Heraclides：
　　Syracuse 人
赫拉克利特 Ἡράκλειτος Heraclitus
赫勒斯蓬托斯 Ἑλλήσποντος Hellespont
赫利俄斯 Ἥλιος Helios

赫利孔 Ἑλίκων Helicon
赫罗狄科斯 Ἡρόδικος Herodicus：Gorgias 的兄弟
赫罗狄科斯 Ἡρόδικος Herodicus：Selymbria 人
赫罗斯卡曼德罗斯 Ἡροσκάμανδρος Heroscamandrus
赫斯蒂亚 Ἑστία Hestia
赫西俄德 Ἡσίοδος Hesiod
恨河 Στύξ Styx
环河 Ὠκεανός Oceanus
混沌 Χάος Chaos
火焰河 Φλεγέθων Pyriphlegethon
极北人 Ὑπερβορέοι Hyperboreans
迦太基 Καρχηδών Carthage
九头蛇 Ὕδρα Hydra
居阿涅 Κυάνη Cyane
居达忒奈昂 Κυδαθήναιον Cydathenaeum
居狄阿斯 Κυδίας Cydias
居鲁士 Κῦρος Cyrus
居诺萨尔戈斯 Κυνόσαργες Cynosarges
居普罗斯 Κύπρος Cyprus
居普塞洛斯 Κύψελος Cypselus
居普塞洛斯的子孙 Κυψελίδαι Cypselids
居齐科斯 Κύζικος Cyzicus
居热涅 Κυρήνη Cyrene
喀庇多斯 Κήπιδος Cepidos
喀俄斯 Χίος Chios
喀克罗普斯 Κέκροψ Cecrops
喀拉美斯 Κεραμεῖς Cerameis
喀拉米科斯 Κεραμεικός Ceramicus
喀隆 Χίλων Chilon
喀蒙 Κίμων Cimon
喀涅西阿斯 Κινησίας Cinesias

喀戎 Χείρων Chiron
喀泰戎 Κιθαιρών Cithaeron
喀羽克斯 Κήϋξ Ceyx
卡德摩斯 Κάδμος Cadmus
卡尔克冬 Χαλκηδών Chalkedon
卡尔米德 Χαρμίδης Charmides
卡莱斯克罗斯 Καλλαίσχρος Callaeschrus
卡里亚人 Κάρ Carian
卡利阿德斯 Καλλιάδης Calliades
卡利阿斯 Καλλίας Callias：Calliades 之子
卡利阿斯 Καλλίας Callias：Hipponicus 之子
卡利俄佩 Καλλιόπη Calliope
卡利克勒斯 Καλλικλῆς Callicles
卡利克里忒 Καλλικρίτη Callicrite
卡利克塞诺斯 Καλλίξενος Callixenus
卡利罗娥 Καλλιρρόη Callirhoe
卡利斯特拉托斯 Καλλίστρατος Callistratus
卡吕布狄斯 Χάρυβδις Charybdis
凯瑞德摩斯 Χαιρέδημος Chaeredemus
凯瑞丰 Χαιρεφῶν Chaerephon
科德罗斯 Κόδρος Codrus
科俄斯 Κέως Ceos
科恩诺斯 Κόννος Connus
科拉尔戈斯 Χολαργός Cholargos
科里斯科斯 Κορίσκος Coriscus
科林多 Κόρινθος Corinthus：一个城邦
科林多 Κόρινθος Corinthus：一位神
科吕班忒斯 Κορύβαντες Corybantes
科斯 Κως Cos
克法洛斯 Κέφαλος Cephalus：Clazomenae 人

克法洛斯 Κέφαλος Cephalus：
　小克法洛斯，Lysanias 之子，Lysias
　和 Polemarchus 之父
克拉提洛斯 Κρατύλος Cratylus
克拉提诺斯 Κρατίνος Cratinus
克拉提斯托洛斯 Κρατιστόλος Cratistolus
克拉左美奈 Κλαζομεναί Clazomenae
克莱尼阿斯 Κλεινίας Clinias：
　Alcibiades 的表亲
克莱尼阿斯 Κλεινίας Clinias：
　Alcibiades 的兄弟
克莱尼阿斯 Κλεινίας Clinias：
　Alcibiades 之父
克莱尼阿斯 Κλεινίας Clinias：Crete 人
克莱斯忒涅 Κλεισθένης Cleisthenes
克莱托 Κλειτώ Clito
克莱托丰 Κλειτοφῶν Clitophon
克莱托马科斯 Κλειτόμαχος Clitomachus
克勒俄布洛斯 Κλεόβουλος Cleobulus
克勒俄凡托斯 Κλεόφαντος Cleophantus
克勒俄姆布罗托斯 Κλεόμβροτος
　Cleombrotus
克勒俄帕特拉 Κλεοπάτρα Cleopatra
克里松 Κρίσων Crison
克里特 Κρήτη Crete
克里提阿斯 Κριτίας Critias
克里提阿斯 Κριτίας Critias：Dropides
　之子，前一个克里提阿斯的祖父
克里同 Κρίτων Crito
克里托布洛斯 Κριτόβουλος Critobulus
克罗米昂 Κρομμύων Crommyon
克罗涅亚 Κορώνεια Coroneia
克罗诺斯 Κρόνος Cronus
克罗伊索斯 Κροῖσος Croesus

克吕西珀斯 Χρύσιππος Chrysippus
克诺索斯 Κνωσός Cnossus
克瑞翁 Κρέων Creon：Thebes 的王
克瑞翁 Κρέων Creon：Thessaly 人
克塞诺芬尼 Ξενοφάνης Xenophanes
克桑提阿斯 Ξανθίας Xanthias
克桑提佩 Ξανθίππη Xanthippe
克桑提珀斯 Ξάνθιππος Xanthippus：
　Pericles 之父
克桑提珀斯 Ξάνθιππος Xanthippus：
　Pericles 之子
克桑托斯 Ξάνθος Xanthus
克忒西珀斯 Κτήσιππος Ctesippus
刻贝斯 Κέβης Cebes
刻斐西亚人 Κηφισιεύς Cephisian
拉达曼图斯 ‘Ραδάμανθυς Rhadamanthus
拉科尼亚 Λακωνία Laconia
拉克斯 Λάχης Laches
拉刻岱蒙 Λακεδαίμων Lacedaemon
拉里萨 Λάρισα Larissa
拉马科斯 Λάμαχος Lamachus
拉米斯科斯 Λαμίσκος Lamiscus
拉姆努斯人 ‘Ραμνουσίου Rhamnusian
兰庇多 Λαμπιδώ Lampido
兰普罗斯 Λάμπρος Lamprus
兰普萨科斯 Λάμψακος Lampsacus
劳达玛斯 Λαοδάμας Laodamas
劳美冬 Λαομέδων Laomedon
勒俄卡瑞斯 Λεωχάρης Leochares
勒俄图喀达斯 Λεωτυχίδας Leotychides
勒凯昂 Λέχαιον Lechaeum
勒奈阿节 Λήναια Lenaea
勒普提涅斯 Λεπτίνης Leptines
勒斯波斯 Λέσβος Lesbos

勒托 Λητώ Leto
勒翁 λέων Leon
勒翁提诺伊 Λεοντῖνοι Leontini
利比亚 Λιβύη Libya
利古斯人 Λίγυες Ligures
利居姆尼俄斯 Λικύμνιος Licymnius
林多斯 Λίνδος Lindus
林寇斯 Λυγκεύς Lynceus
琉喀佩 Λευκίππη Leucippe
琉卡狄亚 Λευκαδία Leucadia
琉科洛斐德斯 Λευκολοφίδης Leucolophides
洛克里斯 Λοκρίς Locris
吕底亚 Λυδία Lydia
吕喀昂 Λύκειον Lyceum
吕喀亚 Λυκία Lycia
吕卡柏托斯 Λυκαβηττός Lycabettus
吕科弗戎 Λυκόφρων Lycophron
吕孔 Λύκων Lycon
吕库尔戈斯 Λυκοῦργος Lycurgus
吕萨尼阿斯 Λυσανίας Lysanias：Cephalus 之父
吕萨尼阿斯 Λυσανίας Lysanias：Sphettus 人
吕西阿斯 Λυσίας Lysias
吕西克利德斯 Λυσικλείδης Lysiclides
吕西马科斯 Λυσίμαχος Lysimachus：老 Aristides 之父
吕西马科斯 Λυσίμαχος Lysimachus：老 Aristides 之子
吕西斯 λύσις Lysis：Democrates 之父
吕西斯 Λύσις Lysis：Democrates 之子
马尔吉忒斯 Μαργίτης Margites
马尔苏亚 Μαρσύας Marsyas

马卡翁 Μαχάων Machaon
马拉松 Μαραθών Marathon
马其顿 Μακεδονία Macedonia
马人 Κένταυρος Centaur
麦伽拉 Μέγαρα Megara
曼提尼亚 Μαντίνεια Mantinea
昴星 Πλειάδες Pleiades
美狄亚 Μήδεια Medea
美拉尼佩 Μελανίππη Melanippe
美兰珀斯 Μελάμπους Melampus
美勒斯 Μέλης Meles
美勒托斯 Μέλητος Meletus
美勒西阿斯 Μελησίας Melesias
美利索斯 Μέλισσος Melissus
美利忒 Μελίτη Melite
美塞尼 Μεσσήνη Messene
美斯托尔 Μήστωρ Mestor
门德 Μένδη Mende
米达斯 Μίδας Midas
米狄阿斯 Μειδίας Midias
米底人 Μῆδος Mede
米科斯 Μίκκος Miccus
米利都 Μίλητος Miletus
米诺斯 Μίνως Minos
米泰科斯 Μίθαικος Mithaecus
密细亚人 Μυσός Mysian
冥府 Ἅδης Hades
冥界深渊 Τάρταρος Tartarus
摩吕喀俄斯 Μορύχιος Morychus
墨涅拉奥斯 Μενέλαος Menelaus
墨涅摩绪涅 Μνημοσύνη Mnemosyne
墨涅西忒俄斯 Μνησίθεος Mnesitheus
墨涅修斯 Μνησεύς Mneseus
墨特罗比俄斯 Μητρόβιος Metrobius

墨特罗多罗斯 Μητρόδωρος Metrodorus
墨提斯 Μῆτις Metis
墨提翁 Μητίων Metion
默涅克塞诺斯 Μενέξενος Menexenus
缪尔托 Μυρτώ Myrto
缪里涅 Μυρίνη Myrine
缪里努西俄斯 Μυρρινούσιος Myrrhinus
缪罗尼德斯 Μυρωνίδης Myronides
缪塞俄斯 Μουσαῖος Musaeus
缪斯 Μοῦσα Muses
缪松 Μύσων Myson
缪提勒涅 Μυτιλήνη Mytilene
缪提洛斯 Μυρτίλος Myrtilus
纳克索斯 Νάξος Naxos
纳瑞伊德斯 Νηρῆδες Nereids
瑙克拉提斯 Ναύκρατις Naucratis
瑙西居德斯 Ναυσικύδης Nausicydes
尼俄柏 Νιόβη Niobe
尼喀阿斯 Νικίας Nicias
尼科斯特拉托斯 Νικόστρατος Nicostratus
尼刻拉托斯 Νικήρατος Niceratus：老尼刻拉托斯
尼刻拉托斯 Νικήρατος Niceratus：小尼刻拉托斯
尼罗河 Νεῖλος Nile
涅俄普托勒摩斯 Νεοπτόλεμος Neoptolemus
涅墨阿 Νεμέα Nemea
涅斯托尔 Νέστωρ Nestor
涅特 Νηίθ Neith
女王 Βασίλη Basile
欧阿特洛斯 Εὔαθλος Euathlus
欧埃蒙 Εὐαιμῶν Euaemon

欧狄科斯 Εὔδικος Eudicus
欧蒂德谟 Εὐθύδημος Euthydemus：Chios 人
欧蒂德谟 Εὐθύδημος Euthydemus：Diocles 之子
欧多克索斯 Εὔδοξος Eudoxus：Cnidus 人
欧多克索斯 Εὔδοξος Eudoxus：著名的拳击手
欧多罗斯 Εὔδωρος Eudorus
欧厄诺尔 Εὐήνωρ Euenor
欧厄诺斯 Εὔηνος Euenus
欧斐摩斯 Εὔφημος Euphemus
欧弗莱俄斯 Εὐφραῖος Euphraeus
欧弗罗尼俄斯 Εὐφρονίος Euphronius
欧儿里得 Εὐκλείδης Euclides
欧里庇得斯 Εὐριπίδης Euripides
欧里珀斯 Εὔριπος Euripus
欧罗巴 Εὐρώπη Europe
欧吕巴托斯 Εὐρυβάτος Eurybatus
欧吕庇俄斯 Εὐρυβίος Eurybius
欧吕克勒斯 Εὐρυκλῆς Eurycles
欧吕美冬 Εὐρυμέδων Eurymedon
欧吕普托勒摩斯 Εὐρυπτόλεμος Euryptolemus
欧吕萨刻斯 Εὐρυσάκης Eurysaces
欧摩尔珀斯 Εὔμολπος Eumolpus
欧墨洛斯 Εὔμηλος Eumelus
欧珀勒摩斯 Εὐπόλεμος Eupolemus
欧图喀得斯 Εὐτυχίδης Eutychides
帕尔涅斯 Πάρνης Parnes
帕拉利俄斯 Παράλιος Paralius
帕拉洛斯 Πάραλος Paralus
帕拉墨德斯 Παλαμήδης Palamedes
帕拉斯 Παλλάς Pallas

专名译名表　1479

帕罗斯 *Πάρος* Paros	一位将军
帕默尼德 *Παρμενίδης* Parmenides	珀罗斯 *Πόρος* Poros
帕诺佩乌斯 *Πανοπεύς* Panopeus	珀洛斯 *Πῶλος* Polus
帕特罗克勒斯 *Πατροκλῆς* Patrocles	珀吕埃多斯 *Πολύειδος* Polyeidos
帕特罗克洛斯 *Πάτροκλος* Patroclus	珀吕格诺托斯 *Πολύγνωτος* Polygnotus
派阿尼亚 *Παιανία* Paeania	珀吕克拉底 *Πολυκρατής* Polycrates
潘 *Πάν* Pan	珀吕克莱托斯 *Πολύκλειτος* Polyclitus
泡萨尼阿斯 *Παυσανίας* Pausanias：Cerameis 人	珀吕克塞诺斯 *Πολύξενος* Polyxenus
	珀吕提翁 *Πουλυτίων* Poulytion
泡萨尼阿斯 *Παυσανίας* Pausanias：Sparta 人	蒲拉 *Πύρρα* Pyrrha
	普拉泰亚 *Πλάταια* Plataea
佩尔狄卡斯 *Περδίκκας* Perdiccas：佩尔狄卡斯二世	普里阿摩斯 *Πρίαμος* Priam
	普里厄涅 *Πριήνη* Priene
佩尔狄卡斯 *Περδίκκας* Perdiccas：佩尔狄卡斯三世	普路托 *Πλούτων* Pluto
	普罗狄科 *Πρόδικος* Prodicus
佩莱坞斯 *Πειραιευς* Piraeus	普罗米修斯 *Προμηθεύς* Prometheus
佩里安德罗斯 *Περίανδρος* Periander	普罗斯帕尔塔 *Πρόσπαλτα* Prospalta
佩琉斯 *Πηλεύς* Peleus	普罗塔尔科斯 *Πρώταρχος* Protarchus
佩洛普斯 *Πέλοψ* Pelops	普罗塔戈拉 *Πρωταγόρας* Protagoras
佩洛普斯的子孙 *Πελοπίδες* Pelopidae	普罗透斯 *Πρωτεύς* Proteus
佩尼亚 *Πενία* Penia	普努克斯 *Πνύξ* Pnyx
佩涅洛佩 *Πηνελόπη* Penelope	启明星 *Ἑωσφόρος* Lucifer
佩帕瑞托斯 *Πεπάρηδος* Peparethus	瑞娅 *Ῥέα* Rhea
彭忒利孔山 *Πεντελικον* Pentelicon	萨尔狄斯 *Σάρδεις* Sardis
蓬托斯 *Πόντος* Pontus	萨福 *Σαπφώ* Sappho
皮提亚 *Πυθία* Pythia	萨拉米斯 *Σαλαμίς* Salamis
皮托 *Πυθώ* Pytho	萨朗波斯 *Σάραμβος* Sarambus
皮托克勒斯 *Πυθοκλῆς* Pythocles	萨摩斯 *Σάμος* Samos
皮托克利德斯 *Πυθοκλείδης* Pythoclides	萨图尔 *σάτυρος* satyr
匹塔科斯 *Πιττακός* Pittacus	萨图罗斯 *Σάτυρος* Satyrus
品达 *Πίνδαρος* Pindar	萨伊斯 *Σάϊς* Sais
珀尔修斯 *Περσεύς* Perseus	萨伊提科斯 *Σαϊτικός* Saticus
珀勒马科斯 *Πολέμαρχος* Polemarchus	塞勒涅 *Σελήνη* Selene
珀勒马科斯 *Πολέμαρχος* Polemarchus：	塞吕姆布里亚 *Σηλυμβρία* Selymbria

塞壬 Σειρήν Siren
三十人 τριάκοντα Thirty
桑尼翁 Σαννίων Sannio
蛇发女妖 Γοργώ Gorgons
属众缪斯 Πολύμνια Polyhymnia
双翼飞马 Πήγασος Pegasuses
斯巴达 Σπάρτη Sparta
斯彪西波 Σπεύσιππος Speusippus
斯法克忒里亚 Σφακτηρία Sphacteria
斯斐托斯 Σφηττός Sphettus
斯基泰 Σκυθική Scythia
斯居拉 Σκύλλα Scylla
斯喀利俄斯 Σκελλίος Scellias
斯喀戎 Σκίρων Sciron
斯卡曼德里俄斯 Σκαμάνδριος
 Scamandrius
斯卡曼德罗斯 Σκάμανδρος Scamander
斯科帕斯 Σκόπας Scopas
斯米克里翁 Σμικρίων Smicrion
斯忒法诺斯 Στέφανος Stephanus
斯忒里亚 Στειριεύς Stiria
斯忒西科罗斯 Στησίχορος Stesichorus
斯忒西劳斯 Στησίλαος Stesilaus
斯忒西姆布罗托斯 Στησίμβροτος
 Stesimbrotus
斯特拉托尼科斯 Στρατονίκος Stratonicus
苏格拉底 Σωκράτης Socrates
苏格拉底 Σωκράτης Socrates：
 小苏格拉底
苏尼昂 Σούνιον Sunium
梭伦 Σόλων Solon
索弗罗尼斯科斯 Σωφρονίσκος
 Sophroniscus
索福克勒斯 Σοφοκλῆς Sophocles

索斯 Σοῦς Sous
索西阿斯 Σωσίας Sosias
琐罗亚斯德 Ζωροάστρης Zoroaster
塔拉斯 Τάρας Tarentum
塔洛斯 Τάλως Talos
塔缪里斯 Θάμυρις Thamyris
塔缪斯 Θαμοῦς Thamus
塔纳格拉 Τάναγρα Tanagra
塔索斯 Θάσος Thasos
泰阿泰德 Θεαίτητος Theaetetus
泰勒斯 Θαλῆς Thales
坦塔罗斯 Τάνταλος Tantalus
陶马斯 Θαύμας Thaumas
忒阿格斯 Θεάγης Theages
忒阿里翁 Θεαρίων Thearion
忒拜 Θῆβαι Thebes：埃及城邦
忒拜 Θῆβαι Thebes：希腊城邦
忒俄多罗斯 Θεόδωρος Theodorus：
 Byzantium 人
忒俄多罗斯 Θεόδωρος Theodorus：
 Cyrene 人
忒俄多罗斯 Θεόδωρος Theodorus：
 Samos 人
忒俄多忒斯 Θεοδότης Theodotes
忒俄多托斯 Θεόδοτος Theodotus
忒俄斐洛斯 Θεόφιλος Theophilus
忒俄格尼斯 Θέογνις Theognis
忒俄克吕美诺斯 Θεοκλύμενος
 Theoclymenus
忒俄诺厄 Θεονόη Theonoe
忒俄斯 Τέως Teos
忒俄佐提得斯 Θεοζοτίδης Theozotides
忒尔普西科瑞 Τερψιχόρη Terpsichore
忒尔普西翁 Τερψίων Terpsion

忒尔西忒斯 Θερσίτης Thersites
忒拉美涅斯 Θηραμένης Theramenes
忒拉蒙 Τελαμών Telamon
忒拉绪洛斯 Θράσυλλος Thrasyllus
忒拉绪马科斯 Θρασύμαχος
 Thrasymachus
忒腊克 Θράκη Thrace
忒勒佛斯 Τήλεφος Telephus
忒里洛斯 Τηρίλλος Terillus
忒米斯托克勒斯 Θεμιστοκλῆς
 Themistocles
忒瑞西阿斯 Τειρεσίας Tiresias
忒斯匹斯 Θέσπις Thespis
忒提斯 Θέτις Thetis
忒图斯 Τηθύς Tethys
忒乌特 Θεῦθ Theuth
忒修斯 Θησεύς Theseus
特拉喀斯 Τραχίς Trachis
特里普托勒摩斯 Τριπτόλεμος
 Triptolemus
特罗佛尼俄斯 Τροφώνιος Trophonius
特洛亚 Τροία Troy
提马尔科斯 Τίμαρχος Timarchus
提摩忒俄斯 Τιμοθέος Timotheus
提桑德罗斯 Τείσανδρος Tisander
提松 Τείσων Tison
提图俄斯 Τιτυός Tityus
提西阿斯 Τεισίας Tisias：
 一位 Syracuse 士兵
提西阿斯 Τεισίας Tisias：一位修辞学家
帖撒利亚 Θεσσαλία Thessaly
图厄斯忒斯 Θυέστης Thyestes
图尔泰俄斯 Τυρταῖος Tyrtaeus
图里俄伊 Θούριοι Thurii

图尼科斯 Τύννιχος Tynnichus
图瑞尼亚 Τυρρηνία Tyrrhenia
吐火女妖 Χίμαιρα Chimera
乌拉尼亚 Οὐρανία Urania
乌拉诺斯 Οὐρανός Uranus
西比尔 Σίβυλλα Sibyl
西勒诺斯 Σειληνός Silenus
西蒙尼德斯 Σιμωνίδης Simonides
西米阿斯 Σιμμίας Simmias
西摩依斯 Σιμόεις Simoïs
西西里 Σικελία Sicily
西绪佛斯 Σίσυφος Sisyphus：Pharsalus 人
西绪佛斯 Σίσυφος Sisyphus：神话人物
希腊 Ἑλλάς Greece
希美拉 Ἱμέρα Himera
希帕库斯 Ἵππαρχος Hipparchus
希帕里诺斯 Ἱππαρῖνος Hipparinus：
 希帕里诺斯二世，老 Dionysius 之子
希帕里诺斯 Ἱππαρῖνος Hipparinus：
 希帕里诺斯一世，Sicily 僭主
希琵阿斯 ἱππίας Hippias：Elis 人
希琵阿斯 ἱππίας Hippias：Pisistratus 之子
希珀达美亚 Ἱπποδάμεια Hippodamia
希珀克拉底 Ἱπποκράτης Hippocrates：
 Apollodorus 之子
希珀克拉底 Ἱπποκράτης Hippocrates：
 Cos 人
希珀尼科斯 Ἱππόνικος Hipponicus
希珀塔勒斯 Ἱπποθάλης Hippothales
希耶罗 Ἱέρων Hiero
希耶罗努摩斯 Ἱερώνυμος Hieronymus
幸福岛 μακάρων νῆσοι Blessed
修昔底德 Θουκυδίδης Thucydides：
 Melesias 之子

修昔底德 Θουκυδίδης Thucydides:
　前一位修昔底德的孙子
叙拉古 Συράκουσαι Syracuse
叙利亚 Συρία Syria
薛西斯 Ξέρξης Xerxes
雅典 Ἀθῆναι Athens
雅典娜 Ἀθήνη Athena
亚里士多德 Ἀριστοτέλης Aristotle
亚历山大 Ἀλέξανδρος Alexander
亚特罗克勒斯 Ἰατροκλῆς Iatrocles:
　柏拉图一友人
亚特罗克勒斯 Ἰατροκλῆς Iatrocles:
　一位自然学家
亚细亚 Ἀσία Asia
伊阿佩托斯 Ἰαπετός Iapetus
伊奥劳斯 Ἰόλαος Iolaus
伊奥尼亚 Ἰωνία Ionia
伊比科斯 Ἴβυκος Ibycus
伊斐克勒斯 Ἰφικλῆς Iphicles
伊克科斯 Ἴκκος Iccus
伊里斯 Ἶρις Iris
伊利索斯 Ἰλισός Ilissus
伊利亚特 Ἰλίας Iliad
伊努孔 Ἴνυκον Inycon
伊斯墨尼阿斯 Ἰσμενίας Ismenias
伊斯忒摩斯 Ἰσθμός Isthmus
伊索 Αἴσωπος Aesop
伊索克拉底 Ἰσοκράτης Isocrates
伊索罗科斯 Ἰσολόχος Isolochus
伊塔卡 Ἰθάκη Ithaca
伊托尼亚大门 Ἰτωνίαι Itonian gates
伊翁 Ἴων Ion: Apollo之子
伊翁 Ἴων Ion: Ephesus人
医神 Παιών Paeon
以弗所 Ἐφέσυς Ephesus
意大利 Ἰταλία Italy
游叙弗伦 Εὐθύφρων Euthyphro
扎尔摩克西斯 Ζαλμόξις Zalmoxis
战神山 Ἀρειόπαγος Areopagus
芝诺 Ζήνων Zeno
宙克西珀斯 Ζεύξιππος Zeuxippus
宙克西斯 Ζεῦξις Zeuxis
宙斯 Ζεύς Zeus
走廊 στοά Stoa
佐皮罗斯 Ζώπυρος Zopyrus

图书在版编目(CIP)数据

柏拉图全集. 中短篇作品. 下/(古希腊)柏拉图著;刘小枫主编;李致远等译. —— 北京:华夏出版社有限公司,2023.5
ISBN 978 – 7 – 5222 – 0358 – 4

Ⅰ. ①柏… Ⅱ. ①柏… ②刘… ③李… Ⅲ. ①柏拉图(Platon 前427 – 前347) – 全集 Ⅳ. ①B502. 232 – 52

中国版本图书馆 CIP 数据核字(2022)第 115047 号